제 11 판

환경법

박균성 · 함태성 공저

Environmental Law

박영사

제11판 머리말

환경법 제11판을 출간하게 되었다. 제11판에서는 2021년 8월 출간된 제10판의 발간 이후 개정되거나 제정된 법률들을 반영하고, 관련 판례와 이론을 추가·보완하였다. 특히 2021년, 2022년에 나온 환경판례들 중에서 주목할 만한 판례들을 선별하여 해당 부분에 반영하였다.

새로 추가한 판례 중에는 대법원 2021. 6. 3. 선고 2016다33202, 33219 판결(네이버사옥 태양반사광 사건)이 주목을 끈다. 동판결에서는 태양반사광으로 인한 생활방해는 침해행위의 태양이 일조방해의 경우보다 더 적극적인 침습의 형태라고 보면서, 수인한도 판단에 있어서 일조방해와는 다른 기준을 적용할 필요가 있다고 하여 주목을 받았는데, 이에 관한 내용을 수인한도 부분에서 설명해 두었다. 한편, 토양오염문제를 다룬 대법원 2021. 3. 11. 선고 2017다179, 186 판결(지에스칼텍스사건)에서는 손배배상청구권의 성립시기를 언제로 볼 것인지, 구체적으로는 오염토양 정화비용 상당의 손해가 현실적으로 발생한 시기를 언제로 볼 것인지에 대한 기준을 제시하고 있다. 이 판결들은 주요 쟁점에서 원심과 대법원의 판단이 상반된 결론에 이르고 있고, 법리적으로도 흥미로운 논점들을 담고 있어 관심있게 살펴볼 만하다. 한편, 대법원 2021. 8. 12. 선고 2015다208320 판결에서는 환경영향평가법상 주민의견수렴 절차를 생략한 경우 사업자에게 지역 주민들이 입은 정신적 손해를 배상할 의무가 있다고 판시한 것이 주목을 끈다. 이 또한 해당 분야에서 설명을 해두었다.

한편, 제11판에서는 편제를 일부 변경하여 총론 분야를 보강하였다. 제2편에 있던 환경분쟁조정법과 환경오염피해구제법에 관한 내용을 제1편 제4장 환경피해의 법적 구제 부분으로 이동하여 설명하였다. 두 법률 모두 환경피해의 법적 구제와 밀접한 연관이 있기 때문이다. 개별환경법 분야에서는 환경영향평가법의 내용 설명을 보완하고 추가하였다. 또한 2022. 12. 31. 「자원순환기본법」이 「순환경제사회 전환 촉진법」으로 전부개정되었는데, 동 법률에 관한 내용을 반영하였다. 그 외에도 다른 개별법률들의 크고 작은 개정 내용들을 반영하였다.

본서는 법학전문대학원생들이 변호사시험을 준비하는데 부족함이 없도록 환경법 시험 관련 법률들과 관련 판례들도 함께 자세하게 설명하고 있다. 또한, 본서는 오래전부터 학술서로서, 각 대학의 강의교재로서, 일반인의 환경법입문서로서 이용되어 왔다. 앞으로도 저자들은 환경법과 관련된 다양한 내용을 체계적으로 담고, 부족한 부분을 지속적으로 개선·보완해 나갈 것이다.

제11판 개정 작업에 도움을 준 강원대 일반대학원 정성진 박사와 송정은 박사에게 감사의 마음을 전하고, 본서의 출간에 도움을 주신 박영사 안종만 회장님과 편집부 한두희 과장에게도 깊이 감사드린다.

2023년 8월

저 자

머 리 말

환경법 책을 탈고하고 나니 만감이 교차된다. 한편으로 무거운 짐을 벗는 시원함이 느껴진다. 환경법이 환경정책 및 환경공학과 밀접한 관련이 있고, 법 중에서도 헌법, 행정법, 형법, 민법, 국제법 등 여러 법분야에 걸쳐 있으며 환경관련법은 가장 자주 바뀌는 법 중의 하나로서 연구하기 어려운 법분야인 점에서 환경법 교과서를 쓴다는 것은 쉬운 일이 아니었다.

이 책은 박균성 교수의 10년여에 걸쳐 쌓인 강의안, 논문 등 환경법분야의 연구성과와 함태성 박사의 그 동안의 연구결과물, 그리고 공저자의 공동검토에 의해 결실을 보게 되었다.

저자들은 모두 행정법을 전공하면서도 처음부터 환경법에 깊은 관심을 가졌다. 박균성 교수는 환경보전에 대한 나름의 사명감을 가지고 여러 환경단체에 자문위원으로 참여하였다. 그리고 경희대학교, 서울대학교 등 대학에서 환경법 강의를 하였다. 특히 경희대학교 국제법무대학원 국제환경법무학과에서 주임교수로 있었고 강의를 하면서 환경법을 연구하였다. 환경부 및 환경정책평가연구원의 여러 환경법제도 발전 프로젝트에 참여하면서 환경법문제의 실제를 알게 되었다. 함태성 박사는 환경영향평가법제도에 관한 박사논문을 제출하였듯이 처음부터 환경법을 연구하였으니 환경법 연구자 중 몇 안 되는 "진골"이라 할 수 있다. 함태성 박사는 경희대, 가톨릭대 등에서 환경법을 강의하면서 환경법을 연구하였다. 공동연구라는 것이 쉬운 것은 아니지만 우리는 공동연구를 다행으로 생각한다. 그 이유는 다음과 같다. 환경법이라는 분야가 매우 방대하여 한 사람이 모든 환경법분야를 연구한다는 것이 매우 어렵다. 또한, 환경법은 형성중의 법이기 때문에 끊임없는 토론을 통하여 법이론, 법해석 및 법제도를 형성해 가야 한다.

그 동안 환경제도는 환경정책을 중심으로 발전되어 왔다고 할 수 있다. 그리고 환경개선을 위한 노력은 정부와 환경단체를 중심으로 행해져 왔고, 법이나 법원의 역할은 상대적으로 적었다고 할 수 있다. 그러나 최근 개발과 환경, 재산권과 환경권 사이의 갈등이 늘고 있고, 이에 따라 환경분쟁조정 및 환경관련 소송이 늘고 있다. 이러한 시점에서 환경법의 중요성이 커지고 있다. 이제는 환경문제의 해결에 있어서 환경법과 환경소송이 수행해야 할 역할이 커지고 있다. 환경법 및 환경소송은 국민의 환경권의 보호와 구제에 기여할 뿐 아니라 환경문제의 평화적 해결에 기여한다. 새만금사업, 방사성폐기물처분장건설, 대규모아파트의 건설 등 대규모 사업의 수행과 관련하여 제기되는 환경문제로 사업이 지체되어 막대한 사회적 손실이 발생하는 것은 환경에 대한 배려 없이 사업이 무리하게 추진되었다는 점에도 문제가 있지만 환경과 관련된 분쟁을 해결해 주는 법 및 소송 메커니즘이 부재하기 때문이기도 하다.

그 동안 환경법은 어려운 여건 속에서도 많은 발전을 이룩하였다. 여러 선배 및 동료 연구자의 노고의 결실이다. 이 중 특히 고인이 되신 구연창 교수님을 기억하며 경의를 표하고 싶다. 황무지에서 환경법을 독립 법분야로 일구어 내신 분이 구연창 교수님이시다. 후학들은 그 동안의 연구를 바탕으로 외국의 앞선 법제도를 수용하여야 하겠지만 이제는 우리나라에 적응된 환경법을 정립하여야 할 단계에 이르렀다고 생각한다.

이 책을 탈고하면서 아쉬움도 남는다. 이 책의 집필지침은 나름대로 환경법의 체계를 잡고, 보다 환경법이론에 기초를 두고, 판례연구 등 우리의 현실에 맞는 환경법을 저술하는 것이었다. 환경법을 환경법총론과 분야별환경법으로 구분하였다. 환경법총론에서 환경법이론의 소개에 미진한 점이 있고, 판례연구도 정리하지 못한 판례가 있으며 분야별환경법에서도 지하수법, 국토개발과 환경법문제 등 빠진 환경법분야가 다수 있다. 이러한 부족한 점들은 계속 보완하여 갈 것이다.

끝으로 이 책의 출판을 허락해 주신 박영사 안종만 회장님과 편집에 수고해 주신 나경선 씨 등 편집부 직원 여러분에게 깊이 감사드린다.

2004년 2월

저 자

차 례

제1편 총 론

제1장 환경문제에 대한 법적 접근

제2장 환경법 일반이론

제 4 장 환경피해의 법적 구제

제 2 편 개별환경법

제 1 장 환경정책기본법

제 2 장 환경영향평가

제 3 장 대기환경의 보전

제 4 장 물 환경의 보전

제 6 장 토양환경의 보전

제 7 장 소음 · 진동의 관리

제 8 장 자연환경의 보전

제 1 편

총　　론

제1장 환경문제에 대한 법적 접근

제1절 환경문제와 그 특징

오늘날 환경오염의 발생과 그로 인한 피해가 심각해지면서 환경문제에 대한 인간의 관심은 과거 어느 때보다도 크게 증대하고 있다. 그 결과 공학, 자연과학, 인문과학, 사회과학, 법학 등 다양한 분야에서 환경문제에 접근하고 있고, 각 분야간의 학제적 연구를 통하여 오늘날의 환경위기를 극복하고자 하는 다양한 대안들이 모색되고 있다.

일반적으로 환경문제는 다음과 같은 몇 가지의 특성을 지니고 있다.

첫째, 환경문제는 상호관련성이 강하게 나타난다. 환경문제는 상호작용하는 여러 변수들에 의하여 발생하므로 상호간의 복잡한 인과관계를 통하여 문제끼리 상승작용을 일으켜 그 심각성을 더해 간다. 예를 들면, 수질오염, 토양오염 및 폐기물 문제는 상호밀접한 관계를 갖는 경우가 많고 이에 따라 환경문제에 대하여는 통합적인 접근이 요구된다.

둘째, 환경문제는 시차성을 갖는다. 환경문제는 문제의 발생과 이로 인한 영향이 현실로 나타나는 데는 상당한 시차가 존재하는 경우가 많다. 미국의 러브커넬 사건은 유해폐기물을 매립한 후 30, 40년이 지난 후에 그 피해가 발생하였으며, 일본의 공해병으로 알려진 미나마따병과 이타이이타이병도 오랜 기간 동안 배출된 오염물질의 영향이었다.

셋째, 환경문제는 탄력성(자체회복력)과 비가역성을 동시에 갖는다. 어느 정도의 환경악화는 환경이 갖는 자체정화 능력, 즉 자정작용에 의해 쉽게 원상회복이 가능하다. 그러나 환경의 자정능력을 초과하는 경우에는 환경악화가 가속화되고, 심한 경우에는 원상회복이 어렵거나 불가능하게 된다. 따라서 환경침해의 예방이 중요하다.

넷째, 환경문제는 광역성을 한 특징으로 한다. 오늘날 환경문제는 어느 한 지역, 한 국가만의 문제가 아니라 범지구적, 국가간의 문제로 되었으며, 공간적으로 광범위한 영향권을 형성한다. 환경문제의 논의는 불특정 다수인과의 관계를 광범위하게 다루게 되며, 환경오염에 대한 광역적인 통제의 필요성에 따라 지방자치단체간 협력 등 광역적 환경관리와 국제협약 등 국가간의 협력이 절실히 요청된다.

다섯째, 환경문제는 다양한 이해관계의 조정이 필요한 경우가 많다. 예를 들면, 폐기물처리시설이나 쓰레기 소각장의 설치 또는 상수원보호구역의 지정 등에서 볼 수 있듯이 관계자들의 다양한 이해관계가 복잡하게 얽혀 있는 경우가 많다. 이 경우에는 여러 가지 이익들을 비교형량하여 이해관계를 적절히 조정해야 한다. 따라서 이해관계인의 의견수렴, 환경문제해결에 적합한 환경분쟁해결제도가 필요하다.

여섯째, 환경문제의 해결을 위한 국가와 국민의 역할이 증대하고 있다. 공공재적 성격이 강한 환경에 대해서는 국가가 다양한 정책수단들을 통하여 직·간접적으로 환경문제 해결에 나서지 않으면 안 되었고, 오늘날의 환경피해는 광범위하고 치명적인 결과를 가져오고 있으므로 국민의 피해구제라는 측면에서 국가의 일정한 역할을 필요로 하게 되었다. 반면에, 환경보호를 위한 국가의 역할에는 한계가 있는 것이 현실이다. 그리하여 환경보호에는 지방자치단체, 기업, 단체 및 개인의 참여와 협동이 요청되고 있다.

제2절 환경법의 생성과 발전

환경문제에 대한 관심은 과거에도 있었으며 환경문제에 대한 법적 규율은 기존의 일반 법체계 내에서 이루어지고 있었다. 그러나 오늘날의 심각한 환경오염과 피해의 발생에 직면하여서는 기존의 법체계만으로 이러한 사태에 대응할 수 없게 되자 새로운 법영역이 형성되기 시작하였다. 즉 환경오염으로 인한 피해가 심각하게 드러나기 시작하던 60, 70년대부터 본격적으로 환경법의 영역이 발전하기 시작하였다. 이처럼 환경법의 역사는 다른 법영역에 비하여 역사가 매우 짧다.

민법과 형법의 기원은 고대 인류 사회로까지 거슬러 올라간다. 헌법도 국가법 또는 국가학이라고 하여 근대 입헌국가가 형성된 약 2~3세기 전까지 거슬러 올라간다. 제3의 법영역이라고 하는 노동법, 경제법의 역사도 100년 이상은 된다.

이에 비하여 같은 제3의 법영역으로 분류되는 환경법은 그 역사가 매우 일천하여 불과 몇십 년밖에 되지 않는다. 일반적으로 제3의 법영역은 인류의 사회체제의 변화와 맞물려 등장하게 되는데, 산업혁명 이후 산업자본주의의 대두는 제3의 법영역이 생성되는 데 결정적인 원인이 되었다. 1800년대 들어오면서 산업자본주의가 맹성하게 되는데 이 과정에서 빈익빈 부익부, 부의 편중, 자본가와 노동자의 대립, 독점자본주의 등 산업자본주의의 모순과 폐해가 노정되기 시작하였다.

자본주의가 심화되어 갈수록 노동자 계급이 주인이 되는 사회를 만들고자 했던 마르크스의 이론은 유럽전역으로 확산되어 자본가와 노동자 계급의 대립이 심각해지면서 자본가와 노동자의 관계를 적절하게 규율할 수 있는 사회적 시스템이 필요하게 되었으므로 자연스럽게 노동법이 생성·발전하게 되었다. 한편, 자본주의의 심화는 빈익빈 부익부, 부의 편중, 독점자본주의, 카르텔 등의 엄청난 폐해를 낳게 하였고, 결국 이들 독점 자본가 세력을 견제하고, 정의로운 경제체제를 유지하기 위해 새롭게 경제법 영역이 발전하였다.

그러나 환경법은 이들 법영역보다 한참 후에야 발전하게 되었는데, 이는 잠복기를 거쳐서 피해가 발생하는 환경오염 피해의 특성에 기인한다. 산업자본주의의 결과로 이룩된 산업화·공업화는 19, 20세기 초부터 대량의 오염물질을 쏟아내기 시작하였고, 그동안 힘겹게 버티고 있던 지구는 서서히 스트레스에 대한 반응을 나타내기 시작하였다. 대표적인 예로는 1950년대 런던의 스모그, 1960년대 로스앤젤스의 스모그, 1970년에 미국 클리블랜드시 근처의 강에서 발생한 화재, 일본의 미나마타병과 이타이이타이병을 들 수 있다. 이러한 환경오염으로 인한 피해들은 기존의 법체계, 예를 들면 민법상의 물권적 청구권, 상린관계 규정, 용수권, 불법행위 규정 등으로 대응할 수 있는 문제가 아니었다.

따라서 사람들은 이러한 환경문제를 보다 더 체계적으로 접근하여야 하는 중요한 국가적 의제라고 생각하게 되었고, 환경문제를 해결하기 위한 새로운 정책과 새로운 입법이 필요하게 되었다. 그 결과 1960년대 말, 70년대 초 선진국들은 환경입법을 정비하고 환경행정부서를 새로이 설치하면서 환경정책과 법제를 체계적으로 연구하기 시작하였다. 이처럼 환경법은 1960, 70년대 이후의 산물이라고도 말할 수 있다.

제 3 절 환경문제의 동향

I. 지구환경문제와 그 대응

지구적 차원에서의 환경문제가 갈수록 심각성을 띠어가게 됨과 동시에 기존의 지역적 차원의 대응은 일정한 한계를 보이게 되고, 따라서 환경보전을 위한 국제적 대응이 요청되었다.

1. 스톡홀름 유엔인간환경회의

국제적으로 환경문제를 체계적으로 규율하는 데 결정적인 계기가 된 것은 1972년 스웨덴의 스톡홀름에서 열린 「유엔인간환경회의(UNCHE)」였다. 이 회의에서는 "하나밖에 없는 지구(Only One Earth)"라는 주제하에 지구환경에 대한 위협들을 유엔을 통하여 포괄적·통합적인 방법으로 해결하려고 시도하였다. 스톡홀름회의에서는 인간환경선언(Declaration on the Human Environment), 원칙선언(Declaration of Principles), 행동을 위한 109개 권고안(Recommendation for Action), 제도 및 재정사항에 대한 결의(Resolution on Institution and Financial Arrangement), 지구환경의 날 설정 등을 결정하였다. 또한 해양오염, 멸종위기의 동·식물의 보호에 관련된 국제법들이 스톡홀름회의 이전에 비하여 강화되었다. 스톡홀름회의의 가장 중요한 결과는 유엔환경계획(UNEP: United Nations Environment Programme)의 창설로 나타났다. UNEP은 UN차원의 환경관련 활동에 대한 방향설정과 조정 등을 통한 정책지침을 제공하고, 환경분야에서의 국제협력과 환경관련 정보의 수집·평가 및 교환을 촉진하기 위하여 1972년 설립되어 현재 케냐의 나이로비에 본부를 두고 있다.

이후 세계환경개발위원회(WCED)가 1987년 발표한 "우리의 공동의 미래(Our Common Future)"라는 보고서(Brundtland Report)가 유엔총회에서 채택되어 환경정책의 새로운 정립에 영향을 미쳤고 리우회의의 지적 준거를 제공하였다.

2. 리우선언과 의제 21

1972년 스웨덴 스톡홀름에서 열린 유엔인간환경회의 개최 20주년을 기념하여 1992년 6월에 지속가능한 개발을 범세계적으로 실현하기 위한 대규모 국제회의인 「유엔환경개발회의(UNCED: UN Conference on Environment and Development)」가 브라질 리우(Rio)에서 개최되었다. 이 회의는 국제환경법의 전개과정에서 하나의 거대한 분수령을 이루게 된다.

리우회의에서는 "환경적으로 건전하고 지속가능한 개발(ESSD: Environmentally Sound and Sustainable Development)"의 구현을 위한 기본규범인 「환경과 개발에 관한 리우선언(The Rio Declaration on Environment and Development)」[1]과 「21세기를 위한 세부실천강령(의제21: Agenda21)」[2]을 채택하고, 지구온난화 방지를 위한 「기후변화협약」과 생물자원의 보전을 위한 「생물다양성협약」, 산림의 보전과 지속가능한 이용에 관한 「산림원칙협약」을 채택하였다.

이 회의에서는 '현재의 개발이 현세대와 미래세대의 필요를 공평하게 충족시켜야 한다'는 지속가능한 개발의 개념이 유엔차원에서 공식적으로 환경과 개발을 위한 주요한 목표로 천명되었다는 점에서 큰 의의가 있다. 즉, 리우선언은 세계각국이 보유하는 개발의 권리는 개발과 환경에 대한 현세대와 차세대의 요구를 공평하

---

1) 27개항으로 된 「환경과 개발에 관한 리우선언」의 주요내용을 대강 살펴보면 다음과 같다.

원칙 1: 인간을 중심으로 지속가능한 개발이 논의되어야 함. 인간은 자연과 조화를 이룬 건강하고 생산적인 삶을 향유하여야 함.

원칙 2: 각 국가는 유엔헌장과 국제법 원칙에 조화를 이루면서 자국의 환경 및 개발정책에 따라 자국의 자원을 개발할 수 있는 주권적 권리를 갖고 있으며 자국의 관리구역 또한 통제범위 내에서의 활동이 다른 국가나 관할범위 외부지역의 환경에 피해를 끼치지 않도록 할 책임을 갖고 있음.

원칙 3: 개발의 권리는 개발과 환경에 대한 현세대와 차세대의 요구를 공평하게 충족할 수 있도록 실현되어야 함.

원칙 4: 지속가능한 개발을 성취하기 위하여 환경보호는 개발과정의 중요한 일부를 구성하며 개발과정과 분리시켜 고려되어서는 아니 됨.

원칙 15: 환경을 보호하기 위하여 각 국가의 능력에 따라 예방적 조치가 널리 실시되어야 함. 심각한 또는 회복 불가능한 피해의 우려가 있을 경우, 과학적 불확실성이 환경악화를 지양하기 위한 비용/효과적인 조치를 지연시키는 구실로 이용되어서는 아니 됨(사전예방 또는 사전배려의 원칙).

원칙 16: 국가 당국는 오염자가 원칙적으로 오염의 비용을 부담하여야 한다는 원칙을 고려하여 환경비용의 내부화와 경제적 수단의 이용을 증진시키도록 노력하여야 함. 이에 있어서 공공이익을 적절히 고려하여야 하며 국제무역과 투자를 왜곡시키지 않아야 함(오염자부담의 원칙 또는 원인자책임의 원칙).

원칙 17: 환경에 심각한 악영향을 초래할 가능성이 있으며 관할 국가당국의 의사결정을 필요로 하는 사업계획에 대하여 환경영향평가가 국가적 제도로서 실시되어야 함(환경영향평가의 국가화).

원칙 27: 각 국가와 국민들은 이 선언에 구현된 원칙을 준수하고 지속가능한 개발분야에 있어서의 관련 국제법을 한층 발전시키기 위하여 성실하고 동반자적 정신으로 협력하여야 함.

2) 1992년 유엔환경개발회의(UNCED)에서 '리우선언'과 함께 채택된 UNCED의 실천강령을 말한다. 리우선언이 총론의 역할을 하고, '의제21'은 환경보전의 구체적 방안을 제시하는 행동지침으로 각론의 역할을 한다고 볼 수 있다. 전문(前文)과 4부, 39개 의제로 구성되어 있는데, 총 115개의 프로그램을 제시하고 있다. 그 내용은 지구환경문제의 원인이 되는 각종 사회경제적인 요인 등에 대한 해결방안, 대기·해양·폐기물·토지 등 각종 환경사안에 대한 해결방안, 이를 위한 사회 각 계층의 역할과 법제도, 기술이전 및 재정지원 등의 광범위하고 포괄적인 이행체계로 이루어져 있다.

게 충족할 수 있는 방향에서 실현되어야 하며 지속가능한 개발을 성취하기 위하여 환경보호를 개발과정의 중요한 불가분의 일부로서 고려할 것을 촉구하였고, 다양한 분야에서 지속가능한 개발을 실현하기 위한 기본방향을 제시하였다.

그러나 리우회의의 결과에 대하여 비판의 소리도 있었다. 우선 개도국은 방만한 선진국의 소비행태가 ESSD의 가장 큰 장애요인이라 주장하고 선진국은 ESSD를 위해서는 생태계 파괴적인 경제개발을 규제해야 한다고 주장하였다. 특히 NGO들은 환경파괴책임론, 환경보호자금의 부담, 환경기술의 이전문제 등을 둘러싼 선진국과 후진국간의 이견으로 리우회담이 별다른 성과를 거두지 못했다는 평가를 내리기도 하였다.

하지만, 리우회의는 이러한 비판에도 불구하고 범지구적 차원에서 21세기 지구환경보전을 위한 기본원칙을 정립한 역사적 이정표를 마련하였고, 무엇보다도 지속가능한 개발의 원칙을 통해 기존의 환경정책을 근본적으로 재검토하기 위한 인식의 틀을 제공하였다는 점에서 그 의의는 매우 크다하겠다.

한편, 리우회의에서 채택된 '의제 21'의 이행상황을 평가하고 대책을 논의하기 위하여 1992년 12월 개최된 제47차 UN총회에서 유엔경제사회이사회(ECOSOC)산하에 유엔지속가능개발위원회(CSD: Commission on Sustainable Development)가 설립되었다. 이 위원회는 유엔 차원의 환경논의의 주요한 장으로서 구체적인 환경규범을 제정하기보다는 지속가능한 개발이라는 목표달성을 위한 다양한 대안을 모색하는 장으로서 기능하고 있다.

3. 지속가능발전목표(SDGs)

1992년 브라질 리우에서 채택된 '환경과 개발에 관한 리우선언'의 중심테마였던 지속가능발전은 이후 새로운 국제질서로 발전하면서 국제연합(UN) 회원국들의 지향 목표 및 환경정책의 이념으로 자리잡게 되었다.

2000년 9월 UN에서는 새천년개발목표(MDGs : Millennium Development Goals)를 의제로 채택하여 2015년까지 빈곤의 감소, 보건, 교육의 개선, 환경보호 등에 관해 지정된 8가지 목표를 실천하는 것에 동의하였다.[3] 그러나 이 목표는 회원국의 자발적 참여 및 협력의 부족, 지향 목표의 제한성 등으로 인하여 세계의 빈곤 문제,

---

3) 8대 목표의 내용은 ① 극심한 빈곤과 기아 퇴치, ② 보편적 초등교육의 제공, ③ 성평등과 여성권익 신장, ④ 유아 사망률 감소, ⑤ 임산부의 건강개선, ⑥ 에이즈와 말라리아 등의 질병 퇴치, ⑦ 지속가능한 환경 보전, ⑧ 발전을 위한 전 세계적인 협력관계 구축

<그림 1-1> 새천년개발목표(MDGs)와 지속가능발전목표(SDGs)의 비교[4)]

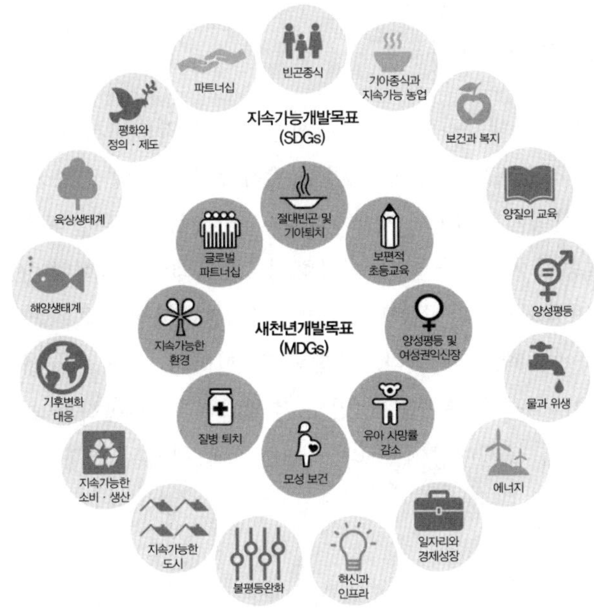

환경 문제 등을 해결하는데 한계가 있었다. 이에 UN은 2015년 유엔 총회에서 MDGs를 대신할 후속 목표로 새로운 목표를 채택하게 되는데, 이것이 바로 지속가능발전목표(SDGs : Sustainable Development Goals)이다.

SDGs는 2016년부터 2030년까지 유엔과 국제사회가 공동으로 추진해 나갈 목표를 설정하고 있다. MDGs가 추구하던 빈곤퇴치를 최우선 목표로 하되 인류의 보편적 문제(빈곤, 기아, 보건, 교육, 성평등 등)와 지구환경문제(기후변화, 에너지, 환경보호, 물, 생태계 등), 경제사회문제(경제성장과 일자리, 산업화, 도시와 거주지, 소비와 생산, 사법제도 등)를 포괄하고 있다. SDGs는 17개 목표[5)], 169개 세부 목표, 230개 지표를

4) 지속가능발전포털(http://ncsd.go.kr/app/sub02/20_tab3.do)

5) 지속가능발전목표(SDGs)의 17개 목표

1. 모든 국가에서 모든 형태의 빈곤 종식
2. 기아의 종식, 식량안보 확보, 영양상태 개선 및 지속가능농업 증진
3. 모든 사람의 건강한 삶을 보장하고 웰빙을 증진
4. 모든 사람을 위한 포용적이고 형평성 있는 양질의 교육 보장 및 평생교육 기회 증진
5. 성평등 달성 및 여성·여아의 역량 강화
6. 모두를 위한 식수와 위생시설 접근성 및 지속가능한 관리 확립
7. 모두에게 지속가능한 에너지 보장
8. 지속적·포괄적·지속가능한 경제성장 및 생산적 완전고용과 양질의 일자리 증진

담고 있다.

Ⅱ. 국제환경협약의 흐름

지구환경문제가 국제사회의 새로운 쟁점으로 부각되면서 각국의 환경정책 및 경제활동 전반에 직접적으로 영향을 미치는 각종 환경협약이 증가하고 있다. 우리나라는 지구온난화방지를위한기후변화협약, 오존층보호를위한비엔나협약 및 몬트리올의정서, 멸종위기에처한야생동식물종의국제거래에관한협약(CITES), 생물다양성협약, 유해폐기물의국가간이동및그처리통제에관한바젤협약, 사막화방지협약 등 다수의 환경협약에 가입하고 있다. 현재 이들 협약의 이행 실효성을 확보하기 위한 무역규제 조치가 점차 증가되고 있는 추세이며, 기후변화협약, CITES, 생물다양성협약 등 협약의 규제대상에 따라 국내산업에 미치는 영향도 다양하다.

1. 기후변화협약

지구촌 곳곳에서 홍수·태풍·가뭄 등 기상이변이 속출하고 있으며 지구환경에 대한 위기인식이 높아지고 있다. 이러한 현상들은 대기중 CO_2(이산화탄소), CH_4(메탄가스) 등 온실가스의 농도가 증가함에 따라 지구표면의 온도가 점차 상승하기 때문이다. 온실가스 중 지구온난화에 가장 큰 영향을 미치는 이산화탄소의 농도는 산업화·공업화의 고도화에 비례하여 꾸준히 증가하고 있다. 이처럼 지구온난화가 지속될 경우 지구평균 기온뿐만 아니라 해수면도 상승하여 지구환경에 심각한 영향을 미치게 된다.

이에 이산화탄소 등 온실가스의 배출을 억제하기 위해, 1992년 6월 브라질 리우에서 개최된 유엔환경개발회의(UNCED)에서 이산화탄소 등 온실가스 증가에 따

---

9. 건실한 인프라 구축, 포용적이고 지속가능한 산업화 진흥 및 혁신
10. 국가내·국가간 불평등 완환
11. 포용적인·안전한·회복력 있는·지속가능한 도시와 거주지 조성
12. 지속가능한 소비 및 생산 패턴 확립
13. 기후변화와 그 영향을 대처하는 긴급 조치 시행
14. 지속가능발전을 위한 해양·바다·해양자원 보존과 지속가능한 사용
15. 육지생태계 보호와 복구 및 지속가능한 수준에서의 사용 증진 및 산림의 지속가능한 관리, 사막화, 대처, 토지 황폐화 중단 및 회보 및 생물다양성 손실 중단
16. 지속가능발전을 위한 평화적이고 포괄적인 사회 증진과 모드가 접근할 수 있는 사법제도, 모든 수준에서 효과적·책무성있는·포용적인 제도 구축
17. 이행수단 강화 및 지속가능발전을 위한글로벌 파트너십 재활성화

른 지구온난화에 대처하기 위해 「기후변화협약」이 채택되었다.[6] 이후 기후변화협약 이행을 구체화하기 위하여 1995년 3월 베를린에서 제1차 당사국총회가 개최되었으며, 이후 8차례의 정부간 협상회의를 거쳐 1997년 12월 일본 교토에서 개최된 제3차 당사국총회에서 「교토의정서」를 채택하였다. 교토의정서에서는 EU, 미국, 일본 등 선진국의 구속력 있는 온실가스 감축의무를 규정하고 있고, 선진국들을 대상으로 제1차로 2008년~2012년 동안에 온실가스 배출량을 1990년 대비 평균 5.2%를 감축토록 하고 있다. 또한 온실가스 배출량을 줄이기 위하여 경제적인 요소를 포함하고 있는 새로운 의무이행수단인 교토메커니즘을 도입하였다.

교토메커니즘이란 온실가스 배출권리를 서로 거래할 수 있도록 하는 '배출권거래제도(Emissions Trading)'와 선진국이 개도국을 통해 온실가스를 줄일 경우 이를 선진국이 줄인 것으로 인정하는 소위 CDM 사업이라고 하는 '청정개발체제(Clean Development Mechanism)', 그리고 선진국들간에 공동으로 온실가스 저감사업을 할 경우 이를 인정하는 '공동이행제도(JI: Joint Implementation)'를 말한다.

교토의정서 채택당시 우리나라는 다른 개도국처럼 아직 의무부담국가에 들어가 있지 않으나, 온실가스 배출규모가 세계에서 10위권으로 비교적 크고, OECD에도 가입한 우리나라에 대해 선진국으로부터의 의무부담 참여 압력이 가중되었다. 2007년 12월 인도네시아 발리에서 열린 당사자총회는 발리로드맵을 채택하여 모든 선진국 특히 미국의 Post-2012 기후변화체제에 참여확정과 개도국을 광범위하게 참여시키는 계기를 마련하였다. 2009년 12월 덴마크 코펜하겐에서 열린 제15차 당사자총회에서는 지구 기온상승제한, 전세계 온실가스 배출량 감축과 개도국의 지원을 골자로 하는 협정문을 채택하였으나 정치적인 합의 수준에 머물렀다.

2015년 12월에는 프랑스 파리에서 유엔기후변화협약 제21차 당사국총회가 개최되었는데, 이 파리총회에서는 2020년에 만료되는 교토의정서를 대체하는 신 기후협약을 채택하였다. 이때 채택된 파리협정은 선진국과 개발도상국이 모두 포함된 총 195개의 모든 당사국에 적용되는 것으로, 전문 및 29조항으로 구성되어 있

---

6) 기후변화협약은 전문과 26개조 그리고 2개 부속서로 구성되어 있으며, 기본원칙, 온실가스 배출감소를 위한 각국의 의무사항, 자문기구, 재정지원체계, 국가보고서 및 기타 조직사항이 규정되어 있다. 감축대상 온실가스는 이산화탄소(CO_2), 메탄(CH_4), 이산화질소(N_2O), 수소불화탄소(HFCs), 과불화탄소(PFCs), 육불화황(SF_6)의 6가지 종류이며, 기후변화협약의 궁극적 목적은 협약의 관련규정에 따라 기후체계가 위험한 인위적 간섭을 받지 않는 수준으로 대기중 온실가스 농도의 안정화를 달성하는 것이다. 이를 위해 협약 당사자는 기후변화의 원인을 최소화하며 부정적 효과를 완화하기 위해 예방조치를 취하고 지속가능한 발전을 증진시켜야 한다.

으며 그 형태는 일반적 조약의 형태를 갖추고 있다. 동 협정은 전지구적이며 법적 구속력을 지닌 국제조약의 성격을 지니고 있다고 평가된다.7) 여기서는 기존 선진국에게만 적용하였던 온실가스 감축의무를 개발도상국으로 확대하고 5년 단위로 감축목표 이행점검 제도를 도입하고 있다.

파리협정에서는 선진국과 개발도상국의 구분없이 모든 국가가 온실가스 감축 의무를 지는 것으로 되어 있는 바, 이는 전 지구적 위기 상황에 적극 대처하기 위한 2020년 이후의 새로운 기후변화체제로의 전환을 의미한다.8)

<그림 1-2> 신기후체제로의 전환9)

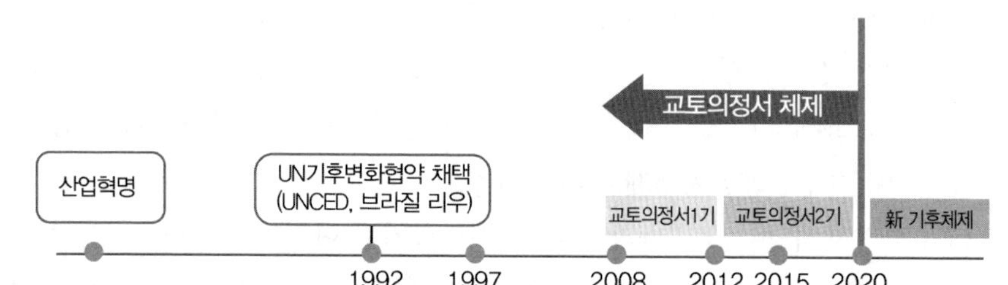

7) 박시원, "파리협정과 Post-2020 신 기후체제의 서막-유엔기후변화협약 파리총회의 주요 쟁점과 합의를 중심으로", 환경법과 정책 제16권(강원대 비교법학연구소 환경법센터), 2016, 303면.

8) 파리협정을 채택한 제21차 당사국 회의 결정문에서는 IPCC(Intergovernmental Panel on Climate Change, 기후변화에 관한 정부 간 패널)로 하여금 산업화 이전(1850-1900년) 수준 대비 1.5℃ 높은 지구온난화의 영향 및 관련된 온실가스 배출경로에 대한 특별보고서를 2018년에 제공하도록 요청하였다. 이에 기후변화의 위협, 지속가능한 발전, 빈곤퇴치의 전지구적 대응 강화의 세 측면에서 '산업화 이전 수준 대비 1.5°C 높은 지구온난화의 영향과 이에 관련된 온실가스 배출경로'에 대한 「IPCC 1.5°C 특별보고서」가 발행되었다. 그리고 2018년 10월 대한민국 인천 송도에서 열린 IPCC 제48차 총회에서 만장일치로 채택되었다. 이 특별보고서에 따르면 산업화혁명 이후 지난 약 100년 동안만 무려 지구평균기온이 1°C 상승하였고, 이러한 추세라면 약 2040년 경(2030년과 2052년 사이)에 이르러서는 1.5°C 상승에 도달할 것으로 판단하고 있다. 이미 1°C의 평균온도 상승만으로 홍수, 가뭄, 태풍, 산불, 폭염, 사막화 등 이상기후 및 기상이변 피해가 속출하고 있는데, 이러한 이상기후패턴은 역시 앞으로 심해질 것으로 전망하고 있다. 나아가 지구평균기온이 2°C 상승 시 기후변화로 인해 엄청난 피해가 발생할 것이라고 적시하고 있다. 그러면서 온도 상승을 1.5°C로 억제하기 위해서는 2050년까지 전 세계 CO2 배출량을 순제로(net zero)로 만들고 그 외 온실가스도 이번 세기 후반부에 중립 상태로 만들어야 한다고 명시하고 있다. 한편, 지구온난화 1.5℃ 도달시기에 대해 2021년에 발간한 제6차 평가보고서(AR6)에서는 기존 보고서보다 10년 이상 앞당겨진 2021~2040년 중으로 예상하는 등 기후변화의 가속화로 인해 그 시기가 더욱 빨리질 것으로 전망하고 있다.

9) 환경부, 환경백서 2020,746면.

2019년 스페인 마드리드 제25차 당사국총회에서는 회원국들에게 2020년까지 보다 의욕적인 온실가스 감축계획을 제출해 줄 것을 요청한 바 있다. 그러나 개도국 지원, 온실가스 감축분 거래시 이중 사용 방지 등 국제탄소시장 이행규칙, 국가 감축목표 공통이행 기간 등 파리협정 이행과 관련된 사항들이 합의에 이르지 못하고 다음 회의로 넘겨졌다. 2020년 영국에서 개최될 예정이었던 제26차 당사국총회는 전 지구적인 코로나 팬데믹으로 인해 연기되어 2021년 11월 영국 글래스고에서 개최되었다. 제26차 당사국총회(COP 26)에서는 세계 각국이 기후위기 대응을 위해 석탄발전을 단계적으로 감축하고, 선진국은 2025년까지 기후변화 적응기금을 2배로 확대하기로 하는 내용 등이 담긴 '글래스고 기후조약'이 채택됐다. 또한 합의문에는 각국이 2022년에 '2030 국가온실가스감축목표(NDC)'를 지구온도 상승폭 1.5도에 맞게 다시 제출하기로 했으며, 선진국들은 개발도상국들의 이상기후 적응을 돕기 위한 기금을 2025년까지 두 배로 증액하기로 했다. 그리고 파리협정 제6조의 국제탄소시장 지침을 타결하면서 2015년 채택된 파리협정의 세부이행규칙을 완성하였다.

제27차 당사국총회(COP 27)는 2022년 11월 이집트에서 개최되었다. 이번 당사국총회에서는 온실가스 감축, 기후변화 적응, 기후기금 등을 주요 의제로 다루었으며, 그중에서 '기후기금'에 대한 합의가 핵심 사항으로, 선진국에 비하여 기후변화에 대한 책임이 적은 개발도상국이 입은 손실과 피해를 보상한다는 점을 확인하였다. 다만 수많은 재원을 확보하기 위한 국가별 역할 분담 및 기금의 배분 방식 등에 대하여는 추가적인 논의가 필요한 상황이다. 한편, 제27차 당사국총회에서는 지구 온도 상승폭 제한과 관련하여 온도 상한선을 1.5℃로 할지 2.0℃로 할지 각국의 의견이 팽팽히 대립하였으나, 최종적으로 지구 온도 상승폭 제한은 1.5℃로 재확인되었다.

2. 생물다양성협약

생물다양성이란 지구상의 생물종(Species)의 다양성, 생물이 서식하는 생태계(Ecosystem)의 다양성, 생물이 지닌 유전자(Gene)의 다양성을 총체적으로 지칭하는 말인데, 오늘날 인간이 음식물과 의약품, 특히 근래 유전공학의 성과로서 산업·농업분야의 산물들을 생물다양성의 구성요소로부터 얻어내고 있는 점은 생물다양성의 중요성을 다시 한번 인식시켜 준다.

생물다양성협약(Convention on Biological Diversity)은 생물다양성의 보전과 지속

가능한 이용을 목적으로 1992년 리우에서 개최된 유엔환경개발회의(UNCED)에서 채택되었다. 이 협약에서는 ① 각국의 생물자원에 대한 주권적 권리 인정, ② 생물종의 파괴행위에 대한 규제, ③ 생물다양성의 보전과 합리적 이용을 위한 국가전략의 수립, ④ 생물다양성 보전을 고려한 환경영향평가, ⑤ 유전자원 제공국과 생명공학 선진국과의 공정한 이익 배분, ⑥ 유전자 변형 생물체(GMO: Genetically Modified Organisms 또는 LMO: Living Modified Organisms)의 안전관리 등을 규정하고 있다. 또한 생명공학을 이용한 GMO의 국가간 이동시 사전통보절차, GMO의 환경에 미치는 영향 및 위험성 평가, 유전자원 제공국에 대한 이익배분 등의 내용을 담고 있는 바이오안전성의정서(Biosafety Protocol)의 제정작업이 추진되었다. 생물다양성협약은 1993년 12월에 발효되었고, 우리나라는 1994년 10월에 가입하였다.

당사국들은 협약 제19조 제3항에 따라 GMO가 생물다양성의 보존과 지속가능한 이용에 미치는 부정적인 효과를 방지하기 위하여 2000년 1월 캐나다 몬트리올에서 개최된 특별당사국총회에서 <바이오안전성에 대한 카르타헤나 의정서>를 채택하였다. 의정서는 GMO의 잠재적 위해성에 대한 과학적 불확실성에도 불구하고, 사전예방(배려)원칙에 입각하여 GMO의 국가간 이동시 안전을 확보할 수 있는 절차 등을 규정하고 있다.[10)]

생물다양성과 관련된 국제적인 움직임에 따라 각국은 자국에 존재하는 생물종을 자원화할 수 있는 권리와 생물종의 개발에 따른 지적소유권을 이용하여 자국의 이익을 보호하려는 생물종 자원화정책을 추진하고 있다. 우리나라는 위 의정서의 시행과 유전자변형생물체의 개발·생산·수입·수출·유통 등에 관한 안전성의 확보를 위하여 필요한 사항을 정함으로써 유전자변형생물체로 인한 국민의 건강과 생물다양성의 보전 및 지속적인 이용에 미치는 위해를 사전에 방지하고 국민생활의 향상 및 국제협력을 증진하기 위하여 2001년 3월 28일 「유전자변형생물체의 국가간 이동 등에 관한 법률」을 제정하였다.

2008년 5월 독일 본에서 개최된 제9차 당사국총회에서는 유전자원의 접근과 이익공유(ABS: Access to genetic resources and Benefit-Sharing) 국제레짐을 2010년 제

---

10) 바이오안전성의정서는 LMO의 잠재적 위해성에 대한 과학적 불확실성에도 불구하고, 사전배려원칙(Precautionary Principle)에 입각하여 LMO의 국가간 이동 시 안전을 확보할 수 있는 절차를 규정한 21세기 최초의 국제환경협약으로 LMO의 국가간 이동 시 사전통보승인, LMO의 환경에 미치는 영향 및 위해성 평가 및 관리, 위해성 평가 및 심사를 위한 능력배양, 취급·운송·포장·표기 관련사항, 정보공유, LMO의 국가간 이동에 의해 초래될 손해에 대한 책임과 피해배상 등을 주요내용으로 하고 있다.

10차 당사국총회까지 마련하기로 합의하였고, 기후변화가 생물다양성에 미치는 영향을 평가하여 각 작업프로그램에 통합토록 요청하였으며 유전자변형 수목(GM tree) 도입·규제 논의 등 경제와 관련된 이슈 등이 논의되었다.

2010년 제10차 생물다양성협약 당사국 총회에서 생물자원에 대한 국가 주권을 인정하는 국제 규범으로서 '유전자원에 대한 접근 및 그 이용으로부터 발생하는 이익의 공정하고 공평한 공유(ABS)에 관한 생물다양성에 관한 나고야의정서'가 채택되었다. 2014년 강원도 평창에서 열린 '제12차 생물다양성협약 당사국 총회(CBD COP12)'에서 '국가의 생물주권' 개념을 도입한 나고야의정서가 발효되었다.

생물다양성협약의 국내 이행을 위하여 「생물다양성 보전 및 이용에 관한 법률」을 2012. 2. 제정하여 2013년 2월부터 시행하고 있다. 또한 「나고야의정서」가 채택된 이후 국내 유전자원 접근 및 이용절차, 국가책임기관 및 국가점검기관과 같은 주요기관의 지정, 내국인이 해외 유전자원을 이용하는 경우의 절차준수신고 등을 담은 「유전자원의 접근·이용 및 이익 공유에 관한 법률」을 2017. 1. 17. 제정하였다. 동법은 나고야의정서의 구체적인 국내 이행체계를 구축하기 위한 법률로서 국내 유전자원에 대한 주권을 강화하고, 국내외 생물자원 수급의 불확실성을 해소하기 위한 취지를 담고 있다.

2019년 4월 개최된 IPBES(생물다양성과학기구)[11] 총회에서 생물다양성 위기에 대한 경고음을 강하게 알렸다. 향후 수십 년 안에 12.5%에 달하는 100만 종이 멸종할 것으로 예상하였고, 양서류 40%, 침엽수 34%, 포유류 25%가 멸종 위기에 처한 것으로 보고하였다. 또한 생물다양성의 파괴는 세계경제, 식량안보, 건강, 그리고 인간 삶의 질을 위협한다고 경고했다.

현재 기후변화와 지구온난화로 인하여 지구의 생물다양성은 지속적으로 훼손되고 있고, 생물다양성의 멸종속도는 향후 더 빨라질 것으로 예상되고 있다. 이러한 측면에서 생물다양성협약은 기후변화협약과 함께 지구의 지속가능성을 확보하

---

11) IPBES(Intergovernmental Science－Policy Platform on Biodiversity and Ecosystem Services, 생물다양성과 생태계 서비스에 관한 정부간 과학정책 플랫폼)는 주로 유엔기후변화협약(UNFCCC)을 과학적으로 지원하기 위한 기후변화정부간협의체(IPCC)가 모델이 되어, 구조, 기능, 역할, 목적 등이 설정되었다. 독일의 본에 사무국을 두고 있는 IPBES는 독립적인 정부 간 기구(independent intergovernmental body)로서 생물다양성의 보전과 지속가능한 이용, 장기적인 인류의 복지 및 지속가능한 개발을 위하여 생물다양성과 생태계 서비스를 위한 과학과 정책의 접점을 강화할 목적으로 설립되었다. IPBES는 정부, 학계, 과학 기구, 시민단체, 토착민과 지역 사회(ILC) 등에 의하여 전 세계적으로 발생된 관련 정보 및 지식을 종합, 검토, 가늠하여, 세밀하게 평가하고자 과학자 및 정책 집단이 함께 인식하는 장치를 제공한다.

기 위한 핵심 국제협약으로 자리매김하고 있다.

3. 멸종위기에 처한 야생동 · 식물종의 국제거래에 관한 협약

멸종위기에 처한 야생동·식물종의 국제거래에 관한 협약(CITES: Convention on International Trade in Endangered Species of Wild Fauna and Flora)은 불법거래나 과도한 국제거래로부터 멸종위기에 처한 야생동·식물을 보호하고, 야생동·식물 수출입 국가들이 상호 협력하여 국제거래를 규제함으로써 서식지로부터의 무질서한 채취 및 포획을 억제하기 위하여 1973년 미국 워싱턴에서 채택되어 1975년 7월부터 발효되었다. 우리나라는 1993년 7월 122번째로 협약에 가입하였고, 2002년 6월 현재 160개국이 가입하고 있다.

CITES는 멸종위기 정도에 따라 규제대상 동·식물을 부속서 Ⅰ, Ⅱ, Ⅲ으로 구분하여 수출입시 관리당국의 수출입 허가를 받도록 규정하고 있다. ① 상업목적의 거래가 금지되는 부속서 Ⅰ에는 코끼리, 코뿔소, 호랑이, 나일악어, 곰 등이 등재되어 있고, ② 상업목적의 수출이 가능하나 관리당국의 승인이 필요한 부속서 Ⅱ에는 천산갑, 미국산삼, 아메리카 곰 등의 동식물이, ③ 자국의 특정종을 보호하기 위하여 지정된 부속서 Ⅲ에는 인도의 북방살모사 등 약 5,000종의 동물과 25,000여 종의 식물이 등재되어 있다.

또한 CITES는 야생동·식물종은 국제적으로 보호하고 보존하여야 할 대상이기도 하지만 각국의 문화 및 형편에 따라 의약품, 식품, 공예품 등의 원료로 인간이 이용하여야 하는 대상이기도 하여, 이들 종의 보전과 지속적인 이용에 대한 논쟁이 있었으나 세계민간단체의 입장이 크게 반영되어 '이용' 보다는 '보전'을 우선하여 채택되었다.

우리나라는 멸종위기에 처한 야생동·식물을 한약재로 사용하는 경우가 있어서 국제적 비난을 받아 왔고 이 문제가 계속 CITES 관련 회의에서 주요 이슈로 거론되었는데, 특히 관절염이나 신경통에 효과가 있다고 하는 호랑이 뼈와 고열이나 발작 치료를 위해 주로 쓰였던 코뿔소 뿔의 사용이 중점적으로 논의되어 왔다. 이에 따라 정부는 관계법률의 개정을 통해 1993년부터 호랑이 뼈의 국내 수입을 금지하고, 1995년부터 호랑이 뼈를 함유한 제품의 국내유통을 금지시킨 바 있다. 2004년 2월 9일 「야생동·식물보호법」이 제정되었고, 동법은 2011. 7. 28. 일부개정시 제명이 「야생생물 보호 및 관리에 관한 법률」로 변경되었다.

4. 람사르협약

람사르협약은 수조류, 어류, 양서류, 파충류 및 식물의 기본적 서식지이자 가장 생산적인 생명부양의 생태계인 습지의 보호를 위해 1971년 2월 이란의 람사르(Ramsar)에서 채택된 「물새서식지로서 국제적으로 중요한 습지에 관한 협약(Convention on Wetlands of International Importance Especially as Waterfowl Habitat)」을 말한다. 우리나라는 1997년 3월 람사협약 가입서를 기탁함으로써 98번째로 람사르협약에 가입하였고, 2002년 6월 현재 133개국이 가입하고 있다.

습지는 수조류, 어류, 양서류, 파충류 및 식물의 기본적 서식지이자 가장 생산적인 생명부양의 생태계를 형성하고 있고, 홍수와 한발을 조절하는 등 기후조정 역할을 하며, 가장 비옥한 건초용 목초지보다 두 배 이상의 유기물질을 생산하기도 한다.

협약 가입시 최소 1개 이상의 국내습지를 협약등록습지로 등재하여야 하는 협약규정에 따라 우리나라는 자연생태계보호지역으로 지정·관리중인 강원도 인제군 소재 '대암산 용늪'을 협약등록 습지로 등록하였고, 1998년 3월에는 자연생태계보전지역으로 지정된(1997년 6월) 경남 창녕의 우포늪을 등록하였다. 1999년 2월에는 습지보전법이 제정되어, 내륙습지(환경부)와 연안습지(해양수산부)에 대해 습지조사 및 습지보전 기본계획 수립, 우수지역에 대한 습지보호지역 지정 추진 등 체계적 관리를 도모하고 있다.

환경부는 습지 보전 및 현명한 이용에 지역사회가 모범적으로 참여·활동하는 지자체에 대하여 람사르습지도시로 인증받을 수 있도록 지원하고 있다. 2018년 10월 아랍에미리트 두바이에서 열린 제13차 람사르협약 당사국 총회에서 우리나라의 제주시, 순천시, 창녕군, 인제군 등 4곳을 포함하여 전세계 7개국 18곳이 람사르습지도시로 인증받았고, 2022년 11월 스위스 제네바에서 열린 제14차 람사르협약 당사국 총회에서 고창군, 서귀포시, 서천군 등 3곳을 포함하여 전세계 12개국 25곳이 람사르습지도시로 인증받았다.[12)]

5. 바젤협약

산업화에 따라 유해폐기물의 발생량이 증대하고 있는 반면, 그에 대한 부적정한 처리와 국가간 불법적 이동 현상이 빈발하게 되자 이를 국제적 수준에서

---

12) 환경부, 환경백서 2022, 271쪽.

규제해야 한다는 요구가 대두되었는데, 이에 따라 채택된 것이 「유해폐기물의 국가간 이동 및 그 처리의 통제에 관한 바젤협약(Basel Convention on the Control of Transboundary Movements of Hazardous Wastes and Their Disposal)」이다. 바젤협약은 1989년 3월에 채택되어 1992년 5월 5일부터 발효되었다. 바젤협약은 첫째, 유해폐기물을 수출하는 국가는 환경적으로 안전한 방법으로 처리할 수 있는 기술적 능력이나 시설을 가지지 못할 때만 수출해야 하며, 둘째 국가간 유해폐기물이 이동될 때에는 반드시 국제법적인 법칙과 기준에 따라 포장되고, 표시되고, 운반되어야 하며, 셋째 국제적으로 정해진 내용이 기재된 명세서를 첨부해야 하며, 넷째 각 국가는 유해폐기물의 수입을 금할 수 있는 권한을 가지도록 하였다.

우리나라는 바젤협약을 국내법으로 수용한 「폐기물의 국가간 이동 및 그 처리에 관한 법률」에 의해 관리되고 있다(바젤협약은 1994년 2월 28일에 가입). 1992년 12월 8일 제정·공포되고 1994년 5월 29일 발효된 동 법률에 의거하여, 환경부장관이 고시한 유해폐기물을 수출하거나 수입하려면 반드시 지식경제부장관의 허가를 받아야 한다. 수출입이 통제되는 폐기물의 종류는 국가에 따라 차이가 있으며, 우리나라의 경우는 PCB 함유폐기물, 폐유, 하수슬러지, 폐밧데리 등 바젤협약과 경제개발협력기구(OECD)에서 정한 99개 품목의 유해폐기물을 통제대상으로 고시하고 있다.

제 2 장 환경법 일반이론

제 1 절 환경법의 개념

Ⅰ. 환경법의 발전단계

환경문제를 규율하는 일반적인 입법의 추세를 보면 초기단계에서는 위생법적 성격에서 공해법 단계를 거쳐 환경법으로 발전되어 왔다고 할 수 있다. 개발에 따른 단계별 환경법의 특성과 입법형식은 다음과 같이 분류할 수 있다.

입법의 형태는 ㉠ 보건위생분야의 일부로서 위생법적 성격, ㉡ 환경오염 규제를 위한 공해법적 성격, ㉢ 환경에 관한 권리의 인정, 환경권 침해에 대한 구제, 조정 및 피해보상, 환경규제를 위한 환경법적 성격의 방향으로 전개되고 있는 것이 세계적인 동향이다.

단계별	법적 성격	특성	대처 방안	입법 형식	소속 국가
1단계	위생법	－보건위생의 한 분야	공중위생 보호적	단일법	개발초기 단계국가
2단계	공해법	－시민법적 성격 －공해에 대한 규제와 피해보상	국부적 소극적 미시적	단일법 내지 절충형	개발 도상국
3단계	환경법	－사회법적 성격 －환경권의 인정(환경을 자유재에서 공공재로 인식전환), 환경권 침해에 대한 구제, 조정 및 피해보상, 환경규제	종합적 적극적 거시적	복수 개별법	선진국 (미국, 영국, 프랑스 등)

Ⅱ. 공해법에서 환경법으로

1. 공해와 공해법

'공해'라는 용어는 일상화, 보편화되어 있으나 아직 그 개념자체가 불명확하며 그 내용이나 범위도 확정되어 있지 않다. 우리 일상생활에서는 TV공해, 정치공해, 식품공해, 약품공해 등과 같이 인간에게 악영향을 미치는 것 전부에 대하여 공해라는 용어를 사용하고 있다.

우리나라의 경우 법적 영역에서 공해라는 말이 처음으로 사용되기 시작한 것은 1960년을 전후하여 일본으로부터 도입된 이후부터라고 한다.[1] 법률상 용어로 공해라는 말이 처음으로 등장한 것은 1963년에 제정된 공해방지법에서이다.

공해는 인간의 활동에 의하여 발생하는 유해물질 또는 에너지가 공기·물·토양 등을 매개로 하여 계속적인 상태하에서 공중의 건강 또는 생활환경에 끼치는 위해를 의미한다. 일반적인 공해의 분류를 보면, ① 공해현상별(대기오염, 수질오염, 소음·진동 등), ② 발생원인별(산업공해, 도시공해 등), ③ 원인물질별(카드뮴공해, 납공해, 아황산가스 공해 등), ④ 공해원별(자동차공해, 공장공해 등), ⑤ 행위양상별(생산공해, 소비공해 등), ⑥ 피해지역별(울산공해, 광양만 공해 등) 등이 있다. 이들 분류 방법 중 현상별 분류가 가장 보편적으로 이용되고 있으며, 구 공해방지법 제2조에서의 공해에 관한 정의도 이 현상별 분류의 범주에 속한다.

공해법을 광의로 이해하는 경우, 공해법이라 함은 공해에 대처하기 위한 그 처리일반에 관한 법규범의 총체라고 정의할 수 있다.[2] 따라서 공해법이라는 관념에는 공해에 관한 법, 공해의 처리에 관한 법, 공해에 대처하기 위한 법이라는 세 가지 요소가 내포되어 있다.

2. 공해법과 환경법

공해 내지 환경문제에 대한 법적 접근의 역사는 비교적 짧지만 대체로 공해법 단계에서 환경법 단계로 발전하였다고 할 수 있다. 공해법의 발달은 환경오염문제의 해결에 적지 않은 기여를 해 왔지만, 오늘날은 환경법이라는 영역으로 옮겨 환경문제를 논하고 있다. 그 이유는 오늘날 심각한 환경위기에 봉착하여 이에 대한 새로운 인식이 필요하였고, 종래의 공해법 단계에서의 법원리로는 환경문제를 해

---

1) 구연창, 환경법, 법문사, 1993, 30면.
2) 구연창, 위의 책, 31면.

결하는 데 있어서 기본적인 결함이 있었으며, 환경을 전체적·유기적 관련하에 종합적으로 접근하지 못하고 주로 개별적이고 규제적인 대책에 한정되어 접근하는 법적·행정적 접근방법상의 결함이 있었기 때문이었다.

공해법과 환경법은 그 접근방법, 대상, 기본성격 및 기본원리 등에 있어 현저한 차이를 발견할 수 있으므로 이 양자는 구별함이 타당하다.[3)]

	공해법 단계	환경법 단계
접근방법	• 공해에 대한 대증요법적·진압적 접근방법 • 국부적·소극적·미시적 • 환경적 측면의 배려가 결여	• 환경에 대한 적정관리적 접근방법 • 종합적·적극적·거시적 • 사전에 환경을 배려
대상	• 공해현상만이 주된 접근대상 • 공해의 소극적 규제측면 • 사법적 구제가 주된 대상	• 환경전반이 주된 접근대상 • 환경오염의 규제 및 피해구제뿐만 아니라 환경의 이용·관리·보전에까지 범위가 확대
기본성격	• 공해의 방지·규제라는 공법적 측면의 '공해공법'과 공해의 피해구제라는 사법적 측면의 '공해사법'의 이원적 구조. 이는 전통적인 공·사법 구별의 성격을 반영	• 전통적 의미에서의 공·사법 구별을 초월한 제3의 법영역인 사회법으로서의 일원적 구조의 성격
기본원리	• 전통적인 시민법 원리 • 인간중심의 환경규제	• 환경법 원리, 즉 환경권사상이 현행 실정법 체계 내에 승인됨으로써 확립되는 원리 • 환경중심의 환경규제

3. 공해와 환경오염

1963년에 제정된 공해방지법은 동법 제2조에서 공해에 대하여 "대기를 오염하는 매연·분진·악취 및 가스와 화학적·물리학적·생물학적 요인에 의하여 하천을 오염하는 공장폐수·사업장폐수 및 일반하수와 소음 또는 진동으로 인하여 발생하는 보건위생상에 미치는 위해"라고 정의하고 있었다.

1977년 10월에 제정·공포된 환경보전법과 1990년 8월에 제정·공포된 환경정책기본법에서는 '공해'라는 개념 대신에 '환경오염'이라는 개념을 새로이 도입하고 있다. 환경정책기본법에서는 환경오염(Pollution)에 대하여 "사업활동 기타 사람의 활동에 따라 발생되는 대기오염, 수질오염, 토양오염, 해양오염, 방사능오염, 소음·진동, 악취 등으로서 사람의 건강이나 환경에 피해를 주는 상태"라 정의하고 있다

3) 구연창, 앞의 책, 51면.

(제3조 제4호). 환경오염은 환경에 대한 물질(Substance)이나 에너지(Energy)의 인간에 의한 직접 또는 간접의 투입으로서 인간의 건강에 위해를 미치고, 삶의 자원과 생태계를 해하고 환경의 쾌적함(Amenitiy)과 기타 환경의 정당한 이용을 해하거나 영향을 미치는 것과 같은 성질의 해로운 효과를 가져오는 것이라고 할 수 있다.[4] 이러한 환경오염은 인간의 건강 또는 생활상의 피해를 발생시키지 않는 자연환경의 파괴 또는 질적 저하 자체를 포함한다. 그러므로 천연자원의 고갈도 환경오염으로 보게 되고 환경의 쾌적성에 대한 침해도 환경오염이 된다. 여기에서 '물질 및 에너지'는 고체, 유체 및 기체물질뿐만 아니라 소음, 진동, 열과 방사선을 포함한다. 기타 환경의 이용의 예로는 미적 감상을 들 수 있다.

공해의 개념은 공해방지법상의 중심개념으로서 사람의 건강에의 위해와 생활환경에의 저해로 인한 피해에 대한 대증요법적인 접근에 중점을 두고 있으며, 환경보전법 이후에서의 환경오염은 환경 그 자체의 오염예방과 보전에 중점을 두고 있다. 그리고 공해는 인간의 활동에 의해서 야기된 것에 한하며 인간의 건강 또는 생활환경에 대한 피해에 한정된다는 점에서 일반적으로 통용되는 환경오염보다는 좁은 개념이다.

Ⅲ. 환경법의 의의

1. 환경법의 대상으로서의 환경

일반적인 용어로서의 환경은 인간을 둘러싸고 있는 인간의 삶의 여건을 말한다. 이에는 자연환경, 사회환경으로서의 교육환경, 교통환경, 범죄환경 등을 포함하는 매우 넓은 개념이다. 그러나 환경법의 규율대상이 되는 환경은 이보다 좁은 개념이다. 환경법상 환경의 개념은 환경을 규제하는 법률의 규제대상에 따라 결정된다. 그리하여 환경의 개념은 국가에 따라 그리고 개별 규제법에 따라 그 정의가 상이할 수밖에 없다.

「환경정책기본법」 제3조 제1호는 환경을 '자연환경과 생활환경'을 의미하는 것으로 정의하고, 동조 제2호는 자연환경(Natural Environment)을 "지하 · 지표(해양을 포함한다) 및 지상의 모든 생물과 이들을 둘러싸고 있는 비생물적인 것을 포함한 자연의 상태(생태계 및 자연경관을 포함)"라고 정의하고 있으며, 동조 제3호는 생활환경을 "대기, 물, 토양, 폐기물, 소음 · 진동, 악취, 일조 등 사람의 일상생활과 관계되

4) OECD Council Recommendation C(74) 224 of 14 November 1974.

는 환경"이라고 정의하고 있다. 이와 같이 현행 「환경정책기본법」은 환경 자체를 정의내리지 않고 환경을 '자연환경과 생활환경'을 의미하는 것으로 정의하면서 자연환경과 생활환경을 정의하고 있다.

그런데 이러한 정의에는 다음과 같은 문제가 있다. ① 자연환경을 생활환경과 대비시킨 것은 문제가 있다. 우선 자연환경에 대비되는 것은 인공환경이다. 자연환경과 생활환경은 적지 않은 부분이 중복된다. 즉, 자연환경은 구체적으로 대기, 물, 토양, 산림, 경관, 야생동식물, 생태계를 포함한다. 천연자원도 환경법의 규제대상이 된다고 보는 경향이 나타나고 있다. 생활환경이라 함은 대기, 물, 토양, 폐기물, 유해물질, 소음·진동, 악취 등을 포함한다. 이렇게 볼 때 자연환경과 생활환경이 부분적으로 중복되고 있다. ② 생활환경을 정의함에 있어 적극적으로 정의되지 않은 환경이라는 개념을 사용하여 개념정의에 있어 순환의 모순을 보이고 있고, 생활환경의 개념이 명확하지 않게 정의되고 있다.

역사적·문화적 유산을 환경법상의 환경에 포함시키는 국가도 있지만,[5] 우리나라는 천연기념물 등 역사적·문화적 유산의 보전은 환경법이 아니라 「문화재보호법」에 의해 규율되는 것으로 하고 있다. 쾌적한 도시공간 등 도시의 여건도 실질적으로는 환경의 개념에 포함될 수 있지만 환경법의 규율대상이 되지 않고 도시계획관계법에 의해 규율되는 것으로 되어 있다.

2. 환경의 이용 · 관리 · 보전에 관한 법

과거 공해법 단계에서는 공해의 방지 및 그 피해구제를 위하여 공해를 진압하는 국부적·소극적 자세를 취하였고 환경적 측면에 대한 배려는 결여되어 있었다. 그러나 오늘날 환경문제에 대한 법적 접근방법은 종래의 대증요법적인 것에서 벗어나 환경문제의 사전예방을 위한 관리로 발전하여 왔는바, 환경법은 환경을 오염 내지 파괴하지 않도록 적극적·종합적·거시적으로 사전에 환경의 이용·관리·보전에 관하여 규율하는 법이라고 할 수 있다.

3. 환경권 사상을 지도원리로 하는 법

환경법이 공해법과 구별될 수 있는 가장 중요한 특징은 그것이 터잡고 있는 지

---

5) 미국의 국가환경정책법(NEPA) 제101조 (b) (4)는 역사적·문화적 유산을 환경법의 규율을 받는 대상으로 포함시키고 있다. 미국의 국가환경정책법은 '인간환경이란 자연적, 물리적 환경 및 인간과 환경과의 상호관계를 포함하도록 포괄적으로 해석되는 것으로 한다'라고 규정하고 있다.

도원리가 전통적인 시민법원리가 아니고 환경권사상 내지 환경권의 법리라는 점이다. 따라서 비록 환경관계의 법체계가 그 접근방법을 적정관리로 전환하고 그 대상을 확장하였다 할지라도 현행법체계가 환경권을 승인하지 않는다면 환경법의 완전한 확립은 이루어진 것으로 볼 수 없다.

Ⅳ. 환경법의 특질

1. 공 법 성

오늘날 환경보호의 문제가 국가적인 공공업무로 되고 환경재와 환경자원을 관리·보전하며 지속적인 이용을 보장하기 위하여 환경법은 주로 공법의 영역이 중심이 되고 있다. 국가의 환경보전을 위한 정책은 주로 공적인 규제나 조성행정 등의 공법적 규율을 주된 내용으로 하기 때문에 공법 중에서도 행정법이 중심이 되고 있다. 수많은 환경관련 개별법령들은 대부분 환경행정법에 해당한다. 이에 반하여 민법이나 형법은 환경행정법을 측면에서 지원하는 기능을 한다.

2. 다양성·복잡성

환경문제는 날이 갈수록 더욱 다양하고 복잡화하는 경향을 보여주기 때문에 이를 대상으로 하는 환경법의 내용 역시 복잡화·다양화될 수밖에 없다. 그렇기 때문에 환경법이 정립되기 위해서는 관련 법학분야는 물론 다른 학문분야와 협동이 불가결하게 된다.

3. 학제적 연계성

환경분야는 다른 어떤 분야보다도 학문간의 유기적 연결을 요하는 학제적 연구가 필요한 분야이다. 오늘날 환경문제에 대한 접근은 공학, 자연과학, 인문과학, 사회과학, 법학 등 다양한 분야에서 이루어지고 있고, 각 분야간의 학제적 연구를 통하여 오늘날의 환경위기를 극복하고자 하는 다양한 대안들이 모색되고 있다. 환경법은 이러한 다른 환경관련 분야에서 다루어진 과제들이 현실 사회에 정확히 반영되고 분야별 정책의 제시가 실효성을 지닐 수 있도록 모든 요소를 종합하고 조정하는 틀을 규범화하고 그 규범을 현실 사회에 적용가능하도록 해석하는 일을 담당하게 된다.

4. 기술관련성

오늘날 우리 사회에 나타나고 있는 환경오염현상들은 과학과 기술의 발달에 따라 더욱 다양하고 복잡해지며 심각해지고 있고, 보통 오염발생기술은 이를 방지하는 기술보다 앞서고 있기 때문에 환경오염현상을 보다 효율적으로 방지하고 제거하기 위해서 기술의 종합체계화에 의한 환경오염방지 및 예방기술을 활용하지 않을 수 없다.

5. 국제관련성

오늘날 환경문제는 지구온난화, 오존층 파괴, 생물종의 감소, 유해폐기물의 국가간 이동, 해양오염 등 한 국가차원의 국지적인 문제가 아닌 지구 전체의 문제로 되고 있다. 그 결과 환경과 관련하여 수많은 조약과 협약들이 체결되고 있고 그것이 국내 환경법이나 정책에 영향을 미치고 있으며 따라서 각국의 환경법도 점차 공통되는 부분이 늘어가고 있는 경향을 보이고 있다.

Ⅴ. 환경법의 분류

1. 환경헌법

헌법은 국민의 기본권보장과 통치구조를 규정하는 국가의 기본법으로서 국가의 최고 상위규범이다. 이 중에서 환경과 관련된 규정이 환경헌법이라 할 수 있다. 여기에 속하는 것으로서 특히 환경권, 국가의 환경보전의무, 환경관련 국가조직 등에 관한 것을 들 수 있으며, 이들은 환경관련 법령의 기본원칙을 이룬다.

헌법에 환경에 관한 내용을 기본권편에 둘 것인가, 국가목표규정으로 둘 것인가는 헌법제정권자의 선택에 따르는 것이지만, 독일의 경우 국가의 환경보전의무를 국가의 목표규정으로 하고 있고 환경권을 기본권으로 명시하고 있지 않은 반면, 우리나라는 기본권 목록에 환경권(헌법 제35조)을 명시적으로 규정하고 있다.

2. 환경행정법

환경보전을 위한 국가의 환경정책은 다양한 형태로 이루어지고 있는데, 이 중에서 환경보전을 위한 법적 규율의 가장 주된 부분은 환경행정법이라 할 수 있다. 왜냐하면 국가의 환경보전을 위한 정책은 주로 공적인 규제나 조성행정 등의 공법적 규율을 주된 내용으로 하기 때문이다. 환경행정법은 환경행정의 조직과 작용 및 구제에 관한 법이라고 할 수 있으며, 환경법 중에서 가장 핵심을 이루고 있고, 수많은 개별법으로 구성되어 있으며, 환경관련법령은 대부분 환경행정법이다.

3. 환경형법

공권력의 주체가 환경법규에 위반한 환경범죄를 처벌하기 위한 법을 말한다. 행정범으로서의 환경범죄가 대부분이겠으나, 형법전 가운데 환경범죄를 입법화시키는 경향이 나타나고 있다.

현재 우리나라의 법제를 보면 환경범죄는 크게 세 가지 방향에서 규율되고 있다. 첫째, 「물환경보전법」이나 「대기환경보전법」 등과 같은 분야별 개별환경법들이 벌칙에 관한 장에서 법규위반행위에 대한 행정벌을 규정하고 있다. 둘째, 「환경범죄 등의 단속 및 가중처벌에 관한 법률」이 환경오염행위에 대한 가중처벌, 과실범처벌 등의 규정을 두고 있다. 셋째, 형법상 음용수사용방해죄(제192조) · 수도음용수사용방해죄(제193조) · 음용수혼독치사상죄(제194조) 등의 음용수에 관한 죄, 가스 · 전기 등 방류죄(제172조의2), 과실치사상죄(제266조, 제267조) 등 환경상의 법익을 부수적으로 보호하는 형법규정들이 있다.[6)]

4. 환경사법

환경사법이란 환경과 관련된 개인간의 권리의무에 관한 사항을 규율하는 법영역을 말한다. 이는 주로 환경침해에 대한 구제수단으로서 중지청구(방해제거청구나 방해예방청구)와 손해배상청구에 관한 것이다.

전자는 현재의 침해행위의 중단이나 장래의 침해행위의 예방을 구하기 위한 것으로 민법상 물권적 청구권조항이나 상린관계규정이 환경사법에 해당한다. 후자는 민법 제750조 이하의 불법행위로 인한 손해배상에 관한 규정이 적용되며, 이에는 고의·과실, 위법성, 인과관계 등의 요건을 충족시켜야 하지만 환경침해행위의 특성이 고려된다. 그리고 무과실책임이 확대되고 있다.

---

6) 형법개정작업의 일환으로 1992년 6월 제안되었던 형법개정안에서는 제27장 '환경에 관한 죄'를 신설하여 환경오염죄, 환경오염치사상죄, 환경오염죄미수범, 과실환경오염죄를 규정하고 있었지만 이러한 환경상 법익침해에 관한 독립적인 규정은 개정에 반영되지 못하였다. 따라서 현재는 형법상으로는 환경을 부수적 보호법익으로 하는 위와 같은 형법조항들로 규율할 수밖에 없다.

5. 환경소송법

환경소송법이란 환경문제에 관한 분쟁을 해결하기 위한 쟁송절차를 정하고 있는 법을 말한다. 분쟁의 분야 및 성격에 따라 헌법재판소법, 행정쟁송법(행정심판법, 행정소송법), 민사소송법, 형사소송법이 적용된다. 또한 환경분쟁을 신속하게 해결하기 위한 절차법으로서 환경분쟁조정법이 있다.

6. 국제환경법

오늘날의 환경문제는 한 국가차원의 문제가 아니라 국제적 차원의 문제가 되어가고 있다. 예를 들면, 지구온난화 문제, 오존층 파괴 문제, 국경을 넘는 오염의 문제 등은 이제 국가간의 합리적인 논의와 협약을 통해서만 해결이 가능하게 되었다. 따라서 환경법은 그 어떤 법보다도 국제적인 시각이 필요한 분야가 되었다. 국제환경법은 환경관련 국제조약을 비롯한 국제관습법, 국제법일반원칙을 의미한다. 기후변화협약, 생물다양성협약, 유해폐기물의 국가간 이동 및 처리의 통제에 관한 바젤협약, 오존층 파괴물질에 관한 몬트리올 의정서 등이 대표적인 것들이며, 이 밖에 수많은 환경협약 및 조약이 있다.

제 2 절 우리나라 환경법의 연혁과 체계

Ⅰ. 우리나라 환경법의 연혁

1. 제1기: 공해방지법 시대(1960년대~1970년대 중반)

우리나라의 환경문제는 1962년부터 경제개발 5개년 계획을 본격적으로 추진하면서 시작되었으며, 이러한 환경문제에 대처하기 위하여 1963년 공해방지법이 제정되었는데 이것이 우리나라 환경법의 시작이라고 할 수 있다. 그러나 이 당시는 경제규모가 미약한 상황에서 경제개발을 본격적으로 추진코자 하는 출발단계였기 때문에 환경오염이 심각해졌다는 것보다는 선진국의 선례를 고려한 환경론자들의 우려와 외자도입과 관련해서 환경법규가 있어야 하겠다는 고려에서 제정한 측면이 크다.7)

7) 이상돈 · 이창환, 환경법, 이진출판사, 1999, 84면.

공해방지법은 전문 21개조에 지나지 않는 소규모 입법으로 규제내용과 그 실효성 측면에서 미흡한 점이 많았고 위생법적 성격이 강하였다. 그 후 60년대의 경제개발과정에서 공해현상이 국지적으로 나타남에 따라 1971년 1월에는 종래의 법을 대폭 개정하여 배출허용기준, 배출시설설치허가제도, 이전명령제도 등을 도입하였다.

그 외에 오물청소법이 1961년 12월 제정됨으로 국가, 지방자치단체, 사업자에 대해 오물처리의 책임과 의무를 부여하여 관리하게 하고 특별청소지역 안의 건물소유자 등에 대해서도 위생 관리 의무를 부여하였다. 또한 독물 및 극물에 관한 법률이 1963년 12월에 제정되어 독성물질을 독물, 특정독물, 극물로 분류 및 관리하게 되었다. 이 법률들은 당시 보건사회부 공해계에서 담당하였다.

2. 제2기: 환경보전법 시대(1970년대 후반~1980년대 후반)

1970년대에 들면서 고도성장으로 인한 환경오염의 증가 등으로 환경문제가 심각해지고 다양해짐에 따라 종래의 공해방지법으로서는 오염물질의 효율적인 관리가 어려워 보다 체계적이고 통일적인 입법이 요구되었다. 그에 따라 1977년 12월 31에는 공해방지법을 대체하는 11장 70개조로 구성된 환경보전법이 제정되었다. 동 법에서는 환경기준, 환경영향평가제도, 총량규제제도, 특별대책지역 지정 등이 도입되어 보다 적극적이고 종합적인 환경보전적 성격의 입법으로 전환되게 되었다. 그 후 3차례에 걸친 개정에서 사전예방적이고 실효성 있는 환경관리대책들이 더욱 보완되었다.

그 외에 1977년 12월에 해양오염방지법을 제정하였으며, 농촌지역 근대화에 따른 농촌지역의 폐비닐 문제 등이 심각함에 따라 합성수지 폐기물 관리를 위해 1979년 5월에 환경오염방지사업법을 제정하였다. 한편, 1986년에는 환경보전법이 개정되었고 폐기물관리법이 새로 제정되었는데 이들 법이 87년 7월 발효함에 따라서 기존의 오물청소법은 폐지되었고, 환경청에는 폐기물관리국이 설치되었다. 폐기물관리법의 제정은 환경보전법이 발전적으로 해체되고 개별대책법이 제정되는 이른바 분법화의 시작을 의미하는 것이었다.

3. 제3기: 환경정책기본법 및 개별환경법 시대

(1) 토대형성기(1990년대 초반~2010년 이전)

환경문제가 국내외적으로 중요한 문제로 대두됨에 따라 종래의 환경보전법 체계로는 환경문제에 대해 능동적이고 신축적으로 대처하기 곤란하게 됨으로써 보다 체계적인 대처방안이 요구되었다. 점차 다양화하고 광역화하는 환경문제를 단일법 체제로 대응하다 보니 입법의 비대화 현상을 가져오고, 또 중요한 입법사항을 법률이 아닌 행정부의 행정규칙에 규정하게 되는 입법형식상의 기형화 현상을 가져왔다. 이에 따라 위헌·위법의 시비가 제기되는 등 단일법 체계로 인해 여러 문제들이 발생하게 됨에 따라 다양하고 보다 적극적인 정책수요를 수용할 수 있는 입법방식으로의 전환이 요구되었다.

이에 따라 1990년 8월 1일에 환경보전법이 환경정책기본법, 대기환경보전법, 수질환경보전법, 소음·진동규제법 등 6개의 법으로 나뉘어 제정되었다. 즉, 각종의 개별환경법의 기본방향과 이념을 설정하고 헌법과 개별환경법을 연결하는 역할을 하는 환경정책기본법과 대기, 수질, 소음·진동 등 오염매체별 개별환경법을 제정하게 된 것이다.

1990년대에는 토양환경보전법, 먹는물관리법, 독도를 비롯한 도서지역의 독도등도서지역의생태계보전에관한특별법, 한강수계상수원수질개선및주민지원등에관한법률, 습지보전법이 제정되었으며, 2차에 걸친 정부조직 개편에 의하여 자연공원법 및 조수보호및수렵에관한법률이 환경부 관장 업무로 이관되었다.

1999년 12월 말에는 환경정책기본법이 개정되었고, 환경범죄처벌에관한특별조치법을 대체하여 '환경범죄의단속에관한특별조치법'이 제정되었고, 종전의 환경영향평가법을 대체하여 '환경·교통·재해등에관한영향평가법'이 제정되었다. 2000년에 '수도권매립지관리공사의설립및운영등에관한법률'이 제정되는 한편, 호소수질관리법이 수질환경보전법에 통합되었다. 2002년 1월에는 '낙동강수계물관리및주민지원등에관한법률', '영산강·섬진강수계물관리및주민지원등에관한법률', '금강수계물관리및주민지원등에관한법률'이 각각 제정·공포되었다.

또한, 2003년에는 수도권지역의 대기환경을 개선하기 위하여 대기오염원의 총량규제, 배출권거래제, 저공해자동차의 보급 등 대기오염원의 체계적인 관리를 위한 '수도권대기환경개선에관한특별법'이 제정·공포되었다. 2004년 2월에는 대기환경보전법에서 악취분야를 분리하여 '악취방지법'을 제정하였다. 한편, 야생동·식물의 보호·관리에 관하여 자연환경보전법과 조수보호및수렵에관한법률이 각각 나누어 규정하고 있었는데, 법체계가 이원적이고 효율적이지 못한 문제점이 있어 양자를 통합하여 2004년 2월 '야생동·식물보호법'을 제정하였다. 그리고 자원을 절약하고 환경오염을 줄일 수 있도록 공공기관에 친환경상품(환경표지제품, 재활용제품 등)의 구매의무를 부과하기 위한 '친환경상품구매촉진에관한법률'이 같은 해 12월에 제정되었다.

2006년에는 자연환경자산 신탁운동의 법적 한계를 극복하기 위하여 「문화유산과 자연환경자산에 관한 국민신탁법」이 제정되었다. 또한 「오수·분뇨 및 축산폐수의 처리에 관한 법률」을 폐지하고, 가축분뇨에 관하여는 「가축분뇨의 관리 및 이용에 관한 법률」을 제정하여 규율하게 되었으며, 오수·분뇨에 관하여는 「하수도법」에 통합하여 규정하게 되었다.

2007년에는 전기·전자제품 및 자동차의 설계단계에서부터 유해물질사용을 억제하고 적정하게 재활용을 하도록 유도하고 국제적으로 강화되고 있는 환경규제에도 능동적으로 대응할 수 있도록 환경부, 산업자원부, 건설교통부 공동입법으로 「전기전자제품 및 자동차의 자원순환에 관한 법률」이 제정되었다. 또한 지속가능발전을 위한 국제사회의 노력에 동참하고 중앙 및 지방의 지속가능발전을 위한 제도적 기반을 마련하고자 「지속가능발전 기본법」이 제정되었다. 그리고 '잔류성유기오염물질에 관한 스톡홀름협약'의 시행을 위하여 동 협약에서 규정하는 다이옥신 등 잔류성유기오염물질의 관리에 필요한 사항을 규정하는 「잔류성유기오염물질 관리법」이 제정되었다.

2008. 3. 21.에는 환경오염과 유해화학물질 등이 국민건강 및 생태계에 미치는 영향 및 피해를 조사·감시하여 국민건강에 대한 위협을 예방하고, 이를 줄이기 위한 「환경보건법」과 환경교육을 활성화하기 위한 「환경교육진흥법」이 제정되었다.

(2) 선진형 입법 확장기(2010년 이후)

환경입법과 관련하여 2010년 이후의 시기를 소위 '선진형 환경입법'의 시대로 평가할 수 있다. 2010년 이후에는 종합적·거시적·적극적 대응을 지향하는 선진적 입법들이 지속적으로 등장하고 있다. 예컨대, 환경보건문제에 대한 적극적 대응, 환경피해에 대한 법적구제의 확대, 사전배려의 원칙의 수용, 통합환경관리의 도입, 자원순환형사회로의 전환, 생물다양성 관련 이슈들의 부상과 대응, 동물에 대한 관심 등을 반영한 입법들이 이루어지고 있다.

먼저, 2010. 3. 22. 「석면피해구제법」의 제정은 환경피해의 법적 구제라는 측면에서 중요한 의미를 지닌다. 석면으로 인한 건강피해자 및 유족에게 급여를 지급하기 위한 조치 등을 담고 있는 동법의 제정으로 환경피해구제의 법적 대응을 위한 본격적 걸음을 내딛었다. 또한 환경보건문제에 정부가 적극적으로 대응하여야 한다는 의지와 자신감을 주었을 뿐만 아니라 이후 환경피해관련 정책 수립 및 입

법 마련에 자양분을 제공하였다. 그리고 2011년 「석면안전관리법」의 제정으로 이어졌다.[8)]

2010. 1. 13.에는 「저탄소 녹색성장 기본법」이 제정되어 2010. 4. 14.부터 시행에 들어갔다. 지속가능발전이 강제로 강등당하는 수모(?)를 겪고, 녹색성장과 관련된 모든 분야를 포괄하는 '망라적 초대형 법률'이라는 점으로 인해 법제적 혼란을 가중시키는 등 여러 문제들이 노출되면서 다양한 비판이 제기되었다. 그러나 한편으로는 환경법의 연구 영역을 기후변화, 에너지, 국토 등 다양한 분야로 연결시키고 확장시키는 분위기를 조성하기도 하였다.

2011. 7. 21. 「환경정책기본법」 전부개정이 맞추어 같은 날 「환경영향평가법」 전부개정이 있었다. 사전환경성검토와 환경영향평가가 별개의 법률에 이원화되어 있던 것을 하나의 법률에 규정하여 환경영향평가제도의 체계성과 효율성을 높이고자 하였다. 그 결과 전부개정법률에서는 환경영향평가제도를 전략환경영향평가, 환경영향평가 및 소규모 환경영향평가로 구분하여 규율하고 있다. 종전의 「환경정책기본법」에 따른 사전환경성검토 대상 중 행정계획은 전략환경영향평가를 받도록 하고, 개발사업은 소규모 환경영향평가를 받도록 하였다.

2012. 2. 1.에는 「생물다양성 보전 및 이용에 관한 법률」이 제정되어 2013년 2월부터 시행되고 있다. 생물다양성의 종합적 · 체계적인 보전과 생물자원의 지속가능한 이용을 도모하고 '생물다양성협약(CBD)'의 이행에 관한 사항을 규정하였다. 생물다양성 협약을 통하여 중요한 2가지 부속서가 채택되었는데, 바이오안전성에 대한 카르타헤나 의정서(2000년)와 나고야의정서(2010년)가 그것이다 전자의 국내 이행 법률로서 2001. 3. 28. 「유전자변형생물체의 국가간 이동 등에 관한 법률」이 제정되었고,[9)] 후자의 국내 이행 법률로서 2017. 1. 17. 「유전자원의 접근 · 이용 및 이익 공유에 관한 법률」이 제정되었다.[10)] 유전자원의 접근 · 이용 및 이익 공유와

---

8) 2011. 4. 28.에는 석면피해의 사전예방을 위해 사업장 주변의 석면 배출허용기준 준수 및 석면해체 제거작업의 감리인 지정 등을 내용으로 하는 「석면안전관리법」이 제정되었다.

9) 바이오안전성 의정서는 생물다양성협약 제19조 제3항에 따라 GMO 등이 생물다양성의 보전과 지속가능한 이용에 미치는 부정적인 영향을 방지하게 위하여 채택된 것으로, 국내 이행 법률로서 2001.3.28. 동법이 제정되었다.

10) 2010년 제10차 생물다양성협약 당사국 총회에서 생물자원에 대한 국가 주권을 인정하는 국제 규범으로서 '유전자원에 대한 접근 및 그 이용으로부터 발생하는 이익의 공정하고 공평한 공유(ABS)에 관한 생물다양성에 관한 나고야의정서'가 채택되었다. 2014년 강원도 평창에서 열린 '제12차 생물다양성협약 당사국 총회(CBD COP12)'에서 '국가의 생물주권' 개념을 도입한 나고야의정서가 발효되었다. 나고야의정서가 채택된 이후 국내 유전자원 접근 및 이용절차, 국가책임기관 및 국가점검기관과 같은 주요기관의 지정, 내국인이 해외 유전자원을 이용하는 경우의 절차준수신고 등을 담

관련하여 최근 전통지식, 합성생물학 등의 정의와 적용범위 등 다양한 쟁점들이 부상하고 있다.

2012. 5. 14.에는 녹색성장기본법에 근거하여 온실가스 배출권거래에 관한 세부사항을 규율하는 「온실가스 배출권 할당 및 거래에 관한 법률」이 제정되었다. 동법에서는 최초의 계획기간(1차 계획기간)을 2015년 1월 1일부터 2017년 12월 31일까지로 정하였고, 2차 계획기간을 2018년 1월 1일부터 2020년 12월 31일까지로 설정하였다. 당시에는 법학계에서 배출권의 법적 성질이라든가 구체적인 실행체계 등에 대한 법적 검토가 충분하지 않은 상황이었기 때문에 상당히 낯설고 생소한 법률로 인식된 측면이 있었다. 그러나 오늘날 동법은 다양한 법적 문제를 제기하고 있고 기업 활동에 커다란 영향을 미치고 있다.

2013. 5. 22.에는 「화학물질의 등록 및 평가 등에 관한 법률」이 제정되었다(시행일 2015. 1. 1.). EU의 화학물질의 등록·평가제도(REACH) 등에서 볼 수 있듯이 주요 각국의 화학물질관리 강화 추세에 대응하기 위하여 일정한 화학물질을 제조·수입하려는 자는 제조·수입 전에 환경부장관에게 등록하도록 하고, 환경부장관은 화학물질의 유해성과 위해성을 평가하여 해당 화학물질을 유독물, 허가물질, 제한물질·금지물질 등으로 지정할 수 있도록 하였다. 동법의 제정으로 화학물질 관리체계가 보다 더 선진화되었다고 평가할 수 있다.

2014. 12. 31.에는 우리나라 환경법 분야에 한 획을 그었다고 볼 수 있는 「환경오염피해 배상책임 및 구제에 관한 법률」이 제정되어 2016. 1. 1. 시행에 들어갔다. 동법은 환경오염사고 발생시 가해기업에 대한 무과실 책임을 인정하고 가해기업의 배상책임한도를 설정하였다(2,000억 원 이내). 그리고 피해자 입증부담경감을 위하여 인과관계의 추정 및 정보청구권에 관한 규정을 두었다. 또한 신속한 피해구제를 위하여 환경책임보험제도를 도입하고 정부구제급여 지급에 관한 사항을 두었다.

2015. 12. 22.에는 「환경오염시설의 통합관리에 관한 법률」이 제정되어 2017. 1. 1. 시행에 들어갔다. 일정 규모 이상의 사업장을 대상으로 배출시설 인·허가 절차를 통합하여 체계화하고, 사업장별로 최적화된 최적가용기법을 적용하여 개별사업장의 여건에 맞는 허가배출기준 등을 설정하도록 하여 환경관리의 선진화를 꾀할

은 동법이 2017.1.17. 제정되었다. 동법은 나고야의정서의 구체적인 국내 이행체계를 구축하기 위한 법률로서 국내 유전자원에 대한 주권을 강화하고, 국내외 생물자원 수급의 불확실성을 해소하기 위한 취지를 담고 있다.

목적으로 도입되었다.

2016. 5. 29. 자원의 순환이용을 촉진함으로써 자원이 순환되는 사회의 기반을 구축하기 위하여 「자원순환기본법」을 제정되어 2018. 1. 1. 시행에 들어갔다. 오늘날 자원순환사회의 도래와 더불어 폐기물은 더 이상 폐기되어야 할 대상이 아닌 유용한 자원으로 파악되고 있다. 동법의 제정은 우리나라 폐기물 정책의 핵심개념과 패러다임이 '폐기물'에서 '순환자원'으로 넘어가는 상징적인 입법적 변화라고 평가할 수 있다.

한편, 2016. 5. 29. 「동물원 및 수족관 관리에 관한 법률」이 환경부 소관 법률로 하여 제정되었다. 동물에 대한 사회적 인식의 변화를 반영하여 이루어진 입법이다. 동법은 동물원·수족관의 설립·운영에 관한 사항과 동물원·수족관에서 사육되는 동물의 적정한 사육환경 조성 등 보유 생물의 관리에 필요한 사항을 법률로써 규정함으로써 동물원·수족관의 올바른 운영 및 보유 생물의 복지 구현을 도모하기 위해 제정되었다.

2017. 2. 8.에는 「가습기살균제 피해구제를 위한 특별법」이 제정되었다. 동법은 독성이 판명된 화학물질을 함유한 가습기살균제의 사용으로 인하여 생명 또는 건강상 피해를 입은 피해자와 그 유족을 신속하고 공정하게 구제하는 것을 목적으로 하고 있다. 현재까지 가습기살균제로 인한 피해로 사망한 사람이 1000여 명에 이르고, 여전히 가습기살균제로 인한 피해자가 다수 존재하고 있다. 이에 이들에 대한 신속한 구제 및 지속가능한 지원 대책을 마련하기 위해 동법을 제정한 것이다.

2018. 3. 20.에는 「생활화학제품 및 살생물제의 안전관리에 관한 법률」(약칭: 화학제품안전법)이 제정되었다(시행일 2019. 1. 1.). 가습기살균제 사건, 라돈침대 사건 등에서 알 수 있듯이 국민들의 화학물질 공포증(케미컬 포비아)이 증대하면서 화학제품 전반에 대한 국민적 불안이 커지고 있다. 특히 세균을 없애는 성분을 지닌 살균제, 살충제 등 살생물제(殺生物劑)에 대한 국가적 관리 필요성이 적극 제기되었다. 이에 생활화학제품에 대한 체계적인 안전관리를 위하여 그동안 「화학물질의 등록 및 평가 등에 관한 법률」에서 규정하여 오던 생활화학제품에 대한 사항을 동법으로 옮기고, 살생물물질(殺生物物質) 및 살생물제품에 대한 승인제도를 도입하는 등 살생물제에 대한 사전예방적 관리체계를 마련하였다.

2018. 6. 12.에는 「물관리기본법」이 제정되었다(시행일 2019. 6. 13.). 주지하다시피 오래전부터 물관리 일원화 문제는 국가 물정책의 주요 의제를 차지해 왔다. 그동안 우리나라의 물관리는 수량, 수질, 수재해 분야로 구분되어 다수 부처가 물관리

업무를 수행해 오면서 많은 문제점들을 노출해 왔다. 이에 물관리의 기본이념 및 원칙을 마련하고, 국가차원의 통합적인 물관리를 위한 국가물관리위원회를 설치하는 등 물관리에 필요한 기본적 사항 등을 정한 동법을 제정하였다. 같은 날 「물관리기술 발전 및 물산업 진흥에 관한 법률」도 제정되었다. 또한 「정부조직법」 개정을 통하여 국토교통부의 '수자원의 보전·이용 및 개발'에 관한 사무가 환경부로 이관되었다. 「댐건설 및 주변지역지원 등에 관한 법률」(약칭: 댐건설법), 「지하수법」, 「수자원의 조사·계획 및 관리에 관한 법률」(약칭: 수자원법), 「친수구역활용에 관한 특별법」(약칭: 친수구역법), 「한국수자원공사법」 등 수자원 관련 5개 법률도 환경부로 이관되었다.

2018. 8. 14.에는 「미세먼지 저감 및 관리에 관한 특별법」이 제정되었다(시행일 2019. 2. 15.). 현재 미세먼지 문제는 국민의 건강을 위협하는 가장 중요한 문제로 인식되고 있다. 정부가 특별대책을 발표하고 각종 정책을 시행하고 있음에도 불구하고 개선의 기미가 보이지 않고 있어 국민들의 불안이 지속적으로 커가고 있다. 따라서 보다 근본적인 차원의 미세먼지 대책 마련을 위하여 동법을 제정한 것이다.

2019. 4. 2.에는 「대기관리권역의 대기환경개선에 관한 특별법」이 제정되었다. 종래 「수도권 대기환경개선에 관한 특별법」에 근거하여 수도권 지역을 대상으로 대기관리권역 지정제도를 시행하였는데, 대기관리권역 지정제도를 수도권 이외에 대기환경기준을 초과하거나 초과할 우려가 있는 지역에까지 확대하고 광역적인 대기환경개선 대책을 체계적으로 추진하기 위해 동법을 새로 제정하였고, 이에 따라 「수도권 대기환경개선에 관한 특별법」은 폐지되었다.

2020. 6. 9.에는 「공공폐자원관리시설의 설치·운영 및 주민지원 등에 관한 특별법」이 제정되었다. 오늘날 방치폐기물, 부적정처리폐기물, 재난폐기물 등이 증가하고 있는 반면, 이를 처리하기 위한 민간 폐기물처리시설의 부족 및 유해폐기물의 처리기피 현상 등으로 인해 현행 폐기물 처리시설 체계에 문제점이 드러나게 되었다. 이러한 방치폐기물, 부적정처리폐기물, 재난폐기물 등을 공공처리 대상폐기물로 정하여 신속하고 안전하게 처리하기 위한 공공의 역할이 커지고 있다. 또한 폐기물처리시설을 설치하는 경우 지역주민의 반대가 극심한 상황에서 공공폐자원관리시설의 설치로 발생하는 이익을 지역주민들과 공유하고 이들을 지원하기 위한 제도적 뒷받침이 필요하였다. 이러한 입법 수요에 부응하기 위해 동법이 제정되었다.

2021. 9. 24.에는 「기후위기 대응을 위한 탄소중립·녹색성장 기본법」이 제정

되었다. 그동안 EU · 미국 · 일본 등 세계 주요국들은 기후위기 극복을 위하여 2050 탄소중립을 위한 로드맵을 마련하고 관련 법정책을 정비하면서 구체적인 이행계획들을 실천해 왔다. 우리나라도 이러한 흐름에 맞추어 탄소중립 로드맵과 이행계획 등을 마련하고, 이러한 대응활동들에 대한 규범력을 확보하기 위해 동법을 제정한 것이다. 그동안 탄소중립사회로의 전환을 위한 입법적 논의가 국회에서 활발하게 진행되었는데, 21대 국회에서 발의되어 논의되던 8개 법안을 통합하여 2021. 9. 24. 탄소중립기본법이 제정되었다. 동법은 2050 탄소중립 목표와 이를 달성하기 위한 이행 전략과 틀을 담고 있고, 우리 사회가 탄소중립 사회로 나아갈 수 있는 법적 기반을 마련하는 것을 핵심 내용으로 하고 있다. 2022. 3. 25. 동법 시행령이 제정되었고 그 외 탄소중립 이행을 위한 관련 법령들의 제개정 작업이 추진되고 있다.

2022. 12. 13.에는 「동물원 및 수족관의 관리에 관한 법률」이 전부개정되었다. 기존 법령상 동물원 및 수족관은 등록기준 충족만으로 설립이 가능하여 사람과 동물의 질병 · 안전관리에 취약하며, 상업적 목적에 치중한 일부 소규모 동물원 · 수족관의 운영 · 관리상 문제도 지속적으로 제기되었다. 또한 돌고래 등 동물원 · 수족관 보유동물 폐사와 같은 일련의 사례로 인하여 동물원 · 수족관 보유동물의 복지 및 관리 강화에 대한 국민적 요구는 더욱 높아지고 있다. 이에 동물원 · 수족관 등록제를 허가제로 전환하면서 동물원 · 수족관의 허가기준을 강화하고, 동물 이동전시 금지 등을 통한 동물복지 제고 및 질병 · 안전 관리 강화 등 전반적인 동물원 · 수족관 관리체계를 강화하고자 전부개정을 한 것이다.

2022. 12. 30.에는 「유기성 폐자원을 활용한 바이오가스의 생산 및 이용 촉진법」이 제정되었다. 동법은 유기성 폐자원의 바이오가스 생산과 이용에 필요한 기반을 조성하도록 법제화함으로써 순환경제의 활성화 도모 및 환경의 보전과 국민경제의 건전한 발전에 기여하기 위하여 제정되었다. 동법에서는 "유기성 폐자원"을 하수찌꺼기, 분뇨, 가축분뇨 등으로 정의하고, "바이오가스"를 재생에너지 중 유기성 물질을 변환시켜 발생하는 가스로 정의하고 있다.

2022. 12. 31.에는 「자원순환기본법」을 「순환경제사회 전환 촉진법」으로 전부개정하였다. 「순환경제사회 전환 촉진법」은 생산 · 소비 · 유통 등 전 과정에서 자원의 효율적 이용과 폐기물 발생 억제, 순환이용 촉진을 도모함으로써 지속가능한 순환경제사회를 만드는 데 보다 적극적으로 기여하기 위해 전부개정형식의 입법적 변화를 주었다(시행일 2024. 1. 1.). 동법에서는 순환경제특별회계의 세입을 확충

하여 지방자치단체가 보다 안정적으로 순환경제사회 전환 사업을 추진할 수 있도록 하고, 폐기물처분부담금의 존속기한을 2023년 1월 1일에서 2028년 1월 1일까지로 연장하였다.

Ⅱ. 우리나라 환경법의 체계

우리나라의 환경법 체계는 헌법을 정점으로 하여 환경 분야의 기본법인 「환경정책기본법」과 개별 환경관련 법령들로 체계를 이루고 있다.

현행 헌법 제35조는 환경권을 명문화하고 있는데 제1항은 환경권의 보장과 더불어 국가와 국민의 환경보전의무를 규정하고 있고, 제2항은 환경권에 관한 법률유보, 제3항은 쾌적한 주거생활권까지 보장하고 있다. 헌법상의 환경권은 환경법의 해석과 법리형성에 있어서 방향설정 및 기준을 제공하게 된다.

「환경정책기본법」은 환경정책의 목적 및 기본이념, 환경분야에 따른 공통적인 사항을 규정하고 있는 법으로 환경법의 기본법으로서의 성격을 갖는다. 그 이외의 개별 환경법은 기본적으로 오염매체별로 제정되어 있다. 중요한 환경법률로는 「환경영향평가법」, 「대기환경보전법」, 「물환경보전법」, 「폐기물관리법」, 「토양환경보전법」, 「소음 · 진동관리법」, 「자연환경보전법」, 「환경분쟁조정법」 등이 있다.

그리고 국토, 하천, 산림 관련법령 등에 규정되어 있는 환경의 이용 · 보전 등의 규정들도 환경법의 영역에 포함시킬 수 있다.

지방자치단체에서 제정하는 조례도 오늘날 중요한 환경법의 법원이 되고 있다. 환경보전을 위한 정책의 수단들이 점차 지자체의 조례를 통하여서도 시행되고 있는 관계로 환경보전이나 관리가 지역주민의 이익과 밀접하게 관련을 갖게 되었다.

조약은 적법하게 체결되어 공포된 경우에는 국내법과 같은 효력을 지니게 되므로 법률과 같이 중요한 법원이 된다. 한편 환경문제의 국제적 성격으로 인하여 환경문제가 국제적으로 해결되는 경우가 많기 때문에 국내 환경법은 국제환경법의 영향을 많이 받는다. 국내 환경법 중에는 환경에 관한 국제조약을 국내에서 시행하기 위하여 제정된 법률이 적지 않다. 「폐기물의 국가간 이동 및 그 처리에 관한 법률」은 바젤협약을 시행하기 위한 법률이고, 「습지보전법」은 람사협약의 영향을 받은 법률이다.

<그림 2-1> 환경부소관 주요 법률

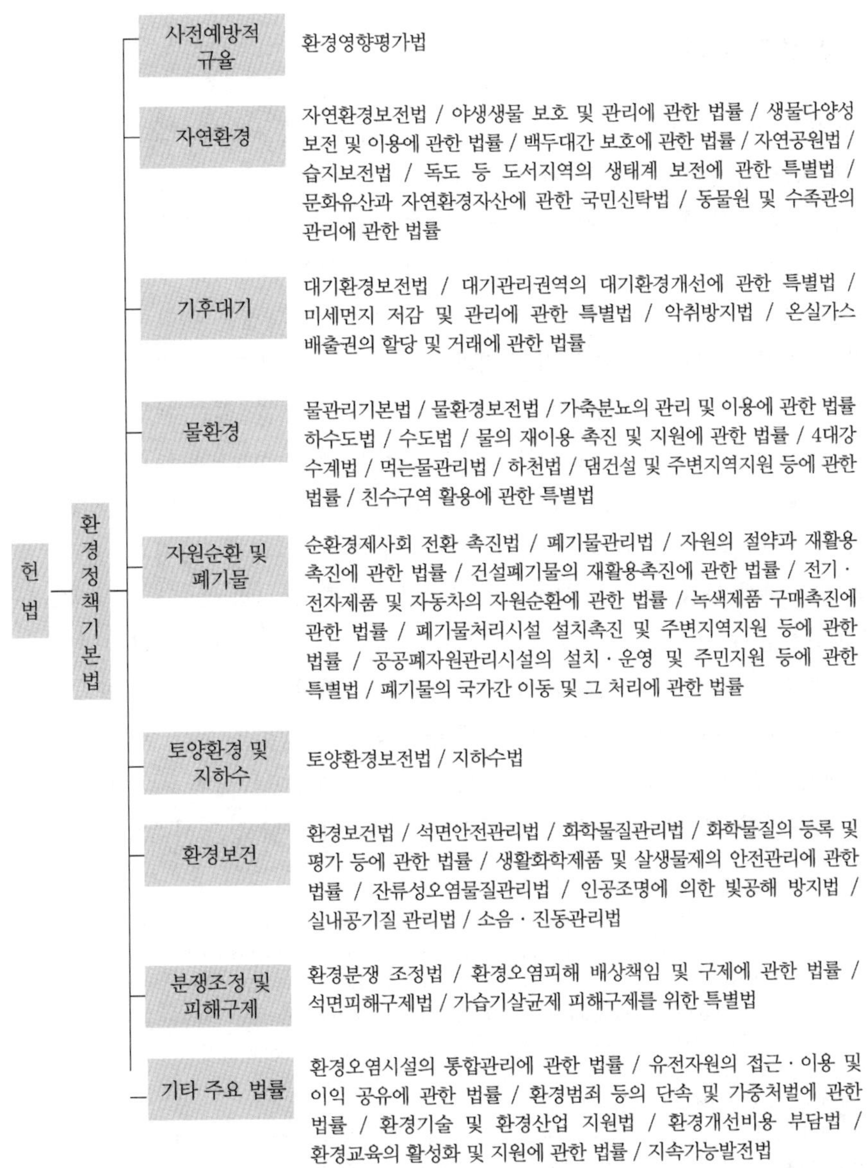
헌법
환경정책기본법
사전예방적 규율
환경영향평가법
자연환경
자연환경보전법 / 야생생물 보호 및 관리에 관한 법률 / 생물다양성 보전 및 이용에 관한 법률 / 백두대간 보호에 관한 법률 / 자연공원법 / 습지보전법 / 독도 등 도서지역의 생태계 보전에 관한 특별법 / 문화유산과 자연환경자산에 관한 국민신탁법 / 동물원 및 수족관의 관리에 관한 법률
기후대기
대기환경보전법 / 대기관리권역의 대기환경개선에 관한 특별법 / 미세먼지 저감 및 관리에 관한 특별법 / 악취방지법 / 온실가스 배출권의 할당 및 거래에 관한 법률
물환경
물관리기본법 / 물환경보전법 / 가축분뇨의 관리 및 이용에 관한 법률 하수도법 / 수도법 / 물의 재이용 촉진 및 지원에 관한 법률 / 4대강 수계법 / 먹는물관리법 / 하천법 / 댐건설 및 주변지역지원 등에 관한 법률 / 친수구역 활용에 관한 특별법
자원순환 및 폐기물
순환경제사회 전환 촉진법 / 폐기물관리법 / 자원의 절약과 재활용 촉진에 관한 법률 / 건설폐기물의 재활용촉진에 관한 법률 / 전기·전자제품 및 자동차의 자원순환에 관한 법률 / 녹색제품 구매촉진에 관한 법률 / 폐기물처리시설 설치촉진 및 주변지역지원 등에 관한 법률 / 공공폐자원관리시설의 설치·운영 및 주민지원 등에 관한 특별법 / 폐기물의 국가간 이동 및 그 처리에 관한 법률
토양환경 및 지하수
토양환경보전법 / 지하수법
환경보건
환경보건법 / 석면안전관리법 / 화학물질관리법 / 화학물질의 등록 및 평가 등에 관한 법률 / 생활화학제품 및 살생물제의 안전관리에 관한 법률 / 잔류성오염물질관리법 / 인공조명에 의한 빛공해 방지법 / 실내공기질 관리법 / 소음·진동관리법
분쟁조정 및 피해구제
환경분쟁 조정법 / 환경오염피해 배상책임 및 구제에 관한 법률 / 석면피해구제법 / 가습기살균제 피해구제를 위한 특별법
기타 주요 법률
환경오염시설의 통합관리에 관한 법률 / 유전자원의 접근·이용 및 이익 공유에 관한 법률 / 환경범죄 등의 단속 및 가중처벌에 관한 법률 / 환경기술 및 환경산업 지원법 / 환경개선비용 부담법 / 환경교육의 활성화 및 지원에 관한 법률 / 지속가능발전법

제3절 환 경 권

Ⅰ. 환경권의 의의

심각한 환경파괴에 직면하여 종래의 공해중심적인 사고방식으로는 오늘날의 환경문제를 적절하게 대응해 나갈 수 없다는 반성에 따라 기존의 틀에서 벗어난 새로운 시각에서 환경문제에 접근하는 방법들이 나타났고 이러한 과정에서 환경권을 헌법적으로 확립시켜야 한다는 요청이 대두되었다.11)

환경권의 인정은 법적 측면에서 볼 때 환경문제의 해결을 위한 하나의 훌륭한 방안이 될 뿐만 아니라 환경권의 법리가 바로 환경법의 지도원리가 된다는 점에서 환경권은 환경법으로 하여금 독자적인 법영역을 구축할 수 있는 계기를 마련해 주는 기능을 가진다.12) 또한 환경권의 인정은 환경행정의 지도이념을 규제의 영역에서 사전예방적 영역으로 옮겨놓는 역할을 한다. 왜냐하면 환경권의 내용에는 환경오염의 배제청구 및 그에 대한 규제 요구뿐만 아니라, 환경영향평가, 환경오염행위의 방지대책 등과 같은 사전예방적 조치의 강구를 요구할 수 있는 권리도 포함되는데, 오늘날 그 무게중심이 후자 쪽으로 옮겨가고 있기 때문이다.13)

세계 각국은 각종 실정법과 판례와 이론들을 정비하고 각종 국제회의를 통하여 환경문제를 새롭게 인식하고 있고, 환경권을 인간 생존을 위한 현대형 인권(제3세대 인권)으로 보기 시작하였다. 우리나라의 경우 1980년 헌법 제33조는 이러한 환경권에 관한 사상을 수용하여 환경권을 기본권의 하나로 명시적으로 보장하였

---

11) 환경권의 용어에 관하여는 여러 가지로 사용되고 있다. 영어로는 environmental right, right to a decent environment, right to a healthy environment, right to a clean environment, right to a habitable environment, right to a healthy and safe environment 등으로 사용되고 있으며, 독어로는 Recht auf eine menschenwürdige Umwelt, Recht auf saubere Umwelt, Recht auf Umweltschutz 등으로 사용되고 있다. Kloepfer 교수는 환경권을 Umweltgrundrecht로, 환경법을 Umweltrecht로 구별하여 사용하고 있다(구연창, 앞의 책, 75면).

12) 천병태·김명길, 환경법, 삼영사, 2000, 74면.

13) 미래의 국가는 법치국가, 사회국가임과 아울러 환경국가일 수밖에 없다고 하겠다. 환경국가의 특색은 무엇인가. 법치국가는 과거 관련적이고 정태적 성격을 지니며, 사회국가는 빈부간의 갈등해소라든지, 사회적 정의의 실현과 같은 동태적이며 미래지향적으로 목적을 추구한다. 반면, 환경국가는 전래의 법치국가와 사회국가와는 달리 '예방 국가' 또는 '사전배려 국가'임을 그 특색으로 한다. 왜냐하면 환경국가는 현실적으로 나타난 명백한 환경 위험에 대처하기보다 오히려 장래에 생겨날 환경 위기를 미리 예견하며 감소시키려는 데 주력하기 때문이다(홍성방, 환경보호의 법적 문제, 서강대학교 출판부, 1999, 156면).

다. 1987년에 전면개정된 현행 헌법도 그 연장선상에서 이를 보다 구체화하여 제35조 제1항에서 "모든 국민은 건강하고 쾌적한 환경에서 생활할 권리를 가지며, 국가와 국민은 환경보전을 위하여 노력하여야 한다"라고 규정하고 있고, 동조 제2항에서 "환경권의 내용과 행사에 관한 사항은 법률로 정한다"라고 하여 환경권의 구체적인 내용과 행사에 관한 사항을 법률에 유보하고 있다.

환경권의 의의에 관하여는 학자마다 약간씩 표현을 달리하고 있다. 즉, 쾌적한 환경에서 건강하게 살 권리,[14] 건강하고 쾌적한 환경에서 공해없는 생활을 누릴 수 있는 권리,[15] 건강하고 쾌적한 환경에서 생활할 권리,[16] 인간다운 환경 속에서 생존할 수 있는 권리,[17] 오염되거나 불결한 환경의 배제라는 소극적 성격뿐만 아니라 적극적으로 깨끗한 환경을 보전하고 조성하여 줄 것을 국가에 요구할 수 있는 권리라고 하는 견해[18] 등이 있다.

헌법 제35조 제1항은 환경권을 헌법상의 기본권으로 명시함과 동시에 국가와 국민에게 환경보전을 위하여 노력할 의무를 부과하고 있으므로, 국가는 각종 개발·건설계획을 수립하고 시행함에 있어 소중한 자연환경을 보호하여 그 자연환경 속에서 살아가는 국민들이 건강하고 쾌적한 삶을 영위할 수 있도록 보장하고 나아가 우리의 후손에게 이를 물려줄 수 있도록 적극적인 조치를 취하여야 할 책무를 부담한다.[19]

환경권은 헌법 제10조에서 정하고 있는 인간의 존엄과 가치 및 행복을 추구할 권리를 비롯하여 생명권, 신체적 완전성에 대한 권리, 보건권과 재산권 등이 실효성 있도록 뒷받침하기 위한 이른바 '기본권의 전제조건의 보호'라는 헌법상의 의의와 기능을 가진다.[20]

통상 환경권이라 함은 헌법상 기본권으로서의 환경권을 말한다. 이하에서도 환경권이라는 용어는 기본권으로서의 환경권을 가리킨다. 이에 대하여 환경권이 실정법상으로 구체화된 일조권, 조망권 등은 개별환경권이라 할 수 있다.

---

14) 김학성, 헌법학원론, 박영사, 2011, 533면.
15) 허영, 한국헌법론, 박영사, 2004, 425면.
16) 성낙인, 헌법학, 박영사, 2005, 534면.
17) 김철수, 헌법학개론, 박영사, 2001, 752면.
18) 권영성, 헌법학원론, 법문사, 1999, 603면.
19) 대법원 2006. 6. 2. 자 2004마1148, 1149 결정[공사착공금지가처분] – 도롱뇽사건.
20) 허영, 앞의 책, 421면.

Ⅱ. 환경보호의 헌법적 수용 형태

환경보호를 헌법에 성문화시키는 방식은 기본권으로 규정하는 경우와 객관적 법규범으로 규정하는 경우의 2가지 유형으로 나누어 볼 수 있다.

독일에서는 '환경보호'의 헌법적 수용형식과 관련하여, 기본법의 체계 내에서 기본권 편에 둘 것이냐, 국가 목표 규정으로 둘 것이냐에 대하여 많은 논란이 있었다. 23년 동안의 오랜 논쟁을 거쳐 1994년 10월 27일 Bonn 기본법 제20a조에 국가 목표 규정으로 두는 형태로 개정안이 통과되었다. 우리나라의 경우는 환경권에 관한 규정을 처음 도입할 당시 환경보호의 필요성이 강조되어 기본권 목록에 편입되었으나, 그것을 기본권으로 헌법에 규정하게 될 때 발생하게 되는 문제점에 대하여는 거의 논의가 이루어지지 않았다는 지적이 있다.[21] 우리나라에서는 환경권을 기본권으로 인정할 수 있는 여건이 마련되지 않은 상황에서 헌법상의 기본권 목록에 편입됨으로써 환경권이 기본권으로서 제대로 보장되지 못하는 헌법과 현실의 괴리현상이 발생하고 있다.

1. 기본권으로 규정하는 경우

환경보호를 헌법에 성문화하는 문제는 새로운 사회적 기본권, 곧 인간의 존엄에 적합한 환경기본권의 도입 여부의 검토로 시작되었다. 환경보호를 기본권의 하나로 인정하여 사회적 기본권으로 규정하는 것을 찬성하는 입장은 국민의 환경 의식에 고무적으로 작용하여 환경운동을 통합시키고, 환경상의 이익이 기본권차원에서 논하여지므로 환경보호를 강화시킨다는 점 등을 논거로 들고 있다.

그러나 사회적 기본권으로 규정되어 있는 환경권의 법적 성질에 대한 학설 중 다수설인 추상적 권리설에 의하면 환경권은 그것을 구체화시키는 법률의 제정이 있어야만 비로소 환경상의 권리가 보호되는 난점이 있다. 또한 공기와 물, 자연경관과 동·식물의 종류의 다양성과 같은 보호법익들은 개인적 법익이 아니므로 환경보호라는 과제를 주관적 권리를 보장함으로써 해결하려는 것은 무리라는 점이 지적된다.[22]

---

21) 홍성방, 앞의 책, 102면.
22) 홍성방, 앞의 책, 137면.

2. 객관적 법규범으로 규정하는 경우

1994년 독일의 본 기본법과 같이 헌법에 환경에 관한 국가 목표규정을 두는 것이 그 예이다. 이는 곧 객관적 법질서를 의미하는 것으로 모든 국가 구성원(국민, 국가 기관 등)을 그 수범자로 하는 것이고 개별 국민에게 주관적 권리를 부여하지 않는다는 점에서 기본권과 구별된다.

그러나 국가 목표 규정에 의하여 부과된 과제를 실현하는 방법과 시기는 입법자의 결정에 일임되어 있으므로 이것은 오히려 환경 보호를 소홀히 할 우려가 생길 수 있다. 또한 그 개념이 포괄적이고 애매하고 다의적일 경우에는 법적 구속력이 없는 방침 규정으로 남을 가능성도 있게 된다.

Ⅲ. 환경권의 법적 성질

1. 법적 성질

환경권은 대체로 '건강하고 쾌적한 환경에서 생활할 권리'라고 이해되고 있다. 법적 성질에 있어서는 자유권적 성격뿐만 아니라 건강하고 쾌적한 환경을 조성·보전해 줄 것을 국가기관에 청구할 수 있는 권리 및 인간의 존엄과 가치·행복추구권으로부터 도출되는 생존권 또는 사회적 기본권으로서의 성격을 갖는 **종합적 기본권**으로 보는 것이 지배적인 견해이다.[23] 헌법재판소도 "모든 국민은 건강하고 쾌적한 환경에서 생활할 권리, 즉 환경권을 가지고 있고, 국가와 국민은 환경보전을 위하여 노력하여야 한다(헌법 제35조 제1항). 환경권은 건강하고 쾌적한 생활을 유지하는 조건으로서 양호한 환경을 향유할 권리이고, 생명·신체의 자유를 보호하는 토대를 이루며, 궁극적으로 '삶의 질' 확보를 목표로 하는 권리이다. 환경권을 행사함에 있어 국민은 국가로부터 건강하고 쾌적한 환경을 향유할 수 있는 자유를 침해당하지 않을 권리를 행사할 수 있고, 일정한 경우 국가에 대하여 건강하고 쾌적한 환경에서 생활할 수 있도록 요구할 수 있는 권리가 인정되기도 하는바, 환경권은 그 자체 종합적 기본권으로서의 성격을 지닌다"고 판시한 바 있다.[24]

환경권에 근거하여 국민 개개인이 국가에 대하여 건강하고 쾌적한 생활환경을

---

23) 윤명선, 헌법학, 대명출판사, 2000, 560면; 권영성, 앞의 책, 604면; 홍준형, 환경법, 박영사, 2001, 41면; 천병태·김명길, 앞의 책, 90면.
24) 헌법재판소 2019. 12. 27. 선고 2018헌마730.

조성해 줄 것을 직접 법원에 청구할 수 있는 **구체적인 권리로 볼 수 있는지**가 문제된다.

대법원 판례는 헌법상 기본권인 환경권을 구체적 권리는 아니라고 본다. 즉, "헌법 제35조 제1항에서 정하고 있는 환경권에 관한 규정만으로는 그 권리의 주체·대상·내용·행사방법 등이 구체적으로 정립되어 있다고 볼 수 없다"라고 보고,[25] "환경권은 명문의 법률규정이나 관계 법령의 규정 취지 및 조리에 비추어 권리의 주체, 대상, 내용, 행사 방법 등이 구체적으로 정립될 수 있어야만 인정되는 것"이라고 보고 있다.[26]

헌법재판소는 명시적으로 환경권의 구체적 권리성을 인정하고 있지는 않지만, 헌법상의 과소보호금지원칙을 매개로 하여 환경권 침해에 대한 구제의 길을 열어 놓고 있다. 즉, 국가(특히 입법부)가 국민의 건강하고 쾌적한 환경에서 생활할 권리에 대한 보호의무를 다하지 않았는지 여부를 헌법재판소가 심사할 때에는 국가가 이를 보호하기 위하여 적어도 적절하고 효율적인 최소한의 보호조치를 취하였는가 하는 이른바 '과소보호금지원칙'의 위반 여부를 기준으로 삼아야 한다. 헌법재판소 결정에 따르면 공직선거법상 주거지역에서 일정한 시간대에 확성장치 규제기준을 두지 아니한 것은, 적절하고 효율적인 최소한의 보호조치를 취하지 아니하여 국가의 기본권 보호의무를 과소하게 이행한 것으로(다시 말하면, 과소보호금지원칙을 위반한 것으로), 환경권을 침해하여 위헌이라고 보았다.[27] '과소보호금지원칙'이란 국민의 기본권을 보호하기 위하여 적절하고 효율적인 최소한의 보호조치를 취하였는지를 판단하는 기본권보호의무 위반 심사기준을 말한다.[28]

그러나 과소보호금지원칙을 적용하여 "적절하고 효율적인 최소한의 보호조치를 취했는가"를 심사기준으로 하는 경우, '적절하고 효율적인 최소한의 보호조치'가 무엇을 의미하는지, '적절성', '효율성', '최소한'이 각각 무엇을 의미하고 이를 판단하는 기준은 무엇이며 이들 요소 간의 관계는 어떠한지 등이 명확하지 않다는

---

25) 대법원 2006. 3. 16. 선고 2006두330 전원합의체 판결[정부조치계획취소등] – 새만금사건.

26) 대법원 1997. 7. 22. 선고 96다56153 판결[공사금지가처분] – 봉은사사건.

27) 헌법재판소 2019.12.27. 2018헌마730 – 공직선거법 제79조 제3항 등 위헌확인

28) 과소보호금지원칙은 독일연방헌법재판소가 1993년 제2차 낙태 판결에서 기본권보호의무와 관련하여 언급한 이후 우리 헌법재판소도 이를 기본권 보호의무 이행의 심사 기준으로 채택하고 있다. 헌법 제37조 제2항에 근거한 과잉금지의 원칙이 국가의 위법한 기본권 제한으로부터 국민의 권리 침해를 방지하는 소극적 방어권의 심사기준이라고 한다면, 과소보호금지원칙은 국민이 국가에게 최소한의 보호조치를 요구할 수 있는 적극적 권리가 있음을 토대로 하는 기본권보호의무의 심사기준이다.

비판을 제기할 수 있다.[29)]

헌법재판소는 "어떠한 경우에 과소보호금지원칙에 미달하게 되는지에 대해서는 일반적·일률적으로 확정할 수 없다. 이는 개별 사례에 있어서 관련 법익의 종류 및 그 법익이 헌법질서에서 차지하는 위상, 그 법익에 대한 침해와 위험의 태양과 정도, 상충하는 법익의 의미 등을 비교 형량하여 구체적으로 확정하여야 한다"고 설시하고 있으나, 환경권의 보장 및 실현이라는 측면에서 본다면, 이 원칙은 실제 사안의 해결에 있어서 모호하고 자의적인 기준으로서 작용한다는 점에서 환경권 침해에 대한 법적 보호 장치로서 여전히 미흡하다고 하겠다.

우리 헌법은 환경권을 국가의 책무규정이 아닌 국민의 기본권으로 명문화하고 있다는 점, 환경재난이나 기후위기 등 환경문제가 국민의 생명, 건강 등에 직접적이고 심각한 영향을 미치는 시대에 이미 진입하고 있다는 점, 환경상 피해가 회복불가능하거나 비교형량이 의미가 없을 정도로 중대하고 심각한 사안들의 발생 빈도가 점차 증대하고 있다는 점, 오늘날은 현세대를 넘어 미래세대의 환경상 이익보호가 중요하고 절실한 사안이 되고 있다는 점, 환경피해구제와 관련된 기존의 소송체계에서는 여전히 환경상 이익 구제의 어려움이 존재한다는 점 등을 고려할 때, 과소보호금지원칙이라는 우회로를 탐색하기 보다는 헌법상 환경권 조항을 직접적인 근거로 하여 환경상 침해에 대한 국민의 기본권 보호에 보다 적극적으로 응할 필요가 있다.

한편, 헌법재판소는 "환경권의 내용과 행사는 법률에 의해 구체적으로 정해지는 것이기는 하나(헌법 제35조 제2항), 이 헌법조항의 취지는 특별히 명문으로 헌법에서 정한 환경권을 입법자가 그 취지에 부합하도록 법률로써 내용을 구체화하도록 한 것이지 환경권이 완전히 무의미하게 되는데도 그에 대한 입법을 전혀 하지 아니하거나, 어떠한 내용이든 법률로써 정하기만 하면 된다는 것은 아니다. 그러므로 일정한 요건이 충족될 때 환경권 보호를 위한 입법이 없거나 현저히 불충분하여 국민의 환경권을 과도하게 침해하고 있다면 헌법재판소에 그 구제를 구할 수 있다고 해야 할 것이다"라고 판시한 바 있다.[30)]

---

29) 헌법재판소의 과소보호금지원칙 심사기준에 대한 비판적 검토에 대하여는 이민열, "기본권보호의무 위반 심사기준으로서 과소보호금지원칙", 헌법재판연구 제7권 제1호, 2020.6 참조.

30) 헌법재판소 2008. 7. 31. 선고 2006헌마711 전원재판부 입법부작위위헌확인.

[판례 1] 헌법재판소 2019. 12. 27. 2018헌마730 – 공직선거법 제79조 제3항 등 위헌확인

[판시사항]

1. 공직선거법(2010. 1. 25. 법률 제9974호로 개정된 것) 제79조 제3항 제2호 중 '시·도지사 선거' 부분, 같은 항 제3호 및 공직선거법(2005. 8. 4. 법률 제7681호로 개정된 것) 제216조 제1항(이하 통틀어 '심판대상조항'이라 한다)이 청구인의 건강하고 쾌적한 환경에서 생활할 권리를 침해하여 위헌인지 여부(적극)
2. 헌법불합치 결정을 선고한 사례

[결정요지]

1. 국가가 국민의 건강하고 쾌적한 환경에서 생활할 권리에 대한 보호의무를 다하지 않았는지 여부를 헌법재판소가 심사할 때에는 국가가 이를 보호하기 위하여 적어도 적절하고 효율적인 최소한의 보호조치를 취하였는가 하는 이른바 '과소보호금지원칙'의 위반 여부를 기준으로 삼아야 한다.

공직선거법에는 확성장치를 사용함에 있어 자동차에 부착하는 확성장치 및 휴대용 확성장치의 수는 '시·도지사선거는 후보자와 구·시·군 선거연락소마다 각 1대·각 1조, 지역구지방의회의원선거 및 자치구·시·군의 장 선거는 후보자마다 1대·1조를 넘을 수 없다'는 규정만 있을 뿐 확성장치의 최고출력 내지 소음 규제기준이 마련되어 있지 아니하다. 기본권의 과소보호금지원칙에 부합하면서 선거운동을 위해 필요한 범위 내에서 합리적인 최고출력 내지 소음 규제기준을 정할 필요가 있다.

공직선거법에는 야간 연설 및 대담을 제한하는 규정만 있다. 그러나 대다수의 직장과 학교는 그 근무 및 학업 시간대를 오전 9시부터 오후 6시까지로 하고 있어 그 전후 시간대의 주거지역에서는 정온한 환경이 더욱더 요구된다. 그러므로 출근 또는 등교 시간대 이전인 오전 6시부터 7시까지, 퇴근 또는 하교 시간대 이후인 오후 7시부터 11시까지에도 확성장치의 사용을 제한할 필요가 있다.

공직선거법에는 주거지역과 같이 정온한 생활환경을 유지할 필요성이 높은 지역에 대한 규제기준이 마련되어 있지 아니하다. 예컨대 소음·진동관리법, '집회 및 시위에 관한 법률' 등에서 대상지역 및 시간대별로 구체적인 소음기준을 정한 것과 같이, 공직선거법에서도 이에 준하는 규정을 둘 수 있다.

따라서 심판대상조항이 선거운동의 자유를 감안하여 선거운동을 위한 확성장치를 허용할 공익적 필요성이 인정된다고 하더라도 정온한 생활환경이 보장되어야 할 주거지역에서 출근 또는 등교 이전 및 퇴근 또는 하교 이후 시간대에 확성장치의 최고출력 내지 소음을 제한하는 등 사용시간과 사용지역에 따른 수인한도 내에서 확성장치의 최고출력 내지 소음 규제기준에 관한 규정을 두지 아니한 것은, 국민이 건강하고 쾌적하게 생활할 수 있는 양호한 주거환경을 위하여 노력하여야 할 국가의 의무를 부과한 헌법 제35조 제

3항에 비추어 보면, 적절하고 효율적인 최소한의 보호조치를 취하지 아니하여 국가의 기본권 보호의무를 과소하게 이행한 것으로서, 청구인의 건강하고 쾌적한 환경에서 생활할 권리를 침해하므로 헌법에 위반된다.
2. 심판대상조항에 대하여 단순위헌결정을 하여 즉시 효력을 상실시킨다면 법적 공백상태가 발생할 우려가 있고, 공직선거의 선거운동에서 확성장치의 사용에 따른 소음 규제기준은 입법자가 충분한 논의를 거쳐 결정하여야 할 사항이므로, 헌법불합치결정을 선고하고, 2021. 12. 31.을 시한으로 입법자의 개선입법이 있을 때까지 잠정적용을 명하기로 한다.[31]

재판관 이선애, 재판관 이미선의 반대의견

공직선거법은 확성장치를 사용할 수 있는 기간과 장소, 시간, 용도 등을 엄격하게 제한하고, 자동차에 부착하는 확성장치와 휴대용 확성장치의 개수도 각 1개로 제한하고 있는데, 이로써 확성장치의 사용으로 인한 소음의 정도를 규제하는 것으로 볼 수 있다. 여기에 선거운동에 대한 지나친 규제는 국민주권의 원리를 실현하는 공직선거에 있어서 후보자에 관한 정보를 선거인들에게 효율적으로 알리는 데 장애가 될 수 있는 점을 고려하면, 사용시간 및 사용지역에 따라 확성장치의 최고출력 내지 소음 규제기준에 관한 구체적인 규정을 두지 않았다고 하여 국가가 국민의 기본권 보호의무를 과소하게 이행한 것이라고 보기 어렵다.
따라서 확성장치의 사용에 따른 소음 규제기준을 정하지 않았다는 것만으로 청구인의 건강하고 쾌적한 환경에서 생활할 권리를 보호하기 위한 입법자의 의무를 과소하게 이행하였다고 평가할 수는 없다.

[판례 2] 헌법재판소 2017. 12. 28. 2016헌마45 – 환경정책기본법 제12조 제2항 등 위헌확인(독서실 실내소음 규제기준 입법부작위 사건)

【판시사항】

1. 청구인들이 특정 조항들의 위헌성을 부진정입법부작위 형태로 다투고 있으나 관련 법령의 규정 취지 및 내용 등에 비추어 그 실질을 진정입법부작위를 다투는 것으로 본 사례
2. 독서실과 같이 정온을 요하는 사업장의 실내소음 규제기준을 규정하지 아니한 진정입법부작위에 대한 심판청구가 적법한지 여부(소극)

31) 종래 헌법재판소는 2008.7.31. 2006헌마711 결정에서 위 심판대상조항이 청구인의 기본권을 침해한 것이 아니므로 헌법에 위반되지 아니한다고 판시한 바 있다. 이 결정에서 재판관 1인은 환경권 침해여부로 접근하였고(합헌), 8인은 국가의 기본권 보호의무위반으로 접근하였다(4인은 합헌, 4인은 헌법불합치). 즉, 4명의 재판관은 이 사건 법률조항이 청구인의 기본권을 침해한 것이 아니므로 청구를 기각하였고, 다른 4명의 재판관은 이 사건 법률조항이 환경권을 보장해야 할 국가의 기본권 보호의무에 위반하여 청구인의 기본권을 침해하였다고 보아 헌법불합치 의견을 내었다. 결과적으로 헌법불합치 의견이 4인에 불과하여 합헌이 된 것이다. 2019.12.27. 2018헌마730 결정은 종래의 2006헌마711 결정을 변경한 것이다.

【결정요지】

1. 청구인들은 사업장(독서실) 안에서 기계·기구·시설, 그 밖의 물체의 사용으로 인하여 발생하는 소음(이하 이러한 소음을 '실내소음'이라 한다)의 규제기준을 따로 규정하지 않았다며, 환경정책기본법 제12조 제2항, 소음·진동관리법 제21조 제2항, '소음·진동관리법 시행규칙' 제20조 제3항 [별표 8] 1. 생활소음규제기준 중 대상 지역 부분의 위헌성을 부진정입법부작위의 형태 로 다투고 있다. 그러나 소음·진동관리법 등 관련 법령의 목적, 체계, 규율대상 등을 종합해 보면, 소음·진동관리법상 생활소음 규제기준은 사업장 등의 소음원으로부터 발생하여 외부로 유출되는 소음(이하 이러한 소음을 '실외소음'이라 한다)으로 인한 인근 주민의 피해를 방지하고자 적용되는 규제기준치이지, 어떤 사업장의 실내소음도를 규제하고자 하는 내용이 아님을 알 수 있다. 또 환경정책기본법상 소음환경기준은 환경행정에서 정책목표로서 설정된 기준이므로 법적 구속력이 없고, 마찬가지로 실외소음 기준만을 규정하고 있다. 따라서 이 사건은 입법자가 사업장의 실내소음에 관하여 어떠한 입법적 규율을 하였는데 그 내용이 불완전·불충분한 경우라기보다는, 애당초 모든 사업장의 실내소음을 규제하는 기준에 관한 입법적 규율 자체를 전혀 하지 않은 경우이므로, 그 실질이 진정입법부작위를 다투는 것이라 할 것이다.

2. 헌법 제35조 제1항, 제2항만으로는 헌법이 독서실과 같이 정온을 요하는 사업장의 실내소음 규제기준을 마련하여야 할 구체적이고 명시적인 입법의무를 부과하였다고 볼 수 없고, 다른 헌법조항을 살펴보아도 위와 같은 사항에 대한 명시적인 입법위임은 존재하지 아니한다. 환경권의 내용과 행사는 법률에 의해 구체적으로 정해지므로(헌법 제35조 제2항), 입법자는 환경권의 구체적인 실현에 있어 광범위한 형성의 자유를 가진다. 정온을 요하는 사업장의 실내소음 규제기준을 마련할 것인지 여부나 소음을 제거·방지할 수 있는 다양한 수단과 방법 중 어떠한 방법을 채택하고 결합할 것인지 여부는 당시의 기술수준이나 경제적·사회적·지역적 여건 등을 종합적으로 고려하지 않을 수 없으므로, 독서실과 같이 정온을 요하는 사업장의 실내소음 규제기준을 만들어야 할 입법의무가 헌법의 해석상 곧바로 도출된다고 보기도 어렵다. 결국 독서실과 같이 정온을 요하는 사업장의 실내소음 규제기준을 제정하여야 할 입법자의 입법의무를 인정할 수 없으므로, 이 사건 심판청구는 헌법소원의 대상이 될 수 없는 입법부작위를 대상으로 한 것으로서 부적법하다.

재판관 이진성, 재판관 강일원, 재판관 이선애의 별개의견

다수의견이 말하는 '실내소음'에 국한하여 청구인들이 이 사건 심판을 청구하였다고 볼 자료가 없고, 독서실 천장의 배관소음이 '실내소음'에 해당하는지 여부도 명확한 것은 아니므로, 이 사건 심판청구는 생활소음규제기준을 정하고 있는 관련 조항들이 독서실 등 사업장에 대한 소음규제기준을 마련하지 아니하여 불완전·불충분하게 입법을 하였다는

부진정입법부작위를 다투는 것이라고 봄이 타당하다. 그러나 환경정책기본법(2011. 7. 21. 법률 제10893호로 전부개정된 것) 제12조 제2항(이하 '환경기준 조항'이라 한다) 및 소음·진동관리법(2007. 4. 11. 법률 제8369호로 전부개정된 것) 제21조 제2항(이하 '생활소음 규제조항'이라 한다)은 하위규범의 시행을 예정하고 있어 이에 대한 청구는 기본권침해의 직접성이 인정되지 아니하여 부적법하고, '소음·진동관리법 시행규칙'(2010. 6. 30. 환경부령 제374호로 개정된 것) 제20조 제3항 [별표 8] 1. 생활소음규제기준(이하 '생활소음 규제기준'이라 한다)은 주민의 정온한 생활환경을 보장하기 위한 규정일 뿐, 생활소음의 피해를 받는 지역에서 사업을 수행하는 개별 사업자의 직업수행이나 소비자의 사업장 이용을 제한 혹은 보장하는 내용을 담고 있지 않으므로 청구인들이 입는 불이익은 간접적·사실적·경제적인 불이익에 불과하여 이에 대한 청구는 기본권침해의 자기관련성 요건을 충족하지 못하여 부적법하다.

재판관 유남석의 별개의견

청구인들의 주장과 심판대상으로 삼은 법령조항들의 법적 성질 및 내용을 종합하여 보면, 이 사건 헌법소원은 환경기준 조항, 생활소음 규제조항, 생활소음 규제기준에는 외부의 소음원으로부터 발생하여 독서실에 미치는 소음기준을 별도로 규제하지 않은 결함이 있다는 부진정입법부작위를 다투는 것임이 분명하다. 환경기준 조항 및 생활소음 규제조항에 대한 심판청구는 기본권 침해의 직접성이 인정되지 아니하고, 생활소음 규제기준에 대한 심판청구는 청구인들이 독서실 내부의 배관에서 발생하는 소음으로 인하여 생활환경 등을 침해받고 있다고 주장할 뿐, 위 규제기준이 규율하는 외부의 소음으로 인한 생활환경 침해에 대하여는 아무런 구체적 주장도 하지 아니하므로 기본권 침해의 자기관련성이 없다.

2. 사권성 및 주관적 공권성 인정 여부

환경권의 사권성과 주관적 공권성을 논하는 실익은 환경침해로 인하여 피해가 발생한 경우 국민의 권리구제를 충실히 할 수 있는 실마리를 제공한다는 데 있다. 즉, 환경권의 사권성이 인정되면 환경권 침해를 이유로 민사상 손해배상청구 및 방해배제청구를 할 수 있고, 환경권의 주관적 공권성이 인정되면 환경권을 침해하는 공권력 행사에 대하여 환경권의 침해를 이유로 항고소송을 제기할 수 있다.

(1) 사 권 성

사인과 사인 사이에 발생하는 환경침해사건에서 헌법상 보장된 환경권이 사인간에 주장될 수 있는 사권의 성격을 갖고 있는가가 문제된다. 이에 대하여는 환경권의 사적 권리성을 적극적으로 인정하여야 한다는 견해도 있지만 기본권으로서의 환경권은 법원에 대하여 직접 구제를 청구할 수 있는 권리는 아니라고 하여 그 사권성을 부정하는 견해가 통설적 견해라고 할 수 있다.

판례는 헌법상 환경권 규정이 그 보호대상인 환경의 내용과 범위, 권리의 주체가 되는 권리자의 범위 등이 명확하지 못하여 개개의 국민에게 직접으로 구체적인 사법상의 권리를 부여한 것이라고 보기는 어렵고, 사법적 권리인 환경권을 인정하면 그 상대방의 활동의 자유와 권리를 불가피하게 제약할 수밖에 없다는 점을 들어 환경권의 사권성을 부정하고 있다.[32] 따라서 사법상의 권리로서의 환경권을 인정하는 명문의 규정이 없는데도 환경권에 기하여 직접 방해배제청구권을 인정할 수 없다.[33]

[판례 1] 헌법 제35조 제1항은 환경권을 기본권의 하나로 승인하고 있으므로, 사법의 해석과 적용에 있어서도 이러한 기본권이 충분히 보장되도록 배려하여야 하나, 헌법상의 기본권으로서의 환경권에 관한 위 규정만으로서는 그 보호대상인 환경의 내용과 범위, 권리의 주체가 되는 권리자의 범위 등이 명확하지 못하여 이 규정이 개개의 국민에게 직접으로 구체적인 사법상의 권리를 부여한 것이라고 보기는 어렵고, 사법적 권리인 환경권을 인정하면 그 상대방의 활동의 자유와 권리를 불가피하게 제약할 수밖에 없으므로, 사법상의 권리로서의 환경권이 인정되려면 그에 관한 명문의 법률규정이 있거나 관계 법령의 규정취지나 조리에 비추어 권리의 주체, 대상, 내용, 행사방법 등이 구체적으로 정립될 수 있어야 한다(대법원 1995. 5. 23. 자 94마2218 결정[공작물설치금지가처분]－청담공원 사건).

[판례 2] 환경권은 명문의 법률규정이나 관계 법령의 규정 취지 및 조리에 비추어 권리의 주체, 대상, 내용, 행사 방법 등이 구체적으로 정립될 수 있어야만 인정되는 것이므로, 사법상의 권리로서의 환경권을 인정하는 명문의 규정이 없는데도 환경권에 기하여 직접 방해배제청구권을 인정할 수 없다(대법원 1997. 7. 22. 선고 96다56153 판결[공사금지가처분]－봉은사 사건).

[판례 3] 환경권에 관한 헌법 제35조 제1항이나 자연방위권 등 헌법상의 권리에 의하여 직접 한국철도시설공단에 대하여 고속철도 중 일부 구간의 공사 금지를 청구할 수 없고, 환경정책기본법 등 관계 법령의 규정 역시 그와 같이 구체적인 청구권원을 발생시키는 것으로 해석할 수 없다고 한 사례(대법원 2006. 6. 2. 자 2004마1148, 1149 결정[공사착공금지가처분]－천성산도롱뇽 사건)

32) 대법원 1995. 5. 23. 자 94마2218 결정[공작물설치금지가처분]－청담공원사건.
33) 대법원 1997. 7. 22. 선고 96다56153 판결[공사금지가처분]－봉은사사건.

종래 판례는 환경권을 재산권의 일부로 파악하였다. 즉, 판례는 현재 사법상 권리로서의 환경권을 민법 규정들을 근거로 하여 인정하고 있다. 즉, 수인한도 초과를 조건으로 삼아 민법상의 소유권 등을 근거로 공사의 중지 등의 판결을 내리고 있다.[34] 최근 소유권과 함께 환경권을 공사중지 및 금지의 법적 근거로 들고 있는 판례가 나타나고 있다.[35]

[판례 1] 인접 대지 위에 건축중인 아파트가 24층까지 완공되는 경우, 대학교 구내의 첨단과학관에서의 교육 및 연구 활동에 커다란 지장이 초래되고 첨단과학관 옥상에 설치된 자동기상관측장비 등의 본래의 기능 및 활용성이 극도로 저하되며 대학교로서의 경관·조망이 훼손되고 조용하고 쾌적한 교육환경이 저해되며 소음의 증가 등으로 교육 및 연구 활동이 방해받게 된다면, 그 부지 및 건물을 교육 및 연구시설로서 활용하는 것을 방해받게 되는 대학교측으로서는 그 방해가 사회통념상 일반적으로 수인할 정도를 넘어선다고 인정되는 한 그것이 민법 제217조 제1항 소정의 매연, 열기체, 액체, 음향, 진동 기타 이에 유사한 것에 해당하는지 여부를 떠나 그 소유권에 기하여 그 방해의 제거나 예방을 청구할 수 있고, 이 경우 그 침해가 사회통념상 일반적으로 수인할 정도를 넘어서는지 여부는 피해의 성질 및 정도, 피해이익의 공공성과 사회적 가치, 가해행위의 태양, 가해행위의 공공성과 사회적 가치, 방지조치 또는 손해회피의 가능성, 공법적 규제 및 인·허가 관계, 지역성, 토지이용의 선후 관계 등 모든 사정을 종합적으로 고려하여 판단하여야 한다(대법원 1995. 9. 15. 선고 95다23378 판결[공사중지가처분이의]－부산대 사건).

[판례 2] 어느 토지나 건물의 소유자가 종전부터 향유하고 있던 경관이나 조망, 조용하고 쾌적한 종교적 환경 등이 그에게 하나의 생활이익으로서의 가치를 가지고 있다고 객관적으로 인정된다면 법적인 보호의 대상이 될 수 있는 것이라 할 것이므로, 인접 대지에 건물을 신축함으로써 그와 같은 생활이익이 침해되고 그 침해가 사회통념상 일반적으로 수인할 정도를 넘어선다고 인정되는 경우에는 토지 등의 소유자는 소유권에 기하여 방해의 제거나 예방을 위하여 필요한 청구를 할 수 있고, 이와 같은 청구를 하기 위한 요건으로서 반드시 건물이 문화재보호법이나 건축법 등의 관계 규정에 위반하여 건축되거나 또는 그 건축으로 인하여 소유자의 토지 안에 있는 문화재 등에 대하여 직접적인 침해가 있거나 그 우려가 있을 것을 요하는 것은 아니다(사찰로부터 6m의 이격거리를 둔 채 높이 87.5m의 19층 고층빌딩을 건축 중인 자에 대하여 사찰의 환경이익 침해를 이유

34) 대법원 1995. 9. 15. 선고 95다23378 판결[공사중지가처분이의]－부산대사건; 대법원 1997. 7. 22. 선고 96다56153 판결[공사금지가처분]－봉은사사건.
35) 대법원 2008. 9. 25. 선고 2006다49284 판결[손해배상(기)]－음성태극광산사건.

로 전체 건물 중 16층부터 19층까지의 공사를 금지시킨 사례)(대법원 1997. 7. 22. 선고 96다56153 판결[공사금지가처분] - 봉은사 사건).

[판례 3] 광산에서 금광의 탐광 및 채광을 위한 굴진공사를 계속 진행할 경우 인근 주민들에게 수인한도를 넘는 환경침해가 발생할 개연성이 있고, 그 침해이익이 생명, 건강 기타 금전으로 배상하기 어려운 생활상 이익에 관한 것이므로, 위 주민들은 토지 소유권 및 환경권에 기초하여 굴진공사의 중지와 금지를 청구할 권리가 있다고 한 사례(대법원 2008. 9. 25. 선고 2006다49284 판결[손해배상(기)] - 음성태극광산 사건).

하급심 판례 중에는 환경권이 일정한 범위 안에서 구체적 권리로서의 성격을 가진다는 점을 인정하는 판례들이 존재하고,[36] 헌법 제10조로부터 도출되는 인격권을 환경이익의 피보전권리의 근거로 삼은 판례도 있다.[37]

생각건대, 환경권은 재산권의 일부에 그치는 것이 아니라 기본적으로는 인격권의 일부로, 나아가 독자적인 권리로 보는 것이 타당하다.

(2) 주관적 공권성

주관적 공권이라 함은 공법에 의해 보호된 사익으로서 그 이익의 실현을 법상(재판상) 청구할 수 있는 행정법상의 권능을 말한다. 공권력행사에 의해 환경상 이익이 침해되는 경우에 환경권의 주관적 공권성이 인정되면 환경권을 침해하는 공권력 행사에 대하여 항고소송을 제기할 수 있게 된다.

개별법령에서 헌법상의 기본권으로서의 환경권을 구체화하여 개인에게 개인적 이익으로서의 환경의 이익을 보호하고 있는 경우에 공권으로서의 독자적인 환경권이 인정된다.

판례는 헌법상의 환경권을 주관적 공권으로 보고 있지 않다.[38] 그러나 판례는

---

36) 대구지법 김천지원 1995. 7. 14. 선고 94가합2353 판결; 서울지법 남부지원 1994. 2. 23. 선고 91가합23326 판결 등.

37) 부산고법 1995. 5. 18. 선고 95카합5 판결(부산대사건 원심판결) "매연, 소음, 진동 등에 의한 생활방해나 일조, 통풍, 정온, 조망 등 주거환경의 침해는 토지소유권의 침해의 범주에 넣어 볼 수 있지만, 그 주된 피해법익은 인간의 건강하고 쾌적한 생활이익으로서 이러한 주거환경의 이익은 그 법익의 법적 성격으로 보아 종래의 생명·신체·자유·명예·정조·초상권·신용권 등과 같이 인격권의 일종에 속한다고 보아야 하고 이러한 인격권은 그 지배권 내지 절대권적 성격으로부터 물권적 청구권에 준하는 방해배제청구권이 인정되고 있으므로, 생활방해나 주거환경의 침해는 실질적으로는 신체적 자유 내지 정신적 자유의 침해에 속하는 것이고, 이 경우 일정한 한도를 초과하는 침해에 대하여는 방해배제청구권이 인정되는 토지소유권 기타 물권을 가지고 있지 않은 자라고 하더라도 막바로 인격권의 침해를 이유로 인격권에 터잡아 방해배제 또는 방해예방청구권을 행사할 수 있다."

38) 대법원 2006. 3. 16. 선고 2006두330 전원합의체 판결[정부조치계획취소등] - 새만금사건: "헌법 제35조 제1항에서 정하고 있는 환경권에 관한 규정만으로는 그 권리의 주체·대상·내용·행사방법

개인의 환경상 이익이 처분의 근거법규 내지 관계법규에 의해 보호되고 있는 경우에 당해 환경상 개인적 이익을 법적 이익(공권)으로 본다. 예를 들면, 일조권 등과 같은 개별환경권의 경우에는 일정한 경우 주관적 공권성이 인정된다. 건축법령에서 개인적인 일조이익도 보호하는 규정을 두고 있는 경우 위법한 건축허가로 일조권을 침해받은 인접주민은 당해 건축허가의 취소를 구할 원고적격이 있다. 또한 조망이나 경관보호에 관한 공법규정이 개인적인 조망이나 경관이익도 보호하고 있다고 해석되는 경우에는 공권으로서의 조망권 내지 경관권이 인정된다고 할 수 있다. 따라서 조망 또는 경관을 침해하는 건축허가가 이루진 경우에는 건축허가의 취소를 구하는 행정소송을 제기할 원고적격이 있다.

Ⅳ. 환경권의 내용

헌법 제35조 제2항은 "환경권의 내용과 행사에 관하여는 법률로 정한다"라고 하고 있으므로 환경권의 내용은 법률에 의하여 구체화된다. 환경권의 구체적인 내용으로는 국가 또는 사인이 개발사업 등을 시행함에 있어 자연환경 또는 생활환경을 훼손하거나 파괴함으로써 환경오염을 유발하는 결과를 초래하지 않도록 환경영향평가, 환경훼손행위의 방지대책 등과 같은 충분한 예방적 조치를 강구하여 주도록 요구할 수 있는 권리(침해예방청구)뿐만 아니라, 국가 또는 사인의 행위로 말미암아 환경오염의 결과가 발생한 경우에는 그 결과를 배제하여 줄 것을 요구할 수 있는 권리(침해회복청구)도 포함한다.[39]

환경권의 대상으로서의 환경의 의미는 「환경정책기본법」이 구체화하고 있다. 즉, 동법에서는 환경을 자연환경과 생활환경으로 구분하고 있는데, 자연환경이란 지하 · 지표(해양을 포함) 및 지상의 모든 생물과 이들 둘러싸고 있는 비생물적인 것을 포함한 자연의 상태(생태계를 포함)를 말하고, 생활환경이란 대기, 물, 폐기물, 소음 · 진동, 악취, 일조 등 사람의 일상생활과 관계되는 환경을 말한다. 따라서 '건강하고 쾌적한 환경에서 생활할 권리'를 보장하는 환경권의 보호대상이 되는 환경에는 자연환경뿐만 아니라 인공적 환경과 같은 생활환경도 포함되고, 예컨대, 일상

등이 구체적으로 정립되어 있다고 볼 수 없고, 환경정책기본법 제6조도 그 규정 내용 등에 비추어 국민에게 구체적인 권리를 부여한 것으로 볼 수 없다는 이유로, 환경영향평가 대상지역 밖에 거주하는 주민에게 헌법상의 환경권 또는 환경정책기본법에 근거하여 공유수면매립면허처분과 농지개량사업 시행인가처분의 무효확인을 구할 원고적격이 없다."

39) 권영성, 앞의 책, 607면.

생활에서 소음을 제거·방지하여 '정온한 환경에서 생활할 권리'는 환경권의 한 내용을 구성한다.[40)]

환경권의 내용은 입법권자가 '건강하고 쾌적한 환경에서 살 권리'에 대한 헌법해석을 통하여 그에 부합되도록 법률에 의하여 구체화하여야 하는 것으로 그 내용은 다음과 같이 나타낼 수 있다.

1. 국가의 환경침해에 대한 방어권

환경권은 일차적으로 국가의 공권력행사에 의하여 발생하는 환경오염행위에 대한 방어권을 그 내용으로 한다. 도로공사 등 공공사업의 시행으로 인한 소음공해, 폐기물 수거과정이나 소각시설의 운영으로 인한 환경침해, 동사무소의 스피커를 통해서 나오는 소음공해 등에 대한 방어권이 그것이다.

2. 환경침해배제청구권

환경권은 개인 또는 사기업에 의한 환경침해를 막아 줄 것을 요구할 수 있는 권리도 포함한다. 이는 다른 사람의 행위를 국가가 규제해 줄 것을 요구하는 것으로서 타인에 대한 국가의 명령·금지를 구하는 것이다. 환경침해배제청구권은 침해가 우려되는 경우 이에 대한 예방을 구할 수 있는 침해예방청구와 환경침해가 이루어진 경우 침해의 회복을 청구할 수 있는 침해회복청구를 그 내용으로 한다.[41)] 오늘날 환경오염의 대부분 원인이 국가 이외의 사적인 영역에서 나온다는 점을 미루어 볼 때 환경침해배제청구권이 갖는 의미와 중요성은 매우 크다. 사인의 환경침해행위를 국가가 묵인하거나 방관하는 경우 이에 대해 중지시켜 줄 것을 국가에게 요구할 수 있다.[42)]

3. 생활환경조성청구권

이는 국가와 지방자치단체에 대하여 건강하고 쾌적한 생활환경을 만들고 보전해 줄 것을 요구할 수 있는 권리이다. 그러나 이 권리가 국민 개개인이 국가에 대하여 건강하고 쾌적한 생활환경을 조성해 줄 것을 직접 법원에 청구할 수 있는지에 대하여는 다툼이 있다. 구체적 입법이 이루어져야 청구할 수 있는 추상적 권리

---

40) 헌법재판소 2008. 7. 31. 2006헌마711; 헌법재판소 2017. 12. 28. 2016헌마45 참조.

41) 김학성, 헌법학원론(제3판), 피앤씨미디어, 2014, 650면.

42) 헌법재판소 2008. 7. 31. 선고 2006헌마711 전원재판부 입법부작위위헌확인 – 공직선거법상의 확성기 소음 사건.

라고 보는 것이 다수의 입장이다.

V. 환경권의 절차법적 보장

환경권을 직접 근거로 하여 환경침해를 예방하거나 사후구제를 요구할 수 있다면 환경보전을 위해서는 더할 나위 없이 좋겠으나, 현재의 통설적 견해와 판례는 이를 부정하는 듯한 태도를 보이고 있다. 그런데 환경권에 직접 근거하여 환경침해를 예방하거나 사후구제를 기할 수 없는 상황에서는 종래의 실체법적인 접근만으로는 도저히 심각한 환경오염피해에 제대로 대처할 수 없다. 비록 인격권이라는 중간 관념을 끌어오든, 환경권이라는 용어 그 자체에 집착하지 아니하고 환경권이 지향하는 바를 실질적으로 실현하고자 하는 공원이용권, 조망권, 경관권 등과 같은 개별환경권의 정립을 통하든 환경오염피해구제에 있어서 실체법적인 접근과 해결에는 일정한 한계가 있는 것이 현실이다.[43]

이와 같이 현실적으로 실체법적인 접근과 해결에는 일정한 한계가 있는 이상, 환경오염피해에 대한 사법적 구제는 환경권이 실질적으로 구현될 수 있도록 원고적격의 해석, 입증의 문제, 단체소송의 도입문제 등에 대하여 특별한 고려를 하도록 하는 절차법(소송법)적인 접근과 해결방법이 중요한 의미를 지니게 된다. 또한 「환경영향평가법」과 같은 절차법적인 성격이 강한 입법의 실효성 있는 집행을 통하여 환경권이 실질적으로 구현될 수 있도록 할 수 있는바, 예컨대 주민의견 수렴을 위한 설명회, 공청회 등의 실질적인 보장, 충실한 평가서 작성 및 평가서 협의과정의 내실화 등의 절차가 효율적으로 이루어지도록 하고, 이에 위반되는 행정청의 행위에 대하여는 법원에서 다툴 수 있는 절차적 적법성을 강조하여 국민의 환경상의 권리를 좀 더 두텁게 보호할 수 있다.

지금까지 우리나라 대법원은 환경오염 내지 환경침해행위가 헌법상의 환경권의 침해에 해당하는지의 판단에 있어서 소위 사법소극주의 입장의 태도를 취하여 온 것은 부인할 수 없다.[44] 지금처럼 환경권에 대하여 구체적 권리성을 인정하지 않는 상황에서는 환경오염피해에 대한 사법적 구제는 일정한 한계에 부딪치게 된다. 결국 해석론적·입법론적 개선을 통하여 헌법상의 기본권의 하나인 환경권이

---

43) 김명길·김상영, "환경권의 실현을 위한 절차법제," 재산법연구 15, 1(1998. 11), 24면.
44) 김세규·한귀현, "현대국가의 과제와 환경보호: 독일기본법 제20a조를 중심으로," 동아법학 23(97. 12), 336-337면.

실질적으로 실현될 수 있도록 하는 노력이 필요하다고 하겠다.[45] 판례가 아직은 환경권을 구체적인 권리로 보고 있지는 않지만, 법원의 판결에 있어서 하나의 지도원리로 작용할 수도 있을 것이다.

Ⅵ. 개별환경권

1. 일 조 권

일조이익은 권리로 보호된다고 보는 것이 일반적 견해이다. 일조이익은 일정한 요건하에 사권 및 공권으로 보호된다.

(1) 사권으로서의 일조권

1) 의의 및 근거

일조권이란 법적으로 보호되는 일조이익을 말한다. 일정한 요건하에 사법상의 권리로서의 일조권을 인정하는 것이 일반적 견해이고 판례의 입장이다. 판례는 "주거의 일조는 쾌적하고 건강한 생활에 필요한 생활이익으로서 법적 보호의 대상이 되는 것"이라고 보고 있다.[46]

일조권의 근거에 관하여는 소유권설, 인격권설, 환경권설, 불법행위설, 독자적 권리설 등이 있다.[47] 생각건대, 일조권은 소유권, 점유권뿐만 아니라 환경권 및 인격권에도 근거하는 것이라고 보는 것이 타당하다. 일조방해는 소유권, 점유권의 이용에 대한 제한이며, 일조방해를 받는 건축물에서 생활하는 자의 환경권을 침해하는 것이며 생활이익을 침해하고 인격을 침해하는 것이다.

2) 법적보호대상이 되기 위한 요건

일조권이 법적인 보호의 대상이 되기 위해서는 토지의 소유자 등이 종전부터 향유하던 일조이익이 객관적인 생활이익으로서 가치가 있다고 인정되어야 한다.[48]

3) 일조방해행위가 사법상 위법한 가해행위로 평가되기 위한 요건

일조이익은 다른 토지의 이용과 조절되어야 하므로 일조방해는 수인할 한도를 넘은 경우에 한하여 일조권 침해가 된다. 판례도 일조방해가 사회통념상 일반적으로 인용하는 수인한도를 넘는 경우 위법하다고 보고 있다.

---

45) 그중의 하나가 절차법적 접근을 통한 환경권의 실현이다.
46) 대법원 2001. 6. 26. 선고 2000다44928, 44935 판결.
47) 전경운, "일조권과 전망권에 관한 소고," 연세법학연구 제5집 제2권, 1998, 165－171면.
48) 대법원 2008. 4. 17. 선고 2006다35865 전원합의체 판결.

판례는 건물 신축으로 인한 일조방해행위를 사법상 위법한 가해행위로 평가하기 위한 기준과 관련하여 다음과 같이 판시하고 있다. "인근에서 건물이나 구조물 등이 신축됨으로 인하여 햇빛이 차단되어 생기는 그늘, 즉 일영(日影)이 증가함으로써 해당 토지에서 종래 향유하던 일조량이 감소하는 일조방해가 발생한 경우, 일조방해의 정도, 피해이익의 법적 성질, 가해 건물의 용도, 지역성, 토지이용의 선후관계, 가해 방지 및 피해 회피의 가능성, 공법적 규제의 위반 여부, 교섭 경과 등 모든 사정을 종합적으로 고려하여 사회통념상 일반적으로 해당 토지 소유자의 수인한도를 넘게 되면 그 건축행위는 정당한 권리행사의 범위를 벗어나 사법상 위법한 가해행위로 평가된다."[49]

쾌적하고 건강한 생활에 필요한 생활이익으로서 법적 보호의 대상이 되는 주거의 일조는 현재 살고 있는 지역주민을 보호하기 위한 것이므로 일조방해행위가 수인한도를 넘었는지 여부를 판단하기 위한 지역성은 그 지역의 토지이용 현황과 실태를 바탕으로 지역의 변화 가능성과 변화의 속도 그리고 지역주민들의 의식 등을 감안하여 결정하여야 할 것이고, 바람직한 지역 정비로 토지의 경제적·효율적 이용과 공공의 복리증진을 도모하기 위한 도시계획법 등 공법에 의한 지역의 지정은 그 변화 가능성 등을 예측하는 지역성 판단의 요소가 된다. 구체적인 수인한도를 판단하기 위하여는 일조피해를 받는 건물이 이미 다른 기존 건물에 의하여 일조방해를 받고 있는 경우에는 그 일조방해의 정도와 신축 건물에 의한 일조방해와의 관련성 등도 고려하여 신축 건물에 의한 일조방해가 수인한도를 넘었는지 여부를 판단하여야 한다.[50]

손해배상청구소송에서 경인지역에 있어서의 아파트와 같은 공동주택의 경우에는 동지일을 기준으로 9시부터 15시 사이에 일조시간이 연속하여 2시간 이상 확보되는 경우 또는 동지일을 기준으로 8시에서 16시 사이에 일조시간이 통틀어서 최소한 4시간 정도 확보되는 경우에는 이를 수인하여야 하고, 위 두 가지 중 어느 것에도 속하지 아니하는 일조방해의 경우에는 수인한도를 넘는다고 본 고등법원 판결의 내용이 일반적인 기준이 되고 있다.[51]

---

49) 대법원 2011. 4. 28. 선고 2009다98652 판결.

50) 대법원 2004. 10. 28. 선고 2002다63565 판결－일반상업지역에서의 일조방해사건(건물이 들어선 곳의 지역성과 다른 기존의 건물에 의하여 일조방해를 받을 가능성 등이 있다는 사정을 고려하지 않은 채 신축 건물로 인한 일조방해의 정도가 수인한도를 넘어 위법하다고 판단한 원심판결을 파기한 사례).

51) 서울고등법원 1996. 3. 29. 선고 94나11806 판결.

그러나 가해건물의 신축으로 인하여 일조피해를 받게 되는 건물이 이미 다른 기존 건물에 의하여 일조방해를 받고 있는 경우나 피해건물의 구조 자체가 충분한 일조를 확보하기 어렵게 되어 있는 경우에는, 가해건물 신축 결과 피해건물이 위와 같은 시간(9시－15시: 연속하여 2시간, 8시－16시: 통틀어서 4시간) 이상의 일조를 확보하지 못하게 되더라도 언제나 수인한도를 초과하는 일조피해가 있다고 단정할 수는 없고, 가해건물이 신축되기 전부터 있었던 일조방해의 정도, 신축건물에 의하여 발생하는 일조방해의 정도, 가해건물 신축 후 위 두 개의 원인이 결합하여 피해건물에 끼치는 전체 일조방해의 정도, 종전의 원인에 의한 일조방해와 신축건물에 의한 일조방해가 겹치는 정도, 신축건물에 의하여 발생하는 일조방해시간이 전체 일조방해시간 중 차지하는 비율, 종전의 원인만으로 발생하는 일조방해시간과 신축건물만에 의하여 발생하는 일조방해시간 중 어느 것이 더 긴 것인지 등을 종합적으로 고려하여 신축건물에 의한 일조방해가 수인한도를 넘었는지 여부를 판단하여야 한다.[52] 또한 수인한도를 넘지 않는 기존 건물의 일영과 신축된 인접 건물의 일영이 결합하여 피해건물에 수인한도를 넘는 일조방해가 발생한 경우, 기존 건물의 소유자를 상대로 불법행위책임을 물을 수 없다. 왜냐하면 기존 건물로 인한 일조방해에 대하여는 수인할 의무가 있고, 또 기존 건물의 소유자와 무관하게 신축된 인접건물로 인하여 수인한도를 초과하였기 때문이다.[53]

[판례] [1] 이미 다른 기존 건물에 의하여 일조방해를 받고 있거나 피해건물의 구조 자체가 충분한 일조를 확보하기 어려운 경우, 가해건물의 신축으로 인한 일조방해가 사회통념상 수인한도를 넘었는지 여부의 판단 기준: 가해건물의 신축으로 인하여 일조피해를 받게 되는 건물이 이미 다른 기존 건물에 의하여 일조방해를 받고 있는 경우나 피해건물의 구조 자체가 충분한 일조를 확보하기 어렵게 되어 있는 경우에는, 가해건물 신축 결과 피해

52) 대법원 2010. 6. 24. 선고 2008다23729 판결[손해배상]－화곡동 다가구주택신축사건.

53) 예컨대, A가 기존에 연립주택건물을 건립할 때는 B의 건물에 수인한도를 넘는 일조피해가 발생하지 않고 있었는데, 이후 C가 인접하여 건물을 신축하면서 기존의 A의 연립주택과 C의 신축건물의 일영(日影)이 결합하여 B의 건물에 수인한도를 넘는 일조방해가 발생한 경우, B는 기존의 연립주택건물 소유자 A를 상대로 불법행위책임을 물을 수 없다. 왜냐하면 기존의 연립주택으로 인한 일조방해에 대하여는 수인할 의무가 있고, 또 연립주택건물 소유자 A와 무관하게 C의 신축건물로 인하여 수인한도를 초과하였기 때문이다. B는 당연히 신축건물 소유자 C를 상대로 불법행위책임을 묻는 것이 가능하다. 그리고 이러한 상황에서 A가 낙후된 기존 연립주택건물을 철거하고 그 자리에 새로운 상가건물을 신축하였는데, 그 결과 A의 기존 연립주택과 C의 신축건물의 일영(日影)이 결합하여 생긴 일조방해가 더욱 심화된 경우, B는 A의 상가건물의 신축으로 인한 일조방해 중 기존 연립주택으로 인하여 발생하였던 일조방해의 범위 내에서는 불법행위책임을 물을 수 없다.

건물이 동짓날 08시부터 16시 사이에 합계 4시간 이상 그리고 동짓날 09시부터 15시 사이에 연속하여 2시간 이상의 일조를 확보하지 못하게 되더라도 언제나 수인한도를 초과하는 일조피해가 있다고 단정할 수는 없고, 가해건물이 신축되기 전부터 있었던 일조방해의 정도, 신축건물에 의하여 발생하는 일조방해의 정도, 가해건물 신축 후 위 두 개의 원인이 결합하여 피해건물에 끼치는 전체 일조방해의 정도, 종전의 원인에 의한 일조방해와 신축건물에 의한 일조방해가 겹치는 정도, 신축건물에 의하여 발생하는 일조방해시간이 전체 일조방해시간 중 차지하는 비율, 종전의 원인만으로 발생하는 일조방해시간과 신축건물만에 의하여 발생하는 일조방해시간 중 어느 것이 더 긴 것인지 등을 종합적으로 고려하여 신축건물에 의한 일조방해가 수인한도를 넘었는지 여부를 판단하여야 한다. [2] 수인한도를 넘지 않는 기존 건물의 일영과 신축된 인접건물의 일영이 결합하여 피해건물에 수인한도를 넘는 일조방해가 발생한 경우, 기존 건물의 소유자를 상대로 불법행위책임을 물을 수 있는지 여부(소극) 및 이러한 상황에서 위 기존 건물을 철거하고 그 지상에 가해건물을 신축함으로써 일조방해의 정도가 더욱 심화된 경우, 신축 가해건물로 생긴 일조방해 중 기존 건물로 인하여 당초 발생하였던 일조방해의 범위 내에서도 불법행위책임을 물을 수 있는지 여부(소극): 기존 건물의 건립으로 인하여 피해건물에 발생한 일조방해의 정도가 수인한도를 넘지 않고 있었는데 그로부터 상당한 기간이 경과한 후 타인 소유의 인접건물이 신축되고 그 기존 건물과 인접건물로 인하여 생긴 일영이 결합하여 피해건물에 수인한도를 넘는 일조방해가 발생한 때에는, 피해건물의 소유자 등은 인접건물의 신축 전에 기존 건물로 인하여 발생한 일조방해의 정도가 수인한도를 넘지 아니하여 기존 건물로 인한 일조방해를 수인할 의무가 있었으므로, 특별한 사정이 없는 한 기존 건물 소유자와 무관하게 신축된 인접건물로 인하여 수인한도를 넘게 된 일조방해의 결과에 대하여는 인접건물의 소유자를 상대로 불법행위책임을 물을 수 있는지는 별론으로 하고 기존 건물의 소유자를 상대로 불법행위책임을 물을 수 없다. 그리고 이와 같은 상황에서 기존 건물의 소유자가 낙후된 기존 건물을 철거하고 그 지상에 가해건물을 신축함으로써 이미 기존 건물과 인접건물로 인하여 생긴 일조방해의 정도가 더욱 심화되는 결과가 발생하였다 하더라도, 위와 같이 당초 기존 건물로 인하여 생긴 일조방해에 대하여는 피해건물의 소유자 등이 수인할 의무가 있었던 이상, 신축 가해건물로 생긴 일조방해 중 기존 건물로 인하여 당초 발생하였던 일조방해의 범위 내에서는 불법행위책임을 물을 수 없다. [3] 피해건물이 다른 기존 건물에 의하여 일조방해를 받고 있는 상황에서 가해건물이 신축됨으로써 피해건물에 수인한도를 넘는 일조방해의 피해가 발생하고 그로 인하여 피해건물의 재산적 가치가 하락한 경우, 신축건물 소유자가 부담하는 손해배상액의 산정 방법: 피해건물이 이미 타인 소유의 다른 기존 건물에 의하여 일조방해를 받고 있는 상황에서 가해건물이 신축됨으로써 일조방해의 정도가 심화되어 피해건물에 수인한도를 넘는 일조방해의 피해가 발생하고 그로 인하여 피해건물의 재산적 가치가 하락된 경우 신축건물 소유자는 피해건물 소유자에 대하여 불법행위로 인한 재산상 손해배상책임을 부담한다. 그런데 이때 다른 기존 건물의 일조방해가 위와 같이 수인한도를 넘는 데 기여한 부분에 대한 책임을 신축건물의 소유자에게 전부 부담시킨다면 신축건물의 소유자는 이미 건립되어 있던 기존 건물로 인한 일조방해를 자신의 전적인 책임으로 인수하는 것이 되어 불합리하고, 반대로 기존 건물의 일조방해가 수인한도를 넘는 데 기여한 부분에 대한 책임을 피해건물의 소유자에게 전부 부담시킨다면, 실제로 기존 건물과 신축건물에 의하여 생긴 일영이 결합하여 피해건물에 수인한도를 넘는 일조방해의 피해가 발생하였는데도 피해자가 아무런 구제를 받을 수 없게 될 수 있으므로 이 역시 불합리하다. 따라서 이러한 경우에는 상린관계에 있는 이웃 간의 토지이용의 합리적인 조정이라는 요청과 손해부담의 공평이라는 손해배상제도의 이념에 비추어, 특별한 사정이 없는 한 기존 건물의 일조방해가 수인한도를 넘는 데 기여함으로써 피해건물의 소유자가 입게 된 재산적 손해가 신축건물의 소유자와 피해 건물의 소유자 사이에서 합리적이고 공평하게 분담될 수 있도록 정하여야 하고, 이를 위해서는 특히 가해건물이 신축되기 전부터 있었던 기존 건물로 인한 일조방해의 정도, 신축건물에 의하여 발생하는 일조방해의 정도, 가해건물 신축 후 위 두 개의 원인이 결합하여 피해건물에 끼치는 전체 일조방해의 정도, 기존 건물로 인한 일조방해와 신축건물에 의한 일조방해가 겹치는 정도, 신축건물에 의하여 발생하는 일조방해시간이 전체 일조방해시간 중 차지하는 비율 등을 고려하여야 한다(대법원 2010. 6. 24. 선고 2008다23729 판결[손해배상]－화곡동 다가구주택신축 사건).

또한, 판례는 분양회사가 신축한 아파트를 분양받은 자는 분양받은 각 아파트에서 동지일을 기준으로 9시부터 15시까지 사이에 4시간의 일조시간을 확보할 수 없다 하더라도 이것만 가지고 수인한도를 넘는 불이익을 입게 되었다고 볼 수 없다고 하였다. 즉, 분양된 아파트에서 일정한 일조시간을 확보할 수 없다고 하더라도, 분양회사가 신축한 아파트로 인하여 수분양자가 직사광선이 차단되는 불이익을 입게 되었다고 볼 수는 없으므로 분양회사에게 일조방해를 원인으로 하는 불법행위책임을 물을 수는 없다고 보았다.[54] 다만 분양된 아파트가 매매목적물로서 거래상 통상 갖추어야 하거나 당사자의 특약에 의하여 보유하여야 할 품질이나 성질을 갖추지 못한 것이라거나, 또는 분양회사가 수분양자에게 분양하는 아파트의 일조 상황 등에 관하여 정확한 정보를 제공할 신의칙상 의무를 게을리한 경우에는 민법상의 하자담보책임 또는 신의칙 위반의 책임을 부담하게 된다.

---

54) 대법원 2001. 6. 26. 선고 2000다44928, 44935 판결.

4) 일조방해에 관한 공법적 규제와 수인한도의 관계

일조에 관한 공법규정과 사법상 일조권과의 관계에 대해 대법원은 "건축법 등 관계 법령상 일조방해에 관한 직접적인 단속법규에 적합한지 여부는 사법상 위법성을 판단함에 있어서 중요한 판단자료가 될 것이지만, 이러한 공법적 규제에 의하여 확보하고자 하는 일조는 원래 사법상 보호되는 일조권을 공법적인 면에서도 가능한 한 보장하려는 것으로서 특별한 사정이 없는 한 일조권 보호를 위한 최소한도의 기준으로 봄이 상당하므로, 구체적인 경우에 있어서는 어떠한 건물 신축이 건축법상 제반 요건을 충족하는 등 건축 당시의 공법적 규제에 형식적으로 적합하다고 하더라도 현실적인 일조방해의 정도가 현저하게 커 사회통념상 수인한도를 넘은 경우에는 위법행위로 평가될 수 있다"고 보고 있다.[55)]

5) 일조이익의 향유주체

일조권 침해에 있어 객관적인 생활이익으로서 일조이익을 향유하는 '토지의 소유자 등'은 토지소유자, 건물소유자, 지상권자, 전세권자 또는 임차인 등의 거주자를 말하는 것으로서, 당해 토지·건물을 일시적으로 이용하는 것에 불과한 사람은 이러한 일조이익을 향유하는 주체가 될 수 없다.[56)]

[판례] [1] 토지·건물을 일시적으로 이용하는 것에 불과한 사람들이 일조이익을 향유하는 주체가 될 수 있는지 여부(소극): 일조권 침해에 있어 객관적인 생활이익으로서 일조이익을 향유하는 '토지의 소유자 등'은 토지소유자, 건물소유자, 지상권자, 전세권자 또는 임차인 등의 거주자를 말하는 것으로서, 당해 토지·건물을 일시적으로 이용하는 것에 불과한 사람은 이러한 일조이익을 향유하는 주체가 될 수 없다. [2] 초등학교 학생들은 학교 건물에 관하여 생활이익으로서의 일조권을 법적으로 보호받을 수 있는 지위에 있지 않다고 한 사례: 초등학교 학생들은 공공시설인 학교시설을 방학기간이나 휴일을 제외한 개학기간 중, 그것도 학교에 머무르는 시간 동안 일시적으로 이용하는 지위에 있을 뿐이고, 학교를 점유하면서 지속적으로 거주하고 있다고 할 수 없어서 생활이익으로서의 일조권을 법적으로 보호받을 수 있는 지위에 있지 않다고 한 사례(대법원 2008. 12. 24. 선고 2008다41499 판결[손해배상(기)])

6) 일조침해와 손해배상청구권의 소멸시효

위법한 건축행위로 일조방해가 발생한 경우 손해배상청구권의 소멸시효 기산

55) 대법원 2004. 9. 13. 선고 2003다64602 판결.
56) 대법원 2008. 12. 24. 선고 2008다41499 판결.

점이 문제된다. 판례는 위법한 건축행위에 의하여 건물 등이 준공되거나 외부골조 공사가 완료되면 그 건축행위에 따른 일영의 증가는 더 이상 발생하지 않게 되고 해당 토지의 소유자는 그 시점에 이러한 일조방해행위로 인하여 현재 또는 장래에 발생 가능한 재산상 손해나 정신적 손해 등을 예견할 수 있다고 할 것이므로, 이러한 손해배상청구권에 관한 민법 제766조[57] 제1항 소정의 소멸시효는 원칙적으로 그 때부터 진행한다고 보고 있다.[58]

[판례] [다수의견] (가) 토지의 소유자 등이 종전부터 향유하던 일조이익(日照利益)이 객관적인 생활이익으로서 가치가 있다고 인정되면 법적인 보호의 대상이 될 수 있는데, 그 인근에서 건물이나 구조물 등이 신축됨으로 인하여 햇빛이 차단되어 생기는 그늘, 즉 일영(日影)이 증가함으로써 해당 토지에서 종래 향유하던 일조량이 감소하는 일조방해가 발생한 경우, 그 일조방해의 정도, 피해이익의 법적 성질, 가해 건물의 용도, 지역성, 토지이용의 선후관계, 가해 방지 및 피해 회피의 가능성, 공법적 규제의 위반 여부, 교섭 경과 등 모든 사정을 종합적으로 고려하여 사회통념상 일반적으로 해당 토지 소유자의 수인한도를 넘게 되면 그 건축행위는 정당한 권리행사의 범위를 벗어나 사법상(私法上) 위법한 가해행위로 평가된다.

(나) 일반적으로 위법한 건축행위에 의하여 건물 등이 준공되거나 외부골조공사가 완료되면 그 건축행위에 따른 일영의 증가는 더 이상 발생하지 않게 되고 해당 토지의 소유자는 그 시점에 이러한 일조방해행위로 인하여 현재 또는 장래에 발생 가능한 재산상 손해나 정신적 손해 등을 예견할 수 있다고 할 것이므로, 이러한 손해배상청구권에 관한 민법 제766조 제1항 소정의 소멸시효는 원칙적으로 그 때부터 진행한다. 다만, 위와 같은 일조방해로 인하여 건물 등의 소유자 내지 실질적 처분권자가 피해자에 대하여 건물 등의 전부 또는 일부에 대한 철거의무를 부담하는 경우가 있다면, 이러한 철거의무를 계속적으로 이행하지 않는 부작위는 새로운 불법행위가 되고 그 손해는 날마다 새로운 불

---

57) 민법 제766조(손해배상청구권의 소멸시효) ① 불법행위로 인한 손해배상의 청구권은 피해자나 그 법정대리인이 그 손해 및 가해자를 안 날로부터 3년간 이를 행사하지 아니하면 시효로 인하여 소멸한다.
② 불법행위를 한 날로부터 10년을 경과한 때에도 전항과 같다.

58) 대법원 2008. 4. 17. 선고 2006다35865 전원합의체 판결. 예컨대 건축공사 시행자 甲이 2020.10.20.에 건물 신축공사를 완료하여 2020.11.20. 준공검사를 받은 후, 신축건물로 인한 일조 침해를 주장하는 乙이 2023.12.20.에 손해배상청구소송을 제기하는 경우, 외부골조 공사가 완료된 날 또는 준공검사를 받은 날로부터 이미 3년이 경과하였으므로 소멸시효는 완성된 것이다. 건물 등이 준공되거나 외부골조 공사가 완료되면 일조 피해를 주장하는 乙은 그 시점에 재산상 또는 정신적 손해 등을 예견할 수 있다고 보기 때문이다.

법행위에 기하여 발생하는 것이므로 피해자가 그 각 손해를 안 때로부터 각별로 소멸시효가 진행한다.
[대법관 고현철, 김영란, 이홍훈, 김능환의 반대의견] (가) 일조방해란 태양의 직사광선이 차단되는 불이익을 말하는 것이고, 그 일조방해의 정도가 사회통념상 일반적으로 인용하는 수인한도를 넘게 되면 사법상 위법한 가해행위로 평가된다. 헌법 제35조 제1항에 비추어 볼 때, 위법한 일조방해는 단순한 재산권의 침해에 그치는 것이 아니라 건강하고 쾌적한 환경에서 생활할 개인의 인격권을 침해하는 성격도 지니고 있다.
(나) 위법한 일조방해행위로 인한 피해 부동산의 시세 하락 등 재산상의 손해는 특별한 사정이 없는 한 가해 건물이 완성될 때 일회적으로 발생한다고 볼 수 있으나, 위법한 일조방해로 직사광선이 차단되는 등 생활환경이 악화됨으로써 피해 건물의 거주자가 입게 되는 정신적 손해는 가해 건물이 존속하는 한 날마다 계속적으로 발생한다고 보아야 하므로, 그 위자료 청구권의 소멸시효는 가해 건물이 피해 부동산의 일조를 방해하는 상태로 존속하는 한 날마다 개별적으로 진행한다(대법원 2008. 4. 17. 선고 2006다35865 전원합의체 판결-일조방해와 손해배상청구권 소멸시효 기산점 사건).

(2) 공권으로서의 일조권

건축법령은 일조이익을 보호하는 규정을 두고 있다. 이 거리제한에 관한 건축법령의 규정은 공익으로서의 일조이익뿐만 아니라 개인적인 일조이익(일조권)도 보호하고 있는 것으로 보아야 한다. 따라서, 건축허가로 일조권을 침해받은 인접주민은 당해 건축허가의 취소를 구할 원고적격이 있다.

[판례] 건축법 제53조(일조 등의 확보를 위한 건축물의 높이제한), 동법 시행령 제86조 및 건축물 높이제한에 관한 조례는 공익뿐만 아니라 인근주민의 사권으로서의 일조권을 보호하고 있다고 보아야 하고, 정북방향에 거주하는 주민 등 일조권을 침해받을 개연성이 있는 인근주민은 상기 법령규정의 위반을 주장하며 건축허가에 대한 취소소송을 제기할 원고적격이 있다고 보아야 한다(서울고법 1998. 4. 12. 선고 97구29266 판결; 대법원 2000. 7. 6. 선고 98두8292 판결[주택건설사업계획승인처분취소]). <해설> 그러나 건축허가의 대상이 된 대지의 정남방향에 있는 주민 등 당해 건축허가로 일조권을 침해당할 가능성이 없는 자는 당해 건축허가를 다툴 원고적격이 없다고 보아야 한다.

2. 조망권과 경관이익

조망은 먼 곳을 멀찍이 바라보는 것을 말한다.[59] 조망은 조망주체, 조망대상 및 가시권 확보로 이루어진다.[60] 조망이라는 개념은 경관이라는 개념과 혼동되어 사용되는 경우도 있지만, 조망은 조망주체가 조망의 대상을 바라보는 행위를 말하며 경관은 조망의 대상이 되는 것을 의미하는 것으로 구별하는 것이 타당하다. 경관은 통상 아름다운 경치를 말한다.

조망이익이라 함은 먼 곳을 바라볼 수 있는 이익, 달리 말하면 열린 공간(Open Space)을 향유할 수 있는 이익을 말한다. 그런데 조망이익을 아름다운 경관을 바라볼 수 있는 이익으로 이해하는 경우도 있다. 최근에 논의되는 조망이익은 주로 후자에 속한다.

(1) 사권으로서의 조망권

1) 조망권의 의의와 인정근거

법적으로 보호되는 조망이익이 조망권이다. 종래 조망이익은 반사적 이익으로 보았고 권리성을 인정하지 않았다. 그러나 최근에 조망권을 인정하여야 한다는 주장이 제기되고 있는데, 조망권을 사법상 권리로 인정하지 않는 견해[61]와 일정한 조건하에서 사법상 권리로서의 조망권을 인정하는 견해[62]로 나뉘어 있다.

조망이익을 논함에 있어서는 열린 공간을 향유할 이익으로서의 조망이익과 아름다운 경관을 향유할 이익으로서의 조망이익을 구분하는 것이 타당하다.

열린 공간을 향유할 수 있는 이익인 조망이익[63]은 재산권, 인격권, 건강권에 기초하는 것이며 법적으로 보호되어야 하는 이익(권리)으로 보아야 한다. 다만, 고밀도개발이 이루어져야 하는 도시에서 조망이익은 타인의 토지이용과 조화를 이루어야 하므로 조망권은 일정한 한도 내에서 인정되어야 한다. 서울고법은 보장되어야 할 조망의 범위에 관하여 "인간의 시야는 60°의 원추체로서 일상생활에서 작용하는 시야의 범위는 시선의 좌우측 및 상하로 30° 및 60°가 한계인데, 시야의 중심을 기준으로 좌우 및 위쪽으로 27°의 범위 내에서 마주보는 건물 밖의 외부공간의 조망이 확보되어야 폐쇄감 혹은 압박감이 현저히 감소한다고 하며, 마주보는

---

59) 새국어사전, 교학사.
60) 구자훈, "외국 도시의 조망권 확보사례," 도시문제 제36권 제395호, 2001. 10, 35－36면.
61) 전경운, 앞의 논문, 181면.
62) 김종률, "조망권의 법적 구성론," 법조 Vol. 559, 2003. 4, 100면.
63) 좁게는 '천공조망권'이라 불리기도 한다.

건물에서 조망, 압박감과 관련하여 수직시야의 범위는 외부공간을 고려할 때 특히 위쪽(앙각)이 고려대상이 된다"라고 보았다.[64]

최근 논의되는 **아름다운 경관을 볼 수 있는 조망이익**(경관이익)은 원칙상 반사적 이익으로 보는 견해가 있다. 아름다운 경관을 볼 수 있는 이익을 법적 이익으로 볼 수 있는 근거는 없으며 이를 인정하는 경우 타인의 토지이용에 중대한 제한을 가하게 된다고 한다.[65]

이에 대하여 경관권을 일정한 경우에 재산권 또는 영업권의 하나로 인정하는 견해도 있다. 특별한 경관을 고려하여 건축한 자는 재산권에 근거하여 조망권을 주장할 수 있고, 특별한 경관을 고려하여 호텔 등 영업을 하는 자는 영업권에 근거하여 조망권을 주장할 수 있다고 한다.[66] 아름다운 경관에 대한 조망권은 조망의 차단 또는 경관의 파괴에 의해 침해될 수 있다.

2) 조망이익이 법적인 보호의 대상이 되기 위한 요건

판례는 다음과 같은 경우 조망이익을 법적인 보호의 대상으로 보고 있다. 즉, 어느 토지나 건물의 소유자가 종전부터 향유하고 있던 경관이나 조망이 그에게 하나의 생활이익으로서의 가치를 가지고 있다고 객관적으로 인정된다면 법적인 보호의 대상이 될 수 있는 것인바, 이와 같은 조망이익은 원칙적으로 특정의 장소가 그 장소로부터 외부를 조망함에 있어 특별한 가치를 가지고 있고, 그와 같은 조망이익의 향유를 하나의 중요한 목적으로 하여 그 장소에 건물이 건축된 경우와 같이 당해 건물의 소유자나 점유자가 그 건물로부터 향유하는 조망이익이 **사회통념상 독자의 이익으로 승인되어야 할 정도로 중요성을 갖는다고 인정되는 경우**에 비로소 법적인 보호의 대상이 되는 것이라고 할 것이고, 그와 같은 정도에 이르지 못하는 조망이익의 경우에는 특별한 사정이 없는 한 법적인 보호의 대상이 될 수 없다.[67]

---

64) 서울고등법원 1996. 3. 29. 선고 94나11806 판결.

65) 전경운, 위의 논문, 17－18면.

66) 조은래, "조망권의 민사법적 보호," 환경법연구 제26권 제1호, 2004. 4, 252면 이하.

67) 대법원 2007. 6. 28. 선고 2004다54282 판결(리바뷰아파트사건). 대법원 2004. 9. 13. 선고 2003다64602 판결(고척동 아파트 재건축사건). 동지 판례: 대법원 2007. 9. 7. 선고 2005다72485 판결(덕소 현대아파트사건). 열린 공간을 향유할 이익을 조망이익으로 인정하고 시야차단으로 인한 압박감(개방감의 상실)이 수인한도를 넘는 경우 불법행위책임을 인정하였으나 원고들 소유의 현대아파트는 도심의 일반주거지역에 위치한 아파트로서 그 부지는 원래부터 이 사건 아파트 부지보다 약 8m 정도 낮은 지대에 위치해 있어 한강을 조망하기에 적합한 장소가 아니었는데 고층의 현대아파트가 건축됨으로써 비로소 원고들이 조망의 이익을 누릴 수 있게 된 사실을 인정한 다음, 보통의 지역에 인공적으로 고층의 아파트를 축조하여 비로소 누릴 수 있게 된 조망의 이익은 법적으로 보호받을

3) 조망이익의 침해행위가 사법상 위법한 가해행위로 평가되는 경우 및 그 침해행위가 사회통념상 수인한도를 넘었는지 여부에 관한 판단 기준

조망이익이 법적인 보호의 대상이 되는 경우에 이를 침해하는 행위가 사법상 위법한 가해행위로 평가되기 위해서는 조망이익의 침해 정도가 사회통념상 일반적으로 인용하는 수인한도를 넘어야 하고, 그 수인한도를 넘었는지 여부는 조망의 대상이 되는 경관의 내용과 피해건물이 입지하고 있는 지역에 있어서 건조물의 전체적 상황 등의 사정을 포함한 넓은 의미에서의 지역성, 피해건물의 위치 및 구조와 조망상황, 특히 조망과의 관계에서의 건물의 건축·사용목적 등 피해건물의 상황, 주관적 성격이 강한 것인지 여부와 여관·식당 등의 영업과 같이 경제적 이익과 밀접하게 결부되어 있는지 여부 등 당해 조망이익의 내용, 가해건물의 위치 및 구조와 조망방해의 상황 및 건축·사용목적 등 가해건물의 상황, 가해건물 건축의 경위, 조망방해를 회피할 수 있는 가능성의 유무, 조망방해에 관하여 가해자측이 해의(害意)를 가졌는지의 유무, 조망이익이 피해이익으로서 보호가 필요한 정도 등 모든 사정을 종합적으로 고려하여 판단하여야 한다.[68)]

조망의 대상과 그에 대한 조망의 이익을 누리는 건물 사이에 타인 소유의 토지가 있지만 그 토지 위에 건물이 건축되어 있지 않거나 저층의 건물만이 건축되어 있어 그 결과 타인의 토지를 통한 조망의 향수가 가능하였던 경우, 그 타인은 자신의 토지에 대한 소유권을 자유롭게 행사하여 그 토지 위에 건물을 건축할 수 있고, 그 건물 신축이 「국토의 계획 및 이용에 관한 법률」에 의하여 정해진 지역의 용도에 부합하고 건물의 높이나 이격거리에 관한 건축관계법규에 어긋나지 않으며 조망 향수자가 누리던 조망의 이익을 부당하게 침해하려는 해의(害意)에 의한 것으로서 권리의 남용에 이를 정도가 아닌 한 인접한 토지에서 조망의 이익을 누리던 자라도 이를 함부로 막을 수는 없으며, 따라서 조망의 이익은 주변에 있는 객관적 상황의 변화에 의하여 저절로 변용 내지 제약을 받을 수밖에 없고, 그 이

수 없으며, 결국 원고들이 구분소유하는 현대아파트가 그 장소로부터 한강을 조망함에 있어 특별한 가치를 가지고 있어 그 조망의 이익이 사회통념상 독자의 이익으로 승인되어야 할 정도로 중요성을 갖는다고 인정하기 어렵다고 판단한 원심을 정당하다고 한 사례. 한편, 서울중앙지법 2007. 8. 20. 고지 2007카합1546 결정(흑석동 오륜빌라사건)에서는 일조 침해가 없는 상황에서 조망이 침해된다는 이유만으로 공사금지를 명하였다. 재판부는 구체적인 사실인정에 있어서 "그 건물로부터 향유하는 조망이익이 사회통념상 독자적인 이익으로 승인되어야 할 정도로 중요성을 갖는다고 인정되는 경우에 비로소 법적인 보호의 대상이 되는 것"이라는 대법원의 조망권에 대한 법리를 적용하여 오륜빌라 소유자 등이 제기한 조망권 침해로 인한 공사금지가처분을 인용하였다.

68) 대법원 2004. 9. 13. 선고 2003다64602 판결.

익의 향수자가 이러한 변화를 당연히 제약할 수 있는 것도 아니다.[69]

[판례] [1] 인접 토지에 건물 등이 건축되어 발생하는 시야 차단으로 인한 폐쇄감이나 압박감 등의 생활이익의 침해를 이유로 하는 소송에서 침해가 사회통념상 일반적으로 수인할 정도를 넘어서서 위법하다고 할 것인지 여부는, 피해 건물의 거실이나 창문의 안쪽으로 일정 거리 떨어져서 거실 등의 창문을 통하여 외부를 보았을 때 창문의 전체 면적 중 가해 건물 외에 하늘이 보이는 면적비율을 나타내는 이른바 천공률이나 그중 가해 건물이 외부 조망을 차단하는 면적비율을 나타내는 이른바 조망침해율뿐만 아니라, 피해건물과 가해건물 사이의 이격거리와 가해 건물의 높이 및 이격거리와 높이 사이의 비율 등으로 나타나는 침해의 정도와 성질, 창과 거실 등의 위치와 크기 및 방향 등 건물 개구부 현황을 포함한 피해 건물의 전반적인 구조, 건축법령상의 이격거리 제한 규정 등 공법상 규제의 위반 여부, 나아가 피해 건물이 입지하고 있는 지역에 있어서 건조물의 전체적 상황 등의 사정을 포함한 넓은 의미의 지역성, 가해건물 건축의 경위 및 공공성, 가해자의 방지조치와 손해회피의 가능성, 가해자 측이 해의를 가졌는지 유무 및 토지 이용의 선후관계 등 모든 사정을 종합적으로 고려하여 판단하여야 한다. [2] 甲 아파트의 일부 세대 소유자들인 乙 등이 인접 토지에 신축된 丙 아파트의 시행사인 丁 주식회사를 상대로 조망침해(개방감 상실)에 따른 손해배상을 구한 사안에서, 丙 아파트와 甲 아파트 각 피해 세대 사이의 이격거리와 丙 아파트의 높이 및 이격거리와 높이의 비율 등 가해 건물과 피해 건물 사이의 배치관계가 그 지역에서 이례적인 것으로 보기 어려운데도, 이른바 <u>조망침해율의 증가만을 이유로 丁 회사의 丙 아파트 신축으로 乙 등에게 수인한도를 초과한 시야차단으로 폐쇄감이나 압박감이 발생하였다고 본 원심판결에는 시야차단으로 인한 폐쇄감이나 압박감의 수인한도에 관한 법리오해 등 위법이 있다</u>고 한 사례(대법원 2014. 2. 27. 선고 2009다40462 판결[손해배상(기)] – 인접 토지에 신축된 아파트로 인한 조망침해 여부가 다투어 진 사건).

4) 조망이익의 조정원칙에 관한 사견

아름다운 경관에 대한 조망권의 인정은 경관지역에서 개발을 막는 기능을 갖는다.[70] 그러나 아름다운 경관에 대한 조망을 선점한 자에게 조망권을 과도하게 보장하면 타인의 토지이용이 제한된다. 그리고 경관지역에서 좋은 경관을 선점하

69) 대법원 2007. 6. 28. 선고 2004다54282 판결(리버뷰 아파트 사건). 5층짜리 아파트의 뒤에 그보다 높은 10층짜리 건물을 세움으로써 한강 조망을 확보한 경우와 같이 보통의 지역에 인공적으로 특별한 시설을 갖춤으로써 누릴 수 있게 된 조망의 이익은 법적으로 보호받을 수 없다고 한 사례.
70) 김종률, 앞의 논문, 115면.

기 위하여 오히려 개발이 촉진될 가능성도 있다. 또한, 조망권이 투자의 대상이 되어 조망권의 값이 상승할 가능성도 있다. 경관은 기본적으로 자연이 주는 이익으로 반사적 이익이며 법적 이익은 아니다. 좋은 경관을 향유할 수 있는 건축이 됨으로써 건축물 소유자는 경관을 누릴 수 있지만, 당해 건축물은 경관을 해치고, 다른 사람의 경관의 향유를 침해하는 경우가 많다.

만약 경관에 대한 조망권을 인정하는 경우에도 경관에 대한 조망권을 선점자에게 배타적으로 주는 것은 타당하지 않다. 경관에 대한 권리는 그 경관을 누릴 수 있는 모든 토지소유자가 공유하는 것으로 보아야 하고, 경관에 근접한 순서로 경관향유지분을 차등적으로 인정하는 것이 타당하다. 경관을 고려하여 건축물 앞에 건축가능한 토지가 있는 경우에 당해 건축물을 건축한 자는 앞의 토지에 건축이 행해져 자신의 건축물의 조망이 가려질 수 있다는 것을 예상할 수 있다. 다만, 경관을 먼저 선점한 자에게 경관향유지분을 보다 더 인정하는 것은 타당하다.

(2) 공권으로서의 조망권

조망이익은 공권인가 반사적 이익인가. 이를 논함에 있어서는 열린 공간에 대한 조망권과 아름다운 경관에 대한 조망권을 구분하여야 한다.

「건축법」은 건축물의 이격거리에 관한 규정을 두고 있는데, 이는 일조이익의 보호뿐만 아니라 조망이익의 보호도 목적으로 하고 있다. 그 규정은 기본적으로 건축공간의 확보라는 공익을 위한 규정이지만, 개인의 열린 공간에 대한 조망이익도 보호하고 있는 것으로 보아야 한다.

도시계획에 관한 법이나 건축관계법은 경관보호에 관한 규정을 두고 있다. 공익으로서의 경관은 객관적 가치로서 건축을 규제하는 사유가 된다. 건축물은 주변경관을 심히 해쳐서는 안 되며 주변경관과 조화를 이루어야 한다. 도시계획관계법이나 건축관계법의 경관보호규정은 기본적으로 공익으로서의 경관보호를 규정하고 있는 것이다. 한편, 「자연환경보전법」에서도 경관보호에 관한 규정을 두고 있다. 동법 제28조는 자연경관의 훼손을 사전에 방지하기 위하여 산이나 강, 해안가 등 자연경관이 빼어난 지역에서 이루어지는 개발사업 등에 대하여 자연경관과의 조화 여부 등을 심의·검토하도록 하는 자연경관심의제도를 두고 있다. 환경영향평가 대상사업 중 자연공원, 습지보전지역, 생태경관보전지역에서 일정거리 이내에서 추진되는 개발사업 등이 심의 대상이 된다. 동법상의 자연경관심의제도 규정은 공익으로서의 자연경관보호를 위한 것이다.

개인이 잘 보호된 경관을 누리는 이익은 원칙상 반사적인 이익에 불과하며 법적으로 보호된 개인적 이익으로 볼 수 없다고 보는 것이 타당하다. 다만, 경관의 이익이 중요하고 구체적인 이익이 되는 경우에는 공권으로 인정되어야 할 것이다.

조망이나 경관보호에 관한 공법규정이 개인적인 조망이나 경관이익도 보호하고 있다고 해석되는 경우에 공권으로서의 조망권 내지 경관권이 인정된다고 할 수 있다. 이 경우 조망권 또는 경관권을 갖는 자는 조망 또는 경관을 침해하는 건축허가의 취소를 구하는 행정소송을 제기할 소의 이익을 갖는다.

제 4 절 환경법의 기본원칙

국가의 환경보전을 위한 작용은 환경법 및 환경정책적 기본원칙에 기초하고 있는데 이 원칙들은 헌법의 환경권 규정과 환경보호에 관한 기본법인 「환경정책기본법」, 기타 개별 환경법의 규정들로부터 도출될 수 있다. 오늘날 환경법의 기본원칙으로 거론되고 있는 것은 예방의 원칙(또는 사전배려의 원칙), 원인자책임의 원칙, 협동의 원칙, 지속가능한 개발의 원칙 등이 있다.

이들 원칙들을 종래와 같이 단순한 프로그램적 지침으로 간주하는 것은 더 이상 타당하지 않다고 본다. 환경법의 기본원칙들을 실정법으로부터 도출할 수 있는 이상, 그것은 단순한 입법방침에 불과한 것이 아니라 종종 입법을 통한 구체화가 요구되는 것이라 할지라도 법적 구속력을 갖춘 법원칙으로 보아야 할 것이다. 즉, 환경법의 기본원칙들은 장래에는 환경정책적 행위, 특히 입법자의 행위를 지도·규율하고, 구체적인 경우에는 법률해석의 지침을 제공하며, 나아가 그것들이 법률에 규정되어 구속적으로 적용될 수 있는 법원칙으로 기능하게 된다.

Ⅰ. 예방의 원칙

1. 의 의

예방의 원칙(Preventive Principle)이라 함은 환경보호를 위해서는 환경에 대한 오염이 발생한 후 그 오염을 제거하는 것만으로는 부족하며 이를 넘어서 사전에 환경오염이 발생하지 않도록 노력하여야 한다는 원칙을 말한다. 환경은 일단 한번 파괴되면 복귀하는 데 오랜 시간이 걸리거나 아예 복구 불가능한 경우가 있고, 피해의 영역도 지역적으로나 시간적으로 매우 광범위하다. 따라서 미리 예방하는 것이 가장 경제적이고 효과적인 방법이라 하겠다.

한편, 사전배려(사전예방)의 원칙(Precautionary Principle)은 예방의 원칙과 구별되는 개념이다. 즉, 사전배려의 원칙은 규제를 하지 않는다면 회복할 수 없는 심각한 환경파괴의 결과를 가져올 가능성이 있는 경우, 달리 말하면 위험이 확실하지 않은 경우에는 그 결과의 발생에 대한 과학적 입증이 존재하지 않는 경우에도 사전배려의 차원에서 조치가 취해지거나 금지가 내려져야 한다는 원칙을 말한다. 사전배려는 잠재적 위험에 대한 것인 반면에 예방의 원칙에서의 예방은 확인된 위험에 대한 것이다. 사전배려의 원칙은 예방의 원칙보다 좀 더 적극적이고 형성적인 의미를 지니며 경우에 따라서는 적극적 조치나 금지를 내용으로 하는 환경규제입법의 방식으로 구체화되기도 한다. 이에 대한 자세한 내용은 후술하기로 한다.

오늘날 예방의 원칙은 실질적·내용적 측면에서 환경정책의 가장 중심이 되는 원칙으로 간주된다. 이러한 점은 환경정책수단들의 변화 과정을 살펴보아도 알 수 있다. 과거 국내외 주요 환경정책수단은 지시 및 통제 등의 직접적 규제와 개별매체위주의 사후적 환경정책수단이 주된 부분을 이루고 있었지만, 오늘날은 환경영향평가, 환경친화적 생산공정, 효율적인 자원이용, 폐기물발생의 최소화 등 사전예방적 환경정책수단들이 현대 환경정책수단의 중심부분으로 자리잡아 가고 있다. 이러한 사전예방적 환경정책은 발생할 우려가 있는 환경피해를 사전에 저지하고 자원의 적정한 관리 및 쾌적한 환경의 유지·조성을 위하여 모든 정책수단들을 조정하고 종합하는 역할을 함으로써 예방의 원칙을 구체화하고 있다.

한편, 환경권의 인정은 예방의 원칙의 기능을 강화시켜 주는 역할을 한다. 환경권의 내용에는 환경오염의 배제청구 및 그에 대한 규제 요구뿐만 아니라, 개발사업 등으로 인하여 환경파괴나 환경오염의 결과를 초래하지 않도록 환경영향평가, 환경오염행위의 방지대책 등과 같은 충분한 예방적 조치의 강구를 요구할 수 있는 권리도 포함된다고 볼 수 있는데, 후자의 경우는 예방의 원칙의 철저한 적용을 통하여 그 권리의 보장을 실현할 수 있다. 환경권의 인정은 환경행정의 지도이념을 규제의 영역에서 사전예방적 영역으로 옮겨놓는 역할을 함으로써 예방의 원칙에 큰 의미를 부여하고 있다.

2. 구체화 유형

① 예방의 원칙은 보통 법률의 목적규정에 일반적으로 선언됨으로서 법에 성문화된다.

② 예방의 원칙은 법률에 환경피해의 원인을 최소화하도록 일정한 의무를 부과하거나 대책을 마련하도록 함으로써 구체화된다.

③ 예방의 원칙은 현재의 환경상태의 질을 악화시키는 것을 금지하는 방법으로 법에 성문화되기도 한다. 이를 악화금지의 원칙 또는 존속보장의 원칙으로 표현하기도 한다. 하지만, 악화금지 또는 존속보장의 원칙은 예방의 원칙에 포함되는 것으로 보는 것이 타당하다.[71] 왜냐하면 예방의 원칙은 환경의 질의 개선을 목적으로 하여 가능한 환경침해를 사전에 예방하고, 이로써 피해나 위험한 상황이 더 악화되지 않도록 하는 것을 목적으로 하는 것이므로 현재의 환경의 존속을 보장하는 것도 그 내용으로 한다고 볼 수 있기 때문이다.[72]

④ 예방의 원칙은 많은 계획규정 안에서 구체화되기도 하는데, 환경법은 이러한 예방의 원칙의 규범화를 통하여 계획법적인 성격을 갖게 되는 특징을 지닌다.

3. 관련규정

「환경정책기본법」은 제1조에서 "이 법은 환경보전에 관한 국민의 권리·의무와 국가의 책무를 명확히 하고 환경정책의 기본 사항을 정하여 환경오염과 환경훼손을 예방하고 환경을 적정하고 지속가능하게 관리·보전함으로써 모든 국민이 건강하고 쾌적한 삶을 누릴 수 있도록 함을 목적으로 한다"라고 규정하고 있는데, 이 규정은 「환경정책기본법」이 예방의 원칙을 환경보호의 기본원칙으로 삼고 있음을 보여주는 예이다.

「환경정책기본법」은 제8조에서 '환경오염 등의 사전예방' 원칙을 천명하고 있다. 즉, 동조 제1항은 "국가 및 지방자치단체는 환경오염물질 및 환경오염원의 원천적인 감소를 통한 사전예방적 오염관리에 우선적인 노력을 기울여야 하며, 사업자로 하여금 환경오염을 예방하기 위하여 스스로 노력하도록 촉진하기 위한 시책을 마련하여야 한다"라고 규정하여 예방의 원칙을 선언하고 있다. 또한 동법은 과학기술의 위해성 평가와 관련하여 "정부는 과학기술의 발달로 인하여 생태계 또는 인간의 건강에 미치는 해로운 영향을 예방하기 위하여 필요하다고 인정하는 경우 그 영향에 대한 분석이나 위해성 평가 등 적절한 조치를 마련하여야 한다(제35조)"라고 규정하여[73] 환경정책기조를 한층 더 사전예방중심으로 전환시켜 나가고 있다.

---

71) 홍성방, 앞의 책, 180면.
72) 천병태·김명길, 앞의 책, 44면.
73) 2002년 12월 30일 개정시 새로 추가된 조항으로, 예를 들면 생명공학이 발달함에 따라 GMO(유전자변형물질) 등과 같은 생명체 조작 행위가 증가하고 있는데, 이 경우 정부는 이것이 생태계 또는

한편, 이러한 예방의 원칙은 환경영향평가제도에도 중요한 지침을 제공하게 되는데, 「환경영향평가법」 제1조에서도 동 원칙이 기초가 되고 있음을 명시하고 있다.

뿐만 아니라 동 원칙의 규범적 요구는 각종 환경입법을 통하여 구현되고 있다. 또한 환경계획을 비롯한 각종 토지관련 계획에 있어서의 환경문제의 고려, 각종 환경기준의 설정 및 유지, 환경오염물질의 배출규제, 생물다양성의 보전조치 등도 이 원칙을 구현하기 위한 것들이다.

한편, 동법 제8조의 '환경오염 등의 사전예방'이 오늘날 리스크 사회의 도래와 함께 중요한 의미를 지니는 '사전배려'의 의미도 포함하고 있는지가 문제된다. 다시 말하면, 동조가 예방의 원칙(Preventive Principle)을 규정하고 있는 것인지, 또는 사전배려의 원칙(Precautionary Principle)도 함께 규율하고 있는지 문제된다. 동조는 전통적인 예방의 원칙의 관점에서 주로 사업장 중심의 환경오염관리에 초점을 맞추고 있고, 불확실한 위험 또는 잠재적 위험까지 관리 대상으로 한다는 것이 규정상 명확하지 않은 점에서 사전배려의 원칙까지 포섭하고 있다고 보기 어렵다.

오늘날 가습기 살균제 등 화학물질 안전관리 문제, 전자파 위해성 문제, GMO의 위해성 문제, 살충제 계란 사태 등에 볼 수 있듯이 인간과 환경에 악영향을 미치는 리스크(Risk)의 영역이 지속적으로 확대되고 있다. 이러한 리스크의 확대는 자연스럽게 기존 법체계 내에서 사전배려적 조치의 필요성을 증대시키고 있다. 또한, 현실적으로도 개별 환경법 분야에서 사전배려 원칙을 명시적으로 반영하는 입법례가 증가하고 있다. 예컨대, 「환경보건법」 제4조[74], 「생활화학제품 및 살생물제의 안전관리에 관한 법률」 제2조[75] 등에서 사전배려의 원칙을 기본이념이나 기본원칙에 반영하고 있다. 또한, 다수의 환경관련 법령에서 위해성 평가 관련 제도를 명문화하여 사전에 리스크를 관리하도록 하고 있다.

인간의 건강에 어떠한 악영향을 미치는가를 사전에 분석·평가하도록 하는 위해성 평가 등과 같은 적절한 조치를 마련해야 한다는 것이다.

74) 「환경보건법」 제4조(기본이념) 환경보건은 다음 각 호의 기본이념에 따라 증진되어야 한다.

1. 환경유해인자와 수용체의 피해 사이에 <u>과학적 상관성이 명확히 증명되지 아니하는 경우에도</u> 그 환경유해인자의 무해성(無害性)이 최종적으로 증명될 때까지 경제적·기술적으로 가능한 범위에서 <u>수용체에 미칠 영향을 예방하기 위한 적절한 조치와 시책을 마련하여야 한다.</u>

2.~4. (생략)

75) 「생활화학제품 및 살생물제의 안전관리에 관한 법률」 제2조(생활화학제품 및 살생물제 관리의 기본원칙) 생활화학제품 및 살생물제는 다음 각 호의 원칙에 따라 관리되어야 한다.

1. 생활화학제품 및 살생물제와 사람, 동물의 건강과 환경에 대한 피해 사이에 <u>과학적 상관성이 명확히 증명되지 아니하는 경우에도</u> 그 생활화학제품 및 살생물제가 사람, 동물의 건강과 환경에 해로운 영향을 미치지 아니하도록 <u>사전에 배려하여 안전하게 관리되어야 한다.</u>

2.~3. (생략)

이처럼 리스크의 확대 및 사전배려조치의 필요성 증대, 사전배려원칙을 수용하는 입법의 증가 등을 반영하여 「환경정책기본법」에서도 사전배려의 원칙을 명시적으로 규정할 필요가 있다. 그리고 사전배려원칙의 적용에 있어서 핵심은 법이 언제, 어떠한 상황에서, 어디까지 개입할 수 있는지 등을 명확하게 하는 일이므로, 사전배려조치에 나아가기 위한 요건과 한계 등을 구체화하고 명확히 하는 것이 매우 중요한 문제가 된다. 따라서 학설과 판례 등을 통하여 요건과 한계 등에 대한 구체적인 기준과 내용들이 제시될 필요가 있다. 사전배려원칙의 적용요건과 한계 등에 대하여는 아래에서 살펴본다.

4. 사전배려의 원칙(Precautionary Principle)[76)]

(1) 의 의

사전배려의 원칙은 위험이 불확실한 경우에도 그 위험으로 인한 손해가 중대하고 회복할 수 없는 경우에는 그 위험이 확실하게 되기 이전에도 그 위험을 방지하거나 축소하는 사전배려조치를 취할 수 있다는 법원칙을 말한다.

사전배려원칙은 영어의 precautionary principle, 독일어의 Vorsorgeprinzip, 프랑스어의 principe de précaution을 번역한 개념이다. 그런데, 우리나라에서는 precautionary principle의 번역어로 사전배려의 원칙이라는 용어보다는 사전예방의 원칙이라는 용어를 사용하는 경우가 많다. 사전배려의 원칙과 환경법의 기본원칙인 예방의 원칙(preventive principle)은 구별된다는 점에서 예방의 원칙과 혼동을 줄 수 있는 사전예방의 원칙이라는 용어 보다는 사전배려의 원칙 또는 사전대비의 원칙이라는 용어를 사용하는 것이 적절하다고 생각한다.

사전배려원칙을 전통적인 예방의 원칙과 구별하는 것이 타당하다. 사전배려는 잠재적 위험에 대한 것인 반면에 예방의 원칙에서의 예방을 위한 규제는 확인된 위험에 대한 것이다. 사전배려원칙은 예방의 원칙에 의한 위험관리의 문제점을 보완하기 위하여 등장한 원칙이다. 전통적인 예방의 원칙에서의 규제는 확실한 위험을 대상으로 하는 것이다. 그런데, 과학기술의 발달로 확실하지는 않지만 잠재적인 위험, 가능성이 있는 위험이 등장하게 되었다. 이러한 위험은 후일 확실한 위험으로 밝혀지는 경우가 적지 않고, 이때에는 이미 회복할 수 없는 손해가 발생하여 피해의 예방이라는 관점에서는 이미 늦게 되는 경우가 있다. 따라서 보다 일찍 위험에 대처하여 즉 위험이 명확하게 되는 것을 기다리지 않고, 위험이 불확실한 경

76) 이하 "박균성, 과학기술위험에 대한 사전배려원칙의 적용에 관한 연구"를 요약·정리한 것이다.

우에도 피해를 사전에 예방하기 위하여 사전배려의 원칙이 등장하게 된 것이다.

(2) 사전배려원칙의 적용요건

1) 과학적 불확실성이 존재할 것

사전배려조치가 요구되던 당시의 과학기술의 지식에 비추어 위험의 존재 여부 또는 위험과 피해발생간의 인과관계에 대한 상당한 정도의 과학적 불확실성이 존재하여야 한다. 불확실하다는 것은 확인되지 않은 가정(Hypothèse)만이 존재한다는 것을 말한다. 위험이 불확실하다는 것은 위험에 대한 인식이 전혀 없는 위험의 무지와는 구별되어야 한다. 위험이 불확실하다는 것은 위험의 가능성을 인식하고 위험을 의심하고 있는 것을 전제로 한다.[77]

불확실하다는 것은 통상 위험성에 관하여 과학기술자들 사이에서 팽팽한 논란이 있는 경우를 말할 것이다. 달리 말하면 과학기술자들 사이에서 위험성에 관하여 합의에 이르지 못한 단계를 말한다.

이에 대하여 사전배려조치는 과학적으로 불확실성이 존재하지 않는 경우에도 미래세대의 이익을 위하여 필요하다면 인정하여야 한다는 견해도 있다.[78]

2) 최소한의 과학적인 근거

사전배려원칙을 적용하기 위하여는 위험 및 위험의 실현과정에 대한 최소한의 과학적인 분석이 행해져야 한다. 사전배려조치는 최소한의 과학적인 근거를 가져야 하며 정책적 필요, 정치적 필요 또는 도덕적 요구만에 의해 행해질 수는 없다. 과학적 근거를 요구하는 것은 과학적 근거를 요구하지 않는 경우 사전배려조치가 남용되어 산업과 기술의 발전을 저해하고, 무역장벽의 역할을 할 수도 있기 때문이다. 그렇지만, 과학적 근거를 엄격히 요구한다면 사전배려조치를 취하는 것이 심히 어렵게 되는 문제가 있다.

3) 수긍할 수 있는 위험의 존재

위험의 확실성(개연성)은 요구되지 않지만, 그 위험은 수긍할 수 있는(plausible) 것이어야 한다. 개연성(상당한 정도의 가능성)과 수긍가능성과는 구별하여야 한다. 수긍할 수 있다는 것은 달리 말하면 과학적으로 옹호될 수 있다는(defendable) 것(과학적으로 합리적인 의심이 있다는 것)이고, 쉽게 반박될 수 없는 것이어야 한다. 수긍가능

---

77) Amaud GOSSEMENT, LE PRINCIPE DE PRECAUTION, 2006, p. 429.

78) Nicolas A. Ashford, The Legacy of the Precautionary Principle in US Law: The rise of Cost–Benefit Analysis and Risk Assessments as Understanding Factors in Health, Safety and Environmental Protection, IMPLEMENTING THE PRECAUTIONARY PRINCIPE, 2007, p. 371.

성을 판단하기 위하여는 일정한 과학적인 분석에 기초하여야 한다.

4) 수인가능성이 없을 것

사전배려원칙이 적용되기 위하여는 그 위험이 사회적으로 인간의 보호 및 환경의 보호의 관점에서 수인할 수 없는 것이어야 한다.

위험의 수인가능성을 판단함에 있어서는 손해의 중대성, 손해의 발생 가능성 및 다음 사항이 고려되어야 한다. 위험에 의한 피해의 통제가능성이 낮을수록, 위험의 결과의 성질이 잘 알려지지 않았고 심각할수록, 본인의 의사와 관계없이 위험에 노출된 경우일수록, 위험을 창출한 활동의 편익이 명확하지 않고 크지 않을수록, 위험에 의한 피해가능성이 공간적으로 시간적으로 가까울수록, 위험과 편익이 불평등하게 분배되어 있을수록, 위험이 의도적인 것일수록 위험의 수인가능성은 더 인정하기 어렵게 된다고 보아야 한다.[79)]

5) 손해가 중대하고, 회복할 수 없는 것일 것

일반적으로 사전배려원칙이 적용되기 위하여는 발생가능한 손해가 중대하여야 하고, 회복할 수 없는 것이어야 한다고 본다. 달리 말하면 손해가 발생한 후에 개입하는 것은 너무 늦은 것으로 인정되어야 한다.

이에 대하여 일반적으로 사전배려원칙의 적용요건으로 회복할 수 없는 손해를 요구하는 것은 타당하지 않다는 주장도 있다. 회복할 수 있는 손해인 경우에도 손해를 회복시키는 것이 그것을 예방하는 것보다 더 비용이 든다면 손해발생의 위험성을 줄이기 위하여 사전배려조치가 가능하다고 주장한다.[80)]

6) 비례의 원칙

사전배려조치가 비례의 원칙에 합치하여야 한다. 이익형량에 있어서는 사전배려조치로 인한 긍정적 효과 부정적 효과, 위험의 중대성, 위험의 실현에 의한 피해의 중대성, 위험을 야기한 물질 및 활동의 편익을 고려하여야 한다. 자세한 것은 후술하기로 한다.

(3) 사전배려원칙의 적용영역

사전배려원칙은 우선 환경분야에 적용되었다. 이산화탄소 등에 의한 지구온난화에 대한 대응이 대표적인 예이다. 오늘날 사전배려원칙은 보건 및 식품안전분야로 확대되고 있다. 유전자재조합식품에 대한 규제는 환경의 보호를 위한 것이기도 하지만 건강의 보호가 특히 고려되고 있는 대표적인 예이다. 광우병에 대한 규제,

---

79) COMEST, Le principe de précaution, 2005, p. 28.
80) Nicolas A. Ashford, *op. cit*, p. 371.

휴대전화의 전자기파에 대한 규제, 살충제에 대한 규제도 사전배려원칙이 적용될 수 있는 분야로 들어지고 있다. 사전배려원칙은 이들 분야 외에도 사전배려원칙의 적용요건을 충족하는 경우에는 적용될 수 있다고 보아야 한다.[81)]

사전배려원칙은 국내에서뿐만 아니라 국제관계에서도 주장된다. 지구온난화에 대응하기 위한 이산화탄소의 규제 및 유전자재조합식품에 대한 수입규제 등이 그 대표적인 예이다. 규제책임이 시장 및 법원에 맡겨져 있는 미국에서는 사전배려원칙에 대하여 소극적이지만, 삶의 질과 지속가능한 발전을 강조하는 유럽에서는 사전배려의 원칙의 적용에 대해 가장 적극적이다. 사전배려원칙은 유럽이 미국의 개발론의 입장에 대응하기 위하여 행하는 주장의 이론적 근거가 되기도 한다.[82)]

(4) 사전배려원칙의 입법화조치

사전배려원칙의 대상이 되는 것은 국민에 대하여 중대한 피해를 야기할 수 있는 위험이다. 따라서 사전배려조치는 입법사항이라고 할 수 있다. 입법자는 법률을 통하여 사전배려정책을 결정하여야 할 것이다.

사전배려원칙을 실효성있게 적용하기 위하여는 사전배려원칙의 입법화가 필요하다. 사전배려원칙의 입법화는 법령상 사전배려원칙을 선언하는 것과 사전배려원칙을 구체화하는 규정을 두는 것을 포함한다. 사전배려원칙이 매우 모호한 원칙이고 이에 관하여 견해의 대립이 첨예하다는 점에서도 입법화조치가 요구된다. 또한, 사전배려원칙의 입법화조치는 사전배려원칙의 주장을 강화하는 기능을 할 수 있다.

1992년의 리우선언은 사전배려의 원칙을 선언하고 있다. 유럽연합차원에서는 1992년의 마스트리히트조약에 선언되었다(제130－R－2).[83)] 유럽연합위원회는 2000년 2월 원칙의 적용조건을 명확히 하기 위하여 고시(communication)를 발령하였다.

사전배려의 원칙은 국내법에서도 도입되고 있다. 우선 입법에 의해 사전배려의 원칙이 선언되고 있다. 프랑스의 1995년의 바르니에 법률은 사전배려원칙을 선언하고 있다(농촌법전 법률 제200－1조, 환경법전 법률 제110－1조). 프랑스에서는 헌법규범으로 편입된 2003년의 환경헌장(la Charte de l'environnement de 2003)에 "관계기관은

81) 원자력 발전의 안전성 판단에 사전배려원칙을 적용할 것인지에 대하여는 논란이 있다. 원자력의 안전성 판단에 있어서는 국가의 정책적 고려(예컨대 안정적 에너지 공급 등)를 할 수 있다는 것이 판례 및 지금까지의 통설적 견해이다.

82) 일반적으로 말하면 유럽연합은 사전배려의 원칙의 도입에 적극 찬성하고 있고, 미국은 이에 부정적이거나 소극적인 입장을 취하고 있다.

83) 이 조항은 암스테르담조약 이래로 CE 제174조가 되었다.

사전배려원칙의 적용을 통하여 손해의 실현을 회피하기 위하여 잠정적이고 비례성있는 조치를 취하고, 감수되는 위험의 평가절차를 실행하도록 하여야 한다"라고 사전배려원칙을 선언하고 있기까지 하다. 대기에 관한 법률은 대기환경기준을 초과한 경우뿐만 아니라 그렇게 될 위험성이 있는 경우에도 대기질보호계획(PPA)을 작성하도록 규정하고 있다.

우리나라에서는 아직 사전배려의 원칙을 선언한 일반적 규정도 없고, 사전배려원칙을 명시적으로 인정한 구체적인 법규정도 없다. 그러나 사전배려원칙을 구체화하였다고 보여지는 법령이 등장하고 있다. 유전자변형생명체 수입규제 및 조류인플루엔자감염발견시 일정지역에 있는 오리를 살처분하도록 하는 규정을 사전배려의 원칙에 입각하여 그 원칙을 구체화한 법으로 볼 수 있다. 「유전자변형생물체의 국가간 이동에 관한 법률」은 관계중앙행정기관의 장은 국민의 건강과 생물다양성의 보전 및 지속적인 이용에 위해를 미치는 경우뿐만 아니라 미칠 우려가 있는 경우에도 유전자변형생물체의 수입이나 생산을 금지하거나 제한할 수 있다고 규정하고 있다(제14조). 「가축전염병예방법」은 살처분명령은 원칙상 "가축전염병에 걸렸거나 걸렸다고 믿을 만한 역학조사 · 정밀검사 결과나 임상증상이 있는 가축의 소유자에게" 명해지는 것이지만, 우역 · 우폐역 · 구제역 · 돼지열병 · 아프리카돼지열병 또는 고병원성조류인플루엔자에 걸렸거나 걸렸다고 믿을 만한 역학조사 · 정밀검사 결과나 임상증상이 있는 경우에는 당해 가축이 있거나 있었던 장소를 중심으로 당해 가축전염병이 퍼진 지역뿐만 아니라 퍼질 것으로 우려되는 지역안에 있는 가축의 소유자에게도 지체없이 살처분을 명할 수 있다고 규정하고 있다(제20조 제1항). 「식품위생법」은 유전자재조합식품에 관하여 표시제(제12조의2), 안전성평가제(제18조)를 규정하고 있다.

(5) 사전배려조치의 내용

사전배려원칙은 불확실한 위험에 대처하는 원칙이므로 우선 위험에 대한 분석을 행하여야 한다. 다음으로 그 위험을 감소할 수 있는 해결책을 도출하여야 한다. 그리고 위험발생의 시나리오를 비교하여야 하고, 적절한 사전배려조치를 결정하여야 한다. 그리고, 불확실성을 제거하기 위한 연구를 계속하여야 하고, 상황을 주시하고, 필요한 경우 조치를 적응시키고 수정하여야 한다.

사전배려원칙은 불확실한 위험을 규제하는 것이므로 통상 절차적 규제가 실체적 규제보다 선호된다.

1) 위험의 분석

우선 위험을 정확히 진단하고 분석하여야 한다. 위험의 분석은 사전배려조치의 전제조건이다. 불확실한 위험의 진단과 분석을 제대로 하기 위하여는 능력있는 전문가가 필요하다. 불확실한 위험의 분석은 고도로 전문적인 사항이므로 행정기관은 전문가에게 불확실한 위험을 분석하도록 의뢰하여야 한다.

위험의 분석에 있어서는 위험의 정도뿐만 아니라 위험의 영향도 분석하게 되는데, 과학기술적인 위험에 한정하지 말고, 사회적 경제적 측면에서도 분석하여야 한다. 따라서, 과학기술자와 사회·정책전문가의 협력이 필요하다.

위험의 분석평가에 있어 공정성을 보장하기 위하여는 위험평가기관의 정치, 행정 및 위험을 창설한 자로부터의 독립성과 평가과정의 투명성이 보장되어야 하고, 전문가 상호간에 상호평가체제를 구축하여 위험평가가 오도되지 않고 균형을 유지하도록 하여야 할 것이다.

2) 정보의 제공 및 국민의 참여

불확실한 위험에 관한 정보를 공중에게 제공하여야 한다. 위험을 감수하여야 하는 소비자는 그 위험에 대하여 알권리가 있다고 보아야 한다. 다만, 소비자의 알권리는 기업비밀과 조화를 이루어야 한다. 특히 잠재적 위험이 심각한 것이 아닌 경우에는 잠재적 위험을 표시하는 것만으로 그 위험에 대처할 수도 있다. 소비자는 그 표시를 보고 위험의 감수 여부를 결정하게 될 것이고, 국가기관은 자유무역협정에 따른 보복조치 등 위험행위를 제약하는 사전배려조치로 인하여 제기될 이의를 피해갈 수 있을 것이다. 위험을 소비자에게 알린다는 것은 위험에 대한 대응책임을 일부 소비자에게 지운다는 의미도 갖는다.

다만, 제공되는 정보가 고도로 전문적인 사항에 관한 것이며 중대한 영향을 미치는 정보이므로 정보를 제공함에 있어서는 신중하여야 한다. 과학기술자나 언론기관은 위험정보를 과장하여 제공하지 않도록 하여야 한다.

정보제공은 사전배려조치의 투명성과 민주성을 보장하기 위한 기초이며 최소한이다.

사전배려조치에는 참여의 원칙이 적용되어야 한다. 국민이 사전배려조치의 논의과정 또는 결정과정에 참여할 수 있도록 하여야 한다. 사전배려의 원칙은 불확실한 위험을 대상으로 하며 그 적용과 관련하여 이해대립이 크고, 가치판단을 포함하고 있다는 특징을 가지며 그 내용이 모호하다는 특징을 갖는다. 따라서 사전배려원칙의 적용에 있어서는 민주적 의사결정이 중요하다. 특히 이 의사결정과정에 대한 이해관계인의 참여가 중요하다. 적용조치의 선택은 이해관계인의 참여과정을 거쳐 행하여져야 한다. 이익형량에 있어서는 다양한 가치의 판단이 연루되며 가치의 중요성은 사람에 따라 다르다. 위험의 수인의 정도도 사람에 따라 다르다. 산업체와 소비자 등 이해관계인들의 이해가 대립된다. 다른 한편 위험 및 그 위험의 결과에는 불확실한 점이 있다. 따라서, 가치판단 및 이해조정의 시스템이 마련되어야 하며 이 시스템을 구축함에 있어서는 이해관계인의 참여가 특히 중요하다.[84)]

3) 사전배려조치

사전배려조치는 사전배려조치의 적용요건이 모두 충족되는 경우에 행해진다. 사전배려의 원칙에 근거한 조치는 위험을 피하거나 위험을 줄이는 것을 그 내용으로 한다. 사전배려의 원칙에 근거하여 위험에 대처하기 위한 수단으로는 위험의 가능성을 줄이는 조치, 위험이 구체화된 경우에 대응조치능력을 강화하는 조치, 관련정보를 수집하는 것, 연구를 통하여 위험을 이해하고 감시하는 것 등이 있다.

사전배려원칙에 입각한 조치와 선택된 보호수준은 가능성 있는 위험의 정도(중대성)와 비례관계를 유지하야야 한다. 비용은 비례성을 판단하기 위하여 고려하여야 하는 요소들 중의 하나로 볼 수 있다.[85)] 사전배려원칙의 적용에 있어서는 위험을 창출한 행위로 기대되는 이익도 고려하여야 한다. 또한, 사전배려조치의 긍정적 또는 부정적 결과를 고려하여야 한다. 조치를 취하는 것 또는 조치를 취하지 않는 것의 도덕적 의미를 평가하여야 한다.

또한, 사전배려조치를 결정함에 있어서는 위험의 과학적 불확실성을 고려하여야 한다. 사전배려원칙에 입각한 조치는 과학적으로 불확실한 잠재적 위험에 대응하여 내려지는 조치이므로 전면적인 금지는 위험에 대처하기 위하여 유일한 수단이라고 여겨지는 특수한 경우를 제외하고는 대부분의 경우에 비례의 원칙에 합치하는 조치가 될 수 없다. 사전배려의 원칙에 근거한 조치에 의해 위험을 줄일 수는 있지만, 위험을 전적으로 제거할 수는 없는 것이 보통이다. 사전배려조치는 위험 제로를 달성하는 정도로 요구되는 것은 아니며 통상 사전배려조치는 위험을 방지할 수 있는 충분한 안전조치로 족하다. 또한, 사전배려조치는 불확실한 위험에 대처하는 수단이므로 항상 잠정적 조치로서의 성격을 갖는다. 과학기술지식수준과 상황의 변화에 따라 수정될 수 있어야 한다.

사전배려의 원칙은 피해를 방지하고 축소하기 위하여 최선의 조치를 취할 것

---

84) COMEST, *op. cit*, p. 39.
85) *ibid*, p. 13.

을 요구한다. 최선의 사전배려조치에도 불구하고 남는 지엽적인 위험 즉 잔존위험은 수인하여야만 한다.[86]

과학기술의 위험성과 관련된 문제에서는 정책결정자가 그 감정결과의 진실 여부를 판단하기 어렵다는 점에서도 전문가의 감정이 특히 중요하다. 또한, 합리적인 결정이 요구되므로 과학기술전문가의 의견은 무시되기 어렵다. 따라서 과학기술전문가의 감정의 공정성이 중요하다. 특히 사전배려조치는 위험성이 불확실한 상황하에서 행해지는 것이므로 감정평가의 질과 독립성이 요구된다.[87] 특정기관 또는 특정 과학기술전문가에 의한 과학기술 감정의 독점을 경계하여야 한다. 하나의 감정의견에만 근거하여 결정을 내리는 것은 위험하다. 전문가의 다양성이 보장되어야 하며 감정에 대한 반대감정이 보장될 필요가 있다.

사전배려조치의 결정에는 윤리적 문제가 포함되므로 과학기술자의 감정에는 한계가 있을 수밖에 없다. 감정서 작성이 과학기술자와 윤리전문가의 공동의 작업으로 이루어지도록 하거나 윤리의식을 가진 과학기술감정인를 양성하여야 할 것이다.

사전배려조치의 결정에 있어서는 가치판단의 문제가 포함되고, 이해관계인 상호간의 이해관계의 조절이 요구되므로 궁극적으로는 사전배려조치의 결정은 정치적 결정의 문제이며 민주적 방식에 의해 결정될 수밖에 없다. 과학기술전문가의 감정의견과 정책결정자의 판단 사이에 적절한 기능분담을 하는 것이 중요하며 적정한 기능분담의 메카니즘을 만드는 것이 중요하다.

(6) 사전배려조치의 한계

사전배려원칙이 경제활동과 과학연구를 부당하게 제한하여서는 안 된다. 사전배려조치는 위험을 창출한 사업자에게 경제적으로 수용할 수 있는 비용을 초래하여야 하며 사업자가 경제적으로 수용할 수 없는 비용을 지출하도록 하여서는 안된다는 견해도 있지만,[88] 경제적으로 수용할 수 있는 비용을 사전배려원칙의 절대적 요건으로 보는 것은 타당하지 않고, 비례원칙의 적용에 있어서 고려사항으로 보는 것이 타당하다. 왜냐하면 경제적 비용이 아무리 크다 하더라도 보호하여야 할 더 큰 중대한 가치가 있을 수도 있기 때문이다.

---

86) 한귀현, 앞의 논문, 10－11면.

87) GOSSEMENT, *op. cit*, p. 244.

88) MINISTERE DE L'ECOLOGIE Et DU DEVELLOPPEMENT DURABLE, Le principe de précaution saisi par le droit, 2006, p. 103.

조치와 위험 사이의 비례의 원칙 위반은 행정조치의 위법사유(취소사유 또는 국가배상책임에서의 위법)가 된다.

위험이 제로인 경우는 거의 없고, 위험 제로를 달성하는 것은 불가능하다. 사전배려조치는 위험을 제로로 하는 정도로까지는 인정될 수 없다.

(7) 사전배려원칙의 적용기관

사전배려원칙을 충실히 적용하기 위하여는 사전배려원칙을 적용하는 기관이 확대되어야 할 것이다. 사전배려조치를 적용하는 기관에는 사전배려조치를 결정하는 행정기관과 위험성을 과학적으로 평가하고 행정기관에 위험에 관한 정보를 제공하는 전문가그룹이 있다.

일부 학자는 사전배려원칙을 적용함에 있어서 위험성을 과학적으로 평가하는 기관과 대응조치를 결정하는 기관 사이의 기능상 분리를 요구한다. 그리고, 이 문제에 관하여 직접 이해관계를 가진 모든 사람들(소비자, 산업체 대표 등)의 참여가 필요하다고 주장한다. 이에 반하여 다른 학자는 가치판단을 포함하지 않는 평가라는 것은 생각할 수 없으므로 위험평가행위와 위험관리행위는 상호 혼합될 수 밖에 없다고 주장한다.[89)]

전문가그룹의 의견은 명문의 규정이 없는 한 자문의 성질을 가지므로 행정기관에 대해 법적 구속력을 갖지 않는다. 행정기관의 결정은 기술적 결정이 아니라 정책적 결정이고, 행정기관이 책임을 지는 기관이므로 전문가의 의견은 고려는 되어야 하지만, 법적 구속력을 갖는 것으로 볼 수는 없다. 또한 사전배려원칙의 적용과 관련하여 전문가의 의견이 상호 나뉘는 경우도 적지 않다는 점도 고려하여야 한다.

Ⅱ. 원인자책임의 원칙

1. 의 의

원인자책임의 원칙이라 함은 환경오염의 원인을 제공한 자가 환경오염의 방지·제거 및 손해전보에 관하여 책임을 져야 한다는 원칙을 말한다.

이 원칙은 주로 '환경비용을 누가 부담할 것인가'라는 '비용귀속의 원칙'으로서 기능을 하지만, 그 밖에 환경오염의 방지·제거를 위해 오염자에게 일정한 작위

89) COMEST, *op. cit*, p. 28.

또는 부작위의 의무를 부과하는 것도 포함하는 것으로의 '실질적 책임 귀속의 원칙'으로 기능하기도 한다. 다시 말하면 원인자책임의 원칙은 일반적 귀책의 측면에서는 일반경찰법상의 책임원칙의 성격을 지니는 반면, 비용부담의 측면에서는 1972년 OECD의 지침에서 제시한 '오염자부담의 원칙(Polluter Pays Principle)'과 유사한 논리구조를 지닌 원칙이라 할 수 있다.[90)]

2. 오염원인자

환경오염이 발생한 경우 오염원인자를 확정하는 것은 쉬운 일이 아니다. 즉 원료가 제조자에 의해 제품으로 만들어지고, 그 제품이 판매자를 거쳐 소비자에게 유통되고, 이어 소비자가 이용한 제품이 폐기물이 된 경우에 과연 오염원인자를 누구로 보아야 할 것인가는 쉽게 결정하기 어려운 문제이다. 폐기물을 발생시킨 소비자가 오염원인자라고 볼 수 있지만, 제품은 최종적으로는 폐기물이 되는 것이 보통이므로 제조자나 판매자를 오염원인자라고 볼 수도 있다. 한편, 오염원인자는 오염을 발생시키는 행위를 한 자인 경우(행위책임)도 있고, 환경에 대한 위해를 야기하는 물건을 점유하거나 소유한 자인 경우(상태책임)도 있다.

오염원인자의 확정문제는 환경정책의 목표달성을 위한 입법자의 형성의 자유에 속하는 것이라고 할 수 있다.[91)] 일정한 경우 환경피해에 대한 책임의 범위를 넓히기 위해 오염원인자의 범위가 확대되는 경우도 있다. 예컨대, 「자원의 절약과

90) 홍준형, 앞의 책, 106면; 천병태 · 김명길, 앞의 책, 46면; 고영훈, 환경법, 법문사, 2000, 62면.

91) 오염원인자의 개념과 그 범위설정과 관련하여 4가지 입장이 대립하고 있다. 첫째는 형식적 생활관계설로 원인자는 외형적인 생활관계의 장소적 범위 내에서 오염물질을 방출하게 된 모든 자를 말한다고 하는 견해이다. 이에 의하면 소비관련 오염의 경우 항상 소비자는 원인자이고, 생산자는 아니게 된다. 둘째는 사실상의 지배영역설로 원인자는 사실상의 생활지배범위에서 오염이 발생하게 되는 모든 자라는 견해이다. 소비와 관련되어 생기는 오염의 경우에는 물론 소비자가 원인자가 되나 상품의 소의 소비과정에서 일어나는 오염을 줄이기 위해 생산자에게 가하는 조치들은 실제적인 이유로 원인자부담의 원칙의 간접적 적용으로 본다. 셋째는 정책대상으로서의 적합지위설로 원인자는 오염의 원인을 야기하고 국가적 목표구상에 따라 오염을 방지, 제거, 보전할 수 있는 모든 자라고 하는 견해이다. 이 견해에 의하면 실제 원인자는 환경정책의 적정한 규율대상의 위치에 있는 자이다. 원인자는 환경친화적인 제품생산, 행태유도, 오염제거의 실제가능성, 비용부담에 의한 사후영향 등을 고려하여 정해지는 것이지 개념적으로 사전에 특정될 수 없다고 한다. 넷째는 인과연쇄에의 참여설로 원인자는 연속적인 인과관계의 연쇄 속에서 오염과정에 참여하거나 그 요인을 부담한 모든 자가 된다. 이 견해에 의하면 소비관련 오염의 경우 생산자뿐만 아니라 소비자도 원인자가 된다. 환경법의 영역에서는 환경오염으로 인한 1회적인 침해의 제거가 문제가 아니라 사회구성원들의 총체적인 사회경제 행태개선이 전면에 등장하게 되므로, 결국 어떠한 내용 및 범위로 원인자책임의 원칙을 구체화할 것인지는 환경정책적인 문제로서 입법자의 형성의 자유에 속하는 것이라 하겠다(윤서성, "오염자부담원칙의 적용에 대한 고찰," 환경법 연구 10(89. 5), 25－26면).

재활용촉진에 관한 법률」 제16조상의 재활용의무생산자, 「폐기물관리법」 제48조 폐기물처리의 조치명령의 대상자, 토양환경보전법 제10조의4 정화책임자 등에게 일정한 책임을 지우는 것이 그 예이다. 한편, 오염원인자라고 해서 항상 발생된 환경오염을 제거하여야 할 의무자가 되는 것은 아니다. 개별 환경법에서는 환경보전의 효율성이라는 관점에서 환경오염의 제거의무를 국가 또는 공공단체에게 지우는 경우도 있다.

3. 관련규정

「환경정책기본법」 제7조는 "자기의 행위 또는 사업활동으로 환경오염 또는 환경훼손의 원인을 발생시킨 자는 그 오염·훼손을 방지하고 오염·훼손된 환경을 회복·복원할 책임을 지며, 환경오염 또는 환경훼손으로 인한 피해의 구제에 드는 비용을 부담함을 원칙으로 한다"고 규정하여 오염원인자 책임원칙을 선언하고 있다.

이 외에도 「대기환경보전법」 및 「물환경보전법」상의 배출부과금제도, 「환경개선비용부담법」에 의한 환경개선부담금제도, 「폐기물관리법」상의 사업장폐기물 배출자의 폐기물처리의무제도 등에 의하여 구체화되고 있다.

원인자책임의 원칙은 국제적 규범 안에도 중요한 원칙으로 인정되고 있다. 리우환경선언 원칙 제16은 "국가당국은 오염자가 원칙적으로 오염의 비용을 부담하여야 한다는 원칙을 고려하여 환경비용의 내부화와 경제적 수단의 이용을 증진시키도록 노력한다"라고 선언하고 있다.

4. 수익자부담의 원칙 및 이용자부담의 원칙

경우에 따라서는 원인자책임의 원칙을 그대로 적용하는 것이 곤란한 경우가 있다. 예컨대 오염원인자를 확정할 수 없거나, 환경손실을 예측할 수 없거나, 오염원인자에 비용을 부담시키는 것이 너무 과도하거나, 경제적 혼란을 야기할 수도 있는 경우가 그것이다. 이 경우에는 다른 적절한 조치가 필요한데 수익자 부담의 원칙 및 이용자부담의 원칙 등을 적용하는 것이 그 예이다.

「환경정책기본법」 제7조의2는 "국가 및 지방자치단체는 국가 또는 지방자치단체 이외의 자가 환경보전을 위한 사업으로 현저한 이익을 얻는 경우 이익을 얻는 자에게 그 이익의 범위에서 해당 환경보전을 위한 사업 비용의 전부 또는 일부를 부담하게 할 수 있다"라고 하여 수익자 부담원칙을 명시하고 있다.

수익자부담의 원칙이란 환경개선으로 인하여 이익을 보는 자는 그 개선비용을 분담하여야 한다는 원칙을 말한다. 이용자부담의 원칙이라 함은 보전된 환경을 이용하는 자는 그 자연의 이용료를 지급하여야 한다는 원칙을 말한다. 수익자부담의 예로는 상수원의 보호를 위한 비용의 일부를 수익자에게 분담시키는 물이용부담금제도를 들 수 있고, 이용자부담의 예로는 수질개선부담금을 들 수 있다.

Ⅲ. 협동의 원칙

1. 의　의

협동의 원칙이란 환경보전의 과제를 달성하기 위하여 국가, 지방자치단체 및 사회가 협동하여야 한다는 원칙을 말한다. 국가와 지방자치단체 상호간뿐만 아니라 지방자치단체 상호간에도 협력하여야 하고 또한 국가, 지방자치단체와 국민, 사업자가 협력하여야 한다. 환경보전은 국가의 힘만으로는 달성될 수 없으며 국가와 국민, 사업자 등의 협력을 통해서만 달성될 수 있다.

오늘날 각종 국가행정작용분야 중에서 법의 집행결함이 가장 심각한 분야가 환경법 분야라고 할 수 있는데, 환경법규들은 그것이 제정되어도 제대로 집행되거나 준수되지 않아서 그 실효성이 낮은 것이 특징이다. 그러므로 환경행정분야는 사회구성원 모두의 협력이 절실하게 필요한 분야이고 국민의 적극적이고 실천적인 협력이 없이는 환경보전이라는 목적은 달성하기 어렵기 때문에 협동의 원칙은 중요한 의미를 지닌다.

이러한 협동의 원칙에 따를 때 참여자의 환경 관련 정보는 증대되고, 국가는 사회의 전문기술을 사용할 수 있고, 행정지출과 비용을 감소시킬 수 있으며, 환경정책적 결정이 손쉽게 국민에게 받아들여져 그것이 실현될 가능성이 증대된다.

폐기물관리분야에서 특히 협동의 원칙이 중요한 의미를 지닌다. 폐기물의 처리에 있어서는 폐기물의 적정한 분리수거가 중요한데 분리수거는 국민의 협조가 절대적으로 중요하며 폐기물처리시설의 설치 및 운영에 있어 주민의 협조가 필요하다. 폐기물의 적정처리에 있어서 국가 및 지방자치단체와 사업자 사이의 협력도 중요하다.

협동의 원칙은 정보공개 및 주민참여 등을 통하여 그 실효성이 확보될 수 있다. 즉, 협동의 원칙은 정보공개를 통한 정보에의 자유로운 접근 기회를 보장하고 행정절차나 입법과정 등 환경정책의 형성과정에 이해관계인의 참여를 보장할 것을 요청한다. 따라서 환경정책의 형성과정에 이해관계를 갖는 주민 등의 참여가 보장되고, 환경관련정보 등이 공개되어야만 협동의 원칙이 제대로 실현될 수 있다.

2. 관련규정

헌법 제35조 제1항 후단은 국가와 국민이 환경보전을 위하여 노력하여야 함을 강조하고 있고, 「환경정책기본법」은 이를 받아 국가 및 지방자치단체의 책무(제4조), 사업자의 책무(제5조) 그리고 국민의 권리와 의무(제6조)를 규정하여 이 원칙을 명시적으로 표명하고 있다.

「환경정책기본법」 제5조는 "사업자는 그 사업활동으로부터 발생하는 환경오염 및 환경훼손을 스스로 방지하기 위하여 필요한 조치를 하여야 하며, 국가 또는 지방자치단체의 환경보전시책에 참여하고 협력하여야 할 책무를 진다"라고 규정하고 있고, 동법 제6조 제2항은 "모든 국민은 국가 및 지방자치단체의 환경보전시책에 협력하여야 한다"라고 규정함으로써 이 원칙을 명시적으로 표명하고 있다. 또한 동법 제9조 제2항은 "정부는 환경용량의 범위 안에서 산업 간, 지역 간, 사업 간 협의에 의하여 환경에 미치는 해로운 영향을 최소화하도록 지원하여야 한다"라고 하여 이 원칙을 구체화하고 있다.

Ⅳ. 지속가능한 개발의 원칙

1. 의 의

지속가능한 개발의 원칙(Sustainable Development Principle)은 개발을 함에 있어서 환경을 고려하여 환경적으로 건전한 개발을 하여야 한다는 원칙을 말한다. 지속가능한 개발의 원칙은 환경의 향유 또는 자원이용에 있어서 세대간의 형평성의 보장, 현 세대에 있어서 개발과 환경의 조화를 내용으로 한다.[92)]

지속가능한 개발은 세계환경개발위원회(WCED)가 1987년 4월 발표한 "우리의 공동의 미래(Our Common Future)"라는 보고서(Brundtland Report)에서 등장한 이래

---

92) '지속가능한 개발'의 개념은 'Sustainable Development'를 번역한 것이나, 이 개념은 지구가 감당할 수 있는 범위 내에서의 발전이라는 의미를 강하게 내포하고 있기 때문에 이를 '지탱가능한 개발'이라 표현하는 것이 더 정확하다는 견해도 있다(문태훈, 환경정책론, 형설출판사, 1999, 461면). 지속가능한 개발은 자연의 환경용량 내에서 이루어지는 발전을 말하며, 이는 자연자원이 발전과정에서 다소 손상을 입더라도 그 손상의 정도가 자연계가 지탱할 수 있는 범위 내에서의 발전을 의미하는 것이다. 국가의 어떤 정책이 '지속가능성'이 있다고 하는 것은 그러한 정책을 계속해 나갈 경우에도 '경제·환경 또는 사회적으로 지탱 가능하다' 또는 '지탱 가능한 범위 내에 있다'는 것을 의미한다고 하겠다.

환경정책의 새로운 이념으로 정립되었고, 그 후 1992년 6월 브라질의 리우에서 개최된 UN환경개발회의(UNCED)의 '환경과 개발에 관한 리우선언'에서 중심테마가 되었다. 이후 ESSD(Environmentally Sound and Sustainable Development)이념은 새로운 국제질서로는 물론 각국의 환경정책 이념으로 정립되었다.[93)]

리우선언과 의제 21은 세계 각국에게 지속가능한 개발의 원칙을 국내법적 차원에서 구체화하여 실행할 것을 촉구하고 있는데, 그에 따라 오늘날 지속가능한 개발의 원칙은 환경정책 및 환경법의 기본원리로 인식되며 개별 환경법 분야와 거기서 추구되는 다양한 환경정책수단을 통하여 구체화되고 있다.

이러한 지속가능한 개발의 원칙은 기존의 환경법이 결함을 지니고 있거나 개혁의 필요를 드러내는 경우 환경법 개혁을 위한 의제설정원리로서 모든 환경관련법과 개발관련법들을 지속가능한 발전의 요구에 맞게 조율하는 입법정책적 지침으로 작용할 수 있다.[94)]

하지만 지속가능한 개발의 원칙을 현실 속에서 어떻게 실현할 것인가에 대하여는 여전히 어려운 문제점들을 남겨두고 있다. 지속가능한 개발의 원칙은 개발과 환경보전의 조화를 요구하는 것이고, 이러한 문제에 대한 논의들은 현실적으로 환경정책과 경제정책의 통합, 환경정책과 국토개발정책의 통합이라는 형태로 나타나고 있다.

현재 국제사회에서 진행되고 있는 환경정책과 경제정책의 통합방안의 대표적인 예로는 환경관리에 있어서 경제적 수단의 도입, 환경세제로의 세제개편, 소비패턴의 변화 등을 들 수 있다.[95)]

이러한 경제정책과 환경정책의 통합은 오늘날 환경형평성에 입각한 사회정책이라는 새로운 요소를 추가하여 3자의 통합화를 추구하는 모습을 나타내고 있다.[96)] 지속가능한 개발의 개념을 환경과 경제, 환경형평성에 입각한 사회정책의

---

93) 이후 2002년 8월 말 남아프리카공화국의 요하네스버그에서는 '지속가능한 개발을 위한 지구 정상회의(WSSD)'가 개최되었는데 요하네스버그회의에서는 리우회의에 따른 각종 실행성과를 점검하고, '지속가능한 개발'을 위한 실천적 내용들이 보다 심도있게 논의되었다.

94) 홍준형, 앞의 책, 94면.

95) OECD는 1992년 리우회의 이후 경제정책과 환경정책을 통합하는 방안을 적극 추진해오고 있다. 이들 상호 상반되는 것처럼 보이는 두 가지 정책을 경제적 수단(Economic instrument), 즉 가격 메커니즘의 조절을 통해 환경도 보호하고 경제성장도 동시에 달성하고자 하는 것이다. 예컨대, 시장원리를 환경정책에 적극 이용하는 경제적 수단(예: 쓰레기 종량제, 오염배출권 거래제도, 개발권 거래제도(TDR) 등)을 활용하거나 에너지 등 주요 생산요소의 가격에 환경오염비용을 반영하는 환경세 도입방안 등을 논의하고 있다.

96) 보통 3E는 경제(Economy), 환경 또는 생태(Environment or Ecology), 환경형평성(Equity)을 의미

조화라는 방향으로 이해하는 경우에는 에너지세·자동차세 등의 조세정책, 교통정책, 교육정책, 복지정책 등의 문제까지도 주요 과제로 다루어지게 된다.

지속가능한 개발의 개념을 개발과 환경보전의 조화라는 제한된 개념으로 받아들이기보다는 개발과 환경보전, 그리고 환경형평성에 입각한 사회정책의 조화와 달성이라는 적극적인 개념으로 받아들이는 것이 미래의 환경문제해결에 보다 바람직하다고 하겠다.

2. 관련규정

「환경정책기본법」은 제1조, 제2조 등을 통하여 모든 국민이 건강하고 쾌적한 환경에서 생활할 수 있는 터전을 마련하고 환경의 이용에 있어 환경보전을 우선적으로 고려하도록 하며, 환경의 혜택이 현재 세대에 의해 널리 향유되도록 하고 미래의 세대에 계승될 것을 요구함으로써 지속가능한 개발의 원칙의 요구를 대부분 반영하고 있다.

또한, 동법 제9조(환경과 경제의 통합적 고려 등)의 제1항은 "정부는 환경과 경제를 통합적으로 평가할 수 있는 방법을 개발하여 각종 정책을 수립할 때에 이를 활용하여야 한다"라고 하여 ESSD이념의 중심 과제인 '환경보전과 개발의 조화'를 강조함으로서 지속가능한 개발의 원칙을 명문으로 구체화하고 있다. 환경보전과 경제개발의 문제는 매우 밀접한 상관관계에 있으면서도 이 두 가지가 서로 상반된 요소를 지니고 있으므로 이를 어떻게 조화시킬 것인가 하는 점이 관건이 된다. 이 문제는 환경친화적 기술개발과 이용이라든가, 자원의 절약과 재활용을 통한 자원순환형 산업구조의 실현 등과 같은 국가적 환경정책과제를 통하여 접근이 가능하겠지만, '환경과 경제의 통합적 고려'라고 하는 것이 어떠한 구체적 형태의 정책으로 제시될 것인가는 쉬운 문제가 아니다. 그럼에도 불구하고 이 조항은 환경정책의 수립 및 개별적인 환경대책의 마련에 적지 않은 의미를 지니는 것이라 하겠다.[97)]

이러한 「환경정책기본법」의 이념과 정신을 받아 지속가능한 개발의 원칙을 실현시키기 위하여 정부는 다양한 환경정책수단들 안에 동 원칙을 반영하고 있다. 이러한 모습은 환경영향평가제도, 개발규제에 대한 환경규제의 통합 등에서 찾아

하는데, 오늘날 국제적으로는 이와 같은 경제성장과 환경보전, 환경형평성의 3가지를 동시에 추구하는 것을 '지속가능한 개발'의 3대 축으로 간주하고 국가적 역량을 모으고 있다(정래권, "환경정책에 대한 국제적 논의 동향과 과제," 2001 환경영향평가학회 워크샵 자료(2001. 1), 40면).

97) 김해룡, "환경정책기본법 개정안에 관한 소고," 환경법 연구 제23권 1호, 26면.

볼 수 있다.

한편, 「지속가능발전법」[98]에서는 '지속가능성'에 대하여 "현재 세대의 필요를 충족시키기 위하여 미래 세대가 사용할 경제·사회·환경 등의 자원을 낭비하거나 여건을 저하시키지 아니하고 서로 조화와 균형을 이루는 것을 말한다"고 하면서(제2조 제1호), '지속가능발전'이란 "지속가능성에 기초하여 경제의 성장, 사회의 안정과 통합 및 환경의 보전이 균형을 이루는 발전을 말한다"고 규정하고 있다(제2조 제2호).

Ⅴ. 정보공개 및 참여의 원칙

1. 의　의

오늘날 환경행정정책의 목적달성을 위한 수단의 하나로 특히 요청되고 있는 것이 환경정보의 공개와 환경행정에 대한 주민의 참여(Participation)이다. 이는 기본적으로 환경정책에 대한 국민 내지 지역주민의 수용을 제고시키고 폐기물처리장의 설치 등과 같은 복잡한 환경문제에 대한 국민 내지 주민의 협력을 증대시키기 위하여 요청되고 있다. 이러한 정보공개 및 참여의 원칙은 협동의 원칙의 실효성을 확보해 주는 역할을 한다.

한편, 정보공개 및 참여의 원칙은 국민의 권리보호라는 측면에서도 중요한 의미를 지닌다. 환경상의 조치는 인근주민의 건강이나 재산에 중대한 영향을 미칠 수 있으므로 인근주민의 권익보호를 위해서도 환경행정에 대한 주민의 참여 및 환경정보에 대한 국민의 접근이 보장되어야 한다.

환경정보공개 및 주민참여의 원칙의 구체적인 내용에는 환경상 조치에 관한 정보의 공개, 환경오염시설의 설치에 대한 의견진술이나 협의, 환경오염시설의 감시, 환경계획의 수립에 대한 주민의 참여 등이 포함된다. 정보의 공개 및 주민의 참여는 공공기관의 정보의 공개 및 행정에 대한 참여뿐만 아니라 사업자나 제조자가 가지는 정보의 공개 및 사업자의 환경관련활동에 대한 참여를 포함한다.

우리나라의 경우 「공공기관의 정보공개에 관한 법률」과 「행정절차법」 등이 제

98) 동법은 원래 '지속가능발전 기본법'이라는 제명이었으나, 「저탄소 녹색성장기본법」이 제정되면서 '지속가능발전법'으로 변경되었고, 법률의 내용과 위상도 축소되었다. '녹색성장'과 '지속가능발전'의 관계정립이 제대로 이루지지 못한 상황에서 입법이 추진된 관계로 입법과정에서 여러 논란이 있었다. 자세한 내용은 함태성, "'녹색성장'과 '지속가능발전'의 관계정립에 관한 법적고찰－저탄소 녹색성장기본법(안) 제정에 관한 법적 논쟁과 관련하여－," 환경법연구 제31권 1호(2009. 4) 참조.

정되어 있지만, 환경정보의 공개에 관하여 일반 정보공개와 다른 특별한 규율을 하고 있지는 않다. 독일의 경우 환경정보법(Umweltinformationsgesetz, UIG)을 제정하여 공공기관이 보유하고 있는 환경에 관한 정보에 대하여 국민들이 자유롭게 접근·이용할 수 있도록 하고, 기업에게도 환경정보공개의무를 부과하고 있다. 미국에 있어서의 환경정보공개는 일반적 정보공개제도를 법제화한 정보자유법(Freedom of Information Act: FOIA)[99]에 의해 제도적으로 보장되고, 특히 환경정보에 관하여는 이러한 일반법적 보장 외에도 분야별 입법에 의하여 보다 강화된 정보공개가 보장되고 있다.[100]

한편, 환경행정에 대한 주민의 참여는 아직 제한적으로만 인정되고 있을 뿐이고, 선진국과 달리 환경단체의 참여가 거의 인정되고 있지 않은 점도 문제이다.

2. 관련규정

「환경정책기본법」 제24조 제1항은 "환경부장관은 모든 국민에게 환경보전에 관한 지식·정보를 보급하고, 국민이 환경에 관한 정보에 쉽게 접근할 수 있도록 노력하여야 한다"라고 하여 국가는 환경정책의 형성과정에서 국민에게 환경정보를 보급하고 국민의 정보에의 자유로운 접근 기회를 보장할 것을 규정하고 있다. 그리고 동조 제2항에서는 "환경부장관은 환경보전에 관한 지식·정보의 원활한 생산·보급 등을 위하여 환경정보망을 구축하여 운영할 수 있다"라고 규정하고 있다. 환경부장관은 관계행정기관의 장에게 환경정보망 구축·운영에 필요한 자료의 제출을 요청할 수 있는데, 이 경우 요청받은 관계행정기관의 장은 특별한 사유가 없는 한 이에 따라야 한다(동조 ③).

「환경정책기본법」 제25조는 국가 및 지방자치단체에 대하여 환경보전에 관한 교육 등을 통하여 국민들이 환경보전에 참여하고 일상생활에서 이를 실천할 수 있도록 필요한 시책을 수립·추진할 의무를 부과하고 있고, 동법 제26조에서는 민간환경단체 등의 환경보전활동을 촉진시키고 정보공개 및 참여의 원칙이 실질화될 수 있도록 국가 및 지방자치단체에게 정보제공 등의 시책을 강구하도록 하고 있다.

---

99) 동법은 1946년 제정된 연방행정절차법(Administrative Procedure Act) 제3조의 정보공개에 관한 규정에 근거를 두고 있다.

100) 대표적인 예로는 공공기관에게 환경정보를 개발, 수집, 분석하여 환경영향평가 보고서를 작성하도록 의무화한 '국가환경정책법(NEPA)', 근로자들에게 작업장에서의 유해화학물질의 존재를 알려주도록 의무화한 '직업안전보건법', 연방환경청(EPA)에게 정상조업시 발생하는 오염물질배출에 관한 정보를 조사하여 일반 공중이 접근할 수 있도록 규정한 '긴급상황대처계획 및 지역주민의 알 권리에 관한 법률(EPCRA)' 등이 있다(홍준형, 환경법(제2판), 2005, 323면 참조).

「환경영향평가법」 제4조 제3호에서는 "환경영향평가등의 대상이 되는 계획 또는 사업에 대하여 충분한 정보 제공 등을 함으로써 환경영향평가등의 과정에 주민 등이 원활하게 참여할 수 있도록 노력하여야 한다"라고 하여 '정보공개 및 참여의 원칙'을 명시하고 있다. 또한 동법 제13조, 제25조에서는 전략환경영향평가서 초안, 환경영향평가서 초안에 대한 공고·공람, 설명회·공청회 개최 등에 관한 규정을 두어 환경영향평가과정에 이해관계를 갖는 주민 등이 참여할 수 있도록 하고 있다.

제 3 장 환경보전을 위한 수단

제1절 개 설

오늘날 각국의 환경보전을 위한 정책수단은 매우 다양한 형태로 나타나고 있으며 자신들의 사회적 여건에 맞는 수단들을 채택하여 발전시키고 있다. 이러한 환경보전을 위한 정책수단들은 각각의 현실적·사회적 필요성, 정책적 효과 및 장단점이 다르게 나타나지만 이들은 상호배타적인 것은 아니며 서로 보완적으로 적절하게 이용될 때에는 시너지 효과를 발휘하게 되어 환경보전에 이바지하는 바가 크게 된다. 이러한 정책수단들은 직접적인 행위를 규제하는 방식에서부터 보조금, 부과금, 세금혜택 등의 경제적 유인을 통하여 간접적으로 환경정책의 목표를 달성하는 제도 등 다양한 형태를 띠고 있다.

우리나라의 경우 1990년대 이전까지는 주로 배출시설의 인·허가, 행정감독 및 제재처분, 그리고 각종 환경관련 기준에 의거한 지시 및 통제 등과 같은 직접규제를 주된 환경정책수단으로 삼아 왔으나, 1990년대 이후 직접적 규제수단 외에 다양한 경제적 유인수단이 활용되고 있고, 최근에는 정부, 기업, 민간부문이 자율적인 협정을 통해 환경목표를 설정하고 환경개선을 도모하는 자율환경관리제도도 환경보전을 위한 정책수단으로 활용되기 시작하였다. 또한, 오늘날 환경영향평가제도와 같은 예방적 환경정책수단의 중요성이 날로 커지고 있다.

이러한 환경보전을 위한 정책수단은 법적인 측면에서 환경계획, 환경기준의 설정, 환경영향평가제도, 직접적 규제수단, 간접적 규제수단, 자율환경관리제도, 기타 비권력적 환경보전수단 등으로 나누어 검토해 볼 수 있다.

제2절 예방적 환경정책수단

Ⅰ. 환경계획

환경계획이란 행정주체가 환경보전을 위한 사전예방적 차원에서 일정한 목표를 설정하고, 환경의 효율적인 관리 및 관련 이해관계를 조절하기 위하여 필요한 수단들을 조정하고 종합하는 미래형성적인 환경정책수단을 말한다.

환경계획은 사전예방적 환경보호에 있어서 중심적 위치를 차지하는 환경정책수단이다. 미래예견적 계획을 통해서 환경침해는 처음부터 예방될 수 있다. 또한 환경계획을 통하여 환경오염의 복잡한 원인과 문제점이 파악되고, 환경보호를 위해서 요구되는 사항과 그와 충돌하는 다양한 이해관계들이 조정될 수 있다.

환경계획이 환경행정의 수단으로 등장하게 된 이유는 계획 없는 환경정책이 정책의 혼선을 초래하였을 뿐만 아니라, 종래의 권력적 규제수단만으로는 환경보전을 달성하기 어렵다는 점에서 국가의 기능이 변화되고 있으며, 다양한 행정수요에 효율적으로 대응을 할 필요가 있었기 때문이다.

이에 따라 「환경정책기본법」에서는 국가는 환경오염 및 환경훼손과 그 위해를 예방하고 환경을 적정하게 관리·보전하기 위하여 환경보전계획을 수립하여 시행할 책무를 지며(제4조 ①), 지방자치단체는 관할 구역의 지역적 특성을 고려하여 국가의 환경보전계획에 따라 그 지방자치단체의 계획을 수립하여 이를 시행할 책무를 진다(제4조 ②)고 규정하고 있다.

또한, 동법에서는 환경계획과 관련하여 국가환경종합계획의 수립 등(제14조), 국가환경종합계획의 내용(제15조), 국가환경종합계획의 시행(제16조), 환경보전중기종합계획의 수립 등(제17조), 시·도환경보전계획의 수립 등(제18조), 시·군·구환경보전계획의 수립 등(제19조), 개발계획·사업의 환경적 고려 등(제21조)의 규정을 두고 있다.

환경계획과 관련된 자세한 내용은 '제2편 제1장 환경정책기본법' 부분에서 살펴보기로 한다.

Ⅱ. 환경기준의 설정

환경법상의 기준설정은 환경보전이라는 목적을 달성하기 위하여 국가나 지방자치단체 등이 일정한 환경관련 기준을 정하고 그것에 소정의 법적 효과를 결부시키는 것을 말한다.1) 환경법에 있어 기준설정의 대상으로는 「환경정책기본법」에 의한 '환경기준'과 '지역환경기준', 「물환경보전법」·「대기환경보전법」에 의한 배출허용기준, 「가축분뇨의 관리 및 이용에 관한 법률」에 의한 방류수수질기준, 「토양환경보전법」에 의한 토양오염우려기준 등이 있다.

기준설정의 형식에 있어서는 「환경정책기본법」 제12조 제1항의 환경기준은 동조 제2항에 의거 대통령령으로 정해지며, 「물환경보전법」 제32조에 의한 배출허용기준은 환경부령으로 정할 것을 법률에 명시하고 있다. 그리고 기타 법률상의 요건해석 및 구체화기준은 여러 가지의 법적 형식으로 제정될 수 있다. 즉 법규명령, 행정규칙(요강) 또는 일반처분 내지 조례의 형식을 취할 수 있으며, 사적인 기술관계규정을 준용하는 경우도 있을 수 있다.2)

「환경정책기본법」상의 환경기준은 그 자체만으로는 행정의 노력목표를 나타내는 지표에 불과하고 직접 국민의 구체적인 권리의무를 규정하는 법규로서의 성격을 갖는 것은 아니다. 국민에 대한 직접적인 규제는 규제기준으로서의 배출기준에 따라 행하여지는데, 이 때의 법적 구속력을 지닌 기준을 배출허용기준이라고 한다. 이러한 점에서 환경기준은 규제기준의 성질을 띤 배출허용기준의 기초 내지 지침으로서 작용할 수 있다.

[표 3-1] 환경관련 기준의 종류

구분	환경관련 기준	근거법령
수질	수질환경기준(하천, 호수, 지하수, 해역), 먹는물수질기준, 방류수수질기준, 폐수배출허용기준	환경정책기본법, 물환경보전법, 가축분뇨의 관리 및 이용에 관한 법률
대기	대기환경기준, 대기배출허용기준, 제작차배출허용기준, 운행차 배출가스허용기준	환경정책기본법, 대기환경보전법
소음·진동	소음환경기준, 공장소음·진동 배출허용기준, 생활소음·진동규제기준, 자동차의 소음허용기준(제작차, 운행차)	환경정책기본법, 소음·진동관리법
토양보전 및 유독물 관리	토양오염 우려기준 및 대책기준, 농수산물 재배를 제한할 수 있는 오염기준, 유독물 및 관찰물질의 지정기준	토양환경보전법 화학물질관리법

1) 홍준형, 앞의 책, 161면.
2) 김해룡, "환경기준에 관한 법적 문제," 환경법 연구 제19권(1997. 12), 168면.

환경정책기본법상의 환경기준에 대한 자세한 내용은 '제2편 제1장 환경정책기본법' 부분에서 살펴보기로 한다.

Ⅲ. 환경영향평가제도

환경영향평가제도는 예방적 환경정책수단의 핵심으로 각 국가의 가장 중요한 환경정책수단의 하나로 자리잡아가고 있다. 환경영향평가제도는 환경에 중대한 영향을 미치는 정책·계획·프로그램 및 제반사업활동, 법령안 등을 대상으로 하여 이것들이 환경에 미치는 영향을 검토·분석·평가하고, 환경에 미치는 부정적인 영향을 사전에 제거·감소시킴으로서 지속가능한 발전을 실현하는 제도라고 정의할 수 있다.

환경영향평가제도는 1969년 미국의 국가환경정책법(National Environmental Policy Act: NEPA)에서 처음으로 도입된 이후 오늘날 세계 많은 나라에서 동 제도를 도입하여 운영하고 있다.

환경영향평가제도의 가장 중요한 기능은 '의사결정지원기능' 및 '합의형성기능'이다. 환경영향평가를 통하여 얻어진 정보는 의견수렴절차 등을 통하여 지방자치단체의 행정관계자와 지역주민 등에게 제공되고, 해당 개발사업의 정책결정자에게도 제공되어 정책결정시에 반영시킬 수 있게 된다. 환경영향평가를 통한 합리적인 의사결정 지원은 합의형성기능과 연결된다. 환경영향평가는 당해 사업의 시행에 앞서 환경영향평가 대상지역 안의 주민에게 당해 사업이 그 지역의 환경에 미칠 영향 등에 대하여 설명하고 주민의 의견을 청취하는 과정을 거침으로써 주민의 의견을 반영할 수 있는 것이고, 그럼으로써 주민과의 이해를 조정하여 일정한 방향으로 합의를 형성할 수 있는 것이다.

우리나라 현행 환경영향평가제도에 관한 기본적인 사항은 「환경영향평가법」에 규정되어 있고, 동법 시행령 및 시행규칙에는 모법에서 위임된 사항이 정하여져 있다. 동법은 환경에 영향을 미치는 계획 또는 사업을 수립·시행할 때에 해당 계획과 사업이 환경에 미치는 영향을 미리 예측·평가하고 환경보전방안 등을 마련하도록 하여 친환경적이고 지속가능한 발전과 건강하고 쾌적한 국민생활을 도모함을 목적으로 제정되었다.

환경영향평가제도에 대한 자세한 내용은 '제2편 제2장 환경영향평가법' 부분에서 살펴보기로 한다.

제 3 절 직접적 규제수단

직접적 규제수단은 행정기관이 환경규제목적을 직접적으로 달성하기 위하여 상대방에 대하여 직접 행하는 규제수단을 말한다. 오늘날 새로운 유형의 정책수단들의 활용이 증대되고 있긴 하지만 환경보전행정은 여전히 개별적 사안에 있어서는 직접적인 규제수단들에 의존하고 있다. 이러한 규제수단은 비교적 방법이 단순하고, 효과가 신속하게 나타나기 때문이다.

「환경정책기본법」은 직접적·명령적 규제수단을 환경정책의 주요수단으로 제시하고 있다. 즉, 제30조는 “정부는 환경보전을 위하여 대기오염·수질오염·토양오염 또는 해양오염의 원인이 되는 물질의 배출, 소음·진동·악취의 발생, 폐기물의 처리, 일조의 침해 및 자연환경의 훼손에 대하여 필요한 규제를 하여야 한다”고 규정하고 있다.

직접적 규제에 있어서는 환경규제조치를 달성하기 위한 실행조치를 행정기관이 결정한다. 그중 전형적인 것은 상대방에 대하여 명령하고 강제하는(command and control) 권력적 수단이다.[3]

직접적 규제수단은 크게 신고·등록·표시 등 의무부과, 인·허가제, 배출규제, 행정적·형사적 제재 등으로 나누어 볼 수 있다.

Ⅰ. 신고·등록·표시 등 의무부과

1. 신 고 제

(1) 의 의

환경관련 법령은 일정한 사항에 대하여 신고의무를 부과하고 있는 경우가 많다. 이러한 신고제는 환경 보전을 위한 가장 완화된 규제수단이다. 신고라 함은 사인이 행정기관에게 일정한 사항에 대하여 알려야 하는 의무가 있는 경우에 그것을 알리는 것을 말한다.[4] 신고는 본래적 의미의 신고와 완화된 허가제의 의미로서의

3) 직접적 규제수단은 제대로 집행이 되는 경우에는 규제목적을 효과적으로 달성하는 유효한 수단이 되지만, 감독과 단속이 철저하지 못한 경우에는 실효성 있는 제도가 되지 못한다. 감시와 단속에는 많은 비용이 들어가고, 인간의 능력에도 한계가 있으므로 직접적 규제수단에는 일정한 한계가 있게 된다.

신고로 나누어 볼 수 있다. 전자는 자기 완결적 신고, 즉 신고의 요건을 갖춘 신고만 하면 신고의무를 이행한 것이 되는 신고를 말하며 별도의 행정청의 수리 행위가 필요하지 않는다. 반면, 후자는 수리를 요하는 신고로서 신고가 수리되어야 법적 효과 발생하는 신고를 말한다(예, 신고시 「일정한 시설기준」을 갖출 것을 요건으로 하는 경우).

신고는 절차상 인·허가제도보다 간편하며 인·허가를 대체하는 수단으로 빈번히 사용되고 있다. 신고의 대상은 일반적으로 인·허가에 비하여 상대적으로 환경오염의 가능성과 정도가 덜한 경우이다.

(2) 기　능

신고제는 다음과 같은 기능을 한다.

1) 행위 개시의 통제

환경관련 법규에는 환경오염의 가능성이 있는 행위를 개시하거나 시설을 가동하기 전에 행정관청에 대하여 그에 관한 사실을 신고하도록 하는 조항을 두는 경우가 많다. 이와 같은 신고는 인·허가제도의 경우와 마찬가지로 환경오염 행위의 개시를 통제하는 기능을 한다.

예컨대, 「물환경보전법」 제33조 제1항은 "배출시설을 설치하고자 하는 자는 대통령령이 정하는 바에 의하여 환경부장관의 허가를 받거나 환경부장관에게 신고하여야 한다"라고 규정하고 있고, 동법 제37조 제1항은 배출시설 등의 가동개시 신고와 관련하여 "사업자는 … 당해 배출시설 및 방지시설을 가동하고자 하는 때에는 … 미리 환경부장관에게 가동개시 신고를 하여야 한다"라고 규정하고 있다. 그 외 「소음·진동관리법」 제22조에 의한 특정공사의 사전신고도 그러한 예이다.

2) 계속적 통제

환경오염 행위가 일회성으로 그치는 것이 아니라 계속적으로 행하여질 경우, 그 행위의 내용을 정기적 또는 부정기적으로 행정관청에 신고하도록 하는 경우가 있다. 이러한 신고는 인·허가제도를 보완하여 환경 오염 행위를 계속적으로 통제하는 기능을 한다.

예를 들면, 「물환경보전법」 제33조 제2항 단서는 허가 사항 이외의 사항 중 환경부령으로 정하는 사항을 변경하고자 하는 때에는 변경신고를 하여야 한다고 규정하고 있다. 「폐기물 관리법」 제17조 제2항은 "환경부령으로 정하는 사업장폐기

4) 박균성, 행정법론(상), 89면.

물배출자는 사업장폐기물의 종류와 발생량 등을 환경부령으로 정하는 바에 따라 특별자치시장, 특별자치도지사, 시장·군수·구청장에게 신고하여야 한다. 신고한 사항 중 환경부령으로 정하는 사항을 변경할 때에도 또한 같다"라고 규정하고 있는데 이것 역시 신고제를 통하여 환경오염행위를 계속적으로 통제하는 것이라 할 수 있다.

3) 정보수집

신고의 전형적인 기능은 정보수집이다. 신고를 통해 환경정책의 수립 및 집행을 위한 정보를 수집한다. 예를 들면, 「화학물질관리법」 제34조 제2항은 유해화학물질 영업자로 하여금 그 영업을 폐업하거나 휴업하는 경우 일정한 사항을 환경부장관에게 신고하도록 하고 있고, 「환경영향평가법」 제57조(업무의 폐업·휴업)는 "환경영향평가업자는 환경영향평가업을 폐업하거나 휴업하려는 경우에는 환경부령으로 정하는 바에 따라 환경부장관에게 신고하여야 한다"라고 규정하고 있는 것은 이에 해당한다.

2. 등록의무 또는 표시의무의 부과

환경관련법에서 사업자·관리인 등의 등록의무나 일정한 표시의무를 부과하는 경우가 있다. 예컨대, 「화학물질관리법」 제16조 제1항은 유해화학물질을 취급하는 자로 하여금 해당 유해화학물질의 용기나 포장에 명칭, 그림문자, 유해·위험 문구 등 일정한 사항이 포함되어 있는 유해화학물질에 관한 표시를 하도록 의무를 부과하고 있다. 한편, 「환경영향평가법」 제54조는 환경영향평가 대행자에게 등록의무를 부과하고 있다.

Ⅱ. 인·허가제

환경규제수단들 중에서 인·허가제는 환경보전을 위한 행정규제수단 중에서 핵심적인 지위를 차지하고 있다고 할 수 있다. 이는 신고·등록·표시등의 의무부과 보다 좀 더 강화된 형태의 규제 수단이다.

허가는 법령에 의한 일반적·추상적 금지(허가 유보부 금지)를 해제하여 일정한 행위를 적법하게 할 수 있게 하는 행정행위를 말하는데, 영업허가, 건축허가가 대표적인 예이다. 허가의 법적 성질과 관련하여서는 그것이 명령적 행위인가 형성적 행위인가, 그리고 기속행위인가 재량행위인가가 문제되는데, 종래 학설은 허가의 법적 성질을 명령적 행위이며 기속행위로 보았다. 즉 허가는 ① 특정인에게 새로운 독점적·배타적인 법률상의 힘을 설정해 주는 것이 아니라(즉, 형성적 행위가 아니라) 공공의 목적을 위해서 일정한 행위를 법령에 의하여 잠정적으로 금지시키고 나서, 일정한 요건을 충족시키는 경우에 본래의 자연적 자유를 회복시켜 주어 금지된 행위를 적법하게 할 수 있게 하는 것이고, ② '자연적 자유는 회복'이라는 면에서 행정청은 법령상의 허가 요건이 충족된 자에게는 허가를 부여함이 원칙이다(즉, 원칙적으로 기속행위인 것). 예를 들면, 「대기환경보전법」 제23조 제1항에서는 배출시설을 설치하고자 하는 자는 대통령령이 정하는 바에 의하여 시·도지사의 허가를 받아야 한다고 규정하고 있는데, 원칙적으로 허가는 기속행위이므로 일정한 요건을 갖춘 경우에는 환경부장관은 허가를 해 주어야 한다.

그런데 허가의 대상이 되는 환경관련행위의 경우에는 일정한 특수성을 가지고 있다. 즉, 행정청은 허가시 환경상의 이익 또는 공공의 이익을 고려해야 할 때가 있는바, 허가 여부가 환경적으로 중대한 악영향을 미칠 가능성이 많은 경우에는 예외적으로 거부할 수 있게 되어 있다. 다시 말하면, 환경관련행위의 허가는 행정청에게 재량이 인정되는 경우가 자주 있다. 예를 들어 「대기환경보전법」 제23조 제8항은 환경기준의 유지가 곤란하거나 주민의 건강·재산, 동식물의 생육에 심각한 위해를 끼칠 우려가 있는 경우에 특정 유해물질을 배출하는 배출시설의 불허가 가능성을 규정하고 있다. 그리고 「먹는물관리법」 제11조는 샘물 개발이 환경영향심사 결과 다른 공공의 지하수 자원 개발 또는 지표수의 수질 등에 영향을 미칠 우려가 있는 경우에는 샘물 개발을 허가하지 않을 수 있도록 하고 있다. 이처럼 환경법규에 허가시 환경에 중대한 영향을 미치는가를 고려하도록 하는 규정이 있는 경우에는 그 한도 내에서는 행정청에게 재량권이 인정되는 것으로 볼 수 있다.

한편, 「자연환경보전법」 제15조는 생태·경관보전지역에서의 행위제한에 관하여 규정하고 있는데, 제1항은 생태·경관보전지역 안에서 금지되는 자연생태 또는 자연경관의 훼손행위를 규정하고 있는 반면, 제2항은 동 지역에서의 행위제한의 예외를 인정하여 허가하는 경우를 규정하고 있다. 이는 강학상 예외적 허가(예외적 승인)에 해당하는 것이라 하겠다. 예외적 허가는 일정한 행위가 사회적으로 유해한 정도가 크기 때문에 법령상 원칙적으로 금지되고 있으나, 예외적인 경우에 그 금지를 해제하여 당해 행위를 적법하게 할 수 있게 하여 주는 행위를 말한다(예, 카지노 영업허가, 산림훼손 허가, 그린벨트 내의 건축허가 등). 일정한 행위를 금지시킴으로서 보호되는 공익과 허가해야 하는 필요성을 비교형량하여 후자가 보다 큰 경우에 인정된다. 허가와 예외적 허가를 구별하는 실익은, 허가의 경우는 기속행위로 해석될 여지가 많지만 예외적 허가의 경우에는 재량행위로 해석될 여지가 많다는 데 있다.[5)]

한편, 「하천법」 제33조(하천의 점용허가 등) 제1항은 "하천구역 안에서 다음 각 호의 어느 하나에 해당하는 행위를 하려는 자는 대통령령으로 정하는 바에 따라 하천관리청의 허가를 받아야 한다. 허가받은 사항 중 대통령령으로 정하는 중요한 사항을 변경하려는 경우에도 또한 같다(1호~6호 생략)"고 규정하고 있는데, 여기서의 허가는 공법상 특별사용권을 부여하는 것이므로 강학상 일종의 특허의 성질을 지니는 것이라 하겠다. 「공유수면 관리 및 매립에 관한 법률」 제28조에 의한 해양수산부장관의 공유수면 매립면허도 마찬가지라 하겠다. 특허는 상대방에게 새로운 권리나 능력 또는 법적지위 등을 설정해 주는 행위[6)]로서, 자연적 자유를 회복시키는 허가와 달리 상대방이 본래 가지고 있지 않았던 권리 등을 새롭게 설정하여 준다. 특허에 있어서는 행정청에게 공익목적의 넓은 재량이 인정되고, 조건 등 부관을 붙이는 경우가 많다.

Ⅲ. 배출규제

환경행정에 있어서는 기본적으로 일정한 행위에 대한 규제가 주된 것이 된다. 그 규제는 특정인에게 일정한 의무를 명하고 그에 위반하였을 때 행해지게 된다. 이와 같은 행정법상의 하명, 즉 특정인에게 일정한 의무(작위·부작위·수인 등의 의무)를 부과하는 행정처분은 환경행정상의 주요한 규제수단이라고 할 수 있다.[7)] 배출허용기준 등을 설정하고 적극적으로 상대방에게 일정한 행위의무를 부과함으로써 행해지는 배출규제조치가 대표적이다. 주요 개별환경법에서 규율하고 있는 배출규제의 형태는 배출시설의 설치허가 및 신고, 배출시설의 설치 제한, 방지시설의 설치, 배출시설 및 방지시설의 적정운영, 배출허용기준의 준수 등의 의무를 부과하고 이 의무에 위반하였을 때 일정한 제재를 가하는 것이다.

---

5) 박균성, 행정법론(상), 264면.

6) 예를 들면 특허기업의 특허(자동차운수사업, 도시가스사업, 전가사업 등 공익사업의 허가), 광업허가, 어업면허 등이 이에 해당한다.

7) 하명은 행정청이 국민에게 작위·부작위·급부·수인 의무를 명하는 행위로서, ① 作爲下命(시설개선명령, 오염물질방제명령, 폐기물처리에 대한 조치명령 등), ② 不作爲下命(조업정지명령 등 행위를 금지하는 것), ③ 給付下命(배출 부과금의 납부명령 등), ④ 受忍下命(폐기물적재선박의 파괴 등 행정청이 행하는 조치를 받아들일 것을 명하는 것)이 있다.

1. 배출시설 및 오염방지시설의 설치규제

(1) 배출시설의 설치허가 및 신고

대기분야의 배출시설을 설치하고자 하는 자는 대통령령이 정하는 바에 의하여 시·도지사의 허가를 받거나 시·도지사에게 신고하여야 하고(대기환경보전법 제23조 ①),[8] 수질분야의 경우에는 환경부장관의 허가를 받거나 환경부장관에게 신고하여야 한다(물환경보전법 제33조 ①).

(2) 배출시설의 설치 제한

환경부장관은 상수원보호구역의 상류지역, 특별대책지역 및 그 상류지역, 취수시설이 있는 지역 및 그 상류지역의 배출시설로부터 배출되는 수질오염물질로 인하여 환경기준의 유지가 곤란하거나 주민의 건강·재산, 동·식물의 생육에 중대한 위해를 가져올 우려가 있다고 인정되는 경우에는 관할시·도지사의 의견을 듣고 관계중앙행정기관의 장과 협의하여 배출시설의 설치(변경을 포함한다)를 제한할 수 있다(물환경보전법 제33조 ⑤).

한편, 환경부장관 또는 시·도지사는 배출시설로부터 나오는 특정 대기유해물질이나 특별대책지역의 배출시설로부터 나오는 대기오염물질로 인하여 환경기준의 유지가 곤란하거나 주민의 건강·재산, 동식물의 생육에 심각한 위해를 끼칠 우려가 있다고 인정되면 대통령령으로 정하는 바에 따라 특정대기유해물질을 배출하는 배출시설의 설치 또는 특별대책지역에서의 배출시설 설치를 제한할 수 있다(대기환경보전법 제23조 ⑧).

(3) 오염방지시설의 설치

「물환경보전법」 제33조 제1항 내지 제3항의 규정에 의하여 허가·변경허가를 받은 자 또는 신고·변경신고를 한 자(이하 "사업자")가 당해 배출시설을 설치하거나 변경할 때에는 그 배출시설로부터 배출되는 수질오염물질이 동법 제32조의 배출허용기준 이하로 배출되게 하기 위한 수질오염방지시설을 설치하여야 하며(제35조 ① 본문), 방지시설을 설치하지 아니하고 배출시설을 사용하는 자는 폐수의 처리·

---

8) 동법은 2012. 5. 23. 일부개정을 통하여 인구 50만 이상 시의 시장에게 대기오염물질의 배출허용기준 강화 조례 제정, 대기환경규제지역의 지정·해제 및 휘발성유기화합물을 배출하는 시설에 대한 신고 등의 권한을 이양하고, 시·도지사에게 배출시설에 대한 설치허가·취소, 폐쇄조치, 개선명령 및 배출부과금 부과 등의 권한을 이양하였다(제16조, 제18조부터 제21조까지, 제23조, 제24조, 제30조, 제32조부터 제38조까지, 제41조, 제44조 및 제45조).

보관방법 등 배출시설의 관리에 관하여 환경부령이 정하는 사항을 준수하여야 한다(동조 ②).

한편, 「대기환경보전법」도 제26조에서 방지시설의 설치 등에 관하여 규정하고 있다. 동법 제23조 제1항부터 제3항까지의 규정에 따라 허가·변경허가를 받은 자 또는 신고·변경신고를 한 자(이하 "사업자"라 한다)가 해당 배출시설을 설치하거나 변경할 때에는 그 배출시설로부터 나오는 오염물질이 제16조의 배출허용기준 이하로 나오게 하기 위하여 대기오염방지시설(이하 "방지시설"이라 한다)을 설치하여야 한다. 다만, 대통령령으로 정하는 기준에 해당하는 경우에는 설치하지 아니할 수 있다(제26조 ①).

2. 배출시설 및 오염방지시설의 운영규제

「대기환경보전법」 제31조는 사업자(제29조 제2항에 따른 공동 방지시설의 대표자를 포함한다)는 배출시설과 방지시설을 운영할 때에는 다음 각 호의 행위를 하여서는 아니 된다고 규정하고 있다(제31조 ①).

1. 배출시설을 가동할 때에 방지시설을 가동하지 아니하거나 오염도를 낮추기 위하여 배출시설에서 나오는 오염물질에 공기를 섞어 배출하는 행위. 다만, 화재나 폭발 등의 사고를 예방할 필요가 있어 환경부장관이 인정하는 경우에는 그러하지 아니하다.
2. 방지시설을 거치지 아니하고 오염물질을 배출할 수 있는 공기 조절장치나 가지 배출관 등을 설치하는 행위. 다만, 화재나 폭발 등의 사고를 예방할 필요가 있어 환경부장관이 인정하는 경우에는 그러하지 아니하다.
3. 부식(腐蝕)이나 마모(磨耗)로 인하여 오염물질이 새나가는 배출시설이나 방지시설을 정당한 사유 없이 방치하는 행위
4. 방지시설에 딸린 기계와 기구류의 고장이나 훼손을 정당한 사유 없이 방치하는 행위
5. 그 밖에 배출시설이나 방지시설을 정당한 사유 없이 정상적으로 가동하지 아니하여 배출허용기준을 초과한 오염물질을 배출하는 행위

한편, 「물환경보전법」 제38조에서는 사업자(제33조 제1항 단서 또는 동조 제2항의 규정에 의하여 폐수무방류배출시설의 설치허가 또는 변경허가를 받은 사업자를 제외한다) 또는 방지시설을 운영하는 자(제35조 제5항의 규정에 의한 공동방지시설 운영기구의 대표자를 포함한다. 이하 같다)는 다음 각 호의 어느 하나에 해당하는 행위를 하여서는 아니 된

다고 규정하고 있다(제38조 ①).

1. 배출시설에서 배출되는 수질오염물질을 방지시설에 유입하지 아니하고 배출하거나 방지시설에 유입하지 아니하고 배출할 수 있는 시설을 설치하는 행위
2. 방지시설에 유입되는 수질오염물질을 최종 방류구를 거치지 아니하고 배출하거나, 최종 방류구를 거치지 아니하고 배출할 수 있는 시설을 설치하는 행위
3. 배출시설에서 배출되는 수질오염물질에 공정 중에서 배출되지 아니하는 물 또는 공정 중에서 배출되는 오염되지 아니한 물을 섞어 처리하거나, 배출허용기준이 초과되는 수질오염물질이 방지시설의 최종 방류구를 통과하기 전에 오염도를 낮추기 위하여 물을 섞어 배출하는 행위. 다만, 환경부장관이 환경부령이 정하는 바에 따라 희석하여야만 수질오염물질의 처리가 가능하다고 인정하는 경우 그 밖에 환경부령이 정하는 경우를 제외한다.
4. 그 밖에 배출시설 및 방지시설을 정당한 사유 없이 정상적으로 가동하지 아니하여 배출허용기준을 초과한 수질오염물질을 배출하는 행위

3. 배출허용기준 – 농도규제와 총량규제

오염물질배출허용기준이라 함은 오염물질배출시설에서 배출되는 오염물질의 배출농도 또는 배출량의 한계기준(최대허용기준)을 말한다. 배출허용기준규제에는 농도규제(배출농도규제와 도달농도규제)와 총량규제가 있다.

(1) 농도규제

농도규제는 오염물질의 배출허용기준을 ppm 등과 같은 농도기준으로 설정하고 오염물질의 배출농도가 그 기준을 초과하는 경우에 이를 통제하는 규제수단이다. 농도규제에는 배출농도규제(수질, 대기, 소음)와 도달농도규제(소음)가 있다.

배출시설에서 배출되는 오염물질의 배출허용에 관한 전국적인 기준은 환경부장관이 부령으로 정한다. 특별시·광역시·도는 지역적인 상황을 고려하여 보다 강화된 배출허용기준을 정할 수 있고, 특별대책지역에 있어서도 보다 엄격한 배출허용기준이 정해질 수 있다.

현재 개별환경법상에서 이루어지는 배출규제는 기본적으로 농도규제에 입각하고 있다. 즉, 「물환경보전법」상의 배출허용기준이나 「대기환경보전법」상의 사업장에서 나오는 대기오염물질에 대한 배출허용기준과 자동차배기가스에 대한 배출허

용기준도 농도규제에 입각한 것이다.

농도규제의 문제점으로는 배출물을 희석하여 배출허용기준 이하로 만들어 얼마든지 오염물질을 배출하는 것이 가능하다는 점과 오염원이 집중되어 있는 지역(특히 폐쇄성수역)에서는 목표가 되는 환경기준을 달성하기 어렵게 된다는 점 등이 있다. 이러한 점을 보완하기 위하여 기본배출부과금제도가 시행되는 경우가 있다. 이것은 배출허용기준을 넘지 않는 오염물질의 배출에 있어서도 방류수수질기준(폐수종말처리시설의 방류수수질기준)을 초과한 오염물질배출량에 오염물질 1킬로그램당 부과금액, 연도별부과산정지수, 지역별부과계수 및 방류수수질기준 초과율별 부과계수를 곱하여 산출한 금액을 부과하는 제도이다.

(2) 총량규제

기존의 농도규제, 즉 농도기준 위주의 배출허용기준에 의한 규제만으로는 환경오염에 충분히 대처할 수 없고 오염원이나 오염물질배출량의 증가를 막을 수 없게 되자 오염부하량을 총량으로 관리하는 총량규제방식이 요구되었다. 총량규제는 오염물질의 배출허용기준을 ppm과 같은 단위당 집중량으로 하지 않고, 시간당 또는 일단위, 연단위로 오염물질 배출총량을 규제하는 것을 말한다.

총량규제제도는 환경기준을 달성하고 환경을 개선하기 위하여 오염물질의 배출량을 계획적으로 통제하는 것으로, 대표적인 방식으로는 환경기준을 달성하기 위하여 지역의 오염부하량의 총량을 산정하고 규제대상으로 되는 사업장마다 개별적으로 오염물질배출량을 배정하는 것이 있다. 이 방식하에서 오염물질배출권의 판매제가 시행될 수 있다. 또 다른 방식으로는 환경기준을 달성하기 위한 오염부하량의 삭감량을 정하고 사업장마다 오염물질배출량을 정하는 것이 있다. 삭감목표량은 반드시 환경기준을 달성하기 위하여 필요한 양으로 정하지 않고 실현가능성을 고려하여 결정된다.

이러한 총량규제제도는 지역의 오염정화능력을 고려하여 환경규제를 함으로써 환경의 보전과 개선에 적합한 방법이지만, 총량규제에는 다음과 같은 문제점이 있다. 지역의 오염정화능력을 산정하고 개별사업자의 오염배출량을 할당하는 데에 어려움이 있으며, 오염측정기술이 발전되지 못한 경우에는 제도의 시행이 곤란하고, 신규사업자의 진입에 어려움이 있다.

물 환경 분야의 경우 종래 수질오염총량관리는 4대강 수계법에 의하여 한강, 낙동강, 금강, 영산강·섬진강 등 4대강 수계에 대하여만 실시하도록 하여 그 외의 수계에서는 수질오염이 심한 경우에도 총량관리를 실시할 수 없는 문제가 있었다.

이에 「물환경보전법」에서 4대강 수계 외의 수계에 대한 총량관리의 근거규정을 두게 되었다. 즉, 환경부장관은 ① 동법 제10조의2 제2항 및 제3항에 따라 수질 및 수생태계의 목표기준 달성 여부를 평가한 결과 그 기준을 달성·유지하지 못한다고 인정되는 수계의 유역에 속하는 지역 또는 ② 수질오염으로 주민의 건강·재산이나 수생태계에 중대한 위해를 가져올 우려가 있다고 인정되는 수계의 유역에 속하는 지역에 대하여는 제22조 제2항에 따른 수계영향권별로 배출되는 수질오염물질을 총량으로 관리할 수 있다(동법 제4조 ① 본문). 다만, 4대강수계법의 적용을 받는 지역의 경우에는 4대강수계법의 해당 규정에서 정하는 바에 따르고, 「해양오염방지법」에 따라 오염총량규제가 실시되는 지역의 경우에는 「해양오염방지법」의 해당 규정에서 정하는 바에 따른다(제4조 ① 단서).

동법은 그 외 오염총량목표수질의 고시·공고 및 오염총량관리기본방침의 수립(제4조의2), 오염총량관리기본계획의 수립 등(제4조의3), 오염총량관리시행계획의 수립·시행 등(제4조의4), 시설별 오염부하량의 할당 등(제4조의5), 초과배출자에 대한 조치명령 등(제4조의6), 오염총량초과부과금(제4조의7), 오염총량관리지역 지방자치단체에 대한 지원 및 불이행에 대한 제재 등(제4조의8), 오염총량관리를 위한 기관간 협조 및 조사·연구반의 운영 등(제4조의9)의 규정을 두고 있다.

한편, 대기환경 분야에서는 「대기관리권역의 대기환경개선에 관한 특별법」에서 사업장 오염물질 총량관리를 도입하고 있다. 동법은 대기관리권역에 있는 일정규모 이상의 사업장에 대하여 대기오염물질 배출허용총량을 할당하고 이를 초과하여 배출하는 경우에는 총량초과과징금을 부과하도록 하는 등 총량규제에 관하여 규정하고 있다.

4. 배출규제위반에 대한 행정제재적 명령·조치

「물환경보전법」과 「대기환경보전법」은 환경보전을 위한 규제명령위반에 대하여 개선명령, 조업정지명령, 허가취소, 과징금처분, 위법시설에 대한 폐쇄조치 등 제재적 의미를 갖는 행정처분을 결부시킴으로써 그 명령에 따른 의무이행을 확보하고 있다. 이러한 수단들은 「소음·진동관리법」, 「화학물질관리법」 등에서 유사하게 채용하고 있다.

Ⅳ. 형사적 제재(처벌)

현재 우리나라의 법제를 보면 환경법규를 위반한 행위에 대하여는 크게 세 가지 방향에서 규율되고 있다. 첫째, 「물환경보전법」이나 「대기환경보전법」 등과 같은 분야별 개별환경법들이 벌칙에 관한 장에서 법규위반행위에 대한 행정벌을 규정하고 있고, 둘째, 「환경범죄 등의 단속 및 가중처벌에 관한 법률」이 환경오염행위에 대한 가중처벌, 과실범처벌 등의 규정을 두고 있으며, 셋째 형법상 음용수에 관한 죄(192조~194조), 가스·전기 등 방류죄(제172조의2), 과실치사상죄(제266조, 제267조) 등 환경상 법익을 부수적으로 보호하는 형법규정들이 있다.

1. 개별환경법에 의한 처벌

(1) 주요 개별환경법규 위반행위의 유형

1) 수질오염분야

수질오염 관련 환경법규 위반행위로서 주로 문제가 되는 유형은 무허가 폐수배출시설의 설치·운영, 폐수의 부적정 처리 등이 있으며, 이러한 행위들은 「물환경보전법」을 적용하여 단속 및 처벌을 한다.

① 무허가 폐수배출시설의 설치운영	– 허가나 신고 없이 폐수배출시설을 설치·운영하는 행위 – 발생된 폐수를 처리할 수 있는 방지시설을 설치하지 아니하고 폐수배출시설을 설치·운영하는 행위(단, 폐수를 위탁처리하는 경우와 항상 배출허용기준 이내로 배출되어 허가기관에서 방지시설면제를 받은 경우는 제외)
② 폐수의 부적정 처리	– 모터펌프, 호스 등을 이용하거나 비밀 배출구를 설치하여 처리되지 않은 폐수를 하천 등에 직접 방류하는 행위 – 폐수의 오염물질을 제거하지 않고 지하수·수도물·공업용수 등을 섞어(희석처리) 농도만을 낮추어 방류하는 행위 – 처리약품을 투입하지 않거나 방지시설을 가동치 않고 폐수배출허용기준을 초과하여 방류하는 행위

2) 대기오염분야

대기오염 관련 환경법규 위반행위로서 주로 문제가 되는 것은 무허가 대기배출시설의 설치·운영과 대기오염물질의 불법배출 등이 있으며, 이러한 행위들은 「대기환경보전법」을 적용하여 단속 및 처벌을 한다.

① 무허가 대기배출시설의 설치 · 운영	– 허가나 신고 없이 대기배출시설을 설치·운영하는 행위 – 대기오염물질을 처리할 수 있는 방지시설을 설치하지 아니하고 대기배출시설을 설치·운영하는 행위
② 대기오염물질의 불법배출	– 설치된 방지시설을 가동치 않고 대기오염물질을 배출하는 행위 – 비밀배출구를 설치하여 처리되지 않은 대기오염물질을 배출하는 행위 – 공기를 희석하여 농도만을 낮추어 배출하는 행위 – 방지시설이 노후화되어 적정처리되지 않거나 약품을 투입치 않는 등 방지시설을 정상가동치 않고 대기배출허용기준을 초과하여 배출하는 행위

3) 폐기물 분야

폐기물 관련 환경법규 위반행위로서 주로 문제가 되는 것은 폐기물의 불법매립·불법소각, 폐기물의 처리기준을 위반한 매립 또는 소각, 사업장폐기물 배출자 미신고, 폐기물의 부적정 보관 등이 있으며, 이러한 행위들은 「폐기물관리법」을 적용하여 단속 및 처벌을 한다.

① 폐기물의 불법매립 · 소각	– 발생된 폐기물을 폐기물 매립장이 아닌 농지 등에 몰래 매립하거나 소각하는 행위
② 폐기물의 처리기준을 위반한 매립 또는 소각	– 허가받은 폐기물 이외의 폐기물을 매립장에 반입하여 매립하는 행위 – 사업장폐기물을 폐기물처리사업자, 폐기물처리시설을 운영하는 자에게 위탁하지 않고 무자격자에게 위탁처리하는 행위 – 승인을 받지 않고 소각시설을 설치하여 폐기물을 소각하는 행위
③ 사업장폐기물 배출자 미신고	– 일정량 이상의 폐기물이 발생되는 사업장에서 폐기물 배출자 신고를 하지 않고 폐기물을 처리하는 행위
④ 폐기물의 부적정 보관	– 발생된 폐기물을 폐기물 보관기준에 위반하여 보관하여 주변환경을 오염시킨 행위 * 사업장 일반폐기물 보관기준: 성상이 다른 폐기물은 구분하여 보관하고, 보관창고에 90일을 초과하여 보관하지 아니하여야 함. * 건설폐기물 보관기준: 성상별·종류별로 구분하고, 재활용이 가능한 것은 따로 보관하여야 하며, 공사 완료 후 건설공사장에 보관하여서는 아니 됨. * 지정폐기물 보관기준: 지정폐기물 이외의 폐기물과 구분하여 보관하고, 재활용이 가능한 것은 따로 보관하여야 하며, 부식되지 않는 보관시설 및 용기에 성상별로 담아 보관창고에 60일을 초과하여 보관하여서는 아니 됨.

(2) 행정형벌 및 행정질서벌

일반적으로 개별환경법에서는 마지막 장에 벌칙에 관한 장을 두어 법규위반자

에 대하여 행정형벌 또는 행정질서벌을 부과하고 있다.[9]

법규위반에 대하여 형법에 형명이 있는 벌칙(사형 · 징역 · 금고 · 자격상실 · 자격정지 · 벌금 · 구류 · 과료 및 몰수)이 과하여지는 것을 행정형벌이라고 한다.[10] 일반적으로 행정형벌은 행정목적을 직접적으로 침해하는 행위에 대하여 과하여지게 된다. 대부분의 개별환경법에서는 행정목적의 달성을 위해서 법규위반자에 대하여 형벌을 과하는 벌칙규정이 포함되어 있는데, 대개는 징역이나 벌금형을 과하고 있다. 대체로 무허가배출시설의 설치 및 변경, 배출시설 및 방지시설의 비정상적인 운영, 조업정지 · 폐쇄명령 등 각종 명령의 불이행의 경우에 가하는 제재수단이다.

법규위반에 대하여 과태료가 과해지는 경우를 행정질서벌이라고 하는데, 이는 신고 · 등록 · 장부비치의무위반 등과 같이 위반내용이 경미하고 행정목적을 간접적으로 침해하는 행위에 대하여 과하여진다.[11]

(3) 양벌규정

「대기환경보전법」, 「물환경보전법」, 「폐기물관리법」 등 많은 환경관련법률에서 형벌을 과함에 있어서 행위자를 처벌하는 외에 사업자 또는 법인도 처벌하게 하는 양벌규정을 두고 있다.

예컨대, 「대기환경보전법」 제95조는 "법인의 대표자나 법인 또는 개인의 대리인, 사용인, 그 밖의 종업원이 그 법인 또는 개인의 업무에 관하여 제89조부터 제93조까지의 어느 하나에 해당하는 위반행위를 하면 그 행위자를 벌하는 외에 그 법인 또는 개인에게도 해당 조문의 벌금형을 과(科)한다. 다만, 법인 또는 개인이 그 위반행위를 방지하기 위하여 해당 업무에 관하여 상당한 주의와 감독을 게을리하지 아니한 경우에는 그러하지 아니하다"라고 규정하고 있다. 이러한 양벌규정의 취지는 해당 법률에 위반하여 직접 환경오염행위를 한 행위자뿐만 아니라 사업주인 법인이나 개인도 처벌하여 해당 법조의 실효성을 확보하고 나아가 환경보전에 이바지하는 데 있다.

여기서 '대표자'란 법인을 대표하는 권한을 가진 자로서 주식회사의 대표이사,

9) 동일한 행위에 대하여 행정형벌과 행정질서벌을 동시에 부과하는 것이 가능한지에 대하여 대법원은 긍정설을 취하고 있고(대법원 2000. 10. 27. 2000도3874), 헌법재판소는 부정설을 취하고 있다(헌재 1994. 6. 30. 92헌바38).

10) 행정형벌에는 특별한 규정이 있는 경우를 제외하고는 원칙적으로 형법총칙이 적용되고(형법 제8조), 형사소송법의 절차에 따라 검사의 공소제기로 법원이 과형한다.

11) 과태료는 형벌과는 성질을 달리하는 것이므로 형법총칙이 적용되지 않고 처벌절차도 형사소송법에 의하지 않는다. 과태료는 법원이 처음부터 과태료 재판에 의해 부과하는 경우(청탁금지법상 과태료), 행정청이 1차로 부과하고 이의제기시 법원이 과태료 재판에 의해 부과하는 경우가 있다.

법인의 이사 등이 이에 해당한다. '대리인'이란 상법상 지배인과 같이 법인 또는 자연인을 대신하여 당해 업무에 관한 일체의 행위를 할 권한을 가진 자를 말하고, '사용인'이란 고용관계에 기초하여 당해 법인 또는 자연인의 업무에 관하여 노무를 제공하는 자를 말한다. '기타 종업원'이란 사업주의 고용인의 자신의 보조자로 사용하는 자를 말한다.[12] 예컨대, 오염물질을 불법배출한 공장의 담당 직원은 사용인 또는 기타 종업원에 해당한다.

2. 「환경범죄 등의 단속 및 가중처벌에 관한 법률」에 의한 처벌

(1) 의 의

종래의 형법 기타 환경행정법으로는 환경오염에 대처하기가 충분하지 못하였고 그 실효성 면에서도 문제가 있게 되자, 환경오염행위를 환경범죄차원에서 규율하기 위한 법제정이 추진되었고, 그 결과의 하나로 1991년 '환경범죄의처벌에관한특별조치법'이 제정되었다. 이후 이 법은 1999년 12월 31일 전문개정이 되어 '환경범죄의단속에관한특별조치법'으로 대치되었고, 2011년 4월 28일 일부개정을 통하여 「환경범죄 등의 단속 및 가중처벌에 관한 법률」로 제명을 변경하였다. 2015. 2. 3. 일부개정에서는 형벌의 법정형 상한을 신설하고 벌금형을 현실화하였다. 2019. 11. 26. 일부개정에서는 과징금 부과처분의 실효성을 확보하기 위하여 종전 불법배출이익의 2배 이상 10배 이하에 해당하는 금액으로 과징금을 산정하던 것을 매출액에 100분의 5를 곱한 금액을 초과하지 아니하는 금액으로 산정하도록 개정하였다.

동법은 사람의 생명 또는 신체에 위험을 주는 환경오염행위를 방지하기 위하여 만들어진 형사특별법으로, "생활환경 또는 자연환경 등에 위해를 끼치는 환경오염 또는 환경훼손 행위에 대한 가중처벌 및 단속·예방 등에 관한 사항을 정함으로써 환경보전에 이바지함"을 목적으로 한다(동법 제1조).

동법은 형사특별법으로 분류되기도 하나, 그 규율 내용 중에는 과징금, 대집행, 행정처분효과의 승계, 사업장의 출입, 관계기관의 협조, 권한의 위임 등 행정법적 규율도 포함하고 있는 입법방식을 취하고 있다.

(2) 동법의 주요내용

1) 용어의 정의(제2조)

이 법의 적용을 받는 '오염물질'은 다음 각 목의 어느 하나에 해당하는 물질을

12) 조현권, 환경법－이론과 실무－, 법률문화원, 1999, 628면; 김홍균, 환경법, 홍문사, 1079면.

말한다.

가. 「대기환경보전법」 제2조 제1호에 따른 대기오염물질

나. 「물환경보전법」 제2조 제7호에 따른 수질오염물질

다. 「토양환경보전법」 제2조 제2호에 따른 토양오염물질

라. 「화학물질 관리법」 제2조 제2호에 따른 유독물

마. 「하수도법」 제2조 제1호·제2호에 따른 오수(汚水)·분뇨 또는 「가축분뇨의 관리 및 이용에 관한 법률」 제2조 제2호에 따른 가축분뇨

바. 「폐기물관리법」 제2조 제1호에 따른 폐기물

사. 「농약관리법」 제2조 제1호 및 제3호에 따른 농약 및 원제(原劑)

'불법배출'이란 다음 각 목의 어느 하나에 해당하는 행위(제5호 가목 또는 나목의 불법배출시설을 운영하는 사업자가 하는 가목 또는 나목의 행위를 포함한다)를 말한다(동조 제2호).

가. 「대기환경보전법」 제31조 제1항 제1호, 제2호 또는 제5호에 해당하는 행위

나. 「물환경보전법」 제15조 제1항 제1호 또는 제38조 제1항 및 제2항 각 호의 어느 하나에 해당하는 행위

다. 「폐기물관리법」 제8조 제1항 또는 제2항을 위반하여 사업장폐기물을 버리거나 매립(埋立)하는 행위

라. 「폐기물관리법」 제13조에 따른 기준과 방법에 적합하지 아니하게 폐기물을 매립하거나 수집, 운반, 보관 또는 처리하여 주변 환경을 오염시키는 행위

마. 「폐기물관리법」 제31조 제1항에 따른 관리기준에 적합하지 아니하게 폐기물처리시설을 유지·관리하여 주변 환경을 오염시키는 행위

바. 「하수도법」 제19조 제2항, 제39조 제1항, 제43조 제2항 또는 「가축분뇨의 관리 및 이용에 관한 법률」 제17조 제1항, 제25조 제1항을 위반하는 행위

사. 「물환경보전법」 제15조 제1항 제2호 또는 제4호를 위반하는 행위

아. 「화학물질 관리법」 제13조에 따른 유독물 관리기준에 적합하지 아니하게 유독물을 관리함으로써 유독물을 배출·누출하는 행위

자. 「대기환경보전법」 제16조 또는 제29조 제3항에 따른 기준을 초과하여 오염물질을 배출하는 행위

차. 「물환경보전법」 제32조에 따른 기준을 초과하여 오염물질을 배출하는 행위

카. 「하수도법」 제7조 또는 「가축분뇨의 관리 및 이용에 관한 법률」 제13조에 따른 기준을 초과하여 오염물질을 배출하는 행위

타. 「환경오염시설의 통합관리에 관한 법률」 제21조 제1항 제1호 가목·나목, 같은 항 제2호 또는 제3호에 해당하는 행위

'사업자'란 배출시설이나 불법배출시설을 설치·운영하는 자 또는 영업을 하는 자를 말한다(동조 제6호).[13]

2) 오염물질 불법배출행위의 가중처벌(제3조)

오염물질을 불법배출함으로써 사람의 생명이나 신체에 위해를 끼치거나 상수원을 오염시킴으로써 먹는 물의 사용에 위험을 끼친 자는 3년 이상, 15년 이하의 유기징역에 처한다(제1항). 제1항의 죄를 범하여 사람을 죽거나 다치게 한 자는 무기 또는 5년 이상의 유기징역에 처한다(제2항).

오염물질을 불법배출한 자로서 다음 각 호의 어느 하나에 해당하거나 「물환경보전법」 제15조 제1항 제4호를 위반한 자로서 제3호에 해당하는 자는 1년 이상 7년 이하의 징역에 처한다(제3항).

1. 농업, 축산업, 임업 또는 원예업에 이용되는 300제곱미터 이상의 토지를 해당 용도로 이용할 수 없게 한 자
2. 바다, 하천, 호소(湖沼) 또는 지하수를 별표 1에서 정하는 규모 및 기준 이상으로 오염시킨 자
3. 어패류를 별표 2에서 정하는 규모 이상으로 집단폐사(集團斃死)에 이르게 한 자

3) 환경보호지역 오염행위 등의 가중처벌(제4조)

환경보호지역에서 제3조 제1항 내지 제3항의 죄를 범한 자에 대하여는 해당 형의 2분의 1까지 가중할 수 있도록 하고, 환경보호지역에서 개별법령에 위반하여 토지를 300제곱미터 이상 형질변경한 자는 2년 이상, 15년 이하의 유기징역에 처

---

13) 여기서 '배출시설'이란 「대기환경보전법」 제2조 제11호에 따른 대기오염물질배출시설, 「물환경보전법」 제2조 제10호에 따른 폐수배출시설 또는 같은 조 제11호에 따른 폐수무방류배출시설, 「폐기물관리법」 제2조 제8호에 따른 폐기물처리시설, 「가축분뇨의 관리 및 이용에 관한 법률」 제2조 제3호에 따른 배출시설, 「토양환경보전법」 제2조 제4호에 따른 특정토양오염관리대상시설을 말한다(동조 제3호). '불법배출시설'이란 제3호 각 목의 법률에 따라 허가 또는 승인을 받거나 신고를 하여야 하는 배출시설로서 허가 또는 승인을 받지 아니하거나 신고를 하지 아니하고 오염물질을 배출하는 배출시설, 제3호 각 목의 법률에 따라 허가 또는 승인이 취소 또는 정지되거나 폐쇄명령을 받은 후 오염물질을 배출하는 배출시설, 제4호 각 목의 법률에 따른 허가를 받지 아니하거나 등록 또는 신고를 하지 아니하고 영업을 하는 건물이나 그 밖의 시설물, 제4호 각 목의 법률에 따라 허가가 취소 또는 정지되거나 폐쇄명령을 받은 후 영업을 하는 건물이나 그 밖의 시설물, 법률에 따라 배출시설의 설치가 금지된 지역에 설치된 배출시설 또는 영업이 금지된 지역에서 영업을 하는 건물이나 그 밖의 시설물, 「대기환경보전법」 제31조 제1항 제2호, 「물환경보전법」 제38조 제1항 제1호·제2호, 같은 조 제2항 각 호의 어느 하나 또는 「가축분뇨의 관리 및 이용에 관한 법률」 제17조 제1항 제1호·제2호에 따른 시설을 말한다(동조 제5호).

하도록 하는 등 환경범죄에 대한 처벌을 강화하였다.[14)]

4) 과실범(제5조)

이 법 제5조는 구체적 위험에 대한 과실범을 규정한 것인데, 이는 유해물질의 배출에 수반되는 예측할 수 없는 중대한 해악을 사전에 방지하기 위하여 건강에 유해한 물질을 배출하는 업무를 하는 자에게 예견의무와 결과회피의무를 과하는 것이다. 업무상 과실 또는 중대한 과실로 제3조상의 일정한 범죄를 저지른 경우 처벌하고 있다.

5) 멸종위기야생생물의 포획행위 등의 가중처벌(제6조)

매매를 목적으로 「야생생물 보호 및 관리에 관한 법률」 제67조, 제68조 제1호부터 제3호까지 또는 제69조 제1항 제1호의 죄를 범한 자는 같은 법 각 해당 조에서 정한 징역과 매매로 인하여 취득하였거나 취득할 수 있는 가액의 2배 이상 10배 이하에 해당하는 벌금을 병과한다.

6) 폐기물불법처리의 가중처벌(제7조)

단체 또는 집단의 구성원으로서 영리를 목적으로 「폐기물관리법」 제63조의 죄를 범한 자는 2년 이상 10년 이하의 징역과 폐기물을 버리거나 매립함으로 인하여 취득한 가액의 2배 이상 10배 이하에 해당하는 벌금을 병과한다. 이는 조직적인 폐기물매립행위를 처벌하기 위한 규정이다.

7) 누범의 가중처벌(제8조)

환경범죄는 그 특수성상 반복하여 발생하는 것이 쉽게 예상되므로 이에 대한 경각심을 불러일으키고, 이를 방지하기 위하여 누범의 특수가중규정을 둔 것으로 볼 수 있다. 즉, 제3조부터 제5조까지 또는 제7조의 죄로 금고 이상의 형을 선고받고 그 집행이 끝나거나 집행을 면제받은 지 3년 내에 제3조 제1항, 제4조 제3항 또는 제7조의 죄를 범한 자는 무기 또는 5년 이상의 유기징역에 처한다고 규정하고 있다. 그리고 이 경우 제7조의 죄를 범한 자는 폐기물을 버리거나 매립함으로

---

14) '환경보호지역'이란 「환경정책기본법」 제38조에 따라 지정·고시된 특별대책지역, 「자연환경보전법」 제2조 제12호에 따른 생태·경관보전지역, 같은 조 제13호에 따른 자연유보지역 또는 같은 법 제23조 및 제24조에 따라 지정·고시된 시·도 생태·경관보전지역, 「독도 등 도서지역의 생태계보전에 관한 특별법」 제4조에 따라 지정·고시된 특정도서(特定島嶼), 「자연공원법」 제2조 제1호에 따른 자연공원, 「수도법」 제7조에 따라 지정·공고된 상수원보호구역, 「습지보전법」 제8조에 따라 지정·고시된 습지보호지역, 「야생생물 보호 및 관리에 관한 법률」 제27조에 따라 지정된 야생생물 특별보호구역 및 같은 법 제33조에 따라 지정된 야생생물 보호구역, 「한강수계 상수원수질개선 및 주민지원 등에 관한 법률」 제4조에 따라 지정·고시된 수변구역(水邊區域)에 해당하는 지역, 구역 또는 섬을 말한다(제2조 제7호).

인하여 취득한 가액의 2배 이상 10배 이하에 해당하는 벌금을 병과한다.

8) 명령불이행자에 대한 처벌 등(제9조)

제13조 제1항의 규정에 따른 명령(철거명령을 제외한다)을 위반한 자는 5년 이하의 징역에 처한다(제1항). 제13조 제1항의 규정에 따른 철거명령을 위반한 자 또는 제13조 제4항의 규정에 따라 설치된 표지판을 제거 · 훼손한 자는 2년 이하의 징역 또는 2천만원 이하의 벌금에 처한다(제2항).

9) 양벌규정(제10조)

법인의 대표자나 법인 또는 개인의 대리인, 사용인, 그 밖의 종업원이 그 법인 또는 개인의 업무에 관하여 제5조부터 제7조까지의 어느 하나에 해당하는 위반행위를 하면 그 행위자를 벌하는 외에 그 법인 또는 개인에게도 해당 조문의 벌금형을 과(科)한다. 다만, 법인 또는 개인이 그 위반행위를 방지하기 위하여 해당 업무에 관하여 상당한 주의와 감독을 게을리하지 아니하였을 경우에는 그러하지 아니하다.

헌재의 위헌결정 이후 단서의 면책조항을 두고 있다. 법인이어야 하므로 법인격 없는 사단은 제외된다. 대표자란 법인을 대표하는 권한을 가진 자로서 주식회사의 대표이사, 법인의 이사 등이 이에 해당한다. 대리인이란 상법상의 지배인이 대표적인 예이다.

10) 인과관계의 완화(제11조)

동법은 제11조에서 추정규정을 두어 “사람의 생명 · 신체, 상수원 또는 자연생태계 등(이하 “생명 · 신체등”이라 한다)에 위해(제3조 제3항 각 호의 어느 하나에 해당하는 경우를 포함한다. 이하 이 조에서 같다)를 끼칠 정도로 오염물질을 불법배출한 사업자가 있는 경우 그 오염물질의 불법배출에 의하여 위해가 발생할 수 있는 지역에서 같은 종류의 오염물질로 인하여 생명 · 신체등에 위해가 발생하고 그 불법배출과 발생한 위해 사이에 상당한 개연성이 있는 때에는 그 위해는 그 사업자가 불법배출한 물질로 인하여 발생한 것으로 추정한다”라고 하여 환경오염에 있어 인과관계규명의 곤란성을 완화하고 있다.

11) 과징금제도(제12조)

환경부장관은 다음 각 호의 어느 하나에 해당하는 자에게 매출액에 100분의 5를 곱한 금액을 초과하지 아니하는 금액(이하 이 조에서 “위반부과금액”이라 한다)과 오염물질의 제거 및 원상회복에 드는 비용(이하 “정화비용”이라 한다)을 더한 금액을 과징금으로 부과할 수 있다. 다만, 매출액이 없거나 매출액의 산정이 곤란한 경우로서 대통령령으로 정하는 경우에는 위반부과금액을 10억원 이내로 한다(제12조 ①).

1. 다음 각 목의 어느 하나에 해당하는 물질을 불법배출(제2조 제2호 가목부터 아목까지의 행위만 해당한다. 이하 이 조에서 같다)한 자
   가. 「대기환경보전법」 제2조 제9호의 특정대기유해물질
   나. 「물환경보전법」 제2조 제8호의 특정수질유해물질
   다. 「폐기물관리법」 제2조 제4호의 지정폐기물
   라. 「하수도법」 제2조 제1호 및 제2호에 따른 오수 및 분뇨와 「가축분뇨의 관리 및 이용에 관한 법률」 제2조 제2호에 따른 가축분뇨 중 각각 생물화학적 산소요구량이 리터당 1천500밀리그램 이상인 오수·분뇨 및 가축분뇨
2. 다음 각 목의 어느 하나를 위반하여 배출시설에 부착된 측정기기를 조작하거나 가동하지 아니하거나 거짓으로 측정결과를 작성하거나 서류 또는 자료를 거짓, 그 밖의 부정한 방법으로 작성·기록 또는 제출하면서 제1호가목부터 다목까지의 물질 중 어느 하나를 배출한 자
   가. 「대기환경보전법」 제31조 제2항, 제32조 제3항, 제39조 제1항, 제44조 제10항
   나. 「물환경보전법」 제4조의5 제4항, 제38조 제3항, 제38조의3 제1항, 제46조의2 제1항
   다. 「폐기물관리법」 제13조의3 제3항, 제18조 제3항, 제18조의2 제1항 또는 제2항, 제38조 제1항 또는 제2항
3. 「화학물질관리법」 제23조 제1항, 제41조 제1항 또는 제46조 제2항 중 어느 하나를 위반하여 서류나 자료를 거짓, 그 밖의 부정한 방법으로 작성, 기록 또는 제출하면서 유독물질을 불법배출한 자
4. 「화학물질관리법」 제13조에 따른 유해화학물질 취급기준에 적합하지 아니하게 유해화학물질을 관리함으로써 같은 법 제2조 제3호부터 제5호까지의 규정에 따른 허가물질, 제한물질, 금지물질 중 어느 하나를 배출·누출한 자
5. 다음 각 목의 어느 하나를 고의로 위반하여 허가나 변경허가를 받지 아니하거나 신고나 변경신고를 하지 아니하고 설치 또는 변경한 배출시설을 운영하면서 오염물질을 배출한 자
   가. 「대기환경보전법」 제23조 제1항부터 제3항까지, 제38조의2 제1항 또는 제2항, 제44조 제1항 또는 제2항

나. 「물환경보전법」 제33조 제1항부터 제3항까지

다. 「폐기물관리법」 제29조 제2항 또는 제3항

라. 「가축분뇨의 관리 및 이용에 관한 법률」 제11조 제1항부터 제3항까지

제1항에 따른 매출액을 계산할 때에는 해당 사업장의 최근 3년간 매출액의 평균을 기준으로 한다(동조 ②).

환경부장관은 제1항에 따른 과징금을 산출함에 있어 행위자가 동일한 위반행위로 제15조의2 제1항 각 호에 따른 벌금, 과징금, 과태료 또는 배출부과금을 부과 받은 경우 그 액수에 상당하는 금액을 과징금에서 뺀다(동조 ⑤). 환경부장관은 제1항의 위반 사실을 알게 된 즉시 이를 환경부장관에게 신고하고 시정한 자에 대하여 대통령령으로 정하는 바에 따라 과징금의 전부 또는 일부를 감면할 수 있다(동조 ⑥).

12) 행정처분 등(제13조)

환경부장관은 불법배출시설의 소유자 또는 점유자에게 해당 시설의 사용중지, 철거 또는 폐쇄를 명할 수 있다(제1항). 불법배출시설이 제2조 제4호바목부터 아목까지의 영업을 하는 시설에 해당하는 경우에는 그 불법배출시설이 다음 각 호의 어느 하나에 해당하는 지역에 있는 경우에만 제1항을 적용한다(제2항).

1. 환경보호지역
2. 하천(「하천법」 제2조 제1호에 따른 하천과 「소하천정비법」 제2조 제1호에 따른 소하천을 말한다), 호소(「물환경보전법」 제2조 제13호에 따른 호소를 말한다), 바다(「해양조사와 해양정보 활용에 관한 법률」 제6조 제1항 제4호에 따른 해안선 바깥지역을 말한다) 및 그 경계로부터 직선거리 500미터 이내인 지역

환경부장관은 제1항에 따른 불법배출시설의 소유자 또는 점유자가 철거명령을 받고도 이를 이행하지 아니하면 「행정대집행법」에서 정하는 바에 따라 대집행(代執行)하고 그 비용을 소유자 또는 점유자로부터 징수할 수 있다(제3항).

13) 환경감시관(제15조의2)

동법은 환경관련법규 위반행위의 단속 및 예방을 위하여 환경부 및 그 소속 기관에 환경감시관을 둔다고 규정하고 있다(제1항). 환경감시관은 환경관련법규 위반행위의 단속 및 예방을 위하여 필요한 경우 지방자치단체의 장에게 자료를 요청할 수 있다. 이 경우 자료의 제출을 요청받은 지방자치단체의 장은 특별한 사유가 없으면 요청받은 자료를 제출하여야 한다(제2항). 제1항에 따른 환경감시관은 환경부 및 그 소속 기관에서 환경감시업무에 종사하는 공무원 중에서 임명하되, 그 자격,

임면(任免), 직무 범위 등에 관한 사항은 대통령령으로 정한다(제3항).

한편, 국가는 환경관련법규 위반행위의 감시 및 단속을 위하여 관계 행정기관과 지방자치단체의 공무원으로 구성된 환경감시조직을 설치·운영할 수 있다(제15조의3).

14) 그 밖의 규정들

그 밖에 이 법은 행정처분효과의 승계(제14조), 포상금(제15조), 사업장의 출입 등(제16조), 관계기관의 협조(제17조), 자료의 전산관리(제18조) 및 권한의 위임(제19조)에 대하여 규정하고 있다.

3. 「형법」에 의한 처벌

우리나라의 현행 환경법제는 주로 환경행정법 체제 위주로 유지되고 있으며, 이를 실효성 있게 뒷받침하는 환경형법 등에 관하여는 거의 소홀한 상태에 있다. 오늘날 심각한 환경문제에 직면하여 환경법규를 위반하면 단순히 행정처벌을 받는 것이 아니라 형사처벌을 받을 수 있다는 인식이 점점 확대되면서 환경범죄에 대하여 형법적 대응을 하여야 한다는 목소리가 커지고 있다.

독일의 경우에는 1980년 제18차 형법개정을 통해 '환경에 관한 죄'라는 장을 신설하여 환경범죄를 형법적 차원에서도 규율하고 있지만, 우리나라의 경우에는 아직 환경에 관한 죄를 독립하여 처벌하고 있지는 않다.[15] 다만, 형법상 음용수사용방해죄(제192조)·수도음용수사용방해죄(제193조)·음용수혼독치사상죄(제194조) 등의 음용수에 관한 죄, 가스·전기 등 방류죄(제172조의2), 과실치사상죄(제266조, 제267조) 등에서 규율가능하지만, 예컨대 음용수에 관한 죄의 경우 그 보호법익은 공중의 건강으로 환경상 법익침해는 부수적으로 고려되게 된다는 문제가 있다.

4. 환경형법의 행정종속성

행정법적 제재와 형법적 제재가 서로 유기적인 관련성을 가지면서 환경보호의 목적을 달성하는 것이 바람직 할 것이지만, 양자는 서로 상이한 법이론과 원칙을 기초로 하고 있으며 그에 상응하여 상이한 수단을 이용하게 되므로 서로 충돌하는 경우가 생긴다. 이러한 문제를 해결하는 방안으로 형법의 우선적 지위를 인정하는

15) 우리나라의 경우도 형법개정작업이 추진되어 왔는데, 그 결과로 1992년 6월 성안된 형법개정안은 제27장 '환경에 관한 죄'를 신설하여 환경오염죄, 환경오염치사상죄, 환경오염죄미수범, 과실환경오염죄를 규정하고 있었으나 입법으로 연결되지는 않았다.

입장과 환경형법은 그 구성요건이나 위법성의 차원에서 행정법에 종속하게 된다는 입장이 대립하고 있다.

오늘날 환경보호의 영역은 복잡한 자연과학적 상황과 기술적 문제들로 인해 형법의 독자적인 결정에 의한 해결에 적합하지 않으며, 우선적으로 행정적으로 규율되는 영역에 해당되므로 환경형법의 구성요건을 독자적으로 규정하기보다는 환경행정법에 의한 결정에 의존하게 하는 것이 타당하게 된다. 예컨대 「환경범죄 등의 단속 및 가중처벌에 관한 법률」 제2조에서 규정하고 있는 '오염물질', '불법배출', '배출시설', '영업', '불법배출시설' 등의 개념의 해석에 있어서는 관련 환경행정법규상의 당해 개념정의가 기초되어 있는 것이 그 예이다. 그러므로 환경형법은 그 구성요건이나 위법성의 차원에서 행정법에 종속하게 된다는 입장이 보다 타당하다고 볼 수 있는데, 이를 '환경형법의 행정종속성'이라 한다.[16] 독일 형법의 경우 입법자는 제330d조 4호에 '행정법적 의무의 침해'와 결부하여 구성요건을 정함으로써 행정종속성의 기본원칙을 확립하였다. 형법 제324조 이하와 제311d조에 대한 개정에서도 입법자는 행정종속성의 원칙을 고수했을 뿐만 아니라 확장하여 더욱 강력하게 일반화시켰다.[17] 즉, 독일에서도 환경형법의 해석에 있어서 환경행정법의 개념에 의하여 행정종속적 제한을 갖게 된다.

다만, 형사적 처벌은 물론 행정적 처벌에 있어서도 죄형법정주의의 원칙에서 오는 제한 내지는 한계는 있다.[18] 따라서 환경관련법규 위반으로 처벌되는 행위는 불명확한 개념이 아닌 명확한 구성요건으로 설정되어야 하고, 이에 대응하는 형벌도 그 적정성이 유지되어야 하며, 유추해석금지 같은 법원칙도 지켜져야 할 것이다.

5. 환경특별사법경찰제도

(1) 환경특별사법경찰제도의 의의

환경특별사법경찰제도는 환경분야에 전문성을 갖춘 환경단속공무원을 환경특별사법경찰관리로 지명하여 이들에게 환경범죄행위에 대한 사법경찰권을 부여하고, 검사의 지휘를 받아 수사한 후 환경범죄사건을 검찰에 송치하게 하는 제도를 말한다.

오늘날의 환경범죄는 종래보다 더욱 지능화되고 다양화되고 있는 추세여서 환

16) 유지태, 앞의 책, 258면 이하.
17) 성낙현, "독일환경형법의 기본구조," 영남법학 제5권(1999. 2), 244면.
18) 구연창, 앞의 책, 549면.

경범죄행위를 단속·수사하는 데에는 환경분야에 대한 전문적인 지식이 요구되고 있다. 따라서 기존의 일반 경찰 및 검찰 인력만으로는 환경범죄에 효율적으로 대응하기 어렵게 되었고, 이러한 문제를 적절히 대처해 나가고자 환경분야에 전문성을 갖춘 일선 환경단속공무원에게 환경범죄행위에 대한 수사권한을 부여하여 환경범죄행위에 대응하도록 하는 환경특별사법경찰제도가 1990년부터 시행되고 있다.

환경특별사법경찰관리로 지명된 환경단속공무원은 검사의 지휘를 받아 소속관서의 관할구역 안에서 환경범죄행위에 대한 인지, 조사, 압수·수색, 체포 등의 수사업무를 수행하게 된다.[19)]

(2) 환경특별사법경찰관리의 자격

환경부, 특별시·광역시·도 및 시·군·구에 근무하며 환경관계단속사무에 종사하는 4급 내지 9급의 국가공무원 및 지방공무원은 환경특별사법경찰관리로서 활동할 수 있다. 이들은 그 소속관서의 장의 제청에 의하여 그 근무지를 관할하는 지방검찰청검사장의 지명으로 환경특별사법경찰관리로서 수사업무를 수행하게 된다.

(3) 환경특별사법경찰의 직무범위와 수사관할

환경특별사법경찰관리는 검사의 지휘를 받아 그 소속관서 관할구역 안에서 발생하는 23개의 환경관계법률에 규정된 범죄행위에 대하여 수사업무를 수행한다. 환경특별사법경찰관리는 그 직무범위 안에서는 일반사법경찰관리와 동일한 지위에 있으므로 환경범죄행위에 대한 인지, 조사, 압수·수색, 신문, 긴급체포, 송치 등 수사업무 일체를 수행하게 된다.

환경특별사법경찰관리는 20여개 환경관계법률에 규정된 직무범위에 한하여 수

---

19) 특별사법경찰제도는 오늘날 범죄수사의 전문성이 요구됨에 따라 산림, 환경, 세무, 컴퓨터프로그램 등 각각의 특별한 분야에 전문성을 갖춘 공무원에게 사법경찰권을 부여하고 검사의 지휘를 받아 수사한 후 사건을 검찰에 송치하게 하는 제도를 말한다. 특별사법경찰관리는 산림·환경·세무·컴퓨터프로그램 등 기타 특별한 사항에 관하여 사법경찰관리의 직무를 행하는 자를 말한다(형사소송법 제197조). 특별사법경찰관리는 4~7급의 사법경찰관과 8~9급의 사법경찰리로 되어 있는데, 특별사법경찰관은 소속 관서의 관할구역 및 법상의 직무범위 안에서 범인의 검거 및 조사, 증거 수집 등을 직무로 하고, 특별사법경찰리는 특별사법경찰관의 수사를 보조하는 직무를 수행한다. 특별사법경찰관리는 범죄를 수사하는 업무수행에 있어서 검사의 지휘를 받아야 한다(형소법 제196조). 이들은 경찰청소속이 아닌 특정 행정청 소속의 공무원으로 특정한 직무와 관련된 범죄를 발견할 기회가 많고 직무상의 전문적 지식과 경험을 바탕으로 수사의 실효성을 확보할 수 있다는 점 때문에 오늘날 그 역할의 중요성이 강조되고 있다. 관련규정으로는 형사소송법 제196조(사법경찰관리), 제197조(특별사법경찰관리), 사법경찰관리의직무를행할자와그직무범위에관한법률, 특별사법경찰관리 집무규칙(법무부령 제530호) 등이 있다. 특별사법경찰은 다양한 분야에서 인정되고 있는바, 현재 우리나라의 경우 약 30여 종류의 특별사법경찰이 있다.

사권이 인정되므로, 환경법과 타법이 복합적으로 저촉되는 범죄행위에 대해서는 해당 수사기관과 공조하여 수사를 할 수 있다. 직무범위를 넘는 범죄에 대하여는 사법경찰권을 행사할 수 없으므로 일반사법경찰관리에게 이첩하여야 한다.

(4) 운영현황

환경특별사법경찰의 수사실적은 매년 증가추세를 보이고 있는바, 배출업소 단속권을 전면위임(2002. 10)한 이후의 수사실적이 크게 증가하고 있다. 2008년의 경우 지방자치단체(시·도, 시·군·구) 및 유역환경청·지방환경청의 환경특별사법경찰 1,181명이 2,158건의 환경범죄행위를 수사하였다. 환경감시단의 경우 69명이 1,313건을 수사를 한 반면(1인당 19건), 지방자치단체의 경우 1,106명이 843건을 수사하였다(1인당 0.8건). 범죄유형별로는 대기분야(40%)·수질분야(37.5%)·폐기물분야(17.7%)가 전체의 92.2%에 해당한다.

외견상으로는 환경특사경제도가 정착되고 있는 것처럼 보이지만 여전히 개선해야 할 과제들이 남아 있다. 수사전담조직의 부재로 인한 수사기반의 취약성, 전문성 부족으로 인한 수사역량의 미흡 및 형식성, 미온적인 수사활동 등이 문제로 지적되고 있다. 따라서 제도적 운영체계 개선을 통하여 수사기반을 강화할 필요가 있고, 수사역량 강화 및 수사활동 활성화를 위한 인적·물적 지원이 필요하다. 「환경범죄 등의 단속 및 가중처벌에 관한 법률」에서 환경감시관제도를 도입한 것은 환경특사경제도의 문제점을 개선하기 위한 노력의 하나라고 볼 수 있다.[20]

제 4 절 간접적 규제수단(경제적 유인제도)

Ⅰ. 개 설

국가의 환경보전을 위한 정책수단들은 지금까지 주로 질서행정상의 직접적 수단에 의하여 수행되어 왔다고 할 수 있다. 그러나 직접적 수단이 모든 점에 있어서 효과적이고 효율적인 것은 아니다. 직접적 규제수단은 개별 기업의 경영사정과 국민 경제적 이익을 별로 고려하지 않기 때문에 비경제적이란 비난이 가해진다. 그리고 직접적 규제수단은 그 유형에 따라 행정주체가 많은 정보를 확보하고 있을

20) 이에 대한 자세한 내용은 김성은, "환경특별사법경찰제도의 현황과 개선방안검토－환경감시관제도의 도입을 계기로－, 형사정책연구 제20권 제4호(통권 제80호), 2009. 참조.

것을 전제로 하는데, 행정기관은 전문지식의 결여, 인적·물적 시설의 부족 등으로 필요한 정보를 가지고 있지 않거나 수집할 수 없는 경우가 많다. 질서행정상의 수단의 집행 결함은 무엇보다도 이러한 정보의 부족에 기인하는 것이라 하겠다. 또한, 직접적 규제수단은 침해적 행위가 대부분이므로 그에 대하여 취소쟁송이 제기되는 경우가 많이 일어난다.[21)]

이러한 직접적 규제수단의 문제점 때문에 직접적 규제에 의한 환경보전은 간접적 규제수단에 의하여 보완할 필요가 있다. 간접적 규제수단은 수범자가 행하여야 할 행위를 국가가 엄격하게 정하여 직접 규제하는 것이 아니라, 수범자의 의사결정에 영향을 미쳐 수범자의 행위를 규제목적을 달성할 수 있도록 유도하는 수단이다. 이러한 간접적 규제수단의 중점은 경제적 동기부여에 의하여 기업이나 개인이 자발적으로 환경친화적인 행위를 하도록 유도하는 것에 있다. 그 결과 간접적 규제수단의 주된 내용은 경제적 규제수단으로 이루어져 있으며, 경제적 규제수단은 오늘날 다양한 형태로 규범화되어 환경보전을 위한 정책수단으로 중요한 역할을 하고 있다.

경제적 규제수단은 시장의 가격 메커니즘을 통하여 환경의 보전과 개선을 도모하는 규제수단으로, 환경을 악화시키는 행위에 대하여 그에 대응한 경제적인 부담을 부과하고 역으로 환경을 보전하는 행위에 대하여는 이익을 주는 것과 같은 경제적 유인(Economic Incentive)을 두어 이익을 추구하는 개인의 자유로운 활동을 통하여 환경의 보전을 도모하고자 하는 것이다.[22)] 이러한 경제적 수단의 중요성을 「환경정책기본법」도 인식하여 제32조에서 "정부는 자원의 효율적인 이용을 도모하고 환경오염의 원인을 일으킨 자가 스스로 오염물질의 배출을 줄이도록 유도하기 위하여 필요한 경제적 유인수단을 마련하여야 한다"라고 하여 경제적 유인수단을 환경보전을 위한 정책수단의 하나로 강구할 것을 규정하고 있다.

---

21) 김연태, 환경보전작용 연구, 고려대학교 출판부, 1999, 122면.

22) 경제적 수단은 다음과 같은 장점을 가진다. 즉, 생산자원을 환경비친화적 생산방식으로부터 환경친화적 생산방식으로 재분배하는 효과가 있고, 환경기술개발을 촉진할 수 있다. 또한, 경제적 수단은 시행상의 신축성이 높다. 예를 들면, 기업이 환경규제기준을 충족시키지 못하는 경우에도 부과금만 내면 조업단축 또는 중단 등의 과도한 조치를 당할 우려가 없고 추후 점진적으로 환경시설투자를 할 수 있다. 그러나 경제적 수단에도 일정한 한계가 있다. 무엇보다도 직접적 규제수단에 비하여 시간을 요하고, 그 효과가 불확실하고 불완전하다는 것이다. 그리고 경제적 동기에 의해 기업이나 소비자가 환경오염을 저감하도록 유도할 수는 있지만 환경침해행위를 금지하는 것은 아니다. 따라서 국민의 생명과 건강을 보호하기 위하여 필요한 최소한도의 환경의 유지를 위하여 직접적 규제가 행해질 수밖에 없다.

하지만, 이러한 경제적 규제수단은 직접적 규제수단들의 문제점을 보완할 수 있는 것이지 완전히 대체할 수 있는 것은 아니다. 즉, 양자는 서로 보완관계에 있게 된다. 환경의 최저수준은 전통적인 질서행정상의 수단에 의하여 보장되어야 하고, 간접적 규제수단은 환경의 최저수준을 달성하기 위하여 사용되거나 또는 직접적 규제수단으로는 효과를 달성할 수 없는 분야에 활용될 수 있는 것이다.

Ⅱ. 배출부과금

1. 의 의

배출부과금이란 일반적으로 일정한 법정기준(예, 배출허용기준 등)을 초과하는 공해배출량이나 잔류량에 대하여 일정단위당 부과금을 곱하여 산정되는 금전적 급부의무를 부과함으로써 환경오염을 방지하려는 수단을 말한다.

우리나라의 배출부과금은 1983년 환경보전법 개정시에 처음 도입된 이 후, 몇 번의 수정을 거쳐 지금에 이르고 있다. 현재의 배출부과금은 1997년 1월 1일부터 시행하고 있는 제도로서, 기존의 배출부과금 부과체계를 개선하여 배출허용기준 이내인 경우에도(수질은 방류수수질기준 이상) 배출부과금을 부과하도록 하는 기본부과금제도를 도입하여 시행하고 있다.23)

배출부과금은 현행 「대기환경보전법」, 「물환경보전법」 등에서 규정하고 있다.

2. 법적 성질

순수한 의미의 배출부과금은 대기나 물에서 배출되는 오염물질의 매 단위당 일정액의 금전을 부과하는 것으로, 국가가 오염규제에 직접적으로 관여하지 않고 오염규제의 책임을 기업에 주어서 이윤추구의 논리에 따라 자발적으로 오염을 억제하는 방향으로 유도하는 것이다.24)

---

23) 기존의 배출부과금은 사업자가 일단 배출기준을 위반하여야만 부과금을 부과할 수 있는 것이어서 기업은 기준치만 준수하는 한 아무런 부과금을 물지 않았다. 예컨대, 기준치가 10일 경우, 오염물질을 10톤 배출하는 A사업자나 500톤을 배출하는 B사업자나 기준치 9로 배출하는 경우에는 부과금이 부과되지 않아 형평적 관점에서 문제가 있었다. 따라서 환경부는 배출기준 이하로 배출하는 경우에도 배출부과금을 부과하도록 하여야 한다는 문제제기가 계속 있어 왔고, 그 결과 1995년 12월 29일의 개정 대기환경보전법 및 수질환경보전법은 기존제도의 문제점을 개선하여 배출허용기준 준수여부와 관계없이 오염물질배출량에 따라 배출부과금을 부과할 수 있도록 하였다.

24) 예를 들면, 사업자의 생산활동에 수반하여 오염물질이 배출되는 경우, 오염물질의 배출량에 따른 부과금이 5억이고 오염방지 시설을 가동하여 오염물질을 제거하는 비용이 10억 든다면, 사업자는

그러나 우리나라의 배출부과금제도의 출발은 배출허용기준을 초과하여 오염물질을 배출하는 사업자에 대하여 배출허용기준의 준수를 확보할 목적으로 시행되었으므로 어느 면에서는 규제적 목적을 위한 제도로서 구상되었다고 할 수 있다.[25] 그러므로 우리나라의 배출부과금제도는 순수한 경제적 유인제도라기보다는, 경제적 이득을 가져오는 행정법상의 의무위반에 대하여 가해지는 금전상의 제재수단으로서의 과징금의 성격과 시장유인적 규제수단으로서의 의미를 아울러 가지고 있다고 하겠다.[26] 또한, 배출부과금은 오염물질을 배출한 배출자로 하여금 오염된 환경의 처리비용을 부담하도록 하는 부담금의 성격을 갖기도 한다.

배출부과금은 금전적 급부의무의 부과라는 점에서는 조세와 비슷하여 공해배출세로도 불리고 있으나, 일정한 환경기준을 초과하는 오염물질의 배출사실에 대한 제재로서 부과되는 점에서는 조세와 다르다.

3. 배출부과금의 내용

배출부과금은 기본배출부과금과 초과배출부과금으로 구분하여 부과하도록 되어 있다.

(1) 기본배출부과금

기본(배출)부과금은 배출허용기준을 초과하지 않은 오염물질의 배출에 대하여도 원인자부담의 원칙에 입각하여 환경비용부담을 원인자에게 부과함으로써 외부비용을 내부화하는 원인자부담금의 일종이다.

수질분야의 경우에는 방류수수질기준을 초과한 경우에 부과하되, 배출허용기준 이하로서 방류수수질기준을 초과한 오염물질배출량과 배출농도 등에 따라 부과한다. 대기분야의 경우에는 오염물질을 배출하는 사업자가 배출허용기준 이하로 배출하는 오염물질의 배출량 및 배출농도에 따라 부과한다.

부과금을 지불하면서 계속 오염물질을 배출할 것이다. 그런데 단위당 배출부과금을 인상하게 되면 생산량이 증대하여 단위당 배출량이 증가되는 어느 시점에서는 배출부과금을 지불하는 경우보다 오염방지시설을 가동하는 것이 사업자에게는 더 경제적으로 유리하게 된다. 이처럼 국가가 오염규제에 직접적으로 관여하지 않고 배출부과금의 요율을 올리는 등의 방식으로 경제적인 유인정책을 쓰는 것이다.

25) 즉, 처음의 우리나라의 배출부과금제도는 사업자가 배출 허용기준을 준수하는 한 하등의 부과금을 낼 필요가 없었고 배출허용기준을 초과한 경우에 배출기간과 배출량에 비례하여 부과금을 부과하였는데, 이는 배출허용기준을 정해 놓고 초과한 경우 벌금이나 과태료 또는 과징금을 물리는 직접적 규제수단과 유사하다.

26) 홍준형, 앞의 책, 268면; 천병태 · 김명길, 앞의 책, 184면.

(2) 초과배출부과금

초과(배출)부과금은 배출허용기준을 초과한 경우에 사업장의 규모, 배출허용기준을 초과한 오염물질배출량과 배출농도 등에 따라 부과하는 금액을 말한다. 초과부과금은 배출허용기준을 초과하여 배출되는 오염물질의 처리비용에 상당하는 금액을 부과하는 처리부과금과 사업장 규모별로 부과하는 종별 부과금으로 이루어져 있다.

(3) 배출부과금 부과대상

기본부과금 부과대상은 수질에 2종(유기물질, 부유물질)이고 대기에 2종(황산화물, 먼지)이며, 초과부과금 부과대상은 수질에 유기물질, 부유물질, 카드뮴 및 그 화합물 등 19종, 대기에 황산화물, 암모니아, 황화수소 등 10종이다.

(4) 배출부과금 산정방법

「물환경보전법」 시행령상의 초과부과금의 산정방법 및 기준, 기본부과금의 산정방법 및 기준에서 규정되어 있는 배출부과금의 산정방법은 다음과 같다. 「대기환경보전법」의 경우에도 이와 거의 동일하다.

배출부과금＝기본부과금＋초과부과금

① 기본부과금＝배출허용기준 이내 배출량(일일평균기준 이내 배출량×조업일수)×오염물질 1킬로그램당 부과금액×연도별 부과금산정지수×사업장별 부과계수×지역별 부과계수×방류수수질기준초과율별 부과계수(대기의 경우에는 '농도별 부과계수')

② 초과부과금＝처리부과금＋종별부과금

㉠ 처리부과금＝배출허용기준 초과배출량×오염물질 1킬로그램당 부과금액×배출허용기준초과율별 부과계수×지역별 부과계수×연도별 부과금산정지수×위반횟수별 부과계수

㉡ 종별부과금＝사업장의 규모에 따라 별표 1의 규정에 의한 1종사업장은 400만원, 2종사업장은 300만원, 3종사업장은 200만원, 4종사업장은 100만원, 5종사업장은 50만원 부과

4. 평 가

배출부과금제도가 기업으로 하여금 환경법규를 준수하도록 기여했는가에 대하여는 여러 가지 평가가 있을 수 있다. 그동안 배출부과금제도에 대해서는 부과금

액과 징수금액간에 괴리가 발생하고, 부과금의 수준이 낮아 사업자는 약간의 부과금을 물면 그만이라는 생각으로 공해방지시설을 제대로 갖추려 하지 않고, 갖추고 있을지라도 잘 가동시키지 않는다는 점 등 많은 비판이 제기되었다.[27] 하지만 과거 배출부과금의 요율이 지속적으로 인상되어 배출부과금을 내면서 조업을 하는 것이 방지시설을 가동하는 것보다 경제적으로 훨씬 불리하게 되었다. 그리고 배출부과금을 부과할 경우 통상 개선명령이 발부되는데, 개선명령이 3~4회 발부되면 조업정지처분이 내려지기 때문에 계속 반복하여 기준을 위반하면서 배출부과금을 낸다는 것은 기업의 입장에서는 상당한 부담이 된다. 따라서 배출부과금제도는 다른 행정조치와 더불어서 법규위반을 저지하는 기능을 수행하고 있다고 하겠다.

Ⅲ. 과징금제도

과징금이란 행정법상의 의무위반으로 경제적 이익을 얻게 되는 경우에 그 불법적인 이익을 박탈하기 위하여 행정청이 부과하는 금전적 제재를 말하는 것으로서, 간접적으로 의무이행을 강제하는 효과를 얻고자 하는 것이다.

과징금제도를 제일 먼저 도입한 것은 「독점규제 및 공정거래에 관한 법률」(1980. 12. 13. 법률 제3320호)로서, 원래 이 제도는 주로 경제법상 의무(공정거래위원회의 가격인하명령에 응하여 가격을 인하시킬 의무 등)에 위반한 자가 당해 위반행위로 경제적 이익을 얻을 것이 예정되어 있는 경우에 그 불법적인 이익을 박탈하기 위하여 그 이익액에 따라 과하여지는 일종의 행정제재금의 성격을 가진 것이었다.

그런데 오늘날 행정법규위반을 이유로 영업정지처분을 내려야 하는 경우에 그 사업의 공익성을 고려하여 영업정지를 내리지 않고, 사업을 계속하게 하되 사업을 계속함으로써 얻게 되는 이익을 박탈하는 제도로 과징금 제도가 활용되고 있는데, 이를 원래의 과징금에 대하여 변형된 과징금이라 한다.[28] 이러한 변형된 과징금은 점차 일반화되어 가고 있다.

예컨대, 「대기환경보전법」 제37조 제1항 본문에서는 조업정지를 명하여야 할 경우 그 조업정지가 주민의 생활, 대외적인 신용·고용·물가 등 국민경제, 그 밖에 공익에 현저한 지장을 줄 우려가 있다고 인정되는 경우 등 그 밖에 대통령령으로 정하는 경우에는 조업정지처분을 갈음하여 매출액에 100분의 5를 곱한 금액을 초

27) 홍준형, 앞의 책, 274면.
28) 박균성, 행정법론(상), 419면.

과하지 아니하는 범위에서 과징금을 부과할 수 있도록 규정하고 있다.

과징금은 행정법상 의무위반에 대한 금전적 제재라는 점에서 벌금·과태료와 다를 바 없으나, 행정청에 의해 부과되는 것이라는 점에서 형식상 행정벌에 속하지 않으며 징수된 과징금은 당해 행정분야의 목적을 위해서만 사용될 수 있도록 제한을 받는 경우가 많다는 점에 특수성을 가진다.

Ⅳ. 부담금제도

1. 의　의

부담금제도는 국가 또는 공공단체가 특정의 공익사업과 특별한 관계에 있는 자에 대하여 그 사업에 필요한 경비를 부담시키기 위하여 과하는 금전지급의무를 말한다.[29)]

「부담금관리기본법」상의 부담금의 정의는 "중앙행정기관의 장, 지방자치단체의 장, 행정권한을 위탁받은 공공단체 또는 법인의 장 등 법률에 따라 금전적 부담의 부과권한을 부여받은 자(이하 "부과권자"라 한다)가 분담금, 부과금, 기여금, 그 밖의 명칭에도 불구하고 재화 또는 용역의 제공과 관계없이 특정 공익사업과 관련하여 법률에서 정하는 바에 따라 부과하는 조세 외의 금전지급의무(특정한 의무이행을 담보하기 위한 예치금 또는 보증금의 성격을 가진 것은 제외한다)"를 말한다(동법 제2조).

부담금은 부담금관리기본법 별표에 규정된 법률의 규정에 의하지 아니하고는 이를 설치할 수 없고(동법 제3조), 부담금 부과의 근거가 되는 법률에는 부담금의 부과 및 징수주체, 설치목적, 부과요건, 산정기준, 산정방법, 부과요율 등(이하 "부과요건등"이라 한다)이 구체적이고 명확하게 규정되어야 한다(동법 제4조)고 하여 부담금 법정주의를 밝히고 있다.

---

29) 부담금은 공익사업과의 관계에 따라 수익자부담금, 원인자부담금, 손상자부담금이 있다. 수익자부담금은 당해 공익사업으로부터 특별한 이익을 받는 사람에 대하여 수익의 한도 안에서 사업경비의 전부 또는 일부를 부담시키는 것을 말하고(예, 소하천정비법 제21조, 댐건설 및 주변지역지원 등에 관한 법률 제23조), 원인자부담금은 특정사업의 시행을 야기한 원인을 조성한 자에 대하여 그 사업비용의 전부 또는 일부를 납부시키는 부담금을 말하며, 손상자부담금은 특정공익사업의 시설에 손상을 주는 행위를 한 자에 대하여 그 시설의 유지 또는 수선에 필요한 비용의 전부 또는 일부를 부담시키는 것을 말한다.

2. 부담금 부과요건

(1) 침해의 최소성

부담금은 설치목적을 달성하기 위하여 필요한 최소한의 범위 안에서 부과하여야 하며, 설치목적을 넘는 과도한 부담금의 부과는 위법이 된다. 부담금 부과는 국민의 권리를 최소한으로 침해하는 방식으로 이루어져야 한다.

부담금부과 행위는 상대방에게 불이익을 주는 침익적 행정행위이고, 따라서 헌법상의 비례의 원칙의 한 내용인 최소침해의 원칙에 반하는 경우에는 헌법에도 반하게 된다.

(2) 공정성 및 투명성의 확보

부담금 납부대상, 요율, 납부방법 등의 결정은 부담금납부의무자에 대하여도 공정성과 투명성을 유지하여야 한다. 이러한 공정성과 투명성의 요건은 부담금의 부과과정뿐만 아니라 부담금의 사용 등에 관하여도 적용되어야 한다. 부담금을 납부하는 자는 부담금이 어떠한 용도로 사용되는가에 대하여도 알 수 있어야 한다.

(3) 이중부과 금지

부담금은 특정사업의 경비를 충당하고, 특별한 이해관계자를 대상으로 한다는 점에서, 국가의 일반수입에 충당하고 일반국민을 대상으로 하는 조세와 구별되나, 양자 모두 국가의 공익목적달성을 위하여 사용된다는 점에서는 같다. 부담금도 조세와 유사한 성질을 가지고 있으므로 조세부과에서와 마찬가지로 이중부과는 금지된다. 따라서 동일한 부과대상에 대하여 이중의 부담금이 부과되어서는 아니된다.

(4) 밀접한 관련성

부담금의 부과와 달성하고자하는 목적 사이에는 객관적으로 밀접한 관련이 있어야 한다. 부담금의 부과와 부담금 징수를 통하여 얻고자 하는 목적사이에 밀접한 관련성이 없을 경우에는 행정청의 부담금 부과행위는 요건을 결하게 되어 위법하게 된다고 할 것이다.

3. 환경관련 법령상의 부담금

(1) 환경개선부담금

환경개선부담금제도는 오염원인자부담의 원칙에 따라 오염원인자에게 오염물질처리비용을 부담토록 하여 오염저감을 유도하고 환경개선을 위한 투자재원을 합리적으로 조달하기 위한 것으로서 환경사용료 성격의 부담금이다. 환경개선부담금은 국민의 조세부담을 가중시키지 않고 추가재원을 확보하는 방안으로 마련되었는데, 그 법적 근거는 1991년 12월에 제정하여 시행중인 「환경개선비용 부담법」이다.

환경개선부담금의 부과대상은 오염물질의 다량배출로 인하여 환경오염의 직접 원인이 되는 자동차이다. 현재 경유자동차를 대상으로 그 소유자에게 환경개선부담금을 부과·징수하고 있다. 경유사용자동차의 배기량 및 차령에 따라서 차등부과하고 있다.

환경개선부담금은 연 2회 관할 시·군별로 부과하고 있다.[30)]

[판례] <환경개선부담금 위헌소원 사건> 환경개선부담금은 경유차가 유발하는 대기오염으로 인해 발생하는 사회적 비용을 오염원인자인 경유차 소유자에게 부과함으로써 경유차 소비 및 사용 자제를 유도하는 한편, 징수된 부담금으로 환경개선을 위한 투자재원을 합리적으로 조달하는 것에 그 주된 목적이 있다. 그렇다면, 환경개선부담금은 내용상으로는 '원인자부담금'으로 분류될 수 있다. 목적 및 기능상으로는 '환경개선을 위한 투자재원의 합리적 조달'이라는 재정조달목적뿐 아니라 정책실현목적도 갖는다고 볼 수 있다. 환경개선부담금은 경유차의 소유·운행 자체를 직접적으로 금지하는 대신 납부의무자에게 일정한 금전적 부담을 지움으로써 위와 같은 행위를 간접적·경제적으로 규제하고 억제하려는 유도적 수단의 성격을 가지고 있고, 경유차 소유 및 운행 자체를 통한 대기오염물질 배출의 자발적 저감이라는 정책적 효과가 환경개선부담금의 부과 단계에서 행위자의 행위선택에 영향을 미침으로써 이미 실현되기 때문이다. 따라서 환경개선부담금은 정책실현목적의 유도적 부담금으로 분류될 수 있다(헌재 2022. 6. 30, 2019헌바440).

(2) 수질개선부담금

수질개선부담금제도는 환경부장관이 공공의 지하수자원을 보호하고 먹는물의 수질개선에 기여하기 위하여 먹는샘물의 제조업자·수입판매업자·샘물개발자에게 일정한 금전상의 의무를 부과하는 제도로서, 1995년 5월 「먹는물관리법」이 제정

30) 동법은 2015.1.20. 일부개정을 통하여 건물 등의 소유자 등에게 부과하는 환경개선부담금을 폐지하였다. 환경오염물질을 다량으로 배출하는 건물 등의 소유자나 점유자에게 부과하는 환경개선부담금이 하수도요금 등과 중복 부과되는 문제를 해소하여 건물 등의 소유자 등의 부담을 완화하고자 한 것이다.

되면서 시행되고 있다. 수질개선부담금은 먹는샘물을 제조하기 위한 지하수의 개발에 따른 지하수자원의 보호에 소요되는 비용을 그 원인자인 먹는샘물 제조업체가 부담토록 하는 것이다.

환경부장관은 공공의 지하수자원을 보호하고 먹는물의 수질개선에 이바지하도록 제9조에 따라 샘물등의 개발허가를 받은 자, 먹는샘물등의 제조업자 및 수입판매업자에게 수질개선부담금을 부과·징수할 수 있고(동법 제31조 ①). 샘물등의 개발허가를 받은 자와 먹는샘물등의 제조업자에게는 샘물등의 취수량을 기준으로, 먹는샘물등의 수입판매업자에게는 먹는샘물등의 수입량을 기준으로 부과·징수한다(동조 ②). 징수한 부담금은 「환경정책기본법」에 따른 환경개선특별회계의 세입으로 한다(동조 ⑥).

(3) 물이용부담금

물이용부담금제도는 식수원으로 사용되는 상수원의 수질개선사업과 각종 규제를 받고 있는 상수원주변지역의 주민지원사업에 소요되는 비용을 마련하기 위하여 물을 공급받는 하류지역의 물 이용자들에게 물 이용비율에 따라 일정액을 부과하는 제도이다. 이는 원인자책임의 원칙에 대한 수정원리로서의 수익자부담의 원칙이 적용되는 경우로서, 상·하류지역이 함께 공영할 수 있는 모델이 된다고 하겠다.

물이용부담금은 「한강수계 상수원수질개선 및 주민지원 등에 관한 법률」 제19조, 「금강수계 물관리 및 주민지원에 등에 관한 법률」 제30조, 「낙동강수계 물관리 및 주민지원에 등에 관한 법률」 제32조, 「영산강·섬진강수계 물관리 및 주민지원에 관한 법률」 제30조에서 규정하고 있다.

(4) 지하수이용부담금

지하수이용부담금은 무분별한 지하수이용 및 개발을 방지하고 공공자원인 지하수를 체계적으로 보전하고 관리하기 위해 일정규모 이상의 지하수를 개발·이용하는 자에게 일정액수의 금전지급의무를 부과하는 제도이다.[31]

「지하수법」 제30조의3에서는 지하수이용부담금의 부과·징수에 관한 규정을 두고 있다. 시장·군수·구청장은 지하수의 적정한 개발·이용과 보전·관리에 필

---

31) 동제도가 도입되기 전에는 「먹는물 관리법」에 의하여 먹는샘물 제조업자나 수입판매업자 등에게 수질개선부담금을 부과하고 있었으나, 수질개선부담금은 물 사용에 따른 부담금이 아니라 판매량 기준의 부과방식으로 되어 있었다. 지하수의 사용에 따른 부담금이 배제되어 있는 상황에서는 공적 자원인 지하수에 대한 효율적인 보전·관리가 이루어질 수 없다는 판단에 따라 2005. 5. 31. 개정 「지하수법」은 지하수이용부담금제도를 도입하였다.

요한 재원을 조성하기 위하여 제7조에 따라 허가를 받거나 제8조에 따라 신고하고 지하수를 개발·이용하는 자에게 지하수이용부담금을 부과·징수할 수 있다. 다만, 다음 각 호의 어느 하나에 해당되는 경우에는 그러하지 아니하다(제30조의3 ①).

1. 제8조 제1항 제1호·제3호 및 제4호에 해당되는 경우
2. 「농어업·농어촌 및 식품산업 기본법」 제3조 제1호에 따른 농어업을 영위할 목적으로 지하수를 개발·이용하는 경우
3. 「수도법」 제3조 제19호에 따른 일반수도사업을 할 목적으로 지하수를 개발·이용하는 경우
4. 「하천법」 제50조 제6항에 따라 하천수 사용료가 부과된 경우
5. 제1호부터 제4호까지의 규정 외의 경우로서 대통령령으로 정하는 용도와 규모로 지하수를 개발·이용하는 경우

제1항에 따른 지하수이용부담금은 「한강수계 상수원수질개선 및 주민지원 등에 관한 법률」 제19조에 따른 물이용부담금 상당액의 100분의 50의 범위에서 지하수 취수량, 용도 등을 고려하여 시·군 또는 자치구의 조례로 정한다(동조 ②).

지하수이용부담금은 무분별한 지하수이용 및 개발을 방지하고 공공자원인 지하수를 체계적으로 보전·관리를 위하여 매우 중요한 역할을 할 것으로 기대된다.

(5) 생태계보전부담금

생태계보전부담금은 생태적 가치가 낮은 지역으로 개발을 유도하고 자연환경 또는 생태계의 훼손을 최소화할 수 있도록 자연환경 또는 생태계에 미치는 영향이 현저하거나 생물다양성의 감소를 초래하는 개발사업을 하는 사업자에 대하여 환경부장관이 부과·징수하는 조세 외의 금전지급을 말한다. 「자연환경보전법」에서는 부과대상, 부과방법, 사용용도 등에 관하여 규정하고 있다.

생태계보전부담금의 부과대상이 되는 사업은 다음 각 호와 같다(자연환경보전법 제46조 ②).

1. 「환경영향평가법」 제9조에 따른 전략환경영향평가 대상계획 중 개발면적 3만제곱미터 이상인 개발사업으로서 대통령령으로 정하는 사업
2. 「환경영향평가법」 제22조 및 제42조에 따른 환경영향평가대상사업
3. 「광업법」 제3조 제2호에 따른 광업 중 대통령령이 정하는 규모 이상의 노천탐사·채굴사업
4. 「환경영향평가법」 제43조에 따른 소규모 환경영향평가 대상 개발사업으로 개발면적이 3만제곱미터 이상인 사업

5. 그 밖에 생태계에 미치는 영향이 현저하거나 자연자산을 이용하는 사업 중 대통령령이 정하는 사업

(6) 폐기물부담금

폐기물부담금제도는 제품에 특정유해물질 또는 유독물을 함유하고 있거나, 재활용이 어렵고 폐기물관리상 문제를 일으킬 수 있는 제품·재료·용기에 대해, 당해 폐기물의 처리에 소요되는 비용을 해당 제품·재료·용기의 제조업자와 수입업자에게 부담하도록 하여 폐기물의 발생 억제와 자원의 낭비를 막기 위한 제도로서, 1993년부터 시행해오고 있다. 이는 오염자부담의 원칙에 근거하여 부과하는 것으로 환경부하가 높은 제품에 대하여 제품의 가격에 환경비용을 내재화시켜 환경비용의 합리적 배분을 도모하게 된다.

폐기물부담금은 「자원의 절약과 재활용촉진에 관한 법률」 제12조에 근거를 두고 있으며, 징수된 폐기물부담금은 환경개선특별회계에 납입되어 환경적으로 우선순위가 높은 곳에 환경개선비용으로 사용된다. 폐기물부담금의 산출기준·납부시기·납부절차 그 밖의 필요한 사항은 대통령령으로 정하며(동조 ③), 폐기물부담금을 납부기한 이내에 납부하지 아니하는 때에는 30일 이상의 기간을 정하여 이를 독촉하여야 하고 체납된 폐기물부담금에 대하여는 가산금을 부과한다(동조 ④).

V. 생산자책임재활용제도

생산자책임재활용제도(EPR: Extended Producer Responsibility)는 제품생산자나 포장재를 이용한 제품의 생산자에게 그 제품이나 포장재의 폐기물에 대하여 일정량의 재활용의무를 부여하여 재활용하게 하고, 이를 이행하지 않을 경우 재활용에 소요되는 비용 이상의 재활용부과금을 생산자에게 부과하는 제도를 말한다. 동제도는 제품의 생산자로 하여금 제품의 설계, 제조, 유통·소비 및 폐기 전과정에 걸쳐 환경친화적인 경제활동을 유도함으로서 폐기물의 감량, 재이용, 재활용을 촉진하여 자원순환형사회의 형성을 도모하고자 하는 것이다.

우리나라의 경우 지난 1992년부터 금속캔, 유리병, 전자제품 등에 대해서 생산자가 출고량 전체에 대해 재활용 비용을 예치하도록 한 후 재활용 실적에 따라 이를 환급하는 '폐기물예치금제도'를 운영하여 왔었는데, 이를 보완·개선하여 동제도를 도입하게 된 것이다. 동 제도 또한 환경에 부하를 줄 가능성이 있는 자의 행위에 대하여 일정한 의무와 경제적인 부담을 부과하여 그의 행위를 일정한 방향으

로 유도한다는 점에서 간접적 수단의 하나로 볼 수 있다. 자원재활용법 제15조의2에서 용기·1회용 컵(이하 "용기등"이라 한다)의 회수, 재사용이나 재활용 등을 촉진하기 위하여 부과하는 보증금은 예치금의 하나라고 할 수 있다.

「자원의 절약과 재활용촉진에 관한 법률」은 일정한 제품의 생산자에게 재활용의무를 과하고 있고, 재활용의무생산자가 의무를 이행하지 않을 경우 재활용에 소요되는 비용 이상의 재활용부과금을 생산자에게 부과할 수 있도록 하고 있다.

Ⅵ. 환 경 세

1. 의 의

환경의 보전을 위하여 부과되는 세금을 환경세라 한다. 환경세의 개념에 대해서는 아직 합의된 정의가 있는 것은 아니지만 환경과 조세가 결합된 개념으로서 내용적으로 조세의 징수를 환경에 결부시켜 조세의 정당성을 얻고자 하는 것이다. 환경세의 정당성은 환경친화적 행위를 유도하고, 환경보전을 위한 재정확보에 기여한다는 점에서 찾을 수 있으며 환경오염을 원인자에게 부과시켜야 한다는 사고에서 출발하고 있다.

환경세는 일반적으로 광의의 환경세와 협의의 환경세로 나누어 볼 수 있다.[32] 광의의 환경세는 환경보전을 목적으로 도입되었는지 혹은 다른 목적으로 도입되었는지에 상관 없이 결과적으로 환경보전에 일정한 역할을 하는 모든 조세, 즉 에너지세, 자동차세, 특별소비세, 환경관련 예치금, 부담금, 보조금 등을 포함하는 개념이다. 우리나라의 경우 오염자에 대한 세금이라는 용어보다는 부담금이나 부과금 같은 용어를 사용하고 있는데, 이러한 환경관련 부담금이나 부과금 또는 예치금 같은 경제적 유인제도는 오염행위 등에 강제적으로 부과된다는 점에서 광의의 환경세 개념으로 분류할 수 있다. 외국의 선행연구들을 보면 이와 같은 형태의 지출을 광범위한 형태의 환경세로 인식하고 있다. 협의의 환경세는 환경보전을 목적으로 부과되는 조세로 탄소세나 에너지세와 같이 일반조세의 형식으로 부과되는 조세 등이 여기에 해당한다.

이러한 환경세에 의하여 환경세 납세의무자의 일부는 환경세 납부를 줄이기

---

32) 한편, 환경세는 직접환경세와 간접환경세로도 분류할 수 있다. 직접환경세는 오염물질의 배출량에 따라서 그 오염원에 직접 부과되는 배출부과금의 경우처럼 오염행위 자체에 직접 부과되는 것을 말한다. 간접환경세는 제품부과금과 같이 오염행위와 관련된 중간투입물이나 다른 행위에 간접적으로 부과되는 경우를 의미한다.

위해 환경오염을 적게하는 동기를 부여받는다. 또한 환경세는 관련자에게 환경보호적 행위를 유도하는 기능을 갖고 아울러 환경재정수입의 증대에 기여한다.

2. 환경세에 대한 국제적 논의

오늘날 선진국에서는 경제적 수단 중에서 대표적 정책수단의 하나로 다루어지고 있는 환경세를 새롭게 개편하고자 하는 움직임을 보이고 있다. OECD는 조세제도를 환경에 대한 영향을 기준으로 개편하는 방안을 주요과제로 적극 검토하고 있으며, 특히 환경세의 도입을 적극 검토하고 있다.

OECD에서 논의하고 있는 환경세는 협의의 의미로서의 목적세와 같은 성격의 세제와는 근본적으로 다른 것으로서, '오염'에 대하여 세금을 부과하는 대신 '소득'에 대한 세금을 줄여 나가는 세제개편을 의미하고 있다. 현재까지는 "소득 있는 곳에 세금 있다"는 기본원칙하에 기존의 세제가 소득을 기반으로 하여 편성되어 왔지만, OECD에서는 "오염 있는 곳에 세금 있다"는 새로운 원칙에 입각하여 소득세의 비중을 낮추고 환경세의 비중을 점차 높혀 나가는 세제개혁의 차원에서 환경세제가 논의되고 있다.[33)]

이러한 환경세제에 관하여는 시간이 갈수록 오염이 줄어드는 만큼 세원자체가 줄어들어 장기적으로 세수 자체가 줄어들 수 있다는 점과 저소득층의 부담이 상대적으로 커질 수 있다는 조세부담의 역진성 등이 문제점으로 지적되고 있기 때문에, OECD에서도 전면적인 환경세의 도입과 소득세의 폐지보다는 기존의 소득세제에 환경세를 부분적으로 도입하면서 소득세의 비중을 낮추어 가는 방안이 논의되고 있다. 예를 들면, 디젤유나 휘발유에 대한 세율을 산업경쟁력, 세수에서 차지하는 비중, 과세형평성 등의 경제적인 고려뿐만이 아니라, 디젤·LPG·휘발유의 오염물질 배출량에 비례하여 세금을 부과하고, 자동차세도 오염배출량에 비례하여 차등 부과하는 것 등이 기존 세제를 환경영향을 기준으로 개편하는 것이라고 할 수 있다. 스웨덴과 같은 나라는 디젤유의 유황성분 함량에 따라 디젤유의 가격을 차등화시켜 유황성분이 높은 디젤유의 가격이 높아져 판매비중이 점차 낮아지고 정유업계의 탈황설비운영에 인센티브를 줌으로써, 디젤에 의한 매연의 감소와 대기오염방지에 기여토록 하는 등 각종 환경정책에 가격구조를 변경하는 경제적 수단으로 적극적으로 활용하고 있다.

33) 정래권, "환경정책에 대한 국제적 논의 동향과 과제," 21세기 환경영향평가의 진로와 과제(2001 환경영향평가 워크샵 자료집), 48면 이하.

환경세제를 가장 적극적으로 도입한 나라들은 주로 스웨덴, 핀란드, 노르웨이, 덴마크, 네덜란드 등 북유럽 국가들이었으나, 1999년 4월 독일이, 2000년 1월 프랑스가 기후변화협약의 온실가스 감축의무이행을 위해 환경세제를 도입함에 따라, EU의 경제대국이 모두 환경세를 도입하게 되어 환경세가 보다 광범위하게 확산되는 계기가 마련되었다.

3. 환경세의 유형

(1) 환경재정세

환경재정세는 환경보호의 재정확보를 목적으로 부과하는 환경세를 말한다. 예를 들면, 과거부터 누적되어 온 환경오염을 정화하는 데 필요한 재정확보를 목적으로 소득세나 법인세에 부가하여 징수하는 조세를 그 예로 들 수 있다.

(2) 환경이용세

환경이용세는 환경재나 환경요소의 이용에 대한 대가로서 징수하는 금전급부이다. 아울러 환경부담을 원인자에게 부과한다는 기능도 갖는다. 탄소세를 그 예로 들 수 있다. 이러한 조세는 원인자부담금과의 구별이 애매한 경우가 많다.

(3) 환경조정세

환경조정세라 함은 환경보호를 위하여 환경비용을 지출한 자와 지출하지 않은 자 사이의 경제적인 조정을 위하여 환경비용의 차액에 상응하여 부과하는 세금을 말한다.

(4) 환경유도세

환경유도세라 함은 경제적 부담을 과하여 오염적 행위방식의 회피와 환경친화적 행위방식의 촉진을 도모하는 조세를 말한다. 예를 들면 질산비료의 사용을 줄이고 이와 경쟁관계에 있는 보다 적게 오염을 유발하는 다른 종류의 비료의 사용을 유도하기 위하여 질산비료에 과하여지는 세금을 들 수 있다.

Ⅶ. 배출권거래제도

1. 의 의

배출권거래제도란 대기 및 수질을 오염시키는 물질의 배출에 대하여 각 기업에게 허용배출량을 설정하고 그 배출허용량의 범위 내에서만 오염물질을 배출하게 하면서, 허용배출량을 초과하여 오염물질을 배출하고자 하는 기업은 타 기업으로부터 배출권을 구입하고, 오염물질의 배출량이 허용량보다 적은 기업은 타 기업에 여분을 매각할 수 있도록 하는 제도이다.

배출권거래제도하에서는 최적배출량이 정해지면 오염저감비용이 상이한 각 오염원들이 각기 생산비용구조를 고려하여 배출량을 정하고, 이에 따라 자발적으로 시장의 원리를 이용하여 배출권을 거래하게 된다. 한 단위의 배출권은 일정량의 오염물질을 배출할 수 있는 권리를 의미하며 오염업체는 배출권의 보유량 이하로 배출량을 줄이거나 다른 업체로부터 부족한 양에 해당하는 배출권을 구입하여야 한다.

배출권거래제는 국가 등 배출권 관리주체가 배출허용량을 직접 할당하고 관리하는 점에서 직접적·명령적 규제수단의 성격도 가지고 있지만, 반면에 효율적인 자원배분을 촉진하는 시장메커니즘을 활용하여 참여 기업의 친환경적 기술개발을 유인하고 환경목표를 최소비용으로 달성하려고 한다는 점에서 경제적 유인수단으로서의 성격도 가지고 있다.[34)]

2. 관련법률

「대기관리권역의 대기환경개선에 관한 특별법」은 제20조 제1항에서 총량관리사업자로 하여금 할당받은 연도별 배출허용총량의 일부를 총량관리대상 오염물질별로 당해 연도 내에 다른 총량관리사업자에게 매매 등을 통하여 이전할 수 있다고 규정하여 배출허용총량의 일부를 판매할 수 있도록 하고 있다.

한편, 2010년 4월 14일부터 시행된 「저탄소 녹색성장기본법」 제46조에서는 온실가스배출권거래제도 운영에 관한 근거를 두었고, 이에 2012. 5. 14. 온실가스 배출권거래에 관한 세부사항을 규정하는 「온실가스 배출권 할당 및 거래에 관한 법률」이 제정되었다. 이후 2021.9.24.에 녹색성장기본법이 폐지되고 「탄소중립기본법」이 제정되면서 동법 제25조에 온실가스 배출권거래제도의 운영 및 법률 제정의 근거를 두게 되었다.

동법은 2018. 10. 16. 일부개정을 통하여 배출량인증위원회의 민간위원에 대한 벌칙 적용에서의 공무원 의제규정(제40조의2)을 신설하였다. 2020. 3. 24.에는 배출

---

34) 배출권거래제도는 배출권의 지속적이고 정상적인 거래를 보장하는 배출권 거래시장의 형성이 쉽지 않다는 점, 배출권거래제를 시행하기 위한 관리·감독 등의 행정비용 및 거래비용이 크다는 점, 배출권이 모두 할당되는 경우 새로운 기업의 신규참여를 어렵게 하는 진입장벽이 될 수 있다는 점, 기존의 기업 간에는 이미 할당된 배출권의 양이 기업의 시장점유율을 결정하는 불합리한 결과를 가져올 수 있다는 점 등이 문제로 지적된 바 있다.

권의 할당, 배출권 예비분의 운용, 배출권 시장조성자 지정 등과 관련된 제도상의 미비점을 개선하고자 일부개정이 있었다.35)

<그림 3-1> 온실가스 배출권거래의 개념36)

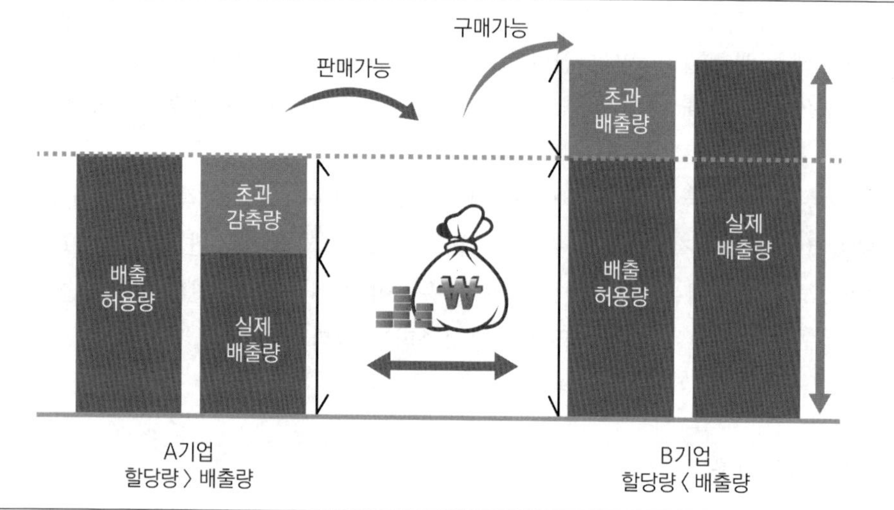

35) 주요 개정내용은 다음과 같다. ① 일정 기준량 이상의 온실가스 배출업체 및 에너지 소비업체인 관리업체 중에서만 배출권 할당 대상업체를 지정하도록 하던 것을, 직전 계획기간 당시 배출권 할당 대상업체 중에서도 지정할 수 있도록 하고, 배출권 할당 대상업체 지정을 취소할 수 있는 근거를 마련함(제8조). ② 배출권 할당 대상업체가 합병·분할한 경우 등에 있어서 권리와 의무의 승계에 관한 사항을 정함(제8조의2 신설). ③ 온실가스 다량 배출업체의 책임성을 강화하기 위하여 배출권을 무상으로 할당하는 기준을 개선하되, 공익을 목적으로 설립된 기관·단체 또는 비영리법인에 대하여 배출권의 전부를 무상으로 할당할 수 있는 근거를 법률에 규정함(제12조 제4항). ④ 배출권 할당 대상업체가 시설 간 연계 등을 활용하여 내부 감축 활동을 촉진할 수 있도록 배출권 할당 신청, 배출권의 추가 할당, 배출권 할당 취소와 관련하여 '사업장' 단위로 신청하거나 요건 등을 판단하도록 하고, 배출권 할당 신청 시 제출서류를 간소화하되, 온실가스 배출량 산정 계획서를 제출하도록 하며, 배출권 추가 할당 및 할당 취소에 관한 규정을 명확히 하기 위하여 관련 조항을 세부적으로 구분하여 규정함(제13조, 제16조 및 제17조). ⑤ 배출권 예비분의 보유 목적을 집행현실을 고려하여 구체적으로 규정하고, 그 용도나 목적 등에 따라 구분하여 보유할 수 있도록 법률에 근거를 마련함(제18조). ⑥ 배출권시장의 거래 활성화를 위하여 한국산업은행 등을 시장 조성자로 지정할 수 있는 근거를 마련함(제22조의2 신설). ⑦ 주무관청은 배출량 산정계획서 등을 객관적이고 전문적으로 검증하기 위하여 외부 검증 전문기관을 지정할 수 있도록 하고, 외부 검증 전문기관의 검증업무는 검증심사원이 수행하도록 함(제24조의2 및 제24조의3 신설). ⑧ 배출권 거래시장의 안정적 발전을 위하여 2021년 1월 1일부터 5년을 넘지 아니하는 범위에서 대통령령으로 정하는 날까지는 배출권 할당 대상업체와 금융기관 등 대통령령으로 정하는 자 외에는 배출권 거래계정의 등록을 신청할 수 없도록 함(부칙 제2조 제2항).

36) 환경부 자료.

3. 「온실가스 배출권의 할당 및 거래에 관한 법률」의 주요내용

(1) 개 설

동법은 제1장 총칙, 제2장 배출권거래제 기본계획의 수립, 제3장 할당대상업체의 지정 및 배출권의 할당, 제4장 배출권의 거래, 제5장 배출량의 보고·검증 및 인증, 제6장 배출권의 제출, 이월·차입, 상쇄 및 소멸, 제7장 보칙, 제8장 벌칙 및 과태료, 총 43개 조문으로 구성되어 있다.

“온실가스”란 이산화탄소(CO_2), 메탄(CH_4), 아산화질소(N_2O), 수소불화탄소(HFCs), 과불화탄소(PFCs), 육불화황(SF_6) 및 그 밖에 대통령령으로 정하는 것으로 적외선 복사열을 흡수하거나 재방출하여 온실효과를 유발하는 대기 중의 가스 상태의 물질을 말한다(녹색성장기본법 제2조 제9호). 그리고 동법상의 “배출권”이란 녹색성장기본법 제42조 제1항 제1호에 따른 온실가스 감축 목표(이하 “국가온실가스감축목표”라 한다)를 달성하기 위하여 제5조 제1항 제1호에 따라 설정된 온실가스 배출허용총량의 범위에서 개별 온실가스 배출업체에 할당되는 온실가스 배출허용량을 말한다(동법 제2조 제3호).

온실가스 배출권을 어떻게 할당할 것인가는 기업들 간의 이해관계가 매우 복잡하게 연관되어 있을 뿐만 아니라, 효율성에 중점을 둔 배출권거래제에서 형평성의 문제가 제기되는 부분이다. 배출권의 할당방식으로는 크게 무상할당과 유상할당의 방식이 있다. 무상할당은 ‘그랜드파더링(Grandfathering)방식’과 ‘벤치마크(Benchmark)방식’이 대표적이고, 유상할당의 예로는 ‘경매(Auction)방식’[37] 등이 있다. 오염원인자부담의 원칙에 충실하기 위해서는 경매 등의 방법으로 유상할당하는 것이 바람직하다. 그러나 배출권거래제의 도입 초기에는 대상기업들의 부담완화 차원에서 필요한 배출권의 일부 또는 전부를 무상으로 할당해 주는 것이 일반적인 모습이다. 우리나라를 포함한 대부분의 국가들은 제도 도입 초기에는 그랜드파더링방식의 할당량 결정방법을 중심으로 채택하였다.[38]

---

37) 배출권 경매방식은 온실가스 배출업체가 정부로부터 경매를 통해 배출권을 구입하게 되는데, 배출업체에 대하여 탄소세 혹은 배출부과금과 유사한 재정적 부담을 주며 정부의 재정수입을 확보할 수 있는 장점이 있다.

38) 그랜드파더링방식은 과거 기준연도의 배출량·투입열량·산출물 등의 평균 또는 최고치(혹은 최고치 2~3년의 평균)를 기준으로 할당하는 방법으로 기준연도가 불변하면서 실적에 따른 분배를 하게 된다. 과거의 배출량을 배출권으로 인정해 주므로 피규제자의 반발을 최소화한다는 실행상의 용이성이 있지만, 배출을 많이 한 배출자일수록 이익을 얻게 되는 형태이며, 산출물의 가격인상을 통해 소비자에게로의 부담전가가 가능할 경우 오히려 배출자가 부당이익을 향유하는 결과를 초래한다는

온실가스 배출권의 법적 성질을 어떻게 볼 것인가에 대하여는 다양한 견해가 제기될 수 있다.39) 그러나 배출권의 본질 또는 개념이 지니는 복합적인 측면을 고려할 때, 배출권의 법적 성질은 배출권이 국가로부터 할당되는 단계와 할당된 이후 거래의 대상이 되는 단계를 구분하여 살펴볼 필요가 있다. 배출권의 할당은 정부가 개별 온실가스 배출업체에게 행하는 처분으로, 강학상 '특허'로 볼 것인지 '허가'로 볼 것인지 문제된다. 오늘날은 온실가스 배출행위가 헌법상 또는 조리상 원래부터 가지고 있던 '본래의 자연적 자유'로 보기 어렵고, 따라서 배출권 할당을 강학상 허가로 보기는 어렵다고 하겠다. 정부의 배출권 할당을 통하여 대상기업은 그 범위 내에서 일정 기간 동안 온실가스를 배출할 수 있는 지위를 부여받는 것으로 보아 특허로 이해하는 것이 타당하다고 본다. 한편, 배출권이 할당된 이후에는 각 주체간의 자유로운 거래가 보장되는 시장에서 거래의 대상이 된다는 점에서 재산권으로서의 성질을 지닌다고 할 것이다.

(2) 배출권거래제 기본계획 및 국가 배출권 할당계획의 수립

정부는 동법에 따라 10년을 단위로 하여 5년마다 배출권거래제에 관한 중장기 정책목표와 기본방향을 정하는 배출권거래제 기본계획을 수립하여야 한다(제4조 ①).

한편, 정부는 국가온실가스감축목표를 효과적으로 달성하기 위하여 계획기간별로 다음 각 호의 사항이 포함된 국가 배출권 할당계획(이하 "할당계획"이라 한다)을 매 계획기간 시작 6개월 전까지 수립하여야 한다(제5조 ①).

1. 국가온실가스감축목표를 고려하여 설정한 온실가스 배출허용총량(이하 "배출허용총량"이라 한다)에 관한 사항
2. 배출허용총량에 따른 해당 계획기간 및 이행연도별 배출권의 총수량에 관한

점이 문제점으로 지적된다. 이러한 정책이 예견될 경우 배출자가 할당결정전에 배출을 늘리는 왜곡된 행태를 보일 가능성도 있다.

39) 배출권을 권리로 볼 것인지, 권한으로 볼 것인지, 법적지위로 볼 것인지 등 다양한 견해가 제기될 수 있다. 특히 배출권이 권리인지가 문제된다. 배출권을 '온실가스 등 오염물질을 배출할 수 있는 권리'라는 측면에서 이해하는 한 이것은 현재의 기후변화 위기시대에는 더 이상 타당하지 않게 되었다. 종래 지구의 성장 한계 내에 있을 때에는 오염물질을 배출하면서 이루지는 기업활동이 용인될 수 있었다. 그러나 지구의 성장 한계를 벗어나서 지구적 위기상황이 전개되고 있는 상황에서는 그리고 국제사회가 기후변화협약 등을 통하여 강력한 대응에 나서고 있는 상황에서는 기업들이 영업활동의 자유와 기득권 보호 등을 주장하며 온실가스 배출을 허용되는 행위로 주장하기가 어려워졌다. 그리고 환경권 등을 규정하고 있는 우리 헌법이 환경을 오염시킬 수 있는 권리 내지 오염물질을 배출할 권리를 인정하고 있다고 보기 어렵다. 다만, 이러한 논의와는 별개로 배출권이 할당된 이후 시장매커니즘 속으로 투입되는 순간부터는 시장을 통하여 거래의 대상이 된다는 점에서 재산권으로서의 성질을 갖게 된다고 볼 수 있다.

사항

3. 배출권의 할당 대상이 되는 부문 및 업종에 관한 사항
4. 부문별 · 업종별 배출권의 할당기준 및 할당량에 관한 사항
5. 이행연도별 배출권의 할당기준 및 할당량에 관한 사항
6. 제8조에 따른 할당대상업체에 대한 배출권의 할당기준 및 할당방식에 관한 사항
7. 제12조 제3항에 따라 배출권을 유상으로 할당하는 경우 그 방법에 관한 사항
8. 제15조에 따른 조기감축실적의 인정 기준에 관한 사항
9. 제18조에 따른 배출권 예비분의 수량 및 배분기준에 관한 사항
10. 제28조에 따른 배출권의 이월 · 차입 및 제29조에 따른 상쇄의 기준 및 운영에 관한 사항
11. 그 밖에 해당 계획기간의 배출권 할당 및 거래를 위하여 필요한 사항으로서 대통령령으로 정하는 사항

그리고 할당계획에 관한 사항, 시장안정화 조치에 관한 사항, 국제 탄소시장과의 연계 및 국제협력에 관한 사항 등 배출권거래제와 관련한 사항은 기획재정부 배출권 할당위원회에서 심의 · 조정한다(제6조).

(3) 할당대상업체의 지정 및 배출권의 할당

1) 할당대상업체의 지정

대통령령으로 정하는 중앙행정기관의 장(이하 "주무관청"이라 한다)[40]은 매 계획기간 시작 5개월 전까지 제5조 제1항 제3호에 따라 할당계획에서 정하는 배출권의 할당 대상이 되는 부문 및 업종에 속하는 온실가스 배출업체 중에서 다음 각 호의 어느 하나에 해당하는 업체를 배출권 할당 대상업체(이하 "할당대상업체"라 한다)로 지정 · 고시한다(제8조 ①).

1. 최근 3년간 온실가스 배출량의 연평균 총량이 125,000 이산화탄소상당량톤(tCO_2-eq) 이상인 업체이거나 25,000 이산화탄소상당량톤(tCO_2-eq) 이상인 사업장을 하나 이상 보유한 업체로서 다음 각 목의 어느 하나에 해당하는 업체
   가. 직전 계획기간 당시 할당대상업체
   나. 기본법 제42조 제6항에 따른 관리업체(이하 "관리업체"라 한다)

40) 여기서의 주무관청은 환경부장관을 말한다(동법 시행령 제6조 ①).

2. 제1호에 해당하지 아니하는 관리업체 중에서 할당대상업체로 지정받기 위하여 신청한 업체로서 대통령령으로 정하는 기준에 해당하는 업체

주무관청은 제1항에 따라 할당대상업체로 지정·고시한 업체가 다음 각 호의 어느 하나에 해당하게 된 경우에는 해당 업체에 대한 할당대상업체의 지정을 취소할 수 있다(동조 ②).

1. 할당대상업체가 폐업·해산 등의 사유로 더 이상 존립하지 아니하는 경우
2. 할당대상업체가 분할하거나 사업장 또는 일부 시설을 양도하는 등의 사유로 사업장을 보유하지 아니하게 된 경우
3. 그 밖에 할당대상업체가 더 이상 이 법의 적용을 받을 수 없게 된 경우로서 대통령령으로 정하는 경우

할당대상업체로 지정된 업체의 지정이 취소되거나 다음 계획기간의 할당대상업체로 다시 지정되지 아니하는 경우 해당 업체 또는 해당 업체의 사업장은 관리업체로 지정된 것으로 본다. 이 경우 해당 업체 또는 업체의 사업장이 제24조 제1항에 따라 주무관청에 보고한 명세서는 기본법 제44조 제1항에 따라 정부에 보고된 명세서로 본다(동조 ③).

할당대상업체가 합병·분할하거나 해당 사업장 또는 시설을 양도·임대한 경우에는 해당 업체에 속한 사업장 또는 시설이 이전될 때 이 법에서 정한 할당대상업체의 권리와 의무 또한 승계된다. 다만, 분할·양수·임차 등으로 그 권리와 의무를 승계하여야 하는 업체가 할당대상업체가 아닌 경우로서 이를 승계하여도 제8조 제1항 제1호에 해당하지 아니하는 경우에는 그러하지 아니하다(제8조의2 ①).

주무관청(환경부장관)은 계획기간 중에 시설의 신설·변경·확장 등으로 인하여 새롭게 제8조 제1항 제1호에 해당하게 된 업체(이하 "신규진입자"라 한다)를 할당대상업체로 지정·고시할 수 있다(제9조 ①). 제1항에 따른 신규진입자에 대한 할당대상업체 지정·고시에 관하여 필요한 세부 사항은 대통령령으로 정한다(동조 ②).

관리업체로서 제8조 제1항 및 제9조 제1항에 따라 할당대상업체로 지정·고시된 업체에 대하여는 제12조 제1항에 따라 배출권을 할당받은 연도부터 녹색성장기본법 제42조 제5항부터 제9항까지 및 제64조 제1항 제1호(기본법 제42조 제6항·제9항만 해당한다)부터 제3호까지의 규정을 적용하지 아니한다(제10조). 즉, 할당대상업체로 지정·고시된 업체는 '온실가스·에너지 목표관리제'의 적용을 배제받게 된다

배출권의 할당 및 거래, 할당대상업체의 온실가스 배출량 등에 관한 사항을 등록·관리하기 위하여 주무관청에 배출권 거래등록부(이하 "배출권등록부"라 한다)를

둔다(제11조 ①).

2) 배출권의 할당

주무관청은 계획기간마다 할당계획에 따라 할당대상업체에 해당 계획기간의 총배출권과 이행연도별 배출권을 할당한다. 다만, 신규진입자에 대하여는 해당 업체가 할당대상업체로 지정·고시된 다음 이행연도부터 남은 계획기간에 대하여 배출권을 할당한다(제12조 ①).

제1항에 따른 배출권 할당의 기준은 다음 각 호의 사항을 고려하여 대통령령으로 정한다(동조 ②).

1. 할당대상업체의 이행연도별 배출권 수요
2. 제15조에 따른 조기감축실적
3. 제27조에 따른 할당대상업체의 배출권 제출 실적
4. 할당대상업체의 무역집약도 및 탄소집약도
5. 할당대상업체 간 배출권 할당량의 형평성
6. 부문별·업종별 온실가스 감축 기술 수준 및 국제경쟁력
7. 할당대상업체의 시설투자 등이 국가온실가스감축목표 달성에 기여하는 정도
8. 녹색성장기본법 제42조 제6항에 따른 관리업체의 목표 준수 실적

제1항에 따른 배출권의 할당은 유상 또는 무상으로 하되, 무상으로 할당하는 배출권의 비율은 국내 산업의 국제경쟁력에 미치는 영향, 기후변화 관련 국제협상 등 국제적 동향, 물가 등 국민경제에 미치는 영향 및 직전 계획기간에 대한 평가 등을 고려하여 대통령령으로 정한다(동조 ③). 제3항에도 불구하고 다음 각 호의 어느 하나에 해당하는 할당대상업체에는 배출권의 전부를 무상으로 할당할 수 있다(동조 ④).

1. 이 법 시행에 따른 온실가스 감축으로 인한 비용발생도 및 무역집약도가 대통령령으로 정하는 기준에 해당하는 업종에 속하는 업체
2. 공익을 목적으로 설립된 기관·단체 또는 비영리법인으로서 대통령령으로 정하는 업체

할당대상업체는 매 계획기간 시작 4개월 전까지(할당대상업체가 신규진입자인 경우에는 배출권을 할당받는 이행연도 시작 4개월 전까지) 자신의 모든 사업장에 대하여 다음 각 호의 사항이 포함된 배출권 할당신청서(이하 "할당신청서"라 한다)를 작성하여 주무관청에 제출하여야 한다(제13조 ①).

1. 할당대상업체로 지정된 연도의 직전 3년간 온실가스 배출량 또는 배출효율

을 기준으로 대통령령으로 정하는 방법에 따라 산정한 이행연도별 배출권 할당신청량

2. 제12조 제4항 각 호의 어느 하나에 해당하는 업체의 경우 이를 확인할 수 있는 서류

주무관청이 배출권을 할당한 때에는 지체 없이 그 사실을 할당대상업체에 통보하고, 배출권등록부의 각 업체별 계정에 그 할당 내역을 등록해야 한다(제14조 ①).

주무관청은 할당대상업체가 제12조에 따라 배출권을 할당받기 전에 외부 전문기관(녹색성장기본법 제42조 제9항에 따른 외부 전문기관을 말한다. 이하 같다)의 검증을 받은 온실가스 감축량(이하 "조기감축실적"이라 한다)에 대하여는 대통령령으로 정하는 바에 따라 할당계획 수립 시 반영하거나 제12조에 따른 배출권 할당시 해당 할당대상업체에 배출권을 추가 할당할 수 있다(제15조 ①).

3) 배출권 할당의 취소

주무관청은 다음 각 호의 어느 하나에 해당하는 경우에는 제12조 및 제16조에 따라 할당 또는 추가 할당된 배출권(무상으로 할당된 배출권만 해당한다)의 전부 또는 일부를 취소할 수 있다(제17조 ①).

1. 제5조 제3항에 따른 할당계획 변경으로 배출허용총량이 감소한 경우
2. 할당대상업체가 전체 또는 일부 사업장을 폐쇄한 경우
3. 시설의 가동중지 · 정지 · 폐쇄 등으로 인하여 그 시설이 속한 사업장의 온실가스 배출량이 대통령령으로 정하는 기준 이상으로 감소한 경우
4. 사실과 다른 내용으로 배출권의 할당 또는 추가 할당을 신청하여 배출권을 할당받은 경우
5. 제8조 제2항에 따라 할당대상업체의 지정이 취소된 경우

제1항 제2호 또는 제3호에 따른 배출권 할당의 취소사유가 발생한 할당대상업체는 그 사유 발생일부터 1개월 이내에 주무관청에 그 사실을 보고하여야 한다(동조 ②). 제1항에 따라 배출권의 할당이 취소된 할당대상업체가 할당이 취소된 양보다 배출권을 적게 보유한 경우 주무관청은 할당대상업체에 기한을 정하여 그 부족한 부분의 배출권을 제출하도록 명할 수 있다(동조 ③).

(4) 배출권의 거래

배출권은 매매나 그 밖의 방법으로 거래할 수 있으며(제19조 ①), 배출권은 온실가스를 대통령령이 정하는 바에 따라 이산화탄소상당량톤으로 환산한 단위로 거래한다(동조 ②).

배출권을 거래하려는 자는 대통령령으로 정하는 바에 따라 배출권등록부에 배출권 거래계정을 등록하여야 한다(제20조 ①). 배출권을 거래한 자는 그 사실을 주무관청에 신고하여야 하고(제21조 ①), 신고를 받은 주무관청은 지체 없이 배출권등록부에 그 내용을 등록하여야 한다(동조 ②). 배출권거래에 따른 배출권의 이전은 제2항에 따라 배출권 거래 내용을 등록한 때에 효력이 생긴다(동조 ③). 제1항부터 제3항까지의 규정은 상속이나 법인의 합병 등 거래에 의하지 아니하고 배출권이 이전되는 경우에 준용한다(동조 ④).

주무관청은 배출권의 공정한 가격 형성과 매매, 그 밖에 거래의 안정성과 효율성을 도모하기 위하여 배출권 거래소를 지정하거나 설치·운영할 수 있다(제22조 ①).

(5) 배출량의 보고·검증 및 인증

할당대상업체는 매 이행연도 종료일부터 3개월 이내에 대통령령으로 정하는 바에 따라 해당 이행연도에 자신의 모든 사업장에서 실제 배출된 온실가스 배출량에 대하여 배출량 산정계획서를 기준으로 명세서를 작성하여 주무관청에 보고하여야 한다(제24조 ①).

주무관청은 제24조에 따른 보고를 받으면 그 내용에 대한 적합성을 평가하여 할당대상업체의 실제 온실가스 배출량을 인증한다(제25조 ①).

(6) 배출권의 제출, 이월·차입, 상쇄 및 소멸

할당대상업체는 이행연도 종료일부터 6개월 이내에 대통령령으로 정하는 바에 따라 제25조에 따라 인증받은 온실가스 배출량에 상응하는 배출권(종료된 이행연도의 배출권을 말한다)을 주무관청에 제출하여야 한다(제27조 ①). 주무관청은 제1항에 따라 배출권을 제출받으면 지체 없이 그 내용을 배출권등록부에 등록하여야 한다(동조 ②).

배출권을 보유한 자는 보유한 배출권을 주무관청의 승인을 받아 계획기간 내의 다음 이행연도 또는 다음 계획기간의 최초 이행연도로 이월할 수 있다(제28조 ①). 할당대상업체는 제27조에 따라 배출권을 제출하기 위하여 필요한 경우로서 대통령령으로 정하는 사유가 있는 경우에는 주무관청의 승인을 받아 계획기간 내의 다른 이행연도에 할당된 배출권의 일부를 차입할 수 있다(동조 ②).

할당대상업체는 국제적 기준에 부합하는 방식으로 외부사업에서 발생한 온실가스 감축량(이하 "외부사업 온실가스 감축량"이라 한다)을 보유하거나 취득한 경우에는 그 전부 또는 일부를 배출권으로 전환하여 줄 것을 주무관청에 신청할 수 있다(제29조 ①). 주무관청은 제1항의 신청을 받으면 대통령령으로 정하는 기준에 따라 외부사업 온실가스 감축량을 그에 상응하는 배출권으로 전환하고, 그 내용을 제31조에 따른 상쇄등록부에 등록하여야 한다(동조 ②). 할당대상업체는 제2항에 따라 상쇄등록부에 등록된 배출권(이하 "상쇄배출권"이라 한다)을 제27조에 따른 배출권의 제출을 갈음하여 주무관청에 제출할 수 있다. 이 경우 주무관청은 상쇄배출권 제출이 국가온실가스감축목표에 미치는 영향과 배출권 거래 가격에 미치는 영향 등을 고려하여 대통령령으로 정하는 바에 따라 상쇄배출권의 제출한도 및 유효기간을 제한할 수 있다(동조 ③).

이행연도별로 할당된 배출권 중 제27조에 따라 주무관청에 제출되거나 제28조에 따라 다음 이행연도로 이월되지 아니한 배출권은 각 이행연도 종료일부터 6개월이 경과하면 그 효력을 잃는다(제32조).

주무관청은 다음 각 호의 어느 하나에 해당하는 경우에는 그 부족한 부분에 대하여 이산화탄소 1톤당 10만원의 범위에서 해당 이행연도의 배출권 평균 시장가격의 3배 이하의 과징금을 부과할 수 있다(제33조 ①).

1. 할당대상업체가 제25조에 따라 인증받은 온실가스 배출량보다 제27조에 따라 제출한 배출권이 적은 경우
2. 할당대상업체가 제17조 제1항에 따라 할당이 취소된 양보다 같은 조 제3항에 따라 제출기한 내에 제출한 배출권이 적은 경우

Ⅷ. 보조금 등 재정상 지원

환경개선을 위한 투자에 보조금 등 재정상 지원을 하는 경우가 있다. 이는 환경보전을 위한 유력한 행위유인적 수단으로서 다수의 개별법에 이에 관한 규정이 있다. 「환경정책기본법」 제3장의 재정적 조치에 관한 조항들이 대표적인 예이다. 동법 제54조에서는 환경보전을 위한 시책의 실시에 필요한 법제상의 조치 등에 관하여, 제55조에서는 지방자치단체에 대한 재정지원에 관하여, 제56조에서는 사업자의 환경관리 지원에 관하여 규정하고 있다. 그리고 「폐기물관리법」에서도 폐기물처리시설설치비용의 지원에 관한 규정을 두어 국가나 지방자치단체의 장은 필요하다고 인정하면 폐기물처리시설을 설치하려는 자에게 설치에 대한 재정적인 지원을 할 수 있다고 정하고 있다(동법 제57조).

제5절 자율적 환경관리수단

Ⅰ. 개 설

자율환경관리제도는 정부, 기업, 민간부문이 바람직한 환경목표의 달성을 위해 자율적인 협정을 체결하고, 이를 통하여 환경오염을 최소화하고 환경개선을 도모하는 수단으로, 환경법상의 기본원칙인 협동의 원칙을 실현하는 정책수단이다.

기존의 전통적인 환경관리수단인 직접적·명령적 규제정책(Command and Control)은 급변하는 기술의 발달과 경제여건의 변화, 국제적 환경규제, 다양하고 복잡한 환경문제에의 효율적인 대처가 미흡하며, 오염물질의 근원적 저감에도 한계가 있다. 그리고 간접적 수단의 주된 부분인 경제적 유인수단들도 직접적 규제수단으로 인한 환경관리의 문제점을 보완하여 주는 것이지 직접적 규제수단을 완전히 대체할 수 있는 것은 아니다. 이러한 기존 환경관리수단의 한계로 인해 새로운 방식의 환경관리 패러다임이 요구되었고, 그 결과 기업과 정부 간에 협력과 파트너십 형성을 바탕으로 기업의 자율과 창의, 다양성을 최대한 활용하고 최소비용으로 오염을 관리하는 자율환경관리제의 도입이 추진되고 있다.

자율환경관리제도는 기업이 오염물질 배출시설을 가동할 때 그 시설에서 배출되는 오염물질을 자율적으로 자가측정하여 환경오염의 요인을 사전에 억제·예방하도록 하고, 또 기업체로 하여금 저공해 제품의 개발 및 생산을 촉진하며, 소비자가 이러한 상품을 선택·사용하여 환경보전에 자율적으로 참여할 수 있도록 유도하는 역할을 한다. 또한 정부와 사업단체간에는 협약을 통해 사업체단체별로 오염물질의 감축목표를 설정하고, 개별기업은 구체적인 환경개선계획을 자율적으로 수립·추진토록 유도하는 역할을 한다. 이러한 역할을 통하여 원료투입단계에서 제품의 폐기단계에 이르는 전 과정에서 오염물질 저감 및 환경오염 사전예방체계의 구축을 가능하게 한다.

자율환경관리의 이점은 경제적 비용이 적게 들고, 제대로 시행되는 경우에는 환경목표를 신속하고 효율적으로 달성할 수 있다는 것이다. 또한 기업이 자율적인 방법을 선택함으로써 그 기업의 특성에 맞는 환경개선대책을 세울 수 있고, 기업들이 강제적으로 규제를 당했을 때보다도 환경보전에 긍정적인 태도를 지닐 수 있다는 것이다.

한편, 자율환경관리제도는 참여기업에 대한 인센티브가 부족한 경우에는 별로 효과가 없다는 점, 협약내용을 지키지 않는 경우에 특별히 강제할 수단이 없다는 점, 오랜 규제적 정책으로 인하여 정부와 기업간의 협력과 파트너십 문화에 아직 익숙하지 않다는 점 등의 문제점도 내재되어 있다.

우리나라도 자율환경관리수단들을 도입하여 시행해 왔는데, 그 대표적인 예로는 녹색기업지정제도, 재활용목표율 설정제도, 사업장폐기물 감량화제도 등을 들 수 있고, 그 밖에 국제표준화기구의 환경경영시리즈(ISO 14001)나 환경라벨링제도, 환경감사 등도 넓은 의미로 볼 때 자율환경관리제의 일종으로 볼 수 있다.[41)]

Ⅱ. 녹색기업지정제도

1. 의 의

우리나라의 자율환경관리수단은 아직은 체계적이지는 않지만 꾸준히 개발되고 시행되어 왔는데, 그 중에서 가장 대표적인 것이 녹색기업지정제도이다. 이 제도는 기업이 환경규제치만 준수하는 규제중심의 환경정책에서 벗어나, 기업 스스로 사업활동의 전과정에 걸쳐 환경영향을 평가하고 구체적인 환경목표를 설정하여 자율적으로 환경개선을 도모하도록 하는 제도이다. 1992년 리우선언 이후 정부와 기업의 관계는 기존의 명령과 통제(Command and Control)의 관계에서 벗어나 동반자적 관계로의 인식전환이 있게 되었고, 이러한 배경하에서 신뢰를 바탕으로 한 정부와 기업의 협력적 관계를 확립하기 위해 환경친화기업지정제도가 도입되었고,[42)] 소위 '녹색성장'의 등장으로 2011년 녹색기업지정제도로 명칭이 바뀌었다.

녹색기업으로 지정받고자 하는 기업은 자율적으로 제품설계에서 원료조달, 생산공정, 사후관리까지 사업활동 전반에 걸친 환경영향을 평가한 뒤, 이를 토대로 오염물질 삭감계획과 방법 등이 명시된 구체적인 환경개선계획을 마련하고 이를 시행하여야 한다. 또 공정개선, 관리개선, 현장 재이용 및 방지시설의 운영 최적화

---

41) 홍준형, 앞의 책, 289면.

42) 1995년 4월 환경친화기업지정제도 도입을 위해 '환경친화기업지정제도운영규정'을 제정하였으며, 동년 12월 대기환경보전법·수질환경보전법에 제도운영에 대한 근거를 규정하여 1996년 7월 1일부터 시행하였고, 그동안 수차례에 걸쳐 제도개선이 있었다. 2001년 5월에는 전국의 환경친화기업이 가입된 전국환경친화기업협의회가 구성되고, 네트웍이 개설·운영(www.ef21.co.kr)되기 시작하였다.

등에 대한 구체적인 개선방안을 제시하여야 한다. 반면, 녹색기업으로 지정된 업체에 대해서는 정기 지도·점검을 원칙적으로 면제해 주고, 배출시설 설치허가가 신고로 대체되며, 중소기업에 대해서는 융자 우선 지원 등의 다양한 혜택이 주어지고 있다.

2. 관련규정

「환경기술 및 환경산업 지원법」에서는 녹색기업의 지정, 지정취소 등에 관한 규정을 두고 있다. 동법은 환경부장관으로 하여금 오염물질의 현저한 감소, 자원 및 에너지의 절감, 제품의 환경성 개선, 녹색경영체제의 구축 등을 통하여 환경개선에 크게 이바지하는 기업 및 사업장을 녹색기업으로 지정할 수 있도록 하고 있다(제16조의2 ①). 녹색기업의 지정 및 재지정 기간은 3년으로 한다(동조 ②). 녹색기업으로 지정받은 자는 그 지정받은 사항 중 환경부령으로 정하는 사항을 변경하려는 경우에는 변경신고를 하여야 한다(동조 ③). 녹색기업의 지정과 재지정 기준, 절차 및 운영에 필요한 사항은 환경부령으로 정한다. 이 경우 환경부장관은 산업통상자원부장관 및 국토교통부장관과 협의하여야 한다(동조 ④).

환경부장관은 녹색기업으로 지정된 사업장에 대하여는 다음 각 호의 어느 하나에 해당하는 조치를 하여야 한다(동조 ⑤).

1. 「대기환경보전법」 제23조 및 「물환경보전법」 제33조에 따른 허가를 신고로 대신
2. 「대기환경보전법」 제82조, 「물환경보전법」 제68조, 「소음·진동관리법」 제47조, 「폐기물관리법」 제39조, 「화학물질의 등록 및 평가 등에 관한 법률」 제43조, 「화학물질관리법」 제49조, 「가축분뇨의 관리 및 이용에 관한 법률」 제41조, 「하수도법」 제69조, 「건설폐기물의 재활용촉진에 관한 법률」 제34조, 「악취방지법」 제17조, 「토양환경보전법」 제26조의2 및 「잔류성유기오염물질관리법」 제29조에 따른 보고·검사 중 환경부령으로 정하는 사항의 면제
3. 그 밖에 대통령령으로 정하는 우대 조치

한편, 환경부장관은 녹색기업으로 지정받은 자가 다음 각 호의 어느 하나에 해당하면 그 지정을 취소할 수 있다. 다만, 제1호에 해당하는 경우에는 그 지정을 취소하여야 한다(제16조의3).

1. 거짓이나 그 밖의 부정한 방법으로 지정을 받은 경우
2. 제16조의2 제4항에 따른 지정기준에 맞지 아니하게 된 경우

3. 환경 관련 법령을 위반하는 등 녹색기업에 적합하지 아니한 것으로서 대통령령으로 정하는 경우

Ⅲ. 환경경영체제인증제도

환경경영체제(EMS: Environmental Management System)인증제도란 제품의 설계, 원료조달, 생산, 판매, 폐기처분에 이르기까지 기업의 전 생산활동과정이 환경에 미치는 악영향을 최소화하면서 기업의 경쟁력을 제고시키기 위한 경영시스템을 국제환경경영체제규격(ISO 14001)의 요건에 적합하게 구축·시행하고 있음을 제3자가 객관적으로 증명하여 주는 제도이다.

국제표준화기구(ISO)는 유엔환경개발회의(UNCED)의 요청에 따라 1990년대 초부터 ISO 14000 시리즈[43]라고 불리는 국제환경규격을 제정하기 위한 작업에 착수하였는데, 1996년 9월 1일자로 전세계에 통용될 환경경영체제규격(ISO 14001)을 제정하였으며 1996년 10월 1일부터 ISO 14000 시리즈 중 중심규격인 14001과 14004가 정식으로 발효되었다. ISO 14001 규격은 ISO 14000 시리즈의 대표격으로 환경경영표준의 가장 핵심적인 내용인 환경경영체제에 대한 요건을 담고 있다.

ISO 14000에서 다루는 규격은 크게 두 가지로 나눌 수 있다. 하나는 어떠한 경영체제가 환경친화적인지를 판별하는 표준을 작성하고 그 적용에 필요한 구체적인 지침 마련에 관한 것이고, 다른 하나는 어떠한 제품이 환경친화적인지를 판별할 수 있도록 환경정보의 제공에 관한 표준규격과 정보작성에 대한 지침을 개발하는 것이다. 전자와 관련된 규격 및 지침은 환경경영체제(EMS)에 관한 표준규격, 환경경영체제로서 요건을 갖추었는지 확인·검증하는 환경감사(EA: Environmental Auditing)지침, 환경경영체제가 소기의 성과를 가져오는지를 평가하는 환경성과평가(EPE: Environmental Performance Evaluation)지침 등이고, 후자와 관련된 규격 및 지침은 환경라벨링(EL: Environmental Labelling)규격, 전과정평가(LCA: Life Cycle Assessment)

43) ISO 14000은 기업의 생산활동이 환경에 미치는 영향을 사전에 평가하여 기업의 환경관리체제와 활동이 환경보호에 적합하다는 것을 객관적으로 인증해 주는 국제환경규격 인증제도로서, 여러 가지 관련 규격들로 이루어져 있다. 기존의 ISO 9000 시리즈가 주로 제품의 규격이나 품질관리에 관한 규격으로 제조업체를 대상으로 하고 있는데 반해, ISO 14000 시리즈는 상품의 연구개발에서부터 연료채취, 구매, 생산, 유통, 판매 및 폐기처분에 이르기까지 모든 부문의 산업활동이 환경에 미치는 영향을 관리하도록 하는 규정이다. 즉, ISO 9000이 품질시스템의 보증을 위한 것이라면, ISO 14000은 환경시스템에 대한 보증인 것이다.

지침, 환경친화적 제품설계지침 등이다. 환경경영체제(EMS)는 전자의 핵심내용을 이룬다.[44]

환경경영의 핵심은 기업이 기업활동에서 발생하는 환경에 대한 악영향을 기업의 경제적 성과를 과도하게 침해하지 않으면서, 가능한 한 최대한으로 회피할 수 있게 해 주는 전략과 도구들을 계획적이고 체계적으로 적용하는 데 있다고 볼 수 있다.[45]

오늘날 환경경영체제인증제도는 자발적 프로그램임에도 불구하고 사실상 무역규제적 요소로 대두되고 있다. 즉 일부 선진국들이 ISO 14001 인증을 요구하면서 무역과 환경을 연계시키려는 경향이 늘고 있다. 우리나라의 경우도 이에 대비하기 위하여 준비작업을 추진하여 왔는데, 정부는 1995년과 1996년 두 차례에 걸친 환경경영체제 시범인증사업을 통하여 녹색경영체제의 국내 보급을 촉진해 왔으며, 이 과정을 활용하여 환경심사원을 양성함으로써 국내 녹색경영체제 인증제도의 초석을 마련하였다. 나아가 ISO 14001 규격에 의한 녹색경영체제 인증제도를 법적으로 뒷받침하기 위하여, 1995년 12월 「환경친화적 산업구조로의 전환촉진에 관한 법률」을 제정하였다.[46]

Ⅳ. 환경라벨링(Labelling)제도

환경라벨링제도는 제품의 환경성에 대한 정보를 제품에 표시함으로써 기업체로 하여금 환경친화적 제품의 개발 및 생산을 촉진하고, 소비자가 이러한 친환경상품을 선택 · 사용하게 하여 환경보전에 스스로 참여하도록 유도하기 위해 시행되었다.

환경라벨링제도는 ISO 14000 시리즈 규격의 구성요소를 이루고 있고, ISO의 운영규정을 토대로 개별 국가들이 각기 독자적인 환경라벨링제도를 시행하고 있다.

환경라벨링제도는 3가지의 유형이 있는데, 첫번째 유형이 잘 알려진 환경표지제도이다. 환경표지제도는 제품의 전과정을 고려하여 자원 · 에너지 절약, 환경오

---

44) 이송호, "국제표준화기구에서 환경에 관한 논의 동향과 대책 – ISO 14000 시리즈를 중심으로," 입법조사연구 통권 제253호(1998. 10), 190면.

45) 홍준형, 앞의 책, 294면.

46) 동법 또한 소위 '녹색성장'의 등장으로 2011년 법률개정을 통하여 '녹색경영'과 '환경경영'을 구분하여 규정하게 되었다. 동법에서 녹색경영이란 저탄소 녹색성장 기본법」 제2조 제7호에 따른 녹색경영을 말하고(제2조 제5호), 환경경영은 기업 · 공공기관 · 단체 등이 환경친화적인 경영목표를 세우고 이를 달성하기 위하여 인적 · 물적 자원 및 관리체제를 일정한 절차와 기법에 따라 체계적이고 지속적으로 관리하는 경영활동을 말한다(동조 제5의2호).

염 예방, 인체 유해성 저감 등에 대한 환경기분과 품질기준을 설정하고 동 기준에 적합한 제품에 대해 제3자 기관이 환경표지사용을 인증하는 제도로서, 「환경기술 및 환경산업 지원법」 제17조에서 법적 근거를 마련하고 있다.

두 번째 유형은 제품의 공급자가 자체적으로 제품의 환경성에 대한 주장을 할 수 있는 방법과 준수요건을 규정하여 공급자의 무분별한 환경성 주장에 따른 소비자 기만행위 및 혼란 예방을 위한 가이드라인을 정하는 제도(환경성 자기주장제도)로서 「표시·광고의 공정화에 관한 법률」에 근거하고 있다.

세 번째 유형은 제품에 대한 전과정평가(LCA) 결과에 따라 자원 사용, 지구온난화, 수질오염, 대기오염 등 계량화된 전과정 환경영향 정보를 제3자가 인증하여 제품에 표기하는 제도(환경성적표지제도)이다. 제품의 환경성정보를 계량화하여 도표·그래프 등으로 표시하여 환경성 수준에 따라 소비자의 차별구매를 유도하는 기능을 한다.[47]

Ⅴ. 녹색분류체계(택소노미)

EU는 2020년 6월 그린 택소노미(Green taxonomy)를 발표하였는데, 그린 택소노미는 어떤 산업 분야가 친환경 산업인지를 분류하는 녹색산업 분류체계로, 녹색투자를 받을 수 있는 산업 여부를 판결하는 기준으로 활용된다. 택소노미(Taxonomy)는 분류학, 분류체계를 뜻한다. 그린 택소노미에서는 환경보호, 에너지, 제조, 수송, 예술 및 엔터테인먼트 등 13개 분야에 걸쳐 모두 101개의 행동을 녹색 활동으로 규정하고 있다.

EU의 경우 제조업, 교통, 건축 등 여러 다른 부문에 대해서는 2020~2021년 분류화를 마쳤으나, 회원국간 이견으로 논란이 컸던 원자력발전은 입법안 확정이 계속 지연되고 있었다. 2021년 12월 EU집행위원회는 일정한 조건을 충족시키는 경우 천연가스와 원자력발전을 그린 택소노미에 포함시키기로 결정하였고, 2022년 2월 EU 택소노미에 원자력발전을 포함시키는 입법안을 발표하였다. 2022년 7월 유럽의회 본회의에서 원자력발전과 천연가스를 포함시킨 초안대로 최종 확정되었다.[48]

---

47) 예컨대, 재료 및 제품에 유해물질은 포함되어 있는지, 온실가스 배출량은 얼마나 되는지, 에너지 사용량은 얼마나 되는지, 재활용은 가능한지 등을 표시하는 것이다.

48) 원자력발전을 EU 택소노미에 포함시키는 것에 대하여는 택소노미 논의 초기부터 EU 회원국들 사이에는 의견 대립이 있었다. 전력생산의 70%를 원자력 발전으로 충당하는 프랑스와 그 외 폴란드, 체코, 핀란드 등은 원전을 택소노미에 포함시키는 것을 찬성하고 있고, 탈원전을 지향하는 독일과

우리나라는 2022년 9월 환경부가 '한국형 녹색분류체계(K-택소노미)' 개정안 초안을 발표하였다. 2021년 12월 발표된 가이드라인에 원자력 관련 3개 경제활동을 추가하여 총 69개 경제활동을 친환경으로 구분했다. 녹색경제활동의 범위는 탄소중립에 기여하는 '녹색부문'과 탄소중립으로 전환하기 위한 과도기적 단계에서 필요한 경제활동인 '전환부문'으로 구분하고, 녹색부문 64개, 전환부문 5개 등 총 69가지 세부 활동을 제시하고 있다. 원자력산업이 친환경산업인지에 대하여는 여전히 논란이 있을 수 밖에 없다. 택소노미 논의에 있어서도 행정법상 사전배려의 원칙이나 리스크법 이론에 입각한 접근이 필요하다고 본다.

녹색분류체계 내에 포함되는 산업은 투자기회가 확대되어 산업 활성화에 도움이 되지만, 이 분류기준에 속하지 않으면 녹색투자를 받을 수 있는 기회가 줄어들게 되어 해당 산업 분야에 영향을 미칠 수 있다. 녹색분류체계는 친환경산업 분야로 기업 활동을 유도하고 민간분야에서 환경보전목표 달성을 위한 자율적 참여를 촉진한다는 점에서 자율적 환경관리수단으로 분류할 수 있다.

Ⅵ. RE100(Renewable Energy 100%)

RE100(Renewable Energy 100%)은 2050년까지 기업에서 사용하는 전력의 100%를 풍력·태양광 등 재생에너지로 전환하는 것을 목표로 하는 글로벌 기업들의 자발적 협약이다. 2022년 8월 말 기준으로 애플, 구글 등 370개가 넘는 세계 유수의 기업들이 RE100에 가입하였다. 우리나라도 SK하이닉스, SK텔레콤, LG에너지솔루션, 아모레퍼시픽 등 국내 기업들이 가입하여 RE100에 동참을 선언했다.

RE100에 참여하기 위해서는 일정한 조건을 만족시켜야 하는데, 우선, 연간 100GWh 이상의 전력을 소비하는 기업들이 본인들이 사용하는 모든 전력을 2050년까지 재생에너지로 조달하겠다고 선언해야 한다. 여기에는 자사가 보유한 모든 사업장 및 사무실의 소비전력이 포함된다. 다음으로, 참여기업은 매년 RE100 보

오스트리아, 룩셈부르크, 포르투갈, 덴마크 등은 반대하고 있다. 법안 통과 이후에도 양 진영의 대립은 지속되고 있는 상황이다. EU 택소노미에서 원전이 녹색으로 분류되기 위해서 충족해야 할 기준이 매우 엄격하다. ① 신규 원전의 경우 2045년까지 건설 허가를 받을 것, ② 2050년까지 방사성 폐기물 처리를 위한 자금과 부지를 확보할 것, ③ 기존 원전의 경우 2040년까지 '사고저항성 핵연료(ATF: Accident Tolerant Fuel)'를 사용할 것 등의 조건이 충족되어야 한다(자세한 내용은 함태성, "우리나라 탄소중립 법정책의 몇 가지 쟁점과 과제에 대한 고찰 – EU의 탄소중립법제와의 비교를 통하여 –", 공법학연구 제23권 3호, 2022.8. 참조)

고 스프레드시트(Reporting Spreadsheet) 또는 CDP 기후변화 질문지(Climate Change Questionnaire)를 통해 재생에너지로 발전된 전력사용의 목표를 제시하고, 이에 대한 달성수준을 보고·공개해야 한다.

RE100은 민간영역에서 기후위기에 대응하기 위하여 재생에너지 이용을 촉진하자는 기업들의 자율적인 캠페인으로 자율적 환경관리수단의 하나로 볼 수 있다. 하지만 오늘날 RE100의 확대는 단순히 자발적인 협약이나 개별 기업의 노력을 넘어 비공식적인 규제로 작용하면서 경제적 이슈를 제기하고 있다. 애플, 구글 등과 거래하고 있는 많은 기업들은 RE100을 무시할 수 없게 되었다. 예컨대, 애플 등은 자신들과 거래하는 업체에게 RE100을 충족할 것을 요구하고 있다. 우리나라는 산업구조가 제조업 등 에너지 다소비 산업에 의존하고 있고, 해외수출의 비중이 크기 때문에 향후 국내 산업에 미치는 영향은 점차 확대될 것으로 보인다.

제4장 환경피해의 법적 구제

제1절 개 설

인류사회는 과학기술의 발달과 이에 수반한 공업화, 도시의 인구집중 등으로 인하여 오염물질을 대량으로 배출하여 환경을 심각하게 오염시키기 시작하였고, 그 결과 환경오염으로 인한 피해는 인간의 생존자체를 위협하는 상황으로 치닫고 있다. 환경오염으로 인한 피해는 환경오염물질로 인하여 생명·건강 및 재산상의 피해를 초래하는 것으로 주로 기업의 활동에서 발생하는 오염물질이 인근 지역주민의 건강과 재산에 피해를 주는 형태로 나타난다. 이러한 환경상의 피해에 대하여 당연히 법적인 대책이 강구되어야 할 것인바, 오늘날은 세계 각국이 환경상의 이익 침해를 하나의 중요한 권리침해로 받아들이고 있어 환경오염으로 인한 피해에 대하여 권리구제의 폭을 더욱 넓혀 나가고 있다.

환경상의 권리구제제도는 사법상의 각종 구제수단과 행정쟁송·국가배상·손실보상 등 행정구제법상의 권리구제제도 및 환경분쟁조정제도 등을 비롯하여 헌법소원·청원 등 다양한 제도가 있다. 역사적으로 본다면 환경침해에 대한 사법적 구제가 먼저 발전했으며, 공법적인 구제제도가 적극화되기 시작한 것은 제2차 대전 이후부터의 일이다. 환경피해의 대부분은 개인 또는 기업 등 사경제부문에 의해 발생하고 있으므로 피해자의 법적 구제는 주로 사법적 구제의 성질을 띠게 된다. 한편, 오늘날은 환경오염으로 인한 피해가 국가의 행정작용과 관련되는 경우가 점차 증가하고 있고, 공권의 확대 경향도 두드러지고 있어 환경피해의 공법적 구제의 영역도 계속 확대되고 있다.

우리나라의 경우 환경피해의 법적 구제는 현행법상의 제도를 토대로 하여 볼 때 일반적으로 다음과 같이 나누어 볼 수 있다. ① 환경오염이 개인 또는 기업 등 사경제부문에 의해 야기되는 경우에는 우선 피해자와 가해자간의 민사상의 구제가 문제되며, 이는 민사소송을 통해 해결된다. ② 반면, 환경오염으로 인한 피해가 환경과 관련된 국가 내지 지방자치단체의 행정작용으로 인한 경우에는 일반적인 행정구제의 경우와 마찬가지로 행정쟁송(행정심판·행정소송), 국가배상, 손실보상 등의 수단이 적용된다. ③ 그 밖에 환경분쟁의 특성상 정식의 사법절차로써 분쟁해결이 용이하지 않은 점을 고려하여 신속·원활한 분쟁해결을 위한 보충적인 제도로서 환경분쟁조정제도가 마련되어 있다.

제2절 환경피해의 사법적 구제

Ⅰ. 개 설

환경피해에 대한 사법적 구제는 민사소송에 의하여 이루어지는 피해자 구제가 중심이 되는데, 이러한 사법적 구제수단으로는 보통 피해에 대한 손해배상청구(損害賠償請求)와 환경침해의 방지를 청구하는 유지청구권(留止請求權) 및 계약법상의 책임(契約法上의 責任)을 지우는 방법 등이 있다.

손해배상청구는 환경오염으로 인하여 손해를 입은 경우에 이를 금전으로 배상받는 것을 말한다. 그 손해는 피해자의 신체·재산에 대한 유형적 손해뿐만 아니라, 정신적 고통과 같은 무형적 손해에 관하여도 인정된다. 유지청구는 환경오염피해가 현실로 발생하였다든가 또는 그 발생이 예측되는 경우에 그 배제 또는 예방을 구하는 것으로서 보통 조업의 정지·제한이나 일정한 예방·개선조치청구의 모습을 취한다. 한편, 최근에는 환경피해에 대한 책임문제를 계약법상의 책임을 근거로 접근하고자 하는 논의가 있는데, 독일의 판례에서는 이러한 계약상의 환경책임이 다수 인정되었다.[1] 최근에는 보험제도를 통한 환경오염피해구제방안이 도입되어 구제의 폭을 더 넓히고 있다.

우리나라의 경우 환경침해로 인한 피해자의 사법적 구제와 관련하여서 민법과 기타의 법률에 근거규정을 두고 있다. 환경침해로 인한 불법행위책임의 근거 규정으로서는 민법 제750조가 기본적인 규정이 되며, 공동불법행위와 관련하여서는 민법 제760조가 근거규정이 된다. 공작물의 이용상 하자로 환경피해가 발생한 경우

1) 전경운, 환경사법론, 집문당, 2009, 359면.

민법 제758조의 배상책임이 인정된다. 「환경오염피해 배상책임 및 구제에 관한 법률」(약칭: 환경오염피해구제법)상 '시설'의 설치·운영으로 인하여 환경오염이 발생한 경우에는 동법상의 손해배상책임이 인정된다. 유지청구권과 관련하여서 보면, 민법 제214조의 방해제거청구권과 방해예방청구권이 기본적인 근거 조항이 되고 있다. 계약법상의 책임으로는 하자담보책임이나 채무불이행책임을 물을 수 있다.

환경피해에 대한 사법적 구제의 영역에 있어서는 침해자의 특정문제, 침해자의 과실입증이나 침해행위의 위법성판단 문제, 침해행위와 손해발생 사이의 인과관계의 입증문제 등에서 피해자측에 많은 어려움이 존재한다. 따라서 각국은 이러한 피해자의 어려움을 극복하고자 특별법을 제정하는 사례가 점차 증대하고 있으며, 또한 학설과 판례를 통하여 기존의 과실책임을 무과실책임으로 점차 전환하는 노력을 기울이고 있다.

Ⅱ. 불법행위로 인한 손해배상청구

환경피해에 대한 사법적 구제의 주된 부분은 불법행위로 인한 손해배상청구, 즉 제750조에 의한 배상책임, 민법 제758조에 의한 공작물의 소유자 또는 점유자의 배상책임, 환경정책기본법 제44조와 기타 무과실책임에 관한 법률에 의해서 규율이 된다.

1. 민법 제750조에 의한 손해배상책임과 무과실책임 법리의 도입

민법 제750조는 "고의 또는 과실로 인한 위법행위로 타인에게 피해를 가한 자는 피해를 배상할 책임이 있다"고 규정하고 있다. 즉, 손해배상책임이 성립하기 위해서는 ① 가해자에게 고의 또는 과실이 있고, ② 가해행위가 위법한 행위이어야 하고, ③ 가해행위와 피해의 발생 사이에 인과관계가 있어야 하며, ④ 손해가 발생하여야 한다.

하지만 환경피해에 대한 손해배상의 경우에 있어서는 무과실책임 또는 인과관계의 입증완화 등과 같은 일반적인 손해배상책임과는 다른 특성들이 고려된다. 무과실책임이 인정된다 하더라도 불법행위법상 위법성 및 침해행위와 손해 사이의 인과관계는 요구된다. 따라서 환경정책기본법 제44조 제1항의 무과실책임을 묻는 경우에도 위법성 및 인과관계의 문제를 검토하게 된다.

(1) 고의 · 과실 – 무과실책임법리의 도입

1) 과실 개념의 확장

불법행위로 인한 손해배상책임은 원칙적으로 원고인 피해자가 먼저 가해자의 고의·과실을 입증하여야 한다.[2] 환경침해가 고의에 의해서 일어나는 경우는 실제 거의 없을 것이며, 환경피해의 사법적 구제에서 주로 문제되는 것은 과실 또는 무과실에 의한 환경침해의 경우이다.

그런데 피해자가 가해자의 과실을 입증하기는 쉽지 않다. 피해발생의 원인이 가해자가 사실상 지배하고 있는 활동영역에 속해 있기 때문에 피해자는 과실을 입증할 증거에 접근하기가 어렵고, 과학적인 규명이 쉽지 않은 경우가 많기 때문이다.

따라서 환경침해로 인한 피해자를 두텁게 보호하기 위해서 판례나 학설을 통하여 과실의 개념을 확장하여 사실상 무과실책임에 접근하는 해석론을 전개하였고, 예견가능성설[3], 신수인한도론[4] 등과 같은 학설이 주장되었다. 그러나 이들 견해는 기존의 민법 체계에 입각하여 과실책임법리의 완화를 고려하는 입장으로서 환경피해구제에 있어서 일정한 한계를 보이게 된다.

2) 위험책임 또는 무과실책임의 법리

과학기술의 발전에 수반된 사회적 위험의 전반적 확대와 이러한 상황에서 예측하기 곤란한 환경오염의 위험이나 복합오염 등에 의한 피해발생가능성의 증대 등으로 인하여, 과실책임주의 또는 완화된 과실책임주의로는 피해자구제나 손해의

---

2) 불법행위에서 고의와 과실은 동등한 것으로 다루어진다. 따라서 가해자에게 고의가 없어도 과실이 있으면 고의가 있는 경우와 마찬가지로 그 가해자에게 손해배상책임이 귀속되므로 불법행위성립요건으로서의 고의와 과실의 구별실익은 그리 크지 않은 것이 사실이다.

3) 예견가능성설은 손해의 발생에 관하여 예견가능성이 있는 경우에는 과실을 인정할 수 있다는 견해이다. 손해의 발생을 예견할 수 있는 경우에는 손해를 회피할 수 있는 조치를 취할 수 있고 그에 따라 손해발생을 방지할 수 있다는 점에서 예견가능성만 있으면 책임을 물을 수 있다는 것이다. 수많은 오염물질을 양산하는 거대산업사회에서는 환경피해가 예견되는 경우가 많기 때문에 예견가능성의 범위를 확대하면 할수록 실질상의 무과실책임을 인정하는 결과가 된다. 그러나 이 견해는 기존의「민법」체계에 입각하여 과실책임과 무과실책임을 구별하는 입장에 서있기 때문에 과실관념을 빌린 무과실책임, 이른바 '과실의 옷을 입은 무과실책임'의 실현에는 스스로의 한계가 있다(구연창, 앞의 책, 573면; 천병태 · 김명길, 앞의 책, 272면; 전경운, 앞의 책, 129면).

4) 신수인한도론은 수인한도를 넘으면 과실이 있고 위법성도 존재하는 것으로 인정하는 학설이다. 신수인한도론은 과실유무의 판단을 수인한도를 넘는 피해를 주었는가에 의하여 결정함으로서 과실과 위법성을 일원화시키려는 것으로서, 기본적으로 과실과 위법성을 일원적으로 파악하려는 행위불법론에 따른 이론전개라 할 것이다. 이 견해는 피해자가 입은 손해의 종류 및 정도와 가해행위의 태양·손해의 회피조치 등 가해자 측의 제요인·지역성 기타 요인들을 비교형량하여, 손해가 수인한도를 넘는다고 인정되는 경우에 예견가능성의 유무에 불구하고 과실을 인정하게 된다(구연창, 위의 책, 574면; 전경운, 위의 책, 130면).

공평분담을 실현하기 곤란하게 되었다. 따라서 오늘날에는 환경피해로 인한 손해배상의 경우 가해자의 고의·과실을 입증하지 않고 곧바로 손해배상을 청구할 수 있도록 하는 법리가 도입되고 있는데, 이른바 '위험책임' 내지 '무과실책임'의 법리가 그것이다.[5)]

우리 민법은 불법행위에 관해 과실책임을 기본원리로 삼고 있으므로 무과실책임을 인정하기 위해서는 특별한 근거를 필요로 하는바, 일반적으로 무과실책임을 인정하여야 할 경우에는 보통 법률에 의해 이를 정하는 방식을 취한다.

「환경정책기본법」 제44조 제1항, 「토양환경보전법」 제10조의3 제1항,[6)] 「환경오염피해구제법」 제6조 제1항, 「광업법」 제75조 제1항, 「유류오염손해배상 보장법」 제5조 제1항, 「원자력 손해배상법」 제3조 제1항, 「수산업법」 제82조 제1항 등에서 무과실책임에 관하여 규정하고 있다.

㈎ 「환경정책기본법」상의 무과실책임

「환경정책기본법」 제44조 제1항은 "환경오염 또는 환경훼손으로 피해가 발생한 경우에는 해당 환경오염 또는 환경훼손의 원인자가 그 피해를 배상하여야 한다"고 하여 환경오염의 피해에 대한 무과실책임에 관하여 규정하고 있다. 환경정책기본법상의 무과실책임 규정이 구체적 효력을 지니는지에 대하여 논란이 있으나, 판례는 구체적 효력을 지니는 것으로 보고 있다.[7)]

동 규정상의 무과실책임을 지는 자는 해당 환경오염 또는 환경훼손의 '원인자'이므로, 그 개념 및 범위를 구체화하는 것이 필요하다. 원인자는 환경오염 또는 환경훼손으로 인한 피해의 발생이라는 연속적인 인과과정에 직접적 또는 간접적으로 참여하여 환경오염 또는 환경훼손의 요인을 제공한 자를 말한다. 여기에는 사업자, 즉 환경오염이 발생한 사업장의 운영·관리 등을 통하여 사업 활동을 하는

---

5) 위험책임의 법리는 위험한 시설의 관리를 통하여 이득을 얻고 있는 기업 등은 그 잠재적 위험이 현실화되거나 그 위험물로부터 손해가 발생한 경우에는 기업의 과실유무에 관계없이 기업활동에 내재된 위험성에 연결하여 손해배상책임을 지도록 하는 것을 말한다. 기업은 피해자에게 손해를 주는 대가로 영업을 하여 수익을 올리는 점을 감안한다면, 기업측에 손해배상책임을 인정하는 것이 손해의 공평분담의 취지에 부합하는 것이다. 여기서 무과실책임이 요청되는 것이고, 오늘날에는 해석론 및 입법론에서 위험책임 또는 무과실책임의 법리가 확대되어 환경책임을 지배하는 법리로 자리잡고 있다.

6) 제10조의3(토양오염의 피해에 대한 무과실책임 등) ① 토양오염으로 인하여 피해가 발생한 경우 그 오염을 발생시킨 자는 그 피해를 배상하고 오염된 토양을 정화하는 등의 조치를 하여야 한다. 다만, 토양오염이 천재지변이나 전쟁, 그 밖의 불가항력으로 인하여 발생하였을 때에는 그러하지 아니하다.

7) 대법원 2001. 2. 9. 선고 99다55434 판결.

자 또는 사업장 등을 사실상·경제상 지배하는 자가 포함된다. 사용자와 피용자가 모두 환경오염 또는 환경훼손의 요인을 제공한 경우에는 둘 다 원인자가 된다. 개별법령에 따라 적법하게 신고 또는 허가를 받은 경우뿐만 아니라 신고 또는 허가 등이 없이 불법으로 사업 활동을 하는 자도 포함된다. 그리고 사업자인지와 상관없이, 사업 활동과 무관하게 환경오염 또는 환경훼손을 야기한 자도 동조에 의한 무과실책임을 진다.

[판례 1] 환경정책기본법의 개정에 따라 환경오염 또는 환경훼손(이하 '환경오염'이라고 한다)으로 인한 책임이 인정되는 경우가 사업장 등에서 발생하는 것에 한정되지 않고 모든 환경오염으로 확대되었으며, 환경오염으로 인한 책임의 주체가 '사업자'에서 '원인자'로 바뀌었다. 여기에서 '사업자'는 피해의 원인인 오염물질을 배출할 당시 사업장 등을 운영하기 위하여 비용을 조달하고 이에 관한 의사결정을 하는 등으로 사업장 등을 사실상·경제상 지배하는 자를 의미하고, '원인자'는 자기의 행위 또는 사업활동을 위하여 자기의 영향을 받는 사람의 행위나 물건으로 환경오염을 야기한 자를 의미한다. 따라서 환경오염이 발생한 사업장의 사업자는 일반적으로 원인자에 포함된다. 사업장 등에서 발생하는 환경오염으로 피해가 발생한 때에는 사업자나 원인자는 환경정책기본법의 위 규정에 따라 귀책사유가 없더라도 피해를 배상하여야 한다.(대법원 2017. 2. 15. 선고 2015다23321 판결－한우농장폐업 사건)

[판례 2] 환경정책기본법 제44조 제1항은 민법의 불법행위 규정에 대한 특별 규정으로서, 환경오염 또는 환경훼손의 피해자가 그 원인을 발생시킨 자(이하 '원인자'라 한다)에게 손해배상을 청구할 수 있는 근거규정이다. 위에서 본 규정 내용과 체계에 비추어 보면, 환경오염 또는 환경훼손으로 인한 책임이 인정되는 경우는 사업장에서 발생되는 것에 한정되지 않고, 원인자는 사업자인지와 관계없이 그로 인한 피해에 대하여 환경정책기본법 제44조 제1항에 따라 귀책사유를 묻지 않고 배상할 의무가 있다.(대법원 2018. 9. 13. 선고 2016다35802 판결[손해배상등]－방사능오염고철 사건).

다음으로, 동 규정상의 무과실책임을 인정하기 위해서는 '환경오염' 또는 '환경훼손'으로 인하여 '피해'가 발생하여야 한다. 즉, 원인자의 환경침해행위로 인하여 동법 제2조 제4호, 제5호에 규정된 '환경오염' 또는 '환경훼손'의 상태가 발생하여야 한다.

한편, 환경오염 또는 환경훼손과 인과관계가 있는 피해가 발생하여야 한다. 피해의 발생여부, 피해의 종류 및 범위 등을 정확히 산정하는 것은 쉽지 않으나 사회통념에 비추어 객관적이고 합리적으로 판단하여야 하며, 여기에는 사람의 생명이나 신체, 재산상의 손해가 모두 포함된다.

환경정책기본법 제44조 제1항은 민법 제750조의 특별규정이라고 보아야 하므로, 환경오염으로 인한 손해배상청구사건에서 피해자가 환경정책기본법 제44조 제1항의 적용을 구하는 주장을 하였는지 여부와 관계없이 민법상의 손해배상규정에 우선하여 적용하여야 한다(보다 자세한 내용과 관련 판례는 **제2편 제1장 환경정책기본법 Ⅷ. 분쟁조정 및 피해구제 부분 참조**).

(나) 「환경오염피해구제법」상의 무과실책임

동법은 제6조 제1항에서 "시설의 설치·운영과 관련하여 환경오염피해가 발생한 때에는 해당 시설의 사업자가 그 피해를 배상하여야 한다."고 규정하여 사업자의 환경오염피해에 대한 무과실책임을 인정하고 있다. 즉, 가해자의 고의·과실을 요하지 않는다.[8)]

동법은 환경오염피해에 대한 배상책임을 독일 환경책임법과 같이 '시설책임'으로 하고 있고, 동법의 적용대상 시설을 환경오염사고의 위험성이 높은 시설로 한정하고 있다.[9)] 이처럼 동법은 적용대상 시설을 법령에서 한정하고 있으므로 위 시설 이외의 시설로 인하여 환경오염피해가 발생한 경우에는 동법이 적용되지 않는다.[10)]

---

8) 한편, 동법은 제6조 제1항 단서에서 환경오염피해가 "전쟁·내란·폭동 또는 천재지변, 그 밖의 불가항력으로 인한 경우에는 해당 시설의 사업자는 배상책임을 지지 아니한다"고 하여 배상책임의 면책 규정을 두고 있다. 「토양환경보전법」에서도 이와 같은 불가항력을 이유로 한 배상책임의 면제규정을 두고 있다. 반면 「환경정책기본법」에서는 이와 같은 면책규정을 두고 있지 않다.

9) 동법의 적용대상이 되는 '시설'은 다음 각 호의 어느 하나에 해당하는 시설을 말한다(제3조).
   1. 「대기환경보전법」 제2조 제11호에 따른 대기오염물질배출시설
   2. 「물환경보전법」 제2조 제10호·제11호에 따른 폐수배출시설 또는 폐수무방류배출시설
   3. 「폐기물관리법」 제2조 제8호에 따른 폐기물처리시설로서 같은 법 제25조 제3항에 따라 폐기물처리업자가 설치한 시설 및 같은 법 제29조 제2항에 따른 승인 또는 신고 대상 시설
   4. 「건설폐기물의 재활용촉진에 관한 법률」 제2조 제16호에 따른 건설폐기물 처리시설(「건설폐기물의 재활용촉진에 관한 법률」 제13조의2 제2항에 따른 임시보관장소를 포함한다)
   5. 「가축분뇨의 관리 및 이용에 관한 법률」 제2조 제3호에 따른 배출시설로서 같은 법 제11조에 따른 허가 또는 신고 대상 시설
   6. 「토양환경보전법」 제2조 제3호에 따른 토양오염관리대상시설
   7. 「화학물질관리법」 제2조 제11호에 따른 취급시설로서 같은 법 제27조에 따른 유해화학물질 영업을 하는 자 및 같은 법 제41조에 따른 위해관리계획서를 제출하여야 하는 자의 취급시설
   8. 「소음·진동관리법」 제2조 제3호에 따른 소음·진동배출시설
   9. 「잔류성유기오염물질 관리법」 제2조 제2호에 따른 배출시설
   10. 「해양환경관리법」 제2조 제17호에 따른 해양시설 중 대통령령으로 정하는 시설
   11. 그 밖에 대통령령으로 정하는 시설

10) 예컨대, 폐기물로 인한 오염피해의 경우, 동법은 적용대상 시설을 '폐기물처리업자가 설치한 시설 및 환경부장관의 승인 또는 신고대상 시설'로 한정하고 있다. 그 결과 폐기물 오염사고가 자주 발생하는 '사업장폐기물을 배출하는 일반 사업자가 설치한 시설'은 적용대상에 포함되지 않는다.

동법상 '환경오염피해'란 시설의 설치·운영으로 인하여 발생되는 대기오염, 수질오염, 토양오염, 해양오염, 소음·진동, 그 밖에 대통령령으로 정하는 원인으로 인하여 다른 사람의 생명·신체(정신적 피해를 포함한다) 및 재산에 발생된 피해(동일한 원인에 의한 일련의 피해를 포함한다)를 말한다. 다만, 해당 사업자가 받은 피해와 해당 사업자의 종업원이 업무상 받은 피해는 제외한다(제2조 제1호).

배상책임자는 '해당 시설의 사업자'이다. "사업자"란 해당 시설에 대한 사실적 지배관계에 있는 시설의 소유자, 설치자 또는 운영자를 말한다(제2조 제3호). 사실적 지배관계란 사회통념상 해당시설을 자신의 지배하에 두고 있다고 인정되는 객관적 관계를 말한다. 해당 시설에 대한 일정한 권리를 갖고 사용·수익을 통해 경제적 이익을 얻는 자가 동법상의 사업자에 해당한다. 해당시설에 대한 직접점유를 포함하여 간접점유의 경우에도 사실적 지배관계가 인정될 수 있다. 따라서 반드시 해당시설을 물리적으로, 현실적으로 지배하여야 하는 것은 아니다.

한편, 동법 제6조의 무과실책임과 「환경정책기본법」 제44조(환경오염의 피해에 대한 무과실책임)와의 관계가 문제된다. 「환경정책기본법」 제44조와 동법 제6조는 무과실책임에 관한 일반규정과 특별규정의 관계라고 볼 것이고, 따라서 '환경오염피해'를 일으킨 시설이 동법 제3조의 '시설'에 해당하는 경우 그 시설의 '사업자'에게 동법 제6조의 무과실책임을 물을 수 있다. 하지만 동법의 적용범위가 한정되어 있으므로, 환경피해의 권리구제 확대라는 측면에서 동법상의 시설책임을 물을 수 없는 경우에는 「환경정책기본법」에 따라 환경오염피해에 대한 배상을 청구할 수 있다(보다 자세한 내용은 제1편 제4장 제5절 환경오염피해 배상책임 및 구제에 관한 법률 부분 참조).

(2) 위 법 성

환경침해로 인한 손해배상청구이든 유지청구이든 원고의 청구가 받아들여지기 위해서는 환경침해행위가 위법성을 지녀야 한다.

불법행위 성립요건으로서의 위법성은 관련 행위 전체를 일체로만 판단하여 결정하여야 하는 것은 아니고, **문제가 되는 행위마다 개별적·상대적으로 판단**하여야 한다.[11] 통상 불법행위에서의 위법성이라 함은 가해행위가 법질서에 반하는 것을 말하는데, 실정법 내지 선량한 풍속 기타 사회질서 위반 등을 의미하는 것이다.

환경침해행위의 위법성 문제는 민법 제217조와의 관계에서 살펴볼 필요가 있는데, 이는 제217조가 상린관계의 차원에서 생활방해의 요건으로 수인한도를 정하

---

11) 대법원 2010. 7. 15. 선고 2006다84126 판결[채무부존재확인] – 해미공군비행장사건 Ⅰ.

고 있는 규정이기 때문이다. 제217조 제2항에 의하면 환경침해행위라고 볼만한 상황이 발생하더라도 그것이 이웃 토지의 통상적 용도에 적당한 것인 때에는 이를 인용하여야 한다고 하고 있다. 그러므로 이러한 인용의무의 범위 내의 것이면 위법성이 없게 된다. 이것은 토지나 시설의 정상적인 이용에 따른 환경침해 내지 오염물질의 배출은 그 자체로서 바로 위법한 것이 아니라 가해행위가 사회적으로 인용할 수 있는 한도를 넘는 경우에 비로소 위법하게 된다는 것으로 이를 주요 내용으로 하는 것이 **수인한도론**이다.12)

수인한도론(受忍限度論)은 환경침해의 위법성에 관한 통설 및 판례의 견해로서, 인간이 사회생활을 영위해 나가는 데 있어서 타인에게 손해나 불편을 끼치는 경우가 있을 수 있기 때문에 어느 정도까지는 이를 서로 인용하지 않으면 안 되고, 그것이 인용해야 할 일정한 범위·한도를 넘어설 때에만 위법성을 띠게 된다는 것이다.

[판례] [1] 적법시설이나 공용시설로부터 발생하는 유해배출물로 인하여 손해가 발생한 경우, 그 위법성의 판단 기준: 불법행위 성립요건으로서의 위법성은 관련 행위 전체를 일체로만 판단하여 결정하여야 하는 것은 아니고, 문제가 되는 행위마다 개별적·상대적으로 판단하여야 할 것이므로 어느 시설을 적법하게 가동하거나 공용에 제공하는 경우에도 그로부터 발생하는 유해배출물로 인하여 제3자가 손해를 입은 경우에는 그 위법성을 별도로 판단하여야 하고, 이러한 경우의 판단 기준은 그 유해의 정도가 사회생활상 통상의 수인한도를 넘는 것인지 여부라고 할 것이다. [2] 고속도로의 확장으로 인하여 소음·진동이 증가하여 인근 양돈업자가 양돈업을 폐업하게 된 사안에서, 양돈업에 대한 침해의 정도가 사회통념상 일반적으로 수인할 정도를 넘어선 것으로 보아 한국도로공사의 손해배상책임을 인정한 사례(대법원 2001. 2. 9. 선고 99다55434 판결[손해배상(기)] – 고속도로 확장으로 인한 양돈업 폐업 사건).

수인한도초과 여부의 판단은 구체적 사건에서 피해자 및 가해자의 사정 및 모든 주변사항을 고려하여야 할 것인바, 주로 침해되는 권리나 이익의 성질(건강피해인가 재산피해인가), 피해의 정도와 범위, 침해행위에 대한 사회적 평가, 손해회피의 가능성, 가해자의 손해방지조치 유무, 지역환경의 특수성, 공법상 규제기준의 준수 여부, 공장소재지의 주변상황, 토지이용관계(예컨대, 주거지역인지 상업지구인지) 등 여

12) 전경운, 앞의 책, 132면.

러 사정이 종합적으로 고려되어야 한다.

[판례 1] [1] 불법행위 성립요건으로서 위법성의 판단 기준은 유해 정도가 사회생활상 통상의 수인한도를 넘는 것인지인데, 수인한도 기준을 결정할 때는 일반적으로 침해되는 권리나 이익의 성질과 침해 정도뿐만 아니라 침해행위가 갖는 공공성의 내용과 정도, 지역환경의 특수성, 공법적인 규제에 의하여 확보하려는 환경기준, 침해를 방지 또는 경감시키거나 손해를 회피할 방안의 유무 및 난이 정도 등 여러 사정을 종합적으로 고려하여 구체적 사건에 따라 개별적으로 결정하여야 한다. [2] 어민 甲 등이 수도권매립지관리공사를 상대로 수질오염으로 인한 손해배상을 구한 사안에서, 감정인의 감정 결과 등에 의하면 甲 등이 조업하는 어장에 발생한 피해는 공사가 배출한 침출처리수에 포함된 오염물질이 해양생물에 작용함으로써 발생하였다는 상당한 개연성이 인정되므로 공사의 오염물질 배출과 어장의 피해 사이에 인과관계가 일응 증명되었고, 인과관계를 부정하기 위한 반증도 인정되지 않으며, 그 손해는 수인한도를 넘는 것이어서 위법성이 인정된다고 한 사례(대법원 2012.1.12. 선고 2009다84608, 84615, 84622, 84639 판결[손해배상(기)]－매립지침출수로 인한 어장피해 사건).

[판례 2] [1] 일조방해행위가 사회통념상 수인한도를 넘었는지 판단하는 기준 및 건물 신축이 건축 당시의 공법적 규제에 형식적으로 적합하더라도 현실적인 일조방해의 정도가 현저하게 커서 사회통념상 수인한도를 넘는 경우, 위법행위로 평가되는지 여부(적극): 일조방해행위가 사회통념상 수인한도를 넘었는지 여부는 피해의 정도, 피해이익의 성질 및 그에 대한 사회적 평가, 가해 건물의 용도, 지역성, 토지이용의 선후관계, 가해 방지 및 피해 회피의 가능성, 공법적 규제의 위반 여부, 교섭 경과 등 모든 사정을 종합적으로 고려하여 판단하여야 하고, 건축 후에 신설된 일조권에 관한 새로운 공법적 규제 역시 이러한 위법성의 평가에 있어서 의미 있는 자료가 될 수 있다. 그리고 건축법 등 관계 법령에 일조방해에 관한 직접적인 단속법규가 있다면 그 법규에 적합한지 여부가 사법상 위법성을 판단함에 있어서 중요한 판단자료가 될 것이지만, 이러한 공법적 규제에 의하여 확보하고자 하는 일조는 원래사법상 보호되는 일조권을 공법적인 면에서도 가능한 한 보장하려는 것으로서 특별한 사정이 없는 한 일조권 보호를 위한 최소한도의 기준으로 봄이 상당하고, 구체적인 경우에 있어서는 어떠한 건물 신축이 건축 당시의 공법적 규제에 형식적으로 적합하다고 하더라도 현실적인 일조방해의 정도가 현저하게 커서 사회통념상 수인한도를 넘은 경우에는 위법행위로 평가될 수 있다. [2] 인접 토지에 건물 등이 건축되어 발생하는 시야차단으로 인한 폐쇄감이나 압박감 등 생활이익의 침해를 이유로 하는 소송에서, 침해가 사회통념상 수인한도를 넘어 위법한지 판단하는 기준: 인접 토지에 건물 등이 건축되어 발생하는 시야 차단으로 인한 폐쇄감이나 압박감 등의 생활이익의 침해를 이유

로 하는 소송에서 침해가 사회통념상 일반적으로 수인할 정도를 넘어서서 위법하다고 할 것인지 여부는, 피해 건물의 거실이나 창문의 안쪽으로 일정 거리 떨어져서 거실 등의 창문을 통하여 외부를 보았을 때 창문의 전체 면적 중 가해 건물 외에 하늘이 보이는 면적비율을 나타내는 이른바 천공률이나 그중 가해 건물이 외부 조망을 차단하는 면적비율을 나타내는 이른바 조망침해율뿐만 아니라, 피해건물과 가해건물 사이의 이격거리와 가해건물의 높이 및 이격거리와 높이 사이의 비율 등으로 나타나는 침해의 정도와 성질, 창과 거실 등의 위치와 크기 및 방향 등 건물 개구부 현황을 포함한 피해 건물의 전반적인 구조, 건축법령상의 이격거리 제한 규정 등 공법상 규제의 위반 여부, 나아가 피해 건물이 입지하고 있는 지역에 있어서 건조물의 전체적 상황 등의 사정을 포함한 넓은 의미의 지역성, 가해건물 건축의 경위 및 공공성, 가해자의 방지조치와 손해회피의 가능성, 가해자 측이 해의를 가졌는지 유무 및 토지 이용의 선후관계 등 모든 사정을 종합적으로 고려하여 판단하여야 한다. [3] 甲 아파트의 일부 세대 소유자들인 乙 등이 인접 토지에 신축된 丙 아파트의 시행사인 丁 주식회사를 상대로 조망침해(개방감 상실)에 따른 손해배상을 구한 사안에서, 丙 아파트와 甲 아파트 각 피해 세대 사이의 이격거리와 丙 아파트의 높이 및 이격거리와 높이의 비율 등 가해 건물과 피해 건물 사이의 배치관계가 그 지역에서 이례적인 것으로 보기 어려운데도, 이른바 조망침해율의 증가만을 이유로 丁 회사의 丙 아파트 신축으로 乙 등에게 수인한도를 초과한 시야차단으로 폐쇄감이나 압박감이 발생하였다고 본 원심판결에는 시야차단으로 인한 폐쇄감이나 압박감의 수인한도에 관한 법리오해 등 위법이 있다고 한 사례(대법원 2014. 2. 27. 선고 2009다40462 판결[손해배상(기)]－인접토지에 신축된 아파트로 인한 조망침해여부가 다투어진 사건).

한편, **도로소음으로 인한 생활방해**의 정도가 '참을 한도'를 넘는지를 판단할 때는 도로가 지니는 공공성 및 특수성, 도시화·산업화에 따른 도로소음의 불가피성 등을 충분히 고려하여야 한다. 또한 이미 운영 중인 또는 운영이 예정된 고속국도 등 공공시설에 근접하여 주거를 시작한 경우의 '참을 한도' 초과 여부는 보다 엄격히 판단하여야 한다.[13]

판례는 도로변 지역의 소음발생의 경우 환경정책기본법의 소음환경기준을 초과하였다고 하여 바로 '참을 한도'를 넘는 위법한 행위가 있다고 단정할 수 없다고 하면서, 공동주택 거주자들의 도로소음으로 인한 참을 한도 초과여부는 건물벽 밖 실외소음도가 아니라 일상생활이 실제이루어지는 거실과 같은 실내에서 모든 창호를 개방한 상태로 측정한 소음도를 기준으로 하여 이것이 환경정책기본법상 소

13) 대법원 2015. 9. 24. 선고 2011다91784 판결.

음환경기준 등을 넘는지에 따라 판단하여야 한다고 한다.

[판례 1] [1] 소음은 민법 제217조에서 정하는 생활방해에 해당하고, 소음이 이웃 토지의 통상의 용도에 적당한 것인 경우, 이웃 거주자는 같은 조 제2항에 따라 이를 인용할 의무가 있다. [2] 도로소음에 따른 생활방해의 정도가 '참을 한도'를 넘는지 판단하는 기준과 고려할 사항: 도로에서 발생하는 소음으로 말미암아 생활에 고통을 받는 경우에 이웃 거주자에게 인용의무가 있는지는 일반적으로 사회통념에 비추어 도로소음이 참아내야 할 정도(이하 '참을 한도'라고 한다)를 넘는지에 따라 결정하여야 한다. 이는 구체적으로 소음으로 인한 피해의 성질과 정도, 피해이익의 공공성, 가해행위의 종류와 태양, 가해행위의 공공성, 가해자의 방지조치 또는 손해 회피의 가능성, 공법상 규제기준의 위반 여부, 지역성, 토지이용의 선후관계 등 모든 사정을 종합적으로 고려하여 판단하여야 한다. 그리고 도로가 현대생활에서 필수불가결한 시설로서 지역 간 교통, 균형개발과 국가의 산업경제활동에 큰 편익을 제공하는 것이고, 도시개발사업도 주변의 정비된 도로망 건설을 필수적인 요소로 하여 이루어지고 있는 점, 자동차 교통이 교통의 많은 부분을 차지하고 있고, 도시화·산업화에 따라 주거의 과밀화가 진행되고 있는 현실에서 일정한 정도의 도로소음의 발생과 증가는 사회발전에 따라 피할 수 없는 변화에 속하는 점 등도 충분히 고려되어야 한다. [3] 도로변 지역의 소음에 관한 환경정책기본법의 소음환경기준을 넘는 도로소음이 있다고 하여 바로 참을 한도를 넘는 위법한 침해행위가 있어 민사책임이 성립한다고 단정할 수 없다. 도로소음으로 인한 생활방해를 원인으로 제기된 사건에서 공동주택에 거주하는 사람들이 참을 한도를 넘는 생활방해를 받고 있는지는 특별한 사정이 없는 한 소음피해지점에서 소음원 방향으로 창문·출입문 또는 건물벽 밖의 0.5~1m 떨어진 지점에서 측정된 실외소음도가 아니라, 일상생활이 주로 이루어지는 장소인 거실에서 도로 등 해당 소음원에 면한 방향의 모든 창호를 개방한 상태로 측정한 소음도가 환경정책기본법상 소음환경기준 등을 넘는지 여부에 따라 판단하는 것이 타당하다(대법원 2016. 11. 25. 선고 2014다57846 판결[방음설비설치]－창원시 도로소음에 따른 생활방해 사건).

[판례 2] [1] 고속국도는 자동차 전용의 고속교통에 공용되는 도로로서 도로소음의 정도가 일반 도로보다 높은 반면, 자동차 교통망의 중요한 축을 이루고 있고, 지역경제뿐 아니라 국민경제 전반의 기반을 공고히 하며 전체 국민 생활의 질을 향상시키는 데 중요한 역할을 담당하고 있는 점 등을 더하여 보면, 이미 운영 중인 또는 운영이 예정된 고속국도에 근접하여 주거를 시작한 경우의 '참을 한도' 초과 여부는 보다 엄격히 판단하여야 한다. [2] 공법상 기준으로서 환경정책기본법의 환경기준은 국민의 건강을 보호하고 쾌적한 환경을 조성하기 위하여 유지되는 것이 바람직한 기준, 즉 환경행정에서 정책목표로 설정된 기준인 점, 위 환경기준은 도로법이나 도로교통법에 규정된 도로의 종류와 등급, 차로의 수, 도로와 주거의 선후관계를 고려하지 아니한 채 오로지 적용 대상지역에

따라 일정한 기준을 정하고 있을 뿐이어서 모든 상황의 도로에 구체적인 규제의 기준으로 적용될 수 있는 것으로 보기 어려운 점, 2층 이상의 건물에 미치는 도로교통소음이 환경정책기본법의 환경기준을 준수하였는지는 소음·진동공정시험기준(환경부고시 제2010-142호)에 규정된 측정방법에 따라 소음피해지점에서 소음원 방향으로 창문·출입문 또는 건물벽 밖의 0.5~1m 떨어진 지점에서 측정된 실외소음에 의해 판정하도록 되어 있으나, 공동주택에 거주하는 사람들에 대하여는 일상생활이 실제 이루어지는 실내에서 측정된 소음도에 따라 '참을 한도' 초과 여부를 판단함이 타당한 점 등을 고려하면, 도로변 지역의 소음에 관한 환경정책기본법의 소음환경기준을 초과하는 도로소음이 있다고 하여 바로 민사상 '참을 한도'를 넘는 위법한 침해행위가 있다고 단정할 수 없다. 이른바 도로소음으로 인한 생활방해를 원인으로 제기된 사건에서 공동주택에 거주하는 사람들이 참을 한도를 넘는 생활방해를 받고 있는지는 특별한 사정이 없는 한 일상생활이 실제 주로 이루어지는 장소인 거실에서 도로 등 소음원에 면한 방향의 모든 창호를 개방한 상태로 측정한 소음도가 환경정책기본법상 소음환경기준 등을 초과하는지에 따라 판단하는 것이 타당하다(대법원 2015. 9. 24. 선고 2011다91784 판결[채무부존재확인]-구미-김천 간 경부고속도로 소음 사건).

한편, 태양직사광과 태양반사광은 모두 빛으로 인하여 발생하는 것이지만, 양자로 인한 생활방해의 판단기준은 다르다. 태양직사광으로 인한 생활방해는 어떠한 책임도 발생시키지 않는 '자연에 의한' 생활방해인 반면, **태양반사광으로 인한 생활방해**는 태양광이 '인위적으로 축조된' 건물 외벽에 의한 반사 효과와 결합하여 발생시키는 것이고, 태양반사광 침해는 반사되는 강한 태양빛이 직접 눈에 들어와 시각장애를 일으키는 점에서 침해행위의 태양이 일조방해의 경우보다 더 적극적인 침습의 형태이다. 따라서 태양반사광으로 인한 생활방해의 **참을 한도를 판단하는 때에는 일조방해의 판단 기준과는 다른 기준을 적용할 필요가 있다**. 이때 태양반사광으로 인한 빛반사 밝기가 빛반사 시각장애를 초래하는 정도를 얼마나 초과하는지 여부 및 그 지속시간은 중요한 고려요소가 된다.[14)]

[판례] [1] 인접 토지에 외벽이 유리로 된 건물 등이 건축되어 과도한 태양반사광이 발생하고 이러한 태양반사광이 인접 주거지에 유입되어 거주자가 이로 인한 시야방해 등 생활에 고통을 받고 있음(이하 '생활방해'라 한다)을 이유로 손해배상을 청구하려면, 건축행위로 인한 생활방해의 정도가 사회통념상 일반적으로 참아내야 할 정도(이하 '참을

14) 대법원 2021. 6. 3. 선고 2016다33202, 33219 판결-네이버사옥 태양반사광 사건

한도'라 한다)를 넘는 것이어야 한다. 건축된 건물 등에서 발생한 태양반사광으로 인한 생활방해의 정도가 사회통념상 참을 한도를 넘는지는 태양반사광이 피해 건물에 유입되는 강도와 각도, 유입되는 시기와 시간, 피해 건물의 창과 거실 등의 위치 등에 따른 피해의 성질과 정도, 피해이익의 내용, 가해 건물 건축의 경위 및 공공성, 피해 건물과 가해 건물 사이의 이격거리, 건축법령상의 제한 규정 등 공법상 규제의 위반 여부, 건물이 위치한 지역의 용도와 이용현황, 피해를 줄일 수 있는 방지조치와 손해 회피의 가능성, 토지 이용의 선후 관계, 교섭 경과 등 모든 사정을 종합적으로 고려하여 판단하여야 한다. [2] 인접 토지에 외벽이 유리로 된 건물 등이 건축되어 과도한 태양반사광이 발생하고 이러한 태양반사광이 인접 주거지에 유입되어 거주자가 이로 인한 시야방해 등 생활에 고통을 받고 있음을 원인으로 태양반사광의 예방 또는 배제를 구하는 방지청구는 금전배상을 구하는 손해배상청구와는 그 내용과 요건을 서로 달리하는 것이어서 같은 사정이라도 청구의 내용에 따라 고려요소의 중요도에 차이가 생길 수 있고, 태양반사광 침해의 방지청구는 그것이 허용될 경우 소송당사자뿐 아니라 제3자의 이해관계에도 중대한 영향을 미칠 수 있어, 방지청구의 당부를 판단하는 법원으로서는 해당 청구가 허용될 경우에 방지청구를 구하는 당사자가 받게 될 이익과 상대방 및 제3자가 받게 될 불이익 등을 비교·교량하여야 한다. [3] 갑 주식회사가 외벽 전체를 통유리로 한 건물을 신축하여 사용하고 있는데, 인근 아파트에 거주하는 을 등이 갑 회사를 상대로 위 건물 외벽유리를 매개물로 하여 생성된 태양반사광이 주거지에 유입되어 이로 인한 생활방해가 참을 한도를 초과하였다고 주장하며 손해배상청구 및 방지청구를 한 사안에서, 태양직사광으로 인한 생활방해는 어떠한 책임도 발생시키지 않는 '자연에 의한' 생활방해인 반면, 태양반사광으로 인한 생활방해는 태양광이 '인위적으로 축조된' 건물 외벽에 의한 반사 효과와 결합하여 발생시키는 것이고, 태양반사광 침해는 반사되는 강한 태양빛이 직접 눈에 들어와 시각장애를 일으키는 점에서 침해행위의 태양이 일조방해의 경우보다 더 적극적인 침습의 형태이므로, 태양반사광으로 인한 생활방해의 참을 한도를 판단하는 때에는 일조방해의 판단 기준과는 다른 기준을 적용할 필요가 있는바, 태양반사광이 아파트 거실이나 안방과 같은 주된 생활공간에 어느 정도의 밝기로 얼마 동안 유입되어 눈부심 등 시각장애가 발생하는지와 태양반사광으로 인하여 아파트의 주거로서의 기능이 훼손되어 참을 한도를 넘는 생활방해에 이르렀는지 등을 직접적으로 심리하였어야 하는데도, 이를 제대로 심리하지 아니한 채 태양반사광으로 인한 생활방해가 참을 한도를 넘지 않았다고 본 원심판단에 법리오해 등의 잘못이 있다고 한 사례(대법원 2021. 6. 3. 선고 2016다33202, 33219 판결—네이버사옥 태양반사광 사건 <인접 건물 외벽의 유리에서 반사되는 강한 태양반사광으로 인한 생활방해에 대하여 인접 주거지의 거주자가 불법행위를 원인으로 손해배상청구 및 방지청구, 건물의 신축으로 인한 조망권, 천공권, 사생활 침해

및 야간조명으로 인한 침해를 원인으로 한 손해배상을 구하는 사건>15)).

공법상 규제기준의 준수여부가 민사소송에서의 수인한도 판단에 어떠한 영향을 미치는가가 문제된다. 개별 환경법상의 규제기준을 준수했느냐 여부는 민사소송에서의 수인한도 판단에 있어서 중요한 요소의 하나임에는 틀림없으나 절대적으로 구속되는 것은 아니다.

① 판례는 오염물질의 농도가 공법상 규제기준을 초과하지 않더라도 통념상 수인한도를 넘는 경우에는 위법한 행위가 될 수 있음을 밝히고 있다.[16] 같은 맥락에서 판례는 고층아파트의 건축으로 인접 주택에 동지를 기준으로 08:00~16:00 사이의 일조시간이 2분~150분에 불과하게 되는 일조 침해가 있는 경우, 그 정도가 수인한도를 넘었다는 이유로 아파트 높이가 건축법 등 건축 관련 법규에 위반되지 않았음에도 불구하고 불법행위의 성립을 인정하였다. 즉, 건물 신축이 건축당시의 공법적 규제에 형식적으로 적합하다고 하더라도 현실적인 일조방해의 정도가 현저하게 커 사회통념상 수인한도를 넘은 경우에는 위법행위로 평가될 수 있다는 것이다.[17]

② 공법상 기준을 초과하는 경우라 하더라도 바로 참을 한도를 넘는 위법한 침해행위가 있어 민사책임이 성립한다고 단정할 수 없다. 그러나 행정법규에서 설정하는 공법상 기준은 인근 주민의 건강이나 재산, 환경을 보호하는 데 주요한 목적이 있기 때문에 이러한 공법상 기준을 넘는지는 참을 한도를 정하는데 중요하게 고려해야 한다. 판례는 철도소음·진동으로 인한 가축 피해에 있어서 환경분쟁조정위원회에서 제정한 '환경피해 평가방법 및 배상액 산정기준'에서 정한 기준을 공법상 규제기준으로 보고, 열차 운행으로 생긴 소음·진동이 이러한 기준을 초과했는지 여부는 참을 한도를 판단하는 데 중요한 고려요소가 될 수 있다고 보았다.[18]

③ 공법상 기준은 최소한도의 기준을 정한 경우가 많은데, 공법상 기준이 최소한도의 기준을 정한 것인 경우에는 공법상의 기준을 넘었으면 특별한 사정이 없는 한 수인한도를 넘어 위법한 것으로 보아야 한다.

---

15) 동 판례에서는 "[1] 민법 제750조, 제751조 [2] 민법 제205조, 제206조, 제214조, 제217조 [3] 민법 제205조, 제206조, 제214조, 제217조, 제750조, 제751조"를 참조조문으로 언급하고 있는데, 민법 제758조의 공작물책임 및 환경정책기본법 제44조 제1항의 무과실책임 규정도 관련 조문에 해당할 수 있다.

16) 대법원은 1991. 7. 23. 선고 89다카1275 판결

17) 대법원 2000. 5. 16. 선고 98다56997 판결[손해배상(기)].

18) 대법원 2017. 2. 15. 선고 2015다23321 판결[손해배상(기)]－한우농장폐업 사건

도로에서 유입되는 소음 때문에 인근 주택의 거주자에게 참을 한도를 넘는 위법한 침해가 발생한 경우 주택의 거주자들은 해당 주택을 건축하여 분양한 분양회사를 상대로 소음으로 인한 생활이익의 침해를 원인으로 하는 불법행위책임을 물을 수는 없다. 해당 분양회사는 도로의 설치·관리자가 아니고 그 주택의 건축으로 인하여 소음이 발생하였다고 볼 수 없기 때문이다.[19]

한편, 일조방해, 조망 침해, 사생활 침해, 소음, 진동, 분진 등과 같은 생활이익의 침해가 있는 경우, 원칙적으로 개별적인 생활이익별로 침해의 정도를 고려하여 수인한도 초과 여부를 판단한 후, 수인한도를 초과하는 생활이익들에 기초하여 손해배상액을 산정하여야 한다.

[판례] 일조방해, 사생활 침해, 조망 침해 등의 생활이익에 대한 침해의 위법 여부의 판단 및 재산상 손해의 산정 방법 : 일조방해, 사생활 침해, 조망 침해, 시야 차단으로 인한 압박감, 소음, 분진, 진동 등과 같은 생활이익에 대한 침해가 사회통념상의 수인한도를 초과하여 위법한지를 판단하고 그에 따른 재산상 손해를 산정함에 있어서는, 생활이익을 구성하는 요소들을 종합적으로 참작하여 수인한도를 판단하여야만 형평을 기할 수 있는 특별한 사정이 없다면, 원칙적으로 개별적인 생활이익별로 침해의 정도를 고려하여 수인한도 초과 여부를 판단한 후 수인한도를 초과하는 생활이익들에 기초하여 손해배상액을 산정하여야 하며, 수인한도를 초과하지 아니하는 생활이익에 대한 침해를 다른 생활이익 침해로 인한 수인한도 초과 여부 판단이나 손해배상액 산정에 있어서 직접적인 근거 사유로 삼을 수는 없다(대법원 2007. 6. 28. 선고 2004다54282 판결 – 리바뷰아파트 사건).

모든 환경침해소송에서 위법성을 인정하는 데 있어 수인한도를 요구하는 것은 아니다. 수인한도론은 기본적으로 가해자와 피해자 사이의 이해관계의 대립이라는 구조 속에서 다양한 요소들의 이익교량 과정을 거쳐야 하므로, 이러한 이익교량이 필요하지 않거나 불가능한 경우에는 수인한도론이 적용되지 않는다고 보아야 한다. 예컨대 공장의 불법조업으로 흘러내린 독극물에 회복할 수 없는 심각한 피해를 입은 경우에는 위법성 판단시 수인한도론은 적용되지 않으며, 해당 침해행

19) 다만 분양회사는 주택의 공급 당시에 주택법상의 주택건설기준 등 그 주택이 거래상 통상 소음 방지를 위하여 갖추어야 할 시설이나 품질을 갖추지 못한 경우에 집합건물의 소유 및 관리에 관한 법률 제9조 또는 민법 제580조의 담보책임을 부담하거나, 수분양자와의 분양계약에서 소음 방지 시설이나 조치에 관하여 특약이 있는 경우에 그에 따른 책임을 부담하거나, 또는 분양회사가 수분양자에게 분양하는 주택의 소음 상황 등에 관한 정보를 은폐하거나 부정확한 정보를 제공하는 등 신의칙상의 부수의무를 게을리한 경우에 그 책임을 부담하게 된다(대법원 2008. 8. 21. 선고 2008다9358, 9365 판결[채무부존재확인] – 부산 사상구 동서고가도로 소음사건).

위에 위법성이 있으면 인과관계에 있는 손해에 대하여 배상하는 것이 타당하다고 본다.[20]

(3) 인과관계

불법행위 성립요건으로서의 인과관계는 궁극적으로는 현실로 발생한 손해를 누가 배상할 것인가의 책임귀속의 관계를 결정짓기 위한 개념이므로 자연과학의 분야에서 말하는 인과관계와는 달리 법관의 자유심증에 터잡아 얻어지는 확신에 의하여 인정되는 법적인 가치판단이다. 환경오염으로 인한 피해의 경우에는 행위 자체의 내부적인 복합성, 피해의 누적성과 광범위성, 행위와 피해 간의 시차성 등의 특수성을 내포하고 있으므로, 법원은 인과관계의 확정에 있어서 통상적인 개별행위에서의 단순한 인과관계와는 다른 특별한 고려를 하여할 필요성이 제기된다.[21]

1) 인과관계입증 완화의 필요성

환경오염피해의 사법적 구제의 실현과정에서 가장 큰 난점은 가해행위와 생명·신체·물건의 손해발생 사이의 인과관계의 입증이다. 일반적으로 불법행위로 인한 손해배상청구에 있어서는 피해자인 원고에게 입증책임이 돌아가므로, 피해자는 가해자의 행위가 오염물질배출과 인과관계가 있다는 사실 및 피해자의 손해가 그 오염물질과 인과관계가 있다는 사실을 입증하여야만 한다. 그러나 대부분의 환경피해가 적법한 기업활동에 수반하여 발생하는 경우가 많고, 인과관계의 입증에 있어서 기업활동에 대한 정보가 필수적으로 요구되는 경우가 많지만 가해자인 기업의 협력을 기대하는 것이 곤란하여 피해자로서는 입증하기가 무척 어렵다. 또한 가해자가 다수인 때에는 이들 중 누구의 침해행위에 의하여 손해가 발생했는지를 판단하기가 복잡하고 어렵기 때문에 인과관계의 입증이 쉽지 않다. 특히 환경소송에서 인과관계를 입증하기 위해서는 고도의 자연과학적 지식이 요구되는데, 피해자는 이러한 전문지식을 갖추지 못한 것이 일반적이고 또한 전문가의 도움을 받을 수 있는 충분한 자력도 없는 것이 보통이다.

만일 이러한 환경침해로 인한 불법행위책임에서 피해자에게 인과관계의 입증을 일반불법행위와 같은 수준으로 요구하게 되면, 피해자는 입증곤란으로 소송자체를 포기하거나 가해자측의 화해압력에 굴복하기 쉽다. 따라서 환경오염피해사건에서 피해자보호를 위하여 인과관계의 입증정도를 완화 내지 경감하여야 한다는 요청이 제기되었고, 이를 위하여 다양한 인과관계 입증완화를 위한 이론과 판례가 발전하

---

20) 김홍균, 앞의 책, 1044; 손윤하, 환경침해와 민사소송, 청림출판, 2005, 69−70면.
21) 이순자, 환경법, 법원사, 2012, 551면.

게 되었다. 개연성이론과 신개연성이론이 대표적인데, 두 이론 모두 인과관계의 입증책임은 기본적으로 일반 불법행위책임에서와 같이 원고(피해자)가 진다고 보면서도 환경소송의 특성에 비추어 원고의 입증책임을 완화 또는 원고(피해자)와 피고(가해자) 사이에 입증책임을 적절하게 분배해주는 이론이다.

2) 개연성설

환경소송에서 인과관계의 증명은 과학적으로 엄밀한 증명을 요하지 않고 침해행위와 손해와의 사이에 인과관계가 존재하는 상당한 정도의 가능성, 즉, 개연성이 있다는 입증을 함으로써 족하고, 가해자는 이에 대한 반증을 한 경우에만 인과관계의 존재를 부인할 수 있다고 하는 이론이 제기되었다. 즉, 피해자인 원고는 인과관계의 존재의 개연성을 입증하면 충분하고, 피고는 반증으로서 인과관계가 존재하지 않음을 증명하는 경우에만 책임을 면한다는 이론이 개연성이론이다. 환경소송에서 인과관계의 입증곤란은 우연한 것이 아니라 현재의 학문수준에서 피할 수 없는 것이기 때문에 개연성이론은 광범위한 지지를 얻게 되었다.

우리나라의 대법원도 1974년 한국전력사건(대법원 1974. 12. 10. 선고 72다1774 판결)에서 개연성이론을 인정한 이래 이 견해를 견지해 오고 있다고 볼 수 있다. 동 사건에서 대법원은 "개연성 이론 그 자체가 확고하게 정립되어 있다고는 할 수 없으나 결론적으로 말하면 공해로 인한 불법행위에 있어서의 인과관계에 관하여 당해 행위가 없었더라면 결과가 발생하지 아니하였으리라는 정도의 개연성이 있으면 족하다는 다시 말하면 침해행위와 손해와의 사이에 인과관계가 존재하는 상당 정도의 가능성이 있다는 입증을 함으로써 족하고 가해자는 이에 대한 반증을 한 경우에만 인과관계를 부정할 수 있다고 하는 것으로 이는 손해배상을 청구하는 원고에 입증 책임이 있다는 종래의 입증책임원칙을 유지하면서 다만 피해자의 입증의 범위를 완화 내지 경감하는 반면 가해자의 입증의 범위를 확대하는 것을 그 골자로 하고 있는 것으로 이해된다. 이런 시점에서 볼 때 위 개연성이론을 수긍 못할 바 아니다"라고 하여 개연성이론을 정면으로 인정하였다.[22] 개연성이론은 손해배

22) 이전의 대법원 판례는 공해소송에서 인과관계의 입증에 있어서 개연성이론을 부정하였었다. 즉, 대법원 1973. 11. 27. 선고 73다919 판결은 "소위 공해사건에 있어서는 일반 불법행위와는 달리 인과관계의 개연성만 인정되며 따라서 입증책임이 전환되는지 여부: 원심은 소위 공해사건에 있어서 인과관계의 인정은 일반불법행위와는 달리 인과관계를 추정할 수 있는 개연성만 있으면 일응 입증이 있는 것으로 소송상 추정되어서 가해자는 피해자의 손해를 배상할 책임이 있게 되고 피고(가해자)가 그 불법행위의 책임을 면하려면 인과관계가 없다는 적극적 증명(반증)을 할 책임이 있다는 전제하에 판결하였으나 소위 공해사건에 있어서의 이와같은 입증에 관한 특별취급에 관한 위 전제는 본원이 인정할 수 없다"라고 판시하였다.

상을 청구하는 원고에 입증책임이 있다는 종래의 입증책임 원칙을 유지하면서 다만 피해자의 입증의 범위를 완화 내지 경감하는 반면 가해자의 반증의 범위를 확대하자는 것을 그 골자로 하고 있는 것이다.

3) 신개연성설

종래의 개연성설이 원고의 입증부담을 완화 내지 축소하여 피해자 보호에 큰 역할을 하였으나, 인과관계의 확정을 자칫 법관의 자유심증에 맡겨버리는데 지나지 않고 너무나 추상적이고 불명확하다는 비판을 받게 된다.[23]

이러한 문제점을 보완하기 위하여 주장된 이론이 신개연성설이다. **신개연성설**은 종래의 개연성이론의 추상성을 극복하여 원·피고가 각각 입증하여야 할 범위를 명확히 한 이론으로, 인과관계의 발전과정을 몇 개의 단계로 나누어 입증주제를 유형화한 다음, 간접사실에 의한 증명을 허용함으로써 원고의 입증부담의 완화를 체계화하고 기준을 설정하고자 하였다.

이러한 신개연성설은 인과관계 과정을 지나치게 유형화·고정화하여 사실인정의 경직화를 초래하고 인과관계를 구성하는 사실 상호간에 상관적 파악이 미흡한 점이 문제점으로 지적된다.[24] 따라서 신개연성설은 피해발생의 원인물질 내지 그 메커니즘, 배출행위, 도달경로 등 **인과관계의 진행과정이 용이하게 유형화**될 수 있는 경우에 주로 적용될 수 있다.

대법원은 1984년 진해화학사건에서 신개연성설을 채택하고 있고, 이것이 통설적 입장이다.[25] **원고**의 입장에서는 ① 피고의 사업장에서 오염물질이 **배출**되고, ② 그 오염물질의 일부가 피해지역에 **도달**되었으며, ③ 그 후 **피해**가 있었다는 사실이 **모순없이 증명되는 이상 인과관계가 증명**된다고 보아야 할 것이고, **피고**로서는 ① 피고의 사업장에서 배출된 오염물질에는 피해발생의 원인물질이 포함되어 있지 않거나 ② 원인물질이 들어 있다 하더라도 그 혼합률이 안전농도 범위 내에 속한다는 사실을 **반증을 들어 인과관계를 부정**하여야 배상책임을 면할 수 있다.[26]

---

23) 구연창, 앞의 책, 584면; 천병태·김명길, 앞의 책, 278면; 전경운, 앞의 책, 153면.

24) 전경운, 앞의 책, 153면. 안경희, "환경피해에 대한 민사법적 구제," 환경법연구 제28권 3호(2006. 11), 43면.

25) 전경운, 위의 책, 154면. 다만, 전경운 교수는 이 판례가 개연성설의 범위를 벗어난 것이 아니라고 보는 입장이다.

26) 신개연성설에 입각하여 인과관계의 증명책임의 분배를 검토하고 있는 판례로는 대법원 1984. 6. 12. 선고 81다558 판결(진해화학사건)을 포함하여, 대법원 1997. 6. 27. 선고 95다2692 판결(공사장 폐수로 인한 농어폐사사건), 대법원 2002. 10. 22. 선고 2000다65666, 65673 판결(서천화력발전소 온배수배출로 인한 김양식장피해사건), 대법원 2004. 11. 26. 선고 2003다2123 판결(공장폐수로 인한 재첩폐사사건), 대법원 2009. 10. 29. 선고 2009다42666 판결(미군기지 기름유출로 인한 녹사평

[판례 1] [1] 환경정책기본법 제44조 제1항은 '환경오염의 피해에 대한 무과실책임'이라는 제목으로 "환경오염 또는 환경훼손으로 피해가 발생한 경우에는 해당 환경오염 또는 환경훼손의 원인자가 그 피해를 배상하여야 한다."라고 정하고 있다. 이는 민법의 불법행위 규정에 대한 특별 규정으로서, 환경오염 또는 환경훼손의 피해자가 원인자에게 손해배상을 청구할 수 있는 근거규정이다. 따라서 환경오염 또는 환경훼손으로 피해가 발생한 때에는 원인자는 환경정책기본법 제44조 제1항에 따라 귀책사유가 없더라도 피해를 배상하여야 한다.

일반적으로 불법행위로 인한 손해배상청구 사건에서 가해자의 가해행위, 피해자의 손해발생, 가해행위와 피해자의 손해발생 사이의 인과관계에 관한 증명책임은 청구자인 피해자가 부담한다. 다만 대기오염이나 수질오염 등에 의한 공해로 손해배상을 청구하는 소송에서 피해자에게 사실적인 인과관계의 존재에 관하여 과학적으로 엄밀한 증명을 요구하는 것은 공해로 인한 사법적 구제를 사실상 거부하는 결과가 될 수 있다. 반면에 기술적·경제적으로 피해자보다 가해자에 의한 원인조사가 훨씬 용이한 경우가 많을 뿐만 아니라 가해자는 손해발생의 원인을 은폐할 염려가 있기 때문에, 가해자가 어떤 유해한 원인물질을 배출하고 그것이 피해물건에 도달하여 손해가 발생하였다면 가해자 측에서 그것이 무해하다는 것을 증명하지 못하는 한 가해행위와 피해자의 손해발생 사이의 인과관계를 인정할 수 있다. 그러나 이 경우에 적어도 가해자가 어떤 유해한 원인물질을 배출한 사실, 유해의 정도가 사회통념상 참을 한도를 넘는다는 사실, 그것이 피해물건에 도달한 사실, 그 후 피해자에게 손해가 발생한 사실에 관한 증명책임은 피해자가 여전히 부담한다. [4] 경마공원에 인접한 화훼농가의 운영자인 피고들이 분재와 화훼가 말라죽자 원고가 운영하는 경마공원에서 사용한 소금 때문이라고 주장하며 원고를 상대로 손해배상을 구한 사안에서, 원고가 결빙을 방지하기 위해 경마공원의 경주로에 뿌린 소금이 지하수로 유입되어 피고들이 사용하는 지하수 염소이온농도의 상승에 영향을 미쳤다고 보아 원고의 손해배상책임을 인정한 사례(대법원 2020. 6. 25. 선고 2019다292026, 292033, 292040 판결[채무부존재확인·손해배상·손해배상]－경마공원 결빙방지용 소금 살포로 인한 화훼농원 환경피해사건)27)

역오염사건) 등이 있다.

27) <사건 개요> 甲 등은 한국마사회가 운영하는 경마공원 주변에서 화훼, 분재 등을 재배하는 농원을 운영하였다. 화훼농원은 이 사건 경마공원의 북측 경주로로부터 200~300m 정도 떨어져 있고, 분재농원은 이 사건 경마공원의 북측 경주로로부터 550m 정도 떨어져 있다. 甲 등은 한국마사회를 상대로 2015년 12월경 "원고가 겨울철마다 경마공원에 결빙을 방지하기 위하여 뿌린 소금으로 지하수가 오염되었고, 오염된 지하수를 사용하여 분재와 화훼 등이 말라 죽었다"는 이유로 중앙환경분쟁조정위원회에 환경분쟁 재정신청을 하였다. 한국마사회는 환경분쟁 재정신청 사건에 응하지 않고 채무부존재확인의 소를 제기하였고, 甲 등은 손해배상을 구하는 이 사건 반소를 제기하였다.

[판례 2] [1] 공해소송에서 인과관계에 관한 증명책임의 분배: 일반적으로 불법행위로 인한 손해배상청구사건에서 가해행위와 손해발생 간의 인과관계의 증명책임은 청구자인 피해자가 부담하나, 대기오염이나 수질오염에 의한 공해로 인한 손해배상을 청구하는 소송에서는 기업이 배출한 원인물질이 대기나 물을 매체로 하여 간접적으로 손해를 끼치는 수가 많고 공해문제에 관하여는 현재 과학수준으로도 해명할 수 없는 분야가 있기 때문에 가해행위와 손해 발생 사이의 인과관계를 구성하는 하나하나의 고리를 자연과학적으로 증명한다는 것이 매우 곤란하거나 불가능한 경우가 많다. 그러므로 이러한 공해소송에서 피해자에게 사실적인 인과관계의 존재에 관하여 과학적으로 엄밀한 증명을 요구한다는 것은 공해로 인한 사법적 구제를 사실상 거부하는 결과가 될 수 있는 반면에, 가해기업은 기술적·경제적으로 피해자보다 훨씬 원인조사가 용이한 경우가 많을 뿐만 아니라 원인을 은폐할 염려가 있기 때문에, 가해기업이 어떠한 유해한 원인물질을 배출하고 그것이 피해물건에 도달하여 손해가 발생하였다면 가해자 측에서 그것이 무해하다는 것을 증명하지 못하는 한 책임을 면할 수 없다고 보는 것이 사회형평의 관념에 적합하다. [3] 김포시 및 강화군 부근 해역에서 조업하던 어민 甲 등 275명이 수도권매립지관리공사를 상대로 수질오염으로 인한 손해배상을 구한 사안에서, 감정인의 감정결과 등에 의하면 (1) 공사가 운영하는 수도권매립지로부터 해양생물에 악영향을 미칠 수 있는 유해한 오염물질이 포함된 침출처리수가 배출되었고, (2) 오염물질 중 일정 비율이 甲 등이 조업하는 어장 중 일부 해역에 도달하였으며, (3) 그 후 어장 수질이 악화되고 해양생태계가 파괴되어 어획량이 감소하는 등의 피해가 발생한 사실이 증명되었다고 보이므로, 甲 등이 조업하는 어장에 발생한 피해는 공사가 배출한 침출처리수에 포함된 오염물질이 해양생물에 작용함으로써 발생하였다는 상당한 개연성이 있다고 할 것이어서 공사의 오염물질 배출과 어장에 발생한 해양생태계 악화 및 어획량 감소의 피해 사이에 인과관계가 일응 증명되었고, 공사가 인과관계를 부정하기 위해서는 반증으로 공사가 배출한 침출처리수에 어장 피해를 발생시킨 원인물질이 들어있지 않거나 원인물질이 들어있더라도 안전농도 범위 내에 속한다는 사실을 증명하거나 간접반증으로 어장에 발생한 피해는 공사가 배출한 침출처리수가 아닌 다른 원인이 전적으로 작용하여 발생한 것을 증명하여야 할 것인데 원심이 인정한 사정만으로는 인과관계를 부정할 수 없고, 나아가 공사가

법원은 한국마사회가 겨울철마다 경주로 모래의 결빙을 방지하기 위하여 뿌린 소금이 땅속으로 스며들어 지하수로 유입되었고, 甲 등이 사용한 지하수의 염소이온농도는 농업용수 수질기준을 초과하거나 이에 근접한 수치로서 경마공원 부근의 지하수는 농원이 위치한 곳을 지나 주변 하천으로 흐르고 있으므로 다량의 소금 유입이 甲 등이 사용하는 지하수 염소이온농도의 상승에 영향을 미쳤다고 보이는 점, 환경관리공단의 조사에 따르면 한국마사회가 경주로에서 사용한 염분에 의한 오염물질이 지하수로 흘러 들어가 인근 지역으로 이동하였을 가능성이 추정되는 점 등에 비추어, 환경정책기본법 제44조 제1항에 따라 한국마사회의 손해배상책임이 인정된다고 판시하였다.

배출한 오염물질로 인하여 甲 등이 입은 손해는 수인한도를 넘는 것이어서 위법성이 인정된다고 보아 이와 달리 판단한 원심판결을 파기한 사례(대법원 2012. 1. 12. 선고 2009다84608 판결[손해배상(기)] – 매립지침출수로 인한 어장피해 사건).

[판례 3] 수질오탁으로 인한 공해소송에 있어서 인과관계의 입증책임: 수질오탁으로 인한 공해소송인 이 사건에서 (1) 피고공장에서 김의 생육에 악영향을 줄 수 있는 폐수가 배출되고 (2) 그 폐수 중 일부가 유류를 통하여 이 사건 김양식장에 도달하였으며 (3) 그 후 김에 피해가 있었다는 사실이 각 모순없이 증명된 이상 피고공장의 폐수배출과 양식 김에 병해가 발생함으로 말미암은 손해간의 인과관계가 일응 증명되었다고 할 것이므로, 피고가 (1) 피고 공장폐수 중에는 김의 생육에 악영향을 끼칠 수 있는 원인물질이 들어 있지 않으며 (2) 원인물질이 들어 있다 하더라도 그 해수혼합율이 안전농도 범위 내에 속한다는 사실을 반증을 들어 인과관계를 부정하지 못하는 한 그 불이익은 피고에게 돌려야 마땅할 것이다(대법원 1984. 6. 12. 선고 81다558 판결[손해배상] – 진해화학 폐수로 인한 김양식상 피해 사건)

[판례 4] 수질오염으로 인한 손해배상을 구하는 이 사건에 있어서는 ㉠ 피고의 주행시험장 설치공사현장에서 농어 양식에 악영향을 줄 수 있는 황토와 폐수를 배출하고, ㉡ 그 황토 등 물질의 일부가 물을 통하여 이 사건 양식어장에 도달되었으며, ㉢ 그 후 양식 농어에 피해가 있었다는 사실이 각 모순 없이 증명되는 이상 피고의 위 황토와 폐수의 배출과 원고가 양식하는 농어가 폐사하여 입은 손해와 사이에 일응 인과관계의 증명이 있다고 보아야 할 것이고, 이러한 사정 아래에서 황토와 폐수를 배출하는 피고로서는 ㉠ 피고의 공사현장에서 배출하는 황토와 폐수 중에는 양식 농어의 생육에 악영향을 끼칠 수 있는 원인물질이 들어 있지 않고, ㉡ 원인 물질이 들어 있다 하더라도 그 혼합률이 안정농도 범위 내에 속한다는 사실에 관하여 반증을 들어 인과관계를 부정하지 못하는 이상 그 불이익은 피고에게 돌려야 마땅할 것이다(대법원 1997. 6. 27. 선고 95다2692 판결[손해배상(기)] – 공사장폐수로 인한 농어폐사 사건).

[판례 5] 수질오염으로 인한 공해소송인 이 사건에서 (1) 피고들 공장이 위치한 여천공단에서 재첩 양식에 악영향을 줄 수 있는 폐수가 배출되고, (2) 그 폐수 중 일부가 물의 흐름에 따라 이 사건 재첩 양식장에 도달하였으며, (3) 그 후 재첩에 피해가 있었다는 사실이 각 모순 없이 증명되면 여천공단 공장들의 폐수배출과 재첩 양식이 폐사함으로 발생한 손해 사이의 인과관계가 일응 증명되었다고 할 것이므로, 피고들이 반증으로 (1) 피고들이 배출하는 폐수 중에는 재첩의 생육에 악영향을 끼칠 수 있는 원인물질이 들어 있지 않으며, (2) 원인물질이 들어 있다 하더라도 안전농도 범위 내에 속한다는 사실을 입증하거나, 간접반증으로 원고(선정당사자, 이하 '원고'라 한다) ○○○과 원고 주식회사 ○○○○ 및 나머지 선정자들의 재첩 양식장의 피해는 피고 공장들이 배출한 폐수가 아

닌 다른 원인이 전적으로 작용하여 발생한 것임을 입증하지 못하는 이상 피고들은 그 책임을 면할 수 없다고 할 것이다(대법원 2004. 11. 26. 선고 2003다2123 판결[손해배상(기)]－공장폐수로 인한 재첩폐사 사건).

4) 생명 · 신체 등 건강상 피해와 역학적 인과관계

환경소송에서 인과관계의 입증 완화를 위하여 역학상의 인과관계를 법적인 인과관계의 인정에 도입하자는 역학적 인과관계설이 주장되고 있다. 특히 질병으로 인한 건강상 피해가 발생한 경우, 그 피해의 원인이나 질병의 발병 매커니즘이 명확하지 않거나 인과관계의 진행과정을 통상적 방법으로 파악하기 어려운 때에는 역학적 인과관계의 효용은 더 커지게 된다.

역학적 인과관계설은 임상의학이나 병리학의 입장에서 그 원인 또는 발병의 메커니즘이 밝혀지지 않는 경우에 집단적으로 발병한 질병 내지 건강피해와 원인물질 사이의 인과관계를 추정하는 것과 같은 방법으로 여러 가지 간접사실을 정리 · 분석하여 그로부터 일정한 법칙에 따라 인과관계를 추정하는 견해이다.[28] 역학(疫學, Epidemiologie)은 인간집단에서 발생하는 모든 생리적 상태와 이상상태의 빈도와 분포를 기술하고 생태학적 개념과 통계지식을 활용하여 질병의 메커니즘을 구명하여 질병발생과 요인간의 원인적 관련성을 단계적으로 확정해 나감으로써 질병발생을 효과적으로 예방하고자 하는 학문이다. 이러한 역학적 연구방법을 인과관계의 존부의 판단에 이용하고자 하는 것이 역학적 인과관계론으로서, 역학적 인과관계가 인정되는 경우에는 가해자가 다른 원인이 존재한다는 반증을 하지 못하는 한 법적 인과관계를 인정할 수 있다고 보는 것이다. 이러한 역학적 인과관계론은 특정한 물질과 손해의 발생간의 인과관계를 입증하는 데 있어 중요한 역할을 하지만, 이 또한 완전한 것은 아니어서 역학적 방법에 따르는 표본의 불충분성, 연구결과의 신뢰성 문제, 과다한 조사경비 등의 문제점을 갖고 있다.

판례는 생명 · 신체 등 건강상 피해가 발생한 경우 특이성 질환과 비특이성 질환으로 구분하여 인과관계를 판단하고 있다. **특이성질환의 경우**에는 특정위험인자와 특이성질환 사이에 역학적으로 상관관계가 인정되면 양자 사이의 인과관계가 있는 것으로 보고 있다. 예컨대, 석면으로 인한 악성중피종과 같은 특이성질환의 경우는 역학적 상관관계만으로 특정위험인자(석면)와 질환(중피종) 사이의 법적인 인과관계를 인정하는 것이 용이하다.[29]

---

28) 안경희, 앞의 논문, 40면.

반면, **비특이성 질환의 경우**에는 특정위험인자와 비특이성질환 사이의 역학적 상관관계만으로 바로 양자 사이의 인과관계가 인정되는 것은 아니라고 한다. 예컨대, 천식이나 폐암의 경우처럼 질환의 원인이나 기전 등이 복잡다기하고, 그 결과 발생이 개개인의 위험인자 노출정도, 건강상태, 생활습관, 가족력 등 다양한 요인과 복합적으로 결합되어 있는 경우에는 역학적 상관관계만으로는 인과관계가 인정되지 않는다. 이러한 경우에는 특정위험인자(예컨대, 자동차 배기가스 또는 흡연 등)에 의하여 그 비특이성질환(천식, 폐암 등)이 유발되었을 개연성이 있다는 점을 추가로 증명할 것을 요구하고 있다. 즉, 피해자는 ① 특정위험인자에 노출된 집단과 비노출 집단을 대조하여 역학조사를 한 결과 노출된 집단에서의 비특이성 질환 발병비율이 비노출 집단에서의 발병비율을 상당히 초과한다는 점을 증명하고, ② 그 집단에 속한 개인이 위험인자에 노출된 시기와 노출 정도, 발병시기, 그 위험인자에 노출되기 전의 건강상태, 생활습관, 질병 상태의 변화, 가족력 등을 추가로 증명하여야 한다.[30]

[판례 1] 역학이란 집단현상으로서의 질병의 발생, 분포, 소멸 등과 이에 미치는 영향을 분석하여 여러 자연적·사회적 요인과의 상관관계를 통계적 방법으로 규명하고 그에 의하여 질병의 발생을 방지·감소시키는 방법을 발견하려는 학문이다. 역학은 집단현상으로서의 질병에 관한 원인을 조사하여 규명하는 것이고 그 집단에 소속된 개인이 걸린 질병의 원인을 판명하는 것이 아니다. 따라서 어느 위험인자와 어느 질병 사이에 역학적으로 상관관계가 있다고 인정된다 하더라도 그로부터 그 집단에 속한 개인이 걸린 질병의 원인이 무엇인지가 판명되는 것은 아니고, 다만 어느 위험인자에 노출된 집단의 질병 발생률이 그 위험인자에 노출되지 않은 다른 일반 집단의 질병 발생률보다 높은 경우 그 높은 비율의 정도에 따라 그 집단에 속한 개인이 걸린 질병이 그 위험인자로 인하여 발생하였을 가능성이 얼마나 되는지를 추론할 수 있을 뿐이다.

---

29) 석면은 광물성 섬유로서 석면광산에서 채굴돼 마찰재, 흡음재, 건축재 등 우리 생활주변에 사용되어 왔다. 석면이 함유된 제품의 제조·가공 및 사용과정에서 석면입자가 노출돼 폐로 흡입될 경우에는 석면폐증, 악성중피종 등의 질환을 일으킨다. 석면은 세계보건기구(WHO)가 정한 1급 발암물질로서 30~40년의 잠복기를 거쳐 악성중피종 등의 질환을 일으킨다. 악성중피종은 폐를 둘러싸는 늑막, 간이나 위를 감싸는 복막, 심장 및 대혈관의 가시부를 덮는 심막 등에 발생하는 악성 종양을 말하는데, 주된 원인은 석면 노출이다. 초기에는 별 다른 증상이 없지만 진단될 당시에는 이미 질병이 악화되어 대부분 사망에 이르게 된다.

30) 대법원 2014. 9. 4. 선고 2011다7437 판결[대기오염배출금지청구등]－서울시대기오염소송사건, 대법원 2014. 4. 10. 선고 2011다22092 판결[손해배상(기)]－담배소송사건, 대법원 2013. 7. 12. 선고 2006다17539 판결[손해배상(기)]－베트남전 참전군인 고엽제 피해 손해배상청구 사건.

한편 특정 병인에 의하여 발생하고 원인과 결과가 명확히 대응하는 '특이성 질환'과 달리, 이른바 '비특이성 질환'은 그 발생 원인 및 기전이 복잡다기하고, 유전·체질 등의 선천적 요인, 음주, 흡연, 연령, 식생활습관, 직업적·환경적 요인 등 후천적 요인이 복합적으로 작용하여 발생하는 질환이다. 이러한 비특이성 질환의 경우에는 특정 위험인자와 그 비특이성 질환 사이에 역학적으로 상관관계가 있음이 인정된다 하더라도, 그 위험인자에 노출된 개인 또는 집단이 그 외의 다른 위험인자에도 노출되었을 가능성이 항시 존재하는 이상, 그 역학적 상관관계는 그 위험인자에 노출되면 그 질병에 걸릴 위험이 있거나 증가한다는 것을 의미하는 데 그칠 뿐, 그로부터 그 질병에 걸린 원인이 그 위험인자라는 결론이 도출되는 것은 아니다.

따라서 비특이성 질환의 경우에는 특정 위험인자와 비특이성 질환 사이에 역학적 상관관계가 인정된다 하더라도, 어느 개인이 그 위험인자에 노출되었다는 사실과 그 비특이성 질환에 걸렸다는 사실을 증명하는 것만으로 양자 사이의 인과관계를 인정할 만한 개연성이 증명되었다고 볼 수 없다. 이러한 경우에는 그 위험인자에 노출된 집단과 노출되지 않은 다른 일반 집단을 대조하여 역학조사를 한 결과 그 위험인자에 노출된 집단에서 그 비특이성 질환에 걸린 비율이 그 위험인자에 노출되지 않은 집단에서 그 비특이성 질환에 걸린 비율을 상당히 초과한다는 점을 증명하고, 그 집단에 속한 개인이 위험인자에 노출된 시기와 노출 정도, 발병시기, 그 위험인자에 노출되기 전의 건강상태, 생활습관, 질병 상태의 변화, 가족력 등을 추가로 증명하는 등으로 그 위험인자에 의하여 그 비특이성 질환이 유발되었을 개연성이 있다는 점을 증명하여야 한다(대법원 2014. 9. 4. 선고 2011다7437 판결[대기오염배출금지청구등] – 서울시대기오염소송[31]).

[판례 2] 30갑년 이상의 흡연력을 가진 갑과 40갑년 이상의 흡연력을 가진 을이 폐암의 일종인 비소세포암과 세기관지 폐포세포암 진단을 받게 되자, 담배를 제조·판매한 국가 등을 상대로 손해배상을 구한 사안에서, 폐암은 흡연으로만 생기는 특이성 질환이 아니라 물리적, 생물학적, 화학적 인자 등 외적 환경인자와 생체 내적 인자의 복합적 작용에 의하여 발병할 수 있는 비특이성 질환인 점, 비소세포암에는 흡연과 관련성이 전혀 없거나 현저하게 낮은 폐암의 유형도 포함되어 있는 점, 세기관지 폐포세포암은 선암의 일종인데 편평세포암이나 소세포암에 비해 흡연과 관련성이 현저하게 낮고 비흡연자 중에도

---

31) 서울에 거주하는 갑이 자동차배출가스 때문에 자신의 천식이 발병 또는 악화되었다고 주장하면서 국가와 서울특별시 및 국내 자동차 제조·판매회사인 을 주식회사 등을 상대로 대기오염물질의 배출 금지와 국가배상법 제2조, 제5조 및 민법 제750조에 따른 손해배상을 청구한 사안에서, 미세먼지나 이산화질소, 이산화황 등의 농도변화와 천식 등 호흡기질환의 발병 또는 악화 사이의 유의미한 상관관계를 인정한 연구 결과들이 다수 존재하고 있는 것은 사실이나 그 역학연구 결과들의 내용에 따르더라도 각 결과에 나타난 상대위험도가 크다고 보기 어려운 점 등을 고려하면 위 역학연구 결과들만으로 대기오염물질과 갑의 천식 사이의 인과관계를 인정하기 어렵다는 등 이유로 위 청구를 배척한 원심판단이 정당하다고 한 사례.

발병률이 높게 나타나 흡연보다는 환경오염물질과 같은 다른 요인에 의한 것일 가능성이 높은 점 등에 비추어 흡연과 비특이성 질환인 비소세포암, 세기관지 폐포세포암의 발병 사이에 역학적 인과관계가 인정될 수 있다고 하더라도 어느 개인이 흡연을 하였다는 사실과 비특이성 질환에 걸렸다는 사실이 증명되었다고 하여 그 자체로 양자 사이의 인과관계를 인정할 만한 개연성이 증명되었다고 단정하기는 어렵다는 등의 이유로 갑, 을의 흡연과 폐암 발병 사이의 인과관계가 인정되지 않는다고 본 원심판단을 수긍한 사례(대법원 2014. 4. 10. 선고 2011다22092 판결[손해배상(기)] – 담배소송 사건)

[판례 3] 갑 등 베트남전 참전군인들이 을 외국법인 등에 의해 제조되어 베트남전에서 살포된 고엽제 때문에 당뇨병 등 각종 질병에 걸렸다며 을 법인 등을 상대로 제조물책임 등에 따른 손해배상을 구한 사안에서, 고엽제 노출과 당뇨병 등 비특이성 질환 사이에 통계학적 연관성이 있다는 사정과 참전군인들 중 일부가 비특이성 질환에 걸렸다는 사정만으로 그들 개개인이 걸린 비특이성 질환이 베트남전 당시 살포된 고엽제에 노출되어 발생하였을 개연성을 인정할 수 없는데도, 일부 참전군인들이 고엽제의 TCDD에 노출되어 당뇨병 등 비특이성 질환이 발생하는 손해를 입었다고 본 원심판결에 역학적 인과관계와 개연성 등에 관한 법리오해 등 위법이 있다고 한 사례(대법원 2013. 7. 12. 선고 2006다17539 판결[손해배상(기)] – 베트남전참전군인 고엽제 피해 손해배상청구 사건)

(4) 손해의 발생

환경침해로 인한 불법행위가 성립하기 위해서는 가해자의 침해행위로 인하여 피해자에게 손해가 발생하여야만 한다. 그리고 그 손해는 현실적으로 발생한 것에 한하여 배상이 된다. 이 때 손해는 재산적 손해이든 비재산적 손해이든 간에 구별하지 않으며, 배상의 방법에 있어서는 금전배상을 원칙으로 한다(민법 제763조 · 제394조). 그리고 손해배상의 범위는 통상의 손해를 한도로 하며, 특별한 사정으로 인한 손해는 가해자가 그 사정을 알았거나 알 수 있었을 때에 한하여 손해배상을 청구할 수 있다.

[판례 1] [1] 불법행위로 인한 손해배상청구권의 성립 시기(=현실적으로 손해가 발생한 때) 및 그 판단 기준 : 불법행위로 인한 손해배상청구권은 현실적으로 손해가 발생한 때에 성립하는 것이고, 현실적으로 손해가 발생하였는지 여부는 사회통념에 비추어 객관적이고 합리적으로 판단하여야 한다. [2] 토지 소유자 갑 주식회사 등이 인접 토지와 그 지상의 유류저장소를 취득한 을 등을 상대로 위 유류저장소에서 유류가 유출되어 토양오염이 되었음을 이유로 오염토양 정화비용 등의 손해배상을 구한 사안에서, <u>을 등이 인접</u>

토지와 유류저장소에 대한 각 소유권을 취득한 이후 추가로 갑 회사 등 소유의 토지에 토양오염을 유발한 사실이 인정되면, 을 등은 토양환경보전법 제10조의3 제1항 에 따른 오염토양 정화의무를 부담하고, 을 등이 이러한 의무를 이행하지 않음에 따라 갑 회사 등은 토지 소유권을 완전하게 행사하기 위하여 자신들의 비용으로 오염토양을 정화할 수 밖에 없으므로, 이러한 상황이라면 사회통념상 오염토양 정화비용 상당의 손해가 갑 회사 등에 현실적으로 발생한 것으로 볼 수 있다. 그런데도 을 등이 인접 토지와 유류저장소에 대한 각 소유권을 취득한 이후 추가로 갑 회사 등 소유의 토지에 토양오염을 유발하였는지에 관하여 살펴보지 아니한 채 오염토양 정화비용 상당의 손해가 갑 회사 등에 현실적으로 발생하지 않았다고 본 원심판단에는 손해발생에 관한 법리오해 등의 잘못이 있다고 한 사례(대법원 2021. 3. 11. 선고 2017다179, 186(병합) 판결 - 지에스칼텍스사건 <오염토양 정화비용을 지출하지 않은 상태에서 오염토양 정화비용 상당의 손해배상청구가 가능한지 여부가 문제된 사건>

[판례 2] (1) 공법인이 국가나 지방자치단체의 행정작용을 대신하여 공익사업을 시행하면서 행정절차를 진행하는 과정에서 주민들의 절차적 권리를 보장하지 않은 위법이 있더라도 곧바로 정신적 손해를 배상할 책임이 인정되는 것은 아니지만, 절차상 위법의 시정으로도 주민들에게 정신적 고통이 남아 있다고 볼 특별한 사정이 있는 경우에는 정신적 손해의 배상을 구하는 것이 가능하다(대법원 2021. 7. 29. 선고 2015다221668 판결 취지 참조). (2) 환경영향법상 주민의견 수렴절차를 미실시한 경우 한국전력공사에게 대상지역 주민에 대한 위자료 배상을 인정한 사례(대법원 2021. 8. 12. 선고 2015다208320 판결). <해설> 국가배상법은 국가와 지방자치단체의 배상책임만 규정하고 있으므로 공법인은 민법에 따라 배상책임을 진다는 것이 판례의 입장이다. 다만, 행정작용에 대한 행정법리의 적용은 인정한다.

(5) 오염토지의 전전취득자에 대한 오염원인자의 손해배상책임

토지 소유자가 토양오염물질을 토양에 누출·유출하거나 투기·방치함으로써 토양오염을 유발하였음에도 오염토양을 정화하지 않은 상태에서 오염토양이 포함된 토지를 거래에 제공함으로써 유통되게 하거나, 토지에 폐기물을 불법으로 매립하였음에도 처리하지 않은 상태에서 토지를 거래에 제공하는 등으로 유통되게 한 경우, 다른 특별한 사정이 없는 한 이는 거래의 상대방 및 토지를 전전 취득한 현재의 토지 소유자에 대한 위법행위로서 불법행위가 성립할 수 있다. 예컨대, 주물제조공장을 운영하던 甲이 오염된 공장부지를 乙에게 매도하였고, 乙은 이를 다시 택지개발사업을 하는 丙에게 매도한 경우, 丙은 甲을 상대로 불법행위책임을 물을 수 있고(물론 위법성, 인과관계, 손해의 발생 등 불법행위책임 성립요건을 충족하는 경우), 토지매매의 계약당사자인 乙을 상대로는 채무불이행책임 또는 하자담보책임을 물을 수 있다. 반면, 丙은 甲을 상대로 불법행위책임을 물을 수 없다는 견해에 따르면, 오염된 토지의 전전 매수인이 정화비용을 실제 지출하거나 지출하게 된 것을 민법 제750조가 규정하는 '손해'로 평가할 수 있는지 여부는 그 토지의 거래 상대방과 사이에서 논의될 수 있을 뿐이고, 그 이전의 매도인이나 오염유발자와 사이에서 논의될 수 있는 성질의 것이 아니라고 본다(아래 '세아베스틸 사건' 반대의견).

이때 현재의 토지 소유자가 지출하였거나 지출해야 하는 '오염토양 정화비용' 또는 '폐기물 처리비용' 상당의 손해에 대하여 불법행위자로서 손해배상책임을 진다고 보아야 한다.32)

[판례] [자기 소유 토지에 토양오염을 유발하고 폐기물을 매립한 자의 불법행위책임에 관한 사건] (1) 토양오염물질을 토양에 누출·유출하거나 투기·방치함으로써 토양오염을 유발한 자는 그 토양오염 상태가 계속됨으로 인하여 발생되는 피해를 배상함과 아울러 오염된 상태의 토지를 전전 매수한 현재의 토지 소유자에 대하여 직접 구 토양환경보전법 제10조의3에 따른 오염토양 정화의무를 부담한다. (2) 구 토양환경보전법에 따른 정화의무의 대상이 되는 오염토양과 구 폐기물관리법(1991. 3. 8. 법률 제4363호로 전부 개정된 후 2007. 1. 19. 법률 제8260호로 개정되기 전의 것, 이하 같다)에 따른 처리의 대상이 되는 폐기물은 서로 구별되며(대법원 2011. 5. 26. 선고 2008도2907 판결 참조), 구 폐기물관리법은 구 토양환경보전법 제10조의3과 같은 피해배상책임이나 정화의무에 관한 규정을 직접 두고 있지 아니하다. 그렇지만 폐기물 역시 대기, 물, 소음·진동, 악취 등과 함께 사람의 일상생활과 관계되는 '생활환경'의 하나로서, 구 환경정책기본법에 따라 폐기물로 인한 환경오염 또는 환경훼손의 원인을 야기한 자는 그 오염·훼손에 대한 방지 및 회복·복원의 책임을 진다. 또한 토지에 폐기물이 매립되면, 그것이 토지의 토사와 물리적으로 분리할 수 없을 정도로 혼합되어 토지의 일부를 구성하게 되지 않는 이상, 토지 소유자의 소유권을 방해하는 상태가 계속되며, 이에 따라 폐기물을 매립한 자는 그 폐기물이 매립된 토지의 소유자에 대하여 민법상 소유물방해제거의무의 하나로서 폐기물 처리의무를 부담할 수도 있다(대법원 2002. 10. 22. 선고 2002다46331 판결 참조). (3) 토지 소유자가 토양오염물질을 토양에 누출·유출하거나 투기·방치함으로써 토양오염을 유발하였음에도 오염토양을 정화하지 않은 상태에서 오염토양이 포함된 토지를 거래에 제공함으로써 유통되게 하거나, 토지에 폐기물을 불법으로 매립하였음에도 처리하지 않은 상태에서 토지를 거래에 제공하는 등으로 유통되게 한 경우, 거래 상대방 및 토지를

32) 대법원 2016. 5. 19. 선고 2009다66549 전원합의체 판결[손해배상(기)] – 세아베스틸 사건

전전 취득한 현재의 토지 소유자에 대한 위법행위로서 불법행위가 성립할 수 있는지 여부(원칙적 적극)/ 이때 현재의 토지 소유자가 지출하였거나 지출해야 하는 오염토양 정화비용 또는 폐기물 처리비용 상당의 손해에 대하여 불법행위자로서 손해배상책임을 지는지 여부(적극): [다수의견] 헌법 제35조 제1항, 구 환경정책기본법(2011. 7. 21. 법률 제10893호로 전부 개정되기 전의 것), 구 토양환경보전법(2011. 4. 5. 법률 제10551호로 개정되기 전의 것, 이하 같다) 및 구 폐기물관리법(2007. 1. 19. 법률 제8260호로 개정되기 전의 것)의 취지와 아울러 토양오염원인자의 피해배상의무 및 오염토양 정화의무, 폐기물 처리의무 등에 관한 관련 규정들과 법리에 비추어 보면, 토지의 소유자라 하더라도 토양오염물질을 토양에 누출·유출하거나 투기·방치함으로써 토양오염을 유발하였음에도 오염토양을 정화하지 않은 상태에서 오염토양이 포함된 토지를 거래에 제공함으로써 유통되게 하거나, 토지에 폐기물을 불법으로 매립하였음에도 처리하지 않은 상태에서 토지를 거래에 제공하는 등으로 유통되게 하였다면, 다른 특별한 사정이 없는 한 이는 거래의 상대방 및 토지를 전전 취득한 현재의 토지 소유자에 대한 위법행위로서 불법행위가 성립할 수 있다. 그리고 토지를 매수한 현재의 토지 소유자가 오염토양 또는 폐기물이 매립되어 있는 지하까지 토지를 개발·사용하게 된 경우 등과 같이 자신의 토지소유권을 완전하게 행사하기 위하여 오염토양 정화비용이나 폐기물 처리비용을 지출하였거나 지출해야만 하는 상황에 이르렀다거나 구 토양환경보전법에 의하여 관할 행정관청으로부터 조치명령 등을 받음에 따라 마찬가지의 상황에 이르렀다면 위법행위로 인하여 오염토양 정화비용 또는 폐기물 처리비용의 지출이라는 손해의 결과가 현실적으로 발생하였으므로, 토양오염을 유발하거나 폐기물을 매립한 종전 토지 소유자는 오염토양 정화비용 또는 폐기물 처리비용 상당의 손해에 대하여 불법행위자로서 손해배상책임을 진다. [대법관 박보영, 대법관 김창석, 대법관 김신, 대법관 조희대의 반대의견] 1) 토양이 오염되고 폐기물이 매립된 토지의 매수인이 그 정화·처리비용을 실제 지출하거나 지출하게 된 것을 민법 제750조가 규정하는 '손해'로 평가할 수 있는지 여부는 그 토지의 거래 상대방과 사이에서 논의될 수 있을 뿐이고, 그 이전의 매도인이나 오염유발자와 사이에서 논의될 수 있는 성질의 것이 아니다. 2) 따라서 자기 소유 토지에 토양오염을 유발하고 폐기물을 매립한 자는, 그 토지의 매매과정에 기망 등 다른 위법행위가 있고 그것이 매도인의 고의 또는 과실로 평가될 수 있는 경우에 그 직접 매수인에 대하여 불법행위책임을 부담할 수 있을 뿐, 전전 매수인에 대하여 불법행위책임을 부담하지 않는다. 3) 그리고 타인 소유 토지에 토양오염을 유발하고 폐기물을 매립한 자도, 그 당시 토지 소유자에 대하여 불법행위책임을 부담할 수 있지만, 토지가 매도된 경우에 그 매수인이나 전전 매수인에 대해서까지 불법행위책임을 부담하지는 않는다. 4) 자신의 토지에 폐기물을 매립하거나 토양을 오염시켜 토지를 유통시킨 경우는 물론 타인의 토지에 그러한 행위를 하여 토지가 유통된 경우라 하더라도, 행위자가 폐기물을 매립한 자 또는 토양오염을 유발시킨 자라는 이유만으로 자신과 직접적인 거래관계가 없는 토지의 전전 매수인에 대한 관계에서 폐기물 처리비용이나 오염정화비용 상당의 손해에 관한 불법행위책임을 부담한다고 볼 수는 없다. (4) 피고 세아베스틸은 이 사건 부지에 토양오염을 유발하고 폐기물이 불법으로 매립한 자로서, 그 상태에서 이 사건 매매 부지를 매도하여 유통시킴으로써 그 사실을 모른 채 이를 전전 매수하여 그 소유권을 취득한 원고로 하여금 복합전자유통센터 신축·분양 사업을 위하여 오염토양 등을 정화 및 처리하는 데에 비용을 지출하였거나 지출해야 하는 손해를 입게 하였으므로, 원고가 입은 이러한 손해에 대하여 불법행위로 인한 손해배상책임을 진다고 한 사례(대법원 2016. 5. 19. 선고 2009다66549 전원합의체 판결[손해배상(기)]－세아베스틸 사건). <해설> 자신의 소유 토지에 폐기물 등을 불법으로 매립하였다고 하더라도 그 후 그 토지를 매수하여 소유권을 취득한 자에 대하여 불법행위가 성립하지 않는다는 취지의 대법원 2002. 1. 11. 선고 99다16460 판결을 이 판결의 견해에 배치되는 범위 내에서 이를 변경한 판결이다.

같은 맥락에서 사업활동 등을 하던 중 고철을 방사능에 오염시킨 자가 오염된 고철을 타인에게 매도하는 등으로 유통시킴으로써 거래 상대방이나 전전 취득한 자에게 피해를 입히는 경우에는 손해배상책임을 진다고 보아야 한다.[33]

[판례] [1] … 환경정책기본법 제44조 제1항은 민법의 불법행위 규정에 대한 특별 규정으로서, 환경오염 또는 환경훼손의 피해자가 그 원인을 발생시킨 자(이하 '원인자'라 한다)에게 손해배상을 청구할 수 있는 근거규정이다. 위에서 본 규정 내용과 체계에 비추어 보면, 환경오염 또는 환경훼손으로 인한 책임이 인정되는 경우는 사업장에서 발생되는 것에 한정되지 않고, 원인자는 사업자인지와 관계없이 그로 인한 피해에 대하여 환경정책기본법 제44조 제1항에 따라 귀책사유를 묻지 않고 배상할 의무가 있다. [2] 방사능에 오염된 고철은 원자력안전법 등의 법령에 따라 처리되어야 하고 유통되어서는 안 된다. 사업활동 등을 하던 중 고철을 방사능에 오염시킨 자는 원인자로서 관련 법령에 따

33) 대법원 2018. 9. 13. 선고 2016다35802 판결[손해배상등]－방사능오염고철 사건. 예컨대, 사업활동을 하던 중 고철을 방사능에 오염시킨 甲이 오염된 고철을 乙에게 매도하고 乙은 이를 丙에게 매도한 경우, ① 丙과 甲의 관계와 ② 丙과 乙의 관계를 나누어 살펴볼 필요가 있다. ① 전전취득자인 丙은 고철을 방사능에 오염시킨 甲을 상대로 불법행위책임을 물을 수 있는데, 이때 '환경오염'으로 인한 것인지 등의 무과실책임 인정요건, 위법성(수인한도), 인과관계(신개연성설), 손해의 범위(폐기물처리비용 상당의 손해) 등이 검토될 필요가 있다. 한편, ② 丙은 오염된 고철의 매매계약 당사자인 乙을 상대로 계약법상의 책임, 즉 하자담보책임 또는 채무불이행책임(제390조에 따른 채무의 내용에 좇은 이행을 하지 아니한 불완전이행을 한 경우)을 물을 수 있고, 양자는 경합적으로 인정된다.

라 고철을 처리함으로써 오염된 환경을 회복·복원할 책임을 진다. 이러한 조치를 취하지 않고 방사능에 오염된 고철을 타인에게 매도하는 등으로 유통시킴으로써 거래 상대방이나 전전 취득한 자가 방사능오염으로 피해를 입게 되면 그 원인자는 방사능오염 사실을 모르고 유통시켰더라도 환경정책기본법 제44조 제1항에 따라 피해자에게 피해를 배상할 의무가 있다. [3] 불법행위로 영업을 중단한 자가 영업 중단에 따른 손해배상을 구하는 경우 영업을 중단하지 않았으면 얻었을 순이익과 이와 별도로 영업 중단과 상관없이 불가피하게 지출해야 하는 비용도 특별한 사정이 없는 한 손해배상의 범위에 포함될 수 있다. 위와 같은 순이익과 비용의 배상을 인정하는 것은 이중배상에 해당하지 않는다. 이러한 법리는 환경정책기본법 제44조 제1항에 따라 그 피해의 배상을 인정하는 경우에도 적용된다. 가해행위와 피해자 측의 요인이 경합하여 손해가 발생하거나 확대된 경우에는 피해자 측의 귀책사유와 무관한 것이라고 할지라도 가해자에게 손해의 전부를 배상시키는 것이 공평의 이념에 반하는 경우에는, 법원은 그 배상액을 정하면서 과실상계의 법리를 유추 적용하여 손해의 발생 또는 확대에 기여한 피해자 측의 요인을 참작할 수 있다. 불법행위로 인한 손해배상청구 사건에서 책임감경사유에 관한 사실인정이나 비율을 정하는 것은 그것이 형평의 원칙에 비추어 현저히 불합리하다고 인정되지 않는 한 사실심의 전권사항에 속한다(사업장에서 방사능에 오염된 고철을 전전취득한 원고가 양도인과 사업자를 상대로 영업손실 등 재산상 손해의 배상을 청구한 사안에서 환경정책기본법 제44조 제1항에 따른 손해배상책임을 인정한 사례. 대법원 2018. 9. 13. 선고 2016다35802 판결[손해배상등] – 방사능오염고철 사건[34]).

---

34) 오염원인자가 아닌 중간유통자는 민법 제580조 제1항의 매도인의 하자담보책임 및 민법 제390조의 채무불이행으로 인한 손해배상책임을 진다. 귀책사유가 없으면 채무불이행책임이 없다. <해설> 원심 법원의 판단 : ① 환경정책기본법 제3조 제4호는 '방사능오염'을 환경정책기본법의 적용대상인 환경오염 중 하나로 명시하고 있다. ② 환경정책기본법 제7조는 피해구제의 대상을 거래상대방에 제한한 바 없다. ③ 환경정책기본법 제44조는 피해배상의 대상을 거래상대방에 제한하지 않는다. ④ 방사능오염 고철을 발생시킨 갑이 그 사실을 모르는 을에게 위 고철을 매도하고, 을이 다시 그 사실을 모르는 병에게 위 고철을 매도하였는데 병이 방사능오염 피해를 입은 경우, 병의 갑에 대한 손해배상청구를 거래상대방이 아니라는 이유로 부정하고, 을에 대한 손해배상청구만 인용한 후, 다시 을이 갑을 상대로 자신이 병에게 배상한 손해를 배상하도록 청구하게 하는 것도 상정해볼 수 있다. 그러나 이는 방사능오염 가해자를 빼놓고 방사능오염 피해자들 간 소송을 강요하는 결과가 되어 합당하지 않아 보이고, 병이 을을 상대로 승소판결을 선고받았으나 을이 무자력이거나 자력이 부족한 경우, 병은 손해를 전보받을 수 없어 결국 을을 대위하여 갑을 상대로 소송을 할 수 밖에 없을 것인데, 이는 병에게 상당한 노력과 비용을 지출하게 할 것이고 소멸시효의 완성으로 배상을 받지 못할 위험까지 안게 된다. 게다가 병, 을 간의 소송에서 과실상계를 인정할 경우, 을은 갑을 상대로 과실상계된 후의 손해액만을 청구하게 될 것인데, 이는 방사능오염 피해자인 을과 병이 가해자인 갑이 부담해야 할 손해를 분담하는 결과가 된다. ⑤ 방사능오염 원인자의 전득자에 대한 손해배상책임을 인정할 경우 손해가 지나치게 확대되는 것은 아닌가에 대하여 의문이 있을 수도 있다. 하지만 이는 손해배상책임의 성부에 관한 것이 아니라 손해배상의 범위에 관한 것으로서

2. 민법 제758조에 의한 손해배상책임

국가 또는 지방자치단체가 관리하는 공작물 중 공물은 국가배상법 제5조(영조물 책임)가 적용되고, 사인이나 공공단체가 관리하는 공작물(공물 포함)은 민법 제758조가 적용된다.

민법 제758조[35] 제1항에서 말하는 공작물의 설치 또는 보존상의 하자라 함은 공작물이 그 용도에 따라 통상 갖추어야 할 안전성을 갖추지 못한 상태에 있음을 말하는 것으로서, 이와 같은 안전성의 구비 여부를 판단함에 있어서는 당해 공작물의 설치 또는 보존자가 그 공작물의 위험성에 비례하여 사회통념상 일반적으로 요구되는 정도의 방호조치의무를 다하였는지의 여부를 기준으로 판단하여야 한다.[36]

또한 공작물의 설치 또는 보존상의 하자로 인한 손해는 공작물의 설치 또는 보존상의 하자만이 손해발생의 원인이 되는 경우만을 말하는 것이 아니고, 다른 제3자의 행위 또는 피해자의 행위와 경합하여 손해가 발생하더라도 공작물의 설치·보존상의 하자가 공동원인의 하나가 되는 이상 그 손해는 공작물의 설치·보존상의 하자에 의하여 발생한 것이라고 보아야 한다.[37]

또한 공작물의 설치 또는 보존의 하자는 당해 공작물을 구성하는 물적 시설 그 자체에 있는 물리적·외형적 흠결이나 불비로 인하여 그 이용자에게 위해를 끼칠 위험성이 있는 **물적 하자**뿐만 아니라, 그 공작물이 이용됨에 있어 그 이용상태 및 정도가 일정한 한도를 초과하여 제3자에게 수인한도를 넘는 피해를 입히는 **기능상 하자**(또는 이용상 하자)까지 포함된다.[38] 예컨대, 고속도로로부터 발생하는 소음으로 인하여 인근주민들이 피해를 입은 경우, 공작물인 고속도로 자체에 물적 하자가 있는 경우뿐만 아니라, 고속도로에 하자가 없더라도 소음관련 환경기준이나

환경정책기본법의 배상책임의 성질 및 통상손해, 특별손해의 법리에 따라 해결하면 될 것이다(서울고등법원 2016. 7. 22. 선고 2015나25435 판결).

35) 제758조(공작물등의 점유자, 소유자의 책임) ① 공작물의 설치 또는 보존의 하자로 인하여 타인에게 손해를 가한 때에는 공작물점유자가 손해를 배상할 책임이 있다. 그러나 점유자가 손해의 방지에 필요한 주의를 해태하지 아니한 때에는 그 소유자가 손해를 배상할 책임이 있다.
② 전항의 규정은 수목의 재식 또는 보존에 하자있는 경우에 준용한다.
③ 전2항의 경우에 점유자 또는 소유자는 그 손해의 원인에 대한 책임있는 자에 대하여 구상권을 행사할 수 있다.

36) 대법원 2010. 2. 11. 선고 2008다61615 판결 등 참조

37) 대법원 2007. 6. 28. 선고 2007다10139 판결 등 참조

38) 대법원 2007. 6. 15. 선고 2004다37904, 37911 판결[채무부존재확인등·손해배상(기)] – 부평 – 신월간 경인고속도로 확장공사사건

배출허용기준을 초과하는 등의 사유로 제3자에게 수인한도를 넘는 피해를 입히는 경우(기능상 하자)에도 민법 제758조 책임을 물을 수 있다.

[판례 1] 민법 제758조에 정한 '공작물의 설치 또는 보존의 하자'의 의미 및 공작물의 이용에 따른 피해가 제3자의 수인한도를 넘는지 여부의 판단 기준: 민법 제758조에 정한 '공작물의 설치 또는 보존의 하자'라 함은 공작물이 그 용도에 따라 갖추어야 할 안전성을 갖추지 못한 상태에 있음을 말하고, 안전성을 갖추지 못한 상태, 즉 타인에게 위해를 끼칠 위험성이 있는 상태라 함은 당해 공작물을 구성하는 물적 시설 그 자체에 있는 물리적·외형적 흠결이나 불비로 인하여 그 이용자에게 위해를 끼칠 위험성이 있는 경우뿐만 아니라, 그 공작물이 이용됨에 있어 그 이용상태 및 정도가 일정한 한도를 초과하여 제3자에게 사회통념상 수인할 것이 기대되는 한도를 넘는 피해를 입히는 경우까지 포함된다고 보아야 하고, 이 경우 제3자의 수인한도의 기준을 결정함에 있어서는 일반적으로 침해되는 권리나 이익의 성질과 침해의 정도뿐만 아니라 침해행위가 갖는 공공성의 내용과 정도, 그 지역환경의 특수성, 공법적인 규제에 의하여 확보하려는 환경기준, 침해를 방지 또는 경감시키거나 손해를 회피할 방안의 유무 및 그 난이 정도 등 여러 사정을 종합적으로 고려하여 구체적 사건에 따라 개별적으로 결정하여야 한다(대법원 2007. 6. 15. 선고 2004다37904, 37911 판결[채무부존재확인등·손해배상(기)]－부평－신월 간 경인고속도로 확장공사 사건).[39)]

39) 이 사건 고속도로의 8차선 확장공사는 1992. 7. 14.경 완료되고, 이 사건 빌라는 1992. 11. 말경 준공된 것이어서 피고 주민들이 입주하기 전에 고속도로의 확장공사가 완료된 것이기는 하나, 원고(한국도로공사)는 이 사건 고속도로의 8차선 확장 공사에 착공한 후 준공이 되기 1년 전 무렵 그 소유였던 이 사건 빌라 부지를 이 사건 빌라의 건축주에게 매도하여 그 지상에 이 사건 빌라가 신축되었고, 위 확장 공사의 준공 전에 이 사건 빌라의 건축공사가 시작되었으므로, 이 사건 부지의 매도인으로서 이 사건 빌라의 주민들에게 소음 피해가 가지 않도록 이 사건 빌라의 높이 및 구조 등을 고려한 방음벽을 설치할 수 있었던 것으로 보이는 점, 피고 주민들의 거주지는 일반주거지역으로 환경정책기본법 제10조, 같은 법 시행령 제2조에 의하면, 도로변 지역에 있는 일반주거지역의 소음 환경기준은 낮에 65㏈, 밤에 55㏈을 초과하지 않도록 규정하고 있는 점, 이 사건 빌라 거주자들에 대한 이 사건 고속도로의 소음 피해가 본격적으로 문제된 것은 1997. 8.경부터인데, 원고는 이 사건 고속도로의 통행차량으로 인한 소음 공해를 방지하기 위하여 확장공사 당시 높이 4.5m의 방음벽을 설치하고, 2001. 8. 5.경에는 통행차량의 과속 방지를 위한 무인속도측정기를 설치하고, 2001. 10.경에는 도로평탄화를 위한 내유동성 포장을 하였으나, 소음·진동공정시험방법(환경부고시 제2003－221호, 2003. 12. 31.) 제5장 제1절 1의 (3)항에서 규정하는 바와 같이 이 사건 빌라 각 세대의 외부 소음도를 측정한 결과, 피고 주민들 주거지의 1일 평균 소음도는 66㏈에서 78㏈까지 나타나고 있는 점, 피고 부천시는 이 사건 빌라 주민들의 민원에 따라 이 사건 지역을 소음·진동규제법 제28조 소정의 교통소음·진동규제지역으로 지정하여 같은 법 제30조, 제31조에 따라 지방경찰청장에게 요청하여 통행 차량에 대한 속도 제한, 우회 등의 조치를 하거나, 방음시설에 관한 조치를 취하고자 하였으나, 원고가 차량운행 등을 규제할 경우 교통소통에 지장이 발생한다는 등의

[판례 2] 철도를 설치하고 보존·관리하는 자는 설치 또는 보존·관리의 하자로 인하여 피해가 발생한 경우 민법 제758조 제1항에 따라 이를 배상할 의무가 있다. 공작물의 설치 또는 보존의 하자는 해당 공작물이 용도에 따라 갖추어야 할 안전성을 갖추지 못한 상태에 있다는 것을 의미한다. 여기에서 안전성을 갖추지 못한 상태, 즉 타인에게 위해를 끼칠 위험성이 있는 상태라 함은 해당 공작물을 구성하는 물적 시설 자체에 물리적·외형적 결함이 있거나 필요한 물적 시설이 갖추어져 있지 않아 이용자에게 위해를 끼칠 위험성이 있는 경우뿐만 아니라, 공작물을 본래의 목적 등으로 이용하는 과정에서 일정한 한도를 초과하여 제3자에게 사회통념상 일반적으로 참아내야 할 정도(이하 '참을 한도'라고 한다)를 넘는 피해를 입히는 경우까지 포함된다. 이 경우 참을 한도를 넘는 피해가 발생하였는지는 구체적으로 피해의 성질과 정도, 피해이익의 공공성, 가해행위의 종류와 태양, 가해행위의 공공성, 가해자의 방지조치 또는 손해 회피의 가능성, 공법상 규제기준의 위반 여부, 토지가 있는 지역의 특성과 용도, 토지이용의 선후 관계 등 모든 사정을 종합적으로 고려하여 판단하여야 한다(대법원 2017. 2. 15. 선고 2015다23321 판결[손해배상(기)] – 한우농장폐업 사건).

[판례 3] [1] 고속도로를 설치하고 보존·관리하는 자는 설치 또는 보존·관리의 하자로 인하여 피해가 발생한 경우 민법 제758조 제1항에 따라 이를 배상할 의무가 있다. [2] 민법 제758조 제1항에서 정한 '공작물의 설치 또는 보존의 하자'의 의미 및 공작물의 이용에 따른 피해가 제3자의 '참을 한도'를 넘는지 판단하는 기준: 공작물의 설치 또는 보존의 하자는 해당 공작물이 그 용도에 따라 갖추어야 할 안전성을 갖추지 못한 상태에 있다는 것을 의미한다. 여기에서 안전성을 갖추지 못한 상태, 즉 타인에게 위해를 끼칠 위험성이 있는 상태라 함은 해당 공작물을 구성하는 물적 시설 자체에 물리적·외형적 결함이 있거나 필요한 물적 시설이 갖추어져 있지 않아 이용자에게 위해를 끼칠 위험성이 있는 경우뿐만 아니라, 그 공작물을 본래의 목적 등으로 이용하는 과정에서 일정한 한도를 초과하여 제3자에게 사회통념상 일반적으로 참아내야 할 정도(이하 '참을 한도'라고 한다)를 넘는 피해를 입히는 경우까지 포함된다. 이 경우 참을 한도를 넘는 피해가 발생하였는지 여부는 구체적으로 피해의 성질과 정도, 피해이익의 공공성, 가해행위의 종류와 태양, 가해행위의 공공성, 가해자의 방지조치 또는 손해 회피의 가능성, 공법상 규제기준의 위반 여부, 토지가 있는 지역의 특성과 용도, 토지이용의 선후 관계 등 모든 사정을

이유로 이를 반대하여 교통소음·진동규제지역으로 지정하지 못한 점, 원고는 기존 방음벽의 옹벽을 이용하여 보강할 수 있는 최대 높이인 7.5m 높이의 방음벽의 설치를 주장하나, 이 사건 빌라의 최고층인 4층의 높이가 12m 정도됨에 따라, 소음 피해가 가장 심한 4층 주택의 소음도를 감소하기 위하여는 13m 높이로 방음벽을 보강할 것이 요청되고, 그 공사비용은 7.5m로 보강할 경우에는 5억 원 정도, 13m로 보강할 경우에는 12억 원 정도가 소요되는 점 등을 종합적으로 고려하여 기능상 하자가 인정된 사례

종합적으로 고려하여 판단하여야 한다(대법원 2019. 11. 28. 선고 2016다233538, 233545 판결[채무부존재확인·손해배상(기)] – 고속도로에서 발생한 매연과 제설제 살포로 인한 과수원의 과수 피해 사건[40])

민법 제758조에 따라 환경피해에 대한 손해배상책임이 인정되기 위해서는 공작물의 설치·보전상의 하자와 손해 사이에 개연성설 내지 신개연성설에 따른 인과관계가 인정되어야 한다.

그리고, 민법 제758조는 민법 제750조의 책임을 배제하는 취지의 규정은 아니다. 민법 제750조의 손해배상청구, 민법 제758조의 손해배상청구 및 환경정책기본법 제44조 제1항의 손해배상청구는 경합적으로 인정된다.[41] 다만, 이중배상은 인정되지 않는다.

[판례] 시공상의 잘못으로 발생한 공작물의 하자로 인하여 타인에게 손해를 가한 경우, 민법 제758조가 공작물 시공자의 피해자에 대한 민법 제750조에 의한 손해배상책임을 배제하는 규정인지 여부(소극): 민법 제758조는 공작물의 설치·보존의 하자로 인하여 타인에게 손해를 가한 경우 그 점유자 또는 소유자에게 일반 불법행위와 달리 이른바 위험책임의 법리에 따라 책임을 가중시킨 규정일 뿐이고, 그 공작물 시공자가 그 시공상의 고의·과실로 인하여 피해자에게 가한 손해를 민법 제750조에 의하여 직접 책임을 부담하게 되는 것을 배제하는 취지의 규정은 아니다(대법원 1996. 11. 22. 선고 96다39219 판결[손해배상(기)]).

3. 공동불법행위

(1) 서 설

오늘날 환경오염으로 인한 피해는 단일 사업장의 오염행위로 인한 것보다는

---

40) 고속도로에 인접한 과수원의 운영자인 甲이 과수원에 식재된 과수나무 중 고속도로에 접한 1열과 2열에 식재된 과수나무의 생장과 결실이 다른 곳에 식재된 과수나무에 비해 현격하게 부진하자 과수원의 과수가 고사하는 등의 피해는 고속도로에서 발생하는 매연과 한국도로공사의 제설제 사용 등으로 인한 것이라고 주장하며 한국도로공사를 상대로 손해배상을 구한 사안에서, 한국도로공사가 설치·관리하는 고속도로에서 발생한 매연과 한국도로공사가 살포한 제설제의 염화물 성분 등이 甲이 운영하는 과수원에 도달함으로써, 과수가 고사하거나 성장과 결실이 부족하고 상품판매율이 떨어지는 피해가 발생하였을 뿐만 아니라, 이는 통상의 참을 한도를 넘는 것이어서 위법성이 인정된다고 보아 한국도로공사의 손해배상책임을 인정한 사례

41) 고속도로 등 공작물에서의 공해로 인한 피해에 대해 민법 제750조의 손해배상 또는 환경정책기본법 제44조 제1항의 손해배상을 청구할 수도 있다.

다수의 사업장이 공동으로 야기하는 복합오염의 경우가 일반적인 사례에 속한다고 할 수 있다. 그런데 복합오염에 의한 환경침해는 다수의 원인자가 공동으로 작용하여 일으키는 것이므로, 이 때에는 가해자와 피해자간의 2자 관계를 넘어서는 복잡한 문제가 제기된다. 피해자는 각 사업장의 손해발생의 원인을 조사하여 각각 영향을 미친 비율에 따라 손해배상액을 산정하고 이를 각 사업장에 청구하면 되지만, 다수의 원인자가 존재하는 복합오염에 있어서 각 사업장의 손해발생에 대한 비율을 조사하여 손해배상액을 청구한다는 것은 피해자로서는 결코 쉬운 일이 아니다. 이 경우 피해자에 대한 구제를 용이하게 하기 위해서 다수의 원인자들에게 공동불법행위책임을 묻게 되는데, 기본적으로 민법상의 공동불법행위책임이 적용되며, 오늘날에는 환경관련법에서도 공동불법행위에 관한 규정을 두고 있다.

(2) 민법상의 공동불법행위

수인이 공동으로 불법행위를 하여 타인에게 손해를 주는 경우를 「공동불법행위」라고 하는데, 민법 제760조는 공동불법행위에 관하여 3가지 유형을 규정하고 있다. 즉, ① '수인이 공동의 불법행위로 타인에게 손해를 주는 경우'인 협의의 공동불법행위, ② '공동 아닌 수인의 행위 중 누구의 행위가 그 손해를 가한 것인지를 알 수 없는 경우'인 가해자 불명의 공동불법행위, ③ 교사·방조의 경우가 그것이다. 교사자나 방조자는 공동행위자로 본다.

1) 협의의 공동불법행위

민법 제760조 제1항은 "수인이 공동의 불법행위로 타인에게 손해를 가한 때에는 연대하여 그 손해를 배상할 책임이 있다"라고 하여 「협의의 공동불법행위」를 규정하고 있다. 협의의 공동불법행위가 성립하기 위해서는 각각 독립하여 불법행위의 요건, 즉 각자의 행위의 독립성과 고의·과실 및 인과관계 등을 갖추어야 할 뿐만 아니라 각 행위자 사이의 행위의 관련공동성이 필요하다.

관련공동성과 관련해서는 각 행위자 사이의 행위의 관련공동성에서 행위자간의 공모 내지 공동의 인식을 필요로 한다는 **주관적 관련공동설**과 행위자들의 공모 내지 의사의 공통이나 공동의 인식은 필요 없으며 그 행위가 객관적으로 관련공동하고 있으면 된다고 하는 **객관적 관련공동설**로 나뉜다. 비록 가해자에게 불측의 손해배상을 지게 하는 불합리함이 없지는 않지만 피해자를 두텁게 보호한다는 취지에서 그 행위가 객관적으로 관련공동하고 있으면 된다고 하는 **객관적 관련공동설이 판례와 다수설**이다.

2) 가해자 불명의 공동불법행위

복수의 원인자에 의한 환경침해의 경우 손해배상책임 인정시 특별한 문제를 일으키는 것은 환경피해의 가해자들의 관여형태가 밝혀지지 않는 경우들이다. 민법은 이에 관하여 제760조 제2항은 "공동 아닌 수인의 행위 중 어느 자의 행위가 그 손해를 가한 것인지를 알 수 없는 때에도 전항과 같다"라고 규정하여 「가해자 불명의 공동불법행위책임」을 인정하고 있다. 즉, 공동 아닌 수인의 행위 중에서 가해자가 누구인지 알 수 없을 때에는 연대하여 그 손해를 배상할 책임이 있음을 규정하고 있다.

동 조항은 공동불법행위에 있어서 가해자가 누구인지 알 수 없는 경우 입증책임의 어려움을 덜어주기 위하여 각각의 행위와 손해 발생 사이의 인과관계를 법률상 추정하는 것으로, 관련자 중 1인이 공동불법행위책임을 면하려면 자기의 행위와 손해 발생 사이에 상당인과관계가 존재하지 아니함을 주장·입증하여야 한다.

[판례] [1] 민법 제760조 제2항의 입법 취지 및 개별 행위와 손해 발생 사이의 인과관계에 관한 증명책임의 소재(=개별 행위자): 민법 제760조 제2항은 여러 사람의 행위가 경합하여 손해가 생긴 경우 중 같은 조 제1항에서 말하는 공동의 불법행위로 보기에 부족할 때, 입증책임을 덜어줌으로써 피해자를 보호하려는 입법정책상의 고려에 따라 각각의 행위와 손해 발생 사이의 인과관계를 법률상 추정한 것이므로, 이러한 경우 개별 행위자가 자기의 행위와 손해 발생 사이에 인과관계가 존재하지 아니함을 증명하면 면책되고, 손해의 일부가 자신의 행위에서 비롯된 것이 아님을 증명하면 배상책임이 그 범위로 감축된다. [2] 차량 등의 3중 충돌사고로 사망한 피해자가 그 중 어느 충돌사고로 사망하였는지 정확히 알 수 없는 경우, 위 충돌사고 관련자 중 1인이 민법 제760조 제2항에 따른 공동불법행위책임을 면하려면 자기의 행위와 위 손해 발생 사이에 상당인과관계가 존재하지 아니함을 적극적으로 주장·입증하여야 한다고 본 사례(대법원 2008. 4. 10. 선고 2007다76306 판결).

3) 교사자 및 방조자

교사자나 방조자는 공동행위자로 본다(민법 제760조 제3항).

4) 연대책임-부진정연대채무

공동불법행위자는 공동불법행위와 상당인과관계에 있는 모든 손해를 배상하여야 하고, 서로 "연대하여" 그 손해를 배상할 책임이 있다. 통설과 판례는 피해자를 두텁게 보호하고자 여기서의 '연대'를 부진정연대채무로 해석한다. 따라서 피해자는 각 피고들을 상대로 환경침해에 대한 비율의 고려 없이 임의의 피고에 대하여 손해의 전액을 청구할 수 있게 된다. 피고들 사이의 책임의 분담관계는 피고들간의 내부관계의 구상문제로서 처리된다.

(3) 환경관련법상의 공동불법행위책임

「환경정책기본법」, 「토양환경보전법」, 「환경오염피해구제법」에서는 공동불법행위책임에 관한 규정을 두고 있는데, 민법 제760조 제1항과 같은 협의의 공동불법행위에 관한 규정은 두고 있지 않고, 동조 제2항처럼 가해자 불명의 공동불법행위책임에 관하여만 규정을 하고 있다. 이들 환경관련 법령상의 공동불법행위책임에 있어서도 각 원인자는 고의·과실이 없어도 연대하여 손해배상책임을 지게 된다.

「환경정책기본법」 제44조 제2항에서는 "환경오염 또는 환경훼손의 원인자가 둘 이상인 경우에 어느 원인자에 의하여 제1항에 따른 피해가 발생한 것인지를 알 수 없을 때에는 각 원인자가 연대하여 배상하여야 한다"라고 규정하고 있다. 또한 「토양환경보전법」 제10조의3 제2항도 "오염원인자가 2인 이상 있는 경우에 어느 오염원인자에 의하여 제1항의 피해가 발생한 것인지를 알 수 없을 때에는 각 오염원인자가 연대하여 배상하여야 한다"라고 하여 같은 취지의 내용을 규정하고 있다. 그리고 「환경오염피해구제법」 제10조도 "환경오염피해를 발생시킨 사업자가 둘 이상인 경우에 어느 사업자에 의하여 그 피해가 발생한 것인지를 알 수 없을 때에는 해당 사업자들이 연대하여 배상하여야 한다"라고 규정하고 있다. 이는 오염행위가 객관적으로 존재하고 그로 인해 피해가 발생하였으면 오염과 관련된 원인자에 대하여 연대책임을 인정하고 있는 것이다. 동 조항들은 원인자 등이 누구인지 알 수 없는 경우 입증책임의 어려움을 덜어주기 위하여 각각의 행위와 손해발생 사이의 인과관계를 법률상 추정하는 것으로 보아야 한다. 따라서 관련자 중 1인이 공동불법행위책임을 면하려면 자기의 행위와 손해 발생 사이에 상당인과관계가 존재하지 아니함을 주장·입증하여야 한다.

여기서의 '연대'의 의미도 민법상의 공동불법행위에서와 같이 피해자의 보호를 위하여 부진정연대채무로 해석된다. 따라서 피해자는 각 원인자의 환경침해에 대한 비율을 고려함이 없이 임의의 원인자에 대하여 피해액 전액을 청구할 수 있다. 각 원인자는 모두 연대하여 피해전부에 대해 손해배상의무를 지게 되며, 책임의 분담관계는 원인자간의 내부관계의 구상문제로서 처리된다.[42] 이와 같은 공동불

42) 부진정연대채무로 해석하여 어느 한 기업이 혼자 모든 책임을 지는 것은 기업자에게는 기업의 파산 등의 위험이 따르거나 특히 피해의 발생에 별로 책임이 없는 중소기업에게 공동불법행위책임을 과하는 것이 형평에 맞지 않는 경우 등 불합리한 결과를 도출할 수도 있다. 이와 같은 경우에 공동불법행

법행위책임은 환경오염에 대하여 무과실책임을 규정하고 있는 「유류오염손해배상보장법」 등에서도 규정하고 있다.

4. 손해배상책임의 감면사유

(1) 불가항력

불가항력이라 함은 천재지변과 같이 인간의 능력으로는 예견할 수 없거나 예견할 수 있어도 회피할 수 없는 외부의 힘에 의하여 손해가 발생한 경우를 말하며 면책사유가 된다. 불가항력이 인정되기 위하여 요구되는 '예견가능성이 없음'과 '회피가능성이 없음'은 외부의 힘으로부터 연유하여야 하며, 내부적 원인에 의한 경우는 불가항력을 인정할 수 없다.

한편, 피해자가 입은 손해가 자연력과 가해자의 과실행위가 경합되어 발생된 경우 손해배상의 범위가 문제된다. 판례는 가해자의 배상범위는 손해의 공평한 부담이라는 견지에서 손해발생에 대하여 자연력이 기여하였다고 인정되는 부분을 공제한 나머지 부분으로 제한하는 것이 상당하다고 본다.

[판례] [1] 자연력과 가해자의 과실행위가 경합되어 손해가 발생한 경우 가해자의 배상범위(=자연력의 기여분을 공제한 나머지) 및 특수한 자연적 조건 아래 발생한 손해라도 불가항력적인 자연력의 기여분을 인정하여 손해배상 범위를 제한할 수 없는 경우: 불법행위에 기한 손해배상 사건에 있어서 피해자가 입은 손해가 자연력과 가해자의 과실행위가 경합되어 발생된 경우 가해자의 배상범위는 손해의 공평한 부담이라는 견지에서 손해발생에 대하여 자연력이 기여하였다고 인정되는 부분을 공제한 나머지 부분으로 제한하여야 함이 상당하고, 다만 피해자가 입은 손해가 통상의 손해와는 달리 특수한 자연적 조건 아래 발생한 것이라 하더라도 가해자가 그와 같은 자연적 조건이나 그에 따른 위험의 정도를 미리 예상할 수 있었고 또 과도한 노력이나 비용을 들이지 아니하고도 적절한 조치를 취하여 자연적 조건에 따른 위험의 발생을 사전에 예방할 수 있었다면, 그러한 사고방지 조치를 소홀히 하여 발생한 사고로 인한 손해배상의 범위를 정함에 있어서 자연력의 기여분을 인정하여 가해자의 배상범위를 제한할 것은 아니다. [2] 원자력발전소의 온배수 배출행위와 해수온도의 상승이라는 자연력이 복합적으로 작용하여 온배수배출구 인근 양식장에서 어류가 집단폐사한 경우, 손해배상 범위 결정시 자연력의 기여도를 고려하는 것이 타당하다고 판단한 사례(대법원 2003. 6. 27. 선고 2001다734 판결－원자력발전소 온배수 사건)

위자의 책임을 감경 내지 제한할 수 있는 제도적 보완이 필요하다(천병태·김명길, 앞의 책, 283면).

(2) 위험에의 접근 이론

위험에의 접근 이론은 항공기 소음피해 소송에서 자주 언급되는 것으로, 피해자가 위험이 형성된 후 위험에 접근한 경우에는 일정한 요건 하에 가해자의 손해배상책임이 감면된다는 이론을 말한다. 현실적으로 가해자, 즉 피고 측의 면책논리로 주장된다. 판례는 가해자의 면책은 아주 예외적으로만 인정하고 있으며, 피해자가 스스로 '위험에의 접근'을 시도하였다는 점을 손해배상액 산정에 있어서 과실상계에 준하여 감액사유로 고려하고 있다(보다 자세한 내용은 제2편 제7장 제2절 Ⅱ. 5. 항공기 소음 관리 참조).

[판례 1] 소음 등을 포함한 공해 등의 위험지역으로 이주하여 거주하는 것이 피해자가 위험의 존재를 인식하고 그로 인한 피해를 용인하면서 접근한 것이라고 볼 수 있는 경우 가해자의 면책이 인정되는지 여부(원칙적 적극) 및 위와 같이 접근한 것이라고 볼 수 없는 경우 이를 손해배상액 감액사유로 고려하여야 하는지 여부(적극): 소음 등을 포함한 공해 등의 위험지역으로 이주하여 들어가서 거주하는 경우와 같이 위험의 존재를 인식하면서 그로 인한 피해를 용인하며 접근한 것으로 볼 수 있는 경우에, 그 피해가 직접 생명이나 신체에 관련된 것이 아니라 정신적 고통이나 생활방해의 정도에 그치고 그 침해행위에 고도의 공공성이 인정되는 때에는, 위험에 접근한 후 실제로 입은 피해 정도가 위험에 접근할 당시에 인식하고 있었던 위험의 정도를 초과하는 것이거나 위험에 접근한 후에 그 위험이 특별히 증대하였다는 등의 특별한 사정이 없는 한 가해자의 면책을 인정하여야 하는 경우도 있다. 특히 소음 등의 공해로 인한 법적 쟁송이 제기되거나 그 피해에 대한 보상이 실시되는 등 피해지역임이 구체적으로 드러나고 또한 이러한 사실이 그 지역에 널리 알려진 이후에 이주하여 오는 경우에는 위와 같은 위험에의 접근에 따른 가해자의 면책 여부를 보다 적극적으로 인정할 여지가 있다. 다만 일반인이 공해 등의 위험지역으로 이주하여 거주하는 경우라고 하더라도 위험에 접근할 당시에 그러한 위험이 존재하는 사실을 정확하게 알 수 없는 경우가 많고, 그 밖에 위험에 접근하게 된 경위와 동기 등의 여러 가지 사정을 종합하여 그와 같은 위험의 존재를 인식하면서도 위험으로 인한 피해를 용인하면서 접근하였다고 볼 수 없는 경우에는 손해배상액의 산정에 있어 형평의 원칙상 과실상계에 준하여 감액사유로 고려하여야 한다(대법원 2010. 11. 25. 선고 2007다74560 판결[손해배상(기)] – 대구공군비행장 사건)

[판례 2] (1) 내부순환로 개통 후 지은 아파트 입주민에게 거주자들이 소음으로 인한 피해를 인식하고 용인하면서 분양받았다고 판단하면서 서울시는 소음피해를 배상할 책임이 없다는 사례 (2) 대규모 개발사업으로 인한 수익은 건설업체에 돌아가기 때문에 소음방지 비용 역시 건설업체가 부담하는 것이 수익자부담원칙에 부합한다고 한 사례(서울중앙지법 2015. 9. 25. 선고 2013가합505176 판결).

Ⅲ. 환경오염피해구제법상 손해배상책임

「환경오염피해 배상책임 및 구제에 관한 법률」(약칭: 환경오염피해구제법)은 시설의 설치 · 운영으로 인하여 발생되는 환경오염으로 인해 다른 사람에게 피해를 준 경우 이에 대한 무과실 손해배상책임 등을 규정하고 있다(동법의 자세한 내용은 제1편 제4장 제5절 참조).

1. 환경오염피해구제법상 손해배상책임의 성립요건

(1) 시설의 설치 · 운영으로 인한 환경오염피해

"시설"이란 이 법에 따른 배상책임과 신고의무 등이 적용되는 제3조의 시설로서 해당 시설의 설치 · 운영과 밀접한 관계가 있는 사업장, 창고, 토지에 정착된 설비, 그 밖에 장소 이동을 수반하는 기계 · 기구, 차량, 기술설비 및 부속설비를 포함한다(제2조 제2호).

(2) 무과실책임

시설의 설치 · 운영과 관련하여 환경오염피해가 발생한 때에는 해당 시설의 사업자는 무과실책임을 진다(제6조 ①). 즉, 가해자의 고의 · 과실을 요하지 않는다.

문제는 위법성(수인한도의 초과)을 요하는지 여부인데, 환경오염피해구제법상 손해배상책임을 순수한 무과실책임인 위험책임으로 보면서 위법성도 요하지 않는다는 견해도 있고, 환경오염피해구제법상 손해배상책임은 기본적으로 불법행위로 인한 손해배상책임인데 위법성을 배제하는 명문의 규정이 없으므로 위법성이 요구된다는 견해가 있다.

동법상의 무과실책임과 「환경정책기본법」 제44조(환경오염의 피해에 대한 무과실책임)와의 관계가 문제된다. 동법은 기본적으로 '시설'의 설치 · 운영으로 인한 피해가 발생한 경우 적용되는 것으로, 환경피해의 권리구제 확대라는 측면에서 동법상의 시설책임을 물을 수 없는 경우에는 「환경정책기본법」에 따라 환경오염피해에 대한 배상을 청구할 수 있다고 보아야 한다.

(3) 환경오염과 피해 사이의 인과관계의 존재

시설이 환경오염피해 발생의 원인을 제공한 것으로 볼 만한 상당한 개연성이 있는 때에는 그 시설로 인하여 환경오염피해가 발생한 것으로 추정한다(제9조 ①). 제1항에 따른 상당한 개연성이 있는지의 여부는 시설의 가동과정, 사용된 설비, 투입되거나 배출된 물질의 종류와 농도, 기상조건, 피해발생의 시간과 장소, 피해의 양상과 그 밖에 피해발생에 영향을 준 사정 등을 고려하여 판단한다(동조 ②).

환경오염피해가 다른 원인으로 인하여 발생하였거나, 사업자가 대통령령으로 정하는 환경오염피해 발생의 원인과 관련된 환경·안전 관계 법령 및 인허가조건을 모두 준수하고 환경오염피해를 예방하기 위하여 노력하는 등 제4조 제3항에 따른 사업자의 책무를 다하였다는 사실을 증명하는 경우에는 제1항에 따른 추정은 배제된다(동조 ③).

(4) 다른 사람에 대한 피해의 발생

다른 사람에 대해 피해가 발생하여야 한다. 피해는 생명·신체(정신적 피해를 포함한다)에 대한 피해 및 재산에 발생된 피해(동일한 원인에 의한 일련의 피해를 포함한다)를 포함한다(제2조 제1호 본문). 다만 해당 사업자가 받은 피해와 해당 사업자의 종업원이 업무상 받은 피해는 제외한다(제2조 제1호 단서).

2. 배상책임자

배상책임자는 '해당 시설의 사업자'이다. "사업자"란 해당 시설에 대한 사실적 지배관계에 있는 시설의 소유자, 설치자 또는 운영자를 말한다(제2조 제3호). 사실적 지배관계란 사회통념상 해당시설을 자신의 지배하에 두고 있다고 인정되는 객관적 관계를 말한다. 해당시설에 대한 직접점유를 포함하여 간접점유의 경우에도 사실적 지배관계가 인정될 수 있다. 따라서 반드시 해당시설을 물리적으로, 현실적으로 지배하여야 하는 것은 아니다.

시설의 소유자, 설치자 및 운영자는 부진정연대책임을 진다. 이와 같이 시설의 소유자, 설치자 및 운영자가 연대책임을 지도록 한 것은 시설의 소유자, 설치자 및 운영자 중 누가 진정한 배상책임자인지를 피해자는 알기 어려운 점을 고려하여 피해자의 구제의 실효성을 보장하기 위한 것이다.

환경오염피해가 그 시설 운영 중단 전의 상황으로 인하여 발생한 경우에는 그 시설을 운영하였던 사업자가 제6조 제1항에 따라 배상하여야 한다(제6조 ②).

환경오염피해를 발생시킨 사업자가 둘 이상인 경우에 어느 사업자에 의하여 그 피해가 발생한 것인지를 알 수 없을 때에는 해당 사업자들이 연대하여 배상하여야 한다(제10조).

피해자는 피해배상의 청구에 있어서 환경책임 보험금에 대하여 다른 채권자에 우선하여 변제받을 권리가 있다(제21조 ①). 이 법에 따른 보험금의 지급청구권은 양도 또는 압류하거나 담보로 제공할 수 없다(동조 ②).

3. 배상책임의 면제

피해가 전쟁·내란·폭동 또는 천재지변, 그 밖의 불가항력으로 인한 경우에는 해당 시설의 사업자는 배상책임을 지지 아니한다(제6조 ① 단서).

4. 책임의 제한(배상책임한도)

사업자의 환경오염피해에 대한 배상책임한도는 2천억원의 범위에서 시설의 규모 및 발생될 피해의 결과 등을 감안하여 대통령령으로 정한다(제7조 본문). 시행령에서 정하고 있는 배상책임한도 및 환경책임보험 보장금액는 다음과 같다.

[표 4-1] 배상책임한도 및 환경책임보험 보장금액[43]

구 분	가군	나군		다군	
		大·中 기업	小기업	大·中 기업	小기업
배상책임한도	2천억원	1천억원		5백억원	
보장금액	3백억원	1백억원	80억원	50억원	30억원

비고: 1. 배상책임한도는 사업장 단위로 적용, 2개의 사업장에 2개 이상 시설이 있는 경우 그 중 최고금액 적용
2. 가군의 시설 중 「중소기업기본법」 제2조에 따른 중소기업은 나군으로 분류
3. 나군의 시설 중 「중소기업기본법」 제2조에 따른 소기업은 다군으로 분류

다만, 다음 각 호의 어느 하나에 해당하는 경우에는 그러하지 아니하다(제7조 단서).

1. 환경오염피해가 사업자의 고의 또는 중대한 과실로 발생한 경우
2. 환경오염피해의 원인을 제공한 시설에 대하여 사업자가 시설의 설치·운영과 관련하여 안전관리기준을 준수하지 아니하거나 배출허용기준을 초과하여 배출하는 등 관계 법령을 준수하지 아니한 경우
3. 환경오염피해의 원인을 제공한 사업자가 피해의 확산방지 등 환경오염피해의 방제(防除)를 위한 적정한 조치를 하지 아니한 경우

5. 배상방법 등

환경오염피해는 금전으로 배상한다. 다만, 배상 금액에 비하여 과도한 비용을

43) 환경부 자료.

들이지 아니하고 원상으로 회복할 수 있는 경우에는 피해자는 원상회복을 청구할 수 있다(제13조).

시설로 인하여 발생된 환경오염피해가 동시에 「자연환경보전법」 제2조 제1호에 따른 자연환경이나 같은 법 제2조 제10호에 따른 자연경관의 침해를 발생시킨 경우 피해자는 해당 사업자에게 원상회복을 요청하거나 직접 원상회복을 할 수 있다. 피해자가 직접 원상회복을 한 때에는 그에 상당한 범위에서 해당 사업자에게 그 비용을 청구할 수 있다(제14조).

6. 구상 및 최종책임의 결정

다른 사업자의 시설 설치·운영에 따른 환경오염피해를 제6조에 따라 배상한 사업자는 해당 시설의 사업자에게 구상할 수 있다(제11조 ①).

환경오염피해가 시설의 설치·운영 등에 사용된 자재·역무의 제공에 의하여 생긴 때에는 사업자는 해당 자재·역무의 제공을 한 자의 고의 또는 중대한 과실이 있을 때에만 구상할 수 있다(동조 ②).

환경부령으로 정하는 사업자는 시설의 설치·운영에 관한 업무를 도급(하도급을 포함한다. 이하 이 조에서 같다)하는 경우 도급의 사유 및 도급계획, 이 법에 따른 배상책임의 배분 등에 관한 내용을 도급계약서에 명시하고 이를 시설의 인·허가 기관에 신고하여야 한다(제12조 ①).

7. 다른 법률 및 청구권과의 관계

시설의 설치·운영과 관련한 환경오염피해의 배상에 관하여 이 법에 규정된 것을 제외하고는 「민법」의 규정을 따른다(제5조 ①). 따라서 손해의 개념, 과실상계 등은 「민법」의 규정을 따른다.

환경오염피해구제법에 따른 청구권은 「민법」 등 다른 법률에 따른 청구권에 영향을 미치지 아니한다(제5조 ②). 따라서 환경오염피해구제법에 따른 손해배상청구권과 민법 등에 따른 손해배상청구권은 청구권 경합의 관계에 있다. 피해자는 환경오염피해구제법에 따른 손해배상청구와 민법 등에 따른 손해배상청구를 선택적으로 할 수 있다.

Ⅳ. 유지청구권(방해제거-예방청구권)

1. 개 설

유지청구(留止請求) 내지 중지청구(中止請求)는 환경상의 가해행위가 계속됨으로 인하여 손해가 발생하고 있거나 발생할 우려가 있는 경우에 손해를 제거하거나 예방하기 위하여 가해행위의 소극적 또는 적극적인 중지를 구하는 것을 말하는데, 보통 조업의 제한·정지나 일정한 예방·개선조치를 청구하는 것이다. 유지청구는 적극적으로 환경침해행위의 중단 또는 예방을 청구하는 사전적인 구제조치라는 측면에서 오늘날 그 활용이 점차 증가하고 있다.

유지청구는 환경오염으로 인한 피해의 구제라는 측면에서 손해배상청구와 비교해 볼 때 좀 더 적극적인 대응방법이라고 할 수 있다. 현행 민법상 불법행위로 인한 손해배상책임은 금전배상이 원칙이다. 그러나 장래 회복할 수 없는 피해가 발생할 우려가 높거나 환경침해가 계속 발생하고 있는 경우에는 금전배상만으로는 충분한 만족을 얻을 수 없게 된다. 이 경우 현재 계속되고 있는 침해나 장차 발생할 우려가 있는 침해를 예방하기 위하여 피해자에게 방지시설의 설치, 시설의 개선 등을 청구할 수 있게 하거나 조업활동의 일부 또는 전부의 중지를 요구할 수 있는 권리를 인정할 필요가 있게 된다.

유지청구와 손해배상청구는 그 내용과 요건이 다르다. 유지청구의 경우에는 손해의 발생은 그 요건이 아니다. 고의 또는 과실은 손해배상청구의 요건이지만, 유지청구의 요건은 아니다. 손해배상과 방해배제의 고려요소 및 고려요소의 중요도에 차이가 생길 수 있고, 유지청구의 당부를 판단하는 법원으로서는 청구가 허용될 경우에 유지청구를 구하는 당사자가 받게 될 이익과 상대방 및 제3자가 받게 될 불이익 등을 비교·교량하여야 한다.[44]

유지청구는 본안소송으로 제기될 수도 있고, 가처분소송으로 제기될 수도 있다.

2. 법적 근거

(1) 학 설

환경침해에 대한 유지청구권 인정의 법적 근거에 대하여 학설은 크게 다음과 같은 견해들이 주장되고 있다. 즉 ① 환경침해를 토지·건물의 소유권 내지 점유

---

44) 대법원 2015. 9. 24. 선고 2011다91784 판결–구미–김천 간 경부고속도로 소음사건(이 사건에서는 '방지청구'라는 용어를 사용하고 있다).

권 등 물권에 대한 침해로 보고 소유권 내지 점유권에 근거하여 유지청구를 할 수 있다는 **물권적 청구권설**, ② 민법 제217조의 생활방해의 금지 및 인용의무에 관한 규정을 근거로 유지청구를 인정하는 **상린관계설**, ③ 환경침해를 인격권에 대한 침해로 보고 일정한 수인한도를 초과하는 침해가 있는 경우에 유지청구를 인정하는 **인격권설**, ④ 헌법상 환경권에 구체적 효력을 인정하여 환경권의 침해가 있으면 유지청구를 할 수 있다는 **환경권설**, ⑤ 수인한도를 넘는 환경침해가 있으면 민법 제750조를 근거로 손해배상뿐만 아니라 유지청구도 할 수 있다는 **불법행위설** 등이 있다.[45]

유지청구의 법적근거에 대하여는 물권적 청구권설이 통설과 판례[46]의 입장이라고 할 수 있다. 물권적 청구권설은 소유권·점유권과 같은 물권에 기하여 방해제거청구나 방해예방청구를 할 수 있다는 것으로, 피침해이익을 물권으로 보는 사실에서 전통적인 법체계와 조화 및 법적 안정성이 높다는 데 장점이 있다.[47] 소음 등 생활방해에 대해서는 제214조(소유물방해제거, 방해예방청구권)에 기한 방해의 제거, 방해의 예방이나 손해배상의 담보를 청구하거나 제217조(매연 등에 의한 인지에 대한 방해금지)에 기하여 적당한 조치를 청구할 수 있다.[48]

한편, 환경권설은 정신적 손해 또는 건강하고 쾌적한 생활에 대한 중대한 침해 등과 같은 물권 이외의 침해도 고려대상으로 하고 있고, 청구권자의 범위를 확대하여 피해자의 보호에도 충실할 뿐만 아니라, 손해배상청구의 법적 근거와 유지청구의 법적 근거를 통일적으로 파악할 수 있는 가능성을 제공한다는 장점이 있다.[49] 오늘날과 같이 빈번하고 다양한 형태로 발생하고 있는 환경침해사건에서 피해자의 권리구제의 폭을 확대한다는 측면에서 환경권설을 적극적으로 해석해 나가는 자세가 필요가 있다고 본다.

(2) 판 례

판례는 환경침해를 이유로 하는 유지청구에 있어서 환경권설은 그 근거가 될 수 없음을 밝히면서 물권적 청구권설을 유지청구의 법적 근거로 받아들이고 있다.

대법원은 대학교의 교육환경저해 등을 이유로 그 인접 대지 위의 24층 아파트

---

45) 김홍균, 앞의 책, 1064-1068면; 안경희, 앞의 논문, 11-14면; 전경운, 앞의 책, 46-59면.
46) 대법원 1995. 9. 15. 선고 95다23378 판결; 대법원 2007. 6. 15. 선고 2004다37904, 37911 판결.
47) 전경운, 앞의 책, 47면.
48) 김재형, 법률신문, 2016. 3. 10, 13면.
49) 김홍균, 앞의 책, 1068면.

건축공사의 금지를 청구한 사건(부산대사건)[50]에서 "환경권에 관한 헌법 제35조의 규정이 개개의 국민에게 직접으로 구체적인 사법상의 권리를 부여한 것이라고 보기는 어렵고, 사법상의 권리로서의 환경권이 인정되려면 그에 관한 명문의 법률규정이 있거나 관계법령의 규정 취지 및 조리에 비추어 권리의 주체·대상·내용·행사방법 등이 구체적으로 정립될 수 있어야 한다"라고 하여 환경권의 구체적 권리성을 부정하였고, "인접 대지 위에 건축중인 아파트가 24층까지 완공되는 경우, 대학교 구내의 첨단과학관에서의 교육 및 연구활동에 커다란 지장이 초래되고 첨단과학관 옥상에 설치된 자동기상관측장비 등의 본래의 기능 및 활용성이 극도로 저하되며 대학교로서의 경관·조망이 훼손되고 조용하고 쾌적한 교육환경이 저해되며 소음의 증가 등으로 교육 및 연구활동이 방해받게 된다면, 그 부지 및 건물을 교육 및 연구 시설로서 활용하는 것을 방해받게 된 대학교측으로서는 그 방해가 사회통념상 일반적으로 수인할 정도를 넘어선다고 인정되는 한 그것이 민법 제217조 제1항 소정의 매연·열기체·액체·음향·진동 기타 이에 유사한 것에 해당되는지 여부를 떠나 그 소유권에 기하여 방해의 제거나 예방을 청구할 수 있고"라고 하여 물권적 청구권설을 정면으로 받아들이고 있다.

그리고 대한불교 조계종 봉은사가 사찰 옆에 19층 빌딩을 신축하려는 피고를 상대로 낸 공사금지가처분신청 사건[51]에서 대법원은 또한 환경권의 구체적 권리성을 부인하고 물권적 청구권설을 받아들여 "인접 대지에 어떤 건물을 신축함으로써 그와 같은 생활이익이 침해되고 그 침해가 사회 통념상 일반적으로 수인할 정도를 넘어선다고 인정되는 경우에는 위 토지 등의 소유자는 그 소유권에 기하여 그 방해의 제거나 예방을 위하여 필요한 청구를 할 수 있다"라고 하고 있다.

한편, 하급심 판결 중에는 일정한 한도를 초과하는 침해에 대하여는 방해배제청구권이 인정되는 토지소유권 기타 물권을 가지고 있지 않은 자라고 하더라도 막바로 인격권의 침해를 이유로 인격권에 터잡아 방해배제 또는 방해예방청구권을 행사할 수 있다고 하여 인격권을 유지청구의 근거로 원용한바 있다.[52]

최근에는 소유권과 함께 환경권을 공사중지 및 금지의 법적 근거로 들고 있는 판례가 나타나고 있다.[53]

---

50) 대법원 1995. 9. 15. 선고 95다23378 판결 – 부산대사건.
51) 대법원 1997. 7. 22. 선고 96다56153 판결 – 봉은사사건.
52) 부산고법 1995. 5. 18. 선고 95카합5 판결[공사중지가처분이의] – 부산대사건 원심판결.
53) 대법원 2008. 9. 25. 선고 2006다49284 판결[손해배상] – 음성태극광산사건: 광산에서 금광의 탐광 및 채광을 위한 굴진공사를 계속 진행할 경우 인근 주민들에게 수인한도를 넘는 환경침해가 발생

3. 요 건

환경침해사건에 있어서 유지청구를 인정할 것인가의 여부는 개별적 구체적인 사안에 따른 법원의 사법적 판단에 의할 것이지만, 물권적 청구권설을 취하고 있는 판례의 입장을 고려해 볼 때, 그 요건은 다음과 같다. ① 가해행위로 인하여 토지·건물의 소유권 등 물권에 대한 침해(방해)가 있어야 한다.[54] ② 사후 금전보상만으로는 피해의 회복이 어려운 성질의 것일 것, ③ 피해가 계속적이며 중대하고 명백할 것, ④ 피해가 수인한도를 초과할 것, ⑤ 해당 방지청구의 인용시 이익 및 불이익을 받는 관련 당사자들이 존재하는 경우 이들 당사자 및 제3자 등의 이익 및 불이익 등을 비교·교량할 것 등의 요건을 충족하여야 할 것이다.

판례는 '방해'와 '손해'를 구별하고 있다. 방해는 현재에도 계속되고 있는 침해를 의미하고 따라서 방해배제청구가 인용되기 위해서는 소유권에 대한 침해의 계속성이 요구된다. 반면, 과거의 환경침해행위로 인한 결과로서의 손해에 불과한 때에는 방해배제청구는 인용될 수 없다고 한다. 예컨대, 토지 지하에 쓰레기를 매립하였는데 오랜 시간이 지나 쓰레기와 주변 토양이 분리되기 어려울 정도로 혼재되어 있는 경우, 이러한 상태는 과거의 환경침해행위로 인한 결과로서의 손해에 불과할 뿐, 현재에도 계속되는 침해는 아니라고 보고 있다.[55]

생각건대, 기술적·경제적으로 방해의 제거가 불가능한 경우, 법적으로도 불가능을 요구하는 것은 적절하지 않으므로, 방해배제청구는 인정될 수 없다고 보아야 한다. 이때에는 손해배상청구의 가능성을 검토해야 할 것이다.

[판례 1] [1] 소유권에 기한 방해배제청구권에 있어서 '방해'의 의미 및 그 내용 : 소유권에 기한 방해배제청구권에 있어서 '방해'라 함은 현재에도 지속되고 있는 침해를 의미하고, 법익 침해가 과거에 일어나서 이미 종결된 경우에 해당하는 '손해'의 개념과는 다르

할 개연성이 있고, 그 침해이익이 생명, 건강 기타 금전으로 배상하기 어려운 생활상 이익에 관한 것이므로, 위 주민들은 토지 소유권 및 환경권에 기초하여 굴진공사의 중지와 금지를 청구할 권리가 있다고 한 사례(밑줄 저자).

54) 환경침해와 관련해서는 소유권에 대한 사실적 침해(방해)가 문제되는데 여기에는 적극적으로 오염물질을 배출하여 환경을 침해하는 형태와 일조방해·조망방해 등과 같이 자연적인 이익을 소극적으로 방해하여 이를 침해하는 형태가 있다. 이들 모두 소유권의 침해(방해)에 해당된다고 볼 것이다(안경희, 앞의 논문, 21면).

55) 대법원 2003. 3. 28. 선고 2003다5917 판결[원상복구비용] – 광명시 쓰레기매립지 방해배제(쓰레기수거 및 원상복구)청구 사건; 대법원 2019. 7. 10. 선고 2016다205540 판결[매립물제거등] – 김포시 쓰레기매립지 방해배제청구사건 등.

다 할 것이어서, 소유권에 기한 방해배제청구권은 방해결과의 제거를 내용으로 하는 것이 되어서는 아니 되며(이는 손해배상의 영역에 해당한다 할 것이다) 현재 계속되고 있는 방해의 원인을 제거하는 것을 내용으로 한다. [2] 쓰레기 매립으로 조성한 토지에 소유권자가 매립에 동의하지 않은 쓰레기가 매립되어 있다 하더라도 이는 과거의 위법한 매립공사로 인하여 생긴 결과로서 소유권자가 입은 손해에 해당한다 할 것일 뿐, 그 쓰레기가 현재 소유권에 대하여 별도의 침해를 지속하고 있다고 볼 수 없다는 이유로 소유권에 기한 방해배제청구권을 행사할 수 없다고 한 사례(대법원 2003. 3. 28. 선고 2003다5917 판결[원상복구비용]－광명시 쓰레기매립지 방해배제(쓰레기수거 및 원상복구)청구 사건[56]).

[판례 2] 토지에 폐기물이 매립되면, 그것이 토지의 토사와 물리적으로 분리할 수 없을 정도로 혼합되어 토지의 일부를 구성하게 되지 않는 이상, 토지 소유자의 소유권을 방해하는 상태가 계속되며, 이에 따라 폐기물을 매립한 자는 그 폐기물이 매립된 토지의 소유자에 대하여 민법상 소유물방해제거의무의 하나로서 폐기물 처리의무를 부담할 수도 있다(대법원 2002. 10. 22. 선고 2002다46331 판결－경락인의 폐기물수거 및 대지인도청구 사건, 대법원 2016. 5. 19. 선고 2009다66549 전원합의체 판결[손해배상(기)]－세아베스틸 사건 참조).

[판례 3] (1) 피고가 30년 전 원고 소유 토지에 생활폐기물, 오니류, 건축폐기물 등을 혼합 매립하여 현재까지 이른 경우, 토지소유자인 원고가 피고를 상대로 소유권에 기한 방해배제청구권의 행사로써 위 매립물의 제거를 청구할 수 있는지 여부('방해'와 '손해'의 구별): 이 사건 토지 지하에 매립된 생활쓰레기는 매립된 후 30년 이상 경과하였고, 그 사이 오니류와 각종 생활쓰레기가 주변 토양과 뒤섞여 토양을 오염시키고 토양과 사실상 분리하기 어려울 정도로 혼재되어 있다고 봄이 상당하며, 이러한 상태는 과거 피고의 위법한 쓰레기매립행위로 인하여 생긴 결과로서 토지 소유자인 원고가 입은 손해에 불과할 뿐 생활쓰레기가 현재 원고의 소유권에 대하여 별도의 침해를 지속하고 있는 것이라고 볼 수 없다. (2) [토지 지하에 쓰레기가 매립된 상태의 현 소유자가 당초 쓰레기 매립한 지방자치단체를 상대로 매립물의 제거를 구하는 사건] 피고가 1984.~1988. 이 사건 쓰레기매립지에 쓰레기를 매립하는 과정에서 위 매립지와 경계를 같이하는 인접 토지 중 이 사건 토지에도 상당한 양의 쓰레기가 매립되었고, 이후 이 사건 토지를 전전 매수한 원고가 2010.경 이 사건 토지를 굴착해 보았는데, 지하 1.5m~4m 지점 사이에 비닐, 목재, 폐의류, 오니류, 건축폐기물 등 각종 생활쓰레기가 뒤섞여 혼합된 상태로 매립되어

---

56) 이 사건에서 법원은 침해가 계속되고 있는 상태라고 보지 않았다. 토지소유자들의 동의하에 쓰레기를 매립하였고, 그 위에 양질의 토사를 덮었으며, 이후 농작물을 재배하였고, 매립된 쓰레기들이 분리하여 처리하기 어려울 정도로 혼합되어 있는 점 등을 볼 때 침해상태는 없고 결과인 손해만 있다고 보았다.

있었고, 그 주변 토양은 검게 오염된 사안에서, 이 사건 토지 지하에 매립된 생활쓰레기는 매립된 후 30년 이상 경과하였고, 그 사이 오니류와 각종 생활쓰레기가 주변 토양과 뒤섞여 토양을 오염시키고 토양과 사실상 분리하기 어려울 정도로 혼재되어 있다고 봄이 상당하며, 이러한 상태는 과거 피고의 위법한 쓰레기매립행위로 인하여 생긴 결과로서 토지 소유자인 원고가 입은 손해에 불과할 뿐 생활쓰레기가 현재 원고의 소유권에 대하여 별도의 침해를 지속하고 있는 것이라고 볼 수 없으므로, 원고의 방해배제청구는 인용될 수 없다고 한 사례(대법원 2019. 7. 10. 선고 2016다205540 판결[매립물제거등]－김포시 쓰레기매립지 방해배제청구사건)

[판례 4] (1) 공익사업을 위한 토지 등의 취득 및 보상에 관한 법률(이하 '토지보상법'이라 한다) 제75조 제1항각호, 공익사업을 위한 토지 등의 취득 및 보상에 관한 법률 시행규칙(이하 '토지보상법 시행규칙'이라 한다) 제33조 제4항, 제36조 제1항의 내용을 토지보상법에 따른 지장물에 대한 수용보상의 취지와 정당한 보상 또는 적정가격 보상의 원칙에 비추어 보면, 사업시행자가 사업시행에 방해가 되는 지장물에 관하여 토지보상법 제75조 제1항 단서 제2호에 따라 이전에 드는 실제 비용에 못 미치는 물건의 가격으로 보상한 경우, 사업시행자가 해당 물건을 취득하는 제3호와 달리 수용의 절차를 거치지 않은 이상 사업시행자가 그 보상만으로 해당 물건의 소유권까지 취득한다고 보기는 어렵다. 또한 사업시행자는 지장물의 소유자가 토지보상법 시행규칙 제33조 제4항 단서에 따라 스스로의 비용으로 철거하겠다고 하는 등의 특별한 사정이 없는 한 지장물의 소유자에 대하여 그 철거 등을 요구할 수 없고 자신의 비용으로 직접 이를 제거할 수 있을 뿐이다. (2) 택지개발사업의 사업시행자인 한국토지주택공사가 공공용지로 협의취득한 토지 위에 있는 갑 소유의 지장물에 관하여 중앙토지수용위원회의 재결에 따라 보상금을 공탁하였는데, 위 토지에 폐합성수지를 포함한 산업쓰레기 등 폐기물이 남아 있자 갑을 상대로 폐기물 처리비용의 지급을 구한 사안에서, 중앙토지수용위원회의 보상금 내역에는 '제품 및 원자재(재활용품)'가 포함되어 있고 그 보상액이 1원으로 되어 있는데, 이는 폐기물의 이전비가 물건의 가격을 초과하는 경우에 해당한다는 전제에서 재활용이 가능하여 가치가 있던 쓰레기와 재활용이 불가능하고 처리에 비용이 드는 쓰레기를 모두 보상 대상 지장물로 삼아 일괄하여 보상액을 정한 것으로 볼 수 있다는 이유 등을 들어, 한국토지주택공사는 자신의 비용으로 직접 폐기물을 제거할 수 있을 뿐이고 갑에게 폐기물을 이전하도록 요청하거나, 그 불이행을 이유로 처리비에 해당하는 손해배상을 청구할 수 없다고 본 원심판결이 정당하다고 한 사례(대법원 2021. 5. 7. 선고 2018다256313 판결).

유지청구는 손해배상에 비하여 적극적이고 유용한 문제해결방법이긴 하지만 가해자에게는 조업정지 또는 시설설치 등으로 인하여 막대한 비용 내지 손해를 초래할 수도 있다. 따라서 유지청구에서 수인한도 기준은 손해배상청구에서의 수인한도 기준과 다르다. 즉, 유지청구의 수인한도가 손해배상청구의 수인한도보다 더 높다(이른바 **위법성 단계설**). 이에 대하여 방해배제청구의 경우에 일률적으로 손해배상청구의 경우보다 높은 수준의 위법성이 필요하다고 볼 수는 없다는 견해도 있다.57)

환경피해의 정도 내지 위법의 정도가 심하여 환경피해의 중지를 위한 개선조치를 취하지 않으면 곤란한 경우에 유지청구가 인용되는 것이다. 피해자의 손해와 가해자에게 발생될 손해 등을 포함하여 앞서 언급한 수인한도의 판단시에 고려해야 할 제반 사항을 비교형량하여 금전적 손해배상의 경우보다 더 높은 수인한도를 초과하는 경우에 유지청구가 인용된다.

판례는 환경침해의 예방 또는 배제를 구하는 방지청구의 경우 관련 당사자들의 이익 및 불이익 등을 비교·교량하여야 한다고 판시하고 있다. 예컨대, 태양반사광으로 인한 생활방해나 도로소음으로 인한 생활방해 등을 원인으로 하는 방지청구의 경우, 그것이 허용될 경우 소송당사자뿐 아니라 제3자의 이해관계에도 중대한 영향을 미칠 수 있으므로, 방지청구를 구하는 당사자의 이익과 상대방 및 제3자의 불이익 등을 비교·교량하여야 한다고 보고 있다.58)

소음이 일정한 한도를 초과하여 유입되지 않도록 하라는 취지의 추상적 유지청구도 가능하다.

[판례 1] [1] 고속도로로부터 발생하는 소음이 피해 주민들 주택을 기준으로 일정 한도를 초과하여 유입되지 않도록 하라는 취지의 유지청구가 적법한지 여부(적극): 고속도로로부터 발생하는 소음이 피해 주민들 주택을 기준으로 일정 한도를 초과하여 유입되지 않도록 하라는 취지의 유지청구(즉, 추상적 유지청구)는 소음발생원을 특정하여 일정한 종류의 생활방해를 일정 한도 이상 미치게 하는 것을 금지하는 것으로 청구가 특정되지 않은 것이라고 할 수 없고, 이러한 내용의 판결이 확정될 경우 민사집행법 제261조 제1

57) 김재형, 법률신문, 2016. 3. 10, 13면.

58) 태양반사광으로 인한 생활방해를 원인으로 태양반사광의 예방 또는 배제를 구하는 방지청구는 금전배상을 구하는 손해배상청구와는 그 내용과 요건을 서로 달리하는 것이어서 같은 사정이라도 청구의 내용에 따라 고려요소의 중요도에 차이가 생길 수 있고, 태양반사광 침해의 방지청구는 그것이 허용될 경우 소송당사자뿐 아니라 제3자의 이해관계에도 중대한 영향을 미칠 수 있어, 방지청구의 당부를 판단하는 법원으로서는 해당 청구가 허용될 경우에 방지청구를 구하는 당사자가 받게 될 이익과 상대방 및 제3자가 받게 될 불이익 등을 비교·교량하여야 한다(대법원 2021. 6. 3. 선고 2016다33202, 33219 판결－네이버사옥 태양반사광 사건). 같은 취지의 판결로는 도로소음으로 인한 생활방해를 원인으로 그 방지청구의 당부를 판단한 대법원 2015. 9. 24. 선고 2011다91784 판결 참조.

항에 따라 간접강제의 방법으로 집행을 할 수 있으므로, 이러한 청구가 내용이 특정되지 않거나 강제집행이 불가능하여 부적법하다고 볼 수는 없다. [2] 건물의 소유자나 점유자가 인근의 소음으로 인하여 생활이익이 침해되고 그 침해가 사회통념상 수인한도를 넘어서는 경우에 그 소유권 또는 점유권에 기하여 소음피해의 제거나 예방을 위한 유지청구를 할 수 있는지 여부(적극): 건물의 소유자 또는 점유자가 인근의 소음으로 인하여 정온하고 쾌적한 일상생활을 영유할 수 있는 생활이익이 침해되고 그 침해가 사회통념상 수인한도를 넘어서는 경우에 건물의 소유자 또는 점유자는 그 소유권 또는 점유권에 기하여 소음피해의 제거나 예방을 위한 유지청구를 할 수 있다. [3] 구 주택건설기준 등에 관한 규정에 따라 방음벽 등의 방음시설을 설치하여 그 건설지점의 소음도가 65㏈ 미만이 되도록 조치하여야 하는 공동주택의 범위: 구 주택건설기준 등에 관한 규정(1992. 12. 31. 대통령령 제13811호로 개정되기 전의 것) 제9조 제1항, 제3조, 구 주택건설촉진법(1992. 12. 8. 법률 제4530호로 개정되기 전의 것) 제3조 제5호, 제6조 제1항, 제33조 제1항, 구 주택건설촉진법 시행령(1992. 12. 21. 대통령령 제13782호로 개정되기 전의 것) 제9조 제1항, 제32조 제1항 등 관계 규정을 살펴보면, 구 주택건설기준 등에 관한 규정 제9조 제1항에 따라 주택건설사업계획 승인을 얻어 공동주택을 건설하기 위하여, 방음벽 등의 방음시설을 설치하여 공동주택 건설지점의 소음도가 65㏈ 미만이 되도록 조치하여야 하는 공동주택은 20세대 이상으로서 건설부장관의 사업계획승인을 얻어 건설한 공동주택을 의미한다. [4] 인근 고속도로에서 유입되는 소음으로 인하여 입은 환경 등 생활이익의 침해가 사회통념상 일반적으로 수인할 정도를 넘어서는지 여부의 판단 기준: 인근 고속도로에서 유입되는 소음으로 인하여 입은 환경 등 생활이익의 침해를 이유로 일정 한도를 초과하는 소음이 유입되지 않도록 하라는 내용의 유지청구 소송에서 그 침해가 사회통념상 일반적으로 수인할 정도를 넘어서는지의 여부는 피해의 성질 및 정도, 피해이익의 공공성, 가해행위의 태양, 가해행위의 공공성, 가해자의 방지조치 또는 손해회피의 가능성, 인·허가 관계 등 공법상 기준에의 적합 여부, 지역성, 토지이용의 선후관계 등 모든 사정을 종합적으로 고려하여 판단하여야 한다(대법원 2007. 6. 15. 선고 2004다37904, 37911 판결[채무부존재확인등·손해배상(기)]—부평—신월 간 경인고속도로 확장공사 사건).

[판례 2] 고속철도 건설사업 시행구간의 토지소유자가 환경영향평가 이후 사정변경을 이유로 사업시행의 중지를 구할 수 있는 요건: 한국철도시설공단이 국가의 전 지역에서 장기간 이루어지는 고속철도사업을 시행함에 있어서는 위 법에 의한 환경영향평가 절차를 충실히 이행할 뿐 아니라, 환경영향평가절차를 이행한 후 환경영향평가시에 고려되지 아니하였던 새로운 사정이 발견되어 그 사업으로 인하여 사업시행구간 관련 토지소유자들의 환경이익을 침해할 수 있다는 개연성이 나타나고 종전의 환경영향평가만으로는 그와 같은 개연성에 관한 우려를 해소하기에 충분하지 못한 경우에는 새로이 환경영향평가

를 실시하거나 그 환경이익의 침해를 예방할 수 있는 적절한 조처를 먼저 행한 후 사업을 시행하도록 함이 상당하고, 위 토지소유자들은 이를 사법상의 권리로 청구할 수 있을 것이다. 그러나 위와 같은 환경영향평가를 통한 권리의 보장은 실체적인 환경이익의 침해를 보호하기 위한 것이므로, 비록 위와 같이 다시 환경영향평가를 함이 상당한 새로운 사정들이 발생되었다고 하더라도, 그 새로운 사정들과 소유자들의 환경이익 사이에 구체적인 피해가능성 내지는 연관성을 인정하기 어려운 사정이 소명되는 경우 또는 새로운 환경영향평가절차 내지는 이에 준하는 조사가 이루어지고 환경이익의 침해를 예방할 수 있는 적절한 방법이 보완되는 등 소유자들의 환경이익이 침해될 수 있다는 개연성이 부정될 만한 사정이 소명되는 경우에는 더 이상 사업시행의 중지를 구할 수는 없다(대법원 2006. 6. 2. 자 2004마1148, 1149 결정[공사착공금지가처분]).

[판례 3] [1] 항공기가 토지의 상공을 통과하여 비행하는 등으로 토지의 사용·수익에 대한 방해가 있음을 이유로 비행 금지 등 방해의 제거 및 예방을 청구하거나 손해배상을 청구하기 위한 요건 및 이때 방해가 참을 한도를 넘는지 판단하는 기준 / 항공기의 비행으로 토지 소유자의 정당한 이익이 침해된다는 이유로 토지 상공을 통과하는 비행의 금지 등을 구하는 방지청구에서 방해의 위법 여부를 판단하는 방법: 토지의 소유권은 정당한 이익이 있는 범위 내에서 토지의 상하에 미치고(민법 제212조), 토지의 상공으로 어느 정도까지 정당한 이익이 있는지는 구체적 사안에서 거래관념에 따라 판단하여야 한다. 항공기가 토지의 상공을 통과하여 비행하는 등으로 토지의 사용·수익에 대한 방해가 있음을 이유로 비행 금지 등 방해의 제거 및 예방을 청구하거나 손해배상을 청구하려면, 토지소유권이 미치는 범위 내의 상공에서 방해가 있어야 할 뿐 아니라 방해가 사회통념상 일반적으로 참을 한도를 넘는 것이어야 한다. 이때 방해가 참을 한도를 넘는지는 피해의 성질 및 정도, 피해이익의 내용, 항공기 운항의 공공성과 사회적 가치, 항공기의 비행고도와 비행시간 및 비행빈도 등 비행의 태양, 그 토지 상공을 피해서 비행하거나 피해를 줄일 수 있는 방지조치의 가능성, 공법적 규제기준의 위반 여부, 토지가 위치한 지역의 용도 및 이용 상황 등 관련 사정을 종합적으로 고려하여 판단하여야 한다. 한편, 항공기의 비행으로 토지 소유자의 정당한 이익이 침해된다는 이유로 토지 상공을 통과하는 비행의 금지 등을 구하는 방지청구와 금전배상을 구하는 손해배상청구는 내용과 요건이 다르므로, 참을 한도를 판단하는 데 고려할 요소와 중요도에도 차이가 있을 수 있다. 그 중 특히 방지청구는 그것이 허용될 경우 소송당사자뿐 아니라 제3자의 이해관계에도 중대한 영향을 미칠 수 있으므로, 방해의 위법 여부를 판단할 때는 청구가 허용될 경우 토지 소유자가 받을 이익과 상대방 및 제3자가 받게 될 불이익 등을 비교·형량해 보아야 한다. [2] 항공기가 토지의 상공을 통과하여 비행하는 등으로 토지의 사용·수익에 방해가 되어 손해배상책임이 인정되는 경우, 토지 소유자가 청구할 수 있는 손해배상의 범위

: 항공기가 토지의 상공을 통과하여 비행하는 등으로 토지의 사용·수익에 방해가 되어 손해배상책임이 인정되면, 소유자는 항공기의 비행 등으로 토지를 더 이상 본래의 용법대로 사용할 수 없게 됨으로 인하여 발생하게 된 재산적 손해와 공중 부분의 사용료 상당 손해의 배상을 청구할 수 있다(대법원 2016. 11. 10. 선고 2013다71098 판결[손해배상(기)]－충남지방경찰청 항공대 사건).

[판례 4] [1] 도로소음에 따른 생활방해를 원인으로 소음의 예방 또는 배제를 구하는 방지청구의 당부를 판단하는 경우, 방지청구의 허용으로 방지청구를 구하는 당사자가 받게 될 이익과 상대방 및 제3자가 받게 될 불이익 등을 비교·교량하여야 하는지 여부(적극): 도로소음으로 인한 생활방해를 원인으로 소음의 예방 또는 배제를 구하는 방지청구는 금전배상을 구하는 손해배상청구와는 내용과 요건을 서로 달리하는 것이어서 같은 사정이라도 청구의 내용에 따라 고려요소의 중요도에 차이가 생길 수 있고, 방지청구는 그것이 허용될 경우 소송당사자뿐 아니라 제3자의 이해관계에도 중대한 영향을 미칠 수 있어, 방지청구의 당부를 판단하는 법원으로서는 청구가 허용될 경우에 방지청구를 구하는 당사자가 받게 될 이익과 상대방 및 제3자가 받게 될 불이익 등을 비교·교량하여야 한다.
[2] 도로소음으로 인한 생활방해를 원인으로 소음의 예방 또는 배제를 구하는 방지청구 사건에서 방지청구의 당부를 판단하는 원심으로서는 '참을 한도'의 판단기준에서 제시한 여러 사정들을 충분히 고려하고, 해당 청구가 인용될 경우에 소송당사자 및 제3자가 받게 될 이익·불이익 등을 비교·교량하여 원고가 피고들에 대하여 방음대책 이행의무를 부담하는지를 판단하였어야 할 것임에도, 피고들의 일상생활이 실제 주로 이루어지는 지점의 소음도를 측정하지 아니하였을 뿐만 아니라, 이 사건 고속도로의 특성과 토지이용의 선후관계를 제대로 고려하지 아니하였고, 또 이 사건 청구가 받아들여짐으로써 소송당사자들과 도로이용자들이 받게 될 이익·불이익을 비교·교량하지 아니한 채, 원고가 피고들에게 이 사건 고속도로에서 발생하는 소음이 65데시벨(dB) 이상 도달하지 아니하도록 할 의무(방음대책 이행의무)를 부담한다고 판단한 것은 도로의 소음으로 말미암은 생활방해에서 '참을 한도' 및 그 생활방해를 원인으로 하는 방지청구권에 관한 법리를 오해하여 필요한 심리를 다하지 아니함으로써 판결에 영향을 미친 위법이 있다고 보아 원심을 파기한 사안(대법원 2015. 9. 24. 선고 2011다91784 판결[채무부존재확인]－구미－김천 간 경부고속도로 소음사건; 동지 판례 대법원 2015. 10. 15. 선고 2013다89433 판결[채무부존재확인·채무부존재확인·손해배상(기)]).

V. 계약법상의 책임

1. 개 설

환경오염으로 인한 피해에 대한 사법적 구제는 주로 불법행위책임과 유지청구권을 중심으로 논의되어 왔으나, 환경침해가 발생한 경우 계약상의 책임도 검토해 볼 수 있다. 예컨대, 매매계약, 도급계약, 임대차계약 등에서 한쪽 당사자의 계약내용의 이행이 다른 당사자에게 환경상의 피해를 입히는 결과를 초래하여 계약의 목적을 달성할 수 없게 되었다면(예, 부동산을 매수하였는데 토지나 지하수가 오염되어 있는 경우, 임차한 주택의 식수원이 오염되어 있는 경우 등) 피해를 입은 당사자는 계약상의 책임을 물을 수 있을 것이다.

종래 이러한 계약상의 청구권은 일반적으로 환경보호를 위한 책임법적 근거로는 그리 넓게 활용되지 못하였다. 계약상의 청구권은 단기의 소멸시효에 걸리고 또한 위자료의 청구는 불법행위로 인한 청구에서는 가능하나 계약법상의 청구로는 일정한 제약이 있기 때문에 계약관계의 존재시에도 불법행위적인 청구권이 더 의미를 지닌다고 여겨졌다. 물론 하나의 행위가 계약상 채무불이행의 요건을 충족함과 동시에 불법행위의 요건도 충족하는 경우에는 두 개의 손해배상청구권이 경합하여 발생하고, 권리자는 두 개의 손해배상청구권 중 어느 것이든 선택하여 행사할 수 있다.

[판례] 채무불이행책임과 불법행위책임은 각각 요건과 효과를 달리하는 별개의 법률관계에서 발생하는 것이므로 하나의 행위가 계약상 채무불이행의 요건을 충족함과 동시에 불법행위의 요건도 충족하는 경우에는 두 개의 손해배상청구권이 경합하여 발생하고, 권리자는 위 두 개의 손해배상청구권 중 어느 것이든 선택하여 행사할 수 있다. 다만 동일한 사실관계에서 발생한 손해의 배상을 목적으로 하는 경우에도 채무불이행을 원인으로 하는 배상청구와 불법행위를 원인으로 한 배상청구는 청구원인을 달리하는 별개의 소송물이므로, 법원은 원고가 행사하는 청구권에 관하여 다른 청구권과는 별개로 그 성립요건과 법률효과의 인정 여부를 판단하여야 한다. 계약 위반으로 인한 채무불이행이 성립한다고 하여 그것만으로 바로 불법행위가 성립하는 것은 아니다(대법원 2021. 6. 24. 선고 2016다210474 판결).

하지만 환경침해로 인한 복잡하고 다양한 피해가 발생하고 있는 오늘날은 계약상의 청구권 행사를 통한 환경피해의 구제책도 환경책임법적 측면에서는 중요한 역할이 기대된다고 하겠다.

환경침해로 인한 계약상의 책임으로는 불완전이행으로 인한 채무불이행책임(민법 제390조)과 매매계약상 하자담보책임(민법 제580조)이 있다.[59)]

[판례] 도로에서 유입되는 소음 때문에 인근 주택의 거주자가 사회통념상 수인한도를 넘는 생활이익의 침해를 당한 경우, 그 주택의 분양회사에게 소음으로 인한 불법행위책임을 물을 수 있는지 여부(소극) 및 분양회사가 위 소음과 관련하여 수분양자에게 책임을 부담하는 경우: 도로에서 유입되는 소음 때문에 인근 주택의 거주자에게 사회통념상 수인한도를 넘는 생활이익의 침해가 발생하였다고 하더라도, 그 주택을 건축하여 분양한 분양회사는 도로의 설치·관리자가 아니고 그 주택의 건축으로 인하여 소음이 발생하였다고 볼 수도 없으므로, 주택의 거주자들이 분양회사를 상대로 (도로)소음 때문에 발생한 생활이익의 침해를 원인으로 하는 불법행위책임을 물을 수는 없다. 다만 분양회사는 주택의 공급 당시에 주택법상의 주택건설기준 등 그 주택이 거래상 통상 소음 방지를 위하여 갖추어야 할 시설이나 품질을 갖추지 못한 경우에 집합건물의 소유 및 관리에 관한 법률 제9조 또는 민법 제580조의 담보책임을 부담하거나, 수분양자와의 분양계약에서 소음 방지 시설이나 조치에 관하여 특약이 있는 경우에 그에 따른 책임을 부담하거나, 또는 분양회사가 수분양자에게 분양하는 주택의 소음 상황 등에 관한 정보를 은폐하거나 부정확한 정보를 제공하는 등 신의칙상의 부수의무를 게을리한 경우에 그 책임을 부담할 뿐이다(대법원 2008. 8. 21. 선고 2008다9358, 9365 판결[채무부존재확인] – 부산 사상구 동서고가도로 소음 사건).

2. 하자담보책임

매매계약과 관련하여서는 주로 계약상의 담보책임과 관련하여 논해지고 있다. 매매계약으로 매도인은 매수인에게 매매의 목적인 물건을 이전하여야 할 의무를 지게 되고 그 매매의 목적인 물건에 하자가 있으면 매도인은 하자담보책임을 지게 된다. 담보책임의 규정은 부동산의 매매시 오염된 토지나 지하수가 있는 경우에 매수인에게는 중요한 의의를 가지게 된다.

민법 제580조의 매도인의 하자담보책임의 인정에는 귀책사유는 요하지 않고

---

59) 예컨대, 사업활동을 하던 중 고철을 방사능에 오염시킨 甲이 오염된 고철을 乙에게 매도하고 乙은 이를 丙에게 매도한 경우, 전전취득자인 丙은 고철을 방사능에 오염시킨 甲을 상대로 불법행위책임을 물을 수 있음은 물론 오염된 고철의 매매계약 당사자인 乙을 상대로 계약법상의 책임, 즉 하자담보책임 또는 채무불이행책임을 물을 수 있다.

매매의 목적물에 하자가 있을 것을 요한다. 매매의 목적물에 하자가 있음으로 인하여 계약의 목적을 달성할 수 없는 경우에는 매수인은 계약을 해제할 수 있고, 기타의 경우에는 손해배상만을 청구할 수 있다. 그러나 매수인이 하자있는 것을 알았거나 과실로 인하여 이를 알지 못한 때에는 매도인의 하자담보책임이 인정되지 않는다(민법 제580조 제1항, 민법 575조 제1항). 민법 제580조 제1항의 매도인의 하자담보책임규정은 경매의 경우에 적용하지 아니한다(민법 제580조 제2항).

상인간의 매매에 있어서 매수인이 목적물을 수령한 때에는 지체없이 이를 검사하여야 하며 하자 또는 수량의 부족을 발견한 경우에는 즉시 매도인에게 그 통지를 발송하지 아니하면 이로 인한 계약해제, 대금감액 또는 손해배상을 청구하지 못한다. 매매의 목적물에 즉시 발견할 수 없는 하자가 있는 경우에 매수인이 6월내에 이를 발견한 때에도 같다(상법 제69조 제1항)(매수인의 목적물의 검사와 하자통지의무) 전항의 규정은 매도인이 악의인 경우에는 적용하지 아니한다(동조 제2항).

[판례 1] [1] 민법상 매도인의 담보책임에 대한 특칙인 상법 제69조 제1항이 불완전이행으로 인한 손해배상청구에 적용되는지 여부(소극): 상인 간의 매매에서 매수인이 목적물을 수령한 때에는 지체 없이 이를 검사하여 하자 또는 수량의 부족을 발견한 경우에는 즉시, 즉시 발견할 수 없는 하자가 있는 경우에는 6개월 내에 매수인이 매도인에게 그 통지를 발송하지 아니하면 그로 인한 계약해제, 대금감액 또는 손해배상을 청구하지 못하도록 규정하고 있는 상법 제69조 제1항은 민법상 매도인의 담보책임에 대한 특칙으로서, 채무불이행에 해당하는 이른바 불완전이행으로 인한 손해배상책임을 묻는 청구에는 적용되지 않는다. [2] 갑 유한회사가 을 주식회사를 상대로 을 회사가 유류, 중금속 등으로 오염된 토지를 매도하였다는 이유로 매도인의 하자담보책임 또는 불완전이행으로 인한 손해배상을 구한 사안에서, 갑 회사와 을 회사의 매매계약은 상인 간의 매매인데 갑 회사가 토지를 인도받아 소유권이전등기를 마친 때로부터 6개월이 훨씬 경과한 후에야 토지에 토양 오염 등의 하자가 있음을 통지하였다는 이유로 하자담보책임에 기한 손해배상청구는 배척하고, 을 회사가 오염된 토양을 정화하지 않은 채 토지를 인도한 것은 불완전이행에 해당한다는 이유로 오염된 토양을 정화하는 데 필요한 비용 상당의 손해배상책임을 인정한 원심판단이 정당하다고 한 사례(대법원 2015. 6. 24. 선고 2013다522 판결 [구상금등]－하자담보책임 및 불완전이행 사건).

[판례 2] [1] 한국토지공사가 택지개발사업을 시행하기 위하여 공익사업을 위한 토지 등의 취득 및 보상에 관한 법률에 따라 토지소유자로부터 사업 시행을 위한 토지를 매수하는 행위를 하더라도 한국토지공사를 상인이라 할 수 없고, 한국토지공사가 택지개발사업지구 내에 있는 토지에 관하여 토지소유자와 매매계약을 체결한 행위를 상행위로 볼 수

없다. [2] 공익사업을 위한 토지 등의 취득 및 보상에 관한 법률에 따라 공공사업의 시행자가 토지를 협의취득하는 행위는 사법상의 법률행위(매매계약)로 일방 당사자의 채무불이행에 대하여 민법에 따른 손해배상 또는 하자담보책임을 물을 수 있다. 이 경우 매도인에 대한 하자담보에 기한 손해배상청구권에 대하여는 민법 제162조 제1항의 채권 소멸시효의 규정이 적용되고, 매수인이 매매의 목적물을 인도받은 때부터 소멸시효 10년이 진행한다. [3] 甲 공사가 택지개발사업을 시행하면서 乙 등이 소유한 토지를 공공용지로 협의취득하였고, 甲 공사를 합병한 丙 공사가 위 택지개발사업을 준공한 다음 위 토지 중 일부를 丁에게 매도하여 소유권이전등기를 마쳐주었는데, 丁이 건물을 신축하기 위해 터파기공사를 하던 중 위 토지 지하에 폐기물이 매립되어 있는 것을 발견하여 丙 공사에 통보하자, 丙 공사가 乙 등을 상대로 매도인의 하자담보책임에 기한 손해배상을 구한 사안에서, 甲 공사가 乙 등 소유의 토지를 매수한 행위는 상행위에 해당하지 않아 상법 제64조가 적용되지 않고, 丙 공사가 乙 등에게 매도인의 담보책임을 구하고 있으므로, 甲 공사가 위 토지에 관하여 소유권이전등기를 마친 때부터 민법 제162조 제1항에 따른 10년의 소멸시효가 진행되고, 그로부터 10년이 지나기 전에 소가 제기되어 丙 공사의 손해배상청구권은 소멸시효가 완성되지 않았다고 한 사례(대법원 2020. 5. 28. 선고 2017다265389 판결[손해배상(기)]－공공용지로 협의취득한 토지에 폐기물이 매립되어 있는 경우의 하자담보책임 및 소멸시효)

[판례 3] 한국토지주택공사(매수인, 원고)가 상인인 회사(매도인, 피고)로부터 토지보상법에 따른 협의취득절차로서 매수한 이 사건 토지에 하자가 있다고 주장하면서 손해배상청구(민법 제390조, 제580조)를 한 사안에서, 매도인인 피고가 상인인 이상 매매계약은 피고의 영업을 위한 것으로 추정되고, 토지보상법에 따른 협의취득에 따라 매매계약이 체결되었다는 사정만으로 그 추정이 번복되는 것은 아니라고 보아 원고의 상고를 기각하고, 매도인의 채무불이행책임이나 하자담보책임에 따른 매수인의 손해배상청구권에 상사소멸시효가 적용된다고 보고 매수인의 손해배상청구권이 시효가 완성되어 소멸하였다고 판단한 원심을 확정한 사안(대법원 2022. 7. 14. 선고 2017다242232 판결).

[판례 4] 경매 이후에 경매가 아닌 일반의 매매를 원인으로 소유권을 취득한 매수인은 매도인에 대한 하자담보책임을 물을 수 있다(대구지방법원 2004. 9. 9. 선고 2004가합5284 판결).

3. 채무불이행책임

예컨대, 오염된 토지를 매도한 경우에는 이는 채무의 내용에 좇은 이행이 아닌 불완전한 이행을 한 것으로 매수인은 매도인에게 채무불이행책임을 물을 수 있다. 민법 제390조의 채무불이행책임의 인정에는 귀책사유를 요한다. 즉, 채무자가 채무의 내용에 좇은 이행을 하지 아니한 때에는 채권자는 손해배상을 청구할 수 있다. 그러나 채무자의 고의나 과실없이 이행할 수 없게 된 때에는 그러하지 아니하다(민법 제390조). 유책사유가 없음은 채무자가 증명하여야 한다.

4. 양자의 경합

매매계약의 경우 하자담보책임만 인정되고 채무불이행책임은 배제된다는 견해도 있지만, 판례는 민법 제390조의 채무불이행책임과 민법 제580조의 하자담보책임은 경합적으로 인정된다고 한다.[60)]

[판례] [1] 매매의 목적물이 거래통념상 기대되는 객관적 성질이나 성능을 갖추지 못한 경우 또는 당사자가 예정하거나 보증한 성질을 갖추지 못한 경우에 매도인은 민법 제580조에 따라 매수인에게 그 하자로 인한 담보책임을 부담한다. [2] 매매의 목적물에 하자가 있는 경우 매도인의 하자담보책임과 채무불이행책임은 별개의 권원에 의하여 경합적으로 인정된다. 이 경우 특별한 사정이 없는 한 하자를 보수하기 위한 비용은 매도인의 하자담보책임과 채무불이행책임에서 말하는 손해에 해당한다. 따라서 매매 목적물인 토지에 폐기물이 매립되어 있고 매수인이 폐기물을 처리하기 위해 비용이 발생한다면 매수인은 그 비용을 민법 제390조에 따라 채무불이행으로 인한 손해배상으로 청구할 수도 있고, 민법 제580조 제1항에 따라 하자담보책임으로 인한 손해배상으로 청구할 수도 있다. [3] 甲이 국가로부터 토지를 매수하여 건물을 신축하기 위해 건축허가를 받고 지목을 '전(田)'에서 '대지'로 변경하였는데, 위 토지에서 굴착공사를 하다가 약 1~2m 깊이에서 폐합성수지와 폐콘크리트 등 약 331t의 폐기물이 매립되어 있는 것을 발견하였고, 이를 처리하기 위한 비용을 지출한 사안에서, 매립된 폐기물의 내용, 수량, 위치와 처리비용 등을 고려하면 토지에 위와 같은 폐기물이 매립되어 있는 것은 매매 목적물이 통상 갖출 것으로 기대되는 품질이나 상태를 갖추지 못한 하자에 해당하고, 토지의 지목을 '전'에서 '대지'로 변경하였다는 사정으로 폐기물이 매립되어 있는 객관적 상태를 달리 평가할 수 없으므로, 국가는 甲에게 하자담보책임으로 인한 손해배상으로 폐기물 처리비용을 지급할 의무가 있다고 본 원심판결이 정당하다고 한 사례(대법원 2021. 4. 8. 선고 2017다202050 판결).

성토작업을 기화로 다량의 폐기물을 은밀히 매립한 토지의 매도인이 협의취득절차를 통하여 공공사업시행자에게 이를 매도함으로써 매수인에게 토지의 폐기물

---

60) 대법원 2004. 7. 22. 선고 2002다51586 판결; 대법원 2015. 6. 24. 선고 2013다522 판결[구상금등][하자담보책임 및 불완전이행 사건].

처리비용 상당의 손해를 입게 한 경우, 그 매매계약은 사법상 계약이고 채무불이행책임과 하자담보책임이 경합적으로 인정된다.[61]

제3절 환경피해의 공법적 구제

Ⅰ. 개 설

오늘날 환경보호와 관련하여 행정기관의 권한과 역할이 커지면서 환경피해에 대한 공법적 구제의 필요성이 점차 커지고 있고, 그 중에서도 행정쟁송이나 손해전보와 같은 행정적 구제가 공법적 구제의 중심을 이루고 있다.

환경행정관청의 적극적·소극적 행정작용으로 인하여 권익이 침해된 자는 행정쟁송을 통하여 당해 행정작용의 타당성 내지 적법성 여부를 다툴 수 있다. 즉 취소심판, 의무이행심판, 취소소송, 부작위위법확인소송 등을 통하여 권익구제를 할 수 있다. 환경행정쟁송을 통하여 다투어지는 분쟁의 전형적인 구조는 환경오염물질을 배출하는 사업자와 이로 말미암아 권익침해를 받은 주민, 그리고 배출시설의 설치허가·개선명령 등 일정한 작위 또는 부작위를 통하여 이에 관련하고 있는 행정청간의 삼극관계를 바탕으로 이루어지는 것이 일반적이다.[62] 이와 같은 경우 사업자와 행정청의 관계에서 발생하는 환경상의 분쟁은 일반적인 행정쟁송의 분쟁구조와 크게 다를 바 없고, 또한 사업자와 주민간의 관계에서 발생하는 환경상의 분쟁은 손해배상청구나 유지청구를 하는 것과 같은 민사상 구제의 성질을 띠는 것이므로 크게 문제되는 것은 없다. 여기서 문제가 되는 것은 환경오염의 직접적 피해자인 주민이 배출시설의 설치허가 또는 조업정지 등 사업자에 대한 감독권자인 행정청을 상대로 어떠한 내용의 권익구제를 청구할 수 있는가가 중심이 된다. 좀 더 구체적으로는 행정작용의 상대방이 아닌 제3자가 환경피해를 이유로 행정쟁송을 제기하는 경우 제3자인 주민이 사업자에 대한 허가처분을 다툴 수 있느냐

61) 대법원 2004. 7. 22. 선고 2002다51586 판결[손해배상]－토지협의취득과 폐기물매립사건(토지 매도인이 성토작업을 기화로 다량의 폐기물을 은밀히 매립하고 그 위에 토사를 덮은 다음 도시계획사업을 시행하는 공공사업시행자와 사이에서 정상적인 토지임을 전제로 협의취득절차를 진행하여 이를 매도함으로써 매수자로 하여금 그 토지의 폐기물처리비용 상당의 손해를 입게 하였다면 매도인은 이른바 불완전이행으로서 채무불이행으로 인한 손해배상책임을 부담하고, 이는 하자 있는 토지의 매매로 인한 민법 제580조 소정의 하자담보책임과 경합적으로 인정된다고 한 사례).

62) 홍준형, 앞의 책, 361면; 천병태·김명길, 앞의 책, 321면.

등이 문제가 된다. 한편, 국가나 지방자치단체 등의 위법한 행정작용으로 인한 환경오염피해를 입은 자는 손해배상을 청구할 수 있고, 적법한 환경보전행정으로 인해 손실을 입은 자는 손실보상을 청구할 수 있다.

여기서는 크게 환경에 대한 침해를 가져오는 행정조치를 다투어 환경침해상태를 제거하는 것을 내용으로 하는 환경취소소송 또는 무효확인소송과 행정권의 행사 또는 불행사로 인하여 야기된 손해의 전보, 즉 손해배상 또는 손실보상으로 나누어 살펴보기로 한다.

Ⅱ. 환경취소소송(또는 무효확인소송)

1. 처 분 성

환경에 대해 중대한 영향을 미치는 사업을 취소소송을 통하여 저지할 수 있기 위하여는 우선 개발사업시행조치의 '처분성'이 인정되어야 한다. 행정소송법은 취소소송이나 무효확인소송의 대상이 되는 처분을 "행정청이 행하는 구체적 사실에 관한 법집행으로서의 공권력의 행사 또는 그 거부와 그밖에 이에 준하는 행정작용"이라고 정의하고 있다(제2조 ① 제1호).

판례는 "항고소송의 대상이 되는 행정처분이라 함은 행정청의 공법상의 행위로서 특정 사항에 대하여 법규에 의한 권리의 설정 또는 의무의 부담을 명하거나 기타 법률상 효과를 발생하게 하는 등 국민의 권리의무에 직접 영향을 미치는 행위를 가리키는 것"이라고 판시하여,[63] 행정권 행사 또는 거부가 국민의 권리의무에 대하여 직접 영향을 미치는지 여부를 기준으로 하여 처분성 여부를 판단하고 있다.

[판례] 행정청의 행위가 항고소송의 대상이 될 수 있는지는 추상적·일반적으로 결정할 수 없고, 구체적인 경우에 관련 법령의 내용과 취지, 행위의 주체·내용·형식·절차, 그 행위와 상대방 등 이해관계인이 입는 불이익 사이의 실질적 견련성, 법치행정의 원리와 그 행위에 관련된 행정청이나 이해관계인의 태도 등을 고려하여 개별적으로 결정하여야 한다. 행정청의 행위가 '처분'에 해당하는지가 불분명한 경우에는 그에 대한 불복방법 선택에 중대한 이해관계를 가지는 상대방의 인식가능성과 예측가능성을 중요하게 고려하여 규범적으로 판단하여야 한다(대판 2022. 9. 7, 2022두42365 판결).

63) 대법원 2012. 9. 27. 선고 2010두3541 판결.

지방자치단체가 실시하는 개발사업이 지방자치단체의 사무이고 이 사업의 실시에 있어 국가기관의 승인을 받도록 하고 있는 경우 당해 사업의 승인은 처분이 되기 때문에 원고적격이 인정되는 인근주민은 당해 사업승인에 대해 취소소송을 제기할 수 있다.

이에 반하여 개발사업이 국가나 지방자치단체에 의해 행정내부의 결정만으로 실시되는 경우에는 그 처분성을 인정하지 않고, 또한 민법상의 방해배제청구나 가처분은 별론으로 하고 취소소송이나 집행정지제도를 통한 구제가 불가능하다는 견해가 있을 수 있다. 그러나 개발사업의 실시결정 또는 개발사업의 실시라는 사실행위의 처분성을 인정하고 그에 대해 취소소송과 집행정지를 제기할 수 있는 것으로 보아야 한다.

예를 들면, 폐기물처리시설(폐기물매립시설, 폐기물소각시설 등)의 설치에 있어 지방자치단체의 장이 폐기물처리시설을 설치하고자 하는 경우에는 폐기물처리시설 설치계획을 수립하여 환경부장관의 승인을 받아야 한다(폐기물처리시설 설치촉진 및 주변지역지원 등에 관한 법률 제11조의3 ②). 이 경우 폐기물처리시설설치계획승인은 처분이므로 취소소송의 대상이 된다. 그런데 만일 환경부장관이 폐기물처리시설을 설치하는 데 있어서 내부적인 의사결정만에 의해 폐기물처리시설이 설치되는 경우 처분성 인정여부에 대해 다툼이 있을 수 있으나, 처분성을 인정하여 인근주민이 폐기물처리시설의 설치를 다투는 길을 열어두어야 할 것이다.

또한, 신청 없이 행정기관의 일방적인 결정에 의해 행해지는 사업이라 하더라도 당해 행정기관의 일방적 결정이 국민의 권리의무에 직접 영향을 미치는 경우에는 처분성을 갖는 것으로 인정되고 취소소송의 대상으로 된다. 예를 들면, 폐촉법상의 폐기물처리시설 입지선정,[64] 공설화장장설치를 내용으로 하는 도시계획결정[65] 등이 이에 해당한다. 대법원은 폐기물처리시설을 설치하기 위한 폐기물소각시설 설치계획 입지결정·고시를 처분으로 보았다.[66]

신청에 대한 거부처분도 취소소송의 대상이 되는 처분에 해당한다. 신청에 대한 거부행위가 처분이 되기 위하여는 그 신청한 행위가 공권력의 행사 또는 이에

---

64) 「폐기물처리시설 설치촉진 및 주변지역지원 등에 관한 법률」 제10조(폐기물처리시설 입지의 결정·고시 등) 제1항 본문은 "폐기물처리시설 설치기관은 제9조에 따라 폐기물처리시설의 입지를 선정한 경우에는 이를 결정·고시하고, 1개월 이상 누구든지 그 도면을 열람할 수 있도록 하여야 한다"라고 규정하고 있다. 동조의 폐기물처리시설의 입지선정의 결정고시는 입지 안에 있는 주민의 재산권 행사를 제한하는 효과를 가져오므로 처분으로 보고 다툴 수 있을 것이다.

65) 대법원 1995. 9. 26. 선고 94누14544 판결. 행정계획 중 도시계획결정 등은 처분성이 인정된다.

66) 대법원 2005. 5. 12. 선고 2004두14229 판결[폐기물처리시설입지결정및고시처분취소].

준하는 행정작용이어야 하고, 그 거부행위가 신청인의 권익에 직접 영향을 미치는 것이어야 하며, 그 국민에게 그 행위발동을 요구할 법규상 또는 조리상의 신청권이 있어야 한다.[67] 거부처분의 처분성을 인정하기 위한 전제요건이 되는 신청권의 존부와 관련하여서는 국민이 어떤 신청을 한 경우에 그 신청의 근거가 된 조항의 해석상 행정발동에 대한 개인의 신청권을 인정하고 있다고 보이면 그 거부행위는 항고소송의 대상이 되는 처분으로 보아야 하고, 구체적으로 그 신청이 인용될 수 있는가 하는 점은 본안에서 판단하여야 할 사항이다.[68]

[판례] [1] 국민의 적극적 신청행위에 대하여 행정청이 그 신청에 따른 행위를 하지 않겠다고 거부한 행위가 항고소송의 대상이 되는 행정처분에 해당하는 것이라고 하려면, 그 신청한 행위가 공권력의 행사 또는 이에 준하는 행정작용이어야 하고, 그 거부행위가 신청인의 법률관계에 어떤 변동을 일으키는 것(직접 영향을 미치는 것)이어야 하며, 그 국민에게 그 행위발동을 요구할 법규상 또는 조리상의 신청권이 있어야 한다. [2] 거부처분의 처분성을 인정하기 위한 전제요건이 되는 신청권의 존부는 구체적 사건에서 신청인이 누구인가를 고려하지 않고 관계 법규의 해석에 의하여 일반 국민에게 그러한 신청권을 인정하고 있는가를 살펴 추상적으로 결정되는 것이고, 신청인이 그 신청에 따른 단순한 응답을 받을 권리를 넘어서 신청의 인용이라는 만족적 결과를 얻을 권리를 의미하는 것은 아니므로, 국민이 어떤 신청을 한 경우에 그 신청의 근거가 된 조항의 해석상 행정발동에 대한 개인의 신청권을 인정하고 있다고 보이면 그 거부행위는 항고소송의 대상이 되는 처분으로 보아야 하고, 구체적으로 그 신청이 인용될 수 있는가 하는 점은 본안에서 판단하여야 할 사항이다. [3] 금강수계 중 상수원 수질보전을 위하여 필요한 지역의 토지 등의 소유자가 국가에 그 토지 등을 매도하기 위하여 매수신청을 하였으나 유역환경청장 등이 매수거절의 결정을 한 사안에서, 위 매수거절을 항고소송의 대상이 되는 행정처분으로 보지 않는다면 토지 등의 소유자로서는 재산권의 제한에 대하여 달리 다툴 방법이 없게 되는 점 등에 비추어, 그 매수 거부행위가 공권력의 행사 또는 이에 준하는 행정작용으로서 항고소송의 대상이 되는 행정처분에 해당한다고 한 사례(대법원 2009. 9. 10. 선고 2007두20638 판결[토지매수신청거부처분취소] – 금강유역환경청장을 상대로 한 토지매수신청 사건).

67) 대법원 2007. 10. 11. 선고 2007두1316 판결[건축허가신청불허가처분취소].
68) 대법원 2009. 9. 10. 선고 2007두20638 판결[토지매수신청거부처분취소] – 금강유역환경청장을 상대로 한 토지매수신청사건.

새만금사건에서 대법원은 조리상 공유수면매립면허처분 취소변경신청권을 인정할 것인지의 여부에 관한 논의없이 공유수면매립면허처분 취소변경거부처분의 위법 여부를 판단하고 있는 점에 비추어 인근주민에게 조리상 공유수면매립면허처분 취소변경신청권을 인정한 것으로 보인다.[69] 원심(고등법원) 판결에서는 환경영향평가 대상지역 안에 거주하는 주민에게 공유수면매립면허의 처분청에 대하여 공유수면매립법 제32조에서 정한 공유수면매립면허의 취소·변경 등의 사유가 있음을 내세워 그 면허의 취소·변경을 요구할 조리상의 신청권이 인정된다고 명시적으로 판단하고 있다.[70] 생각건대 처분의 취소변경을 구할 법적 이익이 있는 자에게는 조리상 처분취소·변경신청권을 인정하여야 할 것이다.

2. 원고적격

공권력행사에 의해 환경상 이익이 침해되는 경우에 침해되는 환경상 이익이 개인의 특정된 구체적인 이익이며 그것이 근거법규 및 관계법규 의해 보호되고 있는 이익인 경우에는 그러한 이익은 행정소송법상의 법률상 이익이 되고 그러한 이익을 침해받은 자는 당해 공권력 행사에 대하여 항고소송을 제기할 원고적격을 가진다.

환경보호를 위하여 개발사업허가 등의 취소를 청구하는 자로는 개발사업의 인

---

69) 대법원 2006. 3. 16. 선고 2006두330 전원합의체 판결(새만금사건). 새만금간척종합개발사업을 위한 공유수면매립면허 및 사업시행인가처분의 취소신청에 대하여 처분청이 구 공유수면매립법 제32조 제3호에 의한 취소권의 행사를 거부한 경우, 그 사업목적상의 사정변경, 농지의 필요성에 대한 사정변경, 경제적 타당성에 대한 사정변경, 수질관리상의 사정변경, 해양환경상의 사정변경이 위 개발사업을 중단하여야 할 정도로 중대한 사정변경이나 공익상 필요가 있다고 인정하기에 부족하다고 본 원심의 판단을 수긍한 사례.

70) 서울고법 2005. 12. 21. 선고 2005누4412 판결에서는 "구체적인 공유수면매립면허에 의하여 매립사업이 진행되는 과정에서 환경 및 생태계 또는 경제성에 있어 예상하지 못한 변화가 발생하였다면, 처분청은 매립기본계획의 타당성을 검토하여야 함이 공유수면매립법의 취지에 부합하는 점, 공유수면매립면허에 의하여 환경영향평가 대상지역 안에 거주하는 주민이 수인할 수 없는 환경침해를 받거나 받을 우려가 있어 개별적·구체적 환경이익을 침해당하였다면, 그 이익 침해의 배제를 위하여 면허의 취소·변경 등을 요구할 위치에 있다고 봄이 상당한 점, 환경영향평가 대상지역 안에 있어 환경상의 이익을 침해당한 개인이 공유수면매립면허가 취소되거나 변경됨으로써 그 이익을 회복하거나 침해를 줄일 수 있다고 주장하면서 그 주장의 당부를 판단하여 주도록 요구하는 재판 청구에 대하여 소송요건 심리에서 이를 배척할 것이 아니라 그 본안에 나아가 판단함이 개인의 권리구제를 본질로 하는 사법국가 원리에도 부합하는 점 등을 종합하면, 환경영향평가 대상지역 안에 거주하는 주민에게는 공유수면매립면허의 처분청에게 「공유수면매립법」 제32조에서 정한 취소·변경 등의 사유가 있음을 내세워 면허의 취소·변경을 요구할 조리상의 신청권이 있다고 보아야 함이 상당하다"라고 판시하였다.

근주민 또는 환경단체를 들 수 있는데, 현행법은 인근주민의 원고적격은 일정한 범위 내에서 인정하고 있지만 환경단체의 원고적격은 인정하고 있지 않다.

(1) 인근주민의 원고적격

1) 일반적 기준

행정소송법 제12조는 "취소소송은 처분 등의 취소를 구할 법률상 이익이 있는 자가 제기할 수 있다"라고 규정하고 있다. 취소소송을 제기할 수 있는 자격을 원고적격이라 하는데 현행 행정소송법은 취소소송을 제기할 수 있는 자를 "법률상 이익이 있는 자"에 한정하고 있다.

㈎ 법률상 이익

판례는 행정소송법 제12조의 법률상 이익은 처분 또는 부작위의 근거 내지 관계 법규에 의해 보호되는 직접적이고 구체적인 개인적인 이익을 말한다고 보고 있다.

법규에 환경을 배려하는 규정이 있는 경우, 당해 '환경배려조항'이 공익으로서의 환경상 이익의 보호만을 목적으로 하고 있고 이로 인하여 인근주민이 반사적으로 이익을 얻고 있을 때에는 인근주민에게 원고적격이 인정되지 않지만, 환경배려조항이 공익으로서의 환경상 이익뿐만 아니라 인근주민의 개인적인 환경상 이익도 직접 보호하고 있다고 판단되는 경우에는 인근주민에게 처분을 다툴 원고적격이 인정된다.

판례는 원칙상 처분의 근거가 되는 법규, 달리 말하면 처분요건을 정하는 법규의 보호목적을 기준으로 하여 원고적격 여부를 판단하고 있다. 즉, 처분의 근거법규 및 관계법규가 공익뿐만 아니라 개인의 이익도 보호하고 있다라고 판단되는 경우에 원고적격이 있는 것으로 보고 있다. 이와 같이 처분의 근거법규의 보호목적을 기준으로 하여 원고적격을 인정하는 것은 미국이나 프랑스의 입법례와 비교하여 원고적격을 좁게 인정하는 것이며, 이것이 환경보호를 위한 개발사업허가의 취소를 구하는 소송에 대한 제약요건이 되고 있다.[71]

[판례] 행정처분의 직접 상대방이 아닌 자로서 처분에 의하여 자신의 환경상 이익을 침해받거나 침해받을 우려가 있다는 이유로 취소소송을 제기하는 제3자는, 자신의 환경상 이익이 처분의 근거 법규 또는 관련 법규에 의하여 개별적·직접적·구체적으로 보호되

71) 미국과 프랑스에서는 근거법규에 의해 보호되는 개인적 이익을 침해받거나 받을 우려가 있는 자에 한정하지 않고 처분 또는 부작위에 의하여 개인의 이익이 직접 구체적으로 침해되기만 하면 취소소송의 원고적격을 인정한다.

는 이익, 즉 법률상 보호되는 이익임을 증명하여야 원고적격이 인정된다(대법원 2018. 7. 12. 선고 2015두3485 판결[개발제한구역행위(건축)허가취소])

다만, 판례는 점차 취소소송의 원고적격을 확대하고 있다. 이러한 현상은 환경보호를 목적으로 하는 취소소송에서 두드러지고 있다. 즉, 판례는 처분의 직접 근거가 되는 법규에서 나아가 처분의 근거가 되는 법규가 원용하고 있는 법규, 그리고 환경영향평가에 관한 법률까지도 처분의 근거 내지 관계법규로 보고 있다. 또한, 판례는 처분법규의 보호목적이 공익뿐만 아니라 개인의 이익도 보호하고 있다고 점차 넓게 해석함으로써 인근주민의 원고적격을 확대하고 있다.

[판례] 구 환경영향평가법(1999. 12. 31. 법률 제6095호 환경·교통·재해 등에 관한 영향평가법 부칙 제2조로 폐지) 제1조, 제3조, 제9조, 제16조, 제17조, 제27조 등의 규정 취지는 환경영향평가를 실시하여야 할 사업(이하 '대상사업'이라 한다)이 환경을 해치지 아니하는 방법으로 시행되도록 함으로써 당해 사업과 관련된 환경공익을 보호하려는 데 그치는 것이 아니라, 당해 사업으로 인하여 직접적이고 중대한 환경피해를 입으리라고 예상되는 환경영향평가대상지역 안의 주민들이 전과 비교하여 수인한도를 넘는 환경침해를 받지 아니하고 쾌적한 환경에서 생활할 수 있는 개별적 이익까지도 보호하려는 데에 있는 것이다(대법원 2006. 6. 30. 선고 2005두14363 판결－도창리 사격장 사건).

⑷ 법률상 이익이 있는 자

"법률상 이익이 있는 자"란 법률상 이익이 침해되거나 침해될 우려(개연성)가 있는 자를 말한다.

처분 등에 의해 법률상 이익이 현실적으로 침해된 경우뿐만 아니라 침해가 예상되는 경우에도 원고적격이 인정된다. 침해가 예상되는 경우에는 그 침해의 발생이 단순히 가능성이 있는 것만으로는 안 되고 확실하거나 개연성이 있어야 한다. 판례는 '침해의 우려'라는 표현을 쓰고 있는데, 우려는 모호한 개념이며 이 경우의 '우려'는 개연성을 의미한다고 보아야 한다.

[판례 1] 김해시장이 낙동강에 합류하는 하천수 주변의 토지에 구 산업집적활성화 및 공장설립에 관한 법률 제13조에 따라 공장설립을 승인하는 처분을 한 사안에서, 공장설립으로 수질오염 등이 발생할 우려가 있는 취수장에서 물을 공급받는 부산광역시 또는 양산시에 거주하는 주민들도 위 처분(공장설립을 승인하는 처분)의 근거 법규 및 관련 법

규에 의하여 법률상 보호되는 이익이 침해되거나 침해될 우려가 있는 주민으로서 원고적격이 인정된다고 한 사례(대법원 2010. 4. 15. 선고 2007두16127 판결[공장설립승인처분취소]－물금취수장 사건).

[판례 2] [1] 민간투자사업시행자지정처분 자체로 제3자의 재산권이 침해되지 않고, 구 민간투자법 제18조에 의한 타인의 토지출입 등, 제20조에 의한 토지 등의 수용·사용은 사업실시계획의 승인을 받은 후에야 가능하다. 그러므로 원고(서울－춘천고속도로건설사업시행지 토지소유자)들의 재산권은 사업실시계획의 승인 단계에서 보호되는 법률상 이익이라고 할 것이므로, 그 이전인 사업시행자지정처분 단계에서는 원고들의 재산권 침해를 이유로 그 취소를 구할 수 없다. [2] 이 사건 사업에 대한 사전환경성검토협의나 환경영향평가협의는 모두 이 사건 사업시행자지정처분 이후에 이루어져도 적법하고, 반드시 이 사건 사업시행자지정처분 전에 사전환경성검토협의나 환경영향평가협의 절차를 거칠 필요는 없다. 그러므로 환경정책기본법이나 '환경·교통·재해 등에 관한 영향평가법'에 의해 보호되는 원고(인근주민)들의 환경이익은 이 사건 사업시행자지정처분의 단계에서는 아직 법률에 의하여 보호되는 이익이라고 할 수 없다(대법원 2009. 4. 23. 선고 2008두242 판결[민간투자시설사업시행자지정처분취소]).

[판례 3] 재단법인 갑 수녀원이, 매립목적을 택지조성에서 조선시설용지로 변경하는 내용의 공유수면매립목적 변경 승인처분으로 인하여 법률상 보호되는 환경상 이익을 침해받았다면서 행정청을 상대로 처분의 무효 확인을 구하는 소송을 제기한 사안에서, 공유수면매립목적 변경 승인처분으로 갑 수녀원에 소속된 수녀 등이 쾌적한 환경에서 생활할 수 있는 환경상 이익을 침해받는다고 하더라도 이를 가리켜 곧바로 갑 수녀원의 법률상 이익이 침해된다고 볼 수 없고, 자연인이 아닌 갑 수녀원은 쾌적한 환경에서 생활할 수 있는 이익을 향수할 수 있는 주체가 아니므로 위 처분으로 위와 같은 생활상의 이익이 직접적으로 침해되는 관계에 있다고 볼 수도 없으며, 위 처분으로 환경에 영향을 주어 갑 수녀원이 운영하는 쨈 공장에 직접적이고 구체적인 재산적 피해가 발생한다거나 갑 수녀원이 폐쇄되고 이전해야 하는 등의 피해를 받거나 받을 우려가 있다는 점 등에 관한 증명도 부족하다는 이유로, 갑 수녀원에 처분의 무효 확인을 구할 원고적격이 없다고 한 사례(대법원 2012. 6. 28. 선고 2010두2005 판결[수정지구공유수면매립목적변경승인처분무효]).

법률상 이익의 침해 또는 침해의 우려는 원칙상 원고가 입증하여야 한다. 다만, 영향권(또는 환경영향평가대상지역) 내의 주민 등에 대하여는 특단의 사정이 없는 한 환경상 이익에 대한 침해 또는 침해 우려가 있는 것으로 사실상 추정되므로 법률상 이익의 침해 또는 침해의 우려 없음을 피고가 입증하여야 한다.

2) 구체적 사례의 유형별 고찰

㈎ 처분의 근거 내지 관계법규의 보호목적을 기준으로 인근주민의 원고적격을 판단한 사례

① 원고적격을 부정한 판례

[판례 1] 상수원보호구역의 변경처분에 대하여 그 상수원으로부터 급수를 받는 인근주민의 원고적격을 부인한 사례: 상수원보호구역 설정의 근거가 되는 수도법 제5조 제1항 및 동 시행령 제7조 제1항이 보호하고자 하는 것은 상수원의 확보와 수질보전일 뿐이고, 그 상수원에서 급수를 받고 있는 지역주민들이 가지는 상수원의 오염을 막아 양질의 급수를 받을 이익은 직접적이고 구체적으로는 보호하고 있지 않음이 명백하여 위 지역주민들이 가지는 이익은 상수원의 확보와 수질보호라는 공공의 이익이 달성됨에 따라 반사적으로 얻게 되는 이익에 불과하므로 지역주민들에 불과한 원고들에게는 위 상수원보호구역변경처분의 취소를 구할 법률상의 이익이 없다(대법원 1995. 9. 26. 선고 94누14544 판결[상수원보호구역변경처분등취소]). <해설> 이 판결은 대법원 2010. 4. 15. 선고 2007두16127 판결(물금취수장 사건)과 비교가 된다. 생각건대, 상수원에서 급수를 받고 있는 지역주민들이 가지는 상수원의 오염을 막아 양질의 급수를 받을 이익은 법률상 보호되고 있는 이익으로 보는 것이 타당하다. 수돗물이용자는 상수도사업자를 통하여 실질적으로 물이용부담금을 부담하고 있는 점도 고려하여야 한다.

[판례 2] 산림훼손허가 및 중소기업창업사업계획승인처분에 대하여 농경지의 풍수해를 우려한 인근주민의 원고적격을 부인한 사례: 피고가 소외 회사에 대하여 한 산림훼손허가 및 중소기업창업사업계획승인처분의 근거가 되는 중소기업창업지원법 및 산림법 등의 관계규정에 비추어 볼 때, 그 처분이 취소됨으로 인하여 제3자인 원고들과 같은 인근주민들의 농경지 등이 훼손 또는 풍수해를 입을 우려가 제거되는 것과 같은 이익은 위 각 처분의 근거법률에 의하여 보호되는 이익이라고 할 수 없다(대법원 1991. 12. 13. 선고 90누10360 판결[중소기업창업지원사업계획승인취소등]).

[판례 3] 국유도로의 공용폐지처분 및 다른 문화재의 발견을 원천적으로 봉쇄한 피고의 주택건설사업계획승인처분을 다툴 인근주민의 원고적격을 부인한 사례: 일반적으로 도로는 국가나 지방자치단체가 직접 공중의 통행에 제공하는 것으로서 일반국민은 이를 자유로이 이용할 수 있는 것이기는 하나, 그렇다고 하여 그 이용관계로부터 당연히 그 도로에 관하여 특정한 권리나 법령에 의하여 보호되는 이익이 개인에게 부여되는 것이라고까지는 말할 수 없으므로, 일반적인 시민생활에 있어 도로를 이용만 하는 사람은 그 용도폐지를 다툴 법률상의 이익이 있다고 말할 수 없지만,[72] 공공용재산이라고 하여도 당해

72) 이 사건에서는 원고가 거주하는 금강빌라의 주민들에 대하여는 그 빌라의 준공당시부터 30m 대로에 연결되는 폭 6m의 진입로가 별도로 설치되어 있어 통행에 아무런 불편이 없고, 이 사건 도로는

공공용 재산의 성질상 특정개인의 생활에 개별성이 강한 직접적이고 구체적인 이익을 부여하고 있어서 그에게 그로 인한 이익을 가지게 하는 것이 법률적인 관점으로도 이유가 있다고 인정되는 특별한 사정이 있는 경우에는 그와 같은 이익은 법률상 보호되어야 할 것이고, 따라서 도로의 용도폐지처분에 관하여 이러한 직접적인 이해관계를 가지는 사람이 그와 같은 이익을 현실적으로 침해당한 경우에는 그 취소를 구할 법률상의 이익이 있다. 문화재는 문화재의 지정이나 그 보호구역으로 지정이 있음으로써 유적의 보존 관리 등이 법적으로 확보되어 지역주민이나 국민일반 또는 학술연구자가 이를 활용하고 그로 인한 이익을 얻는 것이지만, 그 지정은 문화재를 보존하여 이를 활용함으로써 국민의 문화적 향상을 도모함과 아울러 인류 문화의 발전에 기여한다고 하는 목적을 위하여 행해지는 것이지, 그 이익이 일반국민이나 인근주민의 문화재를 향유할 구체적이고도 법률적인 이익이라고 할 수는 없다. … 원고가 주장하는 공원경관(公園景觀)에 대한 조망(眺望)의 이익이나 문화재의 매장가능성 문화재 발견에 의한 표창 가능성에 따른 일반 국민으로서의 문화재 보호의 이해관계 역시 직접적이고 구체적인 이익이라고 할 수 없어, 원고는 이 사건 민영주택건설사업계획승인처분을 다툴 법률상의 이익이 없다(대법원 1992. 9. 22. 선고 91누13212 판결[국유도로의공용폐지처분무효확인등]).[73)]

[판례 4] 국방부 민·군 복합형 관광미항(제주해군기지) 사업시행을 위한 해군본부의 요청에 따라 제주특별자치도지사가 절대보존지역이던 서귀포시 강정동 해안변지역에 관하여 절대보존지역을 변경(축소)하고 고시한 사안에서, 절대보존지역의 유지로 지역주민회와 주민들이 가지는 주거 및 생활환경상 이익은 지역의 경관 등이 보호됨으로써 반사적으로 누리는 것일 뿐 근거 법규 또는 관련 법규에 의하여 보호되는 개별적·직접적·구체적 이익이라고 할 수 없다는 이유로, 지역주민회 등은 위 처분을 다툴 원고적격이 없다고 본 원심판단을 정당하다고 한 사례(대법원 2012. 7. 5. 선고 2011두13187 판결[절대보전지역변경처분무효확인·절대보전지역변경(해제)처분무효확인등]).

[판례 5] 乙 등은 농어촌폐기물 종합처리시설로부터 2km 이내에 거주하고 있으므로 위 시설의 입지 결정 절차 등에 대하여 무효 등의 확인을 구할 원고적격이 있다(광주지법 2018. 5. 31. 선고 2015구합912 판결).

빌라 뒤쪽 사유지 사이에 위치한 매우 좁은 도로로서 거의 일반통행에는 제공이 되지 않고 위 주민들의 산책로 등으로 가끔 이용될 뿐이었다. 이 판결에서 대법원은 원고가 이 사건 도로를 산책로 등으로 가끔 이용하였던 정도의 이해관계만으로는 이 사건 도로의 용도폐지처분을 다툴 법률상의 이익이 있다고 할 수 없다고 보았다.

73) 평석: 도로공용폐지등을 다툴 원고적격, 백윤기, 대법원판례해설 18호 참조.

② 원고적격을 인정한 판례

[판례 1] 도시계획법상 주거지역에 설치할 수 없는 연탄공장 건축허가처분에 대한 지역주민의 원고적격을 인정한 사례: 주거지역 안에서는 도시계획법 제19조 제1항과 개정 전 건축법 제32조 제1항에 의하여 공익상 부득이 하다고 인정될 경우를 제외하고는 위와 같은 거주의 안녕과 건전한 생활환경의 보호를 해치는 모든 건축이 금지되고 있으며 이와 같이 금지되는 건축물로서 건축법은 '원동기를 사용하는 공장으로서 작업장의 바닥 면적의 합계가 50평방미터를 초과하는 것'을 그 하나로 열거하고 있다(이 사건 공장이 위 제한을 초과하고 있음은 물론이다). 위와 같은 도시계획법과 건축법의 규정 취지에 비추어 볼 때 이 법률들이 주거지역 내에서의 일정한 건축을 금지하고 또는 제한하고 있는 것은 도시계획법과 건축법이 추구하는 공공복리의 증진을 도모하고자 하는 데 그 목적이 있는 동시에 한편으로는 주거지역 내에 거주하는 사람의 '주거의 안녕과 생활 환경을 보호'하고자 하는 데도 그 목적이 있는 것으로 해석이 된다. 그러므로 주거지역 내에 거주하는 사람이 받는 위와 같은 보호이익은 단순한 반사적 이익이나 사실상의 이익이 아니라 바로 법률에 의하여 보호되는 이익이라고 할 것이다(대법원 1975. 5. 13. 선고 73누96, 97 판결[건축허가처분취소]).

[판례 2] 광업권설정허가처분 취소소송에서 원고적격자의 범위와 요건: 광업권설정허가처분의 근거법규 또는 관련법규가 되는 구 광업법(2002. 1. 19. 법률 제6612호로 개정되기 전의 것, 이하 같다) 제10조, 제12조 제2항, 제29조 제1항, 제29조의2, 제39조, 제48조, 제83조 제2항, 제84 내지 제87조, 제88조 제2항, 제91조 제1항, 구 광산보안법(2007. 1. 3. 법률 제8184호로 개정되기 전의 것) 제1조, 제5조 제1항 제2호, 제7호 등의 규정을 종합하여 보면, <u>위 근거법규 또는 관련법규의 취지는</u> 광업권설정허가처분과그에 따른 광산 개발과 관련된 후속 절차로 인하여 직접적이고 중대한 재산상·환경상 피해가 예상되는 토지나 건축물의 소유자나 점유자 또는 이해관계인 및 주민들이 전과 비교하여 수인한도를 넘는 재산상·환경상 침해를 받지 아니한 채 토지나 건축물 등을 보유하며 쾌적하게 생활할 수 있는 개별적 이익까지도 보호하려는 데에 있다고 할 것이므로, <u>광업권설정허가처분과 그에 따른 광산 개발로 인하여 재산상·환경상 이익의 침해를 받거나 받을 우려가 있는 토지나 건축물의 소유자와 점유자 또는 이해관계인 및 주민들로서는 그 처분 전과 비교하여 수인한도를 넘는 재산상·환경상 이익의 침해를 받거나 받을 우려가 있다는 것을 증명함으로써</u> 그 처분의 취소를 구할 원고 적격을 인정받을 수 있다(대법원 2008. 9. 11. 선고 2006두7577 판결[광업권설정허가처분취소등]).

[판례 3] 구 산업집적활성화 및 공장설립에 관한 법률 제8조 제4호, 구 국토의 계획 및 이용에 관한 법률 시행령 제56조 제1항 [별표 1] 제1호 (라)목 (2) 등의 규정 취지 및 수돗물을 공급받아 마시거나 이용하는 주민들이 환경상 이익의 침해를 이유로 공장설립승

인처분의 취소 등을 구할 원고적격을 인정받기 위한 요건: 공장설립승인처분의 근거법규 및 관련법규인 구 산업집적활성화 및 공장설립에 관한 법률(2006. 3. 3. 법률 제7861호로 개정되기 전의 것) 제8조 제4호가 산업자원부장관으로 하여금 관계 중앙행정기관의 장과 협의하여 '환경오염을 일으킬 수 있는 공장의 입지제한에 관한 사항'을 정하여 고시하도록 규정하고 있고, 이에 따른 산업자원부 장관의 공장입지기준고시(제2004-98호) 제5조 제1호가 '상수원 등 용수이용에 현저한 영향을 미치는 지역의 상류'를 환경오염을 일으킬 수 있는 공장의 입지제한지역으로 정할 수 있다고 규정하고, 국토의 계획 및 이용에 관한 법률 제58조 제3항의 위임에 따른 구 국토의 계획 및 이용에 관한 법률 시행령(2006. 8. 17. 대통령령 제19647호로 개정되기 전의 것) 제56조 제1항 [별표 1] 제1호 (라)목 (2)가 '개발행위로 인하여 당해 지역 및 그 주변 지역에 수질오염에 의한 환경오염이 발생할 우려가 없을 것'을 개발사업의 허가기준으로 규정하고 있는 취지는, 공장설립승인처분과 그 후속절차에 따라 공장이 설립되어 가동됨으로써 그 배출수 등으로 인한 수질오염 등으로 직접적이고도 중대한 환경상 피해를 입을 것으로 예상되는 주민들이 환경상 침해를 받지 아니한 채 물을 마시거나 용수를 이용하며 쾌적하고 안전하게 생활할 수 있는 개별적 이익까지도 구체적·직접적으로 보호하려는 데 있다. 따라서 수돗물을 공급받아 이를 마시거나 이용하는 주민들로서는 위 근거법규 및 관련법규가 환경상 이익의 침해를 받지 않은 채 깨끗한 수돗물을 마시거나 이용할 수 있는 자신들의 생활환경상의 개별적 이익을 직접적·구체적으로 보호하고 있음을 증명하여 원고적격을 인정받을 수 있다(대법원 2010. 4. 15. 선고 2007두16127 판결[공장설립승인처분취소]-물금취수장 사건).[74]

[판례 4] 토사채취 허가지의 인근 주민들에게 토사채취허가의 취소를 구할 법률상 이익이 있는지 여부(적극): 구 산림법(2002. 12. 30. 법률 제6841호로 개정되기 전의 것) 및 그 시행령, 시행규칙들의 규정 취지는 산림의 보호·육성, 임업생산력의 향상 및 산림의 공익기능의 증진을 도모함으로써 그와 관련된 공익을 보호하려는 데에 그치는 것이 아니라 그로 인하여 직접적이고 중대한 생활환경의 피해를 입으리라고 예상되는 토사채취 허가 등 인근 지역의 주민들이 주거·생활환경을 유지할 수 있는 개별적 이익까지도 보호하고 있다고 할 것이므로, 인근 주민들이 토사채취허가와 관련하여 가지게 되는 이익은 위와 같은 추상적, 평균적, 일반적인 이익에 그치는 것이 아니라 처분의 근거법규 등에 의하여 보호되는 직접적·구체적인 법률상 이익이라고 할 것이다(대판 1995. 9. 26, 94누14544; 대판 2003. 4. 25, 2003두1240 등 참조). 위 법리 및 기록에 비추어 보면, 원심이

74) 김해시장이 낙동강에 합류하는 하천수 주변의 토지에 구 산업집적활성화 및 공장설립에 관한 법률 제13조에 따라 공장설립을 승인하는 처분을 한 사안에서, 공장설립으로 수질오염 등이 발생할 우려가 있는 취수장에서 물을 공급받는 부산광역시 또는 양산시에 거주하는 주민들도 위 처분의 근거법규 및 관련 법규에 의하여 법률상 보호되는 이익이 침해되거나 침해될 우려가 있는 주민으로서 원고적격이 인정된다고 한 사례.

이 사건 토사채취 허가지의 인근 주민들 및 사찰인 원고들에게 이 사건 처분의 취소를 구할 법률상의 이익이 있다고 판단한 조치는 정당하다(대법원 2007. 6. 15. 선고 2005두 9736 판결[사유림내토사채취허가처분취소]).

(나) 처분의 근거가 되는 법규가 원용하고 있는 법규의 보호목적을 기준으로 인근 주민의 원고적격을 인정한 사례

[판례] 공설화장장 설치를 내용으로 하는 도시계획결정에 대해 지역주민이 취소소송을 제기한 사건에서 다음과 같이 원고적격을 인정하고 있다. "도시계획법 제12조 제3항의 위임에 따라 제정된 도시계획시설기준에관한규칙 제125조 제1항이 화장장의 구조 및 설치에 관하여는 매장및묘지등에관한법률이 정하는 바에 의한다고 규정하고 있어, 도시계획의 내용이 화장장의 설치에 관한 것일 때에는 도시계획법 제12조뿐만 아니라 매장및묘지등에관한법률 및 같은법 시행령 역시 그 근거 법률이 된다고 보아야 할 것이므로, 같은법 시행령 제4조 제2호가 공설화장장은 20호 이상의 인가가 밀집한 지역, 학교 또는 공중이 수시 집합하는 시설 또는 장소로부터 1,000m 이상 떨어진 곳에 설치하도록 제한을 가하고, 같은법 시행령 제9조가 국민보건상 위해를 끼칠 우려가 있는 지역, 도시계획법 제17조의 규정에 의한 주거지역, 상업지역, 공업지역 및 녹지지역 안의 풍치지구 등에의 공설화장장 설치를 금지함에 의하여 보호되는 부근 주민들의 이익은 위 도시계획결정처분의 근거 법률에 의하여 보호되는 법률상 이익이다(대법원 1995. 9. 26. 선고 94누 14544 판결). <해설> 이 판결의 의의는 계쟁처분의 직접적인 근거법규 이외에 당해 근거법규에서 요건규정으로 원용하고 있는 법규도 당해 계쟁처분의 근거법규로 보고 인근 주민의 원고적격을 인정하였다는 점에 있다.[75]

(다) 환경영향평가에 관한 법을 근거법규 내지 관계법규로 보고 환경영향평가대상 지역 주민에게 원고적격을 인정한 사례

판례는 환경영향평가법을 환경영향평가 대상사업에 대한 허가처분의 근거법률 내지 관계법률로 보고, 허가의 대상인 사업으로 인하여 개인적 이익(사익)인 환경상 이익(공익으로서의 환경상 이익이 아님)에 대해 직접적이고 중대한 환경침해를 받게 되리라고 예상되는 환경영향평가 대상지역 안의 주민에게 당해 허가 또는 승인처분의 취소를 구할 원고적격을 인정하고 있다. 환경영향평가 대상지역 안의 주민에게는 특단의 사정이 없는 한 환경상의 이익에 대한 침해 또는 침해우려가 있는 것

---

75) 동지의 판례: LPG 자동차충전소설치허가처분에 대한 인근주민의 원고적격 인정(대법원 1983. 7. 12. 선고 83누59 판결).

으로 사실상 추정되어 원고적격이 인정된다고 하여 원고적격의 범위를 획기적으로 넓히고 있다.

그러나 환경영향평가 대상지역 안에 있는 주민에게 당연히 원고적격이 인정되는 것은 아니며 환경영향평가의 대상이 되는 개발사업의 승인으로 환경상의 개인적 이익이 직접 구체적으로 침해될 것이 추정되어 원고적격이 있는 것으로 추정될 뿐이다. 따라서 환경영향평가 대상지역 안에 있는 주민에게 환경상의 개인적 이익이 직접 구체적으로 침해될 것이 예상되지 않는 경우에는 환경영향평가 대상지역 안에 있는 주민일지라도 원고적격이 인정되지 않는다.

[판례 1] 환경영향평가 대상지역 안의 주민에게 공유수면매립면허처분과 농지개량사업 시행인가처분의 무효확인을 구할 원고적격이 인정되는지 여부(적극): 공유수면매립면허처분과 농지개량사업 시행인가처분의 근거 법규 또는 관련법규가 되는 구 공유수면매립법, 구 농촌근대화촉진법, 구 환경보전법(폐지), 구 환경보전법 시행령, 구 환경정책기본법, 구 환경정책기본법 시행령의 각 관련규정의 취지는, 공유수면매립과 농지개량사업시행으로 인하여 직접적이고 중대한 환경피해를 입으리라고 예상되는 환경영향평가 대상지역 안의 주민들이 전과 비교하여 수인한도를 넘는 환경침해를 받지 아니하고 쾌적한 환경에서 생활할 수 있는 개별적 이익까지도 이를 보호하려는 데에 있다고 할 것이므로, 위 주민들이 공유수면매립면허처분 등과 관련하여 갖고 있는 위와 같은 환경상의 이익은 주민 개개인에 대하여 개별적으로 보호되는 직접적·구체적 이익으로서 그들에 대하여는 특단의 사정이 없는 한 환경상의 이익에 대한 침해 또는 침해우려가 있는 것으로 사실상 추정되어 공유수면매립면허처분 등의 무효확인을 구할 원고적격이 인정된다(대법원 2006. 3. 16. 선고 2006두330 전원합의체 판결[정부조치계획취소 등]-새만금 사건).

[판례 2] [1] 자연공원법령뿐 아니라 환경영향평가법령도 환경영향평가대상사업에 해당하는 국립공원집단시설지구개발사업에 관한 기본설계변경승인 및 공원사업시행허가처분의 근거 법률이 되는지 여부(적극): 조성면적 10만㎡ 이상이어서 환경영향평가대상사업에 해당하는 당해 국립공원 집단시설지구 개발사업에 관하여 당해 변경승인 및 허가처분을 함에 있어서는 반드시 자연공원법령 및 환경영향평가법령 소정의 환경영향평가를 거쳐서 그 환경영향평가의 협의내용을 사업계획에 반영시키도록 하여야 하는 것이니 만큼 자연공원법령뿐 아니라 환경영향평가법령도 당해 변경승인 및 허가처분에 직접적인 영향을 미치는 근거 법률이 된다. [2] 환경영향평가에 관한 자연공원법령과 환경영향평가법령의 규정의 취지 및 환경영향평가대상지역 안의 주민들이 당해 변경승인 및 허가처분과 관련하여 갖고 있는 환경상의 이익이 주민 개개인에 대하여 개별적으로 보호되는 직접적·구체적인 이익인지 여부(적극): 환경영향평가에 관한 자연공원법령 및 환경영향평

가법령의 규정들의 취지는 집단시설지구개발사업이 환경을 해치지 아니하는 방법으로 시행되도록 함으로써 집단시설지구개발사업과 관련된 환경공익을 보호하려는 데에 그치는 것이 아니라 그 사업으로 인하여 직접적이고 중대한 환경피해를 입으리라고 예상되는 환경영향평가대상지역 안의 주민들이 개발 전과 비교하여 수인한도를 넘는 환경침해를 받지 아니하고 쾌적한 환경에서 생활할 수 있는 개별적 이익까지도 이를 보호하려는 데에 있다 할 것이므로, 위 주민들이 당해 변경승인 및 허가처분과 관련하여 갖고 있는 위와 같은 환경상의 이익은 단순히 환경공익 보호의 결과로 국민일반이 공통적으로 가지게 되는 추상적·평균적·일반적인 이익에 그치지 아니하고 주민 개개인에 대하여 개별적으로 보호되는 직접적·구체적인 이익이라고 보아야 한다. [3] 국립공원 집단시설지구개발사업으로 인하여 직접적이고 중대한 환경피해를 입으리라고 예상되는 환경영향평가대상지역 안의 주민에게 환경영향평가대상사업에 관한 변경승인 및 허가처분의 취소를 구할 원고적격이 있다고 한 사례(대법원 1998. 4. 24. 선고 97누3286 판결[공원사업시행허가처분취소]–국립공원 속리산 용화지구 사건).

[판례 3] [1] 원자로 시설부지 인근 주민들에게 방사성물질 등에 의한 생명·신체의 안전침해를 이유로 부지사전승인처분의 취소를 구할 원고적격이 있는지 여부(적극): 원자력법 제12조 제2호(발전용 원자로 및 관계 시설의 위치·구조 및 설비가 대통령령이 정하는 기술수준에 적합하여 방사성물질 등에 의한 인체·물체·공공의 재해방지에 지장이 없을 것)의 취지는 원자로 등 건설사업이 방사성물질 및 그에 의하여 오염된 물질에 의한 인체·물체·공공의 재해를 발생시키지 아니하는 방법으로 시행되도록 함으로써 방사성물질 등에 의한 생명·건강상의 위해를 받지 아니할 이익을 일반적 공익으로서 보호하려는 데 그치는 것이 아니라 방사성물질에 의하여 보다 직접적이고 중대한 피해를 입으리라고 예상되는 지역 내의 주민들의 위와 같은 이익을 직접적·구체적 이익으로서도 보호하려는 데에 있다 할 것이므로, 위와 같은 지역 내의 주민들에게는 방사성물질 등에 의한 생명·신체의 안전침해를 이유로 부지사전승인처분의 취소를 구할 원고적격이 있다. [2] 환경영향평가대상지역 안의 원자로 시설부지 인근 주민들이 방사성물질 이외의 원인에 의한 환경침해를 받지 아니하고 생활할 수 있는 이익이 직접적·구체적 이익인지 여부(적극) 및 위 주민들에게 이를 이유로 원자로시설부지사전승인처분의 취소를 구할 원고적격이 있는지 여부(적극): 원자력법 제12조 제3호(발전용 원자로 및 관계시설의 건설이 국민의 건강·환경상의 위해방지에 지장이 없을 것)의 취지와 원자력법 제11조의 규정에 의한 원자로 및 관계 시설의 건설사업을 환경영향평가대상사업으로 규정하고 있는 구 환경영향평가법(1997. 3. 7. 법률 제5302호로 개정되기 전의 것) 제4조, 구 환경영향평가법시행령(1993. 12. 11. 대통령령 제14018호로 제정되어 1997. 9. 8. 대통령령 제15475호로 개정되기 전의 것) 제2조 제2항 [별표 1]의 다의 (4) 규정 및 환경영향평가서

의 작성, 주민의 의견 수렴, 평가서 작성에 관한 관계 기관과의 협의, 협의내용을 사업계획에 반영한 여부에 대한 확인·통보 등을 규정하고 있는 위 법 제8조, 제9조 제1항, 제16조 제1항, 제19조 제1항 규정의 내용을 종합하여 보면, 위 환경영향평가법 제7조에 정한 환경영향평가대상지역 안의 주민들이 방사성물질 이외의 원인에 의한 환경침해를 받지 아니하고 생활할 수 있는 이익도 직접적·구체적 이익으로서 그 보호대상으로 삼고 있다고 보이므로, 위 환경영향평가대상지역 안의 주민에게는 방사성물질 이외에 원전냉각수 순환시 발생되는 온배수로 인한 환경침해를 이유로 부지사전승인처분의 취소를 구할 원고적격도 있다(대법원 1998. 9. 4. 선고 97누19588 판결[부지사전승인처분취소] – 영광원자력발전소 사건).

[판례 4] [1] 환경영향평가대상지역 안의 주민들이 그 대상사업인 전원개발사업실시계획승인처분과 관련하여 갖는 환경상 이익이 직접적·구체적 이익인지 여부(적극) 및 위 주민들에게 그 침해를 이유로 위 처분의 취소를 구할 원고적격이 있는지 여부(적극): 전원개발사업실시계획승인처분의 근거 법률인 전원개발에관한특례법령, 구 환경보전법령, 구 환경정책기본법령 및 환경영향평가법령 등의 규정 취지는 환경영향평가대상사업에 해당하는 발전소건설사업이 환경을 해치지 아니하는 방법으로 시행되도록 함으로써 당해 사업과 관련된 환경공익을 보호하려는 데 그치는 것이 아니라 당해 사업으로 인하여 직접적이고 중대한 환경피해를 입으리라고 예상되는 환경영향평가대상지역 안의 주민들이 전과 비교하여 수인한도를 넘는 환경침해를 받지 아니하고 쾌적한 환경에서 생활할 수 있는 개별적 이익까지도 이를 보호하려는 데에 있으므로, 주민들이 위 승인처분과 관련하여 갖고 있는 위와 같은 환경상 이익은 단순히 환경공익 보호의 결과로서 국민일반이 공통적으로 갖게 되는 추상적·평균적·일반적 이익에 그치지 아니하고 환경영향평가대상지역 안의 주민 개개인에 대하여 개별적으로 보호되는 직접적·구체적 이익이라고 보아야 하고, 따라서 위 사업으로 인하여 직접적이고 중대한 환경침해를 받게 되리라고 예상되는 환경영향평가대상지역 안의 주민에게는 위 승인처분의 취소를 구할 원고적격이 있다. [2] 환경영향평가대상지역 밖의 주민 등의 환경상 이익 또는 전원개발사업구역 밖의 주민 등의 재산상 이익이 직접적·구체적 이익인지 여부(소극) 및 위 주민들에게 그 침해를 이유로 전원개발사업실시계획승인처분의 취소를 구할 원고적격이 있는지 여부(소극): 환경영향평가대상지역 밖의 주민·일반 국민·산악인·사진가·학자·환경보호단체 등의 환경상 이익이나 전원개발사업구역 밖의 주민 등의 재산상 이익에 대하여는 위 [1]항의 근거 법률에 이를 그들의 개별적·직접적·구체적 이익으로 보호하려는 내용 및 취지를 가지는 규정을 두고 있지 아니하므로, 이들에게는 위와 같은 이익 침해를 이유로 전원개발사업실시계획승인처분의 취소를 구할 원고적격이 없다(대법원 1998. 9. 22. 선고 97누19571 판결[발전소건설사업승인처분취소] – 양수발전소 사건).

(라) 환경영향평가 대상지역 밖 주민의 원고적격 인정요건

환경영향평가 대상지역 밖의 주민이라 할지라도 처분 등으로 인하여 그 처분 전과 비교하여 수인한도를 넘는 환경피해를 받거나 받을 우려가 있는(개연성이 있는) 경우에는 처분 등으로 인하여 환경상 이익에 대한 침해 또는 침해우려가 있다는 것을 입증함으로써 그 처분 등의 무효확인을 구할 원고적격을 인정받을 수 있다.[76]

다만, 환경영향평가 대상지역 밖의 주민이라도 그 환경영향평가 대상지역 내에서 농작물을 경작하는 등 현실적으로 환경상 이익을 향유하는 자는 환경상 이익에 대한 침해 또는 침해의 우려가 있는 것으로 사실상 추정되어 원고적격이 인정되는 자에 포함된다. 그렇지만 단지 그 환경영향평가 대상지역 내의 건물·토지를 소유하거나 환경상 이익을 일시적으로 향유하는 데 그치는 자는 포함되지 않는다고 할 것이다.

(마) 영향권이 정해진 경우 영향권 내의 주민과 영향권 밖의 주민의 원고적격 인정요건

환경영향평가의 '대상지역'과 개발사업으로 인하여 환경상 침해를 받으리라고 예상되는 '영향권'은 현실적으로 일치할 수도 있지만 다를 수도 있다. 환경영향평가의 '대상지역'은 계획의 수립이나 사업의 시행으로 영향을 받게 되는 지역으로서 환경영향을 과학적으로 예측·분석한 자료에 따라 그 범위가 설정된다(환경영향평가법 제6조). 현행 환경영향평가제도 하에서는 개발사업을 시행하는 사업자측에서 환경영향평가 대상지역을 설정하여 환경영향평가를 수행하고 환경영향평가서를 작성하므로, 경우에 따라서는 개발사업으로 인하여 환경상 큰 영향을 받게 되는 지역이지만 의도적 또는 비의도적으로 환경영향평가 대상지역에서 제외되는 경우가 있을 수 있다. 따라서 원고적격 유무를 판단함에 있어서는 법원이 환경영향평가서의 내용에 구속됨이 없이 소송자료와 증거자료 등을 종합하여 원고가 대상사업의 시행으로 인하여 영향을 받게 되는 지역 안의 주민인지 여부를 판단하게 된다.[77] 뿐만 아니라 환경영향평가 대상지역이 설정되지 아니 한 경우에도 환경영향평가를 시행하면 대상지역 내에 포함될 개연성이 충분한 경우 법원은 해당 지역 주민에게 원고적격을 인정할 수 있다.

76) 대법원 2006. 3. 16. 선고 2006두330 전원합의체 판결[정부조치계획취소등]－새만금사건
77) 서울고법 2005. 12. 21. 선고 2005누4412 판결[정부조치계획취소등]－새만금사건 원심판결.

[판례] 기록에 의하면 원고들이 거주하는 신일아파트의 부지와 이 사건 각 임야의 경계를 기준으로 가장 가까운 거리는 71m에 불과하고, 실제 공장시설과 가장 근접한 신일아파트 제104동의 각 직선거리 및 사거리 역시 최소 144m 내지 최대 301m에 불과한 사실 또한 알 수 있으므로, 비록 피고 주장의 반대 사정, 즉, 각 공장 부지에서 신일아파트가 육안으로 보이지 아니하는 점, 공장 부지가 아파트 바로 위쪽이 아닌 다른 능선 쪽에 위치하고 있는 점, 피고 시내에 참가인들의 공장과 같은 동종업체가 다수 있는 점 등의 사정을 참작한다 하더라도, 위와 같은 지형적 사실에 앞에서 살핀 참가인들의 각 공장 업종, 그리고 최근 이루어지고 있는 사전환경성검토협의 대상지역의 통상적 범위 등의 사정을 더하여 보면, 원고들이 거주하는 신일아파트는 사전환경성검토협의 대상지역 내에 포함될 개연성이 충분하다고 할 것이다. 그렇다면 위 사전환경성검토협의 대상지역 내에 포함될 개연성이 충분하다고 보이는 주민들인 원고들에 대하여는 그 환경상 이익에 대한 침해 또는 침해 우려가 있는 것으로 추정할 수 있고 이는 법률상 보호되는 이익에 해당한다고 해석함이 상당하다(대법원 2006. 12. 22. 선고 2006두14001 판결[공장설립승인처분취소]－신일아파트 사건 – 환경정책기본법령상 사전환경성검토협의 대상지역 내에 포함될 개연성이 충분하다고 보이는 주민들에게 그 협의대상에 해당하는 창업사업계획승인처분과 공장설립승인처분의 취소를 구할 원고적격이 인정된다고 한 사례).

최근 판례들은 개발사업으로 인하여 환경상 침해를 받으리라고 예상되는 '영향권'의 범위를 기준으로 원고적격을 인정하고 있다. 즉, '영향권'의 범위 결정은 기본적으로 법원의 규범적 판단의 대상이고 따라서 이는 원고적격의 인정과 관련하여 중요한 의미를 갖게 되었다.

판례는 처분의 근거 법규 등에 개발사업으로 인하여 환경상 침해를 받으리라고 예상되는 영향권의 범위가 구체적으로 정해져 있는 경우, **그 영향권 내의 주민**들에 대하여는 특단의 사정이 없는 한 **환경상 이익에 대한 침해 또는 침해 우려가 있는 것으로 사실상 추정**되어 법률상 보호되는 이익으로 인정됨으로써 원고적격이 인정된다.

영향권 밖의 주민들은 당해 처분으로 인하여 그 처분 전과 비교하여 수인한도를 넘는 환경피해를 받거나 받을 우려가 있다는 자신의 환경상 이익에 대한 침해 또는 침해 우려가 있음을 **입증하여야**만 법률상 보호되는 이익으로 인정되어 원고적격이 인정된다.

다만, 영향권 밖의 주민이라도 그 영향권 내에서 농작물을 경작하는 등 **현실적으로 환경상 이익을 향유하는 자**는 환경상 이익에 대한 침해 또는 침해의 우려가 있는 것으로 사실상 추정되어 원고적격이 인정되는 자에 포함된다. 그렇지만 단지 그 영향권 내의 건물·토지를 소유하거나 환경상 이익을 **일시적으로 향유하는 데 그치는 자**는 포함되지 않는다고 할 것이다.[78)]

한편, 영향권 밖에 거주하는 자라 하더라도 그들이 수돗물을 공급받는 취수장이 영향권 내에 있는 경우에는 원고적격이 인정된다.[79)]

[판례 1] [1] 행정처분의 근거법규 등에 그 처분으로 환경상 침해를 받으리라고 예상되는 영향권의 범위가 구체적으로 규정된 경우, 행정처분의 직접 당사자가 아닌 그 영향권 내의 주민과 영향권 밖의 주민에게 행정처분의 취소 등을 구할 원고적격이 인정되기 위한 요건: 행정처분의 직접 상대방이 아닌 자로서 그 처분에 의하여 자신의 환경상 이익이 침해받거나 침해받을 우려가 있다는 이유로 취소나 무효확인을 구하는 제3자는, 자신의 환경상 이익이 그 처분의 근거법규 또는 관련법규에 의하여 개별적·직접적·구체적으로 보호되는 이익, 즉 법률상 보호되는 이익임을 입증하여야 원고적격이 인정된다. 다만, 그 행정처분의 근거법규 또는 관련법규에 그 처분으로써 이루어지는 행위 등 사업으로 인하여 환경상 침해를 받으리라고 예상되는 영향권의 범위가 구체적으로 규정되어 있는 경우에는, 그 영향권 내의 주민들에 대하여는 당해 처분으로 인하여 직접적이고 중대한 환경피해를 입으리라고 예상할 수 있고, 이와 같은 환경상의 이익은 주민 개개인에 대하여 개별적으로 보호되는 직접적·구체적 이익으로서 그들에 대하여는 특단의 사정이 없는 한 환경상 이익에 대한 침해 또는 침해 우려가 있는 것으로 사실상 추정되어 법률상 보호되는 이익으로 인정됨으로써 원고적격이 인정되며, 그 영향권 밖의 주민들은 당해 처분으로 인하여 그 처분 전과 비교하여 수인한도를 넘는 환경피해를 받거나 받을 우려가 있다는 자신의 환경상 이익에 대한 침해 또는 침해 우려가 있음을 입증하여야만 법률상 보호되는 이익으로 인정되어 원고적격이 인정된다. [2] 행정처분의 근거 법규 등에 의하여 환경상 이익에 대한 침해 또는 침해 우려가 있는 것으로 사실상 추정되어 원고적격이 인정되는 사람의 범위: 환경상 이익에 대한 침해 또는 침해 우려가 있는 것으로 사실상 추정되어 원고적격이 인정되는 자는 환경상 침해를 받으리라고 예상되는 영향권 내의 주민들을 비롯하여 그 영향권 내에서 농작물을 경작하는 등 현실적으로 환경상 이익을 향유하는 자도 포함된다고 할 것이나, 단지 그 영향권 내의 건물·토지를 소유하거나 환경상 이익을 일시적으로 향유하는 데 그치는 자는 포함되지 않는다고 할 것이다(대법원 2009. 9. 24. 선고 2009두2825 판결[개발사업시행승인처분취소] – 제주난산풍력발전소 사건).

78) 대법원 2009. 9. 24. 선고 2009두2825 판결[개발사업시행승인처분취소] – 제주난산풍력발전소사건.
79) 대법원 2010. 4. 15. 선고 2007두16127 판결[공장설립승인처분취소] – 물금취수장사건.

[판례 2] [1] 행정처분으로써 이루어지는 사업으로 환경상 침해를 받으리라고 예상되는 영향권의 범위가 그 처분의 근거 법규 등에 구체적으로 규정되어 있는 경우, 영향권 내의 주민에게 행정처분의 취소 등을 구할 원고적격이 인정되는지 여부(원칙적 적극) 및 영향권 밖의 주민에게 원고적격이 인정되기 위한 요건: 행정처분의 근거 법규 또는 관련 법규에 그 처분으로써 이루어지는 행위 등 사업으로 인하여 환경상 침해를 받으리라고 예상되는 영향권의 범위가 구체적으로 규정되어 있는 경우에는, 그 영향권 내의 주민들에 대하여는 당해 처분으로 인하여 직접적이고 중대한 환경피해를 입으리라고 예상할 수 있고, 이와 같은 환경상의 이익은 주민 개개인에 대하여 개별적으로 보호되는 직접적·구체적 이익으로서 그들에 대하여는 특단의 사정이 없는 한 환경상 이익에 대한 침해 또는 침해 우려가 있는 것으로 사실상 추정되어 법률상 보호되는 이익으로 인정됨으로써 원고적격이 인정되며, 그 영향권 밖의 주민들은 당해 처분으로 인하여 그 처분 전과 비교하여 수인한도를 넘는 환경피해를 받거나 받을 우려가 있다는 자신의 환경상 이익에 대한 침해 또는 침해 우려가 있음을 증명하여야만 법률상 보호되는 이익으로 인정되어 원고적격이 인정된다. [2] 공장설립승인처분의 근거 법규 및 관련 법규인 구 산업집적활성화 및 공장설립에 관한 법률(2006. 3. 3. 법률 제7861호로 개정되기 전의 것) 제8조 제4호가 산업자원부장관으로 하여금 관계 중앙행정기관의 장과 협의하여 '환경오염을 일으킬 수 있는 공장의 입지제한에 관한 사항'을 정하여 고시하도록 규정하고 있고, 이에 따른 산업자원부 장관의 공장입지기준고시(제2004-98호) 제5조 제1호가 '상수원 등 용수이용에 현저한 영향을 미치는 지역의 상류'를 환경오염을 일으킬 수 있는 공장의 입지제한지역으로 정할 수 있다고 규정하고, 국토의 계획 및 이용에 관한 법률 제58조 제3항의 위임에 따른 구 국토의 계획 및 이용에 관한 법률 시행령(2006. 8. 17. 대통령령 제19647호로 개정되기 전의 것) 제56조 제1항 [별표 1] 제1호 (라)목 (2)가 '개발행위로 인하여 당해 지역 및 그 주변 지역에 수질오염에 의한 환경오염이 발생할 우려가 없을 것'을 개발사업의 허가기준으로 규정하고 있는 취지는, 공장설립승인처분과 그 후속절차에 따라 공장이 설립되어 가동됨으로써 그 배출수 등으로 인한 수질오염 등으로 직접적이고도 중대한 환경상 피해를 입을 것으로 예상되는 주민들이 환경상 침해를 받지 아니한 채 물을 마시거나 용수를 이용하며 쾌적하고 안전하게 생활할 수 있는 개별적 이익까지도 구체적·직접적으로 보호하려는 데 있다. 따라서 수돗물을 공급받아 이를 마시거나 이용하는 주민들로서는 위 근거 법규 및 관련 법규가 환경상 이익의 침해를 받지 않은 채 깨끗한 수돗물을 마시거나 이용할 수 있는 자신들의 생활환경상의 개별적 이익을 직접적·구체적으로 보호하고 있음을 증명하여 원고적격을 인정받을 수 있다. [3] 김해시장이 소감천을 통해 낙동강에 합류하는 하천수 주변의 토지에 구 산업집적활성화 및 공장설립에 관한 법률 제13조에 따라 공장설립을 승인하는 처분을 한 사안에서, 상수원인 물금취수장이 소감천이

흘러 내려 낙동강 본류와 합류하는 지점 근처에 위치하고 있는 점, 수돗물은 수도관 등 급수시설에 의해 공급되는 것이어서 거주지역이 물금취수장으로부터 다소 떨어진 곳이라고 하더라도 수돗물의 수질악화 등으로 주민들이 갖게 되는 환경상 이익의 침해나 그 우려는 그 수돗물을 공급하는 취수시설이 입게 되는 수질오염 등의 피해나 그 우려와 동일하게 평가될 수 있는 점 등에 비추어, 공장설립으로 수질오염 등이 발생할 우려가 있는 물금취수장에서 취수된 물을 공급받는 부산광역시 또는 양산시에 거주하는 주민들도 위 처분의 근거 법규 및 관련 법규에 의하여 개별적·구체적·직접적으로 보호되는 환경상 이익, 즉 법률상 보호되는 이익이 침해되거나 침해될 우려가 있는 주민으로서 원고적격이 인정된다고 한 사례(대법원 2010. 4. 15. 선고 2007두16127 판결[공장설립승인처분취소]－물금취수장 사건). <해설> 이 사건에서 원고인 수돗물을 공급받는 자는 영향권 밖의 주민이지만, 상수원인 취수장이 영향권 내에 있는 점, 수돗물은 수도관 등급수시설에 의해 공급되는 것이어서 거주지역이 물금취수장으로부터 다소 떨어진 곳이라고 하더라도 수돗물의 수질악화 등으로 주민들이 갖게 되는 환경상 이익의 침해나 그 우려는 그 수돗물을 공급하는 취수시설이 입게 되는 수질오염 등의 피해나 그 우려와 동일하게 평가될 수 있는 점 등을 고려하여 원고가 갖는 법률상 이익인 환경상 이익의 침해 우려가 있다고 본 사례이다. 이 판례에 의하면 수돗물을 공급받는 자가 영향권 밖에 거주하더라도 취수장이 영향권 내에 있으면 환경상 이익에 대한 침해 또는 침해우려가 있는 것으로 사실상 추정되어 원고적격을 인정받을 수 있다는 결과가 된다.

[판례 3] (1) 폐기물처리시설 설치기관이 주변영향지역으로 지정·고시하지 아니한 경우, 폐기물소각시설의 부지경계선으로부터 300m 밖에 거주하는 주민들이 폐기물소각시설의 입지지역을 결정·고시한 처분의 무효확인을 구할 원고적격을 인정받기 위한 요건: 구 폐기물처리시설설치촉진및주변지역지원등에관한법률(2002. 2. 4. 법률 제6656호로 개정되기 전의 것) 및 같은법시행령의 관계 규정의 취지는 처리능력이 1일 50t인 소각시설을 설치하는 사업으로 인하여 직접적이고 중대한 환경상의 침해를 받으리라고 예상되는 직접영향권 내에 있는 주민들이나 폐기물소각시설의 부지경계선으로부터 300m 이내의 간접영향권 내에 있는 주민들이 사업 시행 전과 비교하여 수인한도를 넘는 환경피해를 받지 아니하고 쾌적한 환경에서 생활할 수 있는 개별적인 이익까지도 이를 보호하려는 데에 있다 할 것이므로, 위 주민들이 소각시설입지지역결정·고시와 관련하여 갖는 위와 같은 환경상의 이익은 주민 개개인에 대하여 개별적으로 보호되는 직접적·구체적 이익으로서 그들에 대하여는 특단의 사정이 없는 한 환경상의 이익에 대한 침해 또는 침해우려가 있는 것으로 사실상 추정되어 폐기물 소각시설의 입지지역을 결정·고시한 처분의 무효확인을 구할 원고적격이 인정된다고 할 것이고, 한편 폐기물소각시설의 부지경계선으로부터 300m 밖에 거주하는 주민들도 위와 같은 소각시설 설치사업으로 인하여 사업

시행 전과 비교하여 수인한도를 넘는 환경피해를 받거나 받을 우려가 있음에도 폐기물처리시설 설치기관이 주변영향지역으로 지정·고시하지 않는 경우 같은 법 제17조 제3항 제2호 단서 규정에 따라 당해 폐기물처리시설의 설치·운영으로 인하여 환경상 이익에 대한 침해 또는 침해우려가 있다는 것을 입증함으로써 그 처분의 무효확인을 구할 원고적격을 인정받을 수 있다. (2) 원고는 위 부지경계선으로부터 최소 900m 이상 떨어진 지역에 거주하는 자인 데다가 이 사건 폐기물처리시설의 부지와 원고가 거주하는 마을 사이에는 임야가 가로막고 있는 사실을 알 수 있고, 이 사건에서 원고가 위 폐기물처리시설의 설치·운영으로 인하여 환경상 이익에 대한 침해 또는 침해우려가 있다는 점을 입증하지 못하고 있으므로, 원고에게는 이 사건 처분의 무효확인을 구할 원고적격이 있다고 할 수 없을 것이다(대법원 2005. 3. 11. 선고 2003두13489 판결[쓰레기소각장입지지역결정고시취소청구]－안성 생활쓰레기 소각장 설치사업 사건).

[판례 4] 납골당 설치장소에서 500m 내에 20호 이상의 인가가 밀집한 지역에 거주하는 주민들의 경우, 납골당이 누구에 의하여 설치되는지와 관계없이 납골당 설치에 대하여 환경 이익 침해 또는 침해 우려가 있는 것으로 사실상 추정되어 원고적격이 인정되는지 여부(적극): 구 장사법 제14조 제3항, 구 장사 등에 관한 법률 시행령(2008. 5. 26. 대통령령 제20791호로 전부 개정되기 전의 것, 이하 '구 장사법 시행령'이라고 한다) 제13조 제1항 [별표 3]은, 사설납골시설의 경우 납골묘, 납골탑과 납골당 중 가족 또는 종중·문중 납골당은 모두 사원·묘지·화장장 그 밖에 지방자치단체의 조례가 정하는 장소에 설치하여야 한다고 규정하고 있고, 파주시 장사시설의 설치 및 운영조례(2010. 4. 20. 제880호로 개정되기 전의 것) 제6조 본문은 위와 같은 사설납골시설을 설치할 수 있는 장소로 20호 이상의 인가가 밀집한 지역으로부터 500m 이상 떨어진 곳 등을 규정하고 있다. 이와 같이 구 장사 등에 관한 법률(2007. 5. 25. 법률 제8489호로 전부 개정되기 전의 것) 제14조 제3항, 구 장사 등에 관한 법률 시행령(2008. 5. 26. 대통령령 제20791호로 전부 개정되기 전의 것) 제13조 제1항 [별표 3]에서 납골묘, 납골탑, 가족 또는 종중·문중 납골당 등 사설납골시설의 설치장소에 제한을 둔 것은, 이러한 사설납골시설을 인가가 밀집한 지역 인근에 설치하지 못하게 함으로써 주민들의 쾌적한 주거, 경관, 보건위생 등 생활환경상의 개별적 이익을 직접적·구체적으로 보호하려는 데 취지가 있으므로, 이러한 납골시설 설치장소에서 500m 내에 20호 이상의 인가가 밀집한 지역에 거주하는 주민들은 납골당 설치에 대하여 환경상 이익 침해를 받거나 받을 우려가 있는 것으로 사실상 추정된다. 다만 사설납골시설 중 종교단체 및 재단법인이 설치하는 납골당에 대하여는 그와 같은 설치 장소를 제한하는 규정을 명시적으로 두고 있지 않지만, 종교단체나 재단법인이 설치한 납골당이라 하여 납골당으로서 성질이 가족 또는 종중, 문중 납골당과 다르다고 할 수 없고, 인근 주민들이 납골당에 대하여 가지는 쾌적한 주거, 경관, 보건위생 등 생활환경상의 이익에

차이가 난다고 볼 수 없다. 따라서 납골당 설치장소에서 500m 내에 20호 이상의 인가가 밀집한 지역에 거주하는 주민들에게는 납골당이 누구에 의하여 설치되는지를 따질 필요 없이 납골당 설치에 대하여 환경 이익 침해 또는 침해 우려가 있는 것으로 사실상 추정되어 원고적격이 인정된다고 보는 것이 타당하다(대법원 2011. 9. 8. 선고 2009두6766 판결[납골당설치신고수리처분이행통지취소] – 파주 종교단체 납골당 설치신고 사건).

[판례 5] 개발행위가 시행될 당해지역이나 주변지역의 주민은 물론, 그 밖에 '개발행위로 위와 같은 자신의 생활환경상의 개별적 이익이 수인한도를 넘어 침해되거나 침해될 우려가 있음을 증명한 자'는 개발행위허가 처분을 다툴 법률상 이익을 인정받을 수 있다(대법원 2014. 11. 13. 선고 2013두6824 판결[재결취소]).

[판례 6] (1) 종전에 고시한 주변영향지역 결정의 유효기간이 만료되고 환경상 영향에 변동이 있어 주변영향지역의 범위를 다시 결정할 필요가 있는 경우에는, 폐기물처리시설 설치기관은 시행령 제18조 제1항 [별표 2] 제2호 (나)목에 따라 '주변영향지역이 결정·고시되지 아니한 경우'와 마찬가지로 '폐기물매립시설 부지 경계선으로부터 2km 이내, 폐기물소각시설 부지 경계선으로부터 300m 이내에 거주하는 지역주민으로서 해당 특별자치도·시·군·구의회에서 추천한 읍·면·동별 주민대표'로 지원협의체를 다시 구성하여 주변영향지역의 결정에 관하여 협의하여야 한다. 나아가 '종전에 결정·고시한 주변영향지역에 거주하는 지역주민으로서 해당 특별자치도·시·군·구의회에서 추천한 읍·면·동별 주민대표'로 구성된 지원협의체는 주변영향지역의 범위를 다시 결정하는 데에 관여할 권한이나 자격이 없다고 보아야 한다. (2) 폐기물처리시설의 주변영향지역이 결정·고시되지 아니한 경우의 주민지원협의체 구성 방법에 관한 폐기물처리시설 설치촉진 및 주변지역지원 등에 관한 법률 시행령 제18조 제1항 [별표 2] 제2호 (나)목의 규정 취지 및 폐기물매립시설 부지 경계선으로부터 2km 이내, 폐기물소각시설 부지 경계선으로부터 300m 이내에 거주하는 주민들에게 주변영향지역 결정의 취소 등을 구할 원고적격이 인정되는지 여부(원칙적 적극) : 시행령 제18조 제1항 [별표 2] 제2호 (나)목은 '주변영향지역이 결정·고시되지 아니한 경우'에 '폐기물매립시설의 부지 경계선으로부터 2km 이내, 폐기물소각시설의 부지 경계선으로부터 300m 이내에 거주하는 지역주민으로서 해당 특별자치도·시·군·구의회에서 추천한 읍·면·동별 주민대표'로 지원협의체를 구성하도록 규정하고 있다. 위와 같은 규정의 취지는, 폐기물매립시설의 부지 경계선으로부터 2km 이내, 폐기물소각시설의 부지 경계선으로부터 300m 이내에는 폐기물처리시설의 설치·운영으로 환경상 영향을 미칠 가능성이 있으므로, 그 범위 안에서 거주하는 주민들 중에서 선정한 주민대표로 하여금 지원협의체의 구성원이 되어 환경상 영향조사, 주변영향지역 결정, 주민지원사업의 결정에 참여할 수 있도록 함으로써, 그 주민들이 폐기물처리시설 설치·운영으로 인한 환경상 불이익을 보상받을 수 있도록 하려는 데 있다. 위 범

위 안에서 거주하는 주민들이 폐기물처리시설의 주변영향지역 결정과 관련하여 갖는 이익은 주민 개개인에 대하여 개별적으로 보호되는 직접적·구체적 이익으로서 그들에 대하여는 특단의 사정이 없는 한 환경상 이익에 대한 침해 또는 침해 우려가 있는 것으로 사실상 추정되어 원고적격이 인정된다(대법원 2018. 8. 1. 선고 2014두42520 판결[주변영향지역거주확인]－춘천시 폐기물종합처리시설 신축 사건).

㈓ 기본권 주체의 원고적격

침해된 기본권이 자유권 등 구체적 기본권인 경우 원고적격을 인정할 수 있지만, 기본권이 구체적 권리가 아닌 경우에는 기본권에 근거하여 원고적격을 인정할 수 없다고 보는 것이 타당하다.

헌법상 기본권이 원고적격의 요건인 법률상 이익이 될 수 있는지에 관하여 아직 이를 적극적으로 인정하고 있는 대법원 판례는 없고, 환경권과 같은 추상적 기본권의 침해만으로는 원고적격을 인정할 수 없다는 대법원 판례가 있을 뿐이다.

[판례] 환경영향평가 대상지역 밖에 거주하는 주민에게 헌법상의 환경권 또는 환경정책기본법에 근거하여 공유수면매립면허처분과 농지개량사업 시행인가처분의 무효확인을 구할 원고적격이 없다고 한 사례: 헌법 제35조 제1항에서 정하고 있는 환경권에 관한 규정만으로는 그 권리의 주체·대상·내용·행사방법 등이 구체적으로 정립되어 있다고 볼 수 없고, 환경정책기본법 제6조도 그 규정 내용 등에 비추어 국민에게 구체적인 권리를 부여한 것으로 볼 수 없다는 이유로, 환경영향평가 대상지역 밖에 거주하는 주민에게 헌법상의 환경권 또는 환경정책기본법에 근거하여 공유수면매립면허처분과 농지개량사업 시행인가처분의 무효확인을 구할 원고적격이 없다고 한 사례(대법원 2006. 3. 16. 선고 2006두330 전원합의체 판결－새만금 사건).

이에 반하여 헌법재판소는 구체적 기본권의 침해를 이유로 원고적격을 인정하고 있다. 다만, 구체적 성격을 갖는 기본권은 실정법령상 법적 이익이 인정되지 않는 경우 보충적으로 원고적격의 기초가 된다.

[판례] 설사 국세청장의 지정행위의 근거규범인 이 사건 조항들이 단지 공익만을 추구할 뿐 청구인 개인의 이익을 보호하려는 것이 아니라는 이유로 청구인에게 취소소송을 제기할 법률상 이익을 부정한다고 하더라도, 청구인의 기본권인 경쟁의 자유가 (보충적으로) 바로 행정청의 지정행위(납세병마개 제조자지정행위)의 취소를 구할 법률상 이익이 된다 할 것이다(헌재 1998. 4. 30, 97헌마141).

(2) 환경단체의 원고적격

환경상의 이익은 일반적 이익이거나 집단적 이익인 경우가 많은데, 공익으로서의 환경상 이익이 침해된 경우 기존의 소송법상 법리하에서는 이러한 이익을 침해당한 개인에게 항고소송을 제기할 원고적격을 인정할 수 없다. 이러한 환경문제의 특수성에 비추어 환경분야에서는 단체소송을 인정하여야 한다는 요구가 강해지고 있다.

단체소송이라 함은 환경단체가 당해 단체가 목적으로 하는 일반적 이익(공익) 또는 집단적 이익의 보호를 위하여 제기하는 소송을 말한다. 우리나라에서는 단체소송을 인정하고 있지 않지만 선진외국에서는 환경단체에게 공익으로서의 환경이익을 침해하는 공권력행사를 다툴 수 있는 자격을 인정하고 있다.

1) 프랑스법상 환경단체의 원고적격

환경단체는 단체의 정관(statut)에서 정하는 단체가 옹호할 임무를 갖는 이익이 침해된 경우에 그러한 이익을 침해하는 행정행위를 취소소송으로 다툴 원고적격을 가진다. 달리 말하면 환경단체는 그가 담당하는 집단적 이익(intéret collectif)을 옹호하기 위하여 소송을 제기할 자격을 갖는다. 프랑스에서 환경단체는 국가에 의해 승인을 받은 단체와 승인을 받지 않은 단체 사이에 법적 지위에 차등이 두어지고 있는데, 승인받지 않거나 신고되지 않은 환경단체에게도 소송을 제기할 자격이 인정된다. 4명 내지 5명으로 구성된 거의 실질적인 활동을 하지 않는 환경보호단체에 대하여도 당해 단체가 보호하고자 하는 지역에 있어서의 모든 건축허가를 다툴 소의 이익을 인정한다.

그러나 환경단체가 추구하는 목적을 벗어나는 이익을 옹호하기 위한 소송은 인정되지 않는다.

① 지역단체 또는 특정목적을 갖는 단체는 보다 넓은 지역이나 그의 특정목적을 넘는 조치에 대하여 소송을 제기할 자격이 없다. 예를 들면, 특정계곡과 강유역의 보호를 목적으로 하는 단체는 지역적으로 제한되어 있으므로 이 지역이 포함되지 않는 어떤 레지용(Région)[80]에 악영향을 미칠 시설의 설치승인을 다툴 원고적격이 없다.[81]

② 이와 반대로 일반적인 목적을 갖는 단체는 너무 특수한 행위에 대하여 소송

80) 프랑스에서 지방자치단체는 꼬뮌느, 도, 레지용의 3단계로 되어 있는데, 레지용은 도보다 규모가 큰 가장 넓은 지방자치구역이다.

81) T.A. Orléans, 23 avril 1991.

을 제기할 자격이 없다. 예를 들면, 레지옹(Région)차원의 지리적 관할을 갖는 환경옹호단체는 지역적(local) 성격의 조치를 다툴 원고적격이 없다. 정관상의 목적이 프랑스 전체의 환경문제에 관한 협회는 어떤 자치단체의 도시계획을 다툴 수 없다.

③ 또한 단체는 일반적 조치에 대하여 그의 구성원들을 보호하기 위하여 소송을 제기할 자격이 있다. 그러나 단체는 단체의 구성원의 개인적인 이익을 침해하는 처분을 다툴 수는 없고, 이 경우에는 당해 개인이 취소소송을 제기하여야 한다.

다만, 오늘날 환경분야에서 환경단체에 의한 소송의 제기가 급증하고 있기 때문에 판례는 환경분야에서 환경단체의 소의 이익을 엄격하게 해석하는 경향이 있다.[82)]

2) 독일법상 환경단체의 원고적격

독일에서는 대다수 주의 자연보호법에 단체소송을 허용하는 규정이 들어 있고 이를 통하여 환경단체가 주단위로 환경단체소송을 제기할 수 있는 길을 열어놓고 있다. 또한 연방자연보호법에서도 단체소송을 규정하고 있다. 2002년 연방자연보호법(BNatSchG) 제64조에 환경단체소송이 규정되었고, 2006년의 환경구제법(UmwRG)에도 환경단체에게 환경소송을 제기할 수 있는 가능성이 제공되었다.[83)] 다만, 주차원에서 인정되고 있는 자연보호법상의 단체소송은 행정청의 위법한 행위가 단체의 정관에서 정한 활동목적에 저촉되고 단체가 당해 사건에 관한 행정절차에 있어서 이미 협력권을 행사한 경우에만 원고적격이 부여된다. 다시 말하면 단체가 법에 의하여 단체에서 인정되고 있는 협력권의 범위 내에서 사전의 행정절차를 통하여 주장한 사안에 대해서만 소송으로 다툴 수 있다.

3) 미국법상 환경단체의 원고적격

환경단체가 옹호하는 환경상 이익이 침해되었다는 것만으로는 원고적격이 인정되지 않고 환경단체의 회원들이 누리던 환경상 이익이 침해되었거나 침해될 개연성이 있는 경우에 회원을 대리하여 환경단체가 원고적격을 갖는다.

시에라클럽사건에서 연방대법원은 미네랄킹 계곡의 개발과 관련하여 원고 시에라클럽이 미네랄킹계곡의 보존에 관하여 깊은 관심을 가져 왔다고 주장한 것에 대하여는 이를 이념적인 이익(Ideological Interest)에 불과하다고 하여 원고적격을 부정하였지만, 만일 시에라클럽의 회원 중 일부가 미네랄킹계곡에서 수시로 하이킹

---

82) 박균성, "환경피해의 공법적 구제," 행정법연구, 2000년 하반기, 56면 이하.
83) 독일 환경법상 단체소송에 관한 자세한 내용은 김현준, "독일 환경법상 단체소송의 새로운 전개," 환경법연구 제29권 2호(2), 2007. 8.; 송동수·한민지, "독일법상 동물보호를 위한 단체소송", 환경법연구 제39권 1호(2017. 4), 183면 참조.

을 하며 자연을 즐겨 왔으며 미네랄킹계곡의 개발로 인하여 이러한 이익을 상실하게 되었다고 주장했었다면 사실상의 침해(injury in fact)를 인정할 수 있고 원고적격을 인정할 수 있었을 것이라고 보았다.[84)]

판례는 단체가 회원들을 대신하여 소송을 수행할 수 있는 자격, 즉 원고적격을 가지기 위한 판단기준을 다음과 같이 제시하고 있다. ① 그의 회원들이 독자적인 권리로서 소송을 제기할 원고적격을 가지고 있고, ② 그 단체가 보호하고자 하는 이익이 그 단체의 목적과 밀접한 관계가 있으며 ③ 주장된 청구나 청구된 구제수단이 그 개별회원의 그 소송에의 참여를 필요로 하지 않아야 한다.[85)]

4) 우리나라에서 환경단체 등 단체의 원고적격

환경단체는 개인적 이익으로서의 환경상 이익이 아니라 공익으로서의 환경상 이익의 보호를 추구하고 있으므로 환경상 이익의 침해를 이유로 항고소송을 제기할 원고적격이 없다고 보고, 환경단체의 원고적격을 인정하기 위해서는 독일의 입법례와 같이 명문으로 환경단체의 단체소송을 인정하는 규정을 두어야 한다는 것이 일반적 견해이다. 이에 대하여 환경단체가 보호목적으로 하는 환경상 이익은 환경단체의 개인적 이익이므로 환경단체가 보호목적으로 하는 환경상 이익이 침해되었거나 침해될 우려가 있는 경우에는 프랑스의 판례와 같이 해당 환경단체는 항고소송을 제기할 원고적격을 가진다고 보는 것이 타당하다는 견해도 있다.

판례는 환경상 이익은 본질적으로 자연인에게 귀속되는 것으로서 단체는 환경상 이익의 침해를 이유로 행정소송을 제기할 수 없다고 본다.

[판례 1] 재단법인 갑 수녀원이, 매립목적을 택지조성에서 조선시설용지로 변경하는 내용의 공유수면매립목적 변경 승인처분으로 인하여 법률상 보호되는 환경상 이익을 침해받았다면서 행정청을 상대로 처분의 무효 확인을 구하는 소송을 제기한 사안에서, 공유수면매립목적 변경 승인처분으로 갑 수녀원에 소속된 수녀 등이 쾌적한 환경에서 생활할 수 있는 환경상 이익을 침해받는다고 하더라도 이를 가리켜 곧바로 갑 수녀원의 법률상 이익이 침해된다고 볼 수 없고, 자연인이 아닌 갑 수녀원은 쾌적한 환경에서 생활할 수 있는 이익을 향수할 수 있는 주체가 아니므로 위 처분으로 위와 같은 생활상의 이익이 직접적으로 침해되는 관계에 있다고 볼 수도 없으며, 위 처분으로 환경에 영향을 주어

---

84) Daniel A. Farber, 이유봉(역), "법적 개념으로서의 자연에 대한 피해", 환경법연구 38권 2호, 2016.8, 17면 이하

85) Hunt v. Washington State Apple Advertising Com'n, 432 U.S. 333, 343, 97 S.Ct. 2434, 2441, 53 L.Ed.2d 383(1977).

갑 수녀원이 운영하는 잼 공장에 직접적이고 구체적인 재산적 피해가 발생한다거나 갑 수녀원이 폐쇄되고 이전해야 하는 등의 피해를 받거나 받을 우려가 있다는 점 등에 관한 증명도 부족하다는 이유로, 갑 수녀원에 처분의 무효 확인을 구할 원고적격이 없다고 한 사례(대법원 2012. 6. 28. 선고 2010두2005 판결).

[판례 2] 국토이용개발계획변경결정과 골프장 사업계획변경승인의 직접 상대방이 아닌 지역 어촌계 등의 단체가 위 처분으로 자신의 환경상 이익이 침해되었다는 이유로 취소소송을 제기한 사안에서, 환경상 이익은 주민 개개인에 대하여 개별적·구체적으로 인정되는 것이므로 자연인이 아닌 지역 어촌계 등의 단체는 그 행정처분의 취소를 구할 원고적격이 없다(광주고등법원 2007. 4. 26. 선고 2003누1270 판결).

3. 위 법 성

(1) 환경영향평가의 하자

환경영향평가절차상의 하자, 즉 환경영향평가가 행해지지 않은 것 또는 환경영향평가가 불충분하게 행해진 것 또는 환경영향평가절차에 법상 인정된 주민참여의 기회가 보장되지 않은 것 등이 있는 경우에 환경영향평가의 대상이 되는 개발사업허가가 그것만으로 위법하게 되는가 하는 문제가 제기된다.

우리나라에서는 행정처분의 절차상의 하자는 독립된 취소사유가 된다고 본다. 따라서 문제는 환경영향평가상의 하자가 개발사업허가의 절차상의 하자가 되는가 하는 점이다.

환경영향평가의 하자의 종류에는 법령상 환경영향평가가 행해져야 함에도 환경영향평가가 행해지지 않은 경우(환경영향평가의 부실시(不實施)), 환경영향평가가 내용상 부실한 실체상의 하자, 환경영향평가 절차상 위법이 있는 절차상 하자가 있다. 환경영향평가의 부실시는 법규의 중요한 부분을 위반한 중대한 것이고 객관적으로도 명백한 것이어서 이와 같은 행정처분은 당연무효이다.[86] 환경영향평가의 실체상의 하자가 환경영향평가 대상사업의 실시계획에 대한 승인처분의 효력에 어떠한 영향을 미치는가에 대하여는 다투어지고 있는 바, 판례는 환경영향평가의 내용상 부실로 인하여 당연히 당해 승인 등 처분이 위법하게 되는 것이 아니라고 보고 있다.[87] 환경영향평가의 절차상 하자가 중대한 경우에는 사업계획승인처분의 독립된 취소사유가 된다고 보아야 한다. 판례는 주민의견수렴 절차를 거치지

86) 대법원 2006. 6. 30. 선고 2005두14363 판결.
87) 대법원 2001. 6. 29. 선고 99두9902 판결, 대법원 2006. 3. 16. 선고 2006두330 전원합의체 판결.

아니한 채 이루어진 승인처분은 위법하다고 보았다.[88](환경영향평가의 하자와 승인처분의 효력과 관련하여서는 제2편 제2장 환경영향평가법 제2절 참조)

일본의 경우에는 환경영향평가의 절차상의 하자와 실체적 측면의 하자를 나누어 공청회의 하자와 같은 평가절차상의 하자는 그것이 결과에 영향을 줄 가능성이 있는 경우에만 처분이 위법하게 되고 취소된다고 본다.[89] 환경영향평가의 실체적 측면의 하자와 관련하여서는 현황조사, 예측, 평가의 신뢰성과 함께 대체안의 존재와 그의 비교검토의 합리성이 통제의 대상으로 되어야 한다는 주장이 있다.[90]

프랑스의 경우 환경영향평가의 위법성 또는 하자는 당해 환경영향평가의 대상이 되는 처분에 대한 취소소송에서 형식의 하자(un vice de forme)로 심사되는데,[91] 환경영향평가서의 형식상 하자와 내용상 하자를 포함한다. 판례는 평가항목 등 환경영향평가서의 형식상 하자의 판단에 있어서는 엄격하지 않다. 환경영향평가서의 내용상의 하자의 판단에 있어서는 비례의 원칙의 준수 여부의 통제와 환경영향평가서가 '완전하고 성의 있게 작성되었는지(complete et serieuse)' 달리 말하면 충분한지 아니면 불충분한지를 통제한다. 판례는 필요한 요소 또는 정보를 누락한 경우에도 그것이 결정적인 것이 아닌 한 환경영향평가의 하자로 보지 않고 있는데 이는 비판의 대상이 되고 있다.[92] 또한, 환경영향평가가 의무적임에도 환경영향평가 없이 사업허가가 내려진 경우에 환경영향평가의 부존재는 당해 허가의 자동적인 집행정지사유가 된다.[93]

(2) 비례의 원칙과 환경이익의 고려

일반적으로 대규모개발사업의 허가나 행정계획은 재량행위인 경우가 보통이다. 이 경우에 재량행위의 통제원칙 중에서 환경보호와 관련하여 비례의 원칙이 중요하다.

비례의 원칙이란 행정조치로 인해 달성되는 공익 및 사익과 그로 인하여 침해되는 공익과 사익 사이에 균형을 유지하여야 한다는 원칙을 말한다. 만일 대규모개발사업과 관련된 행정조치로 달성되는 이익과 그로 인해 침해되는 이익(예컨대 환경상 이익)을 형량하여 침해되는 이익이 월등히 큰 경우에는 당해 행정조치는 위

---

88) 대법원 2011. 11. 10. 선고 2010두22832 판결.
89) 최고재판소, 1975. 5. 29, 민집 29권 5호, 662면.
90) Hatakeyama Takemichi, 自然保護の訴訟, 公害環境法理論の新たな展開, 280면.
91) SYLVAIN OLIVIER et GUY ROLAND, *Environnement et contentieux administratif*, p. 107.
92) Michel Prieur, *Droit de l'environnement*, p. 84.
93) 자연보호법률 제2조.

법하게 된다.

관계법령이 환경을 배려할 것을 규정하고 있는 경우에 환경상 공익을 이익형량에서 고려하여야 하는 것은 분명하다.[94] 문제는 환경배려규정이 존재하지 않는 경우이다. 생각건대 이 경우에도 행정기관은 비례의 원칙을 적용함에 있어서 환경이익을 이익형량에 포함시켜야 한다. 왜냐하면 헌법상 환경권이 보장되고 있고 국가에게는 환경보전을 위하여 노력할 의무가 부과되고 있기 때문이다(헌법 제35조).

판례도 다음과 같이 일정한 경우에 환경배려조항이 없는 경우에도 환경이익을 고려할 것을 요구하고 있다.

① 법규에 명문의 근거가 없더라도 환경보전을 이유로 산림훼손허가를 거부할 수 있다고 본 사례

[판례] 산림훼손행위는 국토의 유지와 환경의 보전에 직접적으로 영향을 미치는 행위이므로 법령이 규정하는 산림훼손 금지 또는 제한지역에 해당하는 경우는 물론 금지 또는 제한지역에 해당하지 않더라도 허가관청은 산림훼손허가신청 대상토지의 현상과 위치 및 주위의 상황 등을 고려하여 국토 및 자연의 유지와 환경의 보전 등 중대한 공익상 필요가 있다고 인정될 때에는 허가를 거부할 수 있고, 그 경우 법규에 명문의 근거가 없더라도 거부처분을 할 수 있으며, 산림훼손허가를 함에 있어서 고려하여야 할 공익침해의 정도, 예컨대 자연경관훼손정도, 소음·분진의 정도, 수질오염의 정도 등에 관하여 반드시 수치에 근거한 일정한 기준을 정하여 놓고 허가·불허가 여부를 결정하여야 하는 것은 아니고, 산림훼손을 필요로 하는 사업계획에 나타난 사업의 내용, 규모, 방법과 그것이 환경에 미치는 영향 등 제반 사정을 종합하여 사회관념상 공익침해의 우려가 현저하다고 인정되는 경우에 불허가할 수 있다(대법원 1997. 9. 12. 선고 97누1228 판결).

② 택시운송사업자가 차고지와 운송부대시설을 증설하는 내용의 자동차운송사업계획변경인가를 신청한 것에 대하여 교통행정 및 주거환경 등의 공익을 이유로 한 거부처분이 비례의 원칙에 반하지 않는다고 한 사례

[판례] 택시운송사업자의 차고가 설치될 경우 소속 택시들이 비포장도로를 비롯한 주민

94) 「대기환경보전법」 제23조 제6항이 그 예라고 할 수 있다. 즉 동조항에서는 "시·도지사는 배출시설로부터 나오는 특정대기유해물질이나 특별대책지역의 배출시설로부터 나오는 대기오염물질로 인하여 환경기준의 유지가 곤란하거나 주민의 건강·재산, 동식물의 생육에 심각한 위해를 끼칠 우려가 있다고 인정되면 대통령령으로 정하는 바에 따라 특정대기유해물질을 배출하는 배출시설의 설치 또는 특별대책지역에서의 배출시설 설치를 제한할 수 있다"고 규정하고 있다.

들의 통행로 및 학생들의 통행로로 자주 운행하고 차고 내에서 차량을 정비함으로써 분진과 소음을 발생시키고 환경오염물질을 배출하는 등 심히 인근 주민들의 주거환경을 저해할 우려가 크다면 교통행정 및 주거환경 등의 공익을 고려할 때 비록 차고지와 운송부대시설을 증설하는 내용의 자동차운수사업계획변경인가 신청이 거부됨으로 인하여 택시운송사업자가 불이익을 입게 된다고 하더라도 위 신청을 받아들이지 아니하여야 할 공익상의 필요성이 훨씬 크다고 볼 수밖에 없어 위 신청에 대한 거부처분이 이익교량의 원칙에 반한다거나 재량권을 남용한 것이 아니다(대법원 2000. 5. 26. 선고 98두6500 판결).

③ 환경보전의 측면에서 중대한 공익상 필요가 있는 경우 채광계획의 변경인가 신청을 거부한 것이 적법하다고 한 사례

[판례] 채광계획의 변경인가는 기본적으로 채광의 위치와 방법 등이 종전의 채광계획과 동일하지 아니할 경우에 변경된 채광계획의 내용을 합리성과 사업성 및 안전성의 측면에서 심사하는 것이기는 하나 당해 채광계획이 특히 산림훼손을 수반하는 경우에는 그로 인하여 초래되는 자연경관의 훼손, 소음과 분진의 발생, 수질 오염의 정도 등을 국토와 자연의 유지 및 상수원 수질과 같은 환경 보전의 측면에서 고려하여 중대한 공익상의 필요가 있다고 인정될 때에는 이를 거부할 수가 있고, 또 그와 같은 사항은 반드시 구체적 수치에 의하여 설정된 기준을 근거로 하여 심사하여야 하는 것은 아니고, 당해 채광계획에 나타난 사업의 내용, 규모, 방법과 그것이 환경에 미치는 영향 등 제반 사정을 종합하여 사회 관념상 공익 침해의 우려가 현저한지 여부에 의하여 판단할 수 있다. 채광예정지가 단양 제1팔경인 구봉팔문 지역에 위치하는 등 주변의 자연경관을 보전할 가치가 있고 주민의 식수오염 등 공해 발생의 우려가 있음을 이유로 한 채광계획변경불인가처분이 적법하다(대법원 2000. 4. 25. 선고 98두6555 판결).

④ 환경보전 등을 위한 중대한 공익상의 필요가 있는 경우 채광의 시행을 위하여 제출한 산림형질변경허가신청을 거부한 것이 적법하다고 한 사례

[판례] 산림형질변경허가는 법령상의 금지 또는 제한지역에 해당하지 않더라도 신청 대상 토지의 현상과 위치 및 주위의 상황 등을 고려하여 국토 및 자연의 유지와 상수원 수질과 같은 환경의 보전 등을 위한 중대한 공익상의 필요가 있을 경우 그 허가를 거부할 수 있으며, 이는 산림형질변경 허가기간을 연장하는 경우에도 마찬가지이다. 천연기념물로 지정된 천호동굴에 인접한 토지에 대한 산림형질변경 허가기간 연장신청에 대하여 그 주변 지역의 자연경관 보호 등을 고려하여 이를 거부한 행정처분은 재량권 남용에 해당하지 않는다(대법원 2000. 7. 7. 선고 99두66 판결).

그리고 판례에 따르면 환경의 훼손이나 오염을 발생시킬 우려가 있는 개발행위에 대한 행정청의 허가와 관련하여 재량권의 일탈·남용 여부를 심사할 때에는, 해당 지역 주민들의 토지이용실태와 생활환경 등 구체적 지역 상황과 상반되는 이익을 가진 이해관계자들 사이의 권익 균형과 환경권 보호에 관한 각종 규정의 입법 취지 등을 종합하여 신중하게 판단하여야 한다. 따라서 **'환경오염 발생 우려'와 같이 장래에 발생할 불확실한 상황과 파급효과에 대한 예측이 필요한 요건에 관한 행정청의 재량적 판단은** 그 내용이 합리성이 없거나 상반되는 이익과 가치를 대비해 볼 때 형평과 비례의 원칙에 뚜렷하게 배치되지 않는 한 **폭넓게 존중되어야 한다**(대판 2017. 3. 15, 2016두55490; 대판 2018. 4. 12, 2017두71789[공장신설불승인처분취소]; 대판 2020. 7. 23, 2019두31839).

[판례] [환경 훼손이나 오염 발생 우려가 있는 개발행위에 대한 처분의 재량권 일탈·남용 여부 심사방법 및 재량권 일탈·남용에 관한 증명책임의 소재] (1) 저수지 인근 가축분뇨 배출시설 설치를 위한 개발행위허가 신청에 대하여 피고가 수질오염, 악취 우려 등을 이유로 허가를 거부한 사안에서, 피고의 처분에 재량권 일탈·남용이 있는지 여부: 환경의 훼손이나 오염을 발생시킬 우려가 있는 개발행위에 대한 행정청의 허가와 관련하여 재량권의 일탈·남용 여부를 심사할 때에는 해당 지역 주민들의 토지이용실태와 생활환경 등 구체적 지역 상황과 상반되는 이익을 가진 이해관계자들 사이의 권익 균형 및 환경권의 보호에 관한 각종 규정의 입법 취지 등을 종합하여 신중하게 판단하여야 한다. '환경오염 발생 우려'와 같이 장래에 발생할 불확실한 상황과 파급효과에 대한 예측이 필요한 요건에 관한 행정청의 재량적 판단은 그 내용이 현저히 합리성을 결여하였다거나 상반되는 이익이나 가치를 대비해 볼 때 형평이나 비례의 원칙에 뚜렷하게 배치되는 등의 사정이 없는 한 폭넓게 존중하여야 한다. 그리고 처분이 재량권을 일탈·남용하였다는 사정은 그 처분의 효력을 다투는 자가 주장·증명하여야 한다(대법원 2019. 12. 24. 선고 2019두45579 판결 등 참조). (2) 저수지 인근에서 가축분뇨 배출시설을 운영하던 원고가 가축분뇨 처리를 위한 '액비화 처리시설' 설치를 위하여 개발행위 허가신청을 하였으나, 피고가 환경상 위해 우려 등을 이유로 원고의 허가신청을 거부한 사안에서, 원심은 피고의 처분에 재량권 일탈·남용이 있다고 판단하였으나, 피고의 재량적 판단이 현저히 비합리적이라고 인정되지 않으므로 재량권 일탈·남용이라고 단정하기 어렵다는 이유로 원심 판결을 파기한 사례(대판 2021. 3. 25, 2020두51280).

Ⅲ. 행정개입청구와 부작위위법확인소송(또는 거부처분취소소송)

사업장 등에서 오염물질이 배출되어 인근 주민들에게 피해가 발생한 경우 주민들은 관할 행정청에 일정한 환경상의 규제조치를 취해 줄 것을 요구할 수 있다. 그리고 이러한 요구가 받아들여지지 않는 경우에는 소송 등을 통하여 이를 실현할 수 있다.[95]

1. 행정개입청구권

(1) 개 념

행정개입청구권이라 함은 어떠한 행정권의 발동(예, 유해한 폐수를 배출하는 기업에 대한 조업중지명령)이 그 상대방에 대하여는 침해적이고 제3자(예, 인근주민)에 대하여는 수익적인 경우에 그 행정권의 발동으로 이익을 받는 제3자가 행정청에게 그 상대방에 대한 행정권의 발동을 청구할 수 있는 권리를 말한다.

(2) 성립 요건

행정개입청구권이 인정되기 위하여는 ① 행정청에게 개입의무(행정권의 발동의무)가 있어야 하고(강행법규에 따른 개입의무), ② 행정권의 발동에 관한 법규가 공익뿐만 아니라 제3자의 사익을 보호하고 있어야 한다(사익보호성).

1) 행정권의 개입의무(행정권의 발동의무)의 존재

행정권의 발동 여부는 원칙상 행정청의 재량에 속한다. 왜냐하면, 행정권 발동의 대상이 되는 행정 현실이 매우 다양하며 행정수단이 제약되어 있기 때문이다. 실제 개별환경법에서는 「대기환경보전법」상의 개선명령이나 조업정지명령, 「토양환경보전법」상의 오염토양 정화명령처럼 행정권 발동이 재량행위로 되어 있는 경우가 많이 있다. 그러나 법에서 행정권의 발동에 관하여 행정청에게 재량권을 부여하고 있는 경우에도 국민의 생명·신체 등에 중대하고 급박한 위험이 발생하여 당해 **재량권이 영으로 수축하는 경우**[96]나 이익형량상 개입의무가 인정되는 경우

---

95) 예컨대, 특정 시설을 철거한 부지에서 구리, 비소 등 각종 유해물질이 「토양환경보전법」상의 우려기준 이상으로 검출되고 있음이 확인되어 인근 주민들이 「토양환경보전법」상의 적절한 조치를 요구하였으나 관할행정청이 이에 대하여 아무런 대응을 하지 않을 경우, 인근 주민들에게 관할 행정청에 대하여 토양정밀조사·오염토양정화 등을 명할 것을 요구할 권리(행정개입청구권)가 있는지, 그리고 이러한 권리가 인정된다면 행정소송(거부처분취소 또는 부작위위법확인)이나 국가배상소송(행정권의 불행사로 인한 국가배상)에서 어떻게 실현될 수 있는지를 검토하여야 한다.

96) 공익목적을 위하여 행정권에게 규제권(예, 공해배출업소에 대한 조업정지명령권 등)이 부여된 경우에 행정권의 발동 여부는 통상 행정청의 재량에 속한다고 보고 있다. 그 이유는 행정권의 발동의

에는 행정청에게 개입의무가 존재한다.

2) 사익보호성

행정권의 발동을 규율하는 법규가 공익의 보호뿐만 아니라 개인의 이익도 보호하는 것을 목적으로 하고 있어야 하며 이 경우에 개인이 받는 이익은 법적 이익이 된다.

2. 행정개입청구권의 실현수단: 부작위위법확인소송(또는 거부처분취소소송)

행정개입청구에도 불구하고 행정권이 발동되지 않은 경우 행정개입을 청구한 자는 행정심판으로는 의무이행심판(거부처분이 있었던 경우에는 거부처분취소심판도 가능)을, 행정소송으로는 부작위위법확인소송(거부처분이 있었던 경우에는 거부처분 취소소송)을 제기할 수 있다.

부작위위법확인소송의 대상은 부작위이다. 부작위위법확인소송에서의 '부작위'라 함은 행정청이 당사자의 신청에 대하여 상당한 기간 내에 일정한 처분을 하여야 할 법률상 의무가 있음에도 불구하고 이를 하지 아니하는 것을 말한다(행정소송법 제2조 제1항 제2호). 즉, 행정청의 모든 부작위가 모두 부작위위법확인소송의 대상이 되는 것이 아니며 다음과 같은 일정한 요건을 갖추어야 한다. ① 행정청의 처분의무가 있어야 하고, ② 신청인에게 법규상 또는 조리상 신청권이 존재하여야 하며, ③ 상당한 기간(사회통념상 행정청이 당해 신청에 대한 처분을 하는데 필요한 합리적인 기간)이 경과하여야 하고, ④ 신청에 대하여 행정청이 아무런 처분도 행하지 않았어야 한다.

부작위위법확인소송은 처분의 신청을 한 자로서 부작위의 위법의 확인을 구할 법률상 이익이 있는 자만이 제기할 수 있다(행정소송법 제36조). 판례는 부작위가 성립하기 위해서는 법규상 또는 조리상의 신청권이 있어야 하고 신청권이 없는 경우

대상이 되는 행정 현실이 매우 다양하고 행정의 인적, 물적 수단이 제약되어 있기 때문에 행정권의 개입여부의 판단을 일차적으로 행정권에게 맡길 필요가 있기 때문이다. 그러나 국민의 생명·신체 등에 대한 중대한 위험이 존재하는 경우에는 일정한 조건하에 행정청의 재량권은 없어지며 행정권은 발동되어야 한다고 보아야 한다. 이러한 이론을 '재량권의 영으로의 수축이론'이라 한다.

일반적으로 다음과 같은 경우에 재량권이 영으로 수축된다고 본다. ① 사람의 생명, 신체 및 재산 등에 중대하고 급박한 위험이 존재하고, ② 그러한 위험이 행정권의 발동에 의해 제거될 수 있는 것으로 판단되며 ③ 피해자의 개인적인 노력으로는 권익침해의 방지가 충분하게 이루어질 수 없다고 인정되는 경우가 그러하다.

재량권수축이론은 행정청의 규제권한의 불행사로 인한 국가배상청구소송에서 더욱 큰 힘을 발휘한다.

부작위가 있다고 할 수 없고 원고적격도 없다고 한다.[97] 신청권의 인정여부에 따라 대상적격 및 원고적격 여부가 결정된다고 할 수 있다.

부작위는 특정시점에 성립하여 종결되는 것이 아니라 계속되는 것이므로 부작위위법확인소송은 원칙상 제소기간의 제한을 받지 않는다.

당사자의 신청에 대한 행정청의 거부처분이 있은 경우에는 부작위위법확인소송이 허용되지 않고,[98] 거부처분취소소송을 제기하여야 한다.[99]

Ⅳ. 집행정지의 신청

현행 행정소송법은 집행부정지를 원칙으로 하면서도 실질적인 권리구제의 실효성을 확보하기 위하여 일정한 요건을 갖춘 경우 예외적으로 집행정지를 인정하고 있다(제23조).

따라서 신청 요건(정지대상인 처분 등의 존재, 적법한 본안소송의 계속, 신청인적격과 신청이익의 존재)과 본안 요건(회복하기 어려운 손해발생의 우려, 긴급한 필요성의 존재, 공공복리에 중대한 영향을 미칠 우려가 없을 것, 본안청구가 이유 없음이 명백하지 아니할 것)을 갖춘 경우에는 법원은 집행정지결정을 할 수 있다.

판례는 거부처분이나 부작위에 대해서는 집행정지의 이익이 없다고 보아 집행정지를 인정하지 않는다.

[판례 1] 사업계획승인처분의 집행을 정지할 긴급한 필요성이 인정된다고 한 사례－이 사건 사업은 용인시 성복동의 응봉산 일대에서 산림을 개간하여 대지로 ○○아파트단지를 조성하는 대규모 사업으로서, '개발'이라는 명분과 이익을 추구하되, 다른 한편으로는 '환경의 침해'를 수반하는 사업이며, 이 사건 처분은 이런 양면성의 개발사업을 승인(허용)하는 처분이다. 그리고 이 결정은 비록 본안소송에 관한 최종적인 판단은 아니라고

97) 대법원 2000. 2. 25. 선고 99두11455 판결[부작위위법확인].

98) 대법원 1991. 11. 8. 선고 90누9391 판결[부작위위법확인].

99) 행정청의 거부행위가 항고소송의 대상이 되기 위해서는 국민의 신청에 따른 행위가 공권력의 행사 또는 이에 준하는 행정작용이어야 하고, 그 거부행위가 신청인의 법률관계에 어떤 변동을 일으키는 것이어야 하며, 그 국민에게 그 행위발동을 요구할 법규상 또는 조리상의 신청권이 있어야 하는바, 여기에서 '신청인의 법률관계에 어떤 변동을 일으키는 것'이라는 의미는 신청인의 실체상의 권리관계에 직접적인 변동을 일으키는 것은 물론, 그렇지 않다 하더라도 신청인이 실체상의 권리자로서 권리를 행사함에 중대한 지장을 초래하는 것도 포함한다(대법원 2007. 10. 11. 선고 2007두1316 판결).

할지라도 위에서 본 바와 같이 '이 사건 사업이 환경영향평가 대상사업·규모에 해당하고, 따라서 그 평가를 거치지 않은 채 이루어진 이 사건 처분이 위법하다'는 전제 위에 서있다. 그럼에도 만약 행정처분의 외형적인 효력에 의하여 이 사건 사업이 상당기간 그대로 진행되고 만다면, 나중에 위 처분이 취소된다 하더라도 원래의 상태대로 회복하기가 어려울 것이다(이 점은 위에서 본 이 사건 사업의 성격과 규모에 비추어 충분히 인정된다). 그리고 그와 같은 손해는 행정처분의 집행정지로 인하여 사업이 중단됨으로 인한 보조참가인 측의 손해보다 훨씬 크고 중요하며 거의 영구적이다. 따라서 이 사건 처분의 집행으로 인하여 생길 회복하기 어려운 손해를 예방하기 위하여는 이 사건 처분의 집행을 본안인 이 사건 처분의 취소소송(수원지방법원 2006구합2719호) 판결 선고시까지 잠정적으로 정지할 긴급한 필요가 있다고 인정된다(특별히 그 정지로 인하여 공공복리에 중대한 영향을 미칠 우려가 있다고 볼 자료도 없다) (서울고법 2006. 9. 11. 자 2006루122 결정[행정처분효력집행정지]).

[판례 2] 국토해양부 등에서 발표한 '4대강 살리기 마스터플랜'에 따른 '한강 살리기 사업' 구간 인근에 거주하는 주민들이 각 공구별 사업실시계획승인처분에 대한 효력정지를 신청한 사안에서, 위 사업구간에 편입되는 팔당지역 농지 대부분이 국가 소유의 하천부지이고, 유기농업에 종사하는 주민들 대부분은 국가로부터 하천점용허가를 받아 경작을 해온 점, 위 점용허가의 부관에 따라 허가를 한 행정청은 공익상 또는 법령이 정하는 것에 따르거나 하천정비사업을 시행하는 경우 허가변경·취소 등을 할 수 있는 점 등에 비추어, 주민들 중 환경영향평가대상지역 및 근접 지역에 거주하거나 소유권 기타 권리를 가지고 있는 사람들이 위 사업으로 인하여 토지 소유권 기타 권리를 수용당하고 이로 인하여 정착지를 떠나 타지로 이주를 해야 하며 더 이상 농사를 지을 수 없게 되고 팔당지역의 유기농업이 사실상 해체될 위기에 처하게 된다고 하더라도, 그러한 손해는 행정소송법 제23조 제2항에서 정하고 있는 효력정지 요건인 금전으로 보상할 수 없거나 사회관념상 금전보상으로는 참고 견디기 어렵거나 현저히 곤란한 경우의 유·무형 손해에 해당하지 않는다고 본 원심판단을 수긍한 사례(대법원 2011. 4. 21. 자 2010무111 전원합의체 결정 집행정지-4대강(한강) 집행정지 사건).

V. 국가배상청구소송

국가배상법 제2조는 행정권의 행사 또는 불행사로 인하여 국민에게 손해가 발생한 경우의 국가배상책임을 규정하고 있고, 동법 제5조는 영조물의 설치 또는 관리의 하자로 인한 국가배상책임을 규정하고 있다. 환경피해로 인한 국가배상책임의 문제는 주로 환경보호를 위해 행정권에 주어진 권한의 불행사로 인한 손해의 경우와 도로 등 영조물로 인한 공해의 경우에 제기된다.

1. 환경보호의무위반과 국가배상: 행정권의 불행사와 국가배상

국가배상법 제2조에 의한 국가배상책임이 성립하기 위하여는 ① 공무원이 직무를 집행하면서 타인에게 손해를 가하였을 것, ② 공무원의 가해행위는 고의 또는 과실로 법령에 위반하여 행하여 졌을 것, ③ 손해가 발생하였고, ④ 공무원의 불법한 가해행위와 손해 사이에 인과관계(상당인과관계)가 있을 것이 요구된다.

행정권의 불행사로 인한 국가배상책임에서 문제가 되는 것은 행정권의 불행사의 위법 여부[100]이다.[101] 여기서는 작위의무(환경보호의무)의 유무 및 사익보호성 등을 살펴볼 필요가 있다.

(1) 작위의무(환경보호의무)

행정권의 불행사가 위법이 되기 위하여는 작위의무(환경보호의무)가 있어야 한다. 환경보호의무는 법령의 명문의 규정에 의해 인정될 수 있을 뿐만 아니라 명문의 규정이 없는 경우에도 조리상(실정법질서상) 인정된다. 국가는 국민의 기본권을

---

100) 국가배상책임에 있어서 법령 위반(위법)이라 함은 엄격한 의미의 법령 위반뿐만 아니라 인권존중, 권력남용금지, 신의성실, 공서양속 등의 위반도 포함하여 널리 그 행위가 객관적인 정당성을 결여하고 있음을 의미한다(대법원 2002. 5. 17. 선고 2000다22607 판결; 대법원 2009. 12. 24. 선고 2009다70180 판결).

101) 일본에서는 환경행정권의 불행사로 인한 국가배상책임이 인정된 예가 많지는 않지만 몇 건이 있다. 高知古비닐공해소송에서는 농가의 원예용비닐하우스의 古비닐이 하천을 경유하여 연해로 유출되어 어업에 피해를 준 경우에 있어서 시, 현, 국가에게 폐기물의처리및청소에관한법률에 의한 수집, 운반, 처분의무를 인정하고 국가배상법에 근거하여 손해배상의무를 인정하였다(高知地判, 1974. 5. 23, 下民 25권 5−8호, 459면).

水俣病국가배상사건에서는 생명 · 건강에 대한 구체적인 위험의 절박, 행정의 인식의 용이성, 규제권한 불행사에 의한 결과발생의 불가피성, 국민의 규제권한 행사에의 기대, 결과발생방지의 용이성이 모두 충족되면 규제권의 행사에 있어서의 재량권이 수축되고 그 불행사가 위법하게 된다고 보면서 이 사건에서 행정으로서는 가능한 수단을 다하여 위험발생을 방지 · 배제할 의무가 있었지만 국가 또는 현지사가 이를 게을리하여 규제권한을 행사하지 않은 것은 위법하다라고 재량권수축론에 근거하여(阿部泰隆, 裁量收縮論の擁護と水俣病國家賠償責任再論, 公害環境法理論の新たな展開, 135면 이하 참조). 국가배상책임을 인정한 판결이 있다(熊本地判, 1987. 3. 30, 판례시보 1235호 3면: 熊本水俣病 제3차소송 제1진 제1심판결. 水俣病국가배상사건은 이 외에도 몇 건이 더 있는데, 국가배상책임을 인정한 판결로는 위의 熊本地判 이외에 熊本水俣病소송 제2진 제1심판결(熊本地判, 1993. 3. 25, 판례시보 1455호, 3면), 水俣病京都소송 제1심판결이 있고(京都地判, 1993. 3. 25, 판례시보 1476호 3면), 국가배상책임을 부정한 판결로는 水俣病동경소송 제1심판결(東京地判, 1992. 2. 7, 판례시보(임시증간), 1992. 4. 25), 水俣病關西소송 제1심판결(大阪地判, 1994. 7. 11, 판례시보 1506호, 5면), 新潟水俣病제2차소송 제1진 제1심판결(新潟地判, 1992. 3. 31, 판례시보 1422호, 39면)이 있다).

보장할 의무가 있고, 환경을 보호할 의무가 있으므로 일정한 경우 명문의 규정이 없음에도 손해를 방지할 작위의무를 인정할 수 있다. 판례는 형식적 의미의 법령에 명시적으로 공무원의 작위의무가 규정되어 있지 않음에도 일정한 경우에 관련 법규정에 비추어 조리상 위험방지작위의무(危險防止作爲義務)를 인정하고 있다.[102)]

[판례] 법령에 명시적으로 공무원의 작위의무가 규정되어 있지 않은 경우에도 공무원의 부작위로 인한 국가배상책임을 인정할 수 있는지 여부(한정 적극) 및 그 판단 기준: 공무원의 부작위로 인한 국가배상책임을 인정하기 위하여는 공무원의 작위로 인한 국가배상책임을 인정하는 경우와 마찬가지로 '공무원이 그 직무를 집행함에 당하여 고의 또는 과실로 법령에 위반하여 타인에게 손해를 가한 때'라고 하는 국가배상법 제2조 제1항의 요건이 충족되어야 할 것인바, 여기서 '법령에 위반하여'라고 하는 것이 엄격하게 형식적 의미의 법령에 명시적으로 공무원의 작위의무가 규정되어 있는데도 이를 위반하는 경우만을 의미하는 것은 아니고, 국민의 생명, 신체, 재산 등에 대하여 절박하고 중대한 위험상태가 발생하였거나 발생할 우려가 있어서 국민의 생명, 신체, 재산 등을 보호하는 것을 본래적 사명으로 하는 국가가 초법규적·일차적으로 그 위험 배제에 나서지 아니하면 국민의 생명, 신체, 재산 등을 보호할 수 없는 경우에는 형식적 의미의 법령에 근거가 없더라도 국가나 관련 공무원에 대하여 그러한 위험을 배제할 작위의무를 인정할 수 있을 것이나, 그와 같은 절박하고 중대한 위험상태가 발생하였거나 발생할 우려가 있는 경우가 아닌 한, 원칙적으로 공무원이 관련 법령대로만 직무를 수행하였다면 그와 같은 공무원의 부작위를 가지고 '고의 또는 과실로 법령에 위반'하였다고 할 수는 없을 것이므로, 공무원의 부작위로 인한 국가배상책임을 인정할 것인지 여부가 문제되는 경우에 관련 공무원에 대하여 작위의무를 명하는 법령의 규정이 없다면 공무원의 부작위로 인하여 침해된 국민의 법익 또는 국민에게 발생한 손해가 어느 정도 심각하고 절박한 것인지, 관련 공무원이 그와 같은 결과를 예견하여 그 결과를 회피하기 위한 조치를 취할 수 있는 가능성이 있는지 등을 종합적으로 고려하여 판단하여야 한다(대법원 2005. 6. 10. 선고 2002다53995 판결[손해배상]: 이 사건 점용허가를 한 담당 공무원에 대하여 점용허가된 토지가 하천사업에 편입되는 사정으로 인해 이 사건 점용허가가 취소될 수 있고 그로 인해 이 사건 토지에 신축한 비행장 등을 철거할 가능성이 있다는 사정을 원고에게 알려 주어 원고로 하여금 위 점용허가에 따른 비행장 설치 등으로 인한 손해를 입지 않게 할 주의의무가 있다고 할 수 없다고 한 사례). <해설> 비행장 설치를 위한 점용허가의 대상이 된 토지가 하천사업에 편입될 예정인 사실을 알았던 경우에는 조리상 손해방지의무(기본권보장의무)에 따라 고지할 의무가 있다고 보아야 한다.

102) 대법원 2005. 6. 10. 선고 2002다53995 판결 등.

「대기환경보전법」 제33조의 개선명령이나 제34조의 조업정지명령 등에서처럼 행정권의 발동(행사)은 재량행위인 경우가 많다. 그런데 재량권의 영으로의 수축이론 등을 통하여 행정권의 작위의무(환경보호의무)를 도출할 수 있다. 즉, 재량권이 영으로 수축하거나 비례의 원칙 등에 반하여 재량권의 일탈·남용이 되는 경우에는 반드시 일정한 환경규제조치를 하여야 하고 법령상의 규제권한을 행사하지 않으면 행정기관의 부작위는 위법하게 된다.

판례는 재량행위인 행정권의 불행사가 위법하게 되기 위하여는 재량권이 영으로 수축하거나 그 권한의 불행사가 현저하게 합리성을 잃어 사회적 타당성을 잃은 것이어야 한다고 한다. 또한, 판례는 행정권의 불행사가 위법한 경우에는 특별한 사정이 없는 한 과실도 인정된다고 본다.

[판례] 식품의약품안전청장 등이 구 식품위생법 제7조, 제9조, 제10조, 제16조 등에 의하여 부여된 권한을 행사하지 않은 것이 직무상 의무를 위반한 것으로 위법하다고 인정되기 위한 요건 및 그 권한 불행사가 위법한 것으로 평가되는 경우 과실도 인정되는지 여부(적극): 구 식품위생법(2005. 1. 27. 법률 제7374호로 개정되기 전의 것) 제7조, 제9조, 제10조, 제16조 등 관련 규정이 식품의약품안전청장 및 관련 공무원에게 합리적인 재량에 따른 직무수행 권한을 부여한 것으로 해석된다고 하더라도, 식품의약품안전청장 등에게 그러한 권한을 부여한 취지와 목적에 비추어 볼 때 구체적인 상황 아래에서 식품의약품안전청장 등이 그 권한을 행사하지 아니한 것이 현저하게 합리성을 잃어 사회적 타당성이 없는 경우에는 직무상 의무를 위반한 것이 되어 위법하게 된다. 그리고 위와 같이 식약청장등이 그 권한을 행사하지 아니한 것이 직무상 의무를 위반하여 위법한 것으로 되는 경우에는 특별한 사정이 없는 한 과실도 인정된다. 어린이가 '미니컵 젤리'를 먹다가 질식하여 사망한 사안에서, 식품의약품안전청장 등이 그 사고 발생시까지 구 식품위생법상의 규제 권한을 행사하여 미니컵 젤리의 수입·유통 등을 금지하거나 그 기준과 규격, 표시 등을 강화하고 그에 필요한 검사 등을 실시하는 조치를 취하지 않은 것이 현저하게 합리성을 잃어 사회적 타당성이 없다거나 객관적 정당성을 상실하여 위법하다고 할 수 있을 정도에까지 이르렀다고 보기 어렵고, 그 권한 불행사에 과실이 있다고 할 수도 없다고 한 원심의 판단이 정당하다고 한 사례(대법원 2010. 9. 9. 선고 2008다77795 판결[손해배상]).[103]

103) 부모의 이혼으로 부산 외할머니집에서 누나와 함께 생활하던 6세 남아가 2004. 2. 2. 18:00경 저녁식사를 마친 후 얼려진 상태의 젤리를 먹다가 젤리가 목에 걸려 기도를 막는 바람에 호흡이 곤란하게 되어 병원으로 옮겨졌으나 병원에 도착하기 직전 기도폐쇄로 사망한 사건(이 사건 발생 전일인

(2) 작위의무의 사익보호성

판례는 직무상 의무위반으로 인한 손해에 대하여 국가배상책임이 인정되기 위해서는 근거법령에 따른 당해 직무상 의무가 공익뿐만 아니라 국민 개개인의 이익을 보호목적으로 하고 있어야 한다고 한다. 즉, 판례는 직무상 의무의 사익보호성을 국가배상책임의 요건(상당인과관계의 요소)으로 보고 있다. 생각건대 작위의무의 사익보호성을 그 요건으로 하는 경우 환경정책기본법에 따른 환경기준의 설정·유지 의무나 대기 또는 수질 관련 법령에 따른 배출허용기준 설정의무 등은 공익뿐만 아니라 국민개개인의 이익을 보호목적으로 하고 있다고 보아야 한다.

[판례] 일반적으로 국가 또는 지방자치단체가 권한을 행사할 때에는 국민에 대한 손해를 방지하여야 하고, 국민의 안전을 배려하여야 하며, 소속 공무원이 전적으로 또는 부수적으로라도 국민 개개인의 안전과 이익을 보호하기 위하여 법령에서 정한 직무상의 의무에 위반하여 국민에게 손해를 가하면 상당인과관계가 인정되는 범위 안에서 국가 또는 지방자치단체가 배상책임을 부담하는 것이지만, 공무원이 직무를 수행하면서 그 근거되는 법령의 규정에 따라 구체적으로 의무를 부여받았어도 그것이 국민의 이익과는 관계없이 순전히 행정기관 내부의 질서를 유지하기 위한 것이거나, 또는 국민의 이익과 관련된 것이라도 직접 국민 개개인의 이익을 위한 것이 아니라 전체적으로 공공 일반의 이익을 도모하기 위한 것이라면 그 의무에 위반하여 국민에게 손해를 가하여도 국가 또는 지방자치단체는 배상책임을 부담하지 아니한다(대법원 2001. 10. 23. 선고 99다36280 판결[손해배상]－낙동강 하천수 정수처리규정위반 사건: 상수원수 2급에 미달하는 상수원수는 고도의 정수처리 후 사용하여야 한다는 환경정책기본법령상의 의무 역시 위에서 본 수질기준 유지의무와 같은 성질의 것이므로, 지방자치단체가 상수원수의 수질기준에 미달하는 하천수를 취수하거나 상수원수 3급 이하의 하천수를 취수하여 고도의 정수처리가 아닌 일반적 정수처리 후 수돗물을 생산·공급하였다고 하더라도, 그렇게 공급된 수돗물이 음용수 기준에 적합하고 몸에 해로운 물질이 포함되어 있지 아니한 이상, 지방자치단체의 위와 같은 수돗물 생산·공급행위가 국민에 대한 불법행위가 되지 아니한다고 한 사례).

작위의무 등 직무상 의무의 사익보호성이 위법성의 요소인지 아니면 인과관계(상당인과관계)의 요소인지에 관하여 견해의 대립이 있는데, 직무상 의무의 사익보호성을 위법성의 문제로 보고 있는 것으로 보이는 판례[104]와 상당인과관계의 문

---

2. 1.에는 경산시에 있는 사회복지관에서 9세 장애아가 보육사가 입에 넣어준 미니컵 젤리를 먹다가 질식사망한 사건이 있었음).

104) 대법원 2001. 3. 9. 선고 99다64278 판결.

제로 보고 있는 것으로 보이는 판례[105]가 혼재하고 있었다. 다만, 현재 판례는 직무상 의무의 사익보호성을 상당인과관계의 문제로 본다.[106]

생각건대, 작위의무 등 직무상 의무의 사익보호성을 국가배상책임의 요건으로 볼 필요는 없다고 본다. 직무상 의무를 위반한 행위는 당해 직무상 의무의 사익보호성 여부와 관계없이 모두 위법으로 보는 것이 타당하다. 또한, 인과관계는 기본적으로 사실의 문제인데, 공무원에게 직무상 의무를 부과한 법령의 보호목적이 사회 구성원 개인의 이익과 안전을 보호하기 위한 것이 아니고 단순히 공공일반의 이익이나 행정기관 내부의 질서를 규율하기 위한 것이라는 이유만으로 공무원이 직무상 의무를 위반한 행위와 제3자가 입은 손해 사이에 상당인과관계를 부정하는 것은 타당하지 않다. 따라서 직무상 의무의 사익보호성을 국가배상책임의 요건으로 요구하는 것은 타당하지 않다.

2. 환경오염과 영조물의 설치 · 관리상의 하자

국가배상법 제5조는 영조물의 설치 또는 관리의 하자로 인하여 손해가 발생한 경우의 국가 또는 지방자치단체의 배상책임을 규정하고 있다.

판례는 국가배상법 제5조 제1항에 정하여진 '영조물의 설치 또는 관리의 하자'라 함은 공공의 목적에 공여된 영조물이 그 용도에 따라 갖추어야 할 안전성을 갖추지 못한 상태에 있음을 말하고, 여기서 안전성을 갖추지 못한 상태, 즉 타인에게 위해를 끼칠 위험성이 있는 상태라 함은 당해 영조물을 구성하는 물적 시설 그 자체에 있는 물리적·외형적 흠결이나 불비로 인하여 그 이용자에게 위해를 끼칠 위험성이 있는 경우(물적 하자)뿐만 아니라 그 영조물이 공공의 목적에 이용됨에 있어 그 이용상태 및 정도가 일정한 한도를 초과하여 제3자에게 사회통념상 참을 수 없는 피해를 입히는 경우(기능상 하자, 이용상 하자)까지 포함된다고 보고 있다. 그리고 사회통념상 참을 수 있는 피해인지 여부는 침해되는 권리나 이익의 성질과 침해의 정도, 침해행위가 갖는 공공성의 내용과 정도, 그 지역환경의 특수성, 공법적인 규제에 의하여 확보하려는 환경기준, 침해를 방지 또는 경감시키거나 손해를 회피할 방안의 유무 및 그 난이 정도 등 여러 사정을 종합적으로 고려하여 구체적 사건에 따라 개별적으로 결정하여야 할 것이다.[107] 이와 같이 판례는 영조물(공물)로부터

105) 대법원 2010. 9. 9. 선고 2008다77795 판결.
106) 자세한 것은 박균성, 행정법 강의, 박영사, 2011, 516-517면 참조.
107) 대법원 2005. 1. 27. 선고 2003다49566 판결[손해배상]-김포공항사건; 대법원 2010. 11. 25. 선고 2007다74560 판결[손해배상]-대구공군비행장사건; 대법원 2015. 10. 15. 선고 2013다23914 판결

발생하는 환경오염으로 인한 손해가 수인한도를 넘는 경우 국가배상법 제5조의 배상책임을 인정하고 있다.

[판례 1] [1] 국가배상법 제5조 제1항 소정의 '영조물의 설치·관리상의 하자'의 의미 및 하자로 볼 수 있는 경우: 국가배상법 제5조 제1항에 정하여진'영조물의 설치 또는 관리의 하자'라 함은 공공의 목적에 공여된 영조물이 그 용도에 따라 갖추어야 할 안전성을 갖추지 못한 상태에 있음을 말하고, 여기서 안전성을 갖추지 못한 상태, 즉 타인에게 위해를 끼칠 위험성이 있는 상태라 함은 당해 영조물을 구성하는 물적 시설 그 자체에 있는 물리적·외형적 흠결이나 불비로 인하여 그 이용자에게 위해를 끼칠 위험성이 있는 경우(물적 하자)뿐만 아니라 그 영조물이 공공의 목적에 이용됨에 있어 그 이용상태 및 정도가 일정한 한도를 초과하여 제3자에게 사회통념상 참을 수 없는 피해를 입히는 경우(이용상 하자)까지 포함된다고 보아야 할 것이고, 사회통념상 참을 수 있는 피해인지의 여부는 그 영조물의 공공성, 피해의 내용과 정도, 이를 방지하기 위하여 노력한 정도 등을 종합적으로 고려하여 판단하여야 한다. [2] 매향리 사격장에서 발생하는 소음 등으로 지역 주민들이 입은 피해는 사회통념상 참을 수 있는 정도를 넘는 것으로서 사격장의 설치 또는 관리에 하자가 있었다고 본 사례(대법원 2004. 3. 12. 선고 2002다14242 판결[손해배상]－매향리사격장 사건).

[판례 2] 김포공항에서 발생하는 소음 등으로 인근 주민들이 입은 피해는 사회통념상 수인한도를 넘는 것으로서 김포공항의 설치·관리에 하자가 있다고 본 사례: '영조물 설치 또는 하자'에 관한 제3자의 수인한도의 기준을 결정함에 있어서는 일반적으로 침해되는 권리나 이익의 성질과 침해의 정도뿐만 아니라 침해행위가 갖는 공공성의 내용과 정도, 그 지역환경의 특수성, 공법적인 규제에 의하여 확보하려는 환경기준, 침해를 방지 또는 경감시키거나 손해를 회피할 방안의 유무 및 그 난이 정도 등 여러 사정을 종합적으로 고려하여 구체적 사건에 따라 개별적으로 결정하여야 한다(대법원 2005. 1. 27. 선고 2003다49566 판결[손해배상]－김포공항 사건). <해설> 공항시설의 관리주체는 한국공항공사이지만, 항공기의 이착륙등 항공운항에 대한 관리주체는 국가이므로 국가가 관리주체로서 손해배상책임의 주체가 된다.

[판례 3] [1] 적법하게 가동하거나 공용에 제공한 시설로부터 발생하는 유해배출물로 인하여 제3자가 손해를 입은 경우, 그 위법성의 판단 기준: 어느 시설을 적법하게 가동하거나 공용에 제공하는 경우에도 그로부터 발생하는 유해배출물로 인하여 제3자가 손해를 입은 경우에는 그 위법성을 별도로 판단하여야 하며, 이러한 경우의 판단 기준은 그 유해의 정도가 사회생활상 통상의 수인한도를 넘는 것인지 여부인데, 그 수인한도의 기준을

[손해배상(기)]－광주공군비행장사건.

결정함에 있어서는 일반적으로 침해되는 권리나 이익의 성질과 침해의 정도뿐만 아니라 침해행위가 갖는 공공성의 내용과 정도, 그 지역환경의 특수성, 공법적인 규제에 의하여 확보하려는 환경기준, 침해를 방지 또는 경감시키거나 손해를 회피할 방안의 유무 및 그 난이 정도 등 여러 사정을 종합적으로 고려하여 구체적 사건에 따라 개별적으로 결정하여야 한다. [2] 국가가 공군 전투기 비행훈련장으로 설치·사용하고 있는 공군기지의 활주로 북쪽 끝으로부터 4.5km 떨어진 곳에 위치한 양돈장에서 모돈이 유산하는 손해가 발생한 사안에서, 위 공군기지에서 발생하는 소음의 순간 최대치가 양돈장 근처에서 모돈에 20~30% 정도의 유산을 일으킬 가능성이 있는 수치인 84 내지 94dB로 측정된 점, 역학조사 결과 모돈의 유산 원인은 질병이 아닌 환경요인에서 오는 스트레스로 추정되는데 위 소음 외에 양돈장에서 모돈에 스트레스를 줄 만한 다른 요인이 확인되지 않는 점 등에 비추어 위 손해는 공군기지에서 발생한 소음으로 인한 것으로, 당시의 소음배출행위와 그 결과가 양돈업자의 수인한도를 넘는 위법행위라고 판단한 원심판결을 수긍한 사례(대법원 2010. 7. 15. 선고 2006다84126 판결[채무부존재확인] – 서산해미공군비행장 사건 I [108]).

[판례 4] [1] 항공기 소음으로 인하여 재산상 손해를 입었고 그 주거지가 항공법 시행규칙상 소음피해 예상지역에 해당된다는 이유만으로는 그 피해자들에게 수인한도를 넘는 정신적 피해가 발생하였다고 추정할 수 없다고 한 사례 [2] 비행장 및 군용항공기 운항이 가지는 공공성과 아울러 원고 및 선정자들 거주지역이 농촌지역으로서 가지는 지역적 환경적 특성 등의 여러 사정을 종합적으로 고려하여 원고 및 선정자들 거주지역 소음피해가 적어도 소음도 80WECPNL 이상인 경우에는 사회생활상 통상의 수인한도를 넘어 위법하다고 판단한 것을 정당하다고 한 사례(대법원 2010. 11. 25. 선고 2007다20112 판결[손해배상] – 서산해미공군비행장 사건 II [109]).

---

108) 이 사건은 영조물에서 발생한 소음으로 인한 피해에 대하여 국가배상법 제5조 제1항의 손해배상책임이 아닌 민법 제750조 등을 적용하여 민사상 배상책임을 인정하고 있다. 이 사건의 발단은 1997년 5월에 준공된 서산시 해미공군비행장 인근에서 1991년부터 양돈업에 종사하는 3인이 군용항공기의 소음으로 손해를 입었다고 주장하며 중앙환경분쟁조정위원회에 국가를 상대로 모돈이 유산한 데 대한 재산적·정신적 손해의 지급 및 항로변경을 요구하는 재정신청을 한 사건에서 비롯되었다. 중앙환경분쟁조정위원회는 재산적 피해에 대하여서는 군항공기 이착륙 등의 소음으로 인한 모돈의 유산피해 개연성이 인정되는 것으로 판단하였지만, 정신적 피해에 대하여는 개연성을 인정하지 않았다. 이 재정결정에 불복하여 국가가 대전지방법원 서산지원에 채무부존재확인 소송을 제기하였고, 서산지원은 국가의 청구를 전부 인용하였다. 이에 피고들이 대전고등법원에 항소하였고, 법원은 중앙환경분쟁조정위원회의 판단과 마찬가지로 피고들이 입은 재산피해는 이 사건 공군기지에서 발생하는 소음공해로 인한 것이라고 할 것이고, 이는 피고들의 수인한도를 넘는 위법행위라고 판단하였다. 이에 국가는 대법원에 상고하였고, 대법원은 수인한도론에 입각하여 당시의 소음배출행위와 그 결과가 양돈업자의 수인한도를 넘는 위법행위라고 판단한 원심판결을 수긍하고 국가의 상고를 모두 기각하였다.

109) 이 사건은 서산시 해미공군비행장 인근에서 주로 농, 축산업에 종사하고 있는 주민 25인이 국가를 상대로 군용기소음으로 인한 정신적 피해에 대한 손해배상을 청구한 사건이다. 제1심인 대전지

[판례 5] 대구비행장 주변 지역의 항공기소음으로 인한 피해의 내용 및 정도, 그 비행장 및 군용항공기의 운항이 가지는 공공성과 아울러 그 비행장이 개설 당시와 달리 점차 주거지 및 도시화되어 인구가 밀집되는 등으로 비도시지역에 위치한 국내의 다른 비행장과 확연히 구별되는 지역적, 환경적 특성을 갖는 점 등 여러 사정을 종합적으로 고려하여, 대구비행장 주변 지역의 소음 피해가 소음도 85WECPNL 이상인 경우 사회생활상 통상의 수인한도를 넘어 위법하다고 본 원심의 판단이 정당하다고 한 사례(대법원 2010. 11. 25. 선고 2007다74560 판결[손해배상] – 대구공군비행장 사건).

[판례 6] (1) 차량이 통행하는 도로에서 유입되는 소음으로 인하여 인근 공동주택의 거주자에게 사회통념상 일반적으로 수인할 정도를 넘어서는 침해가 있는지 여부는 주택법 등에서 제시하는 주택건설기준보다는 환경정책기본법 등에서 설정하고 있는 환경기준을 우선적으로 고려하여 판단하여야 한다. (2) 이 사건 도로의 하루 통행 차량이 약 86,361대에 이르는 등 공공도로인 점과 피고들이 이 사건 도로가 개통된 이후에 건축된 이 사건 아파트에 입주한 점 등을 감안하더라도, 피고들이 거주하는 세대의 야간 등가소음도가 65㏈ 이상으로 환경정책기본법이 요구하는 도로변 주거지역의 야간 소음기준(55㏈)을 훨씬 초과함으로써 피고들에게 통상의 수인한도를 넘는 피해를 발생하게 하였다면 원고 부산광역시의 이 사건 도로 설치·관리상에 하자가 있다고 판단한 사례. (3) 공동주택을 건축하여 분양한 분양회사는 도로의 설치·관리자가 아니고 위 공동주택의 건축으로 인하여 소음이 발생하였다고 볼 수도 없으므로, 공동주택의 거주자들이 분양회사를 상대로 소음으로 인하여 발생한 생활이익의 침해를 원인으로 하는 불법행위책임을 물을 수는 없는 것이고, 다만 분양회사는 공동주택의 공급 당시에 주택법상의 주택건설기준 등 그 공동주택이 거래상 통상 소음 방지를 위하여 갖추어야 할 시설이나 품질을 갖추지 못한 경우에 집합건물의 소유 및 관리에 관한 법률 제9조 또는 민법 제580조의 규정에 의한 담보책임을 부담하거나, 수분양자와의 분양계약에서 소음 방지 시설이나 조치에 관하여 특약이 있는 경우에 그에 따른 책임을 부담하거나, 또는 분양회사가 수분양자에게 분양하는 공동주택

방법원 서산지원은 '영조물의 설치 또는 관리의 하자 '에 관한 판례입장에 입각하여 공군비행장의 영조물의 설치 또는 관리의 하자를 인정하고, 75WECPNL 이상의 소음구역에 거주하는 원고들에게 비행장과의 근접정도에 따라 월 10만원–3만원을 기준으로 거주기간별로 약 200만원~800만원 정도의 범위에서 위자료청구를 일부 인용하였다. 이 판결에 불복하여 피고만 대전고등법원에 항소하였는데, 고등법원도 제1심 법원과 마찬가지로 공군비행장의 영조물의 설치 또는 관리의 하자는 인정하였고, 다만 소음도 기준을 상향조정하여 80WECPNL 이상인 경우에 사회생활상 통상의 수인한도를 초과한다고 보아, 이 기준치 이상의 소음구역에 거주하는 원고 3인에게만 월 3만원만을 기준으로 거주기간에 따라 약 300만원의 손해액을 인정하였다. 이 판결에 대하여 당사자 쌍방이 대법원에 상고하였다. 대법원은 제1심·제2심 법원과 마찬가지로 공군비행장의 영조물의 설치 또는 관리의 하자를 인정하였으며, 공군 비행장 인근 주민들의 거주지역이 농촌지역인 점 등을 감안하여 그 주민들 거주지역 소음 피해가 80WECPNL 이상인 경우에 사회생활상 통상의 수인한도를 넘어 위법하다고 본 원심의 판단이 정당하다고 판시하였다.

의 소음 상황 등에 관한 정보를 은폐하거나 부정확한 정보를 제공하는 등 신의칙상의 부수의무를 게을리한 경우에 그 책임을 부담할 뿐이다. 그런데, 원고 회사가 이 사건 아파트에 대한 사용승인을 받을 당시 이 사건 아파트의 소음도는 64.7㏈로서 주택법상의 주택건설기준 등에서 규정하고 있는 소음기준을 충족하고 있었고, 달리 이 사건 아파트의 사용승인 또는 분양 당시 이 사건 아파트의 방음시설이 통상 갖추어야 할 수준에 이르지 못하였다고 인정할 증거도 없으며, 원고 회사가 수분양자인 피고들과의 사이에 소음 방지 시설이나 조치에 관한 별도의 특약을 체결하였다거나, 피고들에게 이 사건 아파트의 소음 상황 등에 관하여 부정확한 정보를 제공하였다고 인정할 증거도 없다(대법원 2008. 8. 21. 선고 2008다9358 판결[채무부존재확인]－부산 사상구 동서고가도로 소음 사건).

판례는 항공기소음으로 인한 손해배상사건에서 상대적으로 평온한 지역인 농촌에 위치한 비행장의 경우에는 소음도가 80웨클(WECPNL) 이상, 도시지역에 위치한 비행장의 경우에는 소음도가 85웨클(WECPNL) 이상인 경우 수인한도를 넘어 위법하다고 보고 있다.

[판례] 대법원은 비행장 주변지역의 항공기소음을 원인으로 한 손해배상 사건에서 농촌지역에 위치한 서산공군비행장, 충주공군비행장, 군산공군비행장, 평택공군비행장의 경우 그 주변지역의 소음도가 80웨클(WECPNL) 이상인 경우 사회생활상 통상의 수인한도를 넘어 위법하다고 본 반면, 도시지역에 위치한 대구공군비행장이나 김포공항의 경우 그 주변지역의 소음도가 85웨클(WECPNL) 이상인 경우 사회생활상 통상의 수인한도를 넘어 위법하다고 보았다. 이는 비행장 주변지역이 당초 비행장이 개설되었을 때와는 달리 그 후 점차 도시화되어 인구가 밀집되는 등 도시지역으로서의 지역적, 환경적 특성이 있는 경우에는 농촌지역과 비교하여 통상 배경소음이 높다고 할 것이고, 배경소음이 낮은 농촌지역의 경우 도시지역과 비교하여 동일한 소음에 대하여 더 큰 불쾌감을 느낀다고 알려져 있으며 농촌지역 주민들의 옥외 활동의 비중이 높다는 사정 등을 고려한 것이라고 할 것이다(대법원 2015. 10. 15. 선고 2013다23914 판결[손해배상(기)]－광주공군비행장 사건).

피해자에게 과실이 있었던 경우에는 피해자의 과실에 의하여 확대된 손해의 한도 내에서 국가 등의 책임이 부분적으로 감면된다.

피해자가 위험이 형성된 후 위험에 접근한 경우에는 일정한 요건 하에 가해자의 손해배상책임이 감면된다. 이를 위험에의 접근 이론이라고 한다.

소음 등을 포함한 환경오염 등의 위험지역으로 이주하여 들어가서 거주하는 경우와 같이 위험의 존재를 인식하면서 그로 인한 피해를 용인하며 접근한 것으로 볼 수 있는 경우에, 그 피해가 직접 생명이나 신체에 관련된 것이 아니라 정신적 고통이나 생활방해의 정도에 그치고 그 침해행위에 고도의 공공성이 인정되는 때에는, 위험에 접근한 후 실제로 입은 피해 정도가 위험에 접근할 당시에 인식하고 있었던 위험의 정도를 초과하는 것이거나 위험에 접근한 후에 그 위험이 특별히 증대하였다는 등의 특별한 사정이 없는 한 가해자의 면책을 인정하여야 하는 경우도 있을 것이다. 특히 환경오염 등의 공해로 인한 법적 쟁송이 제기되거나 그 피해에 대한 보상이 실시되는 등 피해지역임이 구체적으로 드러나고 또한 이러한 사실이 그 지역에 널리 알려진 이후에 이주하여 오는 경우에는 위와 같은 위험에의 접근에 따른 가해자의 면책 여부를 인정할 여지도 있다.

다만 일반인이 환경오염 등의 위험지역으로 이주하여 거주하는 경우라고 하더라도 위험에 접근할 당시에 그러한 위험이 존재하는 사실을 정확하게 알 수 없는 경우가 많고, 그 밖에 위험에 접근하게 된 경위와 동기 등의 여러 가지 사정을 종합하여 그와 같은 위험의 존재를 인식하면서도 위험으로 인한 피해를 용인하면서 접근하였다고 볼 수 없는 경우에는 손해배상액의 산정에 있어 형평의 원칙상 과실상계에 준하여 감액사유로 고려하여야 한다(보다 자세한 내용은 제2편 제7장 제2절 Ⅱ. 5. 항공기 소음 관리 참조).

[판례] [1] '수인한도의 기준' 결정 방법: 사회통념상 참을 수 있는 피해인지 여부에 관한 기준(수인한도의 기준)을 결정함에 있어서는 일반적으로 침해되는 권리나 이익의 성질과 침해의 정도뿐만 아니라 침해행위가 갖는 공공성의 내용과 정도, 그 지역환경의 특수성, 공법적인 규제에 의하여 확보하려는 환경기준, 침해를 방지 또는 경감시키거나 손해를 회피할 방안의 유무 및 그 난이 정도 등 여러 사정을 종합적으로 고려하여 구체적 사건에 따라 개별적으로 결정하여야 한다. [2] 소음 등을 포함한 공해 등의 위험지역으로 이주하여 들어가 거주하는 경우와 같이 위험의 존재를 인식하거나 과실로 인식하지 못하고 이주한 경우에는 손해배상액의 산정에 있어 형평의 원칙상 과실상계에 준하여 감경 또는 면제사유로 고려하여야 한다. [3] 공군사격장 주변지역에서 발생하는 소음 등으로 피해를 입은 주민들이 국가를 상대로 손해배상을 청구한 사안에서, 사격장의 소음피해를 인식하거나 과실로 인식하지 못하고 이주한 일부 주민들의 경우, 국가의 손해배상책임을 완전히 면제할 수는 없다고 하더라도, 손해배상액을 산정함에 있어 그와 같은 사정을 전혀 참작하지 아니하여 감경조차 아니 한 것은 현저히 불합리하고, 불법행위로 인한 손해배상액의 산정에 관한 법리를 오해한 잘못이 있다는 이유로 원심판결을 파기한 사례(대법원 2010. 11. 11. 선고 2008다57975 판결[손해배상(기)]－웅천사격장 사건).

Ⅵ. 환경침해에 대한 손실보상과 손해배상

환경침해가 손실보상의 대상이 되는 경우가 있다. 즉, 「공익사업을 위한 토지 등의 취득 및 보상에 관한 법률」(이하 '토지보상법'이라고 한다)상 공익사업의 시행으로 공익사업시행지구 밖에 환경침해로 영업손실이 발생한 경우에는 손실보상(간접손실보상)의 대상이 된다(토지보상법 제79조 제2항, 동법 시행규칙 제64조 제1항).

[판례] (1) 공익사업인 고속철도 건설사업 시행 후의 고속철도 운행에 따른 소음, 진동 등으로 인하여 고속철도 인근에서 양잠업을 영위하던 원고에게 발생한 손실(환경침해로 인한 공익사업시행지구 밖의 영업손실)에 관하여 「공익사업을 위한 토지 등의 취득 및 보상에 관한 법률」(이하 '토지보상법'이라고 한다) 관련 규정(토지보상법 제79조 제2항, 동법 시행규칙 제64조 제1항)에 따라 손실보상청구를 할 수 있다. (2) 토지보상법상 공익사업시행지구 밖 영업손실보상대상에 공익사업의 시행으로 설치되는 시설의 형태·구조·사용 등에 기인하여 발생한 손실도 포함된다고 판단하고, 이를 토대로 원고가 주장하는 토지보상법상 손실보상청구권이 성립하였고 그에 관한 쟁송이 공법상 당사자소송 절차에 의하여야 한다고 본 원심의 결론을 수긍하여 상고기각한 사례(대법원 2019. 11. 28. 선고 2018두227 판결[환경침해로 인한 보상금 등 청구 사건]). <해설> 토지보상법 제79조 제2항의 위임에 따른 같은 법 시행규칙 제64조 제1항 제2호에 의하면, 공익사업시행지구 밖에서 영업손실의 보상대상이 되는 영업을 하고 있는 자가 공익사업의 시행으로 인하여 '진출입로의 단절, 그 밖의 부득이한 사유로 인하여 일정한 기간 동안 휴업하는 것이 불가피한 경우'에 해당하는 경우 그 영업자의 청구에 의하여 당해 영업을 공익사업시행지구에 편입되는 것으로 보아 보상하여야 한다.

판례는 공공시설로부터의 공해로 인한 손해를 손해배상의 대상이 되는 것으로 본다. 또한 **판례**는 손실보상과 손해배상을 별개의 청구권으로 보면서 경합하여 인정되는 것으로 보는 입장을 취하고 있다. 즉, 토지보상법 제79조 제2항(그 밖의 토지에 관한 비용보상 등)에 따른 손실보상과 환경정책기본법 제44조 제1항(환경오염의 피해에 대한 무과실책임)에 따른 손해배상은 각 요건이 충족되면 성립하는 별개의 청구권이다. 다만 같은 내용의 손해에 관하여 양자의 청구권을 동시에 행사할 수 있다고 본다면 이중배상의 문제가 발생하므로, 어느 하나만을 선택적으로 행사할 수 있을 뿐이고, 이때에는 양자의 청구권을 동시에 행사할 수는 없다고 본다.

[판례] (1) 토지보상법 시행규칙 제64조 제1항에서의 공익사업시행지구 밖 영업손실보상의 요건인 '공익사업의 시행으로 인한 그 밖의 부득이한 사유로 일정 기간 동안 휴업이 불가피한 경우'란 공익사업의 시행 또는 시행 당시 발생한 사유로 휴업이 불가피한 경우만을 의미하는 것이 아니라 공익사업의 시행 결과, 즉 그 공익사업의 시행으로 설치되는 시설의 형태·구조·사용 등에 기인하여 휴업이 불가피한 경우도 포함된다. (2) 피고(한국철도시설공단)가 이 사건 철도노선을 완공하여 개통한 후, 한국철도공사로 하여금 이 사건 노선에서 고속열차를 운행하도록 함으로써 발생한 소음·진동·전자파로 인하여 이 사건 잠업사에서 생산하는 누에씨의 품질저하, 위 누에씨를 공급받는 전라북도 농업기술원 종자사업소의 누에씨 수령 거부, 잠업농가의 누에씨 수령 거부 등의 피해가 발생하였다고 봄이 타당하므로, 호남고속철도 열차 운행으로 인한 소음·진동·전자파의 원인자인 피고(한국철도시설공단)가 위 소음·진동·전자파의 환경오염으로 인하여 원고에게 발생한 손해를 배상할 책임이 있다. (3) 토지보상법 제79조 제2항(그 밖의 토지에 관한 비용보상 등)에 따른 손실보상과 환경정책기본법 제44조 제1항(환경오염의 피해에 대한 무과실책임)에 따른 손해배상은 그 근거 규정과 요건·효과를 달리 하는 것으로서, 각 요건이 충족되면 성립하는 별개의 청구권이다. 다만, 손실보상청구권에는 이미 '손해 전보'라는 요소가 포함되어 있어 실질적으로 같은 내용의 손해에 관하여 양자의 청구권을 동시에 행사할 수 있다고 본다면 이중배상의 문제가 발생하므로, 실질적으로 같은 내용의 손해에 관하여 양자의 청구권이 동시에 성립하더라도 영업자는 어느 하나만을 선택적으로 행사할 수 있을 뿐이고, 양자의 청구권을 동시에 행사할 수는 없다고 봄이 타당하다. 또한 '해당 사업의 공사완료일로부터 1년'이라는 손실보상 청구기간(토지보상법 제79조 제5항, 제73조 제2항)이 도과하여 손실보상청구권을 더 이상 행사할 수 없는 경우에도 손해배상의 요건이 충족되는 이상 여전히 손해배상청구는 가능하다고 보아야 한다(대법원 2019. 11. 28. 선고 2018두227 판결). <해설> 공익사업인 고속철도 건설사업 시행 후의 고속철도 운행에 따른 소음, 진동 등으로 인하여 고속철도 인근에서 양잠업을 영위하던 원고에게 발생한 손실(환경침해로 인한 공익사업시행지구 밖의 영업손실)에 관하여 공익사업을 위한 토지 등의 취득 및 보상에 관한 법률 관련 규정(토지보상법 제79조 제2항, 동법 시행규칙 제64조 제1항)에 따라 손실보상청구를 할 수 있다. 이에 관한 쟁송은 공법상 당사자소송 절차에 의하여야 한다. 손실보상의 주체는 사업시행자인 한국철도시설공단이지만, 손해배상의 피고는 고속철도사업자인 한국철도공사로 보는 것이 타당하다.

그러나 법이론상 손실보상은 적법한 공용침해로 인한 손실의 보상을 의미하므로 손실보상이 인정되면 손해배상은 인정되지 않는다고 보는 것이 타당하다.[110]

---

110) 광주고법 2010. 12. 24, 2010나5624. 대법원 2011. 5. 23, 2011다9440 판결로 심리불속행 기각되어

다만, 보상이 인정되는 손실을 넘어 손해가 발생한 경우에는 손해배상이 인정될 수 있다. 또한, 법령상 손실보상이 인정됨에도 손실보상을 하지 않고 공익사업을 시행한 경우에는 손해배상청구가 가능하다.[111] 간접손실의 보상은 해당 사업의 공사완료일부터 1년이 지난 후에는 청구할 수 없으므로(토지보상법 제79조 제5항, 제73조 제2항) 이 청구기간이 지난 경우에는 손해배상만을 청구할 수 있다. 예를 들면, 원자력발전소의 일반적인 가동운영에 따른 온배수로 인한 손해는 원칙상 손해배상의 대상 아니고 손실보상의 대상이 된다고 보아야 한다. 그러나 원전의 일반적인 가동운영에 따른 온배수로 인한 손해에 대해 손실보상이 행해지지 않은 경우에는 손해배상청구가 가능하다.

[판례] [1] 원자력발전소 냉각수 순환시 발생되는 온배수의 배출이 환경오염에 해당하는지 여부(적극): 환경정책기본법 제3조 제4호는 "환경오염이라 함은 사업활동 기타 사람의 활동에 따라 발생되는 대기오염, 수질오염, 토양오염, 해양오염, 방사능오염, 소음·진동, 악취 등으로서 사람의 건강이나 환경에 피해를 주는 상태를 말한다."고 규정하고 있으므로, 원전냉각수순환시 발생되는 온배수의 배출은 사람의 활동에 의하여 자연환경에 영향을 주는 수질오염 또는 해양오염으로서 환경오염에 해당한다. [2] 적법시설이나 공용시설로부터 발생하는 유해배출물로 인하여 손해가 발생한 경우, 그 위법성의 판단 기준: 불법행위 성립요건으로서의 위법성은 관련 행위 전체를 일체로만 판단하여 결정하여야 하는 것은 아니고, 문제가 되는 행위마다 개별적·상대적으로 판단하여야 할 것이므로 어느 시설을 적법하게 가동하거나 공용에 제공하는 경우에도 그로부터 발생하는 유해배출물로 인하여 제3자가 손해를 입은 경우에는 그 위법성을 별도로 판단하여야 하고, 이러한 경우의 판단 기준은 그 유해의 정도가 사회생활상 통상의 수인한도를 넘는 것인지 여부이다. [3] 양식장 운영자가 원자력발전소의 온배수를 이용하기 위하여 온배수 영향권 내에 육상수조식양식장을 설치하였는데 원자력발전소에서 배출된 온배수가 이상고온으로 평소보다 온도가 높아진 상태에서 자연해수와 혼합되어 위 양식장의 어류가 집단 폐사한 경우, 원자력발전소 운영자의 과실에 비하여 양식장 운영자의 과실이 훨씬 중대하다고 판단한 사례(대법원 2003. 6. 27. 선고 2001다734 판결 – 원자력발전소 온배수 사건).

공익사업이 종료한 후에 손실보상에 관한 합의가 있으면 이 보상합의는 사법상 계약으로 볼 수 있고, 보상합의금을 지급하지 않는 경우에는 민사소송으로 보상합의금(약정금)청구를 할 수 있다.

확정됨.

111) 대법원 1999. 11. 23. 선고 98다11529 판결.

제 4 절 환경분쟁조정에 의한 환경피해의 구제

제 1 항 개 설

Ⅰ. 환경분쟁조정제도의 의의

환경분쟁조정제도는 준사법적 분쟁해결기구를 통하여 환경오염으로 인한 피해분쟁을 소송외적 방법으로 신속하고 공정하게 해결하도록 하는 제도이다.[112]

환경피해로 인한 분쟁이 발생한 경우 당사자간의 대화를 통하여 분쟁을 해결하거나 행정기관에게 민원처리차원에서 개입을 호소하는 방안 외에는 주로 법원의 재판을 통하여 피해를 구제 받는 방법이 이용되어 왔다. 그런데 법원에 소송을 제기하여 환경상의 피해를 구제받기 위해서는 피해자는 가해자의 고의 또는 과실, 가해행위의 위법성, 가해행위와 피해사이의 인과관계, 손해의 발생 등을 입증하여야 하나 이는 쉬운 일이 아니다. 가해자의 행위와 피해발생간의 인과관계를 과학적 조사능력을 갖추지 못한 피해자가 증명한다는 매우 어려운 일이며, 소송을 진행하는 과정에서 많은 시간과 비용이 소요되기 때문에 사법절차를 통한 피해구제는 일정한 한계를 지니게 된다. 따라서 전문성을 갖춘 분쟁해결기구에 의하여 신속하고 저렴하게 환경분쟁을 해결할 수 있는 환경분쟁처리절차가 요구된다.

이러한 배경하에 「환경정책기본법」은 제42조에서 "국가 및 지방자치단체는 환경오염 또는 환경훼손으로 인한 분쟁이나 그 밖의 환경관련 분쟁이 발생한 경우에 그 분쟁이 신속하고 공정하게 해결되도록 필요한 시책을 마련하여야 한다"고 규정하고, 제43조에서 "국가 및 지방자치단체는 환경오염 또는 환경훼손으로 인한 피해를 원활하게 구제하기 위하여 필요한 시책을 마련하여야 한다"고 규정하여, 국

112) 환경분쟁조정제도는 대체적 분쟁 해결(ADR: Alternative Dispute Resolution)의 하나이다. 대체적 분쟁해결(ADR)은 법원의 소송 이외의 방식으로 이루어지는 분쟁해결방식을 말하는 것으로, 재판의 지연, 과다한 비용, 특수한 분쟁에 대한 소송절차의 부적합성 등을 이유로 전통적인 소송제도의 대안을 모색하기 위한 차원에서 등장하였다. 미국 등 선진국에서는 다양한 형태의 ADR이 활용되고 있다. 우리나라의 경우 환경분쟁조정위원회, 노동위원회, 소비자분쟁조정위원회, 건설분쟁조정위원회, 저작권심의조정위원회, 전자거래분쟁조정위원회 등 행정부 산하에 각종의 위원회에서 대체적 분쟁해결제도를 시행하고 있다.

가 및 지방자치단체에게 환경분쟁의 해결과 피해구제를 위한 시책을 강구하도록 의무를 과하고 있다. 이에 따라 환경분쟁조정법이 만들어지고 환경오염으로 인한 피해의 조사와 그로 인한 분쟁을 신속하고 공정하게 해결할 수 있는 조정·구제절차를 마련하였다. 「환경분쟁조정법」은 환경분쟁의 알선, 조정 및 재정에 관한 사항과 그 절차를 규정하고 있다.

환경분쟁조정제도는 피해자가 신청을 하면 환경분쟁조정위원회에서 가해행위, 손해의 발생사실, 인과관계, 손해의 액수 등을 조사하게 되고, 비용도 일반 소송보다 훨씬 저렴하게 들어갈 뿐만 아니라, 변호사의 도움 없이도 조정절차를 진행할 수 있다는 점에서 피해자에게 매우 편리한 제도라고 할 수 있다.

환경분쟁조정제도의 운영현황을 살펴보면,113) 처리건수는 중앙환경분쟁조정위원회가 설립된 1991. 7.~2018년까지 총 4,817건을 접수하여 4,057건을 처리(재정, 조정, 합의)하였다.

[표 4-2] 환경분쟁조정제도의 운영현황

구분	접수현황			처리현황				알선 종료	자진 철회	처리중 (이월)
	계	접수	전년 이월	계	재정 (裁定)	조정 (調停)	합의			
합계	–	4,817		4,057	2,740	92	1,225	23	544	

피해원인은 처리된 4,057건 중 소음·진동으로 인한 피해 3,449건(85%), 대기오염 218건(6%), 수질오염 97건(2%), 일조 214건(5%), 기타 79건(2%)으로 나타났다.

피해내용은 4,057건 중 정신적 피해가 1,459건(36%)으로 가장 많고, 건축물 피해와 정신적 피해를 함께 신청한 사건이 1,025건(25%), 축산물 피해 419건(10%), 농작물 피해 275건(7%), 건축물 피해 154건(4%), 수산물 피해 91건(3%), 기타 634건(15%)으로 나타났다.

처리기간은 4,057건 중 3개월 이내에 처리한 사건이 496건(13%), 4~6개월 1,379건(34%), 7~9개월 1,961건(48%), 9개월 이상 201건(5%) 등으로 평균 처리기간은 5.8개월이었다.

113) 환경분쟁사건 처리 등 통계자료(2018. 12. 31. 기준)(환경분쟁조정위원회 홈페이지)

Ⅱ. 환경분쟁조정제도의 연혁

1. 환경보전법에서의 환경분쟁조정제도

환경분쟁조정제도는 1963년 공해방지법에서는 인정되지 않다가 1971년의 개정법에 의해 도입되었으나 별로 실효를 거두지 못하였고, 1977년에 제정된 환경보전법에서는 이를 약간 개선하여 제9장에 규정하게 되었다.

그러나 환경보전법상의 분쟁조정제도는 분쟁조정위원이 비상근·임기 2년으로 되어 있어 전문성·독자성을 기할 수 없었으므로 공신력을 발휘하지 못하였고, 환경분쟁의 특성상 제3자 전문가의 지원을 가능케 할 기구가 없었으며, 분쟁처리방식의 소극성·피동성, 분쟁조정신청의 절차적 복잡성 등의 문제점으로 인하여 당초의 기대와는 달리 실제로 거의 이용되지 않았다.[114]

2. 환경오염피해분쟁조정법에서의 환경분쟁조정제도

1990년에 환경정책기본법 및 오염매체별 개별환경법과 함께 환경오염피해분쟁조정법(법률 제4258호 1990. 8. 1)이 제정되어 환경분쟁조정제도가 단행법으로 법제화되었다. 환경오염피해분쟁조정법에 의한 환경분쟁조정제도는 알선은 물론 조정이나 재정 모두가 당사자간의 합의조성행위 이상의 의미를 갖지는 못했기 때문에, 그 자체로서 독자적인 의의를 갖는 분쟁해결절차라기보다는 분쟁당사자의 합의도출을 통한 원만한 분쟁해결을 도모하려는 사법보완적인 임의적 중재절차로서의 성격을 가지는 데 불과하였다.

동법의 시행에 있어서 여러 가지 미비점들이 나타나자 1995. 12. 29에 일부 개정이 이루어졌는데, 개정된 환경오염피해분쟁조정법은 분쟁의 신속한 해결 및 분쟁조정의 실효성을 확보하기 위하여 피해분쟁조정대상을 확대하고, 위원회의 직권조사권 및 피신청인경정에 관한 규정을 신설하며, 기타 시행상 나타난 일부 미비점을 개선·보완하려는 것이었다. 즉, 종전에는 이미 발생된 피해에 대하여만 분쟁조정이 가능하였으나, 개정 후에는 폐기물처리시설, 하수종말처리장 등 환경기초시설의 설치로 인하여 환경오염피해의 발생이 예상되는 경우와 하천의 오염으로 인하여 피해의 발생이 예상되는 경우에도 분쟁조정이 가능하도록 하여 피해분쟁조정대상을 확대하고, 사회적으로 중대한 영향을 미칠 것이 예상되는 사건에 대하여는 당사자의 신청 없이도 직권조사 및 조정을 할 수 있도록 하였다. 그리고 당

114) 전병성, "환경오염피해분쟁조정법," 사법행정 375(92. 3), 45면.

사자가 합의한 조정조서는 재판상 화해조서와 동일한 효력을 가지도록 하였고, 재정위원회가 재정을 행한 재정문서에 대하여도 재판상 화해와 동일한 효력을 가진다고 규정하였다.

3. 환경분쟁조정법에서의 환경분쟁조정제도

환경오염피해분쟁조정법은 1997년 8월 28일 환경분쟁조정법(법률 제5393호)으로 전면개정되었다. 개정 법률에서는 환경분쟁을 신속·공정하게 해결하고 그 실효성을 확보하기 위하여 환경분쟁조정의 대상을 확대하고, 다수인관련분쟁의 조정에 관한 규정을 신설하는 등 제도의 운영상 나타난 일부 미비점을 개선·보완하고자 하였다. 그러나 이 개정 법률은 조정과 재정의 효력을 당사자간에 동일한 내용의 합의가 성립한 것으로 본다고 규정함으로써 1995년 개정 이전의 상태로 환원시켰다.115)

환경분쟁조정법은 2002. 12. 26에 일부 개정이 되었다. 중앙환경분쟁조정위원회만 수행하는 재정기능의 일부를 지방환경분쟁조정위원회에 부여하여 지방환경분쟁조정위원회를 활성화하고, 국가를 당사자로 하는 분쟁의 조정수행자를 지정하여 운영함으로써 조정의 실효성을 확보하는 등 제도운영상의 미비점을 개선·보완하였다. 한편, 동법은 2008. 3. 21에 일부 개정이 있었다. 환경분쟁조정위원회 위원의 정원을 증원하고(제7조 및 제8조), 환경분쟁조정위원회가 환경보전 및 환경피해방지 개선대책에 관한 의견을 관계 행정기관에 통지할 수 있도록 하였다(제15조의2 신설). 조정신청시 환경분쟁조정위원회가 당사자에게 피해배상에 관한 합의를 권고할 수 있도록 하고(제16조의2 신설), 직권조정범위 확대 및 조정절차 등에 관하여 규정하였다(제30조). 또한 조정조서 및 재정문서에 재판상 화해의 효력 인정하였다(제33조 및 제42조). 종래 조정 및 재정결과의 효력이 민법상 화해계약에 불과하여 당사자가 합의를 준수하지 아니할 경우에는 이행을 강제할 수 없어 분쟁조정의 실효성을 확보하

115) 동법이 조정과 재정에 있어서 재판상 화해와 동일한 효력을 부여하는 규정을 삭제한 것은 이것이 위헌시비에 휘말릴 우려가 있다는 점을 고려한 결과라고 알려지고 있다. 즉 1995년 5월 25일 헌법재판소는 국가배상법 제16조 중 "심의회의 배상결정은 신청인이 동의한 때에는 민사소송법의 규정에 의한 재판상의 화해가 성립된 것으로 본다"라는 부분을 위헌으로 결정하였다. 그러나 위 헌법재판소의 결정은 각종 중재·조정 등 준사법적 성격을 지닌 절차 일반에 대하여 그 결정에 재판상 화해와 동일한 효력을 부여하는 것 자체를 위헌으로 본 것은 아니었다. 헌법재판소의 결정취지에 비추어 본다면, 재정은 국가배상법상의 배상심의절차와는 달리 준사법적 쟁송의 성질을 띠고 있고 또 불복제소의 기회가 봉쇄되어 있는 것도 아니기 때문에 그 효력을 재판상 화해와 동일한 것으로 강화시킨다고 해도 재판청구권침해 등 위헌의 문제가 생기지 않는다고 보아야 할 것이다(홍준형, 앞의 책, 403면).

기 어려웠다. 이에 다시 조정 및 재정결과에 대한 확정력을 부여하기 위해 조정조서나 재정문서에 재판상 화해의 효력을 부여하도록 한 것이다. 2012. 2. 1. 일부개정에서는 인공조명에 의한 빛공해를 환경피해의 범주에 포함시켰고(제2조 제1호), 지방조정위원회 재정불복사건에 대한 중앙조정위원회 재정신청을 허용하였으며(제42조 제1항), 재정위원회 불출석에 대한 과태료 부과를 완화하여 당사자 또는 참고인이 재정위원회로부터 계속 2회의 출석요구를 받고 정당한 사유 없이 출석하지 아니한 경우에 과태료를 부과하도록 하였다(제66조 제1항). 2015. 12. 22. 일부개정에서는 당사자의 합의에 기초한 신속한 분쟁해결 수단인 중재제도를 도입하고(제1조 및 제2조 제3호, 제45조의2부터 제45조의5까지 신설 등), 지하수 수위 또는 이동경로의 변화를 환경피해 범위에 포함시켜 환경분쟁 조정 대상을 확대하였으며(제2조 제1호 및 제5조 제1호), 환경분쟁조정위원회 위원 정수를 확대하였다(제7조). 2018. 10. 16. 일부개정에서는 조정(調停)제도의 실효성을 높이기 위하여 환경분쟁조정위원회는 조정기일을 정하여 당사자에게 출석을 요구할 수 있도록 하고, 당사자 간에 합의가 이루어지지 아니한 경우에는 환경분쟁조정위원회가 조정을 갈음하는 결정을 할 수 있도록 하였다. 또한 환경분쟁의 신속한 해결을 도모하기 위하여 환경피해에 대한 분쟁 당사자 간의 손해배상 등의 책임의 존재와 그 범위 등을 결정하는 책임재정 외에 환경피해를 발생시키는 행위와 환경피해 사이의 인과관계 존재 여부를 결정하는 원인재정을 도입하였다. 2021. 4. 1. 일부개정에서는 2020년 5월 15일 이후 집중 호우로 피해를 입은 주민들의 신속한 피해구제를 위해 이 법에 따른 환경피해 대상에 하천수위의 변화로 인한 피해를 추가함으로써 이 법에서 정하고 있는 절차와 방법에 따라 신속하고 간편하게 피해구제를 받을 수 있도록 하였다.

제 2 항 환경분쟁조정법의 주요내용

Ⅰ. 목적 및 적용범위

동법은 환경분쟁의 알선(斡旋)·조정(調停)·재정(裁定) 및 중재(仲裁)의 절차 등을 규정함으로써 환경분쟁을 신속·공정하고 효율적으로 해결하여 환경을 보전하고 국민의 건강과 재산상의 피해를 구제함을 목적으로 한다(제1조). 동법은 조정대상을 환경에 관한 민사상 분쟁에 국한시키지 않고 일반적인 환경분쟁으로 확장하고 있다.

환경분쟁조정의 대상은 '환경분쟁'이다. 즉, "환경피해에 대한 다툼과 「환경기술 및 환경산업 지원법」 제2조 제2호에 따른 환경시설[116]의 설치 또는 관리와 관련된 다툼"이 그 대상이다(제2조 제2호).

여기서 환경분쟁의 원인이 되는 "환경피해"란 사업활동, 그 밖에 사람의 활동에 의하여 발생하였거나 발생이 예상되는 대기오염, 수질오염, 토양오염, 해양오염, 소음·진동, 악취, 자연생태계 파괴, 일조 방해, 통풍 방해, 조망 저해, 인공조명에 의한 빛공해, 지하수 수위 또는 이동경로의 변화, 하천수위의 변화 그 밖에 대통령령으로 정하는 원인으로 인한 건강상·재산상·정신상의 피해를 말한다. 다만, 방사능오염으로 인한 피해는 제외한다(제2조 제1호).

Ⅱ. 환경분쟁조정위원회

동법 제4조는 환경부에 중앙환경분쟁조정위원회(이하 "중앙조정위원회"라 한다)를 설치하고, 특별시·광역시·도 또는 특별자치도(이하 "시·도"라 한다)에 지방환경분쟁조정위원회(이하 "지방조정위원회"라 한다)를 설치하여 환경분쟁의 처리를 담당하도록 하고 있다.

중앙조정위원회 및 지방조정위원회(이하 "위원회"라 한다)의 소관 사무는 다음 각 호와 같다(제5조).

1. 환경분쟁(이하 "분쟁"이라 한다)의 조정. 다만, 다음 각 목의 어느 하나에 해당하는 분쟁의 조정은 해당 목에서 정하는 경우만 해당한다.
   가. 「건축법」 제2조 제1항 제8호의 건축으로 인한 일조 방해 및 조망 저해와 관련된 분쟁: 그 건축으로 인한 다른 분쟁과 복합되어 있는 경우
   나. 지하수 수위 또는 이동경로의 변화와 관련된 분쟁: 공사 또는 작업(「지하수법」에 따른 지하수의 개발·이용을 위한 공사 또는 작업은 제외한다)으로 인한 경우
   다. 하천수위의 변화와 관련된 분쟁: 「하천법」 제2조 제3호에 따른 하천시설 또는 「수자원의 조사·계획 및 관리에 관한 법률」 제2조 제4호에 따른

116) "환경시설"이란 환경오염물질 등으로 인한 자연환경 및 생활환경에 대한 위해를 사전에 예방 또는 감소하거나 환경오염물질의 적정한 처리 또는 폐기물 등의 재활용을 위한 시설·기계·기구, 그 밖의 물체로서 환경부령으로 정하는 것을 말한다.

수자원시설로 인한 경우
2. 환경피해와 관련되는 민원의 조사, 분석 및 상담
3. 분쟁의 예방 및 해결을 위한 제도와 정책의 연구 및 건의
4. 환경피해의 예방 및 구제와 관련된 교육, 홍보 및 지원
5. 그 밖에 법령에 따라 위원회의 소관으로 규정된 사항

1. 중앙조정위원회

중앙조정위원회는 분쟁조정사무 중 다음 각 호의 사항을 관할한다(제6조 ①).

1. 분쟁의 재정(제5호에 따른 재정은 제외한다) 및 중재
2. 국가나 지방자치단체를 당사자로 하는 분쟁의 조정
3. 둘 이상의 시·도의 관할 구역에 걸친 분쟁의 조정
4. 제30조에 따른 직권조정(職權調停)
5. 제35조의3 제1호에 따른 원인재정과 제42조 제2항에 따라 원인재정 이후 신청된 분쟁의 조정
6. 그 밖에 대통령령으로 정하는 분쟁의 조정

중앙조정위원회는 위원장 1명을 포함한 30명 이내의 위원으로 구성하며, 그 중 상임위원은 3명 이내로 한다(제7조 ①). 위원회 위원의 임기는 2년으로 하며, 연임할 수 있다(동조 ③).

중앙조정위원회의 위원장을 포함한 위원은 환경에 관한 학식과 경험이 풍부한 사람으로서 다음 각 호의 어느 하나에 해당하는 사람 중 환경부장관의 제청에 의하여 대통령이 임명하거나 위촉한다. 이 경우 제2호에 해당하는 사람이 3명 이상 포함되어야 한다(제8조 ①).

1. 1급부터 3급까지에 상당하는 공무원 또는 고위공무원단에 속하는 공무원으로 3년 이상 재직한 사람
2. 판사·검사 또는 변호사로 6년 이상 재직한 사람
3. 공인된 대학이나 연구기관에서 부교수 이상 또는 이에 상당하는 직(職)에 재직한 사람
4. 환경 관계 업무에 10년 이상 종사한 사람

중앙조정위원회는 위원회의 소관 사무 처리절차와 그 밖에 위원회의 운영에 관한 규칙과 조정(調停)·재정 및 중재위원회의 각 위원장 선임방법 등 구성에 관한 규칙을 정할 수 있다(제15조 ①).

2. 지방조정위원회

지방조정위원회는 해당 시·도의 관할 구역에서 발생한 분쟁의 조정사무 중 동법 제6조 제1항에 따른 중앙조정위원회 사무의 제2호부터 제6호까지의 사무 외의 사무를 관할한다. 다만, 제1항 제1호의 경우에는 일조 방해, 통풍 방해, 조망 저해로 인한 분쟁은 제외한 것으로서 대통령령으로 정하는 분쟁의 재정 및 중재만 해당한다(제6조 ②). 법 제6조 제2항 단서에 따라 지방조정위원회가 관할하는 분쟁의 재정사무는 조정 목적의 가액(價額)(이하 "조정가액"이라 한다)이 1억원 이하인 분쟁의 재정사무로 한다. 다만, 중앙조정위원회에서 진행 중이거나 재정된 사건과 같은 원인으로 발생한 분쟁의 재정사무는 제외한다(환경분쟁조정법 시행령 제3조 제2항).

지방조정위원회는 위원장 1명을 포함한 20명 이내의 위원으로 구성하며, 그 중 상임위원은 1명을 둘 수 있다(제7조 ②). 지방조정위원회의 위원은 제1항 각 호의 어느 하나에 해당하는 사람 중에서 특별시장·광역시장·도지사 또는 특별자치도지사(이하 "시·도지사"라 한다)가 임명하거나 위촉한다. 이 경우 제1항 제2호에 해당하는 사람이 2명 이상 포함되어야 한다(제8조 ③). 지방조정위원회의 위원장은 부시장 또는 부지사 중에서 시·도지사가 임명하는 사람으로 한다(제8조 ④). 지방조정위원회의 구성 및 운영과 그 밖에 필요한 사항은 해당 시·도의 조례로 정한다(제15조 ②).

3. 사 무 국

위원회의 사무를 처리하기 위하여 위원회에 사무국을 둘 수 있다(제13조 ①). 사무국에는 다음 각 호의 사무를 분장(分掌)할 심사관을 둔다(동조 ②).

1. 분쟁의 조정에 필요한 사실조사와 인과관계의 규명
2. 환경피해액의 산정 및 산정기준의 연구·개발
3. 그 밖에 위원회의 위원장이 지정하는 사항

위원회의 위원장은 특정 사건에 관한 전문적인 사항을 처리하기 위하여 관계 전문가를 위촉하여 제2항 각 호의 사무를 수행하게 할 수 있다(동조 ③).

Ⅲ. 환경분쟁조정 통칙

1. 조정의 신청 등

조정을 신청하려는 자는 제6조에 따른 관할 위원회에 알선·조정(調停)·재정 또는 중재신청서를 제출하여야 한다(제16조 ①). 국가를 당사자로 하는 조정에서는 환경부장관이 국가를 대표한다. 이 경우 환경부장관은 해당 사건의 소관 행정청 소속 공무원을 조정수행자로 지정할 수 있다(동조 ②). 위원회는 제1항에 따라 조정 신청을 받았을 때에는 지체 없이 조정절차를 시작하여야 한다(동조 ③). 위원회는 제3항에 따른 조정절차를 시작하기 전에 이해관계인이나 주무관청의 의견을 들을 수 있다(동조 ④). ⑤ 제1항에 따른 신청서의 기재 사항은 대통령령으로 정한다. 위원회는 당사자의 분쟁 조정신청을 받았을 때에는 대통령령으로 정하는 기간 내에 그 절차를 완료하여야 한다(동조 ⑥).

위원회는 조정신청을 받으면 당사자에게 피해배상에 관한 합의를 권고할 수 있다(제16조의2 ①). 제1항에 따른 권고는 조정절차의 진행에 영향을 미치지 아니한다(동조 ②).

동법은 다수인 관련분쟁의 조정신청에 관하여는 제4장에서 별도로 규정하고 있다.

2. 신청의 각하, 피신청인의 경정

위원회는 조정신청이 적법하지 아니한 경우에는 적절한 기간을 정하여 그 기간 내에 흠을 바로 잡을 것을 명할 수 있다(제17조 ①). 위원회는 신청인이 제1항에 따른 명령에 따르지 아니하거나 흠을 바로잡을 수 없는 경우에는 결정으로 조정신청을 각하(却下)한다(동조 ②). 위원회는 다른 법률에서 정하고 있는 조정절차를 이미 거쳤거나 거치고 있는 분쟁에 대한 조정신청은 결정으로 각하한다(동조 ③).

한편, 위원회의 위원장은 신청인이 피신청인을 잘못 지정한 것이 명백할 때에는 신청인의 신청을 받아 피신청인의 경정(更正)을 허가할 수 있다(제21조 ①). 위원회의 위원장은 제1항에 따른 허가를 하였을 때에는 그 사실을 당사자와 새로운 피신청인에게 통보하여야 한다(동조 ②). 제1항에 따른 허가가 있는 때에는 종전의 피신청인에 대한 조정신청은 철회되고 새로운 피신청인에 대한 조정신청이 제1항에 따른 경정신청이 있은 때에 있은 것으로 본다(동조 ③).

3. 관계행정기관의 협조

동법은 조정위원회의 분쟁조정기능이 효과적으로 수행될 수 있도록 하기 위하여 위원회에게 관계행정기관에 대한 협조요구권을 부여하고 있다. 위원회는 분쟁의 조정을 위하여 필요하다고 인정하면 관계 행정기관의 장에게 자료 또는 의견의 제출, 기술적 지식의 제공, 환경오염물질의 측정 및 분석 등 필요한 협조를 요청할 수 있다(제18조 ①). 위원회는 분쟁의 조정 시에 환경피해의 제거 또는 예방을 위하여 필요하다고 인정하면 관계 행정기관의 장에게 환경피해의 원인을 제공하는 자에 대한 개선명령, 조업정지명령 또는 공사중지명령 등 필요한 행정조치를 하도록 권고할 수 있다(동조 ②). 제1항 및 제2항에 따른 협조를 요청받거나 권고를 받은 관계 행정기관의 장은 정당한 사유가 없으면 이에 따라야 한다(동조 ③).

4. 선정대표자

다수인이 공동으로 조정의 당사자가 되는 경우에는 그 중에서 3명 이하의 대표자를 선정할 수 있다(제19조 ①). 위원회는 당사자가 제1항에 따라 대표자를 선정하지 아니한 경우에 필요하다고 인정할 때에는 당사자들에게 대표자를 선정할 것을 권고할 수 있다(동조 ②). 제1항에 따라 선정된 대표자(이하 "선정대표자"라 한다)는 다른 신청인이나 피신청인을 위하여 해당 사건의 조정에 관한 모든 행위를 할 수 있다. 다만, 신청의 철회 및 조정안(調停案)의 수락에 대하여는 다른 당사자들로부터 서면으로 동의를 받아야 한다(동조 ③). 대표자가 선정되었을 때에는 다른 당사자들은 그 선정대표자를 통하여만 해당 사건에 관한 행위를 할 수 있다(동조 ④). 대표자를 선정한 당사자들은 필요하다고 인정하면 선정대표자를 해임하거나 변경할 수 있다. 이 경우 당사자들은 그 사실을 지체 없이 위원회에 통지하여야 한다(동조 ⑤).

5. 참　가

환경분쟁조정은 그 당사자들뿐만 아니라 제3자의 이해관계에도 영향을 미칠 수 있으므로 당사자가 아니더라도 분쟁조정과정에 참가의 기회를 줄 필요가 있다. 이러한 취지에서 동법은 분쟁조정에의 참가절차를 규정하고 있다. 즉, 분쟁이 조정절차에 계류(繫留)되어 있는 경우에 같은 원인에 의한 환경피해를 주장하는 자는 위원회의 승인을 받아 당사자로서 해당 절차에 참가할 수 있다(제20조 ①). 위원회는 제1항에 따른 승인을 하려는 경우에는 당사자의 의견을 들어야 한다(동조 ②).

6. 대 리 인

당사자는 다음 각 호에 해당하는 사람을 대리인으로 선임할 수 있다(제22조 ①).

1. 당사자의 배우자, 직계존비속 또는 형제자매
2. 당사자인 법인의 임직원
3. 변호사
4. 환경부장관 또는 지방자치단체의 장이 지명하는 소속 공무원

제1항 제1호 또는 제2호의 사람을 대리인으로 선임하려는 당사자는 위원회 위원장의 허가를 받아야 한다(동조 ②). 대리인의 권한은 서면으로 소명(疎明)하여야 한다(동조 ③).

7. 중간결정에 대한 불복

조정절차와 관련된 위원회의 중간결정에 대하여는 그 결정이 있음을 안 날부터 14일 이내에 해당 위원회에 이의를 제기할 수 있다(제23조 ①). 위원회는 제1항에 따른 이의 제기가 이유 있다고 인정할 때에는 그 결정을 경정하여야 하며, 이의 제기가 이유 없다고 인정할 때에는 이를 기각(棄却)하여야 한다(동조 ②).

8. 조정절차의 위임

제31조 제1항에 따른 조정위원회(調停委員會), 제36조 제1항에 따른 재정위원회(裁定委員會) 또는 제45조의3 제1항에 따른 중재위원회(仲裁委員會)는 각 소속 위원에게 조정(調停)·재정(裁定) 또는 중재(仲裁) 절차의 일부를 실시하도록 위임할 수 있다(제24조).

9. 절차의 비공개

조정절차가 공개될 경우 이해관계자나 제3자의 압력과 개입 등으로 분쟁의 원만한 조정에 장애가 발생할 수 있으므로 이러한 점들을 고려하여 특별한 규정이 있는 경우를 제외하고는 비공개로 하도록 하고 있다(제25조).

10. 환경단체의 조정신청

동법은 제26조에서 분쟁당사자 이외에 일정한 요건을 갖춘 환경단체에 대해서

도 조정신청권을 부여하고 있다. 즉, 다음 각 호의 요건을 모두 갖춘 환경단체는 중대한 자연생태계 파괴로 인한 피해가 발생하였거나 발생할 위험이 현저한 경우에는 위원회의 허가를 받아 분쟁 당사자를 대리하여 위원회에 조정을 신청할 수 있다(제26조 ①).

1. 「민법」 제32조에 따라 환경부장관의 허가를 받아 설립된 비영리법인일 것
2. 정관에 따라 환경보호 등 공익의 보호와 증진을 목적으로 하는 단체일 것
3. 그 밖에 대통령령으로 정하는 요건에 해당할 것

위와 같은 요건을 갖춘 환경단체가 법 제26조 제1항의 규정에 따라 조정을 신청하는 것은 어디까지나 분쟁당사자를 대리하는 것이다. 따라서 환경단체가 조정을 신청하는 경우 그 단체는 자신의 대리인으로서의 권한을 서면으로 소명하여야 하며, 신청의 철회, 조정안의 수락 및 복대리인의 선임에 대하여는 본인인 분쟁당사자로부터 특별히 위임을 받아야 한다(동조 ②).

Ⅳ. 환경분쟁조정의 유형 및 내용

동법상 환경분쟁조정(環境紛爭調整)의 유형으로는 알선(斡旋), 조정(調停), 재정(裁定), 중재(仲裁)가 있다.

1. 알선(斡旋)

(1) 의 의

알선이란 알선위원이 분쟁당사자의 의견을 듣고 사건이 공정하게 해결되도록 주선함으로써 분쟁당사자의 화해를 유도하여 합의가 이루어지게 하는 절차를 말한다. 대체로 분쟁해결절차 중에서 형식성이 가장 약한 약식절차라고 할 수 있다.

[표 4-3] 환경분쟁조정의 유형 및 내용

유형	내용
알선(斡旋)	사실조사 및 당사자심문 없이 분쟁당사자간의 합의를 유도하는 절차
조정(調停)	사실조사 및 당사자심문 후 조정위원회가 조정안을 작성하여 당사자간의 합의를 권고하는 절차
재정(裁定)	사실조사 및 당사자심문 후 피해배상액을 결정하는 준사법적 절차
중재(仲裁)	중재 판단에 구속받는다는 당사자의 합의를 기초로 사실조사 및 당사자심문 후 중재위원회가 확정판결과 동일한 효력이 있는 결정을 하는 절차

위원회에 의한 알선은 3인 이내의 알선위원이 행하며, 알선위원은 사건마다 위원회의 위원 중에서 위원회의 위원장이 지명한다(제27조). 알선위원은 당사자 양쪽이 주장하는 요점을 확인하여 사건이 공정하게 해결되도록 노력하여야 한다(제28조).

(2) 알선의 중단

알선위원은 알선으로는 분쟁 해결의 가능성이 없다고 인정할 때에는 알선을 중단할 수 있다(제29조 ①). 알선 절차가 진행중인 분쟁에 대하여 조정(調停)·재정 또는 중재신청이 있으면 그 알선은 중단된 것으로 본다(동조 ②).

2. 조정(調停)

(1) 의 의

조정이란 중립적인 제3자적 지위를 가진 조정기구가 당사자의 의견을 듣고 조정안을 작성하여 분쟁당사자에게 수락을 권고함으로써 분쟁을 해결하는 제도이다. 조정은 일반적으로 조정위원회와 같은 합의기구를 구성하여 이 기구가 일정한 절차에 따라 분쟁당사자들의 의견을 듣고 사실을 조사한 후 조정안을 작성하여 분쟁당사자들에게 수락을 권고함으로써 쌍방의 양해를 통해 분쟁을 해결하는 방식으로 이루어진다.

동법은 조정절차의 하나로 직권조정을 인정하고 있다. 중앙조정위원회는 환경오염으로 인한 사람의 생명·신체에 대한 중대한 피해, 제2조 제2호의 환경시설의 설치 또는 관리와 관련된 다툼 등 사회적으로 파급효과가 클 것으로 우려되는 분쟁에 대하여는 당사자의 신청이 없는 경우에도 직권으로 조정절차를 시작할 수 있다(제30조 ①). 시·도지사, 시장·군수·구청장(자치구의 구청장을 말한다) 또는 유역환경청장·지방환경청장은 제1항에 따른 직권조정이 필요하다고 판단되는 분쟁에 대해서는 중앙조정위원회에 직권조정을 요청할 수 있다(동조 ②). 제1항에 따른 직권조정의 대상, 조정절차 및 직권조정을 수행하는 사람에 관한 사항은 대통령령으로 정한다(동조 ③).

(2) 조정위원회

조정은 3명의 위원으로 구성되는 위원회(조정위원회)에서 행한다(제31조 ①). 조정위원회의 위원(조정위원)은 사건마다 위원회의 위원 중에서 위원회의 위원장이 지명하되, 제8조 제1항 제2호에 해당하는 사람 1명 이상이 포함되어야 한다(동조 ②). 조정위원회의 회의는 조정위원회의 위원장이 소집하고(동조 ③), 구성원 전원의 출석으로 개의(開議)하고 구성원 과반수의 찬성으로 의결한다(동조 ④).

(3) 조정위원회의 조사권 등

법은 제32조에서 조정위원회에게 조사권을 부여하고 있다. 즉, 조정위원회는 분쟁의 조정을 위하여 필요하다고 인정할 때에는 조정위원회의 위원 또는 심사관으로 하여금 당사자가 점유하고 있는 공장, 사업장 또는 그 밖에 사건과 관련된 장소에 출입하여 관계 문서 또는 물건을 조사·열람 또는 복사하도록 하거나 참고인의 진술을 들을 수 있도록 할 수 있다(제32조 ①). 한편 조정위원회는 이러한 조사결과를 조정의 자료로 할 때에는 당사자의 의견을 들어야 한다(동조 ②).

(4) 조정의 성립

조정은 당사자 간에 합의된 사항을 조서에 적음으로써 성립한다(제33조 ①). 조정위원회가 제1항에 따른 조서를 작성하였을 때에는 지체 없이 조서의 정본(正本)을 당사자나 대리인에게 송달하여야 한다(동조 ②).

(5) 조정결정

조정위원회는 당사자 간에 합의가 이루어지지 아니한 경우로서 신청인의 주장이 이유 있다고 판단되는 경우에는 당사자들의 이익과 그 밖의 모든 사정을 고려하여 신청 취지에 반하지 아니하는 한도에서 조정을 갈음하는 결정(이하 “조정결정”이라 한다)을 할 수 있다(제33조의2 ①). 조정결정은 문서로써 하여야 한다. 이 경우 조정결정 문서에는 다음 각 호의 사항을 적고 조정위원이 기명날인하여야 한다(동조 ②).

1. 사건번호와 사건명
2. 당사자, 선정대표자, 대표당사자 및 대리인의 주소와 성명(법인의 경우에는 명칭을 말한다)
3. 조정 내용
4. 신청의 취지
5. 이유
6. 조정결정한 날짜

조정위원회가 조정결정을 하였을 때에는 지체 없이 조정결정문서의 정본을 당사자나 대리인에게 송달하여야 한다(동조 ③). 당사자는 제3항에 따른 조정결정문서 정본을 송달받은 날부터 14일 이내에 불복 사유를 명시하여 서면으로 이의신청을 할 수 있다(동조 ④).

(6) 조정을 하지 아니하는 경우

조정위원회는 해당 분쟁이 그 성질상 조정을 하기에 적당하지 아니하다고 인정하거나 당사자가 부당한 목적으로 조정을 신청한 것으로 인정할 때에는 조정을 하지 아니할 수 있다(34조 ①). 조정위원회는 제1항에 따라 조정을 하지 아니하기로 결정하였을 때에는 그 사실을 당사자에게 통지하여야 한다(동조 ②).

(7) 조정의 종결

조정위원회는 해당 조정사건에 관하여 당사자 간에 합의가 이루어질 가능성이 없다고 인정할 때에는 조정을 하지 아니하는 결정으로 사건을 종결시킬 수 있다(제35조 ①). 또한 제33조 제1항의 규정에 의한 권고가 있은 후 지정된 기간 내에 당사자로부터 수락한다는 뜻이 통지되지 아니할 때에는 당사자 간의 조정은 종결된다(동조 ②). 조정절차가 진행 중인 분쟁에 대하여 재정 또는 중재 신청이 있으면 그 조정은 종결된다(동조 ③). 조정위원회는 제1항 또는 제2항에 따라 조정이 종결되었을 때에는 그 사실을 당사자에게 통지하여야 하며(동조 ④), 통지를 받은 당사자가 통지를 받은 날부터 30일 이내에 소송을 제기한 경우 시효의 중단 및 제소기간의 계산에 있어서는 조정의 신청을 재판상의 청구로 본다(동조 ⑤).

(8) 조정의 효력

제33조제1항에 따라 성립된 조정과 제33조의2제4항에 따른 이의신청이 없는 조정결정은 재판상 화해와 동일한 효력이 있다. 다만, 당사자가 임의로 처분할 수 없는 사항에 대해서는 그러하지 아니하다(제35조의2).

3. 재정(裁定)

(1) 의 의

재정이란 당사자 간의 환경분쟁에 관하여 재정기관이 준사법적 절차에 따라서 인과관계의 유무, 피해액 등에 대한 법률적 판단을 내려 분쟁을 해결하는 제도를 말한다. 조정은 당사자 간의 타협적인 해결을 모색하는 데 비중을 두고 있는 데 비하여, 재정은 재정위원회가 사실을 조사하여 이를 근거로 객관적인 판정을 내리는 준사법적 성질을 띤 절차이다. 이와 같이 대심구조와 당사자의 구술변론권이 보장된 준사법적 절차라는 점에서 알선 및 조정과 구별된다.

이 법에 따른 재정의 종류는 다음 각 호와 같다(제35조의3).

1. **원인재정**: 환경피해를 발생시키는 행위와 환경피해 사이의 **인과관계 존재 여부**를 결정하는 재정

2. **책임재정**: 환경피해에 대한 분쟁 당사자 간의 손해배상 등의 **책임의 존재**와 **그 범위** 등을 결정하는 재정

(2) 재정위원회

재정은 5명의 위원으로 구성되는 위원회(이하 "재정위원회"라 한다)에서 한다. 다만, 다음 각 호에 해당하는 사건의 재정은 해당 호에서 정한 재정위원회에서 할 수 있다(제36조 ①).

1. 다수인의 생명·신체에 중대한 피해가 발생한 분쟁이나 제2조 제2호에 따른 환경시설의 설치 또는 관리와 관련된 다툼 등 사회적으로 파급효과가 클 것으로 우려되는 사건으로서 대통령령으로 정하는 사건: 10명 이상의 위원으로 구성되는 재정위원회
2. 대통령령으로 정하는 경미한 사건: 3명의 위원으로 구성되는 재정위원회

재정위원회의 위원(이하 "재정위원"이라 한다)은 사건마다 위원회의 위원 중에서 위원회의 위원장이 지명하되, 제8조 제1항 제2호에 해당하는 사람117) 1인 이상이 포함되어야 한다(동조 ②). 재정위원회의 회의는 재정위원회의 위원장이 소집하며(동조 ③), 구성원 전원의 출석으로 개의하고 구성원 과반수의 찬성으로 의결한다(동조 ④).

(3) 심문, 증거조사 및 증거보전 절차

재정절차는 준사법적 성질을 띠고 있으므로 절차의 형식성이나 당사자의 절차적 권리 등이 알선이나 조정에 비하여 강화되어 있다. 재정위원회는 심문의 기일을 정하여 당사자에게 의견을 진술하게 하여야 하며(제37조 ①), 제1항의 규정에 의한 심문기일을 심문기일 7일 전까지 당사자에게 통지하여야 한다(동조 ②). 심문은 공개하여야 한다. 다만, 재정위원회가 당사자의 사생활 또는 사업상의 비밀을 유지할 필요가 있다고 인정하거나 절차의 공정을 해칠 염려가 있다고 인정할 때, 그 밖에 공익을 위하여 필요하다고 인정할 때에는 그러하지 아니하다(동조 ③).

재정위원회는 분쟁의 재정을 위하여 필요하다고 인정할 때에는 당사자의 신청에 의하여 또는 직권으로 다음 각 호의 행위를 할 수 있으며(제38조 ①), 당사자도 이러한 조사 등에 참여할 수 있다(동조 ②).

1. 당사자 또는 참고인에 대한 출석 요구, 질문 및 진술 청취
2. 감정인의 출석 및 감정 요구

117) 판사·검사 또는 변호사로 6년 이상 재직한 사람.

3. 사건과 관계있는 문서 또는 물건의 열람·복사·제출 요구 및 유치
4. 사건과 관계있는 장소의 출입·조사

재정위원회가 직권으로 제1항의 규정에 따른 조사 등을 하였을 때에는 그 결과에 대하여 당사자의 의견을 들어야 하며(동조 ③), 재정위원회는 당사자 또는 참고인에게 진술하게 하거나 감정인에게 감정하게 할 때에는 당사자, 참고인 또는 감정인에게 선서를 하도록 하여야 한다(동조 ④).

그리고 제39조에서는 증거보전절차에 관하여 규정하고 있다. 즉, 위원회는 재정신청 전에 미리 증거조사를 하지 아니하면 그 증거를 확보하기 곤란하다고 인정하는 경우에는 재정을 신청하려는 자의 신청을 받아 제38조 제1항 각 호의 행위를 할 수 있으며(제39조 ①), 위원회의 위원장은 신청을 받으면 위원회의 위원 중에서 증거보전에 관여할 사람을 지명하여야 한다(동조 ②).

(4) 재정의 방식 및 내용

재정은 문서로써 하여야 하며, 재정문서에는 다음 각 호의 사항을 적고 재정위원이 기명날인하여야 한다(제40조 ①).

1. 사건번호와 사건명
2. 당사자, 선정대표자, 대표당사자 및 대리인의 주소 및 성명(법인의 경우에는 명칭을 말한다)
3. 주문(主文)
4. 신청의 취지
5. 이유
6. 재정한 날짜

제1항 제5호에 따른 이유를 적을 때에는 주문의 내용이 정당함을 인정할 수 있는 한도에서 당사자의 주장 등에 대한 판단을 표시하여야 한다(동조 ②). 재정위원회는 재정을 하였을 때에는 지체없이 재정문서의 정본을 당사자나 대리인에게 송달하여야 한다(동조 ③).

한편, 재정위원회는 환경피해의 복구를 위하여 원상회복이 필요하다고 인정하면 손해배상을 갈음하여 당사자에게 원상회복을 명하는 제35조의3제2호에 따른 책임재정(이하 "책임재정"이라 한다)을 하여야 한다. 다만, 원상회복에 과다한 비용이 들거나 그 밖의 사유로 그 이행이 현저히 곤란하다고 인정하는 경우에는 그러하지 아니하다(제41조).

(5) 재정의 효력과 소송과의 관계

지방조정위원회의 재정위원회가 한 책임재정에 불복하는 당사자는 재정문서의 정본이 당사자에게 송달된 날부터 60일 이내에 중앙조정위원회에 책임재정을 신청할 수 있다(제42조 ①).

재정위원회가 제35조의3제1호에 따른 **원인재정**(이하 "원인재정"이라 한다)을 하여 재정문서의 정본을 송달받은 당사자는 이 법에 따른 **알선**, **조정**, **책임재정** 및 **중재**를 **신청**할 수 있다(동조 ②).

재정위원회가 **책임재정**을 한 경우에 재정문서의 정본이 당사자에게 송달된 날부터 60**일 이내**에 당사자 양쪽 또는 어느 한쪽으로부터 그 재정의 대상인 환경피해를 원인으로 하는 소송이 제기되지 아니하거나 그 소송이 철회된 경우 또는 제1항에 따른 신청이 되지 아니한 경우에는 그 재정문서는 **재판상 화해**와 동일한 효력이 있다(동조 ③ 본문).[118] 다만, 당사자가 임의로 처분할 수 없는 사항에 관한 것은 그러하지 아니하다(제42조 ③ 단서).

재정위원회는 재정신청된 사건을 조정(調停)에 회부하는 것이 적합하다고 인정할 때에는 직권으로 직접 조정하거나 관할 위원회에 송부하여 조정하게 할 수 있다(제43조 ①). 제1항에 따라 조정에 회부된 사건에 관하여 당사자 간에 합의가 이루어지지 아니하였을 때에는 재정절차를 계속 진행하고, 합의가 이루어졌을 때에는 재정의 신청은 철회된 것으로 본다(동조 ②).

재정절차가 진행 중인 분쟁에 대하여 중재신청이 있으면 그 재정신청은 철회된 것으로 본다(제43조의2).

당사자가 책임재정에 불복하여 소송을 제기한 경우 시효의 중단 및 제소기간의 계산에 있어서는 책임재정의 신청을 재판상의 청구로 본다(제44조).

재정이 신청된 사건에 대한 소송이 진행 중일 때에는 수소법원은 재정이 있을 때까지 소송절차를 중지할 수 있고(제45조 ①), 재정위원회는 수소법원에 의한 소송절차의 중지가 없는 경우에는 해당 사건의 재정절차를 중지하여야 한다. 다만, 제4항에 따라 원인재정을 하는 경우는 제외한다(동조 ②). 그리고 재정위원회는 재정이

118) 1990년 제정된 환경오염피해분쟁조정법은 조정안에 대하여 합의에 대한 강제력을 부여하지 않았지만, 1995년에 개정된 동법은 재정위원회가 재정을 행한 재정문서에 대하여 재판상화해와 동일한 효력을 가진다고 하여 재정의 효력을 강화하였다. 그러나 1997. 8. 28. 전면 개정된 현행 환경분쟁조정법은 조정과 재정의 효력을 당사자 간에 동일한 내용의 합의가 성립한 것으로 본다고 규정함으로써 1995년 개정 이전의 상태로 환원시켰다. 그러나 2008. 3. 21. 동법의 일부개정을 통하여 다시 재판상 화해와 동일한 효력을 갖는 것으로 규정하였다.

신청된 사건과 같은 원인으로 다수인이 관련되는 같은 종류의 사건 또는 유사한 사건에 대한 소송이 진행 중인 경우에는 결정으로 재정절차를 중지할 수 있다(동조 ③).

환경분쟁에 대한 소송과 관련하여 수소법원은 분쟁의 인과관계 여부를 판단하기 위하여 필요한 경우에는 중앙조정위원회에 원인재정을 촉탁할 수 있다. 이 경우 제16조제1항에 따른 당사자의 신청이 있는 것으로 본다(동조 ④). 제4항에 따라 진행되는 원인재정 절차에 필요한 비용 중 제63조제1항에 따라 각 당사자가 부담하여야 하는 비용은 「민사소송비용법」에 따른 소송비용으로 본다(동조 ⑤).

4. 중재(仲裁)

(1) 의　　의

중재는 다른 환경분쟁조정의 유형에서 보듯이 법원의 재판에 의하지 않고 당사자 사이의 분쟁을 해결하는 제도로서, 제3자인 중재위원회가 서로 대립하는 당사자 간의 환경분쟁에 대하여 사실조사 및 심문 등의 절차를 거쳐 확정판결과 동일한 효력이 있는 결정을 하여 분쟁을 해결하는 제도이다. 2015. 12. 22. 동법 개정 시 환경분쟁조정의 한 유형으로 새로 도입되었다.

중재는 분쟁 당사자 사이에 제3자인 중재위원회가 개입하여 합의를 도출해 내는 절차라는 점에서는 조정과 차이가 없다. 그러나 조정에서는 분쟁의 당사자가 제3자인 조정위원회의 조정안에 합의함으로서 당사자를 구속하는 반면, 중재에서는 제3자인 중재위원회의 판단이 당사자간에 법원의 확정판결과 동일한 효력을 갖는다는 점에서 차이가 있다. 한편, 중재는 발생한 분쟁을 중재절차에 따라 해결하고 그 중재 판단에 구속받는다는 당사자의 합의를 기초로 하여 개시되지만, 재정은 이러한 합의를 요건으로 하는 것은 아니다.

(2) 중재위원의 지명 등

중재는 3명의 위원으로 구성되는 위원회(이하 "중재위원회"라 한다)에서 한다(제45조의2 ①). 중재위원회의 위원(이하 "중재위원"이라 한다)은 사건마다 위원회 위원 중에서 위원회의 위원장이 지명하되, 당사자가 합의하여 위원을 선정한 경우에는 그 위원을 지명한다(동조 ②). 제15조 제1항에 따른 위원회의 규칙에서 정하는 위원이 중재위원회의 위원장이 된다. 다만, 제2항에 따라 당사자가 합의하여 위원을 선정한 경우에는 그 위원 중에서 위원회의 위원장이 지명한 위원이 중재위원회의 위원장이 된다(동조 ③). 중재위원회의 회의는 중재위원회의 위원장이 소집한다(동조 ④).

중재위원회의 회의는 구성원 전원의 출석으로 개의하고, 구성원 과반수의 찬성으로 의결한다(동조 ⑤).

(3) 중재위원회의 심문 등

중재위원회의 심문, 조사권, 증거보전, 중재의 방식 및 원상회복 등에 관하여는 제37조부터 제41조까지의 규정을 준용한다(제45조의3).

(4) 중재의 효력

중재는 양쪽 당사자 간에 법원의 확정판결과 동일한 효력이 있다(제45조의4).

(5) 「중재법」의 준용

중재에 대한 불복과 중재의 취소에 관하여는 「중재법」 제36조를 준용한다(제45조의5 ①). 중재와 관련된 절차에 관하여는 이 법에 특별한 규정이 있는 경우를 제외하고는 「중재법」을 준용한다(동조 ②).

Ⅴ. 다수인관련분쟁의 조정(調整)

"다수인관련분쟁"이란 같은 원인으로 인한 환경피해를 주장하는 자가 다수(多數)인 환경분쟁을 말한다(제2조 제4호). 다수인에게 같은 원인으로 환경피해가 발생하거나 발생할 우려가 있는 경우에는 그 중 1명 또는 수인(數人)이 대표당사자로서 조정을 신청할 수 있다(제46조 ①).

위원회는 제46조에 따른 허가신청이 다음 각 호의 요건을 모두 충족할 때에는 이를 허가할 수 있다(제47조).

1. 같은 원인으로 발생하였거나 발생할 우려가 있는 환경피해를 청구원인으로 할 것
2. 공동의 이해관계를 가진 자가 100명 이상이며, 선정대표자에 의한 조정이 현저하게 곤란할 것
3. 피해배상을 신청하는 경우에는 1명당 피해배상요구액이 500만원 이하일 것
4. 신청인이 대표하려는 다수인 중 30명 이상이 동의할 것
5. 신청인이 구성원의 이익을 공정하고 적절하게 대표할 수 있을 것

동법은 제50조에서 대표당사자의 감독 등에 관한 규정을 두는 한편, 다수인관련분쟁 조정신청의 공고(제51조), 이해관계자의 참가 신청(제52조), 조정효력의 인적 범위(제53조), 동일분쟁에 대한 조정신청의 금지(제54조), 조정결과 지급받은 손해배

상금의 배분에 관한 규정들(제56조~제61조)을 두고 있다.

그러나 다수인관련분쟁의 조정절차 역시 따로 규정하지 아니한 사항에 관하여는 그 성질에 반하지 아니하는 범위에서 분쟁조정에 관한 제3장을 준용하도록 되어 있으므로(제55조), 앞에서 본 조정절차유형들과 본질적으로 다른 것은 아니다.

제5절 환경오염피해 배상책임 및 구제에 관한 법률

제1항 개 설

그동안 우리나라는 경제발전을 위한 산업화 과정에서 낙동강 페놀오염사고, 공장폐수로 인한 어업피해, 구미 불화수소가스 누출사고, 산업단지 주변 건강피해 사건 등 많은 대형 환경오염사고를 경험한 바 있다. 국민 건강과 안전을 위협하는 이러한 환경오염사고는 산업이 고도화될수록 발생빈도 및 피해의 심각성이 점차 증가하는 추세를 보여 왔다.

반면 환경오염사고로 인한 피해자에 대한 배상 등 실효적 구제 장치는 미흡한 실정이었다. 환경오염피해를 입은 일반 국민들이 권리구제를 위하여 소송을 제기하더라도 환경오염사고의 특성상 과도한 입증책임을 부담하게 되고, 오랜 기간 많은 비용과 노력을 투입하여야 하는 것이 현실이었다. 또한 대규모 환경오염을 일으킨 자는 대부분 환경피해에 대한 책임이행을 위한 재정적 능력이 담보되지 않아 가해자가 특정된 경우에도 피해자들이 실질적인 배상을 받지 못하는 상황이 발생하였다.

이에 환경오염피해를 입은 국민들에 대한 실효적 피해구제 제도를 확립하여 환경피해의 신속하고 공정한 구제를 위한 법적 제도의 도입 필요성이 강력하게 제기되었다. 구체적으로는 사업자의 환경오염피해에 대한 무과실책임을 인정하고 위험시설에 대한 배상책임 근거와 범위를 명확히 하며, 정보 부족 등으로 인하여 인과관계입증 등이 곤란한 피해자들을 위하여 인과관계의 추청 및 피해입증에 필요한 정보청구권을 보장하여야 한다는 요청이 대두되었다. 또한 환경오염의 위험성이 높은 시설에 대한 환경책임보험 가입 강제를 통하여 피해자에 대한 신속한 배상뿐만 아니라 환경오염사고에 따른 기업의 도산 위험을 줄이는 방안도 현실적으로 필요하게 되었다. 뿐만 아니라 환경피해에 있어 원인자 불명, 배상책임한도 초과 등의 이유가 존재하는 경우 국가가 구제급여를 함으로서 배상책임의 한계를 보완하고 실효적인 환경피해구제를 도모할 필요성도 제기되었다.

이러한 국가적·사회적 요청과 필요에 의하여 제정된 법이 「환경오염피해 배상책임 및 구제에 관한 법률」(약칭: 환경오염피해구제법)이다. 동법은 환경오염피해에 대한 배상책임을 명확히 하고, 피해자의 입증부담을 경감하는 등 실효적인 피해구제 제도를 확립함으로써 환경오염피해로부터 신속하고 공정하게 피해자를 구제하는 것을 목적으로 한다(제1조).

<그림 4-1> 환경오염피해 배상책임 및 구제의 구조[119)]

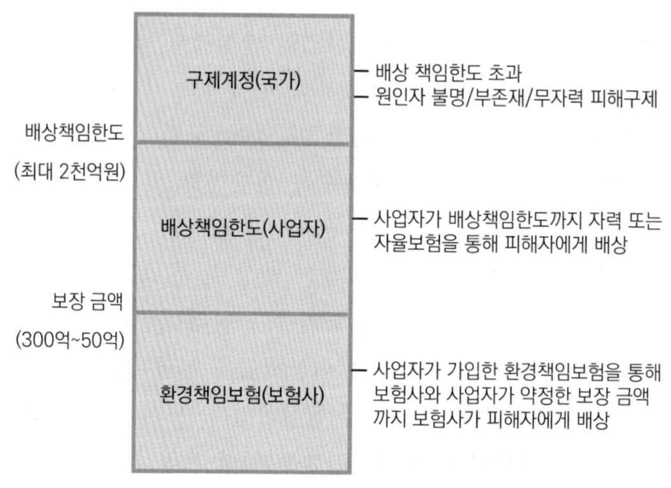

동법은 기본적으로 독일의 환경책임법을 모델로 하여 입법화되었지만, 독일의 환경책임법이 민사상 손해배상책임을 중심으로 규율하고 있는 반면, 동법은 민사상 손해배상책임에 관한 내용뿐만 아니라 구제급여 등을 통한 공법상 피해구제에 관한 사항도 함께 규율하고 있다는 점이 큰 특징이며 차이점이라고 할 수 있다.[120)]

119) 환경부 자료.
120) 동법은 2017. 12. 12. 일부개정을 통하여 환경책임보험의 가입 시점을 시설의 설치 이전에서 시설의 운영 이전으로 변경하되, 운영시점을 특정하기 어려운 토양오염관리대상시설, 화학물질취급시설, 해양시설은 시설의 설치 이전에 환경책임보험에 가입하도록 하였다. 그리고 환경오염피해구제급여 지급의 주체를 환경부장관으로 명확하게 하고 그 업무는 운영기관에 위탁할 수 있도록 하였다. 2023. 4. 18. 일부개정에서는 환경책임보험에 가입하거나 보장계약을 체결하려는 사업자는 해

제 2 항 환경오염피해구제법의 주요 내용

Ⅰ. 총　칙

1. 환경오염피해

동법상 '환경오염피해'란 시설의 설치·운영으로 인하여 발생되는 대기오염, 수질오염, 토양오염, 해양오염, 소음·진동, 그 밖에 대통령령으로 정하는 원인으로 인하여 다른 사람의 생명·신체(정신적 피해를 포함한다) 및 재산에 발생된 피해(동일한 원인에 의한 일련의 피해를 포함한다)를 말한다. 다만, 해당 사업자가 받은 피해와 해당 사업자의 종업원이 업무상 받은 피해는 제외한다(제2조 제1호).

동법상의 '환경오염피해'는 환경분쟁조정법 제2조 제1호의 '환경피해'[121]와 비교해 볼 때 일정한 차이점을 보이고 있다. 즉, 환경분쟁조정법상의 환경피해는 책임의 기초를 '사업활동, 그 밖에 사람의 활동'(행위책임)에 두고 있는 반면, 동법상의 환경오염피해는 '시설의 설치 및 운영'(시설책임)에 두고 있다. 그리고 환경오염의 양태에 있어서는 동법은 "대기오염, 수질오염, 토양오염, 해양오염, 소음·진동, 그 밖에 대통령령으로 정하는 원인"으로 정하고 있는 반면, 환경분쟁조정법은 '악취, 자연생태계 파괴, 일조 방해, 통풍 방해, 조망 저해, 인공조명에 의한 빛공해'도 포함하고 있어 그 범위가 더 넓다. 또한 환경분쟁조정법은 환경오염의 발생이 예상되는 경우에도 적용된다.

자연생태계파괴로 인한 피해는 환경분쟁조정법상의 환경피해에는 포함되지만,

당 시설의 종류 및 규모, 해당 시설에서 배출되는 오염물질의 종류 및 배출량 등 필요한 사항을 보험자 또는 운영기관의 장에게 제출하도록 의무화하고, 사업자가 환경책임보험 가입 또는 보장계약 체결 이후 해당 시설에 대한 변경 인·허가 또는 변경 등록·신고를 하려는 경우 기존의 환경책임보험 또는 보장계약 또한 이에 적합하게 변경하도록 하는 한편, 시설의 인·허가 기관의 장이 해당 시설에 대한 인·허가를 위하여 환경책임보험 가입 여부 또는 보장계약 체결 여부를 확인할 때 보험자 또는 운영기관의 장에게 필요한 자료 또는 정보의 제공을 요청할 수 있도록 하고, 건강영향조사 등 결과 환경책임보험에 가입된 시설이 원인이 되어 일정 규모 이상의 환경오염피해가 발생하여 환경책임보험을 통한 보상이 필요하다고 인정되는 경우에는 보험자에게 손해의 조사 및 손해액의 평가 등을 실시할 것을 요구할 수 있도록 하였다.

121) 환경분쟁조정법 제2조 제1호 "환경피해"란 사업활동, 그 밖에 사람의 활동에 의하여 발생하였거나 발생이 예상되는 대기오염, 수질오염, 토양오염, 해양오염, 소음·진동, 악취, 자연생태계 파괴, 일조 방해, 통풍 방해, 조망 저해, 인공조명에 의한 빛공해, 지하수 수위 또는 이동경로의 변화, 그 밖에 대통령령으로 정하는 원인으로 인한 건강상·재산상·정신상의 피해를 말한다. 다만, 방사능오염으로 인한 피해는 제외한다.

동법상 환경오염피해에는 해당하지 않는다. 예컨대, 골프장이나 리조트 건설 등 대규모 개발사업으로 인하여 주변 산림생태계가 파괴되고 이로 인하여 피해가 발생하는 경우 또는 갯벌이나 하천 생태계의 파괴로 인하여 피해가 발생하는 경우 등에는 동법이 적용되지 않는다. 다만, 시설로 인하여 발생된 환경오염피해가 동시에 「자연환경보전법」 제2조 제1호에 따른 자연환경이나 같은 법 제2조 제10호에 따른 자연경관의 침해를 발생시킨 경우 피해자는 해당 사업자에게 원상회복을 요청하거나 직접 원상회복을 할 수 있다. 피해자가 직접 원상회복을 한 때에는 그에 상당한 범위에서 해당 사업자에게 그 비용을 청구할 수 있다(제14조).

[표 4-4] '환경오염피해'와 '환경피해'의 비교

	책임의 기초	발생 양태	환경오염의 양태	피해의 종류	예외 사유
환경오염피해(동법 제2조 제1호)	시설의 설치·운영으로 인하여(시설책임)	발생되는	대기오염, 수질오염, 토양오염, 해양오염, 소음·진동, 그 밖에 대통령령으로 정하는 원인으로 인하여	생명·신체(정신적 피해 포함) 및 재산상 피해	해당 사업자가 받은 피해와 해당 사업자의 종업원이 업무상 받은 피해 제외
환경피해(환경분쟁조정법 제2조 제1호)	사업활동, 그 밖에 사람의 활동에 의하여(행위책임)	발생하였거나 발생이 예상되는	대기오염, 수질오염, 토양오염, 해양오염, 소음·진동, 악취, 자연생태계 파괴, 일조 방해, 통풍 방해, 조망 저해, 인공조명에 의한 빛공해, 그 밖에 대통령령으로 정하는 원인으로 인한	건강상·재산상·정신상 피해	방사능오염으로 인한 피해 제외

2. 적용대상이 되는 시설

동법상 환경오염피해는 '시설'의 설치·운영으로 인하여 발생되는 경우이다. 즉, 동법은 환경오염피해에 대한 배상책임을 독일 환경책임법과 같이 시설책임으로 하고 있고, 대상시설을 환경오염사고의 위험성이 높은 시설로 한정하고 있다.

이 법의 적용대상이 되는 시설은 다음 각 호의 어느 하나에 해당하는 시설을 말한다(제3조).

1. 「대기환경보전법」 제2조 제11호에 따른 대기오염물질배출시설

2. 「물환경보전법」 제2조 제10호·제11호에 따른 폐수배출시설 또는 폐수무방류배출시설
3. 「폐기물관리법」 제2조 제8호에 따른 폐기물처리시설로서 같은 법 제25조 제3항에 따라 폐기물처리업자가 설치한 시설 및 같은 법 제29조 제2항에 따른 승인 또는 신고 대상 시설
4. 「건설폐기물의 재활용촉진에 관한 법률」 제2조 제16호에 따른 건설폐기물 처리시설(「건설폐기물의 재활용촉진에 관한 법률」 제13조의2 제2항에 따른 임시보관장소를 포함한다)
5. 「가축분뇨의 관리 및 이용에 관한 법률」 제2조 제3호에 따른 배출시설로서 같은 법 제11조에 따른 허가 또는 신고 대상 시설
6. 「토양환경보전법」 제2조 제3호에 따른 토양오염관리대상시설
7. 「화학물질관리법」 제2조 제11호에 따른 취급시설로서 같은 법 제27조에 따른 유해화학물질 영업을 하는 자 및 같은 법 제41조에 따른 위해관리계획서를 제출하여야 하는 자의 취급시설
8. 「소음·진동관리법」 제2조 제3호에 따른 소음·진동배출시설
9. 「잔류성유기오염물질 관리법」 제2조 제2호에 따른 배출시설
10. 「해양환경관리법」 제2조 제17호에 따른 해양시설 중 대통령령으로 정하는 시설
11. 그 밖에 대통령령으로 정하는 시설

동법상 '시설'은 이 법에 따른 배상책임과 신고의무 등이 적용되는 제3조의 시설로서 해당 시설의 설치·운영과 밀접한 관계가 있는 사업장, 창고, 토지에 정착된 설비, 그 밖에 장소 이동을 수반하는 기계·기구, 차량, 기술설비 및 부속설비를 포함한다(제2조 제2호).

한편, 동법은 동법의 적용대상 시설을 한정하여 정하고 있으므로 위 시설 이외의 시설로 인하여 환경오염피해가 발생한 경우에는 동법이 적용되지 않는다. 예컨대, 폐기물로 인한 오염피해의 경우, 동법은 적용대상 시설을 '폐기물처리업자가 설치한 시설 및 환경부장관의 승인 또는 신고대상 시설'로 한정하고 있다. 그 결과 폐기물 오염사고가 자주 발생하는 '사업장폐기물을 배출하는 일반 사업자가 설치한 시설'은 적용대상에 포함되지 않는다.

[표 4-5] 적용대상 시설 및 환경책임보험 의무가입대상 시설(2013년 기준)[122]

구분	적용대상시설		보험의무가입대상 시설	
	종류	시설수	종류	시설수
계		253,297		13,061
1. 대기	대기오염물질 배출시설	48,615	① 대기1종 배출시설 ② 특정 대기유해물질 배출시설	4,664
2. 수질	폐수 배출시설 및 폐수무방류 배출시설	49,201	① 수질1종 배출시성 ② 특정 수질유해물질 배출시설	5,618
3. 폐기물	폐기물 처리시설	4,608	지정폐기물 처리시설	760
4. 건설폐기물	건설폐기물 처리시설	1,908	–	
5. 가축분뇨	가축분뇨 배출시설	75,697	–	
6. 토양	토양오염관리대상시설	22,868 $+\alpha$*	① 송유관시설 ② 위해관리계획서 제출대상 ③ 1천 kℓ 이상 석유류 저장시설	556
7. 유해화학물질	유해화학물질 영업자 및 위해관리계획서 제출 대상 유해화학물질 취급시설	6,889+ α*	위해관리계획서 제출대상 시설	1,206
8. 소음진동	소음·진동 배출시설	43,254	–	
9. 잔류성 유기오염물질	잔류성유기오염물질 배출시설– 대기·수질·폐기물과 중복		–	
10. 해양	시설용량 3백톤 이상의 기름·유해액체물질, 오염물질 저장시설	257	적용대상 시설과 동일	257

3. 다른 법률 및 청구권과의 관계

시설의 설치·운영과 관련한 환경오염피해의 배상에 관하여 이 법에 규정된 것을 제외하고는 「민법」의 규정을 따른다(제5조 ①). 따라서 손해의 개념, 과실상계 등은 「민법」의 규정을 따른다.

환경오염피해구제법에 따른 청구권은 「민법」 등 다른 법률에 따른 청구권에 영향을 미치지 아니한다(제5조 ②). 따라서 환경오염피해구제법에 따른 손해배상청구권과 민법 등에 따른 손해배상청구권은 청구권 경합의 관계에 있다. 피해자는 환경오염피해구제법에 따른 손해배상청구와 민법 등에 따른 손해배상청구를 선택

122) 환경부 자료.

적으로 할 수 있다.

동법과 「환경정책기본법」 제44조(환경오염의 피해에 대한 무과실책임)와의 관계가 문제된다. 동법은 기본적으로 '시설'의 설치·운영으로 인한 피해가 발생한 경우 적용되는 것으로, 환경피해의 권리구제 확대라는 측면에서 동법상의 시설책임을 물을 수 없는 경우에는 「환경정책기본법」에 따라 환경오염피해에 대한 배상을 청구할 수 있다고 보아야 한다.

Ⅱ. 환경오염피해 배상

1. 무과실책임

동법은 제6조 제1항에서 "시설의 설치·운영과 관련하여 환경오염피해가 발생한 때에는 해당 시설의 사업자가 그 피해를 배상하여야 한다."고 규정하여 사업자의 환경오염피해에 대한 무과실책임을 인정하고 있다. 즉, 가해자의 고의·과실을 요하지 않는다.

환경오염피해에 대한 배상책임의 성립에 있어서 가해자의 고의·과실뿐만 아니라 위법성(수인한도의 초과)까지도 요구되지 않는지가 문제된다. 이에 대하여는 환경오염피해구제법상 손해배상책임을 순수한 무과실책임인 위험책임으로 보면서 위법성도 요하지 않는다는 견해도 있고, 환경오염피해구제법상 손해배상책임은 기본적으로 불법행위로 인한 손해배상책임인데 위법성을 배제하는 명문의 규정이 없으므로 위법성이 요구된다는 견해가 있다.

생각건대, 동조의 무과실책임을 위험책임으로서의 무과실책임으로 이해하는 경우에는 환경오염의 위험성을 지니고 있는 대상시설에 위험이 발생하여 환경오염피해가 발생하였다면 가해자의 과실이나 위법성 여부와 상관없이 이에 대한 배상책임을 물을 수 있다고 할 것이다.

2. 배상책임자: 사업자

배상책임자는 '해당 시설의 사업자'이다. "사업자"란 해당 시설에 대한 사실적 지배관계에 있는 시설의 소유자, 설치자 또는 운영자를 말한다(제2조 제3호). 사실적 지배관계란 사회통념상 해당시설을 자신의 지배하에 두고 있다고 인정되는 객관적 관계를 말한다. 해당 시설에 대한 일정한 권리를 갖고 사용·수익을 통해 경제적 이익을 얻는 자가 동법상의 사업자에 해당한다. 해당시설에 대한 직접점유를 포함하여 간접점유의 경우에도 사실적 지배관계가 인정될 수 있다. 따라서 반드시 해당시설을 물리적으로, 현실적으로 지배하여야 하는 것은 아니다.

시설의 소유자, 설치자 및 운영자는 부진정연대책임을 진다. 이와 같이 시설의 소유자, 설치자 및 운영자가 연대책임을 지도록 한 것은 시설의 소유자, 설치자 및 운영자 중 누가 진정한 배상책임자인지를 피해자는 알기 어려운 점을 고려하여 피해자의 구제의 실효성을 보장하기 위한 것이다.

환경오염피해가 그 시설 운영 중단 전의 상황으로 인하여 발생한 경우에는 그 시설을 운영하였던 사업자가 제6조 제1항에 따라 배상하여야 한다(제6조 ②).

환경오염피해를 발생시킨 사업자가 둘 이상인 경우에 어느 사업자에 의하여 그 피해가 발생한 것인지를 알 수 없을 때에는 해당 사업자들이 연대하여 배상하여야 한다(제10조).

3. 배상책임의 면제

동법은 제6조 제1항 단서에서 환경오염피해가 "전쟁 · 내란 · 폭동 또는 천재지변, 그 밖의 불가항력으로 인한 경우에는 해당 시설의 사업자는 배상책임을 지지 아니한다"고 하여 배상책임의 면책 규정을 두고 있다. 「토양환경보전법」에서도 이와 같은 불가항력을 이유로 한 배상책임의 면제 규정을 두고 있다.

4. 책임의 제한(배상책임한도)

사업자의 환경오염피해에 대한 배상책임한도는 2천억원의 범위에서 시설의 규모 및 발생될 피해의 결과 등을 감안하여 대통령령으로 정한다(제7조 본문). 동법 시행령에서 정하고 있는 시설구분 및 배상책임한도는 다음과 같다.[123]

<시설 구분>

○ 시설의 위해도 및 피해의 결과 등을 고려, 가군(고위험군)/나군(중위험군)/다군(저위험군)으로 구분

구분	가군	나군	다군
대기, 수질	특정 + 1종	1종 특정 + 2, 3종	2~5종 특정 + 4, 5종
폐기물	2백만m^2이상 매립	1백만~2백만m^2 매립 30톤/H이상 소각	1백만m^2 미만 매립 30톤/H 미만 소각 재활용

123) 환경부 자료.

토양	1만톤 이상	1천톤~1만톤 미만	1천톤 미만
유해화학	사고물질 40배 이상 연간 10만톤 이상	사고물질 지정수량 40배 연간 3천톤~10만톤 미만	사고물질 지정수량 미만 연간 3천톤 미만
해양	해양오염비상계획서 대상 100배 이상	해양오염비상계획서 대상 100배 미만~1천톤 대상	3백톤~1천톤 미만

소음진동, 건설폐기물, 가축분뇨 시설은 다군, 잔류성 유기오염물질 배출시설은 대기, 수질, 폐기물 구분에 따름

다만, 다음 각 호의 어느 하나에 해당하는 경우에는 동법상의 배상책임한도의 적용을 받지 아니한다(제7조 단서).

1. 환경오염피해가 사업자의 고의 또는 중대한 과실로 발생한 경우
2. 환경오염피해의 원인을 제공한 시설에 대하여 사업자가 시설의 설치·운영과 관련하여 안전관리기준을 준수하지 아니하거나 배출허용기준을 초과하여 배출하는 등 관계 법령을 준수하지 아니한 경우
3. 환경오염피해의 원인을 제공한 사업자가 피해의 확산방지 등 환경오염피해의 방제(防除)를 위한 적정한 조치를 하지 아니한 경우

<배상책임한도 및 환경책임보험 보장금액>

구 분	가군	나군		다군	
		大·中 기업	小 기업	大·中 기업	小 기업
배상책임한도	2천억원	1천억원		5백억원	
보장 금액	3백억원	1백억원	80억원	50억원	30억원

비고: 1. 배상책임한도는 사업장 단위로 적용, 1개의 사업장에 2개 이상 시설이 있는 경우 그 중 최고금액 적용
2. 가군의 시설 중「중소기업기본법」제2조에 따른 중소기업의 나군으로 분류
3. 나군의 시설 중「중소기업기본법」제2조에 따른 소기업의 다군으로 분류

5. 인과관계의 추정

동법은 제9조에서 피해자의 입증부담을 완화시키기 위해 인과관계의 추정 규정을 신설하고, 상당한 개연성이 있는지의 여부를 판단할 때의 고려 사항을 규정하는 한편, 일정한 경우에 인과관계의 추정이 배제될 수 있도록 하였다.

즉, 시설이 환경오염피해 발생의 원인을 제공한 것으로 볼 만한 **상당한 개연성이 있는 때**에는 그 시설로 인하여 환경오염피해가 발생한 것으로 **추정**한다(제9조

①). 제1항에 따른 **상당한 개연성이 있는지의 여부**는 시설의 가동과정, 사용된 설비, 투입되거나 배출된 물질의 종류와 농도, 기상조건, 피해발생의 시간과 장소, 피해의 양상과 그 밖에 피해발생에 영향을 준 사정 등을 고려하여 판단한다(동조 ②).

환경오염피해가 다른 원인으로 인하여 발생하였거나, 사업자가 대통령령으로 정하는 환경오염피해 발생의 원인과 관련된 환경·안전 관계 법령 및 인허가조건을 모두 준수하고 환경오염피해를 예방하기 위하여 노력하는 등 제4조 제3항에 따른 사업자의 책무를 다하였다는 사실을 증명하는 경우에는 제1항에 따른 **추정은 배제**된다(동조 ③).

6. 정보청구권

통상 환경피해의 입증을 위해 필요한 정보는 해당 시설의 사업자가 보유하고 있는 경우가 대부분으로, 피해자 등이 가해자 측의 내부정보에 쉽게 접근할 수 있도록 제도적으로 보장할 필요가 있다. 이에 동법은 제15조에서 환경오염 피해배상청구권의 성립과 그 범위의 확정에 있어서 입증의 곤란함을 덜어주기 위하여 피해자의 정보청구권을 인정하고 있다.

피해자는 이 법에 따른 피해배상청구권의 성립과 그 범위를 확정하기 위하여 필요한 경우 해당 시설의 사업자에게 제9조 제2항과 관련한 정보의 제공 또는 열람을 청구할 수 있다(제15조 ①). 이 법에 따른 피해배상 청구를 받은 사업자는 피해자에 대한 피해배상이나 다른 사업자에 대한 구상권의 범위를 확정하기 위하여 다른 사업자에게 제9조 제2항과 관련한 정보의 제공 또는 열람을 청구할 수 있다(동조 ②). 제1항 및 제2항에 따른 정보의 제공 또는 열람 청구를 받은 자는 해당 정보를 제공하거나 열람하게 하여야 한다(동조 ③).

제1항 및 제2항에 따른 피해자 및 사업자는 영업상 비밀 등을 이유로 정보 제공 또는 열람이 거부된 경우에는 환경부장관에게 정보 제공 또는 열람 명령을 신청할 수 있고(동조 ④), 이러한 신청이 있을 때에는 환경부장관은 제16조에 따른 환경오염피해구제정책위원회의 심의를 거쳐 정보 제공 또는 열람 명령 여부를 결정하고, 그 결정에 따라 해당 사업자에게 정보 제공을 하도록 하거나 열람하게 하도록 명할 수 있다(동조 ⑤).

제1항·제2항 및 제5항에 따라 정보를 제공받거나 열람한 자는 그 정보를 해당 목적과 다르게 사용하거나 다른 사람에게 제공하는 등 부당한 목적을 위하여 사용하여서는 아니 된다(동조 ⑥). 제1항부터 제5항까지에 따른 정보 제공 또는 열람 청

구의 절차와 그 밖에 필요한 사항은 환경부령으로 정한다(동조 ⑦).

Ⅲ. 환경오염피해 배상을 위한 보험가입 등

동법 제3장에서는 환경오염의 위험성이 높은 시설에 대하여 환경책임보험에 의무 가입하도록 하여 환경오염피해에 대한 신속한 배상을 위한 재정적 수단을 확보하도록 하였다.

1. 환경책임보험제도

동법은 환경오염피해의 위험성이 높은 시설의 경우 환경책임보험에 의무적으로 가입토록 하여 피해자가 신속하게 피해배상을 받도록 하였다. 즉, 자동차책임보험처럼 보험에 의무적으로 가입하도록 하고 사고시 신속하게 보험으로 피해를 배상하도록 하고 있다.

"환경책임보험"이란 사업자와 보험자가 환경오염피해가 발생한 경우 이 법에 따른 환경오염피해 배상책임을 보장하는 내용을 약정하는 보험을 말한다(제2조 제4호). 환경오염피해 사고가 발생한 경우 신속하고 간편하게 일반적인 보험제도의 틀 안에서 피해배상문제가 처리되어진다면 피해자의 권리구제라는 측면에서 매우 유용한 수단이 될 것이다.

그런데 동법상 보험대상시설의 범위가 협소하게 정해져 있어서 환경피해가 발생하였음에도 환경책임보험에 의하여 배상되지 않는 경우가 있을 것으로 예상된다.

2. 환경책임보험의 가입의무

(1) 가입의무자 – 사업자

동법 제17조에 따른 환경책임보험의 가입주체는 사업자이다. 동법에서 말하는 "사업자"란 해당 시설에 대한 사실적 지배관계에 있는 시설의 소유자, 설치자 또는 운영자를 말한다(제2조 제3호).

여기서도 사실적 지배관계의 의미가 문제된다. 해당 시설의 소유자(또는 설치자)와 운영자가 다른 경우(예컨대, 어떤 회사가 도로공사와 임대차 계약을 체결하고 고속도로 휴게소(주유소 포함)를 운영하고 있는 경우) 누가 환경책임보험의 가입주체가 되는지가 문제될 수 있다. 해당 시설의 소유자(또는 설치자)와 운영자가 다르고 소유자(또는 설치자)가 해당 시설의 운영에 대하여 관리·감독하는 경우, 피해배상과 관련하여서는 특별한 사유가 없는 한 공동 책임을 지게 될 것이다. 그러나 피해배상의 공동책임 문제와는 별개로 정책적으로는 누가 환경책임보험의 가입주체가 되는 것이 적절한지 문제가 될 수 있다. 소유자든 운영자든 기본적으로 위험시설의 지배 또는 관리를 통하여 이익을 얻는 자가 환경책임보험의 가입주체가 될 것인데, 계약내용에 따라 소유자가 운영에 대한 관리·감독 권한을 갖는 경우에는 소유자에게 환경책임보험 가입의무를 부과하는 것이 타당하다고 본다.

(2) 환경책임보험 가입대상 시설

제17조에 따른 보험가입대상 시설은 제3조에 따른 동법 적용대상 시설 보다 축소되어 있고, 따라서 환경책임보험으로 배상처리가 가능한 범위는 한정되어 있다. 즉, 환경책임보험으로 처리가능한 영역은 제3조에 따라 동법의 적용을 받는 시설에서 다시 축소된 '특정 시설' 또는 '대통령령으로 정하는 시설'로 인하여 피해가 발생한 경우이다.[124)]

즉, 다음 각 호의 시설을 설치·운영하는 사업자는 환경책임보험에 가입하여야 한다(제17조 ①).

1. 제3조 제1호에 따른 시설로서 특정대기유해물질을 배출하는 시설
2. 제3조 제2호에 따른 시설로서 특정수질유해물질을 배출하는 시설
3. 제3조 제3호에 따른 시설로서 지정폐기물 처리시설
4. 제3조 제6호에 따른 시설로서 대통령령으로 정하는 시설
5. 제3조 제7호에 따른 시설로서 대통령령으로 정하는 시설
6. 제3조 제10호에 해당하는 시설

---

124) 즉, 제17조 제1항 제1호의 경우, 대기환경보전법상의 대기오염물질(61종)보다 범위를 축소하여 특정대기유해물질(35종)을 배출하는 시설로 제한하고 있다. 제2호의 경우에도, 수질 및 수생태계 보전에 관한 법률상의 수질오염물질(48종)보다 범위를 축소하여 특정수질유해물질(25종)을 배출하는 시설로 제한하고 있다. 제3호의 경우, 폐기물처리업자가 설치한 시설 및 환경부장관의 승인 또는 신고대상 시설로서 지정폐기물 처리시설로 한정하고 있다. 환경피해의 가능성과 발생 빈도가 큰 사업장폐기물을 배출하는 일반사업자가 설치한 시설은 동법 제3조에서 이미 제외되고 있고, 또한 폐기물의 종류도 일반사업장폐기물은 제외되고 지정폐기물만으로 한정하고 있다. 제4호의 경우, 토양환경보전법상의 특정토양오염관리대상시설 일부로 제한하고 있다. 특정토양오염관리대상시설은 토양오염관리대상시설 중에서 환경부령으로 따로 정하고 있는 일정규모 이상의 주유소 등 석유류 제조 및 저장시설, 유독물의 제조 및 저장시설, 송유관시설 등을 말한다. 토양오염피해가 다수 발생하고 있는 일반 사업장 시설은 제외되고 있다. 예를 들면, 송유관 시설로 인한 토양오염피해의 경우에는 환경책임보험으로 배상이 가능하지만, 공장 등 일반 사업장 시설로 인한 토양오염피해는 환경책임보험의 대상이 아니다. 실제 공장 등 일반 사업장 시설로 인한 토양오염이 더 자주 발생하고 있는 현실을 고려하면 그 범위를 더 넓힐 필요가 있다고 하겠다.

7. 그 밖에 환경오염피해를 유발할 위험성이 높은 시설로서 대통령령으로 정하는 시설

위 시설 중 제4호, 제5호, 제7호의 '대통령령으로 정하는 시설'은 차례대로 각각 아래의 시행령 [별표 3] 제1호, 제2호, 제3호에 따른 시설을 말한다.

동법 제3조에서 정하고 있는 시설 중 건설폐기물 처리시설(제4호), 가축분뇨 배출시설(제5호), 소음진동배출시설(제8호), 잔류성유기오염물질 배출시설(제9호)은 제17조 제1항에서 환경책임보험 가입대상시설로 정하고 있지 않으므로, 이들 시설을 설치·운영하는 사업자는 환경책임보험에 가입할 의무가 없다.

시행령[별표 3]

환경책임보험의 의무가입 대상 시설(제7조 관련)

1. 「토양환경보전법」 제2조 제4호에 따른 특정토양오염관리대상시설 중 다음 각 목의 시설
   가. 저장용량 1천kL 이상인 석유류 제조·저장시설
   나. 「화학물질관리법」 제41조에 따른 위해관리계획서 작성·제출 대상 중 유해화학물질 제조·저장시설
   다. 「송유관 안전관리법」 제2조 제2호에 따른 송유관
2. 「화학물질관리법」 제41조에 따른 위해관리계획서 작성·제출 대상 중 유해화학물질 취급시설
3. 다음 각 목의 시설
   가. 「대기환경보전법」 제25조에 따른 1종사업장의 대기오염물질배출시설
   나. 「수질 및 수생태계 보전에 관한 법률 시행령」 제44조 및 같은 영 별표 13에 따른 제1종 사업장의 폐수배출시설 또는 폐수무방류배출시설

비고: 제2호의 시설 중 「화학물질관리법」 제27조 제4호에 따른 유해화학물질 운반업의 경우 등록차량에 대하여 「자동차손해배상 보장법」 제5조 제2항에 따른 책임보험 또는 책임공제에 가입한 경우에는 환경책임보험에 가입한 것으로 본다.

(3) 보충적 규정 – 보장계약의 체결

사업자는 제17조 제1항에 따라 환경책임보험에 가입하는 것이 의무이지만 일정한 경우 환경책임보험에 가입하지 하지 않고 운영기관과 보장계약을 체결할 수 있도록 보충적 규정을 두고 있다. 즉, 제1항에 따른 사업자는 다음 각 호의 어느 하나에 해당하는 경우 환경부령으로 정하는 바에 따라 운영기관[125]과 보장계약을 체결하여야 한다(제17조 ②).

125) "운영기관"이란 제17조 제2항에 따른 보장계약의 체결, 제23조에 따른 구제급여 관련 업무 수행, 제35조에 따른 구제계정운용 등을 위하여 환경부령으로 정하는 기관을 말하는데(제2조 제7호), 환경부령에서는 「환경기술 및 환경산업 지원법」 제5조의3에 따른 한국환경산업기술원을 운영기관으로 지정하고 있다.

1. 환경책임보험에 가입을 거절당하는 경우
2. 환경책임보험이 개발·운용되지 아니하는 경우
3. 해당 환경책임보험의 거래조건 등이 현저하게 공정성을 잃은 경우 등 환경부령으로 정하는 경우

(4) 환경책임보험 의무가입 강제방법

1) 벌칙 부과

동법은 제17조를 위반하여 환경책임보험에 가입하지 아니하거나 보장계약을 체결하지 아니한 사업자에 대하여는 1년 이하의 징역 또는 1천만원 이하의 벌금에 처하도록 하고 있다(제47조 ② 제2호).

또한, 법인의 대표자나 법인 또는 개인의 대리인, 사용인, 그 밖의 종업원이 그 법인 또는 개인의 업무에 관하여 제47조의 위반행위를 하면 그 행위자를 처벌하는 외에 그 법인 또는 개인에게도 해당 조문의 벌금형을 과한다. 다만, 법인 또는 개인이 그 위반행위를 방지하기 위하여 해당 업무에 관하여 상당한 주의와 감독을 게을리하지 아니한 경우에는 그러하지 아니하다(제48조).

2) 시설의 설치·운영 금지 등

동법은 사업자가 환경책임보험에 가입하거나 보장계약을 체결한 후가 아니면 시설을 설치·운영할 수 없도록 하고 있다(제17조 ③).

또한, 제17조 제1항에 따른 시설의 인·허가(등록·신고 및 변경을 포함한다. 이하 같다) 기관은 해당 시설에 대한 인·허가를 하는 경우 이 법에 따른 기준에 적합한 환경책임보험 가입 여부 또는 보장계약 체결 여부를 확인하여야 한다(제19조 ②). 제17조 제1항에 따른 시설의 사업자는 해당 시설의 인·허가 기관에 환경책임보험의 가입증명서를 제출하여야 한다(동조 ③).

3. 보험자

"보험자"란 환경책임보험의 약정에 따라 환경오염피해를 전보(塡補)하거나 배상의무의 이행을 담보하는 자로서 「보험업법」에 따른 보험회사를 말한다(제2조 제5호).

보험자는 위원회의 심의를 거쳐 환경부장관과 환경책임보험 사업의 약정을 체결하여야 한다(제18조 ①). 환경부장관은 환경책임보험의 사업을 효과적으로 운영하고 위험을 분산하기 위하여 필요한 경우 다수의 보험자가 공동으로 책임을 지는 환경책임보험사업단(이하 "보험사업단"이라 한다)을 구성할 수 있다(동조 ②). 보험자는 제17조 제1항에 따른 사업자가 환경책임보험에 가입하려는 때에는 조업중지 중인

경우 등 대통령령으로 정하는 사유가 있는 경우 외에는 계약의 체결을 거부할 수 없다(동조 ③).

사업자가 환경오염피해를 발생시킬 개연성이 높은 경우 등 대통령령으로 정하는 사유에 해당하면 제3항에도 불구하고 다수의 보험자가 공동으로 제17조 제1항에 따른 환경책임보험의 계약을 체결할 수 있다. 이 경우 보험자는 사업자에게 공동계약체결의 절차 및 보험료에 대한 안내를 하여야 한다(동조 ④). 보험사업단을 구성할 경우에는 대표 보험자를 선정하여야 한다(동조 ⑤).

4. 보험보장금액과 보장내용

환경책임보험의 보장계약 금액, 보장 범위, 그 밖에 필요한 사항은 대통령령으로 정하도록 하고 있는데, 동법 시행령 [별표 4]에서는 환경책임보험 또는 보장계약의 보장 금액을 정하고 있다.

[별표 4] 환경책임보험 또는 보장계약의 보장 금액(제8조 제2항 관련)

시설의 종류		보장 금액
1. 별표 2 가군의 시설		300억원
2. 별표 2 나군의 시설	소기업의 시설	80억원
	소기업 외의 시설	100억원
3. 별표 2 다군의 시설	소기업의 시설	30억원
	소기업 외의 시설	50억원

비고: 환경책임보험 또는 보장계약은 사업장별로 환경오염피해 한 건마다 위 표의 보장 금액을 충족하여야 한다.

5. 보험금의 지급 등

피해자는 보험자에게 보험금 지급을 직접 청구할 수 있다(제20조 ①). 제1항에 따른 청구일부터 대통령령으로 정하는 기한이 경과한 때에는 지급할 보험금이 결정되기 이전이라도 피해자의 청구가 있는 경우 보험자는 피해자에게 보험자가 추정한 보험금 일부를 선지급하여야 한다(동조 ②).

피해자는 피해배상의 청구에 있어서 환경책임 보험금에 대하여 다른 채권자에 우선하여 변제받을 권리가 있다(제21조 ①). 이 법에 따른 보험금의 지급청구권은 양도 또는 압류하거나 담보로 제공할 수 없다(동조 ②).

Ⅳ. 환경오염피해 구제

동법 제4장에서는 환경피해에 있어서 원인자를 알 수 없거나 원인자가 무자력인 경우, 또는 배상책임한도를 초과한 경우 등의 사유로 환경오염피해의 전부 또는 일부를 배상받지 못하는 피해자 또는 그 유족에게 국가가 구제급여를 지급할 수 있도록 하는 등 환경오염피해에 대한 배상책임의 한계를 보완하고 있다.

1. 국가의 구제급여 지급

환경부장관은 피해자가 다음 각 호의 어느 하나에 해당하는 사유로 환경오염피해의 전부 또는 일부를 배상받지 못하는 경우에는 피해자 또는 그 유족(이하 "피해자등"이라 한다)에게 환경오염피해의 구제를 위한 급여(이하 "구제급여"라 한다)를 지급할 수 있다(제23조 ①).

1. 환경오염피해의 원인을 제공한 자를 알 수 없거나 그 존부(存否)가 분명하지 아니하거나 무자력인 경우
2. 제7조에 따른 배상책임한도를 초과한 경우

제1항에도 불구하고 환경부장관은 다음 각 호의 어느 하나에 해당하는 경우에는 피해자등의 신청에 따라 구제급여를 선지급할 수 있다(동조 ②).

1. 환경오염피해에 대하여 제17조 제1항에 따른 환경책임보험 계약 또는 보장계약이 성립되지 아니하거나 실효된 경우
2. 제20조 제2항에도 불구하고 보험자가 보험금 일부를 선지급하지 아니할 경우
3. 그 밖에 환경부장관이 필요하다고 인정하는 경우

구제급여의 종류와 한도금액 등 구제급여에 필요한 사항은 대통령령으로 정한다(동조 ③). 사업자가 배상할 책임이 있는 환경오염피해에 대하여 제1항 제1호 또는 제2항의 사유로 피해자에게 구제급여를 지급한 운영기관은 해당 사업자에게 제7조에 따른 배상책임한도와 지급한 구제급여의 범위에서 구상할 수 있다(동조 ④).

구제급여 지급에 관한 사항을 심의·결정하기 위하여 환경부장관 소속으로 환경오염피해구제심의회(이하 "심의회"라 한다)를 둔다(제24조 ①). 환경부장관은 제1항에 따른 구제급여의 지급에 관한 사항을 심의·결정하는 데 필요한 사항을 조사·연구하기 위하여 환경오염피해조사단(이하 "조사단"이라 한다)을 설치할 수 있다(동조 ②).

동법은 구제급여제도의 효율적인 운영을 위하여 제25조(구제급여의 신청 및 지급), 제26조(구제급여 지급 제한), 제27조(유족의 범위 및 순위), 제28조(심사청구의 제기), 제29

조(구제급여심사위원회), 제30조(심사청구에 대한 심리 · 결정), 제31조(심사위원회의 위원의 제척 · 기피 · 회피), 제32조(재심사청구의 제기), 제33조(재심사청구에 대한 심리 · 재결), 제34조(손해배상 및 다른 구제와의 관계)의 규정을 두고 있다.

2. 환경오염피해구제계정

향후 대규모 환경오염피해사고가 발생할 가능성이 증대되고 있는 상황에서 환경오염피해구제법의 실효성을 확보하기 위해서는 환경오염피해구제계정의 재원이 충분히 확보될 필요가 있다. 동법은 운영기관으로 하여금 보장계약에 따른 보장금의 지급 및 구제급여 등에 필요한 재원에 충당하기 위하여 환경오염피해구제계정(이하 "구제계정"이라 한다)을 설정 · 운용할 수 있다고 규정하고 있다(제35조 ①).

구제계정은 다음 각 호의 재원으로 운용한다(동조 ②).

1. 재보험료
2. 보장계약금
3. 구제계정의 운용수익금과 그 밖의 수익금
4. 제3항에 따른 차입금
5. 제23조제4항에 따라 구상권을 행사하여 받은 구상금
6. 재보험금의 환수금 또는 제37조제4항에 따른 구제급여의 환수금
7. 개인, 법인 또는 단체의 기부금
8. 정부 또는 정부 외의 자로부터 받은 출연금

제 2 편

개별환경법

제1장 환경정책기본법

제1절 환경정책기본법 개설

Ⅰ. 환경정책기본법의 연혁

환경정책기본법 제정 이전에 시행되던 환경보전법은 대기, 수질, 소음·진동 등 이질적인 분야를 함께 규정하고 있어 날로 다양화·복잡화해 가는 환경문제에 효과적으로 대처하기 곤란하였다. 이에 대기보전, 수질보전, 소음·진동규제, 유해물질관리, 환경오염피해분쟁조정으로 나누어 개별 단행법으로 분산하고 그 대신 헌법에 명시된 환경권을 실질적으로 보장하기 위하여 국가환경정책의 기본이념과 방향을 제시함으로써 환경관계법 상호간의 합리적 체계를 정립하는 취지에서 1990년에 환경정책기본법이 제정·공포되었다. 이후 동법은 수차례의 개정과정을 거쳐 환경정책의 기본법으로서의 체계를 정비하였다.

2005. 5. 31. 일부개정에서는 지역주민 등 이해관계자의 의견을 수렴하여 반영하도록 하는 등 사전환경성검토제도의 개선에 관한 내용을 신설하거나 기존 조항을 개정하였다. 2007. 5. 17. 일부개정에서는 사전환경성검토 협의의 실효성을 확보하기 위해 사전환경성검토 대상사업의 사업자에 대하여 벌칙을 부과하는 규정을 신설하였다. 2010. 2. 14.에는 동법에서 규정하고 있는 환경보전자문위원회를 환경정책위원회로 변경하는 일부개정이 있었다.[1] 2011. 7. 21.에는 동 법률의 전부개정이 있었다(시행일 2012. 7. 22). 전부개정법률에서는 국가환경종합계획 등을 수립·변경할 때에는 공청회를 개최하도록 하고, 환경오염물질을 배출하는 사업장에

1) 정부위원회 정비계획에 따라 폐지되는 기존의 환경부소관 5개 위원회의 주요기능을 환경정책위원회가 통합적으로 수행하도록 하는 내용이 담겨 있다.

대한 통합 출입·검사 및 환경관련 법령 위반사실에 대한 공표제도의 근거를 마련하였으며, 「환경개선특별회계법」에 따른 환경개선특별회계의 설치·운영에 관한 사항을 전부개정법률에 규정하고 「환경개선특별회계법」은 폐지하는 것으로 하였다. 또한, 사전환경성검토제도는 「환경영향평가법」에서 규정하게 되어 사전환경성검토에 관한 규정을 삭제하였다. 그리고 동법 전부개정이 맞추어 2011. 7. 21.에 「환경영향평가법」 전부개정이 있었다(시행일 2012. 7. 22). 사전환경성검토와 환경영향평가가 별개의 법률에 이원화되어 있던 것을 하나의 법률에 규정하여 환경영향평가제도의 체계성과 효율성을 높이고자 한 것이다.[2] 2012. 2. 1. 일부개정에서는 제2조 제2항을 신설하여 국가와 지방자치단체로 하여금 환경정책의 수립 및 시행시에 사회적 약자를 고려하도록 하여 환경복지, 더 넓게는 환경정의의 내용을 기본이념에 포함시키고 있다. 2013. 4. 5. 일부개정에서는 「대기환경보전법」 개정(2013. 4. 5.)에 맞추어 저탄소차협력금을 환경개선특별회계의 세입항목에 추가하고, 환경개선특별회계에서 저탄소차를 지원할 수 있는 근거규정을 마련하였다. 2015. 12. 1. 일부개정에서는 국토의 과잉개발을 방지하고 환경과의 조화를 통한 지속가능한 발전을 위하여 국가 및 지방자치단체는 환경보전계획을 수립할 때에는 국토계획과 연계하는 방안을 강구하도록 하고, 환경부장관은 환경보전계획과 국토계획의 연계를 위하여 필요한 경우에는 적용범위, 연계방법 및 절차 등을 국토교통부장관과 공동으로 정할 수 있도록 하였다. 또한 국토종합계획과 수립주기를 맞추기 위하여 국가환경종합계획 수립주기를 10년에서 20년으로 조정하되, 환경적·사회적 여건 변화 등을 고려하여 5년마다 국가환경종합계획의 타당성을 재검토하고 필요한 경우 이를 정비하도록 하였다. 2016. 1. 27. 일부개정에서는 생활환경의 정의에 인공조명을 추가하고, 환경오염의 정의에 인공조명에 의한 빛공해를 추가하였다. 또한 환경기준 설정시 생태계나 인간의 건강에 미치는 영향 등을 고려하도록 명시함으로써, 미세먼지(PM10)·초미세먼지(PM2.5)의 환경기준을 현행보다 강화하여 국민건강을 보호하고자 하였다. 2016. 12. 27. 일부개정에서는 20년마다 수립되는 환경보전 종합계획의 연속성과 효과성을 제고하기 위하여 종합계획 수립시 '직전 종합계획에 대한 평가'를 반영하도록 하였다. 2019. 1. 15. 일부개정에서는 환경정의 및 기후변화에 관한 내용을 기본이념 등의 규정에 명시하고, 국가환경종합계획 등

2) 환경영향평가법 전부개정법률에서는 환경평가제도를 전략환경영향평가, 환경영향평가 및 소규모 환경영향평가로 구분하여 규율하고 있다. 종전의 「환경정책기본법」에 따른 사전환경성검토 대상 중 행정계획은 전략환경영향평가를 받도록 하고, 개발사업은 소규모 환경영향평가를 받도록 하였다.

환경정책 수립 시 화학물질의 관리 및 기후변화에 관한 사항을 고려하도록 하였다. 또한 환경기준은 국민의 생명 및 생태계에 직접적인 영향을 미치는 중요한 지표이므로 환경부가 이를 주기적으로 평가하도록 근거 규정을 신설하고, 국민의 알권리 보장 차원에서 환경기준 및 설정근거를 공표하도록 하였다.[3] 2019. 11. 26. 일부개정에서는 국제환경문제에 대하여 체계적이고 적극적으로 대응할 수 있도록 국가 및 지방자치단체의 지구환경보전을 위한 국제협력의 대상에 미세먼지·초미세먼지 등 대기오염물질의 장거리이동을 통해 발생하는 피해를 추가하고 국제환경협력센터의 지정 근거를 마련하였다. 2021. 1. 5. 일부개정에서는 기존의 환경보전중기종합계획을 폐지하고 대신 국가환경종합계획을 보다 효율적으로 정비하였고, 기존의 오염원인자 책임의 원칙 이외에 수익자 부담원칙을 새로 규정하였으며, 지방자치단체가 보다 체계적으로 환경계획을 수립할 수 있도록 물, 대기, 자연생태 등 분야별 환경 현황에 대한 공간환경정보를 관리하도록 하였다.[4] 2023. 1. 3. 일부개정에서는 환경오염과 환경훼손의 상태를 조사·평가하기 위하여 대통령령으로 정하는 시료(이하 "환경시료"라 한다)를 확보·저장·활용할 수 있도록 환경부장관으로 하여금 환경부에 국가환경시료은행을 둘 수 있도록 정하였다. 2023. 6. 10. 일부개정에서는 환경보전협회 명칭을 한국환경보전원으로 변경하고, 재단법인으로 법인격을 전환하며, 국가의 지원 및 지도·감독의 법적근거를 마련하는 등 기관 운영의 안정성과 책임성을 강화하고자 하였다.

---

3) 주요 개정내용은 다음과 같다. ①「환경정책기본법」의 기본이념 중 지구환경상 위해의 예시로 기후변화를 명시하고, 국가 및 지방자치단체가 환경정의 실현을 위해 노력하도록 규정하였다(제2조). ② 환경부장관이 환경기준을 설정하는 경우 환경기준 및 그 설정근거를 공표하도록 하였고(제12조의2 신설), 5년의 범위 내에서 환경기준을 평가하고 이를 국회에 보고하도록 하였다(제12조의3 신설). ③ 국가환경종합계획 수립 시 환경정의 실현을 위한 목표 설정 및 대책, 화학물질의 관리에 관한 사항, 기후변화에 관한 사항 등을 포함하도록 명시하였다(제15조). ④ 국가 및 지방자치단체의 환경상태 조사·평가 항목에 기후변화를 명시하였다(제22조 제1항 제4호).

4) 주요 개정내용은 다음과 같다. ① 환경보전계획을 환경계획으로 그 명칭을 변경하고, 국가 및 지방자치단체가 환경정책의 비전과 방향을 제시하며 이를 달성하기 위한 계획으로 확장하였다(제4조 등). ② 국가 및 지방자치단체는 환경보전을 위한 사업으로 현저한 이익을 얻는 자에게 그 이익의 범위에서 해당 환경보전을 위한 사업비용의 전부 또는 일부를 부담하게 할 수 있도록 하는 내용의 수익자 부담원칙을 규정하였다(제7조의2 신설). ③ 국토계획과 환경계획 간의 연계 강화를 위하여 국가환경종합계획의 내용에 생태축에 관한 사항이 포함되도록 하고, 그 밖에 수자원의 효율적인 이용 및 관리에 관한 사항도 국가환경종합계획의 내용에 추가하였다(제15조). ④ 국가환경종합계획의 정비 절차를 명확히 규정하고, 환경보전중기종합계획을 폐지하였다(제16조의2, 현행 제17조 삭제). ⑤ 지방자치단체의 장이 공간환경정보를 관리하여 지방환경계획 수립에 그 정보가 활용될 수 있도록 하고, 시·도 환경계획 또는 시·군·구 환경계획 수립·변경 시 승인 절차를 규정하였다(제18조 및 제19조, 제18조의2 및 제19조의2 신설).

Ⅱ. 환경정책기본법의 성격

1. 법체계상의 성격: 기본법

환경법은 기본적으로 「물환경보전법」, 「대기환경보전법」, 「토양환경보전법」, 「폐기물관리법」, 「소음 · 진동관리법」 등과 같이 오염매체별로 제정된 개별법률로 이루어져 있다. 즉, 단일법이 아니라 복수법으로 구성되어 있다. 이러한 환경법의 체계에서 「환경정책기본법」은 환경법의 기본법으로서 환경정책의 이념과 방향, 국가의 책무, 환경법의 기본원칙 등을 정하고 있다. 따라서 개별 환경법은 환경정책기본법의 정신과 원칙을 실현하여야 한다.

그러나 「환경정책기본법」이 '기본법'이라는 명칭을 갖고 있다 하더라도 개별 환경법률보다 법률상 우월한 효력을 갖는 것으로 볼 수는 없다. 다만 각 분야의 개별환경법률의 해석의 지침이 되고 입법정책적 방향을 제시하는 역할을 하는 데 그 의의가 있다.

한편, 오늘날 수많은 개별 법령들이 제 · 개정되는 과정 속에서 다수의 기본법이 양산되는 상황이 전개되고 있는데, 이는 환경행정 분야도 마찬가지여서 「환경정책기본법」, 「물관리기본법」, 「자원순환기본법」이 제정되어 있다. 다소 낯선 분류이기는 하지만 '상위 기본법'과 '하위 기본법' 또는 '전체의 기본법'과 '세부 분야의 기본법'과 같은 분류방식으로 구분해 볼 수 있다. 예컨대, 「환경정책기본법」은 환경 분야의 상위 기본법이면서 전체의 기본법이고, 「물관리기본법」 또는 「자원순환기본법」은 하위 기본법이면서 물관리 또는 자원순환 등 세부 분야의 기본법에 해당한다고 하겠다. 「환경정책기본법」은 상위 기본법으로 당연히 다른 법령들은 동법에 부합하여야 하므로 기본법으로서의 지위를 선언하는 규정을 별도로 둘 필요성은 크지 않지만, 제6조의2에서 "환경정책에 관한 다른 법령 등을 제정하거나 개정하는 경우에는 이 법의 목적과 기본이념에 부합하도록 하여야 한다."고 하여 기본법임을 선언하고 있다.5)

5) 법제 실무에서는 기본법으로서의 성격과 일반법으로서의 성격을 명확히 하려는 규정을 두기도 한다. 예컨대, 「물관리기본법」 제7조(다른 법률과의 관계) 제1항에서는 "물관리에 관하여 다른 법률을 제정하거나 개정하는 경우에는 이 법에 맞도록 하여야 한다"고 규정하여 물관리에 관한 기본법임을 선언하고 있고, 제2항에서는 "물관리에 관하여 다른 법률에 특별한 규정이 있는 경우를 제외하고는 이 법에서 정하는 바에 따른다"고 하여 일반법으로서의 성격을 명확히 하고 있다. 한편, '기본법과 집행법(또는 규제법)'의 관계와 '일반법과 특별법'의 관계는 그 평면을 달리한다. 일반법과 특별법의 관계에서는 특별법우선의 원칙이 적용되지만, 기본법과 다른 법률(대부분 집행법)과의 관계에서는 어느 쪽이 우선이란 관계는 존재하지 않는다. 집행법에 해당하는 다른 법률들은 기본법의

「환경정책기본법」이 제정된지 30년이 더 지났고 그동안 우리나라 환경법제가 양적으로나 질적으로나 상당한 수준으로 변화되면서, 동법의 체계와 내용에 대한 재검토가 있어야 한다는 주장이 제기되고 있다. 관련 논의 중 하나는 동법의 성격을 '환경'기본법으로 할 것인지, 지금처럼 '환경정책'기본법으로 그대로 둘 것인지에 대한 것이다. 보다 구체적으로는 환경정책에 관한 내용을 열거식으로 규정하는 현재의 방식이 적절한 것인가에 관한 것이다. 상위 기본법에서 이렇게 다수의 정책 사항들을 일일이 열거할 이유와 필요성이 무엇인지 의문이고, 「물관리기본법」이나 「자원순환기본법」과 같은 하위 기본법이 지속적으로 생겨나고 있는 상황에서 '환경'기본법으로의 전환도 검토할 필요가 있다. 이 경우 환경법의 이념, 책무, 기본원칙 등을 오늘날의 변화 상황에 맞게 새롭게 정비하면서 기본적 시책 부분은 제외되거나 상당부분 축약되는 형태로 전면개정하는 것이 필요할 것이다.

2. 법내용상의 성격: 원칙상 정책법, 예외적으로 규제법 내지 집행법

「환경정책기본법」은 헌법상의 환경권 규정의 이념에 따라 국가 환경정책의 방향을 제시하고 환경정책의 기본원칙을 선언하고 있다. 「환경정책기본법」은 환경부의 환경정책만을 규율하는 것이 아니라 국가와 지방자치단체의 모든 환경관련정책 및 기타 모든 정책을 규율한다.

그런데 동법에는 환경정책의 기본원칙만을 정하고 있는 것은 아니며 예외적으로 환경정책을 집행하고, 규제적 요소를 담고 있는 규정을 두고 있다. 예를 들면, 환경기준을 정하고 있는 제12조, 특별대책지역에 관한 제38조 등이 그러하다.

기본법이라는 명칭을 사용하는 법률의 경우 내용상 집행법적 또는 규제법적 요소를 담지 않는 것이 바람직하다고 본다. 따라서 기본법에는 국민의 권리를 제한하거나 의무를 부가한다거나 다른 법령과의 상충 가능성이 있는 규정은 피하는 것이 타당하다.

Ⅲ. 환경정책기본법의 구성

환경정책기본법은 총 제5장, 61조, 부칙으로 이루어져 있다. 동법의 기본적 구성은 다음과 같다.

목적과 이념에 맞게 규정되어야 하고 집행되어야 한다는 것을 의미할 뿐이다.

제1장	총칙(제1조~제11조)
제2장	환경계획의 수립 등 제1절 환경기준(제12조~제13조) 제2절 기본적 시책(제14조~제39조) 제3절 자연환경의 보전 및 환경영향평가(제40조, 제41조) 제4절 분쟁조정 및 피해구제(제42조~제44조) 제5절 환경개선특별회계의 설치(제45조~제53조)
제3장	법제상 및 재정상의 조치(제54조~제57조)
제4장	환경정책위원회(제58조, 제59조)
제5장	보칙(제60조, 제61조)
부칙	

제 2 절 환경정책기본법의 주요내용

Ⅰ. 목적 및 기본이념

1. 목 적

「환경정책기본법」 제1조는 「환경정책기본법」의 목적을 정하고 있는 목적조항이다. 목적조항은 환경정책의 방향과 지침을 설정하고 법규정 해석의 고려사항이 되므로 법규정들은 입법목적에 적합하게 해석되어야 한다. 동법 제1조는 "이 법은 환경보전에 관한 국민의 권리·의무와 국가의 책무를 명확히 하고 환경정책의 기본 사항을 정하여 환경오염과 환경훼손을 예방하고 환경을 적정하고 지속가능하게 관리·보전함으로써 모든 국민이 건강하고 쾌적한 삶을 누릴 수 있도록 함을 목적으로 한다"라고 규정하고 있다.

(1) 직접 목적

「환경정책기본법」은 ① 환경보전에 관한 국민의 권리·의무와 국가의 책무를 명확히 하고(제1장 총칙) ② 환경정책의 기본이 되는 사항을 정하는 것(제2장 기본적 시책 이하)을 직접 목적으로 한다.

(2) 중간 목적

「환경정책기본법」은 ① 환경오염과 환경훼손의 예방, ② 환경의 적정하고 지속가능한 관리·보전을 중간 목적으로 한다.

(3) 궁극적 목적

「환경정책기본법」은 모든 국민이 건강하고 쾌적한 삶을 누릴 수 있도록 함을 목적으로 한다. 다시 말하면 모든 국민이 헌법상의 환경권을 향유할 수 있도록 하는 것이 이 법의 궁극적 목적이다.

2. 기본이념

환경정책기본법 제2조 제1항은 "환경의 질적인 향상과 그 보전을 통한 쾌적한 환경의 조성 및 이를 통한 인간과 환경 간의 조화와 균형의 유지는 국민의 건강과 문화적인 생활의 향유 및 국토의 보전과 항구적인 국가발전에 반드시 필요한 요소임에 비추어 국가, 지방자치단체, 사업자 및 국민은 환경을 보다 양호한 상태로 유지 · 조성하도록 노력하고, 환경을 이용하는 모든 행위를 할 때에는 환경보전을 우선적으로 고려하며, 기후변화 등 지구환경상의 위해(危害)를 예방하기 위하여 공동으로 노력함으로써 현 세대의 국민이 그 혜택을 널리 누릴 수 있게 함과 동시에 미래의 세대에게 그 혜택이 계승될 수 있도록 하여야 한다"고 규정하고 있다.

① 「환경정책기본법」은 환경을 이용하는 모든 행위를 할 때에는 환경보전을 우선적으로 고려하며 지구환경상의 위해를 예방하기 위하여 공동으로 노력함으로써 환경에 대한 사전예방 또는 사전배려를 하나의 이념으로 하고 있다.

② 그리고 국가, 지방자치단체, 사업자 및 국민은 공동의 노력을 강구하도록 함으로써 협동의 정신도 기본이념으로 하고 있다.

③ 현재의 국민으로 하여금 그 혜택을 널리 향유할 수 있게 함과 동시에 미래의 세대에게 계승될 수 있도록 함으로써 지속가능한 발전의 구현이 환경정책의 기본이념이 된다는 것을 나타내고 있다.

한편, 동조 제2항은 "국가와 지방자치단체는 환경 관련 법령이나 조례 · 규칙을 제정 · 개정하거나 정책을 수립 · 시행할 때 모든 사람들에게 실질적인 참여를 보장하고, 환경에 관한 정보에 접근하도록 보장하며, 환경적 혜택과 부담을 공평하게 나누고, 환경오염 또는 환경훼손으로 인한 피해에 대하여 공정한 구제를 보장함으로써 환경정의를 실현하도록 노력한다."고 규정하고 있다. 이는 환경정책 수립 및 시행 등에 있어서 환경정의 실현이 중요하다는 점을 강조하는 것으로, 동법은 명시적으로 환경정의를 기본이념으로 규정하고 있다.

3. 환경정책기본법상의 용어 정의(제3조)

제3조에서는 이 법에서 사용하고 있는 '환경', '자연환경', '생활환경', '환경오염', '환경훼손', '환경보전', '환경용량', '환경기준'의 뜻을 규정하고 있다. 동조는 환경정책기본법에서 사용되고 있는 용어 중에서 특별한 의미를 부여할 필요가 있는 용어의 뜻과 의미를 분명히 하여 법적 안정성을 기하고자 하는 것이다. 그 내용은 다음과 같다.

용어	정의
환경	자연환경과 생활환경을 말한다.
자연환경	지하·지표(해양을 포함) 및 지상의 모든 생물과 이들을 둘러싸고 있는 비생물적인 것을 포함한 자연의 상태(생태계 및 자연경관을 포함)
생활환경	대기, 물, 토양, 폐기물, 소음·진동, 악취, 일조, 인공조명, 화학물질 등 사람의 일상생활과 관계되는 환경
환경오염	사업활동 및 그 밖의 사람의 활동에 의하여 발생하는 대기오염, 수질오염, 토양오염, 해양오염, 방사능오염, 소음·진동, 악취, 일조 방해, 인공조명에 의한 빛공해 등으로서 사람의 건강이나 환경에 피해를 주는 상태
환경훼손	야생동식물의 남획 및 그 서식지의 파괴, 생태계질서의 교란, 자연경관의 훼손, 표토의 유실 등으로 자연환경의 본래적 기능에 중대한 손상을 주는 상태
환경보전	환경오염 및 환경훼손으로부터 환경을 보호하고 오염되거나 훼손된 환경을 개선함과 동시에 쾌적한 환경 상태를 유지·조성하기 위한 행위
환경용량	일정한 지역에서 환경오염 또는 환경훼손에 대하여 환경이 스스로 수용, 정화 및 복원하여 환경의 질을 유지할 수 있는 한계
환경기준	국민의 건강을 보호하고 쾌적한 환경을 조성하기 위하여 국가가 달성하고 유지하는 것이 바람직한 환경상의 조건 또는 질적인 수준

[판례] <u>원전냉각수순환시 발생되는 온배수의 배출</u>은 사람의 활동에 의하여 자연환경에 영향을 주는 수질오염 또는 해양오염으로서 <u>환경오염</u>에 해당한다(대법원 2003. 6. 27. 선고 2001다734 판결－원자력발전소 온배수 사건).

Ⅱ. 환경정책 주요당사자들의 책무

「환경정책기본법」은 환경보전의 과제를 달성하기 위하여 환경정책의 주요당사자들의 책무에 관하여 규정하고 있다. 국가 및 지방자치단체의 책무(제4조), 사업자의 책무(제5조), 국민의 권리와 의무(제6조)에 관한 규정이 그것이다. 이 조항들은 환경보전의 과제를 달성하기 위하여 국가와 사회가 서로 협력해야 한다는 것을 의미하는 것이기도 하다.

Ⅲ. 환경법의 기본원칙

환경법의 기본원칙으로는 예방의 원칙, 원인자책임의 원칙, 협동의 원칙, 지속가능한 개발의 원칙, 정보공개 및 참여의 원칙 등을 들 수 있다(자세한 내용은 제1편 제2장 제4절 참조).

「환경정책기본법」은 이들 원칙 중 예방의 원칙, 원인자책임의 원칙, 협동의 원칙을 명시적으로 규정하고 있다.

1. 예방의 원칙

국가 및 지방자치단체는 환경오염물질 및 환경오염원의 원천적인 감소를 통한 사전예방적 오염관리에 우선적인 노력을 기울여야 하며, 사업자로 하여금 환경오염을 예방하기 위하여 스스로 노력하도록 촉진하기 위한 시책을 마련하여야 한다(제8조 ①).

사업자는 제품의 제조·판매·유통 및 폐기 등 사업활동의 모든 과정에서 환경오염이 적은 원료를 사용하고 공정(工程)을 개선하며, 자원의 절약과 재활용의 촉진 등을 통하여 오염물질의 배출을 원천적으로 줄이고, 제품의 사용 및 폐기로 환경에 미치는 해로운 영향을 최소화하도록 노력하여야 한다(동조 ②).

국가, 지방자치단체 및 사업자는 행정계획이나 개발사업에 따른 국토 및 자연환경의 훼손을 예방하기 위하여 해당 행정계획 또는 개발사업이 환경에 미치는 해로운 영향을 최소화하도록 노력하여야 한다(동조 ③).

2. 원인자책임의 원칙 및 수익자 부담의 원칙

자기의 행위 또는 사업활동으로 환경오염 또는 환경훼손의 원인을 발생시킨 자는 그 오염·훼손을 방지하고 오염·훼손된 환경을 회복·복원할 책임을 지며, 환경오염 또는 환경훼손으로 인한 피해의 구제에 드는 비용을 부담함을 원칙으로 한다(제7조).

또한 국가 및 지방자치단체는 국가 또는 지방자치단체 이외의 자가 환경보전을 위한 사업으로 현저한 이익을 얻는 경우 이익을 얻는 자에게 그 이익의 범위에서 해당 환경보전을 위한 사업 비용의 전부 또는 일부를 부담하게 할 수 있다(제7조의2).

3. 협동의 원칙

환경정책기본법 제5조 및 제6조는 사업자와 국민이 국가·지방자치단체의 환경보전시책에 협력하여야 한다고 규정함으로써 협동의 원칙을 명시적으로 표명하고 있다.

4. 지속가능한 개발의 원칙

지속가능한 개발의 원칙은 환경의 향유 또는 자원이용에 있어서 세대간 의 형평성 보장, 현세대에 있어서 개발과 환경의 조화를 주된 내용으로 하고 있는바, 「환경정책기본법」은 이러한 내용을 반영한 규정을 두고 있다.

「환경정책기본법」은 제1조, 제2조 등을 통하여 모든 국민이 건강하고 쾌적한 환경에서 생활할 수 있는 터전을 마련하고 환경의 이용에 있어 환경보전을 우선적으로 고려하도록 하며, 환경의 혜택이 현재 세대에 의해 널리 향유되도록 하고 미래의 세대에 계승될 것을 요구함으로써 지속가능한 개발의 원칙의 요구를 반영하고 있다. 또한, 동법 제9조 제1항은 "정부는 환경과 경제를 통합적으로 평가할 수 있는 방법을 개발하여 각종 정책을 수립할 때에 이를 활용하여야 한다"라고 규정하여 환경과 경제의 통합적 고려를 통한 ESSD 이념의 구현을 촉구하고 있다. '환경과 경제의 통합적 고려'라고 하는 것이 어떠한 구체적 형태의 정책으로 제시될 것인가는 쉬운 문제가 아니지만, 그럼에도 불구하고 이 조항은 환경정책의 수립 및 개별적인 환경대책의 마련에 있어서 중요한 의미를 지니는 것이라 하겠다.

5. 정보공개 및 참여의 원칙

「환경정책기본법」 제24조의 제1항은 "환경부장관은 모든 국민에게 환경보전에 관한 지식·정보를 보급하고, 국민이 환경에 관한 정보에 쉽게 접근할 수 있도록 노력하여야 한다"라고 하여 국가는 환경정책의 형성과정에서 국민에게 환경정보를 보급하고 국민의 정보에의 자유로운 접근 기회를 보장할 것을 규정하고 있다. 그러나 환경정보에 대한 국민의 접근이 실질적인 권리로 보장되고 있지는 않다.

Ⅳ. 자원 등의 절약 및 순환적 사용 촉진

환경정책기본법 제10조에서는 국가 및 지방자치단체로 하여금 자원과 에너지를 절약하고 자원의 재사용·재활용 등 자원의 순환적 사용을 촉진하는데 필요한 시책을 마련하여야 한다고 규정하고 있다(동조 ①). 이는 자원순환형 사회를 지향하기 위한 것이다. 「자원의 절약과 재활용촉진에 관한 법률」, 「건설폐기물의 재활용촉진에 관한 법률」, 「전기·전자제품 및 자동차의 자원순환에 관한 법률」 등에서 구체적인 내용을 규율하고 있다.

한편, 사업자는 경제활동을 할 때 제1항에 따른 국가 및 지방자치단체의 시책에 협력하여야 한다(동조 ②).

Ⅴ. 환경기준

1. 의 의

환경기준이란 국민의 건강을 보호하고 쾌적한 환경을 조성하기 위하여 국가가 달성하고 유지하는 것이 바람직한 환경상의 조건 또는 질적인 수준을 말한다(제3조 제8호).

「환경정책기본법」 제12조 제1항은 "국가는 생태계 또는 인간의 건강에 미치는 영향 등을 고려하여 환경기준을 설정하여야 하며, 환경 여건의 변화에 따라 그 적정성이 유지되도록 하여야 한다"라고 규정하고 있고, 제13조는 국가 및 지방자치단체의 환경기준의 유지의무에 관하여 규정하고 있다.

2. 설정과 유지

(1) 설 정

「환경정책기본법」에 의하면 국가는 환경기준을 설정하여야 하며, 환경 여건의 변화에 따라 그 적정성이 유지되도록 하여야 한다(동법 제12조 ①). 이때 환경기준은 대통령령으로 정할 수 있는바(동조 ②), 동법 시행령 제2조 [별표 1]은 기본적으로 오염매체별로 환경기준(Ambient Standards)을 정하고 있는데, 대기, 소음, 수질 및 수생태계 등 3개 분야의 기준을 정하고 있다.6)

한편, 특별시·광역시·특별자치시·도·특별자치도(이하 "시·도"라 한다)는 해당 지역의 환경적 특수성을 고려하여 필요하다고 인정할 때에는 해당 시·도의 조례로 제1항에 따른 환경기준보다 확대·강화된 별도의 환경기준(이하 "지역환경기준"이라 한다)을 설정 또는 변경할 수 있다(동조 ③). 시·도는 이러한 지역환경기준의 유지가 곤란하다고 인정되면 조례로서 전국적·일반적 배출허용기준보다 강화된 배출허용기준, 즉, 지역별 배출허용기준을 정할 수 있다(대기환경보전법 제16조 ③, 수질 및 수생태 보전에 관한 법률 제32조 ③ 등). 특별시장·광역시장·특별자치시장·도지사·특별자치도지사(이하 "시·도지사"라 한다)는 지역환경기준을 설정하거나 변경한 경우에는 이를 지체 없이 환경부장관에게 통보하여야 한다(동조 ④).

(2) 환경기준 등의 공표, 환경기준의 평가 등

환경부장관은 제12조에 따라 정한 환경기준 및 그 설정 근거를 공표하여야 하고(제12조의2 ①), 제1항에 따른 공표의 기준·방법은 환경부령으로 정한다(동조 ②).

환경부장관은 제12조에 따른 환경기준의 적정성 유지를 위하여 5년의 범위에서 환경기준에 대한 평가를 실시하여야 하고(제12조의3 ①), 제1항에 따라 환경기준의 평가를 실시한 때에는 그 결과를 지체 없이 국회 소관 상임위원회에 보고하여야 한다(동조 ②). 국가 및 지방자치단체는 제12조 제1항 및 제3항에 따라 환경기준을 설정하거나 변경할 때에는 제1항에 따른 평가 결과를 반영하여야 한다(동조 ③).

(3) 유 지

국가 및 지방자치단체는 환경에 관계되는 법령을 제정 또는 개정하거나 행정계획의 수립 또는 사업의 집행을 할 때에는 위의 환경기준이 적절히 유지되도록 다음 사항을 고려하여야 한다(동법 제13조 ①).

1. 환경악화의 예방 및 그 요인의 제거
2. 환경오염지역의 원상회복
3. 새로운 과학기술의 사용으로 인한 환경오염 및 환경훼손의 예방

---

6) 대기분야는 아황산가스(SO_2), 일산화탄소(CO), 이산화질소(NO_2), 미세먼지(PM－10), 미세먼지(PM－2.5), 오존(O_3), 납(Pb), 벤젠에 대하여 환경기준을 설정하고 있다. 소음분야는 일반지역과 도로변지역으로 구분하고 적용대상지역을 가, 나, 다, 라 지역으로 분류하여 환경기준을 설정하고 있다. 수질 및 수생태계분야는 하천, 호소, 지하수, 해역으로 나누어 환경기준을 설정하고 있다(동법 시행령 [별표1]).

4. 환경오염방지를 위한 재원의 적정배분

환경기준을 설정·유지하기 위하여는 정확한 환경상태의 파악과 측정이 필요하다. 이러한 목적을 위해 활용되는 것이 환경오염의 상시측정망의 운용이다. 「환경정책기본법」은 이러한 방식을 채용하여 정부로 하여금 환경오염상황을 상시조사하고, 이를 적정하게 실시하기 위하여 환경오염의 감시·측정체제를 유지하여야 할 의무를 부과하고 있다(동법 제22조). 이에 따라 각 개별법에서는 상시측정 및 측정망설치 의무를 규정하고 있다(예, 대기환경보전법 제3조, 제4조).

3. 법적 성격과 기능

환경기준은 그 자체만을 놓고 볼 때는 행정의 노력목표를 나타내는 지표에 불과하고 직접 국민의 구체적인 권리의무를 규정하는 법규로서의 성격을 갖는 것은 아니다. 국민에 대한 직접적인 규제는 규제기준으로서의 배출기준에 따라 행하여지는데, 이 때의 법적 구속력을 지닌 기준을 배출허용기준(Permissible Emission Standards)이라고 한다. 이러한 점에서 환경기준은 규제기준의 성질을 띤 배출허용기준의 기초 내지 지침으로서 작용할 수 있다.

환경기준과 배출허용기준은 [표 1－1]과 같은 점에서 구별된다고 하겠다.

[표 1-1] 환경기준과 배출허용기준

	환경기준	배출허용기준
법적 근거	환경정책기본법 제12조	대기환경보전법 제16조, 물환경보전법 제32조 등
제재 여부	기준이 준수되지 않는 경우에도 처벌되지 않는다.	위반시에는 제재가 가하여진다. 즉, 제재에 대한 근거규정이 존재한다.
구속력 여부	행정목표 내지 지향점에 불과한 것으로서 법적 구속력을 갖지 않는다.	배출오염물질의 최대허용농도로서 법적 구속력이 있는 규제기준이다.
수범자	국가 또는 지방자치단체	배출시설을 설치하는 사업자 등

그러나 환경기준은 예외적으로 일정한 규범적 구속력을 지니며, 다음과 같은 기능을 한다.

(1) 환경영향평가 등의 평가기준

「환경영향평가법」 제5조는 환경영향평가 등을 하려는 자로 하여금 다양한 요소를 고려하여 환경보전목표를 설정하고 이를 토대로 환경영향평가 등을 실시하여야 한다고 규정하고 있는데, 이때 고려하여야 하는 기준의 하나로 '「환경정책기본법」 제12조에 따른 환경기준'을 들고 있다.

(2) 강화된 지역배출허용기준 설정의 근거

시·도는 해당 지역의 환경적 특수성을 고려하여 필요하다고 인정할 때에는 해당 시·도의 조례로 「환경정책기본법」 제12조 제1항에 따른 환경기준보다 확대·강화된 별도의 환경기준(이하 "지역환경기준"이라 한다)을 설정 또는 변경할 수 있다(동조 ③). 여기서 시·도의 조례로 설정되는 지역환경기준은 「대기환경보전법」 제16조 제3항, 「물환경보전법」 제32조 제3항 등에서 시·도의 조례로 설정하도록 하고 있는 강화된 지역배출허용기준의 설정 근거가 된다.

(3) 대기오염경보의 근거

시·도지사는 「대기환경보전법」상의 규정에 근거하여 대기오염도가 「환경정책기본법」 제12조의 규정에 의한 대기에 대한 환경기준을 초과하여 주민의 건강·재산이나 동·식물의 생육에 중대한 위해를 가져올 우려가 있다고 인정되는 때에는 당해 지역에 대하여 대기오염경보를 발령할 수 있다(대기환경보전법 제8조).[7]

(4) 특별대책지역 및 대기환경규제지역 지정의 근거

환경부장관은 환경기준을 자주 초과하는 지역을 관계 중앙행정기관의 장 및 시·도지사와 협의하여 환경보전을 위한 특별대책지역으로 지정·고시하고, 해당 지역의 환경보전을 위한 특별종합대책을 수립하여 관할 시·도지사에게 이를 시행하게 할 수 있다(「환경정책기본법」 제38조 ①).

환경부장관은 환경기준을 초과하였거나 초과할 우려가 있는 지역으로서 대기질의 개선이 필요하다고 인정되는 지역을 대기환경규제지역으로 지정·고시할 수 있다(「대기환경보전법」 제18조 ①). 또한, 대기환경규제지역을 관할하는 시·도지사는 그 지역이 대기환경규제지역으로 지정·고시된 후 2년 이내에 그 지역의 환경기준을 달성·유지하기 위한 계획(이하 "실천계획"이라 한다)을 환경부령으로 정하는 내용과 절차에 따라 수립하고, 환경부장관의 승인을 받아 시행하여야 한다. 이를 변경하는 경우에도 또한 같다(제19조 ①).

(5) 대기총량규제의 근거

환경부장관은 「대기환경보전법」 제22조에 근거하여 대기오염상태가 환경기준을

---

7) 대기오염경보의 대상 오염물질은 「환경정책기본법」 제12조에 따라 환경기준이 설정된 오염물질 중 미세먼지(PM－10), 미세먼지(PM－2.5), 오존을 말한다(대기환경보전법 시행령 제2조 ②).

초과하여 주민의 건강·재산이나 동·식물의 생육에 심각한 위해를 끼칠 우려가 있다고 인정하는 구역 또는 특별대책지역 중 사업장이 밀집되어 있는 구역의 경우에는 당해 구역 안의 사업장에 대하여 배출되는 오염물질을 총량으로 규제할 수 있다.

(6) 배출시설의 설치제한의 근거

환경부장관은 「대기환경보전법」, 「물환경보전법」상의 관계규정에 근거하여 배출시설로부터 배출되는 특정대기·수질유해물질 또는 특별대책지역 안의 배출시설로부터 배출되는 대기·수질오염물질로 인하여 환경기준의 유지가 곤란하거나 주민의 건강·재산, 동·식물의 생육에 중대한 위해를 가져올 우려가 있다고 인정되는 경우에는 대통령령이 정하는 바에 의하여 특정대기·수질유해물질을 배출하는 배출시설의 설치 또는 특별대책지역 안에서의 배출시설의 설치를 제한할 수 있다.

(7) 수인한도 판단의 기준

환경기준은 공법상 기준의 하나로서 수인한도와의 관계가 문제된다. 환경기준은 환경피해로 인한 민사상 손해배상청구나 유지청구소송에 있어서 수인한도 초과여부를 판단하는 한 요소로서 기능을 하는 등 가해행위의 위법성을 판단하는 데 있어서 중요한 역할을 한다.[8] 판례는 수인한도를 넘는 위법성판단에 있어서 개별법상의 소음한도 기준보다 환경기준을 우선적으로 고려하여야 한다고 판시하였다.

[판례] 수인한도를 넘는 위법성판단에 있어서도 개별법상의 소음한도 기준보다 환경기준을 우선적으로 고려하여야 한다고 본 판례: 도로에서 유입되는 소음 때문에 인근 주택의 거주자가 사회통념상 수인한도를 넘는 생활이익의 침해를 당한 경우, 그 주택의 분양회사에게 소음으로 인한 불법행위책임을 물을 수 있는지 여부는 침해행위가 갖는 공공성의 내용과 정도, 그 지역 환경의 특수성, 공법적인 규제에 의하여 확보하고자 하는 환경기준의 침해 방지를 위해 구체적 사건에 따라 개별적으로 결정하여야 하는바, 특히 차량이 자주 통행하는 도로에서 유입되는 소음으로 인하여 인근 공동주택의 거주자에게 사회통념상 일반적으로 수인한도를 넘는 침해가 있었는지 여부는 주택법 등에서 규정하고 있는 주택건설기준보다는 환경정책기본법에서 설정하고 있는 환경기준을 우선적으로 고려하여 판단해야 한다(대법원 2008. 8. 21. 선고 2008다9358, 9365 판결－부산시 사상구 동서고가도로 소음 사건).

8) 고영훈, 앞의 책, 72면; 홍준형, 앞의 책, 172면.

4. 배출허용기준

배출허용기준(Permissible Emission Standards)은 오염물질 배출시설에서 배출되는 오염물질의 배출농도 또는 배출량의 한계기준(최대허용기준)을 말한다. 배출허용기준은 환경기준, 자연의 자정능력, 과학기술수준, 경제적 요소 등을 고려하여 결정된다.

배출허용기준은 환경기준을 달성하기 위한 수단의 하나이지만 환경기준과는 달리 그 준수가 요구되는 법적 구속력이 있는 기준이므로 수범자에게 직접 구속력을 가진다. 따라서 위반시에는 제재가 가하여진다. 즉, 배출허용기준을 위반하면 초과배출부과금의 부과, 배출시설가동중지명령, 배출시설의 개선 또는 대체명령, 배출시설이전명령, 배출시설설치허가취소, 배출시설폐쇄명령 등이 가해진다.

환경부령으로 정하는 배출허용기준은 전국적 기준이고 최소기준이다. 이에 대하여 지역적 실정에 따라 엄격한 배출허용기준이 정해지도록 할 필요가 있다. 「대기환경보전법」과 「물환경보전법」에서는 특별시 · 광역시 · 도 또는 특별자치도는 지역적인 상황을 고려하여 보다 강화된 배출허용기준을 정할 수 있고, 특별대책지역에 있어서도 보다 엄격한 배출허용기준이 정해질 수 있다고 규정하고 있다.

그런데 배출허용기준을 정하는 조례는 「지방자치법」 제22조 단서에서 규정하고 있는 '주민의 권리제한 또는 의무부과'를 정하는 조례이므로, 국가법령의 위임이 있는 경우에 한하여 가능하다. 따라서 시장 · 군수 · 구청장은 국가법령의 별도의 수권이 없는 한 배출허용기준을 정할 수 없다. 이른바 초과조례에 관한 문제이다.[9)]

한편, 국가는 관계 법령에 따라 환경오염에 관한 배출허용기준을 정하거나 변경할 때에는 이를 해당 기관의 인터넷 홈페이지 등을 통하여 사전에 알려야 한다(환경정책기본법 제31조).

Ⅵ. 환경계획

1. 의 의

환경계획이란 행정주체가 환경보전을 위한 사전예방적 차원에서 일정한 목표

9) 초과조례란 법령과 조례가 동일한 사항을 동일한 규율목적으로 규정하고 있는 경우에 조례가 법령이 정한 기준을 초과하여 보다 강화되거나 보다 약화된 기준을 정하는 조례를 말한다. 초과조례에는 법령보다 강하게 국민의 권익을 보장하는 조례(수익초과조례)와 법령보다 강하게 국민의 권익을 제한하는 조례(침익초과조례)가 있고, 기타 침익조례도 아니고 수익조례도 아닌 것도 있다. 초과조례에 관한 자세한 내용은 박균성, 행정법론(하), 109면 참조.

를 설정하고, 환경의 효율적인 관리 및 관련 이해관계를 조절하기 위하여 필요한 수단들을 조정하고 종합하는 미래형성적인 환경정책수단을 말한다. 환경계획은 사전예방적 환경보호에 있어서 중심적 위치를 차지하는 환경정책수단이다. 미래예견적 계획을 통해서 환경침해는 처음부터 예방될 수 있다. 또한 환경계획을 통하여 환경오염의 복잡한 원인과 문제점이 파악되고, 환경보호를 위해서 요구되는 사항과 그와 충돌하는 다양한 이해관계들이 조정될 수 있다.

「환경정책기본법」에서는 국가는 환경오염 및 환경훼손과 그 위해를 예방하고 환경을 적정하게 관리·보전하기 위하여 환경계획을 수립하여 시행할 책무를 지며(제4조 ①), 지방자치단체는 관할 구역의 지역적 특성을 고려하여 국가의 환경계획에 따라 그 지방자치단체의 계획을 수립하여 이를 시행할 책무를 진다(제4조 ②)고 규정하고 있다.

또한, 국가 및 지방자치단체는 지속가능한 국토환경 유지를 위하여 제1항에 따른 환경계획과 제2항에 따른 지방자치단체의 환경계획을 수립할 때에는 「국토기본법」에 따른 국토계획과의 연계방안 등을 강구하여야 한다(동조 ③). 환경부장관은 제3항에 따른 환경계획과 국토계획의 연계를 위하여 필요한 경우에는 적용범위, 연계방법 및 절차 등을 국토교통부장관과 공동으로 정할 수 있다(동조 ④). 제3항과 제4항은 환경계획과 국토계획간의 정합성을 확보한다는 취지로 2015. 12. 1. 일부개정시 신설되었다.

2. 법적 성질

환경계획은 행정계획의 한 영역으로 볼 수 있으므로 환경계획의 법적 성질은 행정계획의 법적 성질과 관련시켜 논의할 수 있다. 행정계획은 환경정책의 목표를 제시하고 그 목표의 달성을 위한 장래의 행정의 방향을 제시하는 것이기 때문에 행정기관 및 국민의 활동에 대하여 지침적 성격을 갖는다. 그러나 일정한 경우 국민의 권리·의무에 일정한 법적 규율을 가하기도 하기 때문에 국민의 권익구제를 위한 행정쟁송과 관련하여 그 법적 성질에 대하여 입법행위설, 행정행위설, 독자성설 등 다양한 견해로 나뉘고 있다.[10] 국민이나 행정기관에 대하여 아무런 구속력을 갖지 않는 비구속적 행정계획과 행정기관에게만 구속력을 갖는 행정계획은 항고소송의 대상이 되지 않고, 항고소송의 대상이 되는지 여부가 다투어지는 것은 국민에 대하여 구속력을 갖는 행정계획이다. 행정계획의 법적 성질은 계획의 종류

10) 박균성, 행정법론(상), 박영사, 2003, 188면.

에 따라 판단하여야 할 것이다.

이러한 관점에서 볼 때, 환경계획의 법적 구속성은 환경계획의 법적인 형태에 따라 상이하다. 그러나 환경계획은 개개의 국민의 행위에 영향을 주는 경우보다는 주로 국가의 환경보호행위와 관련되는 경우가 일반적이라고 볼 수 있다. 그러므로 환경계획은 예외적인 경우를 제외하고는 처분성을 지니지 않는다고 할 수 있다.[11)]

환경계획은 그것이 전체계획이든 부분계획이든, '계획재량'을 공통적인 구성요소로 삼고 있다. 계획재량은 광범위한 형성의 자유를 가지고 행정정책적으로 행정목표를 정하기 때문에 일반적인 행정재량에서보다 훨씬 넓은 재량권이 부여된다. 다만, 계획재량을 행사함에 있어서는 여러 요소를 형량하여야만 한다.

3. 환경계획의 종류와 내용

(1) 국가환경종합계획

1) 국가환경종합계획의 수립

국가환경종합계획은 다른 개별적인 환경계획에 일정한 지침을 제공하기 위하여 「환경정책기본법」에 의하여 20년마다 수립되는 국가차원의 환경보전을 위한 종합계획을 말한다. 환경부장관은 관계중앙행정기관의 장과 협의하여 국가환경종합계획을 20년마다 수립하여야 하며(「환경정책기본법」 제14조 ①), 환경부장관은 국가환경종합계획을 수립하거나 변경하려면 그 초안을 마련하여 공청회 등을 열어 국민, 관계 전문가 등의 의견을 수렴한 후 국무회의의 심의를 거쳐 확정한다(동조 ②). 국가환경종합계획 중 대통령령으로 정하는 경미한 사항을 변경하려는 경우에는 제2항에 따른 절차를 생략할 수 있다(동조 ③).

2) 국가환경종합계획의 내용

국가환경종합계획에는 다음 각 호의 사항이 포함되어야 한다(동법 제15조).

1. 인구·산업·경제·토지 및 해양의 이용 등 환경변화 여건에 관한 사항
2. 환경오염원·환경오염도 및 오염물질 배출량의 예측과 환경오염 및 환경훼손으로 인한 환경질의 변화전망
3. 환경의 현황 및 전망
4. 환경정의 실현을 위한 목표 설정과 이의 달성을 위한 대책
5. 환경보전 목표의 설정과 이의 달성을 위한 다음 각 목의 사항에 관한 단계별 대책 및 사업계획

11) 천병태·김명길, 앞의 책, 127면.

가. 생물다양성 · 생태계 · 생태축(생물다양성을 증진시키고 생태계 기능의 연속성을 위하여 생태적으로 중요한 지역 또는 생태적 기능의 유지가 필요한 지역을 연결하는 생태적 서식공간을 말한다) · 경관 등 자연환경의 보전에 관한 사항
나. 토양환경 및 지하수 수질의 보전에 관한 사항
다. 해양환경의 보전에 관한 사항
라. 국토환경의 보전에 관한 사항
마. 대기환경의 보전에 관한 사항
바. 물환경의 보전에 관한 사항
사. 수자원의 효율적인 이용 및 관리에 관한 사항
아. 상하수도의 보급에 관한 사항
자. 폐기물의 관리 및 재활용에 관한 사항
차. 화학물질의 관리에 관한 사항
카. 방사능오염물질의 관리에 관한 사항
타. 기후변화에 관한 사항
파. 그 밖에 환경의 관리에 관한 사항

6. 사업의 시행에 드는 비용의 산정 및 재원 조달 방법
7. 직전 종합계획에 대한 평가
8. 제1호부터 제6호까지의 사항에 부대되는 사항

3) 국가환경종합계획의 시행 및 정비

환경부장관은 국가환경종합계획을 수립 또는 변경하는 경우에는 지체없이 관계중앙행정기관의 장에게 통보하여야 한다(동법 제16조 ①). 그리고 관계중앙행정기관의 장은 국가환경종합계획의 시행을 위하여 필요한 조치를 하여야 한다(동조 ②).

또한 환경부장관은 환경적 · 사회적 여건 변화 등을 고려하여 5년마다 국가환경종합계획의 타당성을 재검토하고 필요한 경우 이를 정비하여야 한다(제16조의2 ①).

(2) 지방환경계획

1) 시 · 도환경계획

시 · 도지사는 국가환경종합계획(제16조의2 제1항에 따라 정비한 국가환경종합계획을 포함한다. 이하 제19조부터 제21조까지에서 같다)에 따라 관할구역의 지역적 특성을 고려하여 해당 시 · 도의 환경계획(이하 시 · 도환경계획)을 수립 · 시행하여야 한다(동법 제18조 ①). 시 · 도지사는 시 · 도 환경계획을 수립하거나 변경하려면 그 초안을 마련하여 공청회 등을 열어 주민, 관계 전문가 등의 의견을 수렴하여야 한다. 다만, 대

통령령으로 정하는 경미한 사항을 변경하려는 경우에는 그러하지 아니하다(동조 ②). 환경부장관은 제39조에 따른 영향권별 환경관리를 위하여 필요한 경우에는 해당 시·도지사에게 시·도 환경계획의 변경을 요청할 수 있다(동조 ④). 시·도지사는 시·도 환경계획을 수립·변경할 때에 활용할 수 있도록 대통령령으로 정하는 바에 따라 물, 대기, 자연생태 등 분야별 환경 현황에 대한 공간환경정보를 관리하여야 한다(동조 ⑤).

시·도지사는 제18조에 따라 시·도 환경계획을 수립하거나 변경하려는 경우 환경부장관의 승인을 받아야 한다. 다만, 대통령령으로 정하는 경미한 사항을 변경하려는 경우에는 그러하지 아니하다(제18조의2 ①). 환경부장관은 제1항에 따라 시·도 환경계획을 승인하려면 미리 관계 중앙행정기관의 장과 협의하여야 한다(동조 ②). 시·도지사는 제1항에 따른 승인을 받으면 지체 없이 그 주요 내용을 공고하고 시장·군수·구청장에게 통보하여야 한다(동조 ③).

2) 시·군·구환경계획

시장·군수·구청장은 국가환경종합계획 및 시·도환경계획에 따라 관할구역의 지역적 특성을 고려하여 해당 시·군·구의 환경계획(이하 시·군·구환경계획)을 수립·시행하여야 한다(동법 제19조 ①). 지방환경관서의 장 또는 시·도지사는 제39조에 따른 영향권별 환경관리를 위하여 필요한 경우에는 해당 시장·군수·구청장에게 시·군·구 환경계획의 변경을 요청할 수 있다(동조 ③). 시장·군수·구청장은 시·군·구 환경계획을 수립하거나 변경하려면 그 초안을 마련하여 공청회 등을 열어 주민, 관계 전문가 등의 의견을 수렴하여야 한다. 다만, 대통령령으로 정하는 경미한 사항을 변경하려는 경우에는 그러하지 아니하다(동조 ④). 시장 또는 군수는 해당 시·군의 환경계획을 수립·변경할 때에 활용할 수 있도록 대통령령으로 정하는 바에 따라 물, 대기, 자연생태 등 분야별 환경 현황에 대한 공간환경정보를 관리하여야 한다(동조 ⑤).

(3) 영향권별 환경계획

환경오염의 상황을 파악하고 효율적인 환경관리를 위하여는 환경영향권별로 관리할 필요가 있다. 이러한 취지에서 「환경정책기본법」 제39조는 대기오염의 영향권별 지역, 수질오염의 수계별 지역 및 생태계권역 등에 대한 환경의 영향권별 관리를 규정하고 있다. 이는 기존의 행정구역을 넘어서는 환경오염에 대응하는 환경관리체계를 확립하여 환경영향권별로 환경개선대책을 수립하고 오염원을 관리·규제하는 대책을 세우자는 데에 그 의의가 있다.

이에 따라 환경관리청장과 환경부장관은 각각 중역권 및 대역권으로 구분된 영향권별 환경관리계획(예, 중권역관리계획, 대권역관리계획)을 수립하도록 되어 있다(동법 시행령 제6조의2).

(4) 분야별 환경계획

각각의 보호대상에 대한 분야별 환경보전관계법에 의하여 환경분야별로 수립되는 환경계획이 있다. 「자연환경보전법」상의 자연환경보전기본계획(제8조)과 생태·경관보전지역관리기본계획(제14조), 「폐기물관리법」상 지자체의 폐기물처리기본계획(제9조)과 이를 기초로 한 국가의 폐기물관리종합계획(제10조), 「하천법」상의 하천기본계획(제25조) 등이 그 예이다.

(5) 개발계획 및 개발사업에서의 환경적 고려

1) 개발계획 수립시

국가 및 지방자치단체의 장은 토지의 이용 또는 개발에 관한 계획을 수립할 때에는 국가환경종합계획, 시·도 환경계획 및 시·군·구 환경계획과 해당 지역의 환경용량을 고려하여야 한다(동법 제21조 ①).

2) 개발사업 인·허가시

관계 중앙행정기관의 장, 시·도지사 및 시장·군수·구청장은 토지의 이용 또는 개발에 관한 사업의 허가 등을 하는 경우에는 국가환경종합계획등을 고려하여야 한다(동조 ②).

3) 환경적 고려의 보장수단

일정한 개발계획 및 개발사업에 대한 환경적 고려는 환경영향평가 등에 의해 담보될 수 있다. 판례는 강학상 허가를 원칙상 기속행위로 보면서도 중대한 환경이익의 고려가 필요한 경우 보호의 필요가 있는 경우에는 예외적으로 강학상 허가(예, 건축허가, 산림형질변경허가, 토지형질변경허가, 입목의 벌채·굴채허가 등)를 재량행위로 보고 명문의 규정이 없는 경우에도 환경보호를 이유로 허가를 거부하는 것이 적법하다고 보고 있다.[12]

4. 환경친화적 계획기법 등의 작성·보급

정부는 환경에 영향을 미치는 행정계획 및 개발사업이 환경적으로 건전하고 지속가능하게 계획되어 수립·시행될 수 있도록 환경친화적인 계획기법 및 토지이

12) 박균성, 행정법론(상) 제9판, 박영사, 319면 참조.

용·개발기준(이하 "환경친화적 계획기법등"이라 한다)을 작성·보급할 수 있다. 환경친화적 계획기법등과 환경성 평가지도의 작성 방법 및 내용 등 필요한 사항은 대통령령으로 정한다(동법 제23조).

Ⅶ. 기본적 시책

1. 환경상태의 조사·평가

국가의 환경보전정책은 일시적인 규제나 대책만으로는 목적을 달성할 수 없다. 지속적으로 환경상태를 조사하고 평가하여 그 자료를 토대로 체계적이고 종합적인 환경보전정책을 수립하고 시행해야 한다. 이에 동법은 국가 및 지방자치단체로 하여금 다음 각 호의 사항을 상시 조사·평가하도록 책무를 부여하고 있다(제22조 ①).

1. 자연환경 및 생활환경 현황
2. 환경오염 및 환경훼손 실태
3. 환경오염원 및 환경훼손 요인
4. 기후변화 등 환경의 질의 변화
5. 그 밖에 국가환경종합계획등의 수립·시행에 관하여 필요한 사항

그리고 국가 및 지방자치단체는 환경상태의 조사·평가를 적정하게 실시하기 위한 연구·감시·측정·시험 및 분석체제를 유지하여야 하며(동조 ②), 이러한 환경상태의 조사·평가 및 그 적정한 실시를 위한 연구·감시·측정·시험 및 분석체제에 관하여 필요한 사항은 대통령령으로 정한다(동조 ③).

2. 환경정보의 보급, 환경보전에 관한 교육, 민간환경단체 등의 환경보전활동 촉진

동법은 환경부장관으로 하여금 모든 국민에게 환경보전에 관한 지식·정보를 보급하고, 국민이 환경에 관한 정보에 쉽게 접근할 수 있도록 노력할 것을 책무로 과하고 있다(제24조 ①). 환경부장관은 환경보전에 관한 지식·정보의 원활한 생산·보급 등을 위하여 환경정보망을 구축·운영할 수 있고(동조 ②), 관계행정기관의 장에게 환경정보망 구축·운영에 필요한 자료의 제출을 요청할 수 있다. 이 경우 요청받은 관계행정기관의 장은 특별한 사유가 없는 한 이에 따라야 한다(동조 ③). 또한 환경부장관은 환경정보망의 효율적인 구축·운영을 위하여 필요한 경우에는 전문기

관에 환경현황 조사를 의뢰하거나 환경정보망의 구축·운영을 위탁할 수 있으며(동조 ④), 제2항에 따른 환경정보망의 구축·운영, 제4항에 따른 환경현황 조사 의뢰 및 환경정보망 구축·운영의 위탁 등 필요한 사항은 대통령령으로 정한다(동조 ⑤).

국가 및 지방자치단체는 환경보전에 관한 교육과 홍보 등을 통하여 국민의 환경보전에 대한 이해를 깊게 하고 국민 스스로 환경보전에 참여하며 일상생활에서 이를 실천할 수 있도록 필요한 시책을 수립·추진하여야 한다(제25조).

한편, 오늘날 국가의 환경보전을 위한 활동영역에서 환경단체 등 시민사회단체의 역할이 중요해지면서, 동법은 국가 및 지방자치단체로 하여금 민간환경단체의 자발적인 환경보전활동을 촉진하기 위하여 정보의 제공 등 필요한 시책을 마련하도록 하고 있고(제26조 ①), 민간환경단체 등이 경관이나 생태적 가치 등이 우수한 지역을 매수하여 관리하는 등의 환경보전활동을 하는 경우 이에 필요한 행정적 지원을 할 수 있게 하였다(동조 ②).

3. 국제협력 및 지구환경보전, 국제환경협력센터의 지정 등

오늘날의 환경문제는 한 국가 차원의 문제를 넘어 전 지구적 차원의 문제가 되었고, 이에 대한 대책 등도 국제기구를 중심으로 이루어지고 있는 실정이어서 이에 대한 체계적인 대응이 필요하다. 따라서 국가 및 지방자치단체는 지구 전체의 환경에 영향을 미치는 기후변화, 오존층의 파괴, 해양오염, 사막화 및 생물자원의 감소 등으로부터 지구의 환경을 보전하고, 미세먼지·초미세먼지 등 대기오염물질의 장거리이동을 통하여 발생하는 피해를 방지하기 위하여 다음 각 호의 국제적인 노력에 적극 참여하여야 한다(제27조).

1. 지구환경의 감시·관측 및 보호에 관한 상호 협력
2. 대기오염 등 환경오염으로 인한 피해를 줄이기 위한 국가 간 또는 국제기구와의 협력
3. 환경 정보·기술 교류 및 전문인력 양성
4. 그 밖에 지구환경보전을 위하여 필요한 사항

한편, 환경부장관은 제27조에 따른 국제협력을 체계적으로 추진하기 위하여 필요한 전문인력과 시설을 갖춘 기관·법인 또는 단체를 국제환경협력센터로 지정할 수 있다(제27조의2 ①).

4. 환경과학기술의 진흥

21세기에는 첨단환경기술이 국가의 경쟁력을 제고하는 주요한 분야가 될 전망이어서 세계 각국은 다양한 정책과 엄청난 투자를 아끼지 않고 있다. 첨단환경기술은 높은 부가가치성, 대규모시장성, 환경오염에 대한 효율적인 대안성 등을 가지고 있으므로 국가의 전략적 대책마련이 절실한 분야이다. 이에 동법은 국가 및 지방자치단체로 하여금 환경보전을 위한 실험·조사·연구·기술개발 및 전문인력의 양성 등 환경과학기술의 진흥에 필요한 시책을 마련하여야 한다고 규정하고 있다(제28조). 이러한 입법 취지에 따라 「환경기술 및 환경산업 지원법」에서는 정부로 하여금 환경기술의 개발·지원 및 보급을 촉진하고 환경산업을 육성할 수 있는 여건을 마련하도록 하고 있다.

5. 환경보전시설의 설치·관리

국가 및 지방자치단체는 환경오염을 줄이기 위한 녹지대, 폐수·하수 및 폐기물의 처리를 위한 시설, 소음·진동 및 악취의 방지를 위한 시설, 야생동식물 및 생태계의 보호·복원을 위한 시설, 오염된 토양·지하수의 정화를 위한 시설 등 환경보전을 위한 공공시설의 설치·관리에 필요한 조치를 하여야 한다(제29조).

6. 환경보전을 위한 규제 및 경제적 유인수단

환경행정을 담당하는 주체는 오염물질을 배출하는 시설과 행위에 대하여 일정한 규제를 함으로서 환경보전을 위한 정책을 집행해 나가는데, 환경정책기본법은 명령적 규제와 경제적 유인수단을 환경정책의 주요수단으로 제시하고 있다.

동법 제30조는 "정부는 환경보전을 위하여 대기오염·수질오염·토양오염 또는 해양오염의 원인이 되는 물질의 배출, 소음·진동·악취의 발생, 폐기물의 처리, 일조의 침해 및 자연환경의 훼손에 대하여 필요한 규제를 하여야 한다"고 규정하여 환경행정 분야에 직접적 규제수단이 사용될 수 있음을 규정하고 있다.

한편, 제32조에서는 "정부는 자원의 효율적인 이용을 도모하고 환경오염의 원인을 일으킨 자가 스스로 오염물질의 배출을 줄이도록 유도하기 위하여 필요한 경제적 유인수단을 마련하여야 한다"라고 규정하여 간접적 규제수단을 환경정책의 수단으로 제시하고 있다.

그리고 국가는 관계법령에 따라 환경오염에 관한 배출허용기준을 정하거나 변경할 때에는 이를 해당 기관의 인터넷 홈페이지 등을 통하여 사전에 알려야 한다(제31조).

7. 화학물질의 관리, 방사성 물질에 의한 환경오염의 방지

동법은 환경에 위해를 줄 가능성이 큰 화학물질과 방사성 물질에 대하여는 특별한 관리를 하도록 정부에 의무를 과하고 있다. 즉, 정부는 화학물질에 의한 환경오염과 건강상의 위해를 예방하기 위하여 화학물질을 적정하게 관리하기 위한 시책을 마련하여야 한다(제33조). 그리고 방사성 물질에 의한 환경오염 및 그 방지 등을 위하여 적절한 조치를 하여야 하며(제34조 ①), 이러한 조치는 「원자력안전법」과 그 밖의 관계 법률에서 정하는 바에 따른다(동조 ②).

8. 과학기술의 위해성 평가

과학기술의 발달과 관련하여 새로운 물질의 합성 또는 유전자조작 등 불의의 환경훼손의 가능성에 대비하여 「환경정책기본법」은 정부로 하여금 위해성 평가 등 적절한 조치를 취하도록 하고 있다. 즉, 정부는 과학기술의 발달로 인하여 생태계 또는 인간의 건강에 미치는 해로운 영향을 예방하기 위하여 필요하다고 인정하는 경우 그 영향에 대한 분석이나 위해성 평가 등 적절한 조치를 마련하여야 한다(제35조). 예컨대, 오늘날 생명과학이 발달함에 따라 GMO(Genetically Modified Organism: 유전자변형물질)가 증가하고 있는데, 이 경우 정부는 사전에 그것이 생태계 또는 인간의 건강에 어떠한 악영향을 미치는가를 분석·평가하는 위해성 평가 등 적절한 조치를 마련해야 한다.

이러한 과학기술의 위해성 평가는 환경보전정책에 예방의 원칙 나아가 사전배려의 원칙이 적용되고 있는 흐름을 반영하고 있는 것이다.

「환경보건법」은 신기술이나 신물질로 인하여 발생할 수 있는 인체 및 생태계에 대한 예상하지 못한 위해를 미리 방지하여 국민의 건강 및 생태계를 보호할 수 있도록 환경유해인자, 새로운 기술이나 새로운 물질의 위해성을 평가하고 관리하는 제도를 마련하고 있다(제11조 및 제12조).

9. 환경성질환에 대한 대책

국가 및 지방자치단체는 환경오염으로 인한 국민의 건강상의 피해를 규명하고 환경오염으로 인한 질환에 대한 대책을 마련하여야 한다(제36조).

정부는 환경성 석면노출로 인하여 건강피해를 입었으나 마땅한 보상을 받지 못하는 자를 구제하기 위하여 「석면피해구제법」을 제정한 바 있다.[13)]

10. 국가시책 등의 환경친화성 제고

(1) 교통부문

국가 및 지방자치단체는 교통부문의 환경오염 또는 환경훼손을 최소화하기 위하여 환경친화적인 교통체계 구축에 필요한 시책을 마련하여야 한다(제37조 ①).

(2) 에너지이용부문

국가 및 지방자치단체는 에너지 이용에 따른 환경오염 또는 환경훼손을 최소화하기 위하여 에너지의 합리적·효율적 이용과 환경친화적인 에너지의 개발·보급에 필요한 시책을 마련하여야 한다(동조 ②).

(3) 농업 · 임업 · 어업부문

국가 및 지방자치단체는 농림어업부문의 환경오염 또는 환경훼손을 최소화하기 위하여 환경친화적인 농림어업의 진흥에 필요한 시책을 마련하여야 한다(동조 ③).

11. 특별대책지역의 지정과 특별종합대책의 수립

특별대책지역이라 함은 환경오염·환경훼손 또는 자연생태계의 변화가 현저하거나 현저하게 될 우려가 있는 지역과 환경기준을 자주 초과하는 지역으로서 타지역에서보다 엄격한 환경규제를 하기 위하여 지정하는 지역을 말하는데, 일반적으로 토지이용과 시설설치에 대해 특별한 제한이 가해진다.

환경부장관은 환경오염·환경훼손 또는 자연생태계의 변화가 현저하거나 현저하게 될 우려가 있는 지역과 환경기준을 자주 초과하는 지역을 관계 중앙행정기관의 장 및 시·도지사와 협의하여 환경보전을 위한 특별대책지역으로 지정·고시하고, 해당 지역의 환경보전을 위한 특별종합대책을 수립하여 관할 시·도지사에게 이를 시행하게 할 수 있다(제38조 ①). 그리고 특별대책지역의 환경개선을 위하여

13) 석면은 1급 발암물질로 악성중피종 등 인체에 치명적인 질병을 일으키는 것으로 알려져 있다. 석면공장 등에서 일하던 근로자의 경우에는 「산업재해보상보험법」에 따라 산재보상을 받을 수 있지만, 석면광산 또는 석면공장 주변에 거주하는 주민들을 비롯한 환경성 석면 노출로 인한 건강 피해자는 구체적인 원인자를 규명하기 어려워 마땅한 보상과 지원을 받지 못하고 있었다. 이에 2010년 3월 22일 석면으로 인한 건강피해를 입었으나 마땅한 보상을 받지 못하는 자를 구제하기 위하여 「석면피해구제법」이 제정되어 2011. 1. 1.부터 시행되었다. 한편, 2011. 4. 28.에는 안전한 석면관리로 국민의 건강피해 예방 및 건강하고 쾌적한 환경조성을 위하여 「석면안전관리법」이 제정되었다.

특히 필요한 경우에는 대통령령으로 정하는 바에 따라 그 지역에서 토지 이용과 시설 설치를 제한할 수 있다(동조 ②).

특별대책지역의 지정 및 특별대책지역 내의 토지이용과 시설설치의 제한에 관한 사항은 환경부장관이 고시로 정한다. 현재 대기오염규제와 관련하여서는 울산광역시 울산·미포 및 온산국가산업단지, 전라남도 여수시 여천국가산업단지 및 확장단지가 대기보전특별대책지역으로 지정되어 있고, 환경부고시에 그에 대한 규제가 규정되어 있다.[14] 수질오염규제와 관련하여서는 팔당·대청호 상수원 수질보전 특별대책지역이 지정되어 있다.[15]

12. 영향권별 환경관리

환경오염은 지역적인 경계를 초월하여 발생하는 경우가 많기 때문에 기존의 행정구역을 넘어서는 환경오염에 대응하는 환경관리체계를 확립하여 환경영향권별로 환경개선대책을 수립하고 오염원을 관리·규제하는 대책을 세울 필요성이 있다. 따라서 환경오염의 상황을 파악하고 그 방지대책을 마련하기 위하여 대기오염의 영향권별 지역, 수질오염의 수계별 지역 및 생태계 권역 등에 대한 환경의 영향권별 관리를 하여야 한다(제39조 ①). 영향권별 관리란 대기 및 수질오염을 영향권별로 관리하는 것인데 중역권 및 대역권으로 구분된 권역별로 대책을 수립하고 관리하게 된다. 그리고 지방자치단체의 장은 관할 구역의 대기오염, 수질오염 또는 생태계를 효과적으로 관리하기 위하여 지역의 실정에 따라 환경의 영향권별 관리를 할 수 있다(동조 ②).

13. 자연환경의 보전 및 환경영향평가

동법 제40조는 자연환경의 보전이 인간의 생존 및 생활의 기본임에 비추어 자연의 질서와 균형이 유지·보전되도록 노력하여야 할 의무를 국가와 국민에게 부과하고 있다. 이에 따라 제정된 법이 「자연환경보전법」이다(이에 대한 자세한 내용은 제8장 참조).

동법 제41조는 국가는 환경기준의 적정성을 유지하고 자연환경을 보전하기 위하여 환경에 영향을 미치는 계획 및 개발사업이 환경적으로 지속가능하게 수립·시행될 수 있도록 전략환경영향평가, 환경영향평가, 소규모 환경영향평가를 실시

---

14) 대기보전특별대책지역지정및동지역대기오염저감을위한종합대책(환경부고시).
15) 팔당·대청호상수원수질보전특별대책지역지정 및 특별종합대책(환경부고시).

하여야 한다고 규정하고 있다(동조 ①). 제1항에 따른 전략환경영향평가, 환경영향평가 및 소규모 환경영향평가의 대상, 절차 및 방법 등에 관한 사항은 따로 법률로 정한다(동조 ②). 이에 따라 제정된 법이 「환경영향평가법」이다(이에 대한 자세한 내용은 제2장 참조).

Ⅷ. 분쟁조정 및 피해구제

1. 분쟁조정

환경피해로 인한 분쟁이 발생한 경우 주로 법원의 재판을 통하여 피해를 구제받는 방법이 이용되어 왔으나, 이는 많은 시간과 비용이 소요되어 피해구제를 받는데 일정한 한계를 갖게 된다. 따라서 동법은 국가 및 지방자치단체로 하여금 환경오염 또는 환경훼손으로 인한 분쟁이나 그 밖에 환경 관련 분쟁이 발생한 경우에 그 분쟁이 신속하고 공정하게 해결되도록 필요한 시책을 마련할 책무를 과하고 있다(제42조). 「환경분쟁조정법」의 제정은 이러한 책무 이행의 하나로 이해할 수 있다.

2. 피해구제

국가 및 지방자치단체는 환경오염 또는 환경훼손으로 인한 피해를 원활하게 구제하기 위하여 필요한 시책을 마련하여야 한다(제43조). 오늘날과 같은 산업사회에서의 환경오염피해는 인간과 생태계에 광범위한 영향을 미치고 심각한 결과를 초래할 수 있기 때문에 환경오염 또는 환경훼손으로 인한 피해구제를 국가 및 지방자치단체의 책무로 규정한 것이다.

이에 따라 여러 개별 법률에 피해구제에 관한 규정을 두게 되었고, 「석면피해구제법」, 「가습기살균제 피해구제를 위한 특별법」과 같은 단일법률도 제정되고 있다. 특히 「환경정책기본법」에서 환경오염피해에 대한 무과실책임 규정을 두어 법적 구제의 폭을 더욱 확대하고 있다. 나아가 환경오염피해의 구제를 실질화하고 확대하기 위하여 2014. 12. 31. 「환경오염피해배상책임 및 구제에 관한 법률」이 제정되었다.

3. 환경오염피해에 대한 무과실책임

(1) 구체적 효력 여부

「환경정책기본법」 제44조 제1항은 “환경오염 또는 환경훼손으로 피해가 발생한 경우에는 해당 환경오염 또는 환경훼손의 원인자가 그 피해를 배상하여야 한다"고 하여 환경오염의 피해에 대한 무과실책임에 관하여 규정하고 있다.

이 규정은 2011. 7. 21.「환경정책기본법」 전부개정시 기존의 동법 제31조 제1항을 개정한 것이다. 개정 전에는 동법 제31조 제1항에서 "사업장 등에서 발생되는 환경오염 또는 환경훼손으로 인하여 피해가 발생한 때에는 당해 사업자는 그 피해를 배상하여야 한다"라고 하여 '사업장 등'에서 환경오염이 발생하여 피해를 입은 경우 당해 '사업자'는 무과실의 손해배상책임을 지도록 규정하고 있었다.[16)]동 규정이 구체적 효력을 지니는가에 대하여는 논란이 있었는데, 다수의 견해는 동 규정이 단지 선언적 규정에 그치는 것이 아니라 구체적 효력을 가지는 것으로 해석하였다.[17)] 판례도 동 규정이 구체적 효력을 지니는 것으로 무과실책임의 법적 근거가 된다고 보았다.

[판례] [1] 고속도로의 확장으로 인하여 소음·진동이 증가하여 인근 양돈업자가 양돈업을 폐업하게 된 사안에서, 양돈업에 대한 침해의 정도가 사회통념상 일반적으로 수인할 정도를 넘어선 것으로 보아 한국도로공사의 손해배상책임을 인정한 사례. [2] 사업장 등에서 발생되는 환경오염으로 인하여 피해가 발생한 경우, 당해 사업자는 귀책사유가 없는 때에도 피해를 배상하여야 하는지 여부(적극): 환경정책기본법 제31조 제1항 및 제3조 제1호, 제3 호, 제4호에 의하면, 사업장 등에서 발생되는 환경오염으로 인하여 피해가 발생한 경우에는 당해 사업자는 귀책사유가 없더라도 그 피해를 배상하여야 하고, 위 환경오염에는 소음·진동으로 사람의 건강이나 환경에 피해를 주는 것도 포함되므로, 피해자들의 손해에 대하여 사업자는 그 귀책사유가 없더라도 특별한 사정이 없는 한 이를 배상할 의무가 있다(대법원 2001. 2. 9. 선고 99다55434 판결[손해배상(기)] – 고속도로 확장으로 인한 양돈업 폐업 사건).

16) 이는 구「환경보전법」 제60조 제1항에서 "사업장 등에서 발생되는 오염물질로 인하여 사람의 생명 또는 신체에 피해가 발생한 때에는 당해 사업자는 그 피해를 배상하여야 한다"라고 규정하여 생명·신체에 대한 피해, 즉 인체손해에 한해서만 무과실책임을 인정하던 것을 생명·신체뿐만 아니라 재산적 손해에까지 확대하여 규정한 것이다.

17) 동 규정은 단순히 무과실책임의 원칙을 선언한 규정에 불과하고, '사업장 등', '환경오염으로 인한 피해', '사업자' 가 무엇을 의미하는지 등 책임의 범위 및 책임자의 범위가 명확하지 않으므로 구체적 효력을 갖지 못한다는 견해도 있다(이은영, 채권각론, 박영사, 1995, 714면). 그러나 다수의 견해는 동 규정이 단지 선언적 규정에 그치는 것이 아니라 구체적 효력을 지니는 것으로 무과실책임의 법적 근거가 된다고 보았다(김홍균, 앞의 책, 87면; 전경운, "환경정책기본법 제31조에 의한 무과실책임의 문제점과 개정방향," 환경법연구 제31권 2호(2009. 8), 328면).

현행 「환경정책기본법」 제44조 제1항의 무과실책임 규정은 환경피해로 인한 권리구제의 범위를 넓히고 실효성을 확보한다는 차원에서 구체적 효력을 인정하는 방향으로 해석할 필요가 있다.

그런데 동조에서는 환경오염 또는 환경훼손의 '원인자'가 무과실의 손해배상책임을 지도록 하고 있어 과연 누가 원인자인가가 논란이 된다. 따라서 동조항의 원인자의 개념과 범위 등에 대한 해석 문제가 중요한 쟁점이 된다. 또한 무과실책임 인정으로 피해구제의 폭은 넓어졌지만, 반면, 불가항력적 사유로 인한 면책가능성 등 일정한 면책규정이 없다는 점은 문제점으로 지적될 수 있다. 따라서 판례 등을 통하여 원인자의 범위 및 책임의 범위를 보다 명확히 해나가는 것이 필요하다.

(2) 원 인 자

동 규정상의 무과실책임을 지는 자는 해당 환경오염 또는 환경훼손의 '원인자'이므로, 그 개념 및 범위를 구체화하는 것이 필요하다. 원인자는 환경오염 또는 환경훼손으로 인한 피해의 발생이라는 연속적인 인과과정에 직접적 또는 간접적으로 참여하여 환경오염 또는 환경훼손의 요인을 제공한 자를 말한다. 여기에는 사업자, 즉, 환경오염이 발생한 사업장의 운영·관리 등을 통하여 사업 활동을 하는 자[18] 또는 사업장 등을 사실상·경제상 지배하는 자[19]가 포함된다.

사용자와 피용자가 모두 환경오염 또는 환경훼손의 요인을 제공한 경우에는 둘 다 원인자가 된다. 사용자가 자기의 사업활동을 위하여 피용자에게 영향력을 행사하고, 피용자는 실제 환경오염행위를 하는 경우, 예컨대 주식회사 A의 대표이사 甲이 폐수처리담당자 乙에게 처리비용을 아낄 것을 지시하고 이에 乙이 오염도

---

18) 개별환경법에서 규율대상이 되는 '사업자'는 기본적으로 이에 포함된다. 「대기환경보전법」, 「물환경보전법」 등에서는 오염물질배출시설을 설치하기 위하여 허가 또는 신고를 하여야 하는 자를 규정하고 있고, 「폐기물관리법」은 폐기물처리업자, 사업장 폐기물을 배출하는 사업자 등의 개념을 사용하고 있다. 한편, 「환경범죄 등의 단속 및 가중처벌에 관한 법률」은 제2조 제6호에서 사업자를 배출시설 또는 불법배출시설을 설치·운영하는 자 또는 영업을 영위하는 자라고 정의하고 있다.

19) 예컨대, 甲이 한우농장을 경영해오다가 농장 주변지역에 철도가 건설되고 열차 통행으로 인한 소음·진동으로 한우에 피해가 발생하여 농장을 폐업한 경우, 철도의 건설 및 관리를 맡은 한국철도시설공단과 그 철도를 이용하여 여객·화물 운송사업을 행하는 한국철도공사 모두 원인자에 해당하여 손해배상책임을 진다. 왜냐하면 이들은 철도의 건설 및 관리, 여객 운송사업 운영 등을 위하여 비용을 조달하고 이에 관한 의사결정을 하는 등으로 사업장 등을 사실상·경제상 지배하는 자에 해당하기 때문이다. 한편, 위 공단은 철로의 설치·관리자에 해당하므로 철로를 통한 열차 운행으로 인해 참을 한도를 넘는 피해가 발생한 경우에는 민법 제758조 제1항에 따라 그 손해를 배상할 책임이 있다(대법원 2017. 2. 15. 선고 2015다23321 판결[손해배상(기)]).

를 낮추기 위하여 오폐수에 물을 섞어 공장 밖으로 배출한 경우 사용자 甲과 피용자 乙은 동조상의 원인자가 된다.[20] 또한 개별법령에 따라 적법하게 신고 또는 허가를 받은 경우뿐만 아니라 신고 또는 허가 등이 없이 불법으로 사업 활동을 하는 자도 포함된다.

그리고 사업자인지와 상관없이, 사업장에서 발생하는지와 관계없이 환경오염 또는 환경훼손을 야기한 자도 동조에 의한 무과실책임을 진다.[21]

[판례 1] 구 환경정책기본법 제31조 제1항에서 정한 '사업자'의 의미와 환경정책기본법 제44조 제1항에서 정한 '원인자'의 의미 및 환경오염이 발생한 사업장의 사업자가 일반적으로 원인자에 포함되는지 여부(적극) / 사업장 등에서 발생하는 소음·진동으로 피해가 발생한 경우, 사업자나 원인자가 귀책사유가 없더라도 피해를 배상하여야 하는지 여부(원칙적 적극) : 환경오염의 피해에 대한 책임에 관하여 구 환경정책기본법(2011. 7. 21. 법률 제10893호로 전부 개정되기 전의 것) 제31조 제1항은 "사업장 등에서 발생되는 환경오염 또는 환경훼손으로 인하여 피해가 발생한 때에는 당해 사업자는 그 피해를 배상하여야 한다."라고 정하고, 2011. 7. 21. 법률 제10893호로 개정된 환경정책기본법 제44조 제1항은 "환경오염 또는 환경훼손으로 피해가 발생한 경우에는 해당 환경오염 또는 환경훼손의 원인자가 그 피해를 배상하여야 한다."라고 정하고 있다. 위와 같이 환경정책기본법의 개정에 따라 환경오염 또는 환경훼손(이하 '환경오염'이라고 한다)으로 인한 책임이 인정되는 경우가 사업장 등에서 발생하는 것에 한정되지 않고 모든 환경오염으로 확대되었으며, 환경오염으로 인한 책임의 주체가 '사업자'에서 '원인자'로 바뀌었다. 여기에서 '사업자'는 피해의 원인인 오염물질을 배출할 당시 사업장 등을 운영하기 위하여 비용을 조달하고 이에 관한 의사결정을 하는 등으로 사업장 등을 사실상·경제상 지배하는 자를 의미하고, '원인자'는 자기의 행위 또는 사업활동을 위하여 자기의 영향을 받는 사람의 행위나 물건으로 환경오염을 야기한 자를 의미한다. 따라서 환경오염이 발생한 사업장의 사업자는 일반적으로 원인자에 포함된다. 사업장 등에서 발생하는 환경오염으로 피해가 발생한 때에는 사업자나 원인자는 환경정책기본법의 위 규정에 따라 귀책사유가 없더라도 피해를 배상하여야 한다. 이때 환경오염에는 소음·진동으로 사람의 건강이나 재산, 환경에 피해를 주는 것도 포함되므로 피해자의 손해에 대하여 사업자나 원인자는 귀책사

20) 이 예시에서는 민사상 손해배상책임과는 별개로 형사처벌, 즉, 「물환경보전법」 제38조 제1항 제3호(물타기) 위반으로 甲과 乙은 징역형 또는 벌금형으로 처벌받을 수 있다(甲은 구체적 상황에 따라 교사범 또는 방조범 성립 가능). 또한 동법 제81조(양벌규정)에 따라 행위자 이외에 법인인 주식회사 A도 벌금형에 처해진다.

21) 대법원 2018. 9. 13. 선고 2016다35802 판결[손해배상등] – 방사능오염고철 사건.

유가 없더라도 특별한 사정이 없는 한 이를 배상할 의무가 있다(대법원 2017. 2. 15. 선고 2015다23321 판결 – 한우농장폐업 사건)

[판례 2] [1] … 환경정책기본법 제44조 제1항은 민법의 불법행위 규정에 대한 특별 규정으로서, 환경오염 또는 환경훼손의 피해자가 그 원인을 발생시킨 자(이하 '원인자'라 한다)에게 손해배상을 청구할 수 있는 근거규정이다. 위에서 본 규정 내용과 체계에 비추어 보면, 환경오염 또는 환경훼손으로 인한 책임이 인정되는 경우는 사업장에서 발생되는 것에 한정되지 않고, 원인자는 사업자인지와 관계없이 그로 인한 피해에 대하여 환경정책기본법 제44조 제1항에 따라 귀책사유를 묻지 않고 배상할 의무가 있다. [2] 방사능에 오염된 고철은 원자력안전법 등의 법령에 따라 처리되어야 하고 유통되어서는 안 된다. 사업활동 등을 하던 중 고철을 방사능에 오염시킨 자는 원인자로서 관련 법령에 따라 고철을 처리함으로써 오염된 환경을 회복·복원할 책임을 진다. 이러한 조치를 취하지 않고 방사능에 오염된 고철을 타인에게 매도하는 등으로 유통시킴으로써 거래 상대방이나 전전 취득한 자가 방사능오염으로 피해를 입게 되면 그 원인자는 방사능오염 사실을 모르고 유통시켰더라도 환경정책기본법 제44조 제1항에 따라 피해자에게 피해를 배상할 의무가 있다. [3] 불법행위로 영업을 중단한 자가 영업 중단에 따른 손해배상을 구하는 경우 영업을 중단하지 않았으면 얻었을 순이익과 이와 별도로 영업 중단과 상관없이 불가피하게 지출해야 하는 비용도 특별한 사정이 없는 한 손해배상의 범위에 포함될 수 있다. 위와 같은 순이익과 비용의 배상을 인정하는 것은 이중배상에 해당하지 않는다. 이러한 법리는 환경정책기본법 제44조 제1항에 따라 그 피해의 배상을 인정하는 경우에도 적용된다. 가해행위와 피해자 측의 요인이 경합하여 손해가 발생하거나 확대된 경우에는 피해자 측의 귀책사유와 무관한 것이라고 할지라도 가해자에게 손해의 전부를 배상시키는 것이 공평의 이념에 반하는 경우에는, 법원은 그 배상액을 정하면서 과실상계의 법리를 유추 적용하여 손해의 발생 또는 확대에 기여한 피해자 측의 요인을 참작할 수 있다. 불법행위로 인한 손해배상청구 사건에서 책임감경사유에 관한 사실인정이나 비율을 정하는 것은 그것이 형평의 원칙에 비추어 현저히 불합리하다고 인정되지 않는 한 사실심의 전권사항에 속한다(대법원 2018. 9. 13. 선고 2016다35802 판결[손해배상등] – 방사능오염고철 사건).

(3) 환경오염 또는 환경훼손으로 인한 피해

동 규정상의 무과실책임을 인정하기 위해서는 '환경오염' 또는 '환경훼손'으로 인하여 '피해'가 발생하여야 한다. 즉, 원인자의 환경침해행위로 인하여 '환경오염' 또는 '환경훼손'의 상태가 발생하여야 한다.

환경오염이란 "사업활동 및 그 밖의 사람의 활동에 의하여 발생하는 대기오염, 수질오염, 토양오염, 해양오염, 방사능오염, 소음·진동, 악취, 일조 방해 등으로서 사람의 건강이나 환경에 피해를 주는 상태"를 말한다(동법 제2조 제4호). 환경훼손이란 "야생동식물의 남획(濫獲) 및 그 서식지의 파괴, 생태계질서의 교란, 자연경관의 훼손, 표토(表土)의 유실 등으로 자연환경의 본래적 기능에 중대한 손상을 주는 상태"를 말한다(동조 제5호). 이 규정들은 환경오염 또는 환경훼손에 포함되는 유형들을 예시하고 있다고 보는 것이 타당하고, 또 이렇게 해석하는 것이 환경침해사건에서 무과실책임의 인정 범위를 확대하는 결과를 가져올 것이다.[22]

[판례] 원자력발전소 냉각수 순환시 발생되는 온배수의 배출이 환경오염에 해당하는지 여부(적극): 환경정책기본법 제3조 제4호는 "환경오염이라 함은 사업활동 기타 사람의 활동에 따라 발생되는 대기오염, 수질오염, 토양오염, 해양오염, 방사능오염, 소음·진동, 악취 등으로서 사람의 건강이나 환경에 피해를 주는 상태를 말한다."고 규정하고 있으므로, 원전 냉각수 순환시 발생되는 온배수의 배출은 사람의 활동에 의하여 자연환경에 영향을 주는 수질오염 또는 해양오염으로서 환경오염에 해당한다(대법원 2003. 6. 27. 선고 2001다734 판결).

그리고 환경오염 또는 환경훼손과 인과관계가 있는 피해가 발생하여야 한다. 피해의 발생여부, 피해의 종류 및 범위 등을 정확히 산정하는 것은 쉽지 않으나 사회통념에 비추어 객관적이고 합리적으로 판단하여야 하며, 여기에는 사람의 생명이나 신체, 재산상의 손해가 모두 포함된다.

한편, 개인의 사적 이익 침해와 관련이 없는 자연환경훼손, 즉 생태손해에 대한 법적 책임이 문제된다. 예컨대, 골프장이나 리조트 건설 등 대규모 개발사업으로 인하여 동물의 서식지 및 주변 자연생태계가 파괴되거나 방조제·항만 등의 건설로 갯벌 생태계가 훼손되는 경우처럼 개인의 건강상·재산상 이익의 침해가 발생하지 않는 생태손해가 있는 경우 동조가 적용되는지가 문제된다.

동조에서는 '환경오염 또는 환경훼손으로 인한 피해'라고만 하고 있을 뿐, '타인'에게 가한 손해를 명시하고 있는 「민법」 제750조나 '다른 사람'의 피해를 명시하고 있는 「환경오염피해구제법」과 달리 타인 또는 다른 사람을 언급하고 있지 않다. 따라서 반드시 '타인'의 손해가 발생할 필요가 없고 자연환경 그 자체의 피해에 대하여도 동조가 적용될 수 있다는 주장도 가능하다. 그러나 동조 또한 민사상

22) 그러나 이 경우에도 환경침해소송에서 위법성 판단이나 인과관계의 확정문제 등에 대하여 종전과 같은 입장을 견지하는 경우에는 무과실책임을 확대하는 의미는 반감될 것이다. 인과관계의 확정문제 등에 있어서도 환경침해사건의 특수성이 반영되어야 할 것이다.

책임 법리가 전제하고 있는 가해자와 피해자의 구도를 고려하면서 입법되었다고 보이며, 따라서 개인의 사적 이익 침해와 관련이 없는 생태손해에 대해서는 동조가 적용되지 않는다고 해석된다.

이처럼 대기, 물, 동식물 또는 경관 등 환경 자체에 대한 침해가 발생한 경우, 민사상 책임 법리로 해결하는 것이 쉽지 않다면, 생태손해의 원인을 제공한 자에게 원상회복조치 등 공법상 책임을 묻는 입법적 개선방안, 예컨대 「자연환경복원법」의 제정 등을 적극적으로 검토해 볼 필요가 있다.[23)]

(4) 특별규정

「환경정책기본법」 제44조 제1항은 민법 제750조의 특별규정이다. 환경오염으로 인한 손해배상청구사건에서 피해자가 「환경정책기본법」 제44조 제1항의 적용을 구하는 주장을 하였는지 여부와 관계없이 민법상의 손해배상규정에 우선하여 적용하여야 한다.

[판례 1] 환경정책기본법 제44조 제1항은 민법의 불법행위 규정에 대한 특별 규정으로서, 환경오염 또는 환경훼손의 피해자가 그 원인자에게 손해배상을 청구할 수 있는 근거 규정이다. 따라서 환경오염 또는 환경훼손으로 피해가 발생한 때에는 그 원인자는 환경정책기본법 제44조 제1항에 따라 귀책사유가 없더라도 피해를 배상하여야 한다(대법원 2020. 6. 25. 선고 2019다292026, 292033, 292040 판결[채무부존재확인·손해배상·손해배상]-경마공원 결빙방지용 소금 살포로 인한 화훼농원 환경피해사건)

[판례 2] [1] 환경정책기본법 제31조 제1항은 불법행위에 관한 민법 규정의 특별 규정이라고 할 것이므로 환경오염으로 인하여 손해를 입은 자가 <u>환경정책기본법에 의하여 손해배상을 주장하지 않았다고 하더라도 법원은 민법에 우선하여 환경정책기본법을 적용하</u>

23) 생태손해에 대한 법적 대응으로는 우선, 개인의 사적 이익 침해와 관련이 없는 자연환경훼손에 대한 원상회복 등의 내용을 「환경오염피해구제법」에 추가하여 규정하는 방법을 생각해 볼 수 있다. 그러나 동법이 민사적 책임을 기초로 하여 제정되었다는 점에서 체계상·내용상의 적절성에 대한 의문이 제기될 수 있다. 생각건대, 생태손해와 관련하여서는 원상회복에 대한 공법적 책임을 묻는 방식이 바람직하다고 본다. 현행 「자연환경보전법」이나 가칭 「자연환경복원법」의 제정을 통하여 생태계 파괴를 수반하는 자연환경훼손이 있는 경우 국가 또는 지방자치단체가 자연환경훼손에 원인을 제공한 자에게 원상회복을 청구할 수 있도록 하고, 이를 이행하지 않는 경우 행정대집행 등의 조치를 할 수 있도록 규정하는 방안을 생각해 볼 수 있다(자연환경훼손 또는 생태손해와 환경책임과 관련된 논의로는 안병하, "생태손해에 대한 사법적 대응방안–독일법을 중심으로–", 환경법과 정책 제22권, 강원대 비교법학연구소, 2019.2, 1면; 박시원, "미국의 환경책임과 생태손해", 환경법과 정책 제22권, 강원대 비교법학연구소, 2019.2, 31면; 조은래, "일본의 환경책임과 생태손해", 환경법과 정책 제22권, 강원대 비교법학연구소, 2019.2, 67면; 최준규, "프랑스 민법상 생태손해의 배상", 환경법과 정책 제23권, 강원대 비교법학연구소, 2019.9, 71면 참조).

여야 한다. [2] 그렇지만, 소송과정에서 환경정책기본법 제31조 제1항에 의한 책임 여부에 대하여 당사자 사이에 전혀 쟁점이 된 바가 없었고 원심도 그에 대하여 당사자에게 의견진술의 기회를 주거나 석명권을 행사한 바 없었음에도 원심이 환경정책기본법 제31조 제1항에 의한 손해배상책임을 인정한 것은 법원의 석명의무 위반이라고 한 사례 [3] 건물 신축공사 과정에서 인근 건물에 균열 등의 피해가 발생한 사안에서, 원심이 손해배상액을 산정하면서 인근 건물의 노후 등의 과실상계사유를 전혀 참작하지 않은 것은 형평의 원칙에 비추어 현저히 불합리한 조치라고 한 사례(대법원 2008. 9. 11. 선고 2006다50338 판결[손해배상(기)]).

(5) 공동불법행위책임

「환경정책기본법」은 민법 제760조 제1항과 같은 협의의 공동불법행위에 관한 규정은 두고 있지 않고, 동조 제2항처럼 가해자 불명의 공동불법행위책임에 관하여 규정을 하고 있다. 즉, 「환경정책기본법」 제44조 제2항은 "환경오염 또는 환경훼손의 원인자가 둘 이상인 경우에 어느 원인자에 의하여 제1항에 따른 피해가 발생한 것인지를 알 수 없을 때에는 각 원인자가 연대하여 배상하여야 한다"라고 하여 공동불법행위책임을 인정하고 있다. 따라서 각 원인자는 고의·과실이 없어도 연대하여 손해배상책임을 지게 된다. 이는 오염행위가 객관적으로 존재하고 그로 인해 피해가 발생하였으면 오염과 관련된 원인자에 대하여 연대책임을 인정하고 있는 것이다.

동 조항은 공동불법행위에 있어서 가해자가 누구인지 알 수 없는 경우 입증책임의 어려움을 덜어주기 위하여 각각의 행위와 손해 발생 사이의 인과관계를 법률상 추정하는 것으로 보아야 한다. 따라서 관련자 중 1인이 공동불법행위책임을 면하려면 자기의 행위와 손해 발생 사이에 상당인과관계가 존재하지 아니함을 주장·입증하여야 한다. 또한 손해의 일부가 자신의 행위에서 비롯된 것이 아님을 증명하면 배상책임이 그 범위로 감축된다.[24)]

동법 제44조 제2항의 '연대'의 의미에 대하여는 피해자의 보호를 위하여 부진정연대채무로 해석된다. 따라서 피해자는 각 사업자의 환경침해에 대한 비율을 고려함이 없이 임의의 사업자에 대하여 피해액 전액을 청구할 수 있고, 가해 사업장은 모두 연대하여 피해전부에 대해 손해배상의무를 지게 되며, 책임의 분담관계는 가해 사업자간의 내부관계의 구상문제로서 처리된다.

---

24) 대법원 2008. 4. 10. 선고 2007다76306 판결.

[판례] 고속도로 건설 소음으로 인한 양돈 농가의 폐업에 대해서는 시공사인 건설사뿐만 아니라 국가도 공동사업자로서 무과실 손해배상책임을 진다(서울중앙지법 2017. 11. 22. 선고 2014가합563766 판결).

(6) 「환경오염피해구제법」상의 무과실책임과의 관계

「환경오염피해구제법」은 제6조 제1항에서 "시설의 설치·운영과 관련하여 환경오염피해가 발생한 때에는 해당 시설의 사업자가 그 피해를 배상하여야 한다." 고 규정하여 사업자의 환경오염피해에 대한 무과실책임을 인정하고 있다. 즉, 가해자의 고의·과실을 요하지 않는다. 또한, 제6조 제1항 단서에서 환경오염피해가 "전쟁·내란·폭동 또는 천재지변, 그 밖의 불가항력으로 인한 경우에는 해당 시설의 사업자는 배상책임을 지지 아니한다"고 하여 배상책임의 면책 규정을 두고 있다. 반면 「환경정책기본법」에서는 이와 같은 면책규정을 두고 있지 않다.

「환경정책기본법」 제44조와 「환경오염피해구제법」 제6조는 환경오염피해에 있어서 무과실책임에 관한 일반규정과 특별규정의 관계라고 볼 것이고, 따라서 환경오염피해를 일으킨 시설이 「환경오염피해구제법」 제3조의 '시설'에 해당하는 경우 그 시설의 '사업자'에게 동법 제6조의 무과실책임을 물을 수 있다. 하지만 「환경오염피해구제법」은 적용대상 시설을 법령에서 환경오염사고의 위험성이 높은 '시설'로 한정하여 열거하고 있다. 또한, 배상책임자는 '해당 시설의 사업자'이다.[25] 이처럼 동법은 적용대상 시설이나 배상책임자의 범위가 한정되어 있는 관계로, 환경오염피해에 대한 구제의 폭이 상대적으로 좁을 수밖에 없다. 따라서 환경피해의 권리구제 확대라는 측면에서 동법상의 시설책임을 물을 수 없는 경우에는 「환경정책기본법」에 따라 환경오염피해에 대한 배상을 청구할 수 있다.

Ⅸ. 환경개선특별회계의 설치

2011. 7. 21. 전부개정법률에서는 종래 「환경개선특별회계법」에 따른 환경개선특별회계의 설치·운영에 관한 사항을 옮겨와 규정하고 「환경개선특별회계법」은 폐지하였다. 이는 환경보전을 위한 기본적 시책과 환경개선사업의 재원확보·관리에 관한 사항을 단일의 법률에서 통합적으로 규율하는 것이 효율적이기 때문이다.

---

25) "사업자"란 해당 시설에 대한 사실적 지배관계에 있는 시설의 소유자, 설치자 또는 운영자를 말한다(제2조 제3호).

제45조에서는 정부는 환경개선사업의 투자를 확대하고 그 관리·운영을 효율화하기 위하여 환경개선특별회계(이하 "회계"라 한다)를 설치하고(동조 ①), 회계는 환경부장관이 관리·운용한다고 규정하고 있다(동조 ②). 그리고 회계의 세입(제46조), 회계의 세출(제47조), 일반회계로부터의 전입(제48조), 차입금(제49조), 세출예산의 이월(제50조), 잉여금의 처리(제51조), 예비비(제52조), 초과수입금의 직접사용(제53조) 등의 규정을 두고 있다.

X. 법제상 및 재정상의 조치

국가 및 지방자치단체는 환경보전을 위한 시책의 실시에 필요한 법제상·재정상의 조치와 그 밖에 필요한 행정상의 조치를 하여야 한다(제54조). 국가는 지방자치단체의 환경보전사업에 드는 경비의 전부 또는 일부를 국고에서 지원할 수 있고, 환경부장관은 지방자치단체의 환경관리능력을 향상시키고 환경친화적 지방행정을 활성화하기 위하여 환경관리시범 지방자치단체를 지정하고 이를 지원하기 위하여 필요한 조치를 할 수 있다(제55조).

국가 및 지방자치단체는 사업자가 행하는 환경보전을 위한 시설의 설치·운영을 지원하기 위하여 필요한 세제상의 조치와 그 밖의 재정지원을 할 수 있고, 사업자가 스스로 환경관리를 위하여 노력하는 자발적 환경관리체제가 정착·확산될 수 있도록 필요한 행정적·재정적 지원을 할 수 있으며(제56조), 환경보전에 관련되는 학술 조사·연구 및 기술개발에 필요한 재정지원을 할 수 있다(제57조).

XI. 환경정책위원회

환경부장관은 다음 각 호의 사항에 대한 심의·자문을 수행하는 중앙환경정책위원회를 둘 수 있다(제58조 ①).

1. 제14조에 따른 국가환경종합계획의 수립·변경에 관한 사항

1의2. 제16조의2에 따른 국가환경종합계획의 정비에 관한 사항

2. 환경기준·오염물질배출허용기준 및 방류수수질기준 등에 관한 사항

3. 제38조에 따른 특별대책지역의 지정 및 특별종합대책의 수립에 관한 사항

4. 「가축분뇨의 관리 및 이용에 관한 법률」 제5조에 따른 가축분뇨관리기본계획 등 가축분뇨의 처리·자원화를 위한 기본시책에 관한 사항

5. 「녹색제품 구매촉진에 관한 법률」 제4조에 따른 녹색제품구매촉진기본계획 등 녹색제품 구매촉진을 위한 기본시책에 관한 사항
6. 「잔류성유기오염물질 관리법」 제5조에 따른 잔류성유기오염물질관리기본계획 등 잔류성유기오염물질 관리를 위한 기본시책에 관한 사항
7. 「환경분야 시험·검사 등에 관한 법률」 제3조에 따른 환경시험·검사발전기본계획 등 환경시험·검사 및 환경기술 분야의 기본시책에 관한 사항
8. 「전기·전자제품 및 자동차의 자원순환에 관한 법률」 제9조 제1항, 제10조 제1항 및 제2항, 제12조 제3항, 제16조 제1항 및 제25조 제1항에 따른 유해물질 함유기준 설정, 재질·구조의 개선, 재활용비율 등에 관한 사항

8의2. 「환경오염시설의 통합관리에 관한 법률」 제24조 제1항에 따른 최적가용기법 및 같은 조 제2항에 따른 최적가용기법 기준서에 관한 사항

8의3. 「녹색융합클러스터의 조성 및 육성에 관한 법률」 제6조 및 제9조에 따른 녹색융합클러스터 기본계획 및 조성계획에 관한 사항

9. 그 밖에 환경정책·자연환경·기후대기·물·상하수도·자연순환·지구환경 등 부문별 환경보전 기본계획이나 대책의 수립·변경에 관한 사항과 위원장 또는 분과위원장이 중앙환경정책위원회의 심의 또는 자문을 요청하는 사항

지역의 환경정책에 관한 심의·자문을 위하여 시·도지사 소속으로 시·도환경정책위원회를 두며, 시장·군수·구청장 소속으로 시·군·구환경정책위원회를 둘 수 있다(동조 ②).

중앙환경정책위원회는 위원장과 10명 이내의 분과위원장을 포함한 200명 이내의 위원으로 성별을 고려하여 구성한다(동조 ③). 위원장은 환경부장관과 환경부장관이 위촉하는 민간위원 중에서 호선으로 선정된 사람이 공동으로 하고, 분과위원장은 환경정책·자연환경·기후대기·물·상하수도·자원순환 등 환경관리 부문별로 환경부장관이 지명한 사람이 된다(동조 ④).

한편, 환경보전에 관한 조사연구, 기술개발 및 교육·홍보, 생태복원 등을 효율적으로 수행하여 쾌적한 환경을 유지시키고 국민생활 향상에 기여하기 위하여 한국환경보전원을 설립한다(제59조 ①).

제 2 장 환경영향평가

제 1 절 환경영향평가제도의 의의

Ⅰ. 환경영향평가의 개념

인간의 활동이 환경에 어떠한 영향을 미치는가를 평가하는 방법은 다양한 형태로 분류하는 것이 가능하지만, 환경영향평가의 대상이 되는 행위유형의 범주에 따라서 협의의 개념과 광의의 개념으로 나누어 볼 수 있다.

좁은 의미의 환경영향평가는 환경에 영향을 미치는 인간의 활동영역 중에서 주로 개발사업(Project)을 대상으로 하여 그것이 환경에 어떠한 영향을 미치는지 조사·예측하고 평가하는 것을 말한다. 그러나 환경영향평가를 이러한 좁은 의미로 파악하여 시행하는 경우에는 사전예방의 원칙을 실현하고 개발행위로 인한 환경파괴를 미연에 막는다는 동제도의 근본취지가 퇴색될 수밖에 없다.

반면, 환경에 영향을 미치는 인간의 활동영역 중에서 국가의 정책(Policy), 계획(Plan), 프로그램(Program), 사업(Project), 법안 등을 대상으로 하여 그것이 환경에 어떠한 영향을 미치는지 조사·예측하고 평가하는 것은 **넓은 의미의 환경영향평가**라고 할 수 있다. 세계 최초로 환경영향평가를 시행해 오고 있는 미국의 국가환경정책법(National Environmental Policy Act: NEPA)상의 환경영향평가제도는 환경영향평가의 대상을 넓게 인정하고 있다. 미국 NEPA상의 환경영향평가의 시행근거가 되는 제102조(2)(C)에서는 "인간환경의 질에 중대한 영향을 미치는 입법제안과 기타 중요한 연방의 행위에 관한 모든 건의서 또는 보고서에는 …"라고 규정[1]하여 법률

1) "in every recommendation or report on proposals for legislation and other major Federal actions significantly affecting the quality of the human environment …."

안뿐만 아니라 기타 중요한 연방행위에 대하여도 환경영향평가를 하도록 하고 있다.[2] EU의 경우에도 전략환경평가에 대한 EU지령(SEA Directive)[3]에서 환경에 중요한 영향을 미치는 계획(Plan)과 프로그램(Program)을 수립하는 과정에서도 환경성 평가가 행해져야 한다고 규정하여 종래의 사업단계의 환경영향평가보다 그 범위를 확대하고 있다.[4]

광의의 환경영향평가는 협의의 개념인 사업단계에서의 환경영향평가뿐만 아니라 보다 이른 시기에 환경성 평가를 하는 전략환경평가(SEA)도 포함하는 개념이다. 환경영향평가는 넓은 의미로 파악할 필요가 있고, 이렇게 이해할 때 환경영향평가제도는 예방의 원칙과 지속가능한 개발의 원칙을 실현하는 핵심 정책수단이 될 것이다. 이러한 관점에서 환경영향평가제도는 환경에 중대한 영향을 미치는 정책·계획·프로그램 및 제반사업활동, 법령안 등을 대상으로 하여 이것들이 환경에 미치는 영향을 검토·분석·평가하고, 환경에 미치는 부정적인 영향을 사전에 제거·감소시킴으로서 지속가능한 발전을 실현하는 제도라고 정의할 수 있다.

현행 환경영향평가법은 "환경영향평가"를 "환경에 영향을 미치는 실시계획·시행계획 등의 허가·인가·승인·면허 또는 결정 등(이하 "승인등"이라 한다)을 할 때에 해당 사업이 환경에 미치는 영향을 미리 조사·예측·평가하여 해로운 환경영향을 피하거나 제거 또는 감소시킬 수 있는 방안을 마련하는 것"으로 정의하고 있는데(제2조 제2호), 환경영향평가법상의 환경영향평가는 협의의 환경영향평가에 해당한다. 그리고 "전략환경영향평가"를 "환경에 영향을 미치는 상위계획을 수립할 때에 환경보전계획과의 부합 여부 확인 및 대안의 설정·분석 등을 통하여 환경적 측면에서 해당 계획의 적정성 및 입지의 타당성 등을 검토하여 국토의 지속가능한 발전을 도모하는 것"으로 정의하고 있는데(제2조 제1호), 전략환경영향평가는 광의의 환경영향평가에 해당한다. "소규모 환경영향평가"를 "환경보전이 필요한 지역이나 난개발(亂開發)이 우려되어 계획적 개발이 필요한 지역에서 개발사업을 시행할 때에 입지의 타당성과 환경에 미치는 영향을 미리 조사·예측·평가하여 환경보전방

2) 세계의 환경영향평가제도의 모델이 되고 있는 미국의 NEPA의 환경영향평가 시스템은 연방정부가 실시하는 정책의 전반에 걸쳐 사전에 그것의 환경영향을 평가해야 한다고 하고 있어 소위 전략환경평가도 포함하는 시스템이라고 할 수 있다(淺野直人, 環境影響評價の制度と法: 環境管理システムの構築のために, 信山社, 1998, 3면).

3) EU Directive 2001/42/EC on the Assessment of the Effects of Certain Plans and Programmes on the Environment.

4) Peter G. G. Davies, *European Union Environmental Law*, ASHGATE, 2004, p. 180; Riki Therivel, *Strategic Environmental Assessment in Action*, Earthscan, 2004, p. 7.

안을 마련하는 것"으로 정의하고 있는데(제2조 제3호), 소규모 환경영향평가는 협의의 환경영향평가에 해당한다. 그리고 환경영향평가법은 "환경영향평가등"이란 개념을 전략환경영향평가, 환경영향평가 및 소규모 환경영향평가를 통칭하는 것으로 사용하고 있는데, 환경영향평가법상의 환경영향평가등은 강학상 광의의 환경영향평가를 말한다.

Ⅱ. 환경영향평가제도의 발전 및 동향

환경영향평가제도는 1969년 미국의 국가환경정책법(NEPA)에서 처음으로 도입되었다. 미국의 NEPA이래로 환경영향평가제도는 일본(1972년), 캐나다(1973년), 오스트레일리아(1974년), 서독(1975년), 프랑스(1976년) 등 선진국들을 시작으로 그 후에는 개발도상국들이 시행을 하였는데 그 형태는 위임규칙, 법령, 제정법 등 매우 다양하게 존재한다.[5] EU 국가에서는 1985년 환경영향평가에 관한 EU 지침에 따라 정비가 추진되었으며 아시아국가에서는 1980년대에 대부분의 국가에서 제도화되었고, 중남미 국가에서는 1980년 후반부터 법제화가 시작되었다. 최근에는 아프리카국가에서도 법제화가 진행되는 등 전 세계적으로 제도화가 진전되어 80년대는 70여 개 국가가, 현재는 100여 개 국가가 환경영향평가제도를 시행하고 있다.

환경영향평가제도는 1992년 리우 회의에서도 강조되었다. 리우 회의가 구체화된 「리우선언」 및 「Agenda 21」은 지속가능한 개발을 위해 의사결정에 앞서 이해관계자의 참여하에 환경영향평가가 실시되어야 함을 강조하고 있다.[6]

한편, 경제협력개발기구(OECD), 아시아개발은행(ADB), 세계은행(IBRD) 등 국제기구들도 환경영향평가를 자신들의 업무에 연계시켜 활용하고 있다.[7]

---

5) John Glasson, Riki Therivel and Andrew Chadwick, *Introduction to environmental impact assessment: principles and procedures, process, practice and prospects*, London, UCL Press, 1994, p. 34.

6) 「리우선언원칙 17」에서는 "환경에 심각한 악영향을 초래할 가능성이 있으며 관할 국가당국의 의사결정을 필요로 하는 사업계획에 대하여 환경영향평가가 국가적 제도로 실시되어야 한다"라고 하였고, 「Agenda 21」 제8장 「의사결정에 있어서 환경과 개발의 통합」에서는 정책, 계획 및 집행단계에서 환경과 개발의 통합, 효과적인 법체계의 마련 등을 언급하였다.

7) 1974년에 경제협력개발기구(Organization for Economic Cooperation and Development: OECD)는 회원국들이 환경영향평가 절차와 방법을 채택하도록 권고하였고, 1972년에는 개발도상국들에게 원조를 해 주는 절차안에 환경영향평가제도를 이용하도록 권고하고 있다. 유엔환경계획(United Nations Environmental Programme: UNEP)은 1987년에 「환경영향평가제도의 목표와 원칙(Goals and Principles of Environmental Impact Assessment)」이라는 정부간 위원회의 결정문서를 공표하여 환경영향평가제도의 역할을 강조하고 있다. 아시아개발은행(Asia Development Bank: ADB)과

최근에는 의사결정의 초기단계인 정책·계획과정에서부터 환경상의 영향을 평가하는 전략환경평가(Strategic Environmental Assessment: SEA), 기존의 사업이나 개발계획과 연계된 누적영향평가(Cumulative Impact Assessment: CIA), 사업 및 지역특성이 고려된 대상사업의 선정을 위한 Screening, 환경영향평가항목·대상범위의 설정과 관련된 Scoping 등의 기법 도입 및 유사영향평가의 통합 등 제도개선에 대한 요구가 증대되고 있다. 또한 자율적인 환경관리 도구인 환경경영체계(Environmental Management System), 국제표준화기구(International Organization for Standardization: ISO)가 추진하고 있는 ISO 14000시리즈 등과 환경영향평가를 서로 연계시켜 환경정책의 새로운 틀을 만들어 나가고 있다.

Ⅲ. 환경영향평가제도의 기능

1. 정보제공 및 의사결정지원기능

환경에 관한 정보는 법집행을 위한 기초자료가 될 뿐만 아니라 환경법 및 환경정책, 특히 환경영향평가의 실효성을 확보하는 데 중요한 의미를 지닌다. 외국의 입법례는 시민들에게 환경정보에 접근할 수 있는 다양한 통로를 마련해 놓고 있다. 예컨대 미국의 국가환경정책법(NEPA)은 공공기관에게 환경영향평가보고서의 형태로 환경정보를 수집, 분석하여 공개하도록 하고 있다.[8)]

환경영향평가를 통하여 얻어진 정보는 의견수렴절차 등을 통하여 개발사업 시행지역의 지방자치단체의 행정관계자와 지역주민 등에게 제공되고, 사업의 실행이 적절한지 부적절한지를 판단하는 자료가 될 수 있으며, 이러한 정보는 사업자에게도 제공된다. 또한 환경영향평가 과정을 통하여 얻어진 정보는 당해 개발사업의 정책결정자에게도 제공되고, 그 결과 당해 개발사업이 환경에 미치는 영향의 정도와 사전환경배려의 사항을 정책의 결정시에 반영시킬 수 있게 된다.

이와 같은 구조 속에서 정보의 제공은 쌍방향적으로 이루어지게 되고, 이를 토대로 하여 합리적인 의사결정이 행해질 수 있다. 이는 다음의 합의형성기능과도 관련되는 환경영향평가제도의 핵심이 되는 부분을 이룬다.[9)]

세계은행(International Bank for Reconstructions Development: IBRD)도 개발 원조시에 환경영향평가를 실시토록 하는 규정 등을 두고 있다.

8) 홍준형, "환경정보공개제도의 도입방안에 관한 연구," 서울대행정논총 34, 2(96. 12), 235면.

9) 淺野直人, 앞의 책, 30면.

2. 합의형성기능

환경영향평가 절차의 흐름 속에는 환경관련정보의 제공과 제공된 정보에 대한 의견제출의 절차가 포함되어 있다. 이것은 각국의 환경영향평가제도에서 필수적인 절차로 고려되어지고 있는 부분이기도 하다. 미국의 경우 국가환경정책법(NEPA)상의 환경영향평가제도는 미국의 정책결정시스템을 반영하고 있고, 이것에 의한 이해관계자들의 합의형성기능은 환경영향평가제도의 중요한 요소로 다루어지고 있다.[10)]

우리나라의 「환경영향평가법」에서도 대상사업의 시행으로 인하여 영향을 받게 되는 지역 안의 주민의 의견을 듣고 이를 평가서의 내용에 포함시키도록 하고 있다. 이것은 환경영향평가제도의 본래적 취지에 따라 주민참여(Public Participation)의 측면을 고려하도록 한 것이다. 이러한 주민참여과정은 지역의 환경정보를 보다 적절히 환경영향평가에 반영할 수 있도록 하고, 앞에서 언급한 바와 같이 쌍방향적인 정보제공을 가능하게 한다. 이를 통하여 환경영향평가제도는 이해관계자들의 합의형성이 합리적이고 효율적으로 이루어질 수 있도록 기여를 한다.

환경영향평가는 당해 사업의 시행에 앞서 환경영향평가 대상지역 안의 주민에게 당해 사업이 그 지역의 환경에 미칠 영향 등에 대하여 설명하고 주민의 의견을 청취하는 과정을 거침으로써 주민의 의견을 반영할 수 있는 것이고, 그럼으로써 주민과의 이해를 조정하여 일정한 방향으로 합의를 형성할 수 있는 것이다. 이러한 측면에 볼 때 환경영향평가제도는 지역 · 집단이기주의(NIMBY)를 해소할 수 있는 효율적인 방안이 될 수 있다고 하겠다.[11)]

3. 유도기능

환경영향평가제도는 일정한 기준의 준수를 요구하면서 그 기준을 유지하고 달성할 수 있도록 사업계획을 수정하기도 하고, 또는 복수의 대안 중에서 환경영향을 최소화할 수 있는 안을 선택할 수 있도록 한다. 이러한 과정을 통하여 환경영향평가제도는 사업계획이 보다 환경보전에 적합한 방향으로 나아가도록 유도하는 기능을 할 수 있다.

또한 이미 개발사업이 시행에 들어간 이후에도 환경영향평가 결과 선택된 환

---

10) Jacob I. Bregman, *Environmental impact statements*, 2nd ed., Lewis Publishers, 1999, p. 29.
11) 환경갈등의 해소에 있어 환경영향평가제도의 기능에 관하여는, 전재경 · 박오순 외, 환경문제와 관련된 갈등해소방안에 관한 연구, 환경부, 1996, 85면 이하 참조.

경저감방안들의 이행과정을 통하여 환경에 미치는 영향을 최소화할 수 있도록 사업을 조정하고 유도하는 기능을 한다.

4. 환경관리기능

환경영향평가제도는 환경영향평가과정, 의사결정과정, 환경관리 등를 축으로 하나의 순환체계를 이룬다고 할 수 있다. 그러므로 행정주체는 환경영향평가제도를 규제제도와 연관지어서 환경관리수단으로 이용하는 것은 가능하다. 즉 개발사업의 책정·시행이 인·허가를 필요로 하는 경우 당해 사업 등에 대해서 환경영향평가의 결과를 인·허가의 조건으로 내세우는 것이 그 예이다. 이 경우 환경영향평가제도는 규제적인 기능을 하고 있는 결과가 된다.

Ⅳ. 환경영향평가법제의 법적 성격

환경영향평가 관련법제는 절차적 의무를 과하는 절차법적 성격과 환경영향평가에 대한 실체적 내용을 심사하고 그것을 사업의 인·허가와 관련시키는 규제법적 성격을 가지고 있는데, 동 법제의 법적 성격이 절차법적인 성격인가, 규제법적인 성격인가는 각 나라마다 환경영향평가제도의 유형이 다르고, 법안에 절차법적인 내용과 규제법적인 내용이 함께 규정되어 있으므로 일률적으로 판단하기는 어렵다. 일반적으로 미국의 NEPA는 전자의 성격이 강한 경우이고, 우리나라의 환경영향평가법제는 상대적으로 후자의 성격이 강하다고 할 수 있다.

절차법적 성격이 강한 미국의 환경영향평가의 경우[12] 첫째, 대체안의 검토, 정보공개절차 및 주민참가절차에 의한 합리적이고 환경친화적인 의사결정의 확보, 둘째, 주민의 환경상의 권리를 사전에 보장하기 위한 적정한 절차가 갖추어져 있어야 한다. 전자는 NEPA에서 보장을 하고, 후자는 개별사전사업계획법에서 보장하고 있다.

「환경영향평가법」의 성격을 규제법으로 볼 것인가 혹은 절차법으로 볼 것인가의 문제는 행정의 책임관계, 쟁송의 형태, 법원의 판단범위 등에 영향을 미친다. 절차법적 성격을 강조하는 입장에서는 양호한 환경을 유지하기 위하여 국민에게

---

12) 연방대법원은 Vermont Yankee Nuclear Power Corp. v. NRDC 사건에서 NEPA는 원칙적으로 절차적인 것임을 지지하였고, 이러한 입장은 2년 뒤 Striker's Bay Neighborhood Council, Inc. v. Karlen 사건 판결에서 다시 확인되었다. 그 결과 미국에서의 환경영향평가절차는 원칙적으로 절차적 성격을 지니는 것으로 보고 있다.

환경영향평가 절차에 적극적·민주적으로 참여할 수 있는 기회를 보장하고, 평가기준의 준수 여부는 공정한 법원의 판단에 맡기도록 함이 바람직하다고 한다. 한편, 규제법적 성격을 강조하는 입장에서는 오늘날의 심각한 환경오염 및 환경훼손을 막기 위해서는 절차법적 내용만으로 충분하지 않고 개발주체에 대한 적절한 규제가 필요하다는 점을 거론한다.

우리나라 환경영향평가법제는 기본적으로 환경영향평가의 절차를 정하는 것을 주된 내용으로 하고 있지만 한편으로는 규제법적 내용도 다수 포함하고 있다. 현행 환경영향평가법제는 환경에 대한 악영향을 방지하기 위한 기준을 정하고 당해 사업이 이와 같은 기준을 충실히 따를 때에 한하여 그 사업을 승인, 허가하도록 하고 있다. 그리고 사업자가 협의절차를 마치기 전에는 공사하는 것을 금지하고, 이를 위반하는 경우 공사중지명령을 내리도록 하고 있으며(제34조), 공사중지명령을 이행하지 아니하면 처벌하는 규정을 두고 있다(제73조). 또한 승인기관의 장은 사업자가 협의내용을 이행하지 아니하였을 때에는 그 이행에 필요한 조치를 명하여야 한다(제40조 ①). 또한 환경영향평가서등의 작성시, 환경영향평가 대행시 준수사항을 정하고 이를 위반하는 경우 처벌하고 있고, 환경영향평가 대행업자에 대한 등록 및 등록 취소, 준수사항 위반시 처벌규정 등을 두고 있다.

향후 우리나라의 환경영향평가법제는 보다 절차법적인 성격을 강화시켜 나갈 필요가 있다. 예컨대 주민의견 수렴을 위한 설명회, 공청회 등의 실질적인 보장, 충실한 평가서 작성 및 평가서 협의과정의 내실화 장치 등이 동 제도의 절차 안에 효율적으로 마련되고 이에 위반되는 행정청의 행위에 대하여는 법원에서 다툴 수 있는 절차적 적법성이 중시되어야 한다. 행정청의 절차위반에 대하여는 그 자체로서 다툴 수 있는 기회가 주어져야 할 것이다.

제 2 절 우리나라 환경영향평가제도의 변천과정

Ⅰ. 환경보전법

1977년 제정된 환경보전법에서는 제5조 「사전협의」라는 표제하에 "도시의 개발이나, 산업입지의 조성, 에너지 개발 등 환경보전에 영향을 미치는 계획을 수립하고자 하는 자는 대통령령으로 정하는 바에 따라 당해 계획에 관하여 미리 보건

사회부장관과 협의하여야 한다"라고 규정함에 따라 환경영향평가를 시행할 수 있는 근거가 마련되었다.[13)]

1979년에 개정된 환경보전법은 제5조 「환경영향평가 및 협의」에서 환경영향평가 대상사업을 도시의 개발, 산업입지 및 공업단지 조성, 에너지 개발, 도로건설, 수자원 개발, 공항건설, 기타 대통령령으로 정하는 환경보전에 영향을 미치는 사업으로 규정함으로써 평가 대상사업의 범위가 명확하게 되었다. 1981년 환경보전법의 개정에 따라 환경영향평가서 작성주체를 행정기관뿐만 아니라 공공단체 및 정부투자기관의 장으로 확대하는 등 환경영향평가에 관하여 대폭적인 보완이 있었다. 1986년에 개정된 환경보전법에서는 대통령령으로 정하는 민간부문의 개발사업도 환경영향평가를 실시하도록 하였다. 이에 따라 민간이 개발하는 관광단지 개발이 대상사업으로 추가됨으로써 환경영향평가 대상사업은 공공부문뿐만 아니라 민간부문의 개발사업이 포함된 11개 분야 32개 단위 사업으로 확대되었다.

Ⅱ. 환경정책기본법

1990년 환경청이 환경처로 승격됨과 함께 환경보전법은 폐지되고 환경정책의 이념과 방향에 대한 규정을 주된 내용으로 하는 환경정책기본법이 제정되었으며, 환경입법은 개별법화하는 방향으로 나갔다. 이 과정에서 종전의 환경보전법에 근거를 둔 환경영향평가제도가 환경정책기본법으로 이관되고 환경영향평가에 관한 규정도 대폭 보완·강화되었다. 대상사업의 경우 종전의 11개 분야 32개 단위사업에서 15개 분야 47개 단위사업으로 확대되었으며, 평가서 초안에 대한 주민의 의견을 반영한 최종평가서의 작성, 평가협의내용에 대한 이의 신청, 사업계획의 변경에 따른 재협의 및 평가협의 내용의 이행 여부 조사·확인 등 환경영향평가제도가 갖추어야 할 기본적인 요소를 망라하게 됨으로서 환경영향평가의 실효성이 확보되도록 하였다.

Ⅲ. 1993년 환경영향평가법

환경정책의 기본방향을 정하고 있는 환경정책기본법에서 환경영향평가 대상사

13) 제도의 구체적인 내용을 모두 시행령에다 위임하였는데, 동법 시행령에서는 다시 동법 시행규칙에 위임하고 동법 시행규칙은 작성요령에 관하여 아무런 규정을 하지 않음으로 인해 동 제도는 전혀 시행되지 못하였다.

업의 범위·시기·협의절차 등 구체적이고 집행적인 사항까지 정해야 하는 등 입법 기술상의 어려움과 그간의 제도 운영에서 드러난 문제점을 개선·보완하고 제도 운영의 효율적 추진을 위하여 1993년 6월 단일법으로서 환경영향평가법을 제정, 동년 12월부터 시행되었다.

한편, 지방자치제도의 실시, OECD 가입 등 환경영향평가를 둘러싼 국내외적 여건이 크게 변화함에 따라 1997년 3월 7일에는 동법에 대한 제1차 개정에 따라 대상사업이 종전의 16개 분야 59개 단위 사업에서 17개 분야 63개 사업으로 확대되었다.

Ⅳ. 환경·교통·재해 등에 관한 영향평가법(통합영향평가법)

통합영향평가법이 제정되기 전에는 환경·교통·재해·인구 등 영향평가가 각각 다른 법률에 근거를 두고 별도로 시행되었고, 하나의 개발사업이 2가지 이상의 영향평가의 대상이 될 경우 절차의 중복과 비용의 과다 지출 등으로 사업자에게 시간적·경제적으로 불필요한 부담이 가중된다는 지적이 많았다.

이에 영향평가에 관한 이와 같은 문제점을 해결하기 위하여 1999년 12월 31일 「환경·교통·재해등에관한영향평가법」이 제정·공포되었다(2001. 1. 1.부터 시행). 영향평가통합의 기본방향은 환경영향평가제도를 중심으로 교통영향평가, 인구영향평가 및 재해영향평가제도를 통합하여 평가절차를 통일하고 영향평가서 작성을 단일화하는 것이었다.[14)]

통합영향평가법은 영향평가대상사업의 범위에 해당하지 아니하는 사업에 대하여 시·도지사가 지역적 특수성을 고려하여 일정 범위 안에서 조례제정을 통하여 영향평가를 실시할 수 있도록 하였다. 또한, 평가대상사업을 시행하고자 하는 사업자는 미리 평가서 초안을 작성하여 동 사업의 시행으로 영향을 받게 되는 지역안의 주민의견을 수렴하도록 하였고 생태적 보전가치가 큰 지역 등으로 국민적 관심대상인 대상사업의 경우에는 주민 외의 자의 의견도 수렴하도록 하였다.

이후 2003년 12월 30일 일부개정시에는 환경영향평가의 항목·범위를 전문가, 사업자, 이해관계자 등이 참여하는 평가항목·범위획정위원회에서 평가대상사업 지역의 특성 및 환경영향의 중요도 등에 따라 협의·결정하도록 하는 스코핑제도

---

14) 그 결과 환경영향평가법을 주축으로 통합법을 제정하고 도시 교통정비촉진법, 수도권정비계획법 및 자연재해대책법 중 관계조항을 삭제하였다.

에 관한 내용을 신설하였다(제29조 제3항~제7항). 그리고 사업계획 승인기관의 장이나 평가서협의기관장은 주민 등이 영향평가 관련 서류의 공개를 요구하는 경우 이를 공개하여야 하며, 공개의 범위 및 절차는 공공기관의정보공개에관한법률에서 정하는 바에 따르도록 하였다(제6조의2 신설).

한편, 2005년 5월 31일 통합영향평가법 개정을 통하여 행정계획 수립단계에서 사전환경성검토를 실시한 경우 환경영향평가시 사전환경성검토서의 내용을 활용할 수 있고, 사전환경성검토서 작성시 실시한 의견수렴이 환경영향평가시 실시하여야 하는 의견수렴을 대체할 수 있다고 판단되는 경우 이를 생략할 수 있도록 하는 규정을 신설하였다(통합영향평가법 제33조의2).

Ⅴ. 2008년 전부개정 환경영향평가법

종전의 통합영향평가법은 하나의 개발사업을 시행하는 경우 여러 가지 영향평가를 각각 개별적으로 받는 것으로 인한 절차의 중복과 비용의 과다 문제 등을 이유로 여러 영향평가제도를 통합한 것이었다. 그러나 이와 같은 각 영향평가의 통합은 실제 운영에 있어서 '평가서 안에서의 통합', 즉 형식적 통합에 불과한 면이 강하였다. 실제로는 여러 평가제도가 법률개정의 취지에 맞게 통합운영되지 못하고 종래의 문제점들이 그대로 안고 있다는 지적을 받게 되었다.

이에 2008년 3월 다시 통합영향평가법에서 교통 · 재해 · 인구영향평가 제도를 분리하고 환경영향평가제도만을 규정하는 전부개정을 하게 되었고, 법제명도 「환경영향평가법」으로 변경하였다. 동법은 환경영향평가항목 · 범위 등의 결정절차 등(제10조~제12조), 사업계획의 변경 등에 따른 평가서초안의 재작성 및 의견재수렴(제15조), 협의기준초과부담금제도의 폐지 및 협의기준의 환경영향평가 협의내용에의 통합 · 정비(제26조), 간이평가절차의 도입(제30조~제32조), 평가서등의 공개(제45조) 등 현행 제도의 운영과정에서 나타난 문제점을 보완하는 내용을 담고자 하였다.

Ⅵ. 2011년 전부개정 환경영향평가법

이후에도 환경영향평가제도의 미흡한 부분에 대한 개선방안은 지속적으로 검토되었는바, 특히 전략환경평가의 도입과 관련하여 환경영향평가제도와 사전환경성검토제도의 일원화 문제가 중요 사안으로 되었다. 이에 「환경정책기본법」 전부개정이 맞추어 2011. 7. 21.에는 「환경영향평가법」 전부개정이 있었다(시행일 2012. 7. 22). 사전환경성검토와 환경영향평가가 별개의 법률에 이원화되어 있던 것을 하나의 법률에 규정하여 환경영향평가제도의 체계성과 효율성을 높이고자 하였다. 그 결과 전부개정법률에서는 환경평가제도를 전략환경영향평가, 환경영향평가 및 소규모 환경영향평가로 구분하여 규율하고 있다. 종전의 「환경정책기본법」에 따른 사전환경성검토 대상 중 행정계획은 전략환경영향평가를 받도록 하고, 개발사업은 소규모 환경영향평가를 받도록 하였다.

동법은 2015. 1. 20. 일부개정이 있었다. 사후환경영향 조사를 강화하고, 환경영향평가 단계에서 주민들의 건강을 보호하기 위하여 환경영향평가협의회에 건강영향분야 전문가를 참여시키도록 하며, 환경영향평가서 등의 작성에 관한 계약과 분리하여 체결하여야 하는 계약을 명확히 하고, 환경영향평가서 등의 작성대행을 수행하는 환경영향평가업자의 사업수행능력을 평가하도록 하였다. 2016. 5. 29. 일부개정에서는 전략환경영향평가 제도의 개선을 위하여 전략환경영향평가 대상계획의 주기적 갱신 및 중복평가 실시 방지, 약식전략환경영향평가의 법적 근거 등에 대한 조항을 신설하였다. 그리고 환경영향평가의 절차 간소화 및 사업자의 편의를 높이기 위하여 전략환경영향평가항목 등에 대한 공개절차 생략과 전략환경영향평가서 작성의 예외 근거 등을 마련하고, 환경영향평가사 등 환경영향평가 관련 전문기술인력을 육성·관리하기 위하여 환경영향평가기술자 제도를 마련하였다.[15)]

2017. 11. 28. 일부개정에서는 전략환경영향평가와 환경영향평가 절차에서 공개된 의견수렴 결과에 흠이 있는 경우 등 환경부령으로 정하는 사유가 있으면 의

15) 주요 개정내용은 다음과 같다. ① 계획수립부처가 환경부장관과 협의하여 전략환경영향평가 대상계획을 주기적으로 평가하여, 전략환경영향평가 대상계획의 추가 또는 제외 여부를 결정할 수 있도록 함(제10조의2 신설). ② 입지 등 구체적인 사항을 정하고 있지 않거나 정량적인 평가가 곤란한 전략환경영향평가 대상계획은 계획내용의 적정성을 중심으로 약식전략환경영향평가를 실시할 수 있도록 함(제10조의3 신설). ③ 전략환경영향평가항목 등에 환경영향평가항목이 모두 포함되는 등 일정한 요건을 갖춘 경우에는 전략환경영향평가항목 등에 대한 공개절차를 생략할 수 있도록 함으로써 중복된 환경영향평가 절차를 간소화함(제11조 제5항 단서 신설). ④ 전략환경영향평가 대상계획 등이 환경부장관과의 협의 후 승인 등을 받고 취소된 경우 또는 환경부장관과의 협의 후 지연 중인 경우 등으로서 대통령령으로 정하는 기간 이내에 다시 해당 계획의 승인 등을 추진하려는 경우에는 환경부장관과의 협의 등을 생략할 수 있도록 함(제16조 제1항·제2항 등). ⑤ 「국가기술자격법」 등 관계 법률에 따른 환경 관련 기술에 관한 자격, 학력 또는 경력을 가진 사람으로서 대통령령으로 정하는 사람과 환경영향평가사를 환경영향평가기술자로서 육성하기 위한 근거를 마련함(제62조의2부터 제62조의4까지 신설). <법제처 자료>

견의 재수렴 절차를 거치도록 하고, 협의 과정에서 환경부장관 검토 결과 평가서 등이 거짓으로 작성되었다고 판단되는 경우에는 반려할 수 있도록 하였다. 또한 전략환경영향평가를 거치지 아니하더라도 공사가 가능하도록 사전공사가 허용되는 공사의 범위를 확대하고, 사전공사 금지 의무를 위반한 경우 등에 대하여 과징금을 부과할 수 있도록 하였다.[16] 2018. 6. 12. 일부개정에서는 환경영향평가등의 기본원칙을 추가하였다. 즉, 환경영향평가등을 시행하는 경우 계획 또는 사업으로 인한 환경적 위해가 어린이, 노인, 임산부, 저소득층 등 환경유해인자의 노출에 민감한 집단에게 미치는 사회·경제적 영향을 고려하여 실시되도록 하였다. 2019. 11. 26. 일부개정에서는 환경영향평가 등의 협의기준 대상에 공장 및 교통기관에서 배출되는 소음·진동 관리기준을 추가하고, 환경훼손이나 자연생태계의 변화가 현저하게 될 우려 등이 있는 경우 환경부장관이 전략환경영향평가 대상계획 등의 재검토를 통보할 수 있는 근거 등을 마련하였다.[17]

---

16) 주요 개정내용은 다음과 같다. ① 전략환경영향평가와 환경영향평가 절차에서 주민 의견 수렴 결과가 공개된 후 공개된 의견 수렴 결과에 흠이 있는 경우 등 환경부령으로 정하는 사유가 있으면 의견 재수렴 절차를 거치도록 함(제15조 및 제26조). ② 전략환경영향평가와 환경영향평가 협의 과정에서 환경부장관 검토 결과 평가서 등이 거짓으로 작성되었다고 판단되는 경우 반려할 수 있도록 함(제17조 및 제28조). ③ 환경부령으로 정하는 경미한 공사의 경우 전략환경영향평가를 거쳐 그 입지가 결정되어야만 환경영향평가의 협의 등의 절차가 끝나기 전에 공사를 할 수 있던 것을 앞으로는 전략환경영향평가를 거치지 아니하더라도 공사가 가능하도록 사전공사가 허용되는 공사의 범위를 확대함(제34조 제1항 제2호). ④ 사전공사 금지 의무를 위반한 경우 등에 대하여 원상복구를 명하여야 하나 원상복구가 주민의 생활, 국민경제, 그 밖에 공익에 현저한 지장을 초래하여 현실적으로 불가능할 경우 원상복구를 갈음하여 총 공사비의 100분의 3의 범위에서 과징금을 부과할 수 있도록 함(제40조의2 신설). ⑤ 소규모 환경영향평가 협의를 마친 후 원형대로 보전하도록 한 지역을 추가로 개발하는 등 사업계획을 변경하는 경우에는 환경보전방안을 마련하여 변경되는 사업계획 등에 반영하도록 하는 등 소규모 환경영향평가의 변경협의 제도를 도입함(제46조의2 신설). ⑥ 환경영향평가 등의 대행 업무의 저가 재대행을 방지하기 위하여 환경영향평가 등의 대행 업무를 대행받은 자는 환경부령으로 정하는 승인절차 등의 사항을 준수하여 대행 업무를 발주한 자의 승인을 받은 경우에만 재대행할 수 있도록 함(제56조). ⑦ 환경영향평가 협의 내용 이행 명령을 준수하지 아니한 사업자에 대하여 현행 2천만원 이하의 과태료에서 5천만원 이하의 과태료 부과로 상향 조정함(제76조 제1항 및 제3항 제2호의2 신설). <법제처 자료>

17) 주요 개정내용은 다음과 같다. ① 환경영향평가 등의 협의기준 대상에 「소음·진동관리법」에 따른 공장에서 나오는 소음·진동의 배출허용기준 및 교통기관에서 발생하는 소음·진동 관리기준을 추가하였다(제2조 제5호 사목 및 아목 신설). ② 환경부장관은 환경훼손 또는 자연생태계의 변화가 현저하게 될 우려 등이 있는 경우 전략환경영향평가 대상계획, 환경영향평가 대상사업 또는 소규모 환경영향평가 대상사업의 규모·내용·시행시기 등을 재검토할 것을 주관 행정기관의 장에게 통보할 수 있도록 하였다(제17조 제5항, 제28조 제5항 및 제45조 제5항 신설). ③ 환경영향평가업의 등록이나 환경영향평가사의 자격이 취소된 경우 종전에는 등록이 취소된 날부터 2년이 지나지 않으면 등록할 수 없도록 하던 것을, 앞으로는 피성년후견, 피한정후견 또는 파산을 이유로 환경영향평가업의 등록이나 환경영향평가사의 자격이 취소된 경우에는 해당 결격사유가 해소되었을 때에 바

제 3 절 현행 환경영향평가법의 주요내용

Ⅰ. 개 설

현재 환경영향평가제도에 관한 기본적인 사항은 「환경영향평가법」에 규정되어 있고, 동법 시행령 및 시행규칙에는 모법에서 위임된 사항이 정하여져 있으며, 그 외 고시, 훈령, 예규의 형태로 규율되고 있다.[18]

「환경영향평가법」의 법령체계는 총칙(1장), 전략환경영향평가(2장), 환경영향평가(3장), 소규모 환경영향평가(4장), 환경영향평가등에 관한 특례(5장), 환경영향평가의 대행(6장), 환경영향평가사(7장), 보칙(8장), 벌칙(9장)의 9개장으로 구성되어 있다. 동법의 기본적 구성은 [표 2-1]과 같다.

[표 2-1] 환경영향평가법의 구성

제1장	총칙(제1조~제8조)
제2장	전략환경영향평가 제1절 전략환경영향평가의 대상(제9조~제11조) 제2절 전략환경영향평가서 초안에 대한 의견수렴 등(제12조~제15조) 제3절 전략환경영향평가서의 협의 등(제16조~제21조)
제3장	환경영향평가 제1절 환경영향평가의 대상(제22조~제23조) 제2절 환경영향평가서 초안에 대한 의견수렴 등(제24조~제26조) 제3절 환경영향평가서의 협의, 재협의, 변경협의 등(제27조~제34조) 제4절 협의 내용의 이행 및 관리 등(제35조~제41조) 제5절 시·도의 조례에 따른 환경영향평가(제42조)
제4장	소규모 환경영향평가(제43조~제49조)
제5장	환경영향평가등에 관한 특례(제50조~제52조)
제6장	환경영향평가의 대행(제53조~제62조)
제7장	환경영향평가사(제63조~제65조)
제8장	보칙(제66조~제72조)
제9장	벌칙(제73조~제76조)

로 등록 또는 자격 취득이 가능하도록 하였다(제55조 제3호 및 제63조 제5호). <법제처 자료>

18) 예를 들면 환경영향조사등에관한규칙(환경부령), 환경영향평가서작성등에관한규정, 환경영향평가서작성비용산정기준, 환경영향평가제도운영지침, 환경영향평가협의내용관리에관한업무처리지침, 환경영향평가대행자등록및관리에관한업무처리지침, 환경영향평가서검토및협의등에관한업무처리규정, 영향평가조정협의회규정, 협의기준초과부담금사무처리규정, 환경영향평가조례지침 등이 있다.

Ⅱ. 환경영향평가법 총칙

1. 정 의

(1) 전략환경영향평가

'전략환경영향평가'란 환경에 영향을 미치는 계획을 수립할 때에 환경보전계획과의 부합 여부 확인 및 대안의 설정 · 분석 등을 통하여 환경적 측면에서 해당 계획의 적정성 및 입지의 타당성 등을 검토하여 국토의 지속가능한 발전을 도모하는 것을 말한다(제2조 제1호).

이는 종래의 행정계획에 대한 사전환경성검토제도를 의미하는 것으로, 사전환경성검토제도가 지니고 있는 기능이 소위 '전략환경평가(Strategic Environmental Assessment: SEA)19)'와 유사하다는 점에서 용어를 전략환경영향평가라고 하고 있다.

종래 사전환경성검토는 '행정계획'과 보전이 필요한 지역에서 이루어지는 '소규모 개발사업'을 그 대상으로 하고 있었는데, 환경에 영향을 미치는 행정계획이 전략환경영향평가의 대상이 된다.

---

19) 환경에 영향을 미치는 개발사업 등을 추진하는 경우 의사결정(Decision－Making)의 보다 상위 단계인 정책(Policy), 계획(Plan), 프로그램(Program)의 3P 단계에서부터 환경영향을 고려하는 전략적 접근의 필요성이 요구되고 있는바, 이러한 3P가 환경에 미칠 수 있는 중요한 영향들을 사전에 평가하는 과정을 「전략환경평가(Strategic Environmental Assessment: SEA)」라 한다(R. Therivel and M. K., Partidario, The Practice of SEA, 1996, p. 6). 전략적 의사결정단계(3P)는 추상적인 「정책(Policy)」 단계에서부터 좀 더 구체적인 내용을 담게 되는 「계획(Plan)」과 「프로그램(Program)」의 단계를 지나, 「사업(Project)」의 실시에 이르기까지의 의사결정과정을 통하여 언제, 어디서, 어떻게 사업과 여러 활동을 행하는가를 결정해 가는 과정을 의미한다. 미국 국가환경정책법(NEPA)은 정책 · 계획 · 프로그램을 포함한 모든 연방정부의 결정에 대하여 사전에 환경영향평가를 시행하도록 하고 있다. 사업의 실시단계에서의 환경영향평가 외에 자원개발이나 수자원개발 등의 프로그램에 대한 환경영향평가가 행해지고 있다. EU, 일본 등에서는 사업실시단계에서의 환경영향평가가 주류를 이루었던 시기 이후, 1990년 전후부터 전략환경평가의 도입이 빠르게 진행되고 있다. 우리나라의 경우는 사전환경성검토제도와 환경영향평가제도의 문제점과 한계를 인식하면서 전략환경평가의 도입논의가 이루어졌는데, 사전환경성검토와 전략환경평가가 그 기능이 유사하다는 점 때문에 사전환경성검토를 전략환경평가로 전환하는 방향으로 논의가 진행되었다. 전략환경평가와 사전환경성검토를 비교할 때 가장 큰 차이점은 전자는 광범위한 분야를 대상으로 하여 보다 이른 시기에 정책, 상위계획, 하위계획 등을 적용범위로 하고 있는 반면, 후자는 법령에서 정한 좁은 범위의 계획(그것도 하위계획 중심) 및 소규모 개발사업을 적용범위로 하고 있다는 점이다. 그리고 전자는 정책, 계획의 수립과 동시에 시행되는 반면, 후자는 계획의 확정전 또는 사업의 승인전에 시행하도록 되어있다. 또한 평가내용이나 평가범위 등에서도 차이를 보인다. 그러나 사업단계에서 이루어지는 환경영향평가보다 이른 시기에 환경에 미치는 영향을 평가하여 지속가능한 발전을 도모한다는 점에서는 맥락을 같이 하고 있고, 따라서 사전환경성검토제도를 전략환경평가제도로 전환하고자 하였던 것이다.

(2) 환경영향평가

'환경영향평가'란 환경에 영향을 미치는 실시계획 · 시행계획 등의 허가 · 인가 · 승인 · 면허 또는 결정 등(이하 "승인등"이라 한다)을 할 때에 해당 사업이 환경에 미치는 영향을 미리 조사 · 예측 · 평가하여 해로운 환경영향을 피하거나 제거 또는 감소시킬 수 있는 방안을 마련하는 것을 말한다(제2조 제2호).

현행 「환경영향평가법」상의 환경영향평가는 주로 사업단계에서 환경에 미치는 영향을 검토하는 제도로 운영되고 있다. 이는 보다 이른 시기에 행정계획을 대상으로 환경에 미치는 영향을 검토를 하는 전략환경영향평가와 구별된다.

(3) 소규모 환경영향평가

'소규모 환경영향평가'란 환경보전이 필요한 지역이나 난개발(亂開發)이 우려되어 계획적 개발이 필요한 지역에서 개발사업을 시행할 때에 입지의 타당성과 환경에 미치는 영향을 미리 조사 · 예측 · 평가하여 환경보전방안을 마련하는 것을 말한다(제2조 제3호).

소규모 환경영향평가는 종래 사전환경성검토 대상 중의 하나였던 '소규모 개발사업'을 평가의 대상으로 하고 있다.

(4) 환경영향평가등

'환경영향평가등'이란 전략환경영향평가, 환경영향평가 및 소규모 환경영향평가를 말한다(제2조 제4호).

〈참고－사전환경성검토제도〉

사전환경성검토제도는 1990년대 환경영향평가제도의 미비점을 보완하기 위하여 도입된 제도이다. 기존에 시행되고 있던 환경영향평가제도는 대부분 ① 대규모의 개발사업에 대하여, ② 계획이 확정된 후 사업실시단계에서, ③ 주로 오염의 저감방안을 검토하는 데 그치고 있어 입지의 타당성 등 근본적인 친환경적인 개발의 유도에는 한계가 있다는 지적이 있어 왔다. 그리하여 이러한 한계를 극복하기 위하여 사전환경성검토제도의 도입을 검토하게 되었다. 정부는 1993년 1월 환경정책기본법 제11조를 근거로 '행정계획및사업의환경성검토에관한규정'을 국무총리 훈령으로 제정하였고, 1994년 6월에는 협의절차를 간소화하는 등의 내용으로 동 규정을 개정하여 개별법령에 협의근거가 없는 행정계획이나 환경적으로 민감한 지역에서 시행되는 소규모의 공공개발사업에 대하여 환경성검토를 시행하여 왔다. 그러나 국무총리훈령에 의한 사전환경성검토제도는 환경에 큰 영향을 미치는 행정계획이 많이 제외되어 있어 실효성이 크지 않았고, 난개발의 주된 원인인 민간부문의 개발사업을 그 대상에서 제외시키고 있었으며, 국회입법이 아닌 국무총리훈령의 형태로 되어 있었기 때문에 실제 집행에 있어서는 법적 기속력이 약하다는 문제점이 지적되었다. 이러한 문제점과 한계를 해소하기 위하여 1999년 12월 31일 환경정책기본법을 개정하여 사전환경성검토를 법제화하였고, 나아가 2002년 12월 30일 개정을 통하여 동법 제2장 제4절에 「사전환경성검토협의 등」을 신설하여 사전환경성검토협의 이행의 관리·감독, 개발사업의 사전 허가의 금지 등을 규정하였다. 이후 몇 차례의 법률 개정을 통하여 제도 보완을 하였다.

그러나 사전환경성검토제도는 다음과 같은 문제점을 지니고 있었다. 첫째, 동 제도는 그 실시근거가 환경정책기본법과 개별법령으로 분산되어 있는 결과, 유형과 법체계가 복잡하고 효율적인 제도의 운영이 곤란하다. 둘째, 행정계획에 대한 사전환경성검토와 개발사업에 대한 사전환경성검토의 기준이 분명하지 않고, 사전환경성검토대상 개발사업의 경우 환경영향평가의 검토기준과 동일시하는 경향이 있어 사전환경성검토제도와 환경영향평가제도의 역할구분이 모호한 측면이 있다. 셋째, 행정계획에 대한 사전협의 근거는 환경정책기본법과 개별법의 규정에 의하여 제한적으로 규정되어 있어, 그 외 다수의 환경에 영향을 미치는 행정계획에 대하여는 사전환경성검토가 이루어지지 않고 있다. 넷째, 사전환경성검토제도와 환경영향평가제도는 본질적으로 동일한 취지를 갖고 있으며 서로 연계되는 제도임에도 계획단계와 사업단계가 각기 개별법령에 의하여 독립적으로 규율됨으로 인해 정책적 효율성이 떨어지고 있다.

이러한 사전환경성검토제도의 문제점을 비롯하여 환경영향평가제도의 체계 개선을 위한 「환경정책기본법」과 「환경영향평가법」의 전부개정이 2011년 7월 21일에 있었다. 「환경정책기본법」에 규정되어 있던 사전환경성검토를 삭제하면서, 종전의 「환경정책기본법」에 따른 사전환경성검토 대상 중 행정계획은 전략환경영향평가를 받도록 하고, 개발사업은 소규모 환경영향평가를 받도록 하였다. 그리고 「환경영향평가법」에서 전략환경영향평가, 환경영향평가, 소규모 환경영향평가로 구분하여 규율하게 되었다.

〈참고-기후영향평가제도〉

탄소중립기본법 제23조[20]는 국가 주요 계획·사업이 기후변화에 미치는 영향 등을 사전에 분석·평가토록 하는 기후변화영향평가제도를 도입하고 있다. 국가 주요 계획·사업

20) 제23조(기후변화영향평가) ① 관계 행정기관의 장 또는 「환경영향평가법」에 따른 환경영향평가 대상 사업의 사업계획을 수립하거나 시행하는 사업자는 같은 법 제9조·제22조에 따른 전략환경영향평가 또는 환경영향평가의 대상이 되는 계획 및 개발사업 중 온실가스를 다량으로 배출하는 사업 등 대통령령으로 정하는 계획 및 개발사업에 대하여는 전략환경영향평가 또는 환경영향평가를 실시할 때, 소관 정책 또는 개발사업이 기후변화에 미치는 영향이나 기후변화로 인하여 받게 되는 영향에 대한 분석·평가(이하 "기후변화영향평가"라 한다)를 포함하여 실시하여야 한다.

이 준비단계부터 온실가스 감축 방안과 기후위기 적응 방안을 마련하도록 유도하고자 하는 취지이다. 탄소중립기본법 제23조 및 시행령 제15조 [별표2]에 근거하여 전략 및 환경영향평가 대상(17개 분야 197개 사업) 중에서 기후변화영향(감축 · 적응)이 높은 10개 분야 83개 계획 · 사업이 선정되어 있다.

따라서 전략환경영향평가 대상이 되는 정책계획 및 개발기본계획, 환경영향평가 대상이 되는 개발사업 중에서 온실가스를 다량으로 배출하는 등 기후변화 리스크가 큰 계획 및 사업은 전략 및 환경영향평가와는 별도로 기후변화영향평가를 받아야 한다.

기후변화영향평가는 주변 환경피해 등을 중점적으로 평가하는 환경영향평가와 달리 국가 전체의 탄소중립 목표 달성을 위한 정합성을 평가하는데 초점을 둔다. 따라서 온실가스 감축과 기후변화 적응 측면을 중점적으로 평가를 하게 되고, 이를 통하여 정량적 감축목표, 실효적 저감방안, 중 · 장기적 적응방안 등을 도출하게 된다.

기존 환경영향평가 대상 항목에도 기후변화와 연관된 항목으로서 온실가스가 포함되어 있었으나 사업자가 마련한 온실가스 저감방안의 타당성을 평가하는 수준에 그쳤다면, 기후변화영향평가의 경우 온실가스 저감뿐만 아니라 사업으로 인해 발생할 수 있는 기후변화 리스크 전반에 대한 저감방안을 마련하도록 하고, 그 타당성을 평가한다는 점에서 기존의 환경영향평가와 차이가 있다.

환경영향평가와 기후영향평가는 별개의 법률에 근거를 둔 별개의 제도이지만, 환경영향평가 절차 안에서 연계 및 통합하여 절차를 진행하도록 하고 있다. 환경부 기후국에서 기후변화영향평가를 전담하게 되는데, 전문 검토기관의 평가서 검토를 거친 후, 환경영향평가 협의총괄부서로(환경부 자연국, 지방유역 · 환경청)로 검토의견을 전달하는 체계로 되어 있다. 기후변화영향평가서를 검토하는 전문 검토기관으로는 KEI, 온실가스종합정보센터, 국립환경과학원, 한국환경공단, 국가기후위기적응센터, 국립생태원, 국립기상과학원이 있다.

---

② 제1항에 따라 기후변화영향평가를 실시한 계획 및 개발사업에 대하여 관계 행정기관의 장 또는 사업자가 환경부장관에게 「환경영향평가법」 제16조 · 제27조에 따른 전략환경영향평가서 또는 환경영향평가서의 협의를 요청할 때에는 기후변화영향평가의 검토에 대한 협의를 같이 요청하여야 한다.

③ 제2항에 따른 협의를 요청받은 환경부장관은 기후변화영향평가의 결과를 검토하여야 하며, 필요한 정보를 수집하거나 사업자에게 요구하는 등의 조치를 할 수 있다.

④ 제1항에 따른 기후변화영향평가의 방법, 제3항에 따른 검토의 방법 등에 관하여 필요한 사항은 대통령령으로 정한다.

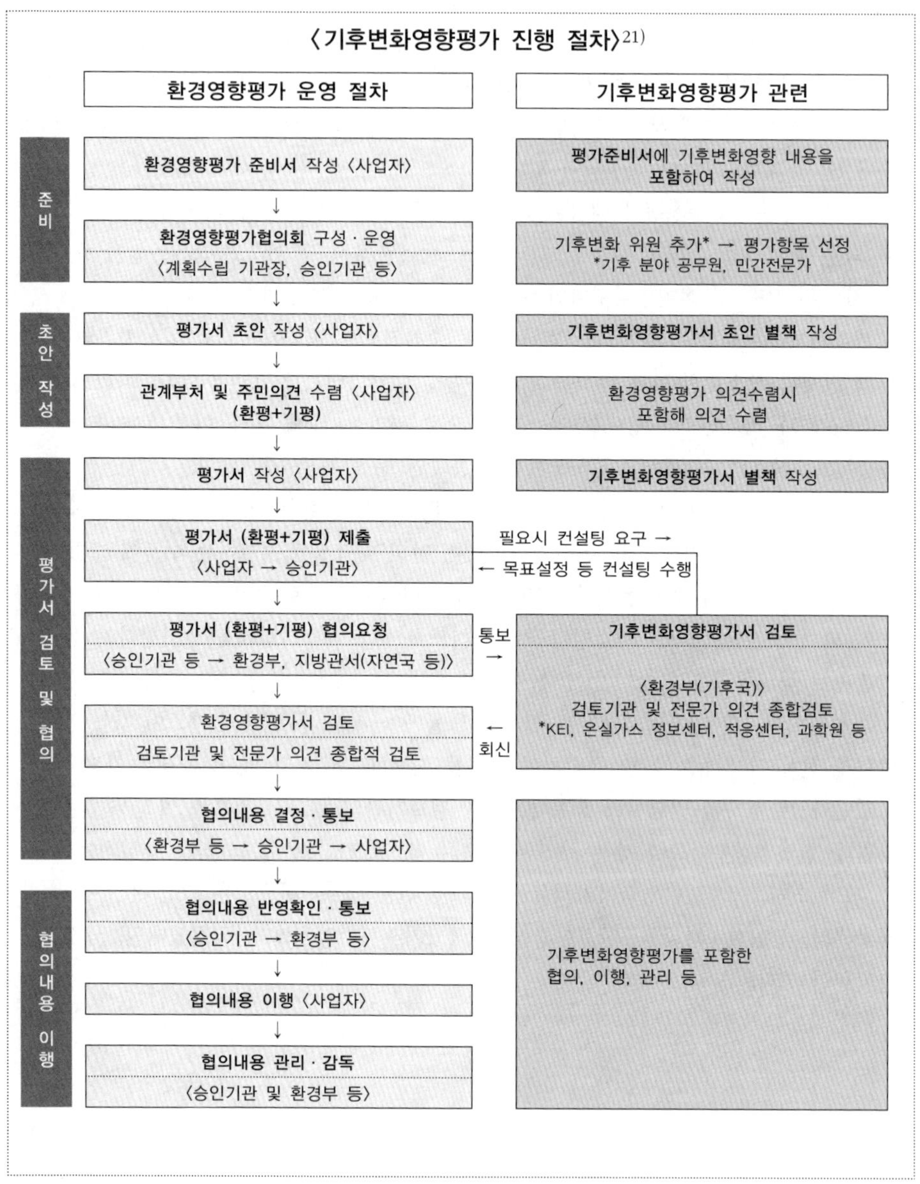
〈기후변화영향평가 진행 절차〉21)
환경영향평가 운영 절차
기후변화영향평가 관련
준비
환경영향평가 준비서 작성 〈사업자〉
평가준비서에 기후변화영향 내용을 포함하여 작성
환경영향평가협의회 구성 · 운영
〈계획수립 기관장, 승인기관 등〉
기후변화 위원 추가* → 평가항목 선정
*기후 분야 공무원, 민간전문가
초안 작성
평가서 초안 작성 〈사업자〉
기후변화영향평가서 초안 별책 작성
관계부처 및 주민의견 수렴 〈사업자〉
(환평+기평)
환경영향평가 의견수렴시 포함해 의견 수렴
평가서 검토 및 협의
평가서 작성 〈사업자〉
기후변화영향평가서 별책 작성
평가서 (환평+기평) 제출
〈사업자 → 승인기관〉
필요시 컨설팅 요구 →
← 목표설정 등 컨설팅 수행
평가서 (환평+기평) 협의요청
〈승인기관 등 → 환경부, 지방관서(자연국 등)〉
통보 →
기후변화영향평가서 검토
〈환경부(기후국)〉
검토기관 및 전문가 의견 종합검토
*KEI, 온실가스 정보센터, 적응센터, 과학원 등
환경영향평가서 검토
검토기관 및 전문가 의견 종합적 검토
← 회신
협의내용 결정 · 통보
〈환경부 등 → 승인기관 → 사업자〉
협의내용 이행
협의내용 반영확인 · 통보
〈승인기관 → 환경부 등〉
협의내용 이행 〈사업자〉
협의내용 관리 · 감독
〈승인기관 및 환경부 등〉
기후변화영향평가를 포함한 협의, 이행, 관리 등

21) 환경부, 기후변화영향평가 참고자료, 2022.9.23

2. 환경영향평가등의 기본원칙

환경영향평가등은 다음 각 호의 기본원칙에 따라 실시되어야 한다(제4조).

(1) 지속가능발전의 도모

환경영향평가등은 보전과 개발이 조화와 균형을 이루는 지속가능한 발전이 되도록 하여야 한다(제1호).

(2) 실현가능한 범위 내의 대안 마련

환경보전방안 및 그 대안은 과학적으로 조사·예측된 결과를 근거로 하여 경제적·기술적으로 실행할 수 있는 범위에서 마련되어야 한다(제2호).

(3) 정보제공 및 참여의 원칙 실현

환경영향평가등의 대상이 되는 계획 또는 사업에 대하여 충분한 정보 제공 등을 함으로써 환경영향평가등의 과정에 주민 등이 원활하게 참여할 수 있도록 노력하여야 한다(제3호).

(4) 간결하고 평이한 작성

환경영향평가등의 결과는 지역주민 및 의사결정권자가 이해할 수 있도록 간결하고 평이하게 작성되어야 한다(제4호).

(5) 누적적 영향의 고려

환경영향평가등은 계획 또는 사업이 특정 지역 또는 시기에 집중될 경우에는 이에 대한 누적적 영향을 고려하여 실시되어야 한다(제5호). 따라서 동일 영향권역 내에서 복수의 개발사업이 동시에 이루어지거나, 이미 허가를 받은 평가대상면적 미만의 개발사업과 연접하여 추가로 개발사업이 이루어지는 경우 등에 있어서 각 개발사업규모의 합이 평가대상규모에 이르는 때에는(소위 '연접개발'의 경우) 사업주체가 동일한 경우는 물론 사업주체나 사업시기를 달리하는 경우에도 환경영향평가등의 대상에 해당하는 것으로 해석하여야 할 것이다.

(6) 환경유해인자 노출민감집단에 대한 영향 고려

환경영향평가등을 시행하는 경우에는 계획 또는 사업으로 인한 환경적 위해가 어린이, 노인, 임산부, 저소득층 등 환경유해인자의 노출에 민감한 집단에게 미치는 사회·경제적 영향을 고려하여 실시하여야 한다(제6호).

3. 환경보전목표의 설정

환경영향평가등을 하려는 자는 다음 각 호의 기준, 계획 또는 사업의 성격, 토지이용 및 환경 현황, 계획 또는 사업이 환경에 미치는 영향의 정도, 평가 당시의 과학적·기술적 수준 및 경제적 상황 등을 고려하여 환경보전목표를 설정하고 이를 토대로 환경영향평가등을 실시하여야 한다(제5조).

1. 「환경정책기본법」 제12조에 따른 환경기준
2. 「자연환경보전법」 제2조제14호에 따른 생태·자연도(生態·自然圖)
3. 「대기환경보전법」, 「물환경보전법」 등에 따른 지역별 오염총량기준
4. 그 밖에 관계 법률에서 환경보전을 위하여 설정한 기준

동조상의 환경보전목표의 법적 성격이 문제되는바, 동조는 환경영향평가등을 하려는 자에게 환경보전목표 설정시 고려사항들을 준수하도록 의무를 부과하고 있는 것인지, 아니면 단순한 '참조기준'으로 기능하는 것인지 문제된다. 「환경정책기본법」상의 환경기준의 경우, 그 자체만으로는 행정의 노력목표를 나타내는 지표에 불과하고 직접 국민의 구체적인 권리의무를 규정하는 법규로서의 성격을 갖는 것은 아니다. 국민에 대한 직접적인 규제는 법적 구속력을 지닌 기준인 개별법상의 배출허용기준 형태로 이루어진다. 헌법재판소는 환경보전목표 설정시 고려해야 하는 사항 중 환경정책기본법에 따른 '환경기준'을 "행정기관을 직접 기속하거나 국민의 권리·의무를 규율하는 것이 아니라 행정이 달성·유지하기 위해 노력해야 할 목표"에 불과하다고 보면서, 환경보전목표를 설정함에 있어 참고하여야 할 기준의 하나로 보고 있다.[22)]

환경영향평가법의 입법목적과 취지를 달성하고 지속가능성을 확보하기 위해서는 비록 동조에 제시하는 기준 등이 참조기준으로 기능하더라도 환경영향평가등을 하려는 자는 동조상의 기준 등을 종합적으로 고려하여 환경보전목표를 설정하고 이를 토대로 환경영향평가를 실시하도록 노력하여야 한다.

4. 환경영향평가등의 대상지역과 원고적격

환경영향평가등은 계획의 수립이나 사업의 시행으로 영향을 받게 되는 지역으로서 환경영향을 과학적으로 예측·분석한 자료에 따라 그 범위가 설정된 지역에

22) 헌재 2016. 12. 29. 선고 2015헌바280 결정문[구 산업단지 인·허가 절차 간소화를 위한 특례법 제9조 제2항 등 위헌소원]

대하여 실시하여야 한다(제6조). 환경영향평가등의 대상지역 설정에 관한 동 규정은 환경영향평가등이 실시되는 지역적 한계를 정하고, 주민의견 수렴절차를 수행함에 있어 의견수렴대상을 정하는 데 그 의미가 있다.

동 규정은 권리구제 차원에서 원고적격을 판단하는 근거로서도 중요한 의미를 지닌다. 판례는 「환경영향평가법」을 환경영향평가 대상사업에 대한 허가처분의 근거법률 내지 관계법률로 보고, 허가의 대상인 사업으로 인하여 개인적 이익인 환경상 이익에 대해 직접적이고 중대한 환경침해를 받게 되리라고 예상되는 환경영향평가 대상지역 안의 주민에게 당해 허가 또는 승인처분의 취소를 구할 원고적격을 인정하고 있다. 환경영향평가 대상지역 안의 주민에게는 특단의 사정이 없는 한 환경상의 이익에 대한 침해 또는 침해우려가 있는 것으로 사실상 추정되어 원고적격이 인정된다고 하여 원고적격의 범위를 넓히고 있다.[23)]

뿐만 아니라 환경영향평가 대상지역 밖의 주민이라 할지라도 수인한도를 넘는 환경피해를 받거나 받을 우려가 있는(개연성이 있는) 경우에는 환경상 이익에 대한 침해 또는 침해우려가 있다는 것을 입증함으로써 원고적격을 인정받을 수 있다.[24)]

한편, 판례에서 개발사업으로 인하여 환경상 침해를 받으리라고 예상되는 지역을 '영향권'으로 표현하고 있는 경우가 있는데, 영향권은 환경영향평가의 '대상지역'과 일치할 수도 있지만 다를 수도 있다. 현행 환경영향평가제도 하에서는 개발사업을 시행하는 사업자측에서 환경영향평가 대상지역을 설정하여 환경영향평가를 수행하고 환경영향평가서를 작성하므로, 경우에 따라서는 개발사업으로 인하여 환경상 큰 영향을 받게 되는 지역이지만 의도적 또는 비의도적으로 환경영향평가 대상지역에서 제외되는 경우가 있을 수 있다. 따라서 원고적격 유무를 판단함에 있어서는 법원이 환경영향평가서의 내용에 구속됨이 없이 소송자료와 증거자료 등을 종합하여 원고가 대상사업의 시행으로 인하여 영향을 받게 되는 지역 안의 주민인지 여부를 판단하게 된다.[25)]

개발사업으로 인하여 환경상 침해를 받으리라고 예상되는 '영향권'의 범위 결정은 기본적으로 법원의 규범적 판단의 대상이고, 따라서 이는 원고적격의 인정과

23) 대법원 2006. 3. 16. 선고 2006두330 전원합의체 판결[정부조치계획취소 등] – 새만금사건.

24) 위 새만금사건 판결.

25) 서울고법 2005. 12. 21. 선고 2005누4412 판결[정부조치계획취소등] – 새만금사건 원심판결. 한편, 이른바 4대강 사업 '낙동강 소송' 판결(부산고법 2010. 12. 10. 선고 2009구합5672 판결)에서 법원은 "이 사건 사업에 대한 환경영향평가서상 기재된 평가대상지역 만으로는 정확한 대상지역을 확정하기 어렵다"며 증거자료와 변론 전체의 취지를 종합하여 대상지역을 각 사업이 시행되는 낙동강 수계의 주변에 위치하는 기초자치단체로 보았다. 이 또한 같은 취지라고 하겠다.

관련하여 중요한 의미를 갖게 되었다(환경영향평가와 관련된 원고적격의 기준과 판례에 대하여는 제1편 제4장 제3절 환경피해의 공법적 구제 Ⅱ. 환경취소소송 2. 원고적격 참조).[26)]

5. 환경영향평가 분야 및 세부항목

환경영향평가등은 계획의 수립이나 사업의 시행으로 영향을 받게 될 자연환경, 생활환경, 사회·경제 환경 등의 분야(이하 "환경영향평가분야"라 한다)에 대하여 실시하여야 한다(제7조 ①). 환경영향평가분야의 세부 평가항목(이하 "환경영향평가항목"이라 한다) 및 평가방법 등은 대통령령으로 정한다(동조 ②). 환경영향평가등의 세부평가항목은 [표 2-2]와 같다.

[표 2-2] 세부평가항목(환경영향평가법 시행령 [별표 1])

환경영향평가등의 분야별 세부평가항목(시행령 제2조제1항 관련)	
1. 전략환경영향평가	
가. 정책계획 1) 환경보전계획과의 부합성 가) 국가 환경정책 나) 국제환경 동향·협약·규범 2) 계획의 연계성·일관성 가) 상위 계획 및 관련 계획과의 연계성 나) 계획목표와 내용과의 일관성 3) 계획의 적정성·지속성 가) 공간계획의 적정성 나) 수요 공급 규모의 적정성 다) 환경용량의 지속성	나. 개발기본계획 1) 계획의 적정성 가) 상위계획 및 관련 계획과의 연계성 나) 대안 설정·분석의 적정성 2) 입지의 타당성 가) 자연환경의 보전 (1) 생물다양성·서식지 보전 (2) 지형 및 생태축의 보전 (3) 주변 자연경관에 미치는 영향 (4) 수환경의 보전 나) 생활환경의 안정성 (1) 환경기준 부합성 (2) 환경기초시설의 적정성

26) 판례는 처분의 근거 법규 등에 개발사업으로 인하여 환경상 침해를 받으리라고 예상되는 영향권의 범위가 구체적으로 정해져 있는 경우, 그 영향권 내의 주민들에 대하여는 특단의 사정이 없는 한 환경상 이익에 대한 침해 또는 침해 우려가 있는 것으로 사실상 추정되어 법률상 보호되는 이익으로 인정됨으로써 원고적격이 인정된다. 여기서 원고적격이 인정되는 자는 ① 환경상의 침해를 받으리라고 예상되는 영향권 내의 주민들을 비롯하여, ② 그 영향권 내에서 농작물을 경작하는 등 현실적으로 환경상 이익을 향유하는 자도 포함된다(그러나 단지 그 영향권 내의 건물·토지를 소유하거나 환경상 이익을 일시적으로 향유하는 데 그치는 자는 포함되지 않는다)고 할 것이다. 영향권 밖의 주민들은 당해 처분으로 인하여 그 처분 전과 비교하여 수인한도를 넘는 환경피해를 받거나 받을 우려가 있다는 자신의 환경상 이익에 대한 침해 또는 침해 우려가 있음을 입증하여야만 법률상 보호되는 이익으로 인정되어 원고적격이 인정된다(대법원 2009. 9. 24. 선고 2009두2825 판결－제주 난산풍력발전소사건; 대법원 2010. 4. 15. 선고 2007두16127 판결－물금취수장사건).

	(3) 자원 · 에너지 순환의 효율성 다) 사회 · 경제 환경과의 조화성: 환경친화적 토지이용
2. 환경영향평가	
가. 자연생태환경 분야 1) 동 · 식물상 2) 자연환경자산 나. 대기환경 분야 1) 기상 2) 대기질 3) 악취 4) 온실가스 다. 수환경 분야 1) 수질(지표 · 지하) 2) 수리 · 수문 3) 해양환경	라. 토지환경 분야 1) 토지이용 2) 토양 3) 지형 · 지질 마. 생활환경 분야 1) 친환경적 자원 순환 2) 소음 · 진동 3) 위락 · 경관 4) 위생 · 공중보건 5) 전파장해 6) 일조장해 바. 사회환경 · 경제환경 분야 1) 인구 2) 주거(이주의 경우를 포함한다) 3) 산업
3. 소규모 환경영향평가	
가. 사업개요 및 지역 환경현황 1) 사업개요 2) 지역개황 3) 자연생태환경 4) 생활환경 5) 사회 · 경제환경	나. 환경에 미치는 영향 예측 · 평가 및 환경보전방안 1) 자연생태환경(동 · 식물상 등) 2) 대기질, 악취 3) 수질(지표, 지하), 해양환경 4) 토지이용, 토양, 지형 · 지질 5) 친환경적 자원순환, 소음 · 진동 6) 경관 7) 전파장해, 일조장해 8) 인구, 주거, 산업

6. 환경영향평가협의회

환경부장관, 계획 수립기관의 장, 계획이나 사업에 대하여 승인등을 하는 기관의 장(이하 "승인기관의 장"이라 한다) 또는 승인등을 받지 아니하여도 되는 사업자는 다음 각 호의 사항을 심의하기 위하여 환경영향평가협의회를 구성 · 운영하여야 한다(제8조 ①).

1. 제11조와 제24조에 따른 평가 항목 · 범위 등의 결정에 관한 사항
2. 제31조 제2항에 따른 환경영향평가 협의 내용의 조정에 관한 사항

3. 제51조 제2항에 따른 약식절차에 의한 환경영향평가 실시 여부에 관한 사항
4. 제52조 제3항에 따른 의견 수렴 내용과 협의 내용의 조정에 관한 사항
5. 그 밖에 원활한 환경영향평가등을 위하여 필요한 사항으로서 대통령령[27]으로 정하는 사항

환경영향평가협의회는 환경영향평가분야에 관한 학식과 경험이 풍부한 자로 구성하되, 주민대표, 시민단체 등 민간전문가가 포함되도록 하여야 한다(동조 ②). 환경영향평가협의회의 구성·운영 등에 필요한 사항은 대통령령으로 정한다(동조 ③).

<환경영향평가협의회 구성>

구성 주체	환경부장관, 계획수립기관장, 승인기관장 또는 승인등을 받지 아니하여도 되는 사업자
구성 시기	환경영향평가등이 실시될 때마다 구성
기능	환경영향평가 항목과 범위 결정, 협의내용 조정, 약식절차 실시 여부, 설명회와 공청회 등 의견수렴에 관한 사항, 기타 필요한 사항 심의
위원의 구성	협의기관장, 계획수립기관장 또는 승인기관장이 지명하는 소속 공무원, 해당 계획 또는 사업, 환경영향평가 등과 관련해 학식과 경험이 풍부한 사람, 관할 지자체장 추천자, 주민대표, 시민단체 관계자 등 민간 전문가를 포함하여 10명 내외로 구성

환경영향평가협의회는 자문기관으로서의 성격을 지니고 있으므로, 심의 내용 그 자체는 법적 구속력을 지니는 것은 아니다. 전략환경영향평가의 경우 대상계획을 수립하려는 행정기관의 장은 환경영향평가협의회의 심의를 거쳐 전략환경영향평가항목등을 결정하여야 하고(법 제11조 제1항), 환경영향평가의 경우에도 승인기관의 장이나 환경부장관은 환경영향평가협의회의 심의를 거쳐 환경영향평가항목등을 결정하도록 되어있다(법 제24조 제4항). 법령상 결정의 주체는 행정기관의 장 또는 승인기관의 장 등으로 되어 있고, 따라서 환경영향평가협의회 또는 거짓부실

27) 제3조(환경영향평가협의회의 심의사항) 법 제8조제1항제5호에서 "대통령령으로 정하는 사항"이란 다음 각 호의 사항을 말한다. <개정 2018. 11. 27., 2019. 12. 31., 2023. 3. 31.>
1. 법 제13조제3항에 따른 설명회나 공청회의 생략 여부에 관한 사항
2. 법 제53조제5항제2호 또는 제56조제1항제2호에 따른 환경영향평가서등의 거짓 또는 부실 작성 여부의 판단에 관한 사항(환경부장관이 구성·운영하는 환경영향평가협의회만 해당한다). 다만, 제6조의3제1항제2호에 따른 거짓·부실 검토 전문위원회에서 거짓으로 또는 부실하게 작성된 것으로 의결된 사항은 제외한다.
3. 그 밖에 법 제8조제1항에 따른 환경영향평가협의회의 위원장이 해당 계획 또는 사업에 대한 원활한 환경영향평가등을 위하여 필요하다고 인정하는 사항

검토 전문위원회의 심의 내용에 관할 행정청이 반드시 구속되는 것은 아니다. 다만, 환경영향평가협의회는 환경영향평가와 관련해 학식과 경험이 풍부한 전문가 등을 포함하여 위원회를 구성하고 있고, 거짓부실 검토 전문위원회도 환경영향평가에 관한 학식과 경험이 풍부한 사람을 포함하여 판사·검사 또는 변호사로서 5년 이상 재직한 사람 등도 위원으로 참여하므로, 환경영향평가협의회 또는 전문위원회의 심의 내용에 법적 구속력은 없다고 하더라도 관할 행정청은 이를 존중하여 결정을 내리는 것이 타당할 것이다.

7. 영향평가실시 및 평가서 작성주체

「환경영향평가법」에서는 기본적으로 전략환경영향평가의 경우에는 행정기관의 장이 전략환경영향평가를 실시하고 전략환경영향평가서를 작성하도록 하고 있다(제9조, 제16조). 환경영향평가의 경우에는 사업자가 환경영향평가를 실시하고 환경영향평가서를 작성하도록 하고 있다(제22조, 제27조). 소규모 환경영향평가의 경우에도 사업자가 환경영향평가를 실시하고 환경영향평가서를 작성하도록 하고 있다(제43조, 제44조).

전략환경영향평가의 경우 그 대상이 행정계획[28]이므로, 행정계획의 수립주체인 행정기관의 장이 영향평가실시 및 평가서 작성주체가 되는 것이 타당하다. 환경영향평가의 경우에는 원인자 책임의 원칙에 따라 대규모 개발사업을 시행하는 사업자가 영향평가실시 및 평가서 작성주체가 되는 것이 타당하다.[29]

8. 환경영향평가 대상사업의 결정 방법

대상사업을 어떻게 결정할 것인가는 크게 3가지 유형으로 분류할 수 있다. ① 대상사업을 미리 정하지 않고 스크리닝(Screening)[30] 과정을 통해서 결정하는 방법, ② 대상사업을 미리 법령에 정하여 운영하는 방법, ③ 양자의 절충형으로 일정한

28) 일반적으로 행정계획은 행정기관이 일정한 행정목표를 설정하고 그 목표를 달성하기 위하여 다양한 수단들을 조정하고 종합하는 행정의 행위형식을 말한다.

29) 이는 사업자 스스로 환경파괴를 예방하고 환경영향을 최소화하도록 유도할 수 있는 장점이 있으나, 평가서의 부실작성 등 영향평가의 객관성·공정성을 기하기 어려운 측면도 있다.

30) 스크리닝(Screening)은 환경영향평가의 초기단계의 과정으로 환경영향평가 대상사업을 결정하는 절차로서, 사업의 특성, 규모 또는 지역 특성을 고려, 환경에 미치는 영향의 정도를 파악하여 환경영향평가의 실시 여부를 결정하는 절차이다. 개별사업에 따라서 사업의 내용, 지역의 특성 등에 관한 정보를 수집하고 환경에 미치는 영향의 정도를 검토하여 환경영향평가를 실시할 것인지 아닌지를 판단한다(C. Wood, *Environmental Impact Assessment: a comparative review*, Wiley, 1995, pp. 38~41).

범위의 사업은 법에 규정을 하고, 그 외는 스크리닝 과정을 거치도록 하는 방법이 그것이다.

첫 번째 방법은 주로 미국 및 캐나다 등 구체적 타당성을 중요시하는 판례법주의 국가에서 채택하고 있는 방법으로서 평가대상을 인간 환경질에 중대한 영향을 미치는 행위 등으로 포괄적으로 규정하고 각 행위(정책, 프로그램, 사업 등)별로 구체적인 환경영향을 사전심사하여 평가대상 여부를 결정하는 방식이다.

두 번째 방법은 우리나라에서 채택하고 있는 방식인데 이는 관계법에 따라 환경영향평가를 받아야 하는 대상사업을 명확히 함으로써 법적 안정성과 예측가능성은 확보할 수 있으나, 사업의 특성과 대상지역을 제대로 고려할 수 없는 한계점을 지니고 있다.

세 번째 방법은 일본, 네덜란드 등에서 채택하고 있는 것으로, 일본의 경우를 예를 들면 대상사업을 제1종 사업과 제2종 사업으로 나누어 전자의 경우에는 법령에 일정규모 이상의 사업에 대하여는 관계법령에 의해 의무적으로 환경영향평가를 받도록 하고, 후자의 경우에는 스크리닝 과정과 같은 사전심사를 통해 평가대상 여부를 결정하도록 하고 있다.31)

Ⅲ. 전략환경영향평가

1. 전략환경영향평가의 대상

(1) 전략환경영향평가의 대상계획

전략환경영향평가의 대상은 환경에 영향을 미치는 **행정계획**이다. 동법 제9조 제1항에서는 전략환경영향평가 대상계획으로 ① 도시의 개발에 관한 계획, ② 산업입지 및 산업단지의 조성에 관한 계획, ③ 에너지 개발에 관한 계획, ④ 항만의 건설에 관한 계획, ⑤ 도로의 건설에 관한 계획, ⑥ 수자원의 개발에 관한 계획, ⑦ 철도(도시철도를 포함한다)의 건설에 관한 계획, ⑧ 공항의 건설에 관한 계획, ⑨ 하천의 이용 및 개발에 관한 계획, ⑩ 개간 및 공유수면의 매립에 관한 계획, ⑪ 관광단지의 개발에 관한 계획, ⑫ 산지의 개발에 관한 계획, ⑬ 특정 지역의 개발에 관한 계획, ⑭ 체육시설의 설치에 관한 계획, ⑮ 폐기물 처리시설의 설치에 관한 계획, ⑯ 국방·군사시설의 설치에 관한 계획, ⑰ 토석·모래·자갈·광물 등의 채취에 관한 계획, ⑱ 환경에 영향을 미치는 시설로서 대통령령으로 정하는 시설

31) 畠山武道, 井口博, 環境影響評價法實務: 環境アセスメントの總合的研究, 信山社, 2000, 27면.

의 설치에 관한 계획을 들고 있다.

전략환경영향평가 대상계획은 그 계획의 성격 등을 고려하여 **정책계획과 개발기본계획**으로 구분한다(동조 ②).

1. 정책계획	국토의 전 지역이나 일부 지역을 대상으로 개발 및 보전 등에 관한 기본 방향이나 지침 등을 일반적으로 제시하는 계획
2. 개발기본계획	국토의 일부 지역을 대상으로 하는 계획으로서 다음 각 목의 어느 하나에 해당하는 계획 가. 구체적인 개발구역의 지정에 관한 계획 나. 개별 법령에서 실시계획 등을 수립하기 전에 수립하도록 하는 계획으로서 실시계획 등의 기준이 되는 계획

전략환경영향평가 대상계획 및 제2항에 따른 정책계획 및 개발기본계획의 구체적인 종류는 제10조의2에서 정한 절차를 거쳐 대통령령으로 정한다(동조 ③). 이에 따라 환경영향평가법 시행령 [별표 2]에서 전략환경영향평가 대상계획의 종류와 범위를 규정하고 있다.[32)]

전략환경영향평가와 환경영향평가는 평가대상, 평가시기, 평가방법, 평가내용 등에서 차이를 보인다.

<전략환경영향평가와 환경영향평가의 비교>[33)]

구분	전략환경영향평가(SEIA)	환경영향평가(EIA)
평가 대상	◦정책과 계획 단위(광범위한 추상적 내용)	◦사업 단위(국지적으로 구체적인 내용)
평가 시기	◦사업이 구체화되지 않은 정책과 계획 수립 시 실시	◦사업과 관련된 주요 사항 및 구체화된 내용이 결정된 후 사업 승인과정에서 실시

32) 정책계획은 국토 전체에 대한 효율적 교통체계의 구축과 연안에 대한 효율적이고 체계적인 정비, 수자원의 안정적인 확보와 하천의 효율적인 이용, 물의 재이용 촉진과 관련 기술의 체계적 발전, 전력수급 안정을 위한 종합적인 전력정책 등 국가의 중추적인 국토·교통·환경·에너지·수자원 정책 및 계획 등 총 10개 분야 35개 정책계획이 포함되어 있다(2022.12.20 시행령 개정사항 반영). 개발기본계획은 국토의 일부 지역을 대상으로 하는 계획으로서 구체적인 개발구역의 지정에 관한 계획이나 개별 법령에서 실시계획 등을 수립하기 전에 수립하도록 하는 계획으로서 실시계획 등의 기준이 되는 계획을 말함. 전략환경영향평가 대상이 되는 개발기본계획은 도시의 개발과 산업입지·산업단지 조성, 에너지 개발, 항만의 건설, 도로의 건설, 수자원의 개발 등 총 16분야 81개이다(2022.12.20 시행령 개정사항 반영).

33) 환경부, 환경영향평가서등의 작성 등에 관한 안내서, 2022.3, 6쪽.

평가 방법	◦정책과 계획의 성격과 특성에 따라 융통성 있게 평가	◦정형화된 형식과 내용에 따른 환경영향평가평가서 작성 및 평가
평가 내용	◦정책과 계획이 달성하고자 하는 목표와 환경보전의 조화로운 균형점을 찾는데 초점	◦특정 사업으로 인한 환경영향의 분석과 저감방안 마련에 초점
대안 평가	◦환경영향평가보다 넓은 범위의 대안 고려가 가능	◦제한적인 대안(사업규모 축소 등) 고려(저감방안 등 타 해결책 모색)

(2) 전략환경영향평가 대상 제외

한편, 다음 어느 하나에 해당하는 계획에 대하여는 전략환경영향평가를 실시하지 아니할 수 있다(제10조).

1. 국방부장관이 군사상 고도의 기밀보호가 필요하거나 군사작전의 긴급한 수행을 위하여 필요하다고 인정하여 환경부장관과 협의한 계획
2. 국가정보원장이 국가안보를 위하여 고도의 기밀보호가 필요하다고 인정하여 환경부장관과 협의한 계획

(3) 전략환경영향평가 대상계획의 결정 절차

행정기관의 장은 소관 전략환경영향평가 대상계획에 대하여 대통령령으로 정하는 기간마다 다음 각 호의 사항을 고려하여 전략환경영향평가 실시 여부를 결정하고 그 결과를 환경부장관에게 통보하여야 한다(제10조의2 ①).

1. 계획에 따른 환경영향의 중대성
2. 계획에 대한 환경성 평가의 가능성
3. 계획이 다른 계획 또는 개발사업 등에 미치는 영향
4. 기존 전략환경영향평가 실시 대상계획의 적절성
5. 전략환경영향평가의 필요성이 제기되는 계획의 추가 필요성

제1항에 따라 전략환경영향평가를 실시하지 아니하기로 결정하려는 행정기관의 장은 그 사유에 대하여 관계 전문가 등의 의견을 청취하여야 하고, 환경부장관과 협의를 거쳐야 한다(동조 ②). 환경부장관은 제2항에 따라 협의요청을 받은 사유를 검토하여 전략환경영향평가가 필요하다고 판단되면 해당 계획에 대한 전략환경영향평가 실시를 요청할 수 있다(동조 ③).

행정기관의 장은 소관 전략환경영향평가 대상계획 중 다른 계획에서 실시한 전략환경영향평가와 내용이 중복되는 등 동일한 평가가 시행된 것으로 볼 수 있는 계획에 대하여는 대통령령으로 정하는 기간마다 검토하여 해당 계획에 대한 전략

환경영향평가를 생략할 수 있다. 이 경우 관계전문가 등의 의견을 청취하여야 하고, 환경부장관과 협의를 거쳐야 한다(동조 ④). 제1항에 따른 통보, 제2항에 따른 협의, 제3항에 따른 실시요청, 제4항에 따른 협의에 필요한 절차는 환경부령으로 정한다(동조 ⑤).

2. 전략환경영향평가의 절차

(1) 전략환경영향평가서의 작성 단계

1) 평가준비서의 작성

전략환경영향평가 대상계획을 수립하려는 행정기관의 장은 전략환경영향평가를 실시하기 전에 **평가준비서**를 작성하여야 한다(제11조). 평가준비서는 전략환경영향평가의 목적 및 개요 등의 기초적 내용이 담긴 문서이다.

2) 평가 항목 · 범위 등의 결정

전략환경영향평가 대상계획을 수립하려는 행정기관의 장은 전략환경영향평가를 실시하기 전에 평가준비서를 작성하여 환경영향평가협의회의 심의를 거쳐 ① **전략환경영향평가 대상지역**, ② **토지이용구상안**, ③ **대안**, ④ **평가 항목 · 범위 · 방법** 등의 사항(이하 이 장에서 "전략환경영향평가항목등"이라 한다)을 결정하여야 한다(제11조 ①). 다만, 제9조 제2항 제2호에 따른 개발기본계획의 사업계획 면적이 대통령령으로 정하는 규모 미만인 경우에는 환경영향평가협의회의 심의를 생략할 수 있다(제11조 ① 단서). 전략환경영향평가의 항목 · 범위 등을 일률적으로 정하지 않고 개별 사업마다 일정한 절차를 거쳐 정하는 것을 스코핑(scoping)제도라 하는데, 동법 제11조 제1항은 일종의 스코핑제도를 도입하고 있는 것이다.

행정기관 외의 자가 제안하여 수립되는 전략환경영향평가 대상계획의 경우에는 전략환경영향평가 대상계획을 제안하는 자가 평가준비서를 작성하여 전략환경영향평가 대상계획을 수립하는 행정기관의 장에게 전략환경영향평가항목등을 결정하여 줄 것을 요청하여야 한다(동조 ②). 제2항에 따른 요청을 받은 행정기관의 장은 대통령령으로 정하는 기간 내에 환경영향평가협의회의 심의를 거쳐 전략환경영향평가 대상계획을 제안하는 자에게 그 결과를 통보하여야 한다(동조 ③).

전략환경영향평가 대상계획을 수립하려는 행정기관의 장은 제1항부터 제3항까지의 규정에 따라 전략환경영향평가항목등을 결정할 때에는 다음 각 호의 사항을 고려하여야 한다(동조 ④).

1. 해당 계획의 성격

2. 상위계획 등 관련 계획과의 부합성

3. 해당 지역 및 주변 지역의 입지 여건, 토지이용 현황 및 환경 특성

4. 계절적 특성 변화(환경적·생태적으로 가치가 큰 지역)

5. 그 밖에 환경기준 유지 등과 관련된 사항

전략환경영향평가 대상계획을 수립하려는 행정기관의 장은 제1항 및 제3항에 따라 결정된 전략환경영향평가항목등을 대통령령으로 정하는 방법에 따라 **공개하고 주민 등의 의견**을 들어야 한다. 다만, 전략환경영향평가항목등에 환경영향평가항목이 모두 포함되는 경우에는 공개를 생략할 수 있다(동조 ⑤).

제1항부터 제4항까지의 규정에 따른 전략환경영향평가항목등의 결정에 필요한 사항은 대통령령으로 정하고, 평가준비서의 작성방법은 환경부령으로 정한다(동조 ⑥).

3) 약식전략환경영향평가

전략환경영향평가 대상계획을 수립하려는 행정기관의 장은 해당 계획이 입지 등 구체적인 사항을 정하고 있지 않거나 정량적인 평가가 불가능한 경우 등에는 제11조 제1항 제4호(평가 항목·범위·방법 등)의 사항을 간략하게 하는 약식전략환경영향평가 실시를 결정할 수 있다(제11조의2 ①). 평가대상, 평가항목, 평가절차 등 약식전략환경영향평가를 실시하기 위하여 필요한 구체적인 사항은 대통령령으로 정한다(동조 ②).

4) 평가서초안의 작성 및 주민의견수렴 절차

㈎ 전략환경영향평가서 초안의 작성 및 의견수렴

개발기본계획을 수립하는 행정기관의 장은 제11조에 따라 결정된 전략환경영향평가항목등에 맞추어 전략환경영향평가서 **초안**을 작성한 후 제13조에 따라 **주민 등의 의견**을 수렴하여야 한다. 다만, 행정기관 외의 자가 제안하여 수립되는 개발기본계획의 경우에는 개발기본계획을 제안하는 자가 전략환경영향평가서 초안을 작성하여 개발기본계획을 수립하는 행정기관의 장에게 제출하여야 한다(제12조 ①).

개발기본계획을 수립하는 행정기관의 장은 전략환경영향평가서 **초안**을 다음 **각 호의 자**에게 제출하여 의견을 들어야 한다(동조 ②).

1. 환경부장관

2. 승인기관의 장(승인등을 받아야 하는 계획만 해당한다)

3. 그 밖에 대통령령으로 정하는 관계 행정기관의 장

제1항에 따른 전략환경영향평가서 초안의 작성방법과 제2항에 따른 의견 제출

방법 등 필요한 사항은 대통령령으로 정한다(동조 ③).

㈏ **주민 등의 의견 수렴**

개발기본계획을 수립하려는 행정기관의 장은 개발기본계획에 대한 전략환경영향평가서 **초안**을 **공고·공람**하고 **설명회**를 개최하여 해당 평가 **대상지역 주민의 의견**을 들어야 한다. 다만, 대통령령으로 정하는 범위의 주민이 공청회의 개최를 요구하면 **공청회**를 개최하여야 한다(제13조 ①).[34)]

개발기본계획을 수립하려는 행정기관의 장은 개발기본계획이 생태계의 보전가치가 큰 지역, 환경훼손 또는 자연생태계의 변화가 현저하거나 현저하게 될 우려가 있는 지역 등으로서 대통령령으로 정하는 지역을 포함하는 경우에는 관계 전문가 등 평가 대상지역의 주민이 아닌 자의 의견도 들어야 한다(동조 ②).

개발기본계획을 수립하려는 행정기관의 장이 책임질 수 없는 사유로 제1항에 따른 설명회나 공청회가 정상적으로 진행되지 못하는 등 대통령령으로 정하는 사유가 있는 경우에는 설명회나 공청회를 개최하지 아니할 수 있다. 이 경우 대통령령으로 정하는 바에 따라 설명회 또는 공청회에 준하는 방법으로 주민 등의 의견을 들어야 한다(동조 ③).[35)]

---

34) 시행령 제16조(공청회의 개최 등) ① 개발기본계획을 수립하려는 행정기관의 장은 법 제13조 제1항 단서에 따라 다음 각 호의 어느 하나에 해당하는 경우에는 공청회를 개최하여야 한다.

1. 제14조에 따라 공청회 개최가 필요하다는 의견을 제출한 주민이 30명 이상인 경우
2. 제14조에 따라 공청회 개최가 필요하다는 의견을 제출한 주민이 5명 이상이고, 전략환경영향평가서 초안에 대한 의견을 제출한 주민 총수의 50퍼센트 이상인 경우

② 개발기본계획을 수립하려는 행정기관의 장은 전략환경영향평가서 초안의 공람기간이 끝난 후 관계 전문가 및 주민의 의견을 폭넓게 수렴할 필요가 있다고 인정하는 경우에는 공청회를 개최할 수 있다.

③ 개발기본계획을 수립하려는 행정기관의 장은 제1항 및 제2항에 따라 공청회를 개최하려는 경우에는 공청회를 개최하기 14일 전까지 일간신문과 지역신문에 다음 각 호의 사항을 각각 1회 이상 공고하여야 한다.

1. 개발기본계획의 개요
2. 공청회 일시 및 장소
3. 그 밖에 원활한 공청회 운영을 위하여 필요한 사항

④ 개발기본계획을 수립하려는 행정기관의 장은 공청회가 끝난 후 7일 이내에 환경부령으로 정하는 바에 따라 공청회 개최 결과를 개발기본계획 대상지역을 관할하는 시장·군수·구청장에게 통지하여야 한다.

⑤ 제1항부터 제4항까지에서 규정한 사항 외에 공청회의 개최에 필요한 사항은 환경부령으로 정한다.

35) 시행령 제18조(설명회 또는 공청회의 생략) ① 법 제13조 제3항에 따라 설명회나 공청회를 개최하지 아니할 수 있는 경우는 다음 각 호의 어느 하나에 해당하는 경우로 한다.

1. 설명회가 주민 등의 개최 방해 등의 사유로 개최되지 못하거나 개최되었더라도 정상적으로 진행되지 못한 경우

개발기본계획을 수립하려는 행정기관의 장은 제1항 및 제2항에 따른 주민등의 의견 수렴 결과와 반영 여부를 대통령령으로 정하는 방법에 따라 공개하여야 한다(동조 ④).

제1항 및 제2항에 따른 공고·공람, 설명회 또는 공청회 개최, 그 밖에 의견 수렴 등에 필요한 사항은 대통령령으로 정한다(동조 ⑤).

㈐ 주민 등의 의견 수렴 절차의 생략

개발기본계획을 수립하려는 행정기관의 장은 다른 법령에 따른 의견 수렴 절차에서 전략환경영향평가서 초안에 대한 의견을 수렴한 경우에는 제13조에 따른 의견 수렴 절차를 거치지 아니할 수 있다(제14조).

5) 주민 등의 의견 재수렴

개발기본계획을 수립하려는 행정기관의 장은 제13조에 따라 의견 수렴 절차를 거친 후 제18조에 따라 협의 내용을 통보받기 전에 개발기본계획 대상지역 등 대통령령으로 정하는 **중요한 사항**[36)] **을 변경하려는 경우**에는 제11조부터 제14조까지의 규정에 따라 전략환경영향평가서 초안을 다시 작성하여 주민 등의 의견을 **재수렴**하여야 한다(제15조 ①). 개발기본계획을 수립하려는 행정기관의 장은 제13조 제4항에 따라 공개한 의견의 수렴 절차에 흠이 존재하는 등 환경부령으로 정하는 사유가 있어 주민 등이 의견의 재수렴을 신청하는 경우에는 제13조에 따라 주민 등

---

2. 공청회가 주민 등의 개최 방해 등의 사유로 2회 이상 개최되지 못하거나 개최되었더라도 정상적으로 진행되지 못한 경우

② 개발기본계획을 수립하려는 행정기관의 장은 제1항에 따라 설명회 또는 공청회를 생략한 경우에는 법 제13조 제3항 후단에 따라 다음 각 호의 구분에 따른 조치를 하여야 하며, 그 밖의 방법으로 주민 등의 의견을 듣기 위하여 성실히 노력하여야 한다.

1. 설명회를 생략한 경우: 다음 각 목에 해당하는 조치

가. 일간신문과 지역신문에 설명회를 생략하게 된 사유 및 설명자료 열람방법 등을 각각 1회 이상 공고

나. 개발기본계획 대상지역을 관할하는 시·군·구 또는 개발기본계획을 수립하려는 행정기관의 정보통신망 및 환경영향평가 정보지원시스템에 설명회를 생략하게 된 사유 및 설명자료 등을 게시

2. 공청회를 생략한 경우: 공청회를 생략하게 된 사유, 의견제출 시기 및 방법, 설명자료 열람방법 등을 일간신문과 지역신문에 각각 1회 이상 공고

③ 개발기본계획을 수립하려는 행정기관의 장은 제2항 제2호에 따른 공고를 하려는 경우에는 의견제출 시기 및 방법 등에 관하여 개발기본계획 대상지역을 관할하는 시장·군수·구청장과 협의하여야 한다.

36) 동법 시행령 제20조 법 제15조 제1항에서 "대통령령으로 정하는 중요한 사항"이란 법 제16조에 따라 협의를 요청한 개발기본계획의 규모의 30퍼센트 이상 증가하는 경우를 말한다. 다만, 별표 2 제2호 가목 1), 마목 2) 및 사목 2)의 개발기본계획이 법 제11조에 따라 결정된 평가항목별 영향을 받게 되는 지역 중 환경부령으로 정하는 최소 지역범위(이하 "최소 지역범위"라 한다)에서 증가하는 경우는 제외한다.

의 의견을 재수렴하여야 한다(동조 ②). 제2항에 따른 의견 재수렴 신청 기간, 절차, 최소신청인원 등은 환경부령으로 정한다(동조 ③).

6) 정책계획의 의견 수렴

정책계획을 수립하려는 행정기관의 장은 제16조에 따라 협의를 요청할 때 해당 계획의 전략환경영향평가서에 대한 행정예고를 「행정절차법」에 따라 실시하여야 한다(제15조의2).

7) 전략환경영향평가서의 작성 및 제출

초안 작성 및 의견수렴절차를 마친 행정기관의 장은 전략환경영향평가서를 작성하여야 하고, 이후 환경부장관과의 협의절차에 들어가게 된다.

(2) 전략환경영향평가서의 협의 등

1) 전략환경영향평가서의 협의 요청 등

'승인등을 받지 아니하여도 되는 전략환경영향평가 대상계획을 수립하려는 행정기관의 장'은 **해당 계획을 확정하기 전**에 전략환경영향평가서를 작성하여 환경부장관에게 **협의를 요청**하여야 한다(제16조 ①).

'승인등을 받아야 하는 전략환경영향평가 대상계획을 수립하는 행정기관의 장'은 전략환경영향평가서를 작성하여 승인기관의 장에게 제출하여야 하며, 승인기관의 장은 해당 계획에 대하여 **승인등을 하기 전**에 환경부장관에게 **협의를 요청**하여야 한다(동조 ②).

제1항 및 제2항에 따라 전략환경영향평가서를 작성하는 자는 제12조 제2항 및 제13조 제1항부터 제3항까지의 규정에 따라 제시된 의견이 타당하다고 인정할 때에는 그 의견을 전략환경영향평가서에 반영하여야 한다(동조 ③).

제1항부터 제3항까지의 규정에 따른 전략환경영향평가서의 작성방법, 제출방법, 협의 요청시기 등 필요한 사항은 대통령령으로 정한다(동조 ④). 전략환경영향평가서를 작성한 행정기관의 담당자 및 책임자의 소속, 직책, 성명은 전략환경영향평가서에 반드시 포함되어야 한다(동조 ⑤).

2) 전략환경영향평가서의 검토 등

㈎ **검토**

환경부장관은 제16조 제1항 및 제2항에 따라 협의를 요청받은 경우에는 주민의견 수렴 절차 등의 이행 여부 및 전략환경영향평가서의 내용 등을 검토하여야 한다(제17조 ①).

환경부장관은 전략환경영향평가서의 검토를 위하여 필요하면 「정부출연연구기관 등의 설립·운영 및 육성에 관한 법률」에 따라 설립된 한국환경정책·평가연구원(이하 "한국환경정책·평가연구원"이라 한다) 등 전략환경영향평가에 필요한 전문성을 갖춘 기관으로서 대통령령으로 정하는 기관 또는 관계 전문가의 의견을 듣거나 현지조사를 의뢰할 수 있고, 관계 행정기관의 장에게 관련 자료의 제출을 요청할 수 있다. 다만, 해양수산부장관 외의 자가 수립하는 계획으로서 계획의 대상지역에 「연안관리법」 제2조 제3호에 따른 연안육역(沿岸陸域)이 포함되어 있는 전략환경영향평가서의 경우에는 해양수산부장관의 의견을 들어야 한다(동조 ②).

㈏ **보완 요청**

환경부장관은 제1항에 따라 전략환경영향평가서를 검토한 결과 전략환경영향평가서를 보완할 필요가 있는 등 대통령령으로 정하는 사유가 있는 경우에는 전략환경영향평가 대상계획을 수립하려는 행정기관의 장(승인등을 받아야 하는 계획의 경우에는 승인기관의 장을 말한다. 이하 "주관 행정기관의 장"이라 한다)에게 전략환경영향평가서의 **보완을 요청**하거나 보완을 전략환경영향평가 대상계획을 제안하는 자 등에게 요구할 것을 요청할 수 있다. 이 경우 보완요청은 두 차례만 할 수 있다(동조 ③).

㈐ **반려**

환경부장관은 다음 각 호의 어느 하나에 해당하는 경우에는 전략환경영향평가서를 **반려**할 수 있다(동조 ④). 이 경우 반려는 협의 거부의 성격을 갖는다.

1. 제3항에 따라 보완 요청을 하였음에도 불구하고 요청한 내용의 중요한 사항이 누락되는 등 전략환경영향평가서가 적정하게 작성되지 아니하여 협의를 진행할 수 없다고 판단하는 경우
2. 전략환경영향평가서가 거짓으로 작성되었다고 판단하는 경우

㈑ **재검토 통보**

환경부장관은 다음 각 호의 어느 하나에 해당하는 경우에는 해당 전략환경영향평가 대상계획의 규모·내용·시행시기 등을 **재검토**할 것을 주관 행정기관의 장에게 통보할 수 있다(동조 ⑤).

1. 해당 전략환경영향평가 대상계획을 축소·조정하더라도 그 계획의 추진으로 환경훼손 또는 자연생태계의 변화가 현저하거나 현저하게 될 우려가 있는 경우
2. 해당 전략환경영향평가 대상계획이 국가환경정책에 부합하지 아니하거나 생태적으로 보전가치가 높은 지역을 심각하게 훼손할 우려가 있는 경우

전략환경영향평가 대상계획의 규모·내용 등에 대한 재검토에 관한 규정은 환

경부 예규에 있던 것을 법률로 상향 규정한 것으로(2019. 11. 26. 신설), 제도 운영의 법적 안정성을 강화하고자 한 것이다.

제1항에 따른 전략환경영향평가서 등의 검토 기준 · 방법, 제3항에 따른 전략환경영향평가서 등의 보완, 제4항에 따른 반려 및 제5항에 따른 전략환경영향평가 대상계획의 재검토에 필요한 사항은 대통령령으로 정한다(동조 ⑥).[37)]

3) 협의내용의 결정 및 통보

환경부장관은 평가서 내용의 타당성 등에 대한 검토 후 이를 종합·분석하여 행정기관의 장에게 통보할 협의 내용을 결정하는데, '환경영향평가서등에 관한 협의업무 처리규정' 제17조 제2항에서는 협의내용의 결정 유형을 협의, 조건부 협의, 재검토 3가지로 구분하고 있다.[38)] 종래 협의내용의 결정 유형은 동의, 조건부 동의, 부동의로 구분하였는데, 재검토는 종래의 '부동의'와 유사한 성격을 지니는 것이다. 환경부가 재검토를 통보하는 경우는 행정계획이나 개발사업에 대하여 축소 또는 조정하더라도 환경훼손 등이 현저하거나 생태적 가치가 높은 지역을 심각하게 훼손할 우려가 있는 경우로, 환경부의 판단 시점에 개발사업이 불가능하다고 판단되는 경우에 해당한다.

---

37) 동조 제3항 보완요청 및 제4항 반려는 요건심사에 비유할 수 있다면, 제5항 재검토는 본안심사에 비유할 수 있다.

38) 동 처리규정 제17조 ② 협의기관장은 법 제18조에 의한 협의내용은 전략환경영향평가서에 제시된 환경보전계획과의 부합성, 계획의 적정성, 입지의 타당성 등에 따라 다음 각 호의 어느 하나에 따라 협의내용을 결정하는 것을 원칙으로 한다.

1. 협의
   가. 당해 계획에서 수립된 입지의 타당성이나 계획의 적정성으로 인하여 환경적인 측면에서 이의가 없는 경우를 말한다.
2. 조건부 협의
   가. 정책계획수립시 환경보전계획과의 부합성, 상위계획과의 연계성 · 일관성 등이 미흡하여 추가로 검토하는 조건으로 계획수립에 동의하는 것을 말한다.
   나. 개발기본계획수립시 상위계획과의 연계성, 대안 설정 · 분석의 적정성이 미흡하여 추가로 검토하는 조건으로 계획수립에 동의하는 것을 말한다.
   다. 입지의 타당성 검토시 자연환경의 보전, 생활환경의 안정성, 사회 · 경제 환경과의 조화성 등 제시한 내용이 주변환경에 악영향이 있거나 악화될 우려가 있는 경우 별도의 환경대책을 마련하도록 협의한다.
3. 재검토
   가. 해당 전략환경영향평가 대상계획을 축소 · 조정하더라도 그 계획의 추진으로 환경훼손 또는 자연생태계의 변화가 현저하거나 현저하게 될 우려가 있는 경우와 국가환경정책에 부합하지 아니하거나 생태적으로 보전가치가 높은 지역을 심각하게 훼손할 우려가 있는 경우를 말한다.
   나. 해당 계획의 수립으로 인한 환경상 영향을 작성하여 계획의 입지 · 규모 · 내용 · 시행시기 등을 재검토를 하도록 협의한다.

환경부장관은 협의 내용의 결정 유형, 즉 협의, 조건부 협의, 재검토 중 하나를 주관 행정기관의 장에게 통보해야 한다. 즉, 환경부장관은 협의를 요청받은 날부터 대통령령으로 정하는 기간[39] 이내에 주관 행정기관의 장에게 협의 내용을 통보하여야 한다. 다만, 부득이한 사정이 있을 때에는 그 기간을 연장할 수 있다(제18조 ①). 환경부장관은 제1항 단서에 따라 협의 내용 통보기간을 연장할 때에는 협의기간이 끝나기 전에 주관 행정기관의 장에게 그 사유와 연장한 기간을 통보하여야 한다(동조 ②).

전략환경영향평가에서의 재검토 통보는 사업이 아직 구체화되지 않은 보다 이른 시기인 계획단계에서의 재검토 의사표시로서, 환경부장관이 환경전문부서의 입장에서 주관 행정기관의 장에게 제시하는 의견 표명 절차이고, 이는 행정기관 또는 국가기관 상호간의 내부적 의사결정으로 볼 수 있다. 이러한 통보 행위 자체가 국민의 권리를 제한하거나 의무를 부과하는 등 직접적인 법률효과를 발생시키는 것은 아니라고 판단된다. 다만, 주관 행정기관의 장에게는 환경부장관의 의견에 따라 전략환경영향평가서를 재검토해야 할 직무상(또는 법률상) 의무가 있다고 해석하여야 한다. 이는 환경영향평가법의 입법목적과 취지를 달성하고 환경영향평가제도의 실효성을 확보한다는 측면에서도 요청되는 것이라고 하겠다.[40]

한편, 동법은 조건부 통보에 관하여 규정을 두고 있는데, 환경부장관은 ① 보완하여야 할 사항이 경미한 경우, ② 해당 계획을 수립·결정하기 전에 보완이 가능한 경우에는, 해당 계획에 **관련 내용을 반영할 것을 조건**으로 주관 행정기관의 장에게 협의 내용을 통보할 수 있다(동조 ③).

---

39) 동법 시행령 제25조(협의 내용의 통보기간) 법 제18조 제1항 본문에서 "대통령령으로 정하는 기간"이란 30일(협의기관의 장이 부득이한 사유로 그 기간을 연장한 경우에는 40일)을 말한다. 이 경우 다음 각 호의 어느 하나에 해당하는 기간은 전단에 따른 기간에 산입하지 않는다.
1. 주관 행정기관의 장이 전략환경영향평가서를 보완하는 데 걸린 기간
2. 전문위원회 검토를 거치는 데 걸린 기간(최장 45일로 한정한다)
3. 공휴일 및 토요일

40) 한편, 환경영향평가에서의 재검토 통보는 환경부장관이 승인기관의 장에게 하는 것으로 되어 있으나, 이러한 의사표시는 직접적으로 사업자에게 영향을 미치는 행위에 해당한다. 제28조 제6항에서도 사업자나 승인기관의 장이 재검토 통보에 대한 이의신청, 즉, 재검토 내용 조정 요청을 할 수 있는 규정을 두고 있다(반면 전략환경영향평가의 경우에는 조정 요청에 관한 규정을 두고 있지 않음). 이러한 조정 요청시 환경부장관은 환경영향평가협의회의 심의를 거쳐 조정 여부를 결정하고 그 결과를 사업자나 승인기관의 장에게 통보하도록 하고 있다. 재검토 통보가 있는 경우에는 사업자는 절차의 중단 또는 지연으로 추가비용이 발생하거나 사업의 진행 자체가 불가능해지는 등 불이익이 발생할 수 있으므로, 환경영향평가에서의 재검토 통보는 이해관계인의 권리의무에 직접 영향을 미치는 행정청의 행위로서 처분성을 갖는 것으로 해석할 수 있다.

4) 협의 내용의 이행

주관 행정기관의 장은 제18조에 따라 통보받은 협의 내용을 해당 계획에 반영하기 위하여 필요한 조치를 하거나 전략환경영향평가 대상계획을 제안하는 자 등에게 필요한 조치를 할 것을 요구하여야 하며, 그 조치결과 또는 조치계획을 환경부장관에게 통보하여야 한다(제19조 ①).

주관 행정기관의 장은 협의 내용을 해당 계획에 반영하기 곤란한 특별한 사유가 있을 때에는 대통령령으로 정하는 바에 따라 환경부장관과 협의한 후 해당 계획을 승인하거나 확정하여야 한다(동조 ②).

전략환경영향평가 대상계획을 수립하는 자는 제1항에 따른 조치결과 및 조치계획을 성실히 이행하여야 한다(동조 ③). 제1항에 따른 조치결과 또는 조치계획 등 필요한 사항은 대통령령으로 정한다(동조 ④).

5) 재 협 의

개발기본계획을 수립하는 행정기관의 장은 제16조부터 제18조까지의 규정에 따라 협의한 개발기본계획을 변경하는 경우로서 **다음 각 호의 어느 하나에 해당하는 경우**에는 제11조부터 제19조까지의 규정에 따라 전략환경영향평가를 다시 하여야 한다(제20조 ①).[41]

1. 개발기본계획 대상지역을 대통령령으로 정하는 일정 규모 이상으로 증가시키는 경우
2. 협의 내용에서 원형대로 보전하거나 제외하도록 한 지역을 대통령령으로 정하는 규모 이상으로 개발하거나 그 위치를 변경하는 경우

개발기본계획을 수립하려는 행정기관의 장은 다음 각 호의 어느 하나에 해당하면 전략환경영향평가 재협의를 생략할 수 있다(동조 ②).

1. 전략환경영향평가 대상계획이 환경부장관과 협의를 거쳐 확정된 후 취소 또

---

41) 동법 시행령 제28조 ① 법 제20조 제1항에 따라 전략환경영향평가를 다시 하여야 하는 경우는 다음 각 호와 같다.

1. 법 제18조에 따라 협의 내용에 반영된 규모보다 30퍼센트 이상 증가하는 경우(누적된 변경으로 증가한 규모가 법 제18조에 따른 협의 및 법 제20조에 따른 재협의에 반영된 규모보다 30퍼센트 이상인 경우를 포함한다). 다만, 별표 2 제2호 가목 1), 마목 2) 및 사목 2)의 개발기본계획이 법 제11조에 따라 결정된 평가항목별 영향을 받게 되는 지역 중 최소 지역범위에서 증가하는 경우는 제외한다.
2. 법 제18조에 따라 통보된 협의 내용에서 원형대로 보전하거나 제외하도록 한 지역의 10퍼센트 이상 토지이용계획을 변경하는 경우로서 변경되는 면적이 1만제곱미터 이상인 경우. 다만, 변경하려는 개발기본계획에 대하여 법 제27조, 제32조 및 제33조에 따라 환경영향평가에 관하여 협의기관의 장과 협의를 한 경우는 제외한다.

는 실효된 경우로서 협의 내용을 통보받은 날부터 대통령령으로 정하는 기간을 경과하지 아니한 경우

2. 전략환경영향평가 대상계획이 환경부장관과 협의를 거친 후 지연 중인 경우로서 협의 내용을 통보받은 날부터 대통령령으로 정하는 기간을 경과하지 아니한 경우

6) 변경협의

주관 행정기관의 장은 제16조부터 제18조까지의 규정에 따라 협의한 개발기본계획에 대하여 **제20조 각 호에 해당하지 아니하는 변경을 하려는 경우**로서 대통령령으로 정하는 사항을 변경하려는 경우에는 미리 환경부장관과 변경 내용에 대하여 협의를 하여야 한다(제21조 ①).

주관 행정기관의 장은 제16조부터 제18조까지의 규정에 따라 협의한 정책계획을 변경하려는 경우로서 대통령령으로 정하는 사항을 변경하려는 경우에는 환경부장관과 변경 내용에 대하여 협의를 하여야 한다(동조 ②).

제1항 및 제2항에 따른 변경협의에 대하여는 제16조부터 제19조까지의 규정을 준용한다(동조 ③).

Ⅳ. 환경영향평가

1. 환경영향평가의 대상

(1) 환경영향평가 대상사업 및 범위

현행 환경영향평가법은 주로 대규모 개발사업을 중심으로 사업목록을 정하고 있다. 이러한 방식은 환경영향평가를 받아야 하는 대상사업을 명확히 함으로서 법적안정성과 예측가능성을 확보할 수 있다. 그러나 환경에 미치는 영향이 큰 소규모 사업의 경우에는 평가대상에서 제외되는 등 사업의 특성 및 지역의 특수성을 제대로 고려할 수 없다는 단점이 있다.

제22조 제1항에서는 환경영향평가 대상사업으로 ① 도시의 개발사업, ② 산업입지 및 산업단지의 조성사업, ③ 에너지 개발사업, ④ 항만의 건설사업, ⑤ 도로의 건설사업, ⑥ 수자원의 개발사업, ⑦ 철도(도시철도를 포함한다)의 건설사업, ⑧ 공항의 건설사업, ⑨ 하천의 이용 및 개발사업, ⑩ 개간 및 공유수면의 매립사업, ⑪ 관광단지의 개발사업, ⑫ 산지의 개발사업, ⑬ 특정 지역의 개발사업, ⑭ 체육시설의 설치사업, ⑮ 폐기물 처리시설의 설치사업, ⑯ 국방·군사시설의 설치사업,

⑰ 토석·모래·자갈·광물 등의 채취사업, ⑱ 환경에 영향을 미치는 시설로서 대통령령으로 정하는 시설의 설치사업을 들고 있다.

그리고 제22조 제2항에서 대상사업의 구체적인 종류, 범위 등은 대통령령으로 정하도록 위임하고 있다. 이에 따라 시행령에서는 환경영향평가를 실시하여야 하는 대상사업의 범위를 별표에서 구체화하고 있다. 시행령 별표를 정리하면 [표 2-3]과 같다.

[표 2-3] 환경영향평가 대상사업의 범위

대상사업	세부사업 및 규모
1. 도시개발	• 정비사업, 대지조성사업, 택지개발사업·국민임대주택단지조성사업, 학교설치공사: 30만㎡ • 혁신도시개발사업: 25만㎡ • 공동집배송센터조성사업, 여객자동차터미널설치공사, 물류터미널개발사업·물류단지개발사업, 마을정비구역조성사업: 20만㎡ • 도시계획시설사업: 운하, 유통업무설비(20만㎡), 주차장시설(20만㎡), 시장(15만㎡) • 공공하수처리시설·개인하수처리시설: 10만㎥/일
2. 산업입지	• 산업단지개발사업, 단지조성사업, 자유무역지역지정, 공장설립, 공업용지조성사업, 산업기술단지조성사업, 연구개발특구조성사업: 15만㎡
3. 에너지개발	• 에너지개발을 목적으로 하는 해저광업 • 에너지개발을 목적으로 하는 광업: 30만㎡ • 전원개발사업: 발전소(1만㎾, 댐·저수지 건설 수반 시 3천㎾, 풍력·연료전지발전소 10만㎾), 지상송전선로(345㎸, 10㎞), 옥외변전소(765㎸), 회처리장(30만㎡), 저탄장(5만㎡) • 전기설비설치사업: 발전소(1만㎾, 댐·저수지 건설 수반 시 3천㎾, 공장용지 안의 자가용 발전실비 3만㎾, 태양열·풍력·연료전지발전소 10만㎾), 지상송전선로(345㎸, 10㎞), 옥외변전소(765㎸), 회처리장(30만㎡), 저탄장(5만㎡) • 송유관 중 저유시설 설치공사, 석유사업자의 저유시설 또는 석유비축시설의 설치공사, 가스사업의 설치공사: 10만㎘
4. 항만건설	• 어항시설 또는 어항개발사업: 외곽시설(300m), 계류시설, 기타 어항시설(15만㎡), 공유수면매립 수반 시 3만㎡ • 항만시설 건설사업: 외곽시설(300m), 계류시설, 기타 항만시설, 공유수면매립 수반 시 3만㎡ • 항만에서의 준설사업: 준설면적 10만㎡ 또는 준설량 20만㎥(항로·정박지 등 유지, 오염물질 제거 목적의 준설 제외)
5. 도로건설	• 도로 신설: 4㎞(도시지역 폭 25m) • 도로 확장: 10㎞(2차로 이상) • 신설+확장: $\frac{\text{신설구간 길이의 합}}{\text{4km}} + \frac{\text{확장구간 길이의 합}}{\text{10km}} \geq 1$

	• 도시지역+비도시지역: $\frac{\text{비도시구간 길이의 합}}{\text{4km}}+\frac{\text{도시구간 길이의 합}}{\text{4km}}\geq 1$
6. 수자원개발	• 하구언의 설치공사, 저수지 · 보(洑) · 유지(溜地)의 조성: 만수면적 200만㎡ 또는 총저수용량 2천만㎡
7. 철도건설	• 철도(공장 내 전용철도 제외) 건설사업, 도시철도 건설사업, 고속철도 건설사업, 길이 4㎞ 또는 면적 10만㎡ • 삭도사업: 길이 2㎞, 궤도 길이 4㎞ 또는 궤도용지 면적(궤도시설의 면적 포함) 10만㎡
8. 공항건설	• 공항개발사업: 비행장 신설, 활주로 건설(500m), 기타 공항개발사업(20만㎡)
9. 하천이용개발	• 하천구역 · 홍수관리구역에서의 하천공사: 10㎞
10. 매립 · 개간	• 공유수면매립사업: 지정항만 · 신항만 또는 자연환경보전지역 내 3만㎡, 기타 지역 30만㎡ • 간척 또는 개간사업: 100만㎡
11. 관광단지	• 관광사업, 관광지 및 관광단지 조성사업, 온천원보호지구에서의 온천개발사업: 30만㎡ • 공원사업: 조성면적 또는 공원집단시설지구면적 10만㎡ • 유원지, 공원시설 설치사업: 시설면적 10만㎡
12. 산지개발	• 산지에서 시행되는 사업: 묘지 또는 봉안시설 설치(25만㎡), 초지조성(30만㎡), 기타(20만㎡) • 임도설치사업: 노선 길이 8㎞, 1등급 권역에서의 임도설치사업
13. 특정지역개발	• 1~12, 14~17의 대상사업의 범위에 해당되는 사업 중 지역균형개발 및 지방중소기업육성에관한법률에 따라 시행되는 사업 • 지역종합개발사업: 20만㎡ • 주한미군시설사업, 국제화계획지구의 개발사업, 평택시개발사업, 행정중심복합도시의 건설사업, 경제자유구역의 개발사업, 기업도시개발사업, 신공항건설사업
14. 체육시설	• 체육시설설치공사, 경륜 또는 경정시설 설치사업, 경마장 설치사업: 25만㎡ • 청소년수련시설 건설사업, 청소년수련지구 조성사업: 30만㎡
15. 폐기물 · 분뇨 처리시설	• 폐기물처리시설 설치사업: 매립시설(조성면적 30만㎡ 또는 매립용적 330만㎥, 지정폐기물 처리시설의 경우 조성면적 5만㎡ 또는 매립용적 25만㎥), 소각시설(100t/일) • 분뇨처리시설 또는 가축분뇨처리시설의 설치: 100kℓ/일(공공하수처리시설로서 분뇨 또는 축산폐수를 유입처리하는 처리시설 제외)
16. 국방 · 군사시설	• 국방 · 군사시설사업: 33만㎡(골프장의 경우 26만㎡) • 군사기지 안에서 시행되는 사업: 비행장 신설, 활주로 신설(500m), 기타 시설(20만㎡) • 해군기지 안에서 시행되는 사업: 15만㎡(공유수면매립 수반 시 3만㎡)
17. 토석 등 채취	• 하천구역 · 홍수관리구역에서의 토석 · 암석 · 모래 · 자갈 · 광물채취사업: 상수원보호구역(2만㎡), 상수원보호구역에서 유수거리 5㎞ 이내의 상류 5만㎡ • 산지에서의 토석 · 광물채취사업: 10만㎡ • 해안에서의 광물채취: 강원 · 경북(2만㎡), 기타 (3만㎡) • 골재채취: 채취예정지 면적 25만㎡ 또는 채취량 50만㎥ • 해안에서의 골재채취: 채취면적 25만㎡ 또는 채취량 50만㎡ • 채석단지의 지정, 골재채취단지의 지정

위의 표에서 보는 바와 같이 예컨대, 도시개발사업 중에서 대지조성사업이나 택지개발사업 등은 사업의 규모가 30만㎡ 이상일 경우 환경영향평가를 실시하여야 한다. 또한 에너지개발사업 중에서 발전소를 건립하는 전원개발사업의 경우에는 발전용량 1만㎾ 이상, 도로건설사업 중에서 도로를 신설하는 경우에는 도로길이가 4㎞ 이상, 폐기물·분뇨처리시설 설치사업 중에서 가축분뇨처리시설의 설치사업은 처리용량이 1일 100㎘ 이상인 경우 환경영향평가 대상이 된다.

이처럼 우리나라는 환경영향평가 대상사업을 미리 법령에 정하고 있는 법정주의를 취하고 있는데, 그 이유는 환경영향평가를 받아야 하는 대상사업을 명확히 함으로써 법적 안정성과 예측가능성은 확보하기 위함이다. 따라서 법령에서 명확히 대상사업으로 정하고 있음에도 환경영향평가를 거치지 아니하고 이후 개발사업에 대한 승인처분이 이루어진 경우, 환경영향평가를 거치지 않은 하자는 중대하고 명백하여 이후 이루어진 승인처분은 당연무효로 보아야 한다.[42)]

[판례 1] 국토의 계획 및 이용에 관한 법률에 의한 도시계획시설사업으로 도로를 건설하는 경우, 그 사업이 4km 이상의 도로를 신설하는 사업으로서 환경영향평가 대상에 해당하는지 여부의 결정 기준: 구 환경등영향평가법 시행령(2006. 2. 3. 대통령령 제19317호로 개정되기 전의 것, 이하 같다) 제2조 제3항, [별표 1] 제1호 (마)목은 환경영향평가 대상사업으로 국토계획법에 의하여 4㎞ 이상의 도로를 신설하는 사업 중 일정한 경우를 규정하면서, 평가서 제출시기 또는 협의요청시기에 관하여 위 사업의 경우 국토계획법 제88조 제2항의 규정에 의한 실시계획의 인가 전이라고 규정하고 있으며, 위 [별표 1] 비고 제1호는 환경영향평가 대상사업의 범위 중 사업의 규모는 평가서 제출시기 또는 협의요청시기란 중 '인가·허가·승인 등을 받고자 하는 사업의 규모'를 말한다고 규정하고 있다. 위와 같은 규정들을 종합해 보면, 국토계획법에 의한 도시계획시설사업으로 도로를 건설하는 경우 그 사업이 4㎞ 이상의 도로를 신설하는 사업으로서 환경영향평가 대상에 해당하는지 여부는 인가를 받고자 하는 실시계획상의 사업의 규모에 따라 결정된다고 봄이 상당하며, 이는 위 사업이 국토계획법 제87조에 따라 분할되어 시행되는 경우에도 마찬가지라 할 것이다(대법원 2008. 11. 13. 선고 2007두19317 판결[도시계획시설사업실시계획인가고시처분취소]).

[판례 2] [1] 대지조성을 수반하는 주택건설사업이 환경·교통·재해 등에 관한 영향평가법에 정한 환경영향평가 대상사업에 해당하는지 여부(적극): 주택법 제2조 제1호에 의하면 주택이란 건축물과 그 부속토지를 의미하고, 주택법 제16조에서 사업계획승인을 받아

42) 대법원 2006. 6. 30. 선고 2005두14363 판결 – 도창리 사격장 사건

야 하는 사업으로 일응 '주택건설사업'과 '대지조성사업'을 구분하고는 있으나, 주택법 시행령 제15조 제5항에 의하면 주택건설사업에는 '주택건설에 필요한 대지조성공사를 우선 시행하고자 하는 경우'도 포함되는 것으로 하면서 그러한 경우에는 주택건설사업계획 승인신청시 대지조성공사설계도서를 함께 제출하도록 규정하고 있는 점에 비추어 보면, 대지조성을 수반하는 주택건설사업은 대지조성사업으로서의 성질도 함께 가지고 있으므로 환경 · 교통 · 재해 등에 관한 영향평가법 시행령 [별표 1] 제1. 가. (5)항에서 정한 환경영향평가 대상사업에 해당한다. [2] 동일영향권역에서 시행되는 동종의 사업들에 대하여 전체적으로 하나의 사업으로 보아 각 사업의 규모를 합산하여 환경영향평가 대상 여부를 결정하여야 하는지 여부(적극): 환경 · 교통 · 재해 등에 관한 영향평가법의 입법 취지 및 같은 법 시행령 [별표 1] (현행 [별표 3]) 비고 제4. 나.항의 문언상 제4. 가.항과 같이 '동일한 사업자'가 사업을 시행할 것을 요구하지 않은 채, 단지 기존 '사업'과 신규로 승인받는 '사업' 규모의 합이 일정규모 이상인 때라고 규정하고 있는 점 등에 비추어 보면, 동일영향권역에서 시행되는 동종의 사업들에 대해서는 사업자가 동일한지를 불문하고 전체적으로 하나의 사업으로 보아 각 사업의 규모를 합산하여 환경영향평가 대상 여부를 결정하여야 한다고 해석된다(서울고법 2006. 9. 11. 자 2006루122 결정: 재항고[행정처분효력집행정지]).

[판례 3] 가축분뇨의 관리 및 이용에 관한 법률에 의한 가축분뇨 처리시설의 설치작업으로 가축분뇨 처리시설을 설치하는 경우 환경영향평가대상에 해당하는지 판단하는 기준 / 구 환경영향평가법상 가축분뇨를 처리하는 시설로서 처리용량이 1일 100kℓ 이상인 것은 운영 주체와 상관없이 전부 환경영향평가 대상사업이 되는지 여부(적극) : 가축분뇨법, 구 환경영향평가법 관련 규정들에 의하면, 가축분뇨법에 의한 가축분뇨 처리시설의 설치사업으로 가축분뇨 처리시설을 설치하는 경우 환경영향평가대상사업에 해당하는지 여부는 승인 등을 받고자 하는 가축분뇨 처리시설의 처리용량이 1일 100kℓ 이상인지 여부에 따라 결정된다고 볼 것이다. 나아가 가축분뇨법, 구 환경영향평가법, 같은 법 시행령의 규정 내용과 그 입법 취지 및 개정 경위 등을 종합하여 보면, 비록 위 [별표 1] 제15호 (나)목 2)가 평가서 제출시기 또는 협의요청시기를 가축분뇨법 제24조 또는 제28조에 따른 공공처리시설의 설치승인 전 또는 분뇨처리업의 허가 전이라고 정하였지만, 이는 구 환경영향평가법 제16조, 같은 법 시행령 제23조의 위임을 받아 규정된 환경영향평가의 절차에 관한 규정일 뿐이고, 위 '평가서 제출시기 또는 협의요청시기'의 규정 내용을 이유로 환경영향평가대상사업의 범위를 공공처리시설이나 분뇨처리업자의 처리시설로 제한할 수는 없으므로, 구 환경영향평가법상 가축분뇨를 처리하는 시설로서 처리용량이 1일 100kℓ 이상인 것은 그 운영 주체와 상관없이 그 전부가 환경영향평가 대상사업이 된다고 봄이 상당하다. … 가축분뇨법 제27조에 따라 가축분뇨를 재활용의 목적으로 처리하고자 하는 이가 시장 등에게 신고하기 이전에 가축분뇨 처리시설 자체의 설치를 위한 건축허

가나 개발행위허가 등을 신청한 경우에는 최소한 그 개별적인 가축분뇨 처리시설의 건축허가나 개발행위허가 전에 환경영향평가를 실시할 필요가 있다. 따라서 비록 이 사건 처분 당시 구 환경영향평가법 시행령 [별표 1] 제15호 (나)목 2)에 가축분뇨법 제27조에 따른 재활용 신고대상 처리시설에 대한 평가서 제출시기 또는 협의요청시기에 관한 구체적인 규정이 없다고 하더라도 위와 같은 경우에는 특별한 사정이 없는 한 개별적인 가축분뇨 처리시설의 설치를 위한 건축허가나 개발행위허가 전에 환경영향평가를 실시하여야 한다고 보아야 한다(대법원 2014. 2. 27. 선고 2011두14074 판결[분뇨및쓰레기처리시설허가취소]－음성양돈협회 영농조합법인의 퇴비·액비 자원화시설 설치사업 사례).[43]

(2) 누적적 영향의 고려

동법 제4조는 '환경영향평가등의 기본원칙'을 규정하면서, 제5호에서 "환경영향평가등은 계획 또는 사업이 특정 지역 또는 시기에 집중될 경우에는 이에 대한 누적적 영향을 고려하여 실시되어야 한다."고 규정하여 환경영향평가시 개발사업의 누적적 영향에 대한 평가의 중요성을 강조하고 있다.

---

43) 음성양돈협회 영농조합법인이 음성군 일대의 가축분뇨를 운반·수집하여 퇴비 또는 액비로 만드는 자원화시설의 설치허가를 신청하자 음성군수가 개발행위허가를 내준 사안으로, 음성군수와 위 영농조합법인은 해당 시설 설치사업은 환경영향평가 대상사업이 아니라고 주장하였으나 원심은 환경영향평가 대상사업이라고 보아 음성군수의 개발행위허가를 취소하였다. 가축분뇨법에 따르면, 가축분뇨법 제2조 제8호의 처리시설과 제9호의 공공처리시설로는 ① 배출시설 설치자가 설치하는 처리시설, ② 지방자치단체의 장이 설치하는 공공처리시설, ③ 재활용처리 신고를 한 자가 설치하는 재활용시설, ④ 가축분뇨처리업자가 설치하는 처리시설이 있다. 이 사안은 가축분뇨를 이용하여 퇴비 또는 액비로 만드는 자원화시설의 설치허가와 관련된 것으로, '재활용처리 신고를 한 자가 설치하는 재활용시설'에 관한 것이다. 구 환경영향평가법 및 동 시행령에 따르면, 가축분뇨법 제2조 제8호 또는 제9호에 따른 처리시설 또는 공공처리시설은 평가대상사업에 해당하고, 평가대상사업의 구체적인 범위는 별표에서 가축분뇨법 제2조 제8호에 따른 처리시설로서 처리용량이 1일 100kℓ 이상인 것이라고 규정하고 있었으며, '평가서 제출시기 또는 협의요청시기'를 가축분뇨법 제24조 또는 제28조에 따른 공공처리시설의 설치승인 전 또는 분뇨처리업의 허가 전이라고 규정하고 있었다. 그런데 음성양돈협회 영농조합에서 설치하는 이 사건 시설은 재활용처리 신고를 한 자가 설치하는 재활용시설로서, 처리용량이 1일 100kℓ 이상으로 환경영향평가대상사업에 해당하지만 '평가서 제출시기 또는 협의요청시기'를 규정한 위 시행령 별표에는 재활용시설 설치의 경우에는 입법의 불비로 규정내용이 없었다. 이를 이유로 음성양돈협회 영농조합은 자신이 설치하는 시설은 환경영향평가의 대상이 아니라고 주장한 것이다. 그러나 동 판결에서는 '평가서 제출시기 또는 협의요청시기'의 규정내용을 이유로 환경영향평가대상사업의 범위를 공공처리시설이나 분뇨처리업자의 처리시설로 제한할 수는 없으므로, 구 환경영향평가법상 가축분뇨를 처리하는 시설로서 처리용량이 1일 100kℓ 이상인 것은 그 운영 주체와 상관없이 그 전부가 환경영향평가 대상사업이 된다고 본 것이다. 이후 입법의 불비를 개선하여 동법 시행령 [별표3] 제15호에서 협의요청시기를 "「가축분뇨의 관리 및 이용에 관한 법률」 제12조, 제24조, 제27조 또는 제28조에 따른 처리시설 설치허가 전, 공공처리시설 설치승인 전, 가축분뇨의 재활용시설 설치를 위한 「건축법」 등 다른 법률에 따른 인·허가 전 또는 가축분뇨처리업의 허가 전"이라고 규정하게 되었다.

환경에 대한 누적 영향의 평가는 특히 분할개발이나 연접개발 또는 축소개발 등의 경우 중요한 의미를 지닌다. 왜냐하면 관련 개별 사업들이 시행되는 경우 해당 지역의 환경용량을 초과하는 심각한 환경오염 및 환경훼손이 발생할 수 있기 때문이다. 예컨대, 사업자가 환경영향평가법의 적용을 받지 않기 위해 동일한 종류의 사업을 평가대상 사업규모 이하의 여러 개 사업으로 나누어 개발하는 경우(분할개발)나 이미 허가를 받은 1차 개발사업과 연접한 지역에 추가로 이루어지는 2차 개발사업이 모두 평가대상 규모 이하이지만 양자를 합치면 환경영향평가 대상 규모에 이르는 경우(연접개발)에는 각각의 사업들을 전체적으로 하나의 사업으로 보아 각 사업 규모의 합이 환경영향평가 대상규모에 이른 경우에는 환경영향평가를 실시하여야 한다.[44] 또한 사업자가 환경영향평가법의 적용을 받지 않기 위해 해당 개발사업을 평가대상 사업규모 이하로 축소하여 진행하는 경우(축소개발)에는 실질적으로 개발사업이 이루어지는 면적 전체를 대상으로 환경영향평가가 실시되어야 한다.

환경영향평가법 시행령 [별표 3]의 <비고 4>와 <비고 9>에서는 분할개발, 연접개발시의 환경영향평가 대상사업의 범위를 정하고 있다.[45] 이들 규정은 사업

---

44) 예컨대, 사업자가 제1차 택지개발사업의 승인을 받은 후 사업규모를 확대하기 위해 동일 지역에 연접하여 제2차 택지개발사업의 승인을 받은 경우, 제1차 및 제2차 택지개발사업이 각각 환경영향평가대상 규모 미만일지라도 각 사업 규모의 합이 환경영향평가 대상 규모에 이른 때에는 환경영향평가를 실시해야 한다. 이 경우 제1차 사업 승인 당시에는 환경영향평가 대상사업이 아니므로 그 승인처분은 적법하지만, 제2차 사업 승인을 받기 위해서는 합해진 사업규모 전체에 대하여 환경영향평가를 실시하여야 하나 이를 거치지 않았다면, 이러한 하자는 중대하고 명백하여 그 처분은 당연무효에 해당한다.

45) <비고 4>. 다음 각 목의 어느 하나에 해당하는 사업은 그 사업 전체에 대하여 환경영향평가를 하여야 한다.

가. 같은 사업자가 동일 영향권역에서 같은 종류의 사업을 하는 경우로서 각 사업 규모의 합이 평가 대상규모에 이른 경우(위 표 제17호 마목의 골재채취예정지는 제외하고, 위 표 제3호 다목 및 라목의 송전선로건설사업, 제5호의 도로건설사업, 제7호의 철도건설사업의 경우에는 준공된 사업은 제외한다)

나. 사업의 승인등을 할 당시에 평가대상사업에 해당되나 평가 대상규모 미만이어서 환경영향평가를 하지 않은 사업이 동일 영향권역에서 사업계획의 변경으로 그 사업규모가 평가 대상규모에 이르거나, 그 사업규모와 신규로 승인등이 된 사업규모의 합이 평가 대상규모에 이른 경우

다. 해당 사업의 승인등이 이루어진 후 위 표의 개정으로 새로 환경영향평가대상사업에 해당하게 된 사업이 다음의 어느 하나에 해당하는 경우

1) 위 표의 개정 당시 평가 대상규모 미만인 사업이 동일 영향권역에서 사업계획의 변경 또는 신규 승인등으로 사업규모가 평가 대상규모에 이르거나 해당 사업의 규모와 신규로 승인등이 되는 사업의 규모와의 합이 환경영향평가 대상규모 이상이 되는 경우

2) 위 표의 개정 당시에 새로 추가된 환경영향평가대상사업의 평가 대상규모 이상인 사업이 동일 영향권역에서 사업계획의 변경 또는 신규 승인등으로 해당 사업의 승인등을 받을 당시 보다 15퍼센트 이상 그 규모가 증가되거나 증가되는 사업의 규모가 평가 대상규모 이상인 경우

주체가 동일한 경우는 물론 사업주체나 사업시기를 달리하는 경우에도 적용된다고 할 것이다.

한편, 해당 개발사업의 누적적 영향에 대한 평가는 개발사업이 이루어지는 전체 면적을 대상으로 하여 이루어져야 한다. 판례는 소규모 환경영향평가와 관련된 사안에서 '사업계획 면적'이란 개발사업이 이루어지는 전체 면적으로서, 사업자가 해당 개발사업의 사업계획을 수립·시행하기 위하여 관계 법령상 행정청의 인허가를 받아야 할 필요가 있는 모든 토지 면적의 총합을 의미한다고 보았다. 따라서 해당 개발사업을 위한 시설 자체의 부지뿐만 아니라 부속시설이나 진입도로의 부지 등도 사업계획 면적에 포함시켜야 하고, 이들 토지 전체의 규모를 기초로 하여 환경영향평가 대상사업 여부를 결정하여야 한다.[46]

[판례 1] 연접개발이 사전환경성검토협의 대상사업에 해당하는 경우를 규정한 구 환경정책기본법 시행령 조항이 사업주체나 사업시기를 달리하는 경우에도 적용되는지 여부(적극): 구 환경정책기본법(2005. 5. 31. 법률 제7561호로 개정되기 전의 것) 제25조 제1항 및 제4항과 같은 법 시행령(2005. 1. 31. 대통령령 제18693호로 개정되기 전의 것) 제7조 제1항 [별표 2] '사전환경성검토대상 및 협의요청시기'의 2. 가. (2)항 및 비고 제7항[47] 등 관계 규정에 의하면, 사전환경성검토협의 대상면적 미만으로 이미 허가를 받은 개발사업지역과 연접한 지역에 추가로 개발사업을 하고자 하는 연접개발이 사전환경성검토협의 대상사업에 해당하는지 여부를 판단함에 있어서, 위 연접개발에 관하여 규정한 위 비고 제7항은 사업주체가 동일한 경우는 물론 사업주체나 사업시기를 달리하는 경우에도 그 적용이 있다고 해석함이 상당하다(대법원 2006. 12. 22. 선고 2006두14001 판결[공장

<비고 9>. 같은 사업자가 둘 이상의 사업을 하나의 사업계획으로 연계하여 추진하는 경우로서 다음 계산식에 따라 산출된 수치의 합이 1 이상인 경우에는 이들 사업에 대한 평가서를 하나로 통합하여 작성하고, 그 사업 전체에 대하여 환경영향평가를 하여야 한다.

$$\frac{\text{해당 사업면적 또는 용량 등}}{\text{별표 1 대상사업의 최소면적 또는 용량 등}} + \cdot \cdot \cdot \cdot$$

46) 대법원 2020. 7. 23. 선고 2019두31839 판결[건축허가취소처분취소] – 평택시 돼지축사 건축허가 직권취소 사건

47) 7. 사전환경성검토협의대상면적 미만으로 이미 허가를 받은 개발사업지역과 연접한 지역에 추가로 개발사업을 하고자 하는 경우 그 추가개발사업의 허가를 신청하는 날을 기준으로 최근 10년 이내에 이미 허가를 받은 개발사업면적과 당해 허가를 신청한 사업계획면적의 합이 다음 각목의 1에 해당하는 때에는 추가로 개발하고자 하는 사업을 사전환경성검토협의대상에 포함한다. 가. 허가를 받아 추가로 개발하고자 하는 사업계획면적이 최소 사전환경성검토협의대상면적의 30퍼센트 이상이고 이미 허가를 받은 개발사업면적과의 합이 최소 사전환경성검토협의대상면적 이상이 되는 때. 나. 허가를 받아 추가로 개발하고자 하는 사업계획면적과 이미 허가를 받은 개발사업면적의 합이 최소 사전환경성검토협의대상면적의 130퍼센트 이상이 되는 때.

설립승인처분취소] – 신일아파트 사건).

[판례 2] 환경영향평가법 시행령 제59조 [별표 4] 제1호 (다)목에서 소규모 환경영향평가의 대상으로 정한 '국토의 계획 및 이용에 관한 법률 제6조 제3호에 따른 농림지역의 경우 사업계획 면적이 7,500㎡ 이상인 개발사업'에서 '사업계획 면적'의 의미: 개발사업의 입지의 타당성과 개발사업이 환경에 미치는 영향을 미리 조사·예측·평가하여 환경보전 방안을 마련하고자 하는 소규모 환경영향평가 제도의 취지를 고려하면, '사업계획 면적'이란 개발사업이 이루어지는 전체 면적으로서, 사업자가 해당 개발사업의 사업계획을 수립·시행하기 위하여 관계 법령상 행정청의 인허가를 받아야 할 필요가 있는 모든 토지 면적의 총합을 의미한다고 봄이 타당하다(대법원 2020. 7. 23. 선고 2019두31839 판결[건축허가취소처분취소] – 평택시 돼지축사 건축허가 직권취소 사건).[48]

(3) 환경영향평가 대상 제외

다음에 해당하는 사업은 환경영향평가 대상사업에서 제외된다. 즉, ① 「재난 및 안전관리 기본법」 제37조에 따른 응급조치를 위한 사업, ② 국방부장관이 군사상 고도의 기밀보호가 필요하거나 군사작전의 긴급한 수행을 위하여 필요하다고 인정하여 환경부장관과 협의한 사업, ③ 국가정보원장이 국가안보를 위하여 고도의 기밀보호가 필요하다고 인정하여 환경부장관과 협의한 사업에 대하여는 영향평가를 실시하지 아니한다(제23조).

2. 환경영향평가의 절차

「환경영향평가법」에 규정된 환경영향평가 절차를 간략하게 살펴보면 다음과 같다. 사업자는 개발하고자 하는 사업이 환경영향평가 대상사업에 해당하는 경우에는 먼저 평가준비서를 작성하여 승인기관의 장에게 환경영향평가 항목·범위 등을 정하여 줄 것을 요청하고, 승인기관의 장은 환경영향평가협의회의 심의를 거쳐 환경영향평가 항목·범위 등을 결정하여 사업자에게 통보한다. 사업자는 환경영향평가 항목·범위 등 결정된 사항을 토대로 자료수집 및 현지 조사 등을 하여 평가서초안을 작성한다. 그리고 이 평가서초안을 가지고 주민의견수렴을 하고 이를 반

48) 돼지축사 10개 동을 건축하기 위하여 지목이 '답'인 토지에 축사를 설치하기 위해 건축허가를 신청한 사안에서, 축사 자체의 부지(7,457㎡)뿐만 아니라 '부지 제외지'(345㎡)와 '목적 외 사용승인허가 예정지'(135㎡)도 축사의 부속시설이나 진입도로의 부지에 해당하므로, 축사를 건축하는 개발사업은 그 '사업계획 면적'이 적어도 7,937㎡(=7,457㎡+345㎡+135㎡)가 되므로 소규모 환경영향평가의 대상인 '농림지역에서 사업계획 면적이 7,500㎡ 이상인 개발사업'에 해당한다고 본 사례(세부내용은 소규모 환경영향평가 부분에 실린 동 판례 참조)

영한 환경영향평가서를 작성하게 된다.

사업자는 작성된 평가서를 개발사업의 승인기관의 장에 제출하고, 승인기관의 장은 환경부장관에게 평가서 협의요청을 한다. 환경부장관은 일정한 기간 내에 평가서의 검토를 마치고 그 결과를 승인기관의 장에게 통보하면 승인기관의 장은 이를 사업자에 통보한다. 승인기관의 장은 협의내용이 사업계획에 반영되었는지를 확인하고, 반영여부 등에 대하여 환경부에 통보한다.

사업자는 환경영향평가 대상사업을 시행하면서 협의내용을 이행하여야 하고, 착공 후 발생할 수 있는 환경피해를 방지하기 위하여 사후환경영향조사를 실시하게 된다. 승인기관의 장과 환경부장관은 사업자가 협의내용을 제대로 이행하는지에 대하여 관리·감독하게 된다. 이를 도식화하면 <그림 2－1>과 같다.

(1) 환경영향평가서의 작성 단계

사업자는 환경영향평가 대상사업을 시행하려는 때에는 환경영향평가서를 작성하여야 한다(제27조). 사업자는 먼저 평가준비서를 작성하여 승인기관의 장에게 환경영향평가 항목·범위 등을 정하여 줄 것을 요청한다. 승인기관의 장은 환경영향평가협의회의 심의를 거쳐 환경영향평가 항목·범위 등을 결정하여 사업자에게 통보한다. 사업자는 이를 토대로 평가서초안을 작성한다. 그리고 이 평가서초안을 가지고 주민 등의 의견수렴을 하고 이를 반영한 환경영향평가서를 작성하게 된다.

1) 평가준비서의 작성

사업자는 환경영향평가를 실시하기 전에 평가준비서를 작성하여야 한다(제24조). 평가준비서는 사업자가 본격적인 환경영향평가 절차에 들어가기 전에 환경현황에 관한 국가환경 DB, 문헌 등 기존 자료를 토대로 작성하여 승인기관의 장에게 제출하는 문서로서, 대상사업의 목적 및 개요, 환경영향평가 대상지역의 설정 등 환경영향평가를 수행하는 데 있어서의 기초적 내용을 기재하게 된다.

2) 평가 항목·범위 등의 결정

승인등을 받지 아니하여도 되는 사업자는 환경영향평가를 실시하기 전에 평가준비서를 작성하여 대통령령으로 정하는 기간 내에 환경영향평가협의회의 심의를 거쳐 ① **환경영향평가 대상지역**, ② **환경보전방안의 대안**, ③ **평가 항목·범위·방법 등**의 사항(이하 이 장에서 "**환경영향평가항목등**"이라 한다)을 결정하여야 한다(제24조 ①). 환경영향평가의 항목·범위 등을 일률적으로 정하지 않고 개별 사업마다 일정한 절차를 거쳐 정하는 것을 스코핑(scoping) 제도라 하는데, 동법 제24조 제1항은 일종의 스코핑제도를 도입하고 있는 것이다.

<그림 2-1> 환경영향평가 절차 조감도[49)]

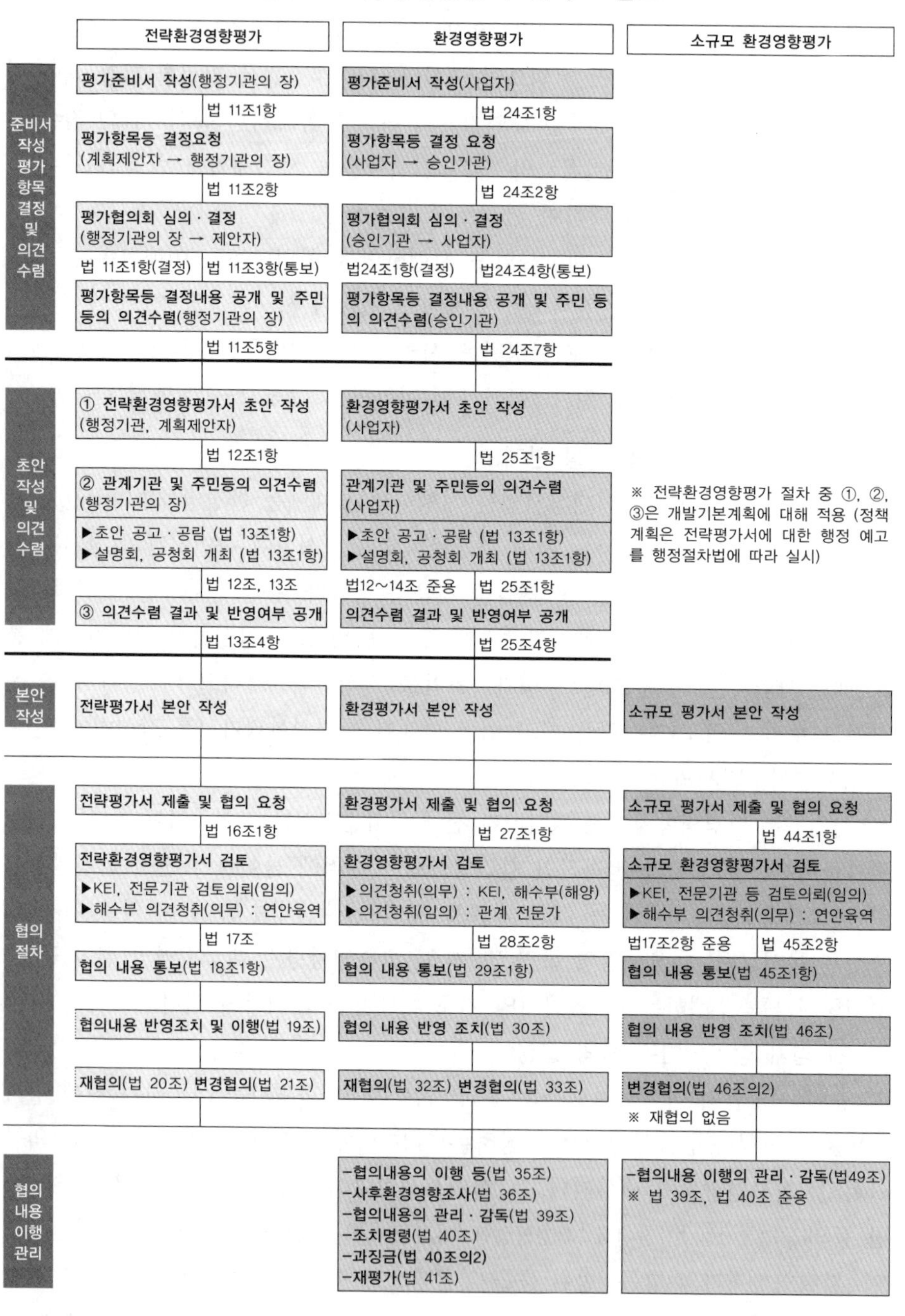
전략환경영향평가
환경영향평가
소규모 환경영향평가
준비서 작성 평가항목 결정 및 의견수렴
평가준비서 작성(행정기관의 장)
법 11조1항
평가항목등 결정요청
(계획제안자 → 행정기관의 장)
법 11조2항
평가협의회 심의·결정
(행정기관의 장 → 제안자)
법 11조1항(결정)
법 11조3항(통보)
평가항목등 결정내용 공개 및 주민등의 의견수렴(행정기관의 장)
법 11조5항
평가준비서 작성(사업자)
법 24조1항
평가항목등 결정 요청
(사업자 → 승인기관)
법 24조2항
평가협의회 심의·결정
(승인기관 → 사업자)
법24조1항(결정)
법24조4항(통보)
평가항목등 결정내용 공개 및 주민 등의 의견수렴(승인기관)
법 24조7항
초안 작성 및 의견 수렴
① 전략환경영향평가서 초안 작성
(행정기관, 계획제안자)
법 12조1항
② 관계기관 및 주민등의 의견수렴
(행정기관의 장)
▶초안 공고·공람 (법 13조1항)
▶설명회, 공청회 개최 (법 13조1항)
법 12조, 13조
③ 의견수렴 결과 및 반영여부 공개
법 13조4항
환경영향평가서 초안 작성
(사업자)
법 25조1항
관계기관 및 주민등의 의견수렴
(사업자)
▶초안 공고·공람 (법 13조1항)
▶설명회, 공청회 개최 (법 13조1항)
법12~14조 준용
법 25조1항
의견수렴 결과 및 반영여부 공개
법 25조4항
※ 전략환경영향평가 절차 중 ①, ②, ③은 개발기본계획에 대해 적용 (정책계획은 전략평가서에 대한 행정 예고를 행정절차법에 따라 실시)
본안 작성
전략평가서 본안 작성
환경평가서 본안 작성
소규모 평가서 본안 작성
협의 절차
전략평가서 제출 및 협의 요청
법 16조1항
전략환경영향평가서 검토
▶KEI, 전문기관 검토의뢰(임의)
▶해수부 의견청취(의무) : 연안육역
법 17조
협의 내용 통보(법 18조1항)
협의내용 반영조치 및 이행(법 19조)
재협의(법 20조) 변경협의(법 21조)
환경평가서 제출 및 협의 요청
법 27조1항
환경영향평가서 검토
▶의견청취(의무) : KEI, 해수부(해양)
▶의견청취(임의) : 관계 전문가
법 28조2항
협의 내용 통보(법 29조1항)
협의 내용 반영 조치(법 30조)
재협의(법 32조) 변경협의(법 33조)
소규모 평가서 제출 및 협의 요청
법 44조1항
소규모 환경영향평가서 검토
▶KEI, 전문기관 등 검토의뢰(임의)
▶해수부 의견청취(의무) : 연안육역
법17조2항 준용
법 45조2항
협의 내용 통보(법 45조1항)
협의 내용 반영 조치(법 46조)
변경협의(법 46조의2)
※ 재협의 없음
협의 내용 이행 관리
-협의내용의 이행 등(법 35조)
-사후환경영향조사(법 36조)
-협의내용의 관리·감독(법 39조)
-조치명령(법 40조)
-과징금(법 40조의2)
-재평가(법 41조)
-협의내용 이행의 관리·감독(법49조)
※ 법 39조, 법 40조 준용

49) 환경부 자료.

승인등을 받아야 하는 사업자는 환경영향평가를 실시하기 전에 평가준비서를 작성하여 승인기관의 장에게 환경영향평가항목등을 정하여 줄 것을 요청하여야 한다(동조 ②).

환경부장관은 다음 각 호의 어느 하나에 해당하는 요청을 받은 경우에는 환경영향평가항목등을 결정할 수 있다(동조 ③).

1. 승인등을 받지 아니하여도 되는 사업자가 환경영향평가협의회의 심의를 거치기 곤란한 부득이한 사유가 있거나 특별히 전문성이 요구된다고 판단하여 환경영향평가항목등을 정하여 줄 것을 요청한 경우
2. 승인등을 받아야 하는 사업자가 환경영향평가협의회의 심의를 거치기 곤란한 부득이한 사유가 있거나 특별히 전문성이 요구된다고 판단하여 승인기관을 거쳐 환경영향평가항목등을 정하여 줄 것을 요청한 경우

제2항 및 제3항에 따른 요청을 받은 승인기관의 장이나 환경부장관은 대통령령으로 정하는 기간 내에 **환경영향평가협의회의 심의**를 거쳐 **환경영향평가항목등을 결정**하여 사업자에게 **통보**하여야 한다(동조 ④).

승인등을 받지 아니하여도 되는 사업자 또는 승인기관의 장(이하 "승인기관장등"이라 한다)이나 환경부장관은 제1항부터 제4항까지의 규정에 따라 환경영향평가항목등을 결정할 때에는 **다음 각 호의 사항을 고려**하여야 한다(동조 ⑤).

1. 제11조에 따라 결정한 전략환경영향평가항목등(개발기본계획을 수립한 환경영향평가 대상사업만 해당한다)
2. 해당 지역 및 주변 지역의 입지 여건
3. 토지이용 상황
4. 사업의 성격
5. 환경 특성
6. 계절적 특성 변화(환경적·생태적으로 가치가 큰 지역)

사업자는 제11조에 따른 전략환경영향평가항목등에 환경영향평가항목등이 포함되어 결정된 경우로서 환경부장관과 전략환경영향평가에 대하여 협의하였을 때에는 제1항 및 제2항에 따른 **환경영향평가항목등의 결정 절차를 거치지 아니할 수 있다**. 이 경우 제11조에 따라 결정된 **전략환경영향평가항목등은** 제1항부터 제5항까지의 규정에 따라 결정된 **환경영향평가항목등으로 본다**(동조 ⑥).

승인기관장등이나 환경부장관은 제1항과 제4항에 따라 결정된 환경영향평가항목등을 대통령령으로 정하는 방법에 따라 **공개**하고 **주민 등의 의견**을 들어야 한다

(동조 ⑦).

제1항부터 제5항까지의 규정에 따른 환경영향평가항목등의 결정에 필요한 사항은 대통령령으로 정하고, 제1항 및 제2항에 따른 평가준비서의 작성방법은 환경부령으로 정한다(동조 ⑧).

3) 평가서초안 작성 및 주민 등의 의견 수렴

사업자는 제24조에 따라 결정된 환경영향평가항목등에 따라 환경영향평가서 **초안을 작성**하여 **주민 등의 의견**을 수렴하여야 한다(제25조 ①).

제1항에 따른 환경영향평가서 초안의 작성 및 주민 등의 의견 수렴 절차에 관하여는 **제12조 및 제13조를 준용**한다(동조 ② 본문). 따라서 사업자는 환경영향평가서 초안을 작성하여 이를 공고·공람하고 설명회를 개최하여 대상지역 주민의 의견을 들어야 하며, 대통령령으로 정하는 범위의 주민이 공청회 개최를 요구면 공청회를 개최하여야 한다.[50] 그리고 대통령령으로 정하는 사유가 있는 경우에는 설명회나 공청회를 개최하지 않을 수 있다.[51] 다만, 주민에 대한 공고 및 공람은 환

50) 제40조(공청회의 개최 등) ① 사업자는 법 제25조 제2항에 따라 다음 각 호의 어느 하나에 해당하는 경우에는 공청회를 개최하여야 한다.
1. 제38조에 따라 공청회 개최가 필요하다는 의견을 제출한 주민이 30명 이상인 경우
2. 제38조에 따라 공청회 개최가 필요하다는 의견을 제출한 주민이 5명 이상이고, 환경영향평가서 초안에 대한 의견을 제출한 주민 총수의 50퍼센트 이상인 경우
② 사업자는 환경영향평가서 초안의 공람기간이 끝난 후 관계 전문가 및 주민의 의견을 폭넓게 수렴할 필요가 있다고 인정하는 경우에는 공청회를 개최할 수 있다.
③ 사업자는 제1항 및 제2항에 따라 공청회를 개최하려는 경우에는 공청회를 개최하기 14일 전까지 일간신문과 지역신문에 다음 각 호의 사항을 각각 1회 이상 공고하여야 한다.
1. 사업의 개요
2. 공청회 일시 및 장소
3. 그 밖에 원활한 공청회 운영을 위하여 필요한 사항
④ 사업자는 공청회가 끝난 후 7일 이내에 환경부령으로 정하는 바에 따라 공청회 개최 결과를 주관 시장·군수·구청장 및 관계 시장·군수·구청장에게 통지하여야 한다.
⑤ 제1항부터 제4항까지에서 규정한 사항 외에 공청회의 개최에 필요한 사항은 환경부령으로 정한다.

51) 제41조(설명회 또는 공청회의 생략) ① 법 제25조 제2항에 따라 설명회나 공청회를 개최하지 아니할 수 있는 경우는 다음 각 호의 어느 하나에 해당하는 경우를 말한다.
1. 설명회가 주민 등의 개최 방해 등의 사유로 개최되지 못하거나 개최되었더라도 정상적으로 진행되지 못한 경우
2. 공청회가 주민 등의 개최 방해 등의 사유로 2회 이상 개최되지 못하거나 개최되었더라도 정상적으로 진행되지 못한 경우
② 사업자는 제1항에 따라 설명회 또는 공청회를 생략한 경우에는 다음 각 호의 조치를 하여야 하며, 그 밖의 방법으로 주민 등의 의견을 듣기 위하여 성실히 노력하여야 한다.
1. 설명회를 생략한 경우: 다음 각 목에 해당하는 조치
가. 일간신문과 지역신문에 설명회를 생략하게 된 사유 및 설명자료 열람방법 등을 각각 1회 이상

경영향평가 대상사업의 사업지역을 관할하는 시장·군수·구청장이 하여야 한다(동조 ② 단서). 사업자가 제1항에 따른 환경영향평가서 초안에 대하여 다른 법령에 따라 주민 등의 의견을 20일 이상 수렴하는 등 제2항의 절차에 준하여 수렴한 경우에는 제1항에 따라 주민 등의 의견을 수렴한 것으로 본다(동조 ③). 사업자는 제1항 및 제3항에 따른 주민 등의 의견 수렴 결과와 반영 여부를 대통령령으로 정하는 방법에 따라 공개하여야 한다(동조 ④).

[판례] 구 환경영향평가법 시행령 제9조 제4항은 "공청회가 사업자가 책임질 수 없는 사유로 2회에 걸쳐 개최되지 못하거나 개최는 되었으나 정상적으로 진행되지 못한 경우에는 공청회를 생략할 수 있다. 이 경우 사업자는 공청회를 생략하게 된 사유와 공청회시 의견을 제출하고자 한 자의 의견제출의 시기 및 방법 등에 관한 사항을 제2항의 규정을 준용하여 공고하고, 다른 방법으로 주민의 의견을 듣도록 노력하여야 한다"라고 규정하고 있다. 위 규정은 천재지변이나 사업을 반대하는 세력에 의한 공청회의 개최 또는 진행 방해 등 사업자가 책임질 수 없는 사유로 인해 공청회를 개최 또는 진행하는 것이 불가능할 경우에는 공청회를 생략하고, 다른 방법으로 주민의 의견을 들을 수 있도록 하는 데 그 취지가 있다. 그러므로 1회의 공청회가 개최 또는 정상 진행되지 못한 경우에도 공청회가 개최 또는 진행되지 못한 사유 등에 비추어 차후의 공청회 역시 개최 또는 정상 진행되지 못할 것이 확실한 경우에는 위 규정의 취지에 비추어 반드시 2회 공청회를 개최할 필요는 없다. 원심이 인정한 사실 및 기록을 종합하면, 참가인이 2003. 1.15. 개최한 공청회가 주민들의 반대로 정상적으로 진행되지 못하였으며, 차후 다시 공청회를 개최하여도 같은 사유로 공청회가 정상적으로 진행되지 못할 것으로 인정된다(대법원 2009. 4. 23. 선고 2007두13159 판결[도로구역결정처분취소] – 서울 – 춘천간 민자고속도로 사건[52]).

공고

나. 해당 시·군·구의 정보통신망 및 환경영향평가 정보지원시스템에 설명회를 생략하게 된 사유 및 설명자료 등을 게시

2. 공청회를 생략한 경우: 공청회를 생략하게 된 사유, 의견제출 시기 및 방법, 설명자료 열람방법 등을 일간신문과 지역신문에 각각 1회 이상 공고

③ 사업자는 제2항 제2호에 따른 공고를 하려는 경우에는 의견제출 시기 및 방법 등에 관하여 주관 시장·군수·구청장과 협의하여야 한다.

52) 선행처분인 서울 – 춘천간 고속도로 민간투자시설사업의 사업시행자 지정처분의 무효를 이유로 그 후행처분인 도로구역결정처분의 취소를 구하는 소송에서, 선행처분인 사업시행자 지정처분을 무효로 할 만큼 중대하고 명백한 하자가 없다고 한 사례

사업자는 환경영향평가 대상사업에 대한 개발기본계획을 수립할 때에 제12조부터 제15조까지의 규정에 따른 전략환경영향평가서 초안의 작성 및 의견 수렴 절차를 거친 경우(제14조에 따라 의견 수렴 절차를 생략한 경우는 제외한다)로서 **다음 각 호의 요건에 모두 해당**하는 경우 협의기관의 장과의 협의를 거쳐 제1항 및 제2항에 따른 **환경영향평가서 초안의 작성 및 의견 수렴 절차를 거치지 아니할 수 있다**(동조 ⑤).

1. 제18조에 따라 전략환경영향평가서의 협의 내용을 통보받은 날부터 3년이 지나지 아니한 경우
2. 제18조에 따른 협의 내용보다 사업규모가 30퍼센트 이상 증가되지 아니한 경우
3. 제18조에 따른 협의 내용보다 사업규모가 제22조 제2항에 따라 대통령령으로 정하는 환경영향평가 대상사업의 최소 사업규모 이상 증가되지 아니한 경우
4. 폐기물소각시설, 폐기물매립시설, 하수종말처리시설, 폐수종말처리시설 등 주민의 생활환경에 미치는 영향이 큰 시설의 입지가 추가되지 아니한 경우

제1항에 따른 환경영향평가서 초안의 작성방법과 제2항 단서에 따른 공고·공람의 방법 등 필요한 사항은 대통령령으로 정한다(동조 ⑥).

4) 주민 등의 의견 재수렴

사업자는 제25조에 따른 의견 수렴 절차를 거친 후 제29조에 따라 **협의 내용을 통보받기 전까지** 환경영향평가 대상사업의 변경 등 대통령령으로 정하는 **중요한 사항**[53]을 **변경하려는 경우**에는 제24조 및 제25조에 따라 환경영향평가서 초안을 다시 작성하여 **주민 등의 의견을 재수렴**하여야 한다(제26조 ①). 대상사업의 규모가 30% 증가되는 경우처럼 사업계획에 큰 변경이 이루어지는 때에는 기존의 사

---

53) 시행령 제45조(중요 사항 변경에 따른 주민 등의 의견 재수렴) 법 제26조에서 "대통령령으로 정하는 중요한 사항"이란 다음 각 호의 어느 하나에 해당하는 경우를 말한다.

1. 법 제27조에 따라 협의를 요청한 환경영향평가 대상사업의 규모의 30퍼센트 이상 증가되는 경우. 다만, 별표 3 제3호다목2) 및 라목2), 같은 표 제5호, 같은 표 제7호가목 및 나목의 건설사업(길이가 4킬로미터 이상인 사업으로 한정한다)이 법 제24조에 따라 결정된 평가항목별 영향을 받게 되는 지역 중 최소 지역범위에서 증가되는 경우는 제외한다.
2. 별표 3에 따른 최소 환경영향평가 대상 규모 이상 증가되는 경우. 다만, 「산업집적활성화 및 공장설립에 관한 법률」에 따른 공장의 부지면적만 증가되는 경우로서 추가적인 자연환경의 훼손 또는 오염물질의 배출이 없는 경우에는 그러하지 아니하다.
3. 별표 3에 따른 최소 환경영향평가 대상 규모의 50퍼센트 이상인 폐기물소각시설, 폐기물매립시설, 하수종말처리시설 또는 가축분뇨처리시설(공공처리시설 및 재활용시설을 포함한다)을 새로 설치하려는 경우
4. 환경영향평가서 초안의 공람기간이 끝난 날부터 5년 이내에 법 제27조에 따라 환경영향평가서를 제출하지 아니한 경우

업과는 별개의 다른 사업으로 볼 수 있으므로, 동법은 환경영향평가서 초안을 다시 작성하고 주민 등의 의견수렴 절차를 다시 진행하도록 하였다.

사업자는 제25조 제4항에 따라 공개한 의견의 수렴 절차에 흠이 존재하는 등 환경부령으로 정하는 사유가 있어 주민 등이 의견의 재수렴을 신청하는 경우에는 제25조에 따라 주민 등의 의견을 재수렴하여야 한다(동조②). 제2항에 따른 의견 재수렴 신청 기간, 절차, 최소신청인원 등은 환경부령으로 정한다(동조 ③).

5) 환경영향평가서의 작성

주민 등의 의견수렴절차를 마친 사업자는 환경영향평가서를 작성하여 승인기관의 장에게 제출하여야 한다(제27조 ②). 이 후 환경부장관과의 협의절차에 들어가게 된다.

(2) 환경영향평가서의 협의, 재협의, 변경협의 등

1) 평가서의 제출 및 협의요청 등

승인기관장등은 환경영향평가 대상사업에 대한 승인등을 하거나 환경영향평가 대상사업을 확정하기 전에 환경부장관에게 협의를 요청하여야 한다. 이 경우 승인기관의 장은 환경영향평가서에 대한 의견을 첨부할 수 있다(제27조 ①).

승인등을 받지 아니하여도 되는 사업자는 제1항에 따라 환경부장관에게 협의를 요청할 경우 환경영향평가서를 작성하여야 하며, 승인등을 받아야 하는 사업자는 환경영향평가서를 작성하여 승인기관의 장에게 제출하여야 한다(동조 ②).

제1항과 제2항에 따른 환경영향평가서의 작성방법, 협의 요청시기 및 제출방법 등은 대통령령으로 정한다(동조 ③). 시행령에 따르면, 환경영향평가서는 책자의 형태로 인쇄·제본하여 제출하며, 승인기관의 장에는 5부, 협의기관의 장에게는 20부를 제출하여야 한다(영 제47조 ①). 법 제27조 제1항에 따른 **환경영향평가서의 협의 요청시기**는 시행령 [별표 3]에서 정하고 있고(영 동조 ②), 법 제27조 제2항에 따라 환경영향평가서를 제출받은 승인기관의 장은 **환경영향평가서를 제출받은 날부터 10일 이내**에 협의기관의 장에게 환경영향평가서에 대한 협의를 요청하여야 한다(영 동조 ③).

법령상 환경영향평가서의 제출시기와 협의요청시기의 간격은 10일을 넘지 못하므로 양자는 비슷한 시기에 이루어진다고 이해해도 좋을 것이다.

종래에는 동법 시행령 [별표]에서 각 평가대상사업별로 '평가서 제출시기 또는 협의요청시기'라는 항목으로(현재는 '협의요청시기') 대상사업의 평가서 제출시기를 정해두고 있었는데, 평가서 제출시기로 정한 규정의 의미가 명확하지 않아서 해석

의 문제가 발생하기도 하였다.[54)]

[판례] 환경영향평가 대상사업 또는 사업계획에 대한 환경영향평가서 제출시기를 규정하고 있는 구 환경영향평가법 시행령 제23조 [별표 1] 제16호 (가)목에서 정한 '기본설계의 승인 전'의 의미 및 위 조항이 환경영향평가법의 위임 범위를 벗어난 것인지 여부: [다수의견] 환경영향평가법의 위임에 따라 환경영향평가 대상사업 또는 사업계획에 대한 환경영향평가서 제출시기를 규정하고 있는 구 환경영향평가법 시행령(2010. 2. 4. 대통령령 제22017호로 개정되기 전의 것, 이하 같다) 제23조 [별표 1] 제16호 (가)목에서 정한 '기본설계의 승인 전'은 문언 그대로 구 건설기술관리법 시행령(2009. 11. 26. 대통령령 제21852호로 개정되기 전의 것) 제38조의9에서 정한 '기본설계'의 승인 전을 의미한다고 해석하는 것이 타당하고, 그렇게 보는 것이 환경영향평가법의 위임 범위를 벗어나는 것도 아니다.
[대법관 전수안, 대법관 이상훈의 반대의견] 구 국방·군사시설 사업에 관한 법률(2009. 1. 30. 법률 제9401호로 개정되기 전의 것, 이하 '구 국방사업법'이라 한다)에 따른 국방·군사시설사업의 경우 환경영향평가법 제16조 제1항의 '사업계획 등에 대한 승인 등'은 구 국방사업법 제4조 제1항의 '실시계획의 승인'을 의미한다고 보아야 한다. 환경영향평가법 제16조 제1항은 구 국방사업법상 국방·군사시설사업에 대한 실시계획 승인을 받기 전에 환경영향평가서를 제출하도록 규정하면서 그 범위 내에서 구체적인 제출시기를 대통령령에 위임한 것인데, 구 환경영향평가법 시행령 제23조 [별표 1] 제16호 (가)목은 이와 같은 위임 범위를 벗어나 실시계획의 승인이 이루어진 후 실제 공사가 진행되는 과정의 하나로 보이는 '기본설계의 승인 전'까지 환경영향평가서를 제출하도록 규정하고 있으므로, 이는 근거가 되는 상위법률에 위반되는 무효인 규정이다. [2] 국방부장관이 제주해군기지 건설사업 시행자인 해군참모총장에게서 사전환경성검토서를 제출받고 환경부장관에게 이에 대한 협의요청을 하여 결과를 반영한 후 구 국방·군사시설사업에 관한 법률(2009. 1. 30. 법률 제9401호로 개정되기 전의 것, 이하 '구 국방사업법'이라 한다) 제4조에 따라 국방·군사시설 실시계획 승인을 한 사안에서, 구 환경영향평가법 시행령(2010. 2. 4. 대통령령 제22017호로 개정되기 전의 것, 이하 같다) 제23조 [별표 1] 제16호 (가)목의 '기본설계의 승인 전'은 구 건설기술관리법 시행령(2009. 11. 26. 대통령령 제21852호로 개정되기 전의 것)상 '기본설계'의 승인 전을 의미하는 것으로 해석해야 하고 이를 구 국방사업법상 '실시계획'의 승인 전을 의미하는 것으로 해석할 것은 아니라는 이유로,

---

54) 예컨대, 종래 구환경영향평가법 시행령 [별표]에서 국방·군사시설사업의 환경영향평가서 제출시기로 정한 '기본설계의 승인 전'의 의미를 어떻게 파악할 것인지가 다투어진 사례가 있었는데, 아래 판례는 이와 관련된 사안이다. 현재는 '기본설계의 승인 전'을 '「국방·군사시설 사업에 관한 법률」 제6조에 따른 국방·군사시설사업 실시계획 승인 전'으로 개정하여 그 의미를 보다 명확히 하였다.

구 환경영향평가법 시행령 제23조 [별표 1] 제16호 (가)목의 '기본설계의 승인 전'은 국방·군사시설사업에 대한 '실시계획의 승인 전'을 의미한다는 전제하에 해군참모총장이 실시계획 승인 전 국방부장관에게 사전환경성검토서만 제출하였을 뿐 환경영향평가서를 제출하지 않았으므로 실시계획 승인처분이 무효라고 본 원심판결에 국방·군사시설사업에 관한 환경영향평가서 제출시기 등에 관한 법리를 오해한 위법이 있다고 한 사례(대법원 2012. 7. 5. 선고 2011두19239 전원합의체 판결[국방·군사시설사업실시계획승인처분무효확인등]－제주해군기지건설 사건[55]).

---

55) 제주해군기지건설사건은 제주특별자치도 서귀포시 강정마을에 국방부가 추진한 신항만건설과 관련된 사안이다. 2007년 6월 국방부는 강정마을을 해군기지 건설지역으로 결정하였다. 2014년까지 1조 300억 원을 투입해 전투함 20여 척과 15만 톤급 크루즈선 2척이 동시에 정박할 수 있는 45만㎡의 신항만을 건설하는 계획이 수립되었다. 이후 해군기지 건설에 반대하는 마을주민 및 환경·시민단체들과 정부와의 갈등이 계속되었다. 국방부는 2009년 1월 당시의 국방·군사시설 사업에 관한 법률 제4조에 근거하여 해군기지건설에 관한 국방·군사시설 실시계획을 승인(제1차)하였다. 이에 마을주민 등이 같은 해 4월 실시계획 승인처분 무효확인소송을 제기하였고, 국방부는 소송이 진행 중이던 2010년 3월 해군본부의 환경영향평가를 반영한 새로운 실시계획을 변경승인(제2차)하였다.

1·2심은 국방부의 제1차 승인처분(2009년 1월)은 환경영향평가를 거치지 않은 잘못이 있어 무효이지만, 이를 보완한 제2차 변경승인처분(2010년 3월)은 적법하다고 보았다. 그러나 대법원은 2012년 7월 전원합의체 판결에서 1, 2심에서의 국방부 일부 패소 부분(제1차 승인처분)마저 파기하고 사건을 서울고법에 되돌려 보냈다. 다수의견은 환경영향평가서 제출시기를 원고 측이 주장하는 제1차 승인처분인 2009년 1월의 실시계획 승인 전이 아니라 사업내용이 보다 구체화되는 단계인 구 건설기술관리법령상 '기본설계'의 승인 전을 의미하는 것으로 해석하였다. 즉, 2009년 1월의 1차 승인처분 당시는 아직 사업이 구체화되지 않은 계획단계로서 환경영향평가를 거칠 단계가 아니므로 평가서 제출시기 여부는 문제되지 않는다는 의미이다. 따라서 환경영향평가를 거치지 않았다는 이유로 1차 승인처분이 위법하다고 본 원심은 잘못이라고 판시하였다.

다수의견과 소수의견(원심과 같음)이 대립하는 점은 제주해군기지건설사건에 적용되는 환경영향평가서 제출시기가 언제인가 하는 점이다. 이는 구 환경영향평가법 시행령 제23조 [별표 1] 제16호 (가)목의 '기본설계의 승인 전'의 의미를 어느 시기로 보느냐에 달려 있다. 즉, 동 별표에서는 단순히 "국방부장관등의 승인을 받아야 하는 경우: 기본설계의 승인 전"이라고만 규정하고 있어서, 여기서의 '기본설계의 승인 전'이 무엇을 의미하는지 견해가 나뉘었다. 다수의견은 국방·군사시설사업에서의 실시계획의 승인은 보통 사업의 실시계획 승인과 달리 사업계획의 승인 정도의 단계에 불과하다고 보면서, 구 환경영향평가법 시행령 제23조 [별표 1] 제16호 (가)목의 '기본설계의 승인 전'은 사업내용이 보다 구체화되는 단계인 구 건설기술관리법령상 '기본설계'의 승인 전을 의미하는 것으로 해석하였다. 반면 소수의견과 원심은 구 국방·군사시설 사업에 관한 법률 제4조 제1항의 '실시계획의 승인'을 의미한다고 보았다.

이는 제1차 승인처분의 법적 성격을 바라보는 관점(즉, 행정계획단계에서의 승인인지, 개발사업단계에서의 승인인지)의 차이이기도 한다. 현행 「국방군사시설사업에 관한 법률」은 '사업계획'의 승인(제4조)과 '사업 실시계획'의 승인(제6조)에 관한 규정을 따로 두고 있다. 현행 환경영향평가법상 전자는 전략환경영향평가의 대상이 되는 행정계획에 해당하고, 후자는 환경영향평가 대상사업에 해당하여 양자는 구별되고 있다. 그러나 제주해군기지건설사건에서 문제가 된 구 국방군사시설사업에 관한 법률은 현행법처럼 구분하지 않고 제4조에서 실시계획의 승인에 대한 규정 하나만을 두고 있었다. 다수의견은 본 사안과 관련하여 구 국방군사시설사업에 관한 법률 제4조의 실시계획 승

2) 평가서의 검토 및 보완 요청 등

(가) 검토

환경부장관은 제27조 제1항에 따라 협의를 요청받은 경우에는 주민의견 수렴 절차 등의 이행 여부 및 환경영향평가서의 내용 등을 **검토**하여야 한다(제28조 ①). 이때 환경부장관은 환경영향평가서에 대하여 ① 협의대상 여부 등 형식적 요건에 관한 사항, ② 주민 등의 의견 수렴 절차 이행 및 주민의견 반영에 관한 사항, ③ 환경영향평가서 내용의 타당성 여부를 검토한다.[56]

환경부장관은 제1항에 따라 환경영향평가서를 검토할 때 필요하면 환경영향평가에 필요한 전문성을 갖춘 기관으로서 대통령령으로 정하는 기관 또는 관계 전문가의 의견을 듣거나 현지조사를 의뢰할 수 있고, 사업자 또는 승인기관의 장에게 관련 자료의 제출을 요청할 수 있다. 다만, ① 한국환경정책·평가연구원, ② 해양수산부장관(해양환경에 영향을 미치는 사업으로서 대통령령으로 정하는 사업만 해당한다)으로부터 그 의견을 들어야 한다(동조 ②).

(나) 보완 요청

환경부장관은 제1항에 따라 환경영향평가서를 검토한 결과 환경영향평가서 또는 사업계획 등을 보완·조정할 필요가 있는 등 대통령령으로 정하는 사유[57]가 있는 경우 승인기관장등에게 환경영향평가서 또는 사업계획 등의 **보완·조정을 요청**하거나 보완·조정을 사업자 등에게 요구할 것을 요청할 수 있다. 이 경우 보완·조정의 요청은 두 차례만 할 수 있으며, 요청을 받은 승인기관장등은 특별한 사유가 없으면 이에 따라야 한다(동조 ③).

(다) 반려

환경부장관은 다음 각 호의 어느 하나에 해당하는 경우에는 환경영향평가서를

인은 사업부지 확보를 위한 사업지역의 지정 단계일 뿐 세부적인 내용이 구체화되지는 아니한 단계로서 현행법 제4조의 '사업계획'의 승인의 성격을 갖는다고 보았다. 따라서 사전환경성검토의 대상은 되지만, 환경영향평가의 대상은 아니라고 보았다. 반면, 소수의견은 구 국방군사시설사업에 관한 법률 제4조의 실시계획 승인은 현행법 제4조의 '사업계획'의 승인과 제6조의 '사업 실시계획'의 승인으로서의 성격을 모두 가지고 있다고 보았다. 그리고 본 사건은 구 국방군사시설사업에 관한 법률 제4조의 실시계획 승인 당시 사업내용이 구체화된 상태였으므로 위 실시계획 승인 이전에 환경영향평가를 거쳐야 한다고 본 것이다.

56) 동법 시행령 제48조 제1항

57) 동법 시행령 제48조 ③ 법 제28조 제3항에서 "대통령령으로 정하는 사유"란 다음 각 호의 어느 하나에 해당하는 경우를 말한다. <개정 2020. 5. 12.>

1. 환경영향평가서가 제46조에 따른 작성 내용·방법 등에 따라 작성되지 아니한 경우
2. 환경영향평가 대상사업의 시행으로 환경에 해로운 영향을 미칠 우려가 있어 사업계획 등의 조정이나 보완이 필요하다고 인정하는 경우

반려할 수 있다(동조 ④).

1. 제3항에 따라 보완·조정의 요청을 하였음에도 불구하고 요청한 내용의 중요한 사항이 누락되는 등 환경영향평가서 또는 해당 사업계획이 적정하게 작성되지 아니하여 협의를 진행할 수 없다고 판단하는 경우
2. 환경영향평가서가 거짓으로 작성되었다고 판단하는 경우

여기서의 반려는 환경부장관이 협의를 계속 진행할 수 없다고 판단되어 승인기관의 장이 제출한 환경영향평가서를 처리하지 않고 되돌려 보내는 것을 말한다.

㈑ **재검토 통보**

환경부장관은 다음 각 호의 어느 하나에 해당하는 경우에는 해당 환경영향평가 대상사업의 규모·내용·시행시기 등을 **재검토**할 것을 승인기관장등에게 **통보**할 수 있다(동조 ⑤).

1. 해당 환경영향평가 대상사업을 축소·조정하더라도 해당 환경영향평가 대상사업이 포함된 사업계획의 추진으로 환경훼손 또는 자연생태계의 변화가 현저하거나 현저하게 될 우려가 있는 경우
2. 해당 환경영향평가 대상사업이 포함된 사업계획이 국가환경정책에 부합하지 아니하거나 생태적으로 보전가치가 높은 지역을 심각하게 훼손할 우려가 있는 경우

사업자나 승인기관의 장은 제5항에 따라 통보받은 재검토 내용에 대하여 이의가 있으면 환경부장관에게 재검토 내용을 **조정**하여 줄 것을 **요청**할 수 있다. 이 경우 조정 요청의 절차 및 조정 여부의 결정 등에 관하여는 제31조를 준용한다(동조 ⑥).

제1항에 따른 환경영향평가서 등의 검토 기준·방법과 제3항에 따른 환경영향평가서 등의 보완·조정, 제4항에 따른 반려 및 제5항에 따른 환경영향평가 대상사업의 재검토에 필요한 사항은 대통령령으로 정한다(동조 ⑦).[58]

3) 협의 내용의 결정

환경부장관은 환경영향평가서 내용의 타당성 등에 대한 검토 후 이를 종합·분석하여 승인기관의 장에게 통보할 협의 내용을 결정한다. **협의 내용**은 환경영향평가서에 제시된 환경영향 및 저감방안 등을 고려하여 결정하는 것을 원칙으로 하는데, 환경영향평가서에 기재된 사항들의 적정성 및 타당성에 대한 검토 의견, 평가

58) 동법 시행령의 규정에 따라 '환경영향평가서등에 관한 협의업무 처리규정'(환경부예규)이 제정되어 있다. 동 처리규정은 환경부장관과 지방환경관서의 장이 「환경영향평가법」에서 정하고 있는 협의업무와 관련된 사항들에 대한 검토·보완·조정·협의 등에 필요한 사항을 정하고 있다.

서 검토 후 제시되는 수정·보완요구 사항 등이 포함된다. 협의 내용의 결정 유형은 협의, 조건부협의, 재검토로 구분된다.59) 종래 협의내용의 결정 유형은 동의, 조건부 동의, 부동의로 구분하였는데, 재검토는 종래의 '부동의'와 유사한 성격을 지니는 것이다.60) 환경부가 재검토를 통보하는 경우는 개발사업을 축소 또는 조정하더라도 환경훼손 등이 현저하거나 생태적 가치가 높은 지역을 심각하게 훼손할 우려가 있는 경우로, 환경부의 판단 시점에 개발사업이 불가능하다고 판단되는 경우에 해당한다. 협의 내용은 대중에게 공개하도록 되어 있다.61)

4) 협의내용의 통보

환경부 장관은 협의 내용의 결정 유형, 즉 협의, 조건부 협의, 재검토 중 하나를 승인기관의 장에게 통보하고 승인기관의 장은 지체없이 사업자에게 통보하여여 한다. 즉, 환경부장관은 제27조 제1항에 따라 협의를 요청받은 날부터 대통령

---

59) 환경영향평가서등에 관한 협의업무 처리규정(환경부 예규) [시행 2023.1.1.] 제17조 ③ 협의기관장은 법 제29조에 따른 협의내용은 환경영향평가서에 제시된 환경영향 및 저감방안 등을 고려하여 협의내용을 결정하는 것을 원칙으로 한다.

1. 협의

가. 평가서의 내용 등이 제6조에 따른 검토사항을 충족하고 있으며, 해당사업의 시행으로 인한 환경영향이 경미하거나 그에 대한 적정한 저감방안이 강구되어 있어 환경적인 측면에서 이의가 없는 것을 말한다.

2. 조건부 협의

가. 해당사업의 시행으로 인한 환경영향의 저감을 위하여 평가서에 제시된 환경보전방안 등이 충분하지 아니한 것으로 판단되어 환경영향의 저감을 위한 추가적인 조치를 취하도록 의견을 제시하는 것을 말한다.

3. 재검토

가. 해당 환경영향평가 대상사업을 축소·조정하더라도 해당 환경영향평가 대상사업이 포함된 사업의 추진으로 환경훼손 또는 자연생태계의 변화가 현저하거나 현저하게 될 우려가 있는 경우와 국가환경정책에 부합하지 아니하거나 생태적으로 보전가치가 높은 지역을 심각하게 훼손할 우려가 있는 경우를 말한다.

나. 해당 사업의 수립으로 인한 환경상 영향을 명확히 작성하여 재검토하도록 협의한다.

다. 재검토는 「환경영향평가법」에 따른 전략환경영향평가 등을 실시하지 않아 계획의 적정성과 입지의 타당성이 검토되지 않은 경우에 원칙적으로 적용한다.

60) 종래 환경영향평가의 협의결정 유형이 동의, 조건부동의, 부동의로 구분되던 때의 환경영향평가등의 '부동의' 비율은 2013년~2016년까지는 0.3~0.6%, 2017년~2019년에는 1.3~3.1%로 나타나서, 동의, 조건부동의에 비하여 상대적으로 매우 낮은 비율임을 알 수 있다.

61) 환경영향평가서등에 관한 협의업무 처리규정 제23조(협의내용 등의 공개) 제1항은 협의기관장은 다른 법령에 따라 공개가 제한되는 경우를 제외하고는 환경영향평가서등의 접수, 보완 등 처리상황과 협의내용 전문 등을 환경영향평가 정보지원시스템(http://www.eiass.go.kr)을 이용하여 공개하여야 한다고 규정하고 있다. 환경영향평가 정보지원시스템은 환경부에서 환경영향평가협의를 완료한 사업의 평가서 원문과 협의내용, 평가대행자 현황 등 기본적인 자료를 DB화 하고, 검색시스템을 구축함으로써 평가업무의 효율성 제고 및 대국민 서비스를 제공하는 시스템이다.

령으로 정하는 기간[62] 이내에 승인기관장등에게 협의 내용을 통보하여야 한다. 다만, 부득이한 사정이 있을 때에는 그 기간을 연장할 수 있다(제29조 ①). 환경부장관은 제1항에 따라 협의 내용 통보기간을 연장할 때에는 협의기간이 끝나기 전까지 승인기관장등에게 그 사유와 연장한 기간을 통보하여야 한다(동조 ②). 제1항 및 제2항에 따라 협의 내용을 통보받은 승인기관의 장은 이를 지체 없이 사업자에게 통보하여야 한다(동조 ③).

한편, 동법은 조건부 통보에 관하여 규정을 두고 있는데, 환경부장관은 다음 각 호의 어느 하나에 해당하는 경우에는, 해당 사업계획 등에 **관련 내용을 반영할 것을 조건**으로 승인기관장등에게 협의 내용을 통보할 수 있다(동조 ④).

1. 보완·조정하여야 할 사항이 경미한 경우
2. 해당 사업계획 등에 대한 승인등을 하거나 해당 사업을 시행하기 전에 보완·조정이 가능한 경우

5) 협의 내용의 반영여부 확인 및 반영결과의 통보

사업자나 승인기관의 장은 제29조에 따라 협의 내용을 통보받았을 때에는 그 내용을 해당 사업계획 등에 반영하기 위하여 필요한 조치를 하여야 한다(제30조 ①).

승인기관의 장은 사업계획 등에 대하여 승인등을 하려면 협의 내용이 사업계획 등에 반영되었는지를 확인하여야 한다. 이 경우 협의 내용이 사업계획 등에 반영되지 아니한 경우에는 이를 반영하게 하여야 한다(동조 ②).

승인기관장등은 사업계획 등에 대하여 승인등을 하거나 확정을 하였을 때에는 협의 내용의 반영 결과를 환경부장관에게 통보하여야 한다(동조 ③).

환경부장관은 제3항에 따라 통보받은 결과에 협의 내용이 반영되지 아니한 경우 승인기관장등에게 협의 내용을 반영하도록 요청할 수 있다. 이 경우 승인기관장등은 특별한 사유가 없으면 이에 따라야 한다(동조 ④).

6) 협의의 구속력과 처분성

환경영향평가법상 승인기관의 장과 환경부 장관 간에 이루어지는 **협의에 법적 구속력이 있는지** 문제된다. 환경부 장관과의 협의는 단순한 자문에 불과하다는 견

---

62) 동법 시행령 제50조(협의 내용의 통보기간 등) 법 제29조 제1항 본문에서 "대통령령으로 정하는 기간"이란 45일(협의기관의 장이 부득이한 사유로 그 기간을 연장한 경우에는 60일)을 말한다. 이 경우 다음 각 호의 어느 하나에 해당하는 기간은 전단에 따른 기간에 산입하지 않는다.

1. 사업자가 환경영향평가서를 보완하는 데 걸린 기간
2. 전문위원회 검토를 거치는 데 걸린 기간(최장 45일로 한정한다)
3. 공휴일 및 토요일

해와 법적 구속력이 있다는 견해(동의 또는 부동의의 성질을 갖는다는 견해)가 있다. 판례는 환경부장관의 환경영향평가에 대한 의견은 승인기관의 장에 대해 법적 구속력을 갖지 않는 것으로 보았다.

[판례] 국립공원 관리청이 국립공원 집단시설지구개발사업과 관련하여 그 시설물기본설계 변경승인처분을 함에 있어서 환경부장관과의 협의를 거친 이상 환경부장관의 환경영향평가에 대한 의견에 반하는 처분을 하였다고 하여 그 처분이 위법하다고 할 수 없다(대법원 2001. 7. 27. 선고 99두2970 판결[용화집단시설지구기본설계변경승인처분취소]).

그러나 현행 환경영향평가법상 승인기관의 장과 협의기관의 장 사이의 '협의'는 일반 행정법상의 협의와 같은 단순한 자문 정도에 불과한 것이라 보아서는 아니 된다. 환경영향평가법의 입법목적과 취지, 환경영향평가제도의 실효성 확보 등을 고려할 때 승인기관의 장에게는 협의내용을 준수할 직무상·법률상 의무가 있다고 해석하여야 할 것이다.[63] 이에 대하여 관련 법규정 및 행정기관 상호간의 권한존중의 원칙에 비추어 볼 때 승인기관의 장은 환경부장관의 검토의견 중 환경상 불이익, 환경보전방안 등 환경영향에 대한 환경부장관의 검토의견을 따라야 할 의무가 있지만, 환경부장관의 검토의견 중 대안제시, 개발사업 불승인 및 변경의견 자체는 승인기관의 장을 구속하지 않는 것으로 보는 것이 타당하다는 견해[64]도 있다.

동법은 제27조에서 승인기관의 장에게 승인 등을 할 때에는 반드시 협의를 요청하도록 규정하고 있다. 또한 제30조에서 협의내용의 반영여부 확인 및 반영결과 통보에 관한 규정을 두고 있고, 특히 동조 제4항에서는 협의내용이 반영되지 아니한 경우 환경부장관은 승인기관장등에게 협의내용을 반영하도록 요청할 수 있으며, 이 경우 승인기관장등은 특별한 사유가 없으면 이에 따라야 한다고 규정하고 있다. 또한 제34조 제1항은 협의 절차가 끝나기 전에 사업자가 공사하는 것을 금지하고 있고, 동조 제2항은 협의 절차가 끝나기 전에 승인기관의 장이 사업계획을 승인하는 것을 금지하고 있다. 이는 승인기관의 장으로 하여금 사업계획에 협의내용을 반드시 반영하여 승인처분을 하도록 촉구하는 입법목적과 취지가 동조항들에 담겨있다고 보아야 한다. 승인기관의 장이 환경전문부서인 환경부가 제시하는 환경저감방안 등을 존중하고 이를 반영하여 승인을 하도록 하는 것은 환경영향평가제도 본래의 도입 목적에 부합하는 것이고, 또 이렇게 보는 것이 동제도의 실효

---

63) 함태성, "사전환경성검토제도에 관한 공법적 검토," 환경법연구 제28권 1호(2006. 5), 420면.
64) 박균성, "환경영향평가와 사업계획승인의 관계에 관한 연구", 환경법 연구 제35권 2호(2013. 8).

성을 확보하는 데에도 필요하다.

따라서 승인기관의 장이 협의절차가 끝나지 않았는데도 승인처분을 하거나, 협의내용을 무시하고 협의내용에 반하는 처분을 한 경우 등에는 환경영향평가 절차에 있어서 중대한 하자가 있는 것으로 보고 해당 처분은 위법하다고 해석하여야 할 것이다.

한편, 협의의 구속력 문제와 별개로 **협의의 처분성**이 문제된다. 협의의 구속력 문제는 일차적으로 승인기관의 장과 협의기관의 장 사이에서 미치는 효력 문제라고 한다면, 협의의 처분성 문제는 행정소송법상의 '처분' 개념과 관련된 사안으로 기본적으로는 행정청과 처분의 상대방 간의 문제이다.

행정소송법 제2조 제1항 제1호는 처분을 "행정청이 행하는 구체적 사실에 관한 법집행으로서의 공권력의 행사 또는 그 거부와 그 밖에 이에 준하는 행정작용"이라고 정의하고 있다. 판례는 행정권 행사 또는 거부가 국민의 권리의무에 대하여 직접 영향을 미치는지 여부를 기준으로 하여 처분성 여부를 판단하고 있다.[65] 결국 협의의 처분성 문제는 환경영향평가법상의 협의가 이와 같은 행정소송법상의 처분 개념에 부합하는지로 귀결된다.

환경영향평가법상의 '협의'는 승인기관의 장과 협의기관의 장 사이에 이루어지는 공적 행위로서 협의 그 자체는 협의요청을 시작으로 협의완료까지 여러 과정과 내용들로 구성되어 있다. 이러한 점 때문에 협의 그 자체에 대하여 처분성을 논하는 것은 적절하지 않다. 따라서 환경영향평가법상의 협의 관련 내용 중에서 처분 개념에 부합하는 보다 구체적인 행위가 특정되어야 한다. 즉, 협의와 관련된 행정청의 행위 중에서 어느 행위를 공권력의 행사로 볼 수 있는지, 국민의 권리의무에 대하여 직접적으로 영향을 미치는 행위로 볼 수 있는지 검토할 필요가 있다.

환경영향평가서의 검토가 끝나고 협의 내용이 결정되면, 환경부장관은 협의, 조건부 협의, 재검토(종전의 동의, 조건부 동의, 부동의) 중 어느 하나의 의견을 담은 협의 내용을 통보하게 되는데, 이때 어떠한 결과의 협의 내용이 통보되느냐에 따라 사업자 또는 인근 주민 등 이해관계인에게 영향을 미친다. 예컨대, 협의 내용이 '재검토'로 결정된 경우 또는 추가적인 저감대책수립을 조건으로 하는 경우, 사업자는 절차의 중단 또는 지연으로 추가비용이 발생하거나 사업의 진행 자체가 불가능해 질 수

65) 판례는 "항고소송의 대상이 되는 행정처분이라 함은 행정청의 공법상의 행위로서 특정 사항에 대하여 법규에 의한 권리의 설정 또는 의무의 부담을 명하거나 기타 법률상 효과를 발생하게 하는 등 국민의 권리의무에 직접 영향을 미치는 행위를 가리키는 것"이라고 판시하고 있다(대법원 2012. 9. 27. 선고 2010두3541 판결).

있다. 또한 협의 내용을 불이행하는 경우 조치명령의 대상이 되는 등 불이익이 발생할 수 있다. 반면, 협의 내용이 '협의'로 결정되는 경우 개발사업의 승인이 이루어지고 곧이어 개발사업이 진행될 것이기 때문에, 개발사업을 반대하는 지역 주민들은 기존에 향유하던 환경상의 이익이 침해될 수 있음을 충분히 예상할 수 있다.

기존의 판례는 행정기관간의 동의 또는 부동의를 내부행위로 보고 처분성을 인정하지 않고 있다(예, 건축허가에서 소방서장의 동의 또는 부동의). 그러나 환경영향평가에 대한 환경부장관의 '협의 내용의 통보'는 이해관계인의 권리의무에 직접 영향을 미치는 행정청의 행위로서 처분성을 갖는 것으로 볼 수 있다. 이는 현재 권리구제의 폭을 넓히기 위해 처분 개념을 점차 넓게 해석하는 경향에 비추어 볼 때도 수긍될 수 있는 부분이라고 하겠다.

다만, 협의 내용의 통보에 대한 처분성을 인정할 수 있다고 하더라도, 항고소송의 본안에서 협의 내용의 통보에 대한 위법성이 인정되기는 쉽지 않을 것이다. 환경영향평가의 전문성·기술성 등을 고려하면 환경전문기관으로서의 환경부 장관의 의견이 존중될 필요가 있고, 또한 환경영향평가와 관련된 검토 및 결정에서 넓은 재량권을 지니고 있다고 보아야 하며, 환경영향평가법의 입법목적과 취지, 협의 관련 규정들의 취지 등을 고려하면 평가서를 검토하고 협의 내용을 결정할 때 환경상의 공익을 보다 더 세심하고 충분하게 고려하는 것은 타당하기 때문이다.

7) 조정 요청

사업자나 승인기관의 장은 제29조에 따라 통보받은 협의 내용에 대하여 이의가 있으면 환경부장관에게 협의 내용을 **조정**하여 줄 것을 **요청**할 수 있다. 이 경우 승인등을 받아야 하는 사업자는 승인기관의 장을 거쳐 조정을 요청하여야 한다(제31조 ①). 환경부장관은 제1항에 따른 조정 요청을 받았을 때에는 대통령령으로 정하는 기간 이내에 환경영향평가협의회의 **심의**를 거쳐 조정 여부를 결정하고 그 결과를 사업자나 승인기관의 장에게 통보하여야 한다(동조 ②).

승인기관장등은 협의 내용의 조정을 요청하였을 때에는 제2항에 따른 통보를 받기 전에 그 사업계획 등에 대하여 승인등을 하거나 확정을 하여서는 아니 된다. 다만, 조정 요청과 관련된 내용을 사업계획 등에서 제외시키는 경우에는 그러하지 아니하다(동조 ③). 제1항부터 제3항까지의 규정에 따른 조정 요청에 필요한 사항은 대통령령으로 정한다(동조 ④).

8) 재 협 의

승인기관장등은 제27조부터 제29조까지의 규정에 따라 협의한 사업계획 등을 변경하는 경우 등 **다음 각 호의 어느 하나에 해당하는 경우**에는 환경부장관에게 재협의를 요청하여야 한다(제32조 ①).

1. 사업계획 등을 승인하거나 사업계획 등을 확정한 후 대통령령으로 정하는 기간[66] 내에 사업을 착공하지 아니한 경우. 다만, 사업을 착공하지 아니한 기간 동안 주변 여건이 경미하게 변한 경우로서 승인기관장등이 환경부장관과 협의한 경우는 그러하지 아니하다.
2. 환경영향평가 대상사업의 면적·길이 등을 대통령령으로 정하는 규모 이상으로 증가시키는 경우[67]
3. 제29조 또는 제31조에 따라 통보받은 협의 내용에서 원형대로 보전하거나 제외하도록 한 지역을 대통령령으로 정하는 규모 이상으로 개발하거나 그 위치를 변경하는 경우[68]
4. 대통령령으로 정하는 사유[69]가 발생하여 협의 내용에 따라 사업계획 등을 시행하는 것이 맞지 아니하는 경우

승인기관장등은 다음 각 호의 어느 하나에 해당하면 재협의 요청을 생략할 수 있다(동조 ②).

1. 환경영향평가 대상사업이 환경부장관과 협의를 거쳐 확정되거나 승인등을 받고 취소 또는 실효된 경우로서 협의 내용을 통보받은 날부터 대통령령으

---

66) 시행령 제54조 ① 법 제32조제1항제1호 본문에서 "대통령령으로 정하는 기간"이란 5년을 말한다.

67) 시행령 제54조 ② 법 제32조제1항제2호에서 "대통령령으로 정하는 규모 이상으로 증가시키는 경우"란 법 제29조제1항에 따른 협의 내용에 포함된 사업·시설의 규모가 별표 3에 따른 최소 환경영향평가 대상 규모 이상 증가되는 경우(「산업집적활성화 및 공장설립에 관한 법률」에 따른 공장의 부지면적만 증가시키는 경우로서 추가적인 자연환경의 훼손 또는 오염물질의 배출이 없는 경우는 제외한다)를 말한다. 이 경우 최소 환경영향평가 대상 규모 미만으로 여러 차례 증가된 때에는 그 여러 차례 변경된 규모를 누적하여 산정한다. <개정 2023. 3. 31.>

68) 시행령 제54조 ③ 법 제32조제1항제3호에서 "대통령령으로 정하는 규모 이상으로 개발하거나 그 위치를 변경하는 경우"란 법 제29조제1항에 따라 통보된 협의 내용에서 원형대로 보전하거나 제외하도록 한 지역을 개발하거나 그 위치를 변경하려는 규모가 해당 사업의 최소 환경영향평가 대상 규모의 30퍼센트 이상인 경우(누적된 변경으로 개발하려는 규모가 해당 사업의 최소 환경영향평가 대상 규모의 30퍼센트 이상인 경우를 포함한다)를 말한다.

69) 시행령 제54조 ④ 법 제32조제1항제4호에서 "대통령령으로 정하는 사유"란 다음 각 호의 어느 하나에 해당하는 경우를 말한다. <개정 2014. 11. 11., 2023. 3. 31.>
1. 제2항 전단 중 「산업집적활성화 및 공장설립에 관한 법률」에 따른 공장의 부지면적만 증가되는 경우로서 추가적인 자연환경의 훼손 또는 오염물질의 배출이 없는 경우에 해당하여 환경영향평가서의 재협의를 하지 않은 사업자가 그 부지에서 자연환경을 훼손하거나 오염물질을 배출시키는 행위를 하려는 경우
2. 공사가 7년 이상 중지된 후 재개되는 경우

로 정하는 기간을 경과하지 아니한 경우

2. 환경영향평가 대상사업이 환경부장관과 협의를 거친 후 지연 중인 경우로서 협의 내용을 통보받은 날부터 대통령령으로 정하는 기간을 경과하지 아니한 경우

제1항에 따른 재협의에 대하여는 제24조부터 제31조까지의 규정을 준용한다(동조 ③).

9) 변경협의

사업자는 제27조부터 제29조까지의 규정에 따라 협의한 사업계획 등을 변경하는 경우로서 **제32조 제1항 각 호에 해당하지 아니하는 경우**에는 사업계획 등의 변경에 따른 환경보전방안을 마련하여 이를 변경되는 사업계획 등에 반영하여야 한다(제33조 ①). 승인등을 받아야 하는 사업자는 제1항에 따른 환경보전방안에 대하여 미리 승인기관의 장의 검토를 받아야 한다. 다만, 환경부령으로 정하는 경미한 변경사항에 대하여는 그러하지 아니하다(동조 ②). 승인기관장등은 제1항 및 제2항에 따라 환경보전방안을 마련하거나 검토할 때에 대통령령으로 정하는 사유에 해당하면 환경부장관의 의견을 들어야 한다(동조 ③). 제1항에 따른 환경보전방안의 반영 여부에 대한 확인·통보에 관하여는 제30조 제2항부터 제4항까지의 규정을 준용한다. 이 경우 “협의 내용”은 “환경보전방안”으로 본다(동조 ④).

(3) 사전공사의 금지 등

1) 사전공사의 금지

사업자는 제27조부터 제29조까지 및 제31조부터 제33조까지의 규정에 따른 협의·재협의 또는 변경협의의 절차를 거치지 아니하거나 절차가 끝나기 전(공사가 일부 진행되는 과정에서 재협의 또는 변경협의의 사유가 발생한 경우에는 재협의 또는 변경협의의 절차가 끝나기 전을 말한다)에 환경영향평가 대상사업의 공사를 하여서는 아니 된다. 다만, 다음 각 호의 어느 하나에 해당하는 공사의 경우에는 그러하지 아니하다(제34조 ①).

1. 제27조부터 제31조까지의 규정에 따른 협의를 거쳐 승인등을 받은 지역으로서 재협의나 변경협의의 대상에 포함되지 아니한 지역에서 시행되는 공사
2. 착공을 준비하기 위한 현장사무소 설치 공사 또는 다른 법령에 따른 의무를 이행하기 위한 공사 등 환경부령으로 정하는 경미한 사항에 대한 공사[70]

---

70) 시행규칙 제15조(사전공사 시행 금지의 예외) ① 법 제34조제1항제2호에서 “환경부령으로 정하는 경미한 사항에 대한 공사”란 다음 각 호의 어느 하나에 해당하는 공사를 말한다.

승인기관의 장은 제27조부터 제33조까지의 규정에 따른 협의·재협의 또는 변경협의의 절차가 끝나기 전에 사업계획 등에 대한 승인등을 하여서는 아니 된다(동조 ②).

사업자가 사전 공사시행 금지규정을 위반하였다는 사실만으로 후에 이루어진 승인기관 장의 승인처분이 당연히 위법하게 되는가. **사전 공사시행 금지규정 위반이 환경영향평가의 하자에 해당하는지**가 문제된다. 사전 공사시행 금지가 환경영향평가를 하는데 있어서 거치는 절차는 아니라는 점에서 동 규정 위반이 환경영향평가의 절차상 하자라고 보기 어렵다. 또한 동 규정 위반이 환경영향평가의 실체를 구성하고 있는 주요 내용이 누락되는 등 환경영향평가가 부실하게 이루어진 경우라고 보기 어렵다. 사전 공사시행 금지규정의 주된 입법 취지는 환경영향평가제도의 실효성 확보라는 점에 있다고 할 것이다(같은 취지에서 동법은 동 규정 위반 사업자에 대하여 형사처벌을 하고 있다). 따라서 사업자가 사전 공사시행 금지규정을 위반하였다는 사실만으로 후에 이루어진 승인처분이 당연히 위법하게 되는 것은 아니라고 하겠다. 판례도 사업자가 이러한 사전 공사시행 금지규정을 위반하였다고 하여 승인기관의 장이 한 사업계획 등에 대한 승인 등의 처분까지 당연히 위법하게 된다고는 볼 수 없다고 한다.

[판례] 환경영향평가법(이하 '법'이라 한다)은, 승인 등을 받아야 하는 사업자는 사업계획 등에 대한 승인 등을 받기 전에 승인기관의 장에게 평가서를 제출하여야 하고(제16조 제1항), 사업자는 제16조부터 제21조까지의 규정에 따른 협의·재협의 절차 또는 제22조 제1항부터 제3항까지의 규정에 따른 사업계획 등의 변경절차가 끝나기 전에 환경영향평가대상사업에 관한 공사를 시행하여서는 아니 되며(제28조 제1항 본문), 승인기관의 장은 승인 등을 받아야 하는 사업자가 제1항을 위반하여 공사를 시행한 때에는 해당 사업의 전부 또는 일부에 대하여 공사중지명령을 하여야 한다(제28조 제3항)고 규정하고 있다.
또한 법은 이러한 규정의 실효성을 담보하기 위한 벌칙으로서, 제28조 제3항을 위반하여

---

1. 착공을 준비하기 위한 다음 각 목의 공사
   가. 안전울타리, 현장사무소 및 그 부대시설을 설치하기 위한 공사
   나. 해당 사업에 따른 주민 등의 이주에 따라 사업지구 내 화재발생 및 폐기물 무단투기 등을 방지하고, 주변 주민이 안전한 생활을 유지하도록 주변 환경을 정비하는 공사
   다. 해당 사업의 기공식에 필요한 시설을 설치하기 위한 공사
2. 문화재 발굴조사 등 다른 법령에 따른 의무를 이행하기 위하여 장애물 등을 철거하기 위한 공사
3. 해당 사업의 성토(흙쌓기)를 위해 사업장 부지 내에 토사적치장(土砂積置場)을 설치하는 공사
4. 「재난 및 안전관리 기본법」 제3조제3호 또는 제4호에 따른 재난관리 또는 안전관리를 위한 공사
5. 협의기관의 장이 토지의 형질이나 자연환경에 대한 훼손이 경미하다고 인정하는 공사

공사중지명령을 이행하지 아니한 자는 5년 이하의 징역 또는 5천만 원 이하의 벌금(제51조 제1호)에, 제28조 제1항을 위반하여 제16조부터 제21조까지의 규정에 따른 협의·재협의 절차를 끝내지 아니하고 공사를 시행한 자는 1년 이하의 징역 또는 1천만 원 이하의 벌금(제52조 제2항 제2호)에 각 처한다고 규정하고 있다.
위 규정들의 내용, 형식 및 체계에 비추어 보면, 법 제28조 제1항 본문이 환경영향평가 절차가 완료되기 전에 공사시행을 금지하고, 법 제51조 제1호 및 제52조 제2항 제2호가 이와 관련된 위반행위에 대하여 형사처벌을 하도록 한 것은 환경영향평가의 결과에 따라 사업계획 등에 대한 승인 여부를 결정하고, 그러한 사업계획 등에 따라 공사를 시행하도록 하여 당해 사업으로 인한 해로운 환경영향을 피하거나 줄이고자 하는 환경영향평가제도의 목적을 달성하기 위한 데에 그 입법 취지가 있다고 보아야 한다. 따라서 사업자가 이러한 사전 공사시행 금지규정을 위반하였다고 하여 승인기관의 장이 한 사업계획 등에 대한 승인 등의 처분까지 당연히 위법하게 된다고는 볼 수 없다(대법원 2014. 3. 13. 선고 2012두1006 판결[국방·군사시설사업실시계획승인고시처분무효확인및취소]-전주시 군부대이전 사건).

2) 사전 승인의 금지

승인기관의 장은 제27조부터 제33조까지의 규정에 따른 협의·재협의 또는 변경협의의 절차가 끝나기 전에 사업계획 등에 대한 승인등을 하여서는 아니 된다(제34조 ②).

환경영향평가법상의 협의절차는 환경분야 전문기관인 환경부의 의견을 당해 사업에 반영시키도록 하여 그 사업으로 인한 해로운 환경영향을 피하거나 줄이고자 하는 환경영향평가제도의 목적을 달성하기 위한 과정이다. 이러한 협의절차는 동법상의 주민의견수렴절차와 마찬가지로 환경영향평가에서 매우 핵심적인 절차에 해당한다. 그리고 동법상의 협의는 행정법상의 일반적인 협의와는 달리 법적으로 직무상으로 구속력이 있다고 보아야 한다. 따라서 승인기관의 장이 협의절차가 끝나기 전에 승인을 한 경우에는 환경영향평가 절차의 중대한 하자로서 뒤에 이어진 승인처분은 위법하다고 보아야 한다.

3) 공사중지명령

승인기관의 장은 승인등을 받아야 하는 사업자가 제1항을 위반하여 공사를 시행하였을 때에는 해당 사업의 전부 또는 일부에 대하여 **공사중지를 명**하여야 한다(동조 ③).

환경부장관은 사업자가 제1항을 위반하여 공사를 시행하였을 때에는 승인등을 받지 아니하여도 되는 사업자에게 공사중지, 원상복구 또는 그 밖에 필요한 조치를 할 것을 명령하거나 승인기관의 장에게 공사중지, 원상복구 또는 그 밖에 필요한 조치를 명할 것을 요청할 수 있다. 이 경우 승인기관장등은 특별한 사유가 없으면 이에 따라야 한다(동조 ④).

[판례] 구 환경영향평가법에서 환경영향평가에 관한 협의절차 등이 완료되기 전에 대상사업에 관련되는 공사를 시행하는 것을 금지하고 이를 위반할 경우 승인기관의 장에게 사업자에 대하여 공사중지를 명하도록 의무를 지운 규정의 취지는, 환경영향평가를 실시하여야 할 사업이 환경을 해치지 아니하는 방법으로 시행되도록 함으로써 당해 사업과 관련된 환경공익을 보호하려는 데에 그치는 것이 아니라, 당해 사업으로 인하여 직접적이고 중대한 환경피해를 입으리라고 예상되는 환경영향평가대상지역 안의 주민들이 전과 비교하여 수인한도를 넘는 생활환경침해를 받지 아니하고 쾌적한 환경에서 생활할 수 있는 직접적·개별적인 이익까지도 보호하려는 데에 있다(대법원 2006. 6. 30. 선고 2005두14363 판결－도창리 사격장 사건). <해설> 따라서 사업자가 환경영향평가 대상사업에 대한 환경영향평가 협의절차를 거치지 아니한 채 그 사업에 관한 공사를 시행함에도 승인기관의 장이 생활환경침해를 받을 우려가 있는 인근주민들의 공사중지명령 신청을 거부한 경우, 해당 거부행위는 처분이고(인근 주민에게는 조리상 공사중지명령 신청권)이 있고, 인근주민은 해당 거부처분의 취소를 구할 원고적격이 있다고 할 수 있다. 그리고 재량권이 영으로 수축하는 경우 인근주민에게는 행정개입청구권이 인정된다고 할 수 있다.

(4) 승인기관 장의 승인 등

승인기관의 장은 승인 등을 할 때 다음과 같은 결정을 내릴 수 있다. 우선, 협의 내용을 사업계획 등에 반영하도록 한 후 사업계획 등에 대한 승인을 할 수 있다. 그리고 협의 내용 등이 사업계획 등에 반영되지 않은 경우에 조건을 붙여 승인 등을 할 수 있다. 한편, 협의 내용이 사업계획에 반영되지 않으면 사업계획을 승인할 수 없을 정도로 중요함에도 불구하고 사업계획에 반영되지 않는 경우 승인 등을 거부할 수 있다.

행정절차법 제22조 제2항 제3호에 따르면 국민생활에 큰 영향을 미치는 처분으로서 대통령령으로 정하는 처분[71]에 대하여 대통령령으로 정하는 수[72] 이상의

---

71) 제13조의3 ① 법 제22조 제2항 제3호에서 "대통령령으로 정하는 처분"이란 다음 각 호의 어느 하나에 해당하는 처분을 말한다. 다만, 행정청이 해당 처분과 관련하여 이미 공청회를 개최한 경우는 제외한다.

1. 국민 다수의 생명, 안전 및 건강에 큰 영향을 미치는 처분

당사자등이 공청회 개최를 요구하는 경우 공청회를 개최하여야 한다. 그러나 행정절차법상 "당사자등"은 행정청의 처분에 대하여 직접 그 상대가 되는 당사자 및 행정청이 직권으로 또는 신청에 따라 행정절차에 참여하게 한 이해관계인에 한정되므로(제2조 제4호), 행정절차법 제22조 제2항 제3호에 따른 공청회 개최는 실효성이 크지 못하다. '행정절차에 참여하게 한 이해관계인'이 아니라 이해관계인 30명 이상이 공청회 개최를 요구하면 공청회를 개최하여야 하는 것으로 개정하여야 할 것이다.

(5) 협의 내용의 이행 및 관리 등

동법은 협의 내용의 이행확보를 위한 수단들을 두고 있다. 즉, 환경부장관과의 협의 후 환경영향평가서에 반영된 협의 내용의 이행 및 관리 등을 위하여, 사업자에게 협의 내용의 이행 의무를 부과하고(제35조), 승인기관의 장으로 하여금 사업자가 협의 내용을 이행하였는지 확인하는 등 관리·감독에 관한 규정을 두고 있으며(제39조), 사업자의 협의 내용 미이행시 이행조치명령을 내리고, 이행조치명령을 이행하지 않은 경우 공사중지명령을 내리도록 하는 규정(제40조) 등을 두고 있다.

1) 협의 내용의 이행 의무

사업자는 사업계획 등을 시행할 때에 사업계획 등에 반영된 협의 내용을 이행하여야 한다(제35조 ①). 사업자는 협의 내용을 성실히 이행하기 위하여 환경부령으로 정하는 바에 따라 협의 내용을 적은 관리대장에 그 이행 상황을 기록하여 공사현장에 갖추어 두어야 한다(동조 ②). 사업자는 협의 내용이 적정하게 이행되는지를 관리하기 위하여 협의 내용 관리책임자(이하 "관리책임자"라 한다)를 지정하여 환경부령으로 정하는 바에 따라 ① 환경부장관, ② 승인기관의 장(승인등을 받아야 하는 환경영향평가 대상사업만 해당한다)에게 통보하여야 한다(동조 ③). 관리책임자의 자격기준 등 필요한 사항은 환경부령으로 정한다(동조 ④).

2) 사후환경영향평가

사업자는 해당 사업을 착공한 후에 그 사업이 주변 환경에 미치는 영향을 조사(이하 "사후환경영향조사"라 한다)하고, 그 결과를 ① 환경부장관, ② 승인기관의 장(승인등을 받아야 하는 환경영향평가 대상사업만 해당한다)에게 통보하여야 한다(제36조 ①).

---

2. 소음 및 악취 등 국민의 일상생활과 관계되는 환경에 큰 영향을 미치는 처분
② 제1항에 따른 처분에 대하여 당사자등은 그 처분 전(해당 처분에 대하여 행정청이 의견제출 기한을 정한 경우에는 그 기한까지를 말한다)에 행정청에 공청회의 개최를 요구할 수 있다.

72) 제13조의3 ③ 법 제22조 제2항 제3호에서 "대통령령으로 정하는 수"란 30명을 말한다.

사업자는 사후환경영향조사 결과 주변 환경의 피해를 방지하기 위하여 조치가 필요한 경우에는 지체 없이 그 사실을 제1항의 환경부장관, 승인기관의 장에게 통보하고 필요한 조치를 하여야 한다(동조 ②).

환경부장관은 제1항에 따른 사후환경영향조사의 결과 및 제2항에 따라 통보받은 사후환경영향조사의 결과 및 조치의 내용 등을 검토하고 그 내용을 대통령령으로 정하는 방법에 따라 공개하여야 한다(동조 ③). 환경부장관은 제3항에 따라 사후환경영향조사의 결과 및 조치의 내용 등을 검토할 때에 필요하면 관계 전문가 또는 대통령령으로 정하는 기관의 의견을 듣거나 현지조사를 의뢰할 수 있고, 사업자 또는 승인기관의 장에게 관련 자료의 제출을 요청할 수 있다(동조 ④). 사후환경영향조사의 대상사업, 조사항목 및 조사기간, 사후환경영향조사 결과 및 조치의 내용 등에 대한 검토 기준·방법, 그 밖에 필요한 사항은 환경부령으로 정한다(동조 ⑤).

3) 사업착공등의 통보

사업자는 사업을 착공, 준공, 3개월 이상의 공사 중지 또는 3개월 이상 공사를 중지한 후 재개(이하 이 조 및 제48조에서 "사업착공등"이라 한다)하려는 경우에는 환경부령으로 정하는 바에 따라 ① 환경부장관, ② 승인기관의 장(승인등을 받아야 하는 환경영향평가 대상사업만 해당한다)에게 그 내용을 통보하여야 한다(제37조 ①). 제1항에 따라 사업착공등을 통보받은 승인기관의 장은 해당 내용을 평가 대상지역 주민에게 대통령령으로 정하는 방법에 따라 공개하여야 한다(동조 ②).

4) 협의 내용 등에 대한 이행의무의 승계 등

사업자가 사업을 양도하거나 사망한 경우 또는 법인이 합병한 경우에는 그 양수인이나 상속인 또는 합병 후 존속하는 법인이나 합병에 따라 설립되는 법인이 제35조부터 제37조까지의 규정에 따른 의무를 승계한다. 다만, 양도·상속 또는 합병으로 이전되는 시설의 운영자가 따로 있는 경우에는 그 시설의 운영자가 그 의무를 승계한다(제38조 ①). 제1항 본문에 따라 종전 사업자의 의무를 승계한 사업자(같은 항 단서에 따라 의무를 승계한 운영자를 포함한다)는 협의 내용의 이행 상황과 승계 사유 등 환경부령으로 정하는 사항을 승계받는 날부터 30일 이내에 승인기관의 장과 환경부장관에게 통보하여야 한다(동조 ②).

5) 협의 내용의 관리 · 감독

승인기관의 장은 승인등을 받아야 하는 사업자가 협의 내용을 이행하였는지를 확인하여야 한다(제39조 ①). 환경부장관 또는 승인기관의 장은 사업자에게 협의 내용의 이행에 관련된 자료를 제출하게 하거나 소속 공무원으로 하여금 사업장에 출입하여 조사하게 할 수 있다. 이 경우 조사에 관하여는 제60조 제2항 및 제3항을 준용한다(동조 ②).

승인기관장등은 해당 사업의 준공검사를 하려는 경우에는 협의 내용의 이행 여부를 확인하고 그 결과를 환경부장관에게 통보하여야 한다. 이 경우 승인기관장등은 필요하면 환경부장관에게 공동으로 협의 내용의 이행 여부를 확인하여 줄 것을 요청할 수 있다(동조 ③).

6) 조치명령 등

승인기관의 장은 승인등을 받아야 하는 사업자가 협의 내용을 이행하지 아니하였을 때에는 그 이행에 **필요한 조치를 명**하여야 한다(제40조 ①).

승인기관의 장은 승인등을 받아야 하는 사업자가 제1항에 따른 조치명령을 이행하지 아니하여 해당 사업이 환경에 중대한 영향을 미친다고 판단하는 경우에는 그 사업의 전부 또는 일부에 대한 **공사중지명령**을 하여야 한다(동조 ②).

환경부장관은 협의 내용에 협의기준에 관한 내용이 포함되어 있으면 협의기준의 준수 여부를 확인하여야 한다(동조 ③). 환경부장관은 다음 각 호의 어느 하나에 해당하는 경우에는 승인등을 받지 아니하여도 되는 사업자에게 공사중지, 원상복구 또는 그 밖에 필요한 조치를 할 것을 명령하거나, 승인기관의 장에게 공사중지, 원상복구 또는 그 밖에 필요한 조치를 할 것을 명령하도록 요청할 수 있다. 이 경우 승인기관장등은 특별한 사유가 없으면 이에 따라야 한다(동조 ④).

1. 협의 내용의 이행을 관리하기 위하여 필요하다고 인정하는 경우
2. 사후환경영향조사의 결과 및 조치의 내용 등을 검토한 결과 주변 환경의 피해를 방지하기 위하여 필요하다고 인정하는 경우

승인기관의 장이 제1항·제2항 또는 제4항에 따른 조치명령 또는 공사중지명령을 하거나 사업자가 제4항에 따른 조치를 하였을 때에는 지체 없이 그 내용을 환경부장관에게 통보하여야 한다(동조 ⑤).

[판례] 환경영향평가법 제40조 협의사항의 의미 : 이 부분 관련 원고의 주장요지는 환경영향평가법 제40조가 “승인기관의 장은 협의 내용을 이행하지 아니하였을 때에는 그 이행에 필요한 조치를 명하여야 한다.”라고 규정하고 있으므로, 원주지방환경청장 명의의 ‘환경영향평가[본안] 협의 내용에 기재된 사항만이 조치명령의 대상이라는 취지로 보인다. … 명시적으로 환경부장관(원주지방환경청장)이 수정이나 보완을 요구한 사항이 아니라고 하더라도 환경영향평가서에 기재된 사항은 환경부장관의 협의를 거친 것이므로,

환경영향평가법 제40조 제1항의 협의사항에 해당하고, 원고가 이를 미이행하는 경우 위 조항에 따라 피고는 조치명령을 할 수 있다. … 원고의 의무는 단순히 교육 등을 시실하는 것 뿐만 아니라 규정속도를 준수하지 않은 운반차량이 있는 경우 이에 대하여 차량통행 정지 또는 출입금지 등의 제재조치를 취할 의무까지 포함하는 것으로 해석된다. 따라서 규정속도를 위반한 차량이 있음에도 원고가 이러한 제재조치를 취하지 않은 경우(그 운반차량 및 운전기사가 원고의 소속인지 여부를 불문하고) 원고는 환경영향평가서 상의 의무를 이행하지 않는 경우에 해당하므로, 조치명령의 대상이 된다(서울고법(춘천) 2016. 11. 7. 선고 2016누51 판결[대법원 2017. 3. 9.자 2016두60249 판결(심리불속행)] – 원주 석산개발사업 사건[73]).

7) 과 징 금

환경부장관 또는 승인기관의 장은 제40조 제4항에 따라 원상복구할 것을 명령하여야 하는 경우에 해당하나, 그 원상복구가 주민의 생활, 국민경제, 그 밖에 공익에 현저한 지장을 초래하여 현실적으로 불가능할 경우에는 원상복구를 갈음하여 총 공사비의 3퍼센트 이하의 범위에서 과징금을 부과할 수 있다(제40조의2 ①). 제1항에 따른 과징금을 부과하는 위반행위의 종류 · 정도 등에 따른 과징금의 금액과 그 밖에 필요한 사항은 대통령령으로 정한다(동조 ②).

8) 재 평 가

환경부장관은 다음 각 호의 어느 하나에 해당하는 경우에는 승인기관장등과의 협의를 거쳐 한국환경정책 · 평가연구원의 장 또는 관계 전문기관의 장(이하 "재평가

---

73) <사실 개요> 원고는 원주시 ○○면 ○○리 인근에서 석산개발사업을 진행하던 사업자로서, 원주지방환경청장으로부터 소음·진동 대책에 관하여 "공사장비 가동 시 소음·진동 저감대책 수립(주간작업을 실시, 공사차량 주행속도 20km/hr 이내로 제한, 장비의 분산 투입)"이라는 내용이 포함된 환경영향평가 협의 내용을 통보받았다. 이에 원고는 소음·진동과 관련하여 "골재 반출 시 차량 과속으로 인하여 민원이 발생하고 있으므로, 현재 이 사건 사업장을 진출입하는 전 차량에 주의사항 판넬을 제작하여 배포 후 항시 차량에 비치토록 하였으며 운전자를 대상으로 규정속도 준수, 경적 금지 등의 사항에 대하여 지속적으로 교육을 실시할 계획이다."라는 내용의 저감계획을 수립하였다. 그러나 사업장 인근 거주 주민들이 지속적으로 민원을 제기하자 원주시장은 원고에게 환경영향평가법 제40조에 따라 "협의 내용과 같이 사업장의 채석 운반차량들이 주거지역 경유 시 20km/hr 이하의 속도를 준수하도록 조치하라"는 조치명령을 내렸다. 이에 원고는 ① 조치명령의 대상이 되는 협의 내용은 사업자로서 소음·진동 저감을 위한 대책을 세우는 것이지 물리적으로 모든 차량이 규정속도를 지키게 만드는 것이 아니므로 일부 차량이 20km/hr 초과한 사례가 발견된다고 해서 곧바로 조치명령을 내릴 수는 없고, ② 설령 그것이 협의 내용에 포함된다고 하더라도 운반차량이 규정속도를 준수하도록 판넬을 제작하여 배포하고 이에 대해 교육을 실시하는 등 사업자로서 최선의 노력을 기울인 이상 환경영향평가 협의 내용을 불이행하였다고 볼 수 없다고 주장하며 위 조치명령의 취소를 구하는 소를 제기하였다.

기관”이라 한다)에게 재평가를 하도록 요청할 수 있다(제41조 ①).

1. 환경영향평가 협의 당시 예측하지 못한 사정이 발생하여 주변 환경에 중대한 영향을 미치는 경우로서 제36조 제2항 또는 제40조에 따른 조치나 조치명령으로는 환경보전방안을 마련하기 곤란한 경우
2. 제53조 제5항 제2호를 위반하여 환경영향평가서등과 그 작성의 기초가 되는 자료를 거짓으로 작성한 경우

재평가기관은 제1항에 따른 요청을 받았을 때에는 해당 사업계획 등에 대하여 재평가를 실시하고 그 결과를 대통령령으로 정하는 기간 이내에 환경부장관과 승인기관장등에게 통보하여야 한다(동조 ②). 환경부장관이나 승인기관장등은 제2항에 따라 재평가 결과를 통보받았을 때에는 재평가 결과에 따라 환경보전을 위하여 사업자에게 필요한 조치를 하게 하거나 다른 행정기관의 장 등에게 필요한 조치명령을 하도록 요청할 수 있다(동조 ③). 제1항 제2호에 해당하는 사업자는 재평가기관에 환경영향평가대행업체의 선정 등 환경부령으로 정하는 대행계약의 체결에 필요한 업무를 위탁하여야 한다. 이 경우 사업자는 환경영향평가서 작성 등에 필요한 비용을 부담하여야 한다(동조 ④).

3. 시 · 도의 조례에 따른 환경영향평가

(1) 근거 규정

국가적 차원에서 이루어지는 환경영향평가에 못지않게 지방자치단체 차원에서 행하여지는 환경영향평가도 중요한 의미를 지니므로, 「환경영향평가법」에서는 시 · 도가 조례를 통하여 환경영향평가를 할 수 있도록 규정하고 있다.

특별시 · 광역시 · 도 · 특별자치도 또는 인구 50만 이상의 시(이하 “시 · 도”라 한다)는 환경영향평가 대상사업의 종류 및 범위에 해당하지 아니하는 사업으로서 대통령령으로 정하는 범위에 해당하는 사업에 대하여 지역 특성 등을 고려하여 환경영향평가를 실시할 필요가 있다고 인정하면 해당 시 · 도의 조례로 정하는 바에 따라 그 사업을 시행하는 자로 하여금 환경영향평가를 실시하게 할 수 있다. 다만, 제43조에 따른 소규모 환경영향평가 대상사업에 해당하는 경우에는 그러하지 아니하다(제42조 ①). 인구 50만 이상의 시의 경우에는 그 지역을 관할하는 도가 환경영향평가의 실시에 관한 조례를 정하지 아니한 경우에만 해당 시의 조례로 정하는 바에 따라 환경영향평가를 실시할 수 있다(동조 ②). 제1항 및 제2항에 따라 환경영향평가를 실시하는 경우의 환경영향평가 분야 및 세부 항목, 환경영향평가서의 작성

및 의견 수렴과 환경영향평가서의 협의 및 협의 내용의 관리 등의 절차, 그 밖에 필요한 사항은 해당 시·도의 조례로 정한다(동조 ③).

(2) 지방자치단체 환경영향평가의 의미

지방자치단체의 환경영향평가제도는 국가차원에서 운영되는 환경영향평가제도와는 별개로 지방자치단체가 환경영향평가조례에 의하여 실시하는 환경영향평가제도를 말한다. 현행 「환경영향평가법」은 대규모의 사업에 대하여 일률적으로 평가대상사업을 정하여 있어, 소규모 사업일지라도 지역의 환경적 특성 및 입지조건 등에 따라 환경영향을 크게 야기하는 경우에는 환경영향평가를 실시할 수 없는 단점을 갖고 있다. 따라서 지방자치단체 차원의 환경영향평가제도 운영은 현행법상 평가대상사업의 범위에 해당하지 않는 사업일지라도 지역의 환경적 특수성을 고려하여 지방자치단체가 적극적이고 자율적으로 환경문제를 검토할 수 있는 기회를 제공한다. 또한 지방자치단체 및 지역주민의 자주적인 참여를 통한 합리적인 의사결정을 지원하고 지방자체단체의 환경정책에 대한 신뢰성을 높여주는 역할을 한다.

지방자치단체의 독자적인 환경영향평가는 독일, 일본 등 선진국에서 보다 적극적으로 실시되고 있는데, 독일과 일본은 연방 또는 국가차원보다 지자체가 더욱 엄격한 규정으로 제도를 실시하는 경우도 있다.[74] 이들 국가는 법령에서 정하고 있는 평가대상을 제외한 사업 등을 대상으로 하여 환경영향평가를 실시하고 있다.

특히 일본의 경우는 지방자치단체들이 환경영향평가제도의 실질적 정착에 큰 역할을 하고 있다. 1976년 가와사키시, 1978년 북해도, 1980년 동경도가 조례를 제정하는 등 각 지자체에서 독자적인 환경영향평가제도를 제정하여 운영하여 오고 있는 이래로 지방자치단체의 제도화가 급속히 진행되었다.[75]

우리나라의 경우 현재 8개의 시·도에서 환경영향평가 조례를 제정하였다. 서울시의 조례에서는 영향평가를 실시하여야 하는 환경 및 재해분야 대상사업의 범위를 별표 1에 정하고 있는데 환경영향평가의 경우 면적 7만 5000㎡ 이상에서 25

---

74) 독일은 연방환경영향평가법이 1990년에 제정된 반면, 지자체 환경영향평가조례 등의 제정은 80년대 초반 이후부터 성행되기 시작하여, 현재 많은 지자체에서 실시되고 있다. 일본은 1970년대부터 후쿠오카(1973년), 가와사키(1976년) 등 지자체가 환경영향평가제도를 도입 실시하였다.

75) 지방자치단체에서 환경영향평가제도는 준비서 작성, 주민 등의 의견청취, 평가서 작성이라는 큰 흐름에서 대체적으로 정부제도에 준하는 것으로 하고 있지만 대상사업의 규모를 각의결정요강보다 소규모로 하기로 하고 각의결정에서 대상으로 하고 있지 않은 것이 있으며, 환경영향평가의 실시에 있어서 사전절차를 두거나 심의회의 의견을 듣는 등 각각의 단체에 따라 특징을 지니고 있다(淺野直人, 앞의 책, 165면).

만㎡ 미만인 사업도 영향평가 대상에 포함시키고 있다.

그런데 현재 우리나라의 지방자치단체에 의한 환경영향평가는 그리 활성화되어 있지 못한 상황이다. 현재 지방자치단체의 환경영향평가 기능은 중앙정부의 위임집행업무에 편중되어 있어서 자율성 및 자치성이 결여되어 있다. 즉, 현행 환경영향평가 관련법령 내에서 지방자치단체의 환경영향평가업무는 주로 평가절차의 관리업무에 편중되어 있어 지방자치단체가 환경영향평가절차 안에서 중심적인 역할을 하지 못하고 있는 실정이다. 또한 대부분의 지방자치단체에서 환경영향평가를 위한 독립적인 기구 및 조직이 정비되어 있지 않은 상태이고, 환경영향평가 관련업무를 담당할 수 있는 인력은 절대적으로 부족하며, 전문성을 띤 인력도 미흡한 실정이다. 이러한 상황에서 지방자치단체가 환경영향평가조례를 제정하여 독자적인 환경영향평가를 시행하는 것이 쉽지 않다.

그러나 지방자치단체는 해당 지역에서의 개발업무와 환경보전업무를 종합적으로 다루고 있기 때문에 일상적인 업무수행과정에 환경영향평가제도 절차를 접목시킴으로써 개발에 따른 의사결정의 초기단계에서부터 종합적이고 체계적인 검토가 가능할 수 있다. 즉, 지방자치단체는 지방자치사무, 관계법령에 의한 계획수립 및 인·허가 등의 지도·감독업무, 중앙행정기관으로부터 위임받은 사무 등 종합행정사무를 처리하기 때문에 관할 지역내에서 이루어지는 사업 또는 계획이 환경에 중대한 영향을 미친다고 판단될 경우에는 이를 환경영향평가의 대상으로 삼기가 용이하다. 따라서 지역실정을 고려한 지방자치단체 환경영향평가제도의 도입과 이를 뒷받침할 수 있는 지원체제가 구축된다면 국가차원의 환경영향평가제도 또한 더 합리적이고 효율적으로 운영될 수 있을 것이다.

Ⅴ. 소규모 환경영향평가

소규모 환경영향평가는 대규모 개발사업을 대상으로 하는 일반 환경영향평가와 비교하면 여러 가지 차이점이 있다. 일단 평가대상사업의 종류와 규모가 작고, 비교적 절차가 간소하여 조사·평가 등의 기간이 짧은 편이며, 특히 주민의견수렴절차에 관한 규정을 두고 있지 않다는 점에서 차이가 있다.

1. 소규모 환경영향평가의 대상

다음 각 호 모두에 해당하는 개발사업(이하 "소규모 환경영향평가 대상사업"이라 한다)을 하려는 자(이하 이 장에서 "사업자"라 한다)는 소규모 환경영향평가를 실시하여야 한다(제43조 ①).

1. 보전이 필요한 지역과 난개발이 우려되어 환경보전을 고려한 계획적 개발이 필요한 지역으로서 대통령령으로 정하는 지역(이하 "보전용도지역"이라 한다)에서 시행되는 개발사업
2. 환경영향평가 대상사업의 종류 및 범위에 해당하지 아니하는 개발사업으로서 대통령령으로 정하는 개발사업

소규모 환경영향평가를 실시하여야 하는 지역, 개발사업의 종류 및 범위는 동법 시행령 [별표 4]에서 정하고 있는데, 그 내용은 [표 2-4]와 같다.

예컨대, 국토계획법에 따른 관리지역의 경우 사업계획 면적이 보전관리지역은 5,000㎡ 이상, 생산관리지역은 7,500㎡ 이상, 계획관리지역은 10,000㎡ 이상인 경우 소규모 환경영향평가 대상이 된다. 또한 농림지역의 경우에는 사업계획 면적이 7,500㎡ 이상인 경우 평가대상이 된다.[76]

여기에서 '사업계획 면적'이란 개발사업이 이루어지는 전체 면적으로서, 사업자가 해당 개발사업의 사업계획을 수립·시행하기 위하여 관계 법령상 행정청의 인허가를 받아야 할 필요가 있는 모든 토지 면적의 총합을 의미한다.[77]

[표 2-4] 소규모 환경영향평가 대상사업의 종류, 범위 및 협의 요청시기

구 분	소규모 환경영향평가 대상사업의 종류 · 규모	협의 요청시기
1.「국토의 계획 및 이용에 관한 법률」 적용 지역	가.「국토의 계획 및 이용에 관한 법률」 제6조 제2호에 따른 관리지역의 경우 사업계획 면적이 다음의 면적 이상인 것 1) 보전관리지역: 5,000제곱미터 2) 생산관리지역: 7,500제곱미터 3) 계획관리지역: 10,000제곱미터	사업의 허가 · 인가 · 승인 · 면허 · 결정 또는 지정 등 (이하 이 표에서 "허가"라 한다) 전
	나.「국토의 계획 및 이용에 관한 법률」 제6조 제3호에 따른 농림지역의 경우 사업계획 면적이 7,500제곱미터 이상인 것	사업의 허가 전
	다.「국토의 계획 및 이용에 관한 법률」 제6조 제4호에 따른 자연환경보전지역의 경우 사업계획 면적이 5,000제곱미터 이상인 것	사업의 허가 전

76) 도시관리계획에 의해 획정되는 용도지역으로는 도시지역, 관리지역, 농림지역, 자연환경보전지역이 있고, 도시지역은 주거지역, 상업지역, 공업지역, 녹지지역으로 구분되고(국토계획법 제36조 제1항 제1호), 관리지역은 보전관리지역, 생산관리지역, 계획관리지역으로 구분된다(제36조 제1항 제2호).

77) 대법원 2020. 7. 23. 선고 2019두31839 판결.

2. 「개발제한구역의 지정 및 관리에 관한 특별 조치법」 적용지역	「개발제한구역의 지정 및 관리에 관한 특별조치법」 제3조에 따른 개발제한구역의 경우 사업계획 면적이 5,000제곱미터 이상인 것	사업의 허가 전
3. 「자연환경보전법」 및 「야생생물 보호 및 관리에 관한 법률」 적용 지역	가. 「자연환경보전법」 제2조 제12호 및 제12조에 따른 생태 · 경관보전지역(같은 법 제23조에 따른 시 · 도 생태 · 경관보전지역을 포함한다)의 경우 사업계획 면적이 다음의 면적 이상인 것 1) 생태 · 경관핵심보전구역: 5,000제곱미터 2) 생태 · 경관완충보전구역: 7,500제곱미터 3) 생태 · 경관전이보전구역: 10,000제곱미터	사업의 허가 전
	나. 「자연환경보전법」 제2조 제13호 및 제22조에 따른 자연유보지역의 경우 사업계획 면적이 5,000제곱미터 이상인 것	사업의 허가 전
	다. 「야생생물 보호 및 관리에 관한 법률」 제27조에 따른 야생생물 특별보호구역 및 같은 법 제33조에 따른 야생생물 보호구역의 경우 사업계획 면적이 5,000제곱미터 이상인 것	사업의 허가 전
4. 「산지관리법」적용 지역	가. 「산지관리법」 제4조 제1항 제1호 나목에 따른 공익용산지의 경우 사업계획 면적이 10,000제곱미터 이상인 것	사업의 허가 전
	나. 「산지관리법」 제4조 제1항 제1호 나목에 따른 공익용산지 외의 산지의 경우 사업계획 면적이 30,000제곱미터 이상인 것	사업의 허가 전
5. 「자연공원법」 적용 지역	가. 「자연공원법」 제18조 제1항 제1호에 따른 공원자연보존지구의 경우 사업계획 면적이 5,000제곱미터 이상인 것	사업의 허가 전
	나. 「자연공원법」 제18조 제1항 제2호에 따른 공원자연환경지구 및 제18조 제1항 제6호에 따른 공원문화유산지구의 경우 사업계획 면적이 7,500제곱미터 이상인 것	사업의 허가 전
6. 「습지보전법」 적용 지역	가. 「습지보전법」 제8조 제1항에 따른 습지보호지역의 경우 사업계획 면적이 5,000제곱미터 이상인 것	사업의 허가 전
	나. 「습지보전법」 제8조 제1항에 따른 습지주변관리지역의 경우 사업계획 면적이 7,500제곱미터 이상인 것	사업의 허가 전
	다. 「습지보전법」 제8조 제2항에 따른 습지개선지역의 경우 사업계획 면적이 7,500제곱미터 이상인 것	사업의 허가 전
7. 「수도법」, 「하천법」, 「소하천정비법」 및 「지하수법」 적용지역	가. 「수도법」 제3조 제7호에 따른 광역상수도가 설치된 호소(湖沼)의 경계면(계획홍수위를 기준으로 한다)으로부터 상류로 1킬로미터 이내인 지역(팔당댐 상류의 남한강 · 북한강의 경우에는 환경정책기본법 제38조 제1항에 따라 지정된 특별대책지역 Ⅰ권역으로서 「한강수계 상수원 수질개선 및 주민지원 등에 관한 법률」 제4조 제1항 제1호에 따른 수변구역의 지정대상이 되는 지역의 경계선 이내의 지역으로 한다)의 경우 사업계획 면적이 7,500제곱미터(「주택법」 제2조 제2호에 따른 공	사업의 허가 전

	동주택의 경우에는 5,000제곱미터) 이상인 것 나.「하천법」 제2조 제2호에 따른 하천구역의 경우 사업계획 면적이 10,000제곱미터 이상인 것 다.「소하천정비법」 제2조 제2호에 따른 소하천구역의 경우 사업계획 면적이 7,500제곱미터 이상인 것 라.「지하수법」 제2조 제3호에 따른 지하수보전구역의 경우 사업계획 면적이 5,000제곱미터 이상인 것	 사업의 허가 전 사업의 허가 전 사업의 허가 전
8.「초지법」 적용지역	「초지법」 제5조 제1항에 따른 초지조성허가 신청의 경우 사업계획 면적이 30,000제곱미터 이상인 것	사업의 허가 전
9. 그 밖의 개발사업	사업계획 면적이 제1호부터 제8호까지의 규정에 따른 최소 소규모 환경영향평가 대상 면적의 60퍼센트 이상인 개발사업 중 환경오염, 자연환경훼손 등으로 지역균형발전과 생활환경이 파괴될 우려가 있는 사업으로서 시·도 또는 시·군·구의 조례로 정하는 사업과 관계행정기관의 장이 미리 시·도 또는 시·군·구 환경보전자문위원회의 의견을 들어 소규모 환경영향평가가 필요하다고 인정한 사업	사업의 허가 전

[판례 1] (1) 구 환경정책기본법 시행령 제7조 [별표 2](현행 환경영향평가법 시행령 [별표 4])의 개발사업 부지에 대하여 구 국토의 계획 및 이용에 관한 법률 제36조 제1항에서 규정한 세부용도지역이 지정되지 아니한 경우, 관계행정기관의 장은 그 개발사업 부지의 이용실태 및 특성, 장래의 토지이용방향 등에 대한 구체적 조사 및 이에 기초한 평가 작업을 거쳐 그 개발사업 부지가 구 국토의 계획 및 이용에 관한 법률 제36조 제1항 중 어떠한 세부용도지역의 개념 정의에 부합하는지 여부를 가린 다음 이를 토대로 사전환경성검토협의(현행 소규모 환경영향평가)를 할지 여부를 결정하여야 한다. (2) 행정청이 사전환경성검토협의를 거쳐야 할 대상사업에 관하여 법의 해석을 잘못한 나머지 세부용도지역이 지정되지 않은 개발사업 부지에 대하여 사전환경성검토협의를 할지 여부를 결정하는 절차를 생략한 채 승인 등의 처분을 한 사안에서, 그 하자가 객관적으로 명백하다고 할 수 없다고 한 사례(대법원 2009. 9. 24. 선고 2009두2825 판결[개발사업시행승인처분취소]－제주 난산 풍력발전소 사건). <해설> 이 판결이 난 이후에는 소규모 환경영향평가를 해야 할지 결정하는 절차를 거치지 않은 것은 위법하고, 그 하자가 객관적으로 명백하다고 해야 할 것이다.

[판례 2] (1) 국토의 계획 및 이용에 관한 법률 제6조 제3호 에 따른 '농림지역'의 경우 사업계획 면적이 7,500㎡ 이상인 개발사업은 소규모 환경영향평가의 대상이며, 해당 개발사업을 하려는 사업자는 해당 개발사업의 승인 등을 받기 전에 소규모 환경영향평가서를 작성하여 승인기관의 장에게 제출하여야 한다. 여기에서 '사업계획 면적'은 소규모 환경영향평가의 대상을 판정하는 기준이 된다. '사업계획 면적'이란 개발사업이 이루어지는 전체 면적으로서, 사업자가 해당 개발사업의 사업계획을 수립·시행하기 위하여 관계 법

령상 행정청의 인허가를 받아야 할 필요가 있는 모든 토지 면적의 총합을 의미한다고 봄이 타당하다.
(2) 갑이 돼지축사 10개 동을 건축하기 위하여 지목이 '답'인 토지 중 7,457㎡ 부분에서 축사를 설치하기 위해 건축허가를 신청한 사안에서, 위 토지 중 '부지 제외지'(345㎡)와 '목적 외 사용승인허가 예정지'(135㎡)도 축사 자체의 부지는 아니지만 축사의 부속시설이나 진입도로의 부지에 해당하므로, 축사를 건축하는 개발사업은 그 '사업계획 면적'이 적어도 7,937㎡(=7,457㎡+345㎡+135㎡)가 되므로 환경영향평가법 시행령 제59조 [별표 4] 제1호 (다)목에서 정한 소규모 환경영향평가의 대상인 '농림지역에서 사업계획 면적이 7,500㎡ 이상인 개발사업'에 해당하는 것으로 보아야 함에도 이를 간과한 채 이루어진 건축허가는 환경영향평가법을 위반한 것이어서 위법하므로 이는 건축행정청이 건축허가를 직권으로 취소할 수 있는 사유에 해당한다(대법원 2020. 7. 23. 선고 2019두31839 판결[건축허가취소처분취소]-평택시 돼지축사 건축허가 직권취소 사건).[78]

제1항에도 불구하고 다음 각 호의 어느 하나에 해당하는 개발사업은 소규모 환경영향평가 대상에서 제외한다(동조 ②).

1. 「재난 및 안전관리 기본법」 제37조에 따른 응급조치를 위한 사업
2. 국방부장관이 군사상 고도의 기밀보호가 필요하거나 군사작전의 긴급한 수행을 위하여 필요하다고 인정하여 환경부장관과 협의한 개발사업
3. 국가정보원장이 국가안보를 위하여 고도의 기밀보호가 필요하다고 인정하여 환경부장관과 협의한 개발사업

2. 소규모 환경영향평가의 절차

(1) 소규모 환경영향평가서의 작성 및 협의 요청 등

승인등을 받아야 하는 사업자는 소규모 환경영향평가 대상사업에 대한 승인등을 받기 전에 소규모 환경영향평가서를 작성하여 승인기관의 장에게 제출하여야 한다(제44조 ①).

---

78) 소규모 환경영향평가 대상임에도 이를 거치지 않은 돼지축사 건축허가는 위법하다고 본 사례. 甲이 국토계획법에 따라 농림지역 및 농업진흥구역으로 지정된 평택시 소재의 지목이 '답'인 토지에 돼지 축사 10개 동을 건축하기 위하여 건축허가를 신청하였고, 관할 행정청은 건축사 乙이 甲의 이익을 위하여 부정확한 내용으로 작성한 '건축허가조사 및 검사조서'를 그대로 믿고 건축허가를 발급하였는데, 이후 인근 주민들이 건축허가에 대한 민원을 제기하였고 관할 행정청은 청문절차를 거친 후, 축사 건축을 위한 국토계획법상의 개발행위허가를 받지 않았고, 환경영향평가법에 따른 소규모 환경영향평가를 실시하지 않았다는 사유 등을 들어 甲에 대한 건축허가를 직권으로 취소한 사안이다.

승인기관장등은 소규모 환경영향평가 대상사업에 대한 승인등을 하거나 대상사업을 확정하기 전에 환경부장관에게 소규모 환경영향평가서를 제출하고 소규모 환경영향평가에 대한 협의를 요청하여야 한다(동조 ②).

승인등을 받아야 하는 사업자 및 승인기관장등은 다음 각 호의 어느 하나에 해당하면 제1항 및 제2항에 따른 소규모 환경영향평가서의 작성 및 협의요청을 생략할 수 있다(동조 ③).

1. 소규모 환경영향평가 대상사업이 환경부장관과 협의를 거쳐 확정되거나 승인등을 받고 취소 또는 실효된 경우로서 협의 내용을 통보받은 날부터 대통령령으로 정하는 기간을 경과하지 아니한 경우
2. 소규모 환경영향평가 대상사업이 환경부장관과 협의를 거친 후 지연 중인 경우로서 협의 내용을 통보받은 날부터 대통령령으로 정하는 기간을 경과하지 아니한 경우

제1항에 따른 소규모 환경영향평가서의 내용 및 작성방법, 제2항에 따른 소규모 환경영향평가에 대한 협의 요청시기 및 절차 등 필요한 사항은 대통령령으로 정한다(동조 ④).

(2) 소규모 환경영향평가서의 검토 등

환경부장관은 제44조 제2항에 따라 협의를 요청받은 경우에는 협의 요청 절차의 적합성과 소규모 환경영향평가서의 내용 등을 검토한 후 협의를 요청받은 날부터 대통령령으로 정하는 기간 이내에 협의 내용을 승인기관장등에게 통보하여야 한다(제45조 ①).

제1항에 따른 소규모 환경영향평가서의 검토에 관하여는 제17조 제2항을 준용한다. 이 경우 "전략환경영향평가서"는 "소규모 환경영향평가서"로 본다(동조 ②).

환경부장관은 제1항에 따라 소규모 환경영향평가서를 검토한 결과 소규모 환경영향평가서 또는 사업계획 등을 보완·조정할 필요가 있는 등 대통령령으로 정하는 사유가 있는 경우에는 승인기관장등에게 소규모 환경영향평가서 또는 해당 사업계획의 보완·조정을 요청하거나 보완·조정을 사업자 등에게 요구할 것을 요청할 수 있다. 이 경우 보완·조정의 요청은 두 차례만 할 수 있으며, 요청을 받은 승인기관장등은 특별한 사유가 없으면 이에 따라야 한다(동조 ③).

환경부장관은 제3항에 따라 보완·조정의 요청을 하였음에도 불구하고 요청한 내용의 중요한 사항이 누락되는 등 소규모 환경영향평가서 또는 해당 사업계획이 적정하게 작성되지 아니하여 협의를 진행할 수 없다고 판단되는 경우에는 소규모

환경영향평가서를 반려할 수 있다(동조 ④).

환경부장관은 다음 각 호의 어느 하나에 해당하는 경우에는 해당 소규모 환경영향평가 대상사업의 규모 · 내용 · 시행시기 등을 재검토할 것을 승인기관장등에게 통보할 수 있다(동조 ⑤).

1. 해당 소규모 환경영향평가 대상사업을 축소 · 조정하더라도 해당 소규모 환경영향평가 대상사업이 포함된 사업계획의 추진으로 환경훼손 또는 자연생태계의 변화가 현저하거나 현저하게 될 우려가 있는 경우
2. 해당 소규모 환경영향평가 대상사업이 포함된 사업계획이 국가환경정책에 부합하지 아니하거나 생태적으로 보전가치가 높은 지역을 심각하게 훼손할 우려가 있는 경우

제1항에 따른 소규모 환경영향평가서 등의 검토 기준 · 방법과 제3항에 따른 소규모 환경영향평가서 등의 보완 · 조정, 제4항에 따른 반려 및 제5항에 따른 소규모 환경영향평가 대상사업의 재검토에 필요한 사항은 대통령령으로 정한다(동조 ⑥).

(3) 협의 내용의 반영 등

사업자나 승인기관의 장은 제45조에 따라 협의 내용을 통보받았을 때에는 이를 해당 사업계획에 반영하기 위하여 필요한 조치를 하여야 한다(제46조 ①). 제1항에 따른 협의 내용의 반영, 결과의 통보, 반영 요청 등에 관하여는 제30조 제2항부터 제4항까지의 규정을 준용한다(동조 ②).

(4) 변경협의

사업자는 제43조부터 제45조까지의 규정에 따라 협의한 사업계획 등을 변경하는 경우로서 원형대로 보전하도록 한 지역 또는 개발에서 제외하도록 한 지역을 추가로 개발하는 등 대통령령으로 정하는 사유에 해당하면 사업계획 등의 변경에 따른 환경보전방안을 마련하여 이를 변경하는 사업계획 등에 반영하여야 한다(제46조의2 ①). 승인등을 받아야 하는 사업자는 제1항에 따라 사업계획 등을 변경하려는 경우에는 환경보전방안에 대하여 미리 승인기관의 장의 검토를 받아야 한다(동조 ②). 승인등을 받지 아니하여도 되는 사업자가 제1항에 따라 환경보전방안을 마련하거나 승인기관의 장이 제2항에 따라 환경보전방안을 검토하는 경우에는 환경부장관의 의견을 들어야 한다(동조 ③). 제1항에 따른 환경보전방안의 반영 여부에 대한 확인·통보에 관하여는 제30조 제2항부터 제4항까지의 규정을 준용한다. 이 경우 "협의 내용"은 "환경보전방안"으로 본다(동조 ④).

(5) 사전공사의 금지 등

사업자는 제44조 및 제45조에 따른 협의 절차 또는 제46조의2에 따른 변경협의 절차를 거치지 아니하거나 절차가 끝나기 전(공사가 일부 진행되는 과정에서 변경협의의 사유가 발생한 경우에는 변경협의의 절차가 끝나기 전을 말한다)에 소규모 환경영향평가 대상사업에 관한 공사를 하여서는 아니 된다(제47조 ①). 승인기관의 장은 제44조 및 제45조에 따른 협의 절차 또는 제46조의2에 따른 변경협의 절차가 끝나기 전에 소규모 환경영향평가 대상사업에 대한 승인등을 하여서는 아니 된다(동조 ②). 제1항을 위반한 자에 대한 공사중지명령 및 조치명령 등에 대하여는 제34조 제3항 및 제4항을 준용한다(동조 ③).

(6) 사업착공등의 통보

소규모 환경영향평가 대상사업에 대한 사업착공등의 통보에 관하여는 제37조를 준용한다(제48조).

(7) 협의 내용 이행의 관리 · 감독

사업자는 개발사업을 시행할 때에 그 사업계획에 반영된 협의 내용을 이행하여야 한다(제49조 ①). 제1항에 따른 협의 내용 이행의 확인 · 통보, 자료제출 · 조사 및 조치명령 등에 관하여는 제39조와 제40조를 준용한다(동조 ②).

Ⅵ. 환경영향평가등에 관한 특례

「환경영향평가법」은 평가서 작성 · 협의에 과다한 시간이 소요되는 등 제도 운영상 문제점을 해소하기 위하여 개발기본계획과 환경영향평가 대상사업의 실시계획을 통합하여 수립하는 경우에는 전략환경영향평가 또는 환경영향평가 중 하나만을 실시할 수 있도록 하고, 환경영향이 적은 사업에 대하여는 약식평가서를 작성할 수 있도록 하는 등 특례 규정을 두고 있다.

1. 개발기본계획과 사업계획의 통합 수립 등에 따른 특례

개발기본계획과 환경영향평가 대상사업에 대한 계획을 통합하여 수립하는 경우에는 제2조 제1호 및 제2호에도 불구하고 전략환경영향평가와 환경영향평가를 통합하여 검토하되, 전략환경영향평가 또는 환경영향평가 중 하나만을 실시할 수 있다(제50조 ①). 이 경우 제11조에 따른 전략환경영향평가항목등을 포함하여 환경영향평가서를 작성하여야 한다.

제16조 제1항 및 제2항에 따른 전략환경영향평가 대상계획에 대한 협의시기와 제27조 제1항에 따른 환경영향평가 대상사업에 대한 협의시기가 같은 경우에는 환경영향평가만을 실시할 수 있다(동조 ②).

2. 환경영향평가의 협의 절차 등에 관한 특례

사업자는 환경영향평가 대상사업 중 환경에 미치는 영향이 적은 사업으로서 대통령령으로 정하는 사업에 대하여는 대통령령으로 정하는 환경영향평가서(이하 "약식평가서"라 한다)를 작성하여 제25조에 따른 의견 수렴과 제27조에 따른 협의 요청을 함께 할 수 있다(제51조 ①).

승인등을 받지 아니하여도 되는 사업자는 제24조 제1항에 따른 환경영향평가 항목등을 결정할 때에 환경영향평가협의회의 심의를 거쳐 제1항에 따른 절차(이하 "약식절차"라 한다)에 따라 환경영향평가를 실시할 수 있는지를 결정한다(동조 ②).

사업자는 승인기관의 장 또는 환경부장관에게 제24조 제2항 또는 제3항에 따라 환경영향평가항목등을 결정하여 줄 것을 요청할 때에 약식절차에 따라 환경영향평가를 실시할 수 있는지 여부를 결정하여 줄 것을 함께 요청할 수 있다(동조 ③).

승인기관의 장이나 환경부장관은 제3항에 따른 요청을 받으면 환경영향평가협의회의 심의를 거쳐 약식절차에 의한 환경영향평가 실시 여부를 결정하고 대통령령으로 정하는 기간 내에 그 결과를 사업자에게 통보하여야 한다(동조 ④).

약식절차에 따라 환경영향평가를 실시할 수 있는지 여부를 결정할 때에는 제24조 제5항을 준용한다(동조 ⑤).

3. 약식절차의 완료에 따른 평가서의 작성 등

승인등을 받지 아니하여도 되는 사업자는 제51조 제1항에 따라 의견 수렴 절차와 협의 절차를 마치면 제출된 의견과 협의 내용 등이 포함된 환경영향평가서를 다시 작성하여야 한다. 다만, 제출된 의견과 협의 내용이 다른 경우에는 환경부장관의 의견을 들어야 한다(제52조 ①).

승인등을 받아야 하는 사업자는 제51조 제1항에 따라 의견 수렴 절차와 협의 절차를 마치면 제출된 의견과 협의 내용 등이 포함된 환경영향평가서를 다시 작성하여 승인기관의 장에게 제출하여야 한다. 다만, 제출된 의견과 협의 내용이 다른 경우에는 승인기관의 장을 거쳐 환경부장관의 의견을 들어야 한다(동조 ②).

환경부장관은 제1항 단서 및 제2항 단서에 따른 의견을 통보하려면 대통령령으로 정하는 기간 내에 환경영향평가협의회의 심의를 거쳐 승인기관의 장과 사업자에게 그 의견을 통보하여야 한다(동조 ③).

승인기관장등은 제30조 제3항에 따라 환경부장관에게 협의 내용의 반영 결과를 통보할 때에 제1항 및 제2항에 따른 환경영향평가서를 함께 제출하여야 한다(동조 ④).

제1항 및 제2항에 따라 다시 작성하여야 하는 환경영향평가서의 작성 방법 및 절차 등 필요한 사항은 대통령령으로 정한다(동조 ⑤).

Ⅶ. 환경영향평가의 대행 및 환경영향평가사, 보칙 등

1. 환경영향평가의 대행

동법은 환경영향평가서의 작성주체를 사업자로 정하고 있지만, 보다 전문적인 평가서가 작성될 수 있도록 동법에 따라 등록한 환경영향평가업자로 하여금 대행할 수 있도록 하고 있다. 환경영향평가서의 작성을 환경영향평가를 전문적으로 수행하는 대행기관이 대행할 수 있으나, 환경영향평가서와 관련된 법적 책임은 평가서 작성주체인 사업자에게 있다.

환경영향평가등을 하려는 자는 다음 각 호의 서류(이하 "환경영향평가서등"이라 한다)를 작성할 때에는 제54조 제1항에 따라 환경영향평가업의 등록을 한 자(이하 "환경영향평가업자"라 한다)에게 그 작성을 대행하게 할 수 있다(제53조 ①).

1. 환경영향평가등의 평가서 초안 및 평가서
2. 사후환경영향조사서
3. 약식평가서
4. 제33조에 따른 환경보전방안

또한, 환경영향평가등을 하려는 자는 다음 각 호의 사항을 지켜야 한다(동조 ②).

1. 다른 환경영향평가서등의 내용을 복제하여 환경영향평가서등을 작성하지 아니할 것
2. 환경영향평가서등과 그 작성의 기초가 되는 자료를 거짓으로 또는 부실하게 작성하지 아니할 것
3. 환경영향평가서등과 그 작성의 기초가 되는 자료를 환경부령으로 정하는 기간 동안 보존할 것. 다만, 환경영향평가서등을 전자문서로 작성하여 환경부령으로 정하는 바에 따라 제70조 제3항에 따른 정보지원시스템에 입력한 경

우에는 그러하지 아니하다.

4. 환경영향평가업자와 환경영향평가서등의 작성에 관한 대행계약을 체결하는 경우에는 해당 사업의 공사에 관한 설계 등의 계약과 분리하여 체결할 것

동법은 평가대행자에 의한 평가의 공정성, 객관성, 신뢰성 등을 확보하기 위하여 환경영향평가업의 등록(제54조), 결격사유(제55조), 환경영향평가업자의 준수사항(제56조), 업무의 폐업·휴업(제57조), 등록의 취소 등(제58조), 등록취소나 영업정지 처분을 받은 환경영향평가업자의 업무 계속(제59조), 보고·조사(제60조), 환경영향평가대행 실적의 보고 등(제61조), 환경영향평가등의 대행비용의 산정기준(제62조)과 같은 규정을 두고 있다.

환경영향평가등을 대행하는 사업(이하 "환경영향평가업"이라 한다)을 하려는 자는 환경영향평가사 등의 기술인력과 시설 및 장비를 갖추어 환경부장관에게 등록을 하여야 한다(제54조 제1항).

환경영향평가업자는 다음 각 호의 사항을 지켜야 한다(제56조 제1항).

1. 다른 환경영향평가서등의 내용을 복제하여 환경영향평가서등을 작성하지 아니할 것
2. 환경영향평가서등과 그 작성의 기초가 되는 자료를 거짓으로 또는 부실하게 작성하지 아니할 것
3. 환경영향평가서등과 그 작성의 기초가 되는 자료를 환경부령으로 정하는 기간 동안 보존할 것. 다만, 환경영향평가서등을 전자문서로 작성하여 환경부령으로 정하는 바에 따라 제70조 제3항에 따른 정보지원시스템에 입력한 경우에는 그러하지 아니하다.
4. 등록증이나 명의를 다른 사람에게 빌려 주지 아니할 것
5. 자신이 대행하는 환경영향평가등의 대행 업무를 다른 자에게 재대행하게 하지 아니할 것. 다만, 환경부령으로 정하는 요건 및 분야에 따라 환경영향평가등의 평가 항목을 조사·측정하는 업무로서 해당 업무를 발주한 자의 승인을 받아 재대행하도록 하는 경우는 제외한다.
6. 환경측정장비를 갖추어 대기·수질·토양·소음·진동 등을 측정하여 그 결과를 환경영향평가서등의 작성에 활용하는 경우에는 그 측정장비에 대하여 「환경분야 시험·검사 등에 관한 법률」 제11조에 따른 정도검사(精度檢査)를 받을 것.

법 제53조 제5항 제2호·제5호 및 법 제56조 제1항 제2호에 따른 환경영향평

가서등의 거짓·부실 작성에 대한 구체적인 판단기준은 환경영향평가법 제53조 제6항 및 제56조 제2항의 위임에 따라 환경영향평가법 시행규칙 제23조 [별표2][79]로 정해져 있다.

환경영향평가업자(제1종 환경영향평가업자, 제2종환경영향평가업자)가 환경영향평가

---

79) 환경영향평가법 시행규칙 [별표 2] <개정 2022. 4. 25.> **환경영향평가서등의 거짓·부실 작성 판단기준**(제23조 관련)

1. 환경영향평가서등의 거짓 작성에 대한 판단기준
   가. 현황자료 등을 사실과 다르게 작성하여 환경영향이 적은 것으로 인지되도록 하는 경우
      1) 환경현황을 조사하지 않거나 일부만 조사하고도 환경현황을 적정하게 조사한 것으로 환경영향평가서등에 제시한 경우
      2) 「자연환경보전법」 제34조에 따른 생태·자연도, 「환경정책기본법」 제23조제2항에 따른 환경성 평가지도 등 국가기관 및 공공기관에서 제공하는 자료를 사실과 다르게 인용한 경우
   나. 경사분석, 동·식물 조사자료 등 현황조사 자료를 고의로 사실과 다르게 작성하여 환경영향이 적은 것으로 인지되도록 한 경우
   다. 환경영향평가서등의 현황조사 및 작성 등에 참여하지 않았음에도 참여한 것으로 거짓 작성한 경우
2. 환경영향평가서등의 부실 작성에 대한 판단기준
   다음 각 목의 사항을 성실하게 수행하지 않거나 소홀히 하여 환경영향평가서등의 검토·협의기관이 적절하게 검토하기 어렵게 하거나 환경영향평가서등의 신뢰를 크게 떨어뜨리는 경우를 말한다.
   가. 지역주민과 관계기관의 의견제출 현황과 그 반영 여부 등을 누락한 경우
   나. 법 제34조제1항에 따른 사전공사 또는 해당 사업을 위한 벌목공사를 하였음에도 이에 대해 환경영향평가서등의 현황자료에 제시하지 않은 경우
   다. 전략환경영향평가를 거친 경우 전략환경영향평가의 협의내용, 환경영향평가협의회 심의결과 및 전략환경영향평가서 또는 환경영향평가서 초안에 대한 검토의견을 반영하지 않으면서 그 사실과 이유를 누락한 경우
   라. 환경영향평가등의 대상지역 안에 자연환경보전지역, 생태·경관보전지역, 상수원보호구역, 수변구역, 특별대책지역, 자연공원, 습지보호지역, 야생동·식물보호구역, 백두대간보호지역, 특정도서 등 환경보전을 위해 관계 법령·조례 등에 의해 지정된 지역·지구·구역 등이 있는 사실을 누락한 경우
   마. 환경영향평가서등에서 인용하고 있는 문헌 등에 제시된 멸종위기야생동·식물 및 천연기념물 등에 대한 환경영향 조사를 누락한 경우
   바. 영 제21조제2항, 제46조, 제60조에 따른 평가서 작성방법에 따라 문헌조사 및 탐문조사를 실시하지 않아 멸종위기야생동·식물 및 천연기념물 등을 누락한 경우
   사. 환경영향조사가 시행된 지점 또는 지역에서 협의기관의 장이 선정한 2명 이상의 관련 전문가가 통상적인 주의로 확인할 수 있음에도 불구하고 멸종위기야생동·식물 및 천연기념물 등을 누락한 경우
   아. 학교, 종합병원, 노인전문병원, 공공도서관, 보육시설, 공동주택, 취수·정수장, 문화재, 박물관 및 미술관 등 환경변화에 민감한 시설물을 누락한 경우
   자. 공장·공항·도로·철도 등 환경피해를 유발시킬 수 있는 시설물 및 하수종말·분뇨·음식물·폐기물처리시설 등 환경기초시설을 누락한 경우
   차. 그 밖에 환경영향평가협의회 심의를 거쳐 결정된 평가 항목·범위 등을 특별한 사유 없이 누락한 경우

서등과 그 작성의 기초가 되는 자료를 거짓으로 또는 부실하게 작성한 경우 환경부장관은 그 환경영향평가업 등록을 취소하거나 6개월 이내의 기간을 정하여 영업의 정지를 명할 수 있다(제58조 제1항 본문).

[판례] [제2종 환경영향평가업자가 조사보고서에 사업지구 내 수리부엉이 서식 사실을 누락한 것이 '환경영향평가서등을 부실하게 작성한 경우'에 해당한다는 이유로 업무정지 처분을 받고 그 취소를 구하는 사건] (1) 제2종 환경영향평가업자가 '구 환경영향평가법 시행령(2018. 11. 27. 대통령령 제29311호로 개정되기 전의 것) 제68조 제3항 제1호 각 목의 평가서 또는 조사서 작성에 필요한 자연생태환경 분야의 조사, 영향 예측·평가 및 보전방안에 관한 작성 대행 업무' 수행의 결과물로 작성한 서류는 특별한 사정이 없는 한 '환경영향평가서등 작성의 기초가 되는 자료'에 불과한 것이 아니라 '환경영향평가서등(1. 환경영향평가등의 평가서 초안 및 평가서, 2. 사후환경영향조사서, 3. 약식평가서, 4. 법 제33조에 따른 환경보전방안)'에 해당한다고 할 것이다. 이는 제2종 환경영향평가업자가 구 환경영향평가법 시행령 제68조 제4항에 따라 제1종 환경영향평가업자로부터 위 업무를 도급받아 한 경우에도 마찬가지이다. (2) 구 환경영향평가법(2017. 1. 17. 법률 제14532호로 개정되기 전의 것) 제56조 제1항 제2호, 제2항, 구 환경영향평가법 시행규칙(2018. 11. 29. 환경부령 제780호로 개정되기 전의 것) 제23조 [별표 2] 제2호 사목에 따른 '환경영향평가서등의 부실 작성' 판단기준: 구 환경영향평가법 시행규칙(2018. 11. 29. 환경부령 제780호로 개정되기 전의 것) 제23조 [별표 2] 제2호는 '환경영향평가서등의 부실 작성에 대한 판단기준'에 관하여 '다음 각 목의 사항을 성실하게 수행하지 않거나 소홀히 하여 환경영향평가서등의 검토·협의기관이 적절하게 검토하기 어렵게 하거나 환경영향평가서등의 신뢰를 크게 떨어뜨리는 경우를 말한다.'라고 규정하면서, 사목에서 '환경영향조사가 시행된 지점 또는 지역에서 협의기관의 장이 선정한 2명 이상의 관련 전문가가 통상적인 주의로 확인할 수 있음에도 불구하고 멸종위기야생동·식물 및 천연기념물 등을 누락한 경우'를 규정하고 있다. 이러한 관련 규정의 내용과 취지, 체계 등을 고려하면, 환경영향평가업자가 환경영향평가서등을 작성함에 있어 통상적인 주의로 확인할 수 있음에도 불구하고 멸종위기야생동·식물 및 천연기념물 등을 누락하여 환경영향평가서등의 검토·협의기관이 적절하게 검토하기 어렵게 하거나 환경영향평가서등의 신뢰를 크게 떨어뜨렸다면, 구 환경영향평가법령에 규정된 '환경영향평가서등을 부실하게 작성한 경우'에 해당한다. (3) 위 규정에 따라 부실 작성 여부를 판단함에 있어 관련 전문가들이 실제로 환경영향조사가 시행된 지점 또는 지역에서 멸종위기야생동·식물 및 천연기념물 등을 확인하는 절차를 거쳐야 하는지(소극): 구 환경영향평가법 시행규칙 제23조 [별표 2] 제2호 사목은 부실작성에 대한 판단기준으로 '환경영향조사가 시행된 지점 또는 지역에서 협의기관의 장이 선정한 2명 이상의 관련 전문가가 통상적인 주의로

확인할 수 있음에도 불구하고 멸종위기야생동·식물 및 천연기념물 등을 누락한 경우'를 규정한다. 여기서 환경영향평가서등이 부실하게 작성되었는지 판단함에 있어서는 환경영향조사가 시행된 지점 또는 지역의 조사환경 및 조건 등을 고려하여 같은 업무 또는 분야에 종사하는 평균적인 관련 전문가에게 요구되는 통상적인 주의의무를 기준으로 하면 족하다. 이를 넘어서 관련 전문가들이 실제로 환경영향조사가 시행된 지점 또는 지역에서 멸종위기야생동·식물 및 천연기념물 등을 확인하는 절차를 거친 이후에야 부실작성으로 판단할 수 있다는 의미로 볼 것은 아니다. (4) 원고(제2종 환경영향평가업자)가 甲(제1종 환경영향평가업자)으로부터 소규모 환경영향평가서 작성 대행 업무 중 자연생태환경에 관한 조사, 영향 예측·평가 및 보전방안 마련에 관한 부분을 도급 받아 조사보고서를 작성·제출하였는데, 그 조사보고서에 멸종위기야생동물이자 천연기념물인 수리부엉이가 사업지구에 서식한다는 사실이 기재되지 아니하였고, 피고(한강유역환경청장)가 위 조사보고서가 구 환경영향평가법(2017. 1. 17. 법률 제14532호로 개정되기 전의 것)상 환경영형평가서등에 해당한다는 전제에서, 원고의 위 조사보고서 작성이 같은 법 제56조 제1항 제2호, 제2항, 구 환경영향평가법 시행규칙(2018. 11. 29. 환경부령 제780호로 개정되기 전의 것) 제23조 [별표 2] 제2호 사목의 '환경영향평가서등을 부실하게 작성한 경우(수리부엉이 서식사실 누락)'에 해당한다는 이유로 업무정지 3개월의 처분(이 사건 처분)을 하였고, 이에 원고가 위 업무정지처분의 취소를 구한 사안에서 원고가 조사보고서를 작성하면서 사업지구 내 수리부엉이 서식사실을 누락한 것은 '환경영향평가서등'을 '부실하게 작성'한 경우에 해당하고, 구 환경영향평가법 시행규칙 제23조 [별표2] 제2호 사목에 따라 이 사건 처분을 함에 있어 관련 전문가의 현지확인 절차를 거치지 아니하였더라도 이 사건 처분이 위법하다고 볼 수 없다고 판단한 사례(대법원 2023. 2. 2. 선고 2019두36025 판결[업무정지처분취소] – 파주 수리부엉이 사건).

2. 환경영향평가사

환경영향평가를 전문적으로 수행할 인력을 확보하기 위하여 환경영향평가제도를 두고 있다. 환경영향평가사가 되려는 사람은 환경부장관이 실시하는 자격시험에 합격하여야 한다. 이 경우 환경부장관은 자격시험에 합격한 사람에게 자격증을 발급하여야 한다(제63조 ①). 환경영향평가사가 아닌 사람은 환경영향평가사 또는 이와 비슷한 명칭을 사용하지 못한다(동조 ④).

환경부장관은 제63조 제1항에 따른 환경영향평가사 자격시험(이하 "환경영향평가사 자격시험"이라 한다)을 매년 1회 이상 실시하여야 한다. 다만, 환경영향평가사의 수급 상황 등을 고려하여 해당 연도의 시험을 실시하지 아니할 수 있다(제63조의2

①). 환경영향평가사 자격시험은 제1차 시험과 제2차 시험으로 구분하여 실시한다. 이 경우 응시자격, 검정방법 및 자격 관리 등에 필요한 사항은 대통령령으로 정한다(동조 ②).

3. 보 칙

동법은 보칙에서 환경영향평가서등의 공개(제66조), 청문(제67조), 한국환경정책·평가연구원 또는 관계 전문기관 등의 수행사항(제68조), 비밀유지의 의무(제69조), 환경영향평가 정보지원시스템의 구축·운영 등(제70조), 환경영향평가협회(제71조), 권한의 위임 및 위탁(제72조)에 관한 규정을 두고 있다.

4. 벌 칙

동법은 벌칙의 장에서 벌칙(제73조, 제74조), 양벌규정(제75조), 과태료규정(제76조)을 두고 있다.

제 4 절 현행 환경영향평가제도의 개선방향

현행 환경영향평가제도는 그동안 지속적으로 미비점들을 개선하여 왔지만, 여전히 일정한 한계를 지니고 있다. 환경영향평가제도의 문제점과 개선방향은 다음과 같이 정리할 수 있다.

① 환경영향평가에서 의견수렴절차가 보다 강화되어야 한다. 현행 제도는 일정한 경우 공청회 개최가 의무화되어 있지만 그 범위가 제한적이라는 점, 평가서 초안의 공고·공람 등이 매우 형식적으로 이루어지고 있다는 점, 평가서 협의단계에서 주민참여가 제한되어 있다는 점 등이 지적되고 있다.[80] 환경영향평가제도의 가장 중요한 기능이 정보제공 및 의사결정지원기능이라는 점에서 볼 때 의견수렴절차가 더욱 내실화되어야 할 것이다.

② 환경영향평가의 대상과 범위를 확대하여야 한다. 현행 환경영향평가법상 대상사업은 일정규모 이상의 사업으로 법정하는 방식을 취하고 있어 여기에 해당하지 않는 경우에는 지역환경에 큰 영향을 미칠 수 있는 개발사업이라도 평가대상에서 제외되는 문제가 있다.

80) 김홍균, 환경법, 홍문사, 2010, 172면.

③ 환경영향평가가 보다 이른 시기에 이루어져야 한다. 환경영향평가제도는 예방의 원칙을 실현하는 중요한 정책수단이다. 현행 환경영향평가제도는 개발사업의 실시인가 전에 이루어지는 사업단계에서의 환경영향평가제도로서 예방의 원칙을 실현하는 데는 한계가 있다. 이러한 문제점을 보완하기 위해 전략환경영향평가를 도입하고 있으나 대상과 범위가 협소하여 한계가 있다. 따라서 정책 및 계획과 개별적인 프로그램 등을 대상으로 좀 더 이른 시기에 환경영향평가가 행해지는 본래적 의미의 전략환경평가(SEA)를 체계적으로 정착시키는 방안이 강구될 필요가 있다.

④ 환경영향평가제도의 실효성 확보를 위한 수단이 마련되어야 한다. 종래 환경영향평가서의 허위 또는 부실작성, 형식적인 협의절차, 협의내용의 미이행 등의 시비가 지속적으로 발생한 것은 실효성 확보에 문제가 있었기 때문이다.[81] 따라서 환경영향평가법규에 위반하는 경우 처벌을 강화하고 처벌대상도 확대할 필요가 있다. 또한 환경영향평가의 협의내용이 실효성을 가질 수 있도록 사후관리기능이 보다 보강되어야 한다. 이를 위해서는 협의내용 관리·감독기관의 명확화가 요구된다. 현재 사업의 승인기관과 환경영향평가 협의를 하는 환경부로 이원화되어 있어 양 기관간의 역할분담이 애매모호하고 명확하지 않다. 또한 체계적이고 지속적인 모니터링이 이루어져야 한다. 아울러 사후관리단계에서도 주민참여가 이루어질 수 있도록 해야 한다.

⑤ 지방자치단체의 환경영향평가제도가 적극적으로 활용되어야 한다. 현재 우리나라 지방자치단체의 환경영향평가 기능은 중앙정부의 위임집행업무에 편중되어 있어서 자율성 및 자치성이 결여되어 있고 활성화되어 있지 못하다. 그러나 지방자치단체의 환경영향평가제도는 현행법상 평가대상사업에 해당하지 않는다하더라도 지역적 특수성을 고려하여 지방자치단체가 적극적이고 자율적으로 환경문제를 검토할 수 있는 기회를 제공한다. 또한 지역주민의 자주적인 참여를 통한 합리적인 의사결정을 지원하고 지방자체단체의 환경정책에 대한 신뢰성을 높여주는 역할을 한다. 이는 국가차원의 환경영향평가제도가 더 합리적이고 효율적으로 운영되는 데 기여하게 된다.

---

81) 김홍균, 위의 책, 173면.

제 5 절 환경영향평가의 하자와 승인처분의 효력

Ⅰ. 환경영향평가의 하자의 종류와 성질

환경영향평가의 하자라 함은 환경영향평가를 함에 있어서 실체상 또는 절차상 하자가 있는 경우를 말한다. 환경영향평가의 하자의 종류에는 ① 법령상 환경영향평가가 행해져야 함에도 환경영향평가가 행해지지 않은 경우(환경영향평가의 부실시(不實施)), ② 환경영향평가가 내용상 부실한 실체상의 하자, ③ 환경영향평가 절차상 위법이 있는 절차상 하자가 있다.

환경영향평가의 실체상 하자라 함은 환경영향평가의 실체를 구성하고 있는 주요 부분이 누락되거나 흠이 있는 등 환경영향평가의 내용이 부실한 경우로서, 그 부실이 환경부장관의 협의과정에서 보완되지 않은 것을 말한다. 환경영향평가의 절차상 하자라 함은 환경영향평가법에서 정하고 있는 절차를 제대로 거치지 않은 것으로, 의견수렴절차가 행해지지 않은 것, 의견수렴이 부실한 것, 환경부장관과의 협의가 없었던 것, 환경부장관과의 협의과정에 흠이 있는 것 등을 말한다.

환경영향평가는 환경영향평가의 대상이 되는 사업의 실시를 위한 사업계획승인처분의 절차로서의 성질을 갖는다. 따라서 환경영향평가의 하자는 실체상 하자이든 절차상 하자이든 사업계획승인처분의 절차상 하자로서의 성질을 갖는다.

Ⅱ. 환경영향평가의 부실시(不實施)와 승인처분의 효력

환경영향평가를 거쳐야 할 대상사업에 대하여 환경영향평가를 거치지 아니하였음에도 불구하고 승인 등 처분이 이루어지는 경우, 이러한 하자는 법규의 중요한 부분을 위반한 중대한 것이고 객관적으로도 명백한 것이어서 이와 같은 행정처분은 당연무효이다. 대법원도 이와 같은 입장에서 판시를 하고 있다.[82] 그 이유로 환경영향평가절차를 통하여 지역주민들의 의견을 수렴하고 그 결과를 토대로 하여 환경부장관과의 협의내용을 사업계획에 미리 반영시키는 것이 원천적으로 봉쇄되어 환경영향평가제도를 둔 입법 취지를 달성할 수 없게 될 뿐만 아니라 환경

82) 대법원 2006. 6. 30. 선고 2005두14363 판결[국방군사시설사업실시계획승인처분무효확인] – 도창리 사격장사건.

영향평가대상지역 안의 주민들의 직접적이고 개별적인 이익을 근본적으로 침해하게 된다는 점을 들고 있다.

[판례] [1] 구 환경영향평가법(1999. 12. 31. 법률 제6095호 환경 · 교통 · 재해 등에 관한 영향평가법 부칙 제2조로 폐지) 제1조, 제3조, 제9조, 제16조, 제17조, 제27조 등의 규정 취지는 환경영향평가를 실시하여야 할 사업(이하 '대상사업'이라 한다)이 환경을 해치지 아니하는 방법으로 시행되도록 함으로써 당해 사업과 관련된 환경공익을 보호하려는 데 그치는 것이 아니라, 당해 사업으로 인하여 직접적이고 중대한 환경피해를 입으리라고 예상되는 환경영향평가대상지역 안의 주민들이 전과 비교하여 수인한도를 넘는 환경침해를 받지 아니하고 쾌적한 환경에서 생활할 수 있는 개별적 이익까지도 보호하려는 데에 있는 것이다. 그런데 환경영향평가를 거쳐야 할 대상사업에 대하여 환경영향평가를 거치지 아니하였음에도 불구하고 승인 등 처분이 이루어진다면, 사전에 환경영향평가를 함에 있어 평가대상지역 주민들의 의견을 수렴하고 그 결과를 토대로 하여 환경부장관과의 협의내용을 사업계획에 미리 반영시키는 것 자체가 원천적으로 봉쇄되는바, 이렇게 되면 환경파괴를 미연에 방지하고 쾌적한 환경을 유지 · 조성하기 위하여 환경영향평가제도를 둔 입법 취지를 달성할 수 없게 되는 결과를 초래할 뿐만 아니라 환경영향평가대상지역 안의 주민들의 직접적이고 개별적인 이익을 근본적으로 침해하게 되므로, 이러한 행정처분의 하자는 법규의 중요한 부분을 위반한 중대한 것이고 객관적으로도 명백한 것이라고 하지 않을 수 없어, 이와 같은 행정처분은 당연무효이다. [2] 국방 · 군사시설 사업에 관한 법률 및 구 산림법(2002. 12. 30. 법률 제6841호로 개정되기 전의 것)에서 보전임지를 다른 용도로 이용하기 위한 사업에 대하여 승인 등 처분을 하기 전에 미리 산림청장과 협의를 하라고 규정한 의미는 그의 자문을 구하라는 것이지 그 의견을 따라 처분을 하라는 의미는 아니라 할 것이므로, 이러한 협의를 거치지 아니하였다고 하더라도 이는 당해 승인처분을 취소할 수 있는 원인이 되는 하자 정도에 불과하고 그 승인처분이 당연무효가 되는 하자에 해당하는 것은 아니라고 봄이 상당하다(대법원 2006. 6. 30. 선고 2005두14363 판결[국방군사시설사업실시계획승인처분무효확인] – 도창리 사격장 사건).

다만, 환경영향평가 등을 거쳐야 하는지가 명백하지 않은 경우 환경영향평가를 거치지 않은 하자는 중대하기는 하지만 명백하지 않으므로 취소사유에 불과하다고 할 것이다.

[판례] [1] 구 환경정책기본법 시행령(2006. 5. 30. 대통령령 제19497호로 개정되기 전의 것) 제7조 [별표 2]의 개발사업 부지에 대하여 구 국토의 계획 및 이용에 관한 법률

(2004. 12. 31. 법률 제7297호로 개정되기 전의 것) 제36조 제1항에서 규정한 세부용도지역이 지정되지 아니한 경우, 관계행정기관의 장은 그 개발사업 부지의 이용실태 및 특성, 장래의 토지이용방향 등에 대한 구체적 조사 및 이에 기초한 평가 작업을 거쳐 그 개발사업 부지가 구 국토의 계획 및 이용에 관한 법률 제36조 제1항 중 어떠한 세부용도지역의 개념 정의에 부합하는지 여부를 가린 다음 이를 토대로 사전환경성검토협의를 할지 여부를 결정하여야 한다. [2] 행정청이 사전환경성검토협의를 거쳐야 할 대상사업에 관하여 법의 해석을 잘못한 나머지 세부용도지역이 지정되지 않은 개발사업 부지에 대하여 사전환경성검토협의를 할지 여부를 결정하는 절차를 생략한 채 승인 등의 처분을 한 사안에서, 그 하자가 객관적으로 명백하다고 할 수 없다고 한 사례(대법원 2009. 9. 24. 선고 2009두2825 판결－제주난산풍력발전소 사건). <해설> 이 사건 개발사업부지는 구 국토의 계획 및 이용에 관한 법률 제36조 제1항상의 관리지역으로서 그 면적이 6,478 제곱미터인데, 세부용도지역이 보전관리지역, 생산관리지역 또는 계획관리지역 중 어디에 해당하는지 지정되어 있지 않았다. 그리하여 사전환경성검토(현행 소규모환경영향평가) 없이 개발사업승인처분이 내려졌던 것인데, 원심은 이 사건 개발사업부지를 보전관리지역에 해당한다고 보고 사전환경성검토대상이 된다고 보았고, 대법원은 이를 인정하였다. 구 환경정책기본법 시행령 제7조 [별표 2]상 관리지역의 경우 보전관리지역 5,000 제곱미터, 생산관리지역 7,500 제곱미터, 계획관리지역 10,000 제곱미터 이상인 경우 사전환경성검토 대상으로 규정하고 있었다.

Ⅲ. 환경영향평가의 실체상(내용상) 하자와 승인처분의 효력

환경영향평가의 하자, 특히 그 중에서 실체상의 하자가 환경영향평가 대상사업의 실시계획에 대한 승인처분의 효력에 어떠한 영향을 미치는가 하는 것이 특히 다투어지고 있다.

환경영향평가가 내용상 부실하다는 것은 환경에 대한 영향을 조사·평가하여야 할 사항을 누락하였거나, 조사·평가하기는 하였으나 그 내용이 부실한 경우를 말한다. 문제는 환경영향평가의 부실이 어느 정도인 경우에 사업계획승인처분의 위법사유가 되는가 하는 것이다.

1. 일반적 기준

대법원은 환경영향평가의 부실을 “그 부실의 정도가 환경영향평가제도를 둔 입법 취지를 달성할 수 없을 정도이어서 환경영향평가를 하지 아니한 것과 다를 바 없는 정도의 부실이 아닌 경우”에는 그 부실은 당해 승인 등 처분에 재량권 일탈·

남용의 위법이 있는지 여부를 판단하는 하나의 요소로 됨에 그칠 뿐, 그 부실로 인하여 당연히 당해 승인 등 처분이 위법하게 되는 것이 아니라고 보고 있다.[83)]

그러나 대법원의 판시 내용에는 어떠한 경우에 환경영향평가의 내용상 부실이 사업계획승인처분의 위법사유가 되는지를 구체적으로 제시하고 있지 못해 문제가 된다. 만일 대법원이 환경영향평가의 내용상 부실의 정도가 환경영향평가제도를 둔 입법 취지를 달성할 수 없을 정도이어서 환경영향평가를 하지 아니한 것과 다를 바 없는 정도의 것인 경우에 한하여 환경영향평가의 하자가 사업계획승인처분의 독자적인 위법사유가 된다고 본 것이라면 이러한 대법원의 입장은 너무 엄격한 것이다.

생각건대, 환경영향평가의 내용이 환경영향평가제도의 취지에 비추어 충실하게 작성되었는지 여부를 기준으로 환경영향평가의 실체상 하자가 사업계획승인처분의 위법사유가 되는지 여부를 판단하여야 한다. 환경영향평가는 승인기관이 환경영향평가의 대상이 되는 사업계획의 승인 여부를 판단함에 있어서 필요한 정보를 제공하여 의사결정을 지원하는 기능을 하는 것으로, 따라서 환경영향평가의 내용상 부실이 중대하여 승인처분 여부의 결정에 중대한 영향을 미치는 정도의 것인 경우에는 승인처분의 위법사유가 된다고 보는 것이 타당하다. 달리 말하면 환경영향평가가 부실하게 됨으로써 승인기관이 사업계획승인 여부의 판단에 있어 중요한 고려사항을 고려하지 못하게 된 경우에는 당해 환경영향평가의 부실은 사업계획승인처분의 위법사유가 되는 환경영향평가의 실체상 하자가 된다고 보아야 한다.

다만, 환경영향평가의 전문성·기술성을 고려하면 환경부장관의 환경영향평가에 대한 검토를 존중하여야 하고, 환경영향평가의 부실이 사업계획승인처분의 위법사유가 되는 정도로 중대한 것인지 여부를 법원이 판단한다는 것은 쉽지 않을 것이다. 그러나 환경부장관의 검토가 항상 적정하게 행하여지는 것은 아니므로 환경부장관이 환경영향평가에 대한 검토를 하였다는 것만으로 환경영향평가의 적절성에 대한 법원의 통제가 포기되어야 하는 것은 아니다.

[판례 1] [1] 구 환경영향평가법(1997. 3. 7. 법률 제5302호로 개정되기 전의 것) 제4조에서 환경영향평가를 실시하여야 할 사업을 정하고, 그 제16조 내지 제19조에서 대상사업에 대하여 반드시 환경영향평가를 거치도록 한 취지 등에 비추어 보면, 같은 법에서 정한 환

83) 대법원 2001. 6. 29. 선고 99두9902 판결, 대법원 2006. 3. 16. 선고 2006두330 전원합의체 판결(새만금사건).

경영향평가를 거쳐야 할 대상사업에 대하여 그러한 환경영향평가를 거치지 아니하였음에도 승인 등 처분을 하였다면 그 처분은 위법하다 할 것이나, 그러한 절차를 거쳤다면, 비록 그 환경영향평가의 내용이 다소 부실하다 하더라도, 그 부실의 정도가 환경영향평가제도를 둔 입법 취지를 달성할 수 없을 정도이어서 환경영향평가를 하지 아니한 것과 다를 바 없는 정도의 것이 아닌 이상 그 부실은 당해 승인 등 처분에 재량권 일탈·남용의 위법이 있는지 여부를 판단하는 하나의 요소로 됨에 그칠 뿐, 그 부실로 인하여 당연히 당해 승인 등 처분이 위법하게 되는 것이 아니다. [2] 한국고속철도건설공단의 경부고속철도 서울차량기지 정비창 건설사업에 관한 환경영향평가 내용의 부실의 정도가 환경영향평가제도를 둔 입법 취지를 달성할 수 없을 정도이어서 환경영향평가를 하지 아니한 것과 다를 바 없는 정도의 것은 아니라는 이유로 위 사업의 실시계획의 승인처분이 위법하지 아니하다고 한 사례(대법원 2001. 6. 29. 선고 99두9902 판결－철도정비창건설사업 사건).

[판례 2] 기록에 의하면, 2009. 7. 16. 환경영향평가계획서 심의위원회가 개최된 것을 비롯하여 2009. 11. 6. 환경영향평가 협의를 완료하기까지 불과 3개월여 만에 이 사건 환경영향평가가 이루어진 사실, 그 중 세계적으로 유일하게 남한강 유역에서만 자생하는 단양쑥부쟁이가 삼합리섬(일명 도리섬)에 대규모로 서식한다는 평가내용이 누락되었고, 일부 서식처가 파괴된 사실은 소명된다. 그러나 환경영향평가를 거쳐야 할 대상사업에 대하여 전혀 환경영향평가를 거치지 아니하였음에도 승인 등의 처분을 하였다면 그 처분은 위법하다 할 것이지만, 환경영향평가 절차를 거쳤는데 그 내용이 부실한 경우라면, 그 부실의 정도가 환경영향평가제도를 둔 입법 취지를 달성할 수 없을 정도이어서 환경영향평가를 하지 아니한 것과 다를 바 없는 정도가 아닌 이상 그 부실은 당해 승인 등 처분에 재량권 일탈·남용의 위법이 있는지 여부를 판단하는 하나의 요소로 됨에 그칠 뿐, 그로 인하여 당연히 당해 승인 등 처분이 위법하게 되는 것은 아니다(대법원 2001. 6. 29. 선고 99두9902 판결 등 참조). 이 사건의 경우에도 위 소명사실만으로는 환경영향평가 내용이 환경영향평가제도를 둔 입법취지를 달성할 수 없을 정도로 부실하여 환경영향평가를 하지 아니한 것과 다를 바 없는 정도라고 보기는 어렵고, 달리 이를 인정할 만한 자료가 없다(서울고법 2010. 6. 25.자 2010루121 결정[84])).

[판례 3] [1] 환경영향평가의 부실로 인하여 환경영향평가 대상사업에 대한 승인 등 처분이 위법하게 되는지 여부(한정 소극)에 대한 법원의 심리·판단 방법: 법원으로서는 먼저 환경영향평가서를 기초로 환경영향평가의 내용이 부실한지 여부를 따져야 할 것이고, 만약 환경영향평가의 내용이 부실하다면 그 부실의 정도가 환경영향평가제도를 둔 입법 취지를 달성할 수 없을 정도이어서 환경영향평가를 하지 아니한 것과 다를 바 없는 정도인지 여부, 그 부실의 정도가 환경영향평가제도를 둔 입법 취지를 달성할 수 없을 정도

84) 한편, 대법원은 2011. 4. 21. 신청인들의 재항고를 모두 기각하였다(2010무111 전원합의체 결정. 집행정지－4대강(한강) 집행정지 사건).

에 이르지 아니한 경우에는 그 부실로 인하여 당해 처분에 재량권 일탈·남용의 위법이 있는지 여부 등을 심리하여 그 결과에 따라 당해 처분의 적법 여부를 판단하여야 할 것이다. [2] 환경영향평가 내용의 부실 여부 및 그 정도 등을 충분한 심리를 진행하지 아니한 채 환경영향평가서들 중 발췌된 일부만을 심리대상으로 삼아 납골당설치허가처분이 국토 및 자연의 유지, 환경의 보전 등 중대한 공익상의 이유로 위법하다고 판단한 원심판결을 파기한 사례: 원고들이 환경영향평가서들 중 극히 일부만을 발췌하여 제출한 경우 제출한 환경영향평가서의 일부만으로는 이 사건 납골당조성사업이 환경에 미칠 영향이나 환경영향평가 내용의 부실 정도를 파악하기가 곤란하므로, 원심으로서는 석명권을 행사하여 이 사건 환경영향평가서들 전체를 제출하도록 입증을 촉구하고 그 전부를 살펴 환경영향평가 내용의 부실 여부와 부실의 정도 등을 심리한 후 그 결과에 따라 이 사건 처분의 적법 여부와 재량권 일탈·남용 여부 등을 따졌어야 함에도 원심은 이 사건 환경영향평가서들 중 발췌된 일부만을 심리대상으로 삼아 이 사건 납골당조성사업에 대하여는 국토 및 자연의 유지, 환경의 보전 등 이를 허가하지 아니하여야 할 중대한 공익상의 필요가 있다는 이유로 이 사건 처분이 위법하다고 판단하고 말았으니 원심판결에는 석명권 불행사, 심리미진 또는 채증법칙 위배로 인한 사실오인 등으로 인하여 판결 결과에 영향을 미친 위법이 있다(대법원 2004. 12. 9. 선고 2003두12073 판결[납골당허가처분무효확인]－경기도 광주 납골당 조성사업 사건).

2. 실체상 하자의 유형별 고찰

환경영향평가의 실체상 하자를 논함에 있어서는 실체상 하자의 유형별로 구체적인 검토를 하여야 할 것이다. 환경영향평가서에 포함될 중요한 사항으로는 환경현황에 대한 조사, 환경에 대한 영향의 예측 및 평가, 대안의 제시와 평가, 환경영향저감방안, 사후환경영향조사계획 등이 있다. 환경영향평가를 함에 있어서는 원칙상 개발사업으로 인하여 야기될 수 있는 환경에 대한 중대한 영향이 모두 고려되어야 하는 것은 아니지만 합리적으로 예견될 수 있는 악영향은 모두 검토되어야 한다.

(1) 환경현황에 대한 조사

현장조사를 하여야 할 것인지 여부와 어느 정도로 현장조사를 하여야 할 것인지는 현장조사의 필요성, 기존의 과학적인 연구자료의 존재 여부, 현장조사의 어려움 및 비용 등을 고려하여 결정하여야 한다.

중요한 환경현황에 대한 조사가 누락되거나 부실하게 이루어진 경우 그 환경영향평가는 하자가 있는 것으로 보아야 한다. 예컨대, 통상적인 현지조사를 하면 충분히 확인이 가능한 멸종위기 동식물을 누락한 경우, 문헌조사나 탐문조사를 제대로 실시하지 않아 멸종위기 동식물을 누락시킨 경우, 현존 식생조사 자료 등을 사실과 다르게 작성한 경우 등이 이에 해당한다. 현재의 법원의 태도로 볼 때, 실제 소송에 있어서는 이러한 하자는 경미한 하자로 인정되어 뒤에 이어지는 승인처분에 영향을 미치지 않는 경우가 대부분일 것이다.

그러나 환경영향평가 대상지역에서 서식하는 멸종위기 동식물의 존재가 오래전부터 공중에 널리 알려져 있었고, 또 누구든지 통상적인 현장조사로 충분히 확인이 가능한 경우라면 이러한 환경현황조사의 누락은 환경영향평가의 중대한 하자로 볼 수 있고 따라서 뒤에 이어지는 승인처분은 위법하다고 보아야 한다.

[판례] … 이 사건 사업은 환경영향평가법상 전략환경영향평가 대상으로 참가인(한국토지주택공사)은 이 사건 처분에 앞서 전략환경영향평가를 실시하였는데, 그 최종 보고서는 입지 타당성 검토를 위한 '생물다양성 · 서식지 보전' 평가항목에서 다음과 같이 '법정보호종인 맹꽁이가 이 사건 사업지구 밖에 서식하고 있을 뿐 사업지구 안에는 서식하지 않는다'는 조사결과를 바탕으로 간접영향에 대한 저감방안을 제시하면서 이 사건 사업지구가 공동주택사업의 입지로 타당하는 취지의 결론을 내렸다. … 피고(국토교통부장관)는 이 사건 전략환경영향평가의 입지 타당성 검토가 불충분한 상태에서 법상 요구되는 추가적인 조사 및 검토를 누락한 채 이 사건 처분으로 나아감으로써, 마땅히 고려해야 할 이 사건 사업지구 내 멸종위기 야생생물 서식 가능성을 이익형량에서 누락하거나 멸종위기 야생생물 보호라는 공익을 대규모 주택공급이라는 이익에 비하여 지나치게 과소평가하였다 할 것이다. 따라서 이 사건 처분은 재량권을 일탈·남용한 하자가 존재하므로, 원고들의 주장은 이유 있다. … 이 사건 사업지구 내에는 맹꽁이 서식지가 다수 산재해 있고, 여름 장마철에는 물웅덩이 등에서 다수의 맹꽁이 성체와 알, 유생이 관찰된다. 피고 및 참가인이 양서류 전문가에게 의뢰하여 이 사건 처분 직후 장마철인 2019. 6. 7.부터 2019. 8. 1.까지 실시한 6차례 현지조사에서는 전 지역에 걸쳐 한 번에 많게는 126마리의 맹꽁이가 관찰되었고, 그 이듬해인 2020년 원고들이 양서류 전문가에게 의뢰하여 장마철인 6. 25.부터 7. 31.까지 실시한 10차례 현지조사에서도 전 지역에 걸쳐 한 번에 많게는 125마리의 맹꽁이가 관찰되었다. 그러나 참가인은 이 사건 전략환경영향평가에서 이 사건 사업지구 내 맹꽁이 서식 가능성이 존재함에도 불구하고 불충분한 현장조사에 기초하여 "이 사건 사업지구 내에는 맹꽁이가 서식하지 않는다"고 단정 짓고 이에 기초하여 이 사건 사업지구 전체가 입지 타당성 요건을 갖추었다고 판단하였다. … 위와 같이 입지 타당성 검토가 불충분한 이 사건 전략환경영향평가 보고서에 대하여, 환경부장

관은 명시적으로 이 사건 사업지구 안에 맹꽁이가 서식할 가능성이 있다고 지적하며 양서류 전문가가 참여한 정밀조사의 실시를 요청하였고, 중앙도시계획위원회 역시 심의 의결에서 "맹꽁이 실태조사를 반영하라"는 조건을 붙여 위 조건 사항의 이행을 요구하였으나, 피고는 환경영향평가법 제19조에 따른 위 협의이행의무 등을 위반하여 위 정밀조사를 거치지 않은 채 만연히 이 사건 사업지구 내에 맹꽁이가 서식하지 않는다는 전제에서 이 사건 사업지구 전체를 공공주택지구로 지정하였다. 더구나 피고와 참가인은 이 사건 처분 직후인 2019. 6.경이 사건 사업지구 내 맹꽁이 서식 여부 확인을 위하여 양서류 전문가에게 정밀조사를 의뢰하였고 실제 그 조사결과 이 사건 사업지구 내에 다수의 맹꽁이 서식지가 확인되었는바, 피고는 이 사건 처분을 결정하기에 앞서 위와 같은 정밀조사를 실시하지 못할 만큼 특별히 긴급한 이유가 없었음에도 서둘러 이 사건 처분을 하였다. 이에 비추어 피고는 이 사건 처분 당시 위 정밀조사 의무를 이행하여 그 결과를 공공주택지구 지정 여부 및 범위 결정을 위한 이익형량에 반영할 의사가 없었다고 보이고, 이는 마땅히 고려하여야 할 이 사건 사업지구 내 멸종위기 야생생물 서식 가능성을 이익형량에서 누락하거나 멸종위기 야생생물보호라는 공익을 대규모 주택공급이라는 이익에 비하여 지나치게 과소평가한 처사라고 봄이 상당하다. … 이 사건 처분은 위법하므로 취소되어야 한다(서울행정법원 2019구합74850[공공주택지구지정취소] – 성남 맹꽁이 사건).[85)]

(2) 대안의 제시와 평가

환경영향평가에서 가장 중요한 것이 대안(alternatives) 평가이다. 문제는 대안을 어느 정도까지 검토하여야 하는가이다. 대안이 합리적인(reasonable) 경우에는 실행 가능한 한도 내에서는 모두 검토되어야 하고, 그 대안에 대한 검토는 적정하게(adequately) 행해져야 한다. 그리고 대안의 검토에서는 개발이익과 환경에 대한 침해를 적절하게 이익형량하여야 할 것이다. 환경적 가치를 금전으로 환산하는 것은 어려운 것이므로 사업으로 인한 이익과 환경상 불이익을 반드시 정량적으로 이익형량하여야 하는 것은 아니며 정성적인 이익형량을 하여도 무방하다고 보아야 할

85) 본 판결에서는 전략환경영향평가의 취지 및 기능에 비추어 볼 때, 피고 및 공공주택사업자가 전략환경영향평가를 실시함에 있어 대상 계획이나 입지의 일부 또는 전부가 환경보전의 측면에서 적정·타당하지 않음을 현지조사 등을 통해 알았거나 쉽게 알 수 있었음에도 불구하고, 사실상 대상 계획이나 입지의 제외가능성을 염두에 두지 않은 채 대상 계획 및 입지 전부에 대하여 적정·타당하다고 평가하였다면, 이는 그 부실의 정도가 전략환경영향평가 제도를 둔 입법 취지를 달성할 수 없을 정도이어서 전략환경영향평가를 하지 아니한 것과 다를 바 없는 정도라고 볼 수 있다고 하였다. 그러나 같은 해인 2021년 5월 서울고법 제7행정부 항소심 재판부는 1심 판결 취소하고 원고청구를 기각하였다. 주민들은 2심에서 패소하자 3심 패소 시 지구 지정 철회에 지장을 준다는 이유 등으로 대법원 소송을 취하한 바 있다.

것이다.

문제는 사업부지의 타당성 검토에 있어 사업입지의 대안검토가 환경영향평가의 범위에 들어가는가 하는 것이다. 사업입지 대안평가는 환경영향평가의 핵심적 내용으로서 환경영향평가의 내용에 포함되는 것으로 보아야 한다. 현행 환경영향평가서 작성에 관한 환경부의 고시도 사업입지 대안평가를 환경영향평가의 내용으로 보고 있다. 다만, 환경영향평가서가 구체적인 사업계획이 수립된 후 제출된다는 점에서 사업입지의 타당성 검토 및 사업입지 대안평가가 부실하게 행해질 가능성이 크다. 따라서 사업입지의 타당성 검토는 사업부지 선정단계에서 미리 별도로 행하여지도록 하는 것이 바람직하다.

(3) 환경저감방안

환경저감방안은 충분히 검토되어야 한다. 환경저감방안이 전혀 제시되지 않거나 심히 부적절한 경우 취소사유가 된다고 보아야 한다. 환경오염저감방안을 나열할 뿐이며 환경오염저감방안을 전혀 설명하고 있지 않은 경우, 환경오염저감방안이 심히 모호한 경우, 오염저감방안이 기초한 정보가 부적절하거나 부실한 경우에도 오염저감방안은 부적절한 것으로 보아야 한다. 그리고 환경저감방안에는 현실가능성이 있어야 하므로 현실가능성이 없는 환경오염저감방안으로 인하여 환경에 대한 오염이 완화된다는 사업자의 주장은 사업계획승인처분시 고려하여서는 안 될 것이다.

Ⅳ. 환경영향평가의 절차상 하자와 승인처분의 효력

환경영향평가에 있어서의 절차상 하자는 엄밀하게 따지면 일반적인 절차상 하자와는 구조상 약간의 차이가 있다. 예컨대 청문을 결한 행정처분에 있어서 거쳐야 하는 청문은 승인처분의 직접적인 절차이지만, 환경영향평가에 있어서의 주민의견수렴절차는 환경영향평가절차 안에서 거쳐야 하는 일련의 절차 가운데 하나이기 때문이다.

환경영향평가가 행해졌지만 의견수렴절차를 거치지 아니하였거나, 의견수렴이 부실하였던 경우에는 사업계획승인처분은 위법하게 되는가. 주민의견수렴절차와 같은 환경영향평가절차의 절차상 하자가 경미한 경우에는 당해 하자는 사업계획승인처분의 취소사유는 되지 않고, 그 절차상 하자가 중대한 경우에 한하여 사업계획승인처분의 독립된 취소사유가 된다고 보아야 할 것이다. 판례는 아래의 일동

송전선로건설사건에서 주민의견수렴 절차를 거치지 아니한 채 이루어진 승인처분은 위법하다고 보았다.

[판례] 원심은 나아가 피고참가인이 작성한 초안은 그 기재내용에 비추어 제1안에 대한 환경영향평가일 뿐 제2안에 대해서까지 환경영향평가를 한 것으로 볼 수 없으므로 그러한 초안을 공람시키고 주민설명회를 개최한 것만으로는 제2안에 대해서까지 공람·공고 및 주민설명회가 이루어진 것으로 볼 수 없고, 이를 보완하거나 노선변경의 검토를 위한 일동면 주민들에 대한 주민설명회도 이루어진 바 없으며, 그 외 위 제2안의 경과지 주변 환경영향 및 대책사항 등에 대해서는 포천시 일동면 주민들에 대하여 구 환경·교통·재해 등에 관한 영향평가법(2008. 3. 28. 법률 제9037호로 "환경영향평가법"으로 법률 제명이 변경되고 전부 개정되기 전의 것. 이하 "구 환경영향평가법"이라 한다) 제6조 제1항 및 구 전원개발촉진법(2008. 12. 31. 법률 제9813호로 개정되기 전의 것) 제5조의2 제1항에 따른 의견수렴절차가 이루어진 바 없었는바, 위와 같은 공람·공고, 주민설명회 등 주민 의견수렴 절차를 거치지 아니한 채 이루어진 피고의 위 사업계획승인 처분은 포천시 일동면 주민들에 대하여 의견수렴절차를 누락한 판시 구간에 대한 부분에 있어 위법하다고 판단하였다. 관련 법리와 기록에 비추어 살펴보면, 위와 같은 원심의 판단은 정당하다고 수긍이 되고, 거기에 상고이유로 주장하는 바와 같은 구 환경영향평가법 제6조 제1항 등의 주민의견수렴절차에 관한 법리오해나 채증법칙 위반, 심리미진 등의 위법이 없다(대법원 2011. 11. 10. 선고 2010두22832 판결[전원개발사업실시계획승인처분취소]-일동송전선로건설 사건[86])

86) 한국전력공사는 수도권에 안정적인 전기공급을 목적으로 2003년부터 신포천~신가평 345kV 송전선로(65㎞) 건설사업을 진행하였다. 한전은 송전선로 및 철탑을 건설하는 내용의 전원개발사업 실시계획 승인신청을 위해 환경영향평가를 진행하였다. 환경영향평가서 초안에는 여러 가지 대안노선들 중에서 제1안이 최적경과지로 기재되어 있었는데, 주민설명회 등을 거치면서 일동면 주민들의 반대가 거세지자 일동면을 통과하는 7.8㎞ 구간의 노선을 북쪽으로 2~3㎞ 떨어진 곳에 건설하는 제2안으로 사업내용을 변경하여 2008년 9월 지식경제부장관의 전원개발사업 실시계획 승인을 받아 사업을 진행하였다. 이에 포천시 일동면에 온천개발을 추진하던 리조트업체와 지역 주민 등이 지경부장관의 전원개발사업 실시계획승인처분의 취소를 구하는 소송을 제기한 것이다. 원고측은 구 환경영향평가법 및 구 전원개발촉진법상의 의견수렴절차를 거치지 않은 채 이루어진 이 사건 승인처분은 위법하다고 주장하였다. 1심은 환경영향평가서 초안 작성 당시 이루어진 주민 공람때 제2안에 대한 부분이 포함되어 있었으므로 절차상 문제가 없다고 하여 원고의 청구를 기각하였으나, 2심은 한전이 작성한 환경영향평가서 초안은 제1안에 대한 환경영향평가인 것이고, 제2안에 대해서까지 환경영향평가를 한 것으로 볼 수 없고, 따라서 제2안에 대해서까지 공람·공고 및 주민설명회가 이루어진 것으로 볼 수 없다고 하였다. 즉, 한전이 일동면을 통과하는 7.8㎞ 구간의 노선을 변경하면서 주민설명회를 통해 의견수렴 절차를 이행하지 않았고 이를 토대로 이루어진 해당 구간에 대한 사업승인 처분은 위법하다고 본 것이다.

그리고 승인기관의 장이 협의절차가 끝나지 않았는데도 승인처분을 하거나, 협의내용을 무시하고 협의내용에 반하는 처분을 한 경우 등은 환경영향평가법상의 협의절차에 관한 규정에 반하는 것으로 그 하자는 중대한 것으로 볼 수 있고, 이후 이루어진 승인 처분은 취소할 수 있다고 해석하여야 할 것이다.

V. 의견청취절차의 하자로 인한 손해(위자료 등)의 배상

환경영향평가절차상 의견청취절차의 하자로 인한 손해(위자료 등)에 대해서는 국가배상 또는 민사상 손해배상청구가 가능하다. 이 경우 절차의 하자를 보완하여 다시 동일한 개발사업이 행해질 수 있으므로 손해의 존재가 특히 문제된다. 그런데 판례는 절차상 위법의 시정으로도 주민들에게 정신적 고통이 남아 있다고 볼 특별한 사정이 있는 경우에는 정신적 손해의 배상을 구하는 것이 가능하다고 본다. 이처럼 판례는 환경영향평가법상 주민의견 수렴절차를 거치지 않은 경우, 해당 사업의 승인처분에 대한 취소나 무효확인을 구하는 행정소송에 더해, 대상지역 주민의 정신적 손해에 대한 배상책임을 구하는 민사소송도 제기할 수 있는 가능성을 열어 두고 있다.

[판례 1] (1) 한국전력공사가 송전선로 예정경과지를 선정하면서 당초 예정경과지의 주민들의 반대로 갑 지역을 예정경과지로 변경하면서 갑 지역 주민들을 상대로 구 환경·교통·재해 등에 관한 영향평가법상 주민의견수렴절차를 거치지 않았는데, 사업관할청으로부터 갑 지역을 사업부지로 포함하는 송전선로 건설사업 승인을 받은 사안에서, 사업부지가 변경된 후 한국전력공사가 갑 지역에 대한 환경영향평가서 초안을 재작성하고 갑 지역 주민들의 의견을 수렴하는 절차를 거치지 않은 채 사업을 진행함으로써, 갑 지역 주민들이 환경상 이익의 침해를 최소화할 수 있는 의견을 제출할 수 있는 기회를 박탈하여 갑 지역 주민들에게 상당한 정신적 고통을 가하였다고 보아 한국전력공사에 갑 지역 주민들이 입은 정신적 손해를 배상할 의무가 있다고 한 사례. (2) 원심판결 이유를 관련 법리와 기록에 비추어 알 수 있는 바와 같이 ① 공법인이 국가나 지방자치단체의 행정작용을 대신하여 공익사업을 시행하면서 행정절차를 진행하는 과정에서 주민들의 절차적 권리를 보장하지 않은 위법이 있더라도 곧바로 정신적 손해를 배상할 책임이 인정되는 것은 아니지만, 절차상 위법의 시정으로도 주민들에게 정신적 고통이 남아 있다고 볼 특별한 사정이 있는 경우에는 정신적 손해의 배상을 구하는 것이 가능하다는 점(대법원 2021. 7. 29. 선고 2015다221668 판결 취지 참조), ② 당초 예정경과지 주민들의 거센 반

대로 이 사건 사업부지에 관한 전면적 재논의를 위하여 이 사건 협의체가 구성되고 그에 따라 사업부지가 변경되었으나 피고는 이 사건 사업 실시계획 승인에 이르기까지 원고 등을 비롯하여 변경된 사업부지 인근 주민들의 의견을 청취한 적이 없는 점, ③ 사업부지가 상당한 정도로 변경되어 당초 예정경과지에 대하여 작성된 환경영향평가서 초안의 공고와 해당 지역 주민들에 대한 의견청취만으로는 변경된 경과지에 대해서 구 「환경·교통·재해 등에 관한 영향평가법」(2008. 3. 28. 법률 제9037호 환경영향평가법으로 전부 개정되기 전의 것) 제6조등에서 정한 환경영향평가서 초안의 공람·공고 및 주민의견 청취가 이루어진 것으로 보기 어려운 점, ④ 이 사건 관련 법령 규정의 취지와 개정 경과 등을 종합하면, 위와 같은 원심판단에 상고이유 주장과 같이 정신적 손해배상책임의 발생이나 관련 법령에서 정한 주민의견수렴절차 등에 관한 법리를 오해하거나 채증법칙 위반 등으로 판결에 영향을 미친 잘못이 없다. (3) 피고는 관련 행정사건 판결에서 이미 이 사건 사업 실시계획 승인처분이 적법한 것으로 확정되었으므로, 이 사건에서 위 처분과 관련한 주민의견수렴절차에 위법이 있다고 보는 것은 행정행위의 공정력에 반한다는 취지로 주장하고 있다. 그러나 피고의 주민의견 청취의무 위반을 이유로 한 손해배상을 구할 뿐인 이 사건에서 위 실시계획 승인처분의 효력 여부는 쟁점이 아니고, 기록에 의하면, 관련 행정사건 판결에서는 이 사건 사업 실시계획 승인처분에 중대·명백한 하자가 인정되지 않아 당연무효 사유가 없다고 보았을 뿐, 위 처분이 적법하다고 판단한 바도 없다. 따라서 이와 전제를 달리한 위 상고이유 주장은 더 나아가 살펴볼 필요 없이 이유 없다 (대법원 2021. 8. 12. 선고 2015다208320 판결).

[판례 2] [1] 폐기물처리시설 설치촉진 및 주변지역지원 등에 관한 법령에서 입지선정위원회의 구성에 일정 수 이상의 주민대표와 주민대표가 추천한 전문가 등이 포함되도록 하고 입지선정위원회에 주민들이 의견을 제출할 수 있도록 한 취지: 폐기물처리시설 설치촉진 및 주변지역지원 등에 관한 법률(이하 '폐기물시설촉진법'이라 한다) 제9조 제3항은 '폐기물처리시설 설치기관은 폐기물처리시설 입지선정계획을 공고한 경우에는 지체 없이 주민대표가 참여하는 입지선정위원회를 설치하여 폐기물처리시설의 입지를 선정하도록 하여야 한다.'고 정하고 있다. 구 폐기물처리시설 설치촉진 및 주변지역지원 등에 관한 법률 시행령(이하 '시행령'이라 한다) 제7조[별표 1]에 따르면 주민대표는 해당 폐기물처리시설이 입지하는 시·군·구에 거주하는 주민 중 해당 시·군·구의회에서 선정하되, 입지후보지에 거주하는 주민대표를 1인 이상 포함하여야 하고, 주민대표는 전문가 위원을 추천할 권한을 가진다. 이와 같이 구성된 입지선정위원회는 '폐기물처리시설 입지의 선정과 변경, 입지후보지 타당성 조사의 필요 여부, 공청회 또는 설명회의 개최 여부' 등을 심의·의결하고(시행령 제11조 제1항), 지역 주민은 입지선정위원회가 수행한 타당성조사의 과정과 결과를 공람한 후 이에 대한 의견을 입지선정위원회에 제출할 수 있다

(시행령 제10조). 입지선정위원회는 폐기물처리시설의 입지를 선정하는 의결기관이다. 입지선정위원회의 구성에 일정 수 이상의 주민대표와 주민대표가 추천한 전문가 등이 포함되도록 하고 입지선정위원회에 주민들이 의견을 제출할 수 있도록 한 것은 폐기물처리시설 입지선정 절차에서 주민들의 이익과 의사가 실질적으로 대변될 수 있도록 하여 지방자치단체의 전횡이나 소수 주민대표의 경솔한 결정으로 주민의 권리가 부당하게 침해되는 것을 방지하고 행정의 민주화와 신뢰를 확보하는 데 그 취지가 있다. 이와 같이 입지선정 단계부터 실질적인 주민참여를 보장하고, 이후 폐기물처리시설의 입지가 선정되어 폐기물처리시설 설치계획이 공고된 후에는 폐기물처리시설의 설치·운영으로 인하여 환경상 영향을 받게 되는 주변영향지역을 결정하게 되는데 그 과정에서도 주민지원협의체의 구성과 활동을 통하여 주민참여의 기회가 보장된다(폐기물시설촉진법 제17조, 제17조의2). [2] 국가나 지방자치단체가 행정절차를 진행하는 과정에서 주민들의 의견제출 등 절차적 권리를 보장하지 않은 위법이 있는 경우 절차적 권리 침해로 인한 정신적 고통에 대한 배상의 인정 여부 및 판단기준: 국가나 지방자치단체가 공익사업을 시행하는 과정에서 해당 사업부지 인근 주민들은 의견제출을 통한 행정절차 참여 등 법령에서 정하는 절차적 권리를 행사하여 환경권이나 재산권 등 사적 이익을 보호할 기회를 가질 수 있다. 그러나 법령에서 주민들의 행정절차 참여에 관하여 정하는 것은 어디까지나 주민들에게 자신의 의사와 이익을 반영할 기회를 보장하고 행정의 공정성, 투명성과 신뢰성을 확보하며 국민의 권익을 보호하기 위한 것일 뿐, 행정절차에 참여할 권리 그 자체가 사적 권리로서의 성질을 가지는 것은 아니다. 이와 같이 행정절차는 그 자체가 독립적으로 의미를 가지는 것이라기보다는 행정의 공정성과 적정성을 보장하는 공법적 수단으로서의 의미가 크므로, 관련 행정처분의 성립이나 무효·취소 여부 등을 따지지 않은 채 주민들이 일시적으로 행정절차에 참여할 권리를 침해받았다는 사정만으로 곧바로 국가나 지방자치단체가 주민들에게 정신적 손해에 대한 배상의무를 부담한다고 단정할 수 없다. 이와 같은 행정절차상 권리의 성격이나 내용 등에 비추어 볼 때, 국가나 지방자치단체가 행정절차를 진행하는 과정에서 주민들의 의견제출 등 절차적 권리를 보장하지 않은 위법이 있다고 하더라도 그 후 이를 시정하여 절차를 다시 진행한 경우, 종국적으로 행정처분 단계까지 이르지 않거나 처분을 직권으로 취소하거나 철회한 경우, 행정소송을 통하여 처분이 취소되거나 처분의 무효를 확인하는 판결이 확정된 경우 등에는 주민들이 절차적 권리의 행사를 통하여 환경권이나 재산권 등 사적 이익을 보호하려던 목적이 실질적으로 달성된 것이므로 특별한 사정이 없는 한 절차적 권리 침해로 인한 정신적 고통에 대한 배상은 인정되지 않는다. 다만 이러한 조치로도 주민들의 절차적 권리 침해로 인한 정신적 고통이 여전히 남아 있다고 볼 특별한 사정이 있는 경우에 국가나 지방자치단체는 그 정신적 고통으로 인한 손해를 배상할 책임이 있다. 이때 특별한 사정이 있다는 사

실에 대한 주장·증명책임은 이를 청구하는 주민들에게 있고, 특별한 사정이 있는지는 주민들에게 행정절차 참여권을 보장하는 취지, 행정절차 참여권이 침해된 경위와 정도, 해당 행정절차 대상사업의 시행경과 등을 종합적으로 고려해서 판단해야 한다. [3] 이 사건 폐기물 매립장 인근 주민들은 피고의 위법행위로 정신적 고통을 입었고, 관련 행정처분의 무효가 확인되었더라도 주민들의 정신적 고통이 여전히 남아 있다고 볼 특별한 사정을 인정할 여지가 있다. 피고의 불법행위로 정신적 고통을 입게 된 사람들은 적어도 입지선정결정 과정에 참여할 수 있었는데 그 기회를 박탈당한 사람들로서 위 불법행위 시점 당시 이 사건 폐기물 매립장 주변영향지역에 거주하였던 사람들로 한정된다(대법원 2021. 7. 29. 선고 2015다221668 판결). <사건의 개요> (1) 피고(전남 보성군)은 폐기물처리시설(이하 '이 사건 폐기물 매립장'이라 한다) 설치사업을 추진하여 전라남도지사로부터 이 사건 폐기물 매립장의 설치 승인을 받아 설치하고, 2009. 11. 24.경 전라남도지사에게 사용개시신고를 한 다음 이 사건 폐기물 매립장을 운영하였다. (2) '원고 등'은 이 사건 폐기물 매립장으로부터 직선거리로 약 1.9km 떨어져 있는 마을에 거주하는 사람들이다. (3) 피고는 입지선정위원회 구성과 입지 선정 등에 관한 절차를 전혀 밟지 않은 채 2008. 1. 2. 이 사건 폐기물 매립장의 입지를 결정하고, 관련 도면의 열람기간과 주민의견 제출기간을 2008. 1. 2.부터 2008. 2. 1.까지로 하는 '보성군 농어촌폐기물 종합처리시설 입지 결정·고시'를 하였다. 이후 피고의 담당공무원 소외 2는 2008. 2. 초순 '보성군 농어촌폐기물 종합처리시설 입지선정계획 결정·공고문', 입지선정위원회를 구성하는 전문가를 추천하는 '주민대표들의 추천서', '농어촌폐기물 종합처리시설 입지선정위원회 회의 알림' 공문, 입지선정위원회 회의록 등 관련 서류를 위조하였다. (4) 원고 등은 피고가 관련 법령에서 요구하는 입지선정위원회와 주민지원협의체의 구성, 폐기물처리시설 주변영향지역 결정·고시 등 이 사건 폐기물 매립장 설치과정에서 준수해야 할 행정절차를 밟지 않아 주변영향지역 주민인 원고 등의 행정절차 참여권을 침해하였고, 이 사건 폐기물 매립장을 부실하게 운영하여 원고 등의 쾌적한 환경에서 생활할 권리 등을 침해하는 불법행위로 원고 등에게 정신적 손해를 입혔다는 이유로 피고에게 위자료를 청구하였다. 쟁점은 지방자치단체인 피고의 담당공무원이 이 사건 폐기물 매립장 설치와 관련하여 관련 법령에서 정한 주민의견 수렴절차를 거치지 않은 위법행위를 했다는 이유 등으로 피고가 국가배상법 제2조에 따라 정신적 손해에 대한 배상책임을 지는지 여부이다. (5) 이 사건 폐기물 매립장이 설치된 후인 2018. 5. 31. 폐기물시설촉진법을 비롯한 관련 법령에 따라 입지선정위원회를 구성하지 않은 하자는 중대한 것이고 객관적으로 명백하다는 이유로 이 사건 폐기물 매립장 입지 결정·고시처분과 이 사건 폐기물 매립장의 설치계획 승인처분의 무효를 확인하는 판결이 선고되었다(광주지방법원 2018. 5. 31. 선고 2015구합912 판결). 이 판결은 당사자들이 항소하지 않아 그대로 확정되었다.

제 3 장 대기환경의 보전

제 1 절 대기환경보전 개설

그동안 지속적으로 확대되어 온 산업화·공업화의 결과로 대기 속에 오염물질이 정상적인 농도를 넘어 유입되면서 인간이나 동·식물 그리고 건물 등에 해로운 영향을 미치는 현상이 심각하고 광범위하게 발생하고 있다. 이러한 대기오염은 화산폭발이나 산불처럼 자연적으로 발생하는 경우도 있지만, 오늘날은 가정용 난방, 수송 및 발전시설의 연료의 연소과정에서 발생하는 아황산가스, 자동차 배기가스, 각종 공사장에서 발생하는 먼지, 공장가동시 사용되는 벙커C유에서 발생하는 오염물질 등처럼 인공적으로 발생하는 경우가 주로 문제된다.

대기오염을 유발하는 대기오염물질의 종류는 산업화가 진전될수록 더욱 증가하게 되는데, 어떠한 물질을 정부의 관리대상으로 지정할 것인가는 정책적인 판단의 문제로 한 나라의 오염저감기술, 측정기술수준 그리고 오염물질의 위해성 평가결과 등 다양한 소요에 의해 결정된다. 우리나라의 경우 대기환경보전법에서 대기오염물질을 환경부령으로 정하고 있다.

우리나라의 대기오염물질은 양적으로 보면 아황산가스가 제일 많으며, 질소산화물·일산화탄소 등이 그 뒤를 따르고 있다. 아황산가스는 황이 탈 때 발생하는 무색의 자극성 기체이다. 성냥불을 켤 때 나는 냄새는 아황산가스 때문에 발생한다. 대기중의 아황산가스(SO2)는 석유나 석탄과 같은 황성분을 함유한 화석연료의 연소와 산업공정에서 주로 발생되는데, 우리나라의 경우 대부분이 산업, 난방, 수송 및 발전시설의 연료의 연소과정에서 발생되며, 울산·여천 등에서는 황산제조 및 비료제조시설의 산업공정에서 일부가 발생되고 있다.[1)]

1) 석유에도 유황이 들어있는데 유황이 많으면 고유황유, 0.6퍼센트 이하이면 저유황유라고 한다.

일산화탄소는 배기가스 성분 중 아주 유해한 물질이며, 무색·무미·무취의 가스로서 피부나 점막에 대한 자극도 없어서 감지할 수가 없다. 일산화탄소는 혈액 중 헤모글로빈(Hb)과의 결합력이 산소(O2)보다도 210배가 강하여 산소운반을 방해하기 때문에 머리가 아프다든가 구토를 하게 되면 심하면 목숨을 잃는다. 자동차는 일산화탄소의 가장 큰 발생원이다. 특히 신호대기중인 자동차는 엔진에 산소공급이 부족하여 달릴 때보다 일산화탄소가 많이 발생하므로, 교통체증이 심한 출퇴근 시간대에는 거리의 일산화탄소 양이 많아진다.

배기가스 중 질소산화물의 대부분은 일산화질소인데(공기 중에 배출된 직후 산화되어 이산화질소로 변함), 이 물질은 자극성은 없으나 혈액중의 헤모글로빈과 결합되기 쉽고 그 결합력은 일산화탄소의 약 1,000배, 이산화질소의 약 3배라고 한다. NO－Hb는 혈액 중에서 산화되어 메타헤모글로빈을 생성하여 이것이 증가하면 혈액 중의 산소가 모자라게 되어 중추신경계에 장애가 나타난다. 또한 불면, 기침, 호흡이 가빠지고 점막의 부식 등을 일으키며, 이 밖에도 광화학스모그의 주요 원인물질이 되고 있다. 또한 이산화질소는 물에 녹으면 질산이 되어 산성비의 원인이 되기도 한다.

먼지도 대기오염의 주요 원인이 된다. 먼지는 발생형태에 따라 비산먼지와 공정먼지로 구별되는데 먼지 배출총량의 약 50% 이상이 비산먼지로 배출되고 있다. 이들 비산먼지 발생은 주로 도로, 저탄장, 골재채취장, 공사장의 차량통행 등에 기인하고 있으며, 산업공정 중에서 배출되는 먼지는 연료연소시 발생되는 것이 대부분을 차지하고 있다.

최근에는 특히 오존층을 파괴하고 지구온난화에도 영향을 미치는 독성화학물질로 알려져 있는 휘발성유기화합물(VOC)로 인한 대기오염이 심각성을 더해가고 있다. 휘발성유기화합물(Volatile Organic Compounds: VOC)은 상온, 상압에서 기체상태로 존재하는 모든 유기화학물질을 통칭하는 의미로 사용되고 있다. 「대기환경보전법」에서는 휘발성유기화합물을 탄화수소류 중 석유화학제품, 유기용제, 그 밖의

발전소나 보일러에는 값싼 고유황유을 많이 쓰는데, 휘발유는 탈황시설을 통하여 정제된 고급연료이므로 유황이 적게 발생한다. 아황산가스(SO_2)는 화학공업에서 많이 쓰는 독성기체로서 살균제나 표백제로도 사용된다. 식물은 인간이나 동물보다 아황산가스에 민감하게 반응한다. 식물의 기공을 통하여 아황산가스가 흡수되면 세포를 파괴하므로 잎은 퇴색하고 반점이 생기면서 떨어지게 된다. 아황산가스는 인간의 점막을 자극하거나 기관지염이나 천식을 일으킨다. 장기간의 영향은 폐기종, 혈관저항의 증대 등을 일으킨다. 아황산가스는 시간이 지나면서 물에 녹아 황산이 된다. 대기 속에 아황산가스가 많으면 비가 산성이 되어 이른바 산성비가 내린다. 산성비는 토양과 동·식물은 물론 건물 등에 피해를 주기도 한다.

물질로서 환경부장관이 관계 중앙행정기관의 장과 협의하여 고시하는 것으로 정의하고 있다(제2조 제10호). 벤젠, 부타디엔, 휘발유 등이 대표적인 휘발성유기화합물의 예이다. 휘발성유기화합물질은 다양한 배출원에서 배출되는데 도장산업이 가장 큰 비중을 차지하고 자동차 등의 교통수단이 그 다음이다.[2)]

위에서 언급한 것 이외에 인간의 활동에 수반하여 발생하는 많은 대기오염물질들이 서로 복합적으로 인간의 환경에 악영향을 미치면서 그 심각성을 더해가고 있다. 인위적인 오염배출원은 점오염원(Point Source), 면오염원(Area Source), 선오염원(Line Source)으로 구분되는데, 점오염원은 발전소나 대규모 공장처럼 하나의 시설이 대량의 오염물질을 배출하는 것을 말하고, 면오염원은 주택, 대기배출업소처럼 일정면적 내에 소규모 발생원 다수가 모여 오염물질을 발생하여 해당지역 내에 오염문제를 발생시키는 것을 말하며, 선오염원은 자동차, 기차, 비행기, 선박 등처럼 이동하며 오염물질을 연속적으로 배출하는 것을 말한다. 한편, 대기오염의 원천은 그 이동 여부에 따라 고정오염원과 이동오염원으로 나눌 수 있는데, 가령 사업장의 오염물질배출원인 화력발전시설이나 산업시설, 생활환경상의 오염물질배출원인 가정의 난방시설은 전자에, 자동차는 후자의 예에 해당한다.

현재 대기환경보전분야의 입법상황을 살펴보면, 1990년 환경보전법을 오염매체별로 분법화 하면서 「대기환경보전법」이 제정되었다. 1996년 12월에는 지하생활공간공기질관리법을 제정하였으나 동법은 2003년 5월 전면개정시 법명이 「다중이용시설 등의 실내공기질 관리법」으로 변경되었고, 2015년 「실내공기질관리법」으로 간결화 되었다. 그리고 현행 「대기환경보전법」에 의한 제도만으로는 심각하게 오염된 수도권지역의 대기환경을 개선하기에는 한계가 있어 수도권지역에 있는 사업장의 대기오염물질배출량을 줄이기 위하여 2003년 12월 31일 「수도권 대기환경개선에 관한 특별법」이 제정·공포되어 2005년 1월 1일부터 시행되었고, 이후 보다 광역적인 대기환경개선 대책을 체계적으로 추진하기 위하여 2019. 4. 2. 「대기관리권역의 대기환경개선에 관한 특별법」이 새로 제정되었다.[3)] 동법은 오염총량관리제도에 관한 규정을 두고, 배출허용총량을 매매할 수 있도록 하는 등 대기관리권역의 대기환경을 효율적으로 개선하는 데 필요한 제도를 마련하고 있다.

2) 휘발성유기화합물은 자동차운행의 급증(주로 가솔린)과 유류 및 유기용제 사용확대로 배출량이 증가되고 있다. 그 자체의 독성과 오존발생의 원인물질로 작용하여 오존 오염도 증가 및 광화학스모그를 유발하고 식물의 고사 및 고무제품, 섬유류를 조기 노화시키며 발암성 및 위해성이 있어 인체에 피해를 주는 것으로 알려져 있다.

3) 이에 따라 「수도권 대기환경개선에 관한 특별법」은 폐지되었다.

한편, 「악취방지법」이 2004년 2월 제정·공포되어 2005년 2월부터 시행되고 있다. 동법은 「대기환경보전법」에 따른 대기오염 관리차원에서 관리하고 있던 악취를 그 특성에 맞도록 체계적으로 관리하려는 취지에서 제정된 것이다.

제 2 절 대기환경보전법

Ⅰ. 개 설

「대기환경보전법」은 각종 대기환경관계정책을 종합하고 조정할 수 있는 독자적인 개별법을 제정하려는 취지에서 1990년 환경보전법을 환경정책기본법과 오염매체별 개별법으로 분법화하는 단계에서 단행법으로 제정되었다.

현행 대기환경보전법은 "대기오염으로 인한 국민건강이나 환경에 관한 위해를 예방하고 대기환경을 적정하고 지속가능하게 관리·보전하여 모든 국민이 건강하고 쾌적한 환경에서 생활할 수 있게 함"을 목적으로 제정되었는바, 총 7장으로 구성되어 있는데, 대기오염원을 규제하는 것을 주된 내용으로 한다.[4)]

---

4) 지난 7년간의 법률개정작업을 살펴보면 다음과 같다. 2015. 1. 20. 일부개정에서는 휘발성유기화합물의 배출 억제·방지 시설의 설치 대상지역을 확대하고, 휘발성유기화합물 함유기준을 초과한 도료에 대한 공급·판매 중지 권한을 마련하였으며, 대기오염배출시설 사용중지명령 또는 폐쇄명령 미이행자에 대한 벌칙을 도입하였다. 2016. 1. 27. 일부개정에서는 국가적으로 감축 또는 폐기 의무가 부여된 물질인 냉매에 대하여 효율적인 관리체계 및 통계 구축을 위해 냉매를 제조·수입하는 자가 냉매의 종류, 양, 판매처 등을 환경부장관에게 신고하도록 하고, 자동차제작자의 인증규정 위반 등에 대한 과징금의 상한액을 100억원으로 상향조정하여 과징금 부과의 실효성을 확보하고, 자동차제작자가 인증받은 내용과 다르게 배출가스 관련 부품의 설계를 고의로 바꾸거나 조작하는 행위에 대하여는 벌칙을 부과할 수 있도록 하였다. 또한 대기오염물질배출시설에서 나오는 대기오염물질을 측정기기로 측정한 결과의 신뢰도와 정확도를 제고하기 위하여 측정기기 관리대행업의 등록제를 도입하고, 전기자동차의 보급을 활성화하기 위하여 환경부장관이 전기자동차 충전시설을 설치·운영할 수 있는 근거를 마련하였다. 2016. 12. 27. 일부개정에서는 자동차제작자가 배출가스 관련 부품의 교체명령을 이행하지 않거나 부품 교체로 배출가스 검사 불합격 원인을 시정할 수 없는 경우에는 환경부장관이 자동차의 교체, 환불, 재매입을 명할 수 있도록 하였으며, 자동차 배출가스 관련 과징금의 부과율을 현행 매출액의 3%에서 5%로 인상하고, 과징금 상한액을 현행 100억원에서 500억원으로 상향 조정하고, 거짓이나 그 밖의 부정한 방법으로 배출가스 관련 인증 또는 변경인증을 받은 경우를 과징금 부과대상에 추가하였다. 2017.11.28. 일부개정의 주요 내용은 다음과 같다. ① 자동차제작자는 환경부장관으로부터 자동차의 배출가스가 배출가스 보증기간 동안 제작차의 배출허용기준에 맞게 유지될 수 있다는 인증을 받은 경우에는 해당 자동차에 인증을 표시하도록 함(제48조 제3항 신설). ② 부품의 결함 건수 또는 결함 비율이 대통령령으로 정하는 요건에 해당하는 경우에는 자동차제작자가 스스로 부품의 결함을 시정하도록 하던 것을 앞으로는 환경부

대기오염물질은 수질오염물질이나 폐기물 등과 달리 오염매체의 특성상 배출시 즉시 확산된다는 점에서 배출이후의 단계에서는 통제 및 관리가 곤란하다. 이와 같은 특성상 배출단계에서의 오염관리가 매우 중요하다.

따라서 동법은 오염원으로부터 배출되는 대기오염물질에 대한 배출규제를 크게 네 가지로 나누어 규정하고 있는데, ① 고정오염원인 사업장 등의 대기오염물질 배출을 규제하기 위한 제2장, ② 생활환경상의 대기오염물질을 규제하기 위한

장관이 해당 자동차제작자에게 부품의 결함 시정을 명하도록 함(제53조 제3항 및 제4항). ③ 특별시·광역시·특별자치시·특별자치도·시·군 조례에 따라 저공해 조치명령을 할 수 있던 것에 도 조례로도 저공해 조치명령을 할 수 있도록 추가함(제58조 제1항). ④ 국가나 지방자치단체가 장비 및 부품 등의 반납에 드는 비용의 일부를 예산의 범위에서 보조할 수 있도록 함(제59조제5항). ⑤ 냉매회수업의 등록제 및 냉매 판매량 신고제 도입(제76조의11부터 제76조의14까지 및 제91조 제12호의3부터 제12호의5까지 신설). ⑥ 황함유기준을 초과하는 연료를 공급·판매 또는 사용한 자에 대하여 1천만원 이하의 과태료를 부과하도록 하던 것을 앞으로는 공급·판매한 자의 경우 3년 이하의 징역 또는 3천만원 이하의 벌금에 처하고, 사용한 자의 경우에는 1년 이하의 징역 또는 1천만원 이하의 벌금에 처하도록 함(제90조의2 신설, 제91조 제2호의5, 현행 제94조 제1항 삭제). 2019.1.15. 에서는 철도차량에서 발생하는 미세먼지의 저감을 위하여 제작차 배출가스 허용기준을 준수하여야 하는 원동기의 범위에 철도차량에 사용되는 동력을 발생시키는 장치를 추가하였다. 또한, 신고제도를 수리가 필요한 신고와 필요하지 않은 신고로 구분하고, 처리기간 내에 신고의 수리가 이루어지지 않은 경우 수리된 것으로 간주하고, 배출시설의 설치허가 또는 변경허가와 관련하여 협의를 요청받은 기관이 20일 이내에 의견을 회신하도록 하였으며, 그 기간 내에 의견을 회신하지 아니한 경우에는 의견이 없는 것으로 간주하는 제도를 도입하였다. 2019. 4. 2. 일부개정에서는 「수도권 대기환경개선에 관한 특별법」을 폐지하고 「대기관리권역의 대기환경개선에 관한 특별법」을 제정함에 따라 기존 대기환경보전법상의 "대기환경규제지역" 제도를 폐지하였다. 또한 기존 대기환경규제지역에서 시행되고 있는 각종 대기오염저감제도의 적용범위 등을 정비하고, 저공해자동차 정의를 자동차 배출가스허용기준과 함께 「대기환경보전법」에 규정하였으며, 저공해차 의무보급제도 도입에 관한 사항 등을 반영하였다. 2020. 12. 29. 일부개정에서는 비산배출되는 먼지를 발생시키는 사업의 구역이 둘 이상의 시·군·구에 걸쳐 있는 경우 해당 사업에 대한 행정처분의 주체를 명확히 하고, 환경부장관의 결함확인검사 및 결함의 시정 등에 관한 권한을 강화하였다. 또한 폐배터리 반납의무를 폐지함으로써 폐배터리의 재사용·재활용 활성화를 도모하고, 저공해자동차 보급실적 이월·거래제도의 도입, 저공해자동차 보급목표제 미달성 시 기여금 부과 등 저공해자동차 보급목표제의 정착을 위한 방안을 마련하였다. 2021. 4. 13. 일부개정에서는 환경부장관이 전국의 수소차충전소 배치현황, 수소전기자동차의 수요, 교통량 등을 고려하여 수소차충전소 배치계획을 수립토록 하고, 사업자는 수소차충전소 설치계획을 마련하여 환경부장관에게 승인을 받도록 하여 수소차충전소 설치사업을 효율적·체계적으로 추진할 수 있도록 하였다. 아울러 환경부장관이 사업자의 수소충전소 설치계획을 승인할 경우 수소차충전소 설치와 관련한 각종 인허가를 받은 것으로 간주하는 제도를 도입하였다. 또한, 비산배출시설 및 휘발성유기화합물 배출시설에 대한 관리를 강화하기 위하여 신고·변경신고를 하지 아니하거나 오염물질 배출 억제·방지시설을 설치하는 등의 조치를 하지 아니한 자에 대하여 각각 6개월 이내의 조업정지를 명할 수 있도록 하였다. 2022. 12. 27. 일부개정에서는 장거리이동대기오염물질피해방지 종합대책을 대기환경개선 종합계획으로 통합하고, 장거리이동대기오염물질대책위원회를 폐지하는 한편, 건설현장 등 비도로 부분에서 배출되는 미세먼지가 점차 증가하여 건설기계의 배출가스 관리 필요성이 대두됨에 따라 저공해건설기계 보급 및 노후 건설기계 조기폐차 등 저공해조치를 활성화하기 위해 필요한 제반 규정을 정비하였다.

제3장, ③ 이동오염원인 자동차·선박 등의 배출가스를 규제하기 위한 제4장, ④ 자동차 온실가스 배출관리를 위한 제5장, ⑥ 기후·생태계 변화유발물질인 냉매를 관리하기 위한 제5장의2가 그것이다. 그 외 제6장에서는 보칙, 제7장에서는 벌칙을 각각 규정하고 있다.

우리나라의 「대기환경보전법」은 주로 배출규제를 중심으로 한 오염관리에 치중하는 형식으로 되어 있다. 미국, 일본 등과 달리 대기오염피해 구제를 위한 법적 장치를 갖추고 있지 못하다.[5)]

한편, 종래 동법은 온실가스 규제에 관하여는 적극적으로 대응하지 못하고 있었으나, 2013. 4. 5. 일부개정 때 자동차 온실가스 배출관리에 관한 제5장을 신설함으로서 온실가스 규제에 관하여 보다 적극적으로 대응할 수 있게 되었다.

Ⅱ. 대기환경보전법 총칙

1. 대기오염물질

동법은 대기오염물질을 "대기 중에 존재하는 물질 중 제7조에 따른 심사·평가 결과 대기오염의 원인으로 인정된 가스·입자상물질로서 환경부령으로 정하는 것"으로 규정하고 있고(제2조 제1호), 환경부령은 대기오염물질 64가지를 규정하고 있다.

그리고 '유해성대기감시물질'을 "대기오염물질 중 제7조에 따른 심사·평가 결과 사람의 건강이나 동식물의 생육(生育)에 위해를 끼칠 수 있어 지속적인 측정이나 감시·관찰 등이 필요하다고 인정된 물질로서 환경부령으로 정하는 것"으로 규정하고 있다(제2조 제1의2호).

또한 '특정대기유해물질'을 "유해성대기감시물질 중 제7조에 따른 심사·평가 결과 저농도에서도 장기적인 섭취나 노출에 의하여 사람의 건강이나 동식물의 생육에 직접 또는 간접으로 위해를 끼칠 수 있어 대기 배출에 대한 관리가 필요하다고 인정된 물질로서 환경부령으로 정하는 것"으로 규정하고(제2조 제9호), 35종을 지정하여 엄격히 관리를 하고 있다.

2. 기후·생태계 변화유발물질과 온실가스

동법은 대기오염물질만이 아니라 '기후·생태계변화 유발물질'에 대해서도 규

5) 김홍균, 앞의 책, 311면.

정하고 있는바, 이는 지구온난화 등으로 생태계의 변화를 가져올 수 있는 기체상 물질로서 온실가스와 환경부령이 정하는 것을 말한다(제2조 제2호). 여기서 온실가스란 적외선 복사열을 흡수하거나 다시 방출하여 온실효과를 유발하는 대기 중의 가스상태 물질로서 이산화탄소, 메탄, 아산화질소, 수소불화탄소, 과불화탄소, 육불화황을 말한다(동조 제3호). 이것들은 주로 지구온난화의 원인이 된다고 일컬어지는 물질들이다.

미국에서는 온실가스가 대기오염물질인지에 대하여 다투어진 바 있는데, 연방대법원은 이산화탄소 등의 온실가스는 청정대기법(Clean Air Act)에 의한 대기오염물질에 해당한다고 보았다.[6)]

3. 대기환경보전을 위한 상시측정 등

환경부장관은 전국적인 대기오염 및 기후·생태계 변화유발물질의 실태를 파악하기 위하여 환경부령으로 정하는 바에 따라 측정망을 설치하고 대기오염도 등을 상시 측정하여야 한다(제3조 ①). 특별시장·광역시장·특별자치시장·도지사 또는 특별자치도지사(이하 "시·도지사"라 한다)는 해당 관할 구역 안의 대기오염 실태를 파악하기 위하여 환경부령으로 정하는 바에 따라 측정망을 설치하여 대기오염도를 상시 측정하고, 그 측정 결과를 환경부장관에게 보고하여야 한다(동조 ②). 환경부장관은 대기오염도에 관한 정보에 국민이 쉽게 접근할 수 있도록 제1항 및 제2항에 따른 측정결과를 전산처리할 수 있는 전산망을 구축·운영할 수 있다(동조 ③).

4. 대기오염도 예측·발표

환경부장관은 대기오염이 국민의 건강·재산이나 동식물의 생육 및 산업 활동에 미치는 영향을 최소화하기 위하여 대기예측 모형 등을 활용하여 대기오염도를

---

6) 549 U.S. 497 S.Ct. 1438, Massachussetts et al. v. EPA. 이 사건은 매사추세츠주 등이 원고가 되어 환경보호청(EPA)을 상대로 제기한 소송이다. 매사추세츠주 등 12개 주정부 및 그린피스 등 19개 환경단체가 청정대기법(Clean Air Act) 제202조에 의거 환경보호청(EPA)에 대하여 신규자동차가 배출하는 온실가스를 규제하는 규칙을 제정해 줄 것을 청원하였으나, EPA는 자동차로부터 나오는 온실가스는 청정대기법상의 대기오염물질이 아니어서 자동차의 온실가스배출을 규제할 권한이 없다는 이유로 청원을 거부하였다. 이에 매사추세츠주 등은 EPA를 상대로 연방항소법원에 소송을 제기하였으나 패소하자 다시 연방대법원에 상고하였다. 연방대법원의 다수견해는 이산화탄소 등 온실가스는 청정대기법에 의한 대기오염물질이라고 판단하였다. 그리고 EPA가 온실가스배출이 기후변화에 기여한다는 점을 판단하는 경우에는 신규자동차에서 배출되는 온실가스를 규제할 권한을 가진다고 보았다.

예측하고 그 결과를 발표하여야 한다(제7조의2 ①). 제1항에 따라 환경부장관이 대기오염도 예측결과를 발표할 때에는 방송사, 신문사, 통신사 등 보도관련 기관을 이용하거나 그 밖에 일반인에게 알릴 수 있는 적정한 방법으로 하여야 한다(동조 ②). 대기오염도 예측·발표의 대상 지역, 대상 오염물질, 예측·발표의 기준 및 내용 등 대기오염도의 예측·발표에 필요한 사항은 대통령령으로 정한다(동조 ③).

대기오염도 예측·발표의 대상 오염물질은 「환경정책기본법」 제12조에 따라 환경기준이 설정된 오염물질 중 다음 각 호의 오염물질로 한다(동법 시행령 제1조의4 ②).

1. 미세먼지(PM－10)[7)]
2. 미세먼지(PM－2.5)
3. 오존(O3)

5. 대기오염경보제

「대기환경보전법」 제8조는 대기오염경보제에 관하여 규정하고 있다. 시·도지사는 대기오염도가 「환경정책기본법」 제12조에 따른 대기에 대한 환경기준(이하 "환경기준"이라 한다)을 초과하여 주민의 건강·재산이나 동·식물의 생육에 중대한 위해를 가져올 우려가 있다고 인정되는 때에는 당해 지역에 대하여 대기오염경보를 발령할 수 있다. 또한, 대기오염경보의 발령사유가 소멸된 때에는 시·도지사는 즉시 이를 해제하여야 한다(제8조 ①). 시·도지사는 대기오염경보가 발령된 지역의 대기오염을 긴급하게 줄이기 위하여 필요하다고 인정하는 때에는 기간을 정하여 당해 지역 안에서 자동차의 운행제한, 사업장의 조업단축을 명하거나 기타 필요한 조치를 할 수 있고(동조 ②), 자동차의 운행제한·사업장의 조업단축 등을 명령받은

---

7) 먼지는 입자의 크기에 따라 총먼지(TSP:total suspended particles), 지름이 10㎛(마이크로미터－1㎛는 1000분의 1㎜이다) 이하인 미세먼지(PM－10), 지름이 2.5㎛ 이하인 초미세먼지(PM－2.5)로 나뉜다. PM(Particulate Matter)－10은 자동차 배출가스나 공장 굴뚝 등을 통해 주로 배출되고, 각종 호흡기 질환의 직접적인 원인이 된다. PM－10는 황산염, 질산염, 암모니아 등의 이온 성분과 금속화합물, 탄소화합물 등 유해물질로 이루어져 있기 때문에 세계 각국에서는 10㎛ 이하의 먼지를 엄격하게 규제하고 있고, 우리나라에서도 1995년부터 10㎛ 이하의 먼지를 대기오염물질로 규제하고 있다. PM－2.5는 PM－10의 4분의 1크기밖에 되지 않는 아주 작은 먼지로서, PM－10과 마찬가지로 주로 화석연료나 자동차 배출가스 등을 통해 직접 배출된다. 미국, 일본, EU 등은 이미 PM－2.5를 환경기준으로 관리해 오고 있고, 우리나라는 2015년부터 기준을 설정하여 관리대상으로 하고 있다. 현재 「환경정책기본법」 시행령에 따른 PM－10의 대기환경기준은 24시간 평균 100㎍/㎥ 이하이며, 1년간 평균 50㎍/㎥ 이하이다. PM－2.5의 대기환경기준은 24시간 평균 50㎍/㎥ 이하이며, 1년간 평균 25㎍/㎥ 이하이다.

자는 정당한 사유가 없는 한 이에 응하여야 한다(동조 ③). 한편, 대기오염경보의 대상지역 · 대상오염물질 · 발령기준 · 경보단 계 및 경보단계별 조치사항 등에 관하여 필요한 사항은 대통령령으로 정한다(동조 ④).

대기오염경보의 대상 오염물질은 「환경정책기본법」 제12조에 따라 환경기준이 설정된 오염물질 중 다음 각 호의 오염물질로 한다(동법 시행령 제2조 ②).

1. 미세먼지(PM－10)
2. 미세먼지(PM－2.5)
3. 오존(O3)

대기오염경보 단계는 대기오염경보 대상 오염물질의 농도에 따라 다음 각 호와 같이 구분하되, 대기오염경보 단계별 오염물질의 농도기준은 환경부령으로 정한다(동법 시행령 제2조 ③).

1. 미세먼지(PM－10): 주의보, 경보
2. 미세먼지(PM－2.5): 주의보, 경보
3. 오존(O3): 주의보, 경보, 중대경보

경보 단계별 조치에는 다음 각 호의 구분에 따른 사항이 포함되도록 하여야 한다. 다만, 지역의 대기오염 발생 특성 등을 고려하여 특별시 · 광역시 · 특별자치시 · 도 · 특별자치도의 조례로 경보 단계별 조치사항을 일부 조정할 수 있다(동법 시행령 제2조 ④).

1. 주의보 발령: 주민의 실외활동 및 자동차 사용의 자제 요청 등
2. 경보 발령: 주민의 실외활동 제한 요청, 자동차 사용의 제한 및 사업장의 연료사용량 감축 권고 등
3. 중대경보 발령: 주민의 실외활동 금지 요청, 자동차의 통행금지 및 사업장의 조업시간 단축명령 등

6. 기후 · 생태계 변화유발물질 배출억제

동법은 정부로 하여금 기후 · 생태계 변화유발물질의 배출을 줄이기 위하여 국가 간에 환경정보와 기술을 교류하는 등 국제적인 노력에 적극 참여하도록 책무를 부여하고 있다(제9조 ①). 그리고 환경부장관은 기후 · 생태계 변화유발물질의 배출을 줄이기 위하여 다음 각 호의 사업을 추진하여야 한다(동조 ②).

1. 기후 · 생태계 변화유발물질 배출저감을 위한 연구 및 변화유발물질의 회수 · 재사용 · 대체물질 개발에 관한 사업

2. 기후·생태계 변화유발물질 배출에 관한 조사 및 관련 통계의 구축에 관한 사업
3. 기후·생태계 변화유발물질 배출저감 및 탄소시장 활용에 관한 사업
4. 기후변화 관련 대국민 인식확산 및 실천지원에 관한 사업
5. 기후변화 관련 전문인력 육성 및 지원에 관한 사업
6. 그 밖에 대통령령으로 정하는 사업

환경부장관은 기후·생태계 변화유발물질의 배출을 줄이기 위하여 환경부령으로 정하는 바에 따라 제2항 각 호의 사업의 일부를 전문기관에 위탁하여 추진할 수 있으며, 필요한 재정적·기술적 지원을 할 수 있다(동조 ③).

7. 국가 기후변화 적응센터 지정 및 평가 등

환경부장관은 「저탄소 녹색성장 기본법」 제48조 제4항에 따른 국가 기후변화 적응대책의 수립·시행을 위하여 국가 기후변화 적응센터를 지정할 수 있다(제9조의2 ①). 국가 기후변화 적응센터는 국가 기후변화 적응대책 추진을 위한 조사·연구 등 기후변화 적응 관련 사업으로서 대통령령으로 정하는 사업을 수행한다(동조 ②). 환경부장관은 국가 기후변화 적응센터에 대하여 수행실적 등을 평가할 수 있다(동조 ③). 환경부장관은 국가 기후변화 적응센터에 대하여 예산의 범위에서 대통령령으로 정하는 사업을 수행하는 데 필요한 비용의 전부 또는 일부를 지원할 수 있다(동조 ④). 제1항부터 제3항까지의 규정에 따른 국가 기후변화 적응센터의 지정·사업 및 평가 등에 필요한 사항은 대통령령으로 정한다(동조 ⑤).

8. 대기환경개선 종합계획의 수립

환경부장관은 대기오염물질과 온실가스를 줄여 대기환경을 개선하기 위하여 대기환경개선 종합계획(이하 “종합계획”)을 10년마다 수립하여 시행하여야 하며(제11조 ①), 종합계획에는 다음 각 호의 사항이 포함되어야 한다(동조 ②).

1. 대기오염물질의 배출현황 및 전망
2. 대기 중 온실가스의 농도 변화 현황 및 전망
3. 대기오염물질을 줄이기 위한 목표 설정과 이의 달성을 위한 분야별·단계별 대책

3의2. 대기오염이 국민 건강에 미치는 위해정도와 이를 개선하기 위한 위해수준의 설정에 관한 사항

3의3. 유해성대기감시물질의 측정 및 감시 · 관찰에 관한 사항

3의4. 특정대기유해물질을 줄이기 위한 목표 설정 및 달성을 위한 분야별 · 단계별 대책

3의5. 장거리이동대기오염물질의 발생 현황 및 전망

3의6. 장거리이동대기오염물질의 피해방지를 위한 국내대책과 발생 감소를 위한 국제협력

3의7. 장거리이동대기오염물질 발생저감을 위한 민관 협력방안

4. 환경분야 온실가스 배출을 줄이기 위한 목표 설정과 이의 달성을 위한 분야별 · 단계별 대책

5. 기후변화로 인한 영향평가와 적응대책에 관한 사항

6. 대기오염물질과 온실가스를 연계한 통합대기환경 관리체계의 구축

7. 기후변화 관련 국제적 조화와 협력에 관한 사항

8. 그 밖에 대기환경을 개선하기 위하여 필요한 사항

환경부장관은 종합계획을 수립하는 경우에는 미리 관계 중앙행정기관의 장과 협의하고 공청회 등을 통하여 의견을 수렴하여야 하며(동조 ③), 환경부장관은 종합계획이 수립된 날부터 5년이 지나거나 종합계획의 변경이 필요하다고 인정되면 그 타당성을 검토하여 변경할 수 있다. 이 경우 미리 관계 중앙행정기관의 장과 협의하여야 한다(동조 ④).[8]

Ⅲ. 사업장 등의 대기오염물질 배출규제

「대기환경보전법」은 제2장에서 사업장으로부터 배출되는 대기오염물질에 관한 배출규제수단으로서 배출허용기준(제16조), 대기오염물질의 배출원 및 배출량 조사(제17조), 총량규제(제22조), 배출시설의 설치 허가 및 신고(제23조), 방지시설의 설치 등(제26조), 배출시설 등의 가동개시 신고(제30조), 배출시설과 방지시설의 운영(제31조), 측정기기의 부착 등(제32조), 개선명령(제33조), 조업정지명령 등(제34조), 배출부과금(제35조), 허가의 취소 등(제36조), 과징금 처분(제37조), 위법시설에 대한 폐쇄조치(제38조) 등을 규정하고 있다.

---

8) 「대기환경보전법」은 최근 2022. 12. 27 일부개정에 의하여 종전의 장거리이동대기오염물질피해방지 종합대책의 수립 등(제13조)에 대한 내용이 삭제되고, 이 대기환경개선 종합계획(제12조제2항)의 내용에 통합되었다.

1. 배출허용기준

(1) 의 의

배출허용기준은 오염물질 배출시설에서 배출되는 오염물질의 배출농도 또는 배출량의 한계기준(최대허용기준)을 말한다. 배출허용기준은 환경기준, 자연의 자정능력, 과학기술수준, 경제적 요소 등을 고려하여 결정된다.

배출허용기준은 환경기준을 달성하기 위한 수단의 하나이지만 환경기준과는 달리 그 준수가 요구되는 법적 구속력이 있는 기준이므로 수범자에게 직접 구속력을 가진다. 따라서 위반시에는 제재가 가하여진다.

(2) 종 류

배출허용기준에는 전국적·일반적 기준과 지역적 기준 및 특별기준이 있다.

1) 전국적·일반적 배출허용기준

대기환경보전법 제16조 제1항, 제2항에 의하면 배출허용기준은 관계 중앙행정기관의 장과의 협의를 거쳐 환경부령으로 정하도록 되어 있는데, 이러한 배출허용기준은 전국적·일반적 기준에 해당한다.

2) 지역배출허용기준

이는 시·도의 조례로 설정하는 배출허용기준을 말한다. 특별시·광역시·특별자치시·도(그 관할구역 중 인구 50만 이상 시는 제외한다. 이하 이 조, 제44조, 제45조 및 제77조에서 같다)·특별자치도(이하 "시·도"라 한다) 또는 특별시·광역시 및 특별자치시를 제외한 인구 50만 이상 시(이하 "대도시"라 한다)는 「환경정책기본법」 제12조 제3항에 따른 지역 환경기준의 유지가 곤란하다고 인정되거나 「대기관리권역의 대기환경개선에 관한 특별법」 제2조 제1호에 따른 대기관리권역(이하 "대기관리권역"이라 한다)의 대기질에 대한 개선을 위하여 필요하다고 인정되면 그 시·도 또는 대도시의 조례로 제1항에 따른 배출허용기준보다 강화된 배출허용기준(기준 항목의 추가 및 기준의 적용 시기를 포함한다)을 정할 수 있다(제16조 ③), 시·도지사 또는 대도시 시장은 제3항에 따른 배출허용기준을 설정·변경하는 경우에는 조례로 정하는 바에 따라 미리 주민 등 이해관계자의 의견을 듣고, 이를 반영하도록 노력하여야 한다(동조 ④). 시·도지사 또는 대도시 시장은 제3항에 따른 배출허용기준이 설정·변경된 경우에는 지체 없이 환경부장관에게 보고하고 이해 관계자가 알 수 있도록 필요한 조치를 하여야 한다(동조 ⑤).

배출허용기준을 정하는 조례는 지방자치법 제22조 단서에 규정된 조례(권리를 제한하거나 의무부과에 관한 사항을 정하는 조례)이므로 법령의 근거가 있어야 제정가능하다. 시 · 도와 달리 시 · 군 · 구에 대해서는 현재 시 · 군 · 구의 배출허용기준을 정하는 권한이 위임되어 있지 않기 때문에 시 · 군 · 구의 조례로 배출허용기준을 정하는 것은 가능하지 않다.[9)]

3) 엄격배출허용기준 · 특별배출허용기준

이는 특별대책지역에 대하여 환경부장관이 설정하는 배출허용기준을 말한다. 환경부장관은 「환경정책기본법」 제38조에 따른 특별대책지역(이하 "특별대책지역"이라 한다)의 대기오염 방지를 위하여 필요하다고 인정하면 그 지역에 설치된 배출시설에 대하여 제1항의 기준보다 엄격한 배출허용기준을 정할 수 있으며, 그 지역에 새로 설치되는 배출시설에 대하여 특별배출허용기준을 정할 수 있다(제16조 ⑥).

이는 대기오염이 심한 일부 지역의 대기오염현상에 효과적으로 대처할 수 있도록 하기 위한 것이다.

(3) 농도규제와 총량규제

배출허용기준규제에는 농도규제와 총량규제가 있다.

1) 농도규제

농도규제는 허용되는 오염물질의 최대 농도를 정하여 오염물질의 배출농도를 통제하는 규제수단이다. 「대기환경보전법」은 농도규제로서 사업장에서 나오는 대기오염물질에 대한 배출허용기준과 자동차배기가스에 대한 배출허용기준을 규정하고 있다.

배출시설에서 배출되는 오염물질의 배출허용에 관한 전국적인 기준은 환경부장관이 부령으로 정한다. 시 · 도는 지역적인 상황을 고려하여 보다 엄격한 배출허용기준을 정할 수 있고, 특별대책지역에 있어서도 보다 엄격한 배출허용기준이 정해질 수 있다.

2) 총량규제

총량규제는 환경기준을 달성하고 환경을 개선하기 위하여 오염물질의 배출량을 계획적으로 통제하는 규제수단이다. 총량규제는 오염물질의 배출허용기준을 ppm과 같은 단위당 집중량으로 하지 않고, 시간당 또는 일단위, 연단위로 오염물질 배출총량을 규제하는 방식으로 이루어지는데, 기존의 농도규제만으로는 환경오염에 충분히 대처할 수 없게 되자 오늘날은 그 도입의 필요성이 강하게 요청되고 있다.

---

9) 박균성, 행정법론(하), 109면 참조.

「대기환경보전법」 제22조는 총량규제에 관하여 규정하고 있다. 동조 제1항에 의하면, 환경부장관은 대기오염상태가 「환경정책기본법」 제12조의 규정에 따른 환경기준을 초과하여 주민의 건강·재산이나 동·식물의 생육에 심각한 위해를 끼칠 우려가 있다고 인정하는 구역 또는 특별대책지역 중 사업장이 밀집되어 있는 구역의 경우에는 그 구역의 사업장에서 배출되는 오염물질을 총량으로 규제할 수 있다. 그리고 동조 제2항에서는 총량규제의 항목·방법, 그 밖에 필요한 사항은 환경부령으로 정하도록 하고 있다.

2. 대기오염물질의 배출원 및 배출량 조사

환경부장관은 종합계획, 「환경정책기본법」 제14조에 따른 국가환경종합계획(같은 법 제16조의2 제1항에 따라 정비한 국가환경종합계획을 포함한다)과 「대기관리권역의 대기환경개선에 관한 특별법」 제9조에 따른 권역별 대기환경관리 기본계획을 합리적으로 수립·시행하기 위하여 전국의 대기오염물질 배출원(排出源) 및 배출량을 조사하여야 한다(제17조 ①). 시·도지사 및 지방 환경관서의 장은 환경부령으로 정하는 바에 따라 관할 구역의 배출시설 등 대기오염물질의 배출원 및 배출량을 조사하여야 한다(동조 ②). 환경부장관 또는 시·도지사는 제1항이나 제2항에 따른 대기오염물질의 배출원 및 배출량 조사를 위하여 관계 기관의 장에게 필요한 자료의 제출이나 지원을 요청할 수 있다. 이 경우 요청을 받은 관계 기관의 장은 특별한 사유가 없으면 따라야 한다(동조 ③). 환경부장관은 대기오염물질의 배출원과 배출량 및 이의 산정에 사용된 계수 등 각종 정보 및 통계를 검증할 수 있는 체계를 구축하여야 한다(동조 ④). 제1항, 제2항 및 제4항에 따른 대기오염물질의 배출원과 배출량의 조사방법, 조사절차, 배출량의 산정방법, 검증체계 구축 등에 필요한 사항은 환경부령으로 정한다(동조 ⑤).

3. 배출시설과 방지시설의 설치·운영

(1) 배출시설의 설치허가 및 신고

동법은 배출시설을 설치하려는 자는 대통령령으로 정하는 바에 따라 시·도지사의 허가를 받거나 시·도지사에게 신고하여야 한다고 규정하고 있다.[10] 다만, 시

10) 허가 또는 신고 대상시설은 다음과 같다. 동법 시행령 제11조(배출시설의 설치허가 및 신고 등) ① 법 제23조제1항에 따라 설치허가를 받아야 하는 대기오염물질배출시설(이하 "배출시설"이라 한다)은 다음 각 호와 같다. <개정 2012. 7. 20., 2015. 12. 10., 2016. 3. 29., 2021. 10. 14.>
1. 특정대기유해물질이 환경부령으로 정하는 기준 이상으로 발생되는 배출시설

·도가 설치하는 배출시설, 관할 시·도가 다른 둘 이상의 시·군·구가 공동으로 설치하는 배출시설에 대해서는 환경부장관의 허가를 받거나 환경부장관에게 신고하여야 한다(제23조 ①). 허가를 받은 자가 허가받은 사항 중 대통령령으로 정하는 중요한 사항을 변경하려면 변경허가를 받아야 하고, 그 밖의 사항을 변경하려면 변경신고를 하여야 한다(동조 ②). 신고를 한 자가 신고한 사항을 변경하려면 환경부령으로 정하는 바에 따라 변경신고를 하여야 한다(동조 ③). 환경부장관 또는 시·도지사는 제1항부터 제3항까지의 규정에 따른 신고 또는 변경신고를 받은 날부터 환경부령으로 정하는 기간 내에 신고 또는 변경신고 수리 여부를 신고인에게 통지하여야 한다(동조 ⑤). 환경부장관 또는 시·도지사가 제5항에서 정한 기간 내에 신고수리 여부 또는 민원 처리 관련 법령에 따른 처리기간의 연장 여부를 신고인에게 통지하지 아니하면 그 기간(민원 처리 관련 법령에 따라 처리기간이 연장 또는 재연장된 경우에는 해당 처리기간을 말한다)이 끝난 날의 다음 날에 신고를 수리한 것으로 본다(동조 ⑥).

제1항과 제2항에 따른 허가 또는 변경허가의 기준은 다음 각 호와 같다(제23조 ⑦).

1. 배출시설에서 배출되는 오염물질을 제16조나 제29조 제3항에 따른 배출허용기준 이하로 처리할 수 있을 것
2. 다른 법률에 따른 배출시설 설치제한에 관한 규정을 위반하지 아니할 것

(2) 배출시설의 설치 제한

환경부장관 또는 시·도지사는 배출시설로부터 나오는 특정대기유해물질이나 특별대책지역의 배출시설로부터 나오는 대기오염물질로 인하여 환경기준의 유지가 곤란하거나 주민의 건강·재산, 동식물의 생육에 심각한 위해를 끼칠 우려가 있다고 인정되면 대통령령[11]으로 정하는 바에 따라 특정대기유해물질을 배출하는

---

2. 「환경정책기본법」 제38조에 따라 지정·고시된 특별대책지역(이하 "특별대책지역"이라 한다)에 설치하는 배출시설. 다만, 특정대기유해물질이 제1호에 따른 기준 이상으로 배출되지 아니하는 배출시설로서 별표 1의3에 따른 5종사업장에 설치하는 배출시설은 제외한다.

② 법 제23조제1항에 따라 제1항 각 호 외의 배출시설을 설치하려는 자는 배출시설 설치신고를 하여야 한다.

11) 동법 시행령 제12조(배출시설 설치의 제한) 법 제23조 제8항에 따라 시·도지사가 배출시설의 설치를 제한할 수 있는 경우는 다음 각 호와 같다.
1. 배출시설 설치 지점으로부터 반경 1킬로미터 안의 상주 인구가 2만명 이상인 지역으로서 특정대기유해물질 중 한 가지 종류의 물질을 연간 10톤 이상 배출하거나 두 가지 이상의 물질을 연간 25톤 이상 배출하는 시설을 설치하는 경우
2. 대기오염물질(먼지·황산화물 및 질소산화물만 해당한다)의 발생량 합계가 연간 10톤 이상인 배출시설을 특별대책지역(법 제22조에 따라 총량규제구역으로 지정된 특별대책지역은 제외한다)

배출시설의 설치 또는 특별대책지역에서의 배출시설 설치를 제한할 수 있다(제23조 ⑧). 환경부장관 또는 시·도지사는 제1항 및 제2항에 따른 허가 또는 변경허가를 하는 경우에는 대통령령으로 정하는 바에 따라 주민 건강이나 주변환경의 보호 및 배출시설의 적정관리 등을 위하여 필요한 조건(이하 "허가조건"이라 한다)을 붙일 수 있다. 이 경우 허가조건은 허가 또는 변경허가의 시행에 필요한 최소한도의 것이어야 하며, 허가 또는 변경허가를 받는 자에게 부당한 의무를 부과하는 것이어서는 아니 된다(동조 ⑨). 이와 같은 배출시설의 설치 제한은 공장 등의 입지규제기능을 하게 된다.[12)]

[판례] 구 대기환경보전법(2011. 7. 21. 법률 제10893호로 개정되기 전의 것, 이하 같다) 제2조 제9호, 제23조 제1항, 제5항, 같은 법 시행령(2010. 12. 31. 대통령령 제22601호로 개정되기 전의 것, 이하 같다) 제11조 제1항 제1호, 같은 법 시행규칙 제4조, [별표 2]에 의하면, 염화수소, 다이옥신 등 특정대기유해물질이 발생되는 배출시설(이하 '배출시설'이라 한다)을 설치하려는 자는 환경부장관 또는 그로부터 허가에 관한 권한을 위임받은 시·도지사(이하 '환경부장관'이라고만 한다)의 허가를 받아야 하고, 그 허가의 기준으로는 ① 배출시설에서 배출되는 오염물질을 배출허용 기준 이하로 처리할 수 있을 것과 ② 다른 법률에 따른 배출시설 설치제한에 관한 규정을 위반하지 아니할 것을 규정하고 있다. 한편 구 대기환경보전법 제23조 제6항은 "환경부장관은 배출시설로부터 나오는 특정대기유해물질로 인하여 환경 기준의 유지가 곤란하거나 주민의 건강·재산, 동식물의 생육에 심각한 위해를 끼칠 우려가 있다고 인정되면 대통령령으로 정하는 바에 따라 특정대기유해물질을 배출하는 배출시설의 설치를 제한할 수 있다."고 규정하고 있고, 그 위임에 따라 같은 법 시행령 제12조는 환경부장관이 배출시설의 설치를 제한할 수 있는 경우로 배출시설 설치 지점으로부터 반경 1km 안의 상주인구가 2만 명 이상인 지역으로서 특정대기유해물질 중 한 가지 종류의 물질을 연간 10t 이상 배출하거나 두 가지 이상의 물질을 연간 25t 이상 배출하는 시설을 설치하는 경우와 대기오염물질(먼지·황산화물 및 질소산화물만 해당한다)의 발생량 합계가 연간 10t 이상인 배출시설을 특별대책지역에 설치하는 경우를 규정하고 있다.
이와 같은 배출시설 설치허가와 설치제한에 관한 규정들의 문언과 그 체제·형식에 따르면 환경부장관은 배출시설 설치허가 신청이 구 대기환경보전법 제23조 제5항에서 정한

에 설치하는 경우

12) 이러한 배출시설의 설치제한은 「국토의 계획 및 이용에 관한 법률」, 「개발제한구역의 지정 및 관리에 관한 법률」, 「수도권정비계획법」, 「산업입지 및 개발에 관한 법률」, 「농지법」, 「산림법」 등에 의해서도 이루어지고 있다.

허가 기준에 부합하고 구 대기환경보전법 제23조 제6항, 같은 법 시행령 제12조에서 정한 허가제한사유에 해당하지 아니하는 한 원칙적으로 허가를 하여야 할 것이다. 다만 배출시설의 설치는 국민건강이나 환경의 보전에 직접적으로 영향을 미치는 행위라는 점과 대기오염으로 인한 국민건강이나 환경에 관한 위해를 예방하고 대기환경을 적정하고 지속가능하게 관리·보전하여 모든 국민이 건강하고 쾌적한 환경에서 생활할 수 있게 하려는 구 대기환경보전법의 목적(제1조) 등을 고려하면, 환경부장관은 구 대기환경보전법 시행령 제12조 각 호에서 정한 사유에 준하는 사유로서 환경 기준의 유지가 곤란하거나 주민의 건강·재산, 동식물의 생육에 심각한 위해를 끼칠 우려가 있다고 인정되는 등 중대한 공익상의 필요가 있을 때에는 허가를 거부할 수 있다고 보는 것이 타당하다.
원심판결 이유 및 원심이 적법하게 채택하여 조사한 증거 등에 의하면, 이 사건 발전소 반경 1km 이내에는 학교와 아파트 단지가 위치하고, 그 인근에는 이미 제1종 지구단위계획이 수립되어 있으며 부발역사 및 가좌지구에 대한 개발이 예정되어 있어 장래 이 사건 시설 반경 1km 안의 상주인구가 2만 명 이상이 될 것으로 예상되며, 이 사건 발전소에서 불과 300m 떨어진 곳에 이천시민에게 먹는 물을 공급하는 상수도사업소가 위치한 사정 등을 알 수 있고, 이러한 사정은 이 사건 배출시설의 설치로 구 대기환경보전법 시행령 제12조 제1호에서 정한 사유에 준하는 정도로 주민의 건강 등에 심각한 위해를 끼칠 우려가 있는 경우에 해당한다고 볼 수 있다.
그럼에도 원심은 배출시설 설치허가가 기속행위에 해당한다는 전제 아래 이 사건 배출시설의 설치허가 신청이 구 대기환경보전법 제23조 제6항, 구 대기환경보전법 시행령 제12조가 규정한 제한사유에 해당하지 아니한다는 사정만을 들어 그 설치허가 신청을 거부한 이 사건 처분이 위법하다고 판단하였으니, 원심판결에는 배출시설 설치허가에 관한 규정의 해석·적용에 관한 법리를 오해하여 판결 결과에 영향을 미친 위법이 있다 할 것이다.(대법원 2013. 5. 9. 선고 2012두22799 판결[대기배출시설설치불허가처분등취소]－이천에너지 사건). 이른바 거부재량(기속재량)행위이다. 거부재량 또는 기속재량행위란 원칙적으로 기속행위의 성질을 가지고 있지만, 예외적으로 중대한 공익상 이유로 인허가를 거부할 수 있는(재량에 따른 판단을 할 수 있는) 행정행위를 말한다.

(3) 다른 법령에 따른 허가 등의 의제

배출시설을 설치하려는 자가 제23조 제1항부터 제3항까지의 규정에 따라 배출시설 설치의 허가 또는 변경허가를 받거나 신고 또는 변경신고를 한 경우에는 그 배출시설에 관련된 다음 각 호의 허가 또는 변경허가를 받거나 신고 또는 변경신고를 한 것으로 본다(제24조 ①).

1. 「물환경보전법」 제33조 제1항부터 제3항까지의 규정에 따라 배출시설의 설

치허가 · 변경허가 또는 신고 · 변경신고

2. 「소음 · 진동관리법」 제8조 제1항이나 제2항에 따른 배출시설의 설치허가나 신고 · 변경신고

환경부장관 또는 시 · 도지사는 제1항 각 호의 어느 하나에 해당하는 사항이 포함되어 있는 배출시설의 설치허가 또는 변경허가를 하려면 같은 항 각 호의 어느 하나에 해당하는 허가 또는 신고의 권한이 있는 관계 행정기관의 장과 협의하여야 한다(동조 ②). 관계 행정기관의 장은 제2항에 따른 협의를 요청받은 날부터 20일 이내에 의견을 제출하여야 한다(동조 ③). 관계 행정기관의 장이 제3항에서 정한 기간(「민원 처리에 관한 법률」 제20조 제2항에 따라 회신기간을 연장한 경우에는 그 연장된 기간을 말한다) 내에 의견을 제출하지 아니하면 협의가 이루어진 것으로 본다(동조 ④).

「소음 · 진동관리법」 제22조 제1항에 따른 특정공사에 해당되는 비산(飛散)먼지를 발생시키는 사업을 하려는 자가 이 법 제43조 제1항에 따른 비산먼지 발생사업의 신고 또는 변경신고를 한 경우에는 「소음 · 진동관리법」 제22조 제1항 또는 같은 조 제2항에 따른 특정공사의 신고 또는 변경신고를 한 것으로 본다(동조 ⑤). 제1항 및 제5항에 따라 허가 등의 의제를 받으려는 자는 허가 또는 변경허가를 신청하거나 신고 또는 변경신고를 할 때에 해당 법률에서 정하는 관련 서류를 함께 제출하여야 한다(동조 ⑥).

(4) 사업장의 분류

환경부장관은 배출시설의 효율적인 설치 및 관리를 위하여 그 배출시설에서 나오는 오염물질 발생량에 따라 사업장을 1종부터 5종까지로 분류하여야 하며(제25조 ①), 사업장 분류기준은 대통령령으로 정한다(동조 ②).

[표 3-1] 사업장 분류기준

종별	오염물질발생량 구분
1종사업장	대기오염물질발생량의 합계가 연간 80톤 이상인 사업장
2종사업장	대기오염물질발생량의 합계가 연간 20톤 이상 80톤 미만인 사업장
3종사업장	대기오염물질발생량의 합계가 연간 10톤 이상 20톤 미만인 사업장
4종사업장	대기오염물질발생량의 합계가 연간 2톤 이상 10톤 미만인 사업장
5종사업장	대기오염물질발생량의 합계가 연간 2톤 미만인 사업장

(5) 방지시설의 설치

동법은 제23조 제1항부터 제3항까지의 규정에 따라 허가·변경허가를 받은 자 또는 신고·변경신고를 한 자(이하 "사업자"라 한다)가 해당 배출시설을 설치하거나 변경할 때에는 그 배출시설로부터 나오는 오염물질이 제16조의 배출허용기준 이하로 나오게 하기 위하여 대기오염방지시설(이하 "방지시설"이라 한다)을 설치하여야 한다. 다만, 대통령령으로 정하는 기준에 해당하는 경우에는 설치하지 아니할 수 있다(제26조 ①). 그리고 제1항 단서에 따라 방지시설을 설치하지 아니하고 배출시설을 설치·운영하는 자는 다음 각 호의 어느 하나에 해당하는 경우에는 방지시설을 설치하여야 한다(동조 ②).

1. 배출시설의 공정을 변경하거나 사용하는 원료나 연료 등을 변경하여 배출허용기준을 초과할 우려가 있는 경우
2. 그 밖에 배출허용기준의 준수 가능성을 고려하여 환경부령으로 정하는 경우

또한 동법 제29조 제1항은 산업단지나 그 밖에 사업장이 밀집된 지역의 사업자는 배출시설로부터 나오는 오염물질의 공동처리를 위하여 공동 방지시설을 설치할 수 있다고 규정하고 있다. 이 경우 각 사업자는 사업장별로 그 오염물질에 대한 방지시설을 설치한 것으로 본다.

(6) 권리와 의무의 승계

사업자(제38조의2 제1항 또는 제2항에 따른 비산배출시설 설치 신고 또는 변경신고를 한 자를 포함한다. 이하 이 조에서 같다)가 배출시설(제38조의2 제1항에 따른 비산배출시설을 포함한다. 이하 이 조에서 같다)이나 방지시설을 양도하거나 사망한 경우 또는 사업자인 법인이 합병한 경우에는 그 양수인이나 상속인 또는 합병 후 존속하는 법인이나 합병에 따라 설립되는 법인은 허가·변경허가·신고 또는 변경신고에 따른 사업자의 권리·의무를 승계한다(제27조 ①).

(7) 공동 방지시설의 설치 등

산업단지나 그 밖에 사업장이 밀집된 지역의 사업자는 배출시설로부터 나오는 오염물질의 공동처리를 위하여 공동 방지시설을 설치할 수 있다. 이 경우 각 사업자는 사업장별로 그 오염물질에 대한 방지시설을 설치한 것으로 본다(제29조 ①). 사업자는 공동 방지시설을 설치·운영할 때에는 그 시설의 운영기구를 설치하고 대표자를 두어야 한다(동조 ②). 공동 방지시설의 배출허용기준은 제16조에 따른 배출허용기준과 다른 기준을 정할 수 있으며, 그 배출허용기준 및 공동 방지시설의 설치·운영에 필요한 사항은 환경부령으로 정한다(동조 ③).

(8) 배출시설 등의 가동개시 신고

사업자는 배출시설이나 방지시설의 설치를 완료하거나 배출시설의 변경(변경신고를 하고 변경을 하는 경우에는 대통령령이 정하는 규모 이상의 변경에 한한다)을 완료하여 그 배출시설이나 방지시설을 가동하려면 환경부령이 정하는 바에 따라 미리 환경부장관 또는 시·도지사에게 가동개시 신고를 하여야 한다(제30조 ①).

(9) 배출시설 및 방지시설의 운영

1) 배출시설 및 방지시설의 적정운영의무

「대기환경보전법」 제31조는 배출시설 및 방지시설의 운영에 관하여 규정하고 있는데, 사업자(공동방지시설의 대표자를 포함)는 배출시설과 방지시설을 운영할 때에는 다음 각 호의 행위를 하여서는 아니 된다(동조 ①).

1. 배출시설을 가동할 때에 방지시설을 가동하지 아니하거나 오염도를 낮추기 위하여 배출시설에서 나오는 오염물질에 공기를 섞어 배출하는 행위. 다만, 화재나 폭발 등의 사고를 예방할 필요가 있어 환경부장관 또는 시·도지사가 인정하는 경우에는 그러하지 아니하다.
2. 방지시설을 거치지 아니하고 오염물질을 배출할 수 있는 공기 조절장치나 가지 배출관 등을 설치하는 행위. 다만, 화재나 폭발 등의 사고를 예방할 필요가 있어 환경부장관 또는 시·도지사가 인정하는 경우에는 그러하지 아니하다.
3. 부식(腐蝕)이나 마모(磨耗)로 인하여 오염물질이 새나가는 배출시설이나 방지시설을 정당한 사유 없이 방치하는 행위
4. 방지시설에 딸린 기계와 기구류의 고장이나 훼손을 정당한 사유 없이 방치하는 행위
5. 그 밖에 배출시설이나 방지시설을 정당한 사유 없이 정상적으로 가동하지 아니하여 배출허용기준을 초과한 오염물질을 배출하는 행위

사업자는 조업을 할 때에는 환경부령이 정하는 바에 따라 그 배출시설과 방지시설의 운영에 관한 상황을 사실대로 기록하여 이를 보존하여야 한다(동조 ②).

2) 측정기기의 부착, 자가측정 등

대기환경보전법 제32조 제1항에서는 사업자는 배출시설에서 배출되는 오염물질이 제16조 및 제29조 제3항에 따른 배출허용기준에 적합한지를 확인하기 위하여 측정기기를 부착하는 등의 조치를 하여 배출시설과 방지시설이 적정하게 운영되도록 하여야 한다고 정하고 있다. 체계적이고 정확한 측정기기의 설치·운영은

대기질 개선에 있어서 중요한 역할을 한다. 이러한 측면에서 굴뚝자동감시체제(Tele-Monitoring System: TMS)의 구축과 운영은 대기환경개선에 이바지하는 바가 크다.[13)]

사업자는 제1항에 따라 부착된 측정기기에 대하여 다음 각 호의 행위를 하여서는 아니 된다(제32조 ③).

1. 배출시설이 가동될 때에 측정기기를 고의로 작동하지 아니하거나 정상적인 측정이 이루어지지 아니하도록 하는 행위
2. 부식, 마모, 고장 또는 훼손되어 정상적으로 작동하지 아니하는 측정기기를 정당한 사유 없이 방치하는 행위(제1항 본문에 따라 설치한 측정기기로 한정한다)
3. 측정기기를 고의로 훼손하는 행위
4. 측정기기를 조작하여 측정결과를 빠뜨리거나 거짓으로 측정결과를 작성하는 행위

제1항에 따라 측정기기를 부착한 환경부장관, 시·도지사 및 사업자는 그 측정기기로 측정한 결과의 신뢰도와 정확도를 지속적으로 유지할 수 있도록 환경부령으로 정하는 측정기기의 운영·관리기준을 지켜야 한다(동조 ④).

환경부장관 또는 시·도지사는 제4항에 따른 측정기기의 운영·관리기준을 지키지 아니하는 사업자에게 대통령령으로 정하는 바에 따라 기간을 정하여 측정기기가 기준에 맞게 운영·관리되도록 필요한 조치를 취할 것을 명할 수 있고(동조 ⑤), 제5항에 따라 조치명령을 받은 자가 이를 이행하지 아니하면 해당 배출시설의 전부 또는 일부에 대하여 조업정지를 명할 수 있다(동조 ⑥).

---

13) 굴뚝자동감시체계는 개별 사업장의 굴뚝별로 오염물질 항목별 배출상태, 공장가동상태 등을 실시간으로 파악할 수 있는 시스템으로 굴뚝에 설치된 자동측정기기는 먼지, SO2, NOx, NH3, HCl, HF, CO항목을 연속적으로 측정하여 5분 및 30분마다 측정데이터를 생산하고 있다. 최근 「대기관리권역의 대기환경개선을 위한 특별법」 시행(2020. 4. 3.)으로 대기관리권역 내 대기오염물질 총량관리제가 시행되고 총량대상사업장에 대한 굴뚝자동측정기기(TMS) 부착이 의무화(기존보다 엄격한 배출량관리)되면서 굴뚝자동측정기기 부착 사업장이 증가하여 왔다. 2023년 6월 현재, 한국환경공단의 굴뚝원격감시체계(CleanSYS)에서는 전국의 872개 대형배출사업장이 굴뚝자동측정기기 측정결과를 실시간으로 공개하여 오고 있다. 그리고 대기관리권역법에 따른 대기오염물질 총량관리제가 시행되면서 권역 내 대기 1~3종 사업장 중 연간배출량이 황산화물 4톤, 질소산화물 4톤, 먼지 0.2톤을 초과하는 사업장에 대하여 연도별 배출허용총량을 할당하고, 할당량 이내로 오염물질을 배출하도록 하는 등 권역내 환경부하를 직접 관리하고 있다. 이 총량관리제는 현재 전국 천이백여개의 사업장에 적용·시행되고 있다(환경백서 2021, 287면). 현행 굴뚝원격감시체계는 총량규제실시, 배출권거래제 도입 등과 같은 오염물질총량관리를 위한 사전적 인프라 구축, 사업장 정보와 실시간 측정결과 및 배출량 공개를 통한 국민의 알권리 제공 및 정책적 활용도 제고 등의 측면에서 중요한 의미를 갖는다.

환경부장관은 제1항에 따라 사업장에 부착된 측정기기와 연결하여 그 측정결과를 전산처리할 수 있는 전산망을 운영할 수 있으며, 시·도지사 또는 사업자가 측정기기를 정상적으로 유지·관리할 수 있도록 기술지원을 할 수 있다(동조 ⑦). 환경부장관은 제7항에 따라 측정결과를 전산처리할 수 있는 전산망을 운영하는 경우 대통령령으로 정하는 방법에 따라 인터넷 홈페이지 등을 통하여 측정결과를 실시간으로 공개하고, 그 전산처리한 결과를 주기적으로 공개하여야 한다. 다만, 제33조 및 제34조에 따라 배출허용기준을 초과한 사업자에게 행정처분을 하거나 제35조에 따라 배출부과금을 부과하는 경우에는 전산처리한 결과를 사용하여야 한다(동조 ⑧).

제1항에 따라 측정기기를 부착한 자는 제32조의2 제1항에 따라 측정기기 관리대행업의 등록을 한 자(이하 "측정기기 관리대행업자"라 한다)에게 측정기기의 관리 업무를 대행하게 할 수 있다(동조 ⑩). 이를 위하여 측정기기 관리대행업의 등록(제32조의2), 측정기기 관리대행업의 등록취소 등(제32조의3)의 규정을 두고 있다.

그리고 동법 제39조는 자가측정에 관하여 규정하여, 사업자가 그 배출시설을 운영할 때에는 배출되는 오염물질을 자가측정하거나 「환경분야 시험·검사 등에 관한 법률」 제16조에 따른 측정대행업자에게 측정하게 하여 그 결과를 사실대로 기록하고, 환경부령이 정하는 바에 따라 보존하여야 한다고 하고 있다.

4. 규제조치

(1) 개선명령 및 조업정지명령

환경부장관 또는 시·도지사는 제30조에 따른 신고를 한 후 조업중인 배출시설에서 나오는 오염물질의 정도가 제16조나 제29조 제3항에 따른 배출허용기준을 초과한다고 인정하면 대통령령으로 정하는 바에 따라 기간을 정하여 사업자(제29조 제2항에 따른 공동 방지시설의 대표자를 포함한다)에게 그 오염물질의 정도가 배출허용기준 이하로 내려가도록 필요한 조치를 취할 것(이하 "개선명령")을 명할 수 있다(제33조).

한편, 환경부장관 또는 시·도지사는 제33조에 따라 개선명령을 받은 자가 개선명령을 이행하지 아니하거나 기간 내에 이행은 하였으나 검사결과 제16조 또는 제29조 제3항에 따른 배출허용기준을 계속 초과하면 해당 배출시설의 전부 또는 일부에 대하여 조업정지를 명할 수 있다(제34조 ①). 또한 환경부장관 또는 시·도지사는 대기오염으로 주민의 건강상·환경상의 피해가 급박하다고 인정하면 환경부령으로 정하는 바에 따라 즉시 그 배출시설에 대하여 조업시간의 제한이나 조업정지, 그 밖에 필요한 조치를 명할 수 있다(동조 ②).

동법상의 개선명령 또는 조업정지명령은 문언상 재량행위로 되어 있다. 일정한 경우 대기오염으로 인하여 인근 주민의 신체·생명 등 건강상 피해가 중대한 경우에는 **재량권이 영으로 수축**하게 되어 행정권의 작위의무(환경보호의무)가 발생하게 된다. 즉, 재량권이 영으로 수축하는 경우에는 반드시 개선명령 또는 조업정지명령 등과 같은 일정한 환경규제조치를 하여야 하고 법령상의 규제권한을 행사하지 않으면 행정기관의 부작위는 위법하게 된다.

(2) 배출부과금

1) 배출부과금의 부과

배출부과금이란 일반적으로 일정한 법정기준(예, 배출허용기준 등)을 초과하는 공해배출량이나 잔류량에 대하여 일정단위당 부과금을 곱하여 산정되는 금전적 급부의무를 부과함으로써 환경오염을 방지하려는 수단을 말한다.

「대기환경보전법」 제35조와 동법 시행령에 의하면 배출부과금은 기본배출부과금과 초과배출부과금으로 구분하여 부과하도록 되어 있다.

초과부과금의 부과대상 오염물질은 9종(황산화물, 암모니아, 황화수소, 이황화탄소, 먼지, 불소화합물, 염화수소, 염소, 시안화수소)이고, 기본부과금의 부과대상 오염물질 2종(황산화물, 먼지)이다(동법 시행령 제23조).

기본배출 부과금	기본(배출)부과금은 배출허용기준을 초과하지 않은 오염물질의 배출에 대하여도 원인자부담의 원칙에 입각하여 환경비용부담을 원인자에게 부과함으로써 외부비용을 내부화하는 원인자부담금의 일종이다. 기본부과금은 대기오염물질을 배출하는 사업자(「환경개선비용 부담법」 제9조 제3항에 따라 개선부담금이 면제되는 시설물의 소유자 또는 점유자는 제외한다)가 배출허용기준 이하로 배출하는 오염물질의 배출량 및 배출농도 등에 따라 부과하는 금액으로 한다.
초과배출 부과금	초과(배출)부과금은 배출허용기준을 초과하여 배출하는 경우에 오염물질의 배출량과 배출농도 등에 따라 부과하는 금액으로 한다. 초과부과금은 배출허용기준을 초과하여 배출되는 오염물질의 처리비용에 상당하는 금액을 부과하는 처리부과금과 사업장 규모별로 부과하는 종별 부과금으로 이루어져 있다.

환경부장관 또는 시·도지사는 배출부과금을 부과할 때에는 다음 각 호의 사항을 고려하여야 한다(제35조 ③).

1. 배출허용기준 초과 여부
2. 배출되는 오염물질의 종류
3. 오염물질의 배출기간
4. 오염물질의 배출량
5. 제39조에 따른 자가측정을 하였는지 여부
6. 그 밖에 대기환경의 오염 또는 개선과 관련되는 사항으로서 환경부령으로 정하는 사항

2) 배출부과금의 감면 등

제35조 제1항에도 불구하고 다음 각 호의 어느 하나에 해당하는 자에게는 대통령령으로 정하는 바에 따라 같은 조에 따른 배출부과금(기본부과금으로 한정한다. 이하 이 조에서 같다)을 부과하지 아니한다(제35조의2 ①).

1. 대통령령으로 정하는 연료를 사용하는 배출시설을 운영하는 사업자
2. 대통령령으로 정하는 최적의 방지시설을 설치한 사업자
3. 대통령령으로 정하는 바에 따라 환경부장관이 국방부장관과 협의하여 정하는 군사시설을 운영하는 자

다음 각 호의 어느 하나에 해당하는 자에게는 대통령령으로 정하는 바에 따라 제35조에 따른 배출부과금을 감면할 수 있다. 다만, 제2호에 따른 사업자에 대한 배출부과금의 감면은 해당 법률에 따라 부담한 처리비용의 금액 이내로 한다(동조 ②).

1. 대통령령으로 정하는 배출시설을 운영하는 사업자
2. 다른 법률에 따라 대기오염물질의 처리비용을 부담하는 사업자

3) 배출부과금의 조정 등

동법은 배출부과금 조정에 관한 규정을 두고 있다. 환경부장관 또는 시·도지사는 배출부과금 부과 후 오염물질 등의 배출상태가 처음에 측정할 때와 달라졌다고 인정하여 다시 측정한 결과 오염물질 등의 배출량이 처음에 측정한 배출량과 다른 경우 등 대통령령으로 정하는 사유[14]가 발생한 경우에는 이를 다시 산정·조정하여

---

14) 시행령 제34조(부과금의 조정) ① 법 제35조의3 제1항에서 "대통령령으로 정하는 사유"란 다음 각 호의 어느 하나에 해당하는 경우를 말한다.
  1. 제25조 제1항에 따른 개선기간 만료일 또는 명령이행 완료예정일까지 개선명령, 조업정지명령, 사용중지명령 또는 폐쇄명령을 이행하였거나 이행하지 아니하여 초과부과금 산정의 기초가 되는 오염물질 또는 배출물질의 배출기간이 달라진 경우
  2. 초과부과금의 부과 후 오염물질 등의 배출상태가 처음에 측정할 때와 달라졌다고 인정하여 다시 측정한 결과, 오염물질 또는 배출물질의 배출량이 처음에 측정한 배출량과 다른 경우
  3. 사업자가 과실로 확정배출량을 잘못 산정하여 제출하였거나 시·도지사가 제30조에 따라 조정

그 차액을 부과하거나 환급하여야 한다(제35조의3 ①). 그리고 동법은 제35조의4에서 배출부과금의 징수유예·분할납부 및 징수절차에 관한 규정을 두고 있다.

[판례 1] [1] 구 대기환경보전법(2007. 4. 27. 법률 제8404호로 전부 개정되기 전의 것) 제16조, 제19조 제1항, 제2항, 같은 법 시행령(2007. 11. 15. 대통령령 제20383호로 전부 개정되기 전의 것) 제13조 제1항, 제14조 제1항, 제17조 제2항 제2호, 제18조 제1항 제2호, 제28조 제1항 제1호, 제2항에 의한 배출부과금 산정의 기준이 되는 배출허용기준 초과 배출량은 사업자가 조업에 제공하기 위하여 실제로 가동하는 배출시설로 인하여 배출되는 오염물질의 양을 위 법령에 정한 방법을 토대로 산정하는 것이므로 법령에 특별한 규정이 없는 한 행정청은 가능한 한 객관적 사실관계에 입각하여 이를 산정하여야 할 것이지만, 사업장에서의 일정 기간에 걸친 오염물질의 실제 배출량은 그 시기(시기)와 종기(종기)는 물론 그 기간 중에도 늘 같을 수는 없는 관계로 정확한 배출량의 측정 및 그에 따른 배출부과금의 산정은 현실적으로 불가능한 반면, 그 위반행위의 적발이 어려우며 오염물질의 초과 배출로 말미암아 일단 훼손된 환경의 원상회복은 쉽지 아니함을 고려할 때 이와 같은 초과 배출량 및 배출부과금의 산정방법과 기준은 법령에서 정하는 일정한 기준에 따라 이루어질 수밖에 없다. [2] 허용기준 초과 오염물질의 배출에 따른 개선명령을 받고 이행을 완료한 사업자에 대한 배출부과금 산정 방법: 구 대기환경보전법(2007. 4. 27. 법률 제8404호로 전부 개정되기 전의 것) 제19조 등 배출부과금에 관한 법령의 취지 및 그 규제대상인 오염물질 초과 배출량과 그 부과금 산정의 특성에 비추어, 허용기준 초과 오염물질의 배출에 따른 개선명령을 받고 이행을 완료한 사업자에 대한 배출부과금의 산정은 사업자가 구 대기환경보전법 시행령(2007. 11. 15. 대통령령 제20383호

한 기준이내배출량이 잘못 조정된 경우

② 제1항 제1호에 따라 초과부과금을 조정하는 경우에는 환경부령으로 정하는 개선완료일이나 제22조 제1항에 따른 명령 이행의 보고일을 오염물질 또는 배출물질의 배출기간으로 하여 초과부과금을 산정한다.

③ 제1항 제2호에 따라 초과부과금을 조정하는 경우에는 재점검일 이후의 기간에 다시 측정한 배출량만을 기초로 초과부과금을 산정한다.

④ 제1항 제1호의 사유에 따른 초과부과금의 조정 부과나 환급은 해당 배출시설 또는 방지시설에 대한 개선완료명령, 조업정지명령, 사용중지명령 또는 폐쇄완료명령의 이행 여부를 확인한 날부터 30일 이내에 하여야 한다.

⑤ 제1항 제3호에 따라 기본부과금을 조정하는 경우에는 법 제23조 제1항부터 제3항까지의 규정에 따라 배출시설의 설치허가, 변경허가, 설치신고 또는 변경신고를 할 때에 제출한 자료, 법 제31조 제2항에 따른 배출시설 및 방지시설의 운영기록부, 법 제39조 제1항에 따른 자가측정기록부 및 법 제82조에 따른 검사의 결과 등을 기초로 하여 기본부과금을 산정한다.

⑥ 시·도지사는 법 제35조의3 제1항에 따라 차액을 부과 또는 환급할 때에는 금액, 일시, 장소, 그 밖에 필요한 사항을 적은 서면으로 알려야 한다.

로 전부 개정되기 전의 것) 제28조(현행 대기환경보전법 시행령 제34조) 제1항에서 정한 조정사유의 발생사실을 들어 그에 필요한 절차를 밟지 아니한 이상 당초 측정된 배출량에 위 시행령의 규정에 따른 배출기간을 곱하여 배출부과금을 산정하여야 하는 것이고, 그와 같이 산정된 배출부과금의 부과처분이 구 대기환경보전법 제19조 제2항의 규정에 어긋난다고 할 수 없다. [3] 법정 배출허용기준을 초과하여 대기오염물질을 배출한 사업자에게 시정을 위한 개선명령 후 배출기간을 오염물질 채취일부터 개선명령 이행보고일까지로 하여 배출부과금을 부과한 사안에서, 사업자가 개선명령 이행완료예정일 전에 개선작업을 완료하였음을 이유로 배출금부과금의 조정절차를 취하지 않았으므로, 사실상 개선작업 완료일이 아니라 구 대기환경보전법 시행령(2007. 11. 15. 대통령령 제20383호로 전부 개정되기 전의 것) 제18조(현행 대기환경보전법 시행령 제25조) 제1항 제2호에서 정한 배출기간의 종기를 기준으로 배출부과금을 부과한 위 처분이 적법하다고 한 사례(대법원 2009. 12. 10. 선고 2009두14705 판결[초과부과금부과처분취소]).

[판례 2] 배출시설 허가를 받은 보일러 3대 중 평소 1대만 가동하여 온 경우, 3대 전부를 가동시켜 측정한 배출오염물질을 기준으로 배출부과금을 산정할 것인지 여부(소극): 배출부과금 산정의 기준이 되는 배출허용기준 초과 오염물질배출량은 사업자가 조업에 제공하기 위하여 실제로 가동하는 배출시설로 인하여 배출되는 오염물질의 양을 그와 같은 방법에 의하여 산정하는 것이지 조업을 위한 실제 가동 여부와 관계 없이 당해 사업장에 설치된 배출시설을 모두 가동하여 최대의 부하량이 걸린 상태에서 배출되는 오염물질의 최대량을 가리키는 것은 아니고, 따라서 설치된 보일러 3대 중 1대만 가동하여 조업을 하여 왔다면 실제로 가동 중인 보일러 1대에서 배출되는 오염물질을 측정하여 이를 기준으로 배출부과금을 산정하여야 하고, 보일러 3대에 관하여 배출시설의 설치허가를 받았다거나 그 중 예비용으로 배출시설 변경허가 등을 득한 사실이 없다고 하여 달리 볼 것은 아니다(대법원 1996. 12. 23. 선고 95누14312 판결[배출부과금납부명령처분취소]).

(3) 허가의 취소 등

환경부장관 또는 시·도지사는 사업자가 다음 각 호의 어느 하나에 해당하는 경우에는 배출시설의 설치허가 또는 변경허가를 취소하거나 배출시설의 폐쇄를 명하거나 6개월 이내의 기간을 정하여 배출시설 조업정지를 명할 수 있다. 다만, 제1호·제2호·제10호·제11호 또는 제18호부터 제20호까지의 어느 하나에 해당하면 배출시설의 설치허가 또는 변경허가를 취소하거나 폐쇄를 명하여야 한다(제36조 ①).

1. 거짓이나 그 밖의 부정한 방법으로 허가·변경허가를 받은 경우
2. 거짓이나 그 밖의 부정한 방법으로 신고·변경신고를 한 경우
3. 제23조 제2항 또는 제3항에 따른 변경허가를 받지 아니하거나 변경신고를

하지 아니한 경우

3의2. 제23조 제9항에 따른 허가조건을 위반한 경우

4. 제26조 제1항 본문이나 제2항에 따른 방지시설을 설치하지 아니하고 배출시설을 설치·운영한 경우

5. 제30조 제1항에 따른 가동개시 신고를 하지 아니하고 조업을 한 경우

6. 제31조 제1항 각 호의 어느 하나에 해당하는 행위를 한 경우

7. 제31조 제2항에 따른 배출시설 및 방지시설의 운영에 관한 상황을 거짓으로 기록하거나 기록을 보존하지 아니한 경우

8. 제32조 제1항을 위반하여 측정기기를 부착하는 등 배출시설 및 방지시설의 적합한 운영에 필요한 조치를 하지 아니한 경우

9. 제32조 제3항 각 호의 어느 하나에 해당하는 행위를 한 경우

10. 제32조 제6항에 따른 조업정지명령을 이행하지 아니한 경우

11. 제34조에 따른 조업정지명령을 이행하지 아니한 경우

12. 제39조 제1항을 위반하여 자가측정을 하지 아니하거나 측정방법을 위반하여 측정한 경우

13. 제39조 제1항을 위반하여 자가측정결과를 거짓으로 기록하거나 기록을 보존하지 아니한 경우

14. 제40조 제1항에 따라 환경기술인을 임명하지 아니하거나 자격기준에 못 미치는 환경기술인을 임명한 경우

15. 제40조 제3항에 따른 감독을 하지 아니한 경우

16. 제41조 제4항에 따른 연료의 공급·판매 또는 사용금지·제한이나 조치명령을 이행하지 아니한 경우

17. 제42조에 따른 연료의 제조·공급·판매 또는 사용금지·제한이나 조치명령을 이행하지 아니한 경우

18. 조업정지 기간 중에 조업을 한 경우

19. 제23조 제1항에 따른 허가를 받거나 신고를 한 후 특별한 사유 없이 5년 이내에 배출시설 또는 방지시설을 설치하지 아니하거나 배출시설의 멸실 또는 폐업이 확인된 경우

20. 배출시설을 설치·운영하던 사업자가 사업을 하지 아니하기 위하여 해당 시설을 철거한 경우

(4) 과징금 처분

환경부장관 또는 시·도지사는 다음 각 호의 어느 하나에 해당하는 배출시설을 설치·운영하는 사업자에 대하여 제36조 제1항에 따라 조업정지를 명하여야 하는 경우로서 그 조업정지가 주민의 생활, 대외적인 신용·고용·물가 등 국민경제, 그 밖에 공익에 현저한 지장을 줄 우려가 있다고 인정되는 경우 등 그 밖에 대통령령으로 정하는 경우에는 조업정지처분을 갈음하여 매출액에 100분의 5를 곱한 금액을 초과하지 아니하는 범위에서 과징금을 부과할 수 있다. 다만, 매출액이 없거나 매출액의 산정이 곤란한 경우로서 대통령령으로 정하는 경우에는 2억원을 초과하지 아니하는 범위에서 과징금을 부과할 수 있다(제37조 ①).

1. 「의료법」에 따른 의료기관의 배출시설
2. 사회복지시설 및 공동주택의 냉난방시설
3. 발전소의 발전 설비
4. 「집단에너지사업법」에 따른 집단에너지시설
5. 「초·중등교육법」 및 「고등교육법」에 따른 학교의 배출시설
6. 제조업의 배출시설
7. 그 밖에 대통령령으로 정하는 배출시설

제1항에도 불구하고 다음 각 호의 어느 하나에 해당하는 경우에는 조업정지처분을 갈음하여 과징금을 부과할 수 없다(동조 ②).

1. 제26조에 따라 방지시설(제29조에 따른 공동 방지시설을 포함한다)을 설치하여야 하는 자가 방지시설을 설치하지 아니하고 배출시설을 가동한 경우
2. 제31조 제1항 각 호의 금지행위를 한 경우로서 30일 이상의 조업정지처분을 받아야 하는 경우
3. 제33조에 따른 개선명령을 이행하지 아니한 경우
4. 과징금 처분을 받은 날부터 2년이 경과되기 전에 제36조에 따른 조업정지처분 대상이 되는 경우

제1항에 따른 과징금을 부과하는 위반행위의 종류·정도 등에 따른 과징금의 금액과 그 밖에 필요한 사항은 대통령령으로 정하되, 그 금액의 2분의 1의 범위에서 가중(加重)하거나 감경(減輕)할 수 있다(동조 ③). 사업자가 과징금을 납부기한까지 내지 아니하면 국세 체납처분의 예에 따라 징수하며(동조 ④). 징수한 과징금은 환경개선특별회계의 세입으로 한다(동조 ⑤).

(5) 위법시설에 대한 폐쇄조치 등

환경부장관 또는 시·도지사는 제23조 제1항부터 제3항까지의 규정에 따른 허가를 받지 아니하거나 신고를 하지 아니하고 배출시설을 설치하거나 사용하는 자에게는 그 배출시설의 사용중지를 명하여야 한다. 다만, 그 배출시설을 개선하거나 방지시설을 설치·개선하더라도 그 배출시설에서 배출되는 오염물질의 정도가 제16조에 따른 배출허용기준 이하로 내려갈 가능성이 없다고 인정되는 경우 또는 그 설치장소가 다른 법률에 따라 그 배출시설의 설치가 금지된 경우에는 그 배출시설의 폐쇄를 명하여야 한다(제38조).

[판례 1] [1] 구 국토이용관리법 시행령(2002. 12. 26. 대통령령 제17816호로 폐지) 제14조 제1항 제1호에 따르면, 준농림지역 안에서는 특정대기유해물질 배출시설의 설치가 금지되었기 때문에, 그 범위에서 특정대기유해물질이 발생하는 공장시설을 설치하여 운영하려는 자의 직업수행의 자유, 준농림지역 안에서 토지나 건물을 소유하고 있는 자의 재산권이 제한받을 수 있다. 그러나 위 규정이 헌법 제37조 제2항의 과잉금지원칙을 위반하였다고 볼 수는 없다. [2] 준농림지역(이후 자연녹지지역으로 변경)에서 레미콘 공장을 설립하여 운영하던 갑 주식회사가 아스콘 공장을 추가로 설립하기 위하여 관할 시장으로부터 공장설립 변경승인을 받고 아스콘 공장 증설에 따른 대기오염물질 배출시설 설치 변경신고를 마친 다음 아스콘 공장을 운영하였는데, 위 공장에 대하여 실시한 배출검사에서 대기환경보전법상 특정대기유해물질에 해당하는 포름알데히드 등이 검출되자 시장이 자연녹지지역 안에서 허가받지 않은 특정대기유해물질 배출시설을 설치·운영하였다는 사유로 대기환경보전법 제38조 단서에 따라 위 공장의 대기오염물질 배출시설 및 방지시설을 폐쇄하라는 명령을 한 사안에서, 위 공장설립 당시의 관계 법령에 따르면 준농림지역 안에서 특정대기유해물질이 발생하는 위 공장의 설치가 금지되어 있었고, 위 공장은 국토의 계획 및 이용에 관한 법률 시행령 제71조 제1항 제16호 [별표 17] 제2호 (차)목에 따라 처분 당시 변경된 자연녹지지역에 설치가 금지된 경우에 해당하므로 대기환경보전법 제38조 단서에 따른 폐쇄명령의 대상이며, 공장설립 당시에 갑 회사가 위 공장에서 특정대기유해물질은 배출되지 않고 토석의 저장·혼합 및 연료 사용에 따라 먼지와 배기가스만 배출될 것이라는 전제에서 허위이거나 부실한 배출시설 및 방지시설 설치계획서를 제출하였으므로 시장이 만연히 갑 회사의 계획서를 그대로 믿은 데에 과실이 있더라도, 시장의 착오는 갑 회사가 유발한 것이므로, 위 공장에 대하여 특정대기유해물질 관련 규제가 적용되지 않으리라는 갑 회사의 기대는 보호가치가 없다는 등의 이유로, 위 처분이 신뢰보호원칙, 행정의 자기구속 법리, 실효의 원칙에 위배되지 않는다고 본 원심판단을 수긍한 사례(대법원 2020. 4. 9. 선고 2019두51499 판결[폐쇄명령처분취소청구

의소] －용인시 아스콘 공장 사건)

[판례 2] (1) 구 대기환경보전법(2019. 1. 15. 법률 제16266호로 개정되기 전의 것) 제38조 단서의 폐쇄명령 요건인 '그 설치장소가 다른 법률에 따라 그 배출시설의 설치가 금지된 경우'에 해당하는지 여부(소극): 기존의 건축물이 대기환경보전법 시행규칙 [별표 2]의 개정으로 '특정대기유해물질이 기준 이상으로 발생되는 배출시설'에 해당하게 된 경우 같은 시행규칙 부칙(2007. 12. 31.)제5조 제1항(이하 '이 사건 부칙규정'이라 한다)에 따라 구 대기환경보전법(2019. 1. 15.법률 제16266호로 개정되기 전의 것, 이하 '대기환경보전법'이라 한다) 제23조에 따른 허가를 받지 않았다면, 대기환경보전법 제38조 본문의 사용중지명령 요건에 해당한다. 그러나 해당 건축물이 위와 같이 '특정대기유해물질이 기준 이상으로 발생되는 배출시설'에 해당하게 됨으로써 「국토의 계획 및 이용에 관한 법률」(이하 '국토계획법'이라 한다)상 용도지역 안에서 건축제한규정에 부적합하게 되었다고 해도, 기존 용도가 국토교통부령으로 정하는 바에 따라 확인되는 등 국토계획법 시행령 제93조[15] 제5항 전문(이하 '이 사건 특례규정'이라 한다)에서 정한 요건에 해당한다면 이 사건 특례규정에 따라 기존 용도로 계속 사용할 수 있다. 따라서 이 사건 특례규정이 적용되는지 여부를 따져 보지 않은 채 위 건축제한규정에 위반된다고 단정하여 위 허가를 받는 것 자체가 불가능하다거나, 대기환경보전법 제38조 단서의 폐쇄명령 요건인 '그

---

15) 국토계획법 시행령 제93조(기존의 건축물에 대한 특례) ① 다음 각 호의 어느 하나에 해당하는 사유로 인하여 기존의 건축물이 제71조부터 제80조까지, 제82조부터 제84조까지, 제84조의2, 제85조부터 제89조까지 및 「수산자원관리법 시행령」 제40조제1항에 따른 건축제한·건폐율 또는 용적률 규정에 부적합하게 된 경우에도 재축(「건축법」 제2조제1항제8호에 따른 재축을 말한다) 또는 대수선(「건축법」 제2조제1항제9호에 따른 대수선을 말하며, 건폐율·용적률이 증가되지 아니하는 범위로 한정한다)을 할 수 있다. <개정 2005.9.8., 2008.7.28., 2008.9.25., 2010.4.20., 2011.7.1., 2012.4.10., 2014.10.15.>

1. 법령 또는 도시·군계획조례의 제정·개정
2. 도시·군관리계획의 결정·변경 또는 행정구역의 변경
3. 도시·군계획시설의 설치, 도시·군계획사업의 시행 또는 「도로법」에 의한 도로의 설치

②－④ (생 략)

⑤ 기존의 건축물이 제1항 각 호의 사유로 제71조부터 제80조까지, 제82조부터 제84조까지, 제84조의2, 제85조부터 제89조까지 및 「수산자원관리법 시행령」 제40조제1항에 따른 건축제한, 건폐율 또는 용적률 규정에 부적합하게 된 경우에도 해당 건축물의 기존 용도가 국토교통부령(수산자원보호구역의 경우에는 해양수산부령을 말한다)으로 정하는 바에 따라 확인되는 경우(기존 용도에 따른 영업을 폐업한 후 기존 용도 외의 용도로 사용되지 아니한 것으로 확인되는 경우를 포함한다)에는 업종을 변경하지 아니하는 경우에 한하여 기존 용도로 계속 사용할 수 있다. 이 경우 기존의 건축물이 공장이나 제조업소인 경우로서 대기오염물질발생량 또는 폐수배출량이 「대기환경보전법 시행령」 별표 1의3 및 「물환경보전법 시행령」 별표 13에 따른 사업장 종류별 대기오염물질발생량 또는 배출규모의 범위에서 증가하는 경우는 기존 용도로 사용하는 것으로 본다. <개정 2015.7.6., 2018.1.16., 2023.3.21.>

⑥, ⑦ (생 략)

설치장소가 다른 법률에 따라 그 배출시설의 설치가 금지된 경우'에 해당한다고 볼 것은 아니다. 설령 해당 건축물에 대하여 이 사건 부칙규정에서 정한 기한 내 허가를 받지 않았다고 해도, 이러한 사정만으로 곧바로 위 허가기한이 지난 다음부터 이 사건 특례규정의 적용이 배제된다고 볼 수도 없다. (2) 이 사건 시설의 부지는 국토계획법상 계획관리지역으로 지정되어 있고, 이 사건 시설은 2005. 12. 30. 대기환경보전법 시행규칙이 환경부령 제192호로 개정되면서 [별표 2] 제26호에 '다환 방향족 탄화수소류'가 특정대기유해물질로 추가됨에 따라 '특정대기유해물질이 대기환경보전법 시행령 제11조 제1항 제1호에 따른 기준 이상으로 배출되는 시설'에 해당하게 되었다. 이 사건 시설이 이 사건 특례규정에서 정한 요건에 해당하는지에 관하여 심리하지 않은 채, 단지 이 사건 부칙규정에서 정한 기한 내 허가를 받지 않은 것만으로 2009. 1. 1.부터 이 사건 특례규정의 적용이 배제된다고 보아 대기환경보전법 제38조 단서의 폐쇄명령 요건에 해당한다고 판단한 원심판결은 위법하다고 판단하여 파기환송한 사안(대법원 2022. 1. 27, 2021두38536[폐쇄명령처분 취소]).

(6) 비산배출시설의 설치신고 등

대기환경보전법은 유해대기오염물질(Hazardous Air Pollutants : HAPs)을 비산배출하는 시설·공정 등을 적정 관리하기 위하여 비산배출시설의 설치신고에 관한 규정을 두고 있다. 즉, 대통령령으로 정하는 업종에서 굴뚝 등 환경부령으로 정하는 배출구[16] 없이 대기 중에 대기오염물질을 직접 배출(이하 "비산배출"이라 한다)하는 공정 및 설비 등의 시설(이하 '비산배출시설'이라 한다)을 설치·운영하려는 경우 환경부령으로 정하는 바에 따라 환경부장관에게 신고하여야 한다(제38조의2 ①). 비산배출시설 설치·운영 신고 대상 사업장은 ① 대기환경보전법 시행령에서 정한 업종에 속하고, ② 동법 시행규칙 '비산배출의 저감을 위한 시설관리기준'에서 정한 관리대상물질을 취급·배출하며, ③ 시설관리기준에서 정한 시설을 설치·운영중인 사업장을 말한다. 대상 사업장은 해당 시설에 대한 시설관리기준을 준수하여 비산배출되는 유해대기오염물질을 최소화하여야 한다. 관리대상물질은 공통 적용물질 35종[17]과 업종별 적용물질 11종[18]으로 되어 있다.

---

16) 동법 시행령 제51조의3(비산배출저감을 위한 시설관리기준) ① 법 제38조의2 제1항에서 "환경부령으로 정하는 배출구"란 영 제17조 제1항 제2호의 굴뚝 자동측정기기를 부착한 굴뚝을 말한다.

17) 카드뮴 및 그 화합물, 납 및 그 화합물, 수은 및 그 화합물, 석면, 다이옥신, 벤젠, 포름알데히드 등 유해대기오염물질 35종이 지정되어 있음

18) 공통 적용물질 35종 이외에 업종별 특성이 반영된 유해대기오염물질 11종(메탄올, 자일렌, 톨루엔 등)이 지정되어 있음

제1항에 따른 신고를 한 자는 신고한 사항 중 환경부령으로 정하는 사항을 변경하는 경우 변경신고를 하여야 한다(동조 ②).

환경부장관은 제1항에 따른 신고 또는 제2항에 따른 변경신고를 받은 날부터 10일 이내에 신고 또는 변경신고 수리 여부를 신고인에게 통지하여야 한다(동조 ③). 환경부장관이 제3항에서 정한 기간 내에 신고수리 여부 또는 민원 처리 관련 법령에 따른 처리기간의 연장 여부를 신고인에게 통지하지 아니하면 그 기간(민원 처리 관련 법령에 따라 처리기간이 연장 또는 재연장된 경우에는 해당 처리기간을 말한다)이 끝난 날의 다음 날에 신고를 수리한 것으로 본다(동조 ④). 제1항에 따른 신고 또는 제2항에 따른 변경신고를 한 자는 환경부령으로 정하는 시설관리기준을 지켜야 한다(동조 ⑤). 환경부장관은 제5항에 따른 시설관리기준을 위반하는 자에게 비산배출되는 대기오염물질을 줄이기 위한 시설의 개선 등 필요한 조치를 명할 수 있다(동조 ⑧).

환경부장관은 비산배출시설을 설치·운영하는 자가 다음 각 호의 어느 하나에 해당하는 경우에는 6개월 이내의 기간을 정하여 해당 비산배출시설의 조업정지를 명할 수 있다(제38조의2 ⑨).

1. 제1항 및 제2항에 따른 신고 또는 변경신고를 하지 아니한 경우
2. 제5항에 따른 시설관리기준을 지키지 아니한 경우
3. 제6항에 따른 비산배출시설의 정기점검을 받지 아니한 경우
4. 제8항에 따른 조치명령을 이행하지 아니한 경우

환경부장관은 비산배출시설을 설치·운영하는 자에 대하여 제9항에 따라 조업정지를 명하여야 하는 경우로서 그 조업정지가 주민의 생활, 대외적인 신용·고용·물가 등 국민경제, 그 밖의 공익에 현저한 지장을 줄 우려가 있다고 인정되는 경우에는 조업정지처분을 갈음하여 과징금을 부과할 수 있다. 이 경우 과징금 처분의 부과기준 및 절차 등에 관하여는 제37조 제1항 및 제3항부터 제5항까지를 준용한다(동조 ⑩). 제10항에도 불구하고 과징금 처분을 받은 날부터 2년이 경과되기 전에 제9항에 따른 조업정지처분 대상이 되는 경우에는 조업정지처분을 갈음하여 과징금을 부과할 수 없다(동조 ⑪).

Ⅳ. 생활환경상의 대기오염물질 배출규제

생활환경상의 대기오염물질의 배출규제에 대해서는 「대기환경보전법」 제3장에서 규율하고 있다. 생활환경상의 오염물질은 주로 황산화물, 비산먼지, 휘발성 유기화합물 등이다. 현재 국민의 생활 속에서 많이 사용되고 있는 석유·석탄 등의 화석연료는 황성분을 다량 포함하고 있어 이것이 연소될 때 아황산가스 등을 배출하여 대기를 오염시킨다. 그리고 생활상의 비산먼지도 대기오염을 유발하는 요인이 된다. 또한 유기용제의 사용확대 및 자동차운행 증로로 인한 휘발성 유기화합물질도 대기오염의 원인이 되고 있다.

이들의 배출규제는 황함유연료 등 연료의 규제, 비산먼지발생사업의 규제, 유기화합물질배출시설의 규제로써 행한다.

1. 연료의 규제

(1) 황함유기준에 의한 연료의 규제

생활환경상 대기오염물질의 배출규제는 무엇보다도 연료용 유류 및 기타 연료의 황함유량에 관하여 행해지고 있다.

환경부장관은 연료용 유류 및 그 밖의 연료에 대하여 관계 중앙행정기관의 장과 협의하여 그 종류별로 황의 함유 허용기준(이하 "황함유기준"이라 한다)을 정할 수 있고(제41조 ①), 제1항에 따라 황함유기준이 정하여진 연료는 대통령령으로 정하는 바에 따라 그 공급지역과 사용시설의 범위를 정하고 관계 중앙행정기관의 장에게 지역별 또는 사용시설별로 필요한 연료의 공급을 요청할 수 있다(동조 ②).

제2항에 따른 공급지역 또는 사용시설에 연료를 공급·판매하거나 같은 지역 또는 시설에서 연료를 사용하려는 자는 황함유기준을 초과하는 연료를 공급·판매하거나 사용하여서는 아니 된다. 다만, 황함유기준을 초과하는 연료를 사용하는 배출시설로서 환경부령으로 정하는 바에 따라 제23조에 따른 배출시설 설치의 허가 또는 변경허가를 받거나 신고 또는 변경신고를 한 경우에는 황함유기준을 초과하는 연료를 공급·판매하거나 사용할 수 있다(동조 ③).

시·도지사는 제2항에 따른 공급지역이나 사용시설에 황함유기준을 초과하는 연료를 공급·판매하거나 사용하는 자(제3항 단서에 해당하는 경우는 제외한다)에 대하여 대통령령으로 정하는 바에 따라 그 연료의 공급·판매 또는 사용을 금지 또는 제한하거나 필요한 조치를 명할 수 있다(동조 ④).

(2) 연료의 제조 · 사용 등의 규제

대기환경보전법은 연료사용으로 인한 대기오염을 방지하기 위하여 연료제조·사용 등에 대한 규제수단들을 마련하고 있다.

환경부장관 또는 시·도지사는 연료의 사용으로 인한 대기오염을 방지하기 위하여 특히 필요하다고 인정하면 관계 중앙행정기관의 장과 협의하여 대통령령으로 정하는 바에 따라 그 연료를 제조·판매하거나 사용하는 것을 금지 또는 제한하거나 필요한 조치를 명할 수 있다. 다만, 대통령령으로 정하는 바에 따라 환경부장관 또는 시·도지사의 승인을 받아 그 연료를 사용하는 자에 대하여는 그러하지 아니하다(제42조).

환경부장관 또는 시도지사는 연료사용으로 인한 대기오염을 방지하기 위하여 「환경정책기본법」 제10조의 규정에 의하여 설정된 환경기준을 초과하거나 초과할 우려가 있는 지역 중에서 ① 석탄류, ② 코크스, ③ 땔나무와 숯, ④ 기타 환경부장관이 정하는 폐합성수지 등 가연성폐기물 또는 이를 가공처리한 연료 등의 고체연료의 사용을 규제할 수 있다. 다만, 땔나무와 숯의 경우에는 당해 그 사용을 특히 금지할 필요가 있는 경우에 한한다(시행령 제42조 ①).

2. 비산(飛散)먼지의 규제

비산먼지는 굴뚝과 같은 일정한 배출구 없이 대기중에 직접 배출되는 먼지(예컨대, 건설공사장, 시멘트 공장, 골재 공장 등에서 배출되는 먼지)를 말한다. 굴뚝자동측정기기(TMS)를 부착한 굴뚝 없이 대기 중에 대기오염물질을 직접 비산배출하는 시설은 제38조의2에 따라 동법 제2장의 '사업장의 대기오염물질 배출규제'의 대상이 된다.

비산먼지는 다른 대기오염물질에 비하여 국민들이 직접 체감하는 오염도가 큰 관계로 그동안 많은 민원을 야기했다. 그리고 주변의 농경지나 밭 등으로 날아가 쌓여서 농작물의 피해도 발생시키기도 한다. 또한, 비산먼지는 인간의 건강이나 생활환경에 심각한 위해를 줄 수 있으므로 동법은 이에 대하여 규율하고 있다.

비산먼지를 발생시키는 사업으로서 대통령령이 정하는 사업[19]을 하고자 하는

---

19) 동법 시행령 제44조(비산먼지 발생사업): 법 제43조 제1항에서 "대통령령으로 정하는 사업"이란 다음 각 호의 사업 중 환경부 령으로 정하는 사업을 말한다.

1. 시멘트·석회·플라스터 및 시멘트 관련 제품의 제조업 및 가공업
2. 비금속물질의 채취업, 제조업 및 가공업
3. 제1차 금속 제조업
4. 비료 및 사료제품의 제조업

자는 환경부령이 정하는 바에 따라 특별자치시장 · 특별자치도지사 · 시장 · 군수 · 구청장에게 신고하고 비산먼지의 발생을 억제하기 위한 시설을 설치하거나 필요한 조치를 하여야 한다. 이를 변경하려는 경우에도 또한 같다(제43조 ①). 예컨대, 사업자는 이송시설의 밀폐, 방진망 설치, 운행속도 제한, 세륜 · 세차시설의 설치 등의 조치를 하여야 한다. 제43조 제1항을 위반하여 비산먼지의 발생을 억제하기 위한 시설을 설치하지 아니하거나 필요한 조치를 하지 아니한 자(다만, 시멘트 · 석탄 · 토사 · 사료 · 곡물 및 고철의 분체상(粉體狀) 물질을 운송한 자는 제외한다)는 300만원 이하의 벌금에 처한다(제92조 제5호). 제43조 제1항에 따른 비산먼지의 발생억제시설의 설치 및 필요한 조치를 하지 아니하고 시멘트 · 석탄 · 토사 등 분체상 물질을 운송한 자에게는 200만원 이하의 과태료를 부과한다(제94조 제3항 제6호).

[판례] 건설공사 하도급의 경우, 구 대기환경보전법 제43조 제1항에 의하여 비산먼지 발생 억제 시설을 설치하거나 필요한 조치를 할 의무자(=최초수급인) 및 최초수급인으로부터 도급을 받은 하수급인 등이 같은 법 제92조 제5호의 적용대상에 해당하는지 여부(소극): 구 대기환경보전법(2012. 5. 23. 법률 제11445호로 개정되기 전의 것, 이하 '법'이라고 한다) 제43조 제1항, 제92조 제5호, 제95조, 구 대기환경보전법 시행령(2015. 7. 20. 대통령령 제26419호로 개정되기 전의 것, 이하 '시행령'이라고 한다) 제44조 제5호, 구 대기환경보전법 시행규칙(2013. 5. 24. 환경부령 제506호로 개정되기 전의 것, 이하 '시행규칙'이라고 한다) 제57조, 제58조 제1항, 제4항의 체계와 내용을 종합하여 보면, 법 제43조 제1항에 의하여 비산먼지 발생 사업을 신고할 의무(이하 '신고의무'라고 한다) 및 비산먼지 발생 억제 시설을 설치하거나 필요한 조치를 할 의무(이하 '시설조치의무'라고 한다)는 시행령과 시행규칙에서 규정한 사업의 종류 및 대상자에 해당하는 경우에만 인정된다. 그런데 시행령과 시행규칙은, 건설업을 도급에 의하여 시행하는 경우에는 '발주자로부터 최초로 공사를 도급받은 자'(이하 '최초수급인'이라고 한다)가 비산먼지 발생 사업 신고를 하여야 하고, 신고를 할 때는 시설조치의무의 이행을 위한 사항까지 포함하여 신고하도록 규정하고 있다. 이는 여러 단계의 도급을 거쳐 시행되는 건설공사의 특성을 고려하여, 사업장 내의 비산먼지 배출 공정을 효과적으로 관리 · 통제하고 책임 소재를 명

5. 건설업(지반 조성공사, 건축물 축조 및 토목공사, 조경공사로 한정한다)
6. 시멘트, 석탄, 토사, 사료, 곡물 및 고철의 운송업
7. 운송장비 제조업
8. 저탄시설(貯炭施設)의 설치가 필요한 사업
9. 고철, 곡물, 사료, 목재 및 광석의 하역업 또는 보관업
10. 금속제품의 제조업 및 가공업
11. 폐기물 매립시설 설치 · 운영 사업

확하게 할 목적으로 하도급에 의하여 공사를 하는 경우에도 비산먼지 배출 신고의무 및 시설조치의무는 최초수급인이 부담하도록 한 것이라고 해석된다. 시행규칙 제58조가 신고의무에 관해서만 의무자가 최초수급인임을 제1항에서 명시하고, 시설조치의무에 관해서는 따로 의무자를 규정하지 않고 단지 제4항에서 시설조치에 관한 기준만을 규정하고 있기는 하지만, 위와 같은 입법 취지로 볼 때 시설조치의무자와 신고의무자를 달리 볼 것은 아니다. 결국 건설공사 하도급의 경우 법 제43조 제1항에 의한 시설조치의무자는 최초수급인인데, 법 제92조 제5호는 법 제43조 제1항의 시설조치의무를 위반한 자를 처벌하는 규정인 이상, 최초수급인으로부터 도급을 받은 하수급인 등은 제43조 제1항의 시설조치의무자가 아니므로 그 적용대상에 해당하지 않는다. 이렇게 해석하는 것이 형벌법규는 엄격하게 해석하여야 한다는 기본 원칙에도 맞다(대법원 2016. 12. 15. 선고 2014도8908 판결[대기환경보전법위반])

제1항에 따른 사업의 구역이 둘 이상의 특별자치시·특별자치도·시·군·구(자치구를 말한다)에 걸쳐 있는 경우에는 그 사업 구역의 면적이 가장 큰 구역(제1항에 따른 신고 또는 변경신고를 할 때 사업의 규모를 길이로 신고하는 경우에는 그 길이가 가장 긴 구역을 말한다)을 관할하는 특별자치시장·특별자치도지사·시장·군수·구청장에게 신고하여야 한다(동조 ②). 특별자치시장·특별자치도지사·시장·군수·구청장은 제1항에 따른 신고 또는 변경신고를 받은 경우 그 내용을 검토하여 이 법에 적합하면 신고 또는 변경신고를 수리하여야 한다(동조 ③).

제3항에 따라 신고 또는 변경신고를 수리한 특별자치시장·특별자치도지사·시장·군수·구청장은 제1항에 따른 비산먼지의 발생을 억제하기 위한 시설의 설치 또는 필요한 조치를 하지 아니하거나 그 시설이나 조치가 적합하지 아니하다고 인정하는 경우에는 그 사업을 하는 자에게 **필요한 시설의 설치나 조치의 이행** 또는 **개선**을 **명**할 수 있고(동조 ④), 제4항에 따른 명령을 이행하지 아니하는 자에게는 그 **사업을 중지**시키거나 **시설 등의 사용 중지 또는 제한**하도록 **명**할 수 있다(동조 ⑤).

제2항 및 제3항에 따라 신고 또는 변경신고를 수리한 특별자치시장·특별자치도지사·시장·군수·구청장은 해당 사업이 걸쳐 있는 다른 구역을 관할하는 특별자치시장·특별자치도지사·시장·군수·구청장이 그 사업을 하는 자에 대하여 제4항 또는 제5항에 따른 조치를 요구하는 경우 그에 해당하는 **조치**를 **명**할 수 있다(동조 ⑥).

환경부장관 또는 시·도지사는 제6항에 따른 요구를 받은 특별자치시장·특별자치도지사·시장·군수·구청장이 정당한 사유 없이 해당 조치를 명하지 않으면 해당 조치를 이행하도록 **권고**할 수 있다. 이 경우 권고를 받은 특별자치시장·특별자치도지사·시장·군수·구청장은 특별한 사유가 없으면 이에 따라야 한다(동조 ⑦).

비산먼지에 의한 대기오염을 해결하기 위해서는 도심지에 위치하고 있는 분진 발생 공장을 이전하고, 비산먼지 다량배출업소인 시멘트·철강·유리공장 등에 있어서 이송시설밀폐·방진망설치 등 비산먼지 방지시설을 설치하며, 공사장에 대한 먼지발생 억제시설기준의 신설, 자동식 세륜·세차시설의 확대보급 등이 필요하다. 또한 각종 건설토목공사장에서 발생하는 흙먼지를 효과적으로 저감하기 위한 대책이 필요하다.

[판례 1] [1] 구 대기환경보전법 제57조 제4호에 정한 비산먼지 억제시설을 설치하지 아니한 자에 이를 가동하지 아니한 자도 포함되는지 여부(적극) [2] 비산먼지 억제시설을 설치하지 아니한 자 등을 처벌하는 구 대기환경보전법 제57조 제4호가 과실범도 처벌하는 규정인지 여부(적극) [3] 비산먼지 발생 사업장에서 먼지 억제시설인 자동식 세륜시설을 설치하였으나 고장으로 이를 가동하지 못하고 이동식 살수시설만을 사용한 사안에서, 구 대기환경보전법 제57조 제4호 위반행위에 해당한다고 한 사례(대법원 2008. 11. 27. 선고 2008도7438 판결[대기환경보전법위반])

[판례 2] [1] 비산먼지배출사업을 하고자 하는 사람이 구 대기환경보전법 등에 정한 형식적 요건을 모두 갖춘 사업신고서를 제출한 경우, 행정청이 취해야 할 조치 및 비산먼지배출사업을 하는 것 자체가 다른 법령에 의하여 허용되지 않을 때 행정청이 그 신고의 수리를 거부할 수 있는지 여부(적극) [2] 국토의 계획 및 이용에 관한 법률상의 제2종지구단위계획구역 안에서 비산먼지발생사업을 하고자 하는 자가 구 대기환경보전법에 정한 요건을 모두 갖추어 비산먼지발생사업신고를 한 경우, 제2종지구단위계획이 수립될 당시 비산먼지발생사업을 예상하지 못하였다고 하여 그 신고를 거부할 수 있는지 여부(소극) (대법원 2008. 12. 24. 선고 2007두17076 판결[비산먼지발생사업변경신고불가처분취소])

3. 휘발성 유기화합물질의 규제

(1) 휘발성 유기화합물질의 개념

휘발성 유기화합물(Volatile Organic Compounds: VOCs)은 상온, 상압에서 기체상태로 존재하는 모든 유기성물을 통칭하는 의미로 사용되고 있다. 대기환경보전법에서는 휘발성유기화합물을 탄화수소류 중 석유화학제품, 유기용제, 그 밖의 물질로서 환경부장관이 관계 중앙행정기관의 장과 협의하여 고시하는 것으로 정의하고 있다(제2조 제10호). 벤젠, 부타디엔, 휘발유 등이 대표적인 휘발성유기화합물의 예이다.

휘발성 유기화합물은 자동차운행 증가 및 유기용제 사용확대로 배출량이 크게 증가하고 있어 건강에 직접적으로 유해한 영향을 미치거나 대기 중에 배출되어 광화학반응을 통해 오존을 생성시킨다.

휘발성 유기화합물은 피부 접촉 또는 호흡기로 흡입되어 신경계 등에 장애를 일으키는 발암물질이며, 증기압이 높아 대기 중으로 쉽게 휘발하여 악취 및 오존의 원인물질로 작용한다. 벤젠, 포름알데히드, 염화비닐, 할로겐화탄화수소 등은 발암성물질이며, 스틸렌, 아세트알데히드, 에틸렌, 아크롤레인 등은 악취 및 오존 원인물질로 알려져 있다.

(2) 휘발성 유기화합물의 규제

「대기환경보전법」은 제44조에서 휘발성 유기화합물에 대한 규제조치를 강구하고 있다. 다음 각 호의 어느 하나에 해당하는 지역에서 휘발성유기화합물을 배출하는 시설로서 대통령령으로 정하는 시설을 설치하려는 자는 환경부령으로 정하는 바에 따라 시·도지사 또는 대도시 시장에게 **신고**하여야 한다(제44조 ①).

1. 특별대책지역
2. 대기관리권역
3. 제1호 및 제2호의 지역 외에 휘발성유기화합물 배출로 인한 대기오염을 개선할 필요가 있다고 인정되는 지역으로 환경부장관이 관계 중앙행정기관의 장과 협의하여 지정·고시하는 지역(이하 "휘발성유기화합물 배출규제 추가지역"이라 한다)

신고를 한 자가 신고한 사항 중 환경부령으로 정하는 사항을 변경하려면 변경신고를 하여야 한다(동조 ②). 시·도지사 또는 대도시 시장은 제1항에 따른 신고 또는 제2항에 따른 변경신고를 받은 날부터 7일 이내에 신고 또는 변경신고 수리 여부를 신고인에게 통지하여야 한다(동조 ③). 시·도지사 또는 대도시 시장이 제3항에서 정한 기간 내에 신고수리 여부 또는 민원 처리 관련 법령에 따른 처리기간의 연장 여부를 신고인에게 통지하지 아니하면 그 기간(민원 처리 관련 법령에 따라 처리기간이 연장 또는 재연장된 경우에는 해당 처리기간을 말한다)이 끝난 날의 다음 날에 신고를 수리한 것으로 본다(동조 ④).

제1항에 따른 시설을 설치하려는 자는 휘발성 유기화합물의 배출을 억제하거나 방지하는 시설을 설치하는 등 휘발성 유기화합물의 배출로 인한 대기환경상의

피해가 없도록 조치하여야 하고(동조 ⑤), 휘발성유기화합물의 배출을 억제·방지하기 위한 시설의 설치 기준 등에 필요한 사항은 환경부령으로 정한다(동조 ⑥).

시·도 또는 대도시는 그 시·도 또는 대도시의 조례로 제6항에 따른 기준보다 강화된 기준을 정할 수 있다(동조 ⑦). 제7항에 따라 강화된 기준이 적용되는 시·도 또는 대도시에 제1항에 따라 시·도지사 또는 대도시 시장에게 설치신고를 하였거나 설치신고를 하려는 시설이 있으면 그 시설의 휘발성유기화합물 억제·방지시설에 대하여도 제7항에 따라 강화된 기준을 적용한다(동조 ⑧).

시·도지사 또는 대도시 시장은 제5항에 따른 조치를 하지 아니하거나 제6항 또는 제7항에 따른 기준을 지키지 아니한 자에게 휘발성유기화합물을 배출하는 시설 또는 그 배출의 억제·방지를 위한 시설의 개선 등 **필요한 조치**를 **명**할 수 있다(동조 ⑨).

시·도지사 또는 대도시 시장은 휘발성유기화합물을 배출하는 시설을 설치·운영하는 자가 다음 각 호의 어느 하나에 해당하는 경우에는 6개월 이내의 기간을 정하여 해당 시설의 **조업정지**를 **명**할 수 있다(동조 ⑩).

1. 제1항 및 제2항에 따른 신고 또는 변경신고를 하지 아니한 경우
2. 제5항에 따른 조치를 하지 아니하거나, 조치를 하였으나 제6항 또는 제7항에 따른 기준에 미치지 못하는 경우
3. 제9항에 따른 조치명령을 이행하지 아니한 경우

시·도지사 또는 대도시 시장은 휘발성유기화합물을 배출하는 시설을 설치·운영하는 자에 대하여 제10항에 따라 조업정지를 명하여야 하는 경우로서 그 조업정지가 주민의 생활, 대외적인 신용·고용·물가 등 국민경제, 그 밖의 공익에 현저한 지장을 줄 우려가 있다고 인정되는 경우에는 조업정지처분을 갈음하여 **과징금**을 부과할 수 있다. 이 경우 과징금 처분의 부과기준 및 절차 등에 관하여는 제37조 제1항 및 제3항부터 제6항까지를 준용한다(동조 ⑪). 제11항에도 불구하고 과징금 처분을 받은 날부터 2년이 경과되기 전에 제10항에 따른 조업정지처분 대상이 되는 경우에는 조업정지처분을 갈음하여 과징금을 부과할 수 없다(동조 ⑫).

제1항에 따라 신고를 한 자는 휘발성유기화합물의 배출을 억제하기 위하여 환경부령으로 정하는 바에 따라 휘발성유기화합물을 배출하는 시설에 대하여 휘발성유기화합물의 배출 여부 및 농도 등을 검사·측정하고, 그 결과를 기록·보존하여야 한다(동조 ⑬). 제1항 제3호에 따른 휘발성유기화합물 배출규제 추가지역의 지정에 필요한 세부적인 기준 및 절차 등에 관한 사항은 환경부령으로 정한다(동조 ⑭).

(3) 도료의 휘발성유기화합물 함유기준 등

도료(塗料)에 대한 휘발성유기화합물의 함유기준(이하 "휘발성유기화합물함유기준"이라 한다)은 환경부령으로 정한다. 이 경우 환경부장관은 관계 중앙행정기관의 장과 협의하여야 한다(제44조의2 ①).

다음 각 호의 어느 하나에 해당하는 자는 휘발성유기화합물함유기준을 초과하는 도료를 공급하거나 판매하여서는 아니 된다(동조 ②).

1. 도료를 제조하거나 수입하여 공급하거나 판매하는 자
2. 제1호 외에 도료를 공급하거나 판매하는 자

환경부장관은 제2항 제1호에 해당하는 자가 휘발성유기화합물함유기준을 초과하는 도료를 공급하거나 판매하는 경우에는 대통령령으로 정하는 바에 따라 그 도료의 공급·판매 중지 또는 회수 등 필요한 조치를 명할 수 있다(동조 ③). 환경부장관은 제2항 제2호에 해당하는 자가 휘발성유기화합물함유기준을 초과하는 도료를 공급하거나 판매하는 경우에는 대통령령으로 정하는 바에 따라 그 도료의 공급·판매 중지를 명할 수 있다(동조 ④).

(4) 기존 휘발성 유기화합물 배출시설에 대한 규제

특별대책지역, 대기관리권역 또는 휘발성유기화합물 배출규제 추가지역으로 지정·고시될 당시 그 지역에서 휘발성유기화합물을 배출하는 시설을 운영하고 있는 자는 특별대책지역, 대기관리권역 또는 휘발성유기화합물 배출규제 추가지역으로 지정·고시된 날부터 3개월 이내에 제44조 제1항에 따른 신고를 하여야 하며, 특별대책지역, 대기관리권역 또는 휘발성유기화합물 배출규제 추가지역으로 지정·고시된 날부터 2년 이내에 제44조 제5항에 따른 조치를 하여야 한다(제45조 ①).

휘발성유기화합물이 추가로 고시된 경우 특별대책지역, 대기관리권역 또는 휘발성유기화합물 배출규제 추가지역에서 그 추가된 휘발성유기화합물을 배출하는 시설을 운영하고 있는 자는 그 물질이 추가로 고시된 날부터 3개월 이내에 제44조 제1항에 따른 신고를 하여야 하며, 그 물질이 추가로 고시된 날부터 2년 이내에 제44조 제5항에 따른 조치를 하여야 한다(동조 ②).

제1항과 제2항에도 불구하고 제44조 제5항에 따른 조치에 특수한 기술이 필요한 경우 등 대통령령으로 정하는 사유에 해당하는 경우에는 시·도지사 또는 대도시 시장의 승인을 받아 1년의 범위에서 그 조치기간을 연장할 수 있다(동조 ④).

제1항, 제2항 또는 제4항에 따른 기간에 이들 각 항에 규정된 조치를 하지 아니한 경우에는 제44조 제9항부터 제12항까지를 준용한다(동조 ⑤).

V. 자동차 · 선박 등의 배출가스 규제

자동차에서 배출되는 오염물질은 연료에 함유된 것과 연료의 불완전연소로 생성된 것이 배기관을 통하여 배출되거나 자동차의 연료공급계통 등에서 배출되며, 자동차의 연료종류에 따라 오염물질 배출상태가 달라진다. 자동차의 수가 지속적으로 증가하면서 자동차에서 배출되는 오염물질은 계속 증가하고 있다. 자동차 배출가스는 지구온난화, 오존층파괴, 산성비의 원인이 되는 등 지구환경에 많은 영향을 미치고 있다. 이에 따라 세계 각국에서는 자동차 배출가스에 대한 규제를 점차 강화하고 있다.

「대기환경보전법」은 제4장에서 자동차 등의 배출가스를 규제하기 위하여 여러 규정들을 두고 있다. 자동차의 배출가스규제는 자동자의 제작단계에서 배출가스를 줄이기 위한 규제와 운행중인 자동차의 규제로 구분할 수 있다. 선박에 관하여는 배출허용기준을 두고 있다. 그러나 동법은 항공기, 기차 등 다른 운송기관에 의한 대기오염 규제에 대하여는 규정하고 있지 않다.

1. 제작차에 대한 규제

(1) 제작차의 배출허용기준 및 인증

자동차(원동기 및 저공해자동차를 포함한다. 이하 이 조, 제47조부터 제50조까지, 제50조의2, 제50조의3, 제51조부터 제56조까지, 제82조 제1항 제6호, 제89조 제6호 · 제7호 및 제91조 제4호에서 같다)를 제작(수입을 포함한다. 이하 같다)하려는 자(이하 "자동차제작자"라 한다)는 그 자동차(이하 "제작차"라 한다)에서 나오는 오염물질(대통령령으로 정하는 오염물질만 해당한다. 이하 "배출가스"라 한다)이 환경부령으로 정하는 허용기준(이하 "제작차배출허용기준"이라 한다)에 맞도록 제작하여야 한다. 다만, 저공해자동차를 제작하려는 자동차제작자는 환경부령으로 정하는 별도의 허용기준(이하 "저공해자동차배출허용기준"이라 한다)에 맞도록 제작하여야 한다(제46조 ①). 자동차제작자는 제작차에서 나오는 배출가스가 환경부령으로 정하는 기간(이하 "배출가스보증기간"이라 한다) 동안 제작차배출허용기준에 맞게 성능을 유지하도록 제작하여야 한다(동조 ③). 자동차제작자는 제48조 제1항에 따라 인증받은 내용과 다르게 배출가스 관련 부품의 설계를 고의로 바꾸거나 조작하는 행위를 하여서는 아니 된다(동조 ④).

한편, 자동차제작자가 자동차를 제작하려면 미리 환경부장관으로부터 그 자동차의 배출가스가 배출가스보증기간에 제작차배출허용기준(저공해자동차배출허용기준을 포함한다. 이하 같다)에 맞게 유지될 수 있다는 인증을 받아야 한다. 다만, 환경부장관은 대통령령으로 정하는 자동차에는 인증을 면제하거나 생략할 수 있다(제48조 ①). 자동차제작자가 제1항에 따라 인증을 받은 자동차의 인증내용을 변경하려면 변경인증을 받아야 한다(동조 ②). 제1항 또는 제2항에 따라 인증·변경인증을 받은 자동차제작자는 환경부령으로 정하는 바에 따라 인증·변경인증을 받은 자동차에 인증·변경인증의 표시를 하여야 한다(동조 ③). 제1항부터 제3항까지의 규정에 따른 인증신청, 인증에 필요한 시험의 방법·절차, 시험수수료, 인증방법, 인증의 면제·생략 및 인증 표시방법에 관하여 필요한 사항은 환경부령으로 정한다(동조 ④).

(2) 제작차배출허용기준 검사, 자동차 판매 또는 출고 정지, 자동차 교체 등

환경부장관은 제48조에 따른 인증을 받아 제작한 자동차의 배출가스가 제작차배출허용기준에 맞는지를 확인하기 위하여 대통령령으로 정하는 바에 따라 검사를 하여야 한다(제50조 ①). 환경부장관은 자동차제작자가 환경부령으로 정하는 인력과 장비를 갖추고 환경부장관이 정하는 검사의 방법 및 절차에 따라 검사를 실시한 경우에는 대통령령으로 정하는 바에 따라 제1항에 따른 검사를 생략할 수 있다(동조 ②). 환경부장관은 자동차제작자가 제2항에 따른 검사를 하기 위한 인력과 장비를 적정하게 관리하는지를 환경부령으로 정하는 기간마다 확인하여야 한다(동조 ③). 환경부장관은 제1항에 따른 검사를 할 때에 특히 필요한 경우에는 환경부령으로 정하는 바에 따라 자동차제작자의 설비를 이용하거나 따로 지정하는 장소에서 검사할 수 있다(동조 ④).

제1항 및 제4항과 제51조에 따른 검사에 드는 비용은 자동차제작자의 부담으로 한다(동조 ⑤). 제1항에 따른 검사의 방법·절차 등 검사에 필요한 자세한 사항은 환경부장관이 정하여 고시한다(동조 ⑥).

환경부장관은 제1항에 따른 검사 결과 불합격된 자동차의 제작자에게 그 자동차와 동일한 조건으로 환경부장관이 정하는 기간에 생산된 것으로 인정되는 같은 종류의 자동차에 대하여는 **판매정지** 또는 **출고정지**를 **명**할 수 있고, 이미 판매된 자동차에 대하여는 배출가스 관련 **부품의 교체**를 **명**할 수 있다(동조 ⑦).

제7항에도 불구하고 자동차제작자가 배출가스 관련 부품의 교체 명령을 이행하지 아니하거나 제1항에 따른 검사 결과 불합격된 원인을 부품 교체로 시정할 수 없는 경우에는 환경부장관은 자동차제작자에게 대통령령으로 정하는 바에 따라 **자동차의 교체**, **환불** 또는 **재매입**을 **명**할 수 있다(동조 ⑧).

(3) 자동차의 평균 배출량 등

자동차제작자는 제작하는 자동차에서 나오는 배출가스를 차종별로 평균한 값(이하 "평균 배출량"이라 한다)이 환경부령으로 정하는 기준(이하 "평균 배출허용기준"이라 한다)에 적합하도록 자동차를 제작하여야 한다(제50조의2 ①). 제1항에 따라 평균 배출허용기준을 적용받는 자동차를 제작하는 자는 매년 2월 말일까지 환경부령으로 정하는 바에 따라 전년도의 평균 배출량 달성 실적을 작성하여 환경부장관에게 제출하여야 한다(동조 ②). 제1항에 따른 평균 배출허용기준을 적용받는 자동차 및 자동차제작자의 범위, 평균 배출량의 산정방법 등 필요한 사항은 환경부령으로 정한다(동조 ③).

(4) 평균 배출허용기준을 초과한 자동차제작자에 대한 상환명령 등

자동차제작자는 해당 연도의 평균 배출량이 평균 배출허용기준 이내인 경우 그 차이분 중 환경부령으로 정하는 연도별 차이분에 대한 인정범위만큼을 다음 연도부터 환경부령으로 정하는 기간 동안 이월하여 사용할 수 있다(제50조의3 ①). 환경부장관은 해당 연도의 평균 배출량이 평균 배출허용기준을 초과한 자동차제작자에 대하여 그 초과분이 발생한 연도부터 환경부령으로 정하는 기간 내에 초과분을 상환할 것을 명할 수 있다(동조 ②). 제2항에 따른 명령(이하 "상환명령"이라 한다)을 받은 자동차제작자는 같은 항에 따른 초과분을 상환하기 위한 계획서(이하 "상환계획서"라 한다)를 작성하여 상환명령을 받은 날부터 2개월 이내에 환경부장관에게 제출하여야 한다(동조 ③).

(5) 결함확인검사 및 결함의 시정(Recall)

자동차제작자는 배출가스보증기간 내에 운행 중인 자동차에서 나오는 배출가스가 배출허용기준에 맞는지에 대하여 환경부장관의 검사(이하 "결함확인검사"라 한다)를 받아야 한다(제51조 ①). 결함확인검사 대상 자동차의 선정기준, 검사방법, 검사절차, 검사기준, 판정방법, 검사수수료 등에 필요한 사항은 환경부령으로 정한다(동조 ②). 환경부장관이 제2항의 환경부령을 정하는 경우에는 관계 중앙행정기관의 장과 협의하여야 하며, 매년 같은 항의 선정기준에 따라 결함확인검사를 받아야 할 대상 차종을 결정·고시하여야 한다(동조 ③).

환경부장관은 결함확인검사에서 검사 대상차가 제작차배출허용기준에 맞지 아니하다고 판정되고, 그 사유가 자동차제작자에게 있다고 인정되면 그 차종에 대하여 **결함을 시정**하도록 **명하여야** 한다. 다만, 자동차제작자가 검사 판정 전에 결함사실을 인정하고 스스로 그 결함을 시정하려는 경우에는 결함시정명령을 생략할 수 있다(동조 ④).

제4항에 따른 결함시정명령을 받거나 스스로 자동차의 결함을 시정하려는 자동차제작자는 환경부령으로 정하는 바에 따라 그 자동차의 결함시정에 관한 계획을 수립하여 환경부장관의 승인을 받아 시행하고, 그 결과를 환경부장관에게 보고하여야 한다(동조 ⑤). 환경부장관은 제5항에 따른 결함시정결과를 보고받아 검토한 결과 결함시정계획이 이행되지 아니한 경우, 그 사유가 결함시정명령을 받은 자 또는 스스로 결함을 시정하고자 한 자에게 있다고 인정하는 경우 기간을 정하여 다시 결함의 시정을 명하여야 한다(동조 ⑥).

제5항에 따른 결함시정계획을 수립·제출하지 아니하거나 환경부장관의 승인을 받지 못한 경우에는 결함을 시정할 수 없는 것으로 본다(동조 ⑦).

환경부장관은 자동차제작자가 제4항 본문 또는 제6항에 따른 결함시정명령을 이행하지 아니하거나 제7항에 따라 결함을 시정할 수 없는 것으로 보는 경우에는 자동차제작자에게 대통령령으로 정하는 바에 따라 **자동차의 교체, 환불** 또는 **재매입**을 **명**할 수 있다(동조 ⑧).

(6) 부품의 결함시정

배출가스보증기간 내에 있는 자동차의 소유자 또는 운행자는 환경부장관이 산업통상자원부장관 및 국토교통부장관과 협의하여 환경부령으로 정하는 배출가스관련부품(이하 “부품”이라 한다)이 정상적인 성능을 유지하지 아니하는 경우에는 자동차제작자에게 그 결함을 시정할 것을 요구할 수 있다(제52조 ①). 제1항에 따라 결함의 시정을 요구받은 자동차제작자는 지체 없이 그 요구사항을 검토하여 결함을 시정하여야 한다. 다만, 자동차제작자가 자신의 고의나 과실이 없음을 입증한 경우에는 그러하지 아니하다(동조 ②). 환경부장관은 제2항 본문에 따라 부품의 결함을 시정하여야 하는 자동차제작자가 정당한 사유 없이 그 부품의 결함을 시정하지 아니한 경우에는 환경부령으로 정하는 기간 내에 결함의 시정을 명할 수 있다(동조 ③).

(7) 부품의 결함 보고 및 시정

자동차제작자는 제52조 제1항에 따른 부품의 결함시정 요구 건수나 비율이 대통령령으로 정하는 요건에 해당하는 경우에는 대통령령으로 정하는 바에 따라 배출가스보증기간 이내에 이루어진 부품의 결함시정 현황 및 결함원인 분석 현황을 환경부장관에게 보고하여야 한다. 다만, 제52조 제1항에 따른 결함시정 요구가 있었던 부품과 동일한 조건하에 생산된 동종의 부품에 대하여 스스로 결함을 시정할 것을 환경부장관에게 서면으로 통지한 경우에는 그러하지 아니하다(제53조 ①). 자동차제작자는 제52조 제1항에 따른 부품의 결함시정 요구 건수나 비율이 대통령령으로 정하는 요건에 해당하지 아니한 경우에는 매년 1월 31일까지 환경부령으로 정하는 바에 따라 배출가스보증기간 이내에 이루어진 부품의 결함시정 현황을 환경부장관에게 보고하여야 한다(동조 ②).

환경부장관은 부품의 결함 건수 또는 결함 비율이 대통령령으로 정하는 요건에 해당하는 경우에는 해당 자동차제작자에게 환경부령으로 정하는 기간 이내에 그 부품의 결함을 시정하도록 명하여야 한다. 다만, 자동차제작자가 그 부품의 결함에도 불구하고 배출가스보증기간 동안 자동차가 제작차배출허용기준에 맞게 유지된다는 것을 입증한 경우에는 그러하지 아니하다(동조 ③).

제1항 단서 및 제3항 본문에 따라 결함을 시정하려는 자동차제작자는 환경부령으로 정하는 바에 따라 그 자동차의 결함시정계획을 수립하여 환경부장관의 승인을 받아 시행하고, 그 결과를 환경부장관에게 보고하여야 한다(동조 ④). 환경부장관은 제4항에 따라 보고받은 결함시정결과를 검토한 후, 결함시정계획이 이행되지 아니하였고 그 사유가 결함시정명령을 받은 자 또는 스스로 결함을 시정하려고 한 자에게 있다고 인정되는 경우에는 기간을 정하여 다시 결함을 시정하도록 명하여야 한다(동조 ⑤).

제4항에 따른 결함시정계획을 수립·제출하지 아니하거나 환경부장관의 승인을 받지 못한 경우에는 결함을 시정할 수 없는 것으로 본다(동조 ⑥).

환경부장관은 자동차제작자가 제3항 본문 또는 제5항에 따른 결함시정명령을 이행하지 아니하거나 제6항에 따라 결함을 시정할 수 없는 것으로 보는 경우에는 자동차제작자에게 대통령령으로 정하는 바에 따라 자동차의 교체, 환불 또는 재매입을 명할 수 있다(동조 ⑦).

(8) 인증의 취소

환경부장관은 다음 각 호의 어느 하나에 해당하는 경우에는 인증을 취소할 수 있다. 다만, 제1호나 제2호에 해당하는 경우에는 그 인증을 취소하여야 한다(제55조).

1. 거짓이나 그 밖의 부정한 방법으로 인증을 받은 경우
2. 제작차에 중대한 결함이 발생되어 개선을 하여도 제작차배출허용기준을 유지할 수 없는 경우
3. 제50조 제7항에 따른 자동차의 판매 또는 출고 정지명령을 위반한 경우
4. 제51조 제4항이나 제6항에 따른 결함시정명령을 이행하지 아니한 경우

(9) 과징금 처분

환경부장관은 자동차제작자가 다음 각 호의 어느 하나에 해당하는 경우에는 그 자동차제작자에 대하여 매출액에 100분의 5를 곱한 금액을 초과하지 아니하는 범위에서 과징금을 부과할 수 있다. 이 경우 과징금의 금액은 500억원을 초과할 수 없다(제56조 ①).

1. 제48조 제1항을 위반하여 인증을 받지 아니하고 자동차를 제작하여 판매한 경우
2. 거짓이나 그 밖의 부정한 방법으로 제48조에 따른 인증 또는 변경인증을 받은 경우
3. 제48조 제1항에 따라 인증받은 내용과 다르게 자동차를 제작하여 판매한 경우

제1항에 따른 과징금은 위반행위의 종류, 배출가스의 증감 정도 등을 고려하여 대통령령으로 정하는 기준에 따라 부과하고(동조 ②), 제1항에 따라 부과되는 과징금의 징수 및 용도에 관하여는 제37조 제4항 및 제5항을 준용한다(동조 ③).

〈폴크스바겐사의 기만장치(defeat device) **사례〉**

2015년 9월 미국 환경청(EPA)이 독일 폴크스바겐사가 2009년부터 2015년까지 미국 내에서 판매한 디젤엔진 장착 차량에 소프트웨어 형태의 기만장치를 설치하여 배출가스 시험을 허위로 통과했다고 발표하였다. EPA 조사결과 질소산화물(NOx) 배출량을 최소화할 수 있는 온도조절 모드(temperature conditioning mode)는 일반 주행과정에서는 작동하지 않으며, 오로지 배출가스 시험시에만 작동되는 것으로 드러났다. 이에 따라 온도조절모드가 작동하지 않는 경우 기준치의 9배에 해당하는 오염물질을 배출하는 것으로 드러났다.

우리나라 환경부도 2015년 11월 국내에 판매된 폴크스바겐 차량 6개 차종에 대한 검사 결과 EA189엔진이 장착된 티구안 차량에 기만장치(defeat device)가 포함되어 있음을 확인하였고, 이에 따라 「대기환경보전법」에 근거하여 EA189엔진이 장착된 차량에 대해 판매정지명령과 이미 판매된 12만 5,522대에 대한 전량 리콜명령을 내렸다. 이와 더불어 인증받은 내용과 다르게 차량을 제작한 것으로 밝혀짐에 따라 15개 차종에 대하여 총 141억원의 과징금을 부과하였다.

2. 운행차에 대한 규제

(1) 운행차배출허용기준 및 수시점검

자동차의 소유자는 그 자동차에서 배출되는 배출가스가 대통령령으로 정하는 운행차 배출가스허용기준(이하 "운행차배출허용기준"이라 한다)에 맞게 운행하거나 운행하게 하여야 한다(제57조).

환경부장관, 특별시장·광역시장 또는 시장·군수·구청장은 운행차의 배출가스가 제57조에 따른 운행차배출허용기준에 맞는지를 확인하기 위하여 도로나 주차장 등에서 운행차를 점검할 수 있다(제61조 ①). 자동차 운행자는 제1항에 따른 점검에 협조하여야 하며 이에 응하지 아니하거나 기피 또는 방해하여서는 아니 된다(동조 ②). 제1항에 따른 점검 방법 등에 필요한 사항은 환경부령으로 정한다(동조 ③).

(2) 저공해자동차의 운행 및 보급 등

동법은 저공해자동차의 운행 및 보급 등에 관한 규정을 두고 있다. "저공해자동차"란 대기오염물질의 배출이 없는 자동차, 제46조 제1항에 따른 제작차의 배출허용기준보다 오염물질을 적게 배출하는 자동차로서 대통령령으로 정하는 것[20]을 말한다(제2조 제16호).

1) 저공해자동차의 운행 등

시·도지사 또는 시장·군수는 관할 지역의 대기질 개선 또는 기후·생태계 변화유발물질 배출감소를 위하여 필요하다고 인정하면 그 지역에서 운행하는 자동차 및 건설기계(제2조 제13호의2 가목에 따른 건설기계를 말한다. 이하 이 조에서 같다) 중 차령과 대기오염물질 또는 기후·생태계 변화유발물질 배출정도 등에 관하여 환경부령으로 정하는 요건을 충족하는 자동차 및 건설기계의 소유자에게 그 시·도 또는 시·군의 조례에 따라 그 자동차 및 건설기계에 대하여 다음 각 호의 어느 하

---

20) 동법 시행령 제1조의2(저공해자동차의 종류) 「대기환경보전법」(이하 "법" 이라 한다) 제2조 제16호 각 목 외의 부분에서 "대통령령으로 정하는 것"이란 다음 각 호의 구분에 따른 자동차를 말한다.

1. 제1종 저공해자동차: 자동차에서 배출되는 대기오염물질이 환경부령으로 정하는 배출허용기준에 맞는 자동차로서 「환경친화적 자동차의 개발 및 보급 촉진에 관한 법률」 제2조 제3호, 제4호 및 제6호에 따른 전기자동차, 태양광자동차 및 수소전기자동차
2. 제2종 저공해자동차: 자동차에서 배출되는 대기오염물질이 환경부령으로 정하는 배출허용기준에 맞는 자동차로서 「환경친화적 자동차의 개발 및 보급 촉진에 관한 법률」 제2조 제5호에 따른 하이브리드자동차
3. 제3종 저공해자동차: 자동차에서 배출되는 대기오염물질이 환경부령으로 정하는 배출허용기준에 맞는 자동차로서 법 제74조 제1항에 따른 제조기준에 맞는 자동차연료를 사용하는 자동차

나에 해당하는 조치를 하도록 명령하거나 조기에 폐차할 것을 권고할 수 있다(제58조 ①).

1. 저공해자동차로의 전환 또는 개조
2. 배출가스저감장치의 부착 또는 교체 및 배출가스 관련 부품의 교체
3. 저공해엔진(혼소엔진을 포함한다)으로의 개조 또는 교체

배출가스보증기간이 경과한 자동차의 소유자는 해당 자동차에서 배출되는 배출가스가 제57조에 따른 운행차배출허용기준에 적합하게 유지되도록 환경부령으로 정하는 바에 따라 배출가스저감장치를 부착 또는 교체하거나 저공해엔진으로 개조 또는 교체할 수 있다(동조 ②).

국가나 지방자치단체는 저공해자동차의 보급, 배출가스저감장치의 부착 또는 교체와 저공해엔진으로의 개조 또는 교체를 촉진하기 위하여 다음 각 호의 어느 하나에 해당하는 자에 대하여 예산의 범위에서 필요한 자금을 보조하거나 융자할 수 있다(동조 ③).

1. 저공해자동차를 구입하는 자. 이 경우 제58조의2 제1항에 따른 자동차판매자로부터의 구매 여부, 저공해자동차 판매가격 등 환경부령으로 정하는 기준에 따라 자금의 보조 및 융자를 차등적으로 할 수 있다.

1의2. 저공해자동차로 개조하는 자

2. 저공해자동차에 연료를 공급하기 위한 시설 중 다음 각 목의 시설을 설치하는 자
   가. 천연가스를 연료로 사용하는 자동차에 천연가스를 공급하기 위한 시설로서 환경부장관이 정하는 시설
   나. 전기를 연료로 사용하는 자동차(이하 "전기자동차"라 한다)에 전기를 충전하기 위한 시설로서 환경부장관이 정하는 시설
   다. 수소가스를 연료로 사용하는 자동차(이하 "수소전기자동차"라 한다)에 수소가스를 충전하기 위한 시설로서 환경부장관이 정하는 시설(이하 "수소연료공급시설"이라 한다)
   라. 그 밖에 태양광 등 환경부장관이 정하는 저공해자동차 연료공급시설
3. 제1항 또는 제2항에 따라 자동차에 배출가스저감장치를 부착 또는 교체하거나 자동차의 엔진을 저공해엔진으로 개조 또는 교체하는 자
4. 제1항에 따라 자동차의 배출가스 관련 부품을 교체하는 자
5. 제1항에 따른 권고에 따라 자동차를 조기에 폐차하는 자

6. 그 밖에 배출가스가 매우 적게 배출되는 것으로서 환경부장관이 정하여 고시하는 자동차를 구입하는 자

환경부장관은 제3항 제1호 · 제1호의2 · 제3호 · 제4호 및 제6호에 따라 경비를 지원받은 자동차의 소유자 및 제3항 제3호 및 제4호의 경비를 지원받은 건설기계의 소유자(해당 소유자로부터 소유권을 이전받은 자를 포함한다. 이하 이 조에서 "소유자"라 한다)에게 환경부령으로 정하는 기간의 범위에서 해당 자동차 및 건설기계의 의무운행 기간을 설정할 수 있다(동조 ④). 환경부장관 및 지방자치단체의 장은 소유자가 제4항에 따른 의무운행 기간을 충족하지 못한 경우 환경부령으로 정하는 바에 따라 제3항에 따라 지원된 경비의 일부를 회수할 수 있다(동조 ⑩).

소유자는 해당 자동차 및 건설기계의 폐차 또는 수출 등을 위하여 자동차 및 건설기계의 등록을 말소하고자 하는 경우(건설기계 엔진을 전기모터로 교체하는 경우는 제외한다) 환경부령으로 정하는 바에 따라 다음 각 호의 장치 및 부품 등을 해당 지방자치단체의 장에게 반납하여야 한다. 이 경우 국가나 지방자치단체는 장치 및 부품 등의 반납에 드는 비용의 일부를 예산의 범위에서 지원할 수 있다(동조 ⑤).

1. 부착 또는 교체된 배출가스저감장치
2. 개조 또는 교체된 저공해엔진

제5항에도 불구하고 소유자는 같은 항 제1호 및 제2호의 장치 및 부품 등의 경우에는 환경부령으로 정하는 바에 따라 해당 장치 또는 부품의 잔존가치에 해당하는 금액을 금전으로 납부할 수 있다(동조 ⑥).

환경부장관 또는 지방자치단체의 장은 제5항에 따라 반납받은 배출가스저감장치 등을 재사용 또는 재활용하여야 한다(제58조 ⑦). 환경부장관 또는 지방자치단체의 장은 제5항에 따라 반납받은 배출가스저감장치 등이 재사용 · 재활용이 불가능하다고 환경부령으로 정한 사유에 해당하는 경우에는 매각하여야 한다(동조 ⑧). 제6항에 따라 징수한 금액과 제8항에 따른 매각대금은 「환경정책기본법」에 따른 환경개선특별회계의 세입으로 하고, 제3항에 따른 지원 및 저공해자동차의 개발 · 연구 사업에 필요한 경비 등 환경부령으로 정하는 경비에 충당할 수 있다(동조 ⑨).

저공해자동차 또는 제1항에 따라 배출가스저감장치를 부착하거나 저공해엔진으로 개조 또는 교체한 자동차 및 건설기계(이하 이 조에서 "저공해자동차등"이라 한다)의 소유자는 특별시장 · 광역시장 · 특별자치시장 · 특별자치도지사 · 시장 · 군수에게 저공해자동차등에 해당함을 인증하는 표지의 발급을 신청할 수 있다(동조 ⑪). 특별시장 · 광역시장 · 특별자치시장 · 특별자치도지사 · 시장 · 군수는 제11항에 따른 인

증 신청이 있는 경우 해당 자동차 및 건설기계가 저공해자동차등에 해당하는지 여부를 검토하여 표지를 발급할 수 있고, 저공해자동차등의 소유자는 발급받은 표지를 저공해자동차등에 붙일 수 있다(동조 ⑫).

환경부장관이나 특별시장·광역시장·특별자치시장·특별자치도지사·시장·군수는 제12항에 따라 발급받은 표지를 붙인 자동차에 대하여 주차료 감면 등 지원에 관한 시책을 마련하여야 한다(동조 ⑬). 지방자치단체는 제3항 제5호에 따른 경비지원에 필요한 절차를 제78조에 따라 설립된 한국자동차환경협회로 하여금 대행하도록 할 수 있다(동조 ⑭). 제14항에 따라 경비지원에 필요한 절차를 대행하는 한국자동차환경협회는 「전기·전자제품 및 자동차의 자원순환에 관한 법률」 제25조 제1항에 따라 폐자동차 재활용비율을 높이 달성하는 자동차폐차업자에게 환경부장관이 정하는 바에 따라 제3항에 따른 경비를 지원받는 자의 자동차 폐차가 우선하여 배정되도록 하여야 한다(동조 ⑮).

환경부장관은 저공해자동차 중 제2조 제16호 가목에 따른 자동차에 연료를 공급하기 위한 시설에 관한 정보를 관리하기 위하여 전산망을 환경부령으로 정하는 바에 따라 설치·운영할 수 있다(동조 ⑯). 환경부장관은 관계 행정기관 및 「공공기관의 운영에 관한 법률」 제4조에 따른 공공기관 등에 대하여 제16항에 따른 전산망의 설치·운영에 필요한 자료의 제공을 요청할 수 있다. 이 경우 요청을 받은 기관의 장은 특별한 사유가 없으면 그 요청에 따라야 한다(동조 ⑰). 환경부장관은 저공해자동차 중 전기자동차 보급을 활성화하기 위하여 제3항 제2호 나목에 따른 전기자동차 충전시설을 환경부령으로 정하는 바에 따라 설치·운영할 수 있다(동조 ⑱). 환경부장관은 제3항에 따라 자금을 보조하거나 융자할 수 있는 지원 대상을 정하기 위하여 환경부령으로 정하는 바에 따라 전기자동차 성능 평가를 실시할 수 있다(동조 ⑲).

2) 저공해자동차의 보급

환경부장관은 자동차를 제작하거나 수입하여 대통령령으로 정하는 수량 이상을 판매(위탁 등을 하여 판매하는 경우를 포함한다)하는 자(이하 “자동차판매자”라 한다)가 연간 보급하여야 할 저공해자동차에 관한 목표(이하 “연간 저공해자동차 보급목표”라 한다)를 매년 산업통상자원부 등 관계 중앙행정기관의 장과 협의하여 정하고 이를 고시하여야 한다(제58조의2 ①).

환경부장관은 저공해자동차 중에서 대기오염물질의 배출이 없는 자동차로서 대통령령으로 정하는 자동차(이하 “무공해자동차”라 한다)의 보급 촉진을 위하여 제1

항에 따라 연간 저공해자동차 보급목표를 정할 때 자동차판매자가 연간 보급하여야 할 무공해자동차에 관한 목표를 별도로 정할 수 있다(동조 ②). 환경부장관은 제1항 및 제2항에 따라 연간 저공해자동차 보급목표를 정할 때에는 저공해자동차의 개발현황, 자동차판매량 등을 고려하여야 한다(동조 ③).

자동차판매자는 연간 저공해자동차 보급목표에 따라 매년 저공해자동차 보급계획서를 작성하여 환경부장관의 승인을 받아야 하고(동조 ④), 제4항에 따라 승인을 받은 저공해자동차 보급계획서에 따라 저공해자동차를 보급하고 그 실적을 환경부장관에게 제출하여야 한다(동조 ⑤).

3) 저공해자동차 보급실적의 이월 · 거래 등

자동차판매자는 해당 연도의 저공해자동차 · 무공해자동차 보급실적이 제58조의2제1항 및 제2항에 따른 보급목표를 초과한 경우에는 그 초과분을 다음 연도부터 환경부령으로 정하는 기간 동안 이월하여 사용하거나 자동차판매자 간에 거래할 수 있다(제58조의3 ①). 자동차판매자는 무공해자동차 충전시설을 설치 · 운영하거나 무공해자동차 생산 · 수입 후 판매되지 아니한 재고가 있는 경우 등 저공해자동차 보급에 기여한 실적이 있는 경우에는 이를 저공해자동차 보급실적으로 전환하여 줄 것을 환경부장관에게 신청할 수 있다(동조 ②). 제1항 및 제2항에 따른 초과실적의 이월 · 거래에 관한 사항, 저공해자동차 보급 기여실적 인정방법 등은 환경부장관이 정하여 고시한다(동조 ③).

4) 저공해자동차 보급 기여금

환경부장관은 연간 저공해자동차 보급목표를 달성하지 못한 자동차판매자(이하 "기여금 납부의무자"라 한다)에게 대통령령으로 정하는 매출액에 100분의 1을 곱한 금액을 초과하지 아니하는 범위에서 저공해자동차 보급 기여금(이하 "기여금"이라 한다)을 부과 · 징수할 수 있다. 이 경우 기여금 납부의무자는 「민법」 제32조에 따른 비영리법인 중 환경부장관이 지정하는 기관에 기여금을 납부하여야 한다(제58조의4 ①). 기여금은 무공해자동차 충전시설의 설치 · 운영 등 저공해자동차 보급 활성화를 위한 사업에 사용되어야 한다(동조 ②). 환경부장관은 기여금 납부의무자가 납부기한까지 기여금을 내지 아니하면 그 납부기한의 다음 날부터 납부한 날까지의 기간에 대하여 대통령령으로 정하는 가산금을 징수한다. 이 경우 가산금은 체납된 기여금의 100분의 3을 초과하여서는 아니 된다(동조 ③). 환경부장관은 기여금 납부의무자가 납부기한까지 기여금을 내지 아니하면 30일 이상의 기간을 정하여 독촉하고, 그 지정한 기간 내에 기여금 및 제3항에 따른 가산금을 내지 아니하면 국세 체납처분의 예에 따라 징수할 수 있다(동조 ④). 환경부장관은 기여금 납부의무자가 제76조의6에 따른 과징금을 동시에 납부하는 경우 대통령령으로 정하는 바에 따라 기여금을 감액할 수 있다(동조 ⑤).

5) 저공해자동차의 구매 · 임차 등

대통령령으로 정하는 수량 이상의 자동차를 가지고 있는 다음 각 호의 기관은 자동차를 새로 구매하거나 임차하는 경우 환경부령으로 정하는 비율 이상의 저공해자동차를 구매하거나 임차하여야 한다(제58조의5 ①).

1. 국가기관
2. 지방자치단체
3. 대통령령으로 정하는 공공기관

한편, 동법은 저공해자동차의 보급 확대를 위하여 제58조의6(저공해자동차의 구매 · 임차 계획), 제58조의7(저공해자동차의 구매 · 임차 실적), 제58조의8(저공해자동차의 구매 · 임차 촉진을 위한 협조요청), 제58조의9(저공해자동차 관련 정보의 제공 등) 등의 규정을 두고 있다.

(3) 수소연료공급시설 배치계획의 수립 및 설치계획의 승인

환경부장관은 수소연료공급시설의 효율적 설치를 위하여 다음 각 호의 사항을 고려하여 수소연료공급시설 배치계획(이하 "배치계획"이라 한다)을 수립하여야 한다(제58조의10 ①).

1. 수소연료공급시설의 지역적 배분
2. 수소전기자동차의 보급 실적 및 계획
3. 수소전기자동차 이용자의 접근성
4. 교통량
5. 그 밖에 배치계획 수립을 위하여 필요한 사항으로서 환경부령으로 정하는 사항

환경부장관은 배치계획을 수립할 때에는 미리 관계 중앙행정기관의 장, 시 · 도지사 및 시장 · 군수 · 구청장과 협의한 후 「수소경제 육성 및 수소 안전관리에 관한 법률」 제6조에 따른 수소경제위원회의 심의를 거쳐야 한다(동조 ②).

수소연료공급시설을 설치하려는 자는 대통령령으로 정하는 바에 따라 수소연료공급시설 설치계획(이하 "설치계획"이라 한다)을 작성하여 환경부장관의 승인을 받아야 한다(제58조의11 ①). 설치계획에는 다음 각 호의 사항이 포함되어야 한다(동조 ②).

1. 수소연료공급시설을 설치하려는 자의 성명 또는 명칭

2. 수소연료공급시설의 위치, 면적 등 설치 부지에 관한 사항
3. 수소연료공급시설의 용량, 공급방식 등 설비에 관한 사항
4. 그 밖에 제1항에 따른 승인을 위하여 필요한 사항으로서 대통령령으로 정하는 사항

수소연료공급시설을 설치하려는 자가 제1항에 따라 승인을 받은 설치계획 중 대통령령으로 정하는 중요한 사항을 변경하려는 경우에는 변경승인을 받아야 한다(동조 ③). 환경부장관은 제1항 및 제3항에 따른 승인 또는 변경승인을 하려는 때에는 배치계획과 설치계획의 정합성(整合性)을 고려하여야 하며, 미리 관계 행정기관의 장과 협의를 거쳐야 한다(동조 ④).

한편, 동법은 제58조의12에서 환경부장관이 제58조의11 제1항 및 같은 조 제3항에 따라 설치계획의 승인 또는 변경승인을 한 경우에는 적용되는 인·허가 의제에 관한 사항을 두고 있다.

(4) 배출가스저감장치 및 공회전제한장치의 인증 등

배출가스저감장치, 저공해엔진 또는 공회전제한장치를 제조·공급 또는 판매하려는 자는 환경부장관으로부터 그 장치나 엔진이 보증기간 동안 환경부령으로 정하는 저감효율 또는 기준에 맞게 유지될 수 있다는 인증을 받아야 한다. 다만, 제작단계에서 배출가스저감장치, 저공해엔진 또는 공회전제한장치를 부착하여 제작차 인증을 받은 경우에는 인증을 받지 아니할 수 있다(제60조 ①). 제1항에 따라 인증을 받은 자가 인증받은 내용을 변경하려면 변경인증을 받아야 한다(동조 ②).

(5) 운행차의 배출가스 정기검사

자동차의 소유자는 「자동차관리법」 제43조 제1항 제2호와 「건설기계관리법」 제13조 제1항 제2호에 따라 그 자동차에서 나오는 배출가스가 운행차배출허용기준에 맞는지를 검사하는 운행차 배출가스 정기검사(이하 "정기검사"라 한다)를 받아야 한다. 다만, 제63조에 따른 정밀검사 대상 자동차의 경우에는 해당 연도의 정기검사 대상에서 제외한다(제62조 ①). 정기검사의 방법, 검사대상 항목, 검사기관의 검사능력 등에 필요한 사항은 환경부령으로 정한다(동조 ②).

환경부장관이 제2항에 따라 환경부령을 정하는 경우에는 국토교통부장관과 협의하여야 한다(동조 ③). 환경부장관은 정기검사의 결과에 관한 자료를 국토교통부장관에게 요청할 수 있다. 이 경우 국토교통부장관은 특별한 사유가 없으면 이에 응하여야 한다(동조 ④).

(6) 운행차의 배출가스 정밀검사

다음 각 호의 지역 중 어느 하나에 해당하는 지역에 등록(「자동차관리법」 제5조와 「건설기계관리법」 제3조에 따른 등록을 말한다)된 자동차의 소유자는 관할 시·도지사가 그 시·도의 조례로 정하는 바에 따라 실시하는 운행차 배출가스 정밀검사(이하 "정밀검사"라 한다)를 받아야 한다(제63조 ①).

1. 대기관리권역
2. 인구 50만 명 이상의 도시지역 중 대통령령으로 정하는 지역

제1항에도 불구하고 다음 각 호의 어느 하나에 해당하는 자동차는 정밀검사를 면제한다(동조 ②).

1. 저공해자동차 중 환경부령으로 정하는 자동차
2. 「대기관리권역의 대기환경개선에 관한 특별법」 제26조 제2항에 따라 검사를 받은 특정경유자동차
3. 「대기관리권역의 대기환경개선에 관한 특별법」 제26조 제3항에 따른 조치를 한 날부터 3년 이내인 특정경유자동차

정밀검사에 관하여는 「자동차관리법」 제43조의2에 따른다(동조 ③). 정밀검사 결과(관능 및 기능검사는 제외한다) 2회 이상 부적합 판정을 받은 자동차의 소유자는 제68조 제1항에 따라 등록한 전문정비사업자에게 정비·점검을 받은 후 전문정비사업자가 발급한 정비·점검 결과표를 「자동차관리법」 제44조의2 또는 제45조의2에 따라 지정을 받은 종합검사대행자 또는 종합검사지정정비사업자에게 제출하고 재검사를 받아야 한다(동조 ④). 정밀검사의 기준 및 방법, 검사항목 등 필요한 사항은 환경부령으로 정한다(동조 ⑤). 제1항 각 호에 따른 지역을 관할하는 시·도지사는 자동차 소유자가 「자동차관리법」 제8조·제11조·제12조에 따라 신규·변경·이전 등록을 신청하는 경우에는 정밀검사 대상임을 알 수 있도록 자동차등록증에 검사주기 등을 기재하여야 한다(동조 ⑥).

(7) 운행차의 개선명령

환경부장관, 특별시장·광역시장 또는 시장·군수·구청장은 제61조에 따른 운행차에 대한 점검 결과 그 배출가스가 운행차배출허용기준을 초과하는 경우에는 환경부령으로 정하는 바에 따라 자동차 소유자에게 개선을 명할 수 있다(제70조 ①).

제1항에 따라 개선명령을 받은 자는 환경부령으로 정하는 기간 이내에 전문정비사업자에게 정비·점검 및 확인검사를 받아야 한다(동조 ②). 제2항에도 불구하고 배출가스 보증기간 이내인 자동차로서 자동차 소유자의 고의 또는 과실이 없는 경

우(고의 또는 과실 여부는 자동차제작자가 입증하여야 한다)에는 자동차제작자가 비용을 부담하여 정비·점검 및 확인검사를 하여야 한다. 다만, 자동차제작자가 직접 확인검사를 할 수 없는 경우에는 전문정비사업자, 「자동차관리법」 제44조의2에 따른 종합검사대행자 또는 같은 법 제45조의2에 따른 종합검사 지정정비사업자(이하 이 조에서 "전문정비사업자등"이라 한다)에게 확인검사를 위탁할 수 있다(동조 ③). 전문정비사업자등이나 자동차제작자가 제2항 및 제3항에 따라 정비·점검 및 확인검사를 한 경우에는 자동차 소유자에게 정비·점검 및 확인검사 결과표를 발급하고 환경부령으로 정하는 바에 따라 특별시장·광역시장 또는 시장·군수·구청장에게 정비·점검 및 확인검사 결과를 보고하여야 한다(동조 ⑤).

제2항 및 제3항에 따라 정비·점검 및 확인검사를 받은 자동차는 환경부령으로 정하는 기간 동안 정기검사와 정밀검사를 받지 아니하여도 된다(동조 ④).

환경부장관, 특별시장·광역시장 또는 시장·군수·구청장은 제70조 제1항에 따른 개선명령을 받은 자동차 소유자가 같은 조 제2항에 따른 확인검사를 환경부령으로 정하는 기간 이내에 받지 아니하는 경우에는 10일 이내의 기간을 정하여 해당 자동차의 운행정지를 명할 수 있다(제70조의2 ①).

(8) 자동차연료·첨가제 또는 촉매제의 검사, 제조·공급·판매중지 및 회수

자동차연료·첨가제 또는 촉매제를 제조(수입을 포함한다. 이하 이 조, 제75조, 제82조 제1항 제11호, 제89조 제9호·제13호 및 제91조 제10호 및 제94조 제4항 제14호에서 같다)하려는 자는 환경부령으로 정하는 제조기준(이하 "제조기준"이라 한다)에 맞도록 제조하여야 한다(제74조 ①). 자동차연료·첨가제 또는 촉매제를 제조하려는 자는 제조기준에 맞는지에 대하여 미리 환경부장관으로부터 검사를 받아야 한다(동조 ②).

환경부장관은 자동차연료·첨가제 또는 촉매제로 환경상의 위해가 발생하거나 인체에 매우 유해한 물질이 배출된다고 인정하면 환경부령으로 정하는 바에 따라 그 제조·판매 또는 사용을 규제할 수 있다(동조 ⑦).

환경부장관은 제74조 제6항에 따라 공급·판매 또는 사용이 금지되는 자동차연료·첨가제 또는 촉매제를 제조한 자에 대해서는 제조의 중지 및 유통·판매 중인 제품의 회수를 명할 수 있다(제75조 ①). 환경부장관은 제74조 제6항에 따라 공급·판매 또는 사용이 금지되는 자동차연료·첨가제 또는 촉매제를 공급하거나 판매한 자에 대하여는 공급이나 판매의 중지를 명할 수 있다(동조 ②).

3. 선박의 배출허용기준 등

선박 소유자는 「해양환경관리법」 제43조 제1항에 따른 선박의 디젤기관에서 배출되는 대기오염물질 중 대통령령으로 정하는 대기오염물질을 배출할 때 환경부령으로 정하는 허용기준에 맞게 하여야 한다(제76조 ①). 환경부장관은 제1항에 따른 허용기준을 정할 때에는 미리 관계 중앙행정기관의 장과 협의하여야 한다(동조 ②). 환경부장관은 필요하다고 인정하면 제1항에 따른 허용기준의 준수에 관하여 해양수산부장관에게 「해양환경관리법」 제49조부터 제52조까지의 규정에 따른 검사를 요청할 수 있다(동조 ③).

Ⅵ. 자동차 온실가스 배출 관리

1. 자동차 온실가스 배출허용기준

자동차제작자는 「기후위기 대응을 위한 탄소중립 · 녹색성장 기본법」 제32조제2항에 따라 자동차 온실가스 배출허용기준을 택하여 준수하기로 한 경우 환경부령으로 정하는 자동차에 대한 온실가스 평균배출량이 환경부장관이 정하는 허용기준(이하 "온실가스 배출허용기준"이라 한다)에 적합하도록 자동차를 제작 · 판매하여야 한다(제76조의2).

2. 자동차 온실가스 배출량의 보고

자동차제작자는 제76조의2에 따른 환경부령으로 정하는 자동차를 판매하고자 하는 경우 환경부장관이 지정하는 시험기관에서 해당 자동차의 온실가스 배출량을 측정하고 그 측정결과를 환경부장관에게 보고하여야 한다. 다만, 환경부령으로 정하는 장비 및 인력을 보유한 자동차제작자의 경우에는 자체적으로 온실가스 배출량을 측정하여 그 측정결과를 보고할 수 있다(제76조의3 ①). 환경부장관은 제1항에 따라 자동차제작자가 보고한 측정결과에 보완이 필요한 경우 30일 이내에 자동차제작자에게 측정결과의 수정 또는 보완을 요청할 수 있다. 이 경우 자동차제작자는 정당한 사유가 없으면 이에 따라야 한다(동조 ②). 환경부장관은 자동차제작자가 제1항에 따라 보고한 측정결과에 적합하게 자동차를 제작하였는지를 확인하기 위하여 같은 항에 따라 측정결과를 보고한 자동차에 대하여 환경부령으로 정하는 바에 따라 1년 이내에 사후검사를 실시할 수 있다. 이 경우 측정결과에 대한 사후검사 결과의 허용 오차범위는 환경부령으로 정한다(동조 ③).

3. 자동차 온실가스 배출량의 표시

자동차제작자는 온실가스를 적게 배출하는 자동차의 사용·소비가 촉진될 수 있도록 제76조의3에 따라 환경부장관에게 보고한 자동차 온실가스 배출량을 해당 자동차에 표시하여야 한다(제76조의4 ①). 제1항에 따른 온실가스 배출량의 표시방법과 그 밖에 필요한 사항은 환경부령으로 정한다(동조 ②).

4. 자동차 온실가스 배출허용기준 및 평균에너지소비효율기준의 적용·관리 등

자동차제작자는 자동차 온실가스 배출허용기준 또는 평균에너지소비효율기준(「기후위기 대응을 위한 탄소중립·녹색성장 기본법」 제32조제2항에 따라 산업통상자원부장관이 정하는 평균에너지소비효율기준을 말한다. 이하 같다) 준수 여부 확인에 필요한 판매실적 등 환경부장관이 정하는 자료를 환경부장관에게 제출하여야 한다(제76조의5 ①).

자동차제작자는 해당 연도의 온실가스 평균배출량 또는 평균에너지소비효율이 온실가스 배출허용기준 또는 평균에너지소비효율기준 이내인 경우 그 차이분을 다음 연도부터 환경부령으로 정하는 기간 동안 이월하여 사용하거나 자동차제작자 간에 거래할 수 있으며, 해당 연도별 온실가스 평균배출량 또는 평균에너지소비효율이 온실가스 배출허용기준 또는 평균에너지소비효율기준을 초과한 경우에는 그 초과분을 다음 연도부터 환경부령으로 정하는 기간 내에 상환할 수 있다(동조 ②). 제1항 및 제2항에 따른 자료의 작성방법·제출시기, 차이분·초과분의 산정방법, 상환·거래 방법, 그 밖에 필요한 사항은 환경부장관이 정하여 고시한다(동조 ③).

5. 과징금 처분

환경부장관은 온실가스 배출허용기준을 준수하지 못한 자동차제작자에게 초과분에 따라 대통령령으로 정하는 매출액에 100분의 1을 곱한 금액을 초과하지 아니하는 범위에서 과징금을 부과·징수할 수 있다. 다만, 제76조의5 제2항에 따라 자동차제작자가 초과분을 상환하는 경우에는 그러하지 아니하다(제76조의6 ①). 제1항에 따른 과징금의 산정방법·금액, 징수시기, 그 밖에 필요한 사항은 대통령령으로 정한다. 이 경우 과징금의 금액은 평균에너지소비효율기준을 준수하지 못하여 부과하는 과징금 금액과 동일한 수준이 될 수 있도록 정한다(동조 ②). 환경부장관은 제1항에 따른 과징금을 내야 할 자가 납부기한까지 내지 아니하면 국세 체납처분의 예에 따라 징수한다(동조 ③). 제1항에 따라 징수한 과징금은 「환경정책기본법」에 따른 환경개선특별회계의 세입으로 한다(동조 ④).

Ⅶ. 냉매의 관리

"냉매(冷媒)"란 기후·생태계 변화유발물질 중 열전달을 통한 냉난방, 냉동·냉장 등의 효과를 목적으로 사용되는 물질로서 환경부령으로 정하는 것[21]을 말한다(제2조 제23호).

동법은 냉매의 관리를 위하여 환경부장관으로 하여금 냉매관리기준을 마련하도록 하고 있다. 즉, 환경부장관은 건축물의 냉난방용, 식품의 냉동·냉장용, 그 밖의 산업용으로 냉매를 사용하는 기기(이하 "냉매사용기기"라 한다)로부터 배출되는 냉매를 줄이기 위하여 다음 각 호의 사항에 관한 관리기준(이하 "냉매관리기준"이라 한다)을 마련하여야 한다. 이 경우 환경부장관은 관계 중앙행정기관의 장과 협의하여야 한다(제76조의9 ①).

1. 냉매사용기기의 유지 및 보수
2. 냉매의 회수 및 처리

환경부장관은 냉매의 관리를 위하여 필요한 경우 관계 중앙행정기관의 장에게 관련 자료를 요청할 수 있다. 이 경우 요청을 받은 기관의 장은 특별한 사유가 없으면 이에 협조하여야 한다(동조 ②).

냉매사용기기의 소유자·점유자 또는 관리자(이하 "소유자등"이라 한다)는 냉매관리기준을 준수하여 냉매사용기기를 유지·보수하거나 냉매를 회수·처리하여야 한다(제76조의10 ①). 냉매사용기기의 소유자등은 냉매사용기기의 유지·보수 및 냉매의 회수·처리 내용을 환경부령으로 정하는 바에 따라 기록·보존하고, 그 내용을 환경부장관에게 제출하여야 한다(동조 ②).

---

21) 동법 시행규칙 제10조의5(냉매) 법 제2조 제23호에서 "환경부령으로 정하는 것"이란 다음 각 호의 물질을 말한다.
   1. 염화불화탄소
   2. 수소염화불화탄소
   3. 「저탄소 녹색성장 기본법 시행령」 제2조 및 별표 1에 따른 수소불화탄소
   4. 제2호 및 제3호의 물질을 혼합하여 만든 물질

동법은 냉매의 관리를 위하여 그 외 제76조의11(냉매회수업의 등록), 제76조의12(냉매회수업자의 준수사항 등), 제76조의13(냉매회수업 등록의 취소 등), 제76조의14(냉매 판매량 신고), 제76조의15(냉매정보관리전산망 설치 및 운영)의 규정을 두고 있다.

제 3 절 기타 법률

Ⅰ. 대기관리권역의 대기환경개선에 관한 특별법

종래 「수도권 대기환경개선에 관한 특별법」에 근거하여 수도권 지역을 대상으로 대기관리권역 지정제도를 시행하였는데, 대기관리권역 지정제도를 수도권 이외에 대기환경기준을 초과하거나 초과할 우려가 있는 지역에까지 확대하고 광역적인 대기환경개선 대책을 체계적으로 추진하기 위하여 2019. 4. 2. 「대기관리권역의 대기환경개선에 관한 특별법」이 새로 제정되었다.[22)]

동법은 대기오염이 심각한 지역 등의 대기환경을 개선하기 위하여 종합적인 시책을 추진하고, 대기오염원을 체계적이고 광역적으로 관리함으로써 지역주민의 건강을 보호하고 쾌적한 생활환경을 조성함을 목적으로 한다(제1조).

동법은 대기오염이 심각하다고 인정되는 지역 및 인접지역 등의 대기질 개선을 위해 해당 지역을 대기관리권역으로 지정할 수 있도록 하고 있다. "대기관리권역"이란 다음 각 목의 지역을 포함하여 대통령령으로 정하는 지역[23)]을 말한다(제2

---

22) 이에 따라 「수도권 대기환경개선에 관한 특별법」은 폐지되었다. 최근 2021. 4. 1. 일부개정에서는 대기관리권역에서 총량관리대상 오염물질을 기준 이상으로 초과하여 배출하는 사업장 설치와 관련된 신고가 수리가 필요한 신고인지 여부가 불분명하고, 신고수리에 관한 구체적인 절차를 법률에서 규정하고 있지 않아 이에 대한 법률 개선이 필요하였으므로, 이에 사업장 설치와 관련된 신고가 수리가 필요한 신고임을 명시하여 국민의 예측가능성을 높이고자 하였다. 이와 더불어 「여객자동차 운수사업법」이 개정(법률 제17234호, 2020. 4. 7. 공포, 2021. 4. 8. 시행)됨에 따라 택시와 유사한 플랫폼 운송사업자의 등장이 예상되는바, 경유자동차의 사용제한 범위에 플랫폼 운송사업을 추가하여 대기오염물질의 위험으로부터 국민 건강을 보호하되, 종전의 신뢰를 보호하기 위하여 택시운송사업 등에 사용 중인 경유자동차의 경우 규제대상에서 제외하는 특례를 규정하였다. 2023. 3. 28. 일부개정에서는 환경부장관이 자동차제작자에게 특정 용도 경유자동차의 제작 중단 및 대체 자동차의 우선 출고의 협조를 요청할 수 있도록 하고, 협조요청을 받은 자동차제작자는 특별한 이유가 없으면 이에 협조하도록 하는 한편, 어린이통학버스 및 택배차량 용도의 경유자동차 사용 제한 규정의 시행일을 2023년 4월 3일에서 2024년 1월 1일로 유예하고, 경유자동차 제한 규정 시행일 전부터 계속하여 어린이통학버스 용도로 운행해 온 기존 경유자동차의 소유자에 대해서는 경유자동차 사용 제한 규정의 적용대상에서 제외하였다.

조 제1호).

가. 대기오염이 심각하다고 인정되는 지역

나. 해당 지역에서 배출되는 대기오염물질이 가목 지역의 대기오염에 크게 영향을 미친다고 인정되는 지역

동법은 환경부장관으로 하여금 대기관리권역의 대기질 개선을 위하여 관계 중앙행정기관의 장과 대기관리권역을 관할하는 시·도지사의 의견을 들어 5년마다 권역별 대기환경관리 기본계획을 수립하도록 하였다(제9조).

대기관리권역 내 시·도지사는 대기환경관리 기본계획의 시행을 위한 시행계획을 수립하여 환경부장관의 승인을 받고, 매년 추진실적을 환경부장관에게 보고하도록 하고 있고(제10조), 권역별 대기환경관리에 관한 중요 내용의 심의를 위해 대기관리권역별로 대기환경관리위원회와 실무위원회를 두도록 하였다(제12조 및 제13조).

한편, 동법 제3장에서는 사업장 오염물질 총량관리에 관한 규정을 두고 있다. 대기관리권역 내에서 대통령령으로 정하는 대기오염물질을 배출하는 사업장에 대해 오염물질 총량관리를 시행하고, 배출량 측정을 위한 자동측정기기를 부착하도록 하며, 환경부장관은 총량관리사업자가 할당받은 배출허용총량을 초과하여 배출하면 총량초과과징금을 부과·징수할 수 있도록 하였다(제15조부터 제25조까지).

---

23) 대기관리권역의 대기환경개선에 관한 특별법 시행령 [별표 1]

대기관리권역(제2조 관련)

권역	지역 구분	지역범위
수도권	서울특별시	전 지역
	인천광역시	옹진군(옹진군 영흥면은 제외한다)을 제외한 전 지역
	경기도	수원시, 고양시, 성남시, 용인시, 부천시, 안산시, 남양주시, 안양시, 화성시, 평택시, 의정부시, 시흥시, 파주시, 김포시, 광명시, 광주시, 군포시, 오산시, 이천시, 양주시, 안성시, 구리시, 포천시, 의왕시, 하남시, 여주시, 동두천시, 과천시
중부권	대전광역시	전 지역
	세종특별자치시	전 지역
	충청북도	청주시, 충주시, 제천시, 진천군, 음성군, 단양군
	충청남도	천안시, 공주시, 보령시, 아산시, 서산시, 논산시, 계룡시, 당진시, 부여군, 서천군, 청양군, 홍성군, 예산군, 태안군
	전라북도	전주시, 군산시, 익산시
남부권	광주광역시	전 지역
	전라남도	목포시, 여수시, 순천시, 나주시, 광양시, 영암군
동남권	부산광역시	전 지역
	대구광역시	전 지역
	울산광역시	전 지역
	경상북도	포항시, 경주시, 구미시, 영천시, 경산시, 칠곡군
	경상남도	창원시, 진주시, 김해시, 양산시, 고성군, 하동군

「사업장 대기오염물질 총량관리제도」는 대기관리권역에 있는 일정규모 이상의 사업장에 대하여 대기오염물질 배출허용총량을 할당하고 이를 초과하여 배출하는 경우에는 총량초과부과금을 부과하는 제도이다. 배출허용총량은 초기연도에는 과거 5년간의 평균배출량 수준으로 할당을 하고, 최종연도에는 최적방지시설을 설치하였을 경우에 배출되는 수준으로 할당된다. 대상 사업장이 할당된 배출허용총량 이내로 오염물질을 배출하는 경우에는 잔여 배출허용총량의 이전 허용, 차기년도 이월 허용, 완화된 배출허용기준의 적용, 배출부과금 면제 등의 인센티브를 부여하고 있다.

동법도 사업장설치의 허가를 배출규제의 기초로 삼고 있다. 즉, 대기관리권역에서 총량관리대상 오염물질을 대통령령으로 정하는 배출량을 초과하여 배출하는 사업장을 설치하거나 이에 해당하는 사업장으로 변경하려는 자는 환경부령으로 정하는 바에 따라 환경부장관으로부터 사업장설치의 허가를 받아야 한다. 허가받은 사항을 변경하는 경우에도 또한 같다(제15조 ①). 환경부장관은 제1항에 따른 허가 또는 변경허가를 하는 경우에는 최적방지시설을 설치할 것을 조건으로 붙여야 한다(동조 ③). 환경부장관은 사업장의 설치 또는 변경의 허가신청을 받은 경우 그 사업장의 설치 또는 변경으로 인하여 지역배출허용총량의 범위를 초과하게 되면 이를 허가하여서는 아니 된다(제16조 본문).

[판례] 구 수도권 대기환경개선에 관한 특별법(2013. 3. 23. 법률 제11690호로 개정되기 전의 것, 이하 '구 수도권대기환경특별법'이라 한다) 제2조 제2호, 제8조 제2항 제8호, 제14조 제1항, 제15조, 제16조, 제19조 제1항, 같은 법 시행령(2011. 12. 30. 대통령령 23465호로 개정되기 전의 것) 제2조, 제17조, [별표 1], [별표 2], 같은 법 시행규칙 제8조 등 대기오염물질 총량관리사업장 설치의 허가 또는 변경허가에 관한 규정들의 문언 및 그 체제·형식과 함께 구 수도권대기환경특별법의 입법 목적, 규율 대상, 허가의 방법, 허가 후 조치권한 등을 종합적으로 고려할 때, 구 수도권대기환경특별법 제14조 제1항에서 정한 대기오염물질 총량관리사업장 설치의 허가 또는 변경허가는 특정인에게 인구가 밀집되고 대기오염이 심각하다고 인정되는 수도권 대기관리권역에서 총량관리대상 오염물질을 일정량을 초과하여 배출할 수 있는 특정한 권리를 설정하여 주는 행위로서 그 처분의 여부 및 내용의 결정은 행정청의 재량에 속한다(대법원 2013. 5. 9. 선고 2012두22799 판결[대기배출시설설치불허가처분등취소] – 이천에너지 사건).

대기관리권역 내에서 운행하는 특정경유자동차에 대해 배출가스저감장치 부착 등 저공해 조치를 취하도록 하고, 배출가스저감장치 미부착 경유자동차 등에 대해 지방자치단체의 조례로 정하는 바에 따라 운행을 제한할 수 있도록 하였다(제26조 및 제29조).

시·도지사는 노후 건설기계 저공해화 계획을 수립·시행하고, 행정기관 및 대통령령으로 정하는 공공기관은 대기관리권역에서 환경부령으로 정하는 규모 이상의 토목사업 또는 건축사업을 발주하거나 시행하는 경우 배출가스저감장치를 부착하거나 저공해엔진으로 개조 또는 교체한 특정건설기계를 사용하도록 하였다(제31조).

Ⅱ. 미세먼지 저감 및 관리에 관한 특별법

현재 미세먼지 문제는 국민의 건강을 위협하는 가장 중요한 문제로 인식되고 있다. 정부가 특별대책을 발표하고 각종 정책을 시행하고 있음에도 불구하고 개선의 기미가 보이지 않고 있어 국민들의 불안이 지속적으로 커가고 있다. 따라서 보다 근본적인 차원의 미세먼지 대책 마련을 위하여 2018. 8. 14.「미세먼지 저감 및 관리에 관한 특별법」을 제정하였다(2019. 2. 15. 시행).[24)]

동법에서 규율하는 '미세먼지'는 「대기환경보전법」 제2조 제6호에 따른 먼지 중 다음 각 목의 흡입성먼지를 말한다(제2조 제1호).

가. 입자의 지름이 10마이크로미터 이하인 먼지(PM－10: 미세먼지)

나. 입자의 지름이 2.5마이크로미터 이하인 먼지(PM－2.5: 초미세먼지)

---

24) 2019. 3. 26. 일부개정에서는 미세먼지 정보 관리·지원 업무의 선택과 집중을 위해 국가미세먼지 정보센터의 설치·운영 규정을 현행 임의규정에서 강행규정으로 변경하고, 시급한 미세먼지 문제 해결을 위한 조사·연구·교육 및 기술개발 등의 업무를 수행하는 기관 또는 법인·단체 중에서 요건을 갖춘 자를 "미세먼지연구·관리센터"로 지정할 수 있도록 하면서 당해 업무 수행에 필요한 비용의 전부 또는 일부를 지원할 수 있도록 근거를 마련하였다. 2020. 3. 31. 일부개정에서는 환경부장관으로 하여금 초미세먼지 월평균 농도가 특히 심화되는 12월에서 3월까지의 기간에 대기오염물질배출시설의 가동률 조정 외에도 선박에 대한 연료 전환 등의 조치를 관계 중앙행정기관의 장 등에게 요청할 수 있도록 하고, 시·도지사 또한 같은 기간에 차량운행제한 등 비상저감조치로 규정한 조치사항 등의 조치를 시행할 수 있도록 하며, 이를 위반한 경우에 대한 과태료 규정을 마련하는 등 현행 제도의 운영상 나타난 일부 미비점을 개선·보완하도록 하였다. 2022. 6. 10. 일부개정에서는 미세먼지 간이측정기가 성능인증기준에 부합하는지 여부를 검사할 수 있는 근거를 마련하며, 대중에게 정보를 제공하기 위하여 사용되는 미세먼지 간이측정기의 경우 그 성능을 정기적으로 점검받도록 함으로써 미세먼지에 대한 정보가 정확하게 생산되도록 하였다.

그리고 '미세먼지 생성물질'은 대기 중에서 미세먼지로 전환되는 질소산화물, 황산화물, 휘발성유기화합물, 그 밖에 환경부령으로 정하는 물질을 말한다(제2조 제2호).

동법은 정부로 하여금 5년마다 미세먼지관리종합계획을 수립하도록 하고(제7조), 시 · 도지사는 종합계획의 시행을 위한 세부계획을 수립하도록 하였다(제8조). 또한 미세먼지 저감 및 관리를 효율적으로 추진하기 위하여 국무총리를 위원장으로 하는 국무총리 소속의 미세먼지특별대책위원회를 두도록 하였다(제10조).

동법은 정부에게 미세먼지 관련 국제협력을 추진하도록 노력할 책무를 부여하고 있고(제14조), 정부가 미세먼지 관련 연구개발을 직접 수행하거나 지원할 수 있다는 규정을 두고 있다(제16조). 또한 환경부장관으로 하여금 국가미세먼지정보센터를 설치 · 운영하도록 근거규정을 두고 있다(제17조).

한편, 시 · 도지사는 환경부장관이 정하는 기간 동안 초미세먼지 예측 농도가 환경부령으로 정하는 기준에 해당하는 경우 미세먼지를 줄이기 위한 다음 각 호의 비상저감조치를 시행할 수 있다. 다만, 환경부장관은 2개 이상의 시 · 도에 광역적으로 비상저감조치가 필요한 경우에는 해당 시 · 도지사에게 비상저감조치 시행을 요청할 수 있고, 요청받은 시 · 도지사는 정당한 사유가 없으면 이에 따라야 한다(제18조 ①).

1. 대통령령으로 정하는 영업용 등 자동차를 제외한 자동차의 운행 제한
2. 「대기환경보전법」 제2조 제11호에 따른 대기오염물질배출시설 중 환경부령으로 정하는 시설의 가동시간 변경, 가동률 조정 또는 같은 법 제2조 제12호에 따른 대기오염방지시설의 효율 개선
3. 비산먼지 발생사업 중 건설공사장의 공사시간 변경 · 조정
4. 그 밖에 비상저감조치와 관련하여 대통령령으로 정하는 사항

환경부장관은 계절적, 비상시적 요인 등으로 미세먼지등의 배출 저감 및 관리를 효율적으로 수행하기 위하여 필요하다고 인정하는 경우에는 대통령령으로 정하는 바에 따라 관계 중앙행정기관의 장, 지방자치단체의 장 또는 시설운영자에게 「대기환경보전법」 제2조 제11호에 따른 대기오염물질배출시설의 가동률 조정 등을 요청할 수 있다(제21조 ①).

그동안 대기환경 행정의 중점은 전통적인 대기오염물질 배출규제, 기후변화 및 온실가스 관리 정책에 있었으나, 동법의 제정으로 미세먼지대책이 대기분야 정책의 중심에 서게 되었다. 그러나 동법의 체계에서 볼 수 있듯이 종합계획의 수립,

위원회의 설치, 자동차 운행제한, 배출시설의 가동률 조정 등의 내용으로 구성되어 있어 미세먼지 저감에 얼마나 실효성이 있을지 의문이 제기되고 한다.

현재 중국의 미세먼지가 우리나라에 영향을 주고 있는 것은 분명한 사실이나, 어떠한 배출원에서 어떠한 경로로 우리나라로 유입되는지 아직 충분한 연구가 부족한 상황이다. 오염물질의 이동에 대한 지속적인 모니터링과 중국 측의 정확한 환경정보의 제공 및 공유 등이 필요한 상황이지만 현실적으로 많은 한계를 보이고 있으므로, 중국과 실효성 있는 협력체계를 만들어 나갈 필요가 있다. 동시에 국내 배출원에 대한 관리와 감독을 철저히 하는 국내 미세먼지 정책을 강화할 필요가 있다. 당장 중국의 미세먼지 유입을 단기간 안에 차단할 특별한 방책이 없는 상황이라면 우선 국내 미세먼지의 배출원에 대한 철저한 관리·감독과 단속이 이루어져 한다. 국내 미세먼지 주범 가운데 하나인 경유차 퇴출 계획이 실효성 있게 진행되어야 하고, 장기적으로는 내연기관차에 대한 판매중단 및 친환경 자동차로의 전환 계획도 실질적으로 실천되어야 한다. 또한 미세먼지의 고정배출원에 대하여는 오염방지시설의 설치를 의무화하거나 설치 지원을 확대할 필요가 있다. 한편, 화력발전소에서 발생하는 미세먼지를 저감해나가기 위해 가동중지(셧다운)조치 등 실질적인 방안들을 강구하여야 한다.[25)]

Ⅲ. 실내공기질 관리법

오늘날 도시의 인구집중과 함께 토지이용이 극대화되면서 지하철역사·지하도상가 등 지하시설이 확대·증가되었고, 이러한 장소에서 생활하거나 통행하는 사람들이 많아지게 되면서 지하생활공간에서의 공기오염이 환경문제로 대두되게 되었다. 이에 따라 지하생활공간의 공기질을 적정하게 관리·보전함으로써 국민의 건강을 보호하고 환경상의 위해를 예방함을 목적으로 1996년 12월 지하생활공간 공기질관리법이 제정·공포되었다. 그러나 지하시설뿐만 아니라 여객터미널·도서관·박물관 및 미술관·병원·대합실 등 다중이용시설과 신축되는 공동주택의 실내공기질 관리에 대한 체계적인 접근 필요성이 크게 대두되자, 동법은 2003년 5월 29일 전면개정되면서 법명이 다중이용시설등의실내공기질관리법으로 변경되었고, 2015년 실내공기질관리법으로 간결화되었다.[26)]

---

25) 함태성, "환경행정법의 최근 동향과 쟁점 및 과제", 환경법연구 제41권 제1호, 2019.4, 99면.
26) 2018. 4. 17. 일부개정에서는 현행법상의 실내 사용 건축자재 사전적합확인제도가 시행중임에도

동법은 적용대상을 종전의 지하역사 및 지하도상가를 포함하여 일정 규모 이상의 여객터미널·도서관·의료기관 등 다중이용시설과 신축되는 공동주택으로 확대하였다. 그리고 다중이용시설 내부의 쾌적한 공기질을 유지하기 위하여 반드시 지켜야 하는 유지기준을 정하고, 유지기준과는 별도로 일정 기준에 따르도록 권고하는 권고기준을 정할 수 있도록 하는 등 실내공기질 관리기준을 이원화하여 시설에 따라 실내공기질이 적정하게 관리되도록 하였다. 또한 환경부장관으로 하여금 특히 인체에 해로운 오염물질을 다량으로 방출하는 건축자재를 관계중앙행정기관의 장과 협의하여 고시할 수 있도록 하고, 다중이용시설에는 이와 같은 건축 자재의 사용을 금지하도록 하였다.

동법은 다중이용시설, 신축되는 공동주택 및 대중교통차량의 실내공기질을 알맞게 유지하고 관리함으로써 그 시설을 이용하는 국민의 건강을 보호하고 환경상의 위해를 예방함을 목적으로 한다(제1조). 동법에서 "다중이용시설"이라 함은 불특정다수인이 이용하는 시설을 말하고(제2조 제1호), "공동주택"이라 함은 「건축법」 제2조 제2항 제2호의 규정에 의한 공동주택을 말하며(동조 제2호), "대중교통차량" 이란 불특정인을 운송하는 데 이용되는 차량을 말한다(동조 제2의2호). "오염물질" 이라 함은 실내공간의 공기오염의 원인이 되는 가스와 떠다니는 입자상물질 등으로서 환경부령이 정하는 것[27]을 말한다(제2조 제3호).

다중이용시설의 소유자등은 다중이용시설 내부의 쾌적한 공기질을 유지하기 위한 기준에 맞게 시설을 관리하여야 한다(제5조 ①). 제1항에 따른 공기질 유지기

동 건축자재가 기준을 초과하여 오염물질을 방출하는지 여부를 확인하는 시험기관의 지정 근거가 없고, 적합한 건축자재 사용여부 확인을 위한 다중이용시설 또는 공동주택 설치자 및 제조·수입업체에 대한 지도점검 규정이 없는 상황이므로, 이에 시험기관 지정·취소 등 근거 규정을 마련하여 건축자재 사전적합확인제도의 추진기반을 구축하고자 하였다. 2019. 4. 2. 일부개정에서는 지하역사의 실내공기질 측정기기 부착을 의무화하고, 대중교통차량의 운송사업자가 해당 차량의 실내공기질을 측정하도록 하며 환경부장관이 관계 기관과 협의하여 지하역사의 공기질 개선대책을 수립하도록 하였다. 특히 성인에 비해 면역력이 취약한 어린이의 건강을 위하여 「영유아보육법」에 따른 가정어린이집과 협동어린이집, 「어린이놀이시설 안전관리법」에 따른 실내어린이 놀이시설을 현행법의 적용대상에 추가하도록 하고, 어린이, 노인, 임산부 등이 이용하는 다중이용시설에 대해서는 보다 엄격한 실내공기질 유지기준을 적용하도록 정하였다.

27) 실내공기질 관리법 시행규칙 [별표 1] <개정 2019. 2. 13.>

<u>오염물질</u>(제2조 관련)

1. 미세먼지(PM−10) 2. 이산화탄소(CO2; Carbon Dioxide) 3. 폼알데하이드(Formaldehyde) 4. 총부유세균(TAB; Total Airborne Bacteria) 5. 일산화탄소(CO; Carbon Monoxide) 6. 이산화질소(NO2; Nitrogen dioxide) 7. 라돈(Rn; Radon) 8. 휘발성유기화합물(VOCs; Volatile Organic Compounds) 9. 석면(Asbestos) 10. 오존(O3; Ozone) 11. 초미세먼지(PM−2.5) 12. 곰팡이(Mold) 13. 벤젠(Benzene) 14. 톨루엔(Toluene) 15. 에틸벤젠(Ethylbenzene) 16. 자일렌(Xylene) 17. 스티렌(Styrene)

준은 환경부령으로 정한다. 이 경우 어린이, 노인, 임산부 등 오염물질에 노출될 경우 건강피해 우려가 큰 취약계층이 주로 이용하는 다중이용시설로서 대통령령으로 정하는 시설과 미세먼지 등 대통령령으로 정하는 오염물질에 대하여는 더욱 엄격한 공기질 유지기준을 정하여야 한다(동조 ②). 시 · 도는 지역환경의 특수성을 고려하여 필요하다고 인정하는 때에는 그 시 · 도의 조례로 제1항에 따른 공기질 유지기준보다 엄격하게 해당 시 · 도에 적용할 공기질 유지기준을 정할 수 있다(동조 ③).

특별자치시장 · 특별자치도지사 · 시장 · 군수 · 구청장은 다중이용시설이 제5조 제1항에 따른 공기질 유지기준에 맞지 아니하게 관리되는 경우에는 환경부령으로 정하는 바에 따라 기간을 정하여 그 다중이용시설의 소유자 등에게 공기정화설비 또는 환기설비 등의 개선이나 대체 그 밖의 필요한 조치(이하 "개선명령"이라 한다)를 할 것을 명령할 수 있다(제10조).

Ⅳ. 악취방지법

악취는 일반적인 대기오염과는 달리 그 원인물질이 다양하고 복합적이며 국지적 · 순간적으로 발생 · 소멸하는 특성을 지니고 있다. 그리고 국민이 직접 후각으로 느끼는 환경오염의 지표로서 극히 낮은 농도에서도 불쾌감을 주며 나아가 호흡기 질환이나 두통 등을 유발하기도 한다. 「환경정책기본법」은 제3조에서 악취를 대기, 물, 폐기물, 소음 · 진동, 일조 등과 함께 생활환경의 하나로 정의하면서(제3호), 대기오염, 수질오염, 소음·진동 등과 함께 환경오염의 한 요소로 정의하고 있다(제4호).

종래 「대기환경보전법」에서는 악취배출시설을 대기오염 관리차원에서 대기오염물질배출시설 및 생활악취시설로서 규제하고 있었다. 그러나 악취는 일반적인 대기오염과 다른 특성이 있고, 또한 악취와 관련된 민원이 꾸준히 증가하고 있는 현실에서는 「대기환경보전법」에서 악취를 관리하기보다는 악취의 특성에 맞는 체계적인 관리 필요성이 제기되었다. 이에 2004년 2월 9일 악취방지법이 제정 · 공포되어 2005년 2월부터 시행되고 있다. 동법은 사업활동 등으로 인하여 발생하는 악취를 방지함으로써 국민이 건강하고 쾌적한 환경에서 생활할 수 있게 함을 목적으로 한다(제1조).

동법에서 정의하고 있는 '악취'는 황화수소 · 메르캅탄류 · 아민류 그 밖에 자극성이 있는 물질이 사람의 후각을 자극하여 불쾌감과 혐오감을 주는 냄새를 말한다(제

2조 제1호). '지정악취물질'이란 악취의 원인이 되는 물질로서 환경부령으로 정하는 것을 말하고(동조 제2호), '악취배출시설'이란 악취를 유발하는 시설, 기계, 기구, 그 밖의 것으로서 환경부장관이 관계 중앙행정기관의 장과 협의하여 환경부령으로 정하는 것을 말한다(동조 제3호). '복합악취'란 두 가지 이상의 악취물질이 함께 작용하여 사람의 후각을 자극하여 불쾌감과 혐오감을 주는 냄새를 말한다(동조 제4호).

동법은 제2장에서 사업장 악취에 대한 규제 내용을 담고 있는데, 동법에 따라 악취관리지역으로 지정되면 시 · 도지사는 조례로 엄격한 배출허용기준을 설정할 수 있고, 사업자에 대해 시설개선명령 · 사용중지명령 등 행정처분이 가능하도록 하고 있다. 사업장 악취 규제를 위하여 제6조 악취관리지역의 지정, 제7조 배출허용기준, 제8조 악취관리지역의 악취배출시설 설치신고 등, 제8조의2 악취관리지역 외의 지역에서의 악취배출시설 신고 등, 제8조의3 악취방지시설의 공동 설치 등, 제9조 권리 · 의무의 승계, 제10조 개선명령, 제11조 조업정지명령, 제12조 과징금 처분, 제13조 위법시설에 대한 폐쇄명령 등, 제14조 개선 권고 등과 같은 규정을 두고 있다.

그리고 제3장 생활악취의 방지(제16조－제16조의7), 제4장 검사 등(제17조－제19조), 제5장 보칙(제20조－제25조), 제6장 벌칙(제26조－제30조)에 관한 규정을 두고 있다.

제4장 물 환경의 보전

제1절 물 환경보전 개설

우리나라는 급속한 경제성장으로 말미암아 공업화·도시화 등이 가속화되면서 공장 또는 산업단지로부터 배출되는 폐수의 양의 급격한 증가, 분뇨정화조와 분뇨처리시설의 방류수 악화, 인구 증가 및 생활정도의 향상에 따른 하수량 증가 및 하수도 정비의 미비 등으로 하천이나 상수원지역으로 유입되는 오염물질은 계속 증가되었다.

대기오염의 경우에는 소위 '배출구 통제'를 통하여 적절하게 관리하는 것이 용이하지만, 수질오염의 경우에는 다양한 유형의 불법배출행위로 인하여 배출구 통제가 쉽지 않다. 그리고 수질오염물질이 흘러들어가는 수역의 폐쇄성으로 인해 수질오염정도가 급격히 악화될 수 있다. 따라서 물환경보전과 관련하여서는 다양한 종류의 관련 법령과 제도들이 마련되어 있다.

일반적으로 수질오염은 물의 자연정화능력을 초과하는 오염물질이 자연수역에 배출되어 물의 이용목적에 적합하지 않게 된 상태를 말한다. 수질오염원으로는 생활하수, 산업폐수 및 농·축산 폐수를 들 수 있다. 물을 오염시키는 가장 큰 원인은 바로 생활하수이다. 생활 속에서 무심코 사용하는 세제, 샴푸, 음식물 찌꺼기 등이 수질오염의 주원인으로 지목되고 있다. 산업폐수는 생활하수보다 더 강한 독성이나 오염도를 가진다는 것이 특징이다. 산업폐수가 생활하수와 다른 점은 우선 높은 오염도를 지닌다는 것이다. 일부 산업폐수 중의 BOD와 SS는 미처리 생활하수 중의 BOD와 SS보다 10배 이상 높을 수가 있으며 산소부족, 탁도, 퇴적 등의 문제가 발생할 수 있다. 일부에는 유독물질이 치사량 또는 치사량에 가까운 농도로 존재한다. 이러한 폐수가 처리되지 않고 방출된다면 결국 배출구부

근의 모든 생물이 죽게 될 것이고 결국 생물의 순환과정에 따라 인간에게도 농축될 수가 있다. 축산폐수는 축산분뇨와 축산폐수 배출시설을 청소한 물이 가축분뇨에 섞인 것을 말하며, 주요성분으로 질소, 인, 유기물 함량이 매우 높다. 특히 분뇨에 유기물 함량이 많을 경우는 메탄가스, 유기산, 알콜류 등의 중간 대사물이 생성될 수 있다.

이러한 오염물질의 유입으로 인한 수질오염은 그 정도가 매우 심각하여 생태계의 균형을 파괴하는 것은 물론 인간의 생명과 건강에 심각한 위해를 주게 된다. 물의 오염은 자연 및 생활환경에 부정적 영향을 미치는 것뿐만 아니라 오염된 물의 정화를 위해서는 엄청난 노력과 시간, 막대한 비용이 소요되게 된다.

그러므로 물환경보전에 대한 지속적이고 체계적인 정책적 대응이 필요하게되고 이를 뒷받침하는 법제도의 정비가 요구되고 있다. 우리나라의 물관리정책의 기조를 보면, 초기에는 경제개발이라는 국가적 정책목표와 병행하여 수자원개발이 중심을 이루었으므로 수자원개발, 하천관리기능이 먼저 발달하게 되었고, 이후 고도의 경제성장의 결과로 나타난 심각한 환경오염으로 인해 수질관리라는 측면이 부각되면서 수질보전, 수생태계관리분야가 뒤늦게 발전하기 시작했다.

현행법상 물환경보전을 위한 일반법은 「물환경보전법」이고, 그 밖의 법률로는 「하천법」, 「가축분뇨의 관리 및 이용에 관한 법률」, 「하수도법」, 「수도법」, 「먹는물관리법」 등이 있다. 그리고 4대강을 중심으로 한 수자원을 적정관리하고 상수원을 확보하며, 상류지역의 환경기초시설을 설치·운영하고 지역주민을 지원하기 위한 「한강수계 상수원수질개선 및 주민지원 등에 관한 법률」, 「낙동강수계 물관리 및 주민지원 등에 관한 법률」, 「금강수계 물관리 및 주민지원 등에 관한 법률」, 「영산강·섬진강수계 물관리 및 주민지원 등에 관한 법률」이 제정되어 있다.

기본적으로 점오염원과 비점오염의 관리는 「물환경보전법」이 적용되고, 생활하수의 경우에는 「하수도법」이 적용되며, 가축분뇨의 경우에는 「가축분뇨의 관리 및 이용에 관한 법률」이 각각 적용된다.

한편, 종래 이화학적 방법 중심의 수질평가기법은 여러 가지 한계를 지니고 있어서 선진국에서는 90년대 초반부터 생태학적 수질평가기법을 도입하고 있다. 이 방법은 수질상태에 따라 서식하는 어류와 저서생물, 즉, 하천·호소의 하부에서 주로 서식하는 다슬기·가재·지렁이 등을 조사하여 생태계의 건전성을 평가해 나가는 방식이다. 환경정책기본법 시행령에서는 [표 4－1]의 내용을 두고 있다.

[표 4-1] 수질 및 수생태계 상태별 생물학적 특성 이해표[1)]

생물 등급	생물지표종		서식지 및 생물 특성
	저서(底棲)생물	어류	
매우 좋음 ~ 좋음	옆새우, 가재, 뿔하루살이, 민하루살이, 강도래, 물날도래, 광택날도래, 띠무늬우묵날도래, 바수염날도래	산천어, 금강모치, 열목어, 버들치 등 서식	-물이 매우 맑으며, 유속은 빠른 편임. -바닥은 주로 바위와 자갈로 구성됨. -부착조류가 매우 적음.
좋음 ~ 보통	다슬기, 넓적거머리, 강하루살이, 동양하루살이, 등줄하루살이, 등딱지하루살이, 물삿갓벌레, 큰줄날도래	쉬리, 갈겨니, 은어, 쏘가리 등 서식	-물이 맑으며, 유속은 약간 빠르거나 보통임. -바닥은 주로 자갈과 모래로 구성됨. -부착조류가 약간 있음.
보통 ~ 약간 나쁨	물달팽이, 턱거머리, 물벌레, 밀잠자리	피라미, 끄리, 모래무지, 참붕어 등 서식	-물이 약간 혼탁하며, 유속은 약간 느린 편임. -바닥은 주로 잔자갈과 모래로 구성됨. -부착조류가 녹색을 띠며 많음.
약간 나쁨 ~ 매우 나쁨	왼돌이물달팽이, 실지렁이, 붉은깔다구, 나방파리, 꽃등에	붕어, 잉어, 미꾸라지, 메기 등 서식	-물이 매우 혼탁하며, 유속은 느린 편임. -바닥은 주로 모래와 실트로 구성되며, 대체로 검은색을 띰. -부착조류가 갈색 혹은 회색을 띠며 매우 많음.

제 2 절 물환경보전법

Ⅰ. 개 설

「물환경보전법」은 수질오염으로 인한 국민건강 및 환경상의 위해를 예방하고 하천·호소 등 공공수역의 물환경을 적정하게 관리·보전함으로써 국민이 그 혜택을 널리 향유할 수 있도록 함과 동시에 미래의 세대에게 물려줄 수 있도록 함을 목적으로 제정되었다(제1조).

동법은 총 8장으로 이루어져 있는데, 제1장(제1조~제8조)에서 오염총량관리 등에 관한 규정을 두고 있고, 제2장(제9조~제31조의3)에서 공공수역의 수질 및 수생태계 보전에 관한 규정을, 제3장(제32조~제52조)에서 점오염원의 관리에 관한 규정을, 제4장(제53조~제59조)에서 비점오염원의 관리에 관한 규정을, 제5장(제60조-제

1) 환경정책기본법 시행령 [별표] 환경기준(제2조 관련).

61조의2)에서 기타 수질오염원의 관리에 관한 규정을, 제6장(제62조~제66조)에서 폐수처리업에 관한 규정을, 제7장(제66조의2~제74조의2)에서 보칙을, 제8장(제75조~제82조)에서 벌칙규정을 각각 두고 있다.[2)]

---

2) 지난 5년간의 법률개정작업을 살펴보면 다음과 같다. 2015. 12. 1. 일부개정에서는 주유소 등 폐수배출시설에 대해 사업장 명칭 또는 대표자의 변경신고를 하는 경우 「토양환경보전법」과 「대기환경보전법」 상의 변경신고를 한 것으로 의제처리하는 규정을 신설하였다. 2016. 1. 27. 일부개정에서는 폐수종말처리시설의 명칭을 공공폐수처리시설로 변경하고 이에 대한 정기적 기술진단을 의무화하였다. 조류(藻類)로 인한 피해를 예방하기 위하여 피해 예방조치의 범위를 호소(湖沼)에서 호소·하천 등으로 확대하는 한편, 체계적인 수생태계 복원을 위하여 환경부장관 또는 시·도지사 등이 수생태계 복원계획을 수립할 수 있도록 하였다. 물놀이형 수경시설에 신고제를 도입하여 수질 및 관리기준을 부여하고, 수질 측정기기 관리의 안정성 및 전문성을 제고하기 위하여 측정기기 관리대행업을 하려는 자는 환경부장관에게 등록하도록 하였다. 2016. 12. 27. 일부개정에서는 수생태계 현황조사, 수생태계 건강성 평가 및 그 결과 공개를 의무화하여 수생태계 보전계획 수립시 기초자료 등으로 활용할 수 있도록 하고, 국민의 알권리를 보장하였다. 2017. 1. 17. 일부개정에서는 물환경 전반으로 보전의 대상을 확대하기 위하여 법률의 제명을 「수질 및 수생태계 보전에 관한 법률」에서 「물환경보전법」으로 변경하였다. 오염총량초과부과금 제도를 오염총량초과과징금 제도로 전환하고, 수생태계 건강성 유지를 위하여 환경부장관은 하천의 대표 지점에 대하여 환경생태유량을 국토교통부장관과 공동으로 정하여 고시할 수 있도록 하며, 환경부장관은 국가 물환경관리기본계획을 10년마다 수립하도록 하였다. 2017. 12. 12. 일부개정에서는 국민의 건강이나 생활에 미치는 피해를 막기 위하여 오염된 공공수역에서의 행위제한에 대한 조치 수단을 강화하였다. 시·도지사의 조치가 미흡하여 사람의 생명·신체에 위험이 발생할 수 있는 경우에는 관계 행정기관과 협의하여 필요한 조치를 취할 수 있도록 하였다. 2018. 10. 16. 일부개정에서는 비점오염저감시설 성능의 신뢰도를 향상시키기 위하여 비점오염저감시설을 제조하거나 수입하는 자는 비점오염저감시설의 성능검사를 받도록 하고, 비점오염의 관리를 강화하기 위하여 비점오염원 관리 종합대책을 수립하는 경우 불투수면적률 및 물순환율에 대한 중장기 물순환 목표를 포함하도록 하였다. 또한 현행법은 민간 물놀이형 수경시설의 경우 관광지 및 의료단지, 공공보건의료 수행기관 등 특정 장소에 설치된 것만 관리대상으로 규정하고 있기 때문에 상당수의 시설이 관리대상에서 제외되고 있으므로, 공동주택, 대규모점포 등에 설치된 물놀이형 수경시설 등을 관리대상에 포함하여 시설 이용자들이 수질 등이 깨끗한 물놀이형 수경시설을 이용할 수 있도록 하였다. 일정 기간 내에 신고의 수리 여부 혹은 기간의 연장 여부를 통지하지 않는 경우 신고를 수리한 것으로 보는 신고제도 합리화를 통해 보다 적극적인 행정을 유도하고, 수탁처리폐수의 인계·인수에 관한 전자시스템을 도입하여 수탁처리폐수에 대한 관리를 강화하고자 하였다. 2019. 11. 26. 일부개정의 주요내용은 다음과 같다. ① 폐수처리업자 중 폐수의 처리용량 또는 처리수의 배출형태가 대통령령으로 정하는 기준에 해당하는 폐수처리시설을 운영하는 자는 배출되는 수질오염물질이 배출허용기준, 방류수 수질기준에 맞는지 확인하기 위한 측정기기를 부착하도록 함(제38조의2 제1항 제4호 신설). ② 환경부장관 또는 시·도지사는 측정기기를 부착하여야 하는 자가 중소기업인 경우에는 사업자의 측정기기 부착 및 운영에 필요한 비용의 일부를 지원할 수 있도록 함(제38조의2 제2항 신설). ③ 측정기기 관리대행업자가 수질오염방지시설, 공공폐수처리시설 또는 공공하수처리시설을 수탁 받아 운영하고 있는 경우에는 해당 시설의 측정기기 관리업무를 대행하게 할 수 없도록 함(제38조의2 제4항 단서 신설). ④ 조업정지처분을 갈음하여 과징금을 부과하는 경우 종전에는 3억원 이하의 금액을 부과하던 것을, 앞으로는 매출액의 100분의 5를 초과하지 아니하는 금액을 부과하도록 하고, 과징금 처분을 받은 날부터 2년이 경과되기 전에 조업정지 처분 대상이 되는 경우에는 조업정지를 명하도록 함(제43조 제1항 및 제2항). ⑤ 폐수처리업 등록제를 허가제로 전환하고, 폐수처리업자는 폐수처리시설이 검

일반적으로 수질오염의 원천은 크게 점오염원과 비점오염원으로 나뉜다. 따라서 동법에서는 제3장에서 점오염원 관리에 관한 규정을 두고, 제4장에서 비점오염원에 관한 규정을 두고 있다. 특히 종래 점오염원은 수질 및 수생태계에 많은 부하를 주고 있었기 때문에 동법은 점오염원 관리와 관련하여 산업폐수의 배출규제, 폐수종말처리시설 등에 관한 많은 조항을 두고 있다.

'물환경'이란 사람의 생활과 생물의 생육에 관계되는 물의 질(이하 "수질"이라 한다) 및 공공수역의 모든 생물과 이들을 둘러싸고 있는 비생물적인 것을 포함한 수생태계(이하 "수생태계"라 한다)를 총칭하여 말한다(제2조 제1호).

'점오염원'이란 폐수배출시설, 하수발생시설, 축사 등으로서 관로·수로 등을 통하여 일정한 지점으로 수질오염물질을 배출하는 배출원을 말한다(동조 제1의2호). 점오염원은 오염물질이 배출되는 곳이 고정되어 그 배출경로와 수량을 비교적 용이하게 추정 또는 측정할 수 있는 오염원이다. '비점오염원'이란 도시, 도로, 농지, 산지, 공사장 등으로서 불특정 장소에서 불특정하게 수질오염물질을 배출하는 배출원을 말한다(동조 제2호). 비점오염원은 산림지역, 광산지역, 농경지 등과 같이 오염물질이 전 지역에 분산되어 따로 고정된 배출구가 없는 광역오염원을 말한다.[3)]

Ⅱ. 수질오염총량관리

수질오염총량관리제도는 하천구간별 목표수질을 정하고 지방자치단체들에게 이를 달성·유지하기 위한 오염물질허용총량을 할당하고, 목표를 달성하지 못하면 개발을 제한하는 등 일정한 제재를 가하는 제도이다.

종래 수질오염총량관리는 4대강수계법에 의하여 한강, 낙동강, 금강, 영산강·섬진강 등 4대강 수계에 대하여만 실시하도록 하고 있어서, 그 외의 수계에서는 수질오염이 심한 경우에도 총량관리를 실시할 수 없는 문제가 있었다. 이에 4대강

사기준에 적합한지에 관한 정기검사를 받도록 함(제62조, 제62조의2 신설). 2021. 4. 13. 일부개정에서는 과징금 등을 체납하는 경우 그 징수 절차를 「지방행정제재·부과금의 징수 등에 관한 법률」에 따르도록 하고, 측정기기 관리대행업 등록·변경등록 시 수수료의 부과 근거를 마련하고, 환경부장관이 폐업신고를 하거나 사업자등록이 말소된 영업 시설에 대하여 기타수질오염원 설치신고를 직권말소할 수 있도록 하였다.

3) 한편, "기타 수질오염원"이라 함은 점오염원 및 비점오염원으로 관리되지 아니하는 수질오염물질을 배출하는 시설 또는 장소로서 환경부령이 정하는 것을 말한다(제2조 제3호). 동법 시행규칙 별표 1에서는 기타 수질오염원으로 수산물 양식시설, 골프장, 운수장비 정비 또는 폐차장 시설, 농축수산물 단순가공시설, 사진 처리 또는 X-Ray 시설, 금은판매점의 세공시설이나 안경원 등을 들고 있다.

수계 외의 수계에 대한 총량관리의 근거규정을 두게 되었다. 즉, 환경부장관은 ① 제10조의2 제2항 및 제3항에 따라 물환경의 목표기준 달성 여부를 평가한 결과 그 기준을 달성·유지하지 못한다고 인정되는 수계의 유역에 속하는 지역 또는 ② 수질오염으로 주민의 건강·재산이나 수생태계에 중대한 위해를 가져올 우려가 있다고 인정되는 수계의 유역에 속하는 지역에 대하여는 제22조 제2항에 따른 수계영향권별로 배출되는 수질오염물질을 총량으로 관리할 수 있다(제4조 ① 본문).

다만, 4대강수계법의 적용을 받는 지역의 경우에는 4대강수계법의 해당 규정에서 정하는 바에 따르고, 「해양환경관리법」에 따라 오염총량규제가 실시되는 지역의 경우에는 「해양환경관리법」의 해당 규정에서 정하는 바에 따른다(제4조 ① 단서).

환경부장관은 제1항에 따라 수질오염물질을 총량으로 관리할 지역을 대통령령이 정하는 바에 따라 지정하여 고시한다(동조 ②).

환경부장관은 수계구간별로 오염총량관리의 목표가 되는 수질(이하 "오염총량목표수질")을 정하여 고시하여야 하고(제4조의2 ①), 오염총량목표수질을 달성·유지하기 위하여 오염총량관리 기본방침을 수립하여 관계 시·도지사에게 통보하여야 한다(동조 ②).

오염총량관리지역을 관할하는 시·도지사는 오염총량관리기본방침에 따라 오염총량관리기본계획을 수립하여 환경부장관의 승인을 얻어야 한다(제4조의3 ①).

환경부장관은 오염총량목표수질을 달성·유지하기 위하여 필요하다고 인정되는 경우에는 다음 각 호의 어느 하나의 기준을 적용받는 시설 중 대통령령이 정하는 시설에 대하여 환경부령이 정하는 바에 따라 최종방류구별·단위기간별로 오염부하량을 할당하거나 배출량을 지정할 수 있다. 이 경우 환경부장관은 관할 오염총량관리시행 지방자치단체의 장과 미리 협의하여야 한다(제4조의5 ①).

1. 제12조 제3항에 따른 방류수 수질기준
2. 제32조에 따른 배출허용기준
3. 「하수도법」 제7조에 따른 방류수수질기준
4. 「가축분뇨의 관리 및 이용에 관한 법률」 제13조에 따른 방류수수질기준

오염부하량을 할당받거나 배출량을 지정받은 시설을 설치·운영하는 자(이하 "오염할당사업자 등")는 대통령령이 정하는 바에 따라 오염부하량 및 배출량을 측정할 수 있는 기기를 부착·가동하고 그 측정결과를 사실대로 기록하여 보존하여야 한다. 다만, 제38조의3에 따른 측정기기부착사업자 등의 경우에는 그러하지 아니하다(동조 ④).

환경부장관 또는 오염총량관리시행 지방자치단체장은 할당된 오염부하량 또는 지정된 배출량(이하 "할당오염부하량 등")을 초과하여 배출하는 자에게 수질오염방지시설의 개선 등 필요한 조치를 명령할 수 있고(제4조의6 ①), 또한 그 자에게 오염총량초과과징금을 부과·징수한다(제4조의7 ①). 오염총량초과과징금은 초과배출이익(오염물질을 초과 배출하여 지출하지 아니하게 된 오염물질의 처리비용을 말한다)에 초과율별 부과계수, 지역별 부과계수 및 위반횟수별 부과계수를 각각 곱하여 산정한다(동조 ②).

오염총량초과과징금의 산정방법 및 산정기준 등에 관하여 필요한 사항은 대통령령으로 정한다(동조 ③). 제1항에 따라 오염총량초과과징금을 부과함에 있어서 제41조에 따른 배출부과금 또는 「환경범죄의 단속에 관한 특별조치법」 제12조에 따른 과징금(수질 부분에 부과된 과징금에 한한다)이 부과된 경우에는 그에 해당하는 금액을 감액한다(동조 ④).

오염총량초과과징금의 납부·징수 등에 관하여는 배출부과금에 관한 제41조 제4항 내지 제8항을 준용한다(동조 ⑤).

Ⅲ. 공공수역의 물환경 보전

공공수역은 하천·호소·항만·연안해역 그 밖에 공공용에 사용되는 수역과 이에 접속하여 공공용에 사용되는 환경부령이 정하는 수로를 말하는데(제2조 제9호), 동법은 이와 같은 공공수역에서의 물환경 보전에 관한 규정을 두고 있다.

1. 수질의 상시측정 등

환경부장관은 하천·호소, 그 밖에 환경부령으로 정하는 공공수역(이하 "하천·호소등"이라 한다)의 전국적인 수질 현황을 파악하기 위하여 측정망(測定網)을 설치하여 수질오염도(水質汚染度)를 상시측정하여야 하며, 수질오염물질의 지정 및 수질의 관리 등을 위한 조사를 전국적으로 하여야 한다(제9조 ①). 시·도지사, 「지방자치법」 제198조에 따른 인구 50만 이상 대도시(이하 "대도시"라 한다)의 장 또는 수면관리자는 관할구역의 수질 현황을 파악하기 위하여 측정망을 설치하여 수질오염도를 상시측정하거나, 수질의 관리를 위한 조사를 할 수 있다. 이 경우 그 상시측정 또는 조사 결과를 환경부장관에게 보고하여야 한다(동조 ③).

2. 국토계획 및 도시 · 군기본계획에의 반영

시 · 도지사, 시장 또는 군수는 「국토기본법」에 의하여 도종합계획 또는 시군종합계획을 작성하는 경우에는 대통령령이 정하는 바에 의하여 공공수역의 수질오염방지를 위하여 제22조 제1항의 규정에 의한 방지대책 및 공공하수처리시설 · 분뇨처리시설 등의 설치계획을 당해 종합계획에 반영하여야 한다(제13조).

한편, 특별시장 · 광역시장 · 시장 또는 군수는 「국토의 계획 및 이용에 관한 법률」 제18조의 규정에 의하여 도시 · 군기본계획을 수립하는 경우에는 제13조의 규정에 의한 도종합계획, 「지역균형개발 및 지방중소기업 육성에 관한 법률」 제5조의 규정에 의한 광역개발사업계획에 포함된 공공하수처리시설 · 분뇨처리시설 등의 설치계획을 종합하여 당해 도시 · 군기본계획에 반영하여야 한다(제14조).

3. 배출 등의 금지

누구든지 정당한 사유 없이 다음 각 호의 어느 하나에 해당하는 행위를 하여서는 아니 된다(제15조 ①).

1. 공공수역에 특정수질유해물질, 「폐기물관리법」에 의한 지정폐기물, 「석유 및 석유대체연료 사업법」에 의한 석유제품 및 원유(석유가스를 제외한다. 이하 "유류"라 한다), 「유해화학물질 관리법」에 의한 유독물(이하 "유독물"이라 한다), 「농약관리법」에 의한 농약(이하 "농약"이라 한다)을 누출 · 유출하거나 버리는 행위
2. 공공수역에 분뇨, 축산폐수, 동물의 사체, 폐기물(「폐기물관리법」에 의한 지정폐기물을 제외한다) 또는 오니(汚泥)를 버리는 행위
3. 하천 · 호소에서 자동차를 세차하는 행위
4. 공공수역에 다량의 토사를 유출하거나 버려 상수원 또는 하천 · 호소를 현저히 오염되게 하는 행위

제1항 제1호 또는 제2호의 행위로 인하여 공공수역이 오염되거나 오염될 우려가 있는 경우에는 그 행위자 · 행위자가 소속된 법인 및 그 행위자의 사업주(이하 "행위자등"이라 한다)는 당해 물질을 제거하는 등 환경부령이 정하는 바에 따라 오염의 방지 · 제거를 위한 조치(이하 "방제조치"라 한다)를 하여야 한다(동조 ②). 동조의 '그 행위자의 사업주'는 자기의 사업활동을 위하여 자기의 영향력 내에 있는 행위자를 이용하는 자로서 그 행위자의 같은 조 제1항 제1호 또는 제2호에서 정한 행

위로 인하여 공공수역이 오염되거나 오염될 우려가 있는 경우의 사업자를 가리킨다고 할 것이다.4)

시·도지사는 제2항에 따라 행위자등이 방제조치를 하지 아니하는 경우에는 그 행위자등에게 방제조치의 이행을 명할 수 있다(제15조 ③).

시·도지사는 다음 각 호의 어느 하나의 경우에는 해당 방제조치의 대집행(代執行)을 하거나 시장·군수·구청장으로 하여금 대집행을 하도록 할 수 있다(제15조 ④).

1. 방제조치만으로는 수질오염의 방지 또는 제거가 곤란하다고 인정되는 경우
2. 제3항에 따른 방제조치 명령을 받은 자가 그 명령을 이행하지 아니하는 경우
3. 제3항에 따른 방제조치 명령을 받은 자가 이행한 방제조치만으로는 수질오염의 방지 또는 제거가 곤란하다고 인정되는 경우
4. 긴급한 방제조치가 필요한 경우로서 행위자등이 신속히 방제조치를 할 수 없는 경우

[판례 1] [1] 물환경보전법 제15조 제2항에서 정한 '그 행위자의 사업주'의 의미: 물환경보전법 제15조 제2항(이하 '이 사건 조항'이라 한다)은 같은 조 제1항 제1호 또는 제2호에서 정한 행위로 인하여 공공수역이 오염되거나 오염될 우려가 있는 경우에 '그 행위자의 사업주'가 그 해당 물질을 제거하는 등 오염의 방지·제거를 위한 조치를 하여야 함을 규정하고 있는바 …… 이 사건 조항에 규정된 '그 행위자의 사업주'는 자기의 사업활동을 위하여 자기의 영향력 내에 있는 행위자를 이용하는 자로서 그 행위자의 같은 조 제1항 제1호 또는 제2호에서 정한 행위로 인하여 공공수역이 오염되거나 오염될 우려가 있는 경우의 사업자를 가리킨다고 할 것이다. 따라서 자기의 사업활동을 위하여 자기의 영향력 내에 있는 행위자를 이용하는 사업자는, 특별한 사정이 없는 한 그 행위자가 발생시킨 수질오염에 대하여 '그 행위자의 사업주'로서 이 사건 조항에 따른 방제조치 의무를 부담한다고 보아야 할 것이다. [2] 물류창고의 전반적인 자산관리업무를 위탁받은 갑 주식회사가 을 주식회사에 물류창고 지하층 스윙도어 등 설치공사를 도급하였고, 을 회사가 다시 병에게 일부를 하도급하였는데, 병의 작업 중 발생한 화재로 하천이 오염되자 관할 시장이 갑, 을 회사 등에 방제조치 이행명령을 하고, 이행되지 않자 행정대집행을 실시하여 방제작업을 완료한 후 갑 회사에 그에 소용된 비용을 연대하여 납부할 것을 명하는 처분을 한 사안에서, 갑 회사는 자기의 사업활동을 위하여 자기의 영향력 안에 있

4) 대법원 2011. 12. 13. 선고 2011두2453 판결.

는 행위자 병을 이용하는 자로서 병이 발생시킨 화재로 공공수역이 오염된 데 대하여 물환경보전법 제15조 제2항에 따른 방제조치를 해야 할 사업자에 해당한다고 한 사례(대법원 2011. 12. 13. 선고 2011두2453 판결[행정대집행소용비용납부명령취소]).

[판례 2] 구 수질환경보전법 제15조 제1항 제2호에서 말하는 '분뇨를 버린다'는 의미: 여기서 분뇨를 버린다고 함은 물리적, 화학적 또는 생물학적 방법에 의하여 분뇨를 안전하게 처리함이 없이 '분뇨인 상태' 그대로 버리는 것을 말하는 것이고(대법원 1984. 12. 11. 선고 84도1738 판결 등 참조), …… 여기서 '분뇨인 상태'라 함은 분뇨 그 자체뿐만 아니라 수질오염으로 인하여 국민건강 및 환경상의 위해를 초래할 정도의 분뇨가 함유된 폐수도 포함된다고 할 것이다(대법원 1986. 7. 22. 선고 84도2248 판결 등 참조)(대법원 2008. 9. 25. 선고 2008도6298 판결[수질환경보전법위반]).

4. 상수원의 수질보전을 위한 통행제한

전복, 추락 등 사고시 상수원을 오염시킬 우려가 있는 물질을 수송하는 자동차를 운행하는 자는 다음 각 호의 어느 하나에 해당하는 지역 또는 그 지역에 인접한 지역 중에서 제4항의 규정에 의하여 환경부령이 정하는 도로·구간을 통행할 수 없다(제17조 ①).

1. 상수원보호구역
2. 특별대책지역
3. 「한강수계 상수원수질개선 및 주민지원 등에 관한 법률」 제4조, 「낙동강수계물관리 및 주민지원 등에 관한 법률」 제4조, 「금강수계 물관리 및 주민지원 등에 관한 법률」 제4조 및 「영산강·섬진강수계 물관리 및 주민지원 등에 관한 법률」 제4조의 규정에 의하여 각각 지정·고시된 수변구역
4. 상수원에 중대한 오염을 일으킬 수 있어 환경부령이 정하는 지역

5. 수변생태구역의 매수 · 조성

환경부장관은 하천·호소 등의 물환경 보전을 위하여 필요하다고 인정하는 때에는 대통령령이 정하는 기준에 해당하는 수변습지 및 수변토지(이하 "수변생태구역"이라 한다)를 매수하거나 환경부령이 정하는 바에 따라 생태적으로 조성·관리할 수 있다(제19조의3 ①). 시·도지사는 관할 구역 안의 상수원 보호를 위하여 불가피한 경우로서 대통령령이 정하는 경우에는 제1항의 기준에 따라 수변생태구역을 매수하거나 환경부령이 정하는 바에 따라 생태적으로 조성·관리할 수 있다(동조

②). 「하천법」 제2조 제1항 제2호에 따른 하천구역에 해당하는 토지는 제1항 또는 제2항에 따른 매수대상 토지에서 제외한다(동조 ③).

환경부장관은 제1항에 따른 매수 또는 조성의 대상이 되는 토지를 선정하려는 때에는 미리 관계 중앙행정기관의 장 및 관할 지방자치단체의 장과 협의하여야 한다(동조 ④). 제1항 및 제2항에 따라 토지를 매수함에 있어서 매수대상 토지의 선정기준, 매수가격의 산정 및 매수의 방법·절차 등에 관한 사항은 대통령령으로 정한다(동조 ⑤).

6. 낚시행위의 제한

시장·군수·구청장은 하천(「하천법」 제7조 제2항 및 제3항에 따른 국가하천 및 지방하천을 제외한다)·호소의 이용목적 및 수질상황 등을 고려하여 대통령령이 정하는 바에 따라 낚시금지구역 또는 낚시제한구역을 지정할 수 있다. 이 경우 수면관리자와 협의하여야 한다(제20조 ①).

제1항의 규정에 의한 낚시제한구역 안에서 낚시를 하고자 하는 자는 낚시의 방법·시기 등 환경부령이 정하는 사항을 준수하여야 한다. 이 경우 환경부장관이 환경부령을 정하는 때에는 국토교통부장관과 협의하여야 한다(동조 ②).

시장·군수·구청장은 제1항의 규정에 의한 낚시제한구역 및 그 주변지역의 오염방지를 위한 쓰레기 수거 등의 비용에 충당하기 위하여 낚시제한구역 안에서 낚시를 하고자 하는 자에 대하여 조례가 정하는 바에 따라 수수료를 징수할 수 있다(동조 ③).

7. 수질오염경보제

환경부장관 또는 시·도지사는 수질오염으로 하천·호소수의 이용에 중대한 피해를 가져올 우려가 있거나, 주민의 건강·재산이나 동물·식물의 생육에 중대한 위해를 가져올 우려가 있다고 인정되는 때에는 당해 하천·호소에 대하여 수질오염경보를 발령할 수 있다(제21조 ①). 환경부장관은 수질오염경보에 따른 조치 등에 필요한 사업비를 예산의 범위 안에서 지원할 수 있다(동조 ④). 수질오염경보의 종류와 경보종류별 발령대상, 발령주체, 대상항목, 발령기준, 경보단계, 경보단계별 조치사항 및 해제기준 등에 관하여 필요한 사항은 대통령령으로 정한다(동조 ⑤).

8. 오염된 공공수역에서의 행위제한

환경부장관은 하천·호소등이 오염되어 수산물의 채취·포획이나 물놀이, 그 밖에 대통령령으로 정하는 행위를 할 경우 사람의 건강이나 생활에 미치는 피해가 크다고 인정할 때에는 해당 하천·호소등에서 그 행위를 금지·제한하거나 자제하도록 안내하는 등 환경부령으로 정하는 조치를 할 것을 시·도지사에게 권고할 수 있다(제21조의2 ①). 제1항에 따라 권고를 받은 시·도지사는 특별한 사유가 없으면 권고에 따른 조치를 하여야 한다(동조 ②). 환경부장관은 제2항에 따른 시·도지사의 조치가 미흡하여 사람의 생명·신체에 위험이 발생할 수 있는 경우에는 관계 행정기관과 협의하여 필요한 조치를 할 수 있다(동조 ③).

9. 국가 및 수계영향권별 물환경 보전

환경부장관 또는 지방자치단체의 장은 제23조의2 및 제24조부터 제26조까지의 규정에 따른 국가 물환경관리기본계획 및 수계영향권별 물환경관리계획에 따라 물환경 현황 및 수생태계 건강성을 파악하고 적절한 관리대책을 마련하여야 한다(제22조 ①). 환경부장관은 면적·지형 등 하천유역의 특성을 고려하여 환경부령으로 정하는 기준에 따라 제1항에 따른 수계영향권을 대권역, 중권역, 소권역으로 구분하여 고시하여야 한다(동조 ②). 또한 동법은 물환경보전을 위하여 수생태계 연속성 조사 등(제22조의2), 환경생태유량의 확보(제22조의3), 오염원 조사(제23조)에 관한 규정을 두고 있다.

한편, 동법은 환경부장관으로 하여금 공공수역의 물환경을 관리·보전하기 위하여 대통령령으로 정하는 바에 따라 **국가 물환경관리기본계획**을 10년마다 수립하도록 규정하고 있다(제23조의2 ①). 제1항에 따른 국가 물환경관리기본계획(이하 "국가 물환경관리기본계획"이라 한다)에는 다음 각 호의 사항이 포함되어야 한다(동조 ②).

1. 물환경의 변화 추이 및 물환경목표기준
2. 전국적인 물환경 오염원의 변화 및 장기 전망
3. 물환경 관리·보전에 관한 정책방향
4. 「기후위기 대응을 위한 탄소중립·녹색성장 기본법」 제2조제1호의 기후변화에 대한 물환경 관리대책
5. 그 밖에 환경부령으로 정하는 사항

또한, 유역환경청장은 국가 물환경관리기본계획에 따라 제22조 제2항에 따른

대권역별로 대권역 물환경관리계획(이하 "대권역계획"이라 한다)을 10년마다 수립하여야 한다(제24조 ①). 대권역계획에는 다음 각 호의 사항이 포함되어야 한다(동조 ②).

1. 물환경의 변화 추이 및 물환경목표기준
2. 상수원 및 물 이용현황
3. 점오염원, 비점오염원 및 기타수질오염원의 분포현황
4. 점오염원, 비점오염원 및 기타수질오염원에서 배출되는 수질오염물질의 양
5. 수질오염 예방 및 저감 대책
6. 물환경 보전조치의 추진방향
7. 「기후위기 대응을 위한 탄소중립·녹색성장 기본법」 제2조제1호에 따른 기후변화에 대한 적응대책
8. 그 밖에 환경부령으로 정하는 사항

그 외 동법은 중권역 물환경관리계획의 수립(제25조), 소권역 물환경관리계획의 수립(제26조), 환경부장관 또는 시·도지사의 소권역계획 수립(제27조), 수생태계 복원계획의 수립 등(제27조의2)에 관한 규정을 두고 있다.

10. 호소의 물환경 보전

호소(湖沼)라 함은 ① 댐·보 또는 제방(「사방사업법」에 의한 사방시설을 제외한다) 등을 쌓아 하천 또는 계곡에 흐르는 물을 가두어 놓은 곳, ② 하천에 흐르는 물이 자연적으로 가두어진 곳, ③ 화산활동 등으로 인하여 함몰된 지역에 물이 가두어진 곳의 어느 하나에 해당하는 지역으로서 만수위(댐의 경우에는 계획홍수위를 말한다) 구역 안의 물과 토지를 말한다(제2조 제13호).

환경부장관 및 시·도지사는 호소의 물환경 보전을 위하여 대통령령으로 정하는 호소와 그 호소에 유입하는 물의 이용상황, 물환경 현황, 수질오염원의 분포상황 및 수질오염물질 발생량 등을 대통령령이 정하는 바에 의하여 정기적으로 조사·측정 및 분석하여야 한다(제28조).

관계행정기관의 장은 상수원호소에 대해서는 「양식산업발전법」 제10조 제1항 제7호에 따른 내수면양식업 중 가두리식 양식장을 설치하는 양식어업에 대한 면허를 하여서는 아니 된다(제30조).

수면관리자는 호소 안의 쓰레기를 수거하고, 당해 호소를 관할하는 시장·군수·구청장은 수거된 쓰레기를 운반·처리하여야 한다(제31조 ①). 수면관리자 및 시장·군수·구청장은 제1항의 규정에 의한 쓰레기의 운반·처리주체 및 쓰레기의

운반·처리에 소요되는 비용을 분담하기 위한 협약을 체결하여야 한다(동조 ②).

수면관리자 및 시장·군수·구청장은 제2항의 규정에 의한 협약이 체결되지 아니하는 때에는 환경부장관에게 조정을 신청할 수 있다. 이 경우 환경부장관의 조정이 있은 때에는 제2항의 규정에 의한 협약이 체결된 것으로 본다(동조 ③). 제3항의 규정에 의한 조정의 신청절차에 관하여 필요한 사항은 환경부령으로 정한다(동조 ④).

Ⅳ. 점오염원의 관리

점오염원은 폐수배출시설, 하수발생시설, 축사 등으로서 관거·수로 등을 통하여 일정한 지점으로 수질오염물질을 배출하는 배출원을 말하는데(제2조 제1호), 점오염원의 관리에 있어서는 특히 산업폐수의 배출규제가 중요한 의미를 갖는다. 산업폐수의 배출규제는 대기오염물질의 배출규제와 유사한 방식으로 행해진다. 즉, 배출허용기준을 설정하고, 이를 기준으로 배출시설·방지시설의 설치·운영에 관한 규제가 이루어지며, 그와 함께 배출부과금의 부과나 개선명령 등 각종 규제조치가 취해진다.[5]

1. 배출허용기준

(1) 의　　의

배출허용기준은 오염물질 배출시설에서 배출되는 오염물질의 배출농도 또는 배출량의 한계기준(최대허용기준)을 말한다. 배출허용기준은 환경기준, 자연의 자정능력, 과학기술수준, 경제적 요소 등을 고려하여 결정된다.

배출허용기준은 환경기준을 달성하기 위한 수단의 하나이지만 환경기준과는 달리 그 준수가 요구되는 법적 구속력이 있는 기준이므로 수범자에게 직접 구속력을 가진다. 따라서 위반시에는 제재가 가하여진다.

(2) 종　　류

배출허용기준에는 전국적·일반적 기준과 지역적 기준 및 특별기준이 있다.

1) 전국적·일반적 배출허용기준

「물환경보전법」 제32조 제1항, 제2항에 의하면 배출허용기준은 관계중앙행정

5) 생활하수의 경우에는 「하수도법」에 의하여 규율되고, 축산폐수의 경우에는 「가축분뇨의 관리 및 이용에 관한 법률」에 의하여 규율된다.

기관의 장과의 협의를 거쳐 환경부령으로 정하도록 되어 있는데, 이러한 배출허용기준은 전국적·일반적 기준에 해당한다.

2) 지역배출허용기준

이는 시·도의 조례로 설정하는 배출허용기준을 말한다. 시·도(해당 관할구역 중 대도시는 제외한다. 이하 이 조에서 같다) 또는 대도시는 「환경정책기본법」 제12조 제3항에 따른 지역환경기준을 유지하기가 곤란하다고 인정하는 때에는 조례로 제1항의 배출허용기준보다 엄격한 배출허용기준을 정할 수 있다. 다만, 제74조 제1항에 따라 제33조·제37조·제39조 및 제41조부터 제43조의 규정에 따른 환경부장관의 권한이 시·도지사 또는 대도시의 장에게 위임된 경우로 한정한다(동조 ③).

시·도지사 또는 대도시의 장은 제3항에 따른 배출허용기준을 설정·변경하는 경우에는 조례로 정하는 바에 따라 미리 주민 등 이해관계자의 의견을 듣고, 이를 반영하도록 노력하여야 한다(동조 ④). 시·도지사 또는 대도시의 장은 제3항에 따른 배출허용기준이 설정·변경된 경우에는 지체 없이 환경부장관에게 보고하고 이해관계자가 알 수 있도록 필요한 조치를 하여야 한다(동조 ⑤). 제3항에 따른 배출허용기준이 적용되는 시·도 또는 대도시 안에 해당 기준이 적용되지 아니하는 지역이 있는 경우에는 그 지역에 설치되었거나 설치되는 배출시설에 대해서도 제3항에 따른 배출허용기준을 적용한다(동조 ⑦).

3) 엄격배출허용기준·특별배출허용기준

이는 특별대책지역에 대하여 환경부장관이 설정하는 배출허용기준을 말한다. 즉, 환경부장관은 특별대책지역의 수질오염을 방지하기 위하여 필요하다고 인정할 때에는 해당 지역에 설치된 배출시설에 대하여 제1항의 기준보다 엄격한 배출허용기준을 정할 수 있고, 해당 지역에 새로 설치되는 배출시설에 대하여 특별배출허용기준을 정할 수 있다(동조 ⑥). 이는 수질오염이 심각한 지역의 수질오염현상에 효과적으로 대처할 수 있도록 하기 위한 것이다.

4) 예외

다음 각 호의 어느 하나에 해당하는 배출시설에 대해서는 제1항부터 제7항까지의 규정을 적용하지 아니한다(동조 ⑧).

1. 제33조 제1항 단서 및 같은 조 제2항에 따라 설치되는 폐수무방류배출시설
2. 환경부령으로 정하는 배출시설 중 폐수를 전량(全量) 재이용하거나 전량 위탁처리하여 공공수역으로 폐수를 방류하지 아니하는 배출시설

환경부장관은 공공폐수처리시설 또는 공공하수처리시설에 배수설비를 통하여

폐수를 전량 유입하는 배출시설에 대해서는 그 공공폐수처리시설 또는 공공하수처리시설에서 적정하게 처리할 수 있는 항목에 한정하여 제1항에도 불구하고 따로 배출허용기준을 정하여 고시할 수 있다(동조 ⑨).

(3) 농도규제와 총량규제

배출허용기준규제에는 농도규제와 총량규제가 있다.

1) 농도규제

농도규제는 허용되는 오염물질의 최대 농도를 정하여 오염물질의 배출농도를 통제하는 규제수단이다. 농도규제에는 배출농도규제(수질, 대기)와 도달농도규제(소음)가 있다. 현재 개별환경법상에서 이루어지는 배출규제는 기본적으로 농도규제에 입각하고 있다. 「물환경보전법」상의 산업폐수의 배출허용기준도 농도규제에 입각한 것이다.

농도규제의 문제점으로는 배출물을 희석하여 배출허용기준 이하로 만들어 얼마든지 오염물질을 배출하는 것이 가능하다는 점과 오염원이 집중되어 있는 지역(특히 폐쇄성수역)에서는 목표가 되는 환경기준을 달성하기 어렵게 된다는 점 등이 있다. 이러한 점을 보완하기 위하여 기본배출부과금제도가 시행되고 있다. 이것은 배출허용기준을 넘지 않는 오염물질의 배출에 있어서도 방류수 수질기준(폐수종말처리시설의 방류수 수질기준)을 초과한 오염물질배출량에 오염물질 1킬로그램당 부과금액, 연도별부과산정지수, 지역별부과계수 및 방류수수질기준 초과율별 부과계수를 곱하여 산출한 금액을 부과하는 제도이다.

2) 총량규제

총량규제는 환경기준을 달성하고 환경을 개선하기 위하여 오염물질의 배출량을 계획적으로 통제하는 규제수단이다. 오염물질의 배출허용기준을 ppm과 같은 단위당 집중량으로 하지 않고, 시간당 또는 일단위, 연단위로 오염물질 배출총량을 규제하는 것을 말한다(자세한 내용은 총론 참조).

「물환경보전법」 제4조 이하에서는 총량규제를 할 수 있는 근거규정을 두고 있다. 즉, 환경부장관은 ① 제10조의2 제2항 및 제3항에 따라 물환경의 목표기준 달성 여부를 평가한 결과 그 기준을 달성·유지하지 못한다고 인정되는 수계의 유역에 속하는 지역 또는 ② 수질오염으로 주민의 건강·재산이나 수생태계에 중대한 위해를 가져올 우려가 있다고 인정되는 수계의 유역에 속하는 지역에 대하여는 제22조 제2항에 따른 수계영향권별로 배출되는 수질오염물질을 총량으로 관리할 수 있다(제4조 ① 본문). 다만, 4대강수계법의 적용을 받는 지역의 경우에는 4대강수계법의 해당 규정에서 정하는 바에 따르고, 「해양환경관리법」에 따라 오염총량규제가 실시되는 지역의 경우에는 「해양환경관리법」의 해당 규정에서 정하는 바에 따른다(제4조 ① 단서).

2. 배출시설과 방지시설의 설치 · 운영

(1) 배출시설의 설치허가 및 신고

동법 제33조에서는 배출시설을 설치하고자 하는 자는 대통령령(동법 시행령 제31조)이 정하는 바에 따라 환경부장관의 허가를 받거나 환경부장관에게 신고하도록 하고 있다.[6] 다만, 제9항에 따라 폐수무방류배출시설을 설치하려는 자는 환경부장관의 허가를 받아야 한다(제33조 ①). 허가받은 사항 또는 신고한 사항 중 중요한 사항을 변경하고자 하는 경우에는 변경허가 또는 변경신고를 하여야 한다(동조 ② ③).

[판례] 수질오염물질이 포함된 액체를 공공수역에 배출하지 않고 재사용하는 시설이 수질환경보전법상 폐수배출시설에 해당하는지 여부(적극): 2000. 1. 21. 법률 제6199호로 개정되기 전의 수질환경보전법 제2조 제5호에서는 폐수배출시설을 '수질오염물질을 공공수역에 배출하는 시설물 · 기계 · 기구 기타 물체로서 환경부령으로 정하는 것'이라고 정의

---

6) 허가 또는 신고 대상시설은 다음과 같다. 동법 시행령 제31조(설치허가 및 신고 대상 폐수배출시설의 범위 등) ① 법 제33조제1항 본문에 따라 설치허가를 받아야 하는 폐수배출시설(이하 "배출시설"이라 한다)은 다음 각 호와 같다. <개정 2012. 7. 20., 2014. 11. 24., 2019. 10. 15.>
1. 특정수질유해물질이 환경부령으로 정하는 기준 이상으로 배출되는 배출시설
2. 「환경정책기본법」 제38조에 따른 특별대책지역(이하 "특별대책지역"이라 한다)에 설치하는 배출시설
3. 법 제33조제8항에 따라 환경부장관이 고시하는 배출시설 설치제한지역에 설치하는 배출시설
4. 「수도법」 제7조에 따른 상수원보호구역(이하 "상수원보호구역"이라 한다)에 설치하거나 그 경계구역으로부터 상류로 유하거리(流下距離) 10킬로미터 이내에 설치하는 배출시설
5. 상수원보호구역이 지정되지 아니한 지역 중 상수원 취수시설이 있는 지역의 경우에는 취수시설로부터 상류로 유하거리 15킬로미터 이내에 설치하는 배출시설
6. 법 제33조제1항 본문에 따른 설치신고를 한 배출시설로서 원료 · 부원료 · 제조공법 등이 변경되어 특정수질유해물질이 제1호에 따른 기준 이상으로 새로 배출되는 배출시설

② 법 제33조제1항 본문에 따라 배출시설의 설치신고를 하여야 하는 경우는 다음 각 호와 같다. <개정 2014. 11. 24., 2017. 1. 17.>
1. 제1항에 따른 설치허가 대상 배출시설 외의 배출시설을 설치하는 경우
2. 제1항 각 호에 해당하는 배출시설 중 폐수를 전량 위탁처리하는 경우로서 위탁받은 폐수를 처리하는 시설이 제1항제2호부터 제5호까지의 규정에서 정하는 지역 또는 구역 밖에 있는 경우
3. 제1항제2호부터 제5호까지에 해당하는 배출시설 중 특정수질유해물질이 제1항제1호에 따른 기준 이상으로 배출되지 아니하는 배출시설로서 배출되는 폐수를 전량 공공폐수처리시설 또는 공공하수처리시설에 유입시키는 경우

하고 있었으나, 2000. 1. 21. 개정된 수질환경보전법(2000. 10. 22. 시행) 제2조 제5호에서는 폐수배출시설을 정의하면서 위 규정에서 "공공수역에"라는 부분을 삭제하여 '수질오염물질을 배출하는 시설물·기계·기구 기타 물체로서 환경부령으로 정하는 것'이라고 규정하고 있으므로, 2000. 1. 21. 개정된 수질환경보전법의 시행 이후에는, 폐수배출시설은 수질오염물질을 '공공수역'에 배출하는 시설에 한정되지 않게 되었다고 할 것이고, 또한 위 개정법하에서는 당해 기계시설에서 발생된 수질오염물질이 포함된 액체를 공공수역에 배출하지 않고 당해 기계시설에 재사용하는 시설도 폐수배출시설에 해당한다(대법원 2005. 10. 28. 선고 2003도5192 판결).

환경부장관은 제1항부터 제3항까지의 규정에 따른 신고 또는 변경신고를 받은 날부터 환경부령으로 정하는 기간 내에 신고수리 여부를 신고인에게 통지하여야 한다(동조 ④). 환경부장관이 제4항에서 정한 기간 내에 신고수리 여부 또는 민원 처리 관련 법령에 따른 처리기간의 연장을 신고인에게 통지하지 아니하면 그 기간(민원 처리 관련 법령에 따라 처리기간이 연장 또는 재연장된 경우에는 해당 처리기간을 말한다)이 끝난 날의 다음 날에 신고를 수리한 것으로 본다(동조 ⑤). 제1항부터 제3항까지의 규정에 따라 허가·변경허가를 받으려 하거나 신고·변경신고를 하려는 자가 제35조 제1항 단서에 해당하는 경우와 같은 조 제4항에 따른 공동방지시설을 설치 또는 변경하려는 경우에는 환경부령으로 정하는 서류를 제출하여야 한다(동조 ⑥).

제1항 및 제2항에 따른 허가 또는 변경허가의 기준은 다음 각 호와 같다(제33조 ⑪).

1. 배출시설에서 배출되는 오염물질을 제32조에 따른 배출허용기준 이하로 처리할 수 있을 것
2. 다른 법령에 따른 배출시설의 설치제한에 관한 규정에 위반되지 아니할 것
3. 폐수무방류배출시설을 설치하는 경우에는 폐수가 공공수역으로 유출·누출되지 아니하도록 대통령령으로 정하는 시설 전부를 대통령령으로 정하는 기준에 따라 설치할 것

제33조 제2항 단서 및 같은 조 제3항에 따라 변경신고를 한 경우에는 그 배출시설에 관련된 다음 각 호의 변경신고를 한 것으로 본다. 다만, 변경신고의 사항이 사업장의 명칭 또는 대표자가 변경되는 경우로 한정한다(제33조의2 ①).

1. 「토양환경보전법」 제12조 제1항 후단에 따른 특정토양오염관리대상시설의 변경신고
2. 「대기환경보전법」 제44조 제2항에 따른 배출시설의 변경신고

(2) 배출시설의 설치 제한

환경부장관은 상수원보호구역의 상류지역, 특별대책지역 및 그 상류지역, 취수시설이 있는 지역 및 그 상류지역의 배출시설로부터 배출되는 수질오염물질로 인하여 환경기준의 유지가 곤란하거나 주민의 건강·재산이나 동식물의 생육에 중대한 위해를 가져올 우려가 있다고 인정되는 경우에는 관할시·도지사의 의견을 듣고 관계중앙행정기관의 장과 협의하여 **배출시설의 설치**(변경을 포함한다)를 **제한**할 수 있다(제33조 ⑦). 제7항에 따라 배출시설의 설치를 제한할 수 있는 지역의 범위는 대통령령으로 정하고,[7] 환경부장관은 지역별 제한대상 시설을 고시하여야 한다(동조 ⑧).

제7항 및 제8항의 규정에 불구하고 환경부령이 정하는 특정수질유해물질[8]을 배출하는 배출시설로서 배출시설의 설치제한지역에서 **폐수무방류배출시설**로 하여 이를 설치할 수 있다(제33조 ⑨). "폐수무방류배출시설"이란 폐수배출시설에서 발생하는 폐수를 해당 사업장에서 수질오염방지시설을 이용하여 처리하거나 동일 폐수배출시설에 재이용하는 등 공공수역으로 배출하지 아니하는 폐수배출시설을 말한다(법 제2조 제11호). 배출시설의 설치제한지역에서 폐수무방류배출시설을 설치할 수 있는 지역 및 시설은 환경부장관이 정하여 고시한다(제33조 ⑩).

공장시설의 입지 제한과 관련된 법령들을 해석함에 있어서는 각 법령의 입법목적과 취지를 고려하여 판단하여야 한다. 예컨대, 국토계획법상의 계획관리지역에서는 '특정수질유해물질을 환경부령이 정하는 기준 이상 배출하는 공장시설'은

---

7) 동법 시행령 제32조(배출시설 설치제한 지역) 법 제33조 제8항에 따라 배출시설의 설치를 제한할 수 있는 지역의 범위는 다음 각 호와 같다. <개정 2012. 1. 17., 2012. 7. 20., 2014. 11. 24., 2017. 1. 17., 2019. 10. 15.>

1. 취수시설이 있는 지역
2. 「환경정책기본법」 제38조에 따라 수질보전을 위해 지정·고시한 특별대책지역
3. 「수도법」 제7조의2 제1항에 따라 공장의 설립이 제한되는 지역(제31조 제1항 제1호에 따른 배출시설의 경우만 해당한다)
4. 제1호부터 제3호까지에 해당하는 지역의 상류지역 중 배출시설이 상수원의 수질에 미치는 영향 등을 고려하여 환경부장관이 고시하는 지역(제31조 제1항 제1호에 따른 배출시설의 경우만 해당한다)

8) 동법 시행규칙 제39조(폐수무방류배출시설의 설치가 가능한 특정수질유해물질) 법 제33조 제9항에서 "환경부령으로 정하는 특정수질유해물질"이란 다음 각 호의 물질을 말한다. <개정 2014. 1. 29., 2019. 10. 17.>

1. 구리 및 그 화합물
2. 디클로로메탄
3. 1, 1-디클로로에틸렌

원칙적으로 건축이 허용되지 않는다. 하지만 해당 사업장이 물환경보전법에 따른 배출시설 설치제한지역으로 지정되어 있는 경우, 폐수를 공공수역으로 배출하지 않는 폐수무방류배출시설을 갖추어 허가를 받을 수 있다. 국토계획법과 물환경보전법은 각각의 입법목적과 취지를 가지고 있고, 물환경보전법상의 폐수배출시설 허가 및 설치제한 제도와 국토계획법상 계획관리지역의 건축 규제제도는 서로 규제의 목적과 방법이 상이하므로, 달리 규율된다고 하여 이를 평등의 원칙에 반하는 차별적 취급이라고 볼 수 없다.9)

[판례] [1] 구 국토의 계획 및 이용에 관한 법률 시행령(2018. 1. 16. 대통령령 제28583호로 개정되기 전의 것) 제71조 제1항 제19호 [별표 20] 제1호 (자)목 (1) 중 [별표 19] 제2호 (자)목 (3) 부분(이하 '시행령 조항'이라고 한다)이 계획관리지역에서 특정수질유해물질이 구 수질 및 수생태계 보전에 관한 법률 시행령(2018. 1. 16. 대통령령 제28583호 물환경보전법 시행령으로 대통령령 제명 변경되기 전의 것) 제31조 제1항 제1호에 따른 기준 이상으로 배출되는 공장시설(이하 '특정수질유해물질 기준 이상 배출 공장시설'이라고 한다)의 건축을 원칙적으로 금지한 것 자체는, 국토의 계획 및 이용에 관한 법률(이하 '국토계획법'이라고 한다)이 부여한 입법형성의 재량 범위 내에 있는 것일 뿐만 아니라 헌법적으로 정당한 '국토계획법의 용도지역 제도의 취지 및 계획관리지역의 특성과 지정 목적 등'을 반영한 것으로 평가된다. 따라서 정당한 입법 목적을 실현하기 위한 적절한 수단으로 볼 수 있다. 또한 시행령 조항은 계획관리지역에 한정하여 '특정수질유해물질 기준 이상 배출 공장시설'의 건축을 금지하는 것일 뿐이므로, '특정수질유해물질 기준 이상 배출 공장시설'을 건축하여 운영하려는 자는 계획관리지역이 아닌 지역에서 행정청의 허가를 받아 건축한 후 운영할 수 있다. 그렇다면 시행령 조항으로 인하여 국민이 입게 될 법익 침해의 정도가 앞서 본 입법 목적이 지향하는 공익에 비하여 중하다고 보기는 어렵다. 계획관리지역에서 '특정수질유해물질 기준 이상 배출 공장시설'의 건축을 원칙적으로 금지한 입법자의 의사가 정당한 이상, 그러한 원칙적 금지에 대한 예외적 허용 범위를 정함에 있어서는 입법자에게 폭넓은 입법재량이 있다고 보아야 한다. 살피건대, 시행령 조항이 '구 수질 및 수생태계 보전에 관한 법률(2017. 1. 17. 법률 제14532호 물환경보전법으로 법률 제명 변경되기 전의 것, 이하 '구 수질수생태계법'이라고 한다) 제34조에 따라 폐수무방류배출시설의 설치허가를 받아 운영하는 경우'만을 위 원칙적 금지에 대한 예외사유로 한정한 것을 두고 입법재량의 범위를 일탈한 선택이라고 평가하기는 어렵다. 달리 '폐수배출시설 설치제한지역이든 아니든 모든 계획관리지역에서 구 수질

9) 대법원 2020. 4. 29. 선고 2019도3795 판결[물환경보전법위반].

수생태계법의 폐수무방류배출시설의 설치허가 요건(시설기준)을 갖추어 국토계획법상 개발행위허가를 받을 수 있는 가능성'을 위 원칙적 금지에 대한 예외사유로 입법하여야 할 의무가 시행령 조항의 입법자에게 있다고 볼 법적 근거를 찾기 어렵다. 결국 시행령 조항을 가리켜 과잉금지원칙 등에 위배하여 국민의 직업(영업)의 자유를 침해한 위헌인 규정이라고 평가할 수는 없다. [2] 구 국토의 계획 및 이용에 관한 법률 시행령(2018. 1. 16. 대통령령 제28583호로 개정되기 전의 것) 제71조 제1항 제19호 [별표 20] 제1호 (자)목 (1) 중 [별표 19] 제2호 (자)목 (3) 부분에 의하면 같은 계획관리지역이더라도 폐수배출시설 설치제한지역인지 여부에 따라 폐수무방류배출시설의 건축 가능성 유무가 정해지지만, 이는 본질적으로 서로 상이한 법률[구 수질 및 수생태계 보전에 관한 법률(2017. 1. 17. 법률 제14532호 물환경보전법으로 법률 제명 변경되기 전의 것)상 폐수배출시설 허가 및 설치제한 제도와 국토의 계획 및 이용에 관한 법률상 계획관리지역의 건축 규제 제도]의 입법 취지를 구현하는 과정에서 기인한 것으로 볼 수 있다. 따라서 그러한 차별적 취급을 두고 평등원칙에 위배된 자의적인 입법이라고 평가하기 어렵다(대법원 2020. 4. 29. 선고 2019도3795 판결[물환경보전법위반])

(3) 폐수무방류배출시설의 설치허가

제33조 제1항 단서 및 같은 조 제2항에 따라 폐수무방류배출시설의 설치허가 또는 변경허가를 받으려는 자는 폐수무방류배출시설 설치계획서 등 환경부령으로 정하는 서류를 환경부장관에게 제출하여야 한다(제34조 ①).

환경부장관은 제1항에 따른 허가신청을 받았을 때에는 폐수무방류배출시설 및 폐수를 배출하지 아니하고 처리할 수 있는 수질오염방지시설 등의 적정 여부에 대하여 환경부령으로 정하는 관계 전문기관의 의견을 들어야 한다(동조 ②).

(4) 방지시설의 설치 · 설치면제 및 면제자의 준수사항 등

제33조 제1항 내지 제3항의 규정에 의하여 허가·변경허가를 받은 자 또는 신고·변경신고를 한 자(이하 "사업자"라 한다)가 당해 배출시설을 설치하거나 변경할 때에는 그 배출시설로부터 배출되는 수질오염물질이 제32조의 배출허용기준 이하로 배출되게 하기 위한 수질오염방지시설(폐수무방류배출시설의 경우에는 폐수를 배출하지 아니하고 처리할 수 있는 수질오염방지시설을 말한다. 이하 같다)을 설치하여야 한다. 다만, 대통령령이 정하는 기준에 해당하는 배출시설(폐수무방류배출시설을 제외한다)의 경우에는 그러하지 아니하다(제35조 ①). 제1항 단서의 규정에 의하여 수질오염방지시설(이하 "방지시설"이라 한다)을 설치하지 아니하고 배출시설을 사용하는 자는 폐수의 처리·보관방법 등 배출시설의 관리에 관하여 환경부령이 정하는 사항(이하 "준

수사항"이라 한다)을 지켜야 한다(동조 ②).

환경부장관은 제1항 단서의 규정에 의하여 방지시설을 설치하지 아니하고 배출시설을 설치·운영하는 자가 제2항의 준수사항을 위반한 때에는 제33조 제1항 내지 제3항의 규정에 의한 허가·변경허가를 취소하거나 배출시설의 폐쇄, 배출시설의 전부·일부에 대한 개선 또는 6개월의 범위에서 기간을 정하여 조업정지를 명할 수 있다(동조 ③).

사업자는 배출시설(폐수무방류배출시설을 제외한다)로부터 배출되는 수질오염물질의 공동처리를 위한 공동방지시설(이하 "공동방지시설"이라 한다)을 설치할 수 있다. 이 경우 각 사업자는 사업장별로 해당수질오염물질에 대한 방지시설을 설치한 것으로 본다(동조 ④).

(5) 종전 사업자의 권리 · 의무의 승계 등

다음 각 호의 어느 하나에 해당하는 자는 종전 사업자의 허가·변경허가·신고 또는 변경신고에 따른 종전 사업자의 권리·의무를 승계한다(제36조 ①).

1. 사업자가 사망한 경우 그 상속인
2. 사업자가 그 배출시설 및 방지시설을 **양도**한 경우 그 **양수인**
3. 법인인 사업자가 다른 법인과 합병한 경우 합병 후 존속하는 법인이나 합병으로 설립되는 법인

다음 각 호의 어느 하나에 해당하는 절차에 따라 사업자의 배출시설 및 방지시설을 **인수**한 자는 허가·변경허가 또는 신고·변경신고에 따른 종전 사업자의 권리·의무를 승계한다(제36조 ②).

1. 「민사집행법」에 따른 경매
2. 「채무자 회생 및 파산에 관한 법률」에 따른 환가(換價)
3. 「국세징수법」, 「관세법」 또는 「지방세기본법」에 따른 압류재산의 매각
4. 그 밖에 제1호부터 제3호까지의 규정 중 어느 하나에 준하는 절차

배출시설 및 방지시설을 임대차하는 경우 임차인은 제38조, 제38조의2부터 제38조의5까지, 제39조부터 제41조까지, 제42조(허가취소의 경우는 제외한다), 제43조, 제46조, 제47조 및 제68조 제1항 제1호를 적용할 때에는 사업자로 본다(제36조 ③).

(6) 배출시설 및 방지시설의 가동개시 신고

사업자는 배출시설 또는 방지시설의 설치를 완료하거나 배출시설의 변경(변경신고를 하고 변경을 하는 경우에는 대통령령이 정하는 변경의 경우에 한한다)을 완료하여 당해 배출시설 및 방지시설을 가동하고자 하는 때에는 환경부령이 정하는 바에 의하

여 미리 환경부장관에게 가동개시 신고를 하여야 한다. 신고한 가동개시일을 변경하고자 할 때에는 환경부령이 정하는 바에 따라 변경신고를 하여야 한다(제37조 ①).

가동개시 신고를 한 사업자는 환경부령이 정하는 기간 이내에 배출시설(폐수무방류배출시설을 제외한다)에서 배출되는 수질오염물질이 배출허용기준 이하로 처리될 수 있도록 방지시설을 운영하여야 한다. 이 경우 환경부령이 정하는 기간 이내에는 제39조 내지 제41조의 규정을 적용하지 아니한다(동조 ②).

환경부장관은 제2항의 규정에 의한 기간이 경과한 날부터 환경부령이 정하는 기간 이내에 배출시설 및 방지시설의 가동상태를 점검하고 수질오염물질을 채취한 후 환경부령이 정하는 검사기관으로 하여금 오염도검사를 하게 하여야 한다(동조 ③).

환경부장관은 제1항에 따라 가동시작 신고를 한 폐수무방류배출시설에 대하여 신고일부터 10일 이내에 제33조 제11항에 따른 허가 또는 변경허가의 기준에 맞는지를 조사하여야 한다(동조 ④).

(7) 배출시설 및 방지시설의 운영

사업자(제33조 제1항 단서 또는 동조 제2항의 규정에 의하여 폐수무방류배출시설의 설치허가 또는 변경허가를 받은 사업자를 제외한다) 또는 방지시설을 운영하는 자(제35조 제5항의 규정에 의한 공동방지시설 운영기구의 대표자를 포함한다. 이하 같다)는 다음 각 호의 어느 하나에 해당하는 행위를 하여서는 아니 된다(제38조 ①).

1. 배출시설에서 배출되는 수질오염물질을 방지시설에 유입하지 아니하고 배출하거나 방지시설에 유입하지 아니하고 배출할 수 있는 시설을 설치하는 행위
2. 방지시설에 유입되는 수질오염물질을 최종 방류구를 거치지 아니하고 배출하거나, 최종 방류구를 거치지 아니하고 배출할 수 있는 시설을 설치하는 행위
3. 배출시설에서 배출되는 수질오염물질에 공정 중에서 배출되지 아니하는 물 또는 공정 중에서 배출되는 오염되지 아니한 물을 섞어 처리하거나, 배출허용기준이 초과되는 수질오염물질이 방지시설의 최종 방류구를 통과하기 전에 오염도를 낮추기 위하여 물을 섞어 배출하는 행위. 다만, 환경부장관이 환경부령이 정하는 바에 따라 희석하여야만 수질오염물질의 처리가 가능하다고 인정하는 경우 그 밖에 환경부령이 정하는 경우를 제외한다.
4. 그 밖에 배출시설 및 방지시설을 정당한 사유 없이 정상적으로 가동하지 아

니하여 배출허용기준을 초과한 수질오염물질을 배출하는 행위

[판례] (1) 물환경보전법 제2조의 '폐수배출시설'이란 수질오염물질을 배출하는 시설물, 기계, 기구, 그 밖의 물체로서 환경부령으로 정하는 것을 말한다(제10호 본문). 같은 법 시행규칙 제6조 [별표 4]는 그 위임에 따라 폐수배출시설에 해당하는 시설의 종류를 구체적으로 정하고 있는데, 제2호 53)항에 의하면 '시멘트 · 석회 · 플라스터 및 그 제품 제조시설'은 폐수배출시설에 해당하고, '레미콘차량'은 관련 시설로서 이에 포함된다. 또한, 같은 법 제33조 제1항은 폐수배출시설을 설치하려는 자는 대통령령으로 정하는 바에 따라 환경부장관에게 신고하여야 한다고 정하고 있고, 제38조 제1항 제1호는 제33조 제1항에 따라 신고를 한 사업자는 폐수배출시설에서 배출되는 수질오염물질을 방지시설에 유입하지 아니하고 배출하거나 방지시설에 유입하지 아니하고 배출할 수 있는 시설을 설치하는 행위를 하여서는 안 된다고 정하고 있다. 위와 같은 물환경보전법령의 입법 취지 및 내용 등에 위 시행규칙 제6조 [별표 4] 제2호 53)항에서 레미콘차량의 소유관계에 관하여 아무런 제한 규정을 두고 있지 않은 점 등을 더하여 보면, 레미콘차량은 사업자의 소유인지 여부와 관계없이 폐수배출시설인 이 사건 사업장의 관련 시설에 해당한다고 봄이 타당하다. (2) 원고는 레미콘의 제조 및 판매업, 운송업 등을 목적으로 설립된 회사로, 레미콘 제조 · 생산시설(이하 '이 사건 사업장'이라 한다)을 운영하고 있는바, 이 사건 사업장의 폐수배출시설 설치신고서 및 원고가 주장하는 폐수처리 절차 등에 비추어 보면, 원고는 레미콘 제조 과정에서 발생한 폐수는 물론 레미콘차량이 공사현장에 레미콘을 운반한 다음 공장에 복귀하여 잔류물 등을 세척하는 과정에서 발생한 폐수 전량에 대해 물리적 처리를 거쳐 재이용하여야 한다. 사업장 밖에서 레미콘차량을 세척하고 세척수를 방류하는 것은 원고의 폐수배출시설 설치신고의 내용에도 반한다. 원고와 레미콘운반도급계약을 체결한 甲이 자신의 레미콘차량으로 이 사건 사업장에서 제조 · 생산된 레미콘을 공사현장에 운반하고 돌아오던 중, 하천 인근 교량에서 레미콘 잔여물과 먼지 등이 묻어 있는 이 사건 레미콘차량의 후미를 세척하면서 배출허용기준을 초과하여 수질오염물질을 배출한 행위는 물환경보전법 제38조 제1항 제1호 전단에 해당한다. 그런데도 원심은, 그 판시와 같은 사정만으로 피고의 조업정지 처분이 위법하다고 판단하였으니, 원심판결에는 물환경보전법 제2조 제10호의 '폐수배출시설'의 범위 및 같은 법 제38조 제1항 제1호의 해석 · 적용에 관한 법리를 오해하여 판결에 영향을 미친 위법이 있다(대법원 2022. 12. 15. 선고 2022두49953 판결[조업정지처분취소] - 쌍용레미콘 사건).[10)]

10) 원심은 사업자가 폐수배출시설의 관련 시설로 신고하여야 할 레미콘차량은 사업자가 소유하는 레미콘차량에 한정되고 레미콘운반도급계약 등을 통해 사용하는 타인 소유의 레미콘차량은 이에 포함된다고 볼 수 없다는 이유로, 관할 지자체 장의 조업정지 처분이 위법하다고 판단하였다.

제33조 제1항 단서 또는 동조 제2항의 규정에 의하여 폐수무방류배출시설의 설치허가 또는 변경허가를 받은 사업자는 다음 각 호의 어느 하나에 해당하는 행위를 하여서는 아니 된다(동조 ②).

1. 폐수무방류배출시설에서 나오는 폐수를 사업장 밖으로 반출 또는 공공수역으로 배출하거나 배출할 수 있는 시설을 설치하는 행위
2. 폐수무방류배출시설에서 배출되는 폐수를 오수 또는 다른 배출시설에서 배출되는 폐수와 혼합하여 처리하거나 처리할 수 있는 시설을 설치하는 행위
3. 폐수무방류배출시설에서 배출되는 폐수를 재이용하는 경우 동일한 폐수무방류배출시설에서 재이용하지 아니하고 다른 배출시설에서 재이용하거나 화장실 용수·조경용수 또는 소방용수 등으로 사용하는 행위

사업자 또는 방지시설을 운영하는 자는 조업을 할 때에는 환경부령이 정하는 바에 의하여 그 배출시설 및 방지시설의 운영에 관한 상황을 사실대로 기록하여 이를 보존하여야 한다(동조 ③).

(8) 측정기기의 부착 등

다음 각 호의 어느 하나에 해당하는 자는 배출되는 수질오염물질이 제32조에 따른 배출허용기준, 제12조 제3항 또는 「하수도법」 제7조에 따른 방류수 수질기준에 맞는지를 확인하기 위하여 적산전력계, 적산유량계, 수질자동측정기기 등 대통령령으로 정하는 기기(이하 “측정기기”라 한다)를 부착하여야 한다(제38조의2 ①).

1. 대통령령으로 정하는 폐수배출량 이상의 사업장을 운영하는 사업자. 다만, 제33조 제1항 단서 또는 같은 조 제2항에 따른 폐수무방류배출시설의 설치허가 또는 변경허가를 받은 사업자는 제외한다.
2. 대통령령으로 정하는 처리용량 이상의 방지시설(공동방지시설을 포함한다)을 운영하는 자
3. 대통령령으로 정하는 처리용량 이상의 공공폐수처리시설 또는 공공하수처리시설을 운영하는 자
4. 제62조 제3항에 따른 폐수처리업자 중 폐수의 처리용량 또는 처리수의 배출형태가 대통령령으로 정하는 기준에 해당하는 폐수처리시설을 운영하는 자. 다만, 제62조 제2항 제2호에 따른 폐수 재이용업만 영위하는 자는 제외한다.

환경부장관 또는 시·도지사는 제1항에 따라 측정기기를 부착하여야 하는 자가 「중소기업기본법」 제2조에 따른 중소기업인 경우에는 사업자의 측정기기 부착 및 운영에 필요한 비용의 일부를 지원할 수 있다(동조 ②).

제1항에 따라 부착하여야 하는 측정기기의 부착방법 및 부착시기와 그 밖에 측정기기의 부착에 필요한 사항은 대통령령으로 정한다(동조 ③). 제1항에 따라 측정기기를 부착한 자(이하 "측정기기부착사업자등"이라 한다)는 제38조의6에 따라 등록을 한 자(이하 "측정기기 관리대행업자"라 한다)에게 측정기기의 관리업무를 대행하게 할 수 있다. 다만, 측정기기 관리대행업자가 수질오염방지시설(공동방지시설을 포함한다), 공공폐수처리시설 또는 공공하수처리시설을 수탁받아 운영하고 있는 경우에는 해당 시설의 측정기기의 관리업무를 대행하게 할 수 없다(동조 ④).

한편, 동법은 측정기기 관련 금지행위 및 운영·관리기준에 관하여 규정하고 있다. 즉, 누구든지 다음 각 호의 어느 하나에 해당하는 행위를 하여서는 아니 된다(제38조의3 ①).

1. 고의로 측정기기를 작동하지 아니하게 하거나 정상적인 측정이 이루어지지 아니하도록 하는 행위
2. 부식, 마모, 고장 또는 훼손으로 정상적인 작동을 하지 아니하는 측정기기를 정당한 사유 없이 방치하는 행위
3. 측정 결과를 누락시키거나 거짓으로 측정 결과를 작성하는 행위
4. 측정기기 관리대행업자에게 측정값을 조작하게 하는 등 측정·분석 결과에 영향을 미칠 수 있는 행위

측정기기부착사업자등 및 측정기기 관리대행업자는 해당 측정기기로 측정한 결과의 신뢰도와 정확도를 지속적으로 유지할 수 있도록 환경부령으로 정하는 측정기기의 운영·관리기준을 지켜야 한다(동조 ②).

또한 동법은 측정기기부착사업자등과 측정기기 관리대행업자에 대한 조치명령 등에 관혀여 규정하고 있다. 환경부장관은 제38조의3 제2항에 따른 운영·관리기준을 준수하지 아니하는 자에게 대통령령으로 정하는 바에 따라 기간을 정하여 측정기기가 기준에 맞게 운영·관리되도록 필요한 조치를 할 것을 명할 수 있다(제38조의4 ①). 환경부장관은 제1항에 따른 조치명령을 이행하지 아니하는 자에게 6개월 이내의 기간을 정하여 해당 배출시설 등의 전부 또는 일부에 대한 조업정지를 명할 수 있다(동조 ②).

그 외 제38조의5(측정기기부착사업자등에 대한 지원 및 보고·검사의 면제 등), 제38조의6(측정기기 관리대행업의 등록 등), 제38조의7(결격사유), 제38조의8(측정기기 관리대행업자의 준수사항 등), 제38조의9(등록의 취소 등), 제38조의10(관리대행능력의 평가 및 공시)의 규정을 두고 있다.

3. 규제조치

(1) 배출허용기준을 초과한 사업자에 대한 개선명령

환경부장관은 제37조 제1항의 규정에 의한 신고를 한 후 조업 중인 배출시설(폐수무방류배출시설을 제외한다)에서 배출되는 수질오염물질의 정도가 제32조의 규정에 의한 배출허용기준을 초과한다고 인정하는 때에는 대통령령이 정하는 바에 의하여 기간을 정하여 사업자(제35조 제5항의 규정에 의한 공동방지시설 운영기구의 대표자를 포함한다)에게 그 수질오염물질의 정도가 배출허용기준 이하로 내려가도록 필요한 조치를 취할 것(이하 "개선명령"이라 한다)을 명할 수 있다(제39조).

(2) 조업정지명령

환경부장관은 제39조의 규정에 의하여 개선명령을 받은 자가 개선명령을 이행하지 아니하거나 기간 이내에 이행은 하였으나 검사결과가 제32조의 규정에 의한 배출허용기준을 계속 초과할 때에는 당해 배출시설의 전부 또는 일부에 대한 조업정지를 명할 수 있다(제40조).

(3) 배출부과금

배출부과금이란 일반적으로 일정한 법정기준(예, 배출허용기준 등)을 초과하는 공해배출량이나 잔류량에 대하여 일정단위당 부과금을 곱하여 산정되는 금전적 급부의무를 부과함으로써 환경오염을 방지하려는 수단을 말한다.

동법 제41조에 의하면 환경부장관은 수질오염물질로 인한 수질오염 및 수생태계 훼손을 방지하거나 감소시키기 위하여 수질오염물질을 배출하는 사업자(공공폐수처리시설, 공공하수처리시설 중 환경부령으로 정하는 시설을 운영하는 자를 포함한다) 또는 제33조제1항부터 제3항까지의 규정에 따른 허가·변경허가를 받지 아니하거나 신고·변경신고를 하지 아니하고 배출시설을 설치하거나 변경한 자에게 배출부과금을 부과·징수한다. 이 경우 배출부과금은 아래와 같이 구분하여 부과하되, 그 산정방법과 산정기준 등에 관하여 필요한 사항은 대통령령으로 정한다(제41조 ①).

기본 배출 부과금	−배출시설(폐수무방류배출시설을 제외한다)에서 배출되는 폐수 중 수질오염물질이 제32조의 규정에 의한 배출허용기준 이하로 배출되나, 방류수 수질기준을 초과하는 경우 −공공폐수처리시설 또는 공공하수처리시설에서 배출되는 폐수 중 수질오염물질이 방류수 수질기준을 초과하는 경우
초과 배출 부과금	−수질오염물질이 제32조의 규정에 따른 배출허용기준을 초과하여 배출되는 경우 −수질오염물질이 공공수역에 배출되는 경우(폐수무방류배출시설로 한정한다)

배출부과금을 부과할 때에는 다음 각 호의 사항을 고려하여야 한다(동조 ②).

1. 제32조에 따른 배출허용기준 초과 여부
2. 배출되는 수질오염물질의 종류
3. 수질오염물질의 배출기간
4. 수질오염물질의 배출량
5. 제46조에 따른 자가측정 여부
6. 그 밖에 수질환경의 오염 또는 개선과 관련되는 사항으로서 환경부령이 정하는 사항

배출부과금은 방류수 수질기준 이하로 배출하는 사업자(폐수무방류배출시설을 운영하는 사업자를 제외한다. 이하 이 항에서 같다)에 대하여는 부과하지 아니하며, 대통령령이 정하는 양 이하의 수질오염물질을 배출하는 사업자 및 다른 법률에 따라 수질오염물질의 처리비용을 부담한 사업자에 대하여는 배출부과금을 감면할 수 있다. 이 경우 다른 법률에 따라 처리비용을 부담한 사업자에 대한 배출부과금의 감면은 그 부담한 처리비용의 금액 이내에 한한다(동조 ③). 배출부과금 및 가산금은 환경개선특별회계의 세입으로 한다(동조 ⑥).

한편, 사업자에게 제48조의2에 따른 '공공폐수처리시설 설치 부담금'과 제41조에 따른 '초과배출부과금'이 부과되더라도 이는 불필요한 이중 규제에 해당한다고 볼 수 없다. 전자는 공공폐수처리시설[11]의 설치에 드는 비용의 일부 또는 전부를 원인자에게 부담시키는 것이고, 후자는 공법상 규제기준을 초과한 자에 대하여 금전적 지급의무를 부과하는 것으로, 도입 목적과 취지가 상이하다. 또한 제32조 제9항에서는 공공폐수처리시설 또는 공공하수처리시설에 배수설비를 통하여 폐수를 전량 유입하는 배출시설에 대해서는 그 공공폐수처리시설 또는 공공하수처리시설에서 적정하게 처리할 수 있는 항목에 한정하여 제1항에도 불구하고 따로 배출허용기준을 정하여 고시할 수 있다고 정하고 있다. 따라서 공공폐수처리시설 등에 배수설비를 통하여 폐수를 전량 유입하는 배출시설에 대하여도 제41조 등에 의한 초과배출부과금이 부과될 수 있다.[12]

---

11) "공공폐수처리시설"이란 공공폐수처리구역의 폐수를 처리하여 공공수역에 배출하기 위한 처리시설과 이를 보완하는 시설을 말한다(제2조 제17조). 2016. 1. 27. 일부개정에서 폐수종말처리시설의 명칭을 공공폐수처리시설로 변경하였다.

12) 대법원 2011. 10. 27. 선고 2011두12986 판결[초과배출부과금부과처분취소].

[판례 1] [1] 폐수종말처리시설 등에 배수설비를 통하여 폐수를 전량 유입하는 배출시설에 대하여도 물환경보전법 제41조 등에 의한 초과배출부과금이 부과될 수 있는지 여부(적극): 물환경보전법(이하 '법'이라 한다) 제32조 제1항은 "폐수배출시설(이하 '배출시설'이라 한다)에서 배출되는 수질오염물질의 배출허용기준은 환경부령으로 정한다"고 규정하고 있고, 같은 조 제8항은 "환경부장관은 제48조의 규정에 의한 폐수종말처리시설 또는 하수도법 제2조 제5호의 규정에 의한 하수종말처리시설에 배수설비를 통하여 폐수를 전량 유입하는 배출시설에 대하여는 그 폐수종말처리시설 또는 하수종말처리시설에서 적정하게 처리할 수 있는 항목에 한하여 제1항의 규정에 불구하고 별도의 배출허용기준을 정하여 고시할 수 있다"고 규정하고 있으므로, 폐수종말처리시설 등에 배수설비를 통하여 폐수를 전량 유입하는 배출시설에 대하여도 법 제41조, 법 시행령 제45조 등에 의한 초과배출부과금이 부과될 수 있다. 따라서 원고의 전처리시설에서 배출된 폐수의 수질오염물질이 방류수 수질기준을 넘어 법 제32조 제8항의 규정에 의한 배출허용기준을 초과한 이 사건에 있어서는 가사 그 폐수가 이 사건 폐수종말처리시설을 거쳐 방류수 수질기준 이하로 배출되었다 하더라도 법 제41조 제3항 전단에 의하여 원고를 배출부과금 부과대상에서 제외할 수 없다. [2] 충청남도지사가 농수산물 가공판매업 등을 영위하는 甲 주식회사의 사업장 내부에 설치된 전(前)처리시설을 통해 甲 회사가 소속된 산업단지 내 폐수종말처리시설로 배출된 폐수에 대한 오염도 검사 결과 환경부장관이 고시한 별도 배출허용기준을 초과하여 수질오염물질을 배출하였다는 이유로 개선명령과 함께 초과배출부과금을 부과한 사안에서, 위 고시가 폐수종말처리시설과 유기적 일체를 이루고 있는 전처리시설을 대상으로 한 불필요한 이중 규제에 해당하거나 甲 회사에 지나치게 과중한 규제를 가한 것에 해당하여 무효라고 볼 수 없다고 판단한 원심판결에 위법이 없다고 한 사례(대법원 2011. 10. 27. 선고 2011두12986 판결[초과배출부과금부과처분취소]).

[판례 2] [1] 구 수질 및 수생태계 보전에 관한 법률 제41조 제1항 제2호 (가)목, 구 수질 및 수생태계 보전에 관한 법률 시행령 제45조 제1항, 제49조 제2항 [별표 16] 제1호 (가)목 및 (나)목의 체계 및 내용과 오염물질 등의 배출전력이 있는 경우에는 부과금의 부과율을 누진적용하려는 위반횟수별 부과계수 제도의 취지를 종합하면, 배출허용기준 위반횟수별 부과계수의 '위반횟수'는 위반행위로 개선명령·조업정지명령·허가취소·사용중지명령 또는 폐쇄명령을 받은 경우 수질오염물질의 종류를 불문하고, 위반행위의 횟수를 의미한다. [2] 사업자들이 폐수배출시설로부터 배출되는 수질오염물질의 공동처리를 위하여 공동방지시설을 설치하였고, 사업장별 폐수배출량 및 수질오염물질 농도를 측정할 수 없는 경우, 행정청이 사업자들이 제출한 '공동방지시설의 운영에 관한 규약'에서 정해진 '사업장별 배출부과금 부담비율'에 근거하여 각 사업자들에게 배출부과금을 부과하였다면, 그 규약에서 정한 분담기준이 현저히 불합리하다는 등 특별한 사정이 없는 이상, 이러한

배출부과금 부과처분이 위법하다고 볼 수는 없다. [3] 수질오염물질에 대한 공동방지시설의 운영기구가 중소기업협동조합법상 협동조합인 경우, 그 규약 중 '사업장별 배출부과금 부담비율을 정하는 조항'이 중소기업중앙회 회장의 승인 대상인 '조합원에게 의무를 부과하는 사항'에 해당하지 않는다(대법원 2017. 11. 29. 선고 2014두13232 판결).

(4) 허가의 취소 등

환경부장관은 사업자 또는 방지시설을 운영하는 자가 다음 각 호의 어느 하나에 해당하는 경우에는 배출시설의 설치허가나 변경허가를 취소하거나 배출시설의 폐쇄 또는 6개월 이내의 조업정지를 명령할 수 있다. 다만, 제2호에 해당하는 경우에는 배출시설의 설치허가나 변경허가를 취소하거나 그 폐쇄를 명령하여야 한다(제42조 ①).

1. 제32조 제1항에 따른 배출허용기준을 초과한 경우
2. 거짓이나 그 밖의 부정한 방법으로 제33조 제1항 내지 제3항에 따른 허가·변경허가를 받았거나 신고·변경신고를 한 경우
3. 제33조 제1항에 따른 허가를 받거나 신고를 한 후 특별한 사유 없이 5년 이내에 배출시설 또는 방지시설을 설치하지 아니하거나 배출시설의 멸실 또는 폐업이 확인된 경우
4. 제33조 제1항 단서에 따라 폐수무방류배출시설을 설치한 자가 방지시설을 설치하지 아니하고 배출시설을 가동한 경우
5. 제33조 제2항에 따른 변경허가를 받지 아니한 경우
6. 제33조 제8항에 따른 배출시설설치제한지역에 제33조 제1항 내지 제3항에 따른 배출시설 설치허가(변경허가를 포함한다)를 받지 아니하거나 신고를 아니하고 배출시설을 설치하거나 가동한 경우
7. 제35조 제1항 본문에 따른 방지시설을 설치하지 아니하고 배출시설을 설치·가동하거나 변경한 경우
8. 제35조 제1항 단서에 따라 방지시설의 설치가 면제되는 자가 배출허용기준을 초과하여 오염물질을 배출한 경우
9. 제37조 제1항에 따른 가동개시신고 또는 변경신고를 하지 아니하고 조업한 경우
10. 제38조 제1항 각 호의 어느 하나 또는 같은 조 제2항 각 호의 어느 하나에 해당하는 행위를 한 경우

11. 제38조의2 제1항에 따른 측정기기를 부착하지 아니한 경우
12. 제38조의3 제1항 각 호의 어느 하나에 해당하는 행위를 한 경우
13. 제38조의4 제2항 · 제40조 또는 제42조에 따른 조업정지명령을 이행하지 아니한 경우
14. 제39조에 따른 개선명령을 이행하지 아니한 경우
15. 배출시설을 설치 · 운영하던 사업자가 사업을 영위하지 아니하기 위하여 당해 시설을 철거한 경우

환경부장관은 사업자 또는 방지시설을 운영하는 자가 다음 각 호의 어느 하나에 해당하는 때에는 6개월 이내의 조업정지를 명령할 수 있다(동조 ②).

1. 제33조 제2항 또는 제3항에 따른 변경신고를 하지 아니한 경우
2. 제38조 제3항에 따른 배출시설 및 방지시설의 운영에 관한 관리기록을 거짓으로 기재하거나 보존하지 아니한 경우
3. 제47조에 따른 환경기술인을 임명하지 아니하거나 자격기준에 못 미치는 환경기술인을 임명하거나 환경기술인이 비상근하는 경우

(5) 과징금 처분

환경부장관은 다음 각 호의 어느 하나에 해당하는 배출시설(폐수무방류배출시설을 제외한다)을 설치 · 운영하는 사업자에 대하여 제42조에 따라 조업정지를 명하여야 하는 경우로서 그 조업정지가 주민의 생활, 대외적인 신용, 고용, 물가 등 국민경제 또는 그 밖의 공익에 현저한 지장을 줄 우려가 있다고 인정되는 경우에는 조업정지처분을 갈음하여 매출액에 100분의 5를 곱한 금액을 초과하지 아니하는 범위에서 과징금을 부과할 수 있다(제43조 ①).

1. 「의료법」에 따른 의료기관의 배출시설
2. 발전소의 발전설비
3. 「초 · 중등교육법」 및 「고등교육법」에 따른 학교의 배출시설
4. 제조업의 배출시설
5. 그 밖에 대통령령이 정하는 배출시설

환경부장관은 다음 각 호의 어느 하나에 해당하는 위반행위에 대하여는 제1항에도 불구하고 조업정지를 명하여야 한다(동조 ②).

1. 제35조에 따라 방지시설(공동방지시설을 포함한다)을 설치하여야 하는 자가 방지시설을 설치하지 아니하고 배출시설을 가동한 경우
2. 제38조 제1항 각 호의 어느 하나에 해당하는 행위를 한 경우로서 30일 이상

의 조업정지처분 대상이 되는 경우

3. 제38조의3 제1항 각 호의 어느 하나에 해당하는 행위를 한 경우로서 5일 이상의 조업정지처분 대상이 되는 경우
4. 제39조에 따른 개선명령을 이행하지 아니한 경우
5. 과징금 처분을 받은 날부터 2년이 지나기 전에 제42조에 따른 조업정지 처분 대상이 되는 경우

행정청의 사실인정 중 고도의 전문적이고 기술적인 사항에 관한 판단은 행정재량에 속하므로 판단의 기초가 된 사실인정에 중대한 오류가 있거나 판단이 객관적으로 불합리하거나 부당하다는 등의 특별한 사정이 없는 한 존중되어야 한다.[13]

[판례] [행정청이 원고의 공장 내 폐수배출시설에서 배출허용기준을 초과하는 중금속이 검출되었다는 이유로 원고에게 과징금 등을 부과한 사안에서, 처분의 기초가 된 오염도 검사가 수질오염공정시험기준이 정한 시료채취 및 보존 방법을 위반하였음에도 그 오염도 검사를 기초로 처분사유를 인정할 수 있는지 문제된 사건] (1) 배출허용기준을 초과하는 수질오염물질이 배출되었는지 여부: (1) 행정청이 관계 법령이 정하는 바에 따라 고도의 전문적이고 기술적인 사항에 관하여 전문적인 판단을 하였다면, 판단의 기초가 된 사실인정에 중대한 오류가 있거나 판단이 객관적으로 불합리하거나 부당하다는 등의 특별한 사정이 없는 한 존중되어야 한다(대법원 2016. 1. 28. 선고 2013두21120 판결 참조). (2) 환경오염물질의 배출허용기준이 법령에 정량적으로 규정되어 있는 경우 행정청이 채취한 시료를 전문연구기관에 의뢰하여 배출허용기준을 초과한다는 검사결과를 회신 받아 제재처분을 한 경우, 이 역시 고도의 전문적이고 기술적인 사항에 관한 판단으로서 그 전제가 되는 실험결과의 신빙성을 의심할 만한 사정이 없는 한 존중되어야 함은 물론이다. (3) 수질오염물질을 측정함에 있어 시료채취의 방법, 오염물질 측정의 방법 등을 정한 이 사건 고시(구 「수질오염공정시험기준」(2019. 12. 24. 국립환경과학원고시 제2019-63호로 개정되기 전의 것, 이하 '이 사건 고시'라 한다)는 그 형식 및 내용에 비추어 행정기관 내부의 사무처리준칙에 불과하므로 일반 국민이나 법원을 구속하는 대외적 구속력은 없다. 따라서 시료채취의 방법 등이 이 사건 고시에서 정한 절차에 위반된다고 하여 그러한 사정만으로 곧바로 그에 기초하여 내려진 행정처분이 위법하다고 볼 수는 없고, 관계 법령의 규정 내용과 취지 등에 비추어 그 절차상 하자가 채취된 시료를 객관적인 자료로 활용할 수 없을 정도로 중대한지에 따라 판단되어야 한다(대법원 2021. 5. 7. 선고 2020두57042 판결 등 참조). 다만 이때에도 시료의 채취와 보존, 검사방법의 적

13) 대법원 2022. 9. 16. 선고 2021두58912 판결 [조업정지처분취소]

법성 또는 적절성이 담보되어 시료를 객관적인 자료로 활용할 수 있고 그에 따른 실험결과를 믿을 수 있다는 사정은 행정청이 그 증명책임을 부담하는 것이 원칙이다. (4) 수질오염공정시험기준은 시료 채취 후 일정량의 질산을 첨가하여 시료를 보존하도록 규정하고 있으나, 이 사건에서 피고(=행정청)는 위 보존방법을 위반하였다. 대법원은 피고가 오염도검사 과정에서 수질오염공정시험기준이 정한 절차를 위반하였고 그 절차상 하자는 채취된 시료를 객관적인 자료로 활용할 수 없을 정도로 중대하다고 볼 여지가 충분하여 오염도검사의 신빙성이 충분히 증명되었다고 보기 어렵다고 판시한 사례(대법원 2022. 9. 16. 선고 2021두58912 판결[조업정지처분취소]). <해설> 판례는 위법한 행정조사에 기초하여 내려진 처분을 위법하다고 보는데, 이 사건 오염도 검사는 행정의 행위형식의 하나인 행정조사에 해당하지 않고, 행정 내부에서의 사실인정절차에 해당한다.

환경부장관은 사업자가 과징금을 납부기한까지 납부하지 아니하는 때에는 국세체납처분의 예에 의하여 이를 징수하고(동조 ③), 징수한 과징금은 환경개선특별회계의 세입으로 한다(동조 ④).

(6) 위법시설에 대한 폐쇄조치

환경부장관은 제33조 제1항 내지 제3항의 규정에 의한 허가를 받지 아니하거나 신고를 하지 아니하고 배출시설을 설치하거나 사용하는 자에 대하여 당해 배출시설의 사용중지를 명하여야 한다. 다만, 당해 배출시설을 개선하거나 방지시설을 설치·개선하더라도 그 배출시설에서 배출되는 수질오염물질의 정도가 제32조의 규정에 의한 배출허용기준 이하로 내려갈 가능성이 없다고 인정되는 경우(폐수무방류배출시설의 경우에는 그 배출시설에서 나오는 폐수가 공공수역으로 배출될 가능성이 있다고 인정되는 경우를 말한다) 또는 그 설치장소가 다른 법률의 규정에 의하여 당해 배출시설의 설치가 금지된 장소인 경우에는 그 배출시설의 폐쇄를 명하여야 한다(제44조).

(7) 명령의 이행보고 및 확인

제38조의4제2항, 제39조, 제40조, 제42조 또는 제44조에 따른 개선명령·조업정지명령·사용중지명령 또는 폐쇄명령을 받은 자가 그 명령을 이행하였을 때에는 지체 없이 이를 환경부장관에게 보고하여야 한다(제45조 ①). 환경부장관은 제1항에 따른 보고를 받았을 때에는 관계 공무원으로 하여금 지체 없이 그 명령의 이행상태 또는 개선완료상태를 확인하게 하고, 폐수 오염도검사가 필요하다고 인정되는 경우에는 시료를 채취하여 환경부령으로 정하는 검사기관에 오염도검사를 지시하거나 의뢰하여야 한다(동조 ②).

4. 공공폐수처리시설

국가 · 지방자치단체 및 한국환경공단은 수질오염이 악화되어 환경기준을 유지하기 곤란하거나 물환경 보전에 필요하다고 인정되는 지역의 각 사업장에서 배출되는 수질오염물질을 공동으로 처리하여 배출하기 위하여 공공폐수처리시설을 설치 · 운영할 수 있으며, 국가와 지방자치단체는 다음 각 호의 어느 하나에 해당하는 자에게 공공폐수처리시설을 설치하거나 운영하게 할 수 있다. 이 경우 사업자 또는 그 밖에 수질오염의 원인을 직접 일으킨 자(이하 "원인자"라 한다)는 공공폐수처리시설의 설치 · 운영에 필요한 비용의 전부 또는 일부를 부담하여야 한다(제48조 ①).

1. 한국환경공단
2. 「산업입지 및 개발에 관한 법률」 제16조 제1항(제5호와 제6호는 제외한다)에 따른 산업단지개발사업의 시행자
3. 「사회기반시설에 대한 민간투자법」 제2조 제7호에 따른 사업시행자
4. 제1호부터 제3호까지의 자에 준하는 공공폐수처리시설의 설치 · 운영 능력을 가진 자로서 대통령령으로 정하는 자

제48조의 규정에 따라 공공폐수처리시설을 설치 · 운영하는 자(이하 "시행자"라 한다)는 그 사업에 소요되는 비용의 전부 또는 일부에 충당하기 위하여 원인자로부터 공공폐수처리시설의 설치 · 운영 부담금(이하 "공공폐수처리시설 부담금"이라 한다)을 부과 · 징수할 수 있다(제48조의2 ①). 공공폐수처리시설 부담금의 총액은 시행자가 당해 사업의 실시와 관련하여 지출하는 금액을 초과하여서는 아니 된다(동조 ②). 원인자에게 부과되는 공공폐수처리시설 부담금은 각 원인자의 사업의 종류 · 규모 및 오염물질의 배출 정도 등을 기준으로 하여 정한다(동조 ③).

시행자는 공공폐수처리시설의 운영에 드는 비용의 전부 또는 일부를 충당하기 위하여 원인자로부터 공공폐수처리시설의 사용료(이하 "공공폐수처리시설 사용료"라 한다)를 부과 · 징수할 수 있다(제48조의3 ①). 원인자에게 부과되는 공공폐수처리시설 사용료는 각 원인자의 사업의 종류 · 규모 및 오염물질의 배출 정도 등을 기준으로 하여 정한다(동조 ②). 제1항에 따라 징수한 공공폐수처리시설 사용료는 공공폐수처리시설에 관한 용도 외에는 사용할 수 없다(동조 ③).

공공폐수처리시설 설치 부담금(시행자가 국가인 경우만 해당한다) 또는 공공폐수처리시설 사용료(시행자가 국가인 경우만 해당한다)는 「환경정책기본법」에 따른 환경개선특별회계의 세입으로 한다. 다만, 국가가 공공폐수처리시설 운영사업을 제48조

제1항에 따라 위탁하여 실시하는 경우에는 그러하지 아니하며, 징수한 공공폐수처리시설 사용료를 수탁자에게 지급하여야 한다(제49조의5).

공공폐수처리시설 설치 부담금의 징수대상이 되는 공장 또는 사업장 등을 **양수**한 자는 당사자 간에 특별한 약정이 없으면 양수 전에 이 법에 따라 양도자에게 발생한 공공폐수처리시설 설치 부담금에 관한 권리·의무를 승계한다(제49조의3).

[판례] 관할 시장이 부동산임의경매절차에서 두부류를 제조, 가공하는 공장을 경락받아 소유권을 이전한 갑 주식회사에 종전 사업자가 체납한 폐수종말처리시설 부담금을 부과한 사안에서, 관계 법령의 규정과 그 입법 취지, 그리고 수질보전법 제36조 제1항과 제2항이 배출시설 등을 양도·양수한 경우와 경매 절차에 따라 배출시설 등을 인수한 경우를 구분하여 규정하고 있는데, 동일한 법령에서 사용한 용어는 특별한 사정이 없는 한 동일하게 해석·적용하여야 하는 점 등을 원심이 설시한 사정들에 보태어 보면, 구 수질보전법 제49조의3이 정한 '공장 또는 사업장 등을 양수한 자'에 경매를 통하여 공장 또는 사업장 등의 소유권을 이전받은 사람은 포함되지 않는다고 본 원심의 판단은 정당하다고 한 사례(대법원 2013. 2. 14. 선고 2011두12672 판결[폐수종말처리장부담금납부의무부존재확인]).

공공폐수처리시설을 운영하는 자는 강우·사고 또는 처리공법상 필요한 경우 등 환경부령으로 정하는 정당한 사유 없이 다음 각 호의 어느 하나에 해당하는 행위를 하여서는 아니 된다(제50조 ①).

1. 제51조 제2항에 따른 폐수관로로 유입된 수질오염물질을 공공폐수처리시설에 유입하지 아니하고 배출하거나 공공폐수처리시설에 유입시키지 아니하고 배출할 수 있는 시설을 설치하는 행위
2. 공공폐수처리시설에 유입된 수질오염물질을 최종 방류구를 거치지 아니하고 배출하거나 최종 방류구를 거치지 아니하고 배출할 수 있는 시설을 설치하는 행위
3. 공공폐수처리시설에 유입된 수질오염물질에 오염되지 아니한 물을 섞어 처리하거나 방류수 수질기준을 초과하는 수질오염물질이 공공폐수처리시설의 최종 방류구를 통과하기 전에 오염도를 낮추기 위하여 물을 섞어 배출하는 행위

공공폐수처리시설을 운영하는 자는 환경부령으로 정하는 유지·관리기준에 따라 그 시설을 적정하게 운영하여야 한다(동조 ②). 환경부장관은 공공폐수처리시설의 운영·관리에 관한 평가를 정기적으로 실시할 수 있으며, 평가 지표·방법 등

평가에 필요한 사항은 환경부장관이 정하여 고시한다(동조 ③).

환경부장관은 공공폐수처리시설이 제2항에 따른 기준에 맞지 아니하게 운영·관리되고 있다고 인정할 때에는 대통령령으로 정하는 바에 따라 기간을 정하여 해당 시설을 운영하는 자에게 그 시설의 개선 등 필요한 조치를 할 것을 명할 수 있다(동조 ④).

환경부장관은 제3항에 따른 공공폐수처리시설의 운영·관리에 관한 평가 결과 우수한 시행자에게 예산의 범위에서 포상금을 지급할 수 있으며, 포상금의 지급기준·절차 등 포상금의 지급에 필요한 사항은 환경부령으로 정한다(동조 ⑤).

Ⅴ. 비점오염원의 관리

비점오염원이란 도시, 도로, 농지, 산지, 공사장 등으로서 불특정 장소에서 불특정하게 수질오염물질을 배출하는 배출원을 말한다(제2조 제2호). 비점오염원은 산림지역, 광산지역, 농경지 등과 같이 오염물질이 전 지역에 분산되어 따로 고정된 배출구가 없는 광역오염원을 말한다.

1. 비점오염원의 설치신고 · 준수사항 · 개선명령 등

다음 각 호의 어느 하나에 해당하는 자는 환경부령이 정하는 바에 따라 환경부장관에게 신고하여야 한다. 신고한 사항 중 대통령령이 정하는 사항을 변경하고자 하는 때에도 또한 같다(제53조 ①).

1. 대통령령이 정하는 규모 이상의 도시의 개발, 산업단지의 조성 그 밖에 비점오염원에 의한 오염을 유발하는 사업으로서 대통령령으로 정하는 사업을 하려는 자
2. 대통령령이 정하는 규모 이상의 사업장에 제철시설, 섬유염색시설 그 밖에 대통령령이 정하는 폐수배출시설을 설치하는 자
3. 사업이 재개되거나 사업장이 증설되는 등 대통령령이 정하는 경우가 발생하여 제1호 또는 제2호에 해당되는 자

제1항에 따라 신고 또는 변경신고를 한 자(이하 "비점오염원설치신고사업자"라 한다)는 환경부령이 정하는 시점까지 환경부령이 정하는 기준에 따라 비점오염저감시설을 설치하여야 한다. 다만, 다음 각 호의 어느 하나에 해당하는 경우 비점오염저감시설을 설치하지 아니할 수 있다(동조 ⑤).

1. 제1항 제2호 또는 제3호에 따른 사업장의 강우유출수의 오염도가 항상 제32조에 따른 배출허용기준 이하인 경우로서 대통령령으로 정하는 바에 따라 환경부장관이 인정하는 경우
2. 제21조의4에 따른 완충저류시설에 유입하여 강우유출수를 처리하는 경우
3. 하나의 부지에 제1항 각 호에 해당하는 자가 둘 이상인 경우로서 환경부령으로 정하는 바에 따라 비점오염원을 적정하게 관리할 수 있다고 환경부장관이 인정하는 경우

비점오염원설치신고사업자가 사업을 하거나 시설을 설치·운영하는 때에는 다음 각 호의 사항을 지켜야 한다(동조 ⑥).

1. 비점오염저감계획서의 내용을 이행할 것
2. 비점오염저감시설을 제5항에 따른 설치기준에 맞게 유지하는 등 환경부령이 정하는 바에 따라 관리·운영할 것
3. 그 밖에 비점오염원을 적정하게 관리하기 위하여 환경부령이 정하는 사항

환경부장관은 제6항에 따른 준수사항을 지키지 아니한 자에 대하여는 대통령령이 정하는 바에 따라 기간을 정하여 비점오염저감계획의 이행 또는 비점오염저감시설의 설치·개선을 명령할 수 있다(동조 ⑦).

2. 관리지역의 지정 등

환경부장관은 비점오염원에서 유출되는 강우유출수로 인하여 하천·호소 등의 이용목적, 주민의 건강·재산이나 자연생태계에 중대한 위해가 발생하거나 발생할 우려가 있는 지역에 대하여는 관할 시·도지사와 협의하여 비점오염원관리지역(이하 "관리지역"이라 한다)으로 지정할 수 있다(제54조 ①). 시·도지사는 관할구역 중 비점오염원의 관리가 필요하다고 인정되는 지역에 대하여는 환경부장관에게 관리지역으로의 지정을 요청할 수 있다(동조 ②). 환경부장관은 관리지역의 지정사유가 없어졌거나 목적을 달성할 수 없는 등 지정의 해제가 필요하다고 인정되는 때에는 관리지역의 전부 또는 일부에 대하여 그 지정을 해제할 수 있다(동조 ③).

3. 관리대책의 수립

환경부장관은 관리지역을 지정·고시한 때에는 다음의 사항을 포함하는 비점오염원관리대책(이하 "관리대책"이라 한다)을 관계 중앙행정기관의 장 및 시·도지사와 협의하여 수립하여야 한다(제55조 ①).

1. 관리목표
2. 관리대상 수질오염물질의 종류 및 발생량
3. 관리대상 수질오염물질의 발생 예방 및 저감방안
4. 그 밖에 관리지역의 적정한 관리를 위하여 환경부령이 정하는 사항

환경부장관은 관리대책을 수립한 때에는 시·도지사에게 이를 통보하여야 한다(동조 ②). 환경부장관은 관리대책의 수립을 위하여 관계 중앙행정기관의 장, 시·도지사 및 관계되는 기관·단체의 장에게 관리대책의 수립에 필요한 자료의 제출을 요청할 수 있다(동조 ③).

4. 시행계획의 수립

시·도지사는 환경부장관으로부터 제55조 제2항의 규정에 의하여 관리대책의 통보를 받은 때에는 다음의 사항이 포함된 관리대책의 시행을 위한 계획(이하 "시행계획"이라 한다)을 수립하여 환경부령이 정하는 바에 따라 환경부장관의 승인을 얻어 시행하여야 한다. 시행계획 중 환경부령이 정하는 사항을 변경하고자 하는 때에도 또한 같다(제56조 ①).

1. 관리지역의 개발현황 및 개발계획
2. 관리지역의 대상 수질오염물질의 발생현황 및 지역개발계획으로 예상되는 발생량 변화
3. 환경친화적 개발 등의 대상 수질오염물질 발생 예방
4. 방지시설의 설치·운영 및 불투수면의 축소 등 대상 수질오염물질 저감계획
5. 그 밖에 관리대책의 시행을 위하여 환경부령이 정하는 사항

시·도지사는 환경부령이 정하는 바에 따라 전년도 시행계획의 이행사항을 평가한 보고서를 작성하여 매년 3월 말까지 환경부장관에게 제출하여야 한다(동조 ②). 환경부장관은 제2항의 규정에 의하여 제출된 평가보고서를 검토한 후 관리대책 및 시행계획의 원활한 이행을 위하여 필요하다고 인정되는 경우에는 관계 시·도지사에게 시행계획의 보완 또는 변경을 요구할 수 있다. 이 경우 관계 시·도지사는 특별한 사유가 없는 한 이에 응하여야 한다(동조 ③). 환경부장관은 시·도지사가 제3항의 규정에 의한 요구를 이행하지 아니하는 경우에는 재정적 지원의 중단 또는 삭감 등의 조치를 취할 수 있다(동조 ④).

5. 농약잔류허용기준

환경부장관은 수질 또는 토양의 오염방지를 위하여 필요하다고 인정하는 때에는 수질 또는 토양의 농약잔류허용기준을 정할 수 있다(제58조 ①). 환경부장관은 수질 또는 토양 중에 농약잔류량이 제1항의 규정에 의한 기준을 초과하거나 초과할 우려가 있다고 인정하는 때에는 농약의 제조 금지·변경 또는 그 제품의 수거·폐기 등 필요한 조치를 관계행정기관의 장에게 요청할 수 있다. 이 경우 관계행정기관의 장은 특별한 사유가 없는 한 이에 응하여야 한다(동조 ②).

6. 고랭지 경작지에 대한 경작방법 권고

특별자치도지사·시장·군수·구청장은 공공수역의 물환경 보전을 위하여 환경부령이 정하는 해발고도 이상에 위치한 농경지 중 환경부령이 정하는 경사도 이상의 농경지를 경작하는 자에 대하여 경작방식의 변경, 농약·비료의 사용량 저감, 휴경 등을 권고할 수 있다(제59조 ①). 시·도지사는 제1항의 규정에 의한 권고에 따라 농작물을 경작하거나 휴경함으로 인하여 경작자가 입은 손실에 대하여는 대통령령이 정하는 바에 의하여 보상할 수 있다(동조 ②).

Ⅵ. 기타 수질오염원의 관리

기타 수질오염원은 점오염원 및 비점오염원으로 관리되지 아니하는 수질오염물질을 배출하는 시설 또는 장소로서 환경부령이 정하는 것을 말하는데(제2조 제3호), 수산물 양식시설, 골프장, 운수장비 정비 또는 폐차장 시설, 농축수산물 단순가공시설, 사진 처리 또는 X-Ray 시설, 금은판매점의 세공시설이나 안경원 등이 여기에 해당한다.

1. 기타 수질오염원의 설치신고 등

기타 수질오염원을 설치 또는 관리하고자 하는 자는 환경부령이 정하는 바에 의하여 환경부장관에게 신고하여야 한다. 신고한 사항을 변경하는 때에도 또한 같다(제60조 ①). 기타 수질오염원을 설치·관리하는 자는 환경부령이 정하는 바에 따라 수질오염물질의 배출을 방지·억제하기 위한 시설을 설치하는 등 필요한 조치를 하여야 한다(동조 ⑥).

환경부장관은 제6항에 따른 수질오염물질의 배출을 억제하기 위한 시설이나 조치가 적합하지 아니하다고 인정하는 때에는 환경부령이 정하는 바에 따라 기간을 정하여 개선명령을 할 수 있다(동조 ⑦). 환경부장관은 제1항의 규정에 따라 신고를 한 자가 제7항에 따른 개선명령을 위반한 때에는 조업을 정지시키거나 당해 기타 수질오염원의 폐쇄를 명할 수 있다(동조 ⑥). 제36조 및 제44조의 규정은 기타 수질오염원에 관하여 이를 준용한다(동조 ⑦).

2. 골프장의 농약사용 제한

골프장을 설치·관리하는 자는 골프장 안의 잔디 및 수목 등에 「농약관리법」 제2조 제1호의 규정에 따른 농약 중 맹독성 또는 고독성이 있는 것으로서 대통령령이 정하는 농약(이하 "맹·고독성 농약"이라 한다)을 사용하여서는 아니 된다. 다만, 수목의 해충·전염병 등의 방제를 위하여 관할행정 기관의 장이 불가피하다고 인정하는 경우에는 그러하지 아니하다(제61조 ①). 환경부장관은 환경부령이 정하는 바에 따라 제1항의 규정에 의한 골프장의 맹·고독성 농약의 사용 여부를 확인하여야 한다(동조 ②).

3. 물놀이형 수경시설의 신고 및 관리

물놀이형 수경시설로서 다음 각 호의 시설을 설치·운영하려는 자는 환경부령으로 정하는 바에 따라 환경부장관 또는 시·도지사에게 신고하여야 한다. 환경부령으로 정하는 중요 사항을 변경하려는 경우에도 또한 같다(제61조의2 ①).

1. 국가·지방자치단체, 그 밖에 대통령령으로 정하는 공공기관(이하 "공공기관"이라 한다)이 설치·운영하는 물놀이형 수경시설(민간사업자 등에게 위탁하여 운영하는 시설도 포함한다)
2. 공공기관 이외의 자가 설치·운영하는 것으로서 다음 각 목의 어느 하나에 해당하는 시설에 설치하는 물놀이형 수경시설
   가. 「공공보건의료에 관한 법률」 제2조 제4호에 따른 공공보건의료 수행기관
   나. 「관광진흥법」 제2조 제6호 및 제7호에 따른 관광지 및 관광단지
   다. 「도시공원 및 녹지 등에 관한 법률」 제2조 제3호에 따른 도시공원
   라. 「체육시설의 설치·이용에 관한 법률」 제2조 제1호에 따른 체육시설
   마. 「어린이놀이시설 안전관리법」 제2조 제2호에 따른 어린이놀이시설
   바. 「주택법」 제2조 제3호에 따른 공동주택

사. 「유통산업발전법」 제2조 제3호에 따른 대규모점포

아. 그 밖에 환경부령으로 정하는 시설

제1항에 따라 물놀이형 수경시설을 운영하는 자는 환경부령으로 정하는 수질 기준 및 관리 기준을 지켜야 하며, 환경부령으로 정하는 바에 따라 정기적으로 수질 검사를 받아야 한다(동조 ④).

Ⅶ. 폐수처리업

1. 폐수처리업의 허가

폐수의 수탁처리를 위한 영업(이하 "폐수처리업"이라 한다)을 하려는 자는 기술능력·시설 및 장비 등 환경부령으로 정하는 요건을 갖추어 환경부장관의 허가를 받아야 한다. 허가받은 사항을 변경하려는 경우에는 환경부령으로 정하는 기준에 따라 변경허가를 받거나 변경신고를 하여야 한다(제62조 ①).

폐수처리업의 업종 구분과 영업 내용은 다음 각 호와 같다(동조 ②).

1. 폐수 수탁처리업: 폐수처리시설을 갖추고 수탁받은 폐수를 재생·이용 외의 방법으로 처리하는 영업
2. 폐수 재이용업: 수탁받은 폐수를 제품의 원료·재료 등으로 재생·이용하는 영업

폐수처리업자는 다음의 사항을 준수하여야 한다(동조 ③).

1. 자신의 폐수처리시설에서 처리가 어렵거나 처리능력을 초과하는 경우에는 폐수를 수탁받지 아니할 것
2. 제1항에 따른 기술능력·시설 및 장비 등을 항상 유지·점검하여 폐수처리업의 적정 운영에 지장이 없도록 할 것
3. 환경부령이 정하는 처리능력이나 용량 미만의 시설을 설치하거나 운영하지 아니할 것
4. 수탁받은 폐수를 다른 폐수처리업자에게 위탁하여 처리하지 아니할 것. 다만, 사고 등으로 정상처리가 불가능하여 환경부령으로 정하는 기간 동안 폐수가 방치되는 경우는 제외한다.
5. 수탁받은 폐수를 다른 폐수와 혼합하여 처리하려는 경우 환경부령으로 정하는 바에 따라 폐수 간 반응여부 등을 확인할 것
6. 그 밖에 수탁폐수의 적정한 처리를 위하여 환경부령이 정하는 사항

2. 허가의 취소 등

환경부장관은 폐수처리업자가 다음 각 호의 어느 하나에 해당하는 경우에는 그 허가를 취소하여야 한다(제64조 ①).

1. 제63조 각 호의 어느 하나에 해당하는 경우. 다만, 법인의 임원 중 제63조제5호에 해당하는 사람이 있는 경우 6개월 이내에 그 임원을 바꾸어 임명한 경우는 제외한다.
2. 거짓이나 그 밖의 부정한 방법으로 허가 또는 변경허가를 받은 경우
3. 허가를 받은 후 2년 이내에 영업을 시작하지 아니하거나 계속하여 2년 이상 영업 실적이 없는 경우
4. 「해양환경관리법」에 따른 배출해역 지정기간이 끝나거나 폐기물해양배출업의 등록이 취소되어 제62조 제1항 전단에 따른 기술능력·시설 및 장비 기준을 유지할 수 없는 경우

환경부장관은 폐수처리업자가 다음 각 호의 어느 하나에 해당하는 경우에는 그 허가를 취소하거나 6개월 이내의 기간을 정하여 영업정지를 명할 수 있다(동조 ②).

1. 다른 사람에게 허가증을 대여한 경우
2. 1년에 2회 이상 영업정지처분을 받은 경우
3. 고의 또는 중대한 과실로 폐수처리영업을 부실하게 한 경우
4. 영업정지 처분기간 중에 영업행위를 한 경우

환경부장관은 폐수처리업자가 다음 각 호의 어느 하나에 해당하는 경우에는 6개월 이내의 기간을 정하여 영업정지를 명할 수 있다(동조 ③).

1. 제62조 제1항 후단에 따라 변경허가를 받지 아니하거나 변경신고를 하지 아니한 경우
2. 제62조 제3항에 따른 준수사항을 이행하지 아니한 경우
3. 제62조의2 제1항을 위반하여 정기검사를 받지 아니한 경우
4. 제62조의2 제3항에 따른 명령을 이행하지 아니한 경우
5. 제66조의2 제2항을 위반하여 수탁처리폐수의 인계·인수에 관한 내용을 전자인계·인수관리시스템에 입력하지 아니하거나 거짓으로 입력한 경우

3. 과징금 처분

환경부장관은 제62조 제1항에 따라 폐수처리업의 허가를 받은 자에 대하여 제

64조에 따라 영업정지를 명하여야 하는 경우로서 그 영업정지가 주민의 생활이나 그 밖의 공익에 현저한 지장을 줄 우려가 있다고 인정되는 경우에는 영업정지처분을 갈음하여 매출액에 100분의 5를 곱한 금액을 초과하지 아니하는 범위에서 과징금을 부과할 수 있다. 다만, 제64조 제2항 제1호부터 제3호까지, 같은 조 제3항 제1호 또는 제2호(제62조 제3항 제4호의 준수사항을 이행하지 아니한 경우만 해당한다)에 해당하거나 과징금 처분을 받은 날부터 2년이 지나기 전에 제64조에 따른 영업정지 처분 대상이 되는 경우에는 그러하지 아니하다(제66조 ①). 과징금의 부과·징수 등에 관하여는 제43조 제3항부터 제6항까지의 규정을 준용한다(동조 ②).

제3절 기타 법률

Ⅰ. 가축분뇨의 관리 및 이용에 관한 법률

이 법은 가축분뇨를 적정하게 자원화하거나 처리하여 자연환경과 생활환경을 청결하게 하고 수질오염을 감소시킴으로써 환경과 조화되는 축산업의 발전 및 국민보건의 향상과 환경보전에 이바지함을 목적으로 한다. 가축분뇨는 일반적인 폐기물과 달리 수질오염에 직접 영향을 미칠 뿐만 아니라, 크고 작은 배출원이 전국적으로 산재되어 있어 이를 효과적으로 관리하기 위하여 독자적인 법적 수단을 마련한 것이다.

가축분뇨는 종래 「오수·분뇨 및 축산폐수의 처리에 관한 법률」에서 규율되어 왔다. 그러나 오수·분뇨 및 가축분뇨를 각각 그 특성에 맞게 효율적으로 처리하기 위하여 동법을 폐지하고 가축분뇨에 관하여는 2006. 9. 27.에 별도의 「가축분뇨의 관리 및 이용에 관한 법률」을 제정하여 규율하게 되었으며, 오수·분뇨에 관하여는 「하수도법」에 통합하여 규정하게 되었다.

그동안 가축분뇨는 수질오염의 방지에 주안점을 두었기 때문에 이를 정화하여 하천 등으로 방류하는 정화위주의 정책이 우선시 되었다. 그러나 오늘날 자원순환형 사회의 중요성이 대두되면서 가축분뇨를 단순히 처리하는 단계를 넘어 퇴비·액비(液肥) 등으로 자원화하는 것이 주요 사안이 되었고, 이를 제도적으로 법적으로 뒷받침할 필요가 생겨 「가축분뇨의 관리 및 이용에 관한 법률」이 제정된 것이다.[14)]

14) 2018. 10. 16. 일부개정에서는 공공처리시설의 기술관리인 뿐만 아니라 대통령령으로 정하는 규모

이 법에서 '가축'이란 소 · 돼지 · 말 · 닭 그 밖에 대통령령이 정하는 사육동물을 말하고(제2조 제1호), '가축분뇨'란 가축이 배설하는 분(糞) · 요(尿) 및 가축사육과정에서 사용된 물 등이 분 · 요에 섞인 것을 말한다(동조 제2호). 종래 축산폐수라는 용어를 사용하였으나 동법에서는 가축분뇨라는 개념을 사용하고 있다. 즉, 종전에는 가축의 분뇨를 정화처리에 중점을 둔 개념인 축산폐수로 정의하여 왔으나, 가축의 분뇨를 퇴비 · 액비 등으로 재활용하기 위한 자원화 개념으로서의 가축분뇨라는 용어를 쓰고 있다.

동법은 자원화시설, 처리시설, 공공처리시설에 관한 정의규정도 두고 있다. "자원화시설"이란 가축분뇨를 퇴비 · 액비 또는 「신에너지 및 재생에너지 개발 · 이용 · 보급 촉진법」 제2조 제2호 바목에 따른 바이오에너지로 만드는(이하 "자원화"라 한다) 시설을 말한다(동조 제4호). "처리시설"이란 가축분뇨를 자원화 또는 정화(이하 "처리"라 한다)하는 자원화시설 또는 정화시설을 말한다(동조 제8호). "공공처리시설"이란 다음 각 목의 시설을 말한다(동조 제9호).

가. 지방자치단체의 장이 설치하는 처리시설

나. 「농업협동조합법」 제2조에 따른 조합 및 중앙회(농협경제지주회사를 포함한다. 이하 "농협조합"이라 한다)가 제24조 제3항에 따라 특별시장 · 광역시장 · 도지사(이하 "시 · 도지사"라 한다), 특별자치시장 또는 특별자치도지사의 승인을 받아 설치하는 자원화시설

동법은 제5조 제1항에서 법정계획의 근거규정을 두고 있다. 즉, 시·도지사, 특별자치시장 또는 특별자치도지사는 관할구역 안의 가축분뇨의 관리에 관한 기본계획(이하 "기본계획"이라 한다)을 10년마다 수립하여 환경부장관의 승인을 얻어야 한다.

시장 · 군수 · 구청장은 지역주민의 생활환경보전 또는 상수원의 수질보전을 위하여 다음 각 호의 어느 하나에 해당하는 지역 중 가축사육의 제한이 필요하다고 인정되는 지역에 대하여는 해당 지방자치단체의 조례로 정하는 바에 따라 일정한

이상의 배출시설에 설치한 처리시설의 기술관리인도 가축분뇨업무담당자 교육 대상에 포함하였다. 2021. 4. 13. 일부개정에서는 가축분뇨와 축산 악취로 인해 환경이 오염되고 농촌생활환경 훼손과 지역 주민 민원이 급증하고 있음을 고려하여, 가축분뇨 배출시설의 허가 신청 시 구비하는 배출시설의 설치계획에 가축분뇨 처리 및 악취저감에 관한 사항을 포함하였다. 또한, 가축분뇨 배출시설의 설치신고 · 변경신고 및 가축분뇨의 재활용신고 · 변경신고 등이 수리가 필요한 신고임을 명시하고, 가축분뇨 처리시설 설계 · 시공업의 등록사항에 대한 변경신고를 받은 경우에는 10일 이내에 신고수리 여부를 신고인에게 통지하도록 하여 그 기간 내에 신고수리 여부나 처리기간의 연장을 통지하지 아니한 경우에는 신고를 수리한 것으로 간주(看做)하는 제도를 도입하였다.

구역을 지정·고시하여 가축의 사육을 제한할 수 있다. 다만, 지방자치단체 간 경계지역에서 인접 지방자치단체의 요청이 있으면 환경부령으로 정하는 바에 따라 해당 지방자치단체와 협의를 거쳐 일정한 구역을 지정·고시하여 가축의 사육을 제한할 수 있다(제8조 ①).

1. 주거 밀집지역으로 생활환경의 보호가 필요한 지역
2. 「수도법」 제7조에 따른 상수원보호구역, 「환경정책기본법」 제38조에 따른 특별대책지역, 그 밖에 이에 준하는 수질환경보전이 필요한 지역
3. 「한강수계 상수원수질개선 및 주민지원 등에 관한 법률」 제4조 제1항, 「낙동강수계 물관리 및 주민지원 등에 관한 법률」 제4조 제1항, 「금강수계 물관리 및 주민지원 등에 관한 법률」 제4조 제1항, 「영산강·섬진강수계 물관리 및 주민지원 등에 관한 법률」 제4조 제1항에 따라 지정·고시된 수변구역
4. 「환경정책기본법」 제12조에 따른 환경기준을 초과한 지역
5. 제2항에 따라 환경부장관 또는 시·도지사가 가축의 사육을 제한할 수 있는 구역으로 지정·고시하도록 요청한 지역

가축분뇨 또는 퇴비·액비를 배출·수집·운반·처리·살포하는 자는 이를 유출·방치하거나 제17조 제1항 제5호에 따른 액비의 살포기준을 지키지 아니하고 살포함으로써 「물환경보전법」 제2조 제9호에 따른 공공수역(이하 "공공수역"이라 한다)에 유입시키거나 유입시킬 우려가 있는 행위를 하여서는 아니 된다(제10조 ①). 시장·군수·구청장은 유출·방치된 가축분뇨 또는 퇴비·액비로 인하여 생활환경이나 공공수역이 오염되거나 오염될 우려가 있는 경우에는 가축분뇨 또는 퇴비·액비를 배출·수집·운반·처리·살포하는 자, 그 밖에 가축분뇨 또는 퇴비·액비의 소유자·관리자에게 가축분뇨 또는 퇴비·액비의 보관방법 변경이나 수거 등 환경오염 방지에 필요한 조치를 명할 수 있다(동조 ②).

제3장에서는 고농도의 수질오염물질인 가축분뇨를 효과적으로 관리하기 위하여 배출시설과 처리시설의 관리에 관한 규정을 두고 있다. 가축분뇨의 관리에 있어서도 전형적인 배출규제방식을 따르고 있다. 제11조에서는 배출시설 설치에 관한 규정을 두고 있다. 즉, 대통령령으로 정하는 규모 이상의 배출시설을 설치하려고 하거나 설치·운영 중인 자는 대통령령으로 정하는 바에 따라 배출시설의 설치계획(가축분뇨처리 및 악취저감에 관한 사항을 포함한다)을 갖추어 시장·군수·구청장의 허가를 받아야 한다(제11조 ①). 제1항에 따른 허가대상에 해당하지 아니하는 배출시설 중 대통령령으로 정하는 규모 이상의 배출시설을 설치하려고 하거나 설치·운영 중인 자는

환경부령으로 정하는 바에 따라 시장 · 군수 · 구청장에게 신고하여야 한다. 신고한 사항 중 환경부령으로 정하는 사항을 변경하려는 때에도 또한 같다(동조 ③).

[판례] [1] 가축분뇨법에 따른 처리방법 변경허가는 허가권자의 재량행위에 해당한다. [2] 환경이 오염될 우려가 있다는 이유로 원고의 가축분뇨 처리방법 변경신청을 불허가한 피고의 재량적 판단이 현저히 합리성을 결여하였거나 형평이나 비례의 원칙에 뚜렷하게 배치된다고 보기 어렵다는 이유로, 이와 달리 본 원심판결을 파기환송한 사례(대법원 2021. 6. 30. 선고 2021두35681 판결).

누구든지 제1항부터 제3항까지의 규정에 따른 허가 · 변경허가 또는 신고 · 변경신고 없이 설치되거나 변경된 배출시설을 사용해서는 아니 되며, 그 시설을 사용하여 가축을 사육하는 자에게 가축 또는 사료 등을 제공하여 사육을 위탁(이하 "위탁사육"이라 한다) 할 수 없다(동조 ④). 그 이외에 처리시설의 설치의무 등(제12조), 처리시설의 설치기준 등(제12조의2), 방류수수질기준(제13조), 퇴비액비화기준(제13조의2), 배출시설설치자 등의 지위승계 등(제14조), 배출시설 등의 준공검사 등(제15조), 가축분뇨 고체연료의 사용신고 등(제15조의2), 처리시설의 설계 · 시공(제16조), 배출시설 및 처리시설의 관리 등(제17조), 허가취소 등(제18조), 과징금 처분(제18조의2), 명령의 이행 보고 및 확인(제18조의3)의 규정을 두고 있다.

[판례] 가축분뇨법상 자원화시설에서 생산된 액비는 해당 자원화시설을 설치한 자가 확보한 액비 살포지에 뿌려야 하고, 이를 위 액비 살포지가 아닌 영농조합법인이 확보한 액비 살포지에 뿌리는 행위는 가축분뇨의관리및이용에관한법률 제17조 제1항 제5호에서 금지하는 액비 살포지 외의 장소에 액비를 살포하는 행위에 해당한다고 판단한 사례(대법원 2018. 9. 13. 선고 2018도11018 판결).

제4장에서는 가축분뇨의 이용촉진에 관한 사항을 규율하고 있다. 본장은 자원순환형 사회의 중요성이 대두되면서 가축분뇨의 자원화를 촉진하기 위해 마련된 것이다. 퇴비 · 액비[15]의 이용촉진계획 수립 등(제19조), 퇴비 · 액비의 품질관리(제20조), 퇴비 · 액비의 적정한 살포를 위한 행정지도 등(제21조), 퇴비 · 액비의 유통 활

15) "퇴비"란 가축분뇨를 발효시켜 만든 비료성분이 있는 물질 중 액비를 제외한 물질로서 농림축산식품부령으로 정하는 기준에 적합한 것을 말한다(제2조 제5호). "액비"란 가축분뇨를 액체상으로 발효시켜 만든 비료성분이 있는 물질로서 농림축산식품부령으로 정하는 기준에 적합한 것을 말한다(동조 제6호).

성화(제22조), 가축분뇨의 통합관리(제23조)에 관한 규정을 두고 있다.

제5장에서는 가축분뇨의 공공처리에 관한 사항을 규율하고 있다. 공공처리시설의 설치 등(제24조), 공공처리시설의 운영 등(제25조), 가축분뇨의 수집·운반·처리 및 비용 부담 등(제26조)의 규정을 두고 있다.

제6장에서는 가축분뇨 관련 영업에 관하여 규정하고 있다. 환경부령으로 정하는 양 이상의 가축분뇨를 재활용(퇴비 또는 액비로 만드는 것에 한정한다. 이하 같다)하거나 재활용을 목적으로 가축분뇨를 수집·운반하려는 자는 환경부령으로 정하는 바에 따라 시장·군수·구청장에게 신고하여야 한다(가축분뇨의 재활용 신고). 다만, 제11조 제1항 또는 제3항에 따라 설치허가를 받거나 설치신고를 한 자 또는 제28조 제1항 제2호의 가축분뇨처리업의 허가를 받은 자(이하 "가축분뇨처리업자"라 한다)가 가축분뇨를 재활용하는 경우에는 그러하지 아니하다(제27조 ①).

가축분뇨의 수집·운반·처리 또는 처리시설의 관리를 대행하는 업(이하 "가축분뇨관련영업"이라 한다)을 영위하려는 자는 대통령령으로 정하는 기준에 따른 시설·장비 및 기술능력을 갖추어 다음 각 호의 구분에 따른 업종별로 시장·군수·구청장의 허가를 받아야 한다. 허가받은 사항을 변경하려는 때에는 대통령령으로 정하는 기준에 따라 변경허가를 받거나 변경신고를 하여야 한다(제28조 ①).

1. 가축분뇨수집·운반업: 가축분뇨를 수집하여 운반하는 영업
2. 가축분뇨처리업: 자원화시설(퇴비·액비를 만드는 시설은 제외한다) 또는 정화시설을 갖추어 가축분뇨를 최종적으로 안전하게 처리하는 영업
3. 가축분뇨시설관리업: 처리시설의 관리·운영을 대행하는 영업

그 외 허가·신고에 따른 지위의 승계(제29조), 가축분뇨관련영업자의 준수사항(제30조), 결격사유(제31조), 허가의 취소 등(제32조), 과징금(제33조), 처리시설 설계·시공업의 등록 등(제34조), 등록의 취소 등(제35조), 설계·시공업자의 계속공사(제36조), 치리시설의 기술관리인(제37조)의 규정을 두고 있다.

[판례 1] [1] 축산업자가 구 오수·분뇨 및 축산폐수의 처리에 관한 법률에 정한 적법한 절차를 거치지 아니한 채 임의로 설치한 축산폐수처리시설이 같은 법 제28조 제1항 제1호에 정한 축산폐수처리시설에 해당하지 않는다. [2] 축산업자가 구 오수·분뇨 및 축산폐수의 처리에 관한 법률에 따른 적법한 허가나 신고 없이 임의로 액비저장조를 설치하고 농장에서 발생한 축산폐수를 위 저장조에 유입하였다가 배출한 경우, 같은 법 제28조 제1항 제1호의 축산폐수를 축산폐수처리시설에 유입시키지 아니하고 배출한 행위에 해

당한다고 본 사례(대법원 2007. 10. 11. 선고 2007도5930 판결[오수·분뇨및축산폐수의처리에관한법률위반]).

[판례 2] [1] 구 가축분뇨의 관리 및 이용에 관한 법률(2014. 3. 24. 법률 제12516호로 개정되기 전의 것, 이하 '구 가축분뇨법'이라 한다) 제14조가 현행 가축분뇨의 관리 및 이용에 관한 법률(제14조 제3항)과 달리 배출시설 등의 양도를 시장·군수·구청장에게 신고하지 않고 양도 그 자체만으로 시설설치자의 지위 승계가 이루어지도록 정한 구 가축분뇨법의 위와 같은 규정 및 배출시설 등에 대한 설치허가의 대물적 성질 등에 비추어 보면, 배출시설 등의 양수인은 종전 시설설치자로부터 배출시설 등의 점유·관리를 이전받음으로써 시설설치자의 지위를 승계받은 것이 되고, 이후 매매계약 등 양도의 원인행위가 해제되었더라도 해제에 따른 원상회복을 하지 아니한 채 여전히 배출시설 등을 점유·관리하고 있다면 승계받은 시설설치자의 지위를 계속 유지한다. [2] 피고인이 가축사육시설인 농장에 관하여 배출시설 설치허가를 받은 시설설치자 甲으로부터 乙을 거쳐 농장을 순차로 양수하여 실질적으로 관리하면서 이를 적정하게 관리하지 않은 업무상 과실로 가축분뇨를 공공수역에 유입되게 하여 구 가축분뇨의 관리 및 이용에 관한 법률 위반으로 기소된 사안에서, 피고인이 乙과의 매매계약에 기하여 농장을 양수함으로써 구 가축분뇨법 제14조에 따라 시설설치자의 지위를 승계한 다음 위반행위 당시에도 농장을 점유·관리하고 있었으므로, 설령 그 전에 농장에 관한 매매계약이 해제되었더라도 피고인이 구 가축분뇨법 제50조 제5호에서 정한 행위 주체로서 시설설치자의 지위에 있었다고 보는 데 아무런 영향이 없다는 이유로, 피고인이 시설설치자로서 구 가축분뇨법 제50조 제5호의 적용대상에 해당한다고 본 원심판단을 수긍한 사례(대법원 2018. 1. 24. 선고 2015도18284 판결).

Ⅱ. 하수도법

도시화에 따른 인구집중 등은 불가피하게 생활하수를 포함한 각종 도시하수를 대량으로 배출하게 되는바, 이러한 하수는 하천 등 공공수역을 오염시키는 주요 원인이 되기 때문에 하수의 처리는 수질보전과도 직결되는 문제이다. 따라서 하수의 처리는 수질환경보전행정의 중요한 과제 중의 하나가 되었다.

기존의 하수처리는 주로 강우시에 우수를 원활하게 배제시켜 도시의 침수를 방지하고 국민의 건강보호에 필요한 공중위생 및 생활환경의 개선에 중점을 두어 왔으나, 최근에는 공공수역의 수질환경기준을 유지하기 위한 하수종말처리가 중요한 정책적 수단이 되고 있다.

하수도 사업도 상수도 사업과 마찬가지로 원칙적으로 지방자치단체가 시설의 설치 및 관리를 책임지고 있다. 지방자치단체는 공중위생 및 생활환경의 개선과 수질환경기준을 유지하기 위하여 관할 구역 내의 하수를 유역별로 나누고 20년 단위로 하수도정비기본계획을 수립하며, 5년마다 타당성 여부를 검토하여 이를 반영한다.

하수도 사업의 기본적인 업무체계는 <그림 4-1>과 같다.

<그림 4-1> 하수도 업무체계[16)]

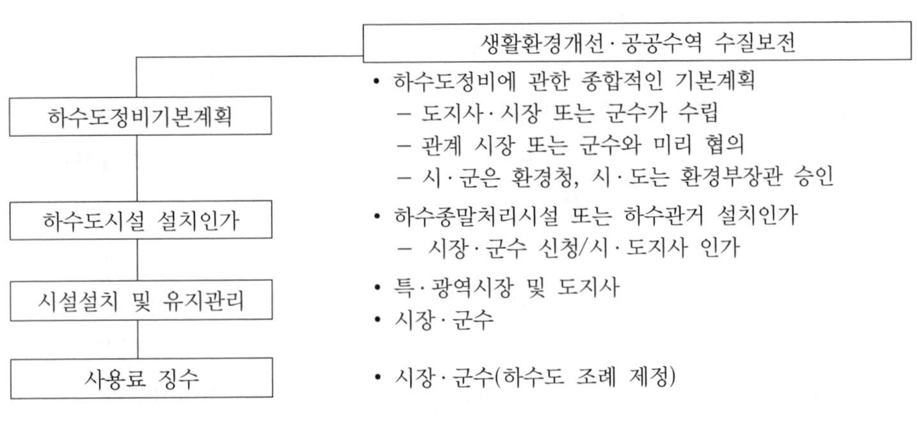

하수도법은 하수도의 계획, 설치, 운영 및 관리 등에 관한 사항을 정함으로써 하수와 분뇨를 적정하게 처리하여, 하수의 범람으로 인한 침수 피해를 예방하고 지역사회의 지속가능한 발전과 공중위생의 향상에 기여하며 공공수역의 물환경을 보전함을 목적으로 한다(제1조).[17)]

16) 환경부, 환경백서 2014, 126면.

17) 최근 하수도법의 개정 동향 : 2021. 1. 5. 일부개정에서는 공공하수도를 설치하려는 자가 토지의 지하부분을 사용하는 경우에 대한 보상규정을 마련하여 국민의 재산권을 보호하고, 공공하수도 사용료 및 점용료 등에 대한 징수의 실효성을 제고하기 위하여 체납된 금액에 대한 가산금 징수의 근거 규정을 마련하는 등 현행 제도의 운영상 나타난 일부 미비점을 개선·보완하는 한편, 기술진단 전문기관의 등록과 분뇨수집·운반업 허가와 관련된 결격 사유 관련 제도를 합리적으로 개선하고, 개인하수처리시설의 신고 등이 수리가 필요한 신고임을 명시하며, 공동으로 이용하는 개인하수처리시설의 관리·유지에 필요한 운영기구의 설치신고에 대한 수리 간주(看做) 제도를 도입하였다. 2022. 6. 10. 일부개정에서는 환경부장관으로 하여금 공공하수도 관리주체인 지방자치단체의 장에 대한 국가 차원의 지원체계 마련 및 재난상황 대응을 위한 유역하수도지원센터를 설립·운영할 수 있도록 하고, 공공하수도 기술진단의 공공성 확보를 위해 기술진단 대행의 금지에 관한 사항을 명확히 규정하였다. 2022. 12. 27. 일부개정에서는 지방자치단체의 도시침수 예방 책무를 명시하고, 하수도정비기본계획 수립 시 관할 구역의 침수피해 위험도 예측분석을 실시하도록 하며, 공공하수도관리청이 중점관리지역, 상습침수지역 등에 대한 하수관로 유지관리계획을 수립하고 주기적으로

동법은 총 8장, 80조로 구성되어 있는데, 제1장은 총칙, 제2장은 공공하수도의 설치 및 관리, 제3장은 개인하수도의 설치 및 관리, 제4장은 분뇨의 처리, 제5장은 하수·분뇨 관련 영업, 제6장은 비용부담 등, 제7장은 보칙, 제8장은 벌칙을 규정하고 있다.

「하수도법」상의 "하수"는 사람의 생활이나 경제활동으로 인하여 액체성 또는 고체성의 물질이 섞이어 오염된 물(이하 "오수"라 한다)과 건물·도로 그 밖의 시설물의 부지로부터 하수도로 유입되는 빗물·지하수를 말한다. 다만, 농작물의 경작으로 인한 것은 제외한다(제2조 제1호).

「하수도법」상의 하수도는 하수를 수송하는 시설 이외에 하수를 처리하는 시설까지 포함하는 광범위한 개념이다. 즉, "하수도"란 하수와 분뇨를 유출 또는 처리하기 위하여 설치되는 하수관로·공공하수처리시설·간이공공하수처리시설·하수저류시설·분뇨처리시설·배수설비·개인하수처리시설 그 밖의 공작물·시설의 총체를 말한다(제2조 제3호). 하수도는 공공하수도와 개인하수도로 구분된다. 공공하수도는 지방자치단체가 설치 또는 관리하는 하수도를 말하고(동조 제4호), 개인하수도는 건물·시설 등의 설치자 또는 소유자가 해당 건물·시설 등에서 발생하는 하수를 유출 또는 처리하기 위하여 설치하는 배수설비·개인하수처리시설과 그 부대시설을 말한다(동조 제5호).

하수도 사업은 상수도 사업과 마찬가지로 원칙적으로 지방자치단체가 시설설치 및 관리를 책임지고 있다. 동법은 지방자치단체의 장에게 공공하수도의 설치·관리를 통하여 관할구역 안에서 발생하는 하수 및 분뇨를 적정하게 처리하여야 할 책무를 부여하고 있다(제3조 ②). 국가는 하수도의 설치·관리 및 관련 기술개발 등에 관한 기본정책을 수립하고, 지방자치단체가 위와 같은 책무를 성실하게 수행할 수 있도록 필요한 기술적·재정적 지원을 할 책무를 진다(제3조 ①).

환경부장관은 국가 하수도정책의 체계적 발전을 위하여 10년 단위의 국가하수도종합계획(이하 "종합계획"이라 한다)을 수립하여야 한다(제4조 ①). 환경부장관은 종합계획이 수립된 날부터 5년이 경과한 때에는 그 타당성 여부를 검토하여 필요한 경우에는 이를 변경하여야 한다(동조 ⑤).

공공하수도는 지방자치단체가 설치 또는 관리하는 하수도를 말한다(제2조 제4

해당 시설을 점검하도록 하고, 기술진단전문기관이 영업정지처분을 받을 시 그 영업정지가 주민 생활에 심각한 불편을 주거나 공익을 해할 우려가 있는 때 그 영업정지처분을 갈음하여 5천만원 이하의 과징금을 부과할 수 있도록 정하였다.

호). 지방자치단체의 장은 하수도정비기본계획에 따라 공공하수도를 설치하여야 한다(제11조 ①). 시·도지사는 공공하수도를 설치하고자 하는 때에는 대통령령이 정하는 바에 따라 사업시행지의 위치 및 면적, 설치하고자 하는 시설의 종류, 사업시행기간 등을 고시하여야 한다. 고시한 사항을 변경 또는 폐지하고자 하는 때에도 또한 같다(동조 ②). 시장·군수·구청장(자치구의 구청장을 말한다. 이하 같다)은 공공하수도를 설치하려면 대통령령이 정하는 바에 따라 시·도지사의 인가를 받아야 한다(동조 ③).

개인하수도는 건물·시설 등의 설치자 또는 소유자가 당해 건물·시설 등에서 발생하는 하수를 유출 또는 처리하기 위하여 설치하는 배수설비·개인하수처리시설과 그 부대시설을 말한다(제2조 제5호). 공공하수도의 사용이 개시된 때에는 배수구역 안의 토지의 소유자·관리자(그 토지 위에 시설물이 있는 경우에는 그 시설물의 소유자 또는 관리자를 말한다) 또는 국·공유시설물의 관리자는 그 배수구역의 하수를 공공하수도에 유입시켜야 하며, 이에 필요한 배수설비를 설치하여야 한다(제27조 ①).

"분뇨"라 함은 수거식 화장실에서 수거되는 액체성 또는 고체성의 오염물질(개인하수처리시설의 청소과정에서 발생하는 찌꺼기를 포함한다)을 말한다(제2조 제2호). 특별자치시장·특별자치도지사·시장·군수·구청장은 관할구역 안에서 발생하는 분뇨(개인하수처리시설의 소유자 또는 관리자가 개인하수처리시설의 청소과정에서 발생하는 찌꺼기를 환경부령으로 정하는 바에 따라 직접 처리하는 경우는 제외한다)를 수집·운반 및 처리하여야 한다. 이 경우 특별자치시장·특별자치도지사·시장·군수·구청장은 당해 지방자치단체의 조례가 정하는 바에 따라 제45조의 규정에 따른 분뇨수집·운반업자로 하여금 그 수집·운반을 대행하게 할 수 있다(제41조 ①).

Ⅲ. 수도법

도시화·산업화 및 생활수준의 향상에 따라 국민들의 물에 대한 수요는 날로 증가하고 있고 이에 따라 국가는 국민들에게 안전하고 깨끗한 수돗물을 공급할 것을 어느 때보다도 강력하게 요청받고 있다. 따라서 오늘날은 수도를 적정하게 관리하고 상수원을 오염으로부터 보호하는 일이 중요한 환경정책과제가 되고 있다.

상수도는 일반수도와 공업용 수도, 전용수도로 구분된다. 일반수도는 광역상수도, 지방상수도, 간이상수도로 구분되는데, 광역상수도는 국가가 공급주체가 되고, 지방상수도와 간이상수도는 지방자치단체가 공급주체가 된다. 현재 광역상수도 사업은 수자원공사에 위탁되어 있다.

지방상수도는 지방자치단체가 관할 지역주민·인근 지방자치단체 또는 그 주민에게 원수 또는 정수를 공급하는 것이고, 광역상수도는 둘 이상의 지방자치단체에 원수 또는 정수를 공급하는 것을 말한다.

일반수도의 공급체계를 도식화하면 <그림 4-2>와 같다.

<그림 4-2> 상수도 공급 체계도

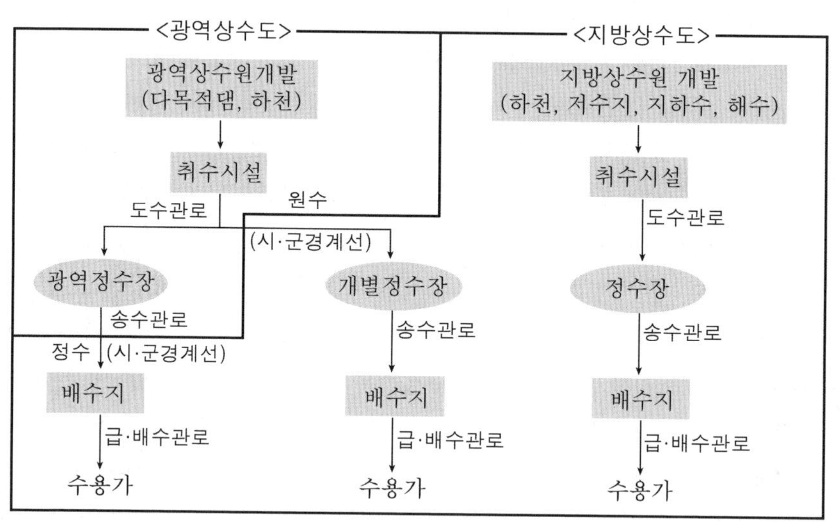

수도법은 수도에 관한 종합적인 계획을 수립하고 수도를 적정하고 합리적으로 설치·관리하여 공중위생을 향상시키고 생활환경을 개선하게 하는 것을 목적으로 제정된 법률로서 수도수원의 보호를 위한 상수원보호구역제도, 수돗물의 수질기준, 수도사업의 인·허가제도 등을 규정하고 있다.18)

18) 최근 수도법의 개정 동향 : 2020. 3. 31. 일부개정에서는 환경부장관으로 하여금 전국수도종합계획을 수립할 때 수돗물 수질오염 사고 발생 시 대응체계 구축에 관한 사항을 포함하도록 하였으며, 상수도관망 노후 등으로 수질오염이 발생하거나 발생할 우려가 있는 지역을 상수도관망 중점관리지역으로 지정할 수 있도록 하고, 국민에게 안전하고 질 좋은 수돗물을 공급하기 위하여 3년마다 수돗물 먹는 실태조사를 실시하도록 하였다. 그 밖에 상수도관망의 세척, 누수 관리, 시설 점검·정비 등의 업무를 전문적으로 수행하는 상수도관망관리대행업 등록제와 상수도관망 운영 및 관리 업무를 전문적으로 수행하기 위한 상수도관망시설운영관리사 자격제도를 신설하였다. 2021. 8. 17. 일부개정에서는 현행법상의 사무소, 공연장 등의 건축물과 숙박업, 목욕장업 등을 영위하는 자에게 절수설비를 설치하도록 의무화하고 있고, 해당 절수설비에 절수등급을 표시할 수 있도록 규정하고

"수도"란 관로(管路), 그 밖의 공작물을 사용하여 원수나 정수를 공급하는 시설의 전부를 말하며, 일반수도·공업용수도 및 전용수도로 구분한다. 다만, 일시적인 목적으로 설치된 시설과 「농어촌정비법」 제2조 제6호에 따른 농업생산기반시설은 제외한다(제3조 제5호). 일반수도란 광역상수도·지방상수도 및 마을상수도를 말한다(동조 제6호). 공업용수도는 공업용수도사업자가 원수 또는 정수를 공업용에 맞게 처리하여 공급하는 수도를 말한다(동조 제10호). 전용수도는 전용상수도와 전용공업용수도를 말한다(동조 제11호).

동법은 상수원보호구역의 지정 및 관리, 주민지원사업 등에 관한 규정을 두고 있다. "상수원"이란 음용·공업용 등으로 제공하기 위하여 취수시설(取水施設)을 설치한 지역의 하천·호소(湖沼)·지하수·해수(海水) 등을 말한다(제3조 제2호).

환경부장관은 상수원의 확보와 수질 보전을 위하여 필요하다고 인정되는 지역을 상수원 보호를 위한 구역(이하 "상수원보호구역"이라 한다)으로 지정하거나 변경할 수 있으며(제7조 ①), 상수원보호구역을 지정하거나 변경하면 지체 없이 공고하여야 한다(동조 ②).

상수원보호구역에서는 다음 각 호의 행위를 할 수 없다(제7조 ③).

1. 「물환경보전법」 제2조 제7호 및 제8호에 따른 수질오염물질·특정수질유해물질, 「화학물질관리법」 제2조 제7호에 따른 유해화학물질, 「농약관리법」 제2조 제1호에 따른 농약, 「폐기물관리법」 제2조 제1호에 따른 폐기물, 「하수도법」 제2조 제1호·제2호에 따른 오수·분뇨 또는 「가축분뇨의 관리 및 이용에 관한 법률」 제2조 제2호에 따른 가축분뇨를 사용하거나 버리는 행위
2. 그 밖에 상수원을 오염시킬 명백한 위험이 있는 행위로서 대통령령으로 정하는 금지행위

있던 부분을 절수설비를 국내에 판매하기 위하여 제조하거나 수입하려는 자는 해당 절수설비에 절수등급을 표시하도록 의무화하여 수돗물의 절약을 촉진하고자 하였다. 2022. 1. 11. 일부개정에서는 환경부장관이 수립하는 수도분야 법정계획을 '국가수도기본계획'으로 통합하고, 지방자치단체의 장은 이를 바탕으로 지역별 수도정비계획을 수립하도록 하여 계획 간 위상을 정비하고 연계를 강화하며, 상수원보호구역 내 유해화학물질 취급 규제를 합리적으로 완화하여 취수·정수시설 등이 유해화학물질을 수처리제 등으로 사용하는 경우 및 사용금지 적용 이전부터 해당 화학물질을 사용하고 있던 기존 사업장에 대한 유해화학물질 사용 특례를 규정하고, 전문자격의 엄정성을 확보하기 위해 자격증의 대여·알선 행위를 금지하며, 환경부장관이 수돗물 먹는 실태조사에 필요한 자료제공을 요청할 수 있는 근거를 마련하였다. 그 밖에 공업용수 수요의 증가에 대응하기 위해 수도사업자가 공업용수도를 통해 하수처리수를 공급할 수 있도록 하고, 국유재산인 수도사업 부지에 지방자치단체가 상·하수관로 등을 설치하려는 경우 무상사용 허가를 할 수 있도록 하여 국유재산의 활용도를 제고하고자 하였다.

상수원보호구역에서 다음 각 호의 어느 하나에 해당하는 행위를 하려는 자는 관할 특별자치시장·특별자치도지사·시장·군수·구청장의 허가를 받아야 한다. 다만, 대통령령으로 정하는 경미한 행위인 경우에는 신고하여야 한다(동조 ④).

1. 건축물, 그 밖의 공작물의 신축·증축·개축·재축(再築)·이전·용도변경 또는 제거
2. 입목(立木) 및 대나무의 재배 또는 벌채
3. 토지의 굴착·성토(盛土), 그 밖에 토지의 형질변경

상수원보호구역을 관리하는 시·도지사 또는 시장·군수·구청장(이하 "관리청"이라 한다)은 대통령령으로 정하는 바에 따라 상수원보호구역에 거주하는 주민 또는 상수원보호구역에서 농림·수산업 등에 종사하는 자에 대한 지원사업(이하 "주민지원사업"이라 한다) 계획을 수립·시행할 수 있다. 이 경우 시장·군수·구청장은 시·도지사의 승인을 받아야 한다(제9조 ①).

동법은 주민지원사업의 종류로 소득증대사업, 복지증진사업, 육영사업, 그 밖에 대통령령으로 정하는 사업을 들고 있다(동조 ②).

[표 4-2] 주민지원사업의 종류[19)]

사업구분	세부사업내역
소득증대사업	농기구수리시설·생산품공동저장소·농로·농업용수도·농업용 양수장 및 농작물재배시설 등 농림수산업 관련시설의 지원과 기타 환경부장관이 수질보전과 조화되도록 영농방법을 개선하기 위하여 필요하다고 인정하는 사업
복지증진사업	1. 상수도시설의 지원 2. 수세식화장실, 마을단위 오수정화시설과 개별농가의 분뇨 또는 생활오수 처리시설의 지원 3. 진료소(주민건강진단 포함)·의료기구 및 구급차의 지원과 주민의 생활수준향상을 위한 부조사업 4. 도서관·유치원·통학차 및 문화시설의 지원 5. 환경부장관이 주민의 복지증진을 위하여 필요하다고 인정하는 사업
육영사업	교육기자재, 도서의 공급, 학자금·장학금 지급, 장학기금 적립, 학교급식시설지원 등 육영관련사업과 기타 환경부장관이 필요하다고 인정하는 사업
기타사업	1. 상수원 보호구역의 지정으로 환경규제기준이 강화되어 다른 지역보다 오염물질정화비용이 추가로 소요되는 경우의 소요비용에 대한 지원사업 2. 상수원 보호구역의 지정으로 인한 행위금지 또는 제한으로 인하여 당해 구역 안에서 생업을 유지하기 곤란하다고 인정되는 자의 이주 또는 전업에 대한 지원사업

19) 수도법 시행령 [별표 1].

또한 동법은 수도사업에 관한 규정들을 두고 있다. “수도사업”이란 일반 수요자 또는 다른 수도사업자에게 수도를 이용하여 원수나 정수를 공급하는 사업을 말하며, 일반수도사업과 공업용수도사업으로 구분한다(제3조 제18호).

일반수도사업은 일반 수요자 또는 다른 수도사업자에게 일반수도를 사용하여 원수나 정수를 공급하는 사업을 말한다(제3조 제19호). 일반수도사업을 경영하려는 자는 대통령령으로 정하는 바에 따라 다음 각 호의 구분에 따른 환경부장관, 시·도지사, 또는 시장·군수(군수는 광역시의 군수를 제외하며, 이하 “인가관청”이라 한다)의 인가를 받아야 한다. 인가된 사항을 변경(대통령령으로 정하는 가벼운 사항을 변경하는 경우는 제외한다)하려는 경우에도 또한 같다(제17조 ①).

1. 지방자치단체가 설치하는 광역상수도 및 지방상수도(제3호 및 제4호에 해당하는 광역상수도와 지방상수도는 제외한다)와 지방자치단체가 설치하는 광역상수도 외의 광역상수도: 환경부장관
2. 삭제
3. 도 또는 특별자치도의 관할구역에서 지방자치단체가 설치하는 시설용량 1일 1만톤 이하인 광역상수도 및 지방상수도: 도지사 또는 특별자치도지사
4. 특별시, 광역시 또는 특별자치시의 관할구역에서 지방자치단체가 설치하는 시설용량 1일 10만톤 이하인 광역상수도 및 지방상수도: 특별시장, 광역시장 또는 특별자치시장
5. 마을상수도: 특별시장·광역시장·특별자치시장·특별자치도지사·시장·군수(광역시의 군수는 제외한다)

공업용수도사업은 일반 수요자 또는 다른 수도사업자에게 공업용수도를 사용하여 원수나 정수를 공급하는 사업을 말한다(제3조 제20호).

국가는 「산업입지 및 개발에 관한 법률」 제2조 제8호에 따른 산업단지에 대하여 공업용수도시설을 설치하여 공업용수를 공급하거나 다른 수도사업자에게 공업용수도시설을 설치하여 공업용수를 공급하게 하여야 한다(제48조 ①).

공업용수도사업을 하려는 자는 대통령령으로 정하는 바에 따라 다음 각 호의 구분에 따른 환경부장관 또는 시·도지사의 인가를 받아야 한다. 인가된 사항을 변경(대통령령으로 정하는 가벼운 사항을 변경하는 경우는 제외한다)하려는 경우에도 또한 같다(제49조 ①).

1. 시설용량이 1일 1만톤을 초과하는 공업용수도: 환경부장관
2. 시설용량이 1일 1만톤 이하인 공업용수도: 시·도지사

Ⅳ. 한강수계 상수원수질개선 및 주민지원 등에 관한 법률

우리나라의 환경문제 중 크게 이슈가 되고 있는 문제의 하나가 바로 상수원보호문제이다. 상수원보호와 관련하여 상류지역 주민과 하류지역 주민 사이의 이해의 대립이 첨예하며 그 이해관계의 조절이 잘 되지 못하고 있다.

상수원의 보호를 위하여 상수원보호구역(수도법), 특별대책지역(환경정책기본법), 자연보전권역(수도권정비계획법) 등이 지정되어 있음에도 불구하고, 상수원의 수질은 계속 악화되어가자 정부는 한강수계의 수질개선을 위하여 맑은 물 공급 종합대책(1993년), 물관리 종합대책(1996년) 등 수질개선사업을 지속적으로 추진해 왔다. 그러나 오염물질의 사후처리대책만으로는 근본적인 수질개선에 한계가 있었고, 따라서 상수원지역 주변에 대한 강력한 규제조치의 요구가 강하게 일게 되었다. 반면, 상수원의 보호를 위한 이들 지역·지구의 지정으로 인하여 각종 규제와 토지의 개발·이용에 상당한 제약이 따르자 상수원 상류지역 주민들의 불만이 고조되어 사회적 갈등을 유발하게 되었다.

이러한 상황에서 「한강수계 상수원수질개선 및 주민지원 등에 관한 법률」(이하 '한강수계법'이라 한다)이 1999. 2. 8. 제정되었다.[20] 이 법률은 한강수계의 근본적인 수질개선을 위하여 상수원 인근지역에 오염원이 들어올 수 없도록 수변구역을 설정하는 등 예방대책을 강구하고, 지방자치단체별로 오염총량제를 실시하는 등 효과적인 상수원관리를 도모하는 한편, 한강수계로부터 물을 취수하여 사용하는 최종소비자에게 물이용부담금을 부과·징수하고, 이를 기초로 하여 상류지역의 환경기초시설의 설치·운영비 및 주민지원사업비를 지원하는 등의 내용을 담고 있다.

이후 2002. 1. 14.에는 낙동강, 영산강·섬진강, 금강의 수질을 특별히 관리하기 위하여 「낙동강수계 물관리 및 주민지원 등에 관한 법률」, 「영산강·섬진강수계 물관리 및 주민지원 등에 관한 법률」, 「금강수계 물관리 및 주민지원 등에 관한 법률」이 제정되었다. 이들 4대강 수계법은 제정 목적이나 체계, 내용 등이 유사하게 되어 있다. 다만, 한강수계법은 오염총량관리제와 관련하여 그 실시를 임의적으로 하고 있는 데 반해, 다른 수계법은 의무적으로 하도록 정하고 있다.

---

20) 2019. 11. 26. 일부개정에서는 친환경 청정사업에 관한 계획을 수립·시행할 수 있는 주체를 잠실수중보 상류지역을 관할하는 모든 시·도지사, 시장·군수·구청장으로 확대하였다. 2021. 5. 18. 일부개정에서는 주민지원사업의 원활한 추진을 돕고 사업비의 부적정한 집행을 방지하기 위해 한강수계관리위원회 등이 지원 대상 확인에 필요한 자료 및 정보를 요청하여 제공받을 수 있는 명시적인 근거를 마련하였다.

동법은 제2장에서 수변구역의 지정·관리 등에 관한 규정을 두고 있다. 환경부장관은 한강수계의 수질 보전을 위하여 팔당호, 한강(팔당댐부터 충주 조정지댐까지의 구간으로 한정한다), 북한강(팔당댐부터 의암댐까지의 구간으로 한정한다) 및 경안천(「하천법」에 따라 지정된 구간으로 한정한다)의 양안(兩岸) 중 다음 각 호에 해당되는 지역으로서 필요하다고 인정하는 지역을 수변구역으로 지정·고시한다(제4조 ①).

1. 특별대책지역은 그 하천(「하천법」 제2조 제1호에 따른 하천을 말한다. 이하 같다)·호소(「물환경보전법」 제2조 제13호에 따른 호소를 말한다. 이하 같다)의 경계로부터 1킬로미터 이내의 지역
2. 특별대책지역 외의 지역은 그 하천·호소(湖沼)의 경계로부터 500미터 이내의 지역

환경부장관은 제1항에 따른 수변구역(이하 "수변구역"이라 한다)을 지정·고시하려면 다음 각 호의 어느 하나에 해당하는 지역은 수변구역에서 제외하여야 한다(동조 ②).

1. 상수원보호구역
2. 「개발제한구역의 지정 및 관리에 관한 특별조치법」 제3조에 따른 개발제한구역
3. 「군사기지 및 군사시설 보호법」 제2조 제6호에 따른 군사기지 및 군사시설 보호구역
4. 「하수도법」 제2조 제15호에 따른 하수처리구역
5. 「국토의 계획 및 이용에 관한 법률」 제6조 제1호에 따른 도시지역과 같은 법 제51조 제3항에 따른 지구단위계획구역(주거형으로 한정한다)
6. 법률 제5932호 한강수계상수원수질개선및주민지원등에관한법률 시행 당시 자연마을이 형성되어 있는 지역으로서 제4항에 따른 현지 실태 조사 결과에 따라 제외되는 지역

누구든지 수변구역에서는 다음 각 호의 어느 하나에 해당하는 시설을 새로 설치(용도변경을 포함한다. 이하 이 조에서 같다)하여서는 아니 된다(제5조 ①).

1. 「물환경보전법」 제2조 제10호에 따른 폐수배출시설
2. 「가축분뇨의 관리 및 이용에 관한 법률」 제2조 제3호에 따른 배출시설
3. 다음 각 목의 어느 하나에 해당하는 업(業)을 영위하는 시설
   가. 「식품위생법」 제36조 제1항 제3호에 따른 식품접객업
   나. 「공중위생관리법」 제2조 제1항 제2호 및 제3호에 따른 숙박업·목욕장업

다. 「관광진흥법」 제3조 제1항 제2호에 따른 관광숙박업

4. 「건축법」 제2조 제2항 제1호에 따른 단독주택(다가구주택에 한정한다) 및 같은 항 제2호에 따른 공동주택

5. 「건축법」 제2조 제2항 제6호에 따른 종교시설

6. 다음 각 목의 어느 하나에 해당하는 시설

가. 「노인복지법」 제32조 제1항 제1호에 따른 양로시설로서 환경부령으로 정하는 입소정원 이상인 시설

나. 「노인복지법」 제32조 제1항 제3호에 따른 노인복지주택

다. 「노인복지법」 제34조 제1항 제1호에 따른 노인요양시설 중 환경부령으로 정하는 입소정원 이상인 시설

7. 「청소년활동 진흥법」 제10조 제1호에 따른 청소년수련시설

8. 「산업집적활성화 및 공장설립에 관한 법률」 제2조 제1호에 따른 공장(농산물 가공업 등 대통령령으로 정하는 제조업을 하는 공장 중 「물환경보전법」 제2조 제8호의 특정수질유해물질을 사용하지 아니하거나 발생시키지 아니하는 시설로서 환경부령으로 정하는 일정 규모 이하의 시설은 제외한다)

환경부장관은 제1항에도 불구하고 수변구역에서 다음 각 호의 어느 하나에 해당하는 시설로서 상수원의 수질 보전에 지장이 없다고 인정되는 경우에는 대통령령으로 정하는 바에 따라 설치허가를 할 수 있다. 다만, 제2호 및 제3호의 시설은 수변구역 중 제4조 제1항 제2호의 지역에만 설치허가를 할 수 있다(동조 ②).

1. 도로 · 철도의 건설을 위한 터널공사의 시행에 따라 임시로 설치하는 폐수배출시설

2. 가축분뇨를 「가축분뇨의 관리 및 이용에 관한 법률」 제2조 제9호에 따른 공공처리시설에서 처리할 목적으로 수변구역에 설치하는 배출시설

3. 오수(汚水)를 생물화학적 산소요구량과 부유물질량(浮游物質量)이 각각 1리터당 10밀리그램 이하가 되도록 처리하는 제1항 제3호 각 목 또는 같은 항 제4호부터 제7호까지의 어느 하나에 해당하는 시설

4. 「수도법」 제3조 제6호에 따른 일반수도

국가는 한강수계 중 상수원보호구역, 수변구역 및 상수원의 수질을 보전하기 위하여 필요한 지역으로서 환경부령으로 정하는 지역의 토지 또는 그 토지에 부착된 시설(이하 "토지등"이라 한다)에 대하여 소유자가 국가에 토지등을 매도하려는 경우에는 제20조에 따른 한강수계관리기금으로 이를 매수(買收)하여 수변생태벨트를

조성하는 등 한강수계의 수질 개선을 위하여 활용할 수 있다(제7조 ①).

[판례] 금강수계 중 상수원 수질보전을 위하여 필요한 지역의 토지 등의 소유자가 국가에 그 토지 등을 매도하기 위하여 매수신청을 하였으나 유역환경청장 등이 매수거절의 결정을 한 사안에서, 위 매수거절을 항고소송의 대상이 되는 행정처분으로 보지 않는다면 토지 등의 소유자로서는 재산권의 제한에 대하여 달리 다툴 방법이 없게 되는 점 등에 비추어, 그 매수 거부행위가 공권력의 행사 또는 이에 준하는 행정작용으로서 항고소송의 대상이 되는 행정처분에 해당한다고 한 사례(대법원 2009. 9. 10. 선고 2007두20638 판결[토지매수신청거부처분취소]－금강유역환경청장을 상대로 한 토지매수신청 사건).

동법은 제3장에서 오염총량관리제의 실시, 제4장에서 주민지원사업 등의 실시, 제5장 환경기초시설 설치 촉진 등을 위한 조치에 관한 규정을 두고 있다. 또한, 동법은 제6장에서 수질개선사업과 주민지원사업 등에 소요되는 재원의 확보 및 관리를 위한 규정들을 두고 있다. 동법 제16조는 수질개선사업과 주민지원사업 등에 드는 사업비를 확보하기 위하여 시·도 및 시·군·구에 수질개선특별회계를 설치하고, 이를 시·도지사 및 시장·군수·구청장이 관리·운영하도록 규정하고 있다. 수질개선특별회계의 세입은 ① 국가 또는 시·도의 보조금, ② 일반회계 및 다른 특별회계로부터의 전입금, ③ 제20조의 규정에 의한 한강수계관리기금으로부터의 전입금, ④ 차입금, ⑤ 제1호 내지 제4호의 규정에 의한 자금의 운용으로 생기는 수익금으로 구성된다(제17조 ①).

한강수계의 수질개선사업 및 주민지원사업의 소요재원을 마련하는 데 있어서 가장 중심적인 부분을 차지하는 것이 물이용부담금이다. 물이용부담금은 수돗물을 공급받는 최종수요자에게 물사용량에 비례하여 부과·징수하게 되는데, 이는 한강수계관리기금에 편입되어 관리된다. 물이용부담금은 원인자책임의 원칙에 대한 예외로서 수익자부담의 원칙이 반영된 예라 할 수 있다. 동법 제19조에서는 수도사업자로 하여금 주민지원사업 및 수질개선사업 등의 재원조성을 위하여 대통령령이 정하는 공공수역으로부터 취수된 원수를 직접 또는 정수하여 공급받는 최종수요자에게 물사용량에 비례한 부담금(물이용부담금)을 대통령령이 정하는 바에 따라 부과·징수하여 제20조의 규정에 의한 한강수계관리기금에 납입하도록 하고 있다(제19조 ① 본문). 다만, 다음 각 호의 어느 하나에 해당하는 경우에는 그러하지 아니하다(동조 단서).

1. 최종 수요자가 상수원관리지역에 거주하는 경우

2. 하천유지용수로 사용하는 경우

물이용부담금은 조세와 구별되는 것으로서 부담금에 해당한다. 물이용부담금은 한강수계관리기금의 재원을 마련하는 데에 그 부과의 목적이 있고, 그 부과 자체로써 수돗물 최종수요자의 행위를 특정한 방향으로 유도하거나 물이용부담금 납부의무자 이외의 다른 집단과의 형평성 문제를 조정하고자 하는 등의 목적이 있다고 보기 어려우므로, 재정조달목적 부담금에 해당한다.[21)]

다음 각 호의 어느 하나에 해당하는 자가 대통령령으로 정하는 공공수역으로부터 취수하는 경우에는 대통령령으로 정하는 바에 따라 자기가 취수하는 원수의 양에 따른 물이용부담금을 제20조에 따른 한강수계관리기금에 납입하여야 한다(동조 ②).

1. 「수도법」 제3조 제11호에 따른 전용수도의 설치자
2. 「하천법」 제50조 제1항에 따른 하천수의 사용자

부과·징수된 물이용부담금을 효율적으로 관리하기 위하여 한강수계관리위원회에 한강수계관리기금을 설치하며(제20조), 기금의 재원은 ① 물이용부담금, ② 매수한 토지 등으로부터 발생하는 수익 및 토지 등의 매도금액, ③ 국가 외의 자가 출연하는 현금·물품 기타 재산, ④ 일시차입금(당해 연도 물이용부담금의 수입계획한도 안에 한한다), ⑤ 기금운용수익금으로 조성한다(제21조).

기금은 다음 각 호의 어느 하나에 해당하는 용도로 운용한다(제22조).

1. 제6조의2 제1항에 따른 제한에 따라 경작자가 입은 손실 보상

1의 2. 제7조에 따른 토지등의 매수

1의 3. 제8조 제1항에 따른 목표수질이 달성·유지되는 지역 중 대통령령으로 정하는 수질 이상을 유지하는 지역의 수질관리에 필요한 비용의 지원

1의 4. 제8조 제5항에 따른 조사·연구반의 운영 지원

1의 5. 제10조에 따른 오염총량관리에 필요한 비용의 지원

2. 주민지원사업
3. 제12조의2에 따른 수질오염방지시설의 운영 지원
4. 제13조 제1항 제2호에 따른 환경기초시설의 설치·운영 지원
5. 특별회계로의 전출금
6. 물이용부담금의 부과·징수에 필요한 비용의 지원
7. 제24조에 따른 한강수계관리위원회의 운영

21) 헌법재판소 2020. 8. 28. 2018헌바425 결정.

8. 제28조 제1항에 따른 개선 요청의 이행에 필요한 비용의 지원
9. 제24조에 따른 한강수계관리위원회가 정하는 환경친화적인 청정산업에 대한 지원
10. 그 밖에 상수원의 수질개선을 위하여 대통령령으로 정하는 사업

Ⅴ. 지하수법

「지하수법」[22]은 지하수를 "지하의 지층이나 암석 사이의 빈틈을 채우고 있거나 흐르는 물"이라고 정의하고 있다(제2조 제1호). 지하수는 지하에서 상호 연결되어 있어서 한 곳에서의 지하수의 사용이 다른 곳의 지하수에 영향을 미친다. 하나의 지하수를 여러 명이 사용하는 경우 지하수의 과다취수로 지하수가 부족하게 되는 경우에 지하수이용권간의 충돌이 발생한다. 그리고 지하수는 하천, 연못 또는 바다와 같은 지표수와 상호 연결되어 있는 경우가 많다. 지표수가 지하수로 유입되는 경우도 있고 거꾸로 지하수가 지표수로 용출되는 경우도 있다.

지하수는 점오염원이나 비점오염원에 의하여 오염이 될 경우 지하수의 특성상 지하수를 정화하는 것은 극히 어렵고 경우에 따라서는 불가능하다. 한편, 오늘날 물부족 현상으로 인해 지표수의 보충적 수원으로서의 지하수의 중요성이 커지고 있고, 지하수를 보호할 필요성도 커지고 있다.

지하수를 규율하는 관련법령들은 사법과 공법분야에 걸쳐 있다. 지하수의 사법적 규제에 관한 법으로 민법(제235조, 제236조)이 있다. 지하수에 관한 민법규정은 사인상호간의 상린관계에서의 지하수사용에 관련된 이해관계의 조절을 규율하고 있다. 지하수의 공법적 규제에 관한 법으로는 「지하수법」, 「먹는물관리법」, 「온천법」, 「수도법」, 「하천법」 등이 있다.

---

22) 2021. 1. 5. 일부개정에서는 국가 물관리 원칙에 부합하는 지하수관리의 기본원칙을 마련하고, 유출지하수 발생 신고 및 이용계획 수립 규정을 합리적으로 개선하며, 지하수 오염원인자의 정화조치 이행력을 강화하여 지하수 오염을 예방하는 한편, 물 공급 취약지역에 대한 지원 근거를 마련하는 등 현행법상의 미비점을 개선·보완하여 지하수의 공공성 및 관리체계의 지속가능성을 제고하였다. 또한, 지하수개발·이용 신고 등이 수리가 필요한 신고임을 명시하여 행정의 예측가능성을 높이고, 가벌성이 유사한 행위별로 과태료 상한액을 세분화하여 과태료 부과금액의 과도한 편차를 방지하고 제재의 실효성을 높이려 하였다. 2023. 1. 3. 일부개정에서는 지하수관리기본계획에 유출지하수의 관리 및 이용계획을 추가하여 유출지하수를 보다 체계적으로 관리할 수 있도록 하고, 유출지하수 이용시설의 설치·지원 등에 관한 근거 규정을 마련하여 유출지하수 이용의 실효성을 제고하고자 하였다.

「지하수법」 제4조는 「지하수법」이 지하수에 관한 일반법이 되며 「지하수법」에 대하여 다른 지하수규제법은 특별법의 지위를 갖는다는 것을 규정하고 있다. 따라서 「지하수법」규정보다 다른 지하수규제법규정이 우선한다. 다만, 「지하수법」 제4조 단서는 「지하수법」 제14조 내지 제16조는 「지하수법」이 우월하다고 규정하고 있다. 「지하수법」이 지하수에 관한 일반법으로 되어 있지만 온천이나 먹는샘물의 개발·이용은 실질적으로 별개의 법, 즉 「온천법」과 「먹는물관리법」에 의해 규율되고 있어 지하수에 관한 통일적인 규율이 이루어지고 있지 못하다.

민법상 지하수의 법적 지위와 관련하여서 통설은 지하수를 토지의 구성부분을 이루는 것으로 보고 있다. 한편 현행 「지하수법」은 지하수가 토지의 구성부분이 되는지에 관하여 별도의 명시적인 규정을 두고 있지 않다. 그런데 지하수법은 지하수 개발·이용의 허가요건으로 공공의 안녕과 질서의 보호뿐만 아니라 지하수의 적정관리의 측면도 규정하고 있다. 이러한 점을 고려할 때 「지하수법」상의 지하수 개발·이용의 "허가"는 법이론상으로는 광업허가와 같이 특허의 성질을 갖는 것이라고 해석할 수 있을 것이다. 이러한 해석은 지하수를 공적 자원으로 보아야 한다는 시대적 요청에 부응하는 해석이다. 민법에서 토지소유권은 지하에 무한정으로 미치는 것이 아니며 정당한 이익이 있는 범위에만 미친다(민법 제212조). 이러한 점을 고려하면 지하수는 토지소유자의 정당한 이익이 있는 범위를 제외하고는 공적 자원으로 보는 것이 타당하다.[23)]

지하수이용권을 토지소유권의 내용으로 볼 것인지에 관하여 견해의 대립이 있지만, 판례는 지하수의 이용이 공공의 이해에 직접 영향을 미치는지 여부에 따라 달리 판단하고 있다. 즉, 자연히 용출하는 지하수나 동력장치를 사용하지 아니한 가정용 우물 또는 공동우물 및 기타 경미한 개발·이용 등 공공의 이해에 직접 영향을 미치지 아니하는 범위에 속하는 지하수의 이용과 그 범위를 넘는 지하수의 이용을 구분하고, 전자는 토지소유권에 기한 것으로서 토지소유권에 부수하여 인정되는 권리라고 보고, 후자(그 범위를 넘는 지하수 개발·이용)는 토지소유권에 부수되는 것이 아니라 지하수의 공적 수자원으로서의 성질과 기능 등을 고려하여 행정청

23) 만일 민법학자의 통설과 같이 지하수가 토지소유권의 구성부분이 된다고 보더라도 현행 「지하수법」은 지하수의 특성 등을 고려하여 지하수공개념을 도입하고 있다고 해석할 수 있다. 따라서 지하수의 공공성을 담보하기 위하여 개인의 지하수 이용권은 크게 제약될 수 있다. 이렇게 본다면 지하수를 토지소유권과 분리되는 공적 자원으로 보는 경우와 지하수를 토지의 구성부분으로 보되 지하수의 공개념을 인정하는 경우에 그 법적 구성은 다르지만 지하수의 법적 규율의 내용에는 큰 차이가 없게 된다

의 허가 · 감시 · 감독 · 이용제한 · 공동이용 명령 · 허가취소 등 공적 관리방법에 의한 규제를 받게 하고 있다고 할 것이고, 따라서 이러한 규제의 범위에 속하는 지하수 개발 · 이용권은 토지소유권의 범위에 속하지 않는 것이므로 지하수의 개발 · 이용허가를 받은 후 그 토지소유권이 이전된다고 하여 허가에 의한 지하수 개발 · 이용권이 새로운 토지소유자에게 당연히 이전되는 것은 아니라고 보고 있다.[24)]

오늘날 지하수 관리와 관련하여서는 지하수와 지표수의 통합관리,[25)] 토양과 지하수의 통합관리[26)]가 주요 사안이 되고 있다. 한편, 오늘날 세계적으로 公水개념을 도입하고 있는 것이 추세이며,[27)] 우리나라에서도 지하수의 공적 관리 및 공공자원성 확보가 요망된다는 주장이 제기되고 있다.[28)] 우리 헌법재판소도 헌재 1998. 12. 24, 98헌가1 결정에서 지하수는 공공의 자원으로 적절한 관리 · 보전이 필요한 유한한 자원이므로 관련법규를 통하여 과도한 개발을 규제하는 것은 정당하다고 보고 있다. 또한 국가는 헌법 제120조[29)]에 근거하여 자연자원에 관한 강력한 규제권한을 가지는 한편 자연자원에 대한 보호의무를 지게 되므로, 자연자원인 지하수의 이용에 대한 규제수단을 이용하더라도 그 방법이 다른 헌법상의 한계를 일탈하지 아니한다면 헌법상 허용된다고 판시하고 있다. 이러한 판결내용은 지하수의 공공자원성을 강조하는 것이고, 지하수 공유화의 헌법적 근거를 제시해주는

---

24) 그리고 지하수 개발 · 이용권이 그 성질상 당연히 양도 · 양수가 절대적으로 금지되는 성질의 것은 아니므로, 법령이나 조례에서 그 지하수의 관리방법으로 지하수 개발 · 이용 피허가자의 명의변경을 규정하고 있는 경우에는 그 규정은 유효하다고 할 것이고, 지하수이용권은 지하수이용시설을 상용에 이바지하기 위하여 허가된 것이므로 지하수이용을 위한 주요 시설 전부와 그 부지의 소유권을 취득한 자는 특별한 사정이 없는 한 종전과 같은 방법으로 지하수를 이용할 수 있다 할 것이고, 이와 같은 경우에 법 소정의 효율적인 지하수관리를 위하여는 예외적으로 지하수이용허가서 원본의 제출이 없다고 하더라도 그 명의변경신고를 수리하여야 한다고 보고 있다(대법원 2001. 10. 23. 선고 99두7470 판결).

25) 지하수와 지표수는 서로 연결되어 있는 경우가 많아 상호 밀접한 영향을 미치고 있고, 오늘날의 물부족 현상으로 인해 지표수의 보충적 수원으로서의 지하수의 중요성이 커지고 있다. 따라서 양자를 통합적으로 규율하여야 할 필요성이 커지고 있다.

26) 토양오염이 심각한 지역에서는 대부분 지하수도 오염되어 있는 경우가 많아 인간과 생태계에 심각한 영향을 미치게 된다. 토양오염과 지하수 오염의 경로는 동일하므로 토양오염은 곧바로 지하수 오염으로 이어진다는 점에서 서로 불가분의 관계에 있다. 따라서 양자의 연계관리는 필수적이다.

27) 독일, 이스라엘, 이란, 호주, 스위스 등은 지하수를 공수로 하고 있다(윤철홍, "지하수법의 문제점과 개선방향," 비교사법 제8권 제1호(통권 14호), 2001. 6, 228－231면).

28) 김세규, "지하수이용권에 관한 소고," 공법학연구 제8권 제3호(2007), 499면; 김홍균, "지하수의 공유화," 인권과 정의 제361권(2006. 09), 168면.

29) 헌법 제120조 제1항에서 "광물 기타 중요한 지하자원 · 수산자원 · 수력과 경제상 이용할 수 있는 자연력은 법률이 정하는 바에 의하여 일정한 기간 그 채취 · 개발 또는 이용을 특허할 수 있다"라고 하고, 제2항에서 "국토와 자원은 국가의 보호를 받으며, 국가는 그 균형있는 개발과 이용을 위하여 필요한 계획을 수립한다"라고 규정하고 있다.

것이라고 하겠다.

Ⅵ. 먹는물관리법

우리 사회에서 먹는 샘물이 본격적으로 제조·판매되기 시작한 것은 1990년대 중반부터이다. 당시 먹는 샘물은 전량 수출하거나 주한 외국인에 판매하는 조건으로만 제조가 허가되었다. 먹는 샘물의 국내 판매가 수돗물에 대한 불신을 가중시키고 계층간 위화감을 조성할 수 있다는 이유로 국내 시판이 허용되지 않았다.

그러나 국민들의 소득수준이 높아지고 대형 수질오염사고가 자주 발생하면서 국민들의 수돗물에 대한 불신은 점점 커져갔고 보다 깨끗한 물에 대한 수요는 증대되어 갔다. 이러한 상황에서 1994년 대법원은 정부가 먹는 샘물의 국내시판을 금지하는 것은 국민의 행복추구권과 직업의 자유를 과도하게 침해하는 것으로 위헌이라는 판결을 내렸다.[30] 이 판결은 정부가 먹는 샘물의 판매에 대하여 긍정적인 방향으로 돌아서는 데 큰 계기가 되었다. 이후 정부는 먹는물 관리에 대한 대책을 적극적으로 마련하기 시작하였고, 입법적으로는 1995년 1월 5일 먹는물관리법의 제정으로 이어졌다.

먹는물관리법은 먹는 물로 인한 국민건강상의 위해를 예방하고 먹는 물의 합리적인 수질관리를 도모하기 위하여 '맑은 물 공급'을 위한 수질관리 일원화정책에 따라 종래 식품위생법, 공중위생법 등에 분산되어 있던 먹는 물 관련규정을 통합하여 단일법으로 제정한 것이다.

'먹는물'은 먹는 데에 통상 사용하는 자연 상태의 물, 자연 상태의 물을 먹기에 적합하도록 처리한 수돗물, 먹는샘물, 먹는염지하수(鹽地下水), 먹는해양심층수(海洋深層水)등을 말한다(제3조 제1호). 이는 국민의 생명·신체의 안전과 건강에 밀접한 관련이 있는 것으로 국가의 적극적이고 엄격한 관리가 필요한 부분이다.

이에 동법은 환경부장관에게 먹는 물 수질기준의 설정·보급 등 먹는 물의 수질관리를 위한 각종 규제권한을 부여하고 있고, 샘물을 개발하고자 하는 자로 하여금 샘물개발가허가를 받고 환경영향조사를 실시한 후 샘물개발허가를 받도록

30) 대법원 1994. 3. 8. 선고 92누1728 판결. 정부가 먹는 샘물의 국내시판을 불허하자 보존음료수 제조업자들이 먹는샘물의 국내시판 불허는 위헌이라고 주장하면서 소송을 제기하였다. 즉, 보존음료수의 국내판매를 금지해 온 고시는 헌법이 보장하고 있는 직업의 자유와 행복추구권을 침해하는 것으로서 헌법에 위반되어 효력이 없는 것이라고 할 수 밖에 없고, 따라서 무효인 위 고시가 효력이 있는 것임을 전제로 부과된 과징금부과처분은 위법하다고 하였다.

하고 있으며, 먹는 샘물 제조업자 및 수입판매업자 등에게 수질개선부담금을 부과·징수할 수 있는 근거규정을 두고 있다.[31)]

Ⅶ. 물관리 기본법

그동안 우리나라 물관리의 큰 틀은 수량은 국토부, 수질은 환경부가 관리해왔다. 그 결과 물관리 행정 분야에 있어서는 연계성 부족 및 사업의 중복으로 인한 예산낭비 등의 문제가 발생하고 있었다. 또한 기후변화로 인한 집중호우 및 홍수피해, 물 오염으로 인한 피해 발생, 하천생태계의 변화, 수자원의 개발·이용 등과 관련한 물분쟁의 발생 등 물관리의 현안이 증가하면서 통합적인 물관리 방안을 모색할 필요성이 더욱 증대되었다.

이러한 상황에서 통합 물관리를 성공적으로 수행하기 위하여 2018. 6. 12. 「물관리기본법」이 제정되었다(시행일 2019. 6. 13.).[32)] 한편, 2018. 6. 8. 「정부조직법」 개정을 통하여 국토교통부의 '수자원의 보전·이용 및 개발'에 관한 사무가 환경부로 이관되었다. 국토교통부 소관의 「댐건설 및 주변지역지원 등에 관한 법률」(약칭: 댐건설법), 「지하수법」, 「수자원의 조사·계획 및 관리에 관한 법률」(약칭: 수자원법), 「친수구역활용에 관한 특별법」(약칭: 친수구역법), 「한국수자원공사법」 등 수자원 관련 5개 법률도 환경부로 이관되었다. 다만, '하천법', '하천편입토지보상법' 등 2개 법률은 국토교통부에 존치하게 되었으나, '하천법'상 하천수사용허가, 하천유지유량 결정, 댐·보 연계운영, 하천수 사용·관리, 하천수 분쟁조정 등 수량 관련 기능은 환

31) 2018. 12. 24. 일부개정에서는 정수기의 정의를 확대하여 냉수·온수 장치, 제빙장치 등 환경부장관이 정하여 고시하는 장치가 결합되어 냉수·온수, 얼음 등을 함께 공급할 수 있도록 제조된 기구도 정수기의 정의에 포함하고, 먹는물, 샘물 및 염지하수 중의 위해 우려가 있는 물질 등 감시가 필요한 항목을 수질감시항목으로 지정할 수 있도록 하였으며, 이 법에 따른 정수기가 아닌 경우에는 정수기로 오인되지 않도록 소비자가 정수기로 오인할 수 있는 "정수기" 등의 제품명을 사용하거나 그 밖의 표시를 사용하지 못하도록 하였다. 2021. 1. 5. 일부개정에서는 시·도지사 등이 먹는물 관련 신고나 등록신청에 대한 처리 결과를 일정 기간 내에 통지하지 아니한 경우 신고수리·등록을 간주하여 신속한 행정 처리를 도모하고, 후견 또는 파산을 이유로 환경영향조사 대행자의 등록이 취소된 경우 해당 결격사유가 해소된 때에 바로 환경영향조사 대행자 등록을 할 수 있도록 하여 국민의 기본권 보장을 강화하며, 수질개선부담금을 체납하는 경우 「지방행정제재·부과금의 징수 등에 관한 법률」에 따라 징수하도록 하여 고의적 체납자에 대해 관허사업 제한 등이 가능하도록 하는 한편, 어려운 법률용어를 알기 쉽게 정비하여 국민이 법률을 쉽게 이해하도록 하였다.

32) 같은 날 「물관리기술 발전 및 물산업 진흥에 관한 법률」도 제정되었다. 동법은 이 법은 물관리기술의 체계적인 발전 기반을 조성하여 물산업의 진흥에 기여함으로써 국민의 삶의 질 향상 및 지속가능한 물순환 체계 구축에 이바지하는 것을 목적으로 한다(제1조).

경부로 이관되었다.[33] 그 후 하천법, 하천편입토지보상법도 환경부로 이관되었다.

「물관리기본법」은 물관리의 기본이념과 물관리 정책의 기본방향을 제시하고 물관리에 필요한 기본적인 사항을 규정함으로써 물의 안정적인 확보, 물환경의 보전·관리, 가뭄·홍수 등으로 인하여 발생하는 재해의 예방 등을 통하여 지속가능한 물순환 체계를 구축하고 국민의 삶의 질 향상에 이바지함을 목적으로 하고 있으며(제1조), 크게 물관리의 기본원칙(제2장), 물관리위원회(제3장), 국가물관리기본계획 등(제4장), 물분쟁의 조정 등(제5장), 물문화 육성 및 국제협력 등(제6장)에 관한 내용을 규정하고 있다.

동법은 물관리의 기본원칙을 언급하면서 제일 먼저 물의 공공성을 언급하고 있다. 즉, 물은 공공의 이익을 침해하지 아니하고 국가의 물관리 정책에 지장을 주지 아니하며 물환경에 대한 영향을 최소화하는 범위에서 이용되어야 한다고 규정하고 있다(제8조). 동조는 물이 공공의 이익을 위하여 공적 관리의 대상이 된다는 것을 명확하게 성문화하였다는 데 의의가 있다.

동법은 국가물관리위원회 및 유역물관리위원회의 설치 등에 관한 근거 규정을 두고 있다. 국가물관리위원회는 국가물관리기본계획의 수립 및 변경, 물분쟁의 조정, 국가계획의 이행여부 평가 등을 심의·의결하며, 국무총리와 민간 1인을 공동위원장으로 하고 대통령 소속으로 설치된다. 국가물관리위원회에 유역별로 유역물관리위원회를 두며, 환경부장관과 민간 1인이 공동위원장을 맡게 되고, 유역물관리종합계획의 수립 및 변경 등을 심의·의결한다(제20조－24조). 한편, 국가물관리기본계획은 환경부장관이 10년마다 국가물관리위원회 심의를 거쳐 수립하고, 유역물관리종합계획은 유역물관리위원회 위원장이 10년마다 국가물관리위원회와 유역물관리위원회의 심의를 거쳐 수립하도록 하였다(제27조, 제28조).

통합 물관리의 성공적 정착을 위하여는 체계적이고 합리적인 역할분담이 이루어져야 할 것으로 보인다. 「정부조직법」 개정으로 국토교통부의 '수자원의 보전·이용 및 개발'에 관한 사무가 환경부로 이관되었지만, 하천시설 관리는 그대로 국

33) 「정부조직법」 개정을 통해 국토교통부에서 환경부로 188명의 인력(본부 36명, 소속기관 152명)과, 약 6,000억 원의 예산이 이관되었다. 국토교통부 수자원정책국에서는 수자원 정책·개발, 수자원산업육성, 친수구역 조성, 홍수 통제·예보 및 수문조사 등의 기능을 이관하여, 환경부에 수자원정책국(3과－수자원정책과, 수자원개발과, 수자원관리과)을 설치하였다. 홍수·갈수 예보·통제, 댐·보 연계운영 등을 담당하는 홍수통제소(한강 등 4개소)의 전체 기능·조직이 이관되었으며, 하천법상 하천공간 관리를 맡는 국토관리청은 국토부에 존치하되, 광역상수도 사업인가, 댐 건설지역 내 행위허가 등 일부 기능은 환경부로 이관되었다. 「한국수자원공사법」의 이관으로 환경부가 한국수자원공사의 감독 및 주무관청이 되었다.

토교통부에 존치하는 것으로 되어 있다. 따라서 하천구역 안에서 토지나 하천시설의 점용 등 일정한 행위를 하려는 자는 「하천법」 제33조(하천의 점용허가 등) 제1항에 따라 국토교통부의 점용허가를 받아야 한다. 반면, 「하천법」 상의 하천수 사용허가는 환경부장관에게 이관되었으므로 하천수를 사용하려는 자는 동법 제50조(하천수의 사용허가 등) 제1항에 따라 환경부장관의 허가를 받아야 한다. 즉, 하천공간(하드웨어)과 하천수(소프트웨어)가 달리 관리되게 되었다. 예컨대, 정수장 등 취수시설을 설치하여 하천수를 사용하려는 자는 국토교통부 장관에게 하천점용허가를 받고, 별도로 환경부장관으로부터 하천수 사용허가를 받아야 한다. 따라서 하천시설의 관리에 있어서는 국토교통부와 환경부가 서로 긴밀하게 협조하고, 통합 물관리의 취지에 맞게 효율적으로 관리해 나갈 필요가 있다.[34)]

한편, 통합 물관리와 관련된 또 하나의 과제는 수리권에 관한 문제들을 정리하는 것이다. 통합 물관리의 근저에는 물의 효율적이고 체계적인 관리가 담겨져 있기 때문에 수리권 문제는 통합 물관리 문제를 해결해나가는 중요한 부분이 된다. 민법상의 공유하천용수권과 관행수리권, 「하천법」상의 허가수리권, 「댐건설 및 주변지역지원에 관한 법률」상의 댐사용권, 「농어촌정비법」상의 농어촌용수 수리권 등 기존에 산재해 있는 수리권 관련 규정의 정리 및 통합이 필요하다. 「물관리기본법」에는 이에 대한 내용을 적절히 담지 못한 결과 별도의 수리권법을 제정하자는 입법론이 제기된 바 있다.[35)]

34) 함태성, "환경행정법의 최근 동향과 쟁점 및 과제", 환경법연구 제41권 제1호, 2019.4, 101면.
35) 김홍균, "통합물관리를 위한 대응방안 – 수리권법의 제정 –", 공법연구 제47집 제1호, 2018.10.

제5장 자원순환형사회와 폐기물 관리

제1절 개 설

Ⅰ. 우리나라 폐기물관련법제의 연혁

우리 사회의 산업화·공업화·도시화 등은 필연적으로 대량생산·대량소비 사회를 초래하였다. 그 결과 폐기물의 양은 점차 증가하게 되었고, 화학공업의 발달로 썩지 않는 새로운 쓰레기들이 나타나는 등 이제는 폐기물 문제가 자연의 자정작용만으로는 해결될 수 없는 심각한 사회문제로 대두되고 있다.

이처럼 자연계가 스스로 소화할 수 없는 폐기물은 매립장·소각시설 등의 폐기물처리시설을 설치하여 처리해야 하는데, 이 과정에서 지역이기주의나 대규모 시설투자 등으로 인한 사회·경제적 문제들이 빈발하고 있어 이들 분야는 국가의 환경정책에 있어서 중요한 사안이 되고 있다.

우리나라의 폐기물 관리정책의 변화과정을 보면, 과거에는 폐기물을 오물로서 청소의 대상으로 파악하여 오물청소법(1961년)으로 규율하는 소극적이고 방어적인 처분개념에 기초한 초보적 단계에서 출발하였다. 1970년대 말에 들어서면서 환경문제가 점차 사회적 관심사로 대두됨에 따라 1977년에는 환경보전법이 제정되었고, 환경문제에 대한 대처방향은 종전의 '소극적·방어적 개념'에서 '적극적·환경보전적 개념'으로 전환되어 갔다. 이 시기에 생활폐기물은 "오물청소법"에 의하여, 산업폐기물은 새로 제정된 "환경보전법"에 의하여 관리되었으나, 아직 폐기물은 '처분' 개념을 중심으로 다루어졌다.

1986년에는 오물청소법과 환경보전법에 분산되어 있던 폐기물 관련규정을 통합하여 "폐기물관리법"이 새로 제정되어 일원화된 폐기물관리체계를 구축하였다.

그리고 1991년 오수·분뇨및축산폐수의처리에관한법률이 제정되면서 오수·분뇨 등의 처리는 수질관리 측면에서 다루어지게 되었다. 폐자원의 재활용을 촉진하기 위하여 1992년 "자원의절약과재활용촉진에관한법률"이, 1995년에는 님비(NIMBY) 현상을 극복하고 폐기물처리시설의 설치를 효율적으로 추진하기 위하여 "폐기물처리시설설치촉진및그주변지역지원등에관한법률"이 각각 기존의 "폐기물관리법"으로부터 분법되었다. 또한, 1994년에는 우리나라가 바젤협약에 가입하면서 그 국내이행을 위하여 "폐기물의국가간이동및그처리에관한법률"을 제정하였다.

1990년대 이후에 추진된 주요 폐기물관리정책으로는 첫째, 제품으로 인한 폐기물문제의 효과적인 해소 및 재활용 촉진의 효과를 거두고자 폐기물부담금 및 예치금제도를 도입하였고, 둘째, 분리배출된 재활용가능 폐기물은 무상으로 수거하고 재활용이 곤란한 폐기물은 배출량에 비례하여 비용을 부담토록 하여 폐기물을 감량과 재활용을 함께 촉진하기 위한 쓰레기 종량제를 1995년부터 시행하였다. 셋째, 편리성 때문에 점차 사용이 늘어나는 1회용품과 불필요한 포장재의 사용을 규제하기 시작하였고, 넷째, 의료법의 적용을 받던 감염성폐기물을 1999년 2월에 폐기물관리법 적용대상으로 이관하여 관리를 보다 엄격히 해나가고 있다. 다섯째, 폐기물예치금제도를 폐지하고 제품 등의 생산자와 수입자에게 폐기물의 회수·재활용의무를 직접 부여하는 '생산자책임재활용제도'를 도입하였다.

2003년 12월에는 '건설폐기물의재활용촉진에관한법률'이 제정되었는데, 동법은 건설폐기물의 처리 및 재활용에 대한 기존 법률의 근거 규정을 종합적으로 검토하여 건설폐기물 관련 단일 법률을 입법화한 것이다. 동법은 일시에 다량 발생하는 건설폐기물을 친환경적으로 적정처리하고, 천연골재의 대체자원으로 활용가능한 양질의 순환골재 생산을 유도하고자 하는 취지를 담고 있다.

2007년 4월에는 환경부, 산업자원부, 건설교통부의 공동입법으로 '전기·전자제품 및 자동차의 자원순환에 관한 법률'이 제정되었는데, 동법은 전기·전자제품 및 자동차의 재활용을 촉진하기 위하여 유해물질의 사용을 억제하고 재활용이 쉽도록 제조하며 그 폐기물을 적정하게 재활용하도록 하여 자원순환체계를 구축하고자 하는 취지를 지니고 있다.

종래 폐기물관련법제는 폐기물 관리에 관한 기본법이라고 할 수 있는「폐기물관리법」을 중심으로, 자원의 재활용을 촉진하기 위한「자원의 절약과 재활용촉진에 관한 법률」,「건설폐기물의 재활용촉진에 관한 법률」,「전기·전자제품 및 자동차의 자원순환에 관한 법률」,「폐기물의 국가간 이동 및 그 처리에 관한 법률」,

「폐기물처리시설 설치촉진 및 주변지역지원 등에 관한 법률」, 「녹색제품 구매촉진에 관한 법률」 등이 제정되어 있다.

오늘날은 자원순환형사회로의 전환이 중요현안이 되었고 그동안 자원순환형 폐기물관리체계의 구축을 위한 노력이 있어 왔다. 이들 법률들은 직·간접적으로 자원순환형 폐기물관리체계 구축과 관련을 갖고 있다. 2016년 5월에는 지속가능한 자원순환사회를 만드는 데 필요한 기본적인 사항을 규정하기 위하여 「자원순환기본법」이 제정된 바 있다. 그리고 2022년 12월 31일에는 순환경제로의 전환을 뒷받침하기 위하여 「자원순환기본법」을 「순환경제사회 전환 촉진법」으로 전부개정하였다.

오늘날 방치폐기물, 부적정처리폐기물, 재난폐기물 등이 증가하면서 이들을 공공처리 대상폐기물로 정하여 신속하고 안전하게 처리하기 위한 공공의 역할이 커지고 있는 것과 함께 이들 폐기물의 순환이용을 통한 자원화의 필요성 또한 증대하고 있다. 또한 공공폐자원관리시설의 설치로 발생하는 이익을 지역주민들과 공유하고 이들을 지원하기 위한 제도적 토대가 필요하였다. 이를 입법적으로 뒷받침하기 위해 2020. 6. 9. 「공공폐자원관리시설의 설치·운영 및 주민지원 등에 관한 특별법」이 제정되었다.

<그림 5-1> 자원순환형 폐기물관리체계[1)]

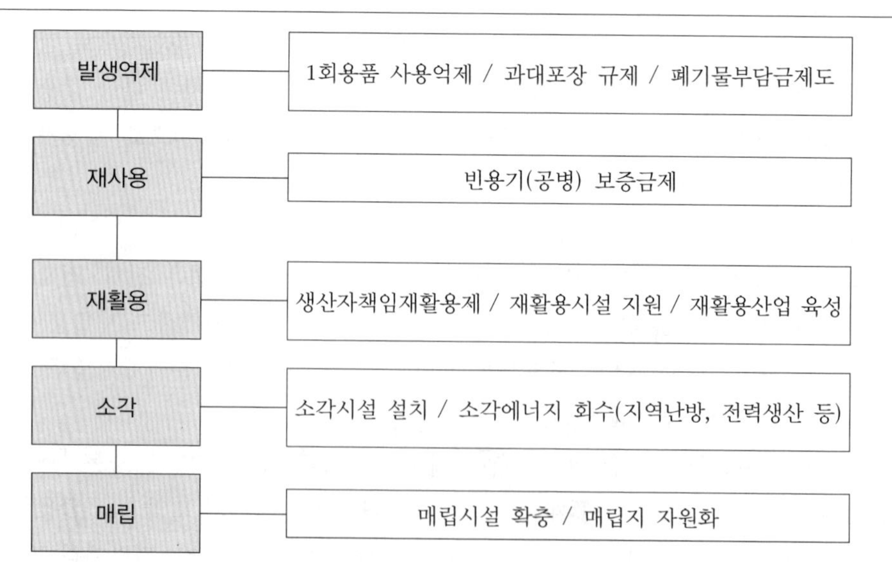

1) 환경부, 환경백서 2007, 661면.

Ⅱ. 자원순환형 사회의 대두

종래의 대량생산·대량소비·대량폐기형의 사회구조는 물질순환의 고리를 끊어 물질의 건전한 순환을 저해하는 측면을 가지고 있어서 우리 인간의 생존기반인 환경에 지속적인 부하를 주게 된다. 즉, 종래의 사회경제시스템의 흐름은 생산→유통→소비→폐기라고 하는 과정을 중심으로 형성되어 왔는데, 그 결과 폐기→생산으로 이어지는 순환고리의 연결시스템을 충분히 마련하지 못하였고, 건전한 물질순환의 고리가 차단되는 현상을 초래하게 되었다. 이와 같은 현실은 환경부하의 증대, 최종적인 폐기물 처분장소의 부족, 자원의 새로운 이용기회의 상실 등의 결과를 낳았다.

이러한 문제의 해결을 위하여 대량생산·대량소비·대량폐기형의 사회구조로부터 벗어나 생산에서부터 유통, 소비, 폐기에 이르기까지 물질의 효율적 이용이나 재활용을 추진함으로써, 무분별한 자원의 소비가 억제되고 환경에 대한 부하를 줄일 수 있는 자원순환형사회의 구축이 환경정책의 시급한 주요현안이 되었다.

따라서 오늘날 여러 선진국가에서는 폐기물정책을 수립함에 있어서 폐기물을 전체적인 물질순환의 구조 안에서 파악하여 가능한 한 시장경제의 물질순환과정 내부에 두는 방식을 취하면서, 재활용할 수 있는 것은 최대한 재활용을 하고 재활용이 불가능한 경우에는 최종적으로 처리대상으로 하는 형태로 자원순환형사회로의 전환을 지향하고 있다. 이러한 자원순환형사회에서의 폐기물은 전혀 쓸모가 없어서 폐기처분해야 하는 대상이 아니라 다시 이용하거나 재활용의 대상이 되는 유용한 '자원'이 된다.

지속가능한 발전을 지향하는 사회를 실현하기 위해서도 자원순환형 사회로의 전환은 시대적 요청이라고 할 수 있는바, 이러한 자원순환형 사회시스템을 법제도로 정착시키기 위해 많은 국가가 노력을 하고 있다. 독일의 경우에는 자원순환형 사회의 형성을 위한 법제도로서 1994년 「순환관리 및 폐기물법(Gesetz zur Förderung der Kreislaufwirtschaft und Sicherung der umweltverträglichen Beseitigung von Abfallen)」이 제정되었고, 일본에서는 2000년 6월에 「순환형사회형성추진기본법」이 제정되어 자원순환형사회의 형성을 위한 움직임이 구체화되었다.

Ⅲ. 독일과 일본의 폐기물법제

1. 독 일

독일의 폐기물법제는 독일이 오랜 기간 많은 시행착오를 거치며 정비해온 것으로 자원순환형사회형성을 위한 폐기물 법제의 모범이라고까지 말해지고 있고, 일본의 폐기물법제에도 많은 영향을 주었다.

폐기물관리에 관한 독일의 법제는 3단계의 발전과정을 거쳐 왔다. 제1단계는 1972년의 폐기물처리법(Abfallbeseitigungsgesetz)이고, 제2단계는 1986년의 폐기물법(Abfallgesetz)이며, 제3단계는 1994년에 제정된 순환관리 및 폐기물법(Kreislaufwirts-chafts und Abfallgesetz)이다.[2)] 1994년의 순환관리 및 폐기물법은 자원순환형사회 형성을 위한 토대를 마련하기 위해 제정된 법으로, 동법은 폐기물의 배출단계에서부터 자원으로 활용함으로써 우선적으로 폐기물의 발생 자체를 방지하고, 가능한 한 폐기물이 적게 발생하도록 유도하는 자원순환사회의 기초를 다질 수 있는 틀을 마련하고 있다.

동법에서는 재이용 혹은 제거해야 할 모든 「폐기물」을 전체적으로 파악하고, 이것들을 가능한 한 시장경제의 사이클 내부에 두는 한편, 재이용이 불가능한 경우에는 최종처리의 대상으로 하는 등, 보다 철저한 자원순환형사회로의 전환을 지향하고 있다. 따라서 동법은 형식적으로는 종래부터의 폐기물 법제의 연장선상에는 있

---

2) 1972년 독일에서 폐기물을 규율하는 일반법이 제정된 것은 그 이전까지의 개별적이고 부분적인 법적 대응만으로는 폐기물 문제를 적절히 해결할 수 없어졌기 때문이었다. 즉, 인구의 증가와 산업의 발달로 인하여 폐기물의 종류와 양이 폭발적으로 증대하였고 그 유해성도 더욱 심각해지면서 폐기물의 문제를 더 이상 방치할 수 없는 상황에 이르게 되면서 환경문제와 폐기물에 관한 관심이 제고되었고 입법적으로는 폐기물에 관한 통합적인 법률이 제정된 것이다. 폐기물처리법(Abfallbeseitigungs gesetz)에서는 폐기물처리를 수집 · 운반 · 처리(Behandlung) · 저장 및 매립을 포함하는 개념으로 정의내리고 있는바, 동법의 목적이 좁은 의미의 처리(Beseitigung)에 한정되었음을 알 수 있다. 1986년의 폐기물법(Das Gesetz über die Vermeidung und Entsorgung von Abfällen)은 폐기물 처리에서 폐기물 관리로 방향전환을 하여야 한다는 지속적인 요구를 부분적이지만 수용하여 폐기물 정책에 있어서 적극적인 자세로 전환하였다. 동법은 폐기물은 우선적으로 발생억제되거나 재활용되어야 함을 명시적으로 나타내고 있다. 동법은 좁은 의미의 처리(Beseitigung) 대신에 재활용을 포함하는 포괄적인 넓은 의미의 처리(Entsorgung, 관리)의 개념을 사용하였다. 한편, 1986년의 폐기물법은 폐기물의 발생억제를 촉구하는 데 미흡하고 폐기물 소각의 문제점이 지적되면서, 1994년 순환관리 및 폐기물법(Kreislaufwirtschafts und Abfallgesetz)이 제정되었다. 종래의 폐기물 관리 혹은 처리가 소비의 면에 치중했다면 이제는 생산을 포함하는 전체 경제적인 관점에서 이를 조망하고 해결해야 한다는 시대적 흐름을 동법은 반영하고 있다. 동법에서는 폐기물을 상위의 개념으로 놓고 그 아래에 재활용의 대상이 되는 폐기물과 처리의 대상이 되는 폐기물을 위치지었다(김연태, “폐기물 개념 및 분류 · 처리체계－독일의 순환관리 및 폐기물법을 중심으로－,” 환경법연구(제25권 제1호), 2003, 170면).

지만, 내용적으로는 협의의 폐기물 문제에 머무르지 않고, 자원·에너지·환경 등을 포함한 사회경제 구조 속에서 폐기물을 바라보고 있다는 점에 특징이 있다.[3)]

독일의 순환관리 및 폐기물법은 폐기물의 발생억제를 최우선의 원칙으로 규정하고, 그 다음에 물질적 이용과 에너지 이용에 의한 재활용이 처리보다 우선임을 명시하고, 이를 다시 폐기물 점유자 및 배출자에 대한 의무로 구체화하여 순환관리를 촉진하고 환경친화적인 폐기물 처리를 보장하고 있다. 동법은 총 9개의 장을 마련하여 비교적 상세한 규정을 두고 있는데, 폐기물 정책의 이념, 기본원칙, 책무 등에 관한 내용뿐만 아니라, 계획수립, 구매촉진, 정보제공의무, 감독 등에 관한 규정을 두고 있다.[4)]

2. 일　　본

일본의 경우에도 대량생산·대량소비·대량폐기형 사회구조로 인하여 폐기물 발생량의 증대, 폐기물처분장의 부족, 폐기물불법투기의 증대, 재활용시책의 적극적 추진요청 등 어려운 과제에 직면하게 되었다. 이러한 문제의 해결을 위하여 생산에서부터 유통, 소비, 폐기에 이르기까지 물질의 효율적 이용이나 재활용을 추진하면서, 자원의 소비가 억제되어 환경에의 부하가 적은 「순환형사회」를 구축하는 것이 급선무가 되어 왔다.

이러한 상황에 대처하기 위해서 일본정부는 법적기반의 정비에 착수하였는바, 2000년 5월에 순환형사회형성추진기본법(이하 '순환사회기본법')이 국회를 통과하고, 2001년 1월 6일부터 전면 시행되었다. 한편, 같은 국회에서 폐기물처리법의 개정 및 건설 리사이클법 등의 제정이 이루어졌다. 즉, 개정폐기물처리법, 자원유효이용촉진법, 건설 리사이클법, 식품리사이클법, 그린구입법이 통과되었다. 이로써 일본은 이미 제정된 용기포장리사이클법, 가전리사이클법과 아울러 순환형사회의 구축을 위한 법적 토대를 일단 갖추었다고 볼 수 있다. 이처럼 일본은 2000년대 들어오면서 순환사회기본법과 개별 폐기물·리사이클 관계 법률의 정비를 통하여 순환형사회의 형성을 위한 정책을 종합적이고 계획적으로 추진할 수 있는 기반을 마련하였다.

순환사회기본법은 환경기본법의 기본이념에 따라 폐기물·리사이클 분야에 관

3) 高橋信隆, "循環型社會法ツステム," 環境法學の挑戰, 日本評論社, 2002, 257면.
4) 독일의 폐기물처리에 관한 내용은 정훈, "폐기물처리에 관한 법적 고찰," 전남대박사학위논문(2001) 참조.

하여 순환형사회의 형성을 추진하기 위한 기본이념과 기본원칙 등을 담고 있다. 동 법률은 일본이 앞으로 형성해야 할 순환형사회의 모습을 제시하고 있고, 폐기물 처리의 '우선순위'가 처음으로 법정화되었다. 또한 사업자·국민의 배출자책임이 명확화되어 있고, 생산자의 확대생산자책임의 일반원칙이 확립되었다. 동법으로 규정하고 있는 시책들은 순환형사회의 형성추진을 위한 법체계에 속하는 7개의 개별법[5]에 구체적으로 규정되어 있다. 순환사회기본법은 지금까지 개별적으로 진행되어 온 폐기물·리사이클 관련법의 상위에 위치하는 것으로, 개별 관련법을 통합하는 이념법으로서의 성격을 지니고 있다.[6]

3. 양 법제의 유사점과 차이점

독일과 일본은 자원순환형사회로의 전환 필요성을 이미 인식하고 폐기물법제의 정비를 해 오고 있다. 독일의 법제는 자원순환형사회로의 전환을 위한 법제 중에서 가장 앞서 있다고 할 수 있고, 일본의 폐기물법제는 이를 모범으로 삼아 자신들의 현실에 맞게 정립해 가고 있다고 말할 수 있다.

형식적인 면에서 보면 독일의 순환관리 및 폐기물법은 폐기물과 재활용이라고 하는 2종류의 분야를 통합하여 새롭게 하나의 법제도로 체계화한 것인 반면, 일본의 경우에는 종래의 폐기물 법제와 리사이클법제는 그대로 유지하면서 이것과는 별도로 양자를 하나로 묶어 주는 통합법 내지 기본법을 제정하였다. 법 내용적 측면에서는 일본의 경우 독일의 순환관리 및 폐기물법을 모범으로 하였기 때문에 양자는 많은 공통된 내용의 규정을 가지고 있다.

양 법제의 유사점을 살펴보면, 양 법제 모두 고도의 경제성장시기 이후 폐기물량의 증대, 폐기물처리장의 부족, 불법투기 등의 문제가 심각해지면서 수차례의 폐기물관련법제 개정을 거쳐 현재에 이르고 있는데, 그 변화과정은 폐기물 처리→재활용→순환관리라는 특징을 보이고 있다. 폐기물 관리의 우선순위와 관련하여, 독일의 순환관리 및 폐기물법은 폐기물 개념을 확대하면서 확대한 폐기물에 대하여 순환관리의 이념에 준거한 취급, 즉, 폐기물의 발생억제를 원칙으로 하고, 그 다음에 최종처리에 대한 재활용 우선을 규정하고 있다.[7] 일본의 순환사회기본법에서도 마찬가지로 발생억제, 리사이클, 최종처리라고 하는 우선순위가 명시되

5) 폐기물처리법, 자원유효이용촉진법, 용기포장리사이클법, 가전리사이클법, 식품리사이클법, 건설리사이클법, 자동차리사이클법.

6) 山谷修作, 循環型社會の公共政策, 中央経濟社, 2002, 16면.

7) 순환관리 및 폐기물법 제4조.

어 있다.[8] 한편 자원순환형사회의 이념은 추상적이고 포괄적인 내용을 담고 있으므로 이를 기본계획으로 보다 구체화할 필요가 있다. 이에 양 법제는 자원순환형사회를 구축하기 위한 계획수립에 관한 규정을 두고 있다. 또한, 배출자 책임과 확대생산자책임에 관련하여서도 양법제는 기본적으로 유사하게 되어 있다.[9]

한편, 독일의 순환관리 및 폐기물법과 일본의 순환사회기본법은 여러 부분에서 같은 내용의 규정을 가지고 있음에도 양 법제는 성립경위라든가 통합화 방법 등에서는 차이점을 가지고 있다. 이는 양 법제의 성격에도 차이를 가져오고 있다. 양 법제의 가장 큰 차이점은 독일의 경우에는 소위 '집행법' 또는 '실시법'으로서의 성격도 지니고 있는 '순환관리 및 폐기물법'을 중심으로 동법률에 근거한 법규명령들을 골간으로 하여 구성되어 있는 반면, 일본의 경우에는 소위 '기본법' 또는 '통합법'으로서의 성격을 가지고 있는 순환사회기본법을 중심으로 그 아래 개별법들이 위치하는 형태를 취하고 있다.[10] 독일의 경우에는 폐기물 정책의 구체적인 내용들이 순환관리 및 폐기물법에 근거하는 법규명령으로 규정하도록 되어 있어서, 상위법의 기본이념 구현이라든가 연방 환경성에 의한 일원적인 정책집행 등이 수월해질 수 있다. 반면, 일본의 경우는 폐기물 대책에 대해서는 환경성에 일원화했지만 리사이클에 관해서는 타성과의 공동관할로 되어 있다. 폐기물분야와 리사이클분야의 이분법은 경우에 따라서는 자원순환형사회의 형성에 제약이 될 수도 있다고 본다. 또한 개별법률들이 기본법의 이념을 제대로 반영하지 못하는 경우에는 기본법과 개별법간의 괴리가 생길 수도 있다.

그 이외에 여러 세부적인 부분에서 차이점을 보이고 있으나 이는 양 국가가 처해있는 구체적인 사회적 현실이 다르기 때문에 나타나는 차이점이라고 볼 수 있

8) 순환사회기본법 제7조.

9) 예컨대, 확대생산자책임과 관련하여서, 독일의 순환관리 및 폐기물법은 제품을 개발·제조·가공·판매 등을 하는 자로 하여금 제품을 사용한 후 재활용 등을 고려한 행동을 할 책임을 부과하고 있다. 그리고 이 규정을 받아 개별 품목에 대해 구체적인 조치를 강구하는 경우에는 법규명령으로 정하도록 하고 있는데, 현재 포장폐기물, 폐건전지, 폐자동차, 폐유, 하수슬러지(찌꺼기), 폐목재 등에서 법규명령이 제정되어있다. 일본의 순환사회기본법에서도, 확대생산자책임에 관한 규정을 두고 있으며 그 내용은 독일의 순환관리 및 폐기물법과 거의 같다고 말하여지고 있다. 그리고 사업자에게 구체적으로 일정한 책무을 과하고 있는 여러 개별법을 두고 있는바, 현재 용기포장 리사이클법, 가전 리사이클법, 식품 리사이클 등의 법률이 제정되어 있다.

10) 독일의 순환관리 및 폐기물법은 총 9개의 장을 마련하여 비교적 상세한 규정을 두고 있는데, 폐기물 정책의 이념, 기본원칙, 책무, 기본계획 등에 관한 내용뿐만 아니라, 집행법적인 내용까지 포함하고 있는 법체계를 지니고 있다. 반면, 일본의 경우에는 순환형사회를 형성하기 위한 소위 통합법으로서의 기본법을 만들고, 그 기본법의 이념 및 기본원칙을 실현하기 위한 집행법으로서의 개별법들을 가지고 있다.

고, 대체적으로 독일의 법제와 일본의 법제는 유사한 점들을 많이 가지고 있다고 평가할 수 있다.[11)]

Ⅳ. 순환경제사회 전환 촉진법[12)]

1. 개 설

오늘날 자원순환사회의 도래와 더불어 폐기물은 더 이상 폐기되어야 할 대상이 아닌 유용한 자원으로 파악되고 있고, 국가의 폐기물 관련 정책도 자원순환사회의 형성이라는 목표에 맞추어 수립되고 시행되고 있다.

그런데 지금까지의 입법적 대응과정을 보면, 자원순환사회로의 전환 노력이 체계적으로 진행되었다기보다 그때그때의 필요에 따른 입법적 변화만 꾀한 측면이 있었다. 그러다보니 자원순환에 관한 내용이 개별법에 분산되어 있고 개별 법령간의 역할과 기능이 체계적이지 못하다는 문제점이 있어 이를 입법적으로 보완·정비하여야 할 필요성이 제기되었다. 이에 자원순환사회로의 이행 또는 전환을 위한 입법안이 국회 및 행정부에서 여러 차례 마련되었으나, 이해당사자들의 견해 대립 등으로 인하여 입법이 지연되고 있었다.[13)] 그러나 자원순환사회로의 전환 촉진이라는 사회적·시대적 요청에 부응하고 자원순환사회 촉진의 법적 뒷받침을 위하여 2016. 5. 29. 「자원순환기본법」이 국회를 통과하였다. 동법의 제정은 우리나라 폐기물 정책의 핵심개념과 패러다임이 '폐기물'에서 '순환자원'으로 넘어가는 상징적인 입법적 변화라고 평가할 수 있지만, 법령의 체계나 내용 등에 있어서 다소 미흡한 점이 있었다. 이에 2022.12.31. 「자원순환기본법」을 「순환경제사회 전환 촉진법」으로 전부개정하였다. 동법은 생산·소비·유통 등 전 과정에서 자원의 효율적 이용과 폐기물 발생 억제, 순환이용 촉진을 도모함으로써 지속가능한 순환경제사회를 만드는 데 기여함을 목적으로 하고 있다.[14)]

---

11) 함태성, "독일과 일본의 폐기물법제 비교·검토를 통한 한국의 폐기물법제의 체계재정립 방안 연구", 토지공법연구 제30집(2006. 3), 456－467면 참조.

12) 2022. 12. 31. 「자원순환기본법」을 전부개정하면서 법률명을 변경하였다. 동법의 시행일은 2024. 1. 1.이다.

13) 자원순환사회로의 이행 또는 전환과 관련된 입법추진 경과와 관련 법안들의 자세한 내용과 쟁점들은 황계영, 폐기물 관리 법제에 관한 연구－폐기물의 개념 및 분류를 중심으로－(서울대 법학연구소 법학연구총서 57), 경인문화사, 2015, 315면; 안세희, 자원순환사회에서의 폐기물관리법제, 서강대 박사학위 논문, 2015, 144면 이하.

14) 동법은 제1장 총칙, 제2장 순환경제기본계획의 수립 등, 제3장 순환경제 촉진시책 등, 제4장 순환자원 및 순환자원인증제품 사용 촉진 등, 제5장 순환경제 신기술·서비스에 대한 규제특례 등, 제6

2. 순환경제사회 전환 촉진법의 주요 내용

동법에서 정의하고 있는 "순환경제"란 제품의 지속가능성을 높이고 버려지는 자원의 순환망을 구축하여 투입되는 자원과 에너지를 최소화하는 친환경 경제 체계를 말한다(제2조 제1호). 그리고 "순환경제사회"란 모든 사회의 구성원이 함께 노력하여 순환경제를 달성함으로써 환경 보전과 온실가스 감축을 동시에 구현하는 사회를 말한다(제2조 제2호).

동법상 "순환자원"이란 제21조 또는 제23조에 따라 환경부장관이 산업통상자원부장관과 협의하여 인정하거나 지정 · 고시한 물질 또는 물건을 말한다(제2조 제5호). 제21조(순환자원의 인정) 및 제23조(순환자원의 고시)는 모두 폐기물 개념을 기반으로 하고 있다. 양자 모두 '폐기물 중' 일정한 요건을 충족하는 물질 또는 물건을 순환자원으로 인정하거나 지정·고시할 수 있도록 하고 있기 때문이다. 이러한 점에서 우리의 자원순환법제의 입법 형식은 '폐기물기반형'이라고 말할 수 있다. 여기서는 폐기물에 대한 개념 정의가 선행되어야 순환자원의 개념이 확정된다.

동법은 순환경제사회로의 전환을 촉진하기 위한 기본원칙을 규정하고 있다(제3조). 즉, 국가 및 지방자치단체와 사업자, 국민 등 사회의 모든 구성원은 순환경제사회로의 전환을 촉진하기 위하여 다음 각 호의 원칙을 따라야 한다.

1. 자원의 효율적인 이용을 통하여 자원의 낭비를 최대한 억제할 것

2. 내구성(耐久性)이 우수한 제품의 생산 및 제품의 수리 등을 통하여 제품의 수명을 연장함으로써 폐기물의 발생을 최소화할 것

3. 폐기물 발생이 예상될 경우에는 순환이용을 우선적으로 고려할 것

4. 발생된 폐기물은 기술적 · 경제적으로 가능한 범위에서 다음 각 목의 원칙에 따라 최대한 순환이용할 것

가. 폐기물의 전부 또는 일부 중 재사용할 수 있는 것은 최대한 재사용할 것

나. 재사용이 곤란한 폐기물의 전부 또는 일부 중 재생이용할 수 있는 것은 최대한 재생이용할 것

다. 폐기물을 재생이용할 경우 순환경제를 달성하는 데 효율적인 수단을 우선적으로 적용할 것

라. 재사용 · 재생이용이 곤란한 폐기물의 전부 또는 일부 중 에너지회수를 할

장 순환경제 기반 조성 및 지원 등, 제7장 보칙, 제8장 벌칙으로 구성되어 있고, 총 52개의 조문을 두고 있다.

수 있는 것은 최대한 에너지회수를 할 것

마. 가목부터 라목까지의 규정에 따른 순환이용이 불가능한 것은 사람의 건강과 환경에 미치는 영향이 최소화되도록 적정하게 처분할 것

동법은 다른 법률과의 관계에 있어서는 “순환경제사회 전환 촉진에 관련되는 다른 법률을 제정하거나 개정하는 경우에는 이 법의 목적과 기본원칙에 부합되게 하여야 한다”(제4조 ②)고 하여 순환경제사회 전환 촉진과 관련하여서는 동법이 기본법으로서 역할과 지위를 갖는다는 것을 밝히고 있다. 그리고 국가 및 지방자치단체, 사업자, 국민의 책무에 대하여 규정하고 있다(제5조－제7조).

또한, 동법은 환경부장관으로 하여금 순환경제사회로의 전환을 위한 중장기 정책 목표와 방향을 제시하는 **순환경제기본계획**을 관계 중앙행정기관의 장과 협의를 거쳐 10년마다 수립·시행하도록 규정하고 있다(제10조 ①). 그리고 순환경제기본계획의 **시행계획 및 집행계획**의 수립·시행에 관한 규정을 두고 있다. 즉, 관계 중앙행정기관의 장은 소관 사항에 대하여 순환경제사회로의 전환 촉진을 위한 투자계획을 포함한 기본계획의 연차별 시행계획을 수립하여 환경부장관에게 제출하고 시행하여야 한다(제11조 ①). 특별시장·광역시장·특별자치시장·도지사·특별자치도지사(이하 “시·도지사”라 한다)는 5년마다 관할지역에 대하여 순환경제사회로의 전환 촉진을 위한 투자계획을 포함한 기본계획의 시행계획을 수립하여 환경부장관의 승인을 받아 시행하여야 한다. 승인을 받은 사항을 변경하려는 경우에도 또한 같다(동조 ②). 시장·군수·구청장(자치구의 구청장을 말한다. 이하 같다)은 관할지역의 여건을 고려하여 제2항에 따른 시행계획의 연차별 집행계획을 수립하여 시·도지사에게 제출하고 시행하여야 한다(동조 ③).

동법 제3장에서는 순환경제 촉진시책 등에 관하여 규정하고 있는데, 제13조 순환경제 목표의 설정 등, 제14조 시·도의 순환경제 성과관리 및 지원, 제15조 사업자의 순환경제 성과관리 및 지원, 제16조 순환원료의 사용 촉진, 제17조 제품등의 순환이용 촉진, 제18조 제품등의 순환이용성 평가, 제19조 유통 과정에서의 순환이용 촉진, 제20조 지속가능한 제품의 사용에 관한 규정이 그것이다.

한편, 동법은 순환경제사회로의 전환을 촉진하기 위한 정책수단으로 순환자원의 인정제도(제21조)에 관하여 규정하고 있다. 순환자원은 동법 제21조에 따라 환경성(유해성), 경제성(유상성), 대통령령으로 정하는 기준을 충족하는 경우에 인정된다. 즉, 재활용이 가능한 폐기물(잠재적 순환자원)이 바로 순환자원이 되는 것이 아니고, 동법 제21조에 따라 일정한 요건을 갖춘 폐기물을 대상으로 일정한 절차를

거쳐 순환자원으로 인정된다. 그 결과 순환자원의 인정요건을 어떻게 설정하느냐에 따라 순환자원의 실질적인 내용과 범위가 결정된다. 한편, 동법 제22조 제1항에서 정하는 요건에 해당하는 경우에는 순환자원 인정이 취소되고. 해당 물건 또는 물질이 폐기물 개념에 부합하는 한 다시 폐기물이 된다고 보아야 한다.

동법은 순환자원 인정제도와는 별도로 순환자원 지정 · 고시제도(제23조)에 관한 규정을 두고 있다. 법 제23조 제1항의 기준[15)]을 충족하는 경우, 별도의 신청 없이도 순환자원으로 일괄 지정할 수 있도록 하는 제도이다. 환경부장관은 순환자원으로 지정 · 고시한 물질 또는 물건이 제1항에 따른 기준을 충족하지 못하게 된 경우에는 그 지정을 취소할 수 있다(동조 제5항). 순환자원 인정제도는 개인 또는 법인 · 단체가 순환자원의 인정을 신청하여야 한다는 점에서 양자는 차이가 있다. 순환자원 지정 · 고시제도는 폐자원의 순환이용을 촉진하고 산업 전반에 순환경제가 확산도록 한다는 취지를 담고 있지만, 한편으로는 기존의 폐기물 규제를 보다 완화하여 산업 경쟁력을 제고한다는 점이 강조된 제도라고 하겠다.

그 외 동법은 제27조부터 제34조까지 순환경제 신기술 · 서비스의 활성화를 위한 규제 샌드박스 도입에 관한 규정을 두고 있고, 제38조에서는 순환경제특별회계의 세입 확충에 관한 규정을 두고 있다.

동법은 제36조에서 '폐기물처분부담금의 부과 · 징수'에 관한 규정을 두고 있다. 이 규정은 '폐기물 제로화'라는 정책목표달성을 위한 수단으로 도입되었지만, 기업의 입장에서는 새로운 규제 및 추가비용부담이 될 수 있다. 환경부장관은 최종처분하여야 하는 폐기물의 양을 근본적으로 줄이기 위하여 폐기물을 소각 또는 매립의 방법으로 처분하는 폐기물처리의무자에게 해당 폐기물이 순환이용되지 아니하고 소각 또는 매립됨으로써 발생하는 사회적 비용을 부과 · 징수하도록 하고 있다. 동법은 제49조에서 폐기물처분부담금의 존속기한을 2028년 1월 1일까지 연장하는 규정을 두고 있다.

15) 1. 제21조제1항제1호 및 제2호의 기준(환경성(유해성) 및 경제성(유상성))을 충족할 것, 2. 폐기물로 보지 아니하는 것이 순환이용 촉진에 보다 효과적일 것

제 2 절 폐기물관리법

Ⅰ. 개 설

「폐기물관리법」은 폐기물을 적정하게 처리하여 자연환경 및 생활환경을 청결히 함으로써 환경보전과 국민생활의 질적 향상에 이바지함을 목적으로 제정된 법이다. 동법은 1986년에 제정되었는데, 종래 오물청소법과 환경보전법으로 이원화되어 있던 폐기물관리에 관한 사항을 단일화함으로서 폐기물 관리를 강화한다는 취지에서 기존의 오물청소법을 폐지하고 환경보전법상의 산업폐기물관리규정을 통합하여 제정된 것이다.16)

16) 2017. 4. 18. 일부개정에서는 특정 사업장폐기물을 배출하려는 자는 해당 폐기물에 대한 유해성 정보자료를 작성하여 그 자료를 처리자에게 제공해야 하고, 폐기물 배출자와 처리자는 해당 자료를 사업장폐기물의 처리시설 등에 게시·비치하여야 하고(제18조의2 신설), 유해성 정보자료 게시·비치의무 위반자 등에 대한 제재규정을 마련하였다(제27조 및 제68조). 또한, 폐기물의 수출입에 대한 허가제 및 신고제를 일원화하기 위하여 폐기물의 수출 신고 또는 수입 신고 등과 관련된 사항을 「폐기물의 국가 간 이동 및 그 처리에 관한 법률」로 이관하고, 폐기물 수출입 신고제도 및 이와 연계된 제재조항 등을 삭제하였다(제24조의2, 제24조의3, 제36조, 제38조, 제45조, 제65조, 제66조 및 제68조). 그리고 신고제도를 합리화하여 처리기간 내에 신고의 수리가 이루어지지 않은 경우 신고의 수리가 이루어진 것으로 간주하도록 하였다. 2017.11.28. 일부개정에서는 「자원순환기본법」이 제정됨에 따라, 폐기물 처리 기본계획 및 폐기물 관리 종합계획, 폐기물 통계조사 등 「자원순환기본법」과 중복되는 제도를 이 법에서 삭제하여 중복제도 운영으로 인한 혼란을 방지하고자 하였다(제9조, 제10조 및 제11조 삭제). 그리고 지방자치단체의 장으로 하여금 생활계 유해폐기물의 적정처리를 위한 계획을 수립하도록 하며(제14조의4 신설), 생활폐기물배출자가 음식물류 폐기물 배출량을 줄이기 위한 시설을 설치하는 경우 지방자치단체의 장이 그 시설의 설치비용을 지원할 수 있도록 근거를 명시하였다(제15조 제4항 신설). 생활폐기물을 대상으로 하는 폐기물처리업자 등이 공제조합을 설립할 수 있도록 하는 근거조항을 두었다(제41조 제1항, 제42조 단서 신설). 2019. 4. 16. 일부개정에서는 안전사고 예방을 위하여 환경부장관으로 하여금 생활폐기물을 수집·운반하는 자가 준수하여야 할 안전기준을 마련하고, 매년 안전점검 및 실태조사를 실시하도록 하였다(제14조의5 신설). 또한, 제도의 실효성이 확보될 수 있도록 안전기준을 위반한 경우 허가 취소 또는 6개월 이내의 영업의 전부 또는 일부의 정지, 2년 이하의 징역이나 2천만원 이하의 벌금에 처할 수 있도록 하였다(제66조). 2019. 11. 26. 일부개정에서는 부적정처리폐기물의 신속하고 효율적인 처리를 위한 여러 조항들을 새로 규정하였다. 주요 내용은 다음과 같다. ① 환경부장관은 특별자치시장, 특별자치도지사, 시장·군수·구청장이 생활폐기물 수집·운반 업무의 대행과 관련한 자료 제출이나 시정조치 요구를 이행하지 아니하는 경우 재정적 지원의 중단 또는 삭감 등의 조치를 할 수 있도록 하였다(제14조 제10항 신설). ② 영업정지를 갈음하는 과징금을 납부기한까지 납부하지 아니하는 경우에는 과징금 부과처분을 취소하고 영업정지 처분을 할 수 있도록 하였다(제14조의2 제2항, 제28조 제3항 및 제46조의2 제3항). ③ 생활폐기물배출자는 생활폐기물의 분리·보관에 필요한 보관시설을 설치하도록 하고, 생활폐기물을 스스로 처리하는 경우 매년 폐기물의 위탁 처리실적 등을

2016. 5. 29. 「자원순환기본법」이 제정되면서 동법과 「폐기물관리법」의 관계설정이 주요 과제가 되었다. 「자원순환기본법」은 자원순환과 관련하여서는 기본법으로서 지위를 갖는다. 따라서 양 법률의 관계 설정 및 「폐기물관리법」의 역할에 대한 재검토가 필요하다. 향후 「폐기물관리법」은 폐기물 '처리'를 위한 법으로 축소하여 운영할 필요가 있다.

동법은 제1장 총칙, 제2장 폐기물의 배출 및 처리, 제3장 삭제, 제4장 폐기물처리업 등, 제5장 폐기물처리업자 등에 대한 지도·감독 등, 제6장 보칙, 제7장 벌칙으로 구성되어 있다.

특별자치시장, 특별자치도지사, 시장·군수·구청장에게 신고하도록 하였다(제15조). ④ 사업장폐기물을 배출, 수집·운반, 재활용 또는 처분하는 자, 폐기물 최종재활용업자 등이 전자정보처리프로그램에 입력해야 하는 정보를 확대하여 폐기물 관리를 강화하였다(제18조 제3항 및 제36조 제3항). ⑤ 폐기물처리업자는 업종별 적합성확인의 유효기간이 경과할 때마다 폐기물처리업을 계속 수행할 수 있는 적합성을 갖추었음을 확인받도록 하고, 폐기물처리업자의 결격사유를 강화하였다(제25조의3 신설, 제26조). ⑥ 의료폐기물의 원활한 처분이 어려워 국민건강 및 환경에 위해를 끼칠 우려가 있는 경우 환경 오염이나 인체 위해도가 낮은 의료폐기물의 처리에 관한 특례를 정하였다(제25조의4 신설). ⑦ 환경부장관 또는 시·도지사는 폐기물처리업자의 보관용량, 처리실적, 처리능력 등을 초과하여 폐기물을 보관하는 경우에는 폐기물처리업자에게 폐기물의 반입정지를 명할 수 있도록 하였다(제47조의2 신설). ⑧ 폐기물의 처리 기준과 방법 등에 맞지 않게 처리되는 등의 부적정처리폐기물의 조치명령대상자의 범위를 확대하고, 환경부장관 등은 조치명령대상자가 폐기물을 부적정하게 처리함으로써 얻은 부적정처리이익의 3배 이하에 해당하는 금액과 폐기물의 제거 및 원상회복에 드는 비용을 과징금으로 부과할 수 있도록 하였다(제48조, 제48조의5 신설). ⑨ 폐기물처리자문위원회를 설치·운영하고, 폐기물적정처리추진센터를 지정할 수 있는 근거를 마련하였다(제48조의3 및 제48조의4 신설). ⑩ 명령대상자를 대집행기관이 확인할 수 없는 경우, 명령대상자를 대집행기관이 확인하였으나 명령을 이행할 능력이 없다고 인정되는 경우 등 명령을 내리지 아니하고 대집행을 바로 할 수 있는 근거를 마련하였다(제49조 제2항 신설). 2021. 1. 5. 일부개정에서는 누구든지 지방자치단체의 조례로 정하는 방법 또는 시설관리자가 지정한 방법을 따르지 아니하고 생활폐기물을 버리는 행위를 금지하였고(제8조 제1항), 폐기물처리업자(폐기물 수집·운반업자는 제외)는 보관·매립 중인 폐기물에 대하여 영상정보처리기기의 설치·관리 및 영상정보의 수집·보관 등의 화재예방조치를 하도록 하였다(제25조 제9항 제4호 신설). 2022. 12. 27. 일부개정에서는 생활폐기물의 발생지 처리 원칙을 확립하고 관할구역 외에서 생활폐기물을 처리할 경우 반입협력금을 부과·징수할 수 있는 근거를 마련함으로써 지방자치단체의 관할 구역 내 폐기물처리시설 확충을 유도하고 지방자치단체 간 원활한 이해관계 조정을 도모하며, 지방자치단체가 대행계약을 통하여 재활용품을 수거할 수 있는 근거를 마련함으로써 안정적인 생활폐기물 처리를 도모하는 한편, 매립시설의 사용종료·시설폐쇄검사 및 사후관리에 대한 검사를 받으려는 자에 대한 수수료의 징수 근거를 마련하였다.

Ⅱ. 폐기물의 개념

1. 폐기물의 개념정의 및 판단기준

「폐기물관리법」은 "폐기물"을 "쓰레기 · 연소재 · 오니 · 폐유 · 폐산 · 폐알카리 · 동물의 사체등으로서 사람의 생활이나 사업활동에 필요하지 아니하게 된 물질"이라고 정의하고 있다(제2조 제1항). 「폐기물관리법」의 이러한 정의는 모호한 점이 없지 않다. 즉, 사람의 생활이나 사업활동에 **'필요'한지 여부**가 폐기물 개념의 핵심요소가 되는데, 필요성을 객관적으로 판단할 것인지(객관설) 아니면 주관적으로 판단할 것인지(주관설)가 문제된다.

폐기물의 개념은 폐기물의 적정관리라는 관점에서 인간 및 환경에 대한 위해의 방지를 위해 규제되어야 하는 물질을 정하는 의미를 갖기 때문에 인간 및 환경에 대한 위해의 방지를 위해 규제되어야 하는 물질은 모두 포함되도록 망라하여 정의할 필요가 있다. 따라서 폐기물은 배출자가 주관적으로 폐기물로 판단한 경우뿐만 아니라 객관적으로 사람의 생활이나 사업활동에 필요하지 않은 것으로 판단되는 경우도 포함한다고 보아야 한다. 그리하여 폐기물관리법상의 "사람의 생활이나 사업활동에 필요하지 아니하게 되었다는 것"은 환경과 사람의 건강의 보호라는 관점에서 **주관적으로** 배출자의 의사에 의해 버린 것이거나 버리고자 하는 것뿐만 아니라 **객관적으로** 사회통념상 사용가치가 없는 것으로 판단되는 경우를 포함하는 것으로 넓게 해석하는 것이 타당하다(병합설).[17)]

판례는 배출자의 **주관적 의사**와 물건의 **객관적 성상** 등을 종합적으로 고려하여 폐기물에의 해당 여부를 판단하고 있다(종합설).

[판례 1] 돼지를 도축하는 과정에서 발생한 돼지가죽이 폐기물관리법 제2조 제1호 소정의 폐기물에 해당하지 않는다고 한 사례: 경쟁입찰을 통하여 축산업협동조합과 1년 단위로 부산물판매계약을 체결하고 조합에게 보증금을 예치하고 돼지지육의 중량에 따른 단

17) 예컨대, A가 자신의 사업장에서 배출되는 공정부산물을 자신의 사업장 부지 한쪽에 적치해 놓은 경우를 생각해 보자. 이 경우 A는 폐기물관리법상의 불법투기 또는 처리기준 위반으로 처벌되는가. 이는 공정부산물의 폐기물성 여부에 따라 결론이 달라질 것이다. 위에서 언급한 것과 같이 병합설에 입각하여 폐기물의 개념을 넓게 해석하는 경우에는 A가 해당 공정부산물을 버리고자 하는 의사를 갖고 적치한 때 또는(or) 해당 공정부산물이 객관적으로 사회통념상 사용가치가 없는 때에는 폐기물에 해당하게 된다. 따라서 해당 공정부산물의 적치는 폐기물의 불법투기 또는 처리기준 위반에 해당한다. 반면, A에게 버리고자 하는 의사가 없고(and), 객관적으로도 사회통념상 사용가치가 존재하는 경우에는 폐기물에 해당하지 않고 폐기물관리법이 적용되지 않는다고 보아야 한다.

가를 정하여 계속적으로 공급받아 돼지가죽에서 기름을 제거하고 염장처리하는 등의 방법으로 가공한 후 가죽공장에 원자재로 납품하였다면 그 돼지가죽은 조합 공판장에서 상업적으로 매각하고 있으므로 이에 비추어 본 조합의 의사와 그 물건의 성상 등을 감안하면 이를 두고 사업활동에 필요하지 않게 된 폐기된 물질에 해당한다고 볼 수는 없다고 한 사례(대법원 2001. 12. 24. 선고 2001도4506 판결[폐기물관리법위반]－돼지가죽 사건).

[판례 2] 액체비료가 본래 위 공장의 원료로서 보관하던 것이라 하더라도 그것이 일단 저장탱크로부터 유출되어 더 이상 위 생산 목적에 사용하기 어렵게 된 이상은 사람의 생활이나 사업활동에 필요하지 아니하게 된 물질로서 폐기물에 해당한다고 보아야 할 것이다(대법원 2009. 1. 30. 선고 2008도8971 판결[폐기물관리법위반]－액체비료 사건).

폐기물의 개념요소로 "버린다" 내지 "제거한다"라는 요소가 포함되는 것이 보통이므로 동산만이 폐기물에 해당한다고 보아야 한다. 따라서 토사나 흙 등이 토지로부터 분리되어 동산으로서의 성질을 갖는 경우에는 그것이 폐기물의 개념에 부합하는 한 폐기물에 해당한다. 판례는 건설현장에서 발생하는 토사를 공급받아 모래와 흙으로 분리한 후 흙을 인근지역 농민에게 공급한 사안에서 위 흙은 폐기물관리법상 산업용 폐기물에 해당한다고 보았다.[18]

한편, **오염토양이 토지로부터 분리된 경우**에 '분리된 오염토양'이 폐기물관리법상의 폐기물에 해당하는지가 문제된다.[19] 판례는 오염토양은 정화의 대상이 될 뿐이고 투기나 폐기의 대상이 아니라고 하면서 토지로부터 분리된 경우에도 폐기물관리법상의 폐기물이 아니라고 본다.[20] 그러나 분리된 오염토양은 폐기물의 개념정의에 부합하는 한 폐기물에 해당한다고 보는 것이 타당하다.[21]

그런데 분리된 오염토양을 폐기물로 보는 경우 현실적으로 폐기물관리법과 토양환경보전법이 충돌하는 경우가 발생할 수 있다. 즉, 토양환경보전법은 오염토양을 버리거나 매립하는 행위, 또는 보관, 운반 및 정화 등의 과정에서 오염토양을

---

18) 대법원 2010. 9. 30. 선고 2009두6681 판결[폐기물처리에대한조치명령취소]－건설현장흙공급 사건.

19) 오염된 토양이 토지와 일체를 이루고 있는 한 폐기물이 아니며 폐기물관리법의 규율을 받지 않는다고 보아야 한다.

20) 대법원 2011. 5. 26. 선고 2008도2907 판결.

21) 미국연방항소법원은 *Chemical Waste Management, Inc. v. EPA* 사건에서 유해폐기물로 오염된 환경매체(예컨대 토양 또는 지하수)는 그 자체가 유해폐기물로 취급되어야 한다고 판시한 바 있다(박종원, "오염토양과 폐기물의 법적 구별과 그 처리책임," 환경법과 정책 제8권(강원대 비교법학연구소 환경법센터), 119면). 독일의 경우에는 위험오염지(Altlasten)로부터 삽으로 퍼낸 오염된 토양은 동산으로서 독일 폐기물법에 따른 폐기물에 해당한다고 보고, 위험오염지 자체는 폐기물에 해당한다고 보는 이른바 "삽 이론(Spalten Theorie)"이 주장되고 있다(방극채, "폐기물의 처리책임에 관한 비교법적 고찰," 전남대학교 박사학위논문(2008), 17면－박종원 앞의 논문에서 재인용).

누출·유출하는 행위 등을 금지하고 있고(제15조의4), 이를 위반하는 경우 처벌하고 있다(제29조 제5호, 제30조 제8호). 이 처럼 양 규범이 충돌하는 경우에는 합목적적 해석이 필요하다고 본다. 토양환경보전법에서는 21개 토양오염물질을 환경부령으로 정해 놓고 있다. 그리고 동법상의 정화명령 등의 조치들은 이들 21개 토양오염물질별로 정해져 있는 토양오염 '우려기준'을 초과하는 경우에만 작동된다. 이 경우에는 토양환경보전법의 입법목적과 취지를 고려하여 분리된 오염토양이 폐기물 개념에 해당한다 하더라도 토양환경보전법이 우선 적용된다고 해석할 필요가 있다. 그리고 이들 21개의 토양오염물질을 제외한 수많은 오염물질로 인한 토양오염의 경우, '우려기준'을 초과하지 않거나 초과여부가 확인되지 않고 있는 토양오염의 경우 등에는 폐기물개념에 해당하는 한 폐기물관리법이 적용된다고 해석할 필요가 있다. 현실적으로도 토양오염은 폐기물의 경우와 달리 육안으로 식별이 곤란하고, 오염된 토양이라 하더라도 토양오염실태조사나 토양정밀조사 등이 이루어지지 않는 한 우려기준을 초과하는 것으로 밝혀지기가 어렵기 때문에, 분리된 오염토양의 경우에는 그것이 폐기물 개념에 해당하는 한 폐기물관리법이 적용될 수 있도록 하여 오염토양의 처리와 관련된 규제의 공백을 최소화하고, 국민건강과 환경에 대한 위해를 방지할 필요가 있다. 입법론으로는 폐기물관리법 제3조(적용범위)에서 토양오염우려기준을 초과하는 토양에 한하여 그 적용이 배제되는 것으로 명시하는 것이 바람직하다고 본다.[22]

[판례] [1] '오염토양'이 구 폐기물관리법의 규율 대상인 '폐기물'에 해당하는지 여부(소극): 구 폐기물관리법(2007. 4. 11. 법률 제8371호로 전부 개정되기 전의 것, 이하 '구 폐기물관리법'이라 한다)과 구 폐기물관리법 시행령(2007. 9. 6. 대통령령 제20244호로 전부 개정되기 전의 것), 건설폐기물의 재활용촉진에 관한 법률과 그 시행령 및 토양환경보전법의 각 규정을 종합하면, 토양은 폐기물 기타 오염물질에 의하여 오염될 수 있는 대상일 뿐 오염토양이라 하여 동산으로서 '물질'인 폐기물에 해당한다고 할 수 없고, 나아가 오염토양은 법령상 절차에 따른 정화 대상이 될 뿐 법령상 금지되거나 그와 배치되는 개념인 투기나 폐기 대상이 된다고 할 수 없다. 따라서 오염토양 자체의 규율에 관하여는 '사람의 생활이나 사업 활동에 필요하지 아니하게 된 물질'의 처리를 목적으로 하는 구 폐기물관리법에서 처리를 위한 별도의 근거 규정을 두고 있지 아니한 이상 구 폐기물관리법의 규정은 성질상 적용될 수 없고, 이는 오염토양이 구 폐기물관리법상의 폐기물이

22) 박종원, 위의 논문 118~119면.

나 구성요소인 오염물질과 섞인 상태로 되어 있다거나 그 부분 오염토양이 정화작업 등의 목적으로 해당 부지에서 반출되어 동산인 '물질'의 상태를 일시 갖추게 되었더라도 마찬가지이다. [2] 피고인들이 택지개발지구에 있는 오염된 토사를 처리하면서 구 폐기물관리법(2007. 4. 11. 법률 제8371호로 전부 개정되기 전의 것, 이하 '구 폐기물관리법'이라 한다)에서 정한 폐기물 처리절차를 위반하였다는 내용으로 기소된 사안에서, '오염토양'이 구 폐기물관리법의 규율 대상인 폐기물로 처리될 수 있는 것을 전제로, 구 폐기물관리법상 지정폐기물에 해당하는 오염물질(PCBs)이 법정기준치 이상 함유되어 있어 오염토양에 해당하는 위 토지가 구 폐기물관리법에 따른 처리 대상이 된다는 이유로 위 공소사실을 유죄로 인정한 원심판단에 적용 법률을 오해한 위법이 있다고 한 사례(대법원 2011. 5. 26. 선고 2008도2907 판결[폐기물관리법위반] – 대한전선부지 사건).

폐기물의 예로 열거된 것 중 동물사체는 오늘날의 동물을 존중하는 관념에 비추어 폐기물에서 제외하여 별도로 규율할 필요가 있다.

2. 폐기물의 개념과 재활용[23)]

재활용될 수 있는 물질도 폐기물의 속성을 지니는 한 폐기물에 포함되어야 한다. 판례도 이러한 입장이다. 외국의 입법례도 통상 재활용될 수 있는 것도 폐기물에 포함되는 것으로 정의하고 있다. 유럽사법재판소도 재활용 또는 재사용을 위하여 수집된 물질, 즉 일정한 가치를 가지고 경제적인 재이용이 가능한 물질도 폐기물로 분류될 수 있다고 보고 있다.[24)] 따라서 어떤 물질이 재활용 원료로 공급되는 경우에도 폐기물의 속성을 지니는 한 폐기물이다.

[판례 1] 당해 사업장의 사업활동에 필요하지 아니하게 된 물질이 재활용 원료로 공급되는 경우, 구 폐기물관리법상의 폐기물에 해당하는지 여부(적극): 자연환경 및 생활환경에 중대한 영향을 미칠 우려가 있는 폐기물의 배출을 엄격히 규제하여 환경보전과 국민생활의 질적 향상을 도모하려는 구 폐기물관리법(1999. 12. 31. 법률 제6096호로 개정되기 전의 것)의 취지에 비추어 같은 법 제2조 제1호, 제24조 제2항, 제25조 제1항, 제44조의2의 규

---

23) 「폐기물관리법」 제2조 제7호는 "재활용"을 "폐기물을 재사용·재생이용하거나 재사용·재생이용할 수 있는 상태로 만드는 활동 또는 폐기물로부터 「에너지법」 제2조 제1호에 따른 에너지를 회수하거나 회수할 수 있는 상태로 만들거나 폐기물을 연료로 사용하는 활동으로서 환경부령으로 정하는 활동"이라고 정의하고 있다.

24) Joined Cases C–206/88 and C–207/88, Vessoso and Zanrtti(1990) 1 ECR 1461; Case C–359/88, Zanetti & Others(1990) 1 ECR 1509.

정들의 내용을 종합하여 보면, 사업장에서 배출되는 쓰레기·연소재·오니·폐유·폐산·폐알카리·동물의 사체 등의 물질이 당해 사업장의 사업활동에 필요하지 아니하게 된 이상은 그 물질은 구 폐기물관리법에서 말하는 폐기물에 해당한다고 보아야 하며, 당해 사업장에서 폐기된 물질이 재활용 원료로 공급된다고 해서 폐기물로서의 성질을 상실한다거나 사업장폐기물배출자의 신고의무가 없어진다고 볼 것이 아니다(대법원 2001. 6. 1. 선고 2001도70 판결[폐기물관리법위반]－돼지기름 사건).

[판례 2] 폐기물중간처리업자가 자신이 경영하는 공장 옆 부지에 수거한 오니를 적치하고 그 위에 흙을 덮은 후 나무를 심은 행위가 폐기물관리법상 금지되는 '매립'에 해당한다고 본 원심의 판단을 수긍한 사례(대법원 2003. 2. 28. 선고 2002도6081 판결[폐기물관리법위반]).

[판례 3] 원심이 횡배수관 관로준설공사를 시행한 후 발생한 토사(이하 '이 사건 토사'라 한다)가 법 제2조 제1호에서 정하는 폐기물에 해당하고, 설령 피고인들이 이 사건 토사를 유실된 고속도로의 법면 보수공사에 사용하려 하였다 하더라도 폐기물로서의 성질을 상실하지 않는다고 판단한 것은 정당하고, 거기에 법에서 정하고 있는 폐기물에 관한 법리를 오해한 위법이 있다고 할 수 없다(대법원 2006. 5. 11. 선고 2006도631 판결[폐기물관리법위반]).

[판례 4] [1] 사업장에서 배출된 사업장의 사업활동에 필요하지 않게 된 물질이 재활용의 원료로 공급되는 경우, 폐기물관리법 제2조 제1호에서 정한 폐기물에 해당한다.(적극) [2] 골재 제조업, 폐기물 중간 처리업 등을 영위하는 갑 회사가 건설현장에서 발생하는 토사를 공급받아 세척시설을 이용하여 모래와 흙으로 분리한 후 흙을 인근지역 농민인 을에게 공급하자, 행정청이 위 흙은 폐기물관리법상 산업용 폐기물에 해당하고 갑이 위 법에서 정한 폐기물재활용 신고절차를 이행하지 않고 폐기물을 처리하였다는 이유로 갑에 대해서 '불법배출 폐기물 적정처리'를, 을에 대해서 '폐기물 반입지 원상복구'를 내용으로 하는 조치명령을 내린 사안에서, 그 처분이 재량권의 범위를 현저히 일탈·남용하여 위법한 처분으로 볼 수 없다고 판단한 원심판결을 수긍한 사례(대법원 2010. 9. 30. 선고 2009두6681 판결[폐기물처리에대한조치명령취소]－건설현장흙공급 사건).

부산물(제품의 제조·가공·수리·판매나 에너지의 공급 또는 토목·건축공사에서 부수적으로 생겨난 물건)[25]도 그것이 즉시 원료로 사용되지 않는 한 폐기물에 포함되는 것으로 보아야 한다.

25) 자원의 절약과 재활용촉진에 관한 법률 제2조 제3호.

3. 폐기물의 종료(The End of Waste)

(1) 폐기물 종료의 의의

폐기물 종료(End of Waste)란 폐기물이 일정한 요건을 충족할 경우 더 이상 폐기물이 아닌 상태로 시장에서 자유롭게 거래될 수 있도록 非폐기물(순환자원 또는 제품)로 간주하는 것으로, EU를 비롯한 유럽에서 처음 그 개념이 도입되었다.[26] 폐기물 종료제도의 효율적인 운영을 위해서는 폐기물과 비폐기물을 구분하는 기준 또는 특정한 물질 또는 물건이 폐기물 종료에 해당하는지 여부를 판단하는 기준 등이 다양한 폐기물의 종류별로 명확하게 설정되어야 한다.

순환자원은 기본적으로 폐기물이 아니라 우리 사회에서 유용하게 다시 사용될 수 있는 자원이 되는 것이고, 여기에는 '폐기물성의 상실'이라는 개념적 징표가 내포되어 있다. 따라서 폐기물성을 상실시킴으로서 기존의 폐기물 규제에서 벗어나도록 하는 폐기물 종료제도는 자원순환사회로의 전환을 촉진하는 하나의 방편이 된다.

(2) 폐기물 종료의 기준

1) 일반적 기준

폐기물이 일정한 가공과정을 거쳐 완제품생산을 위한 원료물질로 바뀌거나 완제품이 된 경우처럼 폐기물의 속성을 잃고 사회통념상 새로운 사용가치를 획득한 경우에는 더 이상 폐기물이 아니다. 판례는 폐기물이 **일정한 가공과정을 거쳐 객관적으로 사람의 생활이나 사업활동에 필요하다고 사회통념상 승인될 정도에 이르렀을 때** 폐기물의 속성이 상실된다고 보고 있다.[27]

[판례] [1] 폐기물관리법상 폐기물이 재활용의 원료로 공급되는 경우, 더 이상 폐기물이 아닌 다른 원료물질이 되기 위한 요건: 사업장의 사업활동에 필요하지 아니하게 된 물질을 공급받은 자가 이를 파쇄, 선별, 풍화, 혼합 및 숙성의 방법으로 가공한 후 완제품을 생산하는 경우에 있어서는 그 물질을 공급받는 자의 의사, 그 물질의 성상 등에 비추어 아직 완제품에 이르지 않았다고 하더라도 위와 같은 가공과정을 거쳐 객관적으로 사람의 생활이나 사업활동에 필요하다고 사회통념상 승인될 정도에 이르렀다면 그 물질은 그 때

---

26) 황계영, 폐기물 관리 법제에 관한 연구－폐기물의 개념 및 분류를 중심으로－(서울대 법학연구소 법학연구총서 57), 경인문화사, 2015, 237면.

27) 대법원 2002. 12. 26. 선고 2002도3116 판결, 대법원 2008. 6. 12. 선고 2008도3108 판결, 대법원 2012. 4. 13. 선고 2010도16314 판결 등.

부터는 폐기물로서의 속성을 잃고 완제품 생산을 위한 원료물질로 바뀌었다고 할 것이어서 그 물질을 가리켜 사업활동에 필요하지 않게 된 폐기된 물질, 즉 폐기물에 해당한다고 볼 수는 없다고 할 것이다. [2] 퇴비로 사용할 목적으로 폐기물관리법상 폐기물인 닭털, 계분, 왕겨, 톱밥 등을 혼합하여 3년 이상 발효시킨 후 다른 장소로 옮겨 매립 및 적치한 사안에서, 그 매립물은 폐기물의 속성을 잃고 퇴비의 원료로 바뀌었으므로 폐기물관리법 위반죄가 성립하지 않는다고 한 사례(대법원 2008. 6. 12. 선고 2008도3108 판결 [폐기물관리법위반] – 계분혼합물퇴비 사건).

기본적으로 발생 또는 배출 시점에는 폐기물이었지만 일정한 요건을 갖춘 경우에는 폐기물 속성을 상실한다고 보아야 하는데, 판례를 기초로 살펴보면 ① 일정한 가공과정, ② 원료물질 또는 완제품으로의 전환, ③ 사회통념상 새로운 사용가치의 획득 등이 그 기준이 된다고 할 수 있다.[28] 즉, 폐기물을 파쇄, 선별, 풍화, 혼합 및 숙성 등의 방법으로 가공하는 과정이 필요하고, 가공과정을 거쳐 원료물질 또는 완제품으로 전환될 것이 요구되며, 객관적으로 사람의 생활이나 사업활동에 필요하다고 사회통념상 승인될 정도에 이르렀어야 비로소 폐기물이 종료되는 것으로 볼 수 있다.

여기서 '객관적으로 사람의 생활이나 사업활동에 필요하다고 사회통념상 승인될 정도에 이르렀을 때'의 의미와 기준이 무엇인지 문제된다. '사업활동의 필요'에 초점을 맞추는 경우에는 경제성이 주요 척도가 될 수 있겠지만, '사람 생활의 필요'에 초점을 맞추는 경우에는 경제성뿐만 아니라 환경성도 주요 기준이 될 것이다. 결국 구체적·개별적 사안들을 종합적으로 고려하여 판단하게 될 것이나, 경제성(유상성)이나 환경성(유해성) 등을 포함한 구체적인 기준이 개별 입법으로 설정될 필요성이 제기된다.

2) 구체적 기준

EU는 2008년 기존 「폐기물 기본지침」을 개정하면서 폐기물 종료기준을 충족

---

28) '건설현장흙공급사건'과 '계분혼합물퇴비사건'을 예를 들어 살펴보면, 양자는 폐기물 발생 당시 사업장폐기물에 해당되었다는 점, 재활용을 위해 일정한 가공과정을 거쳤다는 점, 타인의 토지에 적치되었다는 점 등에서는 공통된다. 다만, 일정한 가공과정을 거쳐 사회통념상 새로운 사용가치를 획득할 정도가 되었는지에 대하여는 양자 사이의 차이를 인정할 수 있다. 전자는 건설현장의 토사를 단지 모래와 흙으로 분리한 후 그 흙을 타인의 토지에 공급한 것으로, 이 사건 흙 자체가 농업용 흙으로 거래될 만한 새로운 사용가치를 획득한 것은 아니고 따라서 폐기물의 속성을 상실하였다고 보기 어렵다고 할 수 있다. 반면, 후자는 계분혼합물을 3년 이상 발효시켜 퇴비로 만든 것으로 새로운 사용가치를 획득한 것으로 폐기물의 속성을 상실한 경우로 판단할 수 있다.

하기 위한 조건들을 제6조에 새롭게 규정하였다. 이것은 법적인 명확성이라는 관점에서 폐기물로 간주되는 물질이 언제 폐기물의 지위에서 벗어나는지를 판단하는 기준을 설정한 것이다.

일반적으로 폐기물은 재생이용을 포함한 재활용 공정을 거쳐야 하며, 폐기물이 아닌 물질로 재분류되기에 앞서 동 조항에서 규정하고 있는 4가지 조건을 충족하여야 한다. 즉, ① 해당 물질 또는 물건이 보통 특정한 목적들을 위해 사용될 것, ② 그러한 물질 또는 물건에 대한 시장이나 수요가 존재할 것, ③ 해당 물질 또는 물건이 특정 목적을 위한 기술적 요구사항을 충족하고 제품에 대해서 적용 가능한 현존하는 입법과 기준에 부합할 것, ④ 해당 물질 또는 물건의 사용이 전체적으로 환경 또는 인간－건강에 부정적인 영향을 초래하지 않을 것 등을 요구하고 있다.[29)]

독일의 경우도 EU「폐기물 기본지침」을 받아들여 2012년 2월 24일 개정된「순환관리 및 폐기물법」 제5조에서 폐기물종료제도를 명시적으로 도입하고 구체적인 요건들을 규정하고 있는 바, 기본적으로 EU에서 정하고 있는 위의 기준과 동일하다. 프랑스의 경우도 EU의「폐기물 기본지침」에서 제시하고 있는 요건들을 수용하여 폐기물 종료에 대한 규정을 두고 있다.[30)]

(3) 순환자원의 인정

「자원순환기본법」 제9조는 '순환자원의 인정'을 규정함으로써 폐기물 종료제도를 도입하고 있다. 즉, 동조 제4항에서는 제2항 또는 제3항에 따라 인정을 받은 순환자원은 폐기물로 보지 아니한다고 규정하고 있다.

동법 제9조 제1항에서 환경부장관은 폐기물 중 ① 사람의 건강과 환경에 유해하지 아니할 것, ② 경제성이 있어 유상(有償) 거래가 가능하고 방치될 우려가 없을 것, ③ 그 밖에 대통령령으로 정하는 순환자원의 기준을 충족할 것과 같은 기준을 모두 충족하는 물질 또는 물건을 순환자원으로 인정할 수 있다. 동조에서는 환경성(유해성)과 경제성(유상성)을 기본요건으로 하고 기타 자세한 기준은 시행령에 위임하고 있는 바, 이러한 요건을 모두 갖출 경우 폐기물로 보지 아니한다.

순환자원의 인정을 받으려는 자는 환경부장관에게 순환자원의 인정을 신청하여야 한다. 이 경우 환경부장관은 신청대상 물질 또는 물건이 제1항에 따른 기준을 충족하면 신청인에게 인정서를 발급하여야 한다(동조 ②). 순환자원의 인정을 받

---

29) 황계영, 앞의 책, 242－246면; 조지혜 외, 유해성에 따른「폐기물 종료기준」의 해외 현황 및 정책적 시사점, KEI, 2012, 37면 이하.

30) 독일, 프랑스, 미국, 영국, 일본의 폐기물종료제도에 관한 설명은 황계영, 위의 책, 246－253면.

은 자는 매년 환경부장관으로부터 다시 인정을 받아야 한다. 다만, 환경부장관은 2회 이상 연속하여 순환자원의 인정을 받는 등 철저한 관리가 이루어지고 있다고 판단되는 자에 대해서는 3년의 범위에서 그 주기를 연장할 수 있다(동조 ③).

한편, 동법은 '순환자원의 인정'과 함께 '순환자원의 인정취소' 제도를 두고 있다. 즉, 동법 제10조에 따르면 일정한 요건에 해당하는 경우에는 환경부장관은 순환자원의 인정을 취소할 수 있다.[31)]

4. 폐기물관리법의 적용제외

다음의 물질은 「폐기물관리법」의 적용대상에서 제외된다(제3조 ①). ① 「원자력법」에 따른 방사성 물질과 이로 인하여 오염된 물질, ② 용기에 들어 있지 아니한 기체상태의 물질, ③ 「물환경보전법」에 따른 수질 오염 방지시설에 유입되거나 공공 수역(水域)으로 배출되는 폐수, ④ 「가축분뇨의 관리 및 이용에 관한 법률」에 따른 가축분뇨, ⑤ 「하수도법」에 따른 하수 · 분뇨, ⑥ 「가축전염병예방법」 제22조 제2항, 제23조, 제33조 및 제44조가 적용되는 가축의 사체, 오염 물건, 수입 금지 물건 및 검역 불합격품, ⑦ 「수산생물질병 관리법」 제17조 제2항, 제18조, 제25조 제1항 각 호 및 제34조 제1항이 적용되는 수산동물의 사체, 오염된 시설 또는 물건, 수입금지물건 및 검역 불합격품, ⑧ 「군수품관리법」 제13조의2에 따라 폐기되는 탄약. ⑨ 「동물보호법」 제32조 제1항에 따른 동물장묘업의 등록을 한 자가 설치 · 운영하는 동물장묘시설에서 처리되는 동물의 사체.

이 법에 따른 폐기물의 해역 배출은 「해양환경관리법」으로 정하는 바에 따른다(동조 ②).

---

31) 제10조(순환자원의 인정 취소) ① 환경부장관은 제9조에 따라 순환자원의 인정을 받은 자가 다음 각 호의 어느 하나에 해당하면 그 인정을 취소할 수 있다. 다만, 제1호에 해당하는 경우에는 인정을 취소하여야 한다.

1. 거짓 또는 부정한 방법으로 순환자원의 인정을 받은 경우
2. 순환자원의 인정을 받은 물질 또는 물건이 제9조 제1항에 따른 기준을 충족하지 못하게 된 경우

② 환경부장관은 제1항에 따라 순환자원의 인정을 취소한 경우에는 그 사실을 인정이 취소된 자에게 알려야 한다.

③ 제1항에 따라 순환자원의 인정이 취소된 자는 「폐기물관리법」 제17조에 따라 폐기물배출자의 신고 또는 폐기물처리계획의 확인 등 폐기물의 처리에 필요한 조치를 하고, 조치 완료일부터 30일 이내에 조치 결과를 환경부령으로 정하는 절차에 따라 환경부장관에게 보고하여야 한다.

Ⅲ. 폐기물의 분류

오늘날 폐기물은 다양한 성상을 가지고 있다. 그리하여 폐기물의 적정한 처리를 위하여는 그 전제로서 폐기물이 적절하게 분류되어 있어야 한다. 왜냐하면 폐기물의 분류는 폐기물의 분리수거, 폐기물의 종류에 따른 적절한 처리방법에 의한 처리와 적절한 사후관리의 전제조건이며 동시에 규제조건이 되기 때문이다.

현행법의 폐기물의 분류체계는 다음과 같다. 폐기물을 우선 폐기물의 발생원을 기준으로 하여 생활폐기물과 사업장폐기물로 분류하고 있다. 이 분류는 1995년 8월 5일의 폐기물관리법의 개정시 채택되었다.[32)]

"**생활폐기물**"이란 사업장폐기물 외의 폐기물을 말한다(제2조 제2호). "**사업장폐기물**"이란 「대기환경보전법」, 「물환경보전법」 또는 「소음·진동관리법」에 따라 배출시설을 설치·운영하는 사업장이나 그 밖에 대통령령으로 정하는 사업장에서 발생하는 폐기물을 말한다(제2조 제3호).[33)]

[판례 1] 구 폐기물관리법 제2조 제2호 소정의 생활폐기물이란 사업장폐기물 외의 폐기물을 말하므로, 원심으로서는 위 유출된 액체비료가 원심 판시와 같은 이유로 사업장폐기물에 해당하지 않는다면 마땅히 이를 생활폐기물로 보아 대통령령 등이 정하는 기준

---

32) 그러나 사업장에서 발생되는 폐기물이 모두 사업장폐기물이 되는 것이 아니다. 일부 법령의 적용대상이 되는 시설을 설치·운영하는 사업장에서 배출되거나, 유해성을 띠거나, 일정한 배출량 이상인 경우에 한하여 사업장폐기물로 분류되고 있다(동법 제2조 제3호 및 동법 시행령 제2조). 따라서 그 외에는 사업장에서 발생되더라도 생활폐기물로 분류된다. 따라서 이는 개괄적으로 그렇게 구분할 수 있다는 것이고, 엄밀하게 말하면 발생원에 따른 구분이라고 할 수는 없다.

33) 여기서 "그 밖에 대통령령으로 정하는 사업장"이란 다음 각 호의 어느 하나에 해당하는 사업장을 말한다(동법 시행령 제2조).

1. 「수질 및 수생태계 보전에 관한 법률」 제48조 제1항에 따라 폐수종말처리시설을 설치·운영하는 사업장
2. 「하수도법」 제11조 제4항에 따라 공공하수처리시설을 설치·운영하는 사업장
3. 「하수도법」 제2조 제10호에 따른 분뇨처리시설을 설치·운영하는 사업장
4. 「가축분뇨의 관리 및 이용에 관한 법률」 제24조에 따른 공공처리시설
5. 법 제29조 제2항에 따른 폐기물처리시설(법 제25조 제3항에 따라 폐기물처리업의 허가를 받은 자가 설치하는 시설을 포함한다)을 설치·운영하는 사업장
6. 법 제2조 제4호에 따른 지정폐기물을 배출하는 사업장
7. 폐기물을 1일 평균 300킬로그램 이상 배출하는 사업장
8. 「건설산업기본법」 제2조 제4호에 따른 건설공사로 폐기물을 5톤(공사를 착공할 때부터 마칠 때까지 발생되는 폐기물의 양을 말한다)이상 배출하는 사업장
9. 일련의 공사(제8호에 따른 건설공사는 제외한다) 또는 작업으로 폐기물을 5톤(공사를 착공하거나 작업을 시작할 때부터 마칠 때까지 발생하는 폐기물의 양을 말한다)이상 배출하는 사업장

및 방법에 따라 처리하였는지 여부를 심리하여야 할 것임에도, 만연히 위 액체비료가 생활폐기물에도 해당하지 않는다는 이유로 무죄를 선고하였으니, 이러한 원심판결에는 위 폐기물에 관한 법리를 오해하고 채증법칙을 위반한 위법이 있다 할 것이므로, 이를 지적하는 검사의 상고논지는 이유 있다(대법원 2009. 1. 30. 선고 2008도8971 판결[폐기물관리법위반]－액체비료 사건).34)

[판례 2] [1] 폐기물배출 사업장을 규정한 시행령 제2조 중 제9호(일련의 공사(제8호에 따른 건설공사 제외) 또는 작업으로 폐기물을 5t(공사를 착공하거나 작업을 시작할 때부터 마칠 때까지 발생하는 폐기물의 양을 말한다) 이상 배출하는 사업장)는 폐기물을 지속적으로 배출하는 제7호의 사업장이나 건설공사 폐기물을 배출하는 제8호의 사업장 이외에 일시적 또는 일회적으로 폐기물을 5t 이상 배출하는 시설 등을 포괄적으로 규율하기 위한 규정이라 할 것이므로, 그 시설의 성격상 본래부터 폐기물을 발생시키는 사업장이 아니라도 이에 해당한다고 보아야 한다. 또한, 위 규정에서 말하는 '일련의 작업' 역시 전체적으로 서로 관련된 목적과 계획 아래 행하여지는 업무수행 과정 등 사실적 행위를 모두 포함하는 의미라고 할 것이어서, 그 형태나 내용에 아무런 제한이 없고 다만 규정 자체의 문언상 건축 등으로 인한 '공사'만이 제외될 뿐이라고 할 것이다. [2] 저온저장고에서 '썩은 무'는 법 제2조 제1호에 정한 '폐기물'에 해당함은 분명하다. 그리고 피고인들이 ○○농협 저온저장고에서 이 사건 썩은 무를 치우는 등 저온저장고를 정리하는 행위를 한 경과를 위에서 본 법리에 비추어 보면, 이는 시행령 제2조 제9호에서 말하는 '일련의 작업'에 해당한다 할 것이다(대법원 2013. 8. 22. 선고 2012도7446 판결[폐기물관리법위반]).

폐기물은 이차적으로는 폐기물의 성상 및 발생특성에 따라 구분된다. 사업장폐기물에 대하여는 유해한 폐기물을 지정폐기물로 별도로 규율하고 있다.

따라서 사업장폐기물은 유해성 여부에 따라 우선 지정폐기물과 사업장일반폐기물로 구분된다. 그리고 지정폐기물 중 의료폐기물, 사업장일반폐기물 중 건설폐기물 등은 별도로 구분되어 특별히 규율되고 있다.

"지정폐기물"이라 함은 사업장폐기물 중 폐유·폐산 등 주변환경을 오염시킬 수 있거나 의료폐기물 등 인체에 위해를 줄 수 있는 해로운 물질로서 대통령령으로 정하는 폐기물을 말한다(제2조 제4호). 지정폐기물로는 폐합성고분자화합물·오

34) 이 사건은 비료생산업체를 운영하는 피고인이 2007. 8. 31.경 공장에서 원료로서 보관 중인 액체비료에 대해 빗물 등이 들어올 수 없도록 차단시설 등을 하지 않아 아미노산발효부산비료 및 침출수 등이 위 공장 인근의 농경지로 흘러들게 하여 주변환경을 오염시킨 사안이다. 원심은 위 액체비료가 위 공장에서 흘러나간 것이어서 생활폐기물이라고 할 수 없을 뿐 아니라 위 공장이 폐기물을 배출하는 사업장이 아니어서 이를 사업장폐기물로도 볼 수 없는 등 폐기물관리법상의 폐기물에 해당하지 않는다는 이유로 공소사실에 대해 무죄를 선고하였다.

<그림 5-2> 폐기물의 분류

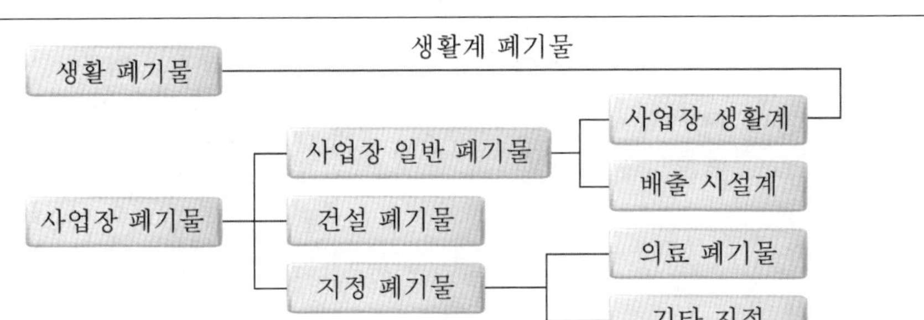

니류 등 특정시설에서 발생되는 폐기물, 부식성폐기물, 유해물질함유 폐기물, 폐유기용제, 폐페인트 및 폐락카, 폐유, 폐석면, 폴리클로리네이티드비페닐함유 폐기물, 폐유독물, 의료폐기물, 기타 주변환경을 오염시킬 수 있는 유해한 물질로서 환경부장관이 정하여 고시하는 물질이 있다(시행령 [별표 1]).

폐기물의 종류 및 재활용 유형에 관한 세부분류는 폐기물의 발생원, 구성성분 및 유해성 등을 고려하여 환경부령으로 정한다(제2조의2).

이러한 분류체계에 따라 폐기물의 관리체계, 즉 처리책임, 처리요금, 처리절차 및 처리방법을 달리 규율하고 있다.

한편, 현행 「폐기물관리법」은 폐기물을 생활폐기물과 사업장폐기물로 직접 분류하고 있을 뿐 사업장일반폐기물의 구체적인 분류인 '사업장배출시설계폐기물'과 '사업장생활계폐기물'에 대해서는 전혀 언급이 없다. 현재는 동법 시행규칙 [별표 5] 제3호 가목 1) 에서 규정하고 있을 뿐이다.

동법 시행규칙상의 내용으로 미루어 보건데, '사업장배출시설계폐기물'은 사업장의 배출시설의 설치·운영 등으로 발생하는 폐기물을 의미하고, '사업장생활계폐기물'은 사업장일반폐기물 중 생활폐기물과 성상이 유사하여 생활폐기물의 기준 및 방법으로 수집·운반·보관·처리할 수 있는 경우의 폐기물을 의미한다고 볼 수 있다.[35]

35) 「폐기물관리법」 시행규칙 제14조와 관련 별표 5에서 사업장배출시설계폐기물외의 폐기물 및 시행령 제2조 7호 및 9호의 사업장에서 배출되는 폐기물을 '사업장생활계폐기물'이라고 규정하고 있다. 그리고 사업장생활계폐기물로서 생활폐기물과 성상이 유사하여 생활폐기물의 기준 및 방법으로 수집·운반·보관·처리할 수 있는 폐기물은 지방자치단체의 조례가 정하는 바에 따라 생활폐기물의 기준 및 방법으로 수집·운반·보관·처리할 수 있도록 규정하고 있다. 사업장생활계폐기물이라는 분류를 하게 된 것은 사업장에서 나오는 사업장폐기물이지만, 그 성상이 생활폐기물과 유사한 것은 생활폐기물과 유사한 방식으로 처리하도록 하는 것이 합리적이며 이렇게 함으로써 영세한 사업자의 폐기물처리부담을 완화하여 주기 위함이라고 판단된다.

<그림 5-3> 생활폐기물·사업장폐기물의 처리체계

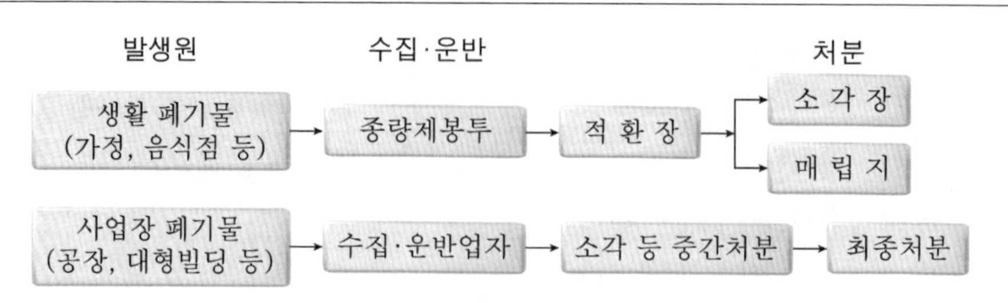

그런데 이들에 대한 근거규정이 법률이 아닌 시행규칙에서 규정되고 있는 것은 법률유보의 원칙상 문제가 있다고 본다. 즉, 폐기물의 분류체계, 폐기물관리 책무부담, 폐기물처리 등을 규정하고 있는 현행 「폐기물관리법」이 “사업장생활계폐기물” 또는 “사업장배출시설계폐기물”과 같은 폐기물의 분류의 중요한 내용을 법률이 아닌 시행규칙별표에 규정하고 있는 것은 법률유보의 원칙, 나아가 의회유보의 원칙에 반한다고 할 수 있다.

따라서 현재처럼 시행규칙 [별표 5]에 사업장폐기물의 분류와 개념규정을 두는 것은 바람직하지 않으며, 법률에서 직접 이에 대한 기본적인 규정을 두고, 세부적인 사항은 시행령과 시행규칙에서 정하는 형식으로 개정되어야 할 것이다. 이를 법률에 규정하는 경우에는 정의조항에서 규정하여야 할 것이며, 가급적 용어의 뜻을 명확하게 하면서도 이해하기 쉽게 규정하여야 한다.

입법론으로는 법률에 규정될 사업장배출시설계폐기물의 정의는 “사업장의 배출시설의 설치·운영 등으로 발생하는 폐기물로서 대통령령으로 정하는 사업장에서 배출되는 폐기물을 말한다”라고 규정하는 것을 검토해 볼 수 있다. 사업장생활계폐기물의 정의는 “해당 사업장에서 배출되는 사업장배출시설계폐기물 이외의 폐기물 및 대통령령으로 정하는 사업장에서 배출되는 폐기물로서 폐지, 음식물쓰레기 등 생활폐기물과 성상이 유사한 폐기물을 말한다”라고 규정하고 시행령에서 개별사업장을 규정하는 방안을 검토할 필요가 있다고 본다.

Ⅳ. 폐기물관리의 기본원칙

폐기물관리정책이 기본원칙 하에 행해질 때 국민에게 예측가능성을 확보해 주고 일관성 있는 정책을 확보할 수 있으므로, 「폐기물관리법」에 폐기물관리의 기본원칙을 명확히 규정할 필요가 있다. 「폐기물관리법」은 폐기물관리의 기본원칙을 선언하고 있다(제3조의2).

1. 예방의 원칙

폐기물의 발생을 사전에 예방하는 것을 우선으로 하여야 한다는 원칙을 말한다. 예방의 원칙으로부터 제품에 대한 환경영향평가제도, 제품의 생산 및 유통에 대한 통제, 폐기물감량화정책, 폐기물의 유해성의 저감후의 처분원칙이 도출된다.

「폐기물관리법」은 다음과 같이 규정하고 있다. 사업자는 제품의 생산방식 등을 개선하여 폐기물의 발생을 최대한 억제하고, 발생한 폐기물을 스스로 재활용함으로써 폐기물의 배출을 최소화하여야 한다(제3조의2 ①). 누구든지 폐기물을 배출하는 경우에는 주변 환경이나 주민의 건강에 위해를 끼치지 아니하도록 사전에 적절한 조치를 하여야 한다(동조 ②). 폐기물은 그 처리과정에서 양과 유해성(有害性)을 줄이도록 하는 등 환경보전과 국민건강보호에 적합하게 처리되어야 한다(동조 ③).

2. 발생지처리 내지 근접지처리원칙

폐기물은 적정하게 처리되는 한도 내에서 가능한 한 발생지 또는 근접지에서 처리되어야 한다. 폐기물은 원거리에서 처리될수록 불법처리의 가능성이 커지고 2차오염이 커진다. 다만, 폐기물의 효율적 처리를 위해서는 광역적 처리를 인정할 필요가 있다.

폐기물관리법은 생활폐기물의 발생지 처리 원칙을 규정하고, 관할 구역에서 발생한 생활폐기물을 모두 처리할 수 없을 때에는 관할 구역 외의 특별자치시장, 특별자치도지사, 시장·군수·구청장과 협의하여 해당 지방자치단체의 관할 구역으로 생활폐기물을 반출하여 처리할 수 있도록 규정하고 있다(제5조의 2).

3. 폐기물자원화우선원칙

폐기물의 단순처분보다는 폐기물의 재활용을 우선시하여야 한다. 폐기물의 재활용은 폐기물의 감량효과 및 자원절약의 효과를 가져온다. 폐기물의 자원화란 폐기물의 재생처리로 획득되는 제품 또는 재료의 사용, 즉 재활용뿐만 아니라 폐기물로부터 에너지를 생산하는 것을 포함한다.

「폐기물관리법」은 "폐기물은 소각, 매립 등의 처분을 하기보다는 우선적으로 재활용함으로써 자원생산성의 향상에 이바지하도록 하여야 한다."라고 규정하고 있다(제3조의2 ⑥).

4. 협동의 원칙

협동의 원칙은 환경보전의 과제를 달성하기 위하여 국가, 지방자치단체 및 사회가 협동하여야 한다는 원칙으로서, 폐기물관리분야에서 특히 협동의 원칙이 중요하다. 폐기물의 처리에 있어서는 폐기물의 적정한 분리수거가 중요한데 분리수거는 국민의 협조가 절대적으로 중요하며 폐기물처리시설의 설치 및 운영에 있어 주민의 협조가 필요하다. 폐기물의 적정처리에 있어서 국가 및 지방자치단체와 사업자 사이의 협력도 중요하다.

폐기물관리법 제7조는 폐기물관리에 관한 국민의 책무를 규정하고 있고, 동법 제15조는 사업장폐기물배출자의 처리협조 등을 규정하고 있고, 자원의 절약과 재활용촉진에 관한 법률 제16조 이하는 제조업자 등의 재활용의무를 규정하고 있다.

5. 오염자부담의 원칙과 발생자책임의 원칙

오염자부담의 원칙이라 함은 그의 행위로 인하여 환경오염이나 환경에 대한 위해를 발생시킨 자가 환경오염의 제거 또는 방지의무를 지며 제거 또는 방지비용 및 피해구제비용을 부담하여야 한다는 원칙을 말한다. 그런데 오염자부담의 원칙을 넓게 보면 폐기물을 발생시킨 자가 당해 폐기물의 처리책임을 져야 한다는 폐기물발생자책임을 포함한다. 발생자책임의 원칙은 종래 소비자책임을 강조하는 데에서 생산자 및 유통업자의 책임을 강화하는 쪽으로 나아가고 있다. 발생자책임의 원칙을 실현하는 제도로는 부담금, 폐기물처리를 위탁한 경우의 책임제도, 폐기물 수거료의 징수제도, 생산자재활용책임제도 등이 있다.

「폐기물관리법」은 "폐기물로 인하여 환경오염을 일으킨 자는 오염된 환경을 복원할 책임을 지며, 오염으로 인한 피해의 구제에 드는 비용을 부담하여야 한다."라고 규정하고 있다(제3조의2 ④).

6. 폐기물정보공개 및 주민참여의 원칙

오늘날 환경행정정책의 목적달성을 위한 수단의 하나로 특히 요청되고 있는 것이 환경정보의 공개와 환경행정에 대한 주민의 참여이다. 이는 기본적으로 환경정책에 대한 국민 내지 지역주민의 수용을 제고시키고 폐기물처리장의 설치 등과 같은 복잡한 환경문제에 대한 국민 내지 주민의 협력을 증대시키기 위하여 요청되고 있다. 국가의 환경보전정책의 목적이 제대로 달성되기 위해서는 환경정책의 형성과정에 이해관계를 갖는 주민 등이 참여할 수 있어야 하고, 환경관련 정보 등이 공개되어야 한다.

Ⅴ. 폐기물의 배출과 처리

「폐기물관리법」은 생활폐기물의 경우 배출자와 처리책임자를 달리 규정하고 있는 반면(배출자≠처리책임자), 사업장폐기물의 경우는 배출자가 처리책임을 지도록 규정하고 있다(배출자=처리책임자). 동법상 폐기물의 "**처리**"란 폐기물의 수집, 운반, 보관, 재활용, 처분을 말한다(제2조 제5의2호). "처분"이란 폐기물의 소각(燒却)·중화(中和)·파쇄(破碎)·고형화(固形化) 등의 중간처분과 매립하거나 해역(海域)으로 배출하는 등의 최종처분을 말한다(제5조 제6호).

1. 국가와 지방자치단체 및 국민의 책무

(1) 국가와 지방자치단체의 책무

특별자치도지사, 시장·군수·구청장(자치구의 구청장을 말한다. 이하 같다)은 관할 구역의 폐기물의 배출 및 처리상황을 파악하여 폐기물이 적정하게 처리될 수 있도록 폐기물처리시설을 설치·운영하여야 하며, 폐기물의 처리방법의 개선 및 관계인의 자질 향상으로 폐기물 처리사업을 능률적으로 수행하는 한편, 주민과 사업자의 청소 의식 함양과 폐기물 발생 억제를 위하여 노력하여야 한다(제4조 ①). 이는 발생지 내지 근접지처리원칙을 정한 것이다. 특별시장·광역시장·도지사는 시장·군수·구청장이 제1항에 따른 책무를 충실하게 하도록 기술적·재정적 지원을 하고, 그 관할 구역의 폐기물 처리사업에 대한 조정을 하여야 한다(동조 ②).

국가는 지정폐기물의 배출 및 처리 상황을 파악하고 지정폐기물이 적정하게 처리되도록 필요한 조치를 마련하여야 한다(제4조 ③). 국가는 폐기물 처리에 대한 기술을 연구·개발·지원하고, 특별시장·광역시장·도지사·특별자치도지사(이하 "시·도지사"라 한다) 및 시장·군수·구청장이 제1항과 제2항에 따른 책무를 충실하게 하도록 필요한 기술적·재정적 지원을 하며, 특별시·광역시·도·특별자치도(이하 "시·도"라 한다) 간의 폐기물 처리사업에 대한 조정을 하여야 한다(동조 ④).

한편, 환경부장관은 한국환경공단 등 대통령령으로 정하는 전문기관을 폐기물적정처리추진센터로 지정할 수 있다(제48조의4 ①).

(2) 폐기물의 광역 관리

환경부장관, 시·도지사 또는 시장·군수·구청장은 둘 이상의 시·도 또는 시·군·구에서 발생하는 폐기물을 광역적으로 처리할 필요가 있다고 인정되면 광역 폐기물처리시설(지정폐기물 공공 처리시설을 포함한다)을 단독 또는 공동으로 설치·운영할 수 있다(제5조 ①). 이 조항은 폐기물의 효율적인 처리를 위해 광역적 처리를 규정하고 있다. 환경부장관, 시·도지사 또는 시장·군수·구청장은 제1항에 따른 광역 폐기물처리시설의 설치 또는 운영을 환경부령으로 정하는 자[36]에게 위탁할 수 있다(동조 ②).

(3) 국민의 책무

모든 국민은 자연환경과 생활환경을 청결히 유지하고, 폐기물의 감량화(減量化)와 자원화를 위하여 노력하여야 한다(제7조 ①). 국민의 책무에 관한 규정은 협동의 원칙에 근거한 규정이다. 토지나 건물의 소유자·점유자 또는 관리자는 그가 소유·점유 또는 관리하고 있는 토지나 건물의 청결을 유지하도록 노력하여야 하며, 특별자치도지사, 시장·군수·구청장이 정하는 계획에 따라 대청소를 하여야 한다(동조 ②).

2. 폐기물의 불법투기, 불법매립·소각 금지

누구든지 특별자치시장, 특별자치도지사, 시장·군수·구청장이나 공원·도로 등 시설의 관리자가 폐기물의 수집을 위하여 마련한 장소나 설비 **외의 장소**에 폐기물을 버리거나, 특별자치시, 특별자치도, 시·군·구의 조례로 정하는 방법 또는 공원·도로 등 시설의 관리자가 **지정한 방법**을 따르지 아니하고 생활폐기물을 버려서는 아니 된다(제8조 ①). 종래 동조의 폐기물의 투기 금지 규정에서는 **지정장소 외 투기**에 대해서만 금지하고 있으나, 폐기물 투기 단속의 실효성을 제고하기 위

---

36) 동법 시행규칙 제5조(광역 폐기물처리시설의 설치·운영의 위탁) 법 제5조 제2항에서 "환경부령으로 정하는 자"란 다음 각 호의 자를 말한다.

1. 한국환경공단

1의2. 「수도권매립지관리공사의 설립 및 운영 등에 관한 법률」에 따른 수도권매립지관리공사(이하 "수도권매립지관리공사"라 한다)

2. 「지방자치법」에 따른 지방자치단체조합으로서 폐기물의 광역처리를 위하여 설립된 조합

3. 해당 광역 폐기물처리시설을 시공한 자(그 시설의 운영을 위탁하는 경우에만 해당한다)

4. 별표 4의4의 기준에 맞는 자 (※ [별표 4의4] 폐기물처리시설의 설치·운영을 위탁받을 수 있는 자의 기준(제5조제4호 관련) – 폐기물 처분시설 또는 재활용시설별로 1. 소각시설, 2. 매립시설, 3. 음식물류 폐기물 처분시설 또는 재활용시설의 구분에 따른 기술인력을 보유하여야 한다.)

하여 2021. 1. 5. 일부개정시 **지정된 방법을 위반한 투기**도 금지하게 되었다. 따라서 종량제봉투를 사용하지 않는 등 폐기물 투기 방법을 위반한 경우 과태료 등의 처분이 가능하게 되었다.

누구든지 이 법에 따라 허가 또는 승인을 받거나 신고한 폐기물처리시설이 아닌 곳에서 폐기물을 매립하거나 소각하여서는 아니 된다. 다만, 제14조제1항 단서에 따른 지역에서 해당 특별자치시, 특별자치도, 시 · 군 · 구의 조례로 정하는 바에 따라 소각하는 경우에는 그러하지 아니하다(동조 ②).

특별자치시장, 특별자치도지사, 시장 · 군수 · 구청장은 토지나 건물의 소유자 · 점유자 또는 관리자가 제7조제2항에 따라 청결을 유지하지 아니하면 해당 지방자치단체의 조례에 따라 필요한 조치를 명할 수 있다(제8조 ③).

폐기물관리법 제8조 제3항에서 말하는 '**필요한 조치**'란 '토지소유자 등으로 하여금 그 토지나 건물의 청결을 유지해 주변 환경오염으로 인한 환경상의 위해를 방지하는데 필요하고 적절하다고 인정되는 제반 조치'를 말하는데, 이 '필요한 조치'에는 토지소유자 등이 폐기물관리법 제7조 제2항에 따른 토지의 청결유지의무를 다하지 못하여 환경상의 위해가 발생할 경우 그 토지상에 적치 또는 방치된 폐기물의 제거를 명하는 조치도 포함된다고 해석하여야 한다.[37]

폐기물관리법 제8조 제3항에 따른 조치명령과 폐기물관리법 제48조에 따른 조치명령은 규율의 대상, 처분의 상대방과 요건, 위반시의 효과 등이 서로 다른 별개의 제도이다.[38] 따라서 관할 행정청은 동법 제48조 조치명령과는 별개로 동법 제8조 제3항 및 위임에 따른 조례에 근거하여 폐기물 제거명령을 할 수 있다.

폐기물관리법 제8조 제3항에 따른 '필요한 조치'를 위해서는 토지나 건물의 소유자·점유자 또는 관리자가 '제7조 제2항에 따른 토지나 건물의 청결유지의무를 다하지 못하여 환경상의 위해가 발생한 경우'이어야 한다. '환경상의 위해'라 함은 환경상 피해의 우려(개연성)을 말한다. 필요한 조치의 범위는 발생한 환경상 위해를 제거하는 것에 한정되어야 한다. 만일 행정청이 환경상 위해를 발생시키지 않는 폐기물에 대하여 제거 명령을 내리는 경우에는 필요한 조치의 범위를 넘는 위법한 명령으로 보아야 한다.

37) 대법원 2020. 6. 25. 선고 2019두39048 판결.
38) 대법원 2020. 6. 25. 선고 2019두39048 판결.

[판례] <폐기물관리법 제8조 제3항에 따른 투기폐기물제거조치명령의 취소를 구하는 사건> (1) 폐기물관리법 제8조 제3항에서 말하는 '필요한 조치'에는 토지소유자 등이 폐기물관리법 제7조 제2항에 따른 토지의 청결유지의무를 다하지 못하여 환경상의 위해가 발생할 경우 그 토지상에 적치 또는 방치된 폐기물의 제거를 명하는 조치도 포함된다고 해석하여야 한다. (2) 폐기물관리법 제8조 제3항에 따른 조치명령은 제7조 제2항에서 정한 토지나 건물의 소유자·점유자 또는 관리자의 청결유지의무 이행을 확보하기 위한 수단으로서, 이를 위반하면 폐기물관리법 제68조 제3항 제2호에 따라 100만 원 이하의 과태료를 부과한다. 반면, 폐기물관리법 제48조에 따른 조치명령은 제8조 제1항에서 정한 폐기물 무단투기금지 등 폐기물관리법에서 정한 폐기물의 처리 기준·방법이 준수되도록 하기 위한 수단으로서 이를 위반하면 폐기물관리법 제65조 제23호에 따라 3년 이하의 징역이나 3천만 원 이하의 벌금에 처한다. 이처럼 폐기물관리법 제8조 제3항에 따른 조치명령과 폐기물관리법 제48조에 따른 조치명령은 규율의 대상, 처분의 상대방과 요건, 위반시의 효과 등이 서로 다른 별개의 제도이다. 따라서 피고로서는 폐기물관리법 제48조에 따른 폐기물 처리에 대한 조치명령과는 별도로 폐기물관리법 제8조 제3항 및 그 위임에 따른 조례에 의하여 그에 상응하는 '필요한 조치'로서 폐기물 제거 조치명령을 할 수 있다. (3) 원고가 토지의 소유권을 취득할 당시에는 토지에 약 30여 톤의 폐기물이 적재되어 있었으나, 그 후 이 사건 처분 당시에는 폐기물이 약 500여 톤으로 늘어난 사안에서, 원고가 소유권 취득 당시에는 이 사건 토지에 폐기물이 투기되어 있는 사실을 몰랐다고 하더라도, 그와 같은 사실을 알게 된 이후에도 이 사건 토지를 관리하지 않고 방치하여 다량의 폐기물이 추가로 투기되었고, 원고가 이를 제거하려는 노력을 전혀 하지 않고 있는 점에 비추어, 토지소유자인 원고가 폐기물관리법 제7조 제2항에서 정한 청결유지의무를 위반하였다고 볼 수 있고, 피고가 폐기물관리법 제8조 제3항에 따라 '필요한 조치'로서 폐기물 제거를 명한 처분은 정당하다고 판단한 사례(대법원 2020. 6. 25. 선고 2019두39048 판결). <해설> 폐기물관리법 제8조 제3항에 따른 투기폐기물제거조치명령의 취소를 구하는 사건. 제8조 제3항의 위임에 따른 「양주시 폐기물 관리 조례」 제6조 제1항은 시장은 토지소유자 등이 청결을 유지하지 아니하는 경우 1개월의 기간에서 청결을 유지하도록 필요한 조치를 명할 수 있다고 규정하고, 제6조 제2항은 제1항에 따라 청결유지 조치를 명하여야 하는 대상행위로 '토지·건물에 폐기물을 적치 또는 방치하여 환경을 훼손하는 경우'(제2호), '그 밖에 시장이 청결유지 조치가 필요하다고 판단하는 경우'(제4호) 등을 규정하고 있다.

3. 폐기물 처리 기준 및 재활용 준수사항 등

(1) 폐기물의 처리기준 등

누구든지 폐기물을 처리하려는 자는 대통령령으로 정하는 기준과 방법을 따라야 한다(제13조 ① 본문). 이에 따라 동법 시행령 제7조 제1항에서는 폐기물의 종류와 성질·상태별로 재활용 가능성 여부, 가연성이나 불연성 여부 등에 따라 구분하여 수집·운반·보관할 것, 운반·보관의 과정에서 폐기물이 흩날리거나 누출되지 아니하도록 할 것 등과 같은 폐기물의 처리 기준 및 방법에 대하여 규정하고 있다.[39]

---

39) 시행령 제7조(폐기물의 처리기준 등) ① 법 제13조 제1항 본문에 따른 폐기물의 처리 기준 및 방법은 다음 각 호와 같다.

1. 폐기물의 종류와 성질·상태별로 재활용 가능성 여부, 가연성이나 불연성 여부 등에 따라 구분하여 수집·운반·보관할 것. 다만, 의료폐기물이 아닌 폐기물로서 다음 각 목의 어느 하나에 해당하는 경우에는 그러하지 아니하다.
   가. 처리기준과 방법이 같은 폐기물로서 같은 폐기물 처분시설 또는 재활용시설이나 장소에서 처리하는 경우
   나. 폐기물의 발생 당시 두 종류 이상의 폐기물이 혼합되어 발생된 경우
   다. 특별자치시, 특별자치도 또는 시(특별시와 광역시는 제외한다. 이하 같다)·군·구(자치구를 말한다. 이하 같다)의 분리수집 계획 또는 지역적 여건 등을 고려하여 특별자치도 또는 시·군·구의 조례에 따라 그 구분을 다르게 정하는 경우
2. 수집·운반·보관의 과정에서 폐기물이 흩날리거나 누출되지 아니하도록 하고, 침출수(沈出水)가 유출되지 아니하도록 하며, 침출수가 생기는 경우에는 환경부령으로 정하는 바에 따라 처리할 것
3. 해당 폐기물을 적정하게 처분, 재활용 또는 보관할 수 있는 장소 외의 장소로 운반하지 아니할 것. 다만, 다음 각 목의 어느 하나에 해당하는 자가 적재 능력이 작은 차량으로 폐기물을 수집하여 적재 능력이 큰 차량으로 옮겨 싣기 위하여 환경부령으로 정하는 장소로 운반하는 경우에는 그러하지 아니하다.
   가. 법 제25조 제5항 제1호에 해당하는 폐기물 수집·운반업의 허가를 받은 자
   나. 법 제46조 제1항 제3호에 해당하는 폐기물처리 신고를 한 자 중 환경부령으로 정하는 자
4. 재활용 또는 중간처분 과정에서 발생하는 폐기물과 법 제13조 제1항 단서에 따른 중간가공 폐기물(이하 "중간가공 폐기물"이라 한다)은 새로 폐기물이 발생한 것으로 보아, 법 제17조 제2항에 따른 신고 또는 같은 조 제3항에 따른 확인을 받고, 해당 폐기물의 처리방법에 따라 적정하게 처리할 것.
5. 폐기물은 폐기물 처분시설 또는 재활용시설에서 처리할 것. 다만, 생활폐기물 배출자가 법 제15조 제1항에 따라 처리하는 경우 및 폐기물을 환경부령으로 정하는 바에 따라 생활환경 보전상 지장이 없는 방법으로 적정하게 처리하는 경우에는 그러하지 아니하다.
6. 폐기물을 처분 또는 재활용하는 자가 폐기물을 보관하는 경우에는 그 폐기물 처분시설 또는 재활용시설과 같은 사업장에 있는 보관시설에 보관할 것. 다만, 법 제25조 제5항 제5호부터 제7호까지의 규정 중 어느 하나에 해당하는 폐기물 재활용업의 허가를 받은 자(이하 "폐기물 재활용업자"라 한다)가 사업장 폐기물을 재활용하는 경우로서 환경부령으로 정하는 경우에는 그러하지 아니하다.
7. 법 제46조 제1항에 따라 폐기물처리 신고를 한 자(이하 "폐기물처리 신고자"라 한다)와 법 제5조 제1항에 따른 광역 폐기물처리시설 설치·운영자(법 제5조 제2항에 따라 설치·운영을 위탁

그리고 동법 시행령 제7조 제2항에서는 더 구체적인 기준과 방법은 환경부령으로 재위임하고 있는데, 시행규칙 [별표 5]에서 이를 상세히 규정하고 있다.40)

제13조의2에 따른 폐기물의 재활용 원칙 및 준수사항에 따라 재활용을 하기 쉬운 상태로 만든 폐기물(이하 "중간가공 폐기물"이라 한다)에 대하여는 완화된 처리기준과 방법을 대통령령으로 따로 정할 수 있다(제13조 ① 단서).

의료폐기물은 제25조의2 제6항에 따라 검사를 받아 합격한 의료폐기물 전용용기(이하 "전용용기"라 한다)만을 사용하여 처리하여야 한다(동조 ②).

제13조를 위반하여 폐기물을 매립한 자는 3년 이하의 징역이나 2천만원 이하의 벌금에 처한다(제65조 제1호).

(2) 폐기물의 재활용 원칙 및 준수사항

누구든지 다음 각 호를 위반하지 아니하는 경우에는 폐기물을 재활용할 수 있다(제13조의2 ①).

1. 비산먼지, 악취가 발생하거나 휘발성유기화합물, 대기오염물질 등이 배출되어 생활환경에 위해를 미치지 아니할 것
2. 침출수(浸出水)나 중금속 등 유해물질이 유출되어 토양, 수생태계 또는 지하수를 오염시키지 아니할 것

받은 자를 포함한다)는 환경부령으로 정하는 기간 이내에 폐기물을 처리할 것. 다만, 화재, 중대한 사고, 노동쟁의, 방치 폐기물의 반입·보관 등 그 처리기간 이내에 처리하지 못할 부득이한 사유가 있는 경우로서 특별시장·광역시장·특별자치시장·도지사 및 특별자치도지사(이하 "시·도지사"라 한다) 또는 유역환경청장·지방환경청장의 승인을 받은 때에는 그러하지 아니하다.

8. 두 종류 이상의 폐기물이 혼합되어 있어 분리가 어려우면 다음 각 목의 방법으로 처리할 것
   가. 폐산(廢酸)이나 폐알카리와 다른 폐기물이 혼합된 경우에는 중화처리한 후 적정하게 처리할 것
   나. 일반소각대상 폐기물과 고온소각대상 폐기물이 혼합된 경우에는 고온소각할 것
9. 폐기물을 매립하는 경우에는 침출수와 가스의 유출로 인한 주변환경의 오염을 방지하기 위하여 차수시설(遮水施設), 집수시설(集水施設), 침출수 유량조정조(流量調整槽), 침출수 처리시설을 갖추고, 가스 소각시설이나 발전·연료화 처리시설을 갖춘 매립시설에서 처분할 것. 다만, 침출수나 가스가 발생하지 아니하거나 침출수나 가스의 발생으로 인한 주변 환경오염의 우려가 없다고 인정되는 경우로서 환경부령으로 정하는 경우에는 위 시설의 전부 또는 일부를 갖추지 아니한 매립시설에서 이를 처분할 수 있다.
10. 분진·소각재·오니류(汚泥類)중 지정폐기물이 아닌 폐기물로서 수소이온 농도지수가 12.5 이상이거나 2.0 이하인 것은 관리형 매립시설의 차수시설과 침출수 처리시설의 성능에 지장을 초래하지 아니하도록 하여 매립할 것
11. 재활용이 가능한 폐기물은 재활용하도록 할 것

40) 폐기물관리법 시행규칙 [별표 5]에서는 1. 생활폐기물의 기준 및 방법, 2. 음식물류 폐기물의 기준 및 방법, 3. 사업장일반폐기물의 기준 및 방법, 4. 지정폐기물(의료폐기물은 제외한다)의 기준 및 방법, 5. 지정폐기물 중 의료폐기물의 기준 및 방법 등에 대하여 상세하고 구체적인 내용을 기술하고 있다.

3. 소음 또는 진동이 발생하여 사람에게 피해를 주지 아니할 것
4. 중금속 등 유해물질을 제거하거나 안정화하여 재활용제품이나 원료로 사용하는 과정에서 사람이나 환경에 위해를 미치지 아니하도록 하는 등 대통령령으로 정하는 사항을 준수할 것
5. 그 밖에 환경부령으로 정하는 재활용의 기준을 준수할 것

제1항에도 불구하고 다음 각 호의 어느 하나에 해당하는 폐기물은 재활용을 금지하거나 제한한다(동조 ②).

1. 폐석면
2. 폴리클로리네이티드비페닐(PCBs)을 환경부령으로 정하는 농도 이상 함유하는 폐기물
3. 의료폐기물(태반은 제외한다)
4. 폐유독물 등 인체나 환경에 미치는 위해가 매우 높을 것으로 우려되는 폐기물 중 대통령령으로 정하는 폐기물

제1항 및 제2항 각 호의 원칙을 지키기 위하여 필요한 오염 예방 및 저감방법의 종류와 정도, 폐기물의 취급 기준과 방법 등의 준수사항은 환경부령으로 정한다(동조 ③).

[판례] [1] 재활용기준 위반 여부: 폐기물관리법 제2조의2, 제13조 제1항, 제13조의2 제1항 제4호, 제5호, 제27조 제2항 제2호 등의 내용을 종합하면, 폐수처리오니에 생물학적 처리과정을 거쳐 '부숙토'를 만들어 매립시설 복토재 또는 토양개량제를 생산하는 것은 폐기물관리법령이 허용하는 폐수처리오니의 재활용 방법에 해당한다. 그러나 <u>폐수처리오니로 '비탈면 녹화토'를 생산하는 것은 폐기물관리법령이 정한 재활용 기준을 위반하는 것</u>이다. 나아가 폐기물처리업자가 폐수처리오니에 생물학적 처리과정을 거쳐 일단 매립시설 복토재 또는 토양개량제로 사용할 수 있는 부숙토를 생산하였더라도 이를 다시 제3자에게 제공하여 그로 하여금 부숙토를 원료로 폐수처리오니의 재활용 용도로 허용되지 않은 생산 품목인 비탈면 녹화토를 최종적으로 생산하게 하였다면, 이것 역시 폐기물처리업자가 폐기물관리법령이 정한 <u>재활용 기준을 위반한 것</u>이라고 보아야 한다. [2] 다만 폐기물처리업자가 자신이 생산한 부숙토를 제3자에게 제공하면서 그가 그 부숙토를 폐기물관리법령이 허용하지 않는 방식으로 사용하리라는 점을 예견하거나 결과 발생을 회피하기 어렵다고 인정할 만한 특별한 사정이 있어 <u>폐기물처리업자의 의무위반을 탓할 수 없는 정당한 사유가 있는 경우에는 폐기물처리업자에 대하여 제재처분을 할 수 없다</u>고 보아야 한다. 여기에서 '의무위반을 탓할 수 없는 정당한 사유'가 있는지를 판단할 때에

는 폐기물처리업자 본인이나 그 대표자의 주관적인 인식을 기준으로 하는 것이 아니라, 그의 가족, 대리인, 피용인 등과 같이 본인에게 책임을 객관적으로 귀속시킬 수 있는 관계자 모두를 기준으로 판단하여야 한다(대법원 2020. 5. 14. 선고 2019두63515 판결).

(3) 폐기물 재활용 시 환경성평가

제13조의2 제1항에도 불구하고 다음 각 호에 해당하는 자는 제13조의4 제1항에 따른 재활용환경성평가기관으로부터 해당 폐기물의 재활용이 사람의 건강이나 환경에 미치는 영향을 조사·예측하여 해로운 영향을 피하거나 제거하는 방안 및 재활용기술의 적합성에 대한 평가(이하 "재활용환경성평가"라 한다)를 받아야 한다. 폐기물의 종류, 재활용 유형 등 환경부령으로 정하는 중요사항을 변경하는 경우에도 또한 같다(제13조의3 ①).

1. 환경부령으로 정하는 규모 이상의 폐기물 또는 폐기물을 토양 등과 혼합하여 만든 물질을 토양·지하수·지표수 등에 접촉시켜 복토재·성토재·도로기층재 등 환경부령으로 정하는 용도 또는 방법으로 재활용하려는 자(둘 이상이 공동으로 재활용하려는 경우를 포함한다)
2. 제13조의2에 따른 폐기물 재활용의 원칙 및 준수사항을 정하지 아니한 폐기물을 재활용하려는 자

제1항에도 불구하고 「비료관리법」 제4조에 따라 공정규격이 설정된 비료를 제조하거나 환경부령으로 정하는 방법으로 폐기물을 재활용하려는 자는 재활용환경성평가를 받지 아니하고 해당 폐기물을 재활용할 수 있다(동조 ②).

제1항에 따라 재활용환경성평가를 받은 자는 그 결과를 환경부장관에게 제출하고, 그 폐기물을 재활용할 수 있는지에 대한 승인을 받아야 한다(동조 ③). 환경부장관은 제3항에 따라 제출받은 재활용환경성평가 결과를 고려하여 대통령령으로 정하는 승인 요건을 갖추었는지를 검토한 후 제3항에 따른 승인을 할 수 있다(동조 ④). 환경부장관은 제4항에 따라 승인을 하는 경우 국민 건강 또는 환경에 미치는 위해 등을 줄이기 위하여 승인의 유효기간, 폐기물의 양 등 환경부령으로 정하는 조건을 붙일 수 있다(동조 ⑤).

환경부장관은 제3항에 따른 승인을 받은 자가 다음 각 호의 어느 하나에 해당하는 경우에는 그 승인을 취소하여야 한다. 이 경우 승인이 취소되면 지체 없이 해당 폐기물의 재활용을 중단하여야 한다(동조 ⑥).

1. 제3항에 따라 승인받은 사항과 다르게 폐기물을 재활용한 경우

2. 제3항에 따라 제출하는 재활용환경성평가 결과를 거짓이나 그 밖의 부정한 방법으로 제출한 경우
3. 제5항에 따른 승인 조건을 위반한 경우

환경부장관은 전문적·기술적인 재활용환경성평가를 위하여 다음 각 호의 어느 하나에 해당하는 기관 또는 단체 중에서 재활용환경성평가기관을 지정하고, 그 기관에 지정서를 발급하여야 한다(제13조의4 ①).

1. 국공립 연구기관
2. 「한국환경공단법」에 따른 한국환경공단
3. 그 밖에 대통령령으로 정하는 기관 또는 단체

(4) 재활용 제품 또는 물질에 관한 유해성기준

환경부장관은 폐기물을 재활용하여 만든 제품 또는 물질이 사람의 건강이나 환경에 위해를 줄 수 있다고 판단되는 경우에는 관계 중앙행정기관의 장과 협의하여 그 재활용 제품 또는 물질에 대한 유해성기준(이하 "유해성기준"이라 한다)을 정하여 고시하여야 한다(제13조의5 ①). 누구든지 유해성기준에 적합하지 아니하게 폐기물을 재활용한 제품 또는 물질을 제조하거나 유통하여서는 아니 된다(동조 ②).

환경부장관은 폐기물을 재활용한 제품 또는 물질이 유해성기준을 준수하는지를 확인하기 위하여 시험·분석을 하거나 그 제품 또는 물질의 제조 또는 유통 실태를 조사할 수 있다(동조 ③). 제3항에 따른 시험·분석 및 실태 조사에 필요한 사항은 환경부령으로 정한다(동조 ④).

환경부장관은 제3항에 따른 시험·분석 또는 실태 조사 결과 유해성기준을 위반한 제품 또는 물질을 제조 또는 유통한 자에 대하여 해당 제품 또는 물질의 회수, 파기 등 필요한 조치를 명할 수 있다(동조 ⑤). 환경부장관은 제1항에 따라 유해성 기준이 고시된 제품 또는 물질 중에서 재활용하는 폐기물의 관리가 필요하다고 인정되는 제품 또는 물질에 대하여는 관할 지방자치단체의 장 및 해당 제품 또는 물질을 제조하는 자 등과 협약을 체결하여 폐기물의 종류별 사용 용도 및 사용량, 폐기물 중의 중금속 함유량 등의 정보를 공개하게 할 수 있다(동조 ⑥).

4. 폐기물처리책임의 배분

(1) 생활폐기물

1) 처리책임-지방자치단체

현행법상 생활폐기물의 처리책임은 지방자치단체에게 있다. 특별자치시장, 특별

자치도지사, 시장 · 군수 · 구청장은 관할 구역에서 배출되는 생활폐기물을 처리하여야 한다. 다만, 환경부령으로 정하는 바에 따라 특별자치시장, 특별자치도지사, 시장 · 군수 · 구청장이 지정하는 지역은 제외한다(제14조 ①). 특별자치시장, 특별자치도지사, 시장 · 군수 · 구청장은 해당 지방자치단체의 조례로 정하는 바에 따라 대통령령으로 정하는 자에게 제1항에 따른 처리를 대행하게 할 수 있다(동조 ②).

특별자치시장, 특별자치도지사, 시장 · 군수 · 구청장은 제14조 제2항에 따라 생활폐기물의 처리를 대행하게 하는 경우 폐지, 고철, 폐합성수지 등 지방자치단체의 조례로 정하는 폐기물(이하 이 조에서 "특정 품목"이라 한다)의 수집 · 운반 또는 재활용을 별도로 대행하게 하는 계약(이하 "대행계약"이라 한다)을 체결할 수 있다(제14조의6 ①).

특별자치시장, 특별자치도지사, 시장 · 군수 · 구청장은 제2항에 따라 생활폐기물 수집 · 운반을 대행하게 할 경우에는 다음 각 호의 사항을 준수하여야 한다(제14조 ⑧).

1. 환경부령으로 정하는 기준에 따라 원가를 계산하여야 하며, 최초의 원가계산은 「지방자치단체를 당사자로 하는 계약에 관한 법률 시행규칙」 제9조에서 규정하는 원가계산용역기관에 원가계산을 의뢰하여야 한다.
2. 생활폐기물 수집 · 운반 대행자에 대한 대행실적 평가기준(주민만족도와 환경미화원의 근로조건을 포함한다)을 해당 지방자치단체의 조례로 정하고, 평가기준에 따라 매년 1회 이상 평가를 실시하여야 한다. 이 경우 대행실적 평가는 해당 지방자치단체가 민간전문가 등으로 평가단을 구성하여 실시하여야 한다.
3. 제2호에 따라 대행실적을 평가한 경우 그 결과를 해당 지방자치단체 인터넷 홈페이지에 평가일부터 6개월 이상 공개하여야 하며, 평가결과 해당 지방자치단체의 조례로 정하는 기준에 미달되는 경우에는 환경부령으로 정하는 바에 따라 영업정지, 대행계약 해지 등의 조치를 하여야 한다.
4. 생활폐기물 수집 · 운반 대행계약을 체결한 경우 그 계약내용을 계약일부터 6개월 이상 해당 지방자치단체 인터넷 홈페이지에 공개하여야 한다.
5. 제4호에 따른 대행계약이 만료된 경우에는 계약만료 후 6개월 이내에 대행비용 지출내역을 6개월 이상 해당 지방자치단체 인터넷 홈페이지에 공개하여야 한다.
6. 생활폐기물 수집 · 운반 대행자(법인의 대표자를 포함한다)가 생활폐기물 수집 · 운반 대행계약과 관련하여 다음 각 목에 해당하는 형을 선고받은 경우에는

지체 없이 대행계약을 해지하여야 한다.

가. 「형법」 제133조에 해당하는 죄를 저질러 벌금 이상의 형을 선고받은 경우

나. 「형법」 제347조, 제347조의2, 제356조 또는 제357조(제347조 및 제356조의 경우 「특정경제범죄 가중처벌 등에 관한 법률」 제3조에 따라 가중처벌되는 경우를 포함한다)에 해당하는 죄를 저질러 벌금 이상의 형을 선고받은 경우(벌금형의 경우에는 300만원 이상에 한정한다.)

7. 생활폐기물 수집·운반 대행계약 시 생활폐기물 수집·운반 대행계약과 관련하여 제6호 각 목에 해당하는 형을 선고받은 후 3년이 지나지 아니한 자는 계약대상에서 제외하여야 한다.

[판례] (1) 생활폐기물 처리를 대행하게 할 경우 행정청의 준수사항 및 감독권한을 규정한 폐기물관리법 제14조 제8항은 2010. 7. 23. 법률 제10389호 개정 당시, 국민생활과 밀접하게 관련된 생활폐기물 처리 대행자의 대행료 과다 지급, 지방자치단체와의 유착비리 등 문제를 해결하고 생활폐기물 처리행정의 효율성과 처리의 수준을 개선하기 위하여 신설되었다. (2) 폐기물관리법 제14조 제8항 제6호, 제7호에 따른 대행계약 해지 및 계약대상 제외처분 제도는 지방자치단체의 장으로 하여금 계약상대방의 채무불이행과 직접적인 관련이 없는 사유가 발생한 경우에도 대행계약의 적정성, 공정성과 성실한 이행 확보라는 공익 달성을 위하여 일방적으로 계약을 해지하고 그 대행자를 일정 기간 계약대상에서 제외하도록 하려는 것이다(대법원 2018. 12. 28.자 2018무685 결정 참조). (3) '생활폐기물 수집·운반 대행계약과 관련하여' 저지른 범죄행위에 해당하는지 여부는 폐기물관리법의 내용과 체계, 폐기물관리법 제14조 제8항의 입법취지, 대행계약 해지 및 계약대상 제외처분 제도의 목적, 생활폐기물 수집·운반 업무의 성격 및 국민생활에 미치는 영향의 정도 등을 종합하여 판단하여야 하고, 해당 범죄행위가 대행계약 체결 또는 이행에 즈음하여 저질러지고 범행결과 대행자 또는 대행법인의 재정건전성을 해하거나 청렴성을 훼손하기에 이른다면, 대행계약의 적정성, 공정성과 성실한 이행을 해할 염려가 있어 계약대상으로 삼는 것이 부적절하게 되므로 이에 해당하게 된다. (4) 이 사건 범행의 내용은 대행계약의 이행으로 수령한 용역대금을 과다배당 및 임의소비하여 원고 회사의 재정건전성을 악화시키고 나아가 적정한 계약 이행을 해할 우려가 있는 것으로서 계약대상 제외처분사유에 해당한다(대법원 2020. 11. 12. 선고 2019두60394 판결[대행계약해지등처분취소]).

대법원은 생활폐기물수집·운반 등 대행위탁계약을 사법상 계약으로 본다.[41] 그러나 생활폐기물수집·운반 등 대행위탁계약을 사법상 계약으로 본 것은 재검토를 요한다. 생활폐기물의 수집·운반 등 처리나 자원회수시설의 관리는 환경행정의 일부를 이루는 것이고, 공공성이 크므로 사경제적 작용이 아니라 공행정작용으로 보아야 한다. 그리고 공행정의 위탁은 그것이 단순한 보조위탁이 아닌 한 공행정의 권한을 이전하는 것으로서 공법적 효과를 가져오는 것이므로 공행정위탁계약을 공법상 계약으로 보는 것이 타당하다.

제1항 본문 및 제2항에도 불구하고 제46조 제1항에 따라 폐기물처리 신고를 한 자(이하 "폐기물처리 신고자"라 한다)는 생활폐기물 중 폐지, 고철, 폐식용유(생활폐기물에 해당하는 폐식용유를 유출 우려가 없는 전용 탱크·용기로 수집·운반하는 경우만 해당한다) 등 환경부령으로 정하는 폐기물을 수집·운반 또는 재활용할 수 있다(동조 ③). 제3항에 따라 생활폐기물을 수집·운반하는 자는 수집한 생활폐기물 중 환경부령으로 정하는 폐기물을 다음 각 호의 자에게 운반할 수 있다(동조 ④).

1. 「자원의 절약과 재활용촉진에 관한 법률」 제16조 제1항에 따른 제품·포장재의 제조업자 또는 수입업자 중 제조·수입하거나 판매한 제품·포장재로 인하여 발생한 폐기물을 직접 회수하여 재활용하는 자(재활용을 위탁받은 자 중 환경부령으로 정하는 자를 포함한다)
2. 제25조 제5항 제5호 또는 제7호에 해당하는 폐기물 재활용업의 허가를 받은 자
3. 폐기물처리 신고자
4. 그 밖에 환경부령으로 정하는 자

생활폐기물은 지방자치단체에서 제작·판매하는 종량제 규격봉투에 담아 배출하게 된다. 일명 '쓰레기종량제'라고 불리는 시스템으로 보통 쓰레기배출량에 비례하여 수수료를 부과하고 있다.[42] 즉, 특별자치시장, 특별자치도지사, 시장·군수·구청장은 제1항에 따라 생활폐기물을 처리할 때에는 배출되는 생활폐기물의 종류, 양 등에 따라 수수료를 징수할 수 있다. 이 경우 수수료는 해당 지방자치단체의 조례로 정하는 바에 따라 폐기물 종량제(從量制) 봉투 또는 폐기물임을 표시하는 표지 등(이하 "종량제 봉투등"으로 한다)을 판매하는 방법으로 징수하되, 음식물류 폐

41) 대법원 2018. 2. 13. 선고 2014두11328 판결.
42) 1995년 1월부터 시행된 쓰레기종량제는 생활폐기물과 성상이 유사하여 생활폐기물의 기준 및 방법으로 수집·운반·보관·처리할 수 있는 폐기물에 대하여 실시하고 있다.

기물의 경우에는 배출량에 따라 산출한 금액을 부과하는 방법으로 징수할 수 있다(제14조 ⑤). 특별자치시장, 특별자치도지사, 시장·군수·구청장이 제5항에 따라 음식물류 폐기물에 대하여 수수료를 부과·징수하려는 경우에는 제45조 제2항에 따른 전자정보처리프로그램을 이용할 수 있다. 이 경우 수수료 산정에 필요한 내용을 환경부령으로 정하는 바에 따라 제45조 제2항에 따른 전자정보처리프로그램에 입력하여야 한다(동조 ⑥).

특별자치시장, 특별자치도지사, 시장·군수·구청장은 조례로 정하는 바에 따라 종량제 봉투 등의 제작·유통·판매를 대행하게 할 수 있다(동조 ⑦). 만일 제14조 제7항에 따라 대행계약을 체결하지 아니하고 종량제 봉투등을 제작·유통한 자에 대하여는 5년 이하의 징역이나 3천만원 이하의 벌금에 처한다(제64조 제4호).

2) 환경부장관의 관리·감독

환경부장관은 생활폐기물의 처리와 관련하여 필요하다고 인정하는 경우에는 해당 특별자치시장, 특별자치도지사, 시장·군수·구청장에 대하여 필요한 자료 제출을 요구하거나 시정조치를 요구할 수 있으며, 생활폐기물 처리에 관한 기준의 준수 여부 등을 점검·확인할 수 있다. 이 경우 환경부장관의 자료 제출 및 시정조치 요구를 받은 해당 특별자치시장, 특별자치도지사, 시장·군수·구청장은 특별한 사정이 없으면 이에 따라야 한다(동조 ⑨). 환경부장관은 특별자치시장, 특별자치도지사, 시장·군수·구청장이 제9항에 따른 요구를 이행하지 아니하는 경우에는 재정적 지원의 중단 또는 삭감 등의 조치를 할 수 있다(동조 ⑩).

3) 생활폐기물 수집·운반 대행자에 대한 과징금 처분

특별자치시장, 특별자치도지사, 시장·군수·구청장은 제14조 제8항 제3호에 따라 생활폐기물 수집·운반 대행자에게 영업의 정지를 명하려는 경우에 그 영업의 정지로 인하여 생활폐기물이 처리되지 아니하고 쌓여 지역주민의 건강에 위해가 발생하거나 발생할 우려가 있으면 대통령령으로 정하는 바에 따라 그 영업의 정지를 갈음하여 1억원 이하의 과징금을 부과할 수 있다(제14조의2 ①). 특별자치시장, 특별자치도지사, 시장·군수·구청장은 제1항에 따른 과징금을 내야 할 자가 납부기한까지 내지 아니하면 과징금 부과처분을 취소하고 제14조 제8항 제3호에 따른 영업정지 처분을 하거나 「지방세외수입금의 징수 등에 관한 법률」에 따라 과징금을 징수한다. 다만, 제37조에 따른 폐업 등으로 제14조 제8항 제3호에 따른 영업정지 처분을 할 수 없는 경우에는 「지방세외수입금의 징수 등에 관한 법률」에 따라 과징금을 징수한다(동조 ②).

4) 생활계 유해폐기물 처리계획의 수립 등

특별자치시장, 특별자치도지사, 시장·군수·구청장은 관할구역의 생활폐기물 중 질병 유발 및 신체 손상 등 인간의 건강과 주변환경에 피해를 유발할 수 있는 폐기물(이하 "생활계 유해폐기물"이라 한다)을 안전하고 적정하게 처리하기 위하여 다음 각 호의 사항을 포함하는 생활계 유해폐기물 처리계획을 수립·시행하고, 매년 그 추진성과를 평가하여야 한다(제14조의4 ①).

1. 생활계 유해폐기물의 발생 및 처리 현황
2. 생활계 유해폐기물 수거시설의 설치 현황 및 향후 설치 계획
3. 생활계 유해폐기물의 적정 처리를 위한 기술적·재정적 지원 방안(재원의 확보계획을 포함한다)

생활계 유해폐기물의 종류, 제1항에 따른 처리계획 수립의 주기·절차 및 추진성과의 평가방법 등은 환경부령으로 정한다(동조 ②).

5) 생활폐기물 배출자의 처리협조의무

생활폐기물의 처리책임은 배출자책임의 원칙에 따라 생활폐기물발생자가 지는 것이 원칙이지만 편의상 기초자치단체가 지는 것으로 한 것이다. 따라서 폐기물의 효율적 처리를 위하여 일정한 범위 내에서 생활폐기물배출자에게 처리책임 내지 처리협조의무를 부과하는 것은 당연하다. 이는 또한 협동의 원칙으로부터도 요청된다. 「폐기물관리법」 제15조는 생활폐기물배출자의 처리협조의무 등을 정하고 있다. 즉, 생활폐기물이 배출되는 토지나 건물의 소유자·점유자 또는 관리자(이하 "생활폐기물배출자"라 한다)는 관할 특별자치시, 특별자치도, 시·군·구의 조례로 정하는 바에 따라 생활환경 보전상 지장이 없는 방법으로 그 폐기물을 스스로 처리하거나 양을 줄여서 배출하여야 한다(제15조 ①). 그리고 생활폐기물배출자는 제1항에 따라 스스로 처리할 수 없는 생활폐기물의 분리·보관에 필요한 보관시설을 설치하고, 그 생활폐기물을 종류별, 성질·상태별로 분리하여 보관하여야 하며, 특별자치시, 특별자치도, 시·군·구에서는 분리·보관에 관한 구체적인 사항을 조례로 정하여야 한다(동조 ②). 생활폐기물배출자는 제1항에 따라 생활폐기물을 스스로 처리하는 경우 매년 2월 말까지 환경부령으로 정하는 바에 따라 폐기물의 위탁 처리실적과 처리방법, 계약에 관한 사항 등을 특별자치시장, 특별자치도지사, 시장·군수·구청장에게 신고하여야 한다(동조 ③). 특별자치시장, 특별자치도지사, 시장·군수·구청장은 제3항에 따라 생활폐기물을 스스로 처리한 자의 처리실적을 관할구역 내 생활폐기물 발생 및 처리실적에 포함하는 등 관리하여야 한다(동조 ④). 특

별자치시장, 특별자치도지사, 시장 · 군수 · 구청장은 제1항에 따라 음식물류 폐기물의 양을 줄여서 배출하기 위한 시설을 설치하거나 제2항에 따라 생활폐기물의 분리 · 보관에 필요한 보관시설을 설치하려는 생활폐기물배출자에게 시설의 설치에 필요한 비용의 전부 또는 일부를 지원할 수 있으며, 지원 시설의 종류 및 설치 · 관리 기준, 지원의 범위 등에 관한 구체적인 사항은 조례로 정할 수 있다(동조 ⑤).

(2) 음식물류 폐기물

1) 음식물류 폐기물의 개념

음식물류 폐기물은 음식물을 제조, 가공, 유통, 조리 또는 소비하는 과정에서 사람의 생활이나 사업활동에 필요하지 아니하게 된 물질을 말하는데, 동법 제14조의3에 따르면 농산물류 · 수산물류 · 축산물류 폐기물을 포함한다. 우리나라의 식문화 특성상 국물이 포함된 음식물이 많은 관계로, 음식물류 폐기물은 수분 및 유기물 함량이 높아 배출 후 부패가 빨리 진행되고 배출 · 수거 · 운송 · 처분과정에서 악취 및 음폐수로 인한 수질오염 등의 환경상 문제가 발생한다. 또한, 자원순환사회의 촉진이라는 측면에서 음식물류 폐기물을 사료나 퇴비 등으로 자원순환하도록 유도하는 것이 정책적 현안이 되고 있다. 이러한 점들은 음식물류 폐기물의 적정처리와 자원순환에 관한 독립적인 규율 및 입법의 필요성을 증대시키고 있다.

음식물류 폐기물은 가정, 소형음식점, 집단급식소나 대형음식점과 같은 다량배출사업장 등에서 배출되고 있는 관계로 각 배출원별 수거 및 관리체계가 마련될 필요성이 크지만, 동법에서는 집단급식소 등 음식물류 폐기물을 다량으로 배출하는 자를 중심으로 규율하고 있다(법 제17조 제2항에 따른 사업장폐기물배출자인 경우에는 제외).

2) 음식물류 폐기물 발생 억제 계획의 수립 등

특별자치시장, 특별자치도지사, 시장 · 군수 · 구청장은 관할 구역의 음식물류 폐기물(농산물류 · 수산물류 · 축산물류 폐기물을 포함한다. 이하 같다)의 발생을 최대한 줄이고 발생한 음식물류 폐기물을 적정하게 처리하기 위하여 다음 각 호의 사항을 포함하는 음식물류 폐기물 발생 억제 계획을 수립 · 시행하고, 매년 그 추진성과를 평가하여야 한다(제14조의3 ①).

1. 음식물류 폐기물의 발생 및 처리 현황
2. 음식물류 폐기물의 향후 발생 예상량 및 적정 처리 계획
3. 음식물류 폐기물의 발생 억제 목표 및 목표 달성 방안
4. 음식물류 폐기물 처리시설의 설치 현황 및 향후 설치 계획

5. 음식물류 폐기물의 발생 억제 및 적정 처리를 위한 기술적·재정적 지원 방안(재원의 확보계획을 포함한다)

3) 음식물류 폐기물 배출자의 의무 등

음식물류 폐기물을 다량으로 배출하는 자로서 대통령령으로 정하는 자[43]는 음식물류 폐기물의 발생 억제 및 적정 처리를 위하여 관할 특별자치시, 특별자치도, 시·군·구의 조례로 정하는 사항을 준수하여야 한다(제15조의2 ①). 제1항에 따른 음식물류 폐기물 배출자는 음식물류 폐기물의 발생 억제 및 처리 계획을 환경부령으로 정하는 바에 따라 특별자치시장, 특별자치도지사, 시장·군수·구청장에게 신고하여야 한다. 신고한 사항 중 환경부령으로 정하는 사항을 변경할 때에도 또한 같다(동조 ②). 제1항에 따른 음식물류 폐기물 배출자는 제14조 제1항 또는 제18조 제1항에도 불구하고 발생하는 음식물류 폐기물을 스스로 수집·운반 또는 재활용하거나 다음 각 호의 어느 하나에 해당하는 자에게 환경부령으로 정하는 위탁·수탁의 기준 및 절차에 따라 위탁하여 수집·운반 또는 재활용하여야 한다(동조 ③).

1. 제4조나 제5조에 따른 폐기물처리시설을 설치·운영하는 자
2. 제25조 제5항 제1호에 따른 폐기물 수집·운반업의 허가를 받은 자
3. 제25조 제5항 제5호부터 제7호까지의 규정 중 어느 하나에 해당하는 폐기

---

43) 동법 시행령 제8조의4(음식물류 폐기물 배출자의 범위) 법 제15조의2 제1항에서 "대통령령으로 정하는 자"란 다음 각 호의 어느 하나에 해당하는 자를 말한다. 다만, 다음 각 호의 어느 하나에 해당하는 자가 법 제17조 제2항에 따른 사업장폐기물배출자인 경우에는 제외한다.

1. 「식품위생법」 제2조 제12호에 따른 집단급식소(「사회복지사업법」 제2조 제4호에 따른 사회복지시설의 집단급식소는 제외한다) 중 1일 평균 총급식인원이 100명 이상(「유아교육법」에 따른 유치원에 설치된 집단급식소는 1일 평균 총급식인원이 200명 이상)인 집단급식소를 운영하는 자. 이 경우 1일 평균 총급식인원의 구체적인 산출방법 등은 환경부장관이 정하여 고시한다.
2. 「식품위생법」 제36조 제1항 제3호에 따른 식품접객업 중 사업장 규모가 200제곱미터 이상인 휴게음식점영업 또는 일반음식점영업을 하는 자. 다만, 음식물류 폐기물의 발생량, 폐기물 재활용시설의 용량 등을 고려하여 특별자치시, 특별자치도 또는 시·군·구의 조례로 다음 각 목의 사업장 규모 또는 제외 대상 업종을 정하는 경우에는 그 조례에 따른다.
   가. 사업장 규모(200제곱미터 이상으로 한정한다)
   나. 휴게음식점영업 중 일부 제외 대상 업종
3. 「유통산업발전법」 제2조 제3호에 따른 대규모점포를 개설한 자
4. 「농수산물 유통 및 가격안정에 관한 법률」 제2조 제2호·제5호 또는 제12호에 따른 농수산물도매시장·농수산물공판장 또는 농수산물종합유통센터를 개설·운영하는 자
5. 「관광진흥법」 제3조 제1항 제2호에 따른 관광숙박업을 경영하는 자
6. 그 밖에 음식물류 폐기물을 스스로 감량하거나 재활용하도록 할 필요가 있어 특별자치시, 특별자치도 또는 시·군·구의 조례로 정하는 자

물 재활용업의 허가를 받은 자

4. 폐기물처리 신고자(음식물류 폐기물을 재활용하기 위하여 신고한 자로 한정한다)

제1항에 따른 음식물류 폐기물 배출자는 각각의 사업장에서 발생하는 음식물류 폐기물을 환경부령으로 정하는 바에 따라 공동으로 수집·운반 또는 재활용할 수 있고, 폐기물처리시설을 공동으로 설치·운영할 수 있다. 이 경우 공동 운영기구를 설치하고 그 대표자 1명을 선정하여야 한다(동조 ④). 음식물류 폐기물 배출자는 제3항에 따라 음식물류 폐기물의 처리를 위탁한 경우 해당 폐기물의 처리과정이 제13조에 따른 폐기물의 처리 기준과 방법 또는 제13조의2에 따른 폐기물의 재활용 원칙 및 준수사항에 맞게 이루어지고 있는지를 환경부령으로 정하는 바에 따라 확인하는 등 필요한 조치를 취하여야 한다. 다만, 제4조나 제5조에 따라 폐기물처리시설을 설치·운영하는 자에게 위탁하는 경우에는 그러하지 아니하다(동조 ⑤).

(3) 사업장폐기물

사업장폐기물의 처리책임은 배출사업자에게 있다. 폐기물배출사업자는 **스스로 처리**(자가처리)하거나 **위탁처리**할 수 있다. 즉, 법 제18조 제1항은 "사업장폐기물배출자는 그의 사업장에서 발생하는 폐기물을 스스로 처리하거나 제25조 제3항의 규정에 따른 폐기물처리업의 허가를 받은 자, 폐기물처리 신고자, 제4조나 제5조에 따른 폐기물처리시설을 설치·운영하는 자, 「건설폐기물의 재활용촉진에 관한 법률」 제21조에 따라 건설폐기물 처리업의 허가를 받은 자 또는 「해양환경관리법」 제70조 제1항 제1호에 따라 폐기물해양배출업의 등록을 한 자에게 위탁하여 처리하여야 한다"라고 배출자책임의 원칙을 규정하고 있다.

환경부령으로 정하는 둘 이상의 사업장폐기물배출자는 각각의 사업장에서 발생하는 폐기물을 환경부령으로 정하는 바에 따라 공동으로 수집, 운반, 재활용 또는 처분할 수 있다. 이 경우 사업장폐기물배출자는 공동 운영기구를 설치하고 그 중 1명을 공동 운영기구의 대표자로 선정하여야 하며, 폐기물처리시설을 공동으로 설치·운영할 수 있다(제18조 ⑤).

5. 사업장폐기물배출자의 의무 등

(1) 사업장폐기물배출자의 준수의무

사업장폐기물배출자는 다음 각 호의 사항을 지켜야 한다(제17조 ①).

1. 사업장에서 발생하는 폐기물 중 환경부령으로 정하는 유해물질의 함유량에 따라 지정폐기물로 분류될 수 있는 폐기물에 대해서는 환경부령으로 정하는

바에 따라 제17조의2 제1항에 따른 폐기물분석전문기관에 의뢰하여 지정폐기물에 해당되는지를 미리 확인하여야 한다(지정폐기물 해당여부 확인의무).

1의 2. 사업장에서 발생하는 모든 폐기물을 제13조에 따른 폐기물의 처리 기준과 방법 및 제13조의2에 따른 폐기물의 재활용 원칙과 준수사항에 적합하게 처리하여야 한다(적정처리의무).

2. 생산 공정(工程)에서는 폐기물감량화시설의 설치, 기술개발 및 재활용 등의 방법으로 사업장폐기물의 발생을 최대한으로 억제하여야 한다(발생억제의무).

3. 제18조 제1항에 따라 폐기물의 처리를 위탁하려면 사업장폐기물배출자는 환경부령으로 정하는 위탁·수탁의 기준 및 절차를 따라야 하며, 해당 폐기물의 처리과정이 제13조에 따른 폐기물의 처리 기준과 방법 또는 제13조의2에 따른 폐기물의 재활용 원칙과 준수사항에 맞게 이루어지고 있는지를 환경부령으로 정하는 바에 따라 확인하는 등 필요한 조치를 취하여야 한다. 다만, 제4조나 제5조에 따라 폐기물처리시설을 설치·운영하는 자에게 위탁하는 경우에는 그러하지 아니하다(수탁폐기물의 적정처리 확인의무).

2020. 5. 27. 개정된 폐기물관리법 시행규칙은 **사업장폐기물배출자의 수탁업자에 의한 수탁폐기물의 적정처리에 대한 확인의무**를 다음과 같이 강화하였다. 영 제8조의4 제1호에 따른 집단급식소를 운영하는 자, 제18조 제1항 각 호 및 제18조의2 제1항 각 호의 어느 하나에 해당하는 배출사업자는 법 제15조의2 제3항 및 제17조 제1항 제3호 본문에 따라 다음 각 호의 **위탁·수탁의 기준 및 절차**를 **준수**해야 한다.[44]

1. 다음 각 목의 서류를 포함한 별지 제5호서식의 수탁처리능력 확인서를 수탁자로부터 제출받을 것
   가. 폐기물처리업 허가증 또는 폐기물처리 신고증명서 사본
   나. 법 제40조 제1항에 따른 방치폐기물 처리이행보증을 확인할 수 있는 서류 사본
2. 제68조의4 제4항에 따라 법 제48조의4에 따른 폐기물적정처리추진센터(이하 "폐기물적정처리추진센터"라 한다)에서 공개한 자료 등을 활용하여 적법한 수탁자에 해당하는지를 확인할 것
3. 수탁자와 서면으로 다음 각 목의 사항이 포함된 위탁계약을 체결할 것
   가. 위탁하는 폐기물의 종류 및 수량

44) 동법 시행규칙 제16조의8(위탁·수탁의 기준 및 절차)

나. 계약 기간 및 위탁 비용

다. 위탁하는 폐기물의 성질과 상태 및 취급 시 주의사항

4. 위탁계약서를 계약 체결일부터 3년간 보관할 것

사업장폐기물배출자 등은 위탁 후 법 제15조의2 제5항 본문 및 제17조 제1항 제3호 본문에 따라 해당 폐기물의 처리과정이 법 제13조에 따른 폐기물의 처리 기준과 방법 또는 법 제13조의2에 따른 폐기물의 재활용 원칙 및 준수사항에 맞게 이뤄지고 있는지를 [별표 5의7]에 따른 방법으로 확인해야 한다.[45] 즉, 음식물류 폐기물 배출자 및 사업장폐기물배출자는 수탁자가 폐기물관리법 시행규칙 제16조의7 제3호에 따른 위탁계약의 내용대로 폐기물을 적정하게 처리하고 있는지를 1개월마다 전자정보처리프로그램 등을 활용하는 방법으로 확인하여야 하고, 제1호에 따른 확인 결과 폐기물이 부적정하게 처리되는 것이 의심되는 경우에는 수탁자가 제16조의7 제3호에 따른 위탁계약의 내용대로 폐기물을 적정하게 처리하고 있는지를 스스로 또는 폐기물적정처리추진센터를 통해 폐기물 처리 현장을 확인하여야 한다. 제1호 및 제2호에 따라 수탁자가 폐기물을 위탁계약의 내용대로 처리하지 않거나 법 제13조에 따른 폐기물의 처리 기준과 방법 또는 법 제13조의2에 따른 폐기물의 재활용 원칙 및 준수사항에 맞지 않게 폐기물의 처리가 이루어지지 않는 것을 확인한 경우에는 지체 없이 폐기물의 처리위탁을 중단하여야 한다.[46]

개정 폐기물관리법과 동법 시행규칙이 폐기물처리업자에 의한 처리결과의 확인의무 및 적정처리에 대한 협력·감독의무를 규정하고 있는 점은 바람직하다. 그런데 위탁시 폐기물처리업자의 처리능력의 확인의무는 종전보다 강화하기는 하였지만, 종전과 같이 주로 서류에 의한 확인의무만을 부과하고, 필요한 경우 현장확인 등 실질적으로 처리능력이 있는지를 실제로 확인하도록 하는 의무는 부과하고 있지 않은 것은 재검토를 요한다.

한편, 환경부령으로 정하는 사업장폐기물배출자는 **사업장폐기물의 종류와 발생량** 등을 환경부령으로 정하는 바에 따라 특별자치시장, 특별자치도지사, 시장·군수·구청장에게 **신고**하여야 한다. 신고한 사항 중 환경부령으로 정하는 사항을 변경할 때에도 또한 같다(제17조 ②).

특별자치시장, 특별자치도지사, 시장·군수·구청장은 제2항에 따른 신고 또는

---

45) 동법 시행규칙 제17조(음식물류 폐기물 배출자 및 사업장폐기물배출자의 확인)

46) 동법 시행규칙 [별표 5의7] <신설 2020. 5. 27.> 음식물류 폐기물 배출자 및 사업장폐기물배출자의 폐기물 적정처리 여부 확인 방법

변경신고를 받은 날부터 20일 이내에 신고수리 여부를 신고인에게 통지하여야 한다(동조 ③). 특별자치시장, 특별자치도지사, 시장·군수·구청장이 제3항에서 정한 기간 내에 신고수리 여부나 민원 처리 관련 법령에 따른 처리기간의 연장을 신고인에게 통지하지 아니하면 그 기간이 끝난 날의 다음 날에 신고를 수리한 것으로 본다(동조 ④).

환경부령으로 정하는 **지정폐기물**을 배출하는 사업자는 그 지정폐기물을 제18조 제1항에 따라 처리하기 전에 다음 각 호의 서류를 환경부장관에게 제출하여 **확인**을 받아야 한다. 다만, 「자동차관리법」 제2조 제8호에 따른 자동차정비업을 하는 자 등 환경부령으로 정하는 자가 지정폐기물을 공동으로 수집·운반하는 경우에는 그 대표자가 환경부장관에게 제출하여 확인을 받아야 한다(동조 ⑤).

1. 다음 각 목의 사항을 적은 폐기물처리계획서
   가. 상호, 사업장 소재지 및 업종
   나. 폐기물의 종류, 배출량 및 배출주기
   다. 폐기물의 운반 및 처리 계획
   라. 폐기물의 공동 처리에 관한 계획(공동 처리하는 경우만 해당한다)
   마. 그 밖에 환경부령으로 정하는 사항
2. 제17조의2 제1항에 따른 폐기물분석전문기관이 작성한 폐기물분석결과서
3. 지정폐기물의 처리를 위탁하는 경우에는 수탁처리자의 수탁확인서

대통령령으로 정하는 업종 및 규모 이상의 사업장폐기물배출자는 제1항 제2호에 따른 사업장폐기물의 발생 억제를 위하여 환경부장관과 관계 중앙행정기관의 장이 환경부령으로 정하는 기본 방침과 절차에 따라 통합하여 고시하는 지침을 지켜야 한다(동조 ⑦). 이에 따라 '사업장폐기물감량지침'이 마련되어 있다.

제17조 제5항에 따른 확인을 받지 아니하거나 확인을 받은 내용과 다르게 지정폐기물을 배출·운반 또는 처리한 자는 2년 이하의 징역이나 1천만원 이하의 벌금에 처하고(제66조 제4호), 제17조 제2항을 위반하여 신고를 하지 아니하거나 거짓으로 신고를 한 자에게는 1천만원 이하의 과태료를 부과하며(제68조 ① 제1의2호), 제17조 제1항 제3호에 따라 확인을 하지 아니하고 위탁한 자에게는 300만원 이하의 과태료를 부과한다(제68조 ② 제1호).

(2) 사업장폐기물 처리의무

사업장폐기물배출자는 그의 사업장에서 발생하는 사업장폐기물을 **스스로 처리**(자가처리)하거나 **위탁처리**할 수 있다. 위탁처리를 하는 경우에는 ㉠ 제25조 제3항

에 따른 폐기물처리업의 허가를 받은 자, ㉡ 폐기물처리 신고자, ㉢ 제4조나 제5조에 따른 폐기물처리시설을 설치 · 운영하는 자, ㉣ 「건설폐기물의 재활용촉진에 관한 법률」 제21조에 따라 건설폐기물 처리업의 허가를 받은 자, ㉤ 「해양환경관리법」 제70조 제1항 제1호에 따라 폐기물 해양 배출업의 등록을 한 자에게 위탁하여 처리하여야 한다(제18조 ①). 만일 동조에 위반하여 사업장폐기물을 폐기물처리업 허가를 받지 않은 자나 폐기물처리 신고를 하지 않은 자 등에게 위탁하여 처리하는 경우에는 3년 이하의 징역이나 2천만원 이하의 벌금에 처하고, 징역형과 벌금형은 병과할 수 있다(제65조 제2호).

(3) 전자인계서 등의 작성의무(폐기물처리 이력관리)

환경부령으로 정하는 사업장폐기물을 배출, 수집 · 운반, 재활용 또는 처분하는 자는 그 폐기물을 배출, 수집 · 운반, 재활용 또는 처분할 때마다 폐기물의 인계 · 인수에 관한 사항과 계량값, 위치정보, 영상정보 등 환경부령으로 정하는 폐기물 처리 현장정보(이하 "폐기물처리현장정보"라 한다)를 환경부령으로 정하는 바에 따라 제45조 제2항에 따른 전자정보처리프로그램에 입력하여야 한다.[47] 다만, 의료폐기물은 환경부령으로 정하는 바에 따라 무선주파수인식방법을 이용하여 그 내용을 제45조 제2항에 따른 전자정보처리프로그램에 입력하여야 한다(제18조 ③). 환경부장관은 제3항에 따라 입력된 폐기물 인계 · 인수 내용을 해당 폐기물을 배출하는 자, 수집 · 운반하는 자, 재활용하는 자 또는 처분하는 자가 확인 · 출력할 수 있도록 하여야 하며, 그 폐기물을 배출하는 자, 수집 · 운반하는 자, 재활용하는 자 또는 처분하는 자를 관할하는 시장 · 군수 · 구청장 또는 시 · 도지사가 그 폐기물의 배출, 수집 · 운반, 재활용 및 처분 과정을 검색 · 확인할 수 있도록 하여야 한다(동조 ④).

제18조 제3항에 따른 사업장폐기물을 운반하는 자는 그 폐기물을 운반하는 중에 제45조 제2항에 따른 전자정보처리프로그램에 입력된 폐기물 인계 · 인수 내용을 확인할 수 있도록 인계번호를 숙지하여야 하며, 관계 행정기관이나 그 소속 공무원이 요구하는 때에는 이를 알려주어야 한다(제19조 ①). 폐기물을 수탁하여 처리하는 자는 영업정지 · 휴업 · 폐업 또는 폐기물처리시설의 사용정지 등의 사유로 환경부령으로 정하는 사업장폐기물을 처리할 수 없는 경우에는 환경부령으로 정하는 바에 따라 지체 없이 그 사실을 사업장폐기물의 처리를 위탁한 배출자에게 통

47) 과거에는 수기전표제도를 이용하였으나 현재는 인터넷을 이용한 시스템을 사용하고 있다. 즉, 인터넷을 이용하여 전자인계서의 작성, 사업장폐기물관리대상관리, 실적보고서작성 및 제출, 인허가 서류의 신청 및 변경 등의 업무를 처리할 수 있다.

보하여야 한다(동조 ②).

(4) 유해성 정보자료의 작성 · 제공 의무

사업장폐기물배출자는 환경부령으로 정하는 사업장폐기물을 배출하는 경우에는 환경부령으로 정하는 바에 따라 스스로 또는 환경부령으로 정하는 전문기관에 의뢰하여 다음 각 호의 사항을 포함한 유해성 정보자료(이하 "유해성 정보자료"라 한다)를 **작성**하여야 한다(제18조의2 ①).

1. 사업장폐기물의 종류
2. 사업장폐기물의 물리 · 화학적 성질 및 취급 시 주의사항
3. 사업장폐기물로 인하여 화재 등의 사고 발생 시 방제 등 조치방법
4. 그 밖에 환경부령으로 정하는 사항

사업장폐기물배출자는 제1항에 따라 유해성 정보자료를 작성한 후 생산공정이나 사용 원료의 변경 등 환경부령으로 정하는 중요사항이 변경된 경우에는 환경부령으로 정하는 바에 따라 그 변경내용을 반영하여 스스로 또는 환경부령으로 정하는 기관에 의뢰하여 유해성 정보자료를 다시 작성하여야 한다(동조 ②).

사업장폐기물배출자는 해당 사업장폐기물을 제18조 제1항에 따라 위탁하여 처리하는 경우에는 수탁자에게 제1항 및 제2항에 따라 작성한 유해성 정보자료를 **제공**하여야 한다(동조 ③).

사업장폐기물배출자와 수탁자는 제1항, 제2항 및 제3항에 따라 작성하거나 제공받은 유해성 정보자료를 사업장폐기물의 수집 · 운반차량, 보관장소 및 처리시설에 각각 게시하거나 비치하여야 한다(동조 ④).

(5) 사업장폐기물배출자의 권리와 의무의 승계

사업장폐기물배출자가 그 사업을 양도하거나 사망한 경우 또는 법인이 합병 · 분할한 경우에는 그 양수인 · 상속인 또는 합병 · 분할 후 존속하는 법인이나 합병 · 분할에 의하여 설립되는 법인은 그 사업장폐기물과 관련한 권리와 의무를 승계한다(제17조 ⑧).

한편, **사업장**의 전부 또는 일부를 경매, 압류절차 등을 통하여 인수한 자에 대하여도 사업장폐기물과 관련한 권리와 의무의 승계규정을 두고 있다. 즉, 「민사집행법」에 따른 경매, 「채무자 회생 및 파산에 관한 법률」에 따른 환가(換價)나 「국세징수법」 · 「관세법」 또는 「지방세기본법」에 따른 압류재산의 매각, 그 밖에 이에 준하는 절차에 따라 사업장폐기물배출자의 사업장[48] 전부 또는 일부를 인수한 자는 그 사업장폐기물과 관련한 권리와 의무를 승계한다(동조 ⑨).

이와 같이 사업의 양도 등의 경우나 사업장의 전부 또는 일부가 인수되는 경우, 사업의 양수인 등 또는 사업장의 인수자에게 사업장폐기물과 관련한 권리와 의무가 승계되도록 한 것은 사업장폐기물에 대한 처리책임자를 확보하기 위한 것이다.

제17조 제8항과 제9항에 따라 승계되는 사업장폐기물과 관련한 권리와 의무는 **공법상의 권리와 의무**를 의미하며 사법상의 권리와 의무는 이에 포함되지 않는다. 예컨대, 폐기물이 적치된 사업장을 경매를 통하여 인수한 자는 폐기물관리법 제17조 제9항에 따라 동법상의 권리·의무를 승계하는 것이고,[49] 민사상으로는 사업장폐기물 배출자에 대하여 소유권의 방해배제를 위한 사업장폐기물의 수거와 대지인도를 청구할 수 있다.

[판례] [1] 구 폐기물관리법 제24조 제5항(현행 제17조 제7항) 후문이 민사집행법에 의한 경매 등의 절차에 따라 사업장폐기물배출자의 사업(현행법은 사업장)을 인수한 자가 사업장폐기물배출자의 사법상의 권리·의무까지 당연히 승계한다는 취지인지 여부(소극): 폐기물관리법 제24조 제5항 후문에 의하면, 민사집행법(구 민사소송법)에 의한 경매, 파산법에 의한 환가나 국세징수법·관세법 또는 지방세법에 의한 압류재산의 매각 기타 이에 준하는 절차에 따라 사업장폐기물배출자의 사업을 인수한 자는 당해 사업장폐기물과 관련한 권리·의무를 승계한다고 규정되어 있는바, 폐기물관리법이 폐기물을 적정하게 처리하여 자연환경 및 생활환경을 청결히 함으로써 환경보전과 국민생활의 질적 향상에 이바지함을 목적으로 하고(제1조), 환경정책기본법 제7조 및 폐기물관리법 제24조 제1항, 제25조가 오염원인자 책임원칙을 규정하고 있는 점에 비추어 보면, <u>위 승계규정은 방치되는 폐기물의 발생을 예방하기 위하여 오염원인자 책임원칙을 확장한 것으로서 위와 같은 인수자가 사업장폐기물배출자의 공법상 권리·의무를 승계한다는 취지일 뿐이고, 이로써 사업장폐기물배출자의 사법상 권리·의무까지 당연히 승계되는 것은 아니라고 보아야 한다</u>. [2] 공장 대지와 건물 및 기계기구를 일괄경매로 취득한 현 소유자의 전 소유자에 대한 소유권에 대한 방해배제를 위한 사업장폐기물의 취거 및 대지 인도 청구를 인용한 사례(대법원 2002. 10. 22. 선고 2002다46331 판결[토지인도]－경락인의 폐기물수거 및 대지인도청구 사건).

48) 종래 "사업"이라고 규정되어 있었는데, 경매 등의 경우 사업 자체 보다는 사업장만 대상으로 하는 경우가 많은 점을 고려하여 개정한 것이다.

49) 따라서 관할 행정청은 사업장을 인수한 자에게 동법 제48조의 폐기물처리에 대한 조치명령을 내릴 수 있다.

제17조 제8항은 법규정상 "사업"의 양수인 등에게 권리와 의무가 승계되는 것으로 규정되어 있어 사업 자체를 양수하지 않고 사업장만을 매입한 경우에는 사업장폐기물에 대한 처리책임을 지지 않게 되는 문제가 있다. 입법론으로는 사업장의 전부 또는 일부를 양도한 경우에도 사업장폐기물과 관련한 권리와 의무가 양수인에게 병존적으로 승계되도록 규정을 두어야 할 것이다.

양 당사자의 합의에 의해 사업장폐기물과 관련한 사법상 권리와 의무의 승계를 정하는 것은 가능하지만, 종전 사업장폐기물배출자의 이 법에 따른 의무 위반으로 인한 법적 책임은 제8항 또는 제9항에 따른 권리·의무 승계에도 불구하고 소멸하지 아니하므로(동조 ⑩), 공법상 권리와 의무의 면책적 승계를 정하는 것은 가능하지 않다.

(6) 사업장폐기물배출자에 대한 보관폐기물 처리명령

환경부장관 또는 시·도지사는 사업장폐기물배출자가 제13조에 따른 폐기물의 처리 기준과 방법으로 정한 **보관기간을 초과**하여 폐기물을 **보관**하는 경우에는 사업장폐기물배출자에게 기간을 정하여 폐기물의 처리를 명할 수 있다(제39조의2 ①). 환경부장관 또는 시·도지사는 제1항에 따라 사업장폐기물배출자에게 처리명령을 하였음에도 불구하고 처리되지 아니한 폐기물이 있으면 제17조 제8항 또는 제9항에 따라 권리와 의무를 승계한 자에게 기간을 정하여 폐기물의 처리를 명할 수 있다(동조 ②).

(7) 폐기물의 회수조치

사업자는 제품의 제조·가공·수입 또는 판매 등을 할 때에 그 제조·가공·수입 또는 판매 등에 사용되는 재료·용기·제품 등이 폐기물이 되는 경우 그 회수와 처리가 쉽도록 하여야 한다(제47조 ①). 사업자는 제1항에 따른 재료·용기·제품 등이 「대기환경보전법」 제2조, 「물환경보전법」 제2조 및 「화학물질 관리법」 제2조에 따른 대기오염물질, 수질오염물질, 유독물질 중 환경부령으로 정하는 물질을 함유하고 있거나 다량으로 제조·가공·수입 또는 판매되어 폐기물이 되는 경우 환경부장관이 고시하는 폐기물의 회수 및 처리방법에 따라 회수·처리하여야 한다. 이 경우 환경부장관이 이를 고시하려면 미리 관계 중앙행정기관의 장과 협의하여야 한다(동조 ②). 환경부장관은 사업자가 제2항에 따라 고시된 회수·처리방법에 따라 회수·처리하지 아니하면 기간을 정하여 그 회수와 처리에 필요한 조치를 할 것을 권고할 수 있다(동조 ③). 환경부장관은 제3항에 따라 권고를 받은 자가 권고사항을 이행하지 아니하면 해당 폐기물의 회수와 적정한 처리 등에 필요한 조치를 명할 수 있다(동조 ④).

Ⅵ. 폐기물처리업 및 폐기물처리시설

1. 폐기물처리업

(1) 폐기물처리업의 종류와 영업내용

폐기물처리업의 업종구분과 영업내용은 다음과 같다(제25조 ⑤).

① 폐기물 수집·운반업: 폐기물을 수집하여 재활용 또는 처분 장소로 운반하거나 폐기물을 수출하기 위하여 수집·운반하는 영업

② 폐기물 중간처분업: 폐기물 중간처분시설을 갖추고 폐기물을 소각 처분, 기계적 처분, 화학적 처분, 생물학적 처분, 그 밖에 환경부장관이 폐기물을 안전하게 중간처분할 수 있다고 인정하여 고시하는 방법으로 중간처분하는 영업

③ 폐기물 최종처분업: 폐기물 최종처분시설을 갖추고 폐기물을 매립 등(해역 배출은 제외한다)의 방법으로 최종처분하는 영업

④ 폐기물 종합처분업: 폐기물 중간처분시설 및 최종처분시설을 갖추고 폐기물의 중간처분과 최종처분을 함께 하는 영업

⑤ 폐기물 중간재활용업: 폐기물 재활용시설을 갖추고 중간가공 폐기물을 만드는 영업

⑥ 폐기물 최종재활용업: 폐기물 재활용시설을 갖추고 중간가공 폐기물을 제13조의2에 따른 폐기물의 재활용원칙과 준수사항으로 재활용하는 영업

⑦ 폐기물 종합재활용업: 폐기물 재활용시설을 갖추고 중간재활용업과 최종재활용업을 함께 하는 영업

제5항 제2호부터 제7호까지의 규정에 해당하는 폐기물처리업 허가를 받은 자는 같은 항 제1호에 따른 폐기물 수집·운반업의 허가를 받지 아니하고 그 처리 대상 폐기물을 스스로 수집·운반할 수 있다(동조 ⑥).

(2) 폐기물처리업의 허가

폐기물처리업의 허가는 학문상 특허에 해당하며 원칙상 재량행위이다. 폐기물처리업을 하고자 하는 자는 업종별로 허가를 받아야 한다.

1) 허가권자

지정폐기물을 대상으로 하여 폐기물처리업을 하고자 하는 자는 환경부장관의 허가를 받아야 하고, 그 밖의 폐기물을 대상으로 하는 경우에는 시·도지사의 허

가를 받아야한다(제25조 ③).

2) 허가요건

환경부령이 정하는 기준에 의한 시설·장비 및 기술능력을 갖추어야 한다(동조 ③). 다음 각 호의 어느 하나에 해당하는 자는 폐기물처리업의 허가를 받을 수 없다(제26조).

1. 미성년자, 피성년후견인 또는 피한정후견인
2. 파산선고를 받고 복권되지 아니한 자
3. 이 법을 위반하여 금고이상의 실형의 선고를 받고 그 형의 집행이 종료되거나 집행을 받지 아니하기로 확정된 후 10년을 경과하지 아니한 자

3의2. 이 법을 위반하여 금고 이상의 형의 집행유예를 선고받고 그 집행유예 기간이 끝난 날부터 5년이 지나지 아니한 자

4. 이 법을 위반하여 대통령령으로 정하는 벌금형 이상을 선고받고 그 형이 확정된 날부터 5년이 지나지 아니한 자
5. 제27조(제1항 제2호 및 제2항 제20호는 제외한다)에 따라 폐기물처리업의 허가가 취소되거나 제27조의2(제1항 제2호 및 제2항 제2호는 제외한다)에 따라 전용용기 제조업의 등록이 취소된 자(이하 "허가취소자등"이라 한다)로서 그 허가 또는 등록이 취소된 날부터 10년이 지나지 아니한 자

5의2. 제5호에 해당하는 허가취소자등과의 관계에서 자신의 영향력을 이용하여 허가취소자등에게 업무집행을 지시하거나 허가취소자등의 명의로 직접 업무를 집행하는 등의 사유로 허가취소자등에게 영향을 미쳐 이익을 얻는 자 등으로서 환경부령으로 정하는 자

6. 임원 또는 사용인 중에 제1호부터 제5호까지 및 제5호의2의 어느 하나에 해당하는 자가 있는 법인 또는 개인사업자

3) 허가절차

㈎ 폐기물처리사업계획서 제출

폐기물처리업을 하고자 하는 자는 환경부령이 정하는 바에 따라 폐기물처리사업계획서를 지정폐기물을 대상으로 하는 경우에는 환경부장관에게 제출하고, 그 밖의 폐기물을 대상으로 하는 경우에는 시·도지사에게 제출하여야 한다(제25조 ①).

㈏ 적합통보 또는 부적합통보

환경부장관 또는 시·도지사는 제출된 폐기물처리사업계획서를 다음 각 호의 사항에 관하여 검토한 후 그 적합 여부를 폐기물처리사업계획서를 제출한 자에게

통보하여야 한다(동조 ②).

1. 폐기물처리업 허가를 받으려는 자(법인의 경우에는 임원을 포함한다)가 제26조에 따른 결격사유에 해당하는지 여부
2. 폐기물처리시설의 입지 등이 다른 법률에 저촉되는지 여부
3. 폐기물처리사업계획서상의 시설 · 장비와 기술능력이 제3항에 따른 허가기준에 맞는지 여부
4. 폐기물처리시설의 설치 · 운영으로 「수도법」 제7조에 따른 상수원보호구역의 수질이 악화되거나 「환경정책기본법」 제12조에 따른 환경기준의 유지가 곤란하게 되는 등 사람의 건강이나 주변 환경에 영향을 미치는지 여부

적합통보 또는 부적합통보는 행정법상 사전결정의 성질을 가지며 항고소송의 대상이 된다.[50] 적합통보 또는 부적합통보의 결정에 있어서 행정청에게 일정한 재량권이 인정된다.

[판례 1] <폐기물관리법에 따른 폐기물처리업 사업계획서의 적합 여부 결정에 관하여 행정청에게 부여되어 있는 재량권의 범위> 폐기물처리사업계획서의 적합 여부(환경 친화적인 폐기물처리업 인지 여부) 판단에 관하여 행정청에 광범위한 재량권이 인정된다: 폐기물관리법 제1조, 제25조 제1항, 제2항 제4호, 환경정책기본법 제12조 제1항, 제13조, 제3조 제1호의 내용과 체계, 입법 취지에 비추어 보면, 행정청은 사람의 건강이나 주변 환경에 영향을 미치는지 여부 등 생활환경과 자연환경에 미치는 영향을 두루 검토하여 폐기물처리사업계획서의 적합 여부를 판단할 수 있으며, 이에 관해서는 행정청에 광범위한 재량권이 인정된다. 따라서 법원이 적합 여부 결정과 관련한 행정청의 재량권 일탈 · 남용 여부를 심사할 때에는 해당 지역의 자연환경, 주민들의 생활환경 등 구체적 지역 상황, 상반되는 이익을 가진 이해관계자들 사이의 권익 균형과 환경권의 보호에 관한 각종 규정의 입법 취지 등을 종합하여 신중하게 판단하여야 한다. '자연환경 · 생활환경에 미치는 영향'과 같이 장래에 발생할 불확실한 상황과 파급효과에 대한 예측이 필요한 요건에 관한 행정청의 재량적 판단은 그 내용이 현저히 합리적이지 않다거나 상반되는 이익이나 가치를 대비해 볼 때 형평이나 비례의 원칙에 뚜렷하게 배치되는 등의 사정이 없는 한 폭넓게 존중될 필요가 있다(대법원 2019. 12. 24. 선고 2019두45579 판결).

[판례 2] [1] 「건설폐기물의 재활용촉진에 관한 법률」(이하 '법'이라 한다)상 건설폐기물 처리 사업계획서에 대해 행정청이 적합 여부 결정을 위하여 '환경기준의 유지를 곤란하게 하는지 여부'를 검토할 때에는 사람의 건강이나 주변 환경에 영향을 미치는지 여부 등

50) 대법원 1998. 4. 28, 97 누 21086 판결.

생활환경과 자연환경에 미치는 영향을 두루 검토하여 그 적합 여부를 판단할 수 있다고 봄이 타당하다. 이것이 법률의 문언이나 입법목적에 부합할 뿐만 아니라 위에서 본 헌법 규정과 관련 법령의 취지에도 합치된다. [2] 이러한 적합 여부 결정은 공익에 관한 판단을 해야 하는 것으로서 행정청에 광범위한 재량권이 인정된다. 적합 여부 결정과 관련한 재량권의 일탈·남용 여부를 심사할 때에는, 해당 지역의 자연환경, 주민들의 생활환경 등 구체적 지역 상황, 상반되는 이익을 가진 이해관계자들 사이의 권익 균형과 환경권의 보호에 관한 각종 규정의 입법 취지 등을 종합하여 신중하게 판단하여야 한다. 따라서 '자연환경·생활환경에 미치는 영향'과 같이 장래에 발생할 불확실한 상황과 파급효과에 대한 예측이 필요한 요건에 관한 행정청의 재량적 판단은 그 내용이 현저히 합리적이지 않다거나 상반되는 이익이나 가치를 대비해 볼 때 형평이나 비례의 원칙에 뚜렷하게 배치되는 등의 사정이 없는 한 폭넓게 존중될 필요가 있다. 이러한 사항은 적합 여부 결정에 관한 재량권의 일탈·남용 여부를 심사하여 판단할 때에도 고려하여야 한다(대법원 2017. 3. 15. 선고 2016두55490 판결 등 참조).

㈐ 허가신청

적합통보를 받은 자는 환경부령이 정하는 기준에 의한 시설·장비 및 기술능력을 갖추어 지정폐기물을 대상으로 하는 경우에는 환경부장관에게, 그 밖의 폐기물을 대상으로 하는 경우에는 시·도지사에게 허가를 신청하여야 한다(제25조 ③ 제1문).

㈑ 허 가

환경부장관 또는 시·도지사는 적합통보를 받은 자가 그 적합통보를 받은 사업계획에 따라 시설·장비 및 기술인력 등의 요건을 갖추어 허가신청을 한 때에는 지체 없이 허가하여야 한다(제25조 ③ 제2문). 환경부장관 또는 시·도지사는 제3항에 따른 허가내용 또는 제11항에 따른 변경허가를 할 때에는 주민생활의 편익, 주변 환경보호 및 폐기물처리업의 효율적 관리 등을 위하여 필요한 조건을 붙일 수 있다. 다만, 영업 구역을 제한하는 조건은 생활폐기물의 수집·운반업에 대하여 붙일 수 있으며, 이 경우 시·도지사는 시·군·구 단위 미만으로 제한하여서는 아니 된다(동조 ⑦).

[판례] [1] 폐기물관리법 제25조 제1항, 제2항, 제3항, 환경정책기본법 제12조 제1항, 제13조, 제3조 제1호의 내용과 체계, 입법 취지에 비추어 보면, 행정청은 사람의 건강이나 주변 환경에 영향을 미치는지 여부 등 <u>생활환경과 자연환경에 미치는 영향을 두루 검토</u>

하여 폐기물처리사업계획서의 적합 여부를 판단할 수 있으며, 이에 관해서는 행정청에 광범위한 재량권이 인정된다. 따라서 법원이 적합 여부 결정과 관련한 행정청의 재량권 일탈·남용 여부를 심사할 때에는 해당 지역의 자연환경, 주민들의 생활환경 등 구체적 지역 상황, 상반되는 이익을 가진 이해관계자들 사이의 권익 균형과 환경권의 보호에 관한 각종 규정의 입법 취지 등을 종합하여 신중하게 판단하여야 한다. '자연환경·생활환경에 미치는 영향'과 같이 장래에 발생할 불확실한 상황과 파급효과에 대한 예측이 필요한 요건에 관한 행정청의 재량적 판단은 그 내용이 현저히 합리적이지 않다거나 상반되는 이익이나 가치를 대비해 볼 때 형평이나 비례의 원칙에 뚜렷하게 배치되는 등의 사정이 없는 한 폭넓게 존중하여야 한다. 그리고 이 경우 행정청의 당초 예측이나 평가와 일부 다른 내용의 감정의견이 제시되었다는 등의 사정만으로 쉽게 행정청의 판단이 위법하다고 단정할 것은 아니다. 또한 이때 제출된 폐기물처리사업계획 그 자체가 독자적으로 생활환경과 자연환경에 미칠 수 있는 영향을 분리하여 심사대상으로 삼을 것이 아니라, 기존의 주변 생활환경과 자연환경 상태를 기반으로 그에 더하여 제출된 폐기물처리사업계획까지 실현될 경우 주변 환경에 **총량적·누적적**으로 어떠한 악영향을 초래할 우려가 있는지를 심사대상으로 삼아야 한다(대법원 2020. 7. 23. 선고 2020두36007 판결). <해설> 폐기물처리사업계획 부적합 통보의 처분서에 폐기물처리시설이 설치·운영될 경우 '악취로 인한 주민의 건강이나 주변 환경 등에 악영향'을 미칠 것이라는 취지만 간략히 기재되어 있었는데, 처분청이 소송 중 판단 근거·자료 등을 제시하여 구체적 불허가사유를 제시한 사례.

제3항에 따라 허가를 받은 자가 환경부령으로 정하는 중요사항을 변경하려면 변경허가를 받아야 하고, 그 밖의 사항 중 환경부령으로 정하는 사항을 변경하려면 변경신고를 하여야 한다(제25조 ⑪).

[판례] [1] 구 시행규칙 제29조 제1항 제2호 (마)목에서 변경허가사항으로 정한 '처분용량의 변경'이란 폐기물 중간처분업(소각 전문)의 경우 소각시설을 물리적으로 증설하는 경우를 의미하고, 소각시설의 증설 없이 단순히 소각시설의 가동시간을 늘리는 등의 방법으로 소각량을 늘리는 행위는 이에 포함되지 않는다(대법원 2020. 6. 11. 선고 2019두49359 판결[과징금부과처분취소]).

(3) 폐기물처리 신고

폐기물을 퇴비로 재활용하거나 폐지·고철 등의 폐기물을 수집·운반·재활용하는 경우에는 폐기물처리업에서와 같은 엄격한 관리의 필요성이 상대적으로 줄

어든다. 이러한 경우에는 폐기물처리의 신고만으로 폐기물의 수집·운반 또는 재활용을 할 수 있게 하고 있다. 즉, 다음 각 호의 어느 하나에 해당하는 자는 환경부령으로 정하는 기준에 따른 시설·장비를 갖추어 시·도지사에게 신고하여야 한다(제46조 ①).

1. 동·식물성 잔재물 등의 폐기물을 자신의 농경지에 퇴비로 사용하는 등의 방법으로 재활용하는 자로서 환경부령으로 정하는 자
2. 폐지, 고철 등 환경부령으로 정하는 폐기물을 수집·운반하거나 환경부령으로 정하는 방법으로 재활용하는 자로서 사업장 규모 등이 환경부령으로 정하는 기준에 해당하는 자
3. 폐타이어, 폐가전제품 등 환경부령으로 정하는 폐기물을 수집·운반하는 자

폐기물처리 신고자가 환경부령으로 정하는 사항을 변경하려면 시·도지사에게 신고하여야 한다(동조 ②). 시·도지사는 제1항 또는 제2항에 따른 신고·변경신고를 받은 날부터 20일 이내에 신고·변경신고수리 여부를 신고인에게 통지하여야 한다(동조 ③). 시·도지사가 제3항에서 정한 기간 내에 신고·변경신고수리 여부나 민원 처리 관련 법령에 따른 처리기간의 연장을 신고인에게 통지하지 아니하면 그 기간이 끝난 날의 다음 날에 신고·변경신고를 수리한 것으로 본다(동조 ④).

제1항 제1호 또는 제2호에 따른 폐기물처리 신고자는 제25조 제3항에 따른 폐기물 수집·운반업의 허가를 받지 아니하거나 제1항 제2호에 따른 신고를 하지 아니하고 그 재활용 대상 폐기물을 스스로 수집·운반할 수 있다(동조 ⑤).

폐기물처리 신고자는 신고한 폐기물처리 방법에 따라 폐기물을 처리하는 등 환경부령으로 정하는 준수사항을 지켜야 한다(동조 ⑥). 시·도지사는 폐기물처리 신고자가 다음 각 호의 어느 하나에 해당하면 그 시설의 폐쇄를 명령하거나 6개월 이내의 기간을 정하여 폐기물의 반입금지 등 폐기물처리의 금지(이하 "처리금지"라 한다)를 명령할 수 있다(동조 ⑦).

1. 제6항에 따른 준수사항을 지키지 아니한 경우
2. 제13조에 따른 폐기물의 처리 기준과 방법 또는 제13조의2에 따른 폐기물의 재활용 용도 또는 방법을 지키지 아니한 경우
3. 제40조 제1항 본문에 따른 조치를 하지 아니한 경우

시·도지사는 폐기물처리 신고자가 제46조 제7항 각 호의 어느 하나에 해당하여 처리금지를 명령하여야 하는 경우 그 처리금지가 다음 각 호의 어느 하나에 해당한다고 인정되면 대통령령으로 정하는 바에 따라 그 처리금지를 갈음하여 2천

만원 이하의 과징금을 부과할 수 있다(제46조의2 ①).

1. 해당 처리금지로 인하여 그 폐기물처리의 이용자가 폐기물을 위탁처리하지 못하여 폐기물이 사업장 안에 적체됨으로써 이용자의 사업활동에 막대한 지장을 줄 우려가 있는 경우
2. 해당 폐기물처리 신고자가 보관 중인 폐기물 또는 그 폐기물처리의 이용자가 보관 중인 폐기물의 적체에 따른 환경오염으로 인하여 인근지역 주민의 건강에 위해가 발생되거나 발생될 우려가 있는 경우
3. 천재지변이나 그 밖의 부득이한 사유로 해당 폐기물처리를 계속하도록 할 필요가 있다고 인정되는 경우

제1항에 따른 과징금을 내야할 자가 납부기한까지 과징금을 내지 아니하면 시·도지사는 과징금 부과처분을 취소하고 제46조 제7항에 따른 처리금지 처분을 하거나 「지방세외수입금의 징수 등에 관한 법률」에 따라 과징금을 징수한다. 다만, 제37조에 따른 폐업 등으로 처리금지 처분을 할 수 없는 경우에는 「지방세외수입금의 징수 등에 관한 법률」에 따라 과징금을 징수한다(동조 ③).

2. 폐기물처리시설

"폐기물처리시설"이란 폐기물의 중간처분시설, 최종처분시설 및 재활용시설로서 대통령령으로 정하는 시설을 말한다(제2조 제8호).

(1) 폐기물처리시설의 설치

폐기물처리시설은 환경부령으로 정하는 기준에 맞게 설치하되,[51] 환경부령으로 정하는 규모 미만의 폐기물 소각 시설을 설치·운영하여서는 아니 된다(제29조 ①).

제25조 제3항에 따른 폐기물처리업의 허가를 받았거나 받으려는 자 외의 자가 폐기물처리시설을 설치하려면 환경부장관의 승인을 받아야 한다. 다만, 제1호의 폐기물처리시설을 설치하는 경우는 제외하며, 제2호의 폐기물처리시설을 설치하려면 환경부장관에게 신고하여야 한다(동조 ②).

1. 학교·연구기관 등 환경부령으로 정하는 자가 환경부령으로 정하는 바에 따라 시험·연구목적으로 설치·운영하는 폐기물처리시설
2. 환경부령으로 정하는 규모의 폐기물처리시설

51) 동법 시행령 별표에서는 폐기물처리시설의 설치기준에 관하여 규정하고 있는데, ① 중간처리시설의 경우에는 소각시설, 기계적 처리시설, 화학적 처리시설, 생물학적 처리시설의 기준에 대하여 규정하고 있고, ② 최정처리시설의 경우에는 매립시설의 공동기준과 개별기준에 대하여 규정하고 있다.

제2항의 경우에 승인을 받았거나 신고한 사항 중 환경부령으로 정하는 중요사항을 변경하려면 각각 변경승인을 받거나 변경신고를 하여야 한다(동조 ③).

폐기물처리시설을 설치하는 자는 그 설치공사를 끝낸 후 그 시설의 사용을 시작하려면 다음 각 호의 구분에 따라 해당 행정기관의 장에게 신고하여야 한다(동조 ④).

1. 폐기물처리업자가 설치한 폐기물처리시설의 경우: 제25조 제3항에 따른 허가관청
2. 제1호 외의 폐기물처리시설의 경우: 제29조 제2항에 따른 승인관청 또는 신고관청

폐기물처리시설을 설치하려는 자가 제29조 제2항에 따른 승인을 받거나 신고를 한 경우, 같은 항 제1호에 따른 폐기물처리시설을 설치하는 경우 및 제25조 제3항에 따른 폐기물처리업의 허가를 받은 경우에는 그 폐기물처리시설과 관련한 다음 각 호의 허가를 받거나 신고를 한 것으로 본다(제32조 ①).

1. 「대기환경보전법」 제23조 제1항 및 제2항에 따른 배출시설의 설치허가 또는 신고
2. 「물환경보전법」 제33조 제1항과 제2항에 따른 배출시설의 설치허가 또는 신고
3. 「소음·진동관리법」 제8조 제1항 및 제2항에 따른 배출시설의 설치허가 또는 신고

음식물류 폐기물과 가축분뇨를 함께 처리하기 위한 환경부령으로 정하는 폐기물처리시설을 설치하려는 자가 제25조 제3항에 따른 폐기물처리업의 허가를 받은 경우 및 제29조 제2항에 따른 승인을 받거나 신고를 한 경우, 같은 항 제1호에 따른 폐기물처리시설을 설치하는 경우에는 그 폐기물처리시설과 관련한 다음 각 호의 승인 또는 허가를 받은 것으로 본다(동조 ②).

1. 「가축분뇨의 관리 및 이용에 관한 법률」 제24조 제3항에 따른 공공처리시설 설치승인
2. 「가축분뇨의 관리 및 이용에 관한 법률」 제28조에 따른 가축분뇨처리업 허가

폐기물처리시설을 설치하는 자가 제29조 제4항에 따른 신고를 하면 다음 각 호의 신고를 한 것으로 본다(동조 ③).

1. 「대기환경보전법」 제30조에 따른 배출시설의 가동 개시 신고
2. 「물환경보전법」 제37조에 따른 배출시설의 가동 개시 신고

환경부장관이나 시·도지사는 제1항부터 제3항까지의 규정 각 호의 어느 하나

에 해당하는 사항이 포함되어 있는 폐기물처리시설의 설치승인을 하거나 신고를 받거나 폐기물처리업의 허가를 하려면 관계 행정기관의 장과 협의하여야 한다(동조 ④). 환경부장관은 제1항부터 제3항까지의 규정에 따라 의제되는 허가나 신고 또는 승인의 처리기준을 정하여 고시하여야 한다(동조 ⑤).

[판례] [폐기물처리시설의 변경허가사항인 '처분용량의 변경'의 의미가 다투어진 사건] 구 폐기물관리법 시행규칙 제29조 제1항 제2호 마.목에서 변경허가사항으로 정한 '처분용량의 변경'이란 폐기물 중간처분업(소각전문)의 경우 소각시설을 물리적으로 증설하는 경우를 의미하고, 소각시설의 증설 없이 단순히 소각시설의 가동시간을 늘리는 등의 방법으로 소각량을 늘리는 행위는 이에 포함되지 않는다고 봄이 타당하다(대법원 2020. 6. 11. 선고 2019두49359 판결). <해설> 환경부 중앙환경사범수사단은 2017년 전국의 폐기물소각업체들에 대한 일제 단속을 벌여 과다소각 업체들을 적발하였는데, ① 소각시설의 물리적 증설 후 과다소각한 경우와 ② 소각시설의 물리적 증설 없이 (1일 가동시간을 늘리는 등의 방법으로) 과다소각한 경우를 구분하지 않고 모두 '변경허가절차를 거칠 의무 위반'으로 입건하였다. ①유형의 경우 폐기물관리법령상 '변경허가절차를 거칠 의무 위반'에 해당함에 의문이 없으나, ②유형의 경우 환경부 및 법제처의 유권해석은 '변경허가절차를 거칠 의무 위반'에 해당한다는 입장(긍정설)이지만, 하급심의 주류는 '허가조건 위반'일 뿐 변경허가절차를 거칠 의무 위반은 아니라는 입장(부정설)이었다. 이 사건 대법원 판결은 부정설이 타당하며, 변경허가사항인 '처분용량의 변경'은 시설기준에 관한 것인 반면, '1일 처리용량'이라는 허가조건을 위반한 업체의 경우에는 별도의 제재처분 규정이 있으므로 그에 따라 제재하여야 한다는 점을 분명히 하였다.

(2) 폐기물처리시설의 검사

환경부령으로 정하는 폐기물처리시설의 설치를 마친 자는 제30조의2 제3항에 따른 폐기물처리시설 검사기관으로부터 검사를 받아야 한다. 제29조 제3항에 따른 변경승인을 받거나 변경신고를 한 경우로서 환경부령으로 정하는 경우에도 또한 같다(제30조 ①). 제1항에 따른 폐기물처리시설을 설치·운영하는 자는 환경부령으로 정하는 기간마다 제1항에 따른 검사기관으로부터 정기검사를 받아야 한다. 이 경우 검사기간 내에 「환경기술 및 환경산업 지원법」 제13조에 따라 같은 시설에 대한 기술진단을 받으면 정기 검사를 받은 것으로 본다(「환경기술 및 환경산업 지원법」 제13조 제3항에 따른 요청을 이행하지 아니한 경우는 제외한다)(동조 ②). 제1항 또는 제2항에 따른 검사에서 적합 판정을 받지 아니한 폐기물처리시설은 사용할 수 없다. 다만, 검사를 위하여 그 시설을 사용하는 경우에는 그러하지 아니하다(동조 ③).

(3) 폐기물처리시설의 관리

폐기물처리시설을 설치·운영하는 자는 환경부령으로 정하는 관리기준에 따라 그 시설을 유지·관리하여야 한다(제31조 ①). 대통령령으로 정하는 폐기물처리시설을 설치·운영하는 자는 그 처리시설에서 배출되는 오염물질을 측정하거나 환경부령으로 정하는 측정기관으로 하여금 측정하게 하고, 그 결과를 환경부장관에게 제출하여야 하며(동조 ②), 그 폐기물처리시설의 설치·운영이 주변 지역에 미치는 영향을 3년마다 조사하고, 그 결과를 환경부장관에게 제출하여야 한다(동조 ③).

환경부장관은 폐기물처리시설의 설치 또는 유지·관리가 제29조 제1항에 따른 설치기준 또는 이 조 제1항에 따른 관리기준에 맞지 아니하거나 제30조 제1항 또는 제2항에 따른 검사 결과 부적합 판정을 받은 경우에는 그 시설을 설치·운영하는 자에게 환경부령으로 정하는 바에 따라 기간을 정하여 그 시설의 개선을 명하거나 그 시설의 사용중지(제30조 제1항 또는 제2항에 따른 검사결과 부적합 판정을 받은 경우는 제외한다)를 명할 수 있다(동조 ④). 환경부장관은 제4항에 따른 개선명령과 사용중지 명령을 받은 자가 이를 이행하지 아니하거나 그 이행이 불가능하다고 판단되면 해당 시설의 폐쇄를 명할 수 있다(동조 ⑤).

환경부장관은 폐기물을 매립하는 시설을 설치한 자가 제5항에 따른 폐쇄명령을 받고도 그 기간에 그 시설의 폐쇄를 하지 아니하면 대통령령으로 정하는 자에게 최종복토(最終覆土) 등 폐쇄절차를 대행하게 하고 제52조 제1항에 따라 폐기물을 매립하는 시설을 설치한 자가 예치한 사후관리이행보증금 사전적립금을 그 비용으로 사용할 수 있다. 이 경우 그 비용이 사후관리이행보증금 사전적립금을 초과하면 그 초과 금액을 그 명령을 받은 자로부터 징수할 수 있다(동조 ⑥).

환경부장관은 폐기물처리시설을 설치·운영하는 자가 제2항에 따른 오염물질의 측정의무를 이행하지 아니하거나 제3항에 따라 주변지역에 미치는 영향을 조사하지 아니하면 환경부령으로 정하는 바에 따라 기간을 정하여 오염물질의 측정 또는 주변지역에 미치는 영향의 조사를 명령할 수 있다(동조 ⑦).

[판례] [1] 관련법령에 비추어 볼 때 폐기물처리시설을 설치·운영하는 자가 폐기물을 처리하는 과정에서 수질오염물질·특정수질유해물질 또는 침출수를 배출함에 있어, 중간처리시설의 경우에는 매립시설의 침출수처리시설, 자가수질오염방지시설, 폐수종말처리시설, 하수종말처리시설 또는 분뇨처리시설에서 처리하는 오염물질을 그 시설에 이송·처리하거나, 관리형 매립시설의 경우에는 다른 매립시설의 침출수처리시설, 자가수질오염

방지시설, 폐수종말처리시설, 하수종말처리시설 또는 분뇨처리시설에 처리하는 오염물질을 그 시설에 이송·처리하는 때에는 수질오염물질·특정수질유해물질 또는 침출수가 수질환경보전법 시행규칙 [별표 5]의 규정에 의한 배출허용기준이나 시행규칙 [별표 8] 제2호 (나)목(2)의 (가)에서 정하는 침출수배출허용기준 이내로 배출되도록 유지·관리하지 아니하여도 된다고 보아야 할 것이다. 다만, 그 이송·처리하는 시설에서 처리하는 오염물질 외의 오염물질에 대하여는 위와 같은 배출허용기준 이내로 배출되도록 유지·관리하여야 할 것이다. [2] 구 폐기물관리법 제61조 제14호 위반행위로 처벌하기 위한 요건: 폐기물처리시설을 관리기준에 적합하지 아니하게 유지·관리하여 주변환경을 오염시켰다고 인정하여 폐기물관리법 제61조 제14호 위반행위로 처벌하기 위해서는 폐기물처리시설의 관리기준에 위반한 유지·관리행위로 인하여 환경정책기본법 등 환경관련 법령이 규정하고 있는 오염물질이 배출되거나 그로 인하여 사람의 건강이나 환경에 피해를 주는 정도에 이르러야 할 것이다(대법원 2005. 12. 8. 선고 2004도4150 판결 참조). [3] 위생처리사업소에서 배출허용기준을 초과한 음식물자원화시설처리수를 하수종말처리장으로 배출한 행위가 구 폐기물관리법 제61조 제14호 위반죄에 해당하지 않는다고 한 사례(대법원 2009. 2. 12. 선고 2007도5372 판결[수질환경보전법위반(인정된죄명: 폐기물관리법위반)·폐기물관리법위반]).

(4) 폐기물처리시설의 사후관리 등

제29조 제2항에 따른 설치승인을 받아 폐기물처리시설을 설치한 자(제25조에 따라 폐기물처리업의 허가를 받은 자를 포함한다)는 그가 설치한 폐기물처리시설의 사용을 끝내거나 폐쇄하려면 환경부령으로 정하는 바에 따라 환경부장관에게 신고하여야 한다. 이 경우 폐기물을 매립하는 시설의 사용을 끝내거나 시설을 폐쇄하려면 제30조 제1항에 따른 검사기관으로부터 환경부령으로 정하는 검사에서 적합 판정을 받아야 한다(제50조 ①). 환경부장관은 제1항에 따른 검사 결과 부적합 판정을 받은 경우에는 그 시설을 설치·운영하는 자에게 환경부령으로 정하는 바에 따라 기간을 정하여 그 시설의 개선을 명할 수 있다(동조 ④). 다음 각 호의 어느 하나에 해당하는 자는 그 시설로 인한 주민의 건강·재산 또는 주변환경의 피해를 방지하기 위하여 환경부령으로 정하는 바에 따라 침출수(浸出水)처리시설을 설치·가동하는 등의 사후관리를 하여야 한다(동조 ⑤).

1. 제1항에 따라 신고를 한 자 중 대통령령으로 정하는 폐기물을 매립하는 시설을 사용종료하거나 폐쇄한 자
2. 대통령령으로 정하는 폐기물을 매립하는 시설을 사용하면서 제31조 제5항

에 따라 폐쇄명령을 받은 자

제5항에 따라 사후관리를 하여야 하는 자는 적절한 사후관리가 이루어지고 있는지에 관하여 제30조 제1항에 따른 검사기관으로부터 환경부령으로 정하는 정기검사를 받아야 한다. 이 경우 「환경기술 및 환경산업 지원법」 제13조에 따른 기술진단을 받으면 정기검사를 받은 것으로 본다(「환경기술 및 환경산업 지원법」 제13조 제3항에 따른 요청을 이행하지 아니한 경우는 제외한다)(동조 ⑥).

환경부장관은 제5항에 따라 사후관리를 하여야 하는 자가 이를 제대로 하지 아니하거나 제6항에 따른 정기검사 결과 부적합 판정을 받은 경우에는 환경부령으로 정하는 바에 따라 기간을 정하여 시정을 명할 수 있다(동조 ⑦).

환경부장관은 제7항에 따른 명령을 받고도 그 기간에 시정하지 아니하면 대통령령으로 정하는 자에게 대행하게 하고 제51조 및 제52조에 따라 낸 사후관리이행보증금·이행보증보험금 또는 사후관리이행보증금의 사전적립금(이하 "사후관리이행보증금등"이라 한다)을 그 비용으로 사용할 수 있다. 이 경우 그 비용이 사후관리이행보증금등을 초과하면 그 초과 금액을 그 명령을 받은 자로부터 징수할 수 있다(동조 ⑧).

(5) 폐기물처리시설의 사후관리이행보증금

환경부장관은 제50조 제5항에 따라 사후관리 대상인 폐기물을 매립하는 시설이 그 사용종료 또는 폐쇄 후 침출수의 누출 등으로 주민의 건강 또는 재산이나 주변 환경에 심각한 위해를 가져올 우려가 있다고 인정하면 대통령령으로 정하는 바에 따라 그 시설을 설치한 자에게 그 사용종료(폐쇄를 포함한다) 및 사후관리의 이행을 보증하게 하기 위하여 사후관리 등에 드는 비용의 전부 또는 일부를 환경개선특별회계에 예치하게 할 수 있다. 다만, 다음 각 호의 어느 하나에 해당하면 대통령령으로 정하는 바에 따라 사후관리에 드는 비용의 예치를 면제하거나 사후관리에 드는 비용의 전부나 일부의 예치에 갈음하게 할 수 있다(제51조 ①).

1. 사후관리의 이행을 보증하는 보험에 가입한 경우
2. 제52조에 따라 사후관리에 드는 비용을 사전에 적립한 경우
3. 그 밖에 대통령령으로 정하는 경우

제1항에 따라 폐기물을 매립하는 시설을 설치한 자가 예치하여야 할 비용(이하 "사후관리이행보증금"이라 한다)은 대통령령으로 정하는 기준에 따라 산출하되, 그 납부시기·절차, 그 밖에 필요한 사항은 대통령령으로 정한다(동조 ②). 사후관리이행보증금을 납부기한까지 내지 아니하면 국세 체납처분의 예에 따라 징수한다(동조 ③).

제1항에 따라 사후관리를 대행하는 자는 폐기물을 매립하는 시설을 설치한 자가 매년 이행하여야 할 사후관리 업무의 전부 또는 일부를 이행하면 납부된 사후관리이행보증금 중에서 그 이행의 정도에 따라 대통령령으로 정하는 기준에 의하여 산출된 금액에 해당하는 사후관리이행보증금을 반환하여야 한다(동조 ④).

(6) 사용종료 또는 폐쇄 후의 토지 이용 제한 등

환경부장관은 제50조 제5항에 따라 사후관리 대상인 폐기물을 매립하는 시설의 사용이 끝나거나 시설이 폐쇄된 후 침출수의 누출, 제방의 유실 등으로 주민의 건강 또는 재산이나 주변환경에 심각한 위해를 가져올 우려가 있다고 인정되면 대통령령으로 정하는 바에 따라 그 시설이 있는 토지의 소유권 또는 소유권 외의 권리를 가지고 있는 자에게 대통령령으로 정하는 기간에 그 토지 이용을 공원, 수목의 식재, 초지의 조성 또는 「도시공원 및 녹지 등에 관한 법률」 제2조 제4호에 따른 공원시설, 「체육시설의 설치 · 이용에 관한 법률」 제2조 제1호에 따른 체육시설, 「문화예술진흥법」 제2조 제1항 제3호에 따른 문화시설, 「신에너지 및 재생에너지 개발 · 이용 · 보급 촉진법」 제2조 제2호에 따른 신 · 재생에너지 설비의 설치에 한정하도록 그 용도를 제한할 수 있다(제54조).

3. 폐기물처리업자 등의 권리와 의무의 승계

폐기물처리업자, 제29조에 따른 폐기물처리시설의 설치승인을 받거나 신고를 한 자, 폐기물처리 신고자 또는 전용용기 제조업자(이하 이 조에서 "폐기물처리업자등"이라 한다)로부터 폐기물처리업, 폐기물처리시설, 제46조 제1항에 따른 시설 또는 전용용기 제조업(이하 이 조에서 "폐기물처리업등"이라 한다)을 양수하거나 「민사집행법」에 따른 경매, 「채무자 회생 및 파산에 관한 법률」에 따른 환가(換價)나 「국세징수법」 · 「관세법」 또는 「지방세징수법」에 따른 압류재산의 매각, 그 밖에 이에 준하는 절차에 따라 인수하는 경우에 해당 양수인 또는 인수인은 환경부령으로 정하는 바에 따라 환경부장관 또는 시 · 도지사의 허가를 받아야 한다. 이 경우 허가를 받은 양수인 또는 인수인은 폐기물처리업등의 허가 · 승인 · 등록 또는 신고에 따른 권리 · 의무를 승계한다(제33조 ①).

[판례] (1) <u>폐기물처리업 허가는</u> 폐기물처리를 위한 시설 · 장비 및 기술능력 등 대물적 요소를 주된 대상으로 하면서, 법을 위반하여 형을 선고받거나 폐기물처리업의 허가가 취소된 후 2년이 지나지 아니한 자 등에 대하여 허가를 받을 수 없도록 하는 등(법 제26

조) 대인적 요소가 결합된 혼합적 허가이다(대법원 2008. 4. 11. 선고 2007두17113 판결 등 참조). 법 제33조 제3항에 의한 권리·의무 승계신고를 수리하는 허가관청의 행위는 경매 등을 통해 이미 발생한 법률효과에 의하여 폐기물처리시설 등의 인수인이 그 영업을 승계하였다는 사실의 신고를 접수하는 행위에 그치는 것이 아니라, 영업허가자의 변경이라는 법률효과를 발생시키는 행위이다(대법원 1995. 2. 24. 선고 94누9146 판결, 대법원 2012. 12. 13. 선고 2011두29144 판결 등 참조). (2) 법 제33조 제2항에 정한 '허가에 따른 권리·의무 승계'의 효과는 폐기물처리시설 등 인수자가 같은 조 제3항에 정한 바에 따라 허가관청에 권리·의무의 승계를 신고하여 허가관청이 이를 수리한 경우에 발생한다고 할 것이다. 법 제40조 제3항에 정한 방치폐기물 처리명령을 할 수 있는 '제33조 제2항에 따라 권리·의무를 승계한 자' 역시 위 승계신고가 수리됨으로써 영업허가자의 지위를 얻게 된 자를 의미한다. (3) 원고는 경매로 이 사건 폐기물처리시설 등을 인수한 다음 허가관청에 폐기물처리업 허가에 따른 권리·의무의 승계신고를 한 바 없고, 폐기물처리업과는 관련 없는 사업을 영위하고 있는 사정을 알 수 있다. 이러한 사실관계를 앞서 본 법리에 비추어 보면, 원고는 경매를 통하여 '허가에 따른 권리·의무를 승계'한다고 볼 수 없고, 따라서 법 제40조 제3항에 정한 방치폐기물 처리명령의 수범자가 될 수 없다. 그러므로 원고가 허가에 따른 권리·의무를 승계한다는 전제에서 법 제40조 제3항에 근거한 이 사건 처분은 위법하다(대법원 2021. 7. 15. 선고 2021두31429 판결[방치폐기물처리명령취소]).

법인인 폐기물처리업자등이 다른 법인에 흡수합병되거나 다른 법인과 합병하여 새로운 법인을 설립하거나 폐기물처리업등을 분할하여 새로운 법인을 설립하거나 다른 법인에 합병하는 경우, 합병 후 존속하는 법인이나 합병 또는 분할로 설립되는 법인은 환경부령으로 정하는 바에 따라 환경부장관 또는 시·도지사의 허가를 받아야 한다. 이 경우 허가를 받은 합병 후 존속하는 법인이나 합병 또는 분할로 설립되는 법인은 폐기물처리업등의 허가·승인·등록 또는 신고에 따른 권리·의무를 승계한다(동조 ②).

폐기물처리업자등이 사망한 경우, 그 상속인은 폐기물처리업등의 허가·승인·등록 또는 신고에 따른 권리·의무를 승계한다. 이 경우 상속인은 환경부령으로 정하는 바에 따라 환경부장관 또는 시·도지사에게 권리·의무 승계신고를 하여야 한다(동조 ③).

제1항 또는 제2항에 따라 권리·의무 승계가 이루어질 경우 종전의 폐기물처리업자등에 대한 허가·승인·등록 또는 신고는 그 효력을 잃는다. 다만, **종전 폐기물처리업자등의 이 법에 따른 의무 위반으로 인한 법적 책임**은 권리·의무 승계에

도 불구하고 **소멸하지 아니한다**(동조 ⑧).

Ⅶ. 폐기물처리업자 등에 대한 지도와 감독 등

1. 폐기물처리업자 등의 준수의무

폐기물처리업자는 다른 사람에게 자기의 성명이나 상호를 사용하여 폐기물을 처리하게 하거나 그 허가증을 다른 사람에게 빌려주어서는 아니 된다(제25조 ⑧). 또한, **폐기물처리업자**는 다음 각 호의 **준수사항**을 지켜야 한다(제25조 ⑨).

1. 환경부령으로 정하는 바에 따라 폐기물을 허가받은 사업장 내 보관시설이나 승인받은 임시보관시설 등 적정한 장소에 보관할 것
2. 환경부령으로 정하는 양 또는 기간을 초과하여 폐기물을 보관하지 말 것
3. 자신의 처리시설에서 처리가 어렵거나 처리능력을 초과하는 경우에는 폐기물의 처리를 위탁받지 말 것
4. 제39조의2, 제39조의3, 제40조 제2항·제3항, 제47조의2 또는 제48조에 따른 처리명령, 반입정지명령 또는 조치명령 등 처분이 내려진 장소로 폐기물을 운반하지 아니할 것
5. 그 밖에 폐기물 처리 계약 시 계약서 작성·보관 등 환경부령으로 정하는 준수사항을 지킬 것

제25조 제9항에 따른 준수사항을 지키지 아니한 자는 2년 이하의 징역이나 2천만원 이하의 벌금에 처한다. 다만, 제25조제9항제5호에 해당하는 경우에는 고의 또는 중과실인 경우에 한정한다(제66조 제9호).

[판례 1] <폐기물처리업자들이 제3자의 사업장에 폐기물을 보관하고, 필리핀으로 불법 수출한 사건> (1) 폐기물관리법 제25조 제9항 제1호의 '허가받은 사업장 내 보관시설'은 허가를 받은 폐기물처리업자 자신의 사업장 내 보관시설을 의미하는 것으로, 제3자가 허가를 받은 사업장은 그 '사업장'에 포함되지 않는다고 할 것이다. (2) 폐기물처리업자인 피고인들이 자신들의 사업장이 아닌 다른 폐기물처리업자의 사업장 내 보관시설에 폐기물을 보관한 사안에서, 위와 같은 법리에 비추어 보면, 피고인들이 폐기물 보관장소에 관한 폐기물관리법 제25조 제9항 제1호를 위반한 것이라고 한 사례(대법원 2020. 9. 3. 선고 2020도7929 판결[폐기물의국가간이동및그처리에관한법률위반·관세법위반·폐기물관리법위반·건설폐기물의재활용촉진에관한법률위반]

[판례 2] (1) 폐기물관리법 제25조 제9항 제1호의 '적정한 보관장소'는 시행규칙의 규정에 의하여 승인이나 변경승인을 받은 임시보관시설과 임시보관장소, 그리고 보관 대상 폐기물을 처분 또는 재활용할 시설이 있는 사업장 내에 위치한 것으로서 폐기물처리업허가 또는 변경허가를 받은 보관시설에 한정된다(대법원 2020. 5. 14. 선고 2019도1118 판결).

의료폐기물의 수집·운반 또는 처분을 업(業)으로 하려는 자는 다른 폐기물과 분리하여 별도로 수집·운반 또는 처분하는 시설·장비 및 사업장을 설치·운영하여야 한다(동조 ⑩).

폐기물처리업자는 대통령령으로 정하는 업종별 적합성확인의 유효기간이 경과할 때마다 환경부장관 또는 시·도지사로부터 다음 각 호의 사항을 모두 충족하여 폐기물처리업을 계속 수행할 수 있는 적합성을 갖추었음을 확인 받아야 한다(제25조의3 ①).

1. 제13조에 따른 폐기물의 처리 기준과 방법 또는 제13조의2에 따른 폐기물의 재활용 원칙 및 준수사항을 충족하는 등 환경부령으로 정하는 조건을 갖추고 있을 것
2. 제26조에 따른 결격사유에 해당하지 아니할 것
3. 이 법을 위반하여 발생한 법적 책임을 모두 이행하였을 것

환경부장관은 의료폐기물 중간처분 또는 종합처분을 업으로 하는 자의 시설·장비 또는 사업장의 부족으로 의료폐기물의 원활한 처분이 어려워 국민건강 및 환경에 위해를 끼칠 우려가 있는 경우 환경오염이나 인체 위해도가 낮은 의료폐기물로서 대통령령으로 정하는 의료폐기물에 한정하여 이를 환경부령으로 정하는 바에 따라 지정폐기물 중간처분 또는 종합처분을 업으로 하는 자에게 처분하게 할 수 있다(제25조의4).

대통령령으로 정하는 **폐기물처리시설을 설치·운영하는 자**는 그 시설의 유지·관리에 관한 기술업무를 담당하게 하기 위하여 기술관리인을 임명(기술관리인의 자격을 갖추어 스스로 기술관리하는 경우를 포함한다)하거나 기술관리 능력이 있다고 대통령령으로 정하는 자와 기술관리 대행계약을 체결하여야 한다(제34조 ①).

다음 각 호의 어느 하나에 해당하는 자는 환경부령으로 정하는 바에 따라 장부를 갖추어 두고 폐기물의 발생·배출·처리상황 등(제1호의2에 해당하는 자의 경우에는 폐기물의 발생량·재활용상황·처리실적 등을, 제4호의2에 해당하는 자의 경우에는 전용용기의 생산·판매량·품질검사 실적 등을, 제7호에 해당하는 자의 경우에는 제품과 용기 등의 생산·수

입·판매량과 회수·처리량 등을 말한다)을 기록하고, 마지막으로 기록한 날부터 3년간 보존하여야 한다. 다만, 제45조 제2항에 따른 전자정보처리프로그램을 이용하는 경우에는 그러하지 아니하다(제36조 ①).

1. 제15조의2 제2항에 따라 음식물류 폐기물의 발생 억제 및 처리 계획을 신고하여야 하는 자

1의2. 제17조 제2항에 따른 신고를 하여야 하는 자

1의3. 제17조 제5항에 따라 확인을 받아야 하는 자

2. 제18조 제5항에 따라 사업장폐기물을 공동으로 수집, 운반, 재활용 또는 처분하는 공동 운영기구의 대표자

3. 삭제 <2017. 4. 18.>

4. 폐기물처리업자

4의 2. 전용용기 제조업자

5. 폐기물처리시설을 설치·운영하는 자

6. 폐기물처리 신고자

7. 제47조 제2항에 따른 제조업자나 수입업자

제1항에도 불구하고 제25조 제5항 제2호부터 제7호까지에 따른 영업을 하는 자 또는 제46조 제1항 제1호에 해당하는 자는 제1항에 따라 장부에 기록하고 보존하여야 하는 폐기물의 발생·배출·처리상황 등(이하 "장부기록사항"이라 한다)을 환경부령으로 정하는 바에 따라 제45조 제2항에 따른 전자정보처리프로그램에 입력하여야 한다(동조 ③).

폐기물처리업자, 폐기물처리 신고자, 폐기물분석전문기관 또는 전용용기 제조업자는 그 영업을 휴업·폐업 또는 재개업한 경우에는 환경부령으로 정하는 바에 따라 그 사실을 허가, 신고, 지정 또는 등록관청에 신고하여야 한다(제37조 ①). 제1항에 따라 휴업 또는 폐업의 신고를 하려는 자(폐기물처리업자와 폐기물처리 신고자로 한정한다)는 환경부령으로 정하는 바에 따라 보관하는 폐기물을 전부 처리하여야 한다(동조 ④).

2. 폐기물처리업자에 대한 허가의 취소 등

환경부장관이나 시·도지사는 폐기물처리업자가 제27조 제1항 각 호의 어느 하나에 해당하면 그 허가(변경허가 및 변경신고를 포함한다. 이하 이 조에서 같다)를 취소하여야 한다(제27조 ①). 환경부장관이나 시·도지사는 폐기물처리업자가 제27조 제

2항 각 호의 어느 하나에 해당하면 그 허가를 취소하거나 6개월 이내의 기간을 정하여 영업의 전부 또는 일부의 정지를 명령할 수 있다(제27조 ②).

[판례 1] [1] 폐수처리오니에 생물학적 처리과정을 거쳐 '부숙토'를 만들어 매립시설 복토재 또는 토양개량제를 생산하는 것은 폐기물관리법령이 허용하는 폐수처리오니의 재활용 방법에 해당한다. 그러나 폐수처리오니로 '비탈면 녹화토'를 생산하는 것은 폐기물관리법령이 정한 재활용 기준을 위반하는 것이다. 나아가 폐기물처리업자가 폐수처리오니에 생물학적 처리과정을 거쳐 일단 매립시설 복토재 또는 토양개량제로 사용할 수 있는 부숙토를 생산하였더라도 이를 다시 제3자에게 제공하여 그로 하여금 부숙토를 원료로 폐수처리오니의 재활용 용도로 허용되지 않은 생산 품목인 비탈면 녹화토를 최종적으로 생산하게 하였다면, 이것 역시 폐기물처리업자가 폐기물관리법령이 정한 재활용 기준을 위반한 것이라고 보아야 한다. [2] 여러 처분사유에 관하여 하나의 제재처분을 하였을 때 그중 일부가 인정되지 않는다고 하더라도 나머지 처분사유들만으로도 처분의 정당성이 인정되는 경우에는 그 처분을 위법하다고 보아 취소하여서는 아니 된다. [3] 행정청이 여러 개의 위반행위에 대하여 하나의 제재처분을 하였으나, 위반행위별로 제재처분의 내용을 구분하는 것이 가능하고 여러 개의 위반행위 중 일부의 위반행위에 대한 제재처분 부분만이 위법하다면, 법원은 제재처분 중 위법성이 인정되는 부분만 취소하여야 하고 제재처분 전부를 취소하여서는 아니 된다. [4] 원심이 '원고가 폐수처리오니를 이용하여 폐기물관리법령이 재활용 방법으로 허용하는 '부숙토'를 생산하였을 뿐 그 부숙토를 폐기물관리법령이 허용하지 않는 방식으로 직접 사용하지는 않았다는 이유만으로 폐기물관리법령에서 정한 폐기물 재활용 기준 위반에 해당하지 않으며, 양평녹화가 그 부숙토를 이용하여 폐기물관리법령이 폐수처리오니의 재활용 방법으로 허용하지 않는 '비탈면 녹화토'를 생산한 데에 책임이 없다는 취지로 판단한 것'은 '폐기물 재활용 허용 기준'과 '행정처분 근거 규정의 해석' 등에 관한 법리를 오해하고 필요한 심리를 다하지 아니하여 판결에 영향을 미친 잘못이 있다고 한 사례(대법원 2020. 5. 14. 선고 2019두63515 판결 [영업정지처분취소]).52)

52) <사건 개요> 관할 행정청은 폐기물처리업(종합재활용업)체인 원고에 대하여, 다음과 같은 세 가지 처분사유를 들어 폐기물관리법 제27조 제2항에 따라 3개월의 영업정지 처분(이하 '이 사건 처분'이라고 한다)을 하였다. (1) 원고는 양평녹화 등에 각각 폐수처리오니로 생산한 '부숙토'를 판매하여 위 업체들로 하여금 그 부숙토로 '비탈면 녹화토'를 생산하게 함으로써 폐기물관리법 제13조 제1항, 제13조의2에서 정한 폐기물 재활용 기준을 위반하였다(제1처분사유). (2) 원고는 약 20회에 걸쳐 적법한 변경허가를 받지 아니하고 공정오니를 처리하여 폐기물관리법 제25조 제11항을 위반하였다(제2처분사유). (3) 원고는 폐기물처리 위·수탁에 관한 계약서를 부실하게 작성하여 폐기물관리법 제25조 제9항, 폐기물관리법 시행규칙 제32조 및 [별표 8]에서 정한 계약서 작성에 관한 준

[판례 2] [폐기물 재활용 기준 위반 등을 이유로 폐기물처리업 영업정지 처분을 한 사안] 구 폐기물관리법 제13조의2 제1항 제5호, 구 폐기물관리법 시행규칙 제14조의3 제1항 [별표 5의3] 제1호 라.목에서 정한 폐기물 재활용 기준은 이 사건 고시와 같이 폐기물을 친환경적으로 처리하기 위해 폐기물 재활용의 대상과 결과물의 기준과 규격 등을 직접적으로 정하고 있는 경우만 의미한다고 보는 것이 타당하다. 그런데 폐기물관리법에 따른 폐기물을 비료로 재생처리하여 판매하거나 무상으로 유통·공급하려면 비료생산업 등록을 하여야 한다고 규정한 구 비료관리법 제11조 제1항을 폐기물 재활용의 대상이나 결과물의 기준과 규격 등을 직접적으로 정한 조항으로 보기는 어렵다. 따라서 폐기물처리업자가 비료생산업 등록을 하지 아니한 채 폐기물을 비료로 재생처리하여 판매하거나 무상으로 유통·공급하였다고 하더라도 이에 대하여 비료관리법 제27조 제2호에 따라 형사적 제재를 하는 것은 별론으로 하고 그것이 곧바로 폐기물 재활용 기준을 위반한 경우로서 구 폐기물관리법 제27조 제2항 제2호에서 정한 폐기물처리업의 허가취소 또는 영업정지 사유에 해당한다고 볼 수는 없다(대법원 2022. 1. 14. 선고 2021두37373 판결 [영업정지3개월및경고처분취소청구의소])

[판례 3] [1] 폐기물관리법 제27조 제2항 제11호에 따른 영업정지 등 행정처분의 요건: 폐기물관리법 제30조 제1항, 제2항, 제3항, 같은 법 제27조 제2항, 제3항 조항들의 문언 내용, 위 법 제30조 제1항, 제2항은 폐기물처리시설 설치 당시의 검사의무 내지 정기 검사의무를 규정한 것이고, 위 법 제30조 제3항은 검사를 받았지만 적합 판정을 받지 않은 폐기물처리시설의 사용을 금지한 것으로서 명백히 다른 성격의 규정인 점, 위 법 제30조 제1항, 제2항을 위반하여 폐기물처리시설의 검사를 받지 않았을 뿐만 아니라 이를 사용한 경우에만 위 법 제27조 제2항 제11호에 따른 영업정지 등 행정처분의 대상이 될 수 있다고 본다면, 위 법 제30조 제1항, 제2항에서 규정하는 검사의무를 위반한 경우에도 그 자체로는 아무런 행정처분을 내릴 수 없게 되어 부당한 점 등을 종합하여 보면, 위 법 제30조 제1항, 제2항을 위반하여 폐기물처리시설에 대한 검사를 받지 않은 이상 위 법 제27조 제2항 제11호에 따른 영업정지 등 행정처분의 대상이 될 수 있고, 위 행정처분을 위하여 검사를 받지 않은 폐기물처리시설을 사용할 것까지 요건으로 하는 것은 아니다. [2] 음식물 폐기물처리시설 중 사료화시설에 대하여 설치 및 정기검사를 받지 않은 폐기물중간처리업자에게 영업정지 처분을 한 사안에서, 폐기물관리법 제30조 제1항·제2항을

수사항을 위반하였다(제3처분사유). 이에 대하여 원심은 제2처분사유와 제3처분사유는 인정되지만, 제1처분사유는 인정되지 않는다고 판단하였다. 그리고 제1처분사유를 제외하고 제2처분사유, 제3처분사유만 고려하여 제재의 유형과 수위를 다시 결정하여야 하며, 세 가지 처분사유가 모두 인정됨을 전제로 한 이 사건 처분은 그 전부가 재량권을 일탈·남용한 것으로서 위법하다고 판단하여 이 사건 처분 전부를 취소하였다. 대법원에서는 제1처분사유의 인정 여부와 제1처분사유가 인정되지 않을 경우 이 사건 처분 전부를 취소하여야 하는지 여부가 주요 쟁점으로 다루어졌다.

위반하여 폐기물처리시설에 대한 검사를 받지 않은 이상 그 시설을 사용하지 않았다고 하더라도 위 법 제27조 제2항 제11호에 따른 영업정지 등 행정처분의 대상이 될 수 있음에도, 사료화시설에 대하여 검사를 받지 않은 것만으로는 폐기물관리법 제27조 제2항 제11호에 따른 영업정지 등 행정처분의 대상이 될 수 없고 그 시설을 사용하였어야 영업정지 등 행정처분의 대상이 될 수 있다고 전제한 후, 폐기물중간처리업자가 사료화시설을 사용하였음을 인정할 증거가 부족하다고 보아 위 처분이 위법하다고 본 원심판결에 법리를 오해한 위법이 있다고 한 사례(대법원 2010. 11. 11. 선고 2010두14794 판결).

환경부장관이나 시·도지사는 제27조에 따라 폐기물처리업자에게 영업의 정지를 명령하려는 때 그 영업의 정지가 다음 각 호의 어느 하나에 해당한다고 인정되면 그 영업의 정지를 갈음하여 대통령령으로 정하는 매출액에 100분의 5를 곱한 금액을 초과하지 아니하는 범위에서 과징금을 부과할 수 있다. 다만, 그 폐기물처리업자가 매출액이 없거나 매출액을 산정하기 곤란한 경우로서 대통령령으로 정하는 경우에는 1억원을 초과하지 아니하는 범위에서 과징금을 부과할 수 있다(제28조 ①).

1. 해당 영업의 정지로 인하여 그 영업의 이용자가 폐기물을 위탁처리하지 못하여 폐기물이 사업장 안에 적체(積滯)됨으로써 이용자의 사업활동에 막대한 지장을 줄 우려가 있는 경우
2. 해당 폐기물처리업자가 보관 중인 폐기물이나 그 영업의 이용자가 보관 중인 폐기물의 적체에 따른 환경오염으로 인하여 인근지역 주민의 건강에 위해가 발생되거나 발생될 우려가 있는 경우
3. 천재지변이나 그 밖의 부득이한 사유로 해당 영업을 계속하도록 할 필요가 있다고 인정되는 경우

제1항에 따른 **과징금을 내야 할 자가 납부기한까지 내지 아니하면** 환경부장관이나 시·도지사는 **과징금 부과처분을 취소**하고 **제27조 제2항에 따른 영업정지 처분**을 하거나 환경부장관은 국세 체납처분의 예에 따라, 시·도지사는 「지방세외수입금의 징수 등에 관한 법률」에 따라 각각 과징금을 징수한다. 다만, 제37조에 따른 폐업 등으로 제27조 제2항에 따른 영업정지 처분을 할 수 없는 경우에는 국세 체납처분의 예 또는 「지방세외수입금의 징수 등에 관한 법률」에 따라 과징금을 징수한다(동조 ③).

제1항 및 제3항에 따라 과징금으로 징수한 금액은 징수 주체가 사용하되, 광역 폐기물처리시설의 확충 등 대통령령으로 정하는 용도로 사용하여야 한다(동조 ④).

제1항에도 불구하고 제27조 제2항 제1호 · 제14호 또는 제18호에 해당하거나 과징금 처분을 받은 날부터 2년이 경과되기 전에 제27조 제2항에 따른 영업정지 처분 대상이 되는 경우에는 영업정지를 갈음하여 과징금을 부과하지 아니한다(동조 ⑤).

3. 허가취소 · 영업정지 등으로 인한 폐기물처리업자 등의 보관폐기물 처리 명령

환경부장관 또는 시 · 도지사는 폐기물처리업자에 대하여 제27조에 따른 **허가취소** 또는 **영업정지**를 명하거나, 폐기물처리 신고자에 대하여 제46조 제7항에 따른 **폐쇄명령** 또는 **처리금지명령**을 하려는 경우에는 폐기물처리업자 또는 폐기물처리 신고자에게 기간을 정하여 **보관하는 폐기물**의 처리를 명하여야 한다(제39조의3).

한편, 제27조에 따른 허가취소 · 영업정지 또는 제46조 제7항에 따른 폐쇄명령 ·처리금지명령을 하면서 폐기물처리업자에게 보관폐기물의 처리명령을 내렸으나, 그 명령을 이행하지 않아 폐기물이 그대로 있는 경우에는 제40조상의 '폐기물 처리 공제조합에 대한 방치폐기물의 처리명령' 등과 같은 조치를 할 수 없다. 왜냐하면, 동법 제40조상의 조치는 '휴업 또는 폐업' 등으로 인한 조업중단의 경우에만 적용되기 때문이다. 폐기물처리업의 허가취소 또는 영업정지 등은 폐기물처리업자의 위법행위 등 본인의 귀책사유로 인한 것이므로, 이로 인한 방치폐기물의 처리까지 폐기물처리 공제조합에게 책임을 묻는 것은 적절하지 않다는 취지라고 여겨진다.

4. 폐기물처리업자에 대한 폐기물의 반입정지명령

환경부장관 또는 시 · 도지사는 폐기물처리업자의 보관용량, 처리실적, 처리능력 등 환경부령으로 정하는 기준을 초과하여 폐기물을 보관하는 경우에는 폐기물처리업자에게 폐기물의 반입정지를 명할 수 있다. 다만, 재난폐기물(「재난 및 안전관리 기본법」 제3조 제1호 가목 및 나목에 따른 재난으로 인하여 발생한 폐기물을 말한다)의 처리 등 환경부령으로 정하는 사유에 해당하는 경우에는 그러하지 아니하다(제47조의2 ①).

제1항에 따라 반입정지명령을 받은 자가 환경부령으로 정하는 기준 이하로 폐기물의 보관량을 감소시킨 경우에는 환경부장관 또는 시 · 도지사에게 폐기물의 반입재개 신청을 할 수 있다(동조 ②). 환경부장관 또는 시 · 도지사는 제2항에 따른 반입재개 신청을 받은 날부터 10일 이내에 반입재개 여부를 신청인에게 통보하여야 한다(동조 ③).

5. 폐기물처리업자 등의 방치폐기물 처리

(1) 방치폐기물

방치폐기물은 넓은 의미로는 폐기물배출자나 폐기물처리업자 등이 조업중단 등을 이유로 폐기물을 정상적으로 처리하지 않고 방치한 폐기물을 말한다. 하지만, 동법에서의 방치폐기물은 폐기물처리업자나 폐기물처리 신고자가 제40조 제2항 또는 제3항에 따라 보관폐기물의 처리명령을 받았음에도 불구하고 **그 명령을 이행하지 아니한 채 그대로 보관하고 있는 폐기물**로서 그 범위가 좁다.

동법은 방치폐기물의 적정한 처리를 위하여 폐기물처리업자와 폐기물처리 신고자에게 공제조합의 가입이나 보험 가입 중 어느 하나를 택하도록 하고 있다. 즉, 사업장폐기물을 대상으로 하는 **폐기물처리업자와 폐기물처리 신고자**는 폐기물의 방치를 방지하기 위하여 제25조 제3항에 따른 허가를 받거나 제46조 제1항에 따른 신고를 한 후 영업 시작 전까지 다음 각 호의 어느 하나에 해당하는 조치를 취하여야 한다(제40조 ①).

1. 제43조에 따른 폐기물처리 공제조합[53]에 분담금 납부
2. 방치폐기물의 처리를 보증하는 보험 가입

(2) 휴업 · 폐업 등으로 인한 폐기물처리업자 등의 보관폐기물 처리명령

환경부장관 또는 시 · 도지사는 제1항에 따른 폐기물처리업자나 폐기물처리 신고자가 대통령령으로 정하는 기간[54]을 초과하여 **휴업**을 하거나 **폐업** 등으로 **조업을 중단**(제27조에 따른 허가취소 · 영업정지 또는 제46조 제7항에 따른 폐쇄명령 · 처리금지명령에 따른 조업 중단은 제외한다)하면 기간을 정하여 그 폐기물처리업자나 폐기물처리 신고자에게 그가 **보관하고 있는 폐기물**의 처리를 명할 수 있다(동조 ②).

---

53) 폐기물 처리 공제조합은 방치폐기물의 처리이행을 보증하기 위하여 사업장폐기물을 처리 대상으로 하는 폐기물처리업자와 폐기물처리 신고자가 설립한 조합이다(제41조 ①).

54) 동법 시행령 제20조(폐기물의 처리명령 대상이 되는 조업중단 기간) ① 법 제40조 제2항에서 "대통령령으로 정하는 기간"이란 다음 각 호의 기간을 말한다.

1. 동물성 잔재물(殘滓物)과 의료폐기물 중 조직물류폐기물 등 부패나 변질의 우려가 있는 폐기물인 경우: 15일
2. 폐기물의 방치로 생활환경 보전상 중대한 위해가 발생하거나 발생할 우려가 있는 경우: 폐기물의 처리를 명할 수 있는 권한을 가진 자가 3일 이상 1개월 이내에서 정하는 기간
3. 제1호와 제2호 외의 경우: 1개월

② 환경부장관이나 시 · 도지사는 폐기물처리업자나 폐기물처리 신고자가 주민의 민원, 노사관계 등 불가피한 사유로 조업을 중단한 경우에는 폐기물처리업자나 폐기물처리 신고자의 신청에 따라 제1항에 따른 기간 내에서 한 차례만 법 제40조 제2항에 따른 폐기물의 처리명령을 연기할 수 있다.

환경부장관 또는 시·도지사는 제2항 또는 제39조의3에 따라 폐기물처리업자나 폐기물처리 신고자에게 처리명령을 하였음에도 불구하고 처리되지 아니한 폐기물이 있으면 제33조 제1항부터 제3항까지에 따라 권리·의무를 승계한 자에게 기간을 정하여 폐기물의 처리를 명할 수 있다(동조 ③).

(3) 방치폐기물 처리를 위한 조치

환경부장관 또는 시·도지사는 제2항 또는 제3항에 따른 명령을 받은 자가 **그 명령을 이행하지 아니하면** 그가 보관하고 있는 폐기물(이하 "방치폐기물"이라 한다)의 처리에 관하여 다음 각 호의 조치를 할 수 있다(동조 ④).

1. 제1항 제1호에 따른 분담금을 낸 경우: 제41조에 따른 **폐기물처리 공제조합에 대한 방치폐기물**(放置廢棄物)**의 처리 명령**
2. 제1항 제2호에 따른 보험에 가입한 경우: 방치폐기물의 처리와 보험사업자에게서 보험금 수령

환경부장관 또는 시·도지사가 제4항 제1호에 따라 폐기물 처리 공제조합에 방치폐기물의 처리를 명할 때에는 처리량과 처리기간에 대하여 대통령령으로 정하는 범위[55] 안에서 할 수 있도록 명하여야 한다(동조 ⑪).

[판례] 폐기물처리공제조합에게 조합원의 영업대상폐기물이 아닌 방치폐기물에 대하여도 구 폐기물관리법 제43조의2 제3항(현행 폐기물관리법 제40조 제4항) 제1호의 방치폐기물 처리명령을 할 수 있다고 한 원심의 판단을 수긍한 사례: 조합원들의 방치폐기물에 대한 적정하고 신속한 처리를 위하여 설립된 폐기물처리공제조합(이하 '공제조합'이라 한다)이 처리하여야 할 폐기물들에 관하여 구 폐기물관리법(2003. 5. 29. 법률 제6912호로 개정되기 전의 것) 제43조의2 제3항, 제43조의3 제1항이 그 영업대상폐기물로 제한하고 있지 아니하며, 공제조합의 설립목적이나 취지에 비추어 보아도 공제조합의 조합원이 방치한 폐기물이면 그 종류 여하를 불문하고 공제조합이 이를 먼저 처리한 후 폐기물을 방치한 조합원에게 그 비용을 구상할 수 있는 것으로 해석함이 상당하므로 공제조합에게

55) 동법 시행령 제23조(방치폐기물의 처리량과 처리기간) ① 법 제40조 제11항에 따라 폐기물처리 공제조합에 처리를 명할 수 있는 방치폐기물의 처리량은 다음 각 호와 같다.
1. 폐기물처리업자가 방치한 폐기물의 경우: 그 폐기물처리업자의 폐기물 허용보관량의 1.5배 이내
2. 폐기물처리 신고자가 방치한 폐기물의 경우: 그 폐기물처리 신고자의 폐기물 보관량의 1.5배 이내
② 환경부장관이나 시·도지사는 폐기물처리 공제조합에 방치폐기물의 처리를 명하려면 주변환경의 오염 우려 정도와 방치폐기물의 처리량 등을 고려하여 2개월의 범위에서 그 처리기간을 정하여야 한다. 다만, 부득이한 사유로 처리기간 내에 방치폐기물을 처리하기 곤란하다고 환경부장관이나 시·도지사가 인정하면 1개월의 범위에서 한 차례만 그 기간을 연장할 수 있다.

조합원의 영업대상폐기물이 아닌 방치폐기물에 대하여도 같은 법 제43조의2 제3항 제1호의 방치폐기물 처리명령을 할 수 있다고 한 원심의 판단을 수긍한 사례(대법원 2006. 5. 26. 선고 2004두4574 판결[방치폐기물처리명령취소]).

제41조에 따른 폐기물 처리 공제조합은 제1항 제1호에 따라 폐기물처리업자 또는 폐기물처리 신고자로부터 납부받은 분담금을 초과하여 폐기물을 처리한 경우에는 초과비용에 대하여 폐기물처리업자, 폐기물처리 신고자 또는 제33조 제1항 또는 제2항에 따른 권리·의무를 승계한 자에게 구상권을 행사할 수 있다(동조 ⑫).

[판례] <폐기물관리법상 공제조합이 폐기물처리업자를 대신하여 방치폐기물을 처리한 후 분담금을 초과한 비용에 관하여 경매절차에서 폐기물처리시설을 인수한 자를 상대로 구상권을 행사하는 사건> (1) 구 폐기물관리법 제33조 제2항의 '폐기물처리시설 등을 인수한 자'의 해석: 구 폐기물관리법 제33조 제2항에서 정한 폐기물처리시설이라고 하더라도 이를 구성하는 일부 시설이 노후화되거나 철거 또는 소재불명되는 등으로 남은 시설로는 본래 용도에 따른 기능을 상실하여 이를 이용해서 종전 폐기물처리업을 영위할 수 없는 정도에 이르렀고, 폐기물처리업의 영업 실질이 남아 있지 않게 된 경우에는 그 시설은 더는 위 조항에서 정한 폐기물처리시설에 해당한다고 볼 수 없다. 따라서 이러한 시설이 경매 등 절차에 따라 매각된다고 하더라도 구 폐기물관리법 제33조 제2항은 적용되지 않으므로 그 시설을 매수한 사람은 기존 폐기물처리업자의 허가에 따른 권리·의무를 승계한다고 볼 수 없다. (2) 경매 등 절차에서 폐기물처리시설 중 일부만을 인수한 경우 그 인수한 시설만으로는 폐기물처리업의 허가기준과 폐기물처리시설의 설치기준 및 관리기준을 충족하지 못하고, 폐기물처리업의 영업 실질이 존재한다고 평가하기도 어려운 정도라면, 그 시설의 인수인은 폐기물처리업 허가에 따른 권리·의무 승계의 전제조건이 되는 구 폐기물관리법 제33조 제2항의 '폐기물처리시설 등을 인수한 자'에 해당한다고 볼 수 없다고 한 사례(대법원 2021. 8. 26. 선고 2019다226548 판결[구상금])

(4) 폐기물 처리 공제조합의 설립 등

폐기물 처리사업에 필요한 각종 보증과 방치폐기물의 처리이행을 보증하기 위하여 폐기물처리업자와 폐기물처리 신고자는 폐기물 처리 공제조합(이하 "조합"이라 한다)을 설립할 수 있다(제41조 ①). 조합은 다음 각 호의 업무를 수행할 수 있다. 다만, 생활폐기물을 처리 대상으로 하는 폐기물처리업자와 폐기물처리 신고자가 설립하는 조합은 제2호의 업무만 수행할 수 있다(제42조).

1. 조합원의 방치폐기물을 처리하기 위한 공제사업

2. 조합원의 폐기물 처리사업에 필요한 입찰보증·계약이행보증·선급금보증 업무

조합의 조합원은 제42조에 따른 공제사업을 하는 데에 필요한 분담금을 조합에 내야 한다(제43조 ①). 제1항에 따른 분담금의 산정기준·납부절차, 그 밖에 필요한 사항은 조합의 정관으로 정하는 바에 따른다(동조 ②). 조합원은 제40조 제2항에 따른 명령을 이행하지 아니하여 방치폐기물이 발생한 경우에는 제40조 제1항 제1호에 따라 납부한 분담금은 반환받을 수 없다. 다만, 환경부장관 또는 시·도지사가 제40조 제4항 제1호에 따른 처리명령을 하기 이전에 방치폐기물을 처리한 경우에는 그러하지 아니하다.

Ⅷ. 폐기물의 부적정처리에 대한 조치명령 등

1. 조치명령

(1) 의 의

제48조의 조치명령은 폐기물의 부적정처리로 인한 환경오염 및 국민의 건강피해를 적극적이고 신속하게 차단하기 위한 효과적인 수단 중의 하나이다. 특히 오늘날 폐기물 발생량이 증가하고 이를 부적정처리하는 사례들이 증가하면서 환경 피해에 대한 우려가 더욱 커지자 2019. 11. 26, 동법 일부개정을 통하여 조치명령 대상자의 범위를 확대하였다.[56)]

개정 전과 비교해보면, 개정 전에는 조치명령의 대상자를 제1호부터 제3호까지 규정하였던 것을 제1호부터 제9호까지 그 범위를 확대하였다.[57)] 이는 환경법의 기본원칙 중 하나인 오염원인자 책임의 원칙을 확장하고 있는 경우이다. 동 원칙은 '비용귀속의 원칙'으로서 기능하기도 하지만 '책임귀속의 원칙'으로도 기능하기

---

56) 2019. 11. 26, 일부개정에서는 부적정처리폐기물을 보다 신속하게 처리함으로써 환경오염과 주민건강 피해 등을 최소화하기 위하여 처리명령대상자의 범위를 확대하고, 폐기물처리업자의 보관용량, 처리실적, 처리능력 등을 초과하여 폐기물을 보관하는 경우 반입정지명령을 내릴 수 있도록 하였으며, 부적정처리폐기물로 인하여 부적정처리이익을 얻은 자에 대하여 과징금을 부과할 수 있도록 하고, 조치명령 없이도 대집행할 수 있는 근거를 마련하였다.

57) 개정 전에는 제1호를 넓게 해석하여 직접 폐기물을 불법 처리한 자뿐만 아니라 권리·의무 승계인도 제1호에 포함되는 것으로 보았으나, 현재는 권리·의무 승계인의 경우 제7호, 제8호에서 별도로 규율하고 있다. 개정 전 제2호의 위탁자 규정은 범위를 좀 더 확대하여 제2호, 제3호에서 규율하고 있다. 개정 전 제3호는 제9호에 그대로 규정되었다. 그리고 제4호(부적정처리폐기물의 배출, 처리과정에 관여한 자), 제5호(전자정보처리프로그램에 거짓 입력한 자), 제6호(요구·의뢰·교사 또는 협력한 자)는 새로 추가된 조치명령 대상자이다.

도 한다. 동조는 폐기물의 적정 처리를 위하여 책임귀속의 주체를 확대하고 있는 것이다.

제48조에 따르면, 환경부장관, 시 · 도지사 또는 시장 · 군수 · 구청장은 부적정처리폐기물이 발생하면 아래에서 살펴보는 9가지 유형의 조치명령 대상자에게 기간을 정하여 폐기물의 처리방법 변경, 폐기물의 처리 또는 반입 정지 등 필요한 조치를 명할 수 있다(제48조 ①).

(2) 부적정처리폐기물의 개념

제48조 제1항에서는 **부적정처리폐기물**을 "제13조에 따른 폐기물의 처리 기준과 방법 또는 제13조의2에 따른 폐기물의 재활용 원칙 및 준수사항에 맞지 아니하게 처리되거나 제8조 제1항 또는 제2항을 위반하여 버려지거나 매립되는 폐기물"로 정의하고 있다.

부적정처리폐기물의 정의에서 알 수 있듯이 이미 폐기물을 전제하고 있고, 폐기물이 '부적정처리'되는 경우를 말한다. 따라서 '**부적정처리**'란 폐기물이 ① 제13조에 따른 폐기물의 처리 기준과 방법 또는 제13조의2에 따른 폐기물의 재활용 원칙 및 준수사항에 맞지 아니하게 처리되거나 ② 제8조 제1항 또는 제2항을 위반하여 버려지거나 매립되는 것을 말한다.

동법 제13조에 따른 처리기준과 방법은 시행규칙 [별표 5][58]에 자세히 정하고 있다. 제13조의2에 따른 재활용 기준 및 준수사항은 시행규칙 [별표 5의3][59]과 [별표 5의4][60]에서 정하고 있다. 이러한 기준에 반하여 처리되는 경우 부적정처리

---

58) 동법 시행규칙 [별표 5]에서는 폐기물의 처리에 관한 구체적 기준 및 방법을 다음과 같은 5가지 범주로 나누어 폐기물의 수집 · 운반, 보관, 처리 등을 어떻게 하여야 하는지를 자세하게 규정하고 있다.

1. 생활폐기물의 기준 및 방법
2. 음식물류 폐기물의 기준 및 방법
3. 사업장일반폐기물의 기준 및 방법
4. 지정폐기물(의료폐기물은 제외한다)의 기준 및 방법
5. 지정폐기물 중 의료폐기물의 기준 및 방법

59) 동법 시행규칙 [별표 5의3]에서는 폐기물의 재활용 기준을 크게 1. 공통기준, 2. 유형별 재활용의 세부기준으로 나누고, 후자는 다시 아래와 같이 나누어 자세한 기준을 정하고 있다.

가. 원형 그대로 또는 단순 수리·수선하여 재사용하는 유형
나. 재생이용할 수 있는 상태로 만들거나 재생이용하는 유형
다. 농업이나 토질개선을 위하여 재활용하는 유형
라. 토양이나 공유수면 등에 성토재 · 복토재 · 도로기층재 · 채움재 등으로 재활용하는 유형
마. 에너지를 직접 회수하거나 회수할 수 있는 상태로 만드는 유형
바. 제품제조 등을 위한 중간가공폐기물을 만드는 유형

폐기물이 된다.

폐기물관리법상 '부적정처리'와 '처리'는 규율 대상의 유형에서 차이가 있다. '처리'란 폐기물의 수집, 운반, 보관, 재활용, 처분[61]을 말하고[62], 반면 부적정처리의 개념에는 수집, 운반, 보관, 재활용, 처분뿐만 아니라 투기 또는 매립도 포함되어 규율 대상이 더 넓다.

(3) 조치명령의 요건

부적정처리폐기물이 발생하면 행정청은 동조상의 조치명령을 내릴 수 있다. 폐기물이 제13조 또는 제13조의2에 반하여 처리되거나 제8조에 반하여 투기 또는 매립될 때 부적정처리폐기물이 발생한다. 부적정처리폐기물의 '발생'은 폐기물의 수집·운반, 보관, 재활용 및 처분 또는 무단투기, 무단매립 등 일련의 전 과정에서 일어날 수 있다.

(4) 조치명령의 상대방

1) 부적정처리폐기물을 발생시킨 자(제1호)

'부적정처리폐기물을 발생시킨 자'는 폐기물을 법령상 처리기준과 방법 등에 위반하여 부적정처리한 자를 의미한다고 하겠다. 즉, ① 폐기물을 제13조에 따른 폐기물의 처리 기준과 방법 또는 제13조의2에 따른 폐기물의 재활용 원칙 및 준수사항에 맞지 아니하게 처리한 자 또는 ② 폐기물을 제8조 제1항 또는 제2항을 위반하여 버리거나 매립한 자를 말한다.

이들은 조치명령의 대상자가 된다.[63] 여기에는 폐기물을 부적정처리를 한 사업장폐기물배출자뿐만 아니라 폐기물처리업자 등도 포함되고, 이들 이외에도 폐기물을 부적정처리하는 경우에는 조치명령의 대상자가 된다.

---

60) 동법 시행규칙 [별표 5의4]에서는 폐기물을 재활용하는 자의 준수사항을 1. 폐기물의 재활용에 따른 오염예방 및 저감방법의 종류와 정도, 2. 폐기물 재활용에 따른 취급기준과 방법 등으로 나누어 정하고 있다.

61) "처분"이란 폐기물의 소각(燒却) · 중화(中和) · 파쇄(破碎) · 고형화(固形化) 등의 중간처분과 매립하거나 해역(海域)으로 배출하는 등의 최종처분을 말한다(폐기물관리법 제2조 6호). 시행규칙 등에서는 처리와 처분을 혼용해서 사용하는 경우도 있는데, 구분하여 사용하는 것이 바람직하다.

62) 폐기물관리법 제2조 5의3호

63) 한편, 제13조 또는 제13조의2를 위반하여 폐기물을 처리한 자(제65조 제1호의 경우는 제외한다)는 2년 이하의 징역이나 2천만원 이하의 벌금에 처한다(제66조). 그리고 제8조 제1항을 위반하여 사업장폐기물을 버리거나 제8조 제2항을 위반하여 사업장폐기물을 매립하거나 소각하는 경우에는 폐기물관리법에서 정한 가장 중한 형벌인 7년 이하의 징역이나 7천만원 이하의 벌금에 처해진다(제63조).

[판례 1] (1) 건설폐기물관리법은 폐기물관리법의 특별법이다. 따라서 건설폐기물처리업자가 해당 건설폐기물처리 사업장의 사업 활동에 필요하지 않게 된 물질을 건설폐기물법이 정한 바에 따라 재활용하지 아니하고, 폐기물처리시설이 아닌 곳에서 매립하거나 소각한 경우에는 제48조 제1호에서 정한 조치명령의 대상이 될 수 있다(대법원 2010. 9. 30. 선고 2009두6681 판결 등 참조). (2) 건설폐기물법 시행령 제4조 제1항 제3호는 건설폐기물 재활용의 한 유형으로 건설폐기물을 처리하여 만든 순환토사를 일정한 경우에 성토용 또는 복토용으로 다시 사용할 수 있도록 허용하고 있다. 이는 폐기물처리시설이 아닌 곳에서 폐기물을 매립하는 행위를 원칙적으로 금지하는 폐기물관리법 제8조 제2항에 대한 예외를 정한 것에 해당한다. (3) 건설폐기물법 시행령 제4조 제1항 제3호는 폐기물처리시설이 아닌 곳에서 폐기물을 매립하는 행위를 원칙적으로 금지하는 폐기물관리법 제8조 제2항에 대한 예외로서 폐기물처리시설이 아닌 곳에서 건설폐기물을 처리하여 만든 순환토사를 일정한 경우에 성토용 또는 복토용으로 다시 사용하는 것을 허용하고 있다. 따라서 이 사건 토사 매립이 건설폐기물법 시행령 제4조 제1항 제3호 각 목에서 정한 예외사유에 해당하지 않으면 원칙으로 돌아가 폐기물관리법 제8조 제2항 위반에 해당한다고 보아야 한다. (4) 이 사건 토사 매립이 건설폐기물법 시행령 제4조 제1항 제3호 각 목에서 정한 예외사유에 해당하지 않아 폐기물관리법 제8조 제2항 위반에 해당하는 이상, 폐기물관리법 제48조 제1호에 따라 조치명령의 대상이 된다. (5) 이 사건 토사가 '농작물의 경작 등에 적합한 흙'에 해당하여야 이 사건 토사 매립이 건설폐기물법 시행령 제4조 제1항 제3호 (다)목(농지법 시행령 제3조의2 제2호에 따른 농지개량을 위한 성토용)에 해당할 수 있다. 그러나 앞서 본 사정들에 비추어 보면, pH 농도 11의 강알칼리성인 이 사건 토사가 '농작물의 경작 등에 적합한 흙'에 해당한다고 보기는 어렵다. 따라서 이 사건 토사 매립을 건설폐기물법 시행령 제4조 제1항 제3호 (다)목에 따라 적법하게 이루어진 순환토사의 재활용이라고 볼 수는 없다. (6) 원고가 직접 이 사건 토사를 매립한 것은 아니지만, 성토업자들로 하여금 이 사건 토사를 원고의 사업장 밖으로 반출하여 이 사건 매립지에 매립하게 한 이상, 폐기물관리법 제48조 제1항 제1호에서 조치명령의 상대방으로 정한 '폐기물을 처리한 자'에 해당한다고 보아야 한다(대법원 2020. 2. 6. 선고 2019두43474 판결[조치명령처분취소][64]).

64) <사건 개요> 甲은 건설폐기물법에 따라 건설폐기물 중간처리업 허가를 받은 자로서, 건설폐기물의 중간처리 과정에서 발생된 약 5천톤 상당의 토사를 자신의 사업장 내에 적치해 놓았다. 甲은 성토업자들로 하여금 폐기물처리시설이 아닌 ○○군 소재 토지에 매립하게 하였다. 토사 매립 당시 이 사건 토사의 pH 농도는 약 11에 달하였다. 관할 행정청은 甲에 대하여 '이 사건 토사 매립은 폐기물처리시설이 아닌 곳에 폐기물을 매립한 경우로서 폐기물관리법 제8조 제2항 위반에 해당한다'는 이유로 폐기물관리법 제48조 제1호에 따라 이 사건 토사를 적법하게 처리하고 이행완료보고서를 제출하라는 내용의 조치명령을 하였다.

[판례 2] [1] 재활용이 가능한 순환골재와 순환토사도 건설폐기물법 제2조 제1호에 따른 건설폐기물에 해당한다(대법원 2020. 3. 27. 선고 2017추5060 판결). [2] 건설폐기물의 재활용촉진에 관한 법률(이하 '건설폐기물법'이라 한다) 제2조 제14호, 구 건설폐기물의 재활용촉진에 관한 법률 시행령(2017. 10. 17. 대통령령 제28367호로 개정되기 전의 것) 제4조는 순환골재와 순환토사를 일정한 용도로만 재활용할 수 있도록 제한하고 있다. 이는 폐기물처리시설이 아닌 곳에서 폐기물을 매립하는 행위를 원칙적으로 금지하는 폐기물관리법 제8조 제2항에 대한 예외를 정한 것에 해당한다(대법원 2020. 3. 27. 선고 2017추5060 판결). [3] 순환골재와 순환토사를 건설폐기물법 제2조 제14호, 같은 법 시행령(2017. 10. 17. 대통령령 제28367호로 개정되기 전의 것, 이하 '시행령'이라고 한다) 제4조에서 정한 용도를 벗어나 산지복구용, 농지 및 웅덩이 매립용으로 사용한 행위는 허용되지 않는다. [4] 건설폐기물 처리업자가 해당 건설폐기물처리 사업장의 사업 활동에 필요하지 않게 된 물질을 건설폐기물법령이 정한 바에 따라 재활용하지 아니하고, 폐기물처리시설이 아닌 곳에서 매립한 경우에는 건설폐기물법 제13조 제1항에서 정한 건설폐기물 보관·처리기준 위반에 해당하여 같은 법 제25조 제2항 제2호에서 정한 제재처분의 대상이 될 뿐만 아니라, 폐기물관리법(2019. 11. 26. 법률 제16614호로 개정되기 전의 것) 제48조 제1호에서 정한 조치명령의 대상도 될 수 있다(대법원 2020. 3. 27. 선고 2017추5060 판결[직무이행명령취소청구]).

2) 부적정처리폐기물이 **처리된 폐기물처리시설의 설치 또는 운영**을 제5조 제2항에 따른 수탁자에게 **위탁한 자**(제2호)

소각시설이나 재활용시설 등 폐기물처리시설의 설치 또는 운영을 위탁하였는데 해당 시설에서 부적정처리폐기물이 처리된 경우 그 위탁자는 동조의 조치명령 대상이 된다.

'제5조 제2항에 따른 수탁자'는 제5조 제2항의 '환경부령으로 정하는 자'를 말하는 것으로[65] 동법 시행규칙 제5조에서 아래와 같은 자를 규정하고 있다.

1. 한국환경공단

1의2. 「수도권매립지관리공사의 설립 및 운영 등에 관한 법률」에 따른 수도권매립지관리공사(이하 "수도권매립지관리공사"라 한다)

2. 「지방자치법」에 따른 지방자치단체조합으로서 폐기물의 광역처리를 위하여 설립된 조합

---

65) 동법 제5조(폐기물의 광역 관리) ② 환경부장관, 시·도지사 또는 시장·군수·구청장은 제1항에 따른 광역 폐기물처리시설의 설치 또는 운영을 환경부령으로 정하는 자에게 위탁할 수 있다.

3. 해당 광역 폐기물처리시설을 시공한 자(그 시설의 운영을 위탁하는 경우에만 해당한다)

4. 별표 4의4의 기준에 맞는 자[66)]

일반 사업자뿐만 아니라 공공기관 등도 위의 수탁자에게 부적정처리폐기물이 처리된 폐기물처리시설의 설치 또는 운영을 위탁하는 경우 조치명령의 대상이 된다. 만일 지방자치단체의 장이 위의 수탁자에게 폐기물처리시설의 설치 또는 운영을 위탁한 경우 해당 시설에서 폐기물의 부적정처리가 이루어진 때에는 환경부장관이 해당 지방자치단체의 장에게 조치명령을 내려야 할 것이다.

3) 부적정처리폐기물의 처리를 제15조의2 제3항 또는 제18조 제1항에 따라 **위탁한 음식물류 폐기물 배출자** 또는 **사업장폐기물배출자**. 다만, 폐기물의 처리를 위탁한 자가 **제15조의2 제3항 · 제5항, 제17조 제1항 제3호** 또는 **제18조의2 제3항**에 따른 **의무를 위반**하거나 그 밖의 **귀책사유**가 있다고 인정되는 경우로 **한정**한다(제3호)

폐기물의 적정처리 확인의무 등을 위반한 위탁한 자는 조치명령의 대상이 된다. 이는 폐기물배출자가 폐기물을 위탁처리하는 경우 처리능력이 없는 폐기물처리업자에게 폐기물처리를 위탁하는 것을 차단하고 나아가 수탁자에 의한 폐기물의 불법처리를 사전에 막기 위한 것이다.

동법에서는 폐기물의 부적정처리를 위탁한 음식물류 폐기물 배출자 또는 사업장폐기물배출자를 조치명령의 대상으로 삼고 있지만, 일정한 경우로 한정하고 있다. 즉, 음식물류 폐기물 배출자는 제15조의2 제5항에 따른 적정처리 확인의무 위반의 경우, 사업장폐기물배출자는 제17조 제1항 제3호에 따른 적정처리 확인의무 또는 제18조의2 제3항에 따른 유해성 정보자료 제공의무를 위반한 경우에 한하여 조치명령의 대상이 된다.

그리고 음식물류 폐기물 배출자 또는 사업장폐기물배출자에게 '그 밖에 귀책사유가 있다고 인정되는 경우' 조치명령의 대상자가 된다고 규정하고 있으나, 어떠한 경우에 귀책사유가 인정되는지 명확하지 않다. 불법행위에서 귀책사유는 고의 또는 과실을 의미한다. 경찰책임에서의 귀책사유는 행위책임이나 상태책임이 있는 자로서 위험에 직접적인 원인을 제공한 것을 의미한다. 개정 폐기물관리법에서의

66) 폐기물관리법 시행규칙 [별표 4의4]에서는 '폐기물처리시설의 설치 · 운영을 위탁받을 수 있는 자'의 기준을 정하고 있는데, 이에 따르면 폐기물 처분시설 또는 재활용시설별로 1. 소각시설, 2. 매립시설, 3. 음식물류 폐기물 처분시설 또는 재활용시설의 구분에 따른 일정한 기술인력을 보유하여야 한다.

"귀책사유"를 불법행위에서의 귀책사유 또는 경찰책임에서의 귀책사유와 같은 것으로 해석하는 견해도 있을 수 있지만, 환경법인 폐기물관리법상의 귀책사유는 불법행위법이나 경찰책임법상의 그것과 동일하게 볼 수는 없다. 환경법상의 귀책사유는 환경법의 일반원칙인 오염원인자 책임의 원칙 및 협동의 원칙 및 관련법규정의 입법취지 등을 고려하여 해석하여야 한다. 폐기물관리법상의 귀책사유는 불법행위에서의 귀책사유나 경찰책임에서의 귀책사유 보다 넓게 인정되어야 한다. 우선 배출사업자가 부적정한 처리가 행해질 것을 알았거나 알 수 있었음에도 불구하고 위탁처리한 경우에는 배출사업자에게 귀책사유가 있다고 보아야 한다. 다음으로 귀책사유 여부가 문제될 수 있는 경우로서 폐기물 처리 위탁수수료가 적정한 처리를 하기에는 매우 낮은 경우를 들 수 있다. 위탁시 처리비용이 적정하게 지불되지 않으면 불법처리의 가능성이 높아질 수밖에 없으므로 배출사업자가 처리비용에 관하여 적정한 수수료를 지급하지 않아 그것이 부적정처리의 한 원인이 된 경우에도 해당 배출사업자에게도 처리책임을 인정하는 것이 타당하다.

4) 부적정처리폐기물의 발생부터 최종처분에 이르기까지 배출, 수집 · 운반, 보관, 재활용 및 처분과정에 **관여한 자**(제4호)

제1호가 부적정처리폐기물을 발생시킨 자를 조치명령의 대상으로 정하고 있는 반면, 제4호는 부적정처리폐기물의 발생부터 최종처분에 이르기까지 배출, 수집 · 운반, 보관, 재활용 및 처분과정에 관여한 자를 그 대상으로 하여 조치명령 대상자의 범위를 확대하고 있다.

부적정처리폐기물이 발생한 이후 최종처분까지는 여러 단계의 다양한 과정이 존재하고 이 과정에서 부적정처리폐기물의 발생 등에 관여한 자는 조치명령의 대상이 된다. 예컨대, 직무상 의사표시나 지시 등을 통해 폐기물의 부적정처리 과정에 영향을 미치거나 수집·운반, 보관 등의 방식으로 폐기물의 부적정처리에 기여하는 자 등이 이에 해당한다.

생각건대, 제4호에 따른 조치명령의 대상자가 되기 위해서는 해당 부적정처리 폐기물의 배출, 수집 · 운반, 보관, 재활용 및 처분과정에 단순히 관여한 자라는 것만으로는 부족하고, 해당 폐기물의 부적정처리에 상당한 정도로 관여한 자이어야 한다고 해석하는 것이 책임의 원칙에 합치한다.

제4호의 '관여한 자'의 의미와 범위가 법령상 명확하지 않아서 제6호의 대상자와 부분적으로 중복될 여지도 있으므로, 보다 명확하게 규정할 필요가 있다고 하겠다.

5) 부적정처리폐기물과 관련하여 제18조 제3항을 위반하여 폐기물 인계 · 인수에 관한 사항과 폐기물처리현장정보를 **전자정보처리프로그램에 입력하지 아니하거나 거짓으로 입력한 자**(제5호)

동법 제18조 제3항에 따라 환경부령으로 정하는 사업장폐기물을 배출 · 운반 또는 처리하는 자는 그 폐기물을 배출 · 운반 또는 처리할 때마다 폐기물의 인계 · 인수에 관한 내용을 환경부령으로 정하는 바에 따라 제45조 제2항에 따른 전자정보처리프로그램에 입력하여야 하는데, 이 프로그램이 환경부에서 운영하는 올바로(allbaro) 시스템[67]이다. 부적정처리폐기물과 관련된 정보를 이 프로그램에 입력하지 아니하거나 거짓으로 입력한 자는 조치명령의 대상이 된다.

6) 제1호부터 제5호까지의 규정 중 어느 하나에 해당하는 자에 대하여 부적정처리폐기물의 발생 원인이 된 행위를 할 것을 **요구 · 의뢰 · 교사한 자** 또는 그 행위에 **협력한 자**(제6호)

'부적정처리폐기물의 발생 원인이 된 행위'라 함은 법령에 위반하여 폐기물을 배출, 수집 운반, 보관, 처분하는 행위, 불법투기 또는 불법 소각 매립하는 행위를 말하고, 따라서 제6호 대상자는 1호부터 5호까지의 조치명령의 대상자에게 이러한 행위를 할 것을 요구 · 의뢰 · 교사한 자 또는 그 행위에 협력한 자를 말한다.

제6호는 여러 사람이 관계하여 부적정처리폐기물을 발생시킨 경우 제1호부터 제5호까지의 자와 관계된 자들의 참가형식에 따른 책임을 묻고 있다. 여기서 교사한 자라 함은 폐기물의 부적정처리 의사가 없는 타인으로 하여금 폐기물의 부적정처리를 실행하게 한 자를 말하고, 협력한 자라 제1호부터 제5호의 어느 하나의 자를 도와서 폐기물의 부적정처리를 용이하게 해 준 자를 말한다.

7) 제1호부터 제6호까지의 **사업장폐기물배출자**에 대하여 제17조 제8항 또는 제9항에 따라 **권리 · 의무를 승계한 자**

폐기물관리법 제17조 제8항은 "사업장폐기물배출자가 그 사업을 양도하거나 사망한 경우 또는 법인이 합병 · 분할한 경우에는 그 양수인 · 상속인 또는 합병 · 분할 후 존속하는 법인이나 합병 · 분할에 의하여 설립되는 법인은 그 사업장폐기물과 관련한 권리와 의무를 승계한다."고 규정하고 있고, 제9항은 "「민사집행법」에 따른 경매, 「채무자 회생 및 파산에 관한 법률」에 따른 환가(換價)나 「국세징수법」 · 「관세법」 또는 「지방세기본법」에 따른 압류재산의 매각, 그 밖에 이에 준하는 절차에

67) 폐기물의 배출에서부터 운반 · 최종처리까지의 전 과정을 인터넷을 통해 실시간으로 투명하게 관리하는 시스템으로, 과거 수기전표 제도를 대체한 것이다(https://www.allbaro.or.kr)

따라 사업장폐기물배출자의 사업장 전부 또는 일부를 인수한 자는 그 사업장폐기물과 관련한 권리와 의무를 승계한다."라고 규정하고 있는데, 여기에서 승계하는 의무에는 불법처리된 사업장폐기물의 처리의무도 포함된다.

판례는 은행이 폐기물이 방치되어 있던 공장을 경락받은 후 종업원과 협의하여 공장을 가동하여 추가로 배출된 폐기물이 방치된 경우에 당해 은행을 폐기물을 처리한 자로 보고 조치명령의 상대방으로 보았다.

[판례] 특정폐기물(현재의 지정폐기물)이 방치되어 있던 공장의 경락 후 경락자와 종업원의 협의로 공장이 가동되어 추가로 배출된 특정폐기물이 방치됨으로써 인근 상수원 등에 중대한 위해가 발생할 우려가 있는 경우, 경락자에 대하여 한 폐기물처리에 대한 조치명령의 적부(적극): 은행이 소외 회사에 대하여 금 1,400,000,000원을 대출하고 그에 상당하는 소외 회사 소유이던 당해 공장용지 및 그 지상 공장건물 등에 관하여 근저당권 설정등기를 경료한 후, 위 회사가 부도나자 근저당권 실행을 위한 경매를 신청하여 공장에 납, 주석 등 당해 특정폐기물 중 일부가 야적·매립, 방치되어 있는 상태에 있는 공장용지 등을 경락받았고, 나아가 위 회사의 부도 후 공장을 관리하여 오면서 종업원들과 협의하여 공장을 일부 가동하고 원료에 대한 관리를 소홀히 함으로 말미암아 당해 특정폐기물 중 일부를 배출하여 공장에 야적, 방치하였으며, 그로 인하여 인근 상수원 등에 중대한 위해가 발생할 우려가 있다면, 은행이 당해 특정폐기물의 처리를 한 자에 해당한다는 취지의 전제하에, 지방환경관리청장이 위와 같은 위해 발생의 방지를 위하여 은행에게 당해 특정폐기물처리에 대한 조치명령을 한 것은 적법하다(대법원 1997. 8. 22. 선고 95누17724 판결[폐기물처리명령취소]-화선키메탈 사건).

8) 제1호부터 제6호까지의 **폐기물처리업자**, **폐기물처리시설의 설치자** 또는 **폐기물처리 신고자**에 대하여 제33조 제1항부터 제3항까지에 따라 **권리·의무를 승계한 자**

9) 부적정처리폐기물을 직접 처리하거나 다른 사람에게 자기 소유의 토지 사용을 허용한 경우 부적정처리폐기물이 버려지거나 매립된 **토지의 소유자**

토지의 소유자도 일정한 경우 조치명령의 대상이 된다. 즉, '폐기물을 직접 처리한 토지의 소유자' 또는 '다른 사람에게 자기 소유의 토지 사용을 허용한 경우 폐기물이 버려지거나 매립된 토지의 소유자'가 조치명령의 상대방이다. 이른바 상태책임을 묻고 있는 것이다. '폐기물을 직접 처리한 토지의 소유자'는 제48조 제1호에도 해당하게 된다. 한편, '다른 사람에게 자기 소유의 토지 사용을 허용한 경우 폐기물이 버려지거나 매립된 토지의 소유자'란 용도를 불문하고 타인에게 자신의 토지의 사용을 허용한 경우를 모두 포함한다고 해석함이 상당하고, 달리 이를 폐기물의 투기나 매립을 위한 토지사용을 허용한 소유자에 한정되는 것으로 해석할 것은 아니라고 본 고등법원 판례가 있다.

[판례 1] 구 폐기물관리법 제45조 제1항 제3호 소정의 '다른 사람에게 자기 소유의 토지 사용을 허용한 경우 폐기물이 버려지거나 매립된 토지의 소유자'의 의미: 구 폐기물관리법(2003. 5. 29. 법률 제6912호로 개정되기 전의 것) 제45조 제1항 제3호에서 폐기물처리에 대한 조치명령의 상대방으로 규정하고 있는 '다른 사람에게 자기 소유의 토지 사용을 허용한 경우 폐기물이 버려지거나 매립된 토지의 소유자'란 용도를 불문하고 타인에게 자신의 토지의 사용을 허용한 경우를 모두 포함한다고 해석함이 상당하고, 달리 이를 폐기물의 투기나 매립을 위한 토지사용을 허용한 소유자에 한정되는 것으로 해석할 것은 아니다(부산고법 2003. 10. 24. 선고 2003누2731 판결[방치폐기물제거명령취소] 확정).

[판례 2] 헌법재판소 2010. 5. 27. 선고 2007헌바53 전원재판부

[판시사항] 타인에게 임대한 자기 소유의 토지 위에 폐기물이 방치된 경우 당해 토지의 소유자에게도 폐기물에 대한 적정처리를 명할 수 있도록 한 '건설폐기물의 재활용촉진에 관한 법률' 제45조 제1항(2003. 12. 31. 법률 제7043호로 제정되고, 2009. 6. 9. 법률 제9769호로 개정되기 전의 것) 중 '제44조 제1호에 관한 부분' 및 구 폐기물관리법 제45조 제1항 제3호(1999. 2. 8. 법률 제5865호로 개정되고, 2007. 4. 11. 법률 제8371호로 개정되기 전의 것) 중 "다른 사람에게 자기 소유의 토지 사용을 허용한 경우"에 관한 부분이 헌법상 재산권을 침해하는지 여부(소극)

[결정요지] 폐기물의 발생을 억제하고 발생한 폐기물을 적정하게 처리하여 환경보전과 국민생활의 질적 향상을 도모하려는 이 사건 법률조항들의 입법목적은 정당하고, 직접적인 오염원인자 이외에 폐기물이 방치된 토지의 소유자에게도 폐기물 처리책임을 확장하여 인정하는 것은 위와 같은 입법 목적을 달성하는 데에 효과적인 방법이다. 나아가 이 사건 법률조항들로 인한 토지소유자의 책임은 보충적인 처리책임인데, 만일 방치폐기물에 대한 책임을 직접적 원인제공자에게만 한정하고 그 외의 경우에는 항상 국가나 지방자치단체가 이를 부담한다면, 폐기물의 방치가 조장되거나 폐기물의 처리가 적시에 이행되기 어려울 수 있으며, 무엇보다 폐기물 방치에 아무런 원인도 제공하지 않은 일반 국민들에게 막대한 비용을 떠안기게 되는 불합리한 결과를 초래하게 된다. 한편 관계법령은 방치폐기물처리 이행보증제도를 마련하여 폐기물처리업자가 방치한 폐기물에 대한 1차적 처리를 담당하게 하고 있다. 또한 이 사건 법률조항들로 인하여 토지소유자들이 입게 되는 불이익보다는 이로 인하여 얻게 될 환경보전이라는 공익이 훨씬 크다. 그렇다면 이 사건 심판대상조항들이 재산권을 지나치게 제한하여 헌법에 위배되는 것으로 볼 수는 없다(헌법재판소 2010. 5. 27. 선고 2007헌바53 전원재판부－건설폐기물의재활용촉진에

관한법률 제44조 제1호 등 위헌소원)

(5) 조치명령의 절차

환경부장관, 시 · 도지사 또는 시장 · 군수 · 구청장이 제1항에 따른 조치명령대상자 또는 조치명령의 범위를 결정하기 위하여 필요한 경우에는 제48조의3에 따른 폐기물처리자문위원회에 자문할 수 있다(제48조 ②). 조치명령대상자 결정 및 조치명령의 범위의 결정에 있어서 어떠한 기준도 설정하지 않고 폐기물처리자문위원회의 자문을 받아 환경부장관, 시 · 도지사 또는 시장 · 군수 · 구청장이 재량으로 결정하도록 한 것은 문제가 있다. 법률유보의 원칙상 불법처리폐기물에 대한 다수책임자 사이의 조치명령의 순서 또는 조치명령대상자의 결정기준을 토양환경보전법 시행령 제5조의3 제1항을 참조하여 폐기물관리법 및 동법 시행령으로 규정하는 것이 타당하다.

제48조에 의한 조치명령의 상대방이 다수인 경우 명문의 규정이 없는 한 경찰행정법상 다수자책임의 법리에 따라 행정청은 폐기물을 가장 신속하고 적정하게 처리할 수 있다고 판단되는 자에게 처리명령을 내리는 것이 타당하다.[68]

[판례] 여러 명의 오염원인자가 있는 경우 그 중 1인에 대하여 폐기물 전부를 처리하도록 한 조치명령이 적법한지 여부: "둘 이상의 오염원인자에 대하여 연대책임을 규정한 환경정책기본법 제44조 제1항 및 토양환경보전법 제10조의3 제2항과 폐기물로 인한 환경오염에 대한 오염원인자의 복원 책임 등을 규정한 폐기물관리법 제3조의2 제4항을 종합하면 폐기물관리법을 위반하는 행위로 환경오염을 일으킨 자가 여러 명이고 그로 인해 위법하게 처리된 폐기물이 누적 혼입되어 각자의 책임에 상응하는 복원의무의 범위와 대상을 정확히 가리기 어려운 경우에는 제48조에 의하여 그 여러 명의 오염원인자에게 오염된 환경 전체를 복원하는 데에 필요한 조치를 명할 수 있고 따라서 폐기물관리법을 위반하여 폐기물의 처리를 위탁한 피고 1인에 대하여 관할 시장이 수탁업체 사업장 침출수 및 오염된 지하수의 확산방지 등 적정 조치, 불법 위탁한 폐기물 및 그 폐기물로 인해 오염된 토사의 제거 등 적정 조치를 명한 조치명령이 적법하다(대법원 2022. 4. 14. 선고 2021도10761 판결[폐기물관리법위반]).

환경부장관, 시 · 도지사 또는 시장 · 군수 · 구청장은 제39조의2, 제39조의3, 제

68) 박균성, 행정법론(하), 경찰행정법 참조.

40조 제2항·제3항, 제47조의2 또는 제48조에 따른 명령을 하려면 미리 그 명령을 받을 자에게 그 이유를 알려 의견을 제출할 기회를 주어야 한다. 다만, 상수원 보호 등 환경 보전상 긴급히 하여야 하는 경우에는 그러하지 아니하다(제48조의2).

(6) 조치명령의 내용

조치명령의 내용은 "폐기물의 처리방법 변경, 폐기물의 처리 또는 반입 정지 등 필요한 조치를 명"하는 것이다. 여기서 '필요한 조치'에는 폐기물의 수집·운반·보관·재활용·처분 방법의 변경, 폐기물을 적정하게 처리할 수 있는 장소로의 이동조치, 일정한 기간 내의 처리조치, 폐기물처리시설의 개선조치, 불법처리된 폐기물의 제거, 오염된 지하수 또는 토양의 정화조치 등 광범위한 내용이 포함된다고 본다.[69]

(7) 구상권 행사

제1항에 따라 조치명령을 받은 자가 자기의 비용으로 조치명령을 이행한 경우에는 동일한 사유로 조치명령을 받은 자의 부담부분에 관하여 구상권을 행사할 수 있다(동조 ③).

2. 과징금

환경부장관, 시·도지사 또는 시장·군수·구청장은 제48조 제1항 제1호부터 제8호까지의 규정 중 어느 하나에 해당하는 자가 폐기물을 부적정 처리함으로써 얻은 **부적정처리이익**(부적정 처리함으로써 지출하지 아니하게 된 해당 폐기물의 적정 처리비용 상당액을 말한다. 이하 이 조에서 같다)**의 3배 이하**에 해당하는 금액과 폐기물의 제거 및 원상회복에 드는 비용을 과징금(징벌적 과징금)으로 부과할 수 있다(제48조의5 ①).

Ⅸ. 대 집 행

불법처리된 폐기물에 대한 처리는 일차적으로 처리책임자가 행하여야 한다. 그러나 급박한 경우 또는 처리책임자가 조치를 취하기 어려운 경우에는 공익을 위하여 관계 행정청이 조치를 취하지 않을 수 없다. 현행 폐기물관리법은 환경부장관, 시·도지사 또는 시장·군수·구청장의 대집행을 규정하고 있다. 즉, 환경부장관, 시·도지사 또는 시장·군수·구청장(이하 "대집행기관"이라 한다)은 **제39조의**2(사업장폐

---

69) 김홍균, 앞의 책, 524면.

기물배출자에 대한 보관폐기물 처리명령), **제39조의**3(허가취소 · 영업정지 등으로 인한 폐기물 처리업자 등의 보관폐기물 처리명령), **제40조 제2항 · 제3항**(휴업 · 폐업 등으로 인한 폐기물처리업자 등의 보관폐기물 처리명령) 또는 **제48조**(폐기물 처리에 대한 조치명령)에 따른 명령을 받은 자가 그 명령을 이행하지 아니하면 「행정대집행법」에 따라 대집행을 하고 그 비용을 징수할 수 있다(제49조 ①).

제1항에도 불구하고 대집행기관은 다음 각 호의 어느 하나에 해당하는 경우에 제39조의2, 제39조의3, 제40조 제2항 · 제3항 또는 제48조에 따른 **명령을 내리지 아니하고** 대집행(**긴급대집행**)을 할 수 있다. 이 경우 대집행기관은 제39조의2, 제39조의3, 제40조 제2항 · 제3항 또는 제48조에 따른 명령대상자(제1호의 경우에는 대집행절차 도중 또는 완료 이후에 확인된 명령대상자를 말한다)로부터 「행정대집행법」에 따라 비용을 징수할 수 있다(동조 ②).

1. 제39조의2, 제39조의3, 제40조제2항 · 제3항 또는 제48조에 따른 명령대상자를 대집행기관이 확인할 수 없는 경우
2. 제39조의2, 제39조의3, 제40조 제2항 · 제3항 또는 제48조에 따른 명령대상자를 대집행기관이 확인하였으나 명령을 이행할 능력이 없다고 인정되는 경우
3. 대집행기관이 침출수 누출, 화재 발생 등으로 주민의 건강 또는 주변 환경에 심각한 위해를 끼칠 우려가 있는 등 명령의 내용이 되는 조치의 전부 또는 일부를 긴급하게 실시하여야 할 필요가 있는 경우

제1항 또는 제2항에 따라 대집행을 실시한 대집행기관은 **제48조 제1항 제1호에 해당하는 자가 폐기물처리업자 또는 폐기물처리 신고자로 확인된 경우** 그 폐기물처리업자 또는 폐기물처리 신고자를 관할하는 행정기관에 대집행에 소요된 비용을 청구할 수 있다. 이 경우 비용을 청구받은 행정기관은 조치명령대상자에게 비용을 징수할 수 있다(동조 ④).

제1항부터 제4항까지에서 규정한 사항 외에 대집행에 필요한 사항은 「행정대집행법」에서 정하는 바에 따른다(동조 ⑤).

불법처리된 폐기물에 대하여 조치명령을 받을 자가 없는 경우 또는 조치명령을 받은 자가 자금능력이 없는 경우에는 대집행비용을 국가나 지방자치단체가 부담하게 되는 문제가 있다. 광의의 오염원인자라고 할 수 있는 산업계 등으로부터 불법처리된 폐기물에 대한 처리기금을 조성하도록 하는 입법조치가 필요하다.

현행법은 대집행권자를 환경부장관, 시 · 도지사 또는 시장 · 군수 · 구청장으로 하고 있는데, 이들 기관은 권한있는 행정기관임과 동시에 처리책임을 지는 기관이

된다. 그런데 이와 같이 법률상 처리권한 내지 책임기관이 복수로 되어 있어 법률 규정 자체만으로는 명확하지 않다. 다만, 해석상 지정폐기물은 환경부장관, 일반사업장폐기물은 시·도지사, 생활폐기물은 시장·군수·구청장이 담당기관이 되는 것으로 해석된다.

X. 벌　　칙

[판례 1] [1] 구 폐기물관리법의 양벌규정이 사업장폐기물배출자와 당해 업무를 실제로 집행하는 행위자의 처벌규정인지 여부(적극) 및 '당해 업무를 실제로 집행하는 자'의 의미: 구 폐기물관리법(2007. 1. 3. 법률 제8213호로 개정되기 전의 것) 제62조의 양벌규정은, 사업장폐기물배출자가 아니면서 당해 업무를 실제로 집행하는 자가 있을 때 위 벌칙규정의 실효성을 확보하기 위하여 그 적용대상자를 당해 업무를 실제로 집행하는 자까지 확장함으로써 그러한 자가 당해 업무집행과 관련하여 위 벌칙규정의 위반행위를 한 경우 위 양벌규정에 의하여 처벌할 수 있도록 한 행위자의 처벌규정임과 동시에 그 위반행위의 이익귀속주체인 사업장폐기물배출자에 대한 처벌규정이다. 여기서 '당해 업무를 실제로 집행하는 자'란 그 법인 또는 개인의 업무에 관하여 자신의 독자적인 권한이 없이 오로지 상급자의 지시에 의하여 단순히 노무제공을 하는 것에 그치는 것이 아니라, 적어도 일정한 범위 내에서는 자신의 독자적인 판단이나 권한에 의하여 그 업무를 수행할 수 있는 자를 의미한다. [2] 주한미군 부평교역처 보급창의 폐기물처리업무를 담당하는 직원이 적법한 신고절차 없이 미허가·미신고의 폐기물처리업자에게 사업장폐기물을 처리하게 한 사안에서, 위 직원은 구 폐기물관리법 제62조의 양벌규정이 적용되는 대리인·사용인 기타의 종업원에 해당한다고 본 사례(대법원 2007. 12. 28. 선고 2007도8401 판결[폐기물관리법위반·관세법위반·식품위생법위반]−주한미군 부평 보급창 폐기물 불법처리 사건).

[판례 2] [1] 폐기물처리시설을 관리기준에 적합하지 않게 유지·관리하여 주변환경을 오염시켰다고 인정하여 폐기물관리법 제66조 제13호 위반행위로 처벌하기 위한 요건 : 폐기물처리시설을 관리기준에 적합하지 않게 유지·관리하여 주변환경을 오염시켰다고 인정하여 폐기물관리법 제66조 제13호 위반행위로 처벌하기 위해서는 폐기물처리시설의 관리기준을 위반한 유지·관리행위로 환경정책기본법 등 환경 관련 법령이 규정하고 있는 오염물질이 배출되거나 그로 인하여 사람의 건강이나 환경에 피해를 주는 정도에 이르러야 한다. [2] 폐기물관리법 제66조 제13호, 제31조 제1항 위반행위의 주체가 '폐기물처리시설을 설치·운영하는 자'에 한정되는지 여부(적극) : 폐기물관리법 제29조 제2항은 '제25조 제3항에 따른 폐기물처리업의 허가를 받았거나 받으려는 자 외의 자가 폐기물처리시설을 설치하려면 환경부장관의 승인을 받아야 한다'고 정하여 폐기물처리업자와 폐

기물처리시설의 설치·운영자를 구별하고, 같은 법 제31조 제1항은 '폐기물처리시설을 설치·운영하는 자는 환경부령으로 정하는 관리기준에 따라 그 시설을 유지·관리하여야 한다'고 정하여 폐기물처리시설의 설치·운영자에게 일정한 관리기준에 따른 시설 유지·관리의무를 부과하고 있으며, 제66조 제13호는 '제31조 제1항에 따른 관리기준에 적합하지 아니하게 폐기물처리시설을 유지·관리하여 주변환경을 오염시킨 경우'를 처벌하고 있다. 따라서 폐기물관리법 제66조 제13호, 제31조 제1항의 위반행위의 주체는 '폐기물처리시설을 설치·운영하는 자'에 한정된다. [3] 폐기물관리법 제67조 양벌규정의 취지 및 위 양벌규정이 폐기물처리시설의 설치·운영자가 아니면서 그러한 업무를 실제로 집행하는 자에 대한 처벌의 근거 규정이 되는지 여부(적극) : 폐기물관리법 제67조는 "법인의 대표자나 법인 또는 개인의 대리인, 사용인, 그 밖의 종업원이 그 법인 또는 개인의 업무에 관하여 제63조부터 제66조까지의 어느 하나에 해당하는 위반행위를 하면 그 행위자를 벌하는 외에 그 법인 또는 개인에게도 해당 조문의 벌금형을 과한다."라고 정하고 있다. 이 규정의 취지는 위 제66조 등의 벌칙 규정이 적용되는 폐기물처리시설의 설치·운영자가 아니면서 그러한 업무를 실제로 집행하는 자가 있을 때 벌칙 규정의 실효성을 확보하기 위하여 적용대상자를 해당 업무를 실제로 집행하는 자까지 확장하여 그 행위자도 아울러 처벌하려는 데 있다. 이러한 양벌규정은 해당 업무를 실제로 집행하는 자에 대한 처벌의 근거 규정이 된다(대법원 2017. 11. 14. 선고 2017도7492 판결).[70]

[판례 3] 甲 주식회사가 설치·운영하다가 사용종료한 폐기물처리시설의 부지를 체납처분에 의한 공매절차에서 취득하여 소유하고 있는 피고인이 환경청으로부터 폐기물처리시설에 대한 사후관리를 일정 기간 내에 완료하도록 시정명령을 받았음에도 이를 이행하지 아니하였다고 하여 폐기물관리법 위반으로 기소된 사안에서, 폐기물관리법에서는 일반적으로 법률행위에 의한 소유권 이전을 의미하는 '양도'와 법률에 의한 '경매' 또는 '압류재산의 매각' 등의 개념이 구분되어 사용되어 왔는데도, 피고인이 폐기물처리시설 부지를 공매절차에서 취득할 당시 시행 중이던 폐기물관리법에는 폐기물처리시설 등의 양도 등 경우의 권리·의무 승계에 관해서만 규정되어 있었을 뿐, 위 시설 등이 경매 등으로 처분된 경우에 관해서는 따로 규정되어 있지 않다가, 2010. 7. 23. 법률 제10389호로 폐기물관

70) 폐기물처리시설을 설치·운영 업체(회사)의 폐기물 매립장에서 매립물이 무너지면서 침출수가 유출되어 주변환경을 오염시킨 사안에서, 원심은 회사 전무로서 운영·관리 업무를 담당했던 피고인이 직접 폐기물관리법 제66조 제13호, 제31조 제1항을 위반한 '폐기물처리시설을 설치·운영하는 자'로서 처벌된다고 판단한 것에 대해, 폐기물관리법 제66조 제13호, 제31조 제1항에서 정한 '폐기물처리시설을 설치·운영하는 자'에 관한 법리를 오해하고 피고인에 대한 처벌 근거규정(양벌규정)을 누락한 잘못이 있기는 하지만, 피고인이 '폐기물처리시설을 설치·운영하는 자'가 아니라 양벌규정에서 정한 '행위자'로서 죄책을 부담한다는 점에서만 차이가 있을 뿐 유죄로 인정되는 범죄사실이 같고, 나머지 적용법조나 피고인에 대한 벌금형의 법정형도 같아 판결에 영향을 미친 위법이 있다고 보기는 어렵다고 보아 상고를 기각한 사례

리법이 개정되면서 경매 등으로 위 시설 등을 인수한 자도 인수 전의 권리·의무를 승계한다는 점이 비로소 명시된 점 등을 종합하면, 폐기물처리시설 부지를 공매절차에서 취득한 피고인이 폐기물처리시설까지 인수한 것이라도 인수 당시 시행 중이던 폐기물관리법에서 말하는 폐기물처리시설의 양수인에 해당한다고 볼 수 없고, 그 후 폐기물관리법 개정으로 경매 등으로 인수한 자의 권리·의무 승계 규정이 도입되었더라도 그러한 규정이 피고인에게 소급적용될 수 없으며, 비록 환경보전과 국민생활의 질적 향상이라는 폐기물관리법의 입법 목적을 효과적으로 달성하기 위해서는 폐기물처리시설 등을 경매·공매 등을 통해 인수한 경우에도 인수 전의 허가·승인 또는 신고에 따른 권리·의무를 승계하도록 함으로써 폐기물처리시설 등에 대한 지속적인 사후관리가 이루어지도록 할 필요가 있지만, 위와 같은 경우 권리·의무를 승계하도록 한 명문의 규정이 미처 마련되기 전이었음에도 그러한 입법 목적을 앞세운 법률해석을 통하여 처벌 대상을 확대함으로써 그 목적을 달성하려는 것은 허용될 수 없다는 이유로, 같은 취지에서 피고인이 폐기물처리시설에 관한 허가·승인 또는 신고에 따른 권리·의무를 승계하지 않으므로 시정명령은 의무 없는 자에게 내려진 행정처분으로서 이에 응하지 않더라도 죄가 되지 않는다고 본 원심판단이 정당하다고 한 사례(대법원 2017. 10. 31. 선고 2017도9582 판결).

제 3 절 기타 법률

Ⅰ. 자원의 절약과 재활용촉진에 관한 법률

1. 개 설

폐기물 문제를 해결하기 위한 가장 좋은 방법은 폐기물을 발생시키지 않거나 발생 자체를 줄이는 것이지만, 불가피하게 발생하는 폐기물에 대하여는 최대한 재활용하는 것이 중요하다. 자원의 재활용은 이미 사용된 자원을 다시 재활용함으로써 그만큼 자원 소비량을 절약하면서 동시에 폐기물의 양을 효율적으로 줄이는 방법이 된다. 따라서 자원의 재활용은 자원의 절약을 전제로 한다.

이와 같은 견지에서 제정된 법이 「자원의 절약과 재활용촉진에 관한 법률」이다. 이 법은 폐기물의 발생을 억제하고 재활용을 촉진하는 등 자원을 순환적으로 이용하도록 함으로써 환경의 보전과 국민경제의 건전한 발전에 이바지함을 목적으로 제정되었다.[71]

---

71) 2019. 11. 26. 일부개정에서는 현행법상의 생산자책임재활용제도의 과도기적 단계로 폐기물 회수

"재활용가능자원"은 사용되었거나 사용되지 아니하고 버려진 후 수거(收去)된 물건과 부산물(副産物) 중 재사용·재생이용할 수 있는 것(회수할 수 있는 에너지와 폐열(廢熱)을 포함하되, 방사성물질과 방사성물질로 오염된 물질은 제외한다)을 말한다고 규정하고 있다(동조 제2호). "부산물"이란 제품의 제조·가공·수리·판매나 에너지의 공급 또는 토목·건축공사에서 부수적으로 생겨난 물건을 말한다(동조 제3호).

또한, 재활용, 재사용, 재생이용, 에너지회수 등에 관하여도 정의규정을 두고 있다. "재활용"이란 「폐기물관리법」 제2조 제7호에 따른 재활용을 말한다고 규정하고 있는데(동조 제5호), 폐기물관리법상 "재활용"은 폐기물을 재사용·재생이용하거나 재사용·재생이용할 수 있는 상태로 만드는 활동 또는 환경부령으로 정하는 기준에 따라 폐기물로부터 「에너지법」 제2조 제1호에 따른 에너지를 회수하는 활동을 말한다.

"재사용"이란 재활용가능자원을 그대로 또는 고쳐서 다시 쓰거나 생산활동에

· 재활용 자발적 협약 제도를 도입하여 이 협약을 체결하여 이행하는 제조업자 등에게 폐기물부담금을 면제하여 왔으나, 협약 기간에 제한이 없어 이를 악용할 경우 생산자책임재활용제 편입을 회피하는 수단으로 악용될 수 있다는 문제를 해결하기 위하여 폐기물부담금 면제를 받을 수 있는 자발적 협약의 기간을 5년으로 제한하는 한편, 폐기물부담금 등의 가산금 한도를 「부담금관리기본법」과 동일한 수준으로 조정하고, 환경부장관이 체납된 폐기물부담금 등의 징수를 위하여 필요한 경우에는 건축물대장 등본 등의 자료의 제공을 요청할 수 있도록 하였다.2020. 6. 9. 일부개정에서는 최근 커피전문점 등의 성장으로 1인당 커피 소비량이 늘어남에 따라 1회용 컵 사용량도 급증하고 있고, 1회용 컵의 부적정한 폐기로 인하여 환경오염, 자원의 낭비 등이 심각해지고 있는 상황을 고려하여 사용된 1회용 컵의 수거 및 재활용 촉진을 위해 판매자의 재활용 책임을 강화하고, 1회용 컵에 대한 자원순환보증금 제도를 도입하는 한편, 자원순환보증금 등의 투명한 집행과 관리 등을 위하여 자원순환보증금관리위원회를 두고, 자원순환보증금 반환 및 취급수수료 등에 관한 업무를 신설된 자원순환보증금관리센터에서 담당하도록 하였다. 2021. 1. 5. 일부개정에서는 재활용부과금과 폐기물부담금의 경우 신용카드 등을 사용하여 납부가 가능할 수 있도록 함으로써 납부 편의성을 제고하였다. 주요 재활용가능자원의 안정적인 수거 및 처리 전 과정에 대한 모니터링과 긴급대응을 위한 시장관리 전담기구의 설치를 통해 재활용시장을 상시 모니터링하고, 선제적인 대응을 하기 위한 "재활용시장관리센터"의 설치·운영 근거를 마련하였다. 또한 재활용가능자원의 수급조절과 가격안정화를 위한 공공비축사업의 추진에 필요한 법적 근거를 마련하고 수익자부담원칙에 따라 보관비용 등을 부담하도록 하는 것이 필요하여 재활용가능자원 등 비축시설의 설치 및 운영 근거와 함께 보관료·운송료 등의 비용부담 또는 지원 근거를 마련하였다. 2023. 3. 28. 일부개정에서는 포장폐기물과 플라스틱 폐기물의 발생을 줄이기 위하여 포장재의 재질·구조 등에 관한 기준 및 재활용 용이성 평가 기준에 색상 및 무게 기준 항목을 추가하고, 1회용품의 사용 억제 및 무상제공 금지 의무가 적용되는 대상 업종으로 객실이 50실 이상인 숙박업을 추가하며, 전자상거래 또는 무인정보단말기를 통하여 음식물을 제공·판매·배달하는 경우에는 고객이 1회용품 사용 여부를 선택할 수 있도록 의무화하는 한편, 재생원료의 사용을 촉진하기 위하여 재생원료를 일정 비율 이상으로 사용한 제품·용기의 제조자 등이 그 사용비율을 표시할 수 있도록 하고, 지방자치단체의 장은 재생원료 사용 제품·용기의 구매를 우선 검토하도록 노력하여야 하며, 재활용부과금의 납부와 관련하여 징수유예 및 분할납부, 납부기한 전 징수, 납부의무의 승계 등에 대한 근거를 신설하였다.

다시 사용할 수 있도록 하는 것을 말하고(제2조 제6호), "재생이용"이란 재활용가능자원의 전부 또는 일부를 원료물질(原料物質)로 다시 사용하거나 다시 사용할 수 있도록 하는 것을 말한다(동조 제7호). 그리고 "에너지회수"는 재활용가능자원으로부터 「폐기물관리법」 제2조 제7호에 따른 기준(이하 "에너지회수기준"이라 한다)에 따라 에너지를 회수(回收)하거나 에너지를 회수할 수 있는 물질로 전환시키는 것을 말한다(동조 제8호). "폐자원에너지"란 고형연료제품, 폐기물합성가스 등 폐기물로부터 회수된 에너지 또는 에너지를 회수할 수 있도록 전환된 물질로서 환경부령으로 정하는 것을 말한다(동조 제8의2호).

동법상의 재활용 개념과 관련하여 「환경친화적 산업구조로의 전환촉진에 관한 법률」상의 '재제조(Remanufacturing)'와의 관계가 문제된다. 산업통상자원부 소관의 「환경친화적 산업구조로의 전환촉진에 관한 법률」 제2조 제3호에서는 "재제조(再製造)"란 「자원의 절약과 재활용촉진에 관한 법률」 제2조 제1호에 따른 재활용가능자원을 「폐기물관리법」 제2조 제7호에 따른 재사용·재생이용할 수 있는 상태로 만드는 활동 중에서 분해·세척·검사·보수·조정·재조립 등 일련의 과정을 거쳐 원래의 성능을 유지할 수 있는 상태로 만드는 것을 말한다고 규정하고 있다.[72] 오늘날 자원순환형 사회로의 전환과 관련하여 재제조 산업의 육성 및 지원이 중요한 문제로 대두되고 있으나 현재 재활용과 재제조의 개념 및 관계설정이 분명하지 않아 향후 정책적으로, 법적으로 혼란을 줄 우려가 있다. 지속가능한 발전을 추구하고 자원순환형 사회의 형성을 촉진하기 위해서는 이들 관계에 대한 검토가 필요하다.

2. 법률의 주요내용

(1) 자원의 절약과 폐기물의 발생억제 등

동법은 포장폐기물의 발생억제에 관한 규정을 두고 있다. 즉, 제품을 제조·수입 또는 판매하는 자(이하 "제조자등"이라 한다)는 대통령령으로 정하는 제품의 포장폐기물의 발생을 억제하고 재활용을 촉진하기 위하여 다음 각 호의 어느 하나에 해당하는 사항을 지켜야 한다(제9조 ①).

1. 포장재질·포장방법(포장공간비율과 포장횟수를 말한다. 이하 같다)에 관한 기준

72) 동법에서는 재제조와 관련하여 재제조의 대상(제23조), 재제조 제품의 표시(제23조의2), 전문연구기관의 지정·운영(제23조의3), 자금 등의 지원(제23조의4), 품질인증(제22조) 등의 규정을 두고 있다.

2. 합성수지재질(생분해성수지제품은 제외한다. 이하 이 조에서 같다)로 된 포장재의 연차별 줄이기에 관한 기준

또한, 포장재의 재질·구조기준, 평가, 개선명령 및 중단명령 등에 관한 규정을 두고 있다. 환경부장관은 포장재의 재활용이 쉽도록 하기 위하여 재질·구조 및 재활용의 용이성 등에 관한 기준을 정하여 고시하고, 제16조 제1항에 따른 포장재의 재활용의무생산자는 그 기준을 준수하여야 한다(제9조의2). 환경부장관은 포장재 재질·구조 및 재활용의 용이성에 대한 평가(이하 "포장재 재질·구조 평가"라 한다) 기준을 마련하여야 한다(제9조의3 ①).

환경부장관은 제9조의2의 기준을 위반한 포장재를 제조·수입하거나 이를 이용한 제품을 판매하는 제16조 제1항에 따른 포장재의 재활용의무생산자에게 환경부령으로 정하는 바에 따라 1년 이내의 범위에서 기간을 정하여 재질·구조 및 재활용 용이성 등에 관한 기준을 충족하도록 하는 데 필요한 조치를 취할 것을 명할 수 있다. 다만, 제조공정의 변경이 필요하여 제16조 제1항에 따른 포장재의 재활용의무생산자 또는 관계 행정기관의 장이 개선기간의 연장을 요청하는 등 1년 이내에 개선이 어렵다고 인정되는 사유가 있을 때에는 그 개선기간을 별도로 정할 수 있다(제9조의4 ①). 환경부장관은 제1항에 따른 명령을 받은 자가 이를 이행하지 아니하는 경우에는 환경부령으로 정하는 바에 따라 해당 포장재·제품의 제조·수입 및 판매의 중단을 명할 수 있다(동조 ②). 환경부장관은 제9조의4 제2항에 따라 제조·수입 및 판매를 중단하도록 명하여야 하는 경우로서 해당 포장재·제품의 제조·수입 및 판매가 불가피하다고 인정하는 경우 대통령령으로 정하는 바에 따라 제조·수입 및 판매의 중단에 갈음하여 10억원 이하의 과징금을 부과할 수 있다(제9조의5 ①).

동법은 1회용품의 사용 억제 등에 관하여도 규정하고 있는바, 법령에서 정하는 시설 또는 업종을 경영하는 사업자는 1회용품의 사용을 억제하고 무상으로 제공하지 아니하여야 한다. 다만, 1회용품이 생분해성수지제품인 경우에는 무상으로 제공할 수 있다(제10조 ①).

한편, 폐기물부담금에 관한 규정을 두고 있는바, 폐기물부담금제도는 제품에 특정유해물질 또는 유독물을 함유하고 있거나, 재활용이 어렵고 폐기물관리상 문제를 일으킬 수 있는 제품·재료·용기에 대해, 당해 폐기물의 처리에 소요되는 비용을 해당 제품·재료·용기의 제조업자와 수입업자에게 부담하도록 하여 폐기물의 발생 억제와 자원의 낭비를 막기 위한 제도이다. 이는 오염자부담의 원칙에 근

거하여 부과하는 것으로 환경부하가 높은 제품에 대하여 제품의 가격에 환경비용을 내재화시켜 환경비용의 합리적 배분을 도모하게 된다.

환경부장관은 폐기물의 발생을 억제하고 자원의 낭비를 막기 위하여 다음 각 호의 어느 하나에 해당하는 물질을 함유하고 있거나 재활용이 어렵고 폐기물 관리상의 문제를 초래할 가능성이 있는 제품·재료·용기 중 대통령령으로 정하는 제품·재료·용기의 제조업자(주문자의 상표를 부착하는 방식에 따라 제조한 제품·재료·용기의 경우에는 그 주문자를 말한다)나 수입업자에게 그 폐기물의 처리에 드는 비용을 매년 부과·징수한다(제12조 ①).

1. 「대기환경보전법」 제2조 제9호에 따른 특정대기유해물질
2. 「물환경보전법」 제2조 제8호에 따른 특정수질유해물질
3. 「화학물질 관리법」 제2조 제2호에 따른 유독물

제1항에도 불구하고 다음 각 호의 어느 하나에 해당하는 경우에는 그 폐기물의 처리에 드는 비용을 부과하지 아니한다(동조 ②).

1. 제16조에 따른 제품·포장재와 생분해성수지제품
2. 플라스틱을 재료로 사용한 제품·재료·용기 중 대통령령으로 정하는 일정비율 이상 회수·재활용이 가능한 경우와 환경부장관과 회수·재활용에 관한 자발적 협약을 체결하고 이를 이행한 제조업자 또는 수입업자가 제조 또는 수입한 제품·재료·용기
3. 그 밖에 대통령령으로 정하는 제품·재료·용기

제1항에 따라 제조업자나 수입업자가 내야 하는 비용(이하 "폐기물부담금"이라 한다)은 폐기물의 품목별로 그 종류와 규격을 고려하여 대통령령으로 정하는 기준에 따라 산출하며, 폐기물부담금의 납부시기, 납부절차, 그 밖에 필요한 사항은 대통령령으로 정한다(동조 ③).

[판례] 구 자원의 절약과 재활용촉진에 관한 법률 시행령(2007. 3. 27. 대통령령 제19971호로 개정되기 전의 것) 제11조 [별표 2] 제7호에서 플라스틱제품의 수입업자가 부담하는 폐기물부담금의 산출기준을 아무런 제한 없이 그 수입가만을 기준으로 한 것은, 합성수지 투입량을 기준으로 한 제조업자에 비하여 과도하게 차등을 둔 것으로서 합리적 이유 없는 차별에 해당하므로, 위 조항 중'수입의 경우 수입가의 0.7%' 부분은 헌법상 평등원칙을 위반한 입법으로서 무효이다(대법원 2008. 11. 20. 선고 2007두8287 전원합의체 판결). <해설> 구 자원의 절약과 재활용촉진에 관한 법률 시행령 제11조 [별표 2] 제7호 '수입의 경우 수입가의 0.7%' 부분에 대해 단순 위헌결정을 내리면 수입업자에게는 당해 사

안은 물론 위헌결정된 동 시행령이 개정될 때까지는 폐기물부담금을 부과하지 못하는 결과가 되어 역차별의 문제를 야기할 수 있는 문제가 있다. '수입의 경우 수입가의 0.7%' 부분 중 과도한 차별에 해당하는 부분만 위헌이라는 취지의 판결을 내리는 것이 타당한 것은 아닌지 검토를 요한다.

(2) 폐기물의 분리 · 수거 및 자원의 순환 촉진 등

폐기물을 배출하는 토지나 건물의 소유자 · 점유자 또는 관리자 중 대통령령으로 정하는 자(이하 "폐기물배출자"라 한다)는 그 토지나 건물에서 배출되는 폐기물 중 재활용할 수 있는 폐기물을 환경부령으로 정하는 기준에 따라 재활용하거나 종류 · 성질 · 상태별로 분리 보관하여 재활용될 수 있도록 하여야 한다(제12조의3 ①). 특별자치시장 · 특별자치도지사 · 시장 · 군수 · 구청장은 제1항에 따른 기준을 지키지 아니하는 폐기물배출자에게 환경부령으로 정하는 바에 따라 필요한 조치를 명할 수 있다(동조 ②).

환경부장관은 재활용가능자원을 효율적으로 활용하기 위하여 폐기물의 발생량과 재활용 여건을 고려하여 재활용가능자원의 분리수거를 위한 분류 · 보관 · 수거 등에 관한 지침을 정할 수 있다(제13조 ①). 특별시장 · 광역시장 · 특별자치시장 · 도지사는 관할 지방자치단체의 분리수거가 효율적으로 이루어질 수 있도록 지원하고, 특별시장 · 광역시장 · 특별자치시장 · 도지사 · 특별자치도지사는 환경부장관이 정하는 지침에 따라 매년 재활용가능자원의 발생량과 분리수거량 등을 조사하여 공표하여야 한다(동조 ②).

특별자치시장 · 특별자치도지사 · 시장 · 군수 · 구청장은 중고물품의 교환과 재사용가능한 대형폐기물의 재활용을 촉진하기 위하여 필요한 시설(이하 이 조에서 "재활용센터"라 한다)을 설치 · 운영하여야 한다(제13조의2 ①).

폐기물의 재활용을 촉진하기 위하여 분리수거 표시를 하는 것이 필요한 제품 · 포장재로서 대통령령으로 정하는 제품 · 포장재의 제조자등은 환경부장관이 정하여 고시하는 지침에 따라 그 제품 · 포장재에 분리배출 표시를 하여야 한다(제14조).

대통령령으로 정하는 제품의 제조업자나 수입업자는 그 제품에 사용된 용기의 회수 · 재사용을 촉진하기 위하여 출고가격이나 수입가격과는 별도의 금액(이하 "빈용기보증금"이라 한다)을 제품 가격에 포함시킬 수 있다(제15조의2 ①). 제1항에 따라 빈용기보증금이 포함된 제품의 제조자 등은 그 용기를 반환하는 자에게 빈용기보증금을 돌려주어야 한다. 이 경우 빈용기보증금액은 용기의 제조원가 등을 고려하여 환경부령으로 정한다(동조 ③).

(3) 폐기물의 재활용촉진

동법은 폐기물의 재활용촉진을 위하여 생산자책임재활용제도를 두고 있다. 생산자책임재활용제도(EPR: Extended Producer Responsibility)는 제품생산자나 포장재를 이용한 제품의 생산자에게 그 제품이나 포장재의 폐기물에 대하여 일정량의 재활용의무를 부여하여 재활용하게 하고, 이를 이행하지 않을 경우 재활용에 소요되는 비용 이상의 재활용부과금을 생산자에게 부과하는 제도를 말한다.

동 제도는 제품의 생산자로 하여금 제품의 설계, 제조, 유통·소비 및 폐기 전과정에 걸쳐 환경친화적인 경제활동을 유도함으로서 폐기물의 감량, 재이용, 재활용을 촉진하여 자원순환형사회의 형성을 도모하고자 하는 것이다. 종전의 생산자들은 재활용이 쉬운 재질, 구조의 제품을 생산하여 이를 판매하는 시점까지만 책임을 지고, 사용 후 발생된 폐기물은 소비자의 책임이었으나, 생산자책임재활용제도의 시행으로 이제는 사용 후 발생되는 폐기물의 재활용까지 생산자가 책임을 지게 되었다.

생산자책임재활용제도를 도입하게 된 배경은 오늘날 대량생산·대량소비체계하에서 폐기물 감량 및 재활용을 확대 강화해 나감으로써 매립·소각을 단계적으로 줄이고 자원순환형 사회를 형성해 나가기 위해서는 정부와 소비자의 책임 외에 생산자에게 제조·판매한 제품에 대한 회수·재활용 책임을 부여할 필요가 있기 때문이다.

이 제도는 독일, 프랑스, 영국 등 대부분의 서부유럽국가들과 헝가리, 체코 등 동부유럽, 일본, 호주, 뉴질랜드, 멕시코, 브라질, 페루 등 세계 여러 나라에서 실시하고 있는 제도이다. 우리나라의 경우에는 지난 1992년부터 금속캔, 유리병, 전자제품 등에 대해서 생산자가 출고량 전체에 대해 재활용 비용을 예치하도록 한 후 재활용 실적에 따라 이를 환급하는 「폐기물예치금제도」를 운영하여 왔었는데,[73] 이를 보완·개선하여 생산자책임재활용제도를 도입하게 된 것이다.

「자원의 절약과 재활용촉진에 관한 법률」 제16조 제1항은 "생산단계·유통단계에서 재질·구조 또는 회수체계의 개선 등을 통하여 회수·재활용을 촉진할 수 있거나 사용 후 발생되는 폐기물의 양이 많은 제품·포장재 중 대통령령으로 정하는 제품·포장재의 제조업자나 수입업자(포장재는 포장재를 이용한 제품의 판매업자를 포

---

73) 폐기물예치금은 1992년 12월 '자원의절약과재활용촉진에관한법률'이 국회를 통과함으로써 「폐기물관리법」에서 규정되어 있던 폐기물 발생 저감과 재활용에 관한 조항이 분리되어 별개의 법률로 규율되게 되었다.

함하되, 대통령령으로 정하는 업종 및 규모의 사업장을 운영하는 자로 한정한다. 이하 "재활용의무생산자"라 한다)는 제조 · 수입하거나 판매한 제품 · 포장재로 인하여 발생한 폐기물을 회수하여 재활용하여야 한다"고 규정하여 일정한 제품의 생산자에게 재활용 의무를 과하고 있고, 동법 시행령에서는 재활용의무 대상 제품 · 포장재에 관하여 규정하고 있다. 그리고 동법 제19조는 재활용의무생산자가 제16조상의 의무를 이행하지 않을 경우 재활용에 소요되는 비용 이상의 재활용부과금을 생산자에게 부과할 수 있도록 하고 있다.

재활용의무 생산자(빈용기재사용생산자는 제외한다)는 **제품**의 경우 제조업자 및 수입업자, **포장재**의 경우 '포장재(용기)에 담은 내용물'의 제조업자 및 수입업자가 되며, 이들 의무부담 대상자가 재활용에 필요한 비용을 부담하게 된다.

재활용의무생산자는 제16조 제1항에 따른 재활용의무를 공동으로 이행하기 위한 분담금(이하 "분담금"이라 한다)을 제27조에 따른 재활용사업공제조합에 내야 한다.

생산자들은 스스로 자신의 재활용시설에서 직접 재활용을 하거나, 의무생산자별로 재활용사업자들과 위탁계약을 체결하여 재활용의무를 이행하거나, 공제조합에 가입하고 분담금을 납부하는 방법으로 재활용의무를 이행하게 된다.

Ⅱ. 건설폐기물의 재활용촉진에 관한 법률

오늘날 도시재개발, 도로 · 교량공사, 아파트 건설 등의 공사현장에서 건설폐기물이 다량으로 배출되고 있다. 건축물의 해체나 신축과정에서 배출되는 토사, 폐벽돌 및 폐블록, 폐콘크리트, 폐아스콘, 폐목재, 폐합성수지 등은 대량으로 혼합되어 배출되기 때문에 재활용률이 낮고 효율적인 처리체계를 구축하지 못하고 있어서 심각한 환경문제를 야기할 수 있다. 이에 2003년 12월 31일 건설폐기물의재활용촉진에관한법률이 제정 · 공포되어 시행되게 되었는데, 동법은 건설폐기물의 처리 및 재활용에 대한 기존 법률의 근거 규정을 종합적으로 검토하여 건설폐기물 관련 단일 법률을 입법화한 것이다.[74)]

74) 2019. 4. 16. 일부개정에서는 건설폐기물을 처리하여 생산한 순환골재의 재활용을 활성화하기 위하여 국가, 지방자치단체 또는 공공기관이 일정한 구조, 규모 및 용도에 해당하는 구조물의 철거공사를 발주하는 경우 건설폐기물을 분별해체하도록 하고, 건설폐기물의 배출 및 처리 과정의 투명성을 확보하기 위하여 배출자가 건설폐기물의 인계 · 인수에 관한 사항을 전자정보처리프로그램에 입력하는 업무를 대행할 수 있는 자의 범위를 정하되, 이러한 범위를 벗어나 업무를 대신한 경우에는 과태료 부과처분 등을 통해 제재하도록 하였다. 2023. 3. 28. 일부개정에서는 건설폐기물 처리업자

동법은 일시에 다량 발생하는 건설폐기물을 친환경적으로 적정처리하고, 천연 골재의 대체자원으로 활용가능한 양질의 순환골재 생산을 유도하고자 하는 취지를 담고 있다. 그리고 '국가를 당사자로 하는 계약에 관한 법률'의 적용을 받는 발주자를 대상으로 순환골재의 사용을 의무화 등 필요한 근거 규정을 마련하고 있다.

동법의 목적은 건설공사 등으로 인하여 발생한 건설폐기물을 친환경적으로 적정처리하고 재활용을 촉진하여 국가자원의 효율적 이용은 물론 국민경제발전과 공공복리증진에 기여하는 데 있다(제1조). 이 법에서 '건설폐기물'이라 함은 「건설산업기본법」 제2조 제4호에 해당하는 건설공사로 인하여 공사를 착공하는 때부터 완료하는 때까지 건설현장에서 발생되는 5톤 이상의 폐기물로서 대통령령이 정하는 것을 말한다(제2조 제1호).

동법에서는 **순환골재**[75]**의 품질기준 및 사용촉진**에 관한 규정을 두고 있다. 국토교통부장관은 환경부장관과 협의하여 건설폐기물의 재활용을 촉진하기 위하여 순환골재의 용도별 품질기준 및 설계·시공 등에 관하여 필요한 기준을 정하여야 하며(제35조), 순환골재의 품질을 확보하기 위하여 인증(이하 "품질인증"이라 한다)을 할 수 있다(제36조 ①). 순환골재 및 순환골재 재활용제품을 사용하려는 자(건설공사에서 사용하려는 경우에는 발주자를 말한다)는 다음 각 호의 사항을 준수하여야 한다(제35조의2).

1. 제2조 제14호에 따른 재활용 용도에 맞게 사용할 것
2. 제35조에 따른 순환골재의 용도별 품질기준에 맞는 순환골재를 사용할 것

동법은 순환골재 및 순환골재 재활용제품[76]의 사용의무에 관한 규정을 두고

의 영업정지에 갈음하는 과징금을 매출액의 5% 이내에서 부과할 수 있도록 하되 그 상한을 2억원으로 상향하고, 영업정지 대체과징금을 납부하지 아니할 경우에 본래의 영업정지 처분을 할 수 있도록 하는 등 부적정한 건설폐기물 발생을 예방하기 위한 영업정지 및 대체과징금 제도의 미비점을 개선·보완하는 한편, 국민생활 및 기업활동과 밀접하게 관련되어 있는 신고 민원의 처리절차를 법령에서 명확하게 규정함으로써 관련 민원의 투명하고 신속한 처리와 일선 행정기관의 적극행정을 유도하기 위하여 신고수리 간주(看做)제도를 도입하고, 피성년후견인 또는 파산을 이유로 순환골재의 품질인증이 취소된 경우 해당 결격사유가 해소된 때에는 순환골재의 품질인증이 취소된 날부터 3년이 지나지 아니하였더라도 바로 순환골재의 품질인증을 받을 수 있도록 하였다.

75) "순환골재"란 물리적 또는 화학적 처리과정 등을 거쳐 건설폐기물을 제35조에 따른 순환골재 품질기준에 맞게 만든 것을 말한다(제2조 제7호).

76) "순환골재 재활용제품"이란 순환골재를 원료로 사용하여 만든 제품으로서 대통령령으로 정하는 것을 말한다(제2조 제8호). 여기서 "대통령령으로 정하는 것"이란 다음 각 호의 어느 하나에 해당하는 제품을 말한다(동법 시행령 제3조의2). 1. 아스팔트콘크리트 제품(아스팔트콘크리트 제조용 순환골재를 25퍼센트 이상 사용한 제품으로 한정한다. 이하 같다) 2. 콘크리트 제품(콘크리트 제품제조용 순환골재를 50퍼센트 이상 사용한 벽돌, 블럭, 도로경계석, 맨홀 등의 제품으로 한정한다).

있는데, 발주자는 순환골재등 의무사용 건설공사를 발주할 때에는 건설업자에게 제35조에 따른 품질기준에 맞는 순환골재 및 대통령령으로 정하는 기준에 적합한 순환골재 재활용제품을 사용하게 하여야 한다. 다만, 다음 각 호의 어느 하나에 해당되는 경우에는 그러하지 아니하다(제38조 ①).

1. 순환골재 및 순환골재 재활용제품의 사용으로 인하여 건설공사의 품질확보가 곤란한 경우
2. 도서지역 등 지역의 특성으로 인하여 순환골재 및 순환골재 재활용제품의 수급이 곤란한 경우
3. 순환골재 및 순환골재 재활용제품의 가격이 같은 용도의 다른 골재 및 제품의 가격보다 비싼 경우

한편, 동법은 **방치폐기물 처리이행보증** 등에 관한 규정을 두고 있다. 건설폐기물 처리업자는 제13조의2 제2항에 따른 승인을 받은 후 건설폐기물을 반입하기 전까지, 제21조 제3항에 따른 허가를 받은 후 제28조에 따라 그 사용을 시작하기 위한 신고를 하기 전까지 대통령령으로 정하는 바에 따라 다음 각 호의 어느 하나에 해당하는 방치폐기물 처리이행보증 조치를 하여야 한다(제42조 ①).

1. 공제조합에 분담금 납부
2. 방치폐기물의 처리를 보증하는 보증보험 가입

시·도지사는 제42조 제1항에 따른 이행보증 조치를 한 자가 다음 각 호의 어느 하나에 해당하는 경우에는 기간을 정하여 해당 건설폐기물 처리업자에게 그가 방치하여 놓은 방치폐기물의 처리를 명하여야 한다(제43조 ①).

1. 부도 또는 허가취소로 영업활동이 중단되거나 임시보관장소의 승인이 취소된 경우
2. 그 밖에 불가피한 사유로 90일 이상 조업을 중단한 경우

시·도지사는 건설폐기물 처리업자가 제43조 제1항에 따른 방치폐기물의 처리명령을 이행하지 아니한 경우에는 다음 각 호의 어느 하나에 해당하는 자에게 그 방치폐기물의 처리를 명하여야 한다(제45조 ①).

1. 제16조 제1항 각 호 외의 부분 단서에 따라 건설폐기물을 적절하게 처리할 수 있는 능력이 있는지에 대한 확인을 하지 아니하고 건설폐기물의 처리를 위탁한 자
2. 제21조 제3항에 따른 건설폐기물 처리업의 허가를 받은 자에게 허가받은 사업장 부지를 임대하여 준 자

3. 제31조 제1항에 따라 권리·의무를 승계한 자
4. 「민사집행법」에 따른 경매, 「채무자 회생 및 파산에 관한 법률」에 따른 환가나 「국세징수법」, 「관세법」 또는 「지방세법」에 따른 압류재산의 매각, 그 밖에 이에 준하는 절차에 따라 허가 부지를 인수한 자

[판례] <청양군 비봉면 강정리 건설폐기물 불법매립·보관과 관련하여 충청남도지사가 청양군수에게 해당 폐기물처리업체에 대하여 필요한 행정조치를 취하라는 직무이행명령을 하자, 청양군수가 대법원에 지방자치법 제170조 제3항에 따른 직무이행명령 취소소송을 제기한 사건> (1) 재활용이 가능한 순환골재와 순환토사도 건설폐기물법 제2조 제1호에 따른 건설폐기물에 해당한다. (2) 건설폐기물법 제2조 제14호, 시행령 제4조는 순환골재와 순환토사를 일정한 용도로만 재활용할 수 있도록 제한하고 있다. 이는 폐기물처리시설이 아닌 곳에서 폐기물을 매립하는 행위를 원칙적으로 금지하는 폐기물관리법 제8조 제2항에 대한 예외를 정한 것에 해당한다. 건설폐기물처리업자가 해당 건설폐기물처리 사업장의 사업 활동에 필요하지 않게 된 물질을 건설폐기물법령이 정한 바에 따라 재활용하지 아니하고, 폐기물처리시설이 아닌 곳에서 매립한 경우에는 건설폐기물법 제13조 제1항에서 정한 건설폐기물 보관·처리기준 위반에 해당하여 같은 법 제25조 제2항 제2호에서 정한 제재처분의 대상이 될 뿐만 아니라, 폐기물관리법 제48조 제1호에서 정한 조치명령의 대상도 될 수 있다. (3) 원고(청양군수)는, 보민환경이 매립한 순환토사와 순환골재는 '건설폐기물'에 해당하지 않고, 이를 매립한 행위가 '보관'에도 해당하지 않아 보민환경이 건설폐기물법을 위반한 바 없으므로, 피고(충청남도지사)가 '보민환경이 건설폐기물법상 건설폐기물 보관방법을 위반하였음'을 전제로 원고에 대하여 한 직무이행명령은 위법하다고 주장하였다. 대법원은, 보민환경이 매립한 순환토사와 순환골재는 '건설폐기물'에 해당하고, 건설폐기물법령이 예외적으로 허용하고 있는 재활용 방법을 준수하지 않은 경우에는 불법매립에 해당하여 건설폐기물법 및 폐기물관리법상 행정조치가 필요하므로, 피고가 원고에 대하여 보민환경의 건설폐기물법 위반 여부를 확인하여 필요한 행정조치를 이행하라고 명령한 것은 적법하다고 판단하여 원고의 청구를 기각했다(대법원 2020. 3. 27. 선고 2017추5060 판결).

Ⅲ. 전기·전자제품 및 자동차의 자원순환에 관한

자원순환형 사회는 제품의 생산에서부터 유통, 소비, 폐기에 이르기까지 물질의 효율적 이용 및 재활용을 통하여 환경에 대한 부하를 줄여나가는 것을 중요한

실천방안의 하나로 삼고 있다. EU, 일본 등 선진국에서도 제품의 설계단계부터 폐기단계까지 제품의 전과정에 걸쳐 환경영향을 줄일 수 있는 통합제품정책(IPP: Integrated Product Policy)으로 전환하고 있고, 특히, 중금속 등 유해물질이 포함되어 있는 전기·전자제품 및 자동차에 대한 소비량이 급증함에 따라 이들의 재활용 정책을 강화하고 있다.

동법은 이러한 국제적 추세에 대응하려는 취지에서 2007년 4월 27일 환경부, 산업자원부, 건설교통부의 공동입법으로 제정되었다.[77] EU의 전기·전자제품 유해물질 사용제한지침(RoHS), 폐전기·전자처리지침(WEEE), 폐자동차처리지침(ELV)을 모델로 삼고 있다고 할 수 있다. 동법은 전기·전자제품 및 자동차의 설계단계에서 재활용 용이성을 제고하고 유해물질의 사용을 제한하며 사용 후에는 적정하게 재활용 하도록 유도하고, 국내 환경보호뿐만 아니라 국제적으로 강화되고 있는 환경규제에도 능동적으로 대응할 수 있는 계기가 될 것으로 본다. 그러나 동법은 EU 지침과는 달리 하나의 법률에 유해물질 사용제한과 재활용을 같이 규정하고 있고, 대상도 전기·전자제품과 자동차를 같이 규정하고 있어 향후 규율내용이 확대될 경우 법률체계가 복잡하고 방만해질 우려가 있다.

동법은 전기·전자제품 및 자동차의 재활용을 촉진하기 위하여 유해물질의 사용을 억제하고 재활용이 쉽도록 제조하며 그 폐기물을 적정하게 재활용하도록 하여 자원을 효율적으로 이용하는 자원순환체계를 구축함으로써 환경의 보전과 국민경제의 건전한 발전에 이바지함을 목적으로 한다(제1조).

---

77) 2021. 1. 5. 일부개정에서는 태양광 패널이 전기·전자제품 재활용의무생산자의 회수·인계·재활용의무 대상 전기·전자제품 등에 포함될 수 있도록 전기·전자제품의 정의에 태양광 패널을 반영하고, 전기자동차 보급과 태양광 발전시설 설치가 확대됨에 따라 폐배터리, 폐패널 등 새로운 유형의 전자 폐기물 발생이 크게 증가할 것으로 예상되는바, 미래폐자원 거점수거센터를 설치·운영하여 전기자동차 폐배터리, 태양광 폐패널 등 새로운 유형의 전자 폐기물의 회수·보관·성능평가·민간공급 등을 안전하고 체계적으로 수행하도록 지원하고자 하였다. 한편, 일부 전기·전자제품 재활용의무생산자 등이 폐전기·폐전자제품을 수거하여 폐기물 재활용업의 허가를 받은 자 및 공제조합을 통해 친환경적으로 재활용하는 것이 아니라 제3자에게 유상(有償)으로 판매하는 등 폐전기·폐전자제품의 친환경적 처리를 저해함과 동시에 재활용 시장에 혼란을 가져오고 있다는 지적이 있는바, 전기·전자제품 재활용의무생산자가 폐전기·폐전자제품을 수거하여 재활용처리업의 허가를 받은 자가 아닌 자에게 인계하는 것에 대한 처벌 규정을 두고, 전기·전자제품 판매업자에 대한 처벌을 상향 조정하였다. 2022. 6. 10. 일부개정에서는 폐자동차재활용업자, 파쇄잔재물재활용업자 및 폐가스류처리업자가 영업정지 처분을 받게 되는 경우 그 처분에 갈음하여 과징금을 부과할 수 있도록 함으로써 사업자의 부담을 완화하고 영업정지로 인하여 발생할 수 있는 공익상 피해를 방지하고자 하였다. 아울러 폐자동차재활용업자 및 폐가스류처리업자가 휴업·폐업 신고 등의 사유로 영업을 하지 않는 상황에서도 폐기물을 처리하지 않고 방치하는 경우 환경부장관이 폐기물 처리를 명하도록 하고 이를 이행하지 않는 경우 행정대집행으로 처리할 수 있는 근거를 마련하였다.

동법은 '전기 · 전자제품 및 자동차의 유해물질 사용제한'과 '폐전기 · 폐전자제품 및 폐자동차의 재활용'이라는 두 분야를 주된 규율 내용으로 한다. 동법에서 "전기 · 전자제품"이란 전류나 전자기장에 의하여 작동하는 기계 · 기구(부분품 · 부속품을 포함한다)를 말하고(제2조 제1호), "자동차"란 「자동차관리법」 제2조 제1호에 따른 자동차(부분품 · 부속품을 포함한다)를 말한다(동조 제2호). "폐전기 · 폐전자제품"이란 전기 · 전자제품이 「폐기물관리법」 제2조 제1호에 따른 폐기물로 된 것을 말하고(동조 제3호), "폐자동차"란 「자동차관리법」 제2조 제5호에 따라 폐차되는 자동차를 말한다(동조 제4호).

동법상의 "재활용"이란 폐전기 · 폐전자제품이나 폐자동차를 재사용 · 재생이용하거나 재사용 · 재생이용할 수 있는 상태로 만드는 행위를 말한다(동조 제6호). "에너지회수"란 환경부령으로 정하는 기준에 따라 「에너지법」 제2조 제1호에 따른 에너지를 회수하는 것을 말한다(동조 제7호).

동법의 주요 내용으로는 첫째, **전기 · 전자제품과 자동차의 유해물질 사용제한**에 관한 규정을 두고 있다. 전기 · 전자제품과 자동차의 재활용을 쉽도록 하고 환경에 미치는 유해성을 최소화하기 위하여 일상생활에서 사용 · 유통되는 양이 많은 제품 중 대통령령으로 정하는 전기 · 전자제품을 제조하거나 수입하는 자(이하 "전기 · 전자제품 제조 · 수입업자"라 한다)와 대통령령으로 정하는 자동차를 제조하거나 수입하는 자(이하 "자동차 제조 · 수입업자"라 한다)는 제조단계에서 환경에 미치는 유해성이 높은 중금속 · 난연제(難燃劑) 등 대통령령으로 정하는 유해물질(이하 "유해물질"이라 한다)의 함유기준을 지켜야 한다. 다만, 제품의 특성상 유해물질의 제거가 불가능하거나 대체물질이 없다고 인정되어 대통령령으로 정하는 경우와 연구 · 개발이나 수출을 목적으로 하는 경우에는 그러하지 아니하다(제9조 ①). 환경부장관과 산업통상자원부장관은 유해물질의 분석방법을 공동으로 정하여 고시할 수 있다(동조 ②). 또한, 전기 · 전자제품 제조 · 수입업자는 제품의 재활용을 쉽도록 하기 위한 재질 · 구조에 관한 사항 등 환경부장관과 산업통상자원부장관이 공동으로 정하여 고시하는 재질 · 구조개선에 관한 지침을 지켜야 한다(제10조 ①). 자동차 제조 · 수입업자는 재활용이 쉬운 재질의 사용, 재질의 단순화, 재질정보의 표시, 분리 · 해체의 용이성 제고 등의 재질 · 구조 개선활동을 통하여 대통령령으로 정하는 연차별 재활용가능률을 달성하여야 한다(동조 ②).

둘째, **폐전기 · 폐전자제품의 재활용**에 관한 규정을 두고 있다. 전기 · 전자제품의 사용 후 폐기물의 양이 많은 제품 중 대통령령으로 정하는 전기 · 전자제품을 제조하거나 수입하는 자로서 대통령령으로 정하는 규모의 사업장을 운영하는 자(이하 "전기 · 전자제품 재활용의무생산자"라 한다)는 자신이 출고한 제품의 폐기물을 회수하여 「폐기물관리법」 제25조 제5항 제5호부터 제7호까지의 규정에 따른 폐기물 재활용업의 허가를 받은 자에게 인계하여 재활용하거나 제21조에 따른 전기 · 전자제품 재활용사업공제조합(이하 "공제조합"이라 한다)에 가입하여 공동으로 회수 및 인계 · 재활용하여야 한다. 이 경우 폐전기 · 폐전자제품의 회수 및 인계 · 재활용에 소요되는 제반비용은 전기 · 전자제품 재활용의무생산자가 부담한다(제15조). 환경부장관은 전기 · 전자제품 재활용의무생산자가 제15조에 따른 회수 · 인계 · 재활용의무를 이행하지 아니하거나 공제조합이 조합원의 회수 · 인계 · 재활용의무를 대행하지 아니한 경우에는 재활용의무량 중 재활용되지 아니한 폐기물의 재활용에 드는 비용에 그 100분의 30의 범위 안에서 대통령령으로 정하는 기준에 따라 산출한 금액을 더한 금액(이하 "전기 · 전자제품의 재활용부과금"이라 한다)을 그 전기 · 전자제품 재활용의무생산자나 공제조합에 부과 · 징수한다(제18조 ①).

환경부장관은 전기 · 전자제품 판매업자가 제16조의4에 따른 회수 및 인계의무를 이행하지 아니하거나 공제조합이 조합원의 회수의무를 대행하지 아니한 경우에는 회수의무량 중 회수되지 아니한 폐기물을 회수하는 데 드는 비용에 그 100분의 30의 범위에서 대통령령으로 정하는 기준에 따라 산출한 금액을 더한 금액(이하 "전기 · 전자제품의 회수부과금"이라 한다)을 그 전기 · 전자제품 판매업자나 공제조합에 부과 · 징수한다(제18조의2 ①).

셋째, **폐자동차의 재활용**에 관한 규정을 두고 있다. 다음 각 호의 어느 하나에 해당되는 자는 제9조 제1항 본문에 따라 정한 자동차로서 폐차되는 자동차에 대하여 대통령령으로 정하는 재활용비율(이하 "재활용비율"이라 한다)을 지켜야 한다(제25조 ①).

1. 자동차 제조 · 수입업자
2. 「자동차관리법」 제2조 제9호에 따른 자동차해체재활용업을 영위하는 자(이하 "자동차해체재활용업자"라 한다)
3. 제32조 제2항 제1호에 따른 파쇄재활용업을 영위하는 자(이하 "파쇄재활용업자"라 한다)
4. 제32조 제2항 제2호에 따른 파쇄잔재물재활용업을 영위하는 자(이하 "파쇄잔재물재활용업자"라 한다)
5. 폐가스류처리업자

제25조 제1항 각 호의 어느 하나에 해당되는 자는 대통령령으로 정하는 폐자

동차의 재활용방법과 기준에 따라 재활용하거나 재활용이 쉽도록 하여야 한다(제26조). 자동차해체재활용업자는 폐자동차에 남아 있는 기후·생태계 변화유발물질을 대통령령으로 정하는 바에 따라 회수·보관한 후 폐가스류처리업자에게 인계하여 처리하도록 하여야 한다(제27조 ①). 파쇄재활용업자는 폐자동차를 부수어 금속류를 회수한 후 발생하는 파쇄잔재물을 분리·배출하여야 한다(동조 ②).

Ⅳ. 녹색제품 구매촉진에 관한 법률

오늘날의 대량생산·대량소비·대량폐기형 사회에서는 자원의 고갈과 환경오염의 급격한 증가가 우려되고 있다. 이에 다른 상품에 비하여 자원을 절약하고 환경오염을 줄일 수 있는 친환경상품의 생산·소비를 촉진시킬 필요가 있게 되었다. 이를 위해 공공기관에 친환경상품의 구매의무를 부과하고, 친환경상품의 구매를 지원하기 위한 제도·기구 등을 마련함으로써 자원을 절약하고 환경오염을 방지하는 데 기여하기 위하여 2004년 12월 31일에 친환경상품구매촉진에관한법률이 제정되었다. 2010년 「저탄소 녹색성장 기본법」이 제정되면서 동 법률의 제명을 「녹색제품 구매촉진에 관한 법률」로 바꾸었다.[78)]

동법에서의 "녹색제품"이라 함은 「저탄소 녹색성장 기본법」 제2조 제5호[79)]에 따른 제품을 말한다(제2조 제1호). 그리고 "공공기관"이라 함은 국가기관, 지방자치단체, 「공공기관의 운영에 관한 법률」 제4조부터 제6조까지의 규정에 따라 지정된 공공기관, 그 밖에 대통령령이 정하는 기관을 말한다(동조 제2호).

동법은 환경부장관으로 하여금 관계 중앙행정기관의 장과 협의한 후 「환경정책기본법」 제58조 제1항에 따른 중앙환경정책위원회의 심의를 거쳐 5년마다 녹색제품의 구매촉진을 위한 기본계획(이하 "기본계획"이라 한다)을 수립하도록 의무를 과하고 있다(제4조 ①).

기본계획에는 다음 각 호의 사항이 포함되어야 한다(동조 ②).

1. 녹색제품의 구매촉진을 위한 정책방향 및 추진계획
2. 제2조의2 각 호에 따른 녹색제품 대상품목과 판단기준에 관한 중요사항

---

78) 2020. 1. 29. 일부개정에서는 기후변화 대응을 위해서는 온실가스의 배출량을 줄인 제품을 만들고 소비하는 것을 장려하려는 노력이 필요하다는 근거에 따라 이 법의 목적에 온실가스 감축을 명시하고, 녹색제품의 범위에 환경성적표지의 인증을 받은 제품 중 온실가스의 배출량을 줄인 제품을 추가하고자 하였다.

79) "녹색제품"이란 에너지·자원의 투입과 온실가스 및 오염물질의 발생을 최소화하는 제품을 말한다.

3. 공공기관의 녹색제품 구매실적에 대한 분석과 개선방안
4. 녹색제품관련 국제협력에 관한 사항
5. 그 밖에 녹색제품의 구매촉진을 위하여 환경부장관이 필요하다고 인정하는 사항

동법은 공공기관의 장에게 상품을 구매하고자 하는 경우에는 녹색제품을 구매하도록 책무를 부여하고 있다. 다만, 다음 각 호의 어느 하나에 해당하는 경우에는 그러하지 아니한다(제6조).

1. 구매하고자 하는 상품의 품목에 녹색제품이 없는 경우
2. 녹색제품의 안정적 공급이 불가능한 경우
3. 녹색제품의 현저한 품질저하 등의 이유로 구매목적의 달성이 어려운 경우
4. 장애인복지법 등 다른 법률의 규정에 의한 우선구매 규정의 이행을 위하여 녹색제품외의 상품을 구매하고자 하는 경우
5. 그 밖에 긴급한 수요의 발생 등 불가피한 사유로 인하여 녹색제품의 구매가 어렵다고 당해 공공기관의 장이 판단하는 경우

한편, 환경부장관은 대통령령이 정하는 바에 따라 매년 다음연도의 녹색제품 구매지침을 수립하여 공공기관의 장에게 통보하여야 한다(제7조).

동법은 공공기관이 스스로 책임을 갖고 녹색제품 구매를 이행하도록 하기 위하여 매년 기관별 녹색제품 구매이행계획과 구매실적을 공표하도록 하고 있다. 즉, 공공기관의 장은 환경부장관이 수립한 구매지침에 따라 매 회계연도의 시작 전까지 당해 회계연도의 녹색제품 구매이행계획(이하 "이행계획")을 수립·공표하여야 하며(제8조 ①), 이행계획을 수립·공표한 경우에는 지체없이 이를 환경부장관에게 제출하여야 한다(동조 ② 본문).

특별시·광역시·도(이하 "시·도"라 한다) 또는 시·군·구는 녹색제품의 구매를 촉진하기 위하여 필요하다고 인정되는 때에는 다음 각 호의 내용을 조례로 정하여 시행할 수 있다(제11조 ①).

1. 제6조의 규정에 의한 녹색제품 의무구매를 이행하기 위하여 필요한 사항
2. 녹색제품 대상품목외의 품목에 대한 녹색제품 판단기준의 설정·운영
3. 그 밖에 녹색제품의 구매촉진을 위하여 필요한 사항

시·도 또는 시·군·구는 제1항의 규정에 의한 조례를 제정 또는 개정한 때에는 지체없이 이를 환경부장관에게 제출하여야 한다(동조 ②).

V. 폐기물처리시설 설치촉진 및 주변지역지원 등에 관한 법률

오늘날처럼 일상생활 및 산업활동에서 폐기물이 지속적으로 발생되고 있는 상황에서는 폐기물의 처리시설은 지역별 필수기반시설이며, 모든 경제활동을 뒷받침하는 사회간접자본시설이다. 그럼에도 불구하고 입지선정에서부터 님비현상으로 인한 지역주민의 반대 등으로 폐기물처리시설의 설치가 어려워지고 있다. 이러한 문제를 합리적으로 해소하고 시설설치를 촉진하기 위하여 동법이 제정된 것이다.[80) 동법은 폐기물처리시설의 부지(敷地) 확보 촉진과 그 주변지역 주민에 대한 지원을 통하여 폐기물처리시설의 설치를 원활히 하고 주변지역 주민의 복지를 증진함으로써 환경보전과 국민 생활의 질적 향상에 이바지함을 목적으로 한다(제1조).

동법에서 사용하는 '폐기물처리시설'이란 「폐기물관리법」 제2조에 따른 폐기물처리시설을 말한다. 폐기물관리법 제2조 제8호는 '폐기물처리시설'이란 폐기물의 중간처분시설, 최종처분시설 및 재활용시설로서 대통령령으로 정하는 시설을 말한다.

동법은 총칙(제1장), 폐기물처리시설 설치사업의 촉진(제2장), 폐기물처리시설 주변영향지역의 지원(제3장), 보칙(제4장), 벌칙(제5장)으로 구성되어 있다.

이 중에서 동법의 핵심내용은 '폐기물처리시설 설치촉진'과 '주변지역지원'이다 동법은 폐기물처리시설의 입지조사단계에서부터 실질적인 주민참여가 이루어지도록 하여 폐기물처리시설의 설치를 둘러싼 갈등과 분쟁을 예방하는 기능을 하고 있

80) 2020. 6. 9. 일부개정에서는 현행법상 일정 규모 이상의 공동주택단지나 택지를 개발하려는 자로 하여금 폐기물처리시설을 설치하거나 설치비용에 해당하는 금액을 해당 지역을 관할하는 지방자치단체의 장에게 납부하도록 하고 있는데, 대부분의 경우 폐기물처리시설을 설치하지 않고 설치비용을 납부함에 따라 폐기물처리시설이 부족해지고 불법폐기물 대책까지 마련하여야 하는 상황이 발생하던 문제를 해결하고자 원칙적으로 일정 규모 이상의 공동주택단지나 택지를 개발하려는 자에게 폐기물처리시설의 설치의무를 부과하되, 예외적으로 지방자치단체의 장이 신규 처리시설이 불필요하다고 인정하는 등의 경우 설치비용 납부로 의무이행을 갈음할 수 있도록 하였다. 2021. 4. 13. 일부개정에서는 폐기물처리시설 설치 시 환경상 영향을 받게 되는 주변지역의 범위 중 간접영향권의 범위를 폐기물매립시설의 경우 부지 경계선으로부터 2킬로미터 이내, 그 밖의 폐기물처리시설의 경우 부지 경계선으로부터 300미터 이내로 규정하고 있던 현행법상의 문제(폐기물처리시설의 입지를 선정하는 경우에는 인접 지방자치단체 협의대상 범위를 폐기물매립시설과 그 밖의 폐기물처리시설 모두 일률적으로 부지 경계선으로부터 2킬로미터 이내로 정하고 있어 생활폐기물 처리시설 확충 시 지방자치단체 간 협의가 쉽게 이루어지지 않는다는 지적이 제기)를 해결하고자 폐기물매립시설과 그 밖의 폐기물처리시설로 구분하여 인접 지방자치단체와 협의대상 범위를 각각 2킬로미터 이내, 300미터 이내로 규정하고, 인접 지방자치단체의 관할 구역에 주택 또는 준주택이 없는 경우에는 협의 의무를 배제함으로써 생활폐기물 처리시설의 원활한 설치를 도모하였다.

다. 또한 이주대책, 주민편익시설의 설치, 주민지원기금의 조성 등 폐기물처리시설 설치지역의 인근주민에 대한 지원에 관한 사항 등을 규정하고 있다.

[판례] [1] 폐기물처리시설 입지선정위원회는 폐기물처리시설의 입지를 선정하는 의결기관이고, 주민대표나 주민대표 추천에 의한 전문가의 참여 없이 의결이 이루어지는 등 입지선정위원회의 구성방법이나 절차가 위법한 경우에는 그 하자 있는 입지선정위원회의 의결에 터잡아 이루어진 폐기물처리시설 입지결정처분도 위법하게 된다. [2] 구 폐기물처리시설 설치촉진 및 주변지역 지원 등에 관한 법률에 정한 입지선정위원회가 그 구성방법 및 절차에 관한 같은 법 시행령의 규정에 위배하여 군수와 주민대표가 선정·추천한 전문가를 포함시키지 않은 채 임의로 구성되어 의결을 한 경우, 그에 터잡아 이루어진 폐기물처리시설 입지결정처분의 하자는 중대한 것이고 객관적으로도 명백하므로 무효사유에 해당한다(대법원 2007. 4. 12. 선고 2006두20150 판결).

Ⅵ. 공공폐자원관리시설의 설치 · 운영 및 주민지원 등에 관한 특별법

오늘날 방치폐기물, 부적정처리폐기물, 재난폐기물 등이 증가하고 있는 반면, 이를 처리하기 위한 민간 폐기물처리시설의 부족 및 의료폐기물 등 유해한 폐기물의 처리기피 현상 등으로 인해 현행 폐기물 처리시설 체계에 문제점이 드러나게 되었다. 이러한 방치폐기물, 부적정처리폐기물, 재난폐기물 등을 공공처리 대상폐기물로 정하여 신속하고 안전하게 처리하기 위한 공공의 역할이 커지고 있다. 또한, 이들 폐기물의 순환이용을 통한 자원화의 필요성 또한 증대하고 있다. 한편, 폐기물처리서설을 설치하는 경우 지역주민의 반대가 극심한 상황에서 공공폐자원관리시설의 설치로 발생하는 이익을 지역주민들과 공유하고 이들을 지원하기 위한 제도적 뒷받침이 필요하였다. 이러한 입법 수요에 부응하기 위해 2020. 6. 9. 동법이 제정되었다.

동법에서 "폐자원"이란 「폐기물관리법」 제2조 제1호에 따른 폐기물을 「자원순환기본법」 제3조에 따른 자원순환의 기본원칙을 준수하여 같은 조 제3호에 따라 사람의 건강과 환경에 미치는 영향이 최소화되도록 순환이용하기 전 또는 그 과정에 있는 폐기물 및 처분되기 전의 폐기물을 말한다(제2조 제1호). "공공폐자원관리시설"이란 공공처리대상폐기물을 처리하기 위해 설치·운영하는 폐기물처리시설을 말하는데(제2조 제8호), 여기서의 "공공처리대상폐기물"이란 ① 방치폐기물, ②

부적정처리폐기물, ③ 재난폐기물, ④「폐기물관리법」 제2조제3호에 따른 사업장폐기물 중 국민건강과 재산에 대한 피해가 발생할 우려가 있어 대통령령으로 정하는 폐기물을 말한다(제2조 제7호). 따라서 공공폐자원관리시설은 방치폐기물이나 부적정처리폐기물, 재난폐기물 등이 발생한 경우 사적 영역에서 처리하는 것이 현실적으로 쉽지 않아 공공의 관여가 필요하게 된 폐기물, 의료폐기물과 수은폐기물 등처럼 유해성이 큰 폐기물 등을 처리하기 위한 시설이다.

폐기물이 발생한 경우 오염원인자 책임의 원칙에 따라 우선은 '사적처리대상폐기물'로 처리하여야 할 것이다. 즉 기존의 폐기물관리 체계 내에서 오염원인자가 처리되도록 하는 방안을 먼저 검토하고, 이것이 어렵거나 적절하지 않은 경우 최종적으로 '공적처리대상폐기물'로 처리하여야 할 것이다. 발생한 폐기물을 무분별하게 공적처리대상폐기물로 처리하는 것은 오염원인자책임의 원칙이 반할 뿐만 아니라 결국 방치폐기물이나 부적정처리폐기물 등을 국민의 세금으로 처리하는 결과가 되기 때문이다.

환경부장관은 공공폐자원관리시설 설치사업을 효과적으로 추진하기 위하여 공공폐자원관리시설의 설치 및 운영 기본계획을 수립하여야 한다(제5조). 또한 환경부장관은 공공처리대상폐기물을 처리하기 위하여 공공폐자원관리시설을 설치하도록 하되, 한국환경공단 등이 공공폐자원관리시설을 설치·운영할 수 있도록 하였다(제6조).

공공폐자원관리시설 설치·운영기관은 공공폐자원관리시설 입지후보지가 공고된 때에는 지체 없이 주민대표가 참여하는 입지선정위원회를 구성하여 공공폐자원관리시설의 입지를 선정하도록 하여야 하고(제9조), 환경부장관은 공공폐자원관리시설 입지가 선정된 경우에는 이를 결정·고시하고, 누구든지 1개월 이상 그 도면을 열람할 수 있도록 하여야 한다(제10조).

공공폐자원관리시설 설치·운영기관은 결정·고시된 공공폐자원관리시설의 입지 안에 거주하는 주민에게 공공폐자원관리시설 설치로 인한 생활기반 상실 등을 고려하여 대통령령으로 정하는 바에 따라 지원을 할 수 있다(제11조).

공공폐자원관리시설 설치·운영기관은 공공폐자원관리시설 입지의 결정·고시가 있는 경우에는 공공폐자원관리시설 설치계획을 수립하여야 하고(제14조), 설치계획이 공고된 공공폐자원관리시설의 설치·운영으로 인하여 주변지역 주민에게 피해가 발생할 것으로 예상되는 경우에는 이에 대한 대책을 마련하여야 하며(제17조), 공공폐자원관리시설의 설치 및 이주대책의 시행에 필요한 토지 등을 수용하거나 사용할 수 있다(제18조).

공공폐자원관리시설 설치 · 운영기관은 공공폐자원관리시설 설치계획이 공고된 날부터 대통령령으로 정하는 기간 내에 공공폐자원관리시설의 설치 · 운영으로 인하여 환경 및 기타 일상생활에 영향을 받게 되는 주변영향지역을 결정 · 고시하여야 하고(제27조), 주민대표 및 주민대표와 공공폐자원관리시설 관할 지방자치단체의 장이 추천한 전문가로 주민협의체를 구성할 수 있다(제28조).

공공폐자원관리시설 설치 · 운영기관은 공공폐자원관리시설 운영으로 인한 이익을 기금수혜지역 내에 거주하는 주민과 공유하고 그 주민의 복지를 실현하기 위하여 공공폐자원관리시설의 설치비용과 별도로 설치비용의 100분의 10에 상당하는 금액을 주민특별기금으로 조성하여야 한다(제29조).

공공폐자원관리시설입지를 관할하거나 인접한 특별자치시, 특별자치도, 시 · 군 · 구에 거주하는 주민은 해당 공공폐자원관리시설 설치사업에 투자하고, 운영이익금을 지급받을 수 있고(제30조), 공공폐자원관리시설 설치 · 운영기관은 공공폐자원관리시설 설치 · 운영사업에서 발생한 수익에서 인건비 등을 제외한 운영이익금을 배분하거나 적립하여야 한다(제31조).

관할 지방자치단체의 장은 지원금을 지원받는 경우 공공폐자원관리시설이 설치된 해당 지역 주민을 위한 편익시설의 설치 및 소득 향상 등 주민복지를 위한 사업에 사용하여야 하고(제32조), 공공폐자원관리시설 설치 · 운영기관은 공공폐자원관리시설이 설치된 해당 지역 주민의 삶의 질 향상을 위하여 주변영향지역 내 거주하는 주민을 공공폐자원관리시설 근무자로 우선 고용할 수 있다(제37조).

Ⅶ. 폐기물의 국가간 이동 및 그 처리에 관한 법률

산업사회가 심화되어 가면서 발생하는 폐기물의 종류와 양이 증가하기 시작하고, 또한 인간과 생태계에 치명적인 피해를 주는 유해폐기물이 다량으로 발생하게 되었다. 그런데 이러한 유해폐기물이 자국의 엄격한 폐기물규제 때문에 후진국이나 개도국과 같은 타국으로 불법적으로 이동하는 현상이 나타나게 되었고, 이는 국가간 분쟁을 야기하였다.

이에 국제사회는 국가간 유해폐기물의 이동 통제 및 처리감시체계를 구축할 필요성을 절감하였고, 1989년 3월 22일 '유해폐기물의 국가간 이동 및 그 처리의 통제에 관한 바젤협약'을 스위스 바젤에서 채택하여 1992년 발효하였다. 이 바젤

협약을 국내법으로 수용하여 제정된 법률이 「폐기물의 국가간 이동 및 그 처리에 관한 법률」이다.[81)]

동법은 유해폐기물의 국가간 이동 및 그 처리의 통제에 관한 바젤협약 및 동협약에 의한 양자간·다자간 또는 지역적 협정의 시행을 위하여 폐기물의 수출·수입 및 국내경유(이하 "수출입등"이라 한다)를 규제함으로써 폐기물의 국가간 이동으로 인한 환경오염을 방지하고 국제협력을 증진함을 목적으로 한다(제1조).

동법은 총칙(제1장), 폐기물의 수출입등의 통제 및 관리(제2장), 보칙(제3장), 벌칙(제4장)으로 구성되어 있다.

[판례] [1] 환경부고시(제2017－188호) [별지] '수출입규제폐기물의 품목' 중 가.항 (1)호의 '금속폐기물 또는 다음 성분(안티몬 등 9개 금속)의 합금으로 구성된 폐기물(Metal wastes and waste consisting of alloys of any of the following)'에서 규정하고 있는 것이 안티몬 등의 합금으로 구성된 금속폐기물에 한정되는 것이 아니라 금속폐기물 자체를 의미하는 것으로 해석하는 것이 타당하다. [2] 피고인 甲 주식회사의 대표인 피고인 乙이 환경부장관의 허가를 받지 아니하고 수출입규제폐기물에 해당하는 금속폐기물인 '폐유에 오염된 폐엔진' 147.529t을 수입하였다고 하여 폐기물의 국가 간 이동 및 그 처리에 관한 법률(이하 '폐기물국가간이동법'이라고 한다) 위반으로 기소된 사안에서, 폐유에 오염된 것으로 보이는 위 폐엔진은 환경부고시(제2017－188호) [별지] 수출입규제폐기물의 품목 중 가.항 (1)호의 '금속폐기물 또는 다음 성분(안티몬 등 9개 금속)의 합금으로 구성된 폐기물(Metal wastes and waste consisting of alloys of any of the following)'에서 규정하고 있는 '금속폐기물'에 해당하고, '오염되지 않은 금속스크랩' 등 유해 폐기물의 국제적 이동의 통제와 규제를 목적으로 하는 바젤협약 목록B에 규정된 제외 품목에도 해당하지 않아 결국 수입허가가 필요한 수출입규제폐기물에 해당할 여지가 많다고 한 사례(대법원 2019. 11. 14. 선고 2019도6525 판결[폐기물의국가간이동및그처리에관한법률위반]).

---

81) 2020. 3. 31. 일부개정에서는 최근 폐기물의 수출·수입 과정에서 나타난 혼선 등으로 인하여 폐기물 수출입 제도 운영에 관한 사회적인 우려가 높아지는 상황에 대비하고자 폐기물 수출입자의 자격, 부적격자의 자격 취소 및 관련 제도 위반에 대한 제재 등을 명확히 규정하고, 수입폐기물뿐만 아니라 수출폐기물의 인계·인수 내용까지 전산으로 관리하도록 하는 등 현행 제도의 운영상 나타난 일부 미비점을 개선·보완하였다. 2021. 4. 1. 일부개정에서는 이물질이 섞인 폐플라스틱 등 폐기물을 불법으로 수출하는 사례가 적발됨에 따라 보세구역 등에서 수출입하려는 폐기물 컨테이너의 개장 검사를 지속적으로 확대하고 있으나, 현재 컨테이너 개장검사를 위해 보세구역 등에서 검사 대상 컨테이너를 검사 장소로 운반하거나 개장하는 비용 등을 국가가 전액 부담함으로써 국가재정이 낭비되는 문제를 해결하고자 폐기물을 수출입하려는 자가 통관 전 검사에 소요되는 비용을 부담하도록 하되, 검사 결과 위법한 사항이 없는 것으로 판명된 경우에 대해서는 예산의 범위에서 검사 비용을 국가가 지원할 수 있도록 하는 등 현행법의 문제점을 보완하였다.

제6장 토양환경의 보전

제1절 개 설

토양은 우리 인간에게 공기, 물과 함께 생존의 필수불가결한 조건이 된다. 토양은 식물과 농작물 등의 성장에 필요한 에너지와 물질을 공급하고 뿌리를 지탱해 주는 등 생태계의 기초를 이루고 있으며, 인간이 사용하는 식량, 섬유, 목재 등의 원료 자원을 공급한다. 또한 다양한 생물의 서식처로서 수많은 생물들이 서로 영향을 주고받으면서 살아가며, 토양 속에 살고 있는 미생물은 종류에 따라 광합성 작용을 하고, 질소를 고정시켜 토양을 비옥하게 만들며, 항생 물질과 같은 독특한 물질을 만들어 내기도 한다.

그러나 오늘날 산업사회의 고도화와 함께 대기나 수질과 마찬가지로 토양오염의 문제가 심각하게 대두되고 있다. 즉, 가정에서 배출되는 생활폐기물, 광공업 활동에서 비롯되는 산업 폐기물, 농경지나 산림 지역에 살포되는 비료나 살충제와 같은 화학 물질, 빗물에 용해되어 내리는 대기오염물질 등으로 토양이 점점 황폐화되어 가고 있고, 최근에는 생산과 소비가 증가하고 과학 기술의 발달로 말미암아 배출되는 유해 물질의 양이 크게 증가하였을 뿐만 아니라, 새로운 종류의 유해 물질이 추가되고 있기 때문에 토양 오염이 날로 심화되고 있다.

토양오염의 특성은 간접적이고, 만성적이며, 개선(또는 복원)이 어렵다는 점이다. 즉, 토양이 오염되면 그 속에 살고 있는 토양생물들과 지하수의 오염을 야기시키고 이는 인간에게 피해를 주어 간접적인 영향을 끼친다. 또한 급성적인 피해보다는 오랜 기간 누적되어 피해를 일으키는 만성적인 영향을 주게 된다. 아울러 토양오염은 대부분의 환경오염처럼 한 번 오염되면 그 개선이 어려우면서도 대기나 수질에 비해 훨씬 더 긴 시간과 많은 경제적 투자를 필요로 한다는 특성을 가지고 있다.

이러한 점들은 토양환경분야의 보전대책이 대기나 수질분야의 보전대책 못지 않게 중요하다는 것을 의미한다. 이에 선진국을 중심으로 한 많은 국가에서는 토양오염방지를 위한 각종 제도와 법률을 마련하여 시행해 오고 있고 지속적으로 토양오염지역의 조사와 복원을 실시하고 있다. 우리나라의 경우도 1995년 1월 토양환경보전법을 제정·시행하면서 본격적인 토양오염지역조사 및 오염토양정화사업을 추진할 수 있는 종합적인 토양환경관리의 기본토대를 마련하였다.

제 2 절 토양환경보전법

Ⅰ. 개 설

우리나라의 경우 1995년 토양환경보전법이 제정되기 전에 토양오염에 관한 법규정이 존재하지 않았던 것은 아니다. 1977년 제정된 환경보전법이 토양오염방지를 위한 간단한 규정을 두고 있었고, 그 후 1990년 환경보전법이 분법화되면서 종래 환경보전법에 규정되어 있던 토양오염방지에 관한 규정이 수질환경보전법, 폐기물관리법 등에 개별적으로 규정되게 되었다. 또한 농약관리법 등에 의해 토양을 보호하기 위한 규제가 간헐적으로 이루어졌다.

그러나 토양오염물질의 사용량의 증가와 폐기물매립지 등 토양오염유발시설에 의한 토양오염의 요인이 계속 증가하고 있고, 금속광산지역 등의 토양오염이 심화되고 있으나 개별 법률에서 단편적으로 이를 규제하는 것만으로는 효과적인 대처가 어렵게 되자, 토양오염의 사전예방 및 오염된 토양의 개선 등에 관한 종합적인 관리체제를 마련할 필요가 절실하였다. 이에 1995년 1월 5일 토양보전을 보다 체계적이고 적극적으로 추진하려는 취지에서 토양환경보전법이 제정되었다.

동법은 1999년 2월에 일부개정이 되었고, 2001. 3. 28.에도 일부개정이 되었다. 2001년 개정에서는 오염원인자의 범위를 정하고 그들의 정화책임을 명문으로 규정하고 있다. 오염자부담의 원칙을 그 근간으로 하면서도 오염유발시설의 양수인 또는 인수인도 잠재적인 정화책임을 지도록 규정하고 있어 정화책임자의 범위를 실제 오염을 야기한 자 이상으로 확대하고 있다. 더욱이 동법상의 오염원인자는 무과실책임과 연대책임을 지게 되므로 수십억 내지 수백억 원에 달할 수도 있는 정화비용은 오염된 토지 및 시설에 관련된 당사자들에게는 큰 부담이 될 것이고,

결과적으로 부동산거래 또는 기업의 인수·합병에 큰 파급효과를 미치게 되었다.[1)]

동법은 중금속 등에 의한 토양오염이 증가함에 따라 오염토양의 정화를 강화하기 위한 목적으로 2004. 12. 31.에 또 한 차례 개정되었다. 2004년 개정법은 오염토양의 정화를 강조하고 오염원인자의 무과실책임 규정을 '총칙' 부분으로 옮겨놓았다(제10조의3). 그리고 시장·군수·구청장은 오염원인자에 대하여 토양정밀조사명령을 내리고 우려기준을 초과하는 토양오염에 대하여 정화명령을 내릴 수 있게 되었으며(제15조), 시·도지사 및 환경부장관에게 속해 있던 토양관련 사무권한을 대폭적으로 시장·군수·구청장에게 이양하였다(제17조~제21조). 또한, 일정한 규모 이상의 오염이 발생하는 경우 환경부장관으로 하여금 토양보전대책지역을 지정하도록 의무화하였다(제17조 제1항 단서).[2)]

2007. 5. 17.에는 토양관련전문기관의 지정취소·정지사유 및 토양정화업의 등록취소·정지사유가 구체적으로 규정되어 있지 않아 재량권의 일탈·남용의 소지가 있다는 지적에 따라 이를 보다 구체적으로 규정하기 위하여, 2개 조문(제23조의6, 제23조의10)의 개정이 있었고, 2010. 5. 25.에는 양벌규정과 과태료규정에 대한 일부 개정이 있다. 한편, 2011. 4. 5.에는 '토양오염관리대상시설'의 정의 내용에 '부지'를 포함시키고, 종래 10조의3 제3항에 규정되어 있던 '오염원인자'를 제10조의4로 독립시켜 규정하면서 선의·무과실 항변에 관한 단서 조항을 보다 구체적으로 규정하는 등의 일부개정이 있었다.[3)] 2012. 6. 1. 일부개정에서는 토양오염도 상시측정 결과

1) 2001년 개정법률에서 주목하여야 할 점은 토양오염유발시설이 설치된 부지를 양도·양수하는 경우 부지의 토양오염을 미리 조사하여 토양오염에 대한 법적 책임 관계를 명확히 하기 위하여 양도인 또는 양수인 등이 토양환경평가를 자율적으로 실시할 수 있도록 하고, 토양오염에 대한 확실한 피해배상 및 정화를 위하여 토양오염 유발시설을 인수한 자도 토양오염에 대한 책임을 지도록 하였다는 점이다.

2) 2004년 개정을 통하여 크게 강화된 것은 오염토양의 정화에 관한 부분이다. 이와 관련하여, 토양정화를 전문적으로 수행할 수 있도록 토양정화업을 신설하고, 토양정화업을 하고자 하는 자로 하여금 일정한 시설·장비 및 기술인력을 갖추어 환경부장관에게 등록하도록 하는 한편, 오염원인자로 하여금 토양정화업자에게 위탁하여 정화조치를 실시하도록 하고, 오염이 발생한 부지 내에서 정화조치를 실시하는 것을 원칙으로 규정하였다(제15조의3, 제23조의7). 그리고 시·도지사 또는 시장·군수·구청장이 오염토양을 정화하는 경우 오염물질의 종류 및 오염도, 주변환경, 장래의 토지이용계획 등을 고려하여 당해 토지의 오염물질이 인체와 환경에 미치는 위해의 정도를 평가하여 그 결과를 정화범위 및 정화시기 등에 반영할 수 있도록 하였다(제15조의5). 또한, 오염원인자가 오염토양의 정화를 토양정화업자에게 위탁하는 경우 토양오염조사기관으로 하여금 정화과정 및 정화완료에 대한 검증을 하게 하도록 의무화하였다(제15조의6).

3) 그 외 표토의 침식 현황에 대한 조사(제6조의2 신설), 국유재산 등에 대한 환경부장관의 토양정화(제6조의3 신설), 토양정화 공제조합의 설립(제10조의5부터 제10조의8까지 신설), 보존 서류의 전자문서화(제13조 제4항), 위해성평가의 대상 확대(제15조의5), 토양관리단지의 지정(제15조의7 신

우려기준을 초과한 지역에 대하여 토양정밀조사를 할 수 있도록 하고, 오염토양을 반출하여 정화하는 경우의 오염토양 및 정화된 토양에 대한 인수·인계 절차를 정하는 한편, 토양오염조사기관, 누출검사기관 및 토양정화업의 지정·등록 등의 권한을 시·도지사에게 이양하였다.[4)]

2014. 3. 24. 일부개정에서는 2012년 헌법재판소의 헌법불합치 결정에 따른 위헌성을 제거하고 일부 미흡점들을 보완하고자 관련 규정들을 정비하였다. 토양오염관리대상시설의 개념을 조정하여 개념상 혼란을 없애고, 토양오염에 따른 피해배상 및 정화책임에 관한 공법과 사법 간의 영역을 구분하였으며, 정화책임자의 범위를 재설정하고, 정화책임의 면책범위 확대와 책임한도를 설정하였으며, 정화조치명령의 우선순위를 도입하고 다른 정화책임자에게 구상권을 청구할 수 있도록 하였다.[5)]

[판례 1] 헌법재판소는 2012. 8. 23, 2010헌바167 결정(마산주유소 사건)에서 "토양오염의 발생 당시 토양오염의 원인이 된 토양오염관리대상시설을 소유·점유 또는 운영하고 있는 자" 부분이 과잉금지원칙에 반하여 재산권을 침해하고 있으며, 또한 평등권을 침해

설), 토양정화업자의 위반행위에 대한 행정처분 기준 강화(제23조의10 제1항 및 제2항)하는 등의 법률개정이 있었다.

4) 주요 개정내용은 다음과 같다. ① 토양오염도 상시측정 결과 토양오염우려기준을 초과한 지역에 대하여도 토양정밀조사를 실시할 수 있도록 함(제15조 제1항). ② 오염토양을 반출하여 정화하는 경우의 인수·인계 절차(제15조의3 제4항 및 제5항, 제15조의3 제6항부터 제8항까지 신설). ③ 오염토양 관리정보시스템의 설치·운영(제15조의3 제9항 신설). ④ 토양오염조사기관·누출검사기관의 지정 및 토양정화업의 등록에 관한 권한의 지방 이양(제23조의2, 제23조의6, 제23조의7, 제23조의10 및 제23조의12). <법제처 자료>

5) 주요 개정내용은 다음과 같다. ① 토양환경평가 실시에 따른 토양오염에 대한 선의·무과실의 경우 오염원인자에서 제외하는 현행 조문에서 선의·무과실 추정으로 개선하여, 토양환경평가제도의 거짓·부실 조사를 예방하고, 신뢰성 있고 내실 있는 조사가 이루어지도록 함(제10조의2 및 제10조의4). ② 토양오염에 따른 사법상의 손해배상책임과 공법상의 토양정화책임 간의 법적 영역을 명확히 구분하도록 함(제10조의3). ③ 오염원인자를 정화책임자로 용어를 변경하고 현행법상 오염원인자 조항 중 토양오염관리대상시설의 소유·점유·운영자 및 양수자에 대한 면책범위를 확대하고 정화책임한계를 설정하며, 정화조치명령의 우선순위를 도입하여 과중한 정화책임을 완화하도록 함(제10조의4). ④ 다수의 정화책임자가 존재할 시, 우선 정화조치명령 대상자 선정에 관하여 지방자치단체장의 비전문성을 극복하기 위하여 토양정화자문위원회를 설립하여 합리적인 정화조치명령이 이루어지도록 함(제10조의9). ⑤ 특별자치도지사·시장·군수·구청장은 토양오염물질이 누출·유출된 사실을 발견하여 소속 공무원으로 하여금 해당 토지에 출입하여 오염에 관한 조사를 한 때에는 그 사실을 지방환경관서의 장에게 지체 없이 알리도록 하며, 조치명령을 받은 자가 이행완료 보고를 하였을 때는 해당 이행완료보고서를 지방환경관서의 장에게 통보하도록 함(제11조 제6항 및 제15조의2 제2항 신설). <법제처 자료>

한다고 판시하면서 헌법불합치결정을 내렸다. 헌법재판소는 토양오염관리대상시설의 소유자·점유자·운영자가 사실상 면책이 불가능한 1차적인 무과실 책임을 부담하고, 경우에 따라서는 파산에 이를 정도로 거액에 이르기도 하는 비용을 그 범위의 제한 없이 전부 부담하여야 한다는 점에서, 이 사건 오염원인자 조항으로 인하여 얻게 될 공익보다 토양오염관리대상시설의 소유자·점유자·운영자가 입게 되는 불이익이 더 클 수도 있으며, 따라서 이 사건 오염원인자 조항이 다른 책임완화수단을 마련하지 아니한 채 토양오염관리대상시설의 소유자·점유자·운영자를 오염원인자로 보아 손해배상 및 토양정화책임 등을 부담하도록 하는 것은 과잉금지원칙에 반하여 재산권을 침해한다고 판시하였다. 또한, 토양오염관리대상시설의 소유자·점유자·운영자가 부담하는 책임은 토양오염관리대상시설의 양수자·인수자가 부담하는 책임과 마찬가지로 토양오염관리대상시설을 지배하고 있다는 사실만으로 인정되는 상태책임에 해당하므로, 그 성격이 본질적으로 동일하며, 따라서 토양오염관리대상시설의 소유자·점유자·운영자에게 천재·지변, 전쟁으로 인한 면책만을 허용하고(구법 제10조의3 제1항 단서), 다른 면책사유 또는 책임 제한수단을 전혀 인정하지 않은 것은 합리적인 이유가 있다고 할 수 없어 이 사건 오염원인자 조항은 평등권을 침해한다고 판시하였다.[6)]

[판례 2] 헌법재판소는 2012. 8. 23, 2010헌바28 결정(부영건설 사건)에서 "토양오염관리대상시설을 양수한 자" 부분이 2002년 1월 1일 이전에 이루어진 토양오염관리대상시설의 양수에 대해서 무제한적으로 적용되는 경우에는 신뢰보호의 원칙에 반한다고 판시하면서 헌법불합치결정을 내렸다. 헌법재판소 다수의견은 "토양오염관리대상시설을 양수한 자" 조항(구법 제10조의3 제3항 제3호, 현행 제10조의4 제3호)이 2002. 1. 1. 이전에 이루어진 토양오염관리대상시설의 양수에 대해서 무제한적으로 적용되는 경우에는, 기존 법상태에 대한 신뢰의 정당성, 책임회피 가능성의 부재, 신뢰침해 결과의 중대성을 고려해 볼 때, 토양오염을 신속하고 확실하게 제거·예방하고, 그로 인한 손해를 배상한다는 이

6) 사건개요는 다음과 같다. A는 2004. 10. 16. B로부터 마산시 석전동 대 131.01㎡(이하 '이 사건 토지'라 한다)외 2필지를 임차하여 주유소를 운영하였는데, 2005. 6. 21. 토양오염도 누출검사결과 이 사건 토지의 지하에 설치된 유류저장탱크에 연결된 배관에 이상이 발견되고, 2005. 7.경 토양오염 정밀조사결과 이 사건 토지에서 토양오염물질이 우려기준 이상 검출되자, 마산시장은 2005. 7. 18. 주유소 운영자(토지임차인) A에게 시설개선 또는 오염토양의 정화조치를 명하였으나 이를 이행하지 않았다. 이에 마산시장은 2008. 5. 21. 이 사건 토지의 소유자인 B에게 이 사건 토지 및 주변의 오염범위 파악을 위한 오염정밀조사의 실시 및 정밀조사 결과 확인된 오염토양의 정화를 명하였다(이하 '이 사건 처분'이라 한다). 이에 토지소유자 B는 이 사건 처분의 취소를 구하는 소를 제기하였으나 1심(창원지법 2008구합2734)과 항소심(부산고법 2009누3897) 모두 기각되었다. 이에 토지소유자 B는 상고하여 상고심(대법원 2010. 3. 11, 2009두20908) 소송 계속 중 구 토양환경보전법 제2조 제3호, 제10조의3 제3항 제2호에 대하여 위헌법률심판제청신청을 하였으나 2010. 3. 11. 본안과 함께 기각되자(대법원 2010아7), 2010. 4. 12. 위 조항들의 위헌확인을 구하는 헌법소원심판을 청구하였다.

사건 오염원인자 조항이 추구하는 공익만으로는 신뢰이익에 대한 침해를 정당화하기 어려우며, 따라서 이 사건 오염원인자 조항은 2002. 1. 1. 이전에 토양오염관리대상시설을 양수한 자를 그 양수시기의 제한없이 모두 오염원인자로 간주하여 보호가치 있는 신뢰를 침해하였으므로, 신뢰보호원칙에 위배된다고 판시하였다.7)

2015. 12. 1. 일부개정에서는 환경부장관이 전국의 토양환경정보를 공개하기 위해 토양오염정보시스템을 구축하여 토양측정망·토양오염실태조사·토양정밀조사결과, 토양관련 산업체 현황 및 특정토양오염관리대상시설 설치현황 등의 정보를 시스템을 통해 국민들에게 공개하도록 하고, 오염물질저장시설·폐광산지역·금속제련소 등 전국의 토양오염관리대상시설 분포현황을 정기적으로 조사하고 이를 위해 관련 중앙행정기관, 지방자치단체 등 관계기관이 보유한 토양오염원 관련 자료의 제공을 해당기관에 요청할 수 있도록 하였다. 그리고 「토양환경보전법」에서 주유소 등 특정토양오염관리대상시설에 대해 사업장 명칭 또는 대표자의 변경신고를 하는 경우 「수질 및 수생태계보전에 관한 법률」과 「대기환경보전법」상의 변경신고를 한 것으로 의제처리하는 규정을 신설하였다. 2017. 11. 28. 일부개정에서는 토양오염을 상시적으로 관리하기 위하여 환경부장관으로 하여금 오염이력이 있는 토지 등에 대하여 그 용도와 오염 정도, 정화 조치 등 토양오염 이력정보를 작성·관리할 수 있도록 하였다. 그리고 오염토양의 인수인계를 신속하고 체계적으로 관리하기 위하여 오염토양의 인수인계서를 서면으로 제출하거나 오염토양 정보시스템에 입력하도록 하던 것을 앞으로는 오염토양 정보시스템으로 일원화하여 관리하도록 하였다. 2018. 6. 12. 일부개정에서는 최근 주한 미군기지 반환(예정)

7) 사실개요는 다음과 같다. 건설회사 甲은 2003. 3. 14. 철강회사 乙로부터 마산시 월영동 등 토지 합계 245,730.7㎡ (이하 '이 사건 토지')를 매수하여 2003. 3. 25. 甲 앞으로 소유권이전등기를 마쳤다. 이 사건 토지는 乙의 철강공장 부지로 사용되어 오던 것으로, 2006. 10.경 실시한 토양오염정밀조사 결과 아연, 니켈 등 토양오염물질이 토양환경보전법이 정한 토양오염 우려기준을 초과하는 것으로 나타났다. 이에 마산시장은 이 사건 토지가 구 토양환경보전법 제2조 제3호에서 정하는 '토양오염관리대상시설'에, 甲이 같은 법 제10조의3 제3항 제3호의 '토양오염관리대상시설을 양수한 자'에 각 해당한다고 보아, 2007. 9. 18. 甲에게 이 사건 토지에 관하여 위 법 제15조 제3항 제3호에 근거한 정화조치명령(이하 '이 사건 처분')을 하였다. 甲은 이 사건 처분의 취소를 구하는 소를 제기하였으나 1심(창원지법 2007구합3204)과 항소심(부산고법 2009누829)에서 각각 기각되었다. 이에 甲은 대법원에 상고하였고 그 상고심(대법원 2009두12778–한국철강부지사건) 계속 중 법 제2조 제3호 중 '장소 등' 및 법 제10조의3 제3항 제3호 중 '토양오염관리대상시설을 양수한 자' 부분에 대하여 위헌법률심판제청신청을 하였으나 2009. 12. 24. 본안과 함께 기각되었다(대법원 2009아89 결정). 이와 별도로 甲과 乙간의 민사소송이 진행되었다. 그리고 甲은 2010. 1. 8. 오염원인자 조항 등에 대한 헌법소원심판을 청구하였고, 2012. 8. 23. 헌재는 헌법불합치결정을 내렸다.

부지에서 다이옥신, 푸란 등 잔류성 오염물질에 의한 복합적 토양오염이 확인되고 있지만 이와 관련한 정화기준 및 정화방법은 마련되어 있지 않아 반출정화를 포함한 신속하고 안전한 토양정화 활동이 이뤄지지 않고 있는 실정이었으므로, 이에 제15조의8(잔류성오염물질 등에 의한 토양오염)을 신설하여 토양오염이 발생한 해당부지가 우려기준을 넘는 토양오염물질과 함께 잔류성오염물질에 의한 오염이 발생한 경우, 토양오염정화자는 오염토양의 정화기준 및 정화방법 등이 포함된 정화계획안을 작성해 해당 지역주민의 의견을 청취하도록 하였다. 2019. 11. 26. 일부개정시에는 특정토양오염관리대상시설, 토양관련전문기관 및 토양정화업자 등에 대하여 실시하는 행정조사의 요건을 구체적으로 규정함으로써 행정조사 대상자의 권익을 보호하는 등 일부 미비점을 개선·보완하였다. 2022. 12. 13. 일부개정에서는 국민생활 및 기업활동과 밀접하게 관련되어 있는 신고 민원의 처리절차를 법령에서 명확하게 규정함으로써, 관련 민원의 투명하고 신속한 처리와 일선 행정기관의 적극행정을 유도하기 위하여 특정토양오염관리대상시설의 신고를 받은 경우 10일 이내에 변경신고를 받은 경우 7일 이내에 신고수리 여부를 신고인에게 통지하도록 하고, 그 기간 내에 신고수리 여부나 처리기간의 연장을 통지하지 아니한 경우에는 신고를 수리한 것으로 간주(看做)하는 제도를 도입하였다.

「토양환경보전법」은 총 5장으로 구성되어 있는바, 제1장 총칙, 제2장 토양오염의 규제, 제3장 토양보전대책지역의 지정 및 관리, 제3장의2 토양관련전문기관 및 토양정화업, 제4장 보칙, 제5장 벌칙으로 되어 있다.

Ⅱ. 토양환경보전법의 주요내용

1. 총　　칙

(1) 목적과 정의

「토양환경보전법」은 토양오염으로 인한 국민건강 및 환경상의 위해를 예방하고 오염된 토양을 정화하는 등 토양을 적정하게 관리·보전함으로써 모든 국민이 건강하고 쾌적한 삶을 누릴 수 있게 함을 목적으로 제정되었다(제1조).

여기서의 **"토양오염"**이란 사업활동이나 그 밖의 사람의 활동에 의하여 토양이 오염되는 것으로서 사람의 건강·재산이나 환경에 피해를 주는 상태를 말한다(제2조 제1호). '사업활동이나 그 밖의 사람의 활동에 의하여' 토양이 오염되는 것이어야 하므로 인위적 활동이 개입되지 아니한 경우에는 이 법에 따른 '토양오염'의 개념에 포함되지 않는다.

"**토양오염물질**"이라 함은 토양오염의 원인이 되는 물질로서 환경부령이 정하는 것을 말한다(동조 제2호). 시행규칙은 카드뮴, 구리, 비소, 수은, 납, 6가크롬, 아연, 니켈, 불소화합물, 유기인화합물, 폴리클로리네이티드비페닐(PCB), 시안화합물, 페놀류, 벤젠, 톨루엔, 에틸벤젠, 크실렌, 석유계총탄화수소, 트리클로로에틸렌, 테트라클로로에틸렌, 벤조(a)피렌 등 21개 물질로 제한하고 있다(제2조 제2호, 동법 시행규칙 제1조의2, 별표 1).

"**토양오염관리대상시설**"이란 토양오염물질의 생산·운반·저장·취급·가공 또는 처리 등으로 토양을 오염시킬 우려가 있는 시설·장치·건물·구축물(構築物) 및 그 밖에 환경부령으로 정하는 것을 말한다(동조 제3호).

2014년 개정법에서는 종전과 달리 개념 정의에서 '부지와 토양오염이 발생한 장소'를 제외하고 있다. 이는 토양오염관리대상시설의 개념 조정을 통하여 그 의미를 보다 명확히 함으로써 개념상 혼란 및 해석상의 논란을 없애고자 한 것이다.[8]

[판례 1] 토양오염물질의 생산 등을 함으로써 토양을 오염시킬 우려가 있는 시설 등이 설치되어 있는 '부지'를 양수한 자가, 토양환경보전법 제10조의3 제1항에 정한 오염원인자에 해당하는지 여부(원칙적 적극): 토양환경보전법 제2조 제3호에 규정된 토양오염관리대상시설 중 '장소'에는 토양오염물질을 생산·운반·저장·취급·가공 또는 처리함으로써 토양을 오염시킬 우려가 있는 시설·장치·건물·구축물이 설치되어 있는 '부지'도 포함되므로, 위와 같은 부지를 양수한 자는 같은 법 제10조의3 제3항 제3호의 규정에 따라같은 조 제1항의 규정에 의한 '오염원인자'로 보되, 다만 선의이며 과실이 없는 때에는 그렇지 않다(대법원 2009. 12. 24. 선고 2009두12778 판결[정화조치명령처분취소]-한국철강부지 사건). <해설> 이 판결 후에 토양환경보전법 일부개정(2011. 4. 5.)을 통하여 '부지'를 토양오염관리대상시설에 포함시켰다가 이후 2014. 3. 24. 동법 일부개정

8) 박종원, "2014년 개정 토양환경보전법에 따른 토양정화책임조항에 대한 평가와 전망", 환경법 연구 제36권 1호, 309면. 종전에는(2011. 4 .5. 개정법률) 토양오염관리대상시설이란 "토양오염물질을 생산·운반·저장·취급·가공 또는 처리하는 과정에서 토양을 오염시킬 우려가 있는 시설·장치·건물·구축물(構築物) 및 그 부지와 토양오염이 발생한 장소를 말한다"고 규정하고 있었다. 토양오염관리대상시설이라는 하나의 개념 안에 토양오염의 '원인'을 제공하는 "시설"과 토양오염의 '결과'가 발생하고 정화의 대상이 되는 "부지"와 "장소"가 모두 포함되어 있었다. 2014. 3. 24. 개정법에서는 토양오염관리대상시설에서 "그 부지와 토양오염이 발생한 장소"를 제외함으로써 개념을 명확히 하고 해석상의 논란을 없애고자 하였다. 즉, 종전과는 달리 '시설'과 '부지 또는 토지'를 별개의 개념으로 사용하고 있다. 토양오염관리대상시설의 개념 조정 및 뒤에서 보는 제10조의4 정화책임자 조항의 개정은 헌법재판소의 결정에 따른 위헌성 해소를 위한 시도라고 할 수 있다.

시 다시 '부지'를 제외하였다.

[판례 2] 법이 정하고 있는 '토양오염관리대상시설'은 토양오염물질을 직접 생산 또는 처리하는 시설 등에 한정되는 것이 아니라, 토양을 오염시킬 우려가 있는 시설 등이라면 토양오염물질을 포함하거나 배출하는 물품 등을 생산 또는 처리하는 시설 등도 포함한다고 해석함이 상당하다. 원심이 자동차타이어에 포함된 산화아연이 자동차의 운행 중 마모되는 타이어의 입자에 포함되어 있다가 물에 씻겨 토양에 스며들 수 있음을 인정하면서도, 택시 차고지로서 세차장 및 정비소를 갖춘 이 사건 시설이 그 자체로 아연을 생산 또는 처리하는 시설이 아니라는 이유만으로 토양오염관리대상시설이 아니라고 판단 한 것에는 토양오염관리대상시설의 범위에 관한 법리를 오해한 위법이 있다(대법원 2010. 2. 11. 선고 2009두20137 판결[토양정밀조사등명령취소]－택시차고지 사건).

"**토양정화**"란 생물학적 또는 물리적·화학적 처리 등의 방법으로 토양 중의 오염물질을 감소·제거하거나 토양 중의 오염물질에 의한 위해를 완화하는 것을 말한다(동조 제5호).

한편, 토양환경보전법은 방사성물질에 의한 토양오염 및 그 방지에 관하여는 적용하지 아니하며(제3조 ①), 오염된 농지를 「농지법」 제21조에 따른 토양의 개량사업으로 정화하는 경우에는 제15조의3(오염토양의 정화) 및 제15조의6(토양정화의 검증)의 규정은 이를 적용하지 아니한다(제3조 ②).

(2) 토양보전기본계획의 수립 등

환경부장관은 토양보전을 위하여 10년마다 토양보전에 관한 기본계획(이하 "기본계획"이라 한다)을 수립·시행하여야 한다(제4조 ①). 환경부장관은 기본계획을 수립할 때에는 관계 중앙행정기관의 장과 협의하여야 한다(동조 ②).

기본계획에는 다음 각 호의 사항이 포함되어야 한다(동조 ③).

1. 토양보전에 관한 시책방향
2. 토양오염의 현황, 진행상황 및 장래예측
3. 토양오염의 방지에 관한 사항
4. 토양정화 및 정화된 토양의 이용에 관한 사항
5. 토양정화와 관련된 기술의 개발 및 관련 산업의 육성에 관한 사항
6. 토양정화를 위한 기술인력의 교육 및 양성에 관한 사항
7. 그 밖에 토양보전에 필요한 사항

특별시장·광역시장·특별자치시장·도지사·특별자치도지사(이하 "시·도지사"라 한다)는 기본계획에 따라 관할구역의 지역 토양보전계획(이하 "지역계획"이라 한다)을

수립하여 환경부장관의 승인을 받아 시행하여야 한다. 지역계획을 변경할 때에도 또한 같다(동조 ④). 기본계획 및 지역계획의 수립방법, 수립절차와 그 밖에 필요한 사항은 대통령령으로 정한다(동조 ⑤).

(3) 토양오염의 우려기준

토양오염우려기준이란 **사람의 건강·재산이나 동물·식물의 생육에 지장을 줄 우려가 있는 토양오염의 기준**(이하 "우려기준")을 말하며, 우려기준에 대하여는 환경부령으로 정하도록 하고 있다(제4조의2). 동법 시행규칙 [별표 3]은 21개의 토양오염물질에 대하여 토양의 용도에 따라 1지역, 2지역, 3지역으로 구분하여 우려기준을 설정하고 있다. 여기서 우려란 개연성(상당한 정도의 가능성)을 말한다.

[표 6-1] 토양오염우려기준(동법 시행규칙[별표 3]) (단위: mg/kg)

물질	1지역	2지역	3지역
카드뮴	4	10	60
구리	150	500	2,000
비소	25	50	200
수은	4	10	20
납	200	400	700
6가크롬	5	15	40
아연	300	600	2,000
니켈	100	200	500
불소	400	400	800
유기인화합물	10	10	30
폴리클로리네이티드비페닐(PCB)	1	4	12
시안	2	2	120
페놀	4	4	20
벤젠	1	1	3
톨루엔	20	20	60
에틸벤젠	50	50	340
크실렌	15	15	45
석유계총탄화수소(TPH)	500	800	2,000
트리클로로에틸렌(TCE)	8	8	40
테트라클로로에틸렌(PCE)	4	4	25
벤조(a)피렌	0.7	2	7

한편, 동법이 규제기준으로 삼고 있는 또 하나의 토양오염의 기준이 제16조의 토양오염대책기준(이하 "대책기준")이다. 대책기준은 우려기준을 초과하여 사람의 건강 및 재산과 동·식물의 생육에 지장을 주어서 토양오염에 대한 대책을 필요로 하는 토양오염의 기준으로, 환경부령으로 정하도록 하고 있다. 동법 시행규칙 [별표 7]에서 우려기준과 마찬가지로 21개의 토양오염물질에 대하여 1지역, 2지역, 3지역으로 구분하여 대책기준을 설정하고 있다.

'대책기준'은 오염의 정도가 우려기준을 초과하는 것으로 사람의 건강 및 재산과 동·식물의 생육에 지장을 초래할 우려가 있어 토지의 이용중지, 시설의 설치금지 등 규제조치가 필요한 정도의 오염상태를 말해 주는 기준인 데 비하여, '우려기준'은 대책기준의 약 40% 정도로 더 이상 오염이 심화되는 것을 예방하기 위한 오염수준을 가리키는 기준이다.[9)]

(4) 토양오염도 측정 등

토양오염상황 및 오염변화추이를 파악하기 위하여 전국의 토양오염도를 상시 측정하고 있는데, 현재 전국 토양오염조사는 ㉠ 환경부장관이 설치·운영하는 측정망과 ㉡ 시·도지사 또는 시장·군수·구청장이 실시하는 토양오염실태조사의 두 가지 경로를 통하여 이루어지고 있다.

1) 측정망설치 및 상시측정

환경부장관은 전국적인 토양오염 실태를 파악하기 위하여 측정망을 설치하고, 토양오염도(土壤汚染度)를 상시측정하여야 한다(제5조 ①).

환경부장관은 제5조 제1항에 따른 측정망의 위치·구역 등을 구체적으로 밝힌 측정망설치계획을 결정하여 고시하고, 누구든지 그 도면을 열람할 수 있게 하여야 한다. 측정망설치계획을 변경하였을 때에도 또한 같다(제6조).

2) 토양오염실태조사

토양오염실태조사는 주로 공장지역, 광산주변지역, 폐기물매립지 주변 등 토양오염이 우려되는 지역을 대상으로 이루어지는데, 매년 조사지점을 달리하여 실시한다는 점에서 환경부장관이 설치·운영하는 고정 측정망과 차이가 있다.

시·도지사 또는 시장·군수·구청장(자치구의 구청장을 말한다. 이하 같다)은 관할구역 중 토양오염이 우려되는 해당 지역에 대하여 토양오염실태를 조사(이하 "토양오염실태조사"라 한다)하여야 한다. 이 경우 시장·군수·구청장은 환경부령으로 정하

9) 홍준형, 앞의 책, 763면; 김홍균, 앞의 책, 677면,

는 바에 따라 토양오염실태조사의 결과를 시·도지사에게 보고하여야 하며, 시·도지사는 환경부령으로 정하는 바에 따라 그가 실시한 토양오염실태조사의 결과와 시장·군수·구청장이 보고한 토양오염실태조사의 결과를 환경부장관에게 보고하여야 한다(제5조 ②).

토양오염실태조사의 결과 토양오염우려기준을 초과하는 지역으로 밝혀진 경우에는 오염원인자에게 토양정밀조사를 받도록 하고 오염토양의 정화를 명할 수 있다(제15조 ①, ③).

3) 토양정밀조사

"토양정밀조사"란 제4조의2에 따른 우려기준을 넘거나 넘을 가능성이 크다고 판단되는 지역에 대하여 오염물질의 종류, 오염의 정도 및 범위 등을 환경부령으로 정하는 바에 따라 조사하는 것을 말한다(동조 제6호).

환경부장관, 시·도지사 또는 시장·군수·구청장은 토양보전을 위하여 필요하다고 인정하면 다음 각 호의 어느 하나에 해당하는 지역에 대하여 토양정밀조사를 할 수 있다(제5조 ④).

1. 제1항에 따른 상시측정(이하 "상시측정"이라 한다)의 결과 우려기준을 넘는 지역
2. 토양오염실태조사의 결과 우려기준을 넘는 지역
3. 다음 각 목의 어느 하나에 해당하는 지역으로서 환경부장관, 시·도지사 또는 시장·군수·구청장이 우려기준을 넘을 가능성이 크다고 인정하는 지역
   가. 토양오염사고가 발생한 지역「농지법」
   나.「산업입지 및 개발에 관한 법률」 제2조 제5호에 따른 산업단지(농공단지는 제외한다)
   다.「광산피해의 방지 및 복구에 관한 법률」 제2조 제4호에 따른 폐광산(廢鑛山)의 주변지역
   라.「폐기물관리법」 제2조 제8호에 따른 폐기물처리시설 중 매립시설과 그 주변지역
   마. 그 밖에 환경부령으로 정하는 지역

4) 결과의 공개

상시측정, 토양오염실태조사 및 제4항에 따른 토양정밀조사의 결과는 공개하여야 한다(제5조 ⑤).

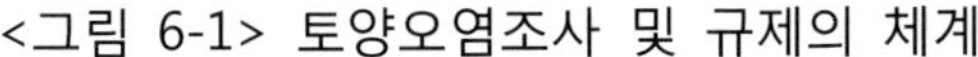
<그림 6-1> 토양오염조사 및 규제의 체계

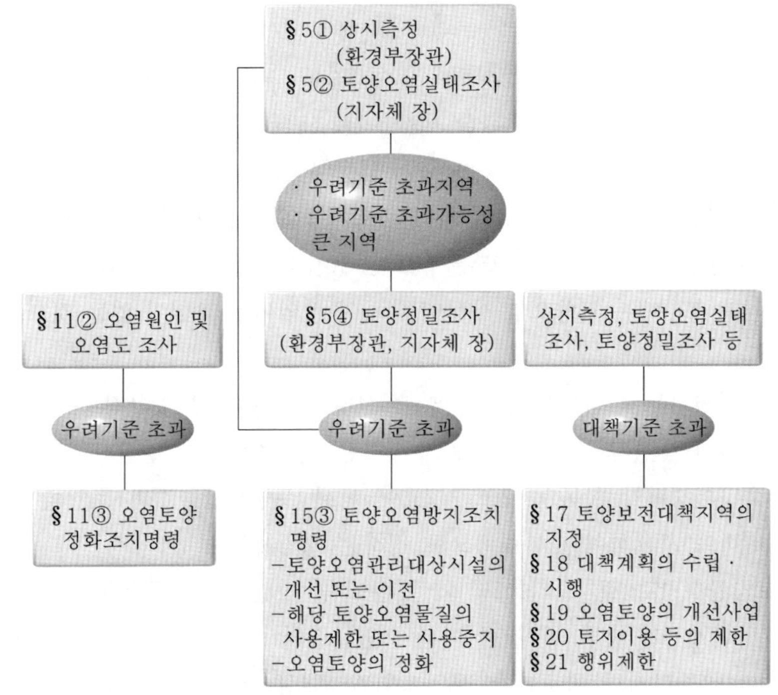

(5) 토양환경평가

동법은 토지거래자들로 하여금 토양환경에 관한 평가를 자율적으로 실시하도록 하고, 토양오염에 대한 배상 · 정화의무 등 법적 책임관계를 명확히 하기 위하여 토양환경평가에 관하여 규정하고 있다. 토양환경평가는 거래의 당사자들이 자발적으로 토양오염실태를 조사하고 그 결과에 따라 사전에 책임을 회피하거나 분배할 수 있도록 하는 역할을 한다.[10)]

다음 각 호의 어느 하나에 해당하는 시설이 설치되어 있거나 설치되어 있었던 **부지**, 그 밖에 토양오염의 우려가 있는 **토지**를 **양도 · 양수**(「민사집행법」에 따른 경매, 「채무자 회생 및 파산에 관한 법률」에 따른 환가(換價), 「국세징수법」 · 「관세법」 또는 「지방세기본법」에 따른 압류재산의 매각, 그 밖에 이에 준하는 절차에 따라 인수하는 경우를 포함한다. 이하 같다) 또는 **임대 · 임차**하는 경우에 양도인 · 양수인 · 임대인 또는 임차인은 해당 부지와 그 주변지역, 그 밖에 토양오염의 우려가 있는 토지에 대하여 토양환경평

10) 채영근, "오염된 토양의 정화책임", 공법연구 제30집 제4호(2002. 6), 322면.

가기관으로부터 토양오염에 관한 평가(이하 "토양환경평가"라 한다)를 받을 수 있다(제10조의2 ①).

1. 토양오염관리대상시설
2. 「산업집적활성화 및 공장설립에 관한 법률」 제2조 제1호에 따른 공장
3. 「국방·군사시설 사업에 관한 법률」 제2조 제1항에 따른 국방·군사시설

제1항 각 호의 어느 하나에 해당하는 시설이 설치되어 있거나 설치되어 있었던 **부지**, 그 밖에 토양오염의 우려가 있는 **토지**를 **양수한 자**가 양수 당시 같은 항에 따라 토양환경평가를 받고 그 부지 또는 토지의 오염 정도가 우려기준 이하인 것을 확인한 경우에는 **토양오염 사실**에 대하여 **선의**이며 **과실이 없는 것**으로 **추정**한다(동조 ②).

토양환경평가는 다음 각 호에 따라 실시하여야 하며, 토양환경평가의 실시에 따른 구체적인 사항과 그 밖에 필요한 사항은 대통령령으로 정한다(동조 ③).

1. 토양환경평가 항목: 제2조 제2호에 따른 토양오염물질과 토양환경평가를 위하여 필요하여 대통령령으로 정하는 오염물질
2. 토양환경평가 절차: 기초조사와 개황조사, 정밀조사로 구분하여 실시
3. 토양환경평가 방법: 제1호에 따른 오염물질의 오염도 등의 조사·분석 및 평가, 대상 부지의 이용현황, 토양오염관리대상시설에 해당하는지 여부

(6) 토양오염의 피해에 대한 무과실책임 등

1) 오염원인자의 무과실책임 등

토양환경보전법은 민사상 무과실의 손해배상책임의 주체로서의 '오염원인자'(제10조의3)와 공법상의 정화조치명령의 대상자로서의 '정화책임자'(제10조의4)를 구분하고 있다.

토양환경보전법 제10조의3은 사법상의 무과실책임과 정화책임에 관하여 규정하고 있다. 즉, 동조 제1항은 "토양오염으로 인하여 피해가 발생한 경우 그 오염을 발생시킨 자는 그 피해를 **배상**하고 오염된 토양을 **정화**하는 등의 조치를 하여야 한다. 다만, 토양오염이 천재지변이나 전쟁, 그 밖의 불가항력으로 인하여 발생하였을 때에는 그러하지 아니하다"고 규정하여 오염을 발생시킨 자에게 토양오염의 피해에 대한 무과실의 손해배상책임을 부여하고 있다.

동 조항은 다른 환경관련법령에서와 마찬가지로 환경오염에 대한 민사상의 무과실 손해배상책임을 규정하면서, 한편으로는 오염된 토양을 정화하는 등의 조치를 하여야 한다고 규정하고 있다. 따라서 토양오염으로 인한 피해자는 동 조항을 근거

로 오염을 발생시킨 자에게 손해배상과 함께 토양정화의 이행을 요구할 수 있다.

[판례] 토지 소유자 갑 주식회사 등이 인접 토지와 그 지상의 유류저장소를 취득한 을 등을 상대로 위 유류저장소에서 유류가 유출되어 토양오염이 되었음을 이유로 오염토양 정화비용 등의 손해배상을 구한 사안에서, 을 등이 인접 토지와 유류저장소에 대한 각 소유권을 취득한 이후 추가로 갑 회사 등 소유의 토지에 토양오염을 유발한 사실이 인정되면, 을 등은 토양환경보전법 제10조의3 제1항에 따른 오염토양 정화의무를 부담하고, 을 등이 이러한 의무를 이행하지 않음에 따라 갑 회사 등은 토지 소유권을 완전하게 행사하기 위하여 자신들의 비용으로 오염토양을 정화할 수밖에 없으므로, 사회통념상 오염토양 정화비용 상당의 손해가 갑 회사 등에 현실적으로 발생한 것으로 볼 수 있는데도, 을 등이 인접 토지와 유류저장소에 대한 각 소유권을 취득한 이후 추가로 갑 회사 등 소유의 토지에 토양오염을 유발하였는지에 관하여 살펴보지 아니한 채 오염토양 정화비용 상당의 손해가 갑 회사 등에 현실적으로 발생하지 않았다고 본 원심판단에는 손해발생에 관한 법리오해 등의 잘못이 있다고 한 사례(대법원 2021. 3. 11. 선고 2017다179, 186 판결[손해배상(기)]－지에스칼텍스사건).

동조의 무과실책임은 불가항력적 사유가 있는 경우에는 면책된다. 즉, 토양오염이 천재지변이나 전쟁, 그 밖의 불가항력으로 인하여 발생하였을 때에는 책임을 지지 않는다(제10조의3 제1항 단서).

2) 연대책임

동법 제10조의3 제2항은 "토양오염을 발생시킨 자가 둘 이상인 경우에 어느 자에 의하여 제1항의 피해가 발생한 것인지를 알 수 없을 때에는 각 자가 연대하여 배상하고 오염된 토양을 정화하는 등의 조치를 하여야 한다"고 규정하고 있다. 이는 토양오염의 원인을 제공한 자가 다수인 경우 개별적 인과관계를 입증하기 어려운 점을 고려하여 다수의 당사자 각자가 일체의 손해에 대해 연대책임을 지도록 규정한 것이다.

민사상의 책임과 관련하여서는, 여기서의 '연대'는 피해자의 보호를 위하여 부진정연대채무로 해석된다. 따라서 피해자는 각 자에 대하여 피해액 전액을 청구할 수 있고, 가해자는 모두 연대하여 피해전부에 대해 손해배상의무를 지게 되며, 책임의 분담관계는 가해 사업자간의 내부관계의 구상문제로서 처리된다. 또한 피해자는 다수의 오염원인자 전부 또는 그 중 일부에 대하여 토양정화의 이행을 요구할 수 있다. 정화책임을 진 자가 자신의 부담부분을 초과한 정화책임의 이행으로 비용을 부담하였다면 다른 공동오염원인자에 대하여 구상권을 행사할 수 있을 것이다.

(7) 오염토양의 정화책임 등

1) 정화책임자

동법은 제11조 제3항, 제14조 제1항, 제15조 제1항·제3항 또는 제19조 제1항에 따른 공법상 정화조치명령의 대상자로서의 '정화책임자'를 정하고 있다. 제10조의4는 정화책임을 지는 자를 다음과 같이 규정하고 있다(제10조의4 ①).

1. 토양오염물질의 누출·유출·투기(投棄)·방치 또는 그 밖의 행위로 토양오염을 발생시킨 자
2. 토양오염의 발생 당시 토양오염의 원인이 된 토양오염관리대상시설의 소유자·점유자 또는 운영자
3. 합병·상속이나 그 밖의 사유로 제1호 및 제2호에 해당되는 자의 권리·의무를 포괄적으로 승계한 자
4. 토양오염이 발생한 토지를 소유하고 있었거나 현재 소유 또는 점유하고 있는 자

이들 정화책임자는 제11조 제3항, 제14조 제1항, 제15조 제1항·제3항 또는 제19조 제1항에 따라 토양정밀조사, 오염토양의 정화 또는 오염토양 개선사업의 실시(이하 "토양정화등"이라 한다)를 하여야 한다.

동조상의 정화책임자를 좀 더 자세히 설명하면 다음과 같다.

첫째, '**토양오염을 발생시킨 자**'이다(동조 제1호). 즉, 토양오염물질을 토양에 누출·유출·투기·방치 또는 그 밖의 행위로 인하여 토양오염을 직접적으로 발생시킨 경우로서, 행위책임을 묻고 있다.

둘째, 토양오염의 **발생 당시** 토양오염의 **원인이 된** 토양오염관리대상**시설**의 '**소유자·점유자·운영자**'이다(동조 제2호).[11] 즉, 토양오염을 직접 발생시키지 않았더라도 토양오염의 발생 당시 토양오염의 원인이 된 토양오염관리대상시설을 소유·점유 또는 운영하는 자는 정화책임자가 된다. 그리고 여기서는 토양오염관리

11) 2014. 3. 24. 동법 개정에 의하여 토양오염관리대상시설의 개념이 원인 시설로 한정되었다는 것을 제외하면 제2호는 기본적으로 개정 전 규정방식을 유지하고 있다. 개정법에 의하면 '시설'의 소유 또는 점유자는 제2호의 정화책임을 지고, 오염된 '토지'의 소유 또는 점유자는 제4호의 정화책임을 지게 된다. 이는 토양오염의 발생 당시 토양오염의 원인이 된 토양오염관리대상시설의 소유자·점유자·운영자가 지는 정화책임과 단순히 오염된 토지를 소유 또는 점유하는 자의 정화책임을 명확히 구분하고, 이들에 대한 책임의 면제 또는 제한을 각기 달리 정함으로서 평등의 원칙 위반 상태를 제거하고 아울러 오염토양의 신속한 정화라는 입법취지를 달성하기 위한 것으로 보인다(박종원, 앞의 논문, 310면).

대상시설이 '토양오염의 원인'이 되어야 한다.

[판례 1] [1] 갑이 토지소유자 을에게서 토지를 임차한 후 주유소 영업을 위하여 지하에 유류저장조를 설치한 사안에서, 유류저장조는 민법 제256조 단서에 의하여 갑의 소유에 속한다고 한 사례. [2] 토양환경보전법(이하 '법'이라 한다) 제10조의3 제3항 제1호에서 직접적인 행위로 토양오염을 유발시킨 자를 규정하고 이어서 제2호(현행 제10조의4 제1항 제2호)에서 '토양오염의 원인이 된 토양오염관리대상시설'이라고 규정한 문언적인 해석이나 법 제2조 제3호에서 단지 '토양을 오염시킬 우려가 있는 시설·장치·건물·구축물 및 장소 등'을 '토양오염관리대상시설'로 정의하고 있는 것과 대비하여 볼 때, 법 제10조의3 제3항 제2호는 토양오염관리대상시설을 소유·점유 또는 운영하고 있는 자의 직접적인 행위로 토양오염을 유발시킬 것을 요건으로 하지는 않지만 토양오염관리대상시설이 토양오염의 원인이 될 것을 요건으로 한다고 해석함이 타당하다. 즉 토양오염관리대상시설이라는 유체물(有體物)과의 인과관계가 요구되고 소유·점유 또는 운영하고 있는 자와의 인과관계는 요구되지 않는다. [3] 甲이 토지소유자 乙에게서 토지를 임차하여 주유소를 운영하였는데 인접장소에서 유류에 오염된 토양이 발견되어 토양오염검사(누출검사)를 실시한 결과, 甲의 주유소 유류저장조에 연결된 배관 불량이 원인으로 판명된 사안에서, 甲과 乙의 토지 임대차 관계 등 제반 사정에 비추어 乙 소유의 토지와 인접한 토양의 오염 사이에 인과관계가 인정되지 않는다는 이유로, 乙은 토양환경보전법 제10조의3에 따라 피해배상책임을 부담한다고 볼 수 없다고 한 사례(대법원 2012. 1. 26. 선고 2009다76546 판결[손해배상(기)]). <해설> 乙은 토양오염의 원인이 된 유류저장조의 소유자나 점유자나 운영자가 아니고 직접 토양오염을 유발한 자도 아니므로 구 토양환경보전법 제10조의3에 따라 피해배상책임을 부담하지 않는다고 한 사례이다.

[판례 2] 이 사건 토지에 대한 오염은 이 사건 토지가 택시 차고지로 사용된 1987년경 이래 원고가 점유·사용하고 있는 현재까지 계속되고 있다고 볼 것이므로, <u>원고(차고지 관리자)는</u> 토양오염의 발생 당시 토양오염의 원인이 된 토양오염관리대상시설을 점유 또는 운영하는 자로서 위에서 <u>본 법 제10조의3 제3항 제2호의 오염원인자에 해당한다</u>고 할 것이다(대판 2010. 2. 11, 2009두20137[토양정밀조사등명령취소]－택시차고지 사건). <해설> 원심은 이 사건 시설이 토양오염관리대상시설이라고 하더라도 이 사건 시설이 이 사건 토지의 토양오염의 원인이라고 할 수 없다는 이유로, 원고가 위 규정의 오염원인자에 해당하지 아니한다고 판단하였다.

셋째, '**포괄적 승계인**'이다(동조 제3호). 합병·상속의 경우에는 이전 소유자 등의 권리·의무를 포괄적으로 승계하는 전형적인 경우로서 정화책임자로 인정하는데는 문제가 없다.

넷째, **'과거의 토지소유자, 현재의 토지소유자 또는 점유자'**(동조 제4호)이다.[12)] 즉, 토양오염을 직접적으로 발생시키지 않았다 하더라도 토양오염이 발생한 토지를 과거에 소유하였거나 현재 소유 또는 점유하고 있으면 책임을 지는 것으로, 상태책임을 묻는 것이다. 이는 비록 토양오염에 직접적으로 기여하지 않았다고 하더라도 결과로서의 토양오염상태에 근접해 있으므로 토양오염을 신속하고 효과적으로 제거할 수 있는 지위에 있다는 점, 경우에 따라서는 이미 발생한 토양오염이 더 이상 확산되지 아니하도록 하여야 할 의무를 부담한다는 점, 오염된 토양의 정화를 통한 이익의 귀속 주체라는 점 등으로부터 정화책임이 인정될 수 있다.[13)]

한편, 단순히 토양오염이 발생한 토지를 소유하고 있었거나 현재 소유 또는 점유하고 있다는 사실만으로 정화책임을 묻는 것은 정화책임자의 범위를 지나치게 확대하는 것으로, 그 범위를 적절하게 제한해 줄 필요가 있다. 이에 동법은 토지소유자 등의 경우에는 일정한 예외사유를 두어 이에 해당하는 경우 정화책임에서 벗어날 수 있도록 하였다. 즉, 동조 제2항에서는 일정한 면책사유를 두고 있다.[14)]

2) 예외

다음 **각 호의 어느 하나**에 해당하는 경우에는 위의 제1항 제4호에 따른 정화책임자로 보지 아니한다(제10조의4 ② 본문).

1. 1996년 1월 5일 이전에 양도 또는 그 밖의 사유로 해당 토지를 소유하지 아니하게 된 경우
2. 해당 토지를 1996년 1월 5일 이전에 양수한 경우
3. 토양오염이 발생한 토지를 양수할 당시 토양오염 사실에 대하여 선의이며 과실이 없는 경우
4. 해당 토지를 소유 또는 점유하고 있는 중에 토양오염이 발생한 경우로서 자신이 해당 토양오염 발생에 대하여 귀책 사유가 없는 경우

---

12) 2014. 3. 24. 동법 개정 전에는 제3호 전단에서 '토양오염관리대상시설을 양수한 자', 제4호에서는 '경매, 환가 등을 통하여 토양오염관리대상시설을 인수한 자'를 오염원인자로 규정하고 있었으나, 개정 후에는 '양수' 또는 '인수'라는 개념 대신 오염된 토지의 '소유 또는 점유'라는 개념으로 전환하여 규정하고 있다.

13) 한편, 오염된 토지를 과거에 소유하였던 자까지 정화책임자로 규정하고 있는 부분은 악의적으로 오염부지를 낮은 가격으로 양수하여 아파트 등을 건설하고 오염사실을 숨긴 채 이를 다시 양도함으로써 막대한 수익을 얻고도 해당 토양오염에 대하여 아무런 책임도 지지 않게 되는 문제점에 대응하기 위한 현실적인 필요성에서 비롯된 규정으로 보인다(박종원, 앞의 논문, 315면).

14) 제10조의4 제2항은 정화책임의 면책사유를 구법에 비하여 대폭 확대하고 있는데, 이는 헌법재판소가 지적하고 있는 신뢰보호의 원칙과 과잉금지의 원칙 위반상태를 제거하기 위한 것이라고 볼 수 있다.

제1호 및 제2호와 관련하여 신뢰이익의 판단기준으로 제시하고 있는 시점은 「토양환경보전법」이 처음 시행된 때인 1996년 1월 5일이다. 따라서 과거의 토지소유자라 하더라도 1996년 1월 5일 이전에 매도 등을 통하여 해당 토지를 소유하지 아니하게 된 경우에는 정화책임자로 보지 않고, 현재의 토지소유자라 하더라도 1996년 1월 5일 이전에 해당 토지를 양수한 경우에는 정화책임자로 보지 않는다.

제3호는 구법과 같이 토양오염이 발생한 토지를 양수할 당시 토양오염 사실에 대하여 선의이며 과실이 없는 경우에 대하여 정화책임을 면제한다는 취지이다. 제10조의2에서 규정하고 있는 토양환경평가제도는 양수인이 선의·무과실을 주장하여 정화책임에서 벗어날 수 있는 중요한 근거와 자료가 된다.

제4호는 해당 토지를 소유 또는 점유하고 있는 중에 토양오염이 발생한 경우로서 자신이 해당 토양오염의 발생에 대하여 고의 또는 과실 등 책임있는 사유가 없는 한 정화책임을 지지 않는다는 취지이다. 예컨대 천재지변으로 송유관이 파괴되어 그로 인해 토양이 오염되거나 지나가던 유조차의 전복사고로 토양이 오염된 경우에는 해당 토지의 소유자는 정화책임을 지지 않는 결과가 된다.

다만, 토양환경보전법이 시행된 이후(1996년 1월 6일 이후)에 제1항 제1호(토양오염을 발생시킨 자) 또는 제2호('시설'의 소유자·점유자·운영자)에 해당하는 자에게 **자신이 소유 또는 점유 중인 토지의 사용을 허용한 경우**에는 해당 토지소유자 또는 점유자는 제1항 제4호의 정화책임자로 본다(동조 ② 단서). 예컨대, 토양환경보전법이 시행된 이후 주유소를 운영하는 자에게 자신의 토지를 사용하도록 임대한 경우 해당 토지의 소유자(임대인)는 정화책임자가 된다.

3) 정화책임자가 둘 이상인 경우

시·도지사 또는 시장·군수·구청장은 제11조 제3항, 제14조 제1항, 제15조 제1항·제3항 또는 제19조 제1항에 따라 토양정화 등을 명할 수 있는 **정화책임자가 둘 이상인 경우**에는 대통령령으로 정하는 바에 따라 해당 토양오염에 대한 각 정화책임자의 귀책정도, 신속하고 원활한 토양정화의 가능성 등을 고려하여 토양정화 등을 명하여야 하며, 필요한 경우에는 제10조의9에 따른 토양정화자문위원회에 자문할 수 있다(제10조의4 ③).

이러한 법률조항에 따라 동법 시행령 제5조의3에서는 정화책임자가 둘 이상인 경우 토양정화 등의 명령을 내릴 때 정화책임을 지는 자의 순위를 결정하는 기준에 대하여 정하고 있다.

동 시행령 규정은 복수 정화책임자의 정화책임에 대하여 연대책임이 아닌 **보**

충적 책임의 성격을 갖는 것으로 하고 있다. 즉, 복수의 정화책임자가 존재할 경우 그들 전부 또는 일부에게 정화명령을 할 수 있는 것이 아니라, ① 먼저 선순위 정화책임자에게 정화명령을 하고, ② 선순위 정화책임자가 정화책임을 이행할 수 없는 일정한 사유가 있는 경우에는 후순위 정화책임자에게 정화명령을 할 수 있고, ③ 선순위 또는 후순위의 어느 하나의 정화책임자를 정하기 곤란한 경우에는 복수의 정화책임자에게 공동으로 정화명령을 할 수 있도록 규정하고 있다. 그러나 이와 같은 형식의 보충적 책임을 인정하는 것은 신속하고 확실한 토양정화를 통하여 국민건강 및 환경상의 위해를 예방하고 토양을 적정 관리한다는 토양환경보전법의 입법취지에 부합하지 않다고 본다. 또한 '정화책임의 순위'라고 하는 정화책임 인정에 있어서의 핵심적이고도 중요한 사항을 법률이 아닌 시행령에서 규정하고 있는 것도 문제라고 본다.

시·도지사 또는 시장·군수·구청장은 법 제10조의4 제1항에 따른 정화책임자가 둘 이상인 경우에는 **다음 각 호의 순서에 따라** 토양정화 등을 명하여야 한다(시행령 제5조의3 ①).

1. 법 제10조의4 제1항 제1호의 정화책임자와 그 정화책임자의 권리·의무를 포괄적으로 승계한 자
2. 법 제10조의4 제1항 제2호의 정화책임자 중 토양오염관리대상시설의 점유자 또는 운영자와 그 점유자 또는 운영자의 권리·의무를 포괄적으로 승계한 자
3. 법 제10조의4 제1항 제2호의 정화책임자 중 토양오염관리대상시설의 소유자와 그 소유자의 권리·의무를 포괄적으로 승계한 자
4. 법 제10조의4 제1항 제4호의 정화책임자 중 토양오염이 발생한 토지를 현재 소유 또는 점유하고 있는 자
5. 법 제10조의4 제1항 제4호의 정화책임자 중 토양오염이 발생한 토지를 소유하였던 자

즉, 정화책임을 지는 자의 순서는 ① 토양오염을 직접 발생시킨 자와 그의 포괄승계인 – ② '시설'의 점유자·운영자와 그의 포괄승계인 – ③ '시설'의 소유자와 그의 포괄승계인 – ④ 현재의 토지소유자 또는 점유자 – ⑤ 과거의 토지소유자 순으로 되어 있다.

다만, 시·도지사 또는 시장·군수·구청장은 제1항에도 불구하고 다음 각 호의 어느 하나에 해당하는 경우 제1항 각 호의 순서 중 후순위의 정화책임자 중 어느

하나에게 선순위의 정화책임자에 앞서 토양정화 등을 명할 수 있다(시행령 동조 ②).

1. 선순위의 정화책임자를 주소불명 등으로 확인할 수 없는 경우
2. 선순위의 정화책임자가 후순위의 정화책임자에 비하여 해당 토양오염에 대한 귀책사유가 매우 적은 것으로 판단되는 경우
3. 선순위의 정화책임자가 부담하여야 하는 정화비용이 본인 소유의 재산가액을 현저히 초과하여 토양정화등을 실시하는 것이 불가능하다고 판단되는 경우
4. 선순위의 정화책임자가 토양정화등을 실시하는 것에 대하여 후순위의 정화책임자가 이의를 제기하거나 협조하지 아니하는 경우[15)]
5. 선순위의 정화책임자를 확인하기 위하여 필요한 조사 또는 그 밖의 조치에 후순위의 정화책임자가 협조하지 아니하는 경우

시·도지사 또는 시장·군수·구청장은 제1항 또는 제2항에 따라 토양정화등을 명할 **하나의 정화책임자를 정하기 곤란한 경우**에는 법 제10조의9에 따른 토양정화자문위원회의 정화책임자 선정 및 각 정화책임자의 부담 부분 등에 대한 자문을 거쳐 둘 이상의 정화책임자에게 **공동으로** 토양정화등을 명할 수 있다(시행령 동조 ③).

4) 구상권

제11조 제3항, 제14조 제1항, 제15조 제1항·제3항 또는 제19조 제1항에 따라 토양정화 등의 명령을 받은 정화책임자가 자신의 비용으로 토양정화 등을 한 경우에는 다른 정화책임자의 부담부분에 관하여 구상권을 행사할 수 있다(제10조의4 ④).

5) 토지정화비용의 지원

국가 및 지방자치단체는 다음 각 호의 어느 하나에 해당하는 경우에는 제11조 제3항, 제14조 제1항, 제15조 제1항·제3항 또는 제19조 제1항에 따라 **토양정화 등을 하는 데 드는 비용**(제10조의4 제4항에 따른 구상권 행사를 통하여 상환받을 수 있는 비용 및 토양정화 등으로 인한 해당 토지 가액의 상승분에 상당하는 금액은 제외한다. 이하 같다)의 **전부** 또는 **일부**를 대통령령으로 정하는 바에 따라 **지원**할 수 있다(제10조의4 ⑤).

1. 제1항 제1호·제2호 또는 제3호의 정화책임자가 토양정화등을 하는 데 드는 비용이 자신의 부담부분을 현저히 초과하거나 해당 토양오염관리대상시설의 소유·점유 또는 운영을 통하여 얻었거나 향후 얻을 수 있을 것으로 기대되는 이익을 현저히 초과하는 경우
2. 2001년 12월 31일 이전에 해당 토지를 양수하였거나 양도 또는 그 밖의 사

---

15) 예컨대, 토양오염을 직접 유발한 자가 토양정화명령을 받고 해당 토양의 정화를 실시하려고 하는데 이에 대하여 현재의 토지소유자 또는 점유자가 이의를 제기하거나 협조하지 않는 경우

유로 소유하지 아니하게 된 자가 제1항 제4호의 정화책임자로서 토양정화등을 하는 데 드는 비용이 해당 토지의 가액을 초과하는 경우

3. 2002년 1월 1일 이후에 해당 토지를 양수한 자가 제1항 제4호의 정화책임자로서 토양정화등을 하는 데 드는 비용이 해당 토지의 가액 및 토지의 소유 또는 점유를 통하여 얻었거나 향후 얻을 수 있을 것으로 기대되는 이익을 현저히 초과하는 경우
4. 그 밖에 토양정화등의 비용 지원이 필요한 경우로서 대통령령으로 정하는 경우

2. 토양오염의 규제

(1) 토양오염의 신고, 오염 원인과 오염도의 조사 등

다음 각 호의 어느 하나에 해당하는 경우에는 지체 없이 관할 특별자치시장·특별자치도지사·시장·군수·구청장에게 신고하여야 한다(제11조 ①).

1. 토양오염물질을 생산·운반·저장·취급·가공 또는 처리하는 자가 그 과정에서 토양오염물질을 누출·유출한 경우
2. 토양오염관리대상시설을 소유·점유 또는 운영하는 자가 그 소유·점유 또는 운영 중인 토양오염관리대상시설이 설치되어 있는 부지 또는 그 주변지역의 토양이 오염된 사실을 발견한 경우
3. 토지의 소유자 또는 점유자가 그 소유 또는 점유 중인 토지가 오염된 사실을 발견한 경우

특별자치시장·특별자치도지사·시장·군수·구청장은 ㉠ 제1항에 따른 신고를 받거나, ㉡ 토양오염물질이 누출·유출된 사실을 발견하거나, ㉢ 그 밖에 토양오염이 발생한 사실을 알게 된 경우에는 소속 공무원으로 하여금 해당 토지에 출입하여 **오염 원인과 오염도에 관한 조사**를 하게 할 수 있다(동조 ②).

제2항의 조사를 한 결과 오염도가 **우려기준을 넘는 토양**(이하 "오염토양"이라 한다)에 대하여는 대통령령으로 정하는 바에 따라 기간을 정하여 정화책임자에게 토양관련전문기관에 의한 **토양정밀조사**의 실시, **오염토양의 정화 조치**를 할 것을 명할 수 있다(동조 ③).

토양관련전문기관은 제3항에 따라 토양정밀조사를 하였을 때에는 조사 결과를 관할 특별자치시장·특별자치도지사·시장·군수·구청장에게 지체 없이 통보하여야 한다(동조 ④). 제2항에 따라 타인의 토지에 출입하려는 공무원은 그 권한을 나

타내는 증표를 지니고 이를 관계인에게 보여주어야 한다(동조 ⑤). 특별자치시장·특별자치도지사·시장·군수·구청장은 제2항에 따라 소속 공무원으로 하여금 해당 토지에 출입하여 오염 원인과 오염도에 관한 조사를 하게 한 경우에는 그 사실을 지방환경관서의 장에게 지체 없이 알려야 한다(동조 ⑥).

(2) 특정토양오염관리대상시설의 관리

1) 특정토양오염관리대상시설의 신고 등

"특정토양오염관리대상시설"이란 토양을 현저하게 오염시킬 우려가 있는 토양오염관리대상시설로서 환경부령으로 정하는 것을 말한다(동조 제4호).[16]

특정토양오염관리대상시설을 설치하려는 자는 대통령령으로 정하는 바에 따라 그 시설의 내용과 제3항에 따른 토양오염방지시설의 설치계획을 관할 특별자치시장·특별자치도지사·시장·군수·구청장에게 신고하여야 한다. 신고한 사항 중 환경부령으로 정하는 내용을 변경(특정토양오염관리대상시설의 폐쇄를 포함한다)할 때에도 또한 같다(제12조 ①).

「위험물안전관리법」 및 「화학물질관리법」과 그 밖에 환경부령으로 정하는 법령에 따라 특정토양오염관리대상시설의 설치에 관한 허가를 받거나 등록을 한 경우에는 제1항에 따른 신고를 한 것으로 본다. 이 경우 허가 또는 등록기관의 장은 환경부령으로 정하는 토양오염방지시설에 관한 서류를 첨부하여 그 사실을 그 특정토양오염관리대상시설이 설치된 지역을 관할하는 특별자치시장·특별자치도지사·시장·군수·구청장에게 통보하여야 한다(동조 ②).

특정토양오염관리대상시설의 설치자(그 시설을 운영하는 자를 포함한다. 이하 같다)는 대통령령으로 정하는 바에 따라 토양오염을 방지하기 위한 시설(이하 "토양오염방지시설"이라 한다)을 설치하고 적정하게 유지·관리하여야 한다(동조 ③).

특정토양오염관리대상시설 설치신고 업소수 중 산업시설 및 난방시설 등은 감소하는 추세이나 주유소는 지속적인 증가세를 나타내고 있다.

2) 토양오염검사

특정토양오염관리대상시설의 설치자는 대통령령으로 정하는 바에 따라 토양관련전문기관으로부터 그 시설의 부지와 그 주변지역에 대하여 토양오염검사(이하 "토양오염검사"라 한다)를 받아야 한다. 다만, 토양시료(土壤試料)의 채취가 불가능하거

---

16) 특정토양오염관리대상시설로 규정되어 있는 시설은 「위험물안전관리법」에 의한 2만리터 이상 석유류 제조 및 저장시설, 「화학물질관리법」에 의한 유해화학물질 제조 및 저장시설, 「송유관안전관리법」에 의한 송유관시설, 기타 환경부장관이 고시한 시설 등이다(동법 시행규칙 별표 2).

나 토양오염검사가 필요하지 아니한 경우로서 대통령령으로 정하는 요건에 해당하여 특별자치시장·특별자치도지사·시장·군수·구청장의 승인을 받은 경우에는 토양오염검사를 받지 아니한다(제13조 ①). 제1항 단서에 따른 승인의 절차는 환경부령으로 정하며, 승인을 신청하는 자는 토양관련전문기관의 의견을 첨부하여야 한다. 다만, 여러 개의 같은 종류의 저장시설 중 일부 시설을 폐쇄하는 경우 등 대통령령으로 정하는 경우에는 토양관련전문기관의 의견을 첨부하지 아니할 수 있다(동조 ②).

토양오염검사는 토양오염도검사와 누출검사로 구분하여 한다. 다만, 누출검사는 저장시설 또는 배관이 땅속에 묻혀 있거나 땅에 붙어 있어 누출 여부를 눈으로 확인할 수 없는 시설로서 환경부령으로 정하는 바에 따라 특별자치시장·특별자치도지사·시장·군수·구청장이 인정하는 경우에만 실시한다(동조 ③).

3) 특정토양오염관리대상시설의 설치자에 대한 명령

특별자치시장·특별자치도지사·시장·군수·구청장은 특정토양오염관리대상시설의 설치자가 다음 각 호의 어느 하나에 해당하면 대통령령으로 정하는 바에 따라 기간을 정하여 토양오염방지시설의 설치 또는 개선이나 그 시설의 부지 및 주변지역에 대하여 토양관련전문기관에 의한 토양정밀조사 또는 오염토양의 정화조치를 할 것을 명할 수 있다(제14조 ①).

1. 토양오염방지시설을 설치하지 아니하거나 그 기준에 맞지 아니한 경우
2. 제13조 제3항에 따른 토양오염도검사 결과 우려기준을 넘는 경우
3. 제13조 제3항에 따른 누출검사 결과 오염물질이 누출된 경우

토양관련전문기관은 제1항에 따라 토양정밀조사를 하였을 때에는 조사 결과를 지체 없이 특정토양오염관리대상시설의 설치자 및 관할 특별자치시장·특별자치도지사·시장·군수·구청장에게 통보하여야 한다(동조 ②).

특별자치시장·특별자치도지사·시장·군수·구청장은 특정토양오염관리대상시설의 설치자가 제1항에 따른 명령을 이행하지 아니하거나 그 명령을 이행하였더라도 그 시설의 부지 및 그 주변지역의 토양오염의 정도가 제15조의3 제1항에 따른 정화기준 이내로 내려가지 아니한 경우에는 그 특정토양오염관리대상시설의 사용중지를 명할 수 있다(동조 ③).

(3) 토양오염방지조치명령 등

1) 토양정밀조사명령

시·도지사 또는 시장·군수·구청장은 **제5조 제4항 제1호 또는 제2호에 해당**

하는 지역(즉, 상시측정결과 우려기준을 넘는 지역 또는 토양오염실태조사의 결과 우려기준을 넘는 지역)의 정화책임자에 대하여 대통령령으로 정하는 바에 따라 기간을 정하여 토양관련전문기관으로부터 **토양정밀조사**를 받도록 명할 수 있다(제15조 ①).

토양관련전문기관은 제1항에 따라 토양정밀조사를 하였을 때에는 정화책임자 및 관할 시·도지사 또는 시장·군수·구청장에게 조사 결과를 지체 없이 통보하여야 한다(동조 ②).

2) 오염토양 정화명령 등

시·도지사 또는 시장·군수·구청장은 **상시측정, 토양오염실태조사** 또는 **토양정밀조사**의 결과 **우려기준을 넘는 경우**에는 대통령령으로 정하는 바에 따라 기간을 정하여 다음 **각 호의 어느 하나**에 해당하는 조치를 하도록 **정화책임자에게 명**할 수 있다. 다만, 정화책임자를 알 수 없거나 정화책임자에 의한 토양정화가 곤란하다고 인정하는 경우에는 시·도지사 또는 시장·군수·구청장이 오염토양의 정화를 실시할 수 있다(동조 ③).

1. 토양오염관리대상시설의 개선 또는 이전
2. 해당 토양오염물질의 사용제한 또는 사용중지

3) 오염토양의 정화

환경부장관은 제5조에 따른 토양오염도 측정 결과 우려기준을 넘는 경우에는 관할 시·도지사 또는 시장·군수·구청장에게 제3항에 따른 조치명령을 할 것을 요청할 수 있다(동조 ⑥). 시·도지사 또는 시장·군수·구청장은 제6항에 따른 환경부장관의 요청을 받았을 때에는 제3항에 따른 조치명령을 하여야 하며, 그 조치명령의 내용 및 결과를 환경부령으로 정하는 바에 따라 환경부장관에게 보고하여야 한다(동조 ⑦).

(4) 오염토양의 정화기준 및 방법 등

오염토양은 대통령령으로 정하는 정화기준 및 정화방법[17]에 따라 정화하여야 한다(제15조의3 ①).

---

17) 동법 시행령 제10조

① 법 제15조의3 제1항의 규정에 의한 오염토양의 정화기준은 법 제4조의2의 규정에 의한 토양오염우려기준으로 한다.

② 법 제15조의3 제1항의 규정에 의한 오염토양의 정화방법은 다음 각 호와 같다.

1. 미생물이나 식물을 이용한 오염물질의 분해·흡수 등 생물학적 처리
2. 오염물질의 차단·분리추출·세척처리 등 물리·화학적 처리
3. 오염물질의 소각·분해 등 열적 처리

③ 제2항 각 호의 규정에 의한 정화방법의 세부적인 사항은 환경부장관이 정하여 고시한다.

오염토양은 토양정화업자(제3항 단서에 따라 오염토양을 반출하여 정화하는 경우에는 제23조의7 제1항에 따라 반입하여 정화하는 시설을 등록한 토양정화업자를 말한다)에게 **위탁하여 정화**하여야 한다. 다만, 유기용제류(有機溶劑類)에 의한 오염토양 등 대통령령으로 정하는 종류와 규모에 해당하는 오염토양은 정화책임자가 직접 정화할 수 있다(동조 ②).

오염토양을 정화할 때에는 **오염이 발생한 해당 부지**에서 정화하여야 한다. 다만, 부지의 협소 등 환경부령으로 정하는 불가피한 사유로 그 부지에서 오염토양의 정화가 곤란한 경우에는 토양정화업자가 보유한 시설(제23조의7 제1항에 따라 오염토양을 반입하여 정화하기 위하여 등록한 시설을 말한다)로 환경부령으로 정하는 바에 따라 오염토양을 반출하여 정화할 수 있다(동조 ③).

제3항 단서에 따라 오염토양을 반출하여 정화하려는 자는 환경부령으로 정하는 바에 따라 오염토양반출정화계획서를 관할 특별자치시장·특별자치도지사·시장·군수·구청장에게 제출하여 적정통보를 받아야 한다. 제5항에 따라 적정통보를 받은 오염토양반출정화계획 중 환경부령으로 정하는 중요 사항을 변경하려는 때에도 또한 같다(동조 ④). 특별자치시장·특별자치도지사·시장·군수·구청장은 제4항에 따라 제출된 오염토양반출정화계획서를 다음 각 호의 사항에 관하여 검토한 후 그 적정 여부를 오염토양반출정화계획서를 제출한 자에게 통보하여야 한다(동조 ⑤).

1. 제3항 단서에 따라 반출하여 정화할 수 있는 오염토양에 해당하는지 여부
2. 오염토양의 반출·정화 계획이 적정한지 여부

제5항에 따라 적정통보를 받은 자는 오염토양을 반출·운반·정화 또는 사용(정화된 토양을 최초로 사용하는 것을 말한다. 이하 같다)할 때마다 토양 인수인계서를 제9항에 따른 오염토양 정보시스템에 입력하여야 한다(동조 ⑥).

오염토양을 정화하는 자는 다음 각 호의 행위를 하여서는 아니 된다(동조 ⑦).

1. 오염토양에 다른 토양을 섞어서 오염농도를 낮추는 행위
2. 제3항 단서에 따라 오염토양을 반출하여 정화하는 경우 제23조의7 제1항에 따라 등록한 시설의 용량을 초과하여 오염토양을 보관하는 행위

제6항에 따른 토양 인수인계서의 작성방법, 작성시기 및 토양인계시기 등 필요한 사항은 환경부령으로 정한다(동조 ⑧). 환경부장관은 오염토양의 반출·운반·정화 또는 사용 과정을 전산처리할 수 있는 오염토양 정보시스템을 설치·운영하여야 한다(동조 ⑨).

(5) 오염토양의 투기금지 등

누구든지 다음 각 호의 어느 하나에 해당하는 행위를 하여서는 아니 된다(제15조의4).

1. 오염토양을 버리거나 매립하는 행위
2. 보관, 운반 및 정화 등의 과정에서 오염토양을 누출·유출하는 행위
3. 정화가 완료된 토양을 그 토양에 적용된 것보다 엄격한 우려기준이 적용되는 지역의 토양에 사용하는 행위

(6) 위해성평가

환경부장관, 시·도지사, 시장·군수·구청장 또는 정화책임자는 제23조의2 제2항 제1호에 따른 위해성평가기관으로 하여금 오염물질의 종류 및 오염도, 주변 환경, 장래의 토지이용계획과 그 밖에 필요한 사항을 고려하여 해당 부지의 토양오염물질이 인체와 환경에 미치는 위해의 정도를 평가(이하 "위해성평가"라 한다)하게 한 후 그 결과를 토양정화의 범위, 시기 및 수준 등에 반영할 수 있다(제15조의5 ①).

위해성평가는 다음 각 호의 어느 하나(정화책임자의 경우에는 제4호 및 제5호만 해당한다)에 해당하는 경우에 실시할 수 있다(동조 ②).

1. 제6조의3에 따라 토양정화를 하려는 경우
2. 제15조 제3항 각 호 외의 부분 단서에 따라 오염토양을 정화하려는 경우
3. 제19조 제3항에 따라 오염토양 개선사업을 하려는 경우
4. 자연적인 원인으로 인한 토양오염이라고 대통령령으로 정하는 방법에 따라 입증된 부지의 오염토양을 정화하려는 경우(제15조의3 제3항 단서에 따라 오염토양을 반출하여 정화하는 경우는 제외한다)
5. 그 밖에 위해성평가를 할 필요가 있는 경우로서 대통령령으로 정하는 경우

시·도지사, 시장·군수·구청장 및 정화책임자가 위해성평가의 결과를 토양정화의 시기, 범위 및 수준 등에 반영하려는 경우에는 환경부장관에게 미리 검증을 받아야 한다(동조 ③). 위해성평가의 항목·방법 및 그 밖에 필요한 사항과 위해성평가 결과의 검증 절차와 방법 등은 환경부령으로 정한다(동조 ④).

(7) 토양정화의 검증

정화책임자는 오염토양을 정화하기 위하여 토양정화업자에게 토양정화를 위탁하는 경우에는 제23조의2 제2항 제2호에 따라 지정받은 토양오염조사기관으로 하여금 정화과정 및 정화완료에 대한 검증을 하게 하여야 한다. 다만, 토양정밀조사를 한 결과 오염토양의 규모가 작거나 오염의 농도가 낮은 경우 등 오염토양이 대

통령령으로 정하는 규모 및 종류에 해당하는 경우에는 정화과정에 대한 검증을 생략할 수 있다(제15조의6 ①).

(8) 잔류성오염물질 등에 의한 토양오염

최근 주한 미군기지 반환 부지에서 다이옥신, 푸란 등 잔류성 오염물질에 의한 복합적 토양오염이 확인되고 있지만 이와 관련한 정화기준 및 정화방법은 마련되어 있지 않아 반출정화를 포함한 신속하고 안전한 토양정화 활동이 이뤄지지 않고 있어 사회적 우려를 자아내고 있었는 바, 2018. 6. 12. 동법의 일부개정시 제15조의8을 신설하여 이에 대응하고자 하였다.

토양오염이 발생한 해당 부지 또는 그 주변지역(국가가 정화책임이 있는 부지 또는 그 주변지역으로 한정한다. 이하 이 조에서 같다)이 우려기준을 넘는 토양오염물질 외에 「잔류성유기오염물질 관리법」 제2조 제1호에 따른 잔류성유기오염물질(토양오염물질로서 이 법 제15조의3 제1항에 따른 정화기준이 정하여진 물질은 제외하며, 이하 "잔류성오염물질"이라 한다)로도 함께 오염된 경우에는 이 법 또는 다른 법령에 따른 정화책임이 있는 중앙행정기관의 장(이하 이 조에서 "토양오염정화자"라 한다)은 다음 각 호의 사항이 포함된 정화계획안을 작성하여 해당 지역주민의 의견을 들어야 한다(제15조의8 ①).

1. 잔류성오염물질을 포함한 오염토양의 정화시기 및 정화기간
2. 잔류성오염물질을 포함한 오염토양의 정화목표치 및 정화방법
3. 그 밖에 잔류성오염물질을 포함한 오염토양의 정화에 관한 사항

토양오염정화자는 제1항에 따른 지역주민의 의견을 반영한 정화계획안에 대하여 환경부장관과의 협의를 거쳐 정화계획을 수립하여야 한다. 이 경우 협의 요청을 받은 환경부장관은 제15조의3 제1항 및 제3항에도 불구하고 정화방법 등을 달리 정하도록 할 수 있다(동조 ②). 토양오염정화자는 제2항에 따라 수립된 정화계획에 따라 오염된 토양을 정화하는 경우에는 토양정화업자(오염된 토양을 반출하여 정화하는 경우에는 제23조의7 제1항에 따라 반입하여 정화하는 시설을 등록한 토양정화업자를 말한다)에게 위탁하여 정화하여야 하며, 제23조의2 제2항 제2호에 따라 지정을 받은 토양오염조사기관으로 하여금 정화과정 및 정화완료에 대한 검증을 하게 하여야 한다(동조 ③). 제3항에 따른 검증에 관한 구체적인 절차, 내용 및 방법 등은 제15조의6 제2항부터 제5항까지의 규정을 준용한다. 이 경우 "정화책임자"는 "토양오염정화자"로 본다(동조 ④).

3. 토양보전대책지역의 지정 및 관리

(1) 토양오염대책기준

우려기준을 초과하여 사람의 건강 및 재산과 동물·식물의 생육에 지장을 주어서 토양오염에 대한 대책이 필요한 토양오염의 기준(이하 "대책기준"이라 한다)은 환경부령으로 정한다(제16조). 동법 시행규칙 [별표 7]에서 21개의 토양오염물질에 대하여 1지역, 2지역, 3지역으로 구분하여 대책기준을 설정하고 있다. 토양오염우려기준에 관하여는 제4조의2에서 규정하고 있다.

[표 6-3] 토양오염대책기준(동법 시행규칙[별표 7]) (단위: mg/kg)

물질	1지역	2지역	3지역
카드뮴	12	30	180
구리	450	1,500	6,000
비소	75	150	600
수은	12	30	60
납	600	1,200	2,100
6가크롬	15	45	120
아연	900	1,800	5,000
니켈	300	600	1,500
불소	800	800	2,000
유기인화합물	–	–	–
폴리클로리네이티드비페닐(PCB)	3	12	36
시안	5	5	300
페놀	10	10	50
벤젠	3	3	9
톨루엔	60	60	180
에틸벤젠	150	150	1,020
크실렌	45	45	135
석유계총탄화수소(TPH)	2,000	2,400	6,000
트리클로로에틸렌(TCE)	24	24	120
테트라클로로에틸렌(PCE)	12	12	75
벤조(a)피렌	2	6	21

(2) 토양보전대책지역의 지정 및 해제

환경부장관은 대책기준을 넘는 지역이나 제2항에 따라 특별자치시장·특별자치도지사·시장·군수·구청장이 요청하는 지역에 대하여는 관계 중앙행정기관의 장 및 관할 시·도지사와 협의하여 토양보전대책지역(이하 "대책지역"이라 한다)으로 지정할 수 있다. 다만, 대통령령으로 정하는 경우에 해당하는 지역에 대해서는 대책지역으로 지정하여야 한다(제17조 ①).

특별자치시장 · 특별자치도지사 · 시장 · 군수 · 구청장은 관할구역 중 특히 토양보전이 필요하다고 인정하는 지역에 대하여는 그 지역의 토양오염의 정도가 대책기준을 초과하지 아니하더라도 관할 시 · 도지사와 협의하여 그 지역을 대책지역으로 지정하여 줄 것을 환경부장관에게 요청할 수 있다(동조 ②).

한편, 환경부장관은 제17조 제1항에 따라 지정된 대책지역이 다음 각 호의 어느 하나에 해당하는 경우에는 그 지정을 해제하거나 변경할 수 있다(제22조 ①).

1. 대책계획의 수립 · 시행으로 토양오염의 정도가 제15조의3 제1항에 따른 정화기준 이내로 개선된 경우
2. 공익상 불가피한 경우
3. 천재지변이나 그 밖의 사유로 대책지역으로서의 지정 목적을 상실한 경우

(3) 대책계획의 수립 · 시행

특별자치시장 · 특별자치도지사 · 시장 · 군수 · 구청장[해당 대책지역이 둘 이상의 특별자치시 · 시 · 군 · 구(자치구를 말한다. 이하 같다)에 걸쳐 있는 경우에는 대통령령으로 정하는 특별자치시장 · 시장 · 군수 · 구청장을 말한다]은 대책지역에 대하여는 토양보전대책에 관한 계획(이하 "대책계획"이라 한다)을 수립하여 관할 시 · 도지사와의 협의를 거친 후 환경부장관의 승인을 받아 시행하여야 한다(제18조 ①).

대책계획에는 다음 각 호의 사항이 포함되어야 한다(동조 ②).

1. 오염토양 개선사업
2. 토지 등의 이용 방안
3. 주민건강 피해조사 및 대책
4. 피해주민에 대한 지원 대책
5. 그 밖에 해당 대책계획을 수립 · 시행하기 위하여 필요하다고 인정하여 환경부령으로 정하는 사항

(4) 오염토양개선사업

특별자치시장 · 특별자치도지사 · 시장 · 군수 · 구청장은 제18조 제2항 제1호에 따른 **오염토양 개선사업**의 전부 또는 일부의 실시를 그 정화책임자에게 **명**할 수 있다. 이 경우 특별자치시장 · 특별자치도지사 · 시장 · 군수 · 구청장은 토양보전을 위하여 필요하다고 인정하면 환경부령으로 정하는 토양관련전문기관으로 하여금 오염토양 개선사업을 지도 · 감독하게 할 수 있다(제19조 ①).

제1항에 따라 정화책임자가 오염토양 개선사업을 하려는 경우에는 환경부령으로 정하는 바에 따라 오염토양 개선사업계획을 작성하여 특별자치시장·특별자치도지사·시장·군수·구청장의 승인을 받아야 한다. 승인받은 사항 중 환경부령으로 정하는 중요사항을 변경하려는 경우에도 또한 같다(동조 ②). 제1항의 경우에 그 정화책임자가 존재하지 아니하거나 정화책임자에 의한 오염토양 개선사업의 실시가 곤란하다고 인정할 때에는 특별자치시장·특별자치도지사·시장·군수·구청장이 그 오염토양 개선사업을 할 수 있다(동조 ③).

(5) 행위제한

누구든지 대책지역에서는 「물환경보전법」 제2조 제8호에 따른 특정수질유해물질, 「폐기물관리법」 제2조 제1호에 따른 폐기물, 「유해화학물질 관리법」 제2조 제8호에 따른 유해화학물질, 「하수도법」 제2조 제1호·제2호에 따른 오수·분뇨 또는 「가축분뇨의 관리 및 이용에 관한 법률」 제2조 제2호에 따른 가축분뇨를 토양에 버려서는 아니 된다. 다만, 환경부령으로 정하는 행위는 제외한다(제21조 ①).

누구든지 대책지역에서는 그 지정 목적을 해할 우려가 있다고 인정되는 대통령령으로 정하는 시설을 설치하여서는 아니 된다(동조 ②).

특별자치시장·특별자치도지사·시장·군수·구청장은 제1항 및 제2항에 따른 행위 또는 시설의 설치로 인하여 토양이 오염되었거나 오염될 우려가 있다고 인정하는 경우에는 해당 행위자 또는 시설의 설치자에게 토양오염물질의 제거나 시설의 철거 등을 명할 수 있다(동조 ③).

4. 토양관련전문기관 및 토양정화업

토양관련전문기관은 다음 각 호와 같이 구분한다(제23조의2 ①).

1. 토양환경평가기관: 토양환경평가를 하는 기관
2. 위해성평가기관: 위해성평가를 하는 기관
3. 토양오염조사기관: 다음 각 목의 업무를 수행하는 기관
   가. 토양정밀조사
   나. 제13조 제3항에 따른 토양오염도검사
   다. 제15조의6 제1항에 따른 토양정화의 검증
   라. 제19조 제1항에 따른 오염토양 개선사업의 지도·감독
   마. 그 밖에 이 법 또는 다른 법령에 따라 토양오염의 현황 등을 파악하기 위하여 실시하는 조사

4. 누출검사기관: 제13조 제3항에 따른 누출검사를 하는 기관

제1항 각 호의 구분에 따라 토양관련전문기관이 되려는 자는 대통령령으로 정하는 바에 따라 검사시설, 장비 및 기술능력을 갖추어 다음 각 호의 구분에 따른 환경부장관 또는 시 · 도지사의 지정을 받아야 한다. 지정받은 사항 중 대통령령으로 정하는 사항을 변경할 때에도 또한 같다(동조 ②).

1. 제1항 제1호에 따른 토양환경평가기관 및 같은 항 제2호에 따른 위해성평가기관: 환경부장관
2. 제1항 제3호에 따른 토양오염조사기관 및 같은 항 제4호에 따른 누출검사기관: 시 · 도지사

그 외 동법은 토양관련전문기관과 관련하여 토양관련전문기관의 결격사유, 토양관련전문기관 지정서 등의 대여금지, 겸업의 금지, 토양관련전문기관의 지정취소 등(제23조의3~제23조의6)의 규정을 두고 있다.

한편, '토양정화업'이라 함은 토양정화를 수행하는 업을 말하는데(제2조 제7호), 동법에서는 토양정화업의 등록, 토양정화업 등록의 결격사유, 토양정화업자의 준수사항, 토양정화업의 등록취소, 등록취소 또는 영업정지된 토양정화업자의 계속공사 등(제23조의7~제23조의11)의 규정을 두고 있다.

제 7 장 소음 · 진동의 관리

제 1 절 개 설

오늘날 산업화로 인한 인구의 증가, 교통기관의 증가, 건설공사의 증가 등은 소음문제를 사회적으로 중요한 환경문제의 하나로 만들고 있다. 인간이 소음에 지속적으로 노출되는 경우 청력장애뿐만 아니라 불쾌감, 불안감, 우울증, 불면증, 스트레스 등의 정서적인 피해도 입게 된다. 이러한 소음로 인한 정신적, 육체적, 재산적 피해는 사회가 발전해 갈수록 더 심각해져 가고 있고, 그로 인한 피해를 호소하는 사람의 수도 지속적으로 증가하면서 사회적인 문제가 되고 있다.

또한, 소득수준이 증가하고 보다 나은 삶의 질을 추구함과 동시에 국민의 권리의식이 강해지면서 소음 · 진동으로 인한 분쟁이 법적 절차로 이행해 가는 경우가 급격히 증가하고 있다. 우리나라 환경분쟁조정위원회의 분쟁조정 사례 중에서 소음 · 진동 관련사례가 대부분을 차지하고 있다는 것은 이를 반영하는 것이라 하겠다.

이러한 점들 때문에 선진국에서는 일찍부터 소음 · 진동 관리정책을 수립하여 시행하여 왔다. 소음저감을 위한 환경교통관리정책의 수립, 저소음자동차 개발에 대한 보조금, 조용한 마을 시범사업, 민간 및 공공건물 방음시설 설치에 필요한 재원조달, 소음허용기준 초과 민간지역에 대한 토지매입, 자동차 소음부과금 등 다양한 정책을 마련하여 시행하고 있다.

우리나라에서도 최근 소음피해의 심각성을 인식하여 다양한 소음 · 진동 저감대책을 추진 중에 있고, 입법적으로도 종래보다 체계적이고 다양한 대응에 나서는 모습을 보이고 있다.

제 2 절 소음 · 진동관리법

Ⅰ. 개 설

소음· 진동에 대한 규제는 다른 오염매체별 규제제도에 비하여 비교적 늦게 이루어지기 시작하였다. 환경보전법 시대에도 소음· 진동 규제에 관한 몇몇 조항이 있었으나 매우 형식적인 규정이었고, 보다 본격적으로 소음· 진동 문제가 다루어지기 시작한 것은 1990년 환경정책기본법 제정과 함께 매체별 개별환경법이 분법화되면서였다. 즉, 1990년 공장 · 건설공사장 · 도로 · 철도 등으로부터 발생하는 소음· 진동으로 인한 피해를 방지하고 소음· 진동을 적정하게 관리 · 규제하기 위해 단일법으로 소음· 진동규제법이 제정되었다.

2009. 6. 9. 일부 개정에서는 소음· 진동이 단지 규제의 대상이 아니라 관리의 대상임을 명확히 하기 위해 법률의 제명을 「소음 · 진동규제법」에서 「소음 · 진동관리법」으로 변경하였다.[1]

Ⅱ. 소음 · 진동관리법의 주요내용

1. 총 칙

(1) 목적과 정의

동법은 공장 · 건설공사장 · 도로 · 철도 등으로부터 발생하는 소음 · 진동으로 인한 피해를 방지하고 소음· 진동을 적정하게 관리하여 모든 국민이 조용하고 평온한 환경에서 생활할 수 있게 함을 목적으로 한다(제1조).

“소음(騷音)”이란 기계 · 기구 · 시설, 그 밖의 물체의 사용 또는 공동주택(「주택법」 제2조 제2호에 따른 공동주택을 말한다. 이하 같다) 등 환경부령으로 정하는 장소[2]에서

1) 2021. 1. 5. 일부개정에서는 시 · 도와 대도시로 하여금 환경부령으로 정한 공장 소음· 진동 배출허용기준보다 강화된 기준을 정할 수 있도록 하고, 이 경우 주민 등 이해관계자의 의견을 미리 듣도록 하였다. 또한, 국민생활 및 기업활동과 밀접하게 관련되어 있는 신고 민원의 처리절차를 법령에서 명확하게 규정하고, 법정 기간 내에 신고수리 여부나 처리기간의 연장을 통지하지 아니한 경우에는 신고를 수리한 것으로 간주(看做)하는 제도를 도입하였다. 2022. 12. 30. 일부개정에서는 이륜자동차에서 발생하는 소음을 줄이기 위해 이륜자동차의 소음관리 체계를 개편하는 한편, 자동차의 소음기 · 소음덮개의 제거 또는 경음기 부착 행위를 신고하거나 고발한 자에게 지방자치단체의 장이 포상금을 지급할 수 있도록 하여 해당 금지규정의 실효성을 확보하고자 하였다.

사람의 활동으로 인하여 발생하는 강한 소리를 말한다. "진동(振動)"이란 기계·기구·시설, 그 밖의 물체의 사용으로 인하여 발생하는 강한 흔들림을 말한다(제2조 제2호).

(2) 종합계획의 수립 등

환경부장관은 소음·진동으로 인한 피해를 방지하고 소음·진동의 적정한 관리를 위하여 특별시장·광역시장·특별자치시장·도지사 또는 특별자치도지사(이하 "시·도지사"라 한다)의 의견을 들은 후 관계 중앙행정기관의 장과 협의를 거쳐 소음·진동관리종합계획(이하 "종합계획"이라 한다)을 5년마다 수립하여야 한다(제2조의3 ①).

종합계획에는 다음 각 호의 사항이 포함되어야 한다(동조 ②).

1. 종합계획의 목표 및 기본방향
2. 소음·진동을 적정하게 관리하기 위한 방안
3. 지역별·연도별 소음·진동 저감대책 추진현황
4. 소음·진동 발생이 국민건강에 미치는 영향에 대한 조사·연구
5. 소음·진동 저감대책을 추진하기 위한 교육·홍보 계획
6. 종합계획 추진을 위한 재원의 조달 방안
7. 그 밖에 소음·진동을 저감시키기 위하여 필요한 사항

(3) 상시측정

환경부장관은 전국적인 소음·진동의 실태를 파악하기 위하여 측정망을 설치하고 상시(常時) 측정하여야 한다(제3조 ①). 시·도지사는 해당 관할 구역의 소음·진동 실태를 파악하기 위하여 측정망을 설치하고 상시 측정하여 측정한 자료를 환경부령으로 정하는 바에 따라 환경부장관에게 보고하여야 한다(동조 ②). 제1항과 제2

---

2) 시행규칙 제2조(소음의 발생 장소) 법 제2조 제1호에서 "공동주택(「주택법」 제2조 제2호에 따른 공동주택을 말한다. 이하 같다) 등 환경부령으로 정하는 장소"란 다음 각 호의 장소를 말한다.
 1. 「주택법」 제2조 제2호에 따른 공동주택
 2. 다음 각 목의 사업장
  가. 「음악산업진흥에 관한 법률」 제2조 제13호에 따른 노래연습장업
  나. 「체육시설의 설치·이용에 관한 법률」 제10조 제1항 제2호에 따른 신고 체육시설업 중 체육도장업, 체력단련장업, 무도학원업 및 무도장업
  다. 「학원의 설립·운영 및 과외교습에 관한 법률」 제2조 제1호 및 제2호에 따른 학원 및 교습소 중 음악교습을 위한 학원 및 교습소
  라. 「식품위생법 시행령」 제21조 제8호 다목 및 라목에 따른 단란주점영업 및 유흥주점영업
  마. 「다중이용업소 안전관리에 관한 특별법 시행규칙」 제2조 제3호에 따른 콜라텍업

항에 따른 측정망을 설치하려면 관계 기관의 장과 미리 협의하여야 한다(동조 ③).

(4) 소음지도의 작성

환경부장관 또는 시·도지사는 교통기관 등으로부터 발생하는 소음을 적정하게 관리하기 위하여 필요한 경우에는 환경부령으로 정하는 바에 따라 일정 지역의 소음의 분포 등을 표시한 소음지도(騷音地圖)를 작성할 수 있고(제4조의2 ①), 소음지도를 작성한 경우에는 인터넷 홈페이지 등을 통하여 이를 공개할 수 있다(동조 ②).

2. 공장소음·진동의 관리

공장에서 발생하는 소음은 자동차·기차 및 항공기와 같은 이동소음원이 아니라 고정소음원이다. 따라서 고정소음원의 특성상 한번 설치되면 소음원이 사라지지 않는 한 소음배출시설에서 발생되는 소음은 인근지역에 지속적으로 피해를 줄 수 있다. 공장의 소음·진동은 동법이 종래부터 주된 규제대상으로 삼고 있던 부분이다.

(1) 공장 소음·진동배출허용기준

소음·진동 배출시설(이하 "배출시설"이라 한다)을 설치한 공장에서 나오는 소음·진동의 배출허용기준은 환경부령으로 정한다(제7조 ①). 주요내용은 [표 7-1]과 같다. 환경부장관은 제1항에 따른 환경부령을 정하려면 관계 중앙행정기관의 장과 협의하여야 한다(동조 ②).

[표 7-1] 공장소음·진동 배출허용기준(시행규칙 별표 5)

1. 공장소음 배출허용기준[단위: dB(A)]

대상지역	시간대별		
	낮 (06:00~18:00)	저녁 (18:00~24:00)	밤 (24:00~06:00)
가. 도시지역 중 전용주거지역·녹지지역, 관리지역 중 취락지구·주거개발진흥지구 및 관광·휴양개발진흥지구, 자연환경보전지역 중 수산자원보호구역 외의 지역	50 이하	45 이하	40 이하
나. 도시지역 중 일반주거지역 및 준주거지역	55 이하	50 이하	45 이하
다. 농림지역, 자연환경보전지역 중 수산자원보호구역, 관리지역 중 가목과 라목을 제외한 그 밖의 지역	60 이하	55 이하	50 이하
라. 도시지역 중 상업지역·준공업지역, 관리지역 중 산업개발진흥지구	65 이하	60 이하	55 이하

2. 공장진동 배출허용기준[단위: dB(V)]

대상지역	시간대별	
	낮 (06:00~18:00)	밤 (22:00~06:00)
가. 도시지역 중 전용주거지역·녹지지역, 관리지역 중 취락지구·주거개발진흥지구 및 관광·휴양개발진흥지구, 자연환경보전지역 중 수산자원보호구역 외의 지역	60 이하	55 이하
나. 도시지역 중 일반주거지역·준주거지역, 농림지역, 자연환경보전지역 중 수산자원보호구역, 관리지역 중 가목과 다목을 제외한 그 밖의 지역	65 이하	60 이하
다. 도시지역 중 상업지역·준공업지역, 관리지역 중 산업개발진흥지구	70 이하	65 이하
라. 도시지역 중 일반공업지역 및 전용공업지역	75 이하	70 이하

특별시·광역시·특별자치시·도(그 관할구역 중 인구 50만 이상 시는 제외한다. 이하 이 조에서 같다)·특별자치도 또는 특별시·광역시 및 특별자치시를 제외한 인구 50만 이상 시(이하 "대도시"라 한다)는 「환경정책기본법」 제12조 제3항에 따른 지역환경기준의 유지가 곤란하다고 인정되는 경우에는 조례로 제1항의 배출허용기준보다 강화된 배출허용기준을 정할 수 있다(동조 ③). 시·도지사 또는 대도시의 장은 제3항에 따른 배출허용기준을 설정·변경하는 경우에는 조례로 정하는 바에 따라 미리 주민 등 이해관계자의 의견을 듣고, 이를 반영하도록 노력하여야 한다(동조 ④). 시·도지사 또는 대도시의 장은 제3항에 따른 배출허용기준을 설정·변경하였을 때에는 지체 없이 환경부장관에게 보고하고 이해관계자가 그 내용을 알 수 있도록 공보에 게재하는 등 필요한 조치를 하여야 한다(동조 ⑤).

(2) 배출시설의 설치 신고 및 허가 등

배출시설을 설치하려는 자는 대통령령으로 정하는 바에 따라 특별자치시장·특별자치도지사 또는 시장·군수·구청장(자치구의 구청장을 말한다. 이하 같다)에게 신고하여야 한다. 다만, 학교 또는 종합병원의 주변 등 대통령령으로 정하는 지역은 특별자치시장·특별자치도지사 또는 시장·군수·구청장의 허가를 받아야 한다(제8조 ①).

(3) 방지시설의 설치

배출시설의 설치 또는 변경에 대한 신고를 하거나 허가를 받은 자(이하 "사업자"라 한다)가 그 배출시설을 설치하거나 변경하려면 그 공장으로부터 나오는 소음·진동을 제7조의 배출허용기준 이하로 배출되게 하기 위하여 소음·진동방지시설

(이하 "방지시설"이라 한다)을 설치하여야 한다. 다만, 다음 각 호의 어느 하나에 해당하면 그러하지 아니하다(제9조).

1. 특별자치시장 · 특별자치도지사 또는 시장 · 군수 · 구청장이 그 배출시설의 기능 · 공정(工程) 또는 공장의 부지여건상 소음 · 진동이 항상 배출허용기준 이하로 배출된다고 인정하는 경우
2. 소음 · 진동이 배출허용기준을 초과하여 배출되더라도 생활환경에 피해를 줄 우려가 없다고 환경부령으로 정하는 경우

한편, 방지시설의 설치 또는 변경은 사업자 스스로가 설계 · 시공을 하거나 「환경기술개발 및 지원에 관한 법률」 제15조에 따른 방지시설 사업자에게 설계 · 시공(「환경기술개발 및 지원에 관한 법률」 제15조 제2항에 따른 방지시설 사업자의 경우에는 설계만 해당한다)을 하도록 하여야 한다(제11조).

(4) 공동 방지시설의 설치 등

지식산업센터의 사업자나 공장이 밀집된 지역의 사업자는 공장에서 배출되는 소음 · 진동을 공동(共同)으로 방지하기 위하여 공동 방지시설을 설치할 수 있다. 이 경우 각 사업자는 공장별로 그 공장의 소음 · 진동에 대한 방지시설을 설치한 것으로 본다(제12조 ①).

공동 방지시설의 배출허용기준은 제7조에 따른 배출허용기준과 다른 기준을 정할 수 있으며, 그 배출허용기준과 공동 방지시설의 설치 · 운영에 필요한 사항은 환경부령으로 정한다(동조 ②).

(5) 배출허용기준의 준수 의무

사업자는 배출시설 또는 방지시설의 설치 또는 변경을 끝내고 배출시설을 가동(稼動)한 때에는 환경부령으로 정하는 기간 이내에 공장에서 배출되는 소음 · 진동이 제7조 또는 제12조 제2항에 따른 소음 · 진동 배출허용기준(이하 "배출허용기준"이라 한다) 이하로 처리될 수 있도록 하여야 한다. 이 경우 환경부령으로 정하는 기간 동안에는 제15조, 제16조, 제17조 제6호 및 제60조 제2항 제2호를 적용하지 아니한다(제14조).

(6) 규제조치

1) 개선명령

특별자치시장 · 특별자치도지사 또는 시장 · 군수 · 구청장은 조업 중인 공장에서 배출되는 소음 · 진동의 정도가 배출허용기준을 초과하면 환경부령으로 정하는 바

에 따라 기간을 정하여 사업자에게 그 소음·진동의 정도가 배출허용기준 이하로 내려가는 데에 필요한 조치(이하 "개선명령"이라 한다)를 명할 수 있다(제15조).

2) 조업정지명령 등

특별자치시장·특별자치도지사 또는 시장·군수·구청장은 개선명령을 받은 자가 이를 이행하지 아니하거나 기간 내에 이행은 하였으나 배출허용기준을 계속 초과할 때에는 그 배출시설의 전부 또는 일부에 조업정지를 명할 수 있다. 이 경우 환경부령으로 정하는 시간대별 배출허용기준을 초과하는 공장에는 시간대별로 구분하여 조업정지를 명할 수 있다(제16조 ①). 특별자치시장·특별자치도지사 또는 시장·군수·구청장은 소음·진동으로 건강상에 위해(危害)와 생활환경의 피해가 급박하다고 인정하면 환경부령으로 정하는 바에 따라 즉시 해당 배출시설에 대하여 조업시간의 제한·조업정지, 그 밖에 필요한 조치를 명할 수 있다(동조 ②).

3) 허가의 취소 등

특별자치시장·특별자치도지사 또는 시장·군수·구청장은 사업자가 다음 각 호의 어느 하나에 해당하면 배출시설의 설치허가 취소(신고 대상 시설의 경우에는 배출시설의 폐쇄명령을 말한다)를 하거나 6개월 이내의 기간을 정하여 조업정지를 명할 수 있다. 다만, 제1호에 해당하는 경우에는 배출시설의 설치허가를 취소하거나 폐쇄를 명하여야 한다(제17조).

1. 거짓이나 그 밖의 부정한 방법으로 허가를 받았거나 신고 또는 변경신고를 한 경우
2. 삭제
3. 제8조 제2항에 따른 변경신고를 하지 아니한 경우
4. 제9조에 따른 방지시설을 설치하지 아니하고 배출시설을 가동한 경우
5. 삭제
6. 제14조를 위반하여 공장에서 배출되는 소음·진동을 배출허용기준 이하로 처리하지 아니한 경우
7. 제16조에 따른 조업정지명령 등을 위반한 경우
8. 제19조에 따른 환경기술인을 임명하지 아니한 경우

4) 위법시설에 대한 폐쇄조치 등

특별자치시장·특별자치도지사 또는 시장·군수·구청장은 제8조에 따른 신고를 하지 아니하거나 허가를 받지 아니하고 배출시설을 설치하거나 운영하는 자에게 그 배출시설의 사용중지를 명하여야 한다. 다만, 그 배출시설을 개선하거나 방

지시설을 설치·개선하더라도 그 공장에서 나오는 소음·진동의 정도가 배출허용기준 이하로 내려갈 가능성이 없거나 다른 법률에 따라 그 배출시설의 설치가 금지되는 장소이면 그 배출시설의 폐쇄를 명하여야 한다(제18조).

(7) 환경기술인

사업자는 배출시설과 방지시설을 정상적으로 운영·관리하기 위하여 환경기술인을 임명하여야 한다. 다만, 다른 법률에 따라 환경기술인의 업무를 담당하는 자가 지정된 경우에는 그러하지 아니하다(제19조 ①).

환경기술인(제1항 단서에 따라 지정된 자를 포함한다. 이하 같다)은 그 배출시설과 방지시설에 종사하는 자가 이 법이나 이 법에 따른 명령을 위반하지 아니하도록 지도·감독하여야 하며, 배출시설과 방지시설이 정상적으로 가동되어 소음·진동의 정도가 배출허용기준에 적합하도록 관리하여야 한다(동조 ②).

3. 생활소음·진동의 관리

오늘날 인구증가와 더불어 도시화, 산업화 등에 따라 생활소음이 매우 다양한 배출원으로부터 발생하고 있고, 생활소음으로 인한 피해를 호소하는 경우가 급격히 증가하고 있다. 그 결과 생활소음으로 인한 민원이 지속적으로 제기되고 있고, 법적 분쟁도 날도 증가하고 있다. 이러한 점들을 반영하여 동법에서는 생활소음의 관리에 관한 규정을 두고 있다.

(1) 생활소음과 진동의 규제

특별자치시장·특별자치도지사 또는 시장·군수·구청장은 주민의 정온한 생활환경을 유지하기 위하여 사업장 및 공사장 등에서 발생하는 소음·진동(산업단지나 그 밖에 환경부령으로 정하는 지역에서 발생하는 소음과 진동은 제외하며, 이하 "생활소음·진동"이라 한다)을 규제하여야 한다(제21조 ①). 제1항에 따른 생활소음·진동의 규제대상[3] 및 규제기준은 환경부령으로 정한다(동조 ②). 주요 내용은 [표 7-2]와 같다.

3) 동법 시행규칙 제20조 ② 법 제21조 제2항에 따른 생활소음·진동의 규제 대상은 다음과 같다. ① 확성기에 의한 소음(「집회 및 시위에 관한 법률」에 따른 소음과 국가비상훈련 및 공공기관의 대국민 홍보를 목적으로 하는 확성기 사용에 따른 소음의 경우는 제외한다), ② 배출시설이 설치되지 아니한 공장에서 발생하는 소음·진동, ③ 제1항 각 호의 지역 외의 공사장에서 발생하는 소음·진동, ④ 공장·공사장을 제외한 사업장에서 발생하는 소음·진동.

[표 7-2] 생활소음·진동의 규제기준(시행규칙 별표 8)

1. 생활소음 규제기준[단위: dB(A)]

<table>
<tr><th>대상 지역</th><th colspan="2">시간대별 / 소음원</th><th>아침, 저녁
(05:00~07:00,
18:00~22:00)</th><th>주간
(07:00~18:00)</th><th>야간
(22:00~05:00)</th></tr>
<tr><td rowspan="7">가. 주거지역, 녹지지역, 관리지역 중 취락지구·주거개발진흥지구 및 관광·휴양개발진흥지구, 자연환경보전지역, 그 밖의 지역에 있는 학교·종합병원·공공도서관</td><td rowspan="2">확성기</td><td>옥외설치</td><td>60 이하</td><td>65 이하</td><td>60 이하</td></tr>
<tr><td>옥내에서 옥외로 소음이 나오는 경우</td><td>50 이하</td><td>55 이하</td><td>45 이하</td></tr>
<tr><td colspan="2">공장</td><td>50 이하</td><td>55 이하</td><td>45 이하</td></tr>
<tr><td rowspan="2">사업장</td><td>동일 건물</td><td>45 이하</td><td>50 이하</td><td>40 이하</td></tr>
<tr><td>기타</td><td>50 이하</td><td>55 이하</td><td>45 이하</td></tr>
<tr><td colspan="2">공사장</td><td>60 이하</td><td>65 이하</td><td>50 이하</td></tr>
<tr><td colspan="5"></td></tr>
<tr><td rowspan="6">나. 그 밖의 지역</td><td rowspan="2">확성기</td><td>옥외설치</td><td>65 이하</td><td>70 이하</td><td>60 이하</td></tr>
<tr><td>옥내에서 옥외로 소음이 나오는 경우</td><td>60 이하</td><td>65 이하</td><td>55 이하</td></tr>
<tr><td colspan="2">공장</td><td>60 이하</td><td>65 이하</td><td>55 이하</td></tr>
<tr><td rowspan="2">사업장</td><td>동일 건물</td><td>50 이하</td><td>55 이하</td><td>45 이하</td></tr>
<tr><td>기타</td><td>60 이하</td><td>65 이하</td><td>55 이하</td></tr>
<tr><td colspan="2">공사장</td><td>65 이하</td><td>70 이하</td><td>50 이하</td></tr>
</table>

2. 생활진동 규제기준[단위: dB(V)]

시간대별 / 대상 지역	주간 (06:00~22:00)	심야 (22:00~06:00)
가. 주거지역, 녹지지역, 관리지역 중 취락지구·주거개발진흥지구 및 관광·휴양개발진흥지구, 자연환경보전지역, 그 밖의 지역에 소재한 학교·종합병원·공공도서관	65 이하	60 이하
나. 그 밖의 지역	70 이하	65 이하

[판례] 헌법재판소 2017. 12. 28. 2016헌마45 – 환경정책기본법 제12조 제2항 등 위헌확인(독서실 실내소음 규제기준 입법부작위 사건)

【판시사항】

1. 청구인들이 특정 조항들의 위헌성을 부진정입법부작위 형태로 다투고 있으나 관련 법령의 규정 취지 및 내용 등에 비추어 그 실질을 진정입법부작위를 다투는 것으로 본 사례
2. 독서실과 같이 정온을 요하는 사업장의 실내소음 규제기준을 규정하지 아니한 진정입법부작위에 대한 심판청구가 적법한지 여부(소극)

【결정요지】

1. 청구인들은 사업장(독서실) 안에서 기계·기구·시설, 그 밖의 물체의 사용으로 인하여 발생하는 소음(이하 이러한 소음을 '실내소음'이라 한다)의 규제기준을 따로 규정하지 않았다며, 환경정책기본법 제12조 제2항, 소음·진동관리법 제21조 제2항, '소음·진동관리법 시행규칙' 제20조 제3항 [별표 8] 1. 생활소음규제기준 중 대상 지역 부분의 위헌성을 부진정입법부작위의 형태 로 다투고 있다. 그러나 소음·진동관리법 등 관련 법령의 목적, 체계, 규율대상 등을 종합해 보면, 소음·진동관리법상 생활소음 규제기준은 사업장 등의 소음원으로부터 발생하여 외부로 유출되는 소음(이하 이러한 소음을 '실외소음'이라 한다)으로 인한 인근 주민의 피해를 방지하고자 적용되는 규제기준치이지, 어떤 사업장의 실내소음도를 규제하고자 하는 내용이 아님을 알 수 있다. 또 환경정책기본법상 소음환경기준은 환경행정에서 정책목표로서 설정된 기준이므로 법적 구속력이 없고, 마찬가지로 실외소음 기준만을 규정하고 있다. 따라서 이 사건은 입법자가 사업장의 실내소음에 관하여 어떠한 입법적 규율을 하였는데 그 내용이 불완전·불충분한 경우라기보다는, 애당초 모든 사업장의 실내소음을 규제하는 기준에 관한 입법적 규율 자체를 전혀 하지 않은 경우이므로, 그 실질이 진정입법부작위를 다투는 것이라 할 것이다.

2. 헌법 제35조 제1항, 제2항만으로는 헌법이 독서실과 같이 정온을 요하는 사업장의 실내소음 규제기준을 마련하여야 할 구체적이고 명시적인 입법의무를 부과하였다고 볼 수 없고, 다른 헌법조항을 살펴보아도 위와 같은 사항에 대한 명시적인 입법위임은 존재하지 아니한다. 환경권의 내용과 행사는 법률에 의해 구체적으로 정해지므로(헌법 제35조 제2항), 입법자는 환경권의 구체적인 실현에 있어 광범위한 형성의 자유를 가진다. 정온을 요하는 사업장의 실내소음 규제기준을 마련할 것인지 여부나 소음을 제거·방지할 수 있는 다양한 수단과 방법 중 어떠한 방법을 채택하고 결합할 것인지 여부는 당시의 기술 수준이나 경제적·사회적·지역적 여건 등을 종합적으로 고려하지 않을 수 없으므로, 독서실과 같이 정온을 요하는 사업장의 실내소음 규제기준을 만들어야 할 입법의무가 헌법의 해석상 곧바로 도출된다고 보기도 어렵다. 결국 독서실과 같이 정온을 요하는 사업장의 실내소음 규제기준을 제정하여야 할 입법자의 입법의무를 인정할 수 없으므로, 이 사건 심판청구는 헌법소원의 대상이 될 수 없는 입법부작위를 대상으로 한 것으로서 부적법하다.

(2) 층간소음기준 등

환경부장관과 국토교통부장관은 공동으로 공동주택에서 발생되는 층간소음(인접한 세대 간 소음을 포함한다. 이하 같다)으로 인한 입주자 및 사용자의 피해를 최소화하고 발생된 피해에 관한 분쟁을 해결하기 위하여 층간소음기준을 정하여야 한다(제21조의2 ①). 제1항에 따른 층간소음의 피해 예방 및 분쟁 해결을 위하여 필요한 경우 환경부장관은 대통령령으로 정하는 바에 따라 전문기관으로 하여금 층간소음의 측정, 피해사례의 조사·상담 및 피해조정지원을 실시하도록 할 수 있다(동조 ②). 제1항에 따른 층간소음의 범위와 기준은 환경부와 국토교통부의 공동부령으로 정한다(동조 ③).

이에 따라 '공동주택 층간소음의 범위와 기준에 관한 규칙'이 제정되었다. 동 규칙 제2조에 따르면 공동주택 층간소음의 범위는 입주자 또는 사용자의 활동으로 인하여 발생하는 소음으로서 다른 입주자 또는 사용자에게 피해를 주는 다음 각 호의 소음으로 한다. 다만, 욕실, 화장실 및 다용도실 등에서 급수·배수로 인하여 발생하는 소음은 제외한다.

[표 7-3] 공동주택 층간소음의 범위와 기준에 관한 규칙 [별표]

층간소음의 기준(제3조 관련)

층간소음의 구분		층간소음의 기준[단위: dB(A)]	
		주간 (06:00 ~ 22:00)	야간 (22:00 ~ 06:00)
1. 제2조 제1호에 따른 직접 충격 소음	1분간 등가소음도(Leq)	43	38
	최고소음도(Lmax)	57	52
2. 제2조 제2호에 따른 공기 전달 소음	5분간 등가소음도(Leq)	45	40

비고
1. 직접충격 소음은 1분간 등가소음도(Leq) 및 최고소음도(Lmax)로 평가하고, 공기전달 소음은 5분간 등가소음도(Leq)로 평가한다.
2. 위 표의 기준에도 불구하고 「주택법」 제2조 제2호에 따른 공동주택으로서 「건축법」 제11조에 따라 건축허가를 받은 공동주택과 2005년 6월 30일 이전에 「주택법」 제16조에 따라 사업승인을 받은 공동주택의 직접충격 소음 기준에 대해서는 위 표 제1호에 따른 기준에 5dB(A)을 더한 값을 적용한다.
3. 층간소음의 측정방법은 「환경분야 시험·검사 등에 관한 법률」 제6조 제1항 제2호에 따라 환경부장관이 정하여 고시하는 소음·진동 관련 공정시험기준 중 동일 건물 내에서 사업장 소음을 측정하는 방법을 따르되, 1개 지점 이상에서 1시간 이상 측정하여야 한다.
4. 1분간 등가소음도(Leq) 및 5분간 등가소음도(Leq)는 비고 제3호에 따라 측정한 값 중 가장 높은 값으로 한다.
5. 최고소음도(Lmax)는 1시간에 3회 이상 초과할 경우 그 기준을 초과한 것으로 본다.

1. 직접충격 소음: 뛰거나 걷는 동작 등으로 인하여 발생하는 소음
2. 공기전달 소음: 텔레비전, 음향기기 등의 사용으로 인하여 발생하는 소음

그리고 동 규칙 제3조는 공동주택의 입주자 및 사용자는 공동주택에서 발생하는 층간소음을 별표에 따른 기준 이하가 되도록 노력하여야 한다고 규정하고 있다.

(3) 특정공사의 사전신고 등

생활소음 · 진동이 발생하는 공사로서 환경부령으로 정하는 특정공사[4]를 시행하려는 자는 환경부령으로 정하는 바에 따라 관할 특별자치시장 · 특별자치도지사 또는 시장 · 군수 · 구청장에게 신고하여야 한다(제22조 ①). 제1항에 따라 신고를 한 자가 그 신고한 사항 중 환경부령으로 정하는 중요한 사항을 변경하려면 특별자치시장 · 특별자치도지사 또는 시장 · 군수 · 구청장에게 변경신고를 하여야 한다(동조 ②).

제1항에 따른 특정공사를 시행하려는 자는 다음 각 호의 사항을 모두 준수하여야 한다(동조 ⑤).

1. 환경부령으로 정하는 기준에 적합한 방음시설을 설치한 후 공사를 시작할 것. 다만, 공사현장의 특성 등으로 방음시설의 설치가 곤란한 경우로서 환경부령으로 정하는 경우에는 그러하지 아니하다.
2. 공사로 발생하는 소음 · 진동을 줄이기 위한 저감대책을 수립 · 시행할 것

한편, 특별자치시장 · 특별자치도지사 또는 시장 · 군수 · 구청장은 공사장에서 발생하는 소음을 적정하게 관리하기 위하여 필요한 경우에는 공사를 시행하는 자에게 소음측정기기를 설치하도록 권고할 수 있다(제22조의2).

(4) 생활소음 · 진동의 규제기준을 초과한 자에 대한 조치명령 등

특별자치시장 · 특별자치도지사 또는 시장 · 군수 · 구청장은 생활소음 · 진동이 제21조 제2항에 따른 규제기준을 초과하면 소음 · 진동을 발생시키는 자에게 작업시간의 조정, 소음 · 진동 발생 행위의 분산 · 중지, 방음 · 방진시설의 설치, 환경부령으로 정하는 소음이 적게 발생하는 건설기계의 사용 등 필요한 조치를 명할 수 있고(제23조 ①), 조치명령을 받은 자가 이를 이행하지 아니하거나 이행하였더라도 제21조 제2항에 따른 규제기준을 초과한 경우에는 해당 규제대상의 사용금지, 해당 공사의 중지 또는 폐쇄를 명할 수 있다(동조 ④).

(5) 이동소음의 규제

특별자치시장 · 특별자치도지사 또는 시장 · 군수 · 구청장은 이동소음의 원인을 일으키는 기계 · 기구[이하 "이동소음원(移動騷音源)"이라 한다]로 인한 소음을 규제할

---

4) 소음 · 진동관리법 시행규칙 [별표 9]에서는 특정공사의 사전신고 대상 기계 · 장비의 종류(제21조 제1항 관련)를 다음과 같이 정하고 있다. 1. 항타기 · 항발기 또는 항타항발기(압입식 항타항발기는 제외한다), 2. 천공기, 3. 공기압축기(공기토출량이 분당 2.83세제곱미터 이상의 이동식인 것으로 한정한다), 4. 브레이커(휴대용을 포함한다), 5. 굴착기, 6. 발전기, 7. 로더, 8. 압쇄기, 9. 다짐기계, 10. 콘크리트 절단기, 11. 콘크리트 펌프

필요가 있는 지역을 이동소음 규제지역으로 지정하여 이동소음원의 사용을 금지하거나 사용 시간 등을 제한할 수 있다(제24조 ①).

(6) 폭약의 사용으로 인한 소음·진동의 방지

특별자치시장·특별자치도지사 또는 시장·군수·구청장은 폭약의 사용으로 인한 소음·진동피해를 방지할 필요가 있다고 인정하면 지방경찰청장에게 「총포·도검·화약류 등 단속법」에 따라 폭약을 사용하는 자에게 그 사용의 규제에 필요한 조치를 하여 줄 것을 요청할 수 있다. 이 경우 지방경찰청장은 특별한 사유가 없으면 그 요청에 따라야 한다(제25조).

4. 교통소음·진동의 관리

(1) 교통소음·진동의 관리기준 등

1) 교통소음·진동의 관리기준

교통기관에서 발생하는 소음·진동의 관리기준(이하 "교통소음·진동 관리기준"이라 한다)은 환경부령으로 정한다. 이 경우 환경부장관은 미리 관계 중앙 행정기관의 장과 교통소음·진동 관리기준 및 시행시기 등 필요한 사항을 협의하여야 한다(제26조).

2) 교통소음·진동 관리지역의 지정

특별시장·광역시장·특별자치시장·특별자치도지사 또는 시장·군수(광역시의 군수는 제외한다. 이하 이 조에서 같다)는 교통기관에서 발생하는 소음·진동이 교통소음·진동 관리기준을 초과하거나 초과할 우려가 있는 경우에는 해당 지역을 교통소음·진동 관리지역(이하 "교통소음·진동 관리지역"이라 한다)으로 지정할 수 있다(제27조 ①).

3) 자동차 운행의 규제

특별자치시장·특별자치도지사 또는 시장·군수·구청장은 교통소음·진동 관리지역을 통행하는 자동차를 운행하는 자(이하 "자동차운행자"라 한다)에게 「도로교통법」에 따른 속도의 제한·우회 등 필요한 조치를 하여 줄 것을 지방경찰청장에게 요청할 수 있다. 이 경우 지방경찰청장은 특별한 사유가 없으면 지체 없이 그 요청에 따라야 한다(제28조).

4) 방음·방진시설의 설치 등

특별시장·광역시장·특별자치시장·특별자치도지사 또는 시장·군수(광역시의 군수는 제외한다)는 교통소음·진동 관리지역에서 자동차 전용도로, 고속도로 및 철도로부터 발생하는 소음·진동이 교통소음·진동 관리기준을 초과하여 주민의 조용하고 평온한 생활환경이 침해된다고 인정하면 스스로 방음·방진시설을 설치하거나 해당 시설관리기관의 장에게 방음·방진시설의 설치 등 필요한 조치를 할 것을 요청할 수 있다. 이 경우 해당 시설관리기관의 장은 특별한 사유가 없으면 그 요청에 따라야 한다(제29조 ①).

(2) 제작차의 소음규제

동법은 자동차제작자로 하여금 소음허용기준을 준수하도록 요구하고 있다. 즉, 자동차를 제작(수입을 포함한다. 이하 같다)하려는 자(이하 "자동차제작자"라 한다)는 제작되는 자동차(이하 "제작차"라 한다)에서 나오는 소음이 대통령령으로 정하는 제작차 소음허용기준에 적합하도록 제작하여야 한다(제30조).

그리고 동법은 제작차의 소음규제를 위하여 제작차에 대한 인증(제31조), 인증시험대행기관의 지정(제31조의2), 인증시험대행기관의 지정 취소(제31조의3), 인증의 양도·양수 등(제32조), 제작차의 소음검사 등제(제33조), 인증의 취소(제34조), 자동차용 타이어 소음허용기준 등(제34조의2), 타이어 소음허용기준 초과에 따른 시정명령 등(제34조의3) 등의 규정을 두고 있다.

(3) 운행차의 소음규제

동법은 자동차 소유자에게 운행차 소음허용기준에 적합하게 운행하도록 요구하고 있다. 즉, 자동차의 소유자는 그 자동차에서 배출되는 소음이 대통령령으로 정하는 운행차 소음허용기준에 적합하게 운행하거나 운행하게 하여야 하며, 소음기(消音器)나 소음덮개를 떼어 버리거나 경음기(警音器)를 추가로 붙여서는 아니 된다(제35조).

그리고 동법은 운행차의 소음규제를 위하여 운행차의 수시점검(제36조), 운행차의 정기검사(제37조), 운행차의 개선명령(제38조) 등의 규정을 두고 있다.

5. 항공기 소음의 관리

동법에서는 항공기 소음대책과 관련하여 1개의 조문만을 두고 있다. 즉, 환경부장관은 항공기 소음이 대통령령[5]으로 정하는 항공기 소음의 한도를 초과하여

---

5) 시행령 제9조(항공기 소음의 한도 등) ①법 제39조 제1항에 따른 항공기 소음의 한도는 공항 인근 지역은 항공기소음영향도(WECPNL) 90으로 하고, 그 밖의 지역은 75로 한다.
② 제1항에 따른 공항 인근 지역과 그 밖의 지역의 구분은 환경부령으로 정한다.
③ 법 제39조 제2항에 따른 공항은 「공항소음 방지 및 소음대책지역 지원에 관한 법률」 제2조 제4

공항 주변의 생활환경이 매우 손상된다고 인정하면 관계 기관의 장에게 방음시설의 설치나 그 밖에 항공기 소음의 방지에 필요한 조치를 요청할 수 있다(제39조 ①). 제1항에 따라 필요한 조치를 요청할 수 있는 공항은 대통령령으로 정한다(동조 ②). 제1항에 따른 조치는 항공기 소음 관리에 관한 다른 법률이 있으면 그 법률로 정하는 바에 따른다(동조 ③).

오늘날 항공기 소음피해는 공항주변지역의 주요한 환경문제로 대두되고 있다. 그러나 이러한 항공기 소음에 대한 대책마련은 담당부서와 관련법령들이 분산되어 있는 관계로 효율적으로 이루어지지 못해 항공기 소음피해로 인한 분쟁이 빈번히 발생하고 있다.

항공기 소음문제와 관련된 법률로는 환경부의 「소음·진동관리법」, 국토교통부의 「항공법」, 「공항소음 방지 및 소음대책지역 지원에 관한 법률」, 국방부의 「군사기지 및 군사시설 보호법」 등이 있다.

항공기 소음피해에 대한 소송에서 자주 언급되는 것이 소위 '**위험에의 접근 이론**'이다. 이는 피해자가 위험이 형성된 후 위험에 접근한 경우에는 일정한 요건 하에 가해자의 손해배상책임이 감면된다는 이론이다. 여기서는 피해자가 항공기로 인한 소음피해의 위험을 알거나 알 수 있었음에도 불구하고 그 지역으로 이주를 해 온 경우, 이러한 사정을 이유로 원고의 청구를 전부 또는 일부를 기각할 수 있느냐가 문제된다. 즉, 공항이 건설되기 전부터 거주해온 주민들과 공항주변이 항공기 소음으로 시끄럽다는 것을 알면서도 저렴한 거주비용 등을 고려하여 그 지역으로 이사 온 사람들, 또는 소송이 제기되거나 보상이 실시되는 피해지역임이 구체적으로 드러난 이후에 이사 온 사람들을 구별할 필요가 있는지, 이들에게 같은 피해를 인정하는 것이 타당한 것인지에 관한 문제이다. 이 이론은 현실적으로 주로 가해자, 즉, 피고 측의 면책논리로 주장된다.

이 이론의 체계상 지위와 관련하여서는 위법성판단요소로 보는 견해와 책임감면사유로 보는 견해로 나뉘어 있다.[6]

판례는 매향리사건, 김포공항사건 등에서 볼 수 있듯이 '소음피해의 위험을 알고 접근한 사실'을 손해배상청구에 있어서 책임감면사유로 인정하고 있다. 대법원은 엄격한 조건하에 예외적으로 가해자의 면책도 인정하고 있다.[7] 그러나 실제

호에 따른 공항으로 한다.

6) 박태현, "도로소음으로 인한 손해배상청구에서 토지이용의 선·후 관계에 따른 관련당사자들의 민사책임의 양상 고찰–'위험에의 접근이론'에 대한 미국 학설 및 판례태도 개관–", 환경법과 정책 제1권, 강원대학교 비교법학연구소 환경법센터, 2008. 12, 192면.

소송에서는 대부분 위험에의 접근이론의 적용요건을 엄격히 하여 가해자의 면책을 거의 인정하지 아니하고 단지 손해배상액 산정에 있어서 과실상계에 준하여 감액사유로 고려하고 있다. 판례와 같이 가해자의 면책의 범위는 아주 예외적으로만 인정하고, 다만, 피해자가 스스로 '위험에의 접근'을 시도하였다는 점은 손해배상액 산정에 있어서 과실상계에 준하여 감액사유로 고려하는 것이 타당하다고 본다.

한편, 판례는 공군비행장 주변의 항공기 소음 피해로 인한 손해배상 사건에서 공군에 속한 군인이나 군무원의 경우 일반인에 비하여 그 피해에 관하여 잘 인식하거나 인식할 수 있는 지위에 있다는 이유만으로 가해자의 면책이나 손해배상액의 감액에 있어 달리 볼 수는 없다고 보았다.[8]

[판례 1] 소음 등을 포함한 공해 등의 위험지역으로 이주하여 거주하는 것이 피해자가 위험의 존재를 인식하고 그로 인한 피해를 용인하면서 접근한 것이라고 볼 수 있는 경우 가해자의 면책이 인정되는지 여부(원칙적 적극) 및 위와 같이 접근한 것이라고 볼 수 없는 경우 이를 손해배상액 감액사유로 고려하여야 하는지 여부(적극): 소음 등을 포함한 공해 등의 위험지역으로 이주하여 들어가서 거주하는 경우와 같이 위험의 존재를 인식하면서 그로 인한 피해를 용인하며 접근한 것으로 볼 수 있는 경우에, 그 피해가 직접 생명이나 신체에 관련된 것이 아니라 정신적 고통이나 생활방해의 정도에 그치고 그 침해행위에 고도의 공공성이 인정되는 때에는, 위험에 접근한 후 실제로 입은 피해 정도가 위험에 접근할 당시에 인식하고 있었던 위험의 정도를 초과하는 것이거나 위험에 접근한 후에 그 위험이 특별히 증대하였다는 등의 특별한 사정이 없는 한 가해자의 면책을 인정하여야 하는 경우도 있다. 특히 소음 등의 공해로 인한 법적 쟁송이 제기되거나 그 피해에 대한 보상이 실시되는 등 피해지역임이 구체적으로 드러나고 또한 이러한 사실이 그 지역에 널리 알려진 이후에 이주하여 오는 경우에는 위와 같은 위험에의 접근에 따른 가해자의 면책 여부를 보다 적극적으로 인정할 여지가 있다. 다만 일반인이 공해 등의 위험지역으로 이주하여 거주하는 경우라고 하더라도 위험에 접근할 당시에 그러한 위험이 존재하는 사실을 정확하게 알 수 없는 경우가 많고, 그 밖에 위험에 접근하게 된 경위와

7) 면책요건으로는 ① 위험의 존재를 인식하면서 그로 인한 피해를 용인하는 것으로 볼 수 있을 것, ② 피해가 직접 생명·신체에 관련된 것이 아니라 정신적 고통이나 생활방해의 정도에 그칠 것, ③ 침해행위에 고도의 공공성이 인정될 것, ④ 피해 정도가 위험에 접근할 당시에 인식하고 있었던 위험의 정도를 초과하는 것이거나 위험에 접근한 후에 그 위험이 특별히 증대하였다는 등의 특별한 사정이 없을 것 등을 들 수 있다.

8) 대법원 2015. 10. 15. 선고 2013다23914 판결[손해배상(기)] – 광주공군비행장사건.

동기 등의 여러 가지 사정을 종합하여 그와 같은 위험의 존재를 인식하면서도 위험으로 인한 피해를 용인하면서 접근하였다고 볼 수 없는 경우에는 손해배상액의 산정에 있어 형평의 원칙상 과실상계에 준하여 감액사유로 고려하여야 한다(대법원 2010. 11. 25. 선고 2007다74560 판결[손해배상(기)] – 대구공군비행장 사건).

[판례 2] 소음 등을 포함한 공해 등의 위험지역으로 이주하여 들어가 거주하는 경우와 같이 위험의 존재를 인식하거나 과실로 인식하지 못하고 이주한 경우에는 손해배상액의 산정에 있어 형평의 원칙상 과실상계에 준하여 감경 또는 면제사유로 고려하는 것이 상당하다(대법원 2010. 11. 11. 선고 2008다57975 판결[손해배상] – 웅천사격장 사건: 사격장 주변지역에서 발생하는 소음 등으로 인하여 피해를 입은 주변 거주민인 원고들이 피고 대한민국을 상대로 손해배상을 청구한 사안에서, 사격장의 소음피해를 인식하거나 과실로 인식하지 못하고 이주한 일부 원고들의 경우 피고의 손해배상책임을 완전히 면제할 수는 없다고 하더라도, 그와 같은 사정을 참작하여 감경조차 하지 아니한 것은 현저히 불합리하다는 이유로 원심판결을 파기한 사례).

[판례 3] 소음 등 공해의 위험지역으로 이주하였을 때 그 위험의 존재를 인식하고 그로 인한 피해를 용인하면서 접근한 것으로 볼 수 있다면, 그 피해가 직접 생명이나 신체에 관련된 것이 아니라 정신적 고통이나 생활방해의 정도에 그치고 침해행위에 고도의 공공성이 인정되는 경우에는, 위험에 접근한 후 실제로 입은 피해 정도가 위험에 접근할 당시 인식하고 있었던 위험의 정도를 초과하는 것이거나 위험에 접근한 후 그 위험이 특별히 증대하였다는 등의 특별한 사정이 없는 한 가해자의 면책을 인정할 수도 있을 것이다(대법원 2004. 3. 12. 선고 2002다14242 판결 참조).

그러나 소음 등 공해의 위험지역으로 이주하였더라도 그 위험에 접근할 당시 위험이 존재하는 사실을 정확하게 알 수 없는 경우가 많고 근무지나 가족관계 등의 사정에 따라 불가피하게 위험지역으로 이주할 수도 있는 것이므로, 위험지역에 이주하게 된 경위와 동기 등 여러 사정에 비추어 위험의 존재를 인식하고 그로 인한 피해를 용인하면서 접근한 것으로 볼 수 없는 경우에는 가해자의 면책을 인정할 수 없고 손해배상액의 산정에 있어 형평의 원칙상 이와 같은 사정을 과실상계에 준하여 감액사유로 고려할 수 있을 뿐이다(대법원 2005. 1. 27. 선고 2003다49566 판결, 대법원 2010. 11. 25. 선고 2007다74560 판결 등 참조).

그리고 공군비행장 주변의 항공기 소음 피해로 인한 손해배상 사건에서 공군에 속한 군인이나 군무원의 경우 일반인에 비하여 그 피해에 관하여 잘 인식하거나 인식할 수 있는 지위에 있다는 이유만으로 가해자의 면책이나 손해배상액의 감액에 있어 달리 볼 수는 없다.

나아가 불법행위로 인한 손해배상 사건에서 과실상계 사유에 관한 사실인정이나 그 비율을 정하는 것은 그것이 형평의 원칙에 비추어 현저히 불합리하다고 인정되지 아니하는 한 사실심의 전권사항에 속하고(대법원 2002. 11. 26. 선고 2002다43165 판결 등 참조), 이는 위와 같은 손해배상액의 감액사유에 관한 고려에 있어서도 마찬가지라고 할 것이다(대법원 2015. 10. 15. 선고 2013다23914 판결[손해배상(기)] – 광주공군비행장 사건).

제 8 장 자연환경의 보전

제1절 개　　설

지난 수십 년간 우리나라는 급속한 경제성장을 이루어 왔지만, 그 반대로 인구의 증가, 산업화와 도시화, 각종 개발행위 등으로 인한 우리의 환경이 파괴되어 가는 상황을 목격하게 되었다. 이 과정에서 국민들의 환경에 대한 관심이나 환경보호의식이 점차 증대되고 국가의 환경보전정책도 다양한 형태로 발전되어 왔지만, 주로 수질, 대기, 폐기물 등으로 대표되는 생활환경오염을 중심으로 그 논의가 이루어져 왔다고 볼 수 있다.

그러나 오늘날 산업화와 도시화의 급진전, 대형위락시설의 설치, 대규모개발사업의 무분별한 시행으로 인하여 자연환경 및 생태계 파괴가 날로 가속화되어 위험 수위에 다다르고 있다. 이러한 상황은 생태계 안정성 유지에 중요한 요소인 야생동·식물의 서식지를 파괴하여 결국 멸종위기로 몰아가고 있다. 또한 산성비, 온실효과로 인한 오존층의 파괴, 그로 인한 기후변화, 사막화 현상, 생물종다양성의 감소 등 지구차원의 자연환경문제는 그 심각성을 더해 가고 있다. 이러한 자연환경 파괴에 대한 위기의식이 국가로 하여금 다양한 정책적 대응을 강구하게 하였고, 법적으로는 「자연환경보전법」과 같은 법률의 제정 등으로 나타났다.

1960년대 이후 정부에서 여러 가지 형태의 자연보호운동을 펼치면서 자연환경보전정책을 추진해 왔고, 1977년에 제정된 환경보전법에는 비록 1개의 조항이지만 자연환경보전과 관련된 조항을 두었다. 즉, 환경청장은 자연환경보전을 위하여 생물의 생육환경을 조사할 수 있고, 조사결과 특별히 보전하여야 할 필요가 있다고 인정되는 지역을 자연환경보전지구로 지정할 것을 건설부장관에게 요청할 수 있다고 규정하였다(제9조). 이후 2번의 개정을 통하여 규율 내용을 보완하고 새로운 조항을 추가하였고, 1990년 환경정책기본법 제정시 제3절(제24조, 제25조)에 자연환경보전을 독립된 절로 별도로 규정하였다.[1] 이후 1991년 12월 31일 자연환경보전법이 독립된 단행법률로 제정·공포되었고 여러 번의 개정을 거쳐 현재에 이르고 있다.

자연환경보전에 있어서 「자연환경보전법」은 일반법으로서의 지위에 있고, 그 외 분야별·보호대상별로 다음과 같은 특수자연환경법령들이 있다. 종전에는 야생동·식물의 보호·관리에 관하여 자연환경보전법과 조수보호및수렵에관한법률에 각각 나누어 규정하고 있었는데, 이러한 법체계를 통합하고 제도의 운영상 나타난 미비점을 전반적으로 개선·보완하기 위하여 「야생동·식물보호법」이 제정되었다.[2] 동법은 이후 2011. 7. 28. 일부개정을 통하여 「야생생물 보호 및 관리에 관한 법률」로 법률제명이 변경되었다. 그리고 생물다양성 보전과 생물자원의 지속가능한 이용 정책을 보다 체계적으로 추진하기 위하여 2012. 2. 1. 「생물다양성 보전 및 이용에 관한 법률」이 제정되었다. 그리고 백두대간은 우리 민족의 정기를 이어주는 결정체이며 우리나라의 뼈대로서 보전가치가 높은 곳임에도 불구하고, 대규모 광산개발, 대형댐 건설, 위락단지 조성 등 각종 개발로 인해 생태계가 파괴되고 단절되어 가고 있어 체계적이고 효율적인 보호대책을 통해 백두대간의 자연생태계를 유지·보전하고자 하는 취지로 「백두대간보호에 관한 법률」이 제정되었다. 또한, 자연공원의 지정, 공원계획의 결정·변경, 공원사업 및 공원의 점용·사용 및 공원보호 및 공원보호 및 국립공원 관리·감독에 관한 사항을 규율하는 「자연공원법」, 습지·갯벌의 조사 및 습지보전기본계획 수립, 습지보호지역의 지정 등에 관한 사항을 규율하는 「습지보전법」, 생태우수 무인도서의 특정도서 지정 및 관리, 특정도서에 관한 보전기본계획의 수립·시행에 관한 사항을 규율하는 「독도 등 도서지역의 생태계보전에 관한 특별법」이 제정되어 있다. 그리고 자연환경자산에 대한 민간의 자발적인 보전·관리활동을 활성화하기 위하여 자연환경국민신탁을 법인으로 설립하고, 동 법인의 자연환경자산의 취득·보전·관리에 관한 사항과 국가의 지원 등에 관한 사항을 정하고 있는 「문화유산과 자연환경자산에 관한 국민신

1) 제24조는 국가와 국민은 자연환경과 생태계의 보전이 인간의 생존 및 생활의 기본임에 비추어 자연의 질서와 균형이 유지·보전되도록 노력하여야 한다고 규정하면서, 제25조에서 다음과 같은 자연환경보전의 기본원칙을 제시하였다. 첫째, 자연환경은 원래의 형태로 보전되어야 하며, 자연의 이용과 개발은 조화와 균형을 유지할 수 있는 범위 안에서 이루어져야 한다. 둘째, 자연환경은 오염과 훼손으로부터 보호되어야 하며 오염되거나 훼손된 자연환경은 원래의 형태로 회복되어야 한다. 셋째, 야생동물·식물은 보호되어야 하며, 그 종족은 보존되어야 한다.

2) 이에 따라 조수보호및수렵에관한법률은 폐지되었다.

탁법」이 제정되었다.

한편, 직접 자연환경의 보전을 주목적으로 하는 것은 아니지만, 자연환경의 보전과 관련성을 지닌 사항을 규율하는 법령들이 있다. 「국토의 계획 및 이용에 관한 법률」은 자연환경보전지역을 지정하여 자연경관·생태계 등을 보존하고 있으며, 「개발제한구역의 지정 및 관리에 관한 특별조치법」은 개발제한구역을 지정·관리할 수 있도록 하고 있고, 「문화재보호법」은 중요한 기념물의 사적·명승·천연기념물지정 및 그 보호를 위한 보호구역의 지정 등을 규정함으로써 자연환경을 직·간접적으로 보전하고 있다.

제 2 절 자연환경보전법

Ⅰ. 개 요

「자연환경보전법」은 1991년 12월 31일 제정된 이래 여러 번의 개정작업을 거쳐 현재에 이르고 있는데, 오늘날 자연환경보전에 관한 중요성이 더욱 부각되면서 2004년 12월 31일 동법의 전문개정이 있었다. 즉, 동법은 야생동·식물보호법의 제정으로 인하여 야생동·식물보호관련 규정이 삭제됨에 따라 조문체계를 다시 정비하게 되었다. 또한, 생태계보전지역을 자연경관이 포함되는 생태·경관보전지역으로 확대 개편하고, 생태·경관보전지역을 핵심·완충·전이구역으로 세분화하여 행위제한을 차등화함으로써 보전과 이용이 조화를 이루도록 하였다. 그리고 개발사업이 자연경관에 미치는 영향 등을 검토하여 인·허가시에 고려할 수 있도록 하는 자연경관심의제도를 도입하여 자연경관에 대한 보호대책을 강화하고 있다.[3)]

3) 동법은 2011. 7. 28. 일부개정을 통하여 생태통로를 설치하는 자는 미리 야생 동·식물의 생태적 특성 및 서식실태 등을 조사하여 이동경로나 생태적 특성에 맞는 생태통로를 설치할 수 있도록 하고, 자연환경안내원 명칭을 자연환경해설사로 변경하며, 자연환경해설사의 교육과정, 양성기관 지정기준 등을 규정하였다. 2013. 3. 22. 일부개정에서는 생태·경관지역 보호, 훼손된 자연의 회복 등을 위해 사람의 출입을 금지·제한하도록 하고, 자연환경 조사주기를 전국은 5년으로, 생태·자연도 1등급 권역은 2년으로 단축하였으며, 생태통로 관련 내용을 보완하고, 생태계보전협력금 사업에 대한 제도적 개선을 도모하고자 하였다. 2015. 2. 3. 일부개정을 통하여 벌금액을 징역 1년당 1천만원의 비율로 개정함으로써 벌금형을 현실화하였다. 2016. 1. 27. 일부개정에서는 지방자치단체로 하여금 자연보호운동을 실시하는 자연보호 관련단체에 대하여 예산의 범위 내에서 그 운영 또는 자연보호운동의 실시에 필요한 경비의 전부 또는 일부를 지원할 수 있도록 규정하였다. 2017. 11. 28. 일부개정에서는 도시생태현황지도 작성(제34조의2 신설), 도시생태 복원사업 추진(제43조의2 신설),

동법은 제1장 총칙(제1조~제11조), 제2장 생태·경관보전지역의 관리 등(제12조~제29조), 제3장 생물다양성의 보전(제30조~제37조), 제4장 자연자산의 관리(제38조~제45조), 제5장 생태계보전협력금(제46조~제50조), 제6장 보칙(제51조~제62조), 제7장 벌칙(제63조~제66조)으로 이루어져 있다.[4)]

Ⅱ. 목적, 기본원칙 등

1. 자연환경보전법의 목적

「자연환경보전법」은 제1조에서 “자연환경을 인위적 훼손으로부터 보호하고, 생태계와 자연경관을 보전하는 등 자연환경을 체계적으로 보전·관리함으로써 자연환경의 지속가능한 이용을 도모하고, 국민이 쾌적한 자연환경에서 여유있고 건강한 생활을 할 수 있도록 함을 목적으로 한다”라고 규정하고 있다. ‘자연환경’이라 함은

생태계보전협력금 제도의 개선(제46조 제2항), 자연환경해설사 양성기관의 지정 유효기간 근거 마련(제59조의2 제3항 신설), 과태료 처분 불복 관련 이의절차 조항, 과태료 재판 관련 조항, 과태료 체납처분 관련 준용 조항을 삭제하였다(제66조 제4항부터 제6항까지 삭제). 2018. 10. 16. 일부개정에서는 생태통로의 설치 의무를 실효성있고 구체화하기 위하여 환경부령으로 정하여야 하는 사항을 단순한 설치기준이 아닌 설치대상지역, 야생생물의 특성에 따른 생태통로 등의 설치기준으로 변경하여 생태통로 설치에 관한 규정을 보다 구체화하였다. 2021. 1. 5. 일부개정에서는 자연환경복원사업의 정의를 규정하고(제2조 제19호 신설), 체계적 자연환경복원을 위하여 환경 변화 적응 및 생태계 연계성의 고려, 축적된 과학적 지식과 정보 활용 등 기본원칙을 규정하였다(제3조 제8호 신설). 자연환경복원사업 대상지역의 후보목록 작성, 자연환경복원사업의 시행, 자연환경복원사업계획의 수립, 추진실적의 보고·평가 및 유지·관리 등 자연환경복원사업의 추진절차를 정하였다(제45조의3부터 제45조의6까지 신설). “생태계보전협력금”의 명칭을 “생태계보전부담금”으로 변경하고, 부담금 상한액(50억원)을 폐지하며, 부담금 산정 기준에 생태·자연도의 권역·지역을 추가하였다(제46조 등). 생태계보전부담금(종전의 생태계보전협력금)의 용도를 생태계 복원사업 위주로 조정하고, 시·도지사에게 교부된 금액이 법정용도 외에 다른 용도로 사용되었을 경우 환수 또는 감액할 수 있는 근거를 마련하였다(제49조). 2021. 4. 13. 일부개정에서는 사업자가 사업활동을 할 때 사업활동으로부터 비롯되는 자연환경훼손을 방지하고, 훼손되는 자연환경에 상응하도록 스스로 복원·복구하는 등 필요한 조치를 하도록 하였고(제4조), 자연환경·생태계서비스의 유지·증진과 관련된 사항을 자연환경보전기본계획에 포함하도록 하였으며(제9조), 체납자가 행방불명된 경우, 소멸시효가 완성된 경우, 체납처분 이후 체납액에 충당된 배분금액이 체납액보다 부족한 경우 등에는 그 체납액을 결손처분 할 수 있도록 하였다(제48조의2 신설). 2022. 6. 10. 일부개정에서는 최근 백두대간 및 비무장지대 등과 같은 생태축을 체계적으로 관리·보전할 필요성이 대두되고 있는 상황을 고려하여 자연환경보전을 위한 기본방침 수립 시 생태축의 보전 및 복원에 관한 사항이 포함되도록 하는 한편, 생태축의 공간적 규모를 상징적으로 나타낼 수 있도록 생태축의 정의규정을 보다 구체화하였다.

4) 해양생태계보전에 관하여는 종래 「자연환경보전법」에서 육상의 자연환경과 함께 규정하고 있었으나 「해양생태계의 보전 및 관리에 관한 법률」의 제정(2006. 10. 4)으로 해양생태계 부분은 「자연환경보전법」에서 제외되었다.

지하·지표(해양을 제외한다) 및 지상의 모든 생물과 이들을 둘러싸고 있는 비생물적인 것을 포함한 자연의 상태(생태계 및 자연경관을 포함)를 말하는데, 이러한 자연환경의 보전, 즉 자연생태계의 보전, 자연경관의 보호 등은 오늘날 국민의 소득수준의 증대와 환경의식의 전환에 힘입어 더욱 중요한 사회적 과제가 되고 있다.

「자연환경보전법」의 구체적·직접적인 목적은 자연환경의 보전에 있다. '자연환경보전'은 자연환경을 체계적으로 보존·보호 또는 복원하고 생물다양성을 높이기 위하여 자연을 조성하고 관리하는 것을 말한다(제2조 제1호). 그리고 동법의 궁극적 목적은 국민이 쾌적한 자연환경에서 여유 있고 건강한 생활을 할 수 있도록 하는 것이다. 또한, 자연자원의 지속가능한 이용가능성, 자연과 경관의 다양성 등도 자연환경보전법이 추구하는 목적에 포함된다.

2. 자연환경보전의 기본원칙

「자연환경보전법」 제3조는 자연환경보전의 기본원칙으로 7개의 원칙을 규정하고 있다. 즉, 자연환경은 다음 각 호의 기본원칙에 따라 보전되어야 한다.

① 자연환경은 모든 국민의 자산으로서 공익에 적합하게 보전되고 현재와 장래의 세대를 위하여 지속가능하게 이용되어야 한다.

② 자연환경보전은 국토의 이용과 조화·균형을 이루어야 한다.

③ 자연생태와 자연경관은 인간활동과 자연의 기능 및 생태적 순환이 촉진되도록 보전·관리되어야 한다.

④ 모든 국민이 자연환경보전에 참여하고 자연환경을 건전하게 이용할 수 있는 기회가 증진되어야 한다.

⑤ 자연환경을 이용하거나 개발하는 때에는 생태적 균형이 파괴되거나 그 가치가 저하되지 아니하도록 하여야 한다. 다만, 자연생태와 자연경관이 파괴·훼손되거나 침해되는 때에는 최대한 복원·복구되도록 노력하여야 한다.

⑥ 자연환경보전에 따르는 부담은 공평하게 분담되어야 하며, 자연환경으로부터 얻어지는 혜택은 지역주민과 이해관계인이 우선하여 누릴 수 있도록 하여야 한다.

⑦ 자연환경보전과 자연환경의 지속가능한 이용을 위한 국제협력은 증진되어야 한다.

⑧ 자연환경을 복원할 때에는 환경 변화에 대한 적응 및 생태계의 연계성을 고려하고, 축적된 과학적 지식과 정보를 적극적으로 활용하여야 하며, 국가·

지방자치단체 · 지역주민 · 시민단체 · 전문가 등 모든 이해관계자의 참여와 협력을 바탕으로 하여야 한다.

3. 자연환경보전기본계획

(1) 자연환경보전기본계획의 수립

동법은 환경부장관으로 하여금 10년마다 전국의 자연환경보전을 위한 기본계획(자연환경보전기본계획)을 수립하도록 의무를 과하고 있다(제8조 ①).

이 경우 자연환경보전기본계획은 중앙환경정책위원회의 심의를 거쳐 확정하며(동조 ②), 환경부장관은 자연환경보전기본계획을 수립함에 있어서 미리 관계중앙행정기관의 장과 협의를 거쳐야 하며, 이 경우 자연환경보전기본방침[5]과 제6조 제4항의 규정에 의하여 관계중앙행정기관의 장 및 시 · 도지사가 통보하는 추진방침 또는 실천계획을 고려하여야 한다(동조 ③). 환경부장관은 관계중앙행정기관의 장 및 시 · 도지사에게 자연환경보전기본계획에 반영하여야 할 정책 및 사업에 관한 소관별 계획안을 제출하도록 요청할 수 있다(동조 ④).

확정된 자연환경보전기본계획을 변경하고자 하는 경우 동조 제2항 내지 제4항의 규정을 준용하며, 다만, 대통령령이 정하는 경미한 사항을 변경하는 경우에는 중앙환경정책위원회의 심의를 생략할 수 있다(동조 ⑤).

(2) 자연환경보전기본계획의 내용

자연환경보전기본계획에는 다음의 내용이 포함되어야 한다(제9조).

① 자연환경의 현황 및 전망에 관한 사항
② 자연환경보전에 관한 기본방향 및 보전목표설정에 관한 사항
③ 자연환경보전을 위한 주요 추진과제에 관한 사항
④ 지방자치단체별로 추진할 주요 자연보전시책에 관한 사항
⑤ 자연경관의 보전 · 관리에 관한 사항
⑥ 생태축의 구축 · 추진에 관한 사항
⑦ 생태통로 설치, 훼손지 복원 등 생태계 복원을 위한 주요사업에 관한 사항
⑧ 제11조의 규정에 의한 자연환경종합지리정보시스템의 구축 · 운영에 관한

---

5) 자연환경보전기본방침은 환경부장관이 동법의 목적과 제3조의 자연환경보전의 기본원칙을 실현하기 위하여 관계중앙행정기관의 장 및 특별시장 · 광역시장 · 도지사의 의견을 듣고 중앙환경정책위원회 및 국무회의의 심의를 거쳐 수립하는 것으로(제6조 ①), 이를 수립한 때에는 환경부장관이 관계중앙행정기관의 장 및 시 · 도지사에게 통보하도록 되어 있다(동조 ③).

사항

⑨ 사업시행에 소요되는 경비의 산정 및 재원조달 방안에 관한 사항

⑩ 그 밖에 자연환경보전에 관하여 대통령령이 정하는 사항

(3) 자연환경보전기본계획의 시행

환경부장관은 자연환경보전기본계획을 확정한 때에는 이를 지체없이 관계중앙행정기관의 장 및 시·도지사에게 통보하여야 하며(제10조 ①), 관계중앙행정기관의 장 및 시·도지사는 자연환경보전기본계획의 내용을 소관업무와 관련된 정책 및 계획에 반영하는 등 자연환경보전기본계획의 시행을 위한 필요한 조치를 하여야 한다(동조 ②). 또한, 환경부장관은 자연환경보전기본계획의 시행성과를 2년마다 정기적으로 분석·평가하고 그 결과를 자연환경보전정책에 반영하여야 한다(동조 ③).

4. 자연환경정보망 구축·운영 등

환경부장관은 자연환경에 관한 지식정보의 원활한 생산·보급 등을 위하여 생태·자연도, 생물종(生物種)정보 등을 전산화한 자연환경종합지리정보시스템(자연환경정보망)을 구축·운영할 수 있고(제11조 ①), 관계행정기관의 장에게 자연환경정보망의 구축·운영에 필요한 자료의 제출을 요청할 수 있다. 이 경우 관계행정기관의 장은 특별한 사유가 없는 한 이에 응하여야 한다(동조 ②). 그리고 환경부장관은 자연환경정보망의 효율적인 구축·운영을 위하여 필요한 경우에는 자연환경정보망의 구축·운영을 전문기관에 위탁할 수 있고(동조 ③), 자연환경정보망의 구축·운영 및 전문기관의 위탁에 관하여 필요한 사항은 대통령령으로 정한다(동조 ④).

Ⅲ. 생태·경관보전지역의 관리 등

1. 개　　설

생태·경관보전지역이란 생물다양성이 풍부하여 생태적으로 중요하거나 자연경관이 수려하여 특별히 보전할 가치가 큰 지역으로서 환경부장관이 지정·고시하는 지역을 말한다. 「자연환경보전법」은 생물다양성이 풍부하여 특별히 보전할 필요가 있는 지역 등을 생태·경관보전지역으로 지정하여 관리할 수 있도록 하고, 생태·경관보전지역의 관리기본계획을 수립하여 체계적으로 보전·관리할 수 있도록 하고 있다. 또한 동 지역 내에서는 일정한 유형의 행위들을 제한 또는 금지할 수 있도록 하고 있다. 그리고 생태·경관보전지역의 보전을 위하여 동 지역에 소

재하는 국유의 토지 등을 확보할 수 있는 근거규정을 두고 있으며, 토지 등의 소유자와 협의매수할 수 있는 근거규정도 두고 있다. 또한, 경관적 가치가 높은 산이나 해안선 등 주요 자연경관을 보전하기 위하여 자연경관심의제에 관한 규정을 두고 있다.

2022년 말 기준 국가가 지정한 생태 · 경관보전지역은 동강유역(2019년 면적 확대 지정) 등 9개소(248.029㎢)이고, 시 · 도 생태 · 경관보전지역은 2022년 7월에 거제 고란초가 지정 해제되면서 총 23개소(37.905㎢)로, 총 32개소(285.934㎢)가 지정되어 있다.[6)]

2. 생태 · 경관보전지역의 지정

(1) 생태 · 경관보전지역

「자연환경보전법」에서는 환경부장관으로 하여금 생태 · 경관보전지역을 지정할 수 있도록 하고, 생태 · 경관보전지역을 핵심구역, 완충구역, 전이구역으로 구분하여 구역 특성에 따라 토지이용과 개발을 금지하거나 차등적으로 제한하고 있다. '생태 · 경관보전지역'이란 생물다양성이 풍부하여 생태적으로 중요하거나 자연경관이 수려하여 특별히 보전할 가치가 큰 지역으로서 동법 제12조 및 제13조 제3항의 규정에 의하여 환경부장관이 지정 · 고시하는 지역을 말한다(제2조 제12호).

환경부장관은 ① 자연상태가 원시성을 유지하고 있거나 생물다양성이 풍부하여 보전 및 학술적 연구가치가 큰 지역, ② 지형 또는 지질이 특이하여 학술적 연구 또는 자연경관의 유지를 위하여 보전이 필요한 지역, ③ 다양한 생태계를 대표할 수 있는 지역 또는 생태계의 표본지역, ④ 그 밖에 하천 · 산간계곡 등 자연경관이 수려하여 특별히 보전할 필요가 있는 지역으로서 대통령령이 정하는 지역 중 어느 하나에 해당하는 지역으로서 자연생태 · 자연경관을 특별히 보전할 필요가 있는 지역을 생태 · 경관보전지역으로 지정할 수 있다(제12조 ①). 한편, 환경부장관은 생태 · 경관보전지역이 군사목적 또는 천재 · 지변 그 밖의 사유로 인하여 제1항의 규정에 의한 생태 · 경관보전지역으로서의 가치를 상실하거나 보전할 필요가 없게 된 경우에는 그 지역을 해제 · 변경할 수 있다(동조 ③).

(2) 생태 · 경관보전지역의 구분

환경부장관은 생태 · 경관보전지역의 지속가능한 보전 · 관리를 위하여 생태적

---

6) 환경부, 환경백서 2022, 269면.

특성, 자연경관 및 지형여건 등을 고려하여 생태 · 경관보전지역을 다음과 같이 구분하여 지정 · 관리할 수 있다(제12조 ②).

생태 · 경관핵심 보전구역(핵심구역)	생태계의 구조와 기능의 훼손방지를 위하여 특별한 보호가 필요하거나 자연경관이 수려하여 특별히 보호하고자 하는 지역
생태 · 경관완충 보전구역(완충구역)	핵심구역의 연접지역으로서 핵심구역의 보호를 위하여 필요한 지역
생태 · 경관전이 보전구역(전이구역)	핵심구역 또는 완충구역에 둘러싸인 취락지역으로서 지속가능한 보전과 이용을 위하여 필요한 지역

「자연환경보전법」에서는 생태 · 경관보전지역을 핵심구역, 완충구역, 전이구역으로 구분하고 있는데, 현재 대략 전 국토의 0.2% 정도인 생태계보전지역은 핵심구역으로 지정되며, 핵심구역에서는 생태계 훼손을 방지하기 위해 특별한 사유가 있는 경우를 제외하고는 토지이용과 개발이 전면 금지된다.

한편, 종래에는 생태계보전지역만 벗어나면 개발이 가능하여 인접지역의 개발사업으로 인해 생태계보전지역이 직접적인 피해를 입는 경우가 적지 않았으므로, 이러한 피해를 방지하기 위해 완충구역과 전이(轉移)구역이 새롭게 도입되었다. 완충구역은 핵심구역을 둘러싸고 있거나 인접한 지역으로 이 지역에서는 주민에게 꼭 필요한 주택과 비닐하우스, 농산물 창고 등 영농시설의 설치 등만이 허용되고, 전이구역에서는 마을회관, 이 · 미용실 등 주민 편의시설이 들어설 수 있으며 자연생태계를 크게 해치지 않는 범위 내에서 개발사업이 허용된다.

(3) 생태 · 경관보전지역의 지정 · 변경 절차

환경부장관은 생태 · 경관보전지역을 지정하거나 변경하고자 하는 때에는 ㉠ 지정사유 및 목적, ㉡ 지정면적 및 범위, ㉢ 자연생태 · 자연경관의 현황 및 특징, ㉣ 토지이용현황, ㉤ 핵심구역 · 완충구역 및 전이구역의 구분개요 및 해당 구역별 관리방안의 내용을 포함한 지정계획서에 대통령령이 정하는 지형도를 첨부하여 당해 지역주민과 이해관계인 및 지방자치단체의 장의 의견을 수렴한 후 관계중앙행정기관의 장과의 협의 및 중앙환경정책위원회의 심의를 거쳐야 한다. 다만, 대통령령이 정하는 경미한 사항의 변경은 중앙환경정책위원회의 심의를 생략할 수 있다(제13조 ①). 제1항의 규정에 의하여 의견청취 또는 협의의 요청을 받은 지방자치단체의 장 또는 관계중앙행정기관의 장은 특별한 사유가 없는 한 그 요청을 받은 날부터 30일 이내에 환경부장관에게 의견을 제시하여야 한다(동조 ②).

환경부장관은 생태 · 경관보전지역을 지정하거나 변경한 때에는 지체없이 환경부령이 정하는 지정 또는 변경 내용을 관보에 고시하여야 한다(동조 ③).

(4) 시 · 도 생태 · 경관보전지역의 지정 · 보전

시 · 도지사는 생태 · 경관보전지역에 준하여 보전할 필요가 있다고 인정되는 지역을 시 · 도 생태 · 경관보전지역으로 지정하여 관리할 수 있고(제23조 ①), 보전지역의 지정기준 · 구역구분 · 지정해제 등에 관한 사항은 제12조의 생태 · 경관보전지역에 관한 규정을 준용한다(동조 ③).

환경부장관은 시 · 도지사에게 당해 지역을 대표하는 자연생태 · 자연경관을 보전할 필요가 있는 지역을 시 · 도 생태 · 경관보전지역으로 지정하여 관리하도록 권고할 수 있다(동조 ②).

시 · 도지사는 시 · 도 생태 · 경관보전지역을 지정 또는 변경하고자 하는 때에는 제13조 제1항의 규정에 의한 각 호의 내용을 포함한 지정계획서에 대통령령이 정하는 지형도를 첨부하여 당해 지역주민과 이해관계인 및 시장 · 군수 · 구청장(자치구의 구청장을 말한다. 이하 같다)의 의견을 수렴한 후 관할 유역환경청장 또는 지방환경청장(이하 "지방환경관서의 장") 및 관계행정기관의 장과의 협의를 거쳐 환경정책기본법 제37조의 규정에 의한 시 · 도환경보전자문위원회(이하 "지방환경정책위원회")의 심의를 받아야 한다. 다만, 시 · 도 조례로 정하는 경미한 사항의 변경은 지방환경정책위원회의 심의를 생략할 수 있다(제24조 ①). 제1항의 규정에 의하여 의견청취 또는 협의의 요청을 받은 관할 시장 · 군수 · 구청장, 관할 지방환경관서의 장 또는 관계행정기관의 장은 특별한 사유가 없는 한 그 요청을 받은 날부터 30일 이내에 의견을 제시하여야 한다(동조 ②). 시 · 도지사는 제1항의 규정에 의하여 시 · 도 생태 · 경관보전지역을 지정하거나 변경한 때에는 당해 지역의 위치 · 면적 · 지정연월일 그 밖에 당해 지방자치단체의 조례가 정하는 사항을 고시하여야 한다(동조 ③).

3. 생태 · 경관보전지역 관리기본계획

환경부장관은 생태 · 경관보전지역에 대하여 관계중앙행정기관의 장 및 관할 시 · 도지사와 협의하여 ① 자연생태 · 자연경관과 생물다양성의 보전 · 관리, ② 생태 · 경관보전지역 주민의 삶의 질 향상과 이해관계인의 이익보호, ③ 자연자산의 관리와 생태계의 보전을 통하여 지역사회의 발전에 이바지하도록 하는 사항, ④ 그 밖에 생태 · 경관보전지역관리기본계획의 수립 · 시행에 필요한 사항으로서 대통령령이 정하는 사항이 포함된 생태 · 경관보전지역관리기본계획을 수립 · 시행하여야 한다(제14조).

한편, 시·도지사는 위의 규정에 준하여 당해 지방자치단체가 정하는 조례에 따라 시·도 생태·경관보전지역관리계획을 수립·시행하여야 한다(제25조).

4. 생태·경관보전지역에서의 행위제한, 금지행위, 중지명령 등

(1) 생태·경관보전지역에서의 행위제한 등

「자연환경보전법」은 제15조에서 누구든지 생태·경관보전지역 안에서는 자연생태 또는 자연경관의 훼손행위를 하여서는 아니 된다고 규정하면서, 다만 완충구역 및 전이구역 안에서는 일정한 행위를 허용하고 있다.

1) 생태·경관보전지역에서의 행위제한

누구든지 생태·경관보전지역 안에서는 다음 각 호의 어느 하나에 해당하는 자연생태 또는 자연경관의 훼손행위를 하여서는 아니 된다(제15조 ① 본문). 다만, 생태·경관보전지역안에 자연공원법에 의하여 지정된 공원구역 또는 문화재보호법에 의한 문화재(보호구역을 포함한다)가 포함된 경우에는 자연공원법 또는 문화재보호법이 정하는 바에 의한다(제15조 ① 단서).

1. 핵심구역 안에서 야생동·식물을 포획·채취·이식(移植)·훼손하거나 고사(枯死)시키는 행위 또는 포획하거나 고사시키기 위하여 화약류·덫·올무·그물·함정 등을 설치하거나 유독물·농약 등을 살포·주입(注入)하는 행위
2. 건축물 그 밖의 공작물의 신축·증축(생태·경관보전지역 지정 당시의 건축연면적의 2배 이상 증축하는 경우에 한한다) 및 토지의 형질변경
3. 하천·호소 등의 구조를 변경하거나 수위 또는 수량에 증감을 가져오는 행위
4. 토석의 채취
5. 그 밖에 자연환경보전에 유해하다고 인정되는 행위로서 대통령령이 정하는 행위

그러나 다음 각 호의 어느 하나에 해당하는 경우에는 제1항의 규정을 적용하지 아니한다고 규정하고 있으므로(동조 ②), 아래의 사유가 있는 경우에는 위의 금지행위에 해당하더라도 허용된다.

1. 군사목적을 위하여 필요한 경우
2. 천재·지변 또는 이에 준하는 대통령령이 정하는 재해가 발생하여 긴급한 조치가 필요한 경우
3. 생태·경관보전지역 안에 거주하는 주민의 생활양식의 유지 또는 생활향상을 위하여 필요하거나 생태·경관보전지역 지정 당시에 실시하던 영농행위

를 지속하기 위하여 필요한 행위 등 대통령령이 정하는 행위를 하는 경우

4. 환경부장관이 당해 지역의 보전에 지장이 없다고 인정하여 환경부령이 정하는 바에 따라 허가하는 경우
5. 농어촌정비법 제2조의 규정에 의한 농업생산기반정비사업으로서 제14조의 규정에 의한 생태·경관보전지역관리기본계획에 포함된 사항을 시행하는 경우
6. 「산림자원의 조성 및 관리에 관한 법률」에 의한 산림경영계획 및 산림보호와 「산림보호법」에 따른 산림유전자원보호구역의 보전을 위하여 시행하는 사업으로서 나무를 베어내거나 토지의 형질변경을 수반하지 아니하는 경우
7. 관계 행정기관의 장이 인가·허가 또는 승인 등(이하 "인·허가등"이라 한다)을 하거나 다른 법률에 따라 관계 행정기관의 장이 직접 실시하는 경우. 이 경우 관계 행정기관의 장은 미리 환경부장관과 협의하여야 한다.
8. 환경부장관이 생태·경관보전지역을 보호·관리하기 위하여 대통령령이 정하는 행위 및 필요한 시설을 설치하는 경우

2) 완충구역 안에서 허용되는 행위유형

위의 제1항의 규정에 불구하고 완충구역 안에서는 다음의 행위를 할 수 있다(제15조 ③).

1. 「공간정보의 구축 및 관리 등에 관한 법률」에 의한 지목이 대지(생태·경관보전지역 지정 이전의 지목이 대지인 경우에 한한다)인 토지에서 주거·생계 등을 위한 건축물 등으로서 대통령령이 정하는 건축물 등의 설치
2. 생태탐방·생태학습 등을 위하여 대통령령이 정하는 시설의 설치
3. 「산림자원의 조성 및 관리에 관한 법률」에 의한 산림경영계획과 산림보호 및 「산림보호법」에 따른 산림유전자원보호구역 등의 보전·관리를 위하여 시행하는 산림사업
4. 하천유량 및 지하수 관측시설, 배수로의 설치 또는 이와 유사한 농·임·수산업에 부수되는 건축물 등의 설치
5. 「장사 등에 관한 법률」 제14조 제1항 제1호에 따른 개인묘지의 설치

3) 전이구역 안에서 허용되는 행위유형

위의 제1항의 규정에 불구하고 전이구역 안에서는 다음의 행위를 할 수 있다(제15조 ④).

1. 제3항 각 호의 행위

2. 전이구역 안에 거주하는 주민의 생활양식의 유지 또는 생활향상 등을 위한 대통령령이 정하는 건축물 등의 설치
3. 생태·경관보전지역을 방문하는 사람을 위한 대통령령이 정하는 음식·숙박·판매시설의 설치
4. 도로, 상·하수도 시설 등 지역주민 및 탐방객의 생활편의 등을 위하여 대통령령이 정하는 공공용시설 및 생활편의시설의 설치

(2) 생태·경관보전지역에서의 금지행위

누구든지 생태·경관보전지역 안에서 다음 각 호의 어느 하나에 해당하는 행위를 하여서는 아니 된다. 다만, 군사목적을 위하여 필요한 경우, 천재지변 또는 이에 준하는 대통령령이 정하는 재해가 발생하여 긴급한 조치가 필요한 경우에는 그러하지 아니하다(제16조).

1. 「물환경보전법」 제2조의 규정에 의한 특정수질유해물질, 폐기물관리법 제2조의 규정에 의한 폐기물 또는 「화학물질관리법」 제2조에 따른 유독물질을 버리는 행위
2. 환경부령이 정하는 인화물질을 소지하거나 환경부장관이 지정하는 장소 외에서 취사 또는 야영을 하는 행위(핵심구역 및 완충구역에 한한다)
3. 자연환경보전에 관한 안내판 그 밖의 표지물을 오손 또는 훼손하거나 이전하는 행위
4. 그 밖에 생태·경관보전지역의 보전을 위하여 금지하여야 할 행위로서 풀·나무의 채취 및 벌채 등 대통령령이 정하는 행위

(3) 생태·경관보전지역의 출입제한

환경부장관은 다음 각 호의 어느 하나에 해당하는 경우에는 생태·경관보전지역의 전부 또는 일부에 대한 출입을 일정 기간 제한하거나 금지할 수 있다(제16조의2 ①).

1. 자연생태계와 자연경관 등 생태·경관보전지역의 보호를 위하여 특별히 필요하다고 인정되는 경우
2. 자연적 또는 인위적인 요인으로 훼손된 자연환경의 회복을 위한 경우
3. 생태·경관보전지역을 출입하는 자의 안전을 위한 경우

제1항에도 불구하고 다음 각 호의 어느 하나에 해당하는 사람은 생태·경관보전지역을 출입할 수 있다(동조 ②).

1. 일상적 농림수산업의 영위 등 생활영위를 위하여 출입하는 해당 지역주민

2. 생태 · 경관보전지역을 보전하기 위한 사업을 하기 위하여 출입하는 사람
3. 군사상 목적으로 출입하는 사람
4. 「자연재해대책법」 제2조 제2호에 따른 자연재해의 예방 · 응급대책 및 복구 등을 위한 활동 및 구호 등에 필요한 조치를 위하여 출입하는 사람
5. 「국유림의 경영 및 관리에 관한 법률」에 따른 국유림 경영 · 관리 목적으로 출입하는 사람
6. 「산림자원의 조성 및 관리에 관한 법률」에 따른 산림경영계획 및 산림보호와 「산림보호법」에 따른 산림유전자원보호구역의 보전 · 관리를 위하여 출입하는 사람
7. 그 밖에 생태 · 경관보전지역의 보전 또는 관리에 지장이 없는 행위로서 대통령령으로 정하는 행위를 하기 위하여 출입하는 사람

환경부장관은 제1항에 따라 출입을 제한하거나 금지하려면 미리 해당 지역의 위치 · 면적, 출입의 제한기간 또는 금지기간, 그 밖에 환경부령으로 정하는 사항을 고시하여야 한다(동조 ③). 환경부장관은 출입의 제한 또는 금지 사유가 소멸되었다고 인정하는 경우에는 지체 없이 그 출입의 제한 또는 금지를 해제하고 그 사실을 고시하여야 한다(동조 ④).

(4) 중지명령 등

환경부장관은 생태 · 경관보전지역 안에서 제15조 제1항의 규정에 위반되는 행위를 한 사람에 대하여 그 행위의 중지를 명하거나 상당한 기간을 정하여 원상회복을 명할 수 있다. 다만, 원상회복이 곤란한 경우에는 대체자연의 조성 등 이에 상응하는 조치를 하도록 명할 수 있다(제17조).

(5) 시 · 도 생태 · 경관보전지역의 행위제한 등

시 · 도지사는 제15조 내지 제17조의 규정에 준하여 당해 지방자치단체가 정하는 조례에 따라 시 · 도 생태 · 경관보전지역의 보전 · 관리를 위하여 필요한 조치를 할 수 있다(제26조).

5. 토지 등의 확보 및 매수

(1) 자연생태 · 자연경관의 보전을 위한 토지 등의 확보

환경부장관은 생태 · 경관보전지역, 생태적 가치가 우수하거나 자연경관이 수려하여 생태 · 경관보전지역으로 지정할 필요가 있다고 인정되는 지역에 소재하는 국유의 토지 · 건축물 그 밖에 그 토지에 정착된 물건(이하 "토지 등"이라 한다)이 군사

목적 또는 문화재의 보호목적 등으로 사용할 필요가 없게 되는 경우에는 국방부장관·문화재청장 등 당해 토지 등의 관리권을 보유하고 있는 중앙행정기관의 장에게 「국유재산법」 제15조의 규정에 의한 관리환(管理換)을 요청할 수 있다(제18조 ①).[7] 그리고 환경부장관은 제1항의 규정에 의한 관리환의 대상이 되는 토지 등을 선정하기 위하여 대통령령이 정하는 바에 의하여 국방부장관·문화재청장 등 관계중앙행정기관의 장과 협의하여 토지 등에 대한 조사를 할 수 있다(동조 ②).

(2) 생태 · 경관보전지역 등의 토지 등의 매수

환경부장관은 생태·경관보전지역 및 자연유보지역의 생태계를 보전하기 위하여 필요한 경우에는 동 지역의 토지 등을 그 소유자와 협의하여 매수할 수 있으며(제19조 ①), 토지 등을 매수하는 경우의 매수가격은 공익사업을위한토지등의취득및보상에관한법률에 의하여 산정한 가액에 의한다(동조 ②).

6. 생태 · 경관보전지역의 주민지원 및 우선이용, 생물권 보전지역의 지원 등

환경부장관은 생태·경관보전지역에 수질오염 등의 영향을 직접 미칠 수 있는 지역(이하 "인접지역")에서 그 지역의 주민이 주택을 증축하는 등의 경우 「하수도법」의 규정에 따른 개인하수처리시설 및 분뇨처리시설을 설치하는 경비의 전부 또는 일부를 지원할 수 있으며(제20조 ①), 생태·경관보전지역 및 인접지역에 대한 지원의 절차·방법 등 필요한 사항은 대통령령으로 정한다(동조 ③). 또한 환경부장관은 생태·경관보전지역 및 인접지역에 대하여 우선적으로 오수 및 폐수의 처리를 위한 지원방안을 수립하여야 하며, 이 경우 지원에 필요한 조치 및 환경친화적 농·임·어업의 육성을 위하여 필요한 조치를 하도록 관계중앙행정기관의 장 또는 당해 지방자치단체의 장에게 요청할 수 있다(동조 ②).

한편, 환경부장관은 관계중앙행정기관의 장 및 지방자치단체의 장과 협의하여 생태경관보전지역의 주민이 당해 생태·경관보전지역을 우선하여 이용할 수 있도록 하여야 하며, 다만, 토지소유자 등 이해관계인이 있는 경우에는 그와 합의가 이루어진 때에 한한다(제21조 ①). 그리고 생태·경관보전지역을 이용하는 지역주민은 그 보전을 위하여 노력하여야 한다(동조 ②).

그리고 관계 행정기관의 장은 유네스코가 선정한 생물권보전지역의 보전 및

---

7) 다만, 징발재산정리에관한특별조치법 제20조 및 제20조의2의 규정과 국가보위에관한특별조치법제5조제4항에의한동원대상지역내의토지의수용·사용에관한특별조치령에의하여수용·사용된토지의정리에관한특별조치법 제2조 및 제3조의 규정에 의한 토지는 그러하지 아니하다(제18조 ① 단서).

관리를 위하여 필요한 재정적 지원을 할 수 있다(제21조의2).

7. 자연유보지역

'자연유보지역'이라 함은 사람의 접근이 사실상 불가능하여 생태계의 훼손이 방지되고 있는 지역 중 군사상의 목적으로 이용되는 외에는 특별한 용도로 사용되지 아니하는 무인도로서 대통령령이 정하는 지역과 관할권이 대한민국에 속하는 날부터 2년간의 비무장지대를 말한다(제2조 제13호). 자연유보지역을 두는 이유는 생태·경관보전지역의 지정·관리만으로 자연환경보전의 목적을 달성할 수 없는 영역이 있을 수 있기 때문이다. 자연유보지역을 지정하여 관리하는 것은 사람의 접근이 어려운 특수한 자연환경지역을 특별히 보전하기 위한 별도의 보완책이라고 할 수 있다.

동법은 환경부장관으로 하여금 자연유보지역에 대하여 관계중앙행정기관의 장 및 관할 시·도지사와 협의하여 생태계의 보전과 자연환경의 지속가능한 이용을 위한 종합계획 또는 방침을 수립하도록 의무를 부과하고 있다(제22조 ①). 그리고 자연유보지역의 행위제한 및 중지명령 등에 관하여는 제15조 제1항·제2항·제5항, 제16조 및 제17조의 규정을 준용하며(동조 ② 본문), 다만 비무장지대 안에서 남·북한간의 합의에 의하여 실시하는 평화적 이용사업과 통일부장관이 환경부장관과 협의하여 실시하는 통일정책관련사업에 대하여는 그러하지 아니하다(동조 ② 단서).

8. 자연경관의 보전

「환경정책기본법」에서는 '자연환경'의 정의에 자연경관도 포함하고 있는바, 이에 대한 보전대책 또한 마련되어야 한다. '자연경관'이라 함은 자연환경적 측면에서 시각적·심미적인 가치를 가지는 지역·지형 및 이에 부속된 자연요소 또는 사물이 복합적으로 어우러진 자연의 경치를 말한다(제2조 제10호). 「자연환경보전법」에서는 자연경관의 보전에 관한 조항을 두고 있다.

관계중앙행정기관의 장 및 지방자치단체의 장은 경관적 가치가 높은 해안선 등 주요 경관요소가 훼손되거나 시계(視界)가 차단되지 아니하도록 노력하여야 한다(제27조 ①). 그리고 지방자치단체의 장은 조례가 정하는 바에 따라 각종 사업을 시행함에 있어서 자연경관을 보전할 수 있도록 필요한 조치를 하여야 한다(동조 ②). 한편, 환경부장관은 자연경관을 보전하기 위하여 필요한 지침을 작성하여 관계행정기관의 장 및 지방자치단체의 장에게 통보할 수 있다(동조 ③).

9. 자연경관영향의 협의 등(자연경관심의제도)

그동안 대규모 개발사업 등을 시행하는 경우 주변의 자연경관과의 조화 여부를 고려하지 아니하고 무분별하게 개발이 이루어져 온 경향이 있었다. 지금도 각 지방자치단체마다 산이나 강, 해안가 등 자연경관이 빼어난 지역을 중심으로 대규모 관광·레저시설이나 해양리조트시설 등 각종 대형 개발계획들이 추진되고 있어 대규모 개발사업 등으로 인한 자연경관의 훼손이 우려되고 있다. 이와 같은 자연경관의 훼손을 사전에 방지하기 위하여 「자연환경보전법」에서는 산이나 강, 해안가 등 자연경관이 빼어난 지역에서 이루어지는 개발사업 등에 대하여 자연경관과의 조화 여부 등을 심의·검토하도록 하는 자연경관심의제도를 도입하였다.

자연경관심의제도는 건축·시설물 등의 높이와 모양, 색채, 스카이라인 유지, 환기통로 등 전 부문에 걸쳐 사전에 경관시뮬레이션을 실시하고 이를 토대로 개발사업 등이 자연경관을 해치지 않도록 사전에 심의·검토하는 것을 말한다. 예컨대, 건축물이 주변 산의 스카이라인에 어울리지 않아 자연경관을 해치는 경우 해당지역 건축물의 층수나 면적 등을 제한할 수 있게 된다. 심의대상으로는 전략환경영향평가대상계획, 환경영향평가 및 소규모 환경영향평가의 대상사업 중 자연경관법정보전지역(자연공원, 습지보전지역, 생태경관보전지역)에서 일정거리 이내에서 추진되는 개발사업과 그 외 자연경관에 미치는 영향이 크다고 판단되는 개발사업 등이다.

관계행정기관의 장 및 지방자치단체의 장은 다음 각 호의 어느 하나에 해당하는 개발사업 등으로서 「환경영향평가법」 제9조에 따른 전략환경영향평가 대상계획, 같은 법 제22조에 따른 환경영향평가 대상사업, 또는 같은 법 제43조에 따른 소규모 환경영향평가 대상사업에 해당하는 개발사업 등에 대한 인·허가 등을 하고자 하는 때에는 당해 개발사업 등이 자연경관에 미치는 영향 및 보전방안 등을 전략환경영향평가 협의, 환경영향평가 협의 또는 소규모 환경영향평가 협의 내용에 포함하여 환경부장관 또는 지방환경관서의 장과 협의를 하여야 한다(제28조 ①).

① ㉠ 자연공원법 제2조 제1호의 규정에 의한 자연공원, ㉡ 습지보전법 제8조의 규정에 의하여 지정된 습지보호지역, ㉢ 생태·경관보전지역의 어느 하나에 해당하는 지역으로부터 대통령령이 정하는 거리[8] 이내의 지역에서의 개발사업 등

8) 시행령 [별표 1] 자연경관영향의 협의대상이 되는 거리(제20조 제1항 관련)

② 제1호 외의 개발사업 등으로서 자연경관에 미치는 영향이 크다고 판단되어 대통령령이 정하는 개발사업 등

환경부장관 또는 지방환경관서의 장은 제1항의 규정에 의하여 협의를 요청받은 경우에는 당해 개발사업 등이 자연경관에 미치는 영향 및 보전방안 등에 대하여 환경부장관은 중앙환경정책위원회의 심의를, 지방환경관서의 장은 제29조의 규정에 의한 자연경관심의위원회의 심의를 거쳐야 한다(동조 ②).

지방자치단체의 장은 제1항 각 호의 개발사업 등으로서 환경영향평가 협의 및 소규모환경영향평가 협의 대상사업이 아닌 개발사업 등과 그 밖에 자연경관에 미치는 영향이 크다고 판단되어 지방자치단체의 조례로 정하는 개발사업 등에 대하여 인·허가 등을 하고자 하는 때에는 환경부령이 정하는 자연경관에 관한 검토기준을 따라야 한다. 다만, 국토의계획및이용에관한법률 제59조의 규정에 의한 지방도시계획위원회의 심의를 거치는 경우 등 대통령령이 정하는 경우에는 그러하지 아니하다(동조 ③).

지방환경관서의 장이 제28조의 규정에 의한 협의를 요청받는 경우 이에 관한 전문적이고 효율적인 검토·심의를 위하여 지방환경관서의 장 소속하에 자연경관심의위원회를 두며(제29조 ①), 자연경관심의위원회의 구성·운영 등에 관하여 필요한 사항은 대통령령으로 정한다(동조 ②).

---

1. 일반기준

구분		경계로부터의 거리
자연공원	최고봉 1200m 이상	2,000m
	최고봉 700m 이상	1,500m
	최고봉 700m 미만 또는 해상형	1,000m
습지보호지역		300m
생태·경관보전지역	최고봉 700m 이상	1,000m
	최고봉 700m 이하 또는 해상형	500m

비고
생태·경관보전지역이 습지보호지역과 중복되는 경우에는 습지보호지역의 거리기준을 우선 적용한다.

2. 도시지역 및 관리지역(계획관리지역에 한한다)의 거리기준
제1호의 일반기준에 불구하고 법 제28조 제1항 제1호의 규정에 따른 자연공원, 습지보호지역 및 생태·경관보전지역이 「국토의 계획 및 이용에 관한 법률」 제36조 제1항의 규정에 따른 도시지역 및 관리지역(계획관리지역에 한한다)에 위치한 경우에는 경계로부터의 거리를 300미터로 한다.

Ⅳ. 생물다양성의 보전

1. 개 설

'생물다양성'이라 함은 육상생태계 및 수생생태계(해양생태계를 제외한다)와 이들의 복합생태계를 포함하는 모든 원천에서 발생한 생물체의 다양성을 말하며, 종내(種內)·종간(種間) 및 생태계의 다양성을 포함한다(제2조 제7호). 이러한 생물다양성은 유전자·생물종·생태계의 다양성을 종합한 개념으로 생명의 궁극적인 원천이며 인간과 생태계 등 경제개발에 필요 불가결한 생명부양시스템을 유지하는 필수적인 자원이다. 오늘날 인간이 음식물과 의약품, 특히 근래 유전공학의 성과로서 산업·농업분야의 산물들을 생물다양성의 구성요소로부터 얻어내고 있는 점은 생물다양성의 중요성을 다시 한번 인식시켜 준다.

그런데 오늘날 각종개발과 환경오염으로 인한 생태계의 파괴로 말미암아 생물종이 급격하게 감소하고 있다.[9] 생물다양성의 감소는 회복이 불가능한 비가역적인 현상이며, 우리가 살고 있는 쾌적한 환경과 생활의 터전을 상실하게 되는 것을 의미한다. 생물다양성 내지 생물자원을 보전한다는 것은 인류의 미래생존을 위해 필수적인 과제가 되었다.

그리하여 생물다양성의 보전과 지속가능한 이용을 목적으로 1992년 리우에서 개최된 유엔환경개발회의(UNCED)에서 생물다양성협약(Convention on Biological Diversity)이 채택되었다. 우리나라는 1994년 10월에 정식으로 가입하였는데, 생물다양성 보전을 위한 국내조치의 일환으로서 생물다양성의 보전에 관한 내용이 자연환경보전법에 규정되게 되었고, 생물다양성 보전과 생물자원의 지속가능한 이용 정책을 보다 체계적으로 추진하기 위하여 2012. 2. 1. 「생물다양성 보전 및 이용에 관한 법률」이 제정되었다.

2. 자연환경조사

자연환경의 상황에 대한 정확한 조사·파악은 각종 환경보전정책을 세우는데 있어 가장 기초가 되는 부분으로서, 생물종 보전 및 서식지 보전이 모두 이 조사를 토대로 이루어질 뿐만 아니라, 다양한 개발계획의 수립이나 개발사업의 시행이

---

9) 지구상의 야생동물은 1,300백만~1,400백만 종으로 추정되나 인간에게 알려진 것은 약 13%에 불과하다. 이러한 생물다양성은 개발 및 오염에 의해 매년 2만 5천~5만 종이 사라져가고 있고, 향후 20~30년 내에 지구 전체 생물종의 25%가 멸종될 것으로 예측하고 있다.

친환경적인 공간이용인지 여부를 판단하는 중요한 토대가 된다.

현행 자연환경조사·연구는 크게 전국자연환경조사, 우수생태계 정밀조사, 멸종위기 야생생물 전국 분포조사 등으로 구분할 수 있으며, 국립생태원과 국립생물자원관을 주축으로 수행되고 있다. 전국자연환경조사는 「자연환경보전법」 제30조 제1항의 규정에 의해 1986년부터 실시하고 있는 전국단위의 자연환경분야 종합조사로서, 제1차 전국자연환경조사는 1986년부터 1990년까지 실시하여 전국의 녹지자연도를 제작하였으며, 제2차 조사(1997~2005년)부터는 생태·자연도 및 자연환경 GIS DB를 구축하여 제3차 조사(2006~2013년), 제4차 조사(2014~2018년), 제5차 조사(2019~2023년)를 통해 지속적으로 갱신해 나가고 있다.[10)]

「자연환경보전법」의 내용을 보면, 환경부장관은 관계중앙행정기관의 장과 협조하여 5년마다 전국의 자연환경을 조사하여야 하며(제30조 ①), 생태·자연도에서 1등급 권역으로 분류된 지역과 자연상태의 변화를 특별히 파악할 필요가 있다고 인정되는 지역에 대하여 2년마다 자연환경을 조사할 수 있다(동조 ②). 지방자치단체의 장은 당해 지방자치단체의 조례가 정하는 바에 의하여 관할구역의 자연환경을 조사할 수 있고(동조 ③), 이렇게 자연환경을 조사한 경우에는 조사계획 및 조사결과를 환경부장관에게 보고하여야 한다(동조 ④). 자연환경조사의 내용·방법 기타 필요한 사항은 대통령령으로 정하도록 되어 있다(동조 ⑤).

한편, 환경부장관은 자연환경조사결과 새롭게 파악된 생태계로서 특별히 조사하여 관리할 필요가 있다고 판단되는 경우에는 그 생태계에 대한 정밀조사계획을 수립·시행하여야 하며(제31조 ①), 조사를 실시한 지역 중에서 자연적 또는 인위적 요인으로 인한 생태계의 변화가 뚜렷하다고 인정되는 지역에 대하여는 보완조사를 실시할 수 있고(동조 ②), 자연적 또는 인위적 요인으로 인한 생태계의 변화내용을 지속적으로 관찰하여야 한다(동조 ③). 그리고 지방자치단체의 장은 당해 지방자치단체의 조례가 정하는 바에 의하여 관할구역에 대한 제1항 내지 제3항의 규정에 의한 조사 및 관찰을 실시할 수 있다(동조 ④).

3. 생태·자연도의 작성·활용

위와 같은 자연환경조사를 토대로 전국의 자연환경에 대한 생태·자연도가 작성된다. '생태·자연도'라 함은 산·하천·습지·호소·농지·도시·해양 등에 대하여 자연환경을 생태적 가치, 자연성, 경관적 가치 등에 따라 등급화하여 제34조의

10) 환경부, 환경백서 2022, 244쪽.

규정에 의하여 작성된 지도를 말한다(제2조 제14호). 「자연환경보전법」은 생태·자연도를 각종 개발계획의 수립이나 시행에 활용할 수 있도록 하고 있다. 동법은 환경부장관으로 하여금 각종 토지이용 및 개발계획의 수립이나 시행에 활용할 수 있도록 하기 위하여 제30조 및 제31조의 규정에 의한 조사결과를 기초로 하여 전국의 생태·자연도를 작성하도록 하고 있다. 환경부장관은 전국의 자연환경을 [표 8-1]과 같이 구분하여 생태·자연도를 작성해야 한다(제34조 ①).

환경부장관은 생태·자연도를 효율적으로 활용하기 위하여 제1항 제1호 내지 제3호의 권역을 환경부령이 정하는 바에 따라 세부등급을 정하여 작성할 수 있다(동조 ②). 또한, 환경부장관은 생태·자연도를 작성함에 있어 관계중앙행정기관의 장 또는 지방자치단체의 장에게 필요한 자료 또는 전문인력의 협조를 요청할 수 있으며, 군사목적상 불가피한 경우를 제외하고는 관계중앙행정기관의 장 및 지방자치단체의 장은 대통령령이 정하는 바에 의하여 자료의 요청에 협조하여야 한다(동조 ③). 생태·자연도는 2만 5천분의 1 이상의 지도에 실선으로 표시하여야 하며, 그 밖에 생태·자연도의 작성기준 및 작성방법 등 작성에 필요한 사항과 제1항의 규정에 의한 생태·자연도의 활용대상 및 방법에 관하여 필요한 사항은 대통령령[11]으로 정한다(동조 ④). 환경부장관은 생태·자연도를 작성하는 때에는 14일 이상 국민의 열람을 거쳐 작성하여야 하며, 작성된 생태·자연도는 관계중앙행정기관의장 및 해당 지방자치단체의 장에게 통보하고 고시하여야 한다(동조 ⑤).

---

11) 시행령 제28조(생태·자연도의 활용대상 등) ①법 제34조 제4항의 규정에 따른 생태·자연도의 활용대상은 다음 각 호와 같다. <개정 2008. 12. 24., 2012. 7. 20., 2021. 7. 6.>

1. 「환경정책기본법」 제14조 및 제18조에 따른 국가환경종합계획 및 시·도 환경계획
2. 「환경영향평가법」 제9조 및 제43조에 따른 전략환경영향평가협의 대상계획 및 소규모 환경영향평가 대상사업
3. 「환경영향평가법」 제22조에 따른 영향평가 대상사업
4. 그 밖에 중앙행정기관의 장 또는 지방자치단체의 장이 수립하는 개발계획 중 특별히 생태계의 훼손이 우려되는 개발계획

② 환경부장관, 관계 중앙행정기관의 장 또는 지방자치단체의 장은 제1항 각 호의 어느 하나에 해당하는 계획을 수립하거나 개발사업에 대한 협의를 하고자 할 때에는 생태·자연도의 등급권역별로 다음 각 호의 기준을 고려하여야 하며, 환경부장관은 이를 위하여 생태·자연도를 제공하여야 한다.

1. 1등급 권역 : 자연환경의 보전 및 복원
2. 2등급 권역 : 자연환경의 보전 및 개발·이용에 따른 훼손의 최소화
3. 3등급 권역 : 체계적인 개발 및 이용

[표 8-1] 생태·자연도의 권역 구분

1. 1등급 권역	가. 「야생생물보호 및 관리에 관한 법률」 제2조 제2호에 따른 멸종위기야생생물의 주된 서식지·도래지 및 주요 생태축 또는 생태통로가 되는 지역 나. 생태계가 특히 우수하거나 경관이 특히 수려한 지역 다. 생물의 지리적 분포한계에 위치하는 생태계 지역 또는 주요 식생의 유형을 대표하는 지역 라. 생물다양성이 특히 풍부하고 보전가치가 큰 생물자원이 존재·분포하고 있는 지역 마. 그 밖에 가목부터 라목에 준하는 생태적 가치가 있는 지역으로서 대통령령이 정하는 기준에 해당하는 지역
2. 2등급 권역	제1호 각 목에 준하는 지역으로서 장차 보전의 가치가 있는 지역 또는 1등급 권역의 외부지역으로서 1등급 권역의 보호를 위하여 필요한 지역
3. 3등급 권역	1등급 권역, 2등급 권역 및 별도관리지역으로 분류된 지역외의 지역으로서 개발 또는 이용의 대상이 되는 지역
4. 별도 관리지역	다른 법률의 규정에 의하여 보전되는 지역 중 역사적·문화적·경관적 가치가 있는 지역이거나 도시의 녹지보전 등을 위하여 관리되고 있는 지역으로서 대통령령이 정하는 지역

[판례 1] 환경부장관이 생태·자연도 1등급으로 지정되었던 지역을 2등급 또는 3등급으로 변경하는 내용의 생태·자연도 수정·보완을 고시하자, 인근 주민 갑이 생태·자연도 등급변경처분의 무효 확인을 청구한 사안에서, 생태·자연도의 작성 및 등급변경의 근거가 되는 구 자연환경보전법(2011. 7. 28. 법률 제10977호로 개정되기 전의 것) 제34조 제1항 및 그 시행령 제27조 제1항, 제2항에 의하면, 생태·자연도는 토지이용 및 개발계획의 수립이나 시행에 활용하여 자연환경을 체계적으로 보전·관리하기 위한 것일 뿐, 1등급 권역의 인근 주민들이 가지는 생활상 이익을 직접적이고 구체적으로 보호하기 위한 것이 아님이 명백하고, 1등급 권역의 인근 주민들이 가지는 이익은 환경보호라는 공공의 이익이 달성됨에 따라 반사적으로 얻게 되는 이익에 불과하므로, 인근 주민에 불과한 갑은 생태·자연도 등급권역을 1등급에서 일부는 2등급으로, 일부는 3등급으로 변경한 결정의 무효 확인을 구할 원고적격이 없다고 본 원심판단을 수긍한 사례(대법원 2014. 2. 21. 선고 2011두29052 판결[생태자연도등급조정처분무효확인]).

[판례 2] [1] 구 주택건설촉진법 제33조에 의한 주택건설사업계획 승인의 법적 성질(=재량행위) 및 법규에 명문의 근거가 없어도 국토 및 자연의 유지와 환경보전 등 공익상 필요를 이유로 그 승인신청을 불허가할 수 있는지 여부(적극) : 구 주택건설촉진법(2003. 5. 29. 법률 제6916호 주택법으로 전문 개정되기 전의 것) 제33조에 의한 주택건설사업계획의 승인은 상대방에게 권리나 이익을 부여하는 효과를 수반하는 이른바 수익적 행정처분으로서 법령에 행정처분의 요건에 관하여 일의적으로 규정되어 있지 아니한 이상 행정청의 재량행위에 속하므로, 이러한 승인을 받으려는 주택건설사업계획이 관계 법령이

정하는 제한에 배치되는 경우는 물론이고 그러한 제한사유가 없는 경우에도 공익상 필요가 있으면 처분권자는 그 승인신청에 대하여 불허가 결정을 할 수 있으며, 여기에서 말하는 '공익상 필요'에는 자연환경보전의 필요도 포함된다. 특히 산림의 훼손은 국토 및 자연의 유지와 수질 등 환경의 보전에 직접적으로 영향을 미치는 행위이므로, 법령이 규정하는 산림훼손 금지 또는 제한 지역에 해당하는 경우는 물론이고 금지 또는 제한 지역에 해당하지 않더라도 허가관청은 산림훼손허가신청 대상토지의 현상과 위치 및 주위의 상황 등을 고려하여 국토 및 자연의 유지와 환경의 보전 등 중대한 공익상 필요가 있다고 인정될 때에는 허가를 거부할 수 있고, 그 경우 법규에 명문의 근거가 없더라도 거부처분을 할 수 있다. [2] 서울특별시 도시계획조례 및 그 시행규칙에 의하여 각종 도시계획의 입안과 자연환경보전법에 따른 생태계 보전지역의 설정 및 관리의 기초자료로 활용할 목적으로 서울특별시 전역에 대한 생태 현황을 조사하여 만든 도시생태현황도(비오톱맵)의 내용도 주택건설사업계획의 승인에 대한 불허가처분의 근거자료 내지 참고자료로 사용한 것이 법치행정의 원칙에 어긋나지 않는다고 한 사례(대법원 2007. 5. 10. 선고 2005두13315 판결[주택건설사업계획승인신청서반려처분취소])

4. 도시생태현황지도의 작성 · 활용

특별시장 · 광역시장 · 특별자치시장 · 특별자치도지사 또는 시장(「지방자치법」 제2조제1항제2호에 따른 시의 장을 말한다. 이하 이 조에서 같다)은 환경부장관이 작성한 생태 · 자연도를 기초로 관할 도시지역의 상세한 생태 · 자연도(이하 "도시생태현황지도"라 한다)를 작성하고, 도시환경의 변화를 반영하여 5년마다 다시 작성하여야 한다. 이 경우 도시생태현황지도는 5천분의 1 이상의 지도에 표시하여야 한다(제34조의2 ①). 특별시장 · 광역시장 · 특별자치시장 · 특별자치도지사 또는 시장(이하 "도시생태현황지도 작성 지방자치단체의 장"이라 한다)은 도시생태현황지도를 작성하기 위하여 관계 행정기관의 장에게 필요한 자료의 제공을 요청할 수 있다(동조 ②). 제2항에 따른 요청을 받은 관계 행정기관의 장은 특별한 사유가 없으면 이에 따라야 한다(동조 ③). 도시생태현황지도 작성 지방자치단체의 장은 도시생태현황지도를 환경부장관에게 제출하여야 한다(동조 ④). 환경부장관 또는 도지사는 도시생태현황지도 작성 지방자치단체의 장에게 그 작성에 필요한 비용의 일부를 지원할 수 있다(동조 ⑤).

5. 생태계 보전대책 및 국제협력

정부는 생물다양성의 보전 및 지속가능한 이용, 생물자원의 적절한 관리와 국가가 가입한 생물다양성에관한협약·멸종위기종국제거래협약 및 물새서식처로서국제적으로중요한습지에관한협약(이하 "생물다양성에관한협약등"이라 한다)의 이행에 필요한 시책을 수립·시행하여야 한다(제35조 ①). 정부는 생물다양성에관한협약등과 관련된 국제기구 및 외국정부와 협조하여 자연환경보전을 위한 기술·정보 등의 교환에 노력하여야 한다(동조 ②).

Ⅴ. 자연자산의 관리

1. 자연환경보전·이용시설의 설치·운영

관계중앙행정기관의 장 및 지방자치단체의장은 자연환경보전 및 자연환경의 건전한 이용을 위한 시설, 즉 자연환경보전·이용시설을 설치할 수 있는데, 다음과 같은 시설을 말한다(제38조 ①).

1. 자연환경을 보전하거나 훼손을 방지하기 위한 시설
2. 훼손된 자연환경을 복원 또는 복구하기 위한 시설
3. 자연환경보전에 관한 안내시설, 생태관찰을 위한 나무다리 등 자연환경을 이용하거나 관찰하기 위한 시설
4. 자연보전관·자연학습원 등 자연환경을 보전·이용하기 위한 교육·홍보시설 또는 관리시설
5. 그 밖의 자연자산을 보호하기 위한 시설

관계중앙행정기관의 장 및 지방자치단체의 장은 제1항의 규정에 의하여 자연환경보전·이용시설을 설치·운영하고자 하는 경우에는 환경부령이 정하는 바에 의하여 설치에 관한 계획을 수립하고 이를 고시하여야 하며(동조 ②), 자연환경보전·이용시설을 이용하는 사람으로부터 유지·관리비용 등을 고려하여 이용료를 징수할 수 있다. 다만, 자연공원법에 의하여 지정된 공원구역은 자연공원법이 정하는 바에 의한다(동조 ③). 이용료의 금액·징수절차 및 면제에 관하여 필요한 사항은 환경부령으로 정한다(동조 ④).

2. 자연휴식지의 지정·관리

지방자치단체의 장은 다른 법률에 의하여 공원·관광단지·자연휴양림 등으로 지정되지 아니한 지역 중에서 생태적·경관적 가치 등이 높고 자연탐방·생태교육 등을 위하여 활용하기에 적합한 장소를 대통령령이 정하는 바에 따라 자연휴식지

로 지정할 수 있다. 이 경우 사유지에 대하여는 미리 토지소유자 등의 의견을 들어야 한다(제39조 ①). 지방자치단체의 장은 자연휴식지의 효율적 관리를 위하여 자연휴식지를 이용하는 사람으로부터 유지·관리비용 등을 고려하여 조례가 정하는 바에 따라 이용료를 징수할 수 있다. 다만, 자연휴식지로 지정된 후 다른 법률의 규정에 의하여 공원·관광단지·자연휴양림 등으로 지정된 경우에는 그러하지 아니하다(동조 ②). 자연휴식지의 관리 그 밖에 필요한 사항은 당해 지방자치단체의 조례로 정한다(동조 ③).

3. 공공용으로 이용되는 자연의 훼손방지

지방자치단체의 장은 다음 각 호의 어느 하나에 해당하는 경우에 생태적·경관적 가치 등의 훼손을 방지하기 위하여 당해 지방자치단체의 조례가 정하는 바에 따라 입목의 벌채 또는 토지의 형질변경을 제한하거나 출입·취사·야영행위를 제한할 수 있다(제40조).

1. 해수욕장 등 공공용으로 이용되고 있는 장소에 인접한 숲으로서 훼손되는 경우 공공용으로 이용되는 장소의 가치가 크게 감소되거나 상실되는 경우
2. 도로 또는 철도변에 있는 숲·거목 등으로서 훼손되는 경우 경관적 가치가 크게 상실되는 경우
3. 그 밖에 제1호 또는 제2호에 준하는 경우로서 대통령령이 정하는 기준에 해당하는 경우

4. 생태관광의 육성

환경부장관은 생태관광을 육성하기 위하여 문화체육관광부장관과 협의하여 환경적으로 보전가치가 있고 생태계 보호의 중요성을 체험·교육할 수 있는 지역을 지정할 수 있다(제41조 ①). 환경부장관은 제1항에 따라 지정받은 지역(이하 "생태관광지역"이라 한다)을 관할하는 지방자치단체에 대하여 예산의 범위에서 생태관광지역의 관리·운영에 필요한 비용의 전부 또는 일부를 보조할 수 있다(동조 ②). 환경부장관은 문화체육관광부장관 및 지방자치단체의 장과 협조하여 생태관광에 필요한 교육, 생태관광자원의 조사·발굴 및 국민의 건전한 이용을 위한 시설의 설치·관리를 위한 계획을 수립·시행하거나 지방자치단체의 장에게 권고할 수 있다(동조 ③).

5. 생태마을의 지정 등

'생태마을'이라 함은 생태적 기능과 수려한 자연경관을 보유하고 이를 지속가능하게 보전·이용할 수 있는 역량을 가진 마을로서 환경부장관 또는 지방자치단체의 장이 제42조의 규정에 의하여 지정한 마을을 말하는데(제2조 제17호), 동법에서는 자연생태계를 잘 보전하고 있는 마을을 생태마을로 지정하여 상·하수도 등 공공시설 설치와 주민소득 증대사업 등을 우선적으로 지원할 수 있도록 하였다.

환경부장관 또는 지방자치단체의 장은 다음 각 호의 어느 하나에 해당하는 마을을 생태마을로 지정할 수 있다(제42조 ①).

1. 생태·경관보전지역안의 마을
2. 생태·경관보전지역밖의 지역으로서 생태적 기능과 수려한 자연경관을 보유하고 있는 마을. 다만, 산림기본법 제28조의 규정에 의하여 지정된 산촌진흥지역의 마을을 제외한다.

환경부장관 또는 지방자치단체의 장은 제1항의 규정에 의하여 생태마을을 지정한 때에는 공공시설 등 당해 지역주민을 위한 편의시설의 설치 및 주민소득증대 방안을 우선적으로 강구·시행하여야 한다(동조 ②).

환경부장관 또는 지방자치단체의 장은 제1항에 따라 지정된 생태마을이 도시개발 등으로 인하여 생태적 기능과 수려한 자연경관 등이 크게 훼손된 경우에는 생태마을의 지정을 해제할 수 있다(동조 ③). 환경부장관 또는 지방자치단체의 장은 제3항에 따라 지정을 해제하려면 청문을 하여야 한다(동조 ⑤).

6. 도시의 생태적 건전성 향상 등

국가 또는 지방자치단체는 도시의 생태적 건전성을 높이기 위하여 도시지역 중 훼손·방치된 지역을 복원하거나 다음 각 호의 지역이 훼손되지 아니하도록 노력하여야 한다(제43조 ①).

1. 제12조에 따른 생태·경관보전지역
2. 제34조 제1항 제1호에 따른 생태·자연도 1등급 권역
3. 「습지보전법」 제8조에 따른 습지보호지역
4. 「야생생물 보호 및 관리에 관한 법률」 제33조에 따른 야생생물보호구역
5. 「자연공원법」 제2조 제1호에 따른 자연공원

환경부장관은 도시의 자연환경보전 및 생태적 건전성 향상 등을 위하여 관계

중앙행정기관의 장과 협의하여 생태축의 설정, 생물다양성의 보전, 자연경관의 보전, 바람통로의 확보, 생태복원 등 자연환경보전 및 생태적 건전성에 관한 지침과 평가지표를 작성하여 관계행정기관의 장 및 지방자치단체의 장에게 권고할 수 있다(동조 ②).

시 · 도지사 또는 시장·군수·구청장은 도시지역 중 다음 각 호의 어느 하나에 해당하는 지역으로서 생태계의 연속성 유지 또는 생태적 기능의 향상을 위하여 특별히 복원이 필요하다고 인정되는 지역에 대하여 도시생태 복원사업을 할 수 있다. 이 경우 도시생태 복원사업 지역이 둘 이상의 지방자치단체에 걸치는 경우에는 그 지역을 관할하는 지방자치단체의 장이 공동으로 도시생태 복원사업을 할 수 있다(제43조의2 ①).

1. 도시생태축이 단절·훼손되어 연결·복원이 필요한 지역
2. 도시 내 자연환경이 훼손되어 시급히 복원이 필요한 지역
3. 건축물의 건축, 토지의 포장(鋪裝) 등 도시의 인공적인 조성으로 도시 내 생태면적(생태적 기능 또는 자연순환기능이 있는 토양면적을 말한다)의 확보가 필요한 지역
4. 그 밖에 환경부령으로 정하는 지역

7. 생태통로의 설치, 조사 등

'생태통로'라 함은 도로 · 댐 · 수중보(水中洑) · 하구둑 등으로 인하여 야생동 · 식물의 서식지가 단절되거나 훼손 또는 파괴되는 것을 방지하고 야생동 · 식물의 이동 등 생태계의 연속성 유지를 위하여 설치하는 인공 구조물 · 식생 등의 생태적 공간을 말하며(제2조 제9호), 국가 또는 지방자치단체는 개발사업등을 시행하거나 인 · 허가등을 함에 있어서 야생생물의 이동 및 생태적 연속성이 단절되지 아니하도록 생태통로 설치 등의 필요한 조치를 하거나 하게 하여야 한다(제45조 ①). 국가 또는 지방자치단체는 야생생물의 이동 및 생태적 연속성이 단절된 지역을 조사 · 연구하여 생태통로가 필요한 지역에 대하여 생태통로 설치계획을 수립 · 시행하여야 한다. 이 경우 생태통로가 필요한 지역에 위치한 도로 및 철도 등의 관리주체에게 생태통로 설치를 요청할 수 있으며 요청을 받은 자는 특별한 사유가 없으면 생태통로를 설치하여야 한다(동조 ②).

제1항 또는 제2항에 따라 생태통로를 설치하려는 자는 다음 각 호의 조사를 실시하여야 한다(동조 ③).

1. 야생생물 서식 종 현황
2. 개발사업 등의 시행으로 서식지가 단절될 우려가 있는 야생생물 종 현황
3. 차량사고 등 사고발생 우려가 높은 야생생물 종 현황
4. 그 밖에 「백두대간 보호에 관한 법률」 제2조 제1호에 따른 백두대간 등 주요 생태축과의 연결성에 관한 조사

제1항의 규정에 의한 생태통로의 설치대상지역, 야생동물의 특성에 따른 생태통로 등의 설치기준, 그 밖에 필요한 사항은 환경부령으로 정한다(동조 ④).

제45조 제1항 및 제2항에 따라 생태통로를 설치하거나 관리하고 있는 자(이하 "생태통로 설치·관리자"라 한다)는 생태통로가 적정하게 활용될 수 있도록 환경부령으로 정하는 주기 및 방법에 따라 조사를 실시하여야 한다(제45조의2 ①). 환경부장관은 생태통로 설치·관리자에게 생태통로의 설치·관리 현황, 제1항에 따른 조사 결과에 관한 자료를 제출하도록 요청할 수 있다. 이 경우 생태통로 설치·관리자는 특별한 사유가 없으면 요청받은 자료를 제출하여야 한다(동조 ②). 환경부장관은 제2항에 따른 자료를 환경부령으로 정하는 기준에 따라 평가하여 생태통로가 제대로 기능하지 못한다고 판단할 때에는 해당 생태통로 설치·관리자에게 개선조치를 하도록 요청할 수 있다. 이 경우 생태통로 설치·관리자는 특별한 사유가 없으면 요청받은 개선조치를 수행하여야 한다(동조 ③).

8. 자연환경복원사업

(1) 자연환경복원사업의 시행 등

환경부장관은 다음 각 호에 해당하는 조사 또는 관찰의 결과를 토대로 훼손된 지역의 생태적 가치, 복원 필요성 등의 기준에 따라 그 우선순위를 평가하여 자연환경복원이 필요한 대상지역의 후보목록(이하 "후보목록"이라 한다)을 작성하여야 한다(제45조의3 ①).

1. 제30조에 따른 자연환경조사
2. 제31조에 따른 정밀·보완조사 및 관찰
3. 제36조 제2항에 따른 기후변화 관련 생태계 조사
4. 「습지보전법」 제4조에 따른 습지조사
5. 그 밖에 대통령령으로 정하는 자연환경에 대한 조사

환경부장관은 후보목록에 포함된 지역을 대상으로 자연환경복원사업을 시행할 수 있다. 이 경우 환경부장관은 다른 사업과의 중복성 여부 등에 대하여 관계 행

정기관의 장과 미리 협의하여야 한다(동조 ②).

환경부장관은 다음 각 호의 어느 하나에 해당하는 자(이하 "자연환경복원사업 시행자"라 한다)에게 후보목록에 포함된 지역을 대상으로 자연환경복원사업의 시행에 필요한 조치를 할 것을 권고할 수 있고, 그 권고의 이행에 필요한 비용을 예산의 범위에서 지원할 수 있다(동조 ③).

1. 해당 지역을 관할하는 시·도지사 또는 시장·군수·구청장
2. 관계 법령에 따라 해당 지역에 관한 관리 권한을 가진 행정기관의 장
3. 관계 법령 또는 자치법규에 따라 해당 지역에 관한 관리 권한을 가지고 있거나 위임 또는 위탁받은 공공단체나 기관 또는 사인(私人)

제1항에 따른 우선순위 평가의 기준 및 후보목록의 작성에 필요한 사항은 대통령령으로 정한다(동조 ④).

(2) 자연환경복원사업계획의 수립 등

환경부장관 및 제45조의3 제3항의 권고에 따라 자연환경복원사업의 시행에 필요한 조치를 이행하려는 자연환경복원사업 시행자는 자연환경복원사업의 시행에 관한 계획(이하 "자연환경복원사업계획"이라 한다)을 수립하여야 한다(제45조의4 ①).

자연환경복원사업계획에는 다음 각 호의 내용이 포함되어야 한다(동조 ②).

1. 사업의 필요성과 복원 목표
2. 사업 대상지역의 위치 및 현황 분석, 사업기간, 총사업비
3. 주요 사용공법 및 전문가 활용 계획
4. 사업에 대한 점검·평가 및 유지관리 계획
5. 그 밖에 자연환경복원사업의 시행에 필요한 사항

자연환경복원사업 시행자는 자연환경복원사업계획을 수립한 경우 환경부장관의 승인을 받아야 한다. 승인받은 사항 중 환경부령으로 정하는 중요한 사항을 변경하려는 경우에도 또한 같다(동조 ③). 환경부장관 및 자연환경복원사업 시행자는 자연환경복원사업계획에 따라 자연환경복원사업을 시행하여야 하며, 환경부장관은 자연환경복원사업 시행자가 제3항의 승인을 받은 자연환경복원사업계획에 따라 자연환경복원사업을 시행하지 아니한 경우 제45조의3제3항에 따라 지원한 비용의 전부 또는 일부를 환수할 수 있다(동조 ⑥).

(3) 자연환경복원사업 추진실적의 보고·평가

자연환경복원사업 시행자는 자연환경복원사업계획에 따른 자연환경복원사업의 추진실적을 환경부장관에게 정기적으로 보고하여야 한다(제45조의5 ①). 환경부장관

은 제1항에 따라 보고받은 추진실적을 평가하여 그 결과에 따라 자연환경복원사업에 드는 비용을 차등하여 지원할 수 있다(동조 ②). 환경부장관은 제2항에 따른 평가를 효율적으로 시행하는 데 필요한 조사·분석 등을 관계 전문기관에 의뢰할 수 있다(동조 ③).

(4) 자연환경복원사업의 유지·관리

환경부장관 및 자연환경복원사업 시행자는 자연환경복원사업을 완료한 후 복원 목표의 달성 정도를 지속적으로 점검하고 그 결과를 반영하여 복원된 자연환경을 유지·관리하여야 한다(제45조의6 ①). 제1항에도 불구하고 환경부장관은 대통령령으로 정하는 자연환경복원사업에 대하여 정기적으로 점검한 결과 필요하다고 인정하는 때에는 자연환경복원사업 시행자에 대하여 그 결과를 반영하여 복원된 자연환경을 유지·관리하도록 권고할 수 있다(동조 ②).

Ⅵ. 생태계보전부담금

1. 의 의

생태계보전부담금은 생태적 가치가 낮은 지역으로 개발을 유도하고 자연환경 또는 생태계의 훼손을 최소화할 수 있도록 자연환경 또는 생태계에 미치는 영향이 현저하거나 생물다양성의 감소를 초래하는 사업을 하는 사업자에 대하여 환경부장관이 부과·징수하는 조세 외의 금전지급을 말한다. 이는 일종의 부담금으로서의 성격을 갖는 것으로,[12] 국가 또는 공공단체가 특정의 공익사업과 특별한 관계에 있는 자에 대하여 그 공익사업에 필요한 경비를 부담시키기 위하여 과하여지는 것이다.

2. 부과대상

생태계보전부담금의 부과대상이 되는 사업은 다음과 같다. 다만, 제50조 제1항 본문에 따른 자연환경보전사업 및 「해양생태계의 보전 및 관리에 관한 법률」 제49조 제2항의 규정에 의한 해양생태계보전부담금의 부과대상이 되는 사업을 제외한다(제46조 ②).

1. 「환경영향평가법」 제9조에 따른 전략환경영향평가 대상계획 중 개발면적 3

12) 부담금관리기본법은 별표에서 자연환경보전법 제49조의 규정에 의한 생태계보전협력금을 규정하여, 부담금관리기본법상의 부담금으로 보고 있다.

만제곱미터 이상인 개발사업으로서 대통령령으로 정하는 사업

2. 「환경영향평가법」 제22조 및 제42조에 따른 환경영향평가대상사업
3. 「광업법」 제3조 제2호에 따른 광업 중 대통령령이 정하는 규모 이상의 노천 탐사·채굴사업
4. 「환경영향평가법」 제43조에 따른 소규모 환경영향평가 대상 개발사업으로 개발면적이 3만제곱미터 이상인 사업
5. 그 밖에 생태계에 미치는 영향이 현저하거나 자연자산을 이용하는 사업중 대통령령이 정하는 사업

3. 부과 및 징수

생태계보전부담금은 생태계의 훼손면적에 단위면적당 부과금액과 지역계수를 곱하여 산정·부과한다(제46조 ③). 다만, 생태계의 보전·복원 목적의 사업 또는 국방 목적의 사업으로서 대통령령으로 정하는 사업에 대하여는 생태계보전부담금을 감면할 수 있다(제46조 ③ 단서). 생태계보전부담금 및 제48조 제1항의 규정에 의한 가산금은 환경개선특별회계의 세입으로 한다(동조 ④).

환경부장관은 제61조 제1항의 규정에 의하여 시·도지사에게 생태계보전부담금 또는 가산금의 징수에 관한 권한을 위임한 경우에는 징수된 생태계보전부담금 및 가산금중 대통령령이 정하는 금액을 당해 사업지역을 관할하는 시·도지사에게 교부할 수 있다. 이 경우 시·도지사는 대통령령이 정하는 바에 따라 교부금의 일부를 생태계보전부담금의 부과·징수비용으로 사용할 수 있다(동조 ⑤).

생태계보전부담금의 징수절차·감면기준·단위면적당 부과금액 및 지역계수 그 밖에 필요한 사항은 대통령령으로 정한다. 이 경우 단위면적당 부과금액은 훼손된 생태계의 가치를 기준으로 하고, 지역계수는 제34조 제1항에 따른 생태·자연도의 권역·지역 및 「국토의 계획 및 이용에 관한 법률」에 의한 토지의 용도를 기준으로 한다(동조 ⑥).

환경부장관은 제46조의 규정에 의하여 생태계보전부담금을 납부하여야 하는 사람이 납부기한 내에 이를 납부하지 아니한 경우에는 30일 이상의 기간을 정하여 이를 독촉하여야 하며, 이 경우 체납된 생태계보전부담금에 대하여는 100분의 3에 상당하는 가산금을 부과한다(제48조 ①). 독촉을 받은 사람이 기한 내에 생태계보전부담금과 가산금을 납부하지 아니한 경우에는 국세체납처분의 예에 의하여 이를 징수할 수 있다(동조 ②).

4. 용 도

생태계보전부담금 및 제46조 제5항에 따라 교부된 금액은 생태계·생물종의 보전·복원사업 등 동법 제49조에서 정하고 있는 제1호 내지 제14호의 용도에 사용하여야 한다. 다만, 광업법 제3조 제2호에 따른 광업으로서 산림 및 산지를 대상으로 하는 사업에서 조성된 생태계보전부담금은 이를 산림 및 산지 훼손지의 생태계복원사업을 위하여 사용하여야 한다(제49조).

5. 반환 및 지원

환경부장관은 생태계보전부담금을 납부한 자 또는 생태계보전부담금을 납부한 자로부터 자연환경보전사업의 시행 및 생태계보전부담금의 반환에 관한 동의를 얻은 자(이하 "자연환경보전사업 대행자"라 한다)가 환경부장관의 승인을 얻어 대체자연의 조성, 생태계의 복원 등 대통령령이 정하는 자연환경보전사업을 시행한 경우에는 납부한 생태계보전부담금 중 대통령령이 정하는 금액을 돌려줄 수 있다. 다만, 산림 또는 산지에서 시행하는 제46조 제2항 제3호의 규정에 의한 사업으로 인하여 부과된 생태계보전부담금에 대하여는 반환금 또는 반환예정금액의 범위안에서 다른 법률에 의하여 시행하는 산림 또는 산지를 대상으로 하는 훼손지 복원사업에 지원할 수 있다(제50조 ①).

제 3 절 기타 법률

I. 야생생물 보호 및 관리에 관한 법률

우리나라는 희귀 동·식물들을 보신용 또는 관상용, 약재용 등으로 쓰기 위하여 무분별하게 남획하는 관행이 아직도 남아 있다. 도롱뇽, 굼벵이, 뱀, 오소리, 너구리, 고라니, 까치, 까마귀 등이 몸에 좋다고 하여 마구잡이로 포획되고 있고, 심지어 중국 및 동남아시아에서 뱀, 곰발바닥, 호랑이 뼈 등을 몰래 들여오다가 적발되는 사례가 있었는데, 이 중 상당부분이 지구상에서 멸종위기에 처해있는 종들이어서 이에 대한 법적인 적절한 보호와 조치가 필요하게 되었다.

종래에는 특정야생동식물(자연환경보전법), 천연기념물(문화재보호법), 야생조수(조수보호및수렵에관한법률) 등을 지정·관리하였으나, 멸종위기에 처한 야생동·식물에 대한 지정·관리가 제외되어 있었으므로, 1997년 자연환경보전법의 전면 개정을 통하여 멸종위기에 처한 야생동·식물의 관리에 대한 제도적 기반을 갖추었다.

한편, 야생동·식물의 보호·관리에 관하여 자연환경보전법과 조수보호및수렵에관한법률이 각각 나누어 규정하고 있었던 결과로, 법체계가 이원적으로 되어 있어 효율적이지 못하였고 제도 운영상에 여러 가지 문제점이 있어왔다. 이에 법체계를 통합하고 그동안의 운영상 미비점을 개선·보완하기 위하여 2004년 2월 9일 야생동·식물보호법이 제정되어 2005년 2월 10일부터 시행에 들어갔다.[13] 2011년 7월 28일에는 야생동·식물에 대한 보호 위주에서 원생생물(原生生物)등을 포함한 야생생물의 체계적인 보호·관리로 정책기조를 바꾸면서 법률제명을 '야생동·식물보호법'에서 「야생생물 보호 및 관리에 관한 법률」로 변경하였다.[14]

동법은 야생생물과 그 서식환경을 체계적으로 보호·관리함으로써 야생생물의 멸종을 예방하고, 생물의 다양성을 증진시켜 생태계의 균형을 유지함과 아울러 사

---

13) 야생동·식물보호법 시행에 따라 조수보호및수렵에관한법률은 폐지되었고, 2004년 12월 31일 전면 개정된 자연환경보전법에서는 야생동·식물보호관련 규정이 삭제되었다.

14) 2019. 11. 26. 일부개정에서는 유해야생동물 포획 사업이 지방자치단체별로 서로 다른 시기에 시행됨에 따라 해당 야생동물이 다른 지역으로 이동하면서 포획 사업의 효과가 저조한 실정인바, 인접 시·군·구 공동 수확기 피해방지단 구성·운영을 통해 유해야생동물을 효율적으로 관리할 수 있도록 하고, 죽거나 병든 야생동물의 발견 신고, 질병진단, 역학조사 등의 야생동물 질병관리를 전담기관 중심으로 개편하여 국가의 야생동물 질병관리체계를 강화하는 한편, 멸종위기종 사육시설 등록의 변경신고 등이 수리가 필요한 신고임을 명시하고, 수렵면허 등록의 결격사유를 합리적으로 정비하였다. 2021. 5. 18. 일부개정에서는 인공증식 허가 없이 국제적 멸종위기종을 증식하는 사례가 지속적으로 적발되고 있고 불법 인공증식 개체를 활용해 이득을 취한 사례까지 적발되고 있는바, 불법 인공증식에 대한 처벌 수준을 상향함으로써 상습적인 불법 인공증식을 방지하며 국제적 멸종위기종을 불법행위로부터 보호하고 관리하는 한편, 야생동물에 대한 검역 제도를 신설함으로써 야생동물에 대한 검역 사각지대를 해소하는 등 야생동물 질병의 해외유입을 방지하고자 하였다. 2022. 6. 10. 일부개정에서는 건축물 투명창, 투명 방음벽, 수로 등 인공구조물로 인한 조류 등 야생동물의 충돌·추락 피해를 최소화하기 위하여 환경부장관이 관련 실태조사를 실시하고 피해가 심각하다고 인정되는 경우 국가기관, 지방자치단체 및 공공기관의 장에게 야생동물의 피해 방지를 위한 조치를 요청할 수 있는 근거를 마련하며, 유해야생동물 포획 과정에서 고의 또는 과실로 다른 사람의 생명·신체 또는 재산에 피해를 준 경우 수렵면허를 취소 또는 정지할 수 있도록 하는 한편, 국제적 멸종위기종의 불법적인 인공증식 관련 처벌 수위를 강화하였다. 2022. 12. 13. 일부개정에서는 기존의 관리 대상이 아닌 야생동물을 분류군별로 관리 대상으로 추가하고, 분류군별로 수입·양도·양수·보관 등을 제한하는 근거를 마련하며, 야생동물을 생산, 수입, 판매 등을 하는 영업자에 대한 허가 규정을 신설하여 야생동물의 복지 증진뿐만 아니라 국내 생태계 보호, 질병 관리를 통한 국민 보건 증진에 기여하는 한편, 「동물원 및 수족관의 관리에 관한 법률」에 따른 동물원 및 수족관 외의 시설에서의 야생동물 전시행위를 금지하고, 야생동물 전시행위 금지 등으로 인하여 유기 또는 방치될 우려가 있는 야생동물의 관리를 위해 유기·방치 야생동물 보호시설을 설치하여 야생동물에 대한 보호·관리를 강화하였다.

람과 야생생물이 공존하는 건전한 자연환경을 확보함을 목적으로 한다(제1조). 동법의 기본적인 구성은 다음과 같다.

제1장	총칙(제1조~제4조)
제2장	야생생물의 보호 제1절 총 칙(제5조~제12조) 제2절 멸종위기 야생생물의 보호(제13조~제18조) 제3절 멸종위기 야생생물 외의 야생생물 보호 등(제19조~제26조) 제4절 야생생물 특별보호구역 등의 지정·관리(제27조~제34조의2)
제3장	생물자원의 보전(제35조~제41조의2)
제4장	수렵 관리(제42조~제55조)
제5장	보칙(제56조~제66조의2)
제6장	벌칙(제67~제73조)

"야생생물"이란 산·들 또는 강 등 자연상태에서 서식하거나 자생하는 동물, 식물, 균류·지의류, 원생생물 및 원핵생물의 종을 말한다(제2조 제1호). 동법은 야생생물의 보호를 위하여 환경부장관으로 하여금 야생생물 보호와 그 서식환경 보전을 위하여 5년마다 멸종위기 야생생물 등에 대한 야생생물 보호 기본계획(이하 "기본계획"이라 한다)을 수립하도록 규정하고 있다(제5조 ①). 야생생물의 서식실태조사(제6조), 서식지외보전기관의 지정 등(제7조), 서식지외보전기관의 지정취소(제7조의2)를 할 수 있도록 하고 있다.

동법은 **야생동물 학대금지** 규정을 두고 있다. 누구든지 정당한 사유 없이 야생동물을 죽음에 이르게 하는 다음 각 호의 학대행위를 하여서는 아니 된다(제8조 ①).

1. 때리거나 산채로 태우는 등 다른 사람에게 혐오감을 주는 방법으로 죽이는 행위
2. 목을 매달거나 독극물, 도구 등을 사용하여 잔인한 방법으로 죽이는 행위
3. 그 밖에 제2항 각 호의 학대행위로 야생동물을 죽음에 이르게 하는 행위

누구든지 정당한 사유 없이 야생동물에게 고통을 주거나 상해를 입히는 다음 각 호의 학대행위를 하여서는 아니 된다(동조 ②).

1. 포획·감금하여 고통을 주거나 상처를 입히는 행위
2. 살아 있는 상태에서 혈액, 쓸개, 내장 또는 그 밖의 생체의 일부를 채취하거나 채취하는 장치 등을 설치하는 행위
3. 도구·약물을 사용하거나 물리적인 방법으로 고통을 주거나 상해를 입히는 행위

4. 도박 · 광고 · 오락 · 유흥 등의 목적으로 상해를 입히는 행위
5. 야생동물을 보관, 유통하는 경우 등에 고의로 먹이 또는 물을 제공하지 아니하거나, 질병 등에 대하여 적절한 조치를 취하지 아니하고 방치하는 행위

동법은 **야생동물 전시행위 금지** 규정을 두고 있다. 누구든지 「동물원 및 수족관의 관리에 관한 법률」 제8조에 따라 동물원 또는 수족관으로 허가받지 아니한 시설에서 살아 있는 야생동물을 전시하여서는 아니 된다. 다만, 다음 각 호의 어느 하나에 해당하는 경우에는 그러하지 아니하다(제8조의3 ①).

1. 전시하려는 야생동물이 다음 각 목의 어느 하나에 해당하는 경우
가. 포유류 외 분류군 중 인수공통질병 전파 우려 및 사람에게 위해를 가할 가능성이 낮은 야생동물로서 환경부령으로 정하는 종
나. 「수산생물질병 관리법」 제2조제1호에 따른 수산생물
다. 「해양생태계의 보전 및 관리에 관한 법률」 제2조제8호에 따른 해양생물
2. 학술 연구 · 교육 등 공익적 목적으로서 환경부령으로 정하는 경우
3. 제22조의5제1항제1호부터 제3호까지에 해당하는 영업으로서 시장 · 군수 · 구청장에게 영업 허가를 받은 경우

환경부장관은 제1항 단서에도 불구하고 전시하고 있는 야생동물에서 인수공통질병 전파 가능성이 추가로 발견되어 그 위험으로부터 국민의 건강과 안전을 보호하기 위하여 긴급한 조치가 필요한 경우 해당 야생동물에 대한 일시적 전시 중단 조치 등을 할 수 있다(동조 ②).

그리고 불법 포획한 야생동물을 취득하거나 덫 등을 제작해서는 아니 된다고 규정하고 있다. 즉, 불법 포획한 야생동물의 취득 등 금지(제9조), 덫, 창애, 올무 등의 제작금지 등(제10조)의 규정을 두고 이를 위반한 경우 처벌을 하고 있다.

국가와 지방자치단체는 야생동물로 인한 인명 피해(신체적으로 상해를 입거나 사망한 경우를 말한다. 이하 같다)나 농업 · 임업 및 어업의 피해를 예방하기 위하여 필요한 시설을 설치하는 자에게 그 설치비용의 전부 또는 일부를 지원할 수 있다(제12조 ①).

환경부장관은 대통령령으로 정하는 바에 따라 **멸종위기 야생생물**[15]에 대한 중

15) "멸종위기 야생생물"이란 다음 각 목의 어느 하나에 해당하는 생물의 종으로서 관계 중앙행정기관의 장과 협의하여 환경부령으로 정하는 종을 말한다(제2조 제2호).
가. 멸종위기 야생생물 Ⅰ급: 자연적 또는 인위적 위협요인으로 개체수가 크게 줄어들어 멸종위기에 처한 야생생물로서 대통령령으로 정하는 기준에 해당하는 종
나. 멸종위기 야생생물 Ⅱ급: 자연적 또는 인위적 위협요인으로 개체수가 크게 줄어들고 있어 현재의 위협요인이 제거되거나 완화되지 아니할 경우 가까운 장래에 멸종위기에 처할 우려가 있는

장기 보전대책을 수립·시행하여야 한다(제13조 ①). 환경부장관은 야생생물의 보호와 멸종 방지를 위하여 5년마다 멸종위기 야생생물을 다시 정하여야 한다. 다만, 특별히 필요하다고 인정할 때에는 수시로 다시 정할 수 있다(제13조의2 ①).

그리고 누구든지 멸종위기 야생생물을 포획·채취·방사·이식·가공·유통·보관·수출·수입·반출·반입(가공·유통·보관·수출·수입·반출·반입하는 경우에는 죽은 것을 포함한다)·죽이거나 훼손(이하 "포획·채취등"이라 한다)해서는 아니 된다. 다만, 학술 연구 등의 목적으로 사용하려는 경우 등 일정한 경우로서 환경부장관의 허가를 받은 경우에는 그러하지 아니하다(제14조 ①).

[표 8-2] 멸종위기 야생생물

구분		종명
1. 포유류	Ⅰ급 (11종)	늑대, 대륙사슴, 반달가슴곰, 붉은박쥐, 사향노루, 산양, 수달, 스라소니, 여우, 표범, 호랑이
	Ⅱ급 (9종)	담비, 무산쇠족제비, 물개, 물범, 삵, 작은관코박쥐, 큰바다사자, 토끼박쥐, 하늘다람쥐
2. 조류	Ⅰ급 (12종)	검독수리, 넓적부리도요, 노랑부리백로, 두루미, 매, 저어새, 참수리, 청다리도요사촌, 크낙새, 흑고니, 황새, 흰꼬리수리
	Ⅱ급 (49종)	개리, 검은머리갈매기, 검은머리물떼새, 검은머리촉새, 검은목두루미, 고니, 고대갈매기, 긴꼬리딱새, 긴점박이올빼미, 까막딱다구리, 느시, 독수리, 뜸부기, 말똥가리, 먹황새, 물수리, 벌매, 붉은가슴흰죽지, 붉은해오라기, 비둘기조롱이, 뿔쇠오리, 뿔종다리, 삼광조, 새흘리기, 솔개, 쇠황조롱이, 수리부엉이, 시베리아흰두루미, 알락개구리매, 알락꼬리마도요, 올빼미, 재두리미, 잿빛개구리매, 적호갈매기, 조롱이, 참매 큰고니, 큰기러기, 큰덤불해오라기, 큰말똥가리, 털발말똥가리, 팔색조, 항라머리검독수리, 호사비오리, 흑기러기, 흑두루미, 흰목물떼새, 흰이마기러기, 흰죽지수리
3. 양서·파충류	Ⅰ급 (2종)	비바리뱀, 수원청개구리
	Ⅱ급 (5종)	구렁이, 금개구리, 남생이, 맹꽁이, 표범장지뱀
4. 어류	Ⅰ급 (9종)	감돌고기, 꼬치동자개, 남방동사리, 미호종개, 얼룩새코미꾸리, 여울마자, 임실납자루, 퉁사리, 흰수마자
	Ⅱ급 (16종)	가는돌고기, 가시고기, 꺽저기, 꾸구리, 다묵장어, 돌상어, 모래주사, 묵납자루, 백조어, 버들가지, 부안종개, 열목어, 종수수치, 칠성장어, 한강납줄개, 한둑중개
5. 곤충류	Ⅰ급 (4종)	산굴뚝나비, 상제나비, 수염풍뎅이, 장수하늘소

야생생물로서 대통령령으로 정하는 기준에 해당하는 종

	Ⅱ급 (18종)	깊은산부전나비, 꼬마잠자리, 노란잔산잠자리, 닻무늬길앞잡이, 대모잠자리, 두점박이사슴벌레, 멋조롱박딱정벌레, 물장군, 붉은점모시나비, 비단벌레, 소똥구리, 쌍꼬리부전나비, 애기뿔소똥구리, 왕은점표범나비, 창언조롱박딱정벌레, 큰수리팔랑나비, 큰자색호랑꽃무지, 큰홍띠점박이푸른부전나비
6. 무척추 동물	Ⅰ급 (4종)	귀이빨대칭이, 나팔고둥, 남방방게, 두드럭조개
	Ⅱ급 (27종)	갯게, 검붉은수지맨드라미, 금빛나팔돌산호, 기수갈고둥, 깃산호, 대추귀고둥, 둔한진총산호, 망상맵시산호, 밤수지맨드라미, 별혹산호, 붉은발말똥게, 선침거미불가사리, 연수지맨드라미, 염주알다슬기, 울릉도달팽이, 유착나무돌산호, 의염통성게, 자색수지맨드라미, 잔가지나무돌산호, 장수삿갓조개, 착생깃산호, 참달팽이, 측맵시산호, 칼세오리옆새우, 해송, 흰발농게, 흰수지맨드라미
7. 식물	Ⅰ급 (9종)	광릉요강꽃, 나도풍란, 만년콩, 섬개야광나무, 암매, 죽백란, 털복주머니란, 풍란, 한란
	Ⅱ급 (68종)	가시연꽃, 가시오갈피나무, 각시수련, 개가시나무, 개병풍, 갯봄맞이꽃, 구름병아리난초, 금자란, 기생꽃, 끈끈이귀개, 나도승마, 날개하늘나리, 넓은잎제비꽃, 노랑만병초, 노랑붓꽃, 단양쑥부쟁이, 닻꽃, 대성쓴풀, 대청부채, 대홍란, 독미나리, 매화마름, 무주나무, 물고사리, 미선나무, 백부자, 백리부살이, 백운란, 복주머니란, 분홍장구채, 비자란, 산작약, 삼백초, 서울개발나물, 석곡, 선제비꽃, 섬시호, 섬현삼, 세뿔투구꽃, 솔붓꽃, 솔잎란, 순채, 애기송이풀, 연잎꿩의다리, 왕제비꽃, 으름난초, 자주땅귀개, 전주물꼬리풀, 제비동자꽃, 제비붓꽃, 제주고사리삼, 조름나물, 죽절초, 지네발란, 진랑상사화, 차걸이란, 초령목, 층층둥굴레, 칠보치마, 콩짜개란, 큰바늘꽃, 탐라란, 파초일엽, 한라솜다리, 한라송이풀, 해오라비난초, 홍월귤, 황근
8. 해조류	Ⅱ급 (2종)	삼나무말, 그물공말
9. 고등균류	Ⅱ급 (1종)	화경버섯

한편, 동법은 **국제적 멸종위기종의 국제거래 등의 규제**에 관한 규정을 두고 있다. 즉, 국제적 멸종위기종 및 그 가공품을 수출·수입·반출 또는 반입하려는 자는 다음 각 호의 허가기준에 따라 환경부장관의 허가를 받아야 한다. 다만, 국제적 멸종위기종을 이용한 가공품으로서 「약사법」에 따른 수출·수입 또는 반입 허가를 받은 의약품과 대통령령으로 정하는 국제적 멸종위기종 및 그 가공품의 경우에는 그러하지 아니하다(제16조 ①).

1. 멸종위기종국제거래협약의 부속서(Ⅰ·Ⅱ·Ⅲ)에 포함되어 있는 종에 따른 거래의 규제에 적합할 것
2. 생물의 수출·수입·반출 또는 반입이 그 종의 생존에 위협을 주지 아니할 것

3. 그 밖에 대통령령으로 정하는 멸종위기종국제거래협약 부속서별 세부 허가 조건을 충족할 것

제1항 본문에 따라 허가를 받아 수입되거나 반입된 국제적 멸종위기종 및 그 가공품은 그 수입 또는 반입 목적 외의 용도로 사용할 수 없다. 다만, 용도변경이 불가피한 경우로서 환경부령으로 정하는 바에 따라 환경부장관의 승인을 받은 경우에는 그러하지 아니하다(동조 ③). 누구든지 제1항 본문에 따른 허가를 받지 아니한 국제적 멸종위기종 및 그 가공품을 포획·채취·구입하거나 양도·양수, 양도·양수의 알선·중개, 소유, 점유 또는 진열하여서는 아니 된다(본문 ④).

그 외 국제적 멸종위기종의 국제거래 등의 규제(제16조), 국제적 멸종위기종의 사육시설 등록 등(제16조의2), 사육시설등록자의 결격사유(제16조의3), 국제적 멸종위기종 사육시설의 관리 등(제16조의4), 개선명령(제16조의5), 사육동물의 관리기준(제16조의6), 폐쇄 등의 신고(제16조의7), 등록의 취소 등(제16조의8), 권리·의무의 승계(제16조의9), 국제적 멸종위기종의 수출·수입 허가의 취소 등(제17조), 멸종위기 야생생물 등의 광고 제한(제18조)과 같은 규정을 두고 있다.

동법은 **야생동물 영업** 등에 관한 규정을 2022. 12. 13.에 신설하였다.[16] 즉, 국제적 멸종위기종, 지정관리 야생동물 또는 제21조에 따라 환경부령으로 정하는 종 중 포유류·조류·파충류·양서류에 해당하는 야생동물을 대통령령으로 정하는 규모 이상으로 취급하여 다음 각 호의 어느 하나에 해당하는 영업(이하 "야생동물 영업"이라 한다)을 하려는 자는 시장·군수·구청장의 허가를 받아야 한다. 영업 장소의 변경 등 환경부령으로 정하는 사항을 변경하려는 경우에도 또한 같다(제22조의5 ①).

1. 야생동물 판매업: 야생동물을 구입하여 판매하는 영업
2. 야생동물 수입업: 야생동물을 수입하여 판매하는 영업
3. 야생동물 생산업: 야생동물을 인공증식시켜 판매하는 영업(「양식산업발전법」 제10조제1항제7호에 따른 내수면양식업의 면허 또는 제43조제1항제2호에 따른 육상등 내수양식업의 허가를 받은 경우는 제외한다)
4. 야생동물 위탁관리업: 야생동물을 소유주의 위탁을 받아 보호 또는 사육하는 영업

시장·군수·구청장은 제1항에 따른 허가·변경허가를 하는 경우에는 신청인에게 허가증을 교부하여야 한다(동조 ②). 야생동물 영업을 허가받은 자(이하 "야생동물 영업자"라 한다)가 휴업 또는 폐업하는 경우에는 보관 중인 야생동물의 처리 등 필

16) 시행일: 2025. 12. 14.

요한 조치를 하여야 한다(동조 ③). 제1항에 따른 허가의 기준·절차 및 영업의 내용·범위, 제2항에 따른 허가증 교부 방법·절차, 제3항에 따른 필요한 조치 등에 관하여 필요한 사항은 환경부령으로 정한다(동조 ④).

야생동물 영업자(법인인 경우에는 그 대표자를 포함한다)와 그 종사자는 다음 각 호에 관하여 환경부령으로 정하는 사항을 준수하여야 한다(제22조의8).[17)]

1. 야생동물의 특성을 고려한 사육 관리 및 공중보건 관리
2. 야생동물의 탈출로 인한 생태계 위해 방지를 위한 시설의 구축 및 관리
3. 야생동물의 수입, 생산, 판매 등 기록의 작성·보관
4. 환경부령으로 정하는 교육기관이 실시하는 야생동물의 보호·관리 및 공중위생상의 위해 방지 등에 관한 교육의 이수
5. 야생동물의 적절한 관리를 위한 관리책임자의 선임
6. 그 밖에 야생동물의 적절한 보호 및 관리에 필요하다고 환경부장관이 인정하는 사항

최근 조류인플루엔자 발병 등 야생동물에 대한 질병 관리의 필요성이 증가함에 따라 보다 체계적 대응이 필요하게 되었다. 이에 동법은 환경부장관으로 하여금 야생동물(수산동물은 멸종위기 야생생물로 정한 종 또는 제19조 제1항에 따라 포획·채취 금지 야생생물로 정한 종에 한정한다. 이하 이 절에서 같다) 질병의 예방과 확산 방지, 체계적인 관리를 위하여 5년마다 야생동물 질병관리 기본계획을 수립·시행하도록 하고 있다. 이 경우 환경부장관은 계획 수립 이전에 관계 중앙행정기관의 장과 협의하여야 한다(제34조의3 ①). 그 외 동법은 야생동물의 질병연구 및 구조·치료(제34조의4), 야생동물 치료기관의 지정취소(제34조의5), 죽거나 병든 야생동물의 신고(제34조의6), 질병진단(제34조의7), 야생동물 질병의 발생 현황 공개(제34조의8), 역학조사(제34조의9), 살처분 및 사체의 처분 제한 등(제34조의10), 발굴의 금지(제34조의11)의 규정을 두고 있다.

수렵은 총기 또는 그 외의 도구를 사용하여 야생동물 등을 포획하는 행위이다. 오늘날 수렵은 여가활동의 일부로 되어가고 있으나 그와 함께 안전사고나 무분별한 밀렵 등이 문제가 된다. 이에 동법에서는 수렵 관리에 관한 규정들을 두고 있다.

시장·군수·구청장은 야생동물의 보호와 국민의 건전한 수렵활동을 위하여 대통령령으로 정하는 바에 따라 일정 지역에 수렵을 할 수 있는 장소(이하 "수렵장"이라 한다)를 설정할 수 있다(제42조 ①). 누구든지 수렵장 외의 장소에서 수렵을 하여

---

17) 2022. 12. 13. 신설. 시행일: 2025. 12. 14.

서는 아니 된다(동조 ②). 환경부장관은 수렵장에서 수렵할 수 있는 야생동물(이하 "수렵동물"이라 한다)의 종류를 지정·고시하여야 한다(제43조 ①).

수렵장에서 수렵동물을 수렵하려는 사람은 대통령령으로 정하는 바에 따라 그 주소지를 관할하는 시장·군수·구청장으로부터 수렵면허를 받아야 한다(44조 ①). 수렵면허의 종류는 다음 각 호와 같다(동조 ②).

1. 제1종 수렵면허: 총기를 사용하는 수렵
2. 제2종 수렵면허: 총기 외의 수렵 도구를 사용하는 수렵

제1항에 따라 수렵면허를 받은 사람은 환경부령으로 정하는 바에 따라 5년마다 수렵면허를 갱신하여야 한다(동조 ③).

Ⅱ. 생물다양성 보전 및 이용에 관한 법률

1. 개 설

"생물다양성"이란 육상생태계 및 수생생태계와 이들의 복합생태계를 포함하는 모든 원천에서 발생한 생물체의 다양성을 말하며, 종내(種內)·종간(種間) 및 생태계의 다양성을 포함한다(동법 제2조 제1호).[18] 생물다양성이 국제사회에서 본격적으로 다루어지기 시작한 것은 1992년 리우에서 개최된 유엔환경개발회의(UNCED)에서 생물다양성협약(Convention on Biological Diversity)이 채택되면서부터이다.[19]

현재 생물다양성과 관련된 국제적인 움직임에 따라 각국은 자국에 존재하는 생물종을 자원화할 수 있는 권리와 생물종의 개발에 따른 지적소유권을 이용하여 자국의 이익을 보호하려는 생물종 자원화정책을 추진하고 있다. 2010년 10월 제10차 생물다양성협약 당사국총회에서 채택된 「생물다양성협약 부속 유전자원에 대한 접근 및 유전자원 이용 이익의 공정하고 공평한 공유에 관한 나고야 의정서」에 나타난 생물주권을 강화하려는 국제적 추세에 대응하기 위하여 2012. 2. 1. 동법이 제정되었다. 동법은 국가생물다양성전략 수립, 국가 생물종 목록 구축, 생물자원

---

18) 생물다양성은 지구상의 생물종(species)의 다양성, 생물이 서식하는 생태계(ecosystem)의 다양성, 생물이 지닌 유전자(gene)의 다양성을 총체적으로 지칭하는 말로서, 오늘날 인간이 음식물과 의약품, 특히 근래 유전공학의 성과로서 산업·농업분야의 산물들을 생물다양성의 구성요소로부터 얻어내고 있는 점은 생물다양성의 중요성을 다시 한 번 인식시켜 준다.

19) 이 협약에서는 ① 각국의 생물자원에 대한 주권적 권리 인정, ② 생물종의 파괴행위에 대한 규제, ③ 생물다양성의 보전과 합리적 이용을 위한 국가전략의 수립, ④ 생물다양성 보전을 고려한 환경영향평가, ⑤ 유전자원 제공국과 생명공학 선진국과의 공정한 이익 배분, ⑥ 유전자 변형 생물체(GMO)의 안전관리 등을 규정하고 있다.

국외반출 승인 및 외국인의 생물자원 획득 신고, 국가생물다양성센터 운영, 생물자원 이익 공유 및 전통지식 보호, 생태계위해 외래생물 관리 등에 관한 규정들을 두고 있다.[20)]

"생물자원"이란 사람을 위하여 가치가 있거나 실제적 또는 잠재적 용도가 있는 유전자원, 생물체, 생물체의 부분, 개체군 또는 생물의 구성요소를 말한다(제2조 제3호). "유전자원"이란 유전(遺傳)의 기능적 단위를 포함하는 식물·동물·미생물 또는 그 밖에 유전적 기원이 되는 유전물질 중 실질적 또는 잠재적 가치를 지닌 물질을 말한다(동조 제4호). "지속가능한 이용"이란 현재 세대와 미래 세대가 동등한 기회를 가지고 생물자원을 이용하여 그 혜택을 누릴 수 있도록 생물다양성의 감소를 유발하지 아니하는 방식과 속도로 생물다양성의 구성요소를 이용하는 것을 말한다(동조 제5호).

2. 법률의 주요내용

(1) 국가생물다양성전략의 수립 및 시행계획의 수립 · 시행

정부는 국가의 생물다양성 보전과 그 구성요소의 지속가능한 이용을 위한 전략(이하 "국가생물다양성전략"이라 한다)을 5년마다 수립하여야 한다(제7조 ①). 그리고 국가생물다양성전략에는 다음 각 호의 사항이 포함되어야 한다(동조 ②).

1. 생물다양성의 현황·목표 및 기본방향
2. 생물다양성 및 그 구성요소의 보호 및 관리
3. 생물다양성 구성요소의 지속가능한 이용
4. 생물다양성에 대한 위협의 대처
5. 생물다양성에 영향을 주는 유입주의 생물 및 외래생물의 관리
6. 생물다양성 관련 연구·기술개발, 교육·홍보 및 국제협력
7. 그 밖에 생물다양성의 보전 및 이용에 필요한 사항

관계 중앙행정기관의 장은 국가생물다양성전략에 따라 매년 소관 분야의 국가생물다양성전략 시행계획(이하 "시행계획"이라 한다)을 수립·시행하여야 한다(제8조

---

20) 2018. 10. 16. 일부개정의 주요 내용은 다음과 같다. 위해성평가에 따른 생태계교란 생물 또는 생태계위해우려 생물의 지정 등(제21조의2 신설), 유입주의 생물의 수입 또는 반입 승인(제22조), 생태계교란 생물 등의 지정해제 등(제23조), 생태계교란 생물 등의 방출 등 금지(제24조의3 신설), 마. 생태계교란 생물 지정에 관한 사육·재배의 유예(제24조의4 신설)[시행 2019.10.17.] 2019. 12. 10. 일부개정에서는 생태계서비스의 개념을 정의하고, 국가생물다양성전략에 생태계서비스 관련 연구·개발 등이 포함되도록 하며, 생태계서비스지불제계약의 체결과 지원에 필요한 사항을 정하였다.

①). 관계 중앙행정기관의 장은 전년도 시행계획의 추진실적 및 해당 연도의 시행계획을 대통령령으로 정하는 바에 따라 환경부장관에게 통보하여야 한다(동조 ②).

(2) 생물다양성 및 생물자원의 보전

정부는 생물다양성의 보전과 생물자원의 지속가능한 이용을 위하여 생물다양성 현황을 조사할 수 있다(제9조 ①). 정부는 한반도와 그 부속도서의 생물다양성을 보전하기 위하여 군사분계선 이북지역의 주민과 공동으로 생물다양성 관련 연구나 생물종 조사를 실시하는 등 한반도와 그 부속도서의 생태계와 고유 생물종을 보호하기 위한 정책을 추진할 수 있다(동조 ②).

환경부장관은 국내에 서식하는 생물종의 학명(學名), 국내 분포 현황 등을 포함하는 국가 생물종 목록을 구축하여야 한다(제10조 ①).

환경부장관은 생물다양성의 보전을 위하여 보호할 가치가 높은 생물자원으로서 대통령령으로 정하는 기준에 해당하는 생물자원을 관계 중앙행정기관의 장과 협의하여 국외반출승인대상 생물자원으로 지정·고시할 수 있다(제11조 ①).

누구든지 제1항에 따라 지정·고시된 생물자원(이하 "반출승인대상 생물자원"이라 한다)을 국외로 반출하려면 환경부령으로 정하는 바에 따라 환경부장관의 승인을 받아야 한다. 다만, 「농수산생명자원의 보존·관리 및 이용에 관한 법률」 제18조 제1항에 따른 국외반출승인을 받은 경우에는 그러하지 아니하다(동조 ②).

외국인, 외국기관 및 국제기구 등(이하 "외국인등"이라 한다) 또는 외국인등과 생물다양성 관련 계약을 체결한 자가 연구 또는 상업적 이용을 위하여 환경부장관이 지정·고시하는 생물자원을 획득하려는 경우에는 환경부장관에게 신고하여야 한다. 다만, 「해양수산생명자원의 확보·관리 및 이용 등에 관한 법률」 제11조제1항에 따른 외국인등의 획득허가를 받은 경우에는 그러하지 아니하다(제13조 ①). 제1항에 따른 신고 절차·방법과 그 밖에 필요한 사항은 환경부령으로 정한다(동조 ②).

(3) 국가생물다양성센터 등

환경부장관은 생물다양성의 체계적인 보전·관리 및 생물자원의 지속가능한 이용을 위하여 다음 각 호의 업무를 수행하는 국가생물다양성센터를 운영하여야 한다(동조 ②).

1. 제1항에 따른 생물다양성센터 간의 정보공유 및 정보공유체계의 통합 관리
2. 제1항 각 호의 업무에 대한 총괄·관리
3. 제18조에 따른 국가생물다양성 정보공유체계의 구축·운영
4. 국내외 생물자원 관련 기관 및 국제기구 등과의 협력체계 구축

환경부장관은 「생물다양성협약」의 국내 이행과 국가생물다양성 정보의 종합적인 관리를 위하여 국가생물다양성 정보공유체계를 구축·운영하여야 한다. 이 경우 「생명연구자원의 확보·관리 및 활용에 관한 법률」 제11조에 따라 국가생명연구자원정보센터가 지정된 경우에는 그 국가생명연구자원정보센터와 연계하여 관리하여야 한다(제18조 ①).

생물자원의 연구·개발의 성과 및 그 상업적 이용 등으로 발생하는 이익은 생물자원의 제공자와 이용자 간에 공정하고 공평하게 공유되어야 한다(제19조 ①). 정부는 생물자원에서 발생하는 이익의 공정하고 공평한 공유를 보장하기 위하여 생물자원 제공자와 이용자가 서로 계약을 체결할 때 협의하여야 할 필수적인 계약사항 및 이를 반영한 표준계약서 제공 등 필요한 시책을 추진할 수 있다(동조 ②). 제1항 및 제2항에 따른 생물자원의 이익 공유에 필요한 사항은 따로 법률로 정한다(동조 ③).[21)]

정부는 전통지식[22)]의 보전 및 이용을 촉진하기 위하여 다음 각 호의 시책을 추진하여야 한다(제20조).

1. 개인과 지역사회의 전통지식 발굴·연구 및 보호
2. 전통지식 정보수집 및 관리시스템 구축
3. 전통지식 활용을 위한 기반 구축

(4) 유입주의 생물 등 관리

환경부장관은 유입주의 생물[23)] 또는 외래생물[24)] 등에 대하여 생태계 등에 미치는 위해성을 평가할 수 있다(제21조의2 ①).

환경부장관은 제1항에 따른 위해성평가 결과에 따라 생태계 등에 미치는 위해가 크거나 위해를 미칠 우려가 있는 유입주의 생물, 외래생물 등을 관계 중앙행정

---

21) 생물자원의 이익 공유에 필요한 사항을 정하기 위하여 「유전자원의 접근·이용 및 이익 공유에 관한 법률」이 제정되었다(2017.1.17.). 동법은 「유전자원에 대한 접근 및 그 이용으로부터 발생하는 이익의 공정하고 공평한 공유에 관한 생물다양성에 관한 협약 나고야 의정서」의 시행에 필요한 사항과 유전자원 및 이와 관련된 전통지식에 대한 접근·이용으로부터 발생하는 이익의 공정하고 공평한 공유를 위하여 필요한 사항을 정함으로써 생물다양성의 보전 및 지속가능한 이용에 기여하고 국민생활의 향상과 국제협력을 증진함을 목적으로 한다.

22) "전통지식"이란 생물다양성의 보전 및 생물자원의 지속가능한 이용에 적합한 전통적 생활양식을 유지하여 온 개인 또는 지역사회의 지식, 기술 및 관행(慣行) 등을 말한다(제2조 제6호).

23) "유입주의 생물"이란 국내에 유입(流入)될 경우 생태계에 위해(危害)를 미칠 우려가 있는 생물로서 환경부장관이 지정·고시하는 것을 말한다(제2조 6의2).

24) "외래생물"이란 외국으로부터 인위적 또는 자연적으로 유입되어 그 본래의 원산지 또는 서식지를 벗어나 존재하게 된 생물을 말한다(동조 제7호).

기관의 장과의 협의를 거쳐 유입주의 생물에서 제외하거나 생태계교란 생물[25] 또는 생태계위해우려 생물[26]로 지정·고시하여야 한다(동조 ②). 제1항 및 제2항에서 규정한 사항 외에 위해성평가의 기준·절차, 생태계교란 생물 또는 생태계위해우려 생물의 지정 등에 관하여 필요한 사항은 환경부령으로 정한다(동조 ③).

유입주의 생물을 수입 또는 반입하려는 자는 환경부령으로 정하는 바에 따라 환경부장관의 승인을 받아야 한다(제22조 ①). 환경부장관은 제1항에 따른 승인 신청을 받은 경우에는 해당 생물에 대하여 제21조의2 제1항에 따른 위해성평가를 하여야 한다(동조 ②). 환경부장관은 제2항에 따라 위해성평가를 하는 경우 제21조의2 제2항의 결과를 반영하여 수입 또는 반입 신청에 대한 승인 여부를 결정하여야 한다(동조 ③).

환경부장관은 유입주의 생물이 생태계에서 발견된 경우에는 해당 유입주의 생물에 대하여 제21조의2제1항에 따른 위해성평가를 하고, 관계 중앙행정기관의 장 또는 지방자치단체의 장에게 해당 유입주의 생물의 방제 등 필요한 조치를 하도록 요청할 수 있다(제22조의2 ①).

환경부장관은 서식환경의 변화, 생태계 적응, 효과적인 방제수단의 개발 등으로 생태계교란 생물 또는 생태계위해우려 생물이 생태계 등에 미치는 위해가 감소되었다고 인정되는 경우에는 제21조의2제1항에 따른 위해성평가 및 관계 중앙행정기관의 장과 협의를 거쳐 그 지정을 해제하거나 변경하여 고시할 수 있다(제23조 ①).

누구든지 생태계교란 생물을 수입·반입·사육·재배·양도·양수·보관·운반 또는 유통(이하 "수입등"이라 한다)하여서는 아니 된다. 다만, 다음 각 호의 어느 하나에 해당하여 환경부장관의 허가를 받거나 제22조 제1항에 따른 승인을 받은 경우

---

25) "생태계교란 생물"이란 다음 각 목의 어느 하나에 해당하는 생물로서 제21조의2 제1항에 따른 위해성평가 결과 생태계 등에 미치는 위해가 큰 것으로 판단되어 환경부장관이 지정·고시하는 것을 말한다(동조 제8호).
가. 유입주의 생물 및 외래생물 중 생태계의 균형을 교란하거나 교란할 우려가 있는 생물
나. 유입주의 생물이나 외래생물에 해당하지 아니하는 생물 중 특정 지역에서 생태계의 균형을 교란하거나 교란할 우려가 있는 생물

26) "생태계위해우려 생물"이란 다음 각 목의 어느 하나에 해당하는 생물로서 제21조의2 제1항에 따른 위해성평가 결과 생태계 등에 유출될 경우 위해를 미칠 우려가 있어 관리가 필요하다고 판단되어 환경부장관이 지정·고시하는 것을 말한다(동조 제8의2호).
가. 「야생생물 보호 및 관리에 관한 법률」 제2조 제2호에 따른 멸종위기 야생생물 등 특정 생물의 생존이나 「자연환경보전법」 제12조 제1항에 따른 생태·경관보전지역 등 특정 지역의 생태계에 부정적 영향을 주거나 줄 우려가 있는 생물
나. 제8호 각 목의 어느 하나에 해당하는 생물 중 산업용으로 사용 중인 생물로서 다른 생물 등으로 대체가 곤란한 생물

에는 그 허가 또는 승인을 받은 범위에서 수입등을 할 수 있다(제24조 ①).

1. 학술연구 목적인 경우
2. 그 밖에 교육용, 전시용, 식용 등 환경부령으로 정하는 경우

생태계위해우려 생물을 상업적인 판매의 목적으로 수입 또는 반입하려는 자는 환경부장관의 허가를 받아야 한다(제24조의2 ①). 생태계위해우려 생물을 상업적인 판매 외의 목적으로 수입 또는 반입하려는 자는 환경부장관에게 신고를 하여야 한다(동조 ②).

누구든지 생태계교란 생물 또는 생태계위해우려 생물을 생태계로 방출, 방생, 유기 또는 이식(이하 "방출등"이라 한다)해서는 아니 된다. 다만, 학술연구 목적으로 방출등을 하려는 경우로서 다음 각 호의 어느 하나에 해당하여 환경부령으로 정하는 바에 따라 환경부장관의 허가를 받은 경우에는 그러하지 아니하다(제24조의3 ①).

1. 방출등으로 해당 생물의 서식지가 확대될 우려가 없는 경우
2. 방출등이 된 생물의 지속적인 감시 및 회수가 가능한 경우

Ⅲ. 백두대간 보호에 관한 법률

'백두대간'이란 백두산에서 시작하여 금강산, 설악산, 태백산, 소백산을 거쳐 지리산으로 이어지는 큰 산줄기를 말하는데(제2조 제1호),[27] 1970년대 이후 급속한

27) 백두대간(白頭大幹)에 대하여 체계적으로 정리된 문헌은 그리 많지 않다. 백두대간이라는 용어는 조선중기 이익의 성호사설에서 산줄기체계와 관련하여 처음 사용되었다고 한다. 그리고 전통지리서인 신경준(1712~1781)의 산수고(山水考)에서는 삼각산과 백두산을 중심으로 한 12산과 한강을 중심으로 한 12수를 거시적으로 관찰하여 촌락과 도시가 위치한 지역을 산과 강의 측면에서 파악하였다. 신경준은 우리나라 산천은 백두산으로부터 12산으로 나뉘고, 여러 물은 합해져 12수를 이룬다고 보고, 국토의 근간을 이루는 산과 강을 분합원리(分合原理), 음양구조(陰陽構造), 수도중심(首都中心)으로 체계화하였다. 조선 후기에 접어들면서는 국토를 인식하는 체계가 산 중심 체계와 강 중심 체계로 이원화되기도 하였는데, 산을 중심으로 한 체계의 대표적인 사례가 산경표(山經表)이고, 강을 중심으로 한 대표적인 체계가 정약용의 대동수경(大同水經)이다. 조선후기 지리서인 산경표에는 산의 줄기와 갈래 그리고 산의 위치를 족보 형식으로 일목요연하게 나타내고 있는데, 백두대간, 정간, 정맥 등으로 산줄기에 위계를 부여하였다. 산경표의 정확한 편찬자에 대해서는 알 수 없으나, 조선광문회 발간의 산경표 서문으로 봐서 이 책은 신경준이 편찬한 산수고(山水考)와 문헌비고(文獻備考, 1770)의 여지고(與地考)를 토대로 작성된 것으로 판단된다. 산경표에서는 우리나라의 산줄기와 그 분포를 백두산을 중심으로 하여 1대간, 1정간, 13정맥으로 분류하였다. 산경표의 산맥체계의 특징은 대간과 정간을 제외하면 대부분 하천의 수계를 기준으로 산줄기를 분류하였고, 산줄기의 맥락과 명칭을 체계화하여 대간, 정간, 정맥으로 산줄기에 위계를 부여하였으며, 산과 산의 분포, 위치를 줄기 또는 맥으로 파악하여 끊어짐 없이 이어지는 것으로 이해하였다. 그리고 무엇보다 백두산을 국토의 중심 또는 출발점으로 인식했다는 점이 큰 특징이다(김영표 외, "한반도

경제성장과 관광인구의 증가 등으로 인하여 도로, 댐, 광산, 송전탑, 관광단지 등의 각종 개발사업이 백두대간 주변지역에서 무분별하게 이루어져 왔다. 그 결과 다양한 자연식생과 동물이 서식하고 있고 우리나라 생태계의 중요한 보고로서의 역할을 하는 백두대간이 지속적으로 훼손되어 왔다.28)

이에 백두대간에 대한 무분별한 개발행위로 인한 훼손을 방지하고, 국토를 건전하게 보전하고 쾌적한 자연환경을 조성하기 위하여 2003년 12월 31일에 "백두대간보호에관한법률"이 환경부와 산림청 공동소관 법령으로 제정·공포되었고, 2005년 1월부터 시행에 들어갔다. 이에 따라 백두대간보호지역은 핵심구역과 완충구역으로 지정·고시되며, 백두대간보호지역의 행위제한이 엄격하게 이루어져 일부 국방·군사 등 불가피한 개발사업을 제외하고는 개발사업의 상당부분이 제한된다. 그리고 백두대간보호지역 안에서의 개발행위를 하기 위해서는 관계 행정기관의 장 등이 산림청장과 미리 협의하여야 하며, 산림청장은 환경부장관의 의견을 들어야 한다. 또한 지형적인 여건상 불가피하게 백두대간을 관통하는 도로 등은 터널형으로 설치하거나 생태통로를 설치하도록 하여 백두대간의 자연생태계가 훼손되지 않도록 하고 있다.29)

산맥체계 재정립 연구: 산줄기 분석을 중심으로," 국토연구원, 2004, 19−25면).

28) 국토의 등뼈와 같은 역할을 하고 있는 백두대간은 한반도 자연환경의 모체로서 생태적으로 아주 중요한 의미를 지니고 있다. 우선, 백두대간은 한반도에 존재하는 야생동식물의 핵심서식지이며 생태적 연결통로이다. 백두대간은 험준한 지리·지형적 특성으로 사람의 인위적 간섭이 적어 야생 동·식물의 서식조건으로 최적일 뿐 아니라 백두산, 금강산, 설악산, 태백산, 지리산 등 명산들과 고산초원지대 및 습지들로 이루어진 산·능선이 연속적으로 이어져 야생 동·식물의 이동 및 개체군의 확산 등 중요한 생태적 연결고리 역할을 하고 있다. 둘째, 백두대간은 생물다양성의 공급원 역할을 한다. 우리나라에 서식하고 있는 것으로 알려진 야생동물 1,528종(포유류 123종, 조류 457종, 양서·파충류 43종, 어류 905종) 중 제주도 등 일부지역의 고유종(제주땃쥐, 제주멧밭 등)을 제외한 대부분의 종이 서식하고 있어 한반도 내 서식하는 야생동·식물의 중요한 서식처이자 보금자리의 역할을 하고 있다. 셋째, 백두대간은 생물지리학적 특성에 따른 보전적 가치가 우수하다. 백두대간은 고도·기온차에 따라 냉대지역은 침엽수림, 온대지역은 낙엽활엽수림대로 구분되는 등 뚜렷한 종 조성군(造成群)을 갖고 있어서, 지리·지형적 특성에 의하여 북방계와 남방계의 식물대가 교차하는 등 서식환경에 대한 지표로 활용이 가능하며, 이러한 생물지리적 특성으로 좁은 지역에 다양한 생물다양성을 보유하고 있어 전 세계적으로도 높게 평가되고 있는 지역이다(환경백서 2005, 307면).

29) 2017. 4. 18. 일부개정에서는 백두대간을 이용하는 등산객의 증가에 따른 무분별한 백두대간의 훼손을 방지하기 위하여 백두대간보호지역에 등산로 및 탐방로를 조성·정비할 수 있는 근거를 마련하고, 그 동안 백두대간보호지역 중 완충구역에서만 설치를 허용하던 기지국을 핵심구역에서도 제한적으로 설치할 수 있도록 하였다. 또한, 지역경제 활성화를 위하여 백두대간보호지역 중 완충구역에서 백두대간보호지역의 지정 전에 조성된 초지에 축산업 관련 체험시설을 위한 시설을 설치할 수 있도록 하고, 백두대간보호지역에서 허용되지 아니하는 건축물을 건축하는 등의 행위를 한 자에 대한 벌금액을 징역 1년당 1천만원의 비율로 상향 조정하여 벌금액을 현실화하였다. 2020. 5. 26. 일부개정에서는 백두대간을 지속가능하게 보전·관리하기 위하여 백두대간의 보호·관리의 기본원

동법은 “백두대간의 보호에 필요한 사항을 규정하여 무분별한 개발행위로 인한 훼손을 방지함으로써 국토를 건전하게 보전하고 쾌적한 자연환경을 조성함”을 목적으로 하며(제1조), 이 법은 백두대간의 보호에 관하여 다른 법률에 우선하며 그 기본이 된다(제3조).

환경부장관은 산림청장과 협의하여 백두대간보호 기본계획(이하 “기본계획”이라 한다)의 수립에 관한 원칙과 기준을 정한다. 다만, 사회적 · 경제적 · 지역적 여건의 변화로 원칙과 기준의 변경이 불가피하다고 인정하는 경우에는 산림청장과 협의하여 변경할 수 있다. 산림청장은 백두대간을 효율적으로 보호하기 위하여 제1항에 따라 마련된 원칙과 기준에 따라 기본계획을 환경부장관과 협의하여 10년마다 수립하여야 한다(동조 ②).

환경부장관은 산림청장과 협의하여 백두대간보호지역(이하 “보호지역”이라 한다)의 지정에 관한 원칙과 기준을 정한다. 다만, 사회적 · 경제적 · 지역적 여건의 변화로 원칙과 기준의 변경이 불가피하다고 인정하는 경우에는 산림청장과 협의하여 변경할 수 있다(제6조 ①).

산림청장은 백두대간 중 생태계, 자연경관 또는 산림 등에 대하여 특별한 보호가 필요하다고 인정하는 지역을 제1항 본문에 따른 원칙과 기준에 따라 환경부장관과 협의하여 보호지역으로 지정할 수 있다. 이 경우 보호지역은 다음 각 호와 같다(동조 ②).

1. 핵심구역: 백두대간의 능선을 중심으로 특별히 보호하려는 지역
2. 완충구역: 핵심구역과 맞닿은 지역으로서 핵심구역 보호를 위하여 필요한 지역

산림청장은 보호지역을 지정한 목적이 상실되었거나 자연적 · 사회적 · 경제적 · 지역적 여건의 변화 등으로 보호지역으로 계속 지정 · 관리할 필요가 없거나 핵심구역과 완충구역 간 구역변경이 필요하다고 인정하는 경우에는 환경부장관과 협의하여 보호지역의 지정을 해제하거나 구역을 변경할 수 있다(제9조 ①).

관계 행정기관의 장이나 지방자치단체의 장은 제7조 제1항 및 제2항 각 호의 개발행위를 하기 위하여 관계 법률에 따른 승인 · 인가 · 허가 등의 행정처분을 하려는 경우에는 산림청장과 미리 협의하여야 하며, 산림청장은 협의 과정에서 환경부장관의 의견을 들어야 한다(제8조 ①). 산림청장은 제1항에 따른 협의를 할 때 백

칙을 정하고, 전사자의 고귀한 희생을 기리고 국민의 애국정신을 고취하기 위하여 백두대간 보호지역 행위 제한 제외사유로 ‘6.25 전사자유해의 조사 · 발굴’을 추가하였다.

두대간 보호를 위하여 필요하다고 인정하면 개발행위의 규모를 축소·조정하거나 위치를 변경할 것을 요구할 수 있다(동조 ②).

동법은 백두대간보호를 위하여 그 외 보호지역에서의 행위 제한(제7조), 토지등의 매수(제10조), 토지등의 매수청구(제10조의2), 주민지원사업(제11조의2), 조사·연구 및 기술개발에 대한 재정지원(제12조) 등에 관한 규정을 두고 있다.

Ⅳ. 자연공원법

자연공원은 자연생태계와 수려한 자연경관, 문화유적 등을 보호하고 지속적으로 이용할 수 있도록 하여 자연환경의 보전, 국민의 여가와 휴양 및 정서생활의 향상을 기하기 위하여 지정한 일정구역을 말하는데, 국립공원·도립공원·군립공원 및 지질공원으로 구분된다.[30]

2009년 12월 현재 우리나라의 자연공원은 총 78개소(총면적 7,869㎢)로서 육지면적 4,934㎢(전국토의 4.9%)와 해면면적 2,935㎢(전국토의 2.9%)로 구성되어 있고, 이 중 국립공원이 20개소, 도립공원이 31개소, 군립공원이 27개소이다.[31]

자연공원 중에서 국가가 지정·관리하는 국립공원은 일반적으로 자연경관이 매우 빼어나고 다양한 희귀야생동·식물이 서식하는 등 자연생태계가 잘 보존되어 있는 지역을 대상으로 지정하게 되는데, 비교적 넓은 구역을 획정하여 개발로 인한 자연환경의 훼손과 생태계 파괴를 차단하는 역할을 한다. 일반적으로 세계 최초의 국립공원(National Park)은 1872년에 국립공원으로 지정된 미국의 '옐로우스톤 국립공원'으로 알려져 있다.

우리나라의 국립공원은 외국의 국립공원에 비하여 비교적 규모가 작고 평야지대보다는 산악지대가 대부분을 차지한다. 그리고 국립공원 내에 개인 소유의 토지 비율이 높아 재산권 등의 침해문제가 발생할 여지가 많다. 또한 국립공원의 이용

---

30) "국립공원"이란 우리나라의 자연생태계나 자연 및 문화경관(이하 "경관"이라 한다)을 대표할 만한 지역으로서 제4조 및 제4조의2에 따라 지정된 공원을 말한다(제2조 제2호). "도립공원"이란 특별시·광역시·특별자치시·도 및 특별자치도(이하 "시·도"라 한다)의 자연생태계나 경관을 대표할 만한 지역으로서 제4조 및 제4조의3에 따라 지정된 공원을 말한다(동조 제3호). "군립공원"이란 시·군 및 자치구(이하 "군"이라 한다)의 자연생태계나 경관을 대표할 만한 지역으로서 제4조 및 제4조의4에 따라 지정된 공원을 말한다(동조 제4호). "지질공원"이란 지구과학적으로 중요하고 경관이 우수한 지역으로서 이를 보전하고 교육·관광 사업 등에 활용하기 위하여 제36조의3에 따라 환경부장관이 인증한 공원을 말한다(동조 제4의2호).

31) 환경부, 환경백서 2010, 331면.

에 있어서도 자연학습이나 생태체험 등의 활동보다는 등산이나 위락 중심의 이용이 주를 이루는 경향이 있어 왔으나 최근에 와서는 국립공원에 대한 자연환경보전 활동이나 환경적·문화적 교육측면이 강조되고 있다.

이러한 자연공원의 지정·보전 및 관리에 관한 사항을 규정함으로써 자연생태계와 자연 및 문화경관 등을 보전하고 지속 가능한 이용을 도모함을 목적으로 만들어진 법이 「자연공원법」이다.

자연공원 중에서 국립공원은 환경부장관이 지정·관리하고, 도립공원은 특별시장·광역시장·특별자치시장·도지사 또는 특별자치도지사(이하 "시·도지사"라 한다)가 지정·관리하며, 군립공원은 시장·군수 또는 자치구의 구청장(이하 "군수"라 한다)이 지정·관리한다(제4조 ①). 제1항에 따라 자연공원을 지정·관리하는 환경부장관, 시·도지사 및 군수(이하 "공원관리청"이라 한다)는 자연공원을 지정하려는 경우에는 지정대상 지역의 자연생태계, 생물자원, 경관의 현황·특성, 지형, 토지 이용 상황 등 그 지정에 필요한 사항을 조사하여야 한다(동조 ②).

자연공원은 다음 각 호의 어느 하나에 해당하는 경우를 제외하고는 폐지하거나 그 구역을 축소할 수 없다(제8조 ①).

1. 군사상 또는 공익상 불가피한 경우로서 대통령령으로 정하는 경우
2. 천재지변이나 그 밖의 사유로 자연공원으로 사용할 수 없게 된 경우
3. 제15조 제2항에 따라 공원구역의 타당성을 검토한 결과 제7조에 따른 자연공원의 지정기준에서 현저히 벗어나서 자연공원으로 존치시킬 필요가 없다고 인정되는 경우

공원관리청은 자연공원을 효과적으로 보전하고 이용할 수 있도록 하기 위하여 다음과 같은 용도지구를 공원계획으로 결정한다(제18조 ①).

이러한 용도지구 안에서의 행위제한 및 허용행위에 대하여는 법령에 일정한 기준이 정해져 있다.

[표 8-3] 자연공원법상의 용도지구

공원자연보존지구	다음 하나에 해당하는 곳으로서 특별히 보호할 필요가 있는 지역 -생물다양성이 특히 풍부한 곳 -자연생태계가 원시성을 지니고 있는 곳 -특별히 보호할 가치가 높은 야생 동·식물이 살고 있는 곳 -경관이 특히 아름다운 곳
공원자연환경지구	자연보존지구의 완충공간으로 보전할 필요가 있는 지역
공원마을지구	마을이 형성된 지역으로서 주민생활을 유지하는 데에 필요한 지역

공원문화유산지구	「문화재보호법」 제2조 제2항에 따른 지정문화재를 보유한 사찰(寺刹)과 「전통사찰의 보존 및 지원에 관한 법률」 제2조 제1호에 따른 전통사찰의 경내지 중 문화재의 보전에 필요하거나 불사(佛事)에 필요한 시설을 설치하고자 하는 지역

공원구역에서 공원사업 외의 다음 각 호의 어느 하나에 해당하는 행위를 하고자 하는 자는 대통령령이 정하는 바에 따라 공원관리청의 허가를 받아야 한다. 다만, 대통령령으로 정하는 경미한 행위는 대통령령으로 정하는 바에 따라 공원관리청에 신고하고 하거나 허가 또는 신고 없이 할 수 있다(제23조 ①).

1. 건축물이나 그 밖의 공작물을 신축·증축·개축·재축 또는 이축하는 행위
2. 광물을 채굴하거나 흙·돌·모래·자갈을 채취하는 행위
3. 개간이나 그 밖의 토지의 형질 변경(지하 굴착 및 해저의 형질 변경을 포함한다)을 하는 행위
4. 수면을 매립하거나 간척하는 행위
5. 하천 또는 호소(湖沼)의 물높이나 수량(水量)을 늘거나 줄게 하는 행위
6. 야생동물(해중동물(海中動物)을 포함한다. 이하 같다)을 잡는 행위
7. 나무를 베거나 야생식물(해중식물을 포함한다. 이하 같다)을 채취하는 행위
8. 가축을 놓아먹이는 행위
9. 물건을 쌓아 두거나 묶어 두는 행위
10. 경관을 해치거나 자연공원의 보전·관리에 지장을 줄 우려가 있는 건축물의 용도 변경과 그 밖의 행위로서 대통령령으로 정하는 행위

공원관리청은 다음 각 호의 기준에 맞는 경우에만 제1항에 따른 허가를 할 수 있다(동조 ②).

1. 제18조 제2항에 따른 용도지구에서 허용되는 행위의 기준에 맞을 것
2. 공원사업의 시행에 지장을 주지 아니할 것
3. 보전이 필요한 자연 상태에 영향을 미치지 아니할 것
4. 일반인의 이용에 현저한 지장을 주지 아니할 것

공원관리청은 제1항에 따른 허가를 하려는 경우에는 대통령령으로 정하는 바에 따라 관계 행정기관의 장과 협의하여야 한다. 이 경우 대통령령으로 정하는 규모 이상의 행위에 대하여는 추가로 해당 공원위원회의 심의를 거쳐야 한다(동조 ③).

[판례] 헌법재판소 2006. 1. 26. 2005헌바18 전원재판부[자연공원법 제11조 등 위헌소원] –자연환경지구에서의 건축행위 제한 사건

[판시사항]

자연공원 중 자연환경지구에서의 건축행위 제한에 관하여 규정한 자연공원법 제23조 제1항 제1호 중 제23조 제2항 제1호에 의한 제18조 제2항 제2호 적용부분과 자연공원의 출입제한 또는 금지에 관하여 규정한 같은 법 제28조 제1항(이하 '이 사건 법률조항들'이라 한다)이 비례의 원칙에 반하는지 여부(소극)

[결정요지]

자연환경지구에서 건축행위를 제한하는 것은 자연보존지구의 완충공간으로 보전할 필요가 있는 지역을 자연환경지구로 지정한 취지에 부합하는 것으로 자연생태계와 자연 및 문화경관의 보전 및 지속 가능한 이용을 도모하기 위한 것이므로 그 입법목적의 정당성과 방법의 적절성을 인정할 수 있다. 그리고, 자연공원은 그 성격상 보호, 관리와 자연재난으로부터 탐방객의 안전도모가 필수적으로 요구되므로 이를 위해 필요한 경우 공원구역에 대한 출입제한이나 금지 조치를 취할 수 있도록 한 것은 그 입법목적이 정당할 뿐 아니라, 그 방법 역시 적절하다.

또한, 자연환경지구에서 건축물 건축의 가능성이 전면적으로 배제되는 것이 아니라 자연환경지구에서 허용되는 행위의 기준에 부합하는 등 자연공원법 제23조 제2항의 요건을 갖추면 공원관리청의 허가를 받아 증·개축, 재축 및 이축행위를 할 수 있고, 출입의 제한이나 금지는 아무런 제한 없이 이루어질 수 있는 것이 아니라 일정 기간, 일정 지역이라는 시간적, 장소적 제한을 필요로 하므로 이 사건 법률조항들은 최소침해성원칙에도 부합한다.

토지를 종래의 목적으로 사용할 수 있는 경우에 있어서 자연환경지구에 대한 건축행위의 제한이나 공원구역의 출입제한 또는 일시적인 출입금지는 재산권에 내재하는 사회적 제약의 범위 내라 할 것이므로, 이 사건 법률조항들이 실현하고자 하는 공익의 비중과 그로 인하여 발생하는 토지재산권의 침해 사이에 법익균형성이 충족된다 할 것이고, 토지를 종래의 목적으로 사용할 수 없거나 또는 더 이상 법적으로 허용된 토지이용방법이 없어서 실질적으로 사용 및 수익을 전혀 할 수 없는 경우, 즉 자연환경지구 내 토지에서의 건축행위 제한과 공원구역의 출입제한·금지로 인한 재산권 제한이 사회적 제약의 한계를 초과하는 경우에 대하여는 자연공원법이 공원사업에 들어가는 토지와 그 토지에 정착된 물건에 대한 소유권 등 권리의 수용·사용과 이에 대한 손실보상 및 환매권 규정(제22조), 협의에 의한 토지 등의 매수에 관한 규정(제76조), 매수청구권 규정(제77조, 제78조) 등 적절한 보상적 조치를 마련하고 있으므로, 이 사건 법률조항들에 관하여 그를 통하여 달성하려고 하는 공익과 그로 인하여 침해되는 사익 사이에 적절한 균형이 이루어져 있

다 할 것이다. 따라서 이 사건 법률조항들은 비례의 원칙에 반하여 청구인의 재산권을 침해한다고 볼 수 없다.

재판관 권성의 반대의견

특정 임야에 대한 청구인의 개별 소유권은 자연공원법에 의하여 그 권리행사의 범위가 질적, 양적으로 축소되는 제한을 받는다. 이것은 소유권의 본질에 따른 제한이 아니라 공공의 필요를 충족시키기 위하여 국가가 청구인에게 특별한 희생을 부담시키려 하기 때문에 발생하는 제한이다. 그로써 개별 소유권의 배타성과 전면성은 침해되고 만다. 그러므로 이러한 제한은 헌법 제23조 제3항이 규정하고 있는 재산권의 제한에 해당하고 헌법 제37조 제2항의 제한은 아니다. 따라서 보상을 요하고 보상이 없으면 그 제한 법률은 그대로 위헌이다. 개정 법률이 마련한 보상적 조치들은 정당한 보상 및 완전한 보상의 원칙을 충족하지 못한다. 그러므로 이 사건 법률조항들은 위헌이다.

누구든지 자연공원에서 다음 각 호의 어느 하나에 해당하는 행위를 하여서는 아니 된다(제27조 ①).

1. 자연공원의 형상을 해치거나 공원시설을 훼손하는 행위
2. 나무를 말라죽게 하는 행위
3. 야생동물을 잡기 위하여 화약류·덫·올무 또는 함정을 설치하거나 유독물·농약을 뿌리는 행위
4. 제23조 제1항 제6호에 따른 야생동물의 포획허가를 받지 아니하고 총 또는 석궁을 휴대하거나 그물을 설치하는 행위
5. 지정된 장소 밖에서의 상행위
6. 지정된 장소 밖에서의 야영행위
7. 지정된 장소 밖에서의 주차행위
8. 지정된 장소 밖에서의 취사행위
9. 지정된 장소 밖에서 흡연행위
10. 대피소 등 대통령령으로 정하는 장소·시설에서 음주행위
11. 오물이나 폐기물을 함부로 버리거나 심한 악취가 나게 하는 등 다른 사람에게 혐오감을 일으키게 하는 행위
12. 그 밖에 일반인의 자연공원 이용이나 자연공원의 보전에 현저하게 지장을 주는 행위로서 대통령령으로 정하는 행위

V. 습지보전법

습지란 담수·기수 또는 염수가 영구적 또는 일시적으로 그 표면을 덮고 있는 지역으로서 육지 또는 섬 안에 있는 호소와 하구 등에 있는 내륙습지와 만조 때 물에 잠겼다가 간조 때 들어나는 지역인 연안습지가 있다. 이러한 습지는 각종 수조류, 어패류, 양서류, 파충류 및 식물의 서식지이며 가장 생산적인 생명부양의 생태계로서 생물종다양성의 보고이고, 오염물질정화, 홍수조절 등 환경적으로나 사회·경제적으로 매우 가치있는 자연자산이다. 그럼에도 그동안 습지의 가치가 경시되어 매립 등 무분별한 개발로 습지가 크게 훼손되어 왔다.

이러한 습지의 중요성을 인식하고 이를 보전하기 위한 국제적인 노력으로 1971년 2월 이란의 Ramsar에서 습지보호에 관한 국제협약인 '물새서식지로서 국제적으로 중요한 습지에 관한 협약'(람사르협약)이 체결되었고, 우리나라는 1997년 3월에 가입하였다.[32)]

1999년 2월에는 생물다양성의 보고인 동시에 오염물질 정화기능을 가진 습지를 효율적으로 보전·관리함으로써 국토의 효율적 이용을 도모하면서 동시에, 물새서식처로서 국제적으로 중요한 습지에 관한 협약의 취지를 살려 국제협력을 증진하기 위하여 습지보전법이 제정되었고, 이후 여러 차례 개정이 있었다.[33)]

동법은 습지의 효율적 보전·관리에 필요한 사항을 정하여 습지와 습지의 생물

---

32) 람사르 협약은 1971년 이란 람사르에서 채택된 습지에 관한 협약으로 3년에 한 번씩 총회가 열리는데 이를 람사르협약 당사국 총회라고 한다. 람사르협약 당사국 총회는 당사국간 논의를 통하여 지구차원의 습지보전 상황을 평가하고 공동의 정책을 개발하는 국제 환경회의로서 '환경올림픽'이라고 불리며 매 3년마다 대륙별 순환원칙에 의해 개최된다. 2008년 제10차 회의는 우리나라 창원에서 "건강한 습지, 건강한 인간"을 주제로 2008년 10월 28일부터 8일간 개최되었다.

33) 2021. 1. 5. 일부개정에서는 습지보호지역 지정 근거 마련을 위하여 습지의 정의에 하천을 추가하는 한편, 습지보호지역 등으로 지정된 하천의 경우 주변지역의 재난을 방지하기 위하여 습지보호지역 보전계획 수립 시에 적정한 치수능력 확보·유지 및 육역화 방지 등에 관한 사항을 포함하도록 하고, 홍수 예방을 목적으로 실시하는 하천정비사업에 대해서는 습지보호지역 내 행위제한 예외규정을 마련함으로써 생태계도 보전하면서 국민의 안전도 유지하고자 하였다. 또한, 협약등록습지 또는 협약보호지역 등의 인근에 위치하고 습지보전에 참여하는 도시는 람사르협약의 인증을 받게 되는데, 우리나라의 경우 창녕, 순천, 제주, 인제에서 인증을 받았으나 이에 대한 행정적·재정적 지원 근거가 없는 바, 협약등록습지 및 협약의 인증을 받았거나 인증을 받으려는 도시에 대한 행정적·재정적 지원 근거를 마련함으로써 국제적으로 중요한 습지를 보전하고 관리를 강화하였다. 한편, 현행법에서는 환경부장관, 시·도지사 등으로 하여금 습지보호지역, 습지보전·이용시설을 이용하는 사람으로부터 이용료를 징수할 수 있도록 규정하고 있는데, 이러한 이용료를 습지보호지역 등의 보전 및 습지보전·이용시설의 관리에 한정하여 사용하도록 명시하고, 지방자치단체의 장이 이용료를 징수하는 경우에는 해당 지방자치단체의 조례로 정하도록 규정하였다.

다양성을 보전하고, 습지에 관한 국제협약의 취지를 반영함으로써 국제협력의 증진에 이바지함을 목적으로 한다(제1조).

동법에서 정의하고 있는 습지의 개념이 타당한가에 대하여 여러 가지 논의가 있다.[34] 예컨대 '대체습지' 또는 '인공습지' 등이 동법상의 습지개념에 포함되는지, 포함되지 않는다면 동법상의 정의에 포섭할 것인지가 문제된다. 또한 람사르 협약 등에서의 습지개념을 국내법상의 습지개념에 포섭할 것인지 등도 문제된다.[35]

환경부장관과 해양수산부장관은 습지조사의 결과를 토대로 5년마다 습지보전기초계획을 각각 수립하여야 하며, 환경부장관은 해양수산부장관과 협의하여 기초계획을 토대로 습지보전기본계획을 수립하여야 한다(제5조 ①). 이 경우 다른 법률에 따라 수립된 습지보전에 관련된 계획을 최대한 존중하여야 한다(제5조 ① 단서).

기본계획에는 다음 각 호의 사항이 포함되어야 한다(동조 ②).

환경부장관, 해양수산부장관 또는 시·도지사는 습지 중 다음 각 호의 어느 하나에 해당하는 지역으로서 특별히 보전할 가치가 있는 지역을 습지보호지역으로 지정하고, 그 주변지역을 습지주변관리지역으로 지정할 수 있다(제8조 ①).

1. 자연상태가 원시성을 유지하고 있거나 생물다양성이 풍부한 지역
2. 희귀하거나 멸종위기에 처한 야생동·식물이 서식하거나 나타나는 지역
3. 특이한 경관적·지형적 또는 지질학적 가치를 지닌 지역

환경부장관, 해양수산부장관 또는 시·도지사는 습지 중 다음 각 호의 1에 해당하는 지역을 습지개선지역으로 지정할 수 있다(동조 ②).

2019년 말 습지보호지역은 총 44개소로 환경부장관이 대암산 용늪, 우포늪 등 25개 지역(129.042㎢)을, 해양수산부장관이 무안 갯벌, 순천만 갯벌 등 12개소(1.415.54㎢), 시·도지사가 대구 달성하천습지 등 7개소(8.254㎢)를 지정하였다.[36]

---

34) 동법에서는 "습지"란 담수(담수: 민물), 기수(기수: 바닷물과 민물이 섞여 염분이 적은 물) 또는 염수(염수: 바닷물)가 영구적 또는 일시적으로 그 표면을 덮고 있는 지역으로서 내륙습지 및 연안습지를 말한다(제2조 제1호). "내륙습지"란 육지 또는 섬에 있는 호수, 못, 늪 또는 하구(河口) 등의 지역을 말한다(동조 제2호). "연안습지"란 만조(滿潮) 때 수위선(水位線)과 지면의 경계선으로부터 간조(干潮) 때 수위선과 지면의 경계선까지의 지역을 말한다(동조 제3호).

35) 람사르 협약 제1조에서는 "습지란 자연적이든 인공적이든 영구적이든 임시적이든 물이 정체하고 있든 흐르고 있든 담수이든 기수이든 함수이든 관계없이 습토·소택지·토탄지 또는 수역을 말하며, 이에는 간조시에 수심이 6미터를 넘지 아니하는 해역이 포함된다"라고 규정하고 있다("Wetlands are areas of marsh, fen, peatland or water, whether natural or artificial, permanent or temporary, with water that is static or flowing, fresh, brackish or salt, including areas of marine water the depth of which at low tide does not exceed six meters").

36) 환경부, 환경백서 2020, 82면.

한편, 환경부장관, 해양수산부장관 또는 시·도지사는 습지보호지역 등의 지역 중에서 대통령령으로 정하는 공익상, 군사상 불가피한 경우에 해당하는 지역과 천재지변 또는 그 밖의 사유로 인하여 습지보호지역 등으로서의 가치를 잃거나 보전할 필요가 없게 된 지역에 대하여는 그 지정을 해제하거나 그 지역을 축소변경할 수 있다(제10조 ①).

Ⅵ. 독도 등 도서지역의 생태계 보전에 관한 특별법

「독도 등 도서지역의 생태계 보전에 관한 특별법」은 독도를 비롯한 도서지역의 생물다양성과 중요한 자연생태계 및 수려한 경관 등 자연환경을 보전하기 위하여 특정도서에 대한 생태계 조사를 실사하고, 특정도서 안에서는 지정목적에 위반되는 행위를 제한하는 등 관리를 엄격히 함으로써 현재와 장래의 국민 모두가 건강하고 쾌적한 자연환경 속에서 살 수 있도록 하기 위해 1997년 12월 13일 제정되었고, 이후 여러 차례의 개정이 있었다.[37)]

동법은 특정도서(特定島嶼)의 다양한 자연생태계, 지형 또는 지질 등을 비롯한 자연환경의 보전에 관한 기본적인 사항을 정함으로써 현재와 미래의 국민 모두가 깨끗한 자연환경 속에서 건강하고 쾌적한 생활을 할 수 있도록 함을 목적으로 한다(제1조). 여기서 '특정도서'란 사람이 거주하지 아니하거나 극히 제한된 지역에만 거주하는 섬(이하 "무인도서등"이라 한다)으로서 자연생태계·지형·지질·자연환경(이하 "자연생태계등"이라 한다)이 우수한 독도 등 환경부장관이 지정하여 고시하는 도서를 말한다(제2조 제1호).

환경부장관은 다음 각 호의 어느 하나에 해당하는 도서를 특정도서로 지정할 수 있다(제4조 ①).

1. 화산, 기생화산(寄生火山), 계곡, 하천, 호소, 폭포, 해안, 연안, 용암동굴 등 자연경관이 뛰어난 도서
2. 수자원(水資源), 화석, 희귀 동식물, 멸종위기 동식물, 그 밖에 우리나라 고유 생물종의 보존을 위하여 필요한 도서
3. 야생동물의 서식지 또는 도래지로서 보전할 가치가 있다고 인정되는 도서
4. 자연림(自然林) 지역으로서 생태학적으로 중요한 도서

37) 동법은 2014. 3. 18. 일부개정을 통하여 벌금액을 징역 1년당 1천만원의 비율로 개정함으로써 벌금형을 현실화하였다.

5. 지형 또는 지질이 특이하여 학술적 연구 또는 보전이 필요한 도서
6. 그 밖에 자연생태계등의 보전을 위하여 광역시장, 도지사 또는 특별자치도 지사가 추천하는 도서와 환경부장관이 필요하다고 인정하는 도서

Ⅶ. 문화유산과 자연환경자산에 관한 국민신탁법

지속가능한 발전(ESSD)의 이념은 환경의 향유 또는 이용에 있어서 현세대와 미래세대의 형평성 보장을 요구한다. 이는 미래세대의 정당한 몫을 함부로 훼손해서는 아니 된다는 것을 의미한다. 소위 'National Trust' 운동은 이러한 지속가능한 발전 이념을 실현하는 하나의 방안이 되고 있다.

내셔널트러스트 운동은 시민들의 자발적인 모금이나 기부·증여를 통해 보존할 가치가 있는 자연자산과 문화자산을 확보하여 이를 영구히 보전·관리하는 시민운동으로, 영국이 가장 먼저 체계적인 토대를 갖추고 전개되었다. 영국에서는 산업혁명으로 인하여 자연환경과 문화유산이 심각하게 훼손되어가고 있었고 이에 대한 반성의 하나로 내셔널트러스트 운동이 전개되었으며, 1907년 내셔널트러스트법의 제정으로 이 운동은 더욱 활기를 띠게 되었다.

우리나라도 그동안 개발과 성장위주의 사회구조가 오랫동안 지속되면서 자연환경의 훼손상태가 점점 심각해지고, 전국 각지의 대규모 개발사업으로 인한 난개발로 자연생태계 파괴가 가속화되고 있다. 이러한 상황은 우리 사회에서도 자연자산을 지키고자 하는 자연신탁운동, 즉 자연자산 공유화 운동의 계기가 되어 2000년대 들어서 전국 곳곳에 자연자산을 보전하기 위한 운동이 펼쳐지고 있다.[38)]

그러나 이러한 운동의 확대를 위한 제도적·법적 뒷받침이 제대로 마련되어 있지 못해 그다지 활성화되고 있지는 못하였다. 즉, 이와 같은 운동으로 확보된 재산은 단지 공동소유의 재산일 뿐 무분별한 대규모 난개발을 저지하는 역할을 하지 못하였다. 또한 재산확보시에 부과되는 세금 등도 자연자산의 공유화 운동의 걸림

38) 서울 강남의 우면산 난개발을 막기 위해 지역주민들과 지차체가 전개한 '우면산 트러스트'운동은 자연신탁운동의 한 예이다. 1993년 모기업이 우면산 일대에 유류저장시설을 설치하려고 하자 지역주민들이 이를 반대하는 운동을 전개하였고, 2003년 6월에는 성금을 모아 우면산 일대를 사들이고자 우면산트러스트재단을 설립하여 우면산 난개발을 막기 위한 운동을 펼쳤다. 지역주민, 종교계 등 18,000여 명이 동참하여 32억원을 모금하였고 이를 토대로 2006년 3월 우면산트러스트재단은 토지소유주인 모기업과 시가 45억원대인 우면산 도로변 토지 980평의 매매계약 체결을 하였다. 기업 측에서도 지역주민들이 전개하는 운동의 취지에 공감하여 부족액 13억원은 받지 않기로 하였다. 그러나 이와 같은 자연신탁운동은 아직까지는 시작단계에 머물고 있다.

돌이 되었다. 이러한 자연환경자산의 신탁운동의 법적 한계를 극복하기 위한 입법적 시도가 바로 2006. 3. 24.에 제정된 「문화유산과 자연환경자산에 관한 국민신탁법」이다.[39)]

「문화유산과 자연환경자산에 관한 국민신탁법」은 형식적인 측면에서는 영국의 국민신탁법(The National Act of 1907)과 유사한 구조를 취하고 있다. 동법은 '신탁'이라는 관점에서 「신탁법」의 특별법에 해당한다고 할 수 있고, 비영리민간 부분의 사적자치를 토대로 한다는 관점에서 민법을 일반법으로 한다고 볼 수 있다.[40)]

이 법은 문화유산 및 자연환경자산에 대한 민간의 자발적인 보전·관리 활동을 촉진하기 위하여 문화유산국민신탁 및 자연환경국민신탁의 설립 및 운영 등에 관한 사항과 이에 대한 국가 및 지방자치단체의 지원에 관한 사항을 규정함을 목적으로 한다(제1조).

국민신탁은 국민신탁법인(수탁자)이 국민·기업·단체 등(신탁자)으로부터 기부·증여를 받거나 위탁받은 재산 및 회비 등을 활용하여 보전가치가 있는 문화유산과 자연환경자산을 취득하고 이를 보전·관리함으로서 현세대는 물론 미래세대(수혜자)의 삶의 질을 높이기 위하여 민간차원에서 자발적으로 추진하는 보전 및 관리 행위를 말한다(제2조 제1호).

자연환경자산은 다음 각 목의 어느 하나에 해당하는 지역의 토지·습지 또는 그 지역에 서식하는 「야생생물보호 및 관리에 관한 법률」 제2조 제2호의 규정에 따른 멸종위기야생생물을 말한다(제2조 제3호).

가. 「자연환경보전법」 제12조 제1항 각 호의 규정에 따른 지역

나. 「습지보전법」 제8조 제1항 각 호의 규정에 따른 지역

다. 「야생생물보호 및 관리에 관한 법률」 제27조 제1항의 규정에 따라 멸종위기야생생물의 보호 및 번식을 위하여 특별히 보전할 필요가 있는 지역과 동법 제33조 제1항의 규정에 따라 야생생물특별보호구역에 준하여 보호할 필요가 있는 지역

---

39) 2021. 5. 18. 일부개정에서는 문화유산과 자연환경자산에 대한 민간의 자발적인 보전·관리활동을 촉진하기 위하여 문화유산국민신탁과 자연환경국민신탁과 같은 법정법인 외에 일정 자격요건을 갖춘 '국민신탁단체'에도 권한·의무·혜택 등이 이루어지도록 하고, 국민신탁 활동의 보전 및 관리 대상이 되는 '자연환경자산'의 범위에 자연공원, 백두대간보호지역을 추가함으로써 해당 지역에 대한 민간의 관심 및 신탁활동을 활성화하였다.

40) 따라서 국민신탁의 법체계를 이행함에 있어서 국민신탁법에 특별한 규정이 없는 경우에는 신탁법을 적용하며 신탁법에 특별한 규정이 없는 경우에는 민법을 적용한다(전재경, "자연환경국민신탁 법령의 이해," 도시문제 제42권 461호(2007. 4), 51면).

따라서 자연환경자산의 범위는 ① 다음 지역의 토지·습지, 즉 생태·경관보전지역, 습지보전지역, 생태·경관보전지역·습지보전지역의 요건을 갖춘 지역, 야생생물특별보호구역, 야생생물보호구역의 토지·습지, ② 이들 지역에 서식하는 멸종위기야생생물이 여기에 해당한다.[41]

일반적으로 자연환경자산에 해당하는 지역은 ① 자연상태가 원시성을 유지하고 있거나 생물다양성이 풍부한 지역, ② 지형·지질이 특이하여 학술적 연구 또는 자연경관의 유지를 위하여 보전이 필요한 지역, ③ 다양한 생태계를 대표할 수 있는 지역 또는 생태계의 표본지역, ④ 하천·산간계곡 등 자연경관이 수려하여 특별히 보전할 필요가 있는 지역, ⑤ 희귀하거나 멸종위기에 처한 야생생물이 서식·도래하는 지역 등이 될 것이다.

그리고 이들 지역에 서식하는 멸종위기야생생물은 야생생물보호 및 관리에 관한 법률 시행규칙에 규정되어 있는 멸종위기야생생물을 말한다.

문화유산을 취득하고 이를 보전·관리하기 위하여 문화유산국민신탁을, 자연환경자산을 취득하고 이를 보전·관리하기 위하여 자연환경국민신탁을 각각 설립하고(제3조 ①). 문화유산국민신탁 및 자연환경국민신탁(이하 "국민신탁법인")은 이를 각각 법인으로 한다(동조 ②).

이 법에 의한 「자연환경국민신탁」은 자연신탁운동을 책임지고 수행할 주체로서 신탁계획을 수립하고, 신탁재산의 법적안정성을 확보하기 위하여 만들어진 특수법인이다.

---

41) 한편, 동법에 의한 '문화유산'은 다음 각 목의 어느 하나에 해당하는 것을 말한다(제2조 제2호). 가. 「문화재보호법」 제2조 제1항의 규정에 따른 문화재, 나. 가목의 규정에 따른 문화재를 보존·보호하기 위한 보호물 및 「문화재보호법」 제2조 제3항의 규정에 따른 보호구역, 다. 가목의 규정에 따른 문화재와 나목의 규정에 따른 보호물 및 보호구역에 준하여 보전할 필요가 있는 것.

판례색인

사항색인

[ㅅ]

[ㅇ]

[ㅈ]

[ㅊ]

[ㅌ]

[ㅍ]

[ㅎ]

공저자 약력

박균성

서울대학교 법과대학 졸업, 서울대학교 법과대학 법학석사
프랑스 액스-마르세이유대학 법학박사
프랑스 액스-마르세이유대학 초청교수(Professeur invité)
단국대학교 법학대학 교수, 서울대학교 · 사법연수원 강사
한국공법학회 학술장려상 수상(1996. 6), 한국법학교수회 회장
세계인명사전 마르퀴즈 후즈후 등재(2007. 11), 법제처 자체평가위원장
국무총리 행정심판위원회 위원, 중앙행정심판위원회 위원
법원행정처 행정소송법개정위원회 위원, 헌법재판소법 개정위원회 자문위원
한국법제연구원 자문위원, 법제처 행정심판법개정심의위원회 위원
법제처 법령해석심의위원회 위원, 감사원 정책자문위원, 법무부 정책위원회 위원
민주화운동관련자 명예회복 및 보상심의위원회 위원(대법원장 추천)
사학분쟁조정위원회 위원(대법원장 추천), 국민권익위원회 자체평가위원
경제 · 인문사회연구회 기획평가위원회 위원, 검찰개혁위원회 위원
한국공법학회 회장, 한국인터넷법학회 회장, 입법이론실무학회 회장
한국토지보상법연구회 회장, 한국토지공법학회 부회장, 중앙토지수용위원회 위원
사법시험, 행정고시, 입법고시, 변호사시험, 승진시험, 외무고시, 변리사, 기술고시, 감정평가사, 관세사, 세무사, 서울시 · 경기도 등 공무원시험 등 시험위원
현, 경희대학교 법학전문대학원 고황명예교수
한국공법학회 고문, 한국행정법학회 법정이사

저　　서

『정책, 규제와 입법』, 박영사, 2022.
『박균성 교수의 경세치국론』, 박영북스, 2012.
『행정법강의』(제20판), 박영사, 2023.
『행정법론(상)』(제22판), 박영사, 2023.
『행정법론(하)』(제21판), 박영사, 2023.
『행정법기본강의』(제15판), 박영사, 2023.
『행정법입문』(제10판), 박영사, 2023.
『행정법연습』(제5판), 삼조사, 2015.
『경찰행정법』(제6판, 박균성 · 김재광), 박영사, 2023.
『경찰행정법입문』(제7판, 박균성 · 김재광), 박영사, 2023.
『토지보상행정법』(제4판, 박균성 · 도승하), 박영사, 2023.

함태성
경희대학교 법과대학 졸업
경희대학교 법과대학 법학석사
경희대학교 법과대학 법학박사
한국법제연구원 부연구위원
환경부 국립환경인력개발원 외래교수
환경부 폐기물포럼 위원, 자연환경포럼 위원
국토해양부 해양환경기준설정협의회 위원
강원도 규제개혁위원회 위원
춘천지방검찰청 형집행정지심의위원회 위원
미국 University of San Diego Law School Visiting Scholar
변호사시험 출제·채점위원
(사)한국환경법학회 환경법연구 편집위원장
(사)한국환경법학회 회장
현) 강원대학교 법학전문대학원 교수
(사)한국환경법학회 고문
강원대학교 비교법학연구소 환경법센터장, 동물법센터장
농림축산식품부 동물복지위원회 위원장
서울특별시 동물복지위원회 위원장
국토교통부 중앙공동주택관리 분쟁조정위원회 위원

주요 저서·논문
새 정부의 환경분야 현안에 대한 법적 과제
우리나라 탄소중립 법정책의 몇 가지 쟁점과 과제에 대한 고찰 –EU의 탄소중립법제와의 비교를 통하여–
동물의 법적 지위 변화와 동물보호법의 변화 모색
대규모 집약형 축산으로 인한 복합적·누적적 리스크와 법적대응 방안
「동물보호법」의 입법적 평가와 향후 과제
생활미세먼지 배출원으로서의 직화구이 음식점 관리에 대한 법적 쟁점과 개선방안 연구
환경행정법의 최근 동향과 쟁점 및 과제
농장동물 위해 관리의 법적쟁점과 과제
동물전시의 윤리적·법적문제와 동물원의 현대적 과제에 대한 법적 고찰
재생에너지 산업의 전망과 법적 과제
자원순환기본법의 제정의미와 폐기물법제의 향후 과제
우리나라 동물보호법제의 문제점과 개선방안에 관한 고찰
초국경적 환경오염피해 방지를 위한 환경법적 과제
환경책임법과 환경분쟁조정제도의 정합성 확보를 위한 법적 고찰
지속가능성과 해양환경보전에 관한 법적 고찰
석면피해구제에 대한 법적 검토(공저)
지하수의 체계적 보전·관리를 위한 입법적 검토
녹색성장과 에너지법제의 대응
'녹색성장'과 '지속가능발전'의 관계정립에 관한 법적 고찰
한국습지보전법의 문제점과 개선방안
사업장 생활폐기물 관리의 법적 문제와 개선방향(공저)
유류오염피해로 인한 해양생태계 복원의 법적과제
한국의 자연환경보전법제의 현황 및 발전방향
사전환경성검토제도에 관한 공법적 연구
우리나라에서의 전략환경평가 논의에 대한 법적 검토
독일과 일본의 폐기물법제 비교검토를 통한 한국의 폐기물법제의 체계재정립방안 연구
개발관련특구와 환경행정상의 과제 및 대응방안
환경영향평가에 대한 법원의 심사